Adolph Wagner, Adolph Wagner

Die französische besteuerung von 1789-1889 ..

Adolph Wagner, Adolph Wagner

Die französische besteuerung von 1789-1889 ..

ISBN/EAN: 9783742850973

Hergestellt in Europa, USA, Kanada, Australien, Japan

Cover: Foto ©Andreas Hilbeck / pixelio.de

Manufactured and distributed by brebook publishing software (www.brebook.com)

Adolph Wagner, Adolph Wagner

Die französische besteuerung von 1789-1889 ..

Die französische Besteuerung

von 1789—1889.

Von

Adolph Wagner.

Separatausgabe der zweiten Abtheilung (Heft 3 und 4) des dritten Bandes der Finanzwissenschaft.

Leipzig.
C. F. Winter'sche Verlagshandlung.
1889.

Vorwort
zur „französischen Besteuerung".

Dieses Buch bildet die zweite Abtheilung (Heft 3 und 4) des dritten Bandes meiner Finanzwissenschaft („specielle Steuerlehre"). Es erscheint hier als Separatausgabe, genau nach dem Werke, dem es angehört, auch mit der dortigen Paginirung, da eine solche Separatausgabe nicht von vornherein in Aussicht genommen war. Sie zu veranlassen, schien aber gerade gegenwärtig passend.

Die Darstellung der „französischen Besteuerung" umfasst den hundertjährigen Zeitraum von 1789—1889 und erscheint im „Jubiläumsjahre" der ersten französischen Revolution. Ein interessanteres Stück Steuergeschichte giebt es kaum. Es ist politisch und wissenschaftlich im höchsten Grade lehrreich.

Vielfach vollendete steuertechnische Formen, aber im Grunde materiell keine so grosse Verschiedenheit von den Verhältnissen am Schluss des ancien régime. So nicht in der Vertheilung der Steuerarten. Und ob in der Höhe der Steuerbelastung, die nirgend in der Welt ihresgleichen findet?

Die ganze Entwicklung und das Maass der heutigen Belastung eben das Product der allgemeinen inneren und äusseren politischen Geschichte und diese — das Product des etwas romanisirten, ein wenig germanisch versetzten kelto-gallischen Grundcharacters der Nation. Rerum novarum semper studiosi. Ein Beispiel der „Vererbung der Eigenschaften" und der practischen Folgen davon im öffentlichen Leben wie wenige. Und diese Verhältnisse und Einflüsse schliesslich auch das Richtung gebende, selbst das Entscheidende für die Entwicklung und Gestaltung der Besteuerung, deren technische Durchführung dann nur Gesetzgebung und Verwaltung sich unablässig bemühen, so vorzüglich wie möglich zu machen. Und darin haben sie Grosses geleistet. —

Mit Interesse, ja mit einer gewissen Liebe ist auch der deutsche Autor diesen französischen Dingen nachgegangen. Er wie so ziemlich alle wir Deutschen fühlen nicht Hass, nicht Verachtung, nicht Antipathie gegen Frankreich und die Franzosen. Wir können auch heute noch französischen Dingen objective Beurtheilung angedeihen lassen, — selbst heute noch, wo uns in der ungerechtesten und verletzendsten Weise nur Hass und Verachtung und Antipathie entgegengebracht werden, weil wir — frevelhaften Friedensbruch und Störung der nationalen Einigung, die Frankreich seit Jahrhunderten besitzt, siegreich zurückgewiesen und altes uns widerfahrenes, unverjährtes Unrecht massvoll gesühnt haben. Nach Objectivität habe ich überall in meiner Darstellung gestrebt, oft bewundert, was geleistet worden ist. Und wenn mir mitten in nüchternen Finanzschriften Ausfälle gegen Deutschland, Deutsche, Preussen, „Prussiens", begegneten, nur etwa einmal mitleidig gelächelt und die Achseln gezuckt und — des gallischen Nationalcharacters gedacht.

Schliesslich habe ich allerdings aber auch eine Genugthuung darüber empfunden, dass uns Deutschen dieses superfiscalische Finanz- und Steuersystem — in seiner Art ein Wunderwerk der Verwaltungs- und Finanztechnik — erspart geblieben ist, weil uns — die politische „Rosseur" der französischen Revolutionen erspart blieb. —

Ueber das Verhältniss dieser Darstellung der französischen Besteuerung zu meinem finanzwissenschaftlichen Werke, über die Behandlungsweise des Gegenstandes und über die Beziehungen zu anderen Autoren über französisches Steuerwesen äussert sich das Vorwort zu der gleichzeitig erscheinenden Gesammt-Ausgabe des dritten Bandes.

Berlin, 4. Juni 1889.

Dr. **Adolph Wagner**.

Inhaltsübersicht.

	Seite
Die französische Besteuerung	367
1. Die Hauptpuncte der Entwicklung der französischen Besteuerung seit der ersten Revolution (1789)	369
I. Ueberblick	369
II. Periode der ersten Revolution, bis zum Directorium	375
III. Periode des Directoriums, Consulats und ersten Kaiserthums	386
IV. Periode der Restauration und Julimonarchie	390
V. Periode der zweiten Republik und des zweiten Kaiserthums	392
VI. Periode der dritten Republik	396
VII. Erprobungen der Steuerarten	404
VIII. Rückblick auf die Steuerentwicklung	410
2. Die einzelnen Steuern	415
I. Die Staatsbesteuerung	420
A. Die directen Steuern	420
1. Im Allgemeinen	420
2. Die vier directen Hauptsteuern	434
a) Die Grundsteuer	434
b) Die Personal- und Mobiliarsteuer	452
c) Die Thür- und Fenstersteuer	461
d) Die Patentsteuer	468
3. Die übrigen directen Steuern	489
a) Von Gütern der todten Hand	489
b) Die Bergwerksabgaben	492
c) Vom Ertrag beweglicher Werthe	493
4. Rückblick auf die directe Besteuerung	498
B. Die Verkehrsbesteuerung	502
1. Die Registrirungsabgaben, das Stempelwesen u. Verwandtes	502
a) Im Allgemeinen	502
b) Die Registrirungsabgaben (Enregistrement)	511
c) Die Abgaben in Stempelform	545
d) Die Gerichtsschreiberei-Abgaben	570
2. Die Abgabe von Erfindungspatenten	571
3. Die Transportsteuern	572
4. Rückblick auf die Verkehrsbesteuerung	579
C. Die Anfallerwerbs-Besteuerung: Erbschafts- und Schenkungsbesteuerung	582

	Seite
D. Die Gesammtgruppe der directen, der Verkehrs- und der Erbschaftsbesteuerung	595
E. Die indirecte oder die Verbrauchsbesteuerung (i.w.S.)	597
1. Im Allgemeinen	597
2. Die einzelnen Verbrauchssteuern	610
a) Die inneren Steuern bei privatwirthschaftl. Production	610
α. Die Salzsteuer	610
β. Die Getränkebesteuerung (Wein, Cider, Alcohol, Bier)	617
γ. Die Zuckerbesteuerung	659
δ. Die neueren kleineren Verbrauchsteuern	688
(Mineralöl S. 690. — And. Oele S. 691. — Stearin und Kerzen S. 693. — Essig u. s. w. S. 694. — Dynamit u. s. w. S. 696. — Papier S. 698. — Cichorie S. 700. — Seife S. 701.)	
ε. Andere verwandte kleine Steuern	702
(Gold- u Silberwaaren S. 703.—Spielkarten S.707).	
b) Die Verbrauchssteuern in Monopolform	709
α. Das Tabakmonopol	709
β. Das Pulvermonopol	754
γ. Das Zündhölzchenmonopol	759
c) Die gewerblichen Licenzsteuern	771
d) Die directen Gebrauchs- und Genusssteuern	776
(Wagen und Pferde S. 778. — Billards S. 781. — Gesellschaften S. 782.)	
Anhang. Verschiedene kleine directe und indirecte Abgaben	782
e) Die Zölle, insbesondere als Verbrauchssteuern (Finanzzölle)	784
α. Entwicklung des Zollwesens u. Gang der Tarifpolitik	790
β. Einrichtung des Zollwesens	834
F. Rückblick auf die französische Staatsbesteuerung, besonders die Steuerpolitik seit 1871	852
II. Die Local- oder Departemental- u. Communalbesteuerung	862
A. Im Allgemeinen	863
B. Die directen Steuerzuschläge	872
C. Die übrigen directen Communalsteuern	881
D. Das communale Octroi	884
Schluss	914

2. Abschnitt.

Frankreich.

Literatur. Ueber sie ist auch für das 19. Jahrhundert das günstige Urtheil zu fällen, welches oben schon über die französische Finanzliteratur ausgesprochen wurde (§. 50). Nur leidet dieselbe, und jemehr sie die Zeiten der jeweiligen Gegenwart behandelt, desto mehr, mit seltenen Ausnahmen an zwei Fehlern: einmal sind die meisten, auch die bloss historischen, selbst die rein administrativen Schriften nicht immer in politischer Hinsicht objectiv genug, sondern leicht in ihren Urtheilen etwas nach dem persönlichen politischen Standpunct ihrer Verfasser gefärbt, namentlich nach den drei Hauptrichtungen: royalistisch, napoleonisch-imperialistisch, republikanisch, was in dem Parteigetriebe eines „Jahrhunderts der Revolution" seine Erklärung, damit aber nicht seine Entschuldigung, noch weniger seine Rechtfertigung findet. Sodann kommt selbst in reinen Fachwerken leider das überspannte französische **Nationalgefühl** zum Ausdruck, namentlich bei der Darstellung der Finanzcalamitäten in Folge ungünstiger Kriege wie 1813 ff. und wieder 1870—71.

Die französische Nationaleitelkeit und der Mangel an Selbsterkenntniss bewirken hier eine öfters völlig falsche Beurtheilung der Ereignisse und Massregeln. Statt die wirthschaftlichen und finanziellen Folgen von politischen Ereignissen, wie denen von 1814 und 1815, 1870—71 einfach hinzunehmen, als **selbstverschuldet**, auch als **gerechte Sühne, verdiente Strafe** oder statt sich wenigstens, wenn man glaubt, das nicht offen eingestehen zu dürfen, mit objectiver Darstellung des Thatsächlichen zu begnügen, werden die Schriftsteller einerseits **sentimental** in Bezug auf das, was ihr Vaterland verdientermaassen erleidet, — das sind nur „malheurs" „désastres" der belle France, der „grande nation" — anderseits werden sie hämisch, bitter und ungerecht, wenn die misshandelten oder provocirten Feinde siegen und nun auch einmal Contributionen erheben und Erhaltung der Besatzungstruppen verlangen, wobei Frankreich bisher ja, muthmasslich zu seinem eigenen Schaden, weil es sonst vielleicht den erhaltenen Denkzettel etwas länger empfunden hätte, unverhältnissmässig geschont worden ist (1814! 1815! 1871!). Solche „Stimmung" beherrscht z. B. ganz das unten genannte Buch von Sudre. Aber selbst ein Werk wie der neue Dictionnaire de finances scheut sich nicht, Mitarbeiter wie Boiteau schämen sich nicht, z. B. einen ebenso sachlich unrichtigen, wie albernen und hämischen Ausfall auf Preussen zu machen, bei Erwähnung der Contributionen desselben an Frankreich 1807 ff. (dict. p. 547, Note 1). Eines der mancherlei Anzeichen sittlichen und geistigen Verfalls der französischen Nation selbst in Kreisen ihrer geistigen Elite.

Aus der reichen Literatur sind einige Schriften schon oben S. 123 genannt und characterisirt worden. S. ferner die Literaturangaben in Fin. I, 3. A., S. 57, II, 33, III, 4. Viele dieser Schriften behandeln die Besteuerung nur nebenbei. Reiche Bibliographie im dict. de fin., bes. in Boiteau's Artikel budget général de l'état p. 719 ff. und in den Specialartikeln; auch in Block's dict. de l'admin. franç. Weitere Literatur über die einzelnen Steuern folgt unten bei der Darstellung der letzteren. Aus der grossen Literatur über die gesammte Besteuerung, deren Entwicklung und den Zusammenhang mit den übrigen Finanzangelegenheiten werden hier nur einige Bücher herausgehoben, welche meistens für das Folgende, besonders für die Uebersicht über die Steuerentwicklung von 1789—1887 genauer benutzt worden sind. Damit ist die betreffende Literatur aber lange nicht erschöpft.

Boiteau's genannte schöne, reichhaltige und doch übersichtliche grosse Abhandlung in dem genannten Artikel budget général de l'état, im dict. de fin., eine umfassende Finanzgeschichte Frankreichs (p. 501—721, enge und grosse Seiten); eb. de Crisenuy's Art. budg. départem. und communal. Die Artikel über einzelne Steuern und Steuergruppen („contributions directes", „contr. indirectes" u. s. w.) in Block's dict. de l'admin. franç., mit den Fortsetzungen und Jahressupplementen, und im dict. de fin. (noch unvollendet). Für die neuere und neuste Zeit, besonders seit 1877, aber zahlreichen historischen und statistischen Abhandlungen über die Entwicklungen im 19. Jahrhundert das Bulletin de statist. et de législation comparée des Finanzministeriums (seit 1877). In den genannten Werken auch die Angabe der einzelnen Gesetze, im Bull. besonders reiche Statistik. S. sonst die französischen Fachzeitschriften (Journ. des Écon. u. s. w.), auch allgemeinere, wie Revue des deux mondes für einzelne Perioden und für die Massregeln der neuesten Zeit. Von Sammelwerken über die Gesetzgebung z. B. A. Roger et A. Sorel, codes et lois usuelles; Dejean code annoté des nouv. impôts, in verschiedenen Auflagen; Dalloz, repertoire. Ueber die directen Steuern Perroux, Législat. d. contr. dir., Par. 1860, 3. éd. 1876. Deutsch von Joppen, Strassburg 1871. Ueber die indirecten Steuern der grosse 3 bändige Code des contribut. indir. et des octrois von M. Olibo, viele Aufl., 5. 1878. u. a. m.

Ueber die Periode der Revolution und des ersten Kaiserreichs bes. A. Stourm, les finances de l'ancien régime et de la révolution, 2 vol. Par. 1885. mit Blicken auf die Weiterentwicklung bis heute, ein vorzügliches, für die folgende Uebersicht der Steuerentwickelung von mir besonders benutztes Werk, über das schon oben S. 123 geurtheilt wurde. Gaudin, duc de Gaete, Finanzminister Napoleon's I, notice historique sur les fin. d. l. France (1800—1814). Par. 1818, vermehrt in mémoires et souvenirs, 2 vol 1823. — Ueber die Periode der Restauration und Julimonarchie Ch. Sudre, les fin. d. l. Fr. au XIX. siècle, 2 vol. Par. 1883. Calman, hist. parlement. des fin. de la restauration. Par. 1868. de Chabrol, rapport au roi sur la situation des fin. 1830 in d'Audiffret's syst. fin. (s. u.) vol. I, (über die Steuern p. 36 ff.). Ueberblick über die ganze Periode bis 1870: Comte de Casabianca, fin. franç. Par. 1880. — Ueber die neueste Zeit nach 1870: Mathieu-Bodet, Fin. min. 1874—75, fin. franç. de 1870—78, 2 vol. Par. 1881, von Hirschfeld, Finanzen Frankreichs nach dem Kriege von 1870—71, Berl. 1875 (besonders S. 78 ff., 114 ff.). Ueber die Ideen und Pläne zur Einführung der Einkommensteuer oder Vermögens-(Capital-)steuer nach dem Kriege, Yves Guyot, impôt sur le revenu, Par. 1887, materialreicher Bericht im Namen der Budgetcommission, 1886. J. Chailley l'impôt sur le revenu, législat. comparée etc. Par. 1884. L. Wolowski, l'impôt sur le revenu (Rede in der Nationalversammlung). Menier, théorie et application de l'impôt sur le capital. Par. 1874 (mit Kritik der bestehenden Besteuerung). L. Say, solut. démocrat. de la question de l'impôt. Par. 1886. Neuestes Project des Finanzministers Dauphin (Art. Einkommensteuer auf der Grundlage der reformirten Personal- und Mobiliarsteuer, Februar 1887), darüber G. König, un nouvel impôt sur le revenu, 2. éd., Par. 1887. (S. meine Anzeige dieses Buchs, Tüb. Ztschr. 1888, I). Passim auch Trésor de la Rocque, les fin. de la république, in chambres prodigues, Par. 1884.

Zur Statistik siehe besonders den Artikel budg. génér. von Boiteau im dict. de fin.; das Bull. de statist. des Finanzministeriums; Nicolas, budgets de la France; F. Faure, budgets de la France depuis 20 ans, 1868—87, Par. 1887.

Aus der systematischen Darstellung der bestehenden Besteuerung, mit Blicken in die geschichtliche Entwicklung, besonders in diesem Jahrhundert, sind auch neben und zum Theil selbst vor den französischen Werken die beiden deutschen hervorzuheben: von Hock, Finanzverwaltung Frankreichs, Stuttgart 1857, in manchen Partien auch heute noch unübertroffen, durch Klarheit und Präcision besonders ausgezeichnet, wenn auch öfters etwas zu wenig Stoff gebend; und von Kaufmann, Fin Frankreichs, Leipzig 1882 (über die Steuern S. 152—500), besonders über die neuesten Gestaltungen, mit kritischen Bemerkungen, denen ich mich übrigens nicht immer anschliessen kann. Ein stoffreiches, aber den Namen eines „Systems" mit Unrecht führendes Werk ist das grosse Système financier de la France von Marquis d'Audiffret, 8. éd. Par. 1863—70, 6 vol., eine reichhaltige aber breitspurige Sammlung von Berichten, Studien u. s. w. über die verschiedenen Theile des Finanzwesens, namentlich aus der Zeit der Restauration bis zu derjenigen des zweiten Kaiserreichs (darüber urtheilt schon von Hock ähnlich, Vorw. S. VI). Daraus hervorzuheben für die Besteuerung: in vol. I der de Chabrol'sche Bericht an den König über die Finanzverwaltung, 1830, mit Darstellung des Steuersystems; in vol. II, 1. Buch die referirende Kritik der Besteuerung: in vol. IV die Betrachtung der Finanzlage in verschiednen Zeitpuncten, so 1816 und besonders über die Finanzkrise von 1848 und die damaligen Steuermassregeln (p. 136 ff.), auch über einzelne Steuern (p. 216 ff.). Sonst besonders E. Vignes, traité des impôts de France, 4. éd. par Vergniaud, Par. 1880, 2 vol. Ueber die Organisation der Steuerverwaltung im Finanzministerium ausser den Werken v. Hock's und v. Kaufmann's s. J. Josat, le ministère de finances, Par. 1882, besonders über die fünf grossen hierhergehörigen Generaldirectionen (directe Steuern; Enregistrement, Domänen und Stempel; indirecte Steuern; Zölle: Staatsmanufacturen, Tabakmonopol) p. 435—595. Zur Kritik der französischen Besteuerung im Ganzen und Einzelnen s. besonders P. Leroy-Beaulieu's traité de la science de finances, jetzt in 3. Aufl., eine Kritik, welcher ich aber weder in dem Anerkennenden noch in dem Ablehnenden immer beistimmen kann; ferner Esqu. de Parieu traité des impôts, auch mit vielem und werthvollem historischen, administrativen und steuertechnischen Detail.

Die französische Besteuerung der Gegenwart ist in der Zeit der ersten Revolution und Napoleon's I. begründet worden. Daher muss hier in die Periode vor 1815 zurückgegangen werden. Die Steuerexperimente der Revolutionszeit sind auch von so grossem allgemeinem Interesse für die vergleichende Finanzgeschichte und für die Steuertheorie, dass es zweckmässig erschien, sie in unsere Darstellung mit einzuziehen. Die französische Besteuerung hat aber trotz der Festhaltung der ihr damals gegebenen Grundlagen doch durch die äusseren und inneren politischen Verhältnisse, Staatsumwälzungen u. s. w. die Impulse ihrer Weiterentwicklung erhalten. Deshalb bedarf es hier, im Unterschied zu unserer Darstellung der britischen Besteuerung, einer genaueren, mehr ins Einzelne gehenden Darstellung auch der Gesammtentwicklung der französischen Besteuerung im folgenden ersten Unterabschnitt, „über die Hauptpuncte der Entwicklung". Diese Besteuerung ist ferner eine complicirtere gewesen und mehr noch im Laufe des 19. Jahrhunderts geworden, als die britische, weshalb wiederum die Darstellung allgemein und auch schon im 1. Unterabschnitt erheblich umfangreicher werden musste. Die Darstellung schliesst sich im übrigen hier und im 2. Unterabschnitt von den „einzelnen Steuern" formell möglichst der vorausgehenden der britischen Besteuerung an, um die Vergleichbarkeit, dem Zwecke dieser Abschnitte in diesem Werke gemäss, zu erleichtern.

1. Die Hauptpuncte der Entwicklung der französischen Besteuerung seit der ersten Revolution.

I. Ueberblick der Gesammtentwicklung der Besteuerung und ihrer Erträge im 19. Jahrhundert.

§. 165. Die ungeheueren inneren und äusseren Umwälzungen, welche Frankreich seit 1789 bis zur Gegenwart, im „Jahrhundert seiner Revolutionen" durchgemacht hat, spiegeln sich natürlich in seiner Finanzgeschichte und auch in der Umgestaltung und Entwicklung seiner Besteuerung während dieses Zeitraums besonders frappant ab. Die ruhmsüchtige kriegerische auswärtige Politik und die ruhelose, immer wieder von Grund aus die innere politische Verfassung und Regierungsform umgestaltende innere Politik hat das französische Volk endgiltig — solange nicht etwa ein neuer Staatsbankerott, wenigstens eine Zeit lang, Erleichterungen verschafft — mit einer Belastung durch Staatsschulden, Militäretat und in Folge deren schliesslich mit einer Steuerbelastung zu zahlen, welche sonst nirgends in der Welt ihres Gleichen findet.

Wenn andere Staaten vorübergehend einmal Perioden ihres Lebens haben, wo die grösste Anspannung der Finanzkräfte, der Besteuerung und des Staatscredits wohl oder übel Platz greifen muss, worauf aber mit dauernder Ruhe der inneren und äusseren politischen Verhältnisse auch für die Finanzen wieder eine lange Zeit der relativen Stabilität eintritt, — so ausgeprägt in Grossbritannien vor und nach 1815 und in Nordamerika vor und nach 1865; aber doch auch in Italien vor und nach

1871, in Oesterreich vor und nach 1815 und wieder vor und nach 1866, in Preussen und Deutschland vor und nach 1815 und 1871 —, so zeigt Frankreich auch nach seiner ersten grossen Revolutions- und Kriegsperiode ein ganz anderes Bild. Die neuen Revolutionen, der wiederholte Wechsel der Verfassungen, der Regierungen und der Dynastien, die neuen Kriege und die andauernde Vorbereitung auf einen abermaligen Krieg „der Revanche" haben immer wieder bald geführt und führen jetzt beständig zu erneuter ungemeiner Anspannung der Finanzkraft, periodisch, wie auch in ähnlicher Lage in anderen Staaten, in besonderem Grade, aber, im Unterschied von anderen Staaten, nunmehr auch bleibend, indem eben ein wirklicher Ruhezustand niemals lange währt. Ausgaben, Einnahmen, Staatsschulden, Steuern unterliegen daher in Frankreich im 19. Jahrhundert, auch seit 1815, nicht nur dem allgemeinen Gesetz der Zunahme, welches auf finanziellem Gebiete der Reflex der beiden grossen Entwicklungsgesetze des öffentlichen Lebens fortschreitender Culturvölker ist, des Gesetzes der wachsenden Ausdehnung und inneren Entwicklung der öffentlichen, speciell der Staatsthätigkeiten und des Gesetzes der immer mehr vorwaltenden Präventivthätigkeit (Fin. I, 3. A., §. 36. 37). Sie zeigen vielmehr noch eine besondere, dem Grade nach, verglichen mit anderen Culturstaaten, stärkere, dem Tempo nach, auch in längerem Durchschnitt, raschere Zunahmetendenz.

Insbesondere für die Besteuerung lagen daher in Frankreich seit der ersten Revolution immer wieder neue grosse und schwierige Aufgaben vor, um erhöhte ordentliche Einnahmen neben und statt der doch nicht allein möglichen Benutzung des Staatscredits zu beschaffen. Steuergeschichtlich und steuerpolitisch ist es dann in hohem Maasse bemerkenswerth, wie man auch über die innere und äussere politische Ursache dieses Entwicklungsbedürfnisses denken mag: **die französische Besteuerung hat sich auf der Grundlage, welche ihr in der Zeit der ersten Revolution und endgiltig namentlich durch Napoleon I. gegeben war, im Wesentlichen unverändert durch alle neuen Wechselfälle des französischen Staatslebens hindurch seitdem erhalten und sich dergestalt der Lösung jener schwierigen Aufgaben gewachsen gezeigt**, sogar in der schwersten politischen und finanziellen Krisis, welche Frankreich durch seine Schuld durchleben sollte, derjenigen von 1870—71 u. ff. Nur Eine wichtige Ausnahme bildet in dieser Hinsicht die französische directe Besteuerung. Dieselbe ist in ihrer Ausdehnung und Entwicklung mit theilweiser Ausnahme der Patentsteuer unverhältnissmässig hinter derjenigen ziemlich aller übrigen Steuern, namentlich der beiden grossen Gruppen der indirecten Verbrauchs- und der Verkehrsbesteuerung (Enregistrement und Stempel) zurückgeblieben, was auf den Mangel innerer Entwicklungsfähigkeit schliessen lässt. Dieser Mangel ist wohl auf den Ertragssteuercharacter der französischen directen Besteuerung mit zurückzuführen, hängt aber auch damit zusammen, dass diese Besteuerung die Grundlage der Localbesteuerung ist.

Abgesehen hiervon liegt eine practische Bewährung des modernen französischen Steuersystems vor, welche kein wissenschaftlicher und finanzpractischer Kritiker des letzteren unbeachtet lassen darf, so Vieles er mit Recht an diesem System zu tadeln haben mag. Auch in rein politischer Beziehung verdient es Beachtung, dass Frankreich bei allen seinen neueren Verfassungs- und Regierungswechseln, wohl unter der Nachwirkung der traurigen Erinnerungen an die leichtsinnige Zertrümmerung des Steuersystems der alten Monarchie in den ersten Jahren der ersten Revolution, in der Steuerpolitik merkwürdig conservativ geblieben ist und — damit gute practische Erfolge erzielt hat. Auch wer mit Recht an der nach dem letzten Kriege eingeschlagenen Politik, den grossen Mehrbedarf an Steuern fast nur durch Erhöhung der Steuersätze der indirecten Verbrauchs- und der Verkehrssteuern zu decken, Manches auszusetzen hat, muss nach den Erfahrungen eines neuen halben Menschenalters zugestehen, dass diese Politik, rein finanzpolitisch, nach ihrer Leistung für die Bedarfsdeckung beurtheilt, sich auf den Erfolg berufen kann.

Es erklärt sich so eine an sich auffällige Erscheinung. Trotz der ungemeinen Steigerung des Finanz- und Steuerbedarfs, welche in Frankreich seit 1815 eingetreten ist, wie immer der Folge der aus der eingeschlagenen inneren und äusseren Politik hervorgehenden neuen Verwaltungsaufgaben, und trotz des gewaltigen Unterschieds, welcher in dieser Hinsicht zwischen England und Frankreich in dieser Periode (1815—1885) besteht, ergiebt sich in Einer Beziehung eine Aehnlichkeit zwischen der britischen und französischen Besteuerung am Anfang und am Schluss des 19. Jahrhunderts: die Grundlagen und die Haupttheile des Steuersystems haben sich bei beiden nicht wesentlich verändert.

Von der Besteuerung anderer Continentalstaaten, auch der deutschen, gilt das nicht im gleichen Maasse. In Frankreich ist es, bei dem auf allen anderen Lebensgebieten sonst so deutlich hervortretenden sanguinisch-nervösen, neuerungssüchtigen keltisch-gallischen Character des französischen Volks — rerum novarum semper studiosi! — und bei dem Anreiz zu grösseren Veränderungen des Steuersystems, welchen die ungeheure Vermehrung des Steuerbedarfs gerade in den beständigen Staatsumwälzungen leicht geben konnte, nur viel auffälliger als in Grossbritannien bei dem britischen Volks- und Staatscharacter und bei nicht erheblich gewachsenem Steuerbedarf (S. 225, 231).

Die bekannte Thatsache der langsamen französischen Volksvermehrung könnte in einer Hinsicht die Festhaltung des am Schluss der ersten Revolutionsperiode neu begründeten Steuersystems selbst noch auffälliger erscheinen lassen. Denn die grosse Vermehrung der Steuereinnahmen musste so für den Einzelnen durchschnittlich noch mehr als Last ins Gewicht fallen, zumal diese Last nach den gleichbleibenden Steuervertheilungsprincipien zu tragen war. In anderer Hinsicht erklärt aber diese langsame Volksvermehrung die Stabilität des Steuersystems und die Steigerung der durchschnittlichen Steuerfähigkeit der Bevölkerung vielleicht etwas mit: der Belastungscoefficient, welcher anderswo, besonders bei den germanischen Völkern, zumal bei dem deutschen, für den jeweils erwerbenden Theil des Volks die Aufziehung einer der Zahl nach stärkeren neuen Generation bildet, ist bei den Franzosen schwächer, so dass eine bedeutendere Steuerbelastung, zur Durchführung der Politik der „gloire" und zur Tragung ihrer wirthschaftlichen und finanziellen Folgen, ermöglicht wird. Ob aber die Grenze der Steuerfähigkeit nunmehr nicht mehr und mehr auch trotz dieser geringeren Belastung des französischen Volks mit „nationalen Aufziehungskosten" erreicht ist? vgl. u. §. 177.

§. 166. Die französische Finanzstatistik gestattet vergleichende Rückblicke auf den Gang der Einnahmen und Ausgaben und der Hauptrubriken beider bis in die erste Zeit des Consulats zurück. In der vorausgehenden eigentlichen Revolutionszeit bis zum Directorium sind zum Theil gar keine Budgets und Etats zu Stande gekommen und war das Rechnungswesen unter den Wirren der Revolution und unter den Excessen der Papiergeldwirthschaft ganz zerrüttet; so dass brauchbare Daten für die Vergleichung aus dieser Periode fehlen[1]). Die grossen Regierungswechsel haben dann Anlass gegeben, summarische und Durchschnittsdaten für die Perioden der verschiedenen Regierungen zu bilden. Die genauen, bis auf die Einser gehenden Zahlen sind aber allerdings nicht durchaus streng vergleichbar, weil nicht immer sich auf ganz dieselben Thatsachen beziehend, auch enthalten die Zahlen für die frühere Zeit (Consulat) Lücken und sind Veränderungen in der Buchungs- und Berechnungsweise und Classification störend. Doch bleiben die Daten für die ausreichende **annäherungsweise Vergleichbarkeit** hinlänglich brauchbar.

Siehe Nicolas, budgets de la France und z. Th. danach, z. Th. berichtigend den genannten Artikel von Boiteau, budget génér. im dict. de fin. mit zahlreichen vergleichenden Berechnungen. Die folgenden Zahlen sind diesem Werke entnommen oder nach den dort gegebenen berechnet, unter Ergänzung aus anderen Quellen (u. A. aus den älteren Budgets selbst).

Durch die Gebietsveränderungen unter Napoleon I., nach 1814 und wieder nach 1870 (von dem Zuwachs von Nizza und Savoien abgesehen) werden die Vergleichungen abermals gestört, was sich hier nicht ändern lässt, aber bei der Vergleichung nicht vergessen werden darf. In den letzten Jahren des ersten Kaiserreichs zur Zeit seines grössten Umfangs (1813) zählte Frankreich ca. 42.5 Mill. Einwohner, gegenwärtig auf seinem verkleinerten Gebiete ca. 38 Mill. Im Gebietsumfang von 1815 hatte Frankreich 1806 29.11, 1821 30.46, 1856 36.04 Mill. Einwohner. Durch Nizza (Departement Seealpen) und Savoien sind 1860 737.000 Einwohner (Zählung von 1861) dazugekommen, durch den Verlust von Elsass-Lothringen 1871 1,597.000 Einwohner ausgeschieden. Daher Einwohnerzahl 1861 37.39, 1866 38.07, 1872 36.10, 1881 37.67 Mill. (Ann. statist. 1882, p. 7).

Die Steigerung der mittleren Budgets des Gesammtetats der Ausgaben nach dem genannten Artikel im dict. de fin. p. 713 war folgende in Mill. Frcs.:

---

[1]) Siehe dict. de fin., Boiteau's Art. budget général de l'état, p. 540 ff. mit einzelnen Daten über die Wirren, Stourm, II. ch. 21—30 und Schluss.

Consulat und 1. Kaiserreich (1801—14) . . . 985.8
Restauration (1815—30) 1031.9
Julimonarchie (1830—47) 1257.5
Zweite Republik (1848—51) 1587.8
Zweites Kaiserreich (1852—1870) 2150.3
Dritte Republik (1871—84) 3192.9

Oder jährliche Vermehrung 4.99 % im Mittel! Minimal- gegen Maximalbudget verglichen (1819 mit 896, 1882 mit 4235 Mill. Frcs.) sogar jährlich 7.4 %! Rund also selbst bei ersterer Berechnung 5 % gegen eine Bevölkerungsvermehrung (auf das heutige Gebiet berechnet) von jährlich nur 0.5 %(?) zwischen 1801—1881 und bloss 0.38 % seit 1821.

Einigermaassen musste der Ertrag der Steuern sich dieser Bewegung nach Umfang und Tempo anpassen und hat das auch so ziemlich gethan, wenn sich auch die Quote der ausserordentlichen Deckungsmittel etwas erhöht hat (von 10.5 % der Gesammtausgaben unter Napoleon I., 9.1 und 6.8 % unter den beiden folgenden königlichen Dynastien, auf 16.0 % von 1848—70 und 14.2 % seitdem, neben einem kleinen unbedeckt bleibenden Rest von 1—5 % meistens).

Die ordentlichen (Normal-)einnahmen allein und unter ihnen die Steuern und steuerartigen haben sich nämlich folgendermassen entwickelt, nach Jahresdurchschnitten, berechnet aus den Summen-Daten und Perioden im dict. de fin., p. 714, wobei für die erste Periode vielleicht eine Zeitdauer von 14 Jahren 100 Tagen, statt blos von 14 Jahren — wegen der Rückkehr von der republikanischen zur christlichen Zeitrechnung in 1807 — anzunehmen gewesen, die Durchschnittsziffer also ca. 2 % kleiner ausgefallen wäre; doch ergiebt sich aus dem Material des dict. nicht sicher, ob hier nicht schon corrigirt ist, und zudem können aus den angedeuteten Gründen die Daten dieser ersten Periode doch nur Annäherungswerth haben.

	1801—14	1815—30	1831—47	1848—51	1852—70	1871—83
In Mill. Frcs. jährlich:						
Domänen und Forsten	105.2	35.1	37.6	36.5	49.2	52.4
Directe Steuern . . .	375.0	355.0	389.4	428.8	494.4	710.3
Indirecte Steuern . .	370.5	514.3	680.3	720.8	1119.7	2047.2
Anderes	33.2	24.7	41.1	72.1	126.4	262.3
Summa	884.0	929.1	1148.4	1258.2	1789.7	3072.3
Oder in %						
Domänen und Forsten	12.0	3.8	3.2	3.0	2.8	1.7
Directe Steuern . .	42.4	38.1	33.9	34.0	27.7	23.1
Indirecte Steuern . .	41.8	55.4	59.3	57.2	62.5	66.7
Anderes	3.8	2.7	3.6	5.8	7.0	8.5
Summa	100.0	100.0	100.0	100.0	100.0	100.0
Progression (im Vergleich mit der Periode 1815—30):						
Domänen und Forsten	300.0	100.0	107.1	104.0	140.2	149.6
Directe Steuern . .	105.6	100.0	109.7	120.8	139.3	200.1
Indirecte Steuern . .	72.0	100.0	132.2	140.1	217.2	398.0
Dir. und indir. St. zus.	85.8	100.0	123.1	132.2	185.7	317.4
Anderes	134.4	100.0	166.4	291.9	511.8	1062.6
Summa	95.1	100.0	123.6	135.4	192.6	330.2

Die Erträge der Domänen und Forsten umfassen hier besonders in der ersten Periode die aus der Revolutionszeit fortdauernden Veräusserungen mit. Daher die damalige höhere Ziffer. Bei den directen Steuern sind die allgemeinen (für den Staat) und die Specialfonds (für die Departements und Gemeinden), bei den indirecten Steuern auch die Monopole, dann namentlich die Verkehrssteuern, (Enregistrement und Stempel) und die Einnahmen aus der Post und Telegraphie, unter „Anderes" die sonstigen als regelmässige anzusehenden mancherlei verschiedenen Einkünfte. (darunter auch der Ertrag der neuen 3 % Steuer von Werthpapieren mit jetzt ca. 48 Mill. Frcs., die eigentlich zu den directen Steuern gehört), hier in Eine Rubrik zusammengefasst. Auch dies Verfahren bedingt, dass die Daten nur annäherungsweise vergleichbar sind und die aus den Zahlenreihen und aus ihren Vergleichungen, daher besonders aus den Relativzahlen zu ziehenden Schlüsse nicht ganz so streng ausfallen können, als wenn man es mit völlig homogenen Grössen zu thun hätte. Aber auch so bleiben die Daten nach den verschiedensten Seiten belehrend genug. Bei der Abnormität der Verhältnisse in der ersten Periode (Consulat und Kaiserreich) empfiehlt es sich, der Progressionsberechnung, wie oben geschehen, erst die Daten der zweiten, der Restaurationsperiode, zu Grunde zu legen.

Die ungeheure Vermehrung der Gesammteinnahmen und der Steuern und unter letzteren wieder der indirecten (einschliesslich der Verkehrssteuern) tritt schlagend hervor. Ebenso die Thatsache, dass mit der kleinen, auf gewisse steuerpolitische Maassregeln der zweiten Republik zurückzuführenden Unterbrechung in der Periode von 1848—51 (s. §. 171), der Schwerpunct der ordentlichen Einnahmen immer mehr in die indirecten Steuern fällt und diese ganz das Uebergewicht über die directen erlangen: in Betreff der Gesammtzunahme und der Vertheilung auf directe und indirecte Steuern eine wesentlich verschiedene, zum Theil geradezu entgegengesetzte Entwicklung als in Grossbritannien (S. 234).

Durch die Ausscheidung der Post- und Telegrapheneinnahmen aus den Daten für die französischen indirecten Steuern würden sich die absoluten und besonders die relativen Zahlen doch nicht erheblich ändern. Auch die Weglassung der „Zinsrentensteuer" von Werthpapieren bei den directen Steuern wird mehr als aufgewogen durch folgenden Umstand. Es sind nämlich dafür unter den directen Steuern hier die Zuschläge für Departemental- und Communalzwecke zu den Staatssteuern mit eingesetzt. Dieselben betrugen in der letzten Periode schon über ³/₄ der dem Staate verbleibenden directen Steuern und haben sich besonders in dieser neuesten Zeit gegen früher sehr gesteigert. Die bedeutende Vermehrung des Jahresdurchschnitts der directen Steuern in der Periode der dritten Republik fällt grösstentheils auf diese Specialfonds.

Die obigen Durchschnittsdaten lassen aber die Entwicklung noch nicht so scharf hervortreten, wie sie wirklich war. Diejenigen aus der letzten Periode sind gegenwärtig schon wieder erheblich überschritten, ohne Aussicht auf Wiederabnahme. Vergleicht man einige Hauptzahlen eines einzelnen Jahresetats, nämlich des letzten vollen Budgets Napoleon's I. (1813), der Restauration (1830), Louis Philipp's (1847), Napoleon's III. (1870) und von 1885, so zeigt sich folgende Entwicklung (in Mill. Frcs.):

	1813	1830	1847	1870	1885	Zunahme 1830—1885 %
Directe Steuern (nur f. d. Staat)	318.3	327.6	331.7	332.8	474.4	144.8
Enregistrement, Stempel, Domänen	170.0	185.3	260.2	460.6	699.4	383.0
Eigentl. indir. St. (Zölle u. innere)	379.5	375.9	512.5	755.6	1483.0	394.5
Zusammen Steuern	867.8	888.8	1104.7	1549.0	2656.8	299.0
(Posten	13.0	30.5	49.7	89.3	135.7	444.9)

Die Domäneneinkünfte bei Enregistrement und Stempel betragen bis 1870 nur einige Millionen; in der Zahl für 1885 fehlen sie (hier 19.9 Mill. Frcs.). Die Steuer von Werthpapieren ist in 1885 hier mit 50.16 Mill. Frcs. bei den directen Steuern eingesetzt; ebenso die kleineren, diesen Steuern assimilirten Specialtaxen. Man sieht, dass die Zahlen für 1830 gegen 1813 wenig verändert sind, freilich sich auf ein Gebiet mit bloss ³/₄ der früheren Bevölkerung (1813 42.5, 1831 31.8 Mill.) beziehen. Erst seitdem und in immer stärkerem Maasse seit 1848 haben die indirecten Verbrauchs- und die Verkehrssteuern die colossale Steigerung erfahren. Die directen Staatssteuern sind bis 1870 so gut wie ganz stabil geblieben und auch seitdem weit weniger gewachsen, selbst wenn die genannte Zinssteuer von Werthpapieren mit zu ihnen gerechnet wird. Die directen Steuern betrugen 1830 36.9, 1870 21.5, 1885 nur 17.8% aller Steuern.

Aus einem Vergleich mit Grossbritannien ergiebt sich, dass Frankreich aus der langen Periode der Revolutions- und napoleonischen Kriege ungleich weniger finanziell belastet und steuerbebürdet hervorgegangen ist, als sein grosser Rival. Das erklärt sich aus dem Staatsbankerott und der einfachen Abschüttelung der Papiergeldschuld in der Revolutionszeit, ferner daraus, dass Napoleon seine Kriege weder in erheblichem Maasse mit Steuern noch mit Staatsschulden des eigenen Landes, sondern auf Kosten seiner besiegten Gegner führte, endlich auch daraus, dass Frankreich selbst 1814 und 1815 in finanzieller Hinsicht, in Bezug auf Kriegsentschädigung u. s. w. ausserordentlich — man darf wohl sagen übermässig und ungebührlich — geschont worden ist. Nur so konnte die Finanzperiode von 1815—1816 ohne ein besonders grosses Wachsen der verzinslichen Staatsschuld und der Steuern abgewickelt und auch die ganze Restaurationsperiode hindurch, selbst nach Bezahlung der mässigen Kriegscontribution an die Alliirten (700 Mill. Frcs., ausser der Erhaltung der fremden Occupationsarmee auf 5 Jahre, was auf 150 Mill. jährlich veranschlagt wurde) und der Entschädigung der Emigrirten (nominell 1 Milliarde, aber in Form 3% Rente, wovon schliesslich nur ca. 26 Mill. Frcs. Rente, in Folge späterer Maassregeln der Juli-Regierung, zur Zahlung kamen, Gesetz vom 27. April 1825, s. Sudre I, 446 ff., 460) und nach Reparirung der Kriegsschäden, ohne eine besonders starke Steigerung der Besteuerung gewirthschaftet werden. Finanzielle Vortheile, welche natürlich auch den folgenden Perioden bis in die Gegenwart hinein zu Gute gekommen sind, während Grossbritannien und manche andere Staaten bis heute an den Finanzlasten aus der französischen Kriegszeit tragen. In finanzstatistischer Hinsicht sind die grossen Procentzahlen der Steuerprogression natürlich auch durch die kleinen absoluten Zahlen der Steuererträge der früheren Zeit mit bedingt.

II. Die Besteuerung während der ersten Periode der ersten Revolution (bis zum Directorium).

§. 167. Im früheren steuergeschichtlichen Kapitel ist der Zustand des französischen Steuerwesens am Schluss des ancien régime dargestellt worden (§. 58—67). An manchen schweren Mängeln hat dies Steuerwesen gewiss gelitten, besonders die hauptsächliche directe Steuer, die taille und die grossentheils in Form eines Zuschlags zu ihr erhobenen Kopfsteuern und Zwanzigsten (§. 59, 60), von den indirecten Steuern namentlich die Salzsteuer (gabelle §. 63). Die Steuerprivilegien der höheren Stände, die Uebelstände bei der Einschätzung, Auflegung, Erhebung, Verwaltung der directen und der meist verpachteten indirecten Steuern, die Buntscheckigkeit und Ungleichmässigkeit der Gesammtbesteuerung im ganzen Staatsgebiete erheischten gewiss ebenso dringend Abstellung, als die vielen Missbräuche in Bezug auf die Verwendung der Staatsgelder.

Eine kritische Uebersicht der Mängel der Besteuerung des ancien régime, allerdings etwas gefärbt durch die Tendenz, das neue Besteuerungssystem in möglichst glänzendes Licht treten zu lassen, giebt die interessante und characteristische „Adresse der Nationalversammlung an die Franzosen über die Zahlung der Steuern" („contributions" s. u.) vom Juni 1791. Wieder abgedruckt in Yves Guyot, l'impôt sur le revenu, Par. 1887. p. 284—309.

Die unbefangene Betrachtung und die echt historische Auffassung, welche die Dinge aus dem Gesichtspunct und dem

Können der Zeit selbst und auch vergleichsweise nach den
Verhältnissen anderer Länder in derselben Zeit beurtheilt, müssen
indessen der neueren Forschung darin Recht geben, dass das
französische Steuerwesen unter Ludwig XVI. und in wichtigen
Theilen selbst von den Zeiten Ludwig's XIV. her, namentlich in
steuertechnischer und administrativer Hinsicht, doch bereits
manches Brauchbare und Gute enthalten hat. Daher sind denn
auch manche Grundsätze und selbst vieles Einzelne in Betreff der
Ausführung aus dem älteren Steuerrecht wenig verändert- in das
neue der Revolution und Napoleon's I. übergegangen. Ausserdem
hat man aber namentlich in den letzten Jahren vor 1789, besonders auf dem Gebiete der directen Besteuerung, ernstlich an
Reformen gedacht und Einzelnes davon zur Ausführung gebracht
(§. 50). Hierfür ist namentlich auf das Werk von René Stourm
zu verweisen.

An diese Reformarbeiten aus den Jahren 1787 und 1788 hat
man zwar in der ersten Zeit der Revolution angeknüpft. Aber
von vornherein entwarf man doch dabei fälschlich für die gesammte
Besteuerung einen Neubau-Plan, welcher auf einseitigen politischen und volkswirthschaftlichen Theorien und unhaltbaren
practischen Gesichtspuncten, u. A. auch in Betreff der patriotischen
Willigkeit zur Zahlung von Steuern unter den freien „Bürgern",
beruhte. Es wäre viel richtiger gewesen, sich auf einen langsamen und vorsichtigen Umbau des geschichtlich überkommenen
Steuersystems zu beschränken. Bevor aber jener Neubau auch nur
in der Gesetzgebung fertig geworden und als nur erst einzelne
Theile dieser Gesetzgebung in den ersten Stadien der administrativen
Durchführung begriffen waren, hatte die Bevölkerung schon vielfach
mit Einstellung der alten Steuerzahlungen begonnen, ohne den
patriotischen Mahnrufen der Nationalversammlung Gehör zu schenken
und ebenso wenig geneigt, die neuen Steuern ordentlich einzurichten und zu zahlen. Die schwache Staatsregierung war diesen
Wirren gegenüber machtlos. So sank das alte Steuersystem in
Trümmer oder versagte den Dienst. Das neue blieb zunächst auf
dem Papiere stehen und ergab keine irgend genügenden Erträge:
die eigentliche finanzielle Erklärung für die erste Einführung
und baldige Vermehrung des Papiergeldes, der Assignaten, zur
Deckung des Finanzbedarfs, da auch auf den normalen Staatscredit unter den damaligen politischen und wirthschaftlichen Verhältnissen nicht mehr zu rechnen war. Man beging so den grossen

steuerpolitischen Fehler, alte Steuern aufzugeben, bevor man in neuen einen sicheren und genügenden Ersatz hatte. Diesen Fehler haben die Briten immer vermieden. Auch die Franzosen haben aber wenigstens in der Folgezeit, bei ihren neuen politischen Umwälzungen, ihn im Wesentlichen zum Heile ihrer Finanzen zu vermeiden gelernt, wie hier hervorgehoben werden mag. Zwar machte die provisorische Regierung von 1848 einen thörichten Anlauf mit einer solchen umstürzenden Steuerpolitik, doch wurden ihre Maassregeln bald wieder rückgängig gemacht (§. 171).

Ueber die Volksbewegungen gegen die alten Steuern, besonders die Getränkesteuern (aides), Salzsteuern, Octrois, und über die Unfähigkeit und mehr noch Lässigkeit der mit der Veranlagung der neuen directen Steuern betrauten Localorgane s. bes. Taine, Entstehung des modernen Frankreich, nam. I. Bd. V. Kap. 2, und Stourm, Fin., der zugleich vortrefflich vom steuertechnischen Standpuncte aus über das neue Steuersystem und dessen, mitunter äusserlich verhüllte, Anknüpfung an die Einrichtungen des alten handelt. Im Ganzen glaubte ich ihm hier folgen zu dürfen.

Die genannte „Adresse" über die Steuerzahlung ist eines jener freilich allen Fremden vielfach phrasenhaft erscheinenden französischen Actenstücke, das aber an sich nach seiner schönen und hohen, nur eben viel zu idealistischen Auffassung doch Interesse bietet: eine patriotische, an Gefühl und Vernunft appellirende Apostrophe hinsichtlich der Nothwendigkeit und Heilsamkeit des Steuerzahlens, sobald eine gute „Verfassung" richtige Verwendung der Erträge und gute Einrichtung des Steuerwesens verbürgt. Ein Actenstück, wie wenige characteristisch für den edlen, aber unpractischen Idealismus der Politiker der ersten Jahre der Revolution selbst auf einem so nüchtern realistischen Gebiete wie dem der Besteuerung.

Warum waren die alten Steuern so verhasst? Weil es „Auflagen" („impositions"), von einer willkührlichen Gewalt aufgelegt, waren, nicht „Beiträge" („contributions"), welche vom „allgemeinen Willen" der Nation bestimmt werden. Diese Terminologie wird dann in der ganzen Periode festgehalten und mit dem Worte „contributions" dem erleuchteten Volke das Steuerzahlen mundgerecht zu machen gesucht. „Nul de vous ne se refuse, ni ne se refusera jamais à payer sa juste part des dépenses publiques faites à son profit (sic!), sans déprédation, avec une sage économie que vos représentants ont sévèrement jugée, dont ils vous rendent et vous faut rendre compte, et qui ne sont trop à charge à personne, lorsque tout le monde y concourt à raison de ses facultés, dans une équitable proportion." Keiner wird sich weigern zu steuern! So rufen die Volksvertreter im Augenblick, wo bald keiner mehr Steuern zahlt!! —

In der „Adresse" wurden die bisherigen Steuern in fünf Hauptclassen gebracht: 1) die directen, taille réelle und personelle, Zwanzigsten, Kopfsteuer, auch Zehnten; 2) Monopole und ausschliessliche Privilegien, wie die Salzsteuer, Tabak, provinzenweise auch Getränkesteuern, ferner die gewerblichen Abgaben bei den Meisterrechten u. s. w.; 3) innere Verbrauchssteuern, wie besonders die auf Getränke und andere Artikel; 4) innere und Grenzzölle beim Transport von Waaren; 5) Steuern auf Rechtsgeschäfte (actes), Contrôle, insinuation, centième denier u. s. w. Fast nur diese fünfte Classe findet Gnade in der Nationalversammlung, wird beibehalten und geht reformirt als Abgaben der Registrirung, des Stempels und Hypothekenwesens in das neue Steuersystem über. Sonst wird bloss der Grenzzoll erhalten, die älteren directen Steuern werden in die neuen directen umgewandelt.

Der Plan für das neue Steuersystem der Revolutionsära beruhte, unter dem unverkennbaren und auch nachweisbaren Einfluss physiokratischer Ideen, besonders auch über indirecte Besteuerung[1]), auf einer einseitigen Vorliebe für directe statt indirecter Steuern und zugleich auf einer unzulänglichen Doctrin der directen Besteuerung. Die Weiterentwicklung war in Frankreich später, nach wiederhergestellter Staatsordnung, und andauernd die dieser Richtung gerade entgegengesetzte: immer mehr indirecte neben fast stabil bleibenden directen Steuern. Die Geschichte hat also dem System der Revolution eine entschiedene Ablehnung zu Theil werden lassen.

Diese Auffassungen der Revolutionspolitiker führten dazu, dass die indirecten Steuern grossentheils aufgehoben wurden, wozu freilich die thatsächliche Suspension dieser Steuern von den ersten Tagen der Revolution an durch die wilden Volksbewegungen, welche namentlich gewissen Steuern dieser Gattung (Salz-, Getränkesteuern, städtische Octrois) besonders feindlich waren, beigetragen hat. Auch das Tabakmonopol, obgleich weniger missliebig und nicht einmal von den politischen und nationalökonomischen Doctrinären der Nationalversammlung so scharf als andere Steuern angefochten, fiel schliesslich, und zwar mit aus einem ganz doctrinären Grunde, weil man in dem damals noch für nothwendig geltenden Verbot des einheimischen Tabakbaues eine inconstitutionelle Eigenthumsbeschränkung sah. Dagegen wurde aus polizeilichen und politischen Gründen das Pulvermonopol beibehalten (Jahr V) und verblieb ununterbrochen bis heute. Von den Zöllen wurden aus zutreffenden Gründen die so überaus lästigen zahlreichen inneren beseitigt. Die weniger be-

---

[1]) v. Kaufmann, Fin. Frankreichs S. 161, 193 bezweifelt das wohl mit Unrecht. Nicht bloss die „einzige Grundsteuer", sondern die Polemik gegen die indirecte Besteuerung und der Eifer für ein „einfaches" directes Steuersystem sind physiokratische Momente. Dupont de Nemours war auf die Steuergesetzgebung von besonderem Einfluss.

fehdeten Aussen-Grenzzölle, besonders die Einfuhrzölle, wurden dagegen erhalten. Alle bisher durch Zölle von einander getrennten Gebietstheile Frankreichs und die noch ganz ausserhalb des älteren Grenzzollsystems stehenden Provinzen (§. 64) wurden jetzt in das Eine neue grosse Zollgebiet aufgenommen und so das von Colbert vergeblich erstrebte Ziel erreicht: ganz Frankreich zu einem grossen einheitlichen, im Inneren möglichst von Zöllen freien Wirthschafts- und Marktgebiet, das gegen das Ausland durch den Grenzzoll abgeschlossen war und einem Einheitstarif für den Verkehr mit dem Ausland unterstand, zusammenzufassen. Eine der bedeutendsten wirthschaftspolitischen Maassregeln der Periode, welche auch wichtige rein politische Folgen für das innere Zusammenwachsen der Provinzen und ihrer Bevölkerung und für die Amalgamirung der Grenzprovinzen hatte. Diese „Einheit des Markts" und des Zollsystems ist Frankreich seitdem erhalten geblieben. In der Revolutions- und Kaiserzeit wurde die Einrichtung des Zolltarifs und die thatsächliche Function des ganzen Zollsystems freilich wesentlich durch den Gang der auswärtigen Politik mit bestimmt. Die rein fiscalische Seite des Zollwesens kam daher hier auch nur wenig zur Geltung, wie die mässigen Zollerträge zeigen. Erst nach 1815 ward der Grenzzoll das systematische Mittel zur Durchführung einer bestimmten Handelspolitik, namentlich der schutzzöllnerischen, wobei die Finanzinteressen aber ebenfalls noch zurücktreten mussten.

Siehe Stourm, I, 294 ff. Die revolutionären Volksbewegungen wandten sich besonders gegen die verkehrshemmenden inneren Steuern. Aber die öffentliche Meinung und die Gesetzgeber wurden auch durch die physiokratische Kritik der indirecten Steuern mit bestimmt. Während der revolutionären Hochfluth blieb diese Stimmung herrschend, wenn es auch an einzelnen gegnerischen Ansichten nicht fehlte und einzelne Politiker allmählich, durch die Missstände belehrt, den indirecten Steuern wieder günstiger gesinnt wurden. Solche Meinungen waren in der Schreckenszeit aber verfehmt und wagten sich daher nur schüchtern hervor. Erst mit dem Consulat und Kaiserreich gewannen sie wieder die Oberhand. Nach kurzem Zögern fiel so die Salzsteuer (Gesetz vom 21.—30. März 1790), ein Jahr später auch die Getränkesteuer (2.—17. März 1791) und die städtischen Octrois (19.—25. Februar 1791), womit auch das städtische Finanzwesen zerrüttet wurde. An Ersatzplänen und wirklichen legislativen Ersatzversuchen mit Hilfe von directen Steuern fehlte es nicht (z. B. in Form von Zuschlägen, so für die Salzsteuer, 1790), aber solche Versuche misslangen bei der Ausführung und wurden dann auch wieder rückgängig gemacht. Das Tabakmonopol fiel durch Gesetz vom 20.—27. März 1791, die inneren Zölle durch Gesetz vom 30. October — 5. November 1790, ebenso die verschiedenen älteren kleineren inneren Verbrauchssteuern. Auch die Reformen im Zollwesen und Zolltarif knüpften an umfassende Vorarbeiten aus den letzten Jahren des ancien régime an (liberaler Tarifentwurf vor der Notabelnversammlung von 1787). Elsass-Lothringen sperrte sich damals sehr gegen die Einverleibung in das allgemeine französische Zollgebiet. Die neuen Einrichtungen wurden durch die Decrete, bez. Gesetze vom 5. November 1790, 15. März 1791 (Tarifgesetz), 23. April — 1. Mai 1791 (Organisation des Zolldienstes), 28. Juli—6. u. 22. August 1791 (Zollverfahren) begründet, technisch zum Theil in vorzüglicher Weise und endgiltig, aber, wie Stourm wieder im Einzelnen nachweist, doch vielfach ziemlich genau nach den alten Reglements, so das letzte Gesetz über das Zollverfahren nach einer Ordonnanz von 1687 (s. Stourm, I, 61—86). Erst nach wiederhergestellter Staatsordnung, d. h. von den Zeiten des Consulats an kamen auch alle diese Gesetze zur ordentlichen Ausführung.

Weniger allgemeine und heftige principielle Opposition scheinen in der Revolutionszeit eigenthümlicher Weise die Stempel- und die Registrirungs- und Besitzwechselabgaben gefunden zu haben, welche das ancien régime bereits in seinen droits de contrôle, d'insinuation und dem centième denier besessen hatte (§. 65). Hier gelang eine aus- und fortbauende Gesetzgebung, über Enregistrement 1790 und über Stempel 1791, welche allerdings auch erst später unter dem Directorium, 1798, zum Abschluss kam und damit erst ordentlich practisch brauchbar wurde (§. 169).

Die Hauptgrundsätze und die verwaltungstechnischen Normen und Einrichtungen sind übrigens auch hier aus den früheren Gesetzen und Institutionen herüber genommen worden. In der Zeit der schlimmsten politischen Excesse und der Papiergeldwirren versagte der Erhebungsmechanismus dieser schwierigen Steuern begreiflich fast völlig seinen Dienst, die Stempeleinnahme verschwand zeitweilig beinahe ganz, so dass nicht einmal die Kosten dieses Verwaltungszweigs gedeckt wurden.

Schon in normalen Zeiten der inneren und äusseren Politik würde es schwer gewesen sein, den Ausfall der gesetzlich aufgehobenen indirecten Steuern und sonstigen beseitigten Abgaben und Einnahmen in der gebotenen Weise durch Eröffnung neuer ordentlicher Einnahmen zu decken. Letzteres konnten bei der eingeschlagenen Steuerpolitik wesentlich nur directe Steuern sein. Die Gesetzgeber der Revolution bewegten sich schon in der ersten ruhigeren Periode in einer doppelten Illusion, einmal über die mögliche Verminderung der Staatsausgaben, welche durch Verfassungs- und Verwaltungsreformen erzielt werden könnte, sodann über die hinlängliche Ergiebigkeit der directen Besteuerung zur Bestreitung des verbleibenden und durch andere ordentliche Einnahmen nicht gedeckten Theils des Finanzbedarfs. Bald zeigte es sich, wie wenig reelle Ersparnisse an den Ausgaben eines grossen Staats mit bedeutendem Schulden- und Militäretat und grossen und sich vermehrenden sonstigen Verwaltungsausgaben auch beim besten Willen zu erreichen waren und wie schwer, ja unmöglich es sei, den grössten Theil des nicht weiter verminderungsfähigen Ausgabeetats auch durch noch so zweckmässig eingerichtete directe Besteuerung zu decken. Aber in doctrinärer Verblendung und in schwächlicher Nachgiebigkeit gegen die Agitationen leidenschaftlich erregter Volksmassen hielt man an jenen Illusionen fest, zertrümmerte das System der indirecten Steuern und schuf ein neues directes Steuersystem, dessen Erträge für alle aufgegebenen Einnahmen genügenden Ersatz bieten sollten, jedoch dies nicht vermochten, auch wenn es gelungen wäre, es rascher und besser durchzuführen, als es Jahre hindurch geschah.

§. 168. Die neue directe Besteuerung sollte an die Stelle der beseitigten Taille, Zwanzigsten, Kopfsteuer, auch der Zehnten treten und Ersatz für diese und eventuell für weitere aufgehobene indirecte Steuern (so die Salzsteuer) liefern. Sie stellte zugleich den Kern des neuen „verfassungsmässigen" Steuersystems dar.

Für sie insbesondere nämlich, wenn auch für alle etwaigen sonstigen Steuern gleichfalls, werden die „politischen" Maximen der „staatsbürgerlichen Gesellschaft" anerkannt und verfassungsmässig und gesetzlich festgestellt: dass jede Steuer, um rechtsgiltig zu sein, auf dem Gesetze beruhen, alle Steuern und sonstigen öffentlichen Lasten von den Bürgern und Eigenthümern im Verhältniss zu deren Vermögen und Fähigkeiten getragen werden müssten, und jede Steuer nur zum Vortheil der Gesammtheit eingeführt werden dürfe. Die Steuern sollten jährlich bewilligt werden und in der Regel nicht über das betreffende Jahr hinaus gelten, was insbesondere für die directen Steuern staatsrechtlicher Grundsatz geblieben ist. Politische Maximen und staatsrechtliche Grundsätze, welche einen bedeutenden politischen Fortschritt gegen das ancien régime ergeben.

Siehe Acte constitut. du 5 fructid. an III, déclar. des droits, art. 16, 302, décr. de l'assembl. constit. du 7 Oct. 1789.

Aber mit solchen blossen „Principien" war keine reale Steuerpolitik zu betreiben. Die neu geplante directe Besteuerung zumal reichte für den Bedarf nicht aus und konnte schon ihrer steuertechnischen Natur nach nicht ausreichen, obwohl sie gewiss im Vergleich mit den früheren directen Steuern manche und erhebliche politische, ökonomische und technische Vorzüge besass. Auch nach ihrer vollen Entwicklung war sie eben bloss ein Ertragssteuersystem. Einem solchen fehlt einmal die Fähigkeit, über einen mässigen Betrag hinaus sich ergiebig machen zu lassen, vollends in der Ergiebigkeit einigermaassen mit dem steigenden Finanzbedarf und gar mit dem Wachsthum französischer Etats selbst wachsen zu können. Dabei verfolgte man in der neuen directen Besteuerung die Tendenz, möglichst nur nach realen, nicht nach personalen Momenten die Steuerfähigkeit zu bemessen und letztere daher aus objectiven äusseren Merkmalen abzuleiten. Das macht eine solche Besteuerung wiederum nur beschränkt ertragsfähig und in den Erträgen wenig entwicklungsfähig. Nicht ein Ertragssteuersystem und nicht einzelne Ertragssteuern, sondern nur eine Subjectsteuer, wie eine Einkommensteuer oder eine Vermögenssteuer, lässt sich — wenn freilich auch nur in gewissen Grenzen — nach dem Finanzbedarf ergiebiger machen. In der Revolutionszeit, allerdings im Hinblick auf gewisse Uebelstände und Missbräuche bei dem alten Steuersystem, und bis in die Gegenwart hinein hat man in Frankreich eine solche Subjectsteuer vermieden, in übertriebener Befürchtung wegen des Moments der „Willkühr" (des „arbitraire") bei der Veranlagung von und der Einschätzung zu solchen Steuern und in zu weit gehender Scheu vor dem für eine ordentliche und brauchbare directe Besteuerung eben einmal unvermeidlichen, wenn auch etwas lästigen Eindringen in die persönlichen wirthschaftlichen Verhältnisse der Steuerpflichtigen. Auch selbst bei der Personal- und Mobiliarsteuer, welche eigentlich als Einkommensteuer vom beweglichen Vermögen und von persönlichen Einkünften — im Gegensatz zu solchen aus dem Grund und Boden — gedacht war, hielt man sich daher nicht an das Einkommen, sondern an das „objective äussere" Merkmal der Wohnung (s. u.).

Dieser tiefe innere Mangel der damals geschaffenen directen Besteuerung war ein verhängnissvoller Verstoss gegen die beiden „finanzpolitischen Steuerprincipien" der „Ausreichendheit" und „Beweglichkeit" (Fin. II, §. 366 ff.). Selbst wenn die directe Besteuerung bloss ein Glied eines umfassenderen Steuersystems hätte werden sollen, mussten sich aus solcher Einrichtung derselben grosse Missstände ergeben. Diese mussten aber um so grösser werden — und sind es geworden — je mehr diese Besteuerung, nach ihrer ursprünglichen Idee, wesentlich „das Steuersystem", sogar nicht nur des Staats, sondern auch der Departements und Gemeinden, durch das „Zuschlagsystem", werden sollte. Alle sonstigen Vorzüge dieser Besteuerung heben diese Mängel nicht auf.

Anfänglich hatte man aber nicht einmal ein umfassendes und ausgebildetes Ertragssteuersystem im Sinne. Man dachte vielmehr nur an Eine directe Hauptsteuer und Eine directe Nebensteuer, die nunmehr, nach der allgemein hervortretenden

Idee der völligen Unification der Staatsbesteuerung (§. 101), gleichmässig im ganzen Staatsgebiete und ohne irgendwelche persönliche Privilegien eingerichtet werden sollten. Beide sollten zusammen den Ersatz und die Umbildung der bisherigen directen Steuern darstellen und, wie gesagt, womöglich auch Etwas zur Deckung des Ausfalls der aufzugebenden sonstigen Steuern liefern. Entsprechend jenen älteren directen Steuern und auch den gegebenen wirthschaftlichen Verhältnissen, ferner ebenfalls unter Nachwirkung physiokratischer Ideen, sollte der Schwerpunct der directen Besteuerung nach wie vor in der Grundbesteuerung oder derjenigen des Immobiliarvermögens in Land und Stadt (daher einschliesslich der mit Häusern bebauten Grundstücke) und des daraus fliessenden Einkommens liegen, wobei nur alle bisherigen Exemtionen und Privilegien des bevorrechteten Grundbesitzes wegzufallen hatten und auf „gleichmässige" Steuerveranlagung, „ein Jeder nach seinem Vermögen und seinen Fähigkeiten", abzuzielen war. Hierfür war die Grundsteuer (contribution foncière, Gesetz v. 1. December 1790) bestimmt. Durch die hohe Ansetzung ihres Contingents, ursprünglich für das Principal-Contingent allein (ohne Zuschläge) auf 240 Mill. L., war sie auch finanziell als der Hauptpfeiler des neuen Steuersystems geplant. Dieser Betrag erwies sich freilich als viel zu hoch gegriffen und musste wiederholt und noch bis weit in das neue Jahrhundert hinein ermässigt werden (§. 184). Die zweite, die Nebensteuer, sollte das persönliche und das aus beweglichem Vermögen herrührende Einkommen treffen: die Personal- und Mobiliarsteuer (contribution personelle et mobilière, Gesetz vom 13. Januar — 18. Februar 1791), wesentlich an Stelle derjenigen Theile der bisherigen directen Steuern, welche dieses Einkommen hatten belegen sollen (§. 59, 60). Um die Schwierigkeiten und die früher vielfach beklagte Willkühr bei der Ermittlung dieses Einkommens behufs der Steuerveranlagung zu vermeiden, sollte aber, wie bemerkt, auch hier sich wesentlich an äussere objective Merkmale, namentlich den Wohnungsaufwand oder die Miethe, gehalten und daraus auf die Einkommenhöhe geschlossen werden. Anfänglich war von dem dergestalt ermittelten Steuersoll einer Person, welche gleichzeitig Grundbesitz hatte und daher zur Grundsteuer veranlagt war, das Grundsteuersoll des Steuerpflichtigen abzuziehen, um Doppelbesteuerung zu vermeiden und wirklich nur das nicht aus Grundbesitz herrührende Einkommen zu treffen. Eine später weggefallene

Bestimmung, aber eine richtige Consequenz der Idee, durch die beiden genannten Steuern eine wirkliche Einkommenbesteuerung zu realisiren. Für andere directe Steuern war daher auch eigentlich kein Raum in diesem System. Nur die Unzulänglichkeit der Einnahmen und die ungenügende Erreichung des Zieles mit der Grund- und Personalsteuer veranlassten später die Einfügung zweier weiterer directer Steuern, der gleich zu nennenden. Zeitweise sind ausserdem einige Luxussteuern mit der Personalsteuer verbunden gewesen. Das Contingent der letzteren war zuerst auf 60 Mill. L. gesetzt, eine Summe, die sich ebenfalls als zu hoch erwies und vermindert werden musste.

<small>Weiteres über diese Steuern unten bei der Darstellung der einzelnen Steuern, §. 183 ff., s. Stourm I ch. 5 u. 6 u. ch. 8. Definitive Ordnung der Personalsteuer, die vom Convent zeitweise beseitigt worden, durch Gesetz vom 23. December 1798 (3 nivôse VII) unter dem Directorium. Auch die Grundsteuer kam erst durch Gesetz vom 24. November 1799 ordentlich in Gang. Die Luxussteuern beruhten ebenfalls auf dem Gedanken, wie bei der Personal- und Mobiliarsteuer aus gewissen äusseren Merkmalen auf das Einkommen zu schliessen und sollten eine zeitlang statt der Wohnung zur Veranlagung der Personalsteuer dienen. Sie trafen Kamine u. dergl., männliche Dienstboten, Luxus-Pferde, Maulesel, Wagen (Gesetz vom 25. Juli 1795). ergaben wie gewöhnlich weit weniger als man erwartet hatte, verblieben gleichwohl auch nach der Wiederherstellung und Reform der Personal- und Mobiliarsteuer (1798) und wurden erst 1806 aufgehoben (Stourm I, 254, 261). Sie hatten auch wohl zur Zeit ihrer Einführung etwas mit die Tendenz einer höheren Besteuerung der Reicheren, ähnlich, nur gemässigter, wie die unten zu erwähnenden Progressivsteuern.</small>

Die beiden anderen Steuern des neuen Systems directer Besteuerung, die Patent- (Gewerbe-) Steuer (Gesetz vom 2. — 17. März 1791) und die Thür- und Fenstersteuer (Gesetz vom 24. November 1798) lagen anfangs nicht im Steuerplane und passten auch in diesen nicht, wenn eben das Ziel der directen Besteuerung durch die Grund- und Personalsteuer allein richtig erreicht worden wäre. Sie verdanken beide lediglich fiscalischen Erwägungen ihre Einführung, wobei die erste nur ausserdem noch in dem Wegfall der alten gewerblichen Abgaben bei dem früheren Gewerberecht im jetzt eingeführten System der Gewerbefreiheit ihre Begründung fand. Erst durch spätere Gesetze ist die Patentsteuer zu einem umfassenden System der directen Gewerbebesteuerung ausgebildet worden. Die Thür- und Fenstersteuer wurde ohne älteres französisches Vorbild nach englischem Muster eingeführt. Nur die Patentsteuer wurde als Quotitätssteuer, die drei anderen als Repartitionssteuern eingerichtet.

<small>Der Convent hat die Patentsteuer aufgehoben (1793), sie aber noch selbst wieder erneuert (1795). Eine bedeutende Entwicklung erlangte die Gesetzgebung über sie unter dem Directorium (Gesetz vom 23. August 1796 oder 6 Fruct. IV u. a. m., bes. 22. October 1798 oder 1. Brum. VII), weitere Verbesserungen 1817, 1818, der Ab-</small>

schluss erst 1844 (Gesetz vom 25. April). S. Stourm I, ch. 10 u. 9 (Thür- und Fenstersteuer) und Weiteres unten §. 198. Ueber die Patentsteuer s. auch oben genannte „Adresse" an die Steuerzahler.

So ist in der Zeit der ersten Revolution und ersten Republik das moderne System der directen Besteuerung in Frankreich begründet worden, wobei das Einzelne, besonders bei der Grundsteuer, übrigens unter mannigfacher Anlehnung an die Arbeiten der Provinzial- und Notablenversammlungen der letzten Jahre des alten Regiments geordnet wurde. Zur genügenden gesetzlichen Ausbildung und ordentlichen practischen Durchführung gelangte aber auch diese directe Besteuerung erst unter dem Consulat und Kaiserthum Napoleon's I. Ihren Abschluss fand die legislative und administrative Arbeit auf diesem Gebiete erst unter den späteren Regierungen im Laufe des 19. Jahrhunderts.

Auf die wichtigeren Entwicklungsphasen dieser Steuergesetzgebung wird unten §. 153 ff.) bei der Darstellung jeder einzelnen Steuer mit eingegangen werden. — Nicht, wie sich die neue Besteuerung verwirklichte, denn sie blieb längere Zeit, bis zur Wiederherstellung geordneter politischer Zustände, grossentheils unausgeführt, wohl aber, wie man sich in den ersten Jahren der Revolution etwa das Steuersystem finanziell fungiren dachte, ergiebt sich aus Aufstellungen und Budgetentwürfen in der legislativen Versammlung (1791—92) und im Convent 1792—95. Danach wurde z. B. für 1792 eine Einnahme von 530 Mill. Livres veranschlagt, worunter die Grundsteuer mit 240, Mobiliarsteuer mit 60, Patentsteuer mit 24, Einregistrirung, Stempel u. s. w. mit 70, Zölle nur mit 15 Mill., „patriotische Steuer" mit 35. Alle älteren indirecten Steuern fehlten, die übrigen Einnahmen sollten aus Posten, Messagerieen, Salinen, Pulver, Forsten, Lotterie und aus den Einkünften der Nationalgüter (48 Mill.) kommen. Aber der Anschlag der ordentlichen Ausgaben war 580, der ganzen 775 Mill. Nach dict. de fin. p. 529, woselbst weitere Daten, p. 535, 541.

Eine dem Besitz als solchem und etwa dem fundirten und dem höheren Einkommen überhaupt feindliche Tendenz hat die Gesetzgebung über die genannten Steuern auch in der Revolutionszeit nicht besessen. Ueberhaupt walteten bei der damaligen Reform der directen Steuern wesentlich politische, volkswirthschaftliche und steuertechnische sowie administrative Tendenzen, nicht eigentlich socialpolitische ob. Die „staatsbürgerlichen" Grundsätze der Gesetzmässigkeit, Allgemeinheit und Gleichmässigkeit — keine Exemtionen, keine Privilegien —, das Streben, alle „Willkühr" bei Veranlagung und Erhebung möglichst auszuschliessen, die Besteuerung also gerecht, bequem, einfach, klar, übersichtlich, verständlich, gleichmässig im ganzen Staate (Unification), auch wohlfeil nach der Seite der Kosten zu machen, die Veranlagung und Erhebung dem Volke selbst mit zu übertragen, waren Leitstern und Zielpuncte. In Betreff der „Allgemeinheit" und „Gleichmässigkeit" stand diese Gesetzgebung wesentlich auf dem Boden der Proportionalbesteuerung, nicht der Progressivbesteuerung. Auch die Beseitigung der indirecten Steuern ging jedenfalls mehr aus Rücksichten und Tendenzen der genannten Art, ferner aus physiokratischen Auffassungen und allgemeinen „Freiheitsbestrebungen", als aus socialpolitischen Rücksichten auf die wirklich oder vermeintlich von diesen Steuern (Salz, Getränke, Lebensmittel) besonders belasteten unteren Classen hervor, mit anderen Worten: sie war mehr eine Zweckmässigkeitsals eine Gerechtigkeitsfrage. Doch haben Rücksichten auf die unteren Classen wohl etwas mit gesprochen. Nur zur Zeit der Hochfluth der revolutionären Bewegung hat man gesetzgeberische Versuche mit **starken Extrasteuern**, bez. **Zwangsanleihen** der „**Reichen**" als solcher unter Zugrundelegung eines ungeheuerlichen progressiven Steuerfusses gemacht. Diese Versuche haben ganz ungenügende finanzielle Erfolge gehabt. Ihr fast völliges Misslingen ist allerdings nicht bloss auf ihre Maasslosigkeit, sondern auch auf die ganzen Zeitverhältnisse mit zu schieben.

S. Stourm II, ch. 27, p. 365—357. Progressive Zwangsanleihe von 1793. Unterscheidung von nothwendigem und reichlichem Einkommen. Kleine Einkommen bis 1000 bez. 1500 L. (mit Unterscheidung, ob der Bezieher ledig oder verheirathet, auch weiter, ob und wer ihm zu Lasten) sind als „nothwendige" frei. Alsdann zahlen die höheren für das Plus den Progressivsatz von 10%, für 1000 u. s. w., steigend bis 50% für 9000 L.; alles Einkommen über 9000 zahlt für das Plus 100%, wird also vollständig fortgenommen! Nivellirungstendenzen gegenüber den Privatvermögen werden ausdrücklich mit verfolgt. Die Zwangsanleihe war unverzinslich. Wiederholung 1795 und selbst noch zuletzt unter dem Directorium 1799 ähnlich. Bestimmte politisch verdächtige Classen und gewisse Erwerbe werden dabei speciell aufs Korn genommen. Erfolg in allen Fällen trotz der Drohungen gering, meist gingen nur werthlose Assignaten ein. Die Maassregel von 1799 wurde unter dem Consulat alsbald aufgehoben. In der ersten Zeit der Revolution hat man auch mit freiwilligen „patriotischen" Steuern wenig erfolgreiche Versuche gemacht. So 1789 eine patriotische Steuer von $1/4$ des Einkommens nach Necker's Vorschlag (Stourm II, 259); Ertrag höchstens 30—50 Mill. statt der mindestens zu erwartenden 500 Mill. L. Auch „patriotische Gaben" in der ersten enthusiastischen Bewegung blieben ganz geringfügig (ebenda S. 260 ff.).

III. Die Besteuerung während des Directoriums, Consulats und Kaiserthums Napoleon's I.

§. 169. Schon zur Zeit des Directoriums hatte man auch auf finanziellem Gebiete wieder ein wenig in geordnetere Bahnen einzulenken gesucht. Gedanken zur Wiederherstellung selbst indirecter Steuern wagten sich wenigstens hie und da wieder hervor. Auf dem Gebiete der **directen Besteuerung** machte man in der Gesetzgebung erhebliche, in der Verwaltung freilich nur erst geringe Fortschritte. Die in den ersten Jahren der Revolution begonnene, aber ins Stocken gerathene legislative Arbeit wird wieder aufgenommen.

So wird die Gesetzgebung über die Personal- und Mobiliarsteuer (Gesetz vom 23. December 1798), über die Patentsteuer (verschiedene Gesetze von 1795 bis 98) in dieser Periode zum Abschluss gebracht, die Thür- und Fenstersteuer eingeführt (Gesetz vom 24. November 1798). Auch die Grundsteuer erhält in dem Gesetz vom 23. November 1798 (3. frim. VII) wenigstens nach einer Seite ihre legislative Vollendung. Die theils in Folge falscher Verwaltungsgrundsätze — wie besonders bei der Grundsteuer — theils in Folge der politischen und finanziellen Wirren, besonders der Papiergeldmisswirthschaft, misslungene oder ganz unterbliebene administrative Durchführung der neuen directen Steuern wird wieder in Gang zu bringen gesucht. Aber namentlich bei der Grundsteuer noch fast ohne Erfolg, indem man u. a. hier noch vergebens die Herstellung der Steuer-Stammrollen den Händen unfähiger oder widerwilliger Localorgane, denen man sie unrichtiger Weise anvertraut hatte, zu entziehen und sie Staatsbehörden zu übertragen sucht.

Erhebliche legislative Fortschritte erfolgen dagegen wieder auf dem Gebiete der Verkehrsbesteuerung.

Hier wird durch das Stempelgesetz vom 3. November 1798 (13. brum. VII) und durch das Gesetz über Einregistrirung und Registerabgaben vom 12. December 1798 (22. frim. VII) die Gesetzgebung von 1790—91 erst ordentlich practisch brauchbar gemacht und die endgiltige Grundlage für diese juristisch und technisch so besonders schwierige Besteuerung bis auf die Gegenwart geschaffen. Obwohl man sich, wie schon bemerkt, auch hier, wesentlich wieder an die Grundsätze und Bestimmungen der älteren Gesetzgebung anlehnte, zeigen die Gesetze von 1798 doch auch, über welche ausgezeichnete fachmännische Kräfte das revolutionäre Frankreich in seinen gesetzgebenden Körpern auch in dieser Zeit noch verfügte. Zu beachten ist, dass die Erbschaftsbesteuerung in der französischen Gesetzgebung ein integrirender Bestandtheil des Enregistrements ist. (S. u. §. 211 ff.).

Nur auf dem Gebiete der indirecten Steuern blieb es auch unter dem Directorium im Wesentlichen noch bei bloss akademischen Erörterungen und Anregungen. Die Gesetzgebung wagte noch nicht, zu diesen Steuern zurückzukehren.

Nur eine kleine Ausnahme hiervon macht eine neue innere Tabaksbesteuerung und eine Besteuerung des öffentlichen Personenfuhrwerks, bez. Transports (1797), ferner der Spielkarten, die dem Stempel unterlagen. Sonst wurden bloss die städtischen Octrois, speciell für Getränke, der dringenden Finanzbedürfnisse halber in einigen Städten wiederhergestellt, so in Paris (Gesetz vom 18. October 1798).

Also im Ganzen unter dem Directorium doch unverkennbare Fortschritte zur finanziellen Ordnung, nur dass eben die Staatsverwaltung noch viel zu schwach war, die erlassenen tüchtigen Gesetze ordentlich durchzuführen und politische Wirren immer wieder störend einwirkten. Dass auch die Gesetzgebung selbst gelegentlich wieder in wildrevolutionäre Bahnen auch auf diesem Gebiet einlenkte, bewies der Versuch mit progressiven Zwangsanleihen von den „Reichen" (der „classe aisée"), den das Directorium nicht nur 1795, sondern selbst 1799 noch einmal machte.

Erst mit dem Consulat und mit der Consolidation der neuen monarchischen Staatsgewalt, welche anfangs unter dieser ver hüllten, bald unter der offenen Form des Kaiserthums der revolutionären Anarchie ein Ende machte, kam auch in alle Maassregeln zur Wiederherstellung der finanziellen Ordnung ein neuer energischer Zug, bei welchem der Erfolg nicht ausbleiben konnte. Die Ordnung der Besteuerung war hierbei eine Hauptsache. Sie erfolgte durch Napoleon I. und seine tüchtigen Minister, besonders Gaudin (den späteren Herzog von Gaeta) in zweifacher Weise.

Einmal, schon alsbald, durch Ergreifung richtiger Verwaltungsmaassregeln, um die brauchbaren Steuergesetze der vorausgegangenen Periode der Revolution nun auch zur ordentlichen ernstlichen Ausführung zu bringen, woran es bisher zumeist gefehlt hatte. So kommt besonders die Veranlagung und Erhebung der directen Steuern, dann der Registerabgaben und Stempel jetzt erst gehörig in Gang. Soweit nöthig, wird auch die bezügliche Gesetzgebung zu diesem Behufe fortgebildet, so namentlich diejenige über die Grundsteuer.

So wird schon durch ein Gesetz von 1799 (24. November) die Herstellung der Steuerstammrollen wieder Staatsbehörden übertragen, die ganze Arbeit mehr centralisirt und, soweit eine Mitwirkung von Localorganen verbleibt, eine staatliche Theilnahme an, und Oberaufsicht über die Arbeiten dieser Organe eingerichtet. Nur so erwies es sich möglich, die Verzögerung dieser Arbeiten und die daraus hervorgehenden Rückstände aus directen Steuern zu beseitigen (Stourm I, 167 ff.). Auch das Steuerexecutionswesen wurde im Verordnungswege (4. August 1800) practisch wirksam geregelt. In den rasch steigenden Steuererträgen und der Verminderung der Rückstände zeigt sich bald der Erfolg dieser Maassregeln. Das Budget des Jahres IX (22. September 1800—1801) konnte schon mit einiger Sicherheit auf den wirklichen Eingang von 263 Mill. Frcs. directer Steuern, 123 Mill. Enregistrement und Stempel rechnen, neben freilich nur 12 Mill. indirecter Steuern (Zölle). Etwas später kommt es dann auch für die Grundsteuer zur Lösung einer noch ganz unerledigt gebliebenen Aufgabe, zur Herstellung eines Katasters. Nach verschiedenen Experimenten, welche nicht genügen, entschliesst man sich zu der schwierigen Operation, eine Parcellarkatastrirung durchzuführen (Gesetz vom 15., 25. Septbr. 1807), womit man freilich erst nach Jahrzehnten fertig wurde (1845) (Stourm I, 192 ff., s. u. §. 155).

Die zweite grosse steuerpolitische Maassregel Napoleon's war dann etwas später die Wiedereinführung ergiebiger innerer indirecter Steuern, d. h. auch hier in allem Wesentlichen die Rückkehr zu dem alten, jetzt nur angemessen verbesserten Steuersystem.

So wurde zuerst die Getränke-, besonders die Wein-, Branntwein-, Ciderbesteuerung wieder eingeführt, anfangs in ungenügender Form, als Steuer beim Producenten (Gesetz vom 25. Februar 1804), bald in den alten und dann seitdem im Wesentlichen bestehen gebliebenen Formen der Circulations- und Klein- (Detail-) abgaben (Gesetz vom 24. April 1806) und der Eingangsabgabe in Städten (Gesetz vom 25. November 1808). In den Jahren 1812, 1813 und 1814 erfolgten in einigen Puncten Abänderungen und Weiterbildungen dieser Steuerformen („einzige Steuer" als vierte Form in gewissen Fällen). Auch das Bier wurde durch das Gesetz von 1808 einer Steuer beim Brauer unterworfen.

Selbst die Salzsteuer, an die man übrigens schon unter dem Directorium wieder gedacht hatte (Stourm I, 319), kehrte wieder, aber in geringerer Höhe und ohne die lästigen Erhebungs- und Controlmaassregeln der alten Gabelle, welche diese Steuer im ancien régime mehr als die Besteuerung an und für sich so verhasst gemacht hatten (Gesetz vom 24. April — 4. Mai 1806 und verschiedene Decrete aus dieser Zeit). Sie wurde jetzt als Productionssteuer an den Salzwerken und Salinen und als Grenzzoll vom auswärtigen Salze erhoben. So ist sie Bestandtheil der modernen französischen Besteuerung geblieben, nur 1848 vorübergehend aufgehoben, aber noch in demselben Jahre in geringerer Höhe wieder hergestellt worden.

Der Tabak war nach Aufhebung des Monopols nur dem Einfuhrzoll unterworfen gewesen, nur Rohtabak durfte eingeführt werden, nicht fremdes Fabrikat. Der inländische Tabakbau war frei, der Zollertrag minimal. Schon das Directorium erhöhte den Zoll erheblich (1796) und führte eine technisch ganz unvollkommene, mässige, wenig ertragsfähige inländische Fabrikationssteuer ein (Gesetz vom 12. November 1798). Das Consulat und Kaiserthum verbessern diese Besteuerungsform zunächst mittelst einiger neuer Gesetze, verschärfen die Controlen und erhöhen den Steuersatz, wobei man zu einer Zwangsmarkirung schreitet (Gesetze von 1802, 1804, 1806) und erzielen rasch steigende Erträge (1802—10 von 1.1 auf 25.5 Mill. Frcs. ohne den Zoll). Dennoch wird 1810 das Monopol durch einfaches Decret wieder eingeführt (29. December 1810), jetzt aber mit Zulassung inländischen Tabakbaues nach dem Licenzsystem und mit Ablieferungszwang (vergl. oben S. 149). Bald sich finanziell gut bewährend ist das Monopol dann definitiv verblieben und eine immer wichtigere Einnahmequelle geworden (Stourm I, 379 ff.).

Getränke und Tabak unterstanden mit einigen anderen Abgaben unter dem ersten Kaiserreich der gemeinsamen Régie des droits réunies, und die Erträge erschienen unter diesem Namen in den Etats. Die älteren kleineren inneren indirecten Steuern hat Napoleon nicht wiederhergestellt, jedoch die Steuer von öffentlichem Fuhrwerk, bez. Transport, auf den regelmässigen Waarentransport (1804) ausgedehnt. Erst in der neuesten Finanzperiode nach 1870 sind einige der übrigen älteren inneren Steuern wieder erschienen. Ausser den inneren kamen aber vermehrte indirecte Steuern im Tarif der Einfuhrzölle vor, wobei der Ertrag freilich von der jeweiligen Politik (Continentalsperre) stark beeinflusst wurde. Im Jahre 1810 haben (nach dem Ergebniss, dict. de fin., p. 554) die indirecten Steuern bereits wieder 217.1 Mill. Frcs. geliefert (gewöhnl. Zölle und Salz 92.3, ausserordentliche Zollabgaben 8.1, droits réunies 109, Salz und Tabak jenseits der Alpen 7.8), neben 191.4 Mill. aus Enrogistrement, Stempel (und Domänen) und 302.6 aus den directen Steuern. Werden die Verkehrssteuern in französischer Weise zu den indirecten gerechnet, so hätten diese damals also schon wieder das Uebergewicht über die directen gehabt ($^4/_7 : ^3/_7$).

Diese Rückkehr zur indirecten Besteuerung ist der napoleonischen Regierung von principiellen und politischen Gegnern dieser Steuern wohl zum Vorwurf gemacht worden. Gewiss mit Unrecht. Als Glied des modernen Steuersystems konnten diese Steuern in einem grossen Staatshaushalte, wie dem französischen, auf die Dauer unmöglich fehlen. Ihre nothwendige Wiedereinführung hat gerade als Beleg für ihre allgemeine Unentbehrlichkeit und als Berichtigung des einseitig auf directe Steuern begründeten Steuersystems in der ersten Periode der Revolution eine allgemeine steuergeschichtliche Bedeutung für die Steuerlehre, wovon auch der Finanztheoretiker Act zu nehmen hat.

IV. Die Besteuerung unter der Restauration und Julimonarchie (1814—1848).

§. 170. Die wiederhergestellte bourbonische Monarchie hatte die finanzielle Erbschaft der vorausgegangenen Perioden zu übernehmen. Handelte es sich hier auch einschliesslich der Contribution an die Alliirten und der Entschädigung der Emigranten um geringere Lasten, als sie andere Staaten aus der langen Kriegszeit übernommen hatten (§. 165), so doch immerhin, in Verbindung mit allen anderen Finanzerfordernissen, welche die Herstellung und Befestigung der neuen Staatsordnung und die Erholung der französischen Volkswirthschaft von den Kriegsläuften mit sich brachte, um recht schwierige finanzielle Aufgaben. Frankreich hat dieselben, ebenso wie die späteren nach den neuen grossen politischen Katastrophen, verhältnissmässig leicht gelöst. Seine wirthschaftliche und finanzielle Elasticität, die Schwungkraft seines Staatscredits erwies sich schon damals bedeutend.

Siehe besonders Sudre, fin. de la France, I, livre 2, ein Werk, von dem die frühere Bemerkung in der Vornote S. 367 über den Ton selbst französischer Fachwerke in Bezug auf solche Nothzeiten Frankreichs in besonderem Maasse gilt. Ferner im dict. de fin. Boiteau's Artikel budg. génér., p. 560 ff.

Die ernste Probe, welche in solchen Zeiten auch an die Besteuerung herantritt, hat die letztere damals im Ganzen gut bestanden. Selbst von den directen Steuern, den am Wenigsten entwicklungsfähigen, ist das für diese Periode anzuerkennen. Sie sind in ihrer Grundlage unverändert geblieben und haben, mit Ausnahme der Patentsteuer, auch nur wenige Veränderungen von Einzelheiten erfahren.

Bedeutende Zuschläge, wie schon in den letzten Jahren Napoleon's I., konnte man wenigstens vorübergehend in den ersten Jahren der Restauration selbst auf die directen Steuern zur Erhöhung der erforderlichen Einnahmen des Staats selbst legen — was übrigens in verschiedener Höhe für die einzelnen Steuern geschah — sowenig gerade ein Ertragssteuersystem wie das französische hierfür sonst geeignet ist. Man ging dann auch (1819, 1821), wie schon wiederholt in der früheren Periode, zu Ermässigungen des Principal-Contingents der Grundsteuer über, namentlich zu Gunsten der besonders überlasteten Departements (§. 184). Aber auch später kamen noch Zuschläge für allgemeine Staatszwecke zu den directen Steuern vor; so suchte die Julimonarchie mit auf diese Weise ihre Finanzverlegenheiten zu überwinden. Da es in Frankreich sonst fast keine selbständigen directen Steuern der Departements und Gemeinden giebt, muss der betreffende Steuerbedarf, soweit er nicht durch die wieder immer allgemeiner gewordenen städtischen Octrois in den meisten grösseren Städten gedeckt wird, durch Zuschläge zu den directen Staatssteuern (centimes addition. départ. et commun.) bestritten werden. In der Periode, von welcher hier die Rede ist, haben sich daraus noch keine Missstände ergeben. Principielle Veränderungen oder auch nur Erweiterungen des Systems der directen Besteuerung hat man nicht für geboten erachtet. Der Gedanke der eigentlichen Einkommensteuer gewann in der Praxis keinen Boden. Selbst der kurze Zeit zu Gesetzeskraft gekommene Versuch, die Personal- von der Mobiliarsteuer zu trennen und wenigstens die erstere, ferner die Thür- und Fenstersteuer als Quotitätssteuer einzurichten (Gesetz vom 26. März 1831), um sie besser mit Vermehrung der Bevölkerung und des Wohlstands im Ertrag wachsen zu lassen, scheiterte an der Opposition des Publicums, welches in dieser Steuerform eine Art Kopfsteuer sah, und wurde schon im folgenden Jahre rückgängig gemacht (Gesetz vom 21. April 1832, vgl. Sudre II, 176 fl. Die Umänderung hatte z. Th. einigen Ersatz für die Ermässigung der Getränkesteuern im Jahre 1830 schaffen sollen, s. u. §. 190 ff.). Nur die Patentsteuer erfuhr eine umfassendere Aus- und Fortbildung, aber doch im Rahmen der bisherigen Normen, wesentlich abschliessend durch das wichtige Gesetz vom 25. April 1844 (u. §. 190 ff.).

Die beiden anderen grossen Steuergruppen, die indirecten Verbrauchssteuern und die Verkehrssteuern, erwiesen sich schon in dieser Periode elastisch genug, um höhere Erträge für den stetig, aber doch im Vergleich mit der späteren Zeit nur mässig steigenden Bedarf zu liefern, ebenso die städtischen Octrois. Auch an den Grundlagen und Hauptnormen dieser Steuern ist wenig verändert worden, am Meisten noch bei den Getränkesteuern, bei welchen auch mehrfach bestimmte politische und wirthschaftspolitische Rücksichten auf die Producenten (Weinbauern) und auf die Consumenten Einfluss erlangten. Der Zolltarif trat mehr und mehr unter handelspolitische, hochschutzzöllnerische Gesichtspuncte, auch in Betreff der Agrarproducte. Aus gleichen Gründen wie in anderen Ländern wurde bei der immer grösseren Bedeutung der Rübenzuckerindustrie dieser Zucker einer besonderen, bald wiederholt erhöhten Steuer unterworfen, welche seitdem ein Glied der französischen inneren indirecten Besteuerung geblieben ist. Die Transportsteuern wurden mit der Entwicklung der Eisenbahnen und Dampfschiffe ergiebiger, da die Besteuerung des öffentlichen Fuhrwerks auf sie ausgedehnt wurde, zunächst freilich (1838) mit einer eigenthümlichen, erst später beseitigten Beschränkung. Das Tabakmonopol theoretisch einmal angefochten, bürgerte sich fest ein. Die Beanstandungen, welche die Getränkesteuern, besonders die Weinsteuern und das Tabakmonopol gelegentlich gefunden haben, veranlassten Enquêten, aus denen diese Steuern aber siegreich hervorgegangen sind, nur dass bei den Getränkesteuern einzelne Modificationen vorgeschlagen und dann auch von der Gesetzgebung vorgenommen wurden. Die Registerabgaben und Stempel wurden nur in Einzelheiten fortgebildet.

Das System der Steuern für die drei französischen Hauptgetränke, Wein, Obstwein, besonders Apfelwein (cidre), Branntwein, ist durch seine ganze Einrichtung, namentlich durch seine Controlen, für die Nächstbetheiligten, die Producenten, Händler, Wirthe sehr lästig. Beim Wein kommt ausserdem das Interesse der unteren Classen als der Consumenten stark mit in Betracht. Diese Verhältnisse erklären es, dass gerade diese Steuern in politisch erregten Zeiten immer besondere Opposition gefunden haben, so in der ersten Revolution die „aides", dann wieder die erneuten Getränkesteuern 1814, 1829—30, 1848. Mehrere Reformmaassregeln sind daher von den Regierungen um der politischen Popularität willen in solchen Zeiten vorgenommen worden. So 1814 (Gesetz der Restauration vom 8. December), 1815 von Napoleon I. (Decret vom 8. April), 1830 (Gesetz vom 17. October und vom 12. December, nach den Vorschlägen der damaligen Enquête, nebst weiterem Gesetz vom 21. April 1832); dann wieder 1848 (s. u.). Die Grundlage für die Getränkebesteuerung in einer Art Codification und Fortbildung der Gesetzgebung aus der Kaiserzeit wurde durch die Gesetze vom 8. December 1814, 28. April 1816, und für Branntwein speciell durch Gesetz vom 24. Juni 1824 gelegt (Festhaltung der Werthbesteuerung von 1812 und genauere Durchführung der Besteuerung nach dem Alcoholgehalt). Weiteres unten bei den einzelnen Steuern. Siehe besonders Stourm I, 356 ff. und derselbe in dem Artikel boissons im dict. de fin. Ueber die Steuerermässigung von 1830, Sudre II, 165. — Einführung der Rübenzuckersteuer durch Gesetz vom 18. Juli 1837, Erhöhungen 1839, 1840, 1843; hier Gleichstellung des Steuersatzes mit dem Zollsatz für französischen Colonialzucker. — Bei den Eisenbahnen wurde im Fahrpreis der eigentliche Transportpreis und der Preis für die Benutzung der Fahrstrasse unterschieden und nur ersterer Theil besteuert (Gesetz vom 2. Juli 1838). — Das Tabakmonopol ist auch damals noch gelegentlich vom Standpuncte der „Eigenthumsfreiheit" (wegen der Culturbeschränkungen) angegriffen worden. Die Enquête von 1835 fand auf Wunsch des Parlaments statt, von ihrem Ergebniss sollte die Fortdauer des Monopols abhängig sein. Das Ergebniss war den letzteren durchaus günstig (Gesetz vom 12. Februar 1835, 23. April 1840).

V. Die Besteuerung unter der zweiten Republik und dem zweiten Kaiserreich (1848—70).

§. 171. Die Regierung der Februarrevolution versuchte zuerst auf die verhängnissvolle Bahn der Steuerpolitik der ersten Revolution einzulenken. Die gewöhnlichen Illusionen solcher Zeiten, dass man den Finanzbedarf nach und durch eine Staatsumwälzung leicht erheblich herabsetzen könne, die doctrinäre Abneigung gegen die indirecten Steuern überhaupt und die besonderen Bedenken gegen einzelne, nach unten zu drückende und verkehrstörende Steuern, wie die Salz- und die Getränkesteuern, die Vorliebe für die directen Steuern, endlich auch Popularitätshascherei gegenüber der städtischen Bevölkerung, das Alles vereint führte zu sehr unüberlegten Experimenten mit sofortiger Beseitigung und Verminderung indirecter und Erhöhung der directen Steuern.

S. besonders Marquis d'Audiffret, syst. fin., über die Finanzkrise von 1848, IV, 99 ff. Namentlich wurde die Salzsteuer von 1849 an ganz aufgehoben (Decret der provisorischen Regierung vom 18. April 1848), bald zwar wiederhergestellt, aber nur im Betrage eines Drittels des alten Steuersatzes (Gesetz vom 28. December 1848). S. d'Audiffret, syst. fin. IV, 136 ff., 140, mit zu einseitiger, aber doch den Umständen nach nicht unrichtiger Polemik gegen diese Maassregel. — Aus den unpopulären Getränkesteuern strich die provisorische Regierung gleichfalls alsbald die wichtigste Abgabe, die „Detailgebühr", und suchte sie durch eine allgemeine Consumtionssteuer zu ersetzen, was einen bedeutenden Ausfall (51 Mill. Frcs.) ergeben hätte (Decret vom 30. März 1848). Doch wurde auch hier die alte Gesetzgebung bald wieder hergestellt (Gesetz vom 22. Juni 1848). Nach einem Gesetz vom 19. Mai 1849 sollte aber sogar die völlige Aufhebung der Getränkesteuern von Anfang 1850 an eintreten, welche Maassregel indessen ebenfalls noch vorher wieder rückgängig gemacht worden ist, unter provisorischer Beibehaltung der bisherigen Gesetzgebung (Gesetz vom 20. December 1849). Es wurde aber eine neue Enquête über die Getränkebesteuerung eingerichtet (1849—51), deren Vorschläge unbedingt für Beibehaltung dieser Steuern ausfielen, im Uebrigen auf Ermässigung der Eingangsabgaben (in den Städten) und auf verschiedene kleinere Veränderungen und Erleichterungen der bestehenden Gesetzgebung hinausgingen, was dann ein neues Gesetz vom 17. März 1852 genehmigte. (Siehe Stourm's gen. Artikel im dict. de fin., p. 423 ff.).

Umgekehrt schritt man sofort (16. März 1848) zu einem Steuerzuschlag von 45 % zum Principalcontingent der directen Steuern, welche Maassregel „a fait vivre l'état, mais tua la république et jeta les paysans dans le parti de l'Empire" (Boiteau im dict. de fin. p. 577). Sie wurde 1850 wieder beseitigt.

Die „allgemeine Einkommensteuer" blieb Project. Ernstlich wurde überhaupt nur einmal an eine Einkommensteuer vom beweglichen Vermögen gedacht, die aber nach dem vorgelegten Gesetzentwurf nur eine Verdoppelung der Personal- und Mobiliar- und der Thür- und Fenstersteuer gewesen wäre (Proj. Goudchaux). Siehe d'Audiffret IV. 144. Guyot, imp. sur le revenu, Paris 1887, p. 19. Auch progressive Erbschaftssteuern wurden projectirt. Beachtenswerth aus dieser Periode ist sonst die Einführung der directen Besteuerung des unbeweglichen Besitzes der „todten Hand", in Form eines Zuschlags von $62^1/_2 \%$ zu der Grundsteuer, zum Zweck eines Ersatzes der bei diesem Vermögen wegfallenden Besitzwechselabgaben (Gesetz vom 20. Februar 1849), ferner einige Veränderungen der Stempel- und Enregistrements-Gesetzgebung, besonders durch Gesetz vom 5. Juni 1850 in Betreff der Besteuerung der Actiengesellschaften und gewisser Werthpapiere.

Seitdem ist man in Frankreich mit der Erhöhung der directen Steuern auch aus politischen Gründen sehr vorsichtig geworden, wenigstens soweit es sich um Staatszuschläge handelt. Denn die Zuschläge zu diesen Steuern für Departemental- und Communalzwecke liessen sich bei dem französischen Steuersystem nicht vermeiden. So charakteristisch diese Steuerpolitik des Staats in speciell politischer Hinsicht ist, so darf doch anderseits nicht übersehen werden, dass Ertragssteuern, wie die französischen, die einfache gleichmässige procentweise Erhöhung im ganzen Staatsgebiete am Wenigsten vertragen. Damals, 1848, wie 1871 ff. zeigte sich der Mangel einer allgemeinen directen Subjectsteuer, wie der Einkommensteuer in Frankreich doch in der That nachtheilig. Eine allgemeine Einkommensteuer neu einzuführen, war freilich auch und wurde immer mehr eine schwere Sache, weil jede politische Partei, die sich damit befasste, Nachtheile für ihre Stellung davon befürchtete.

Da die Maassregeln auf dem Gebiete der indirecten Besteuerung nur theilweise oder nur eine kurze Zeit lang wirklich ausgeführt wurden, konnten sie auch in den Etats und Finanzergebnissen keine erheblichen Spuren hinterlassen. Doch erklären sie, in Verbindung mit der Erhöhung der directen Steuern, die kleine Verschiebung der Quoten der Erträge von directen und indirecten Steuern mit, welche, abweichend von dem früheren und späteren Entwicklungsgang, während der kurzen Lebensspanne der zweiten

Republik stattgefunden hat (s. o. S. 373 die Tabelle). So endet die „zweite Republik" wenigstens ohne erhebliche Schädigung des französischen Steuersystems zu hinterlassen.

Das „zweite Kaiserreich" war immer, auch zur Zeit seines festesten Bestands, darauf erpicht und auch darauf angewiesen, die Bevölkerung nicht durch unpopuläre Steuerpolitik zu erregen. Es hat daher die in dieser Hinsicht besonders misslichen directen Steuern im Wesentlichen unberührt gelassen, nachdem die 1848er Steuerzuschläge wieder aufgehoben waren. Die übrigen Steuern erwiesen sich durch ihr natürliches Wachsthum ergiebig genug, um, hie und da unterstützt durch Veränderungen und durch Erhöhungen der Steuersätze (so bei Tabak), den steigenden Finanzbedarf, soweit er nicht durch Anleihen definitiv gedeckt wurde, mit ihren Erträgnissen bestreiten zu können. Da das bestehende Steuersystem ohnehin mit mehr oder weniger Fug und Recht als das „napoleonische" galt, blieb die neue kaiserliche Regierung auch mit dieser „conservativen" Steuerpolitik ihren sonstigen Traditionen und Tendenzen getreu. Die einzige Maassregel von grösserer Bedeutung ist die Reform des Zolltarifs in Verbindung mit dem „napoleonischen System der liberalen Handelsverträge", das durch den berühmten britisch-französischen Vertrag vom 23. Januar 1860 eingeleitet wurde. Auch diese Maassregel hat aber für die Besteuerung doch nur secundäre, reflectorische Bedeutung, ihre eigentliche liegt auf handelspolitischem Gebiete. Finanziell war sie nachtheilig, da sie andauernde erhebliche Ertragsverminderungen mit sich brachte.

<small>Da es sich nur um Einzelheiten handelt, welche die Gesetzgebung des zweiten Kaiserreichs an der überkommenen Besteuerung geändert hat, genügt es, auf die spätere Darstellung der einzelnen Steuern zu verweisen (§. 183 ff.). Beachtenswerth ist u. a. die Weiterentwicklung der Besteuerung der Werthpapiere durch Hinzufügung einer Umsatzsteuer (Gesetz vom 23. Juni 1857), die schärfere Besteuerung des Eisenbahntransports (Gesetz vom 14. Juli 1855, übrigens nach den alten Grundsätzen der Besteuerung „öffentlicher Fuhrwerke"), die differentielle Zollbegünstigung des französischen Colonialzuckers gegen die Steuer des einheimischen Rübenzuckers, mehrfache Veränderungen in der Patentsteuer (besonders durch Gesetz vom 4. Juni 1858). Die principiell und practisch wichtigste Maassregel, die Zolltarifreform hat, wie gesagt, von 1860 an erhebliche Ausfälle an den früheren Einnahmen zu Wege gebracht, wobei es bis 1870 definitiv verblieben ist. Die Zuckerbesteuerung erfuhr einige Aenderungen, aber nicht in der Grundlage.</small>

Die Entwicklung der Erträge der französischen Besteuerung unter dem zweiten Kaiserthum lässt sich kurz dahin charakterisiren: der Schwerpunct fiel immer mehr in die Verkehrssteuern und in die indirecten Verbrauchssteuern, wie schon die früheren Uebersichten (S. 373 und S. 374), speciell in Enregistrement,

Stempel, Getränkesteuer, Zuckersteuer, Tabakmonopol, wie die folgende Uebersicht ergiebt. Nur die Salzsteuer zeigt in Folge der 1848er Maassregel, die Zolleinnahme in Folge der neuen Handelspolitik eine rückläufige Bewegung. Die Einnahmen aus der directen Besteuerung bleiben stabil, wenigstens was den Staat betrifft. Denn diejenigen aus Zuschlägen zu diesen Steuern für die Departements u. s. w. haben sich auch in dieser Periode schon stark vermehrt, nicht minder übrigens die Octrois-Einnahmen der Gemeinden.

In der folgenden Tabelle sind für die Darstellung der Steuerentwicklung in der Periode der „dritten Republik" (§. 172) gleich die statistischen Daten mit beigefügt. Die Zahlen sind Bruttozahlen der Budgets in Mill. Frcs.

	1847 Einnahme.	1870 Einnahme.	1885 Einnahme.	Progression in %. (Abnahme m. — bezeichnet)		
				1870 gegen 1847	1885 gegen 1847	1885 gegen 1870
I. Staatsbesteuerung.						
A. Directe.						
1. Grundsteuer	—	172.5	177.5	—	—	2.9
2. Pers.- u. Mobiliarst.	—	53.6	67.4	—	—	25.8
3. Thür- u. Fensterst.	—	39.4	46.0	—	—	17.0
4. Patentsteuer	—	66.8	104.9	—	—	57.0
5. Nebentaxe	—	0.6	0.6	—	—	—
Summe 1—5	331.7	332.8	396.4	0.3	19.5	19.1
6. Einkommensteuer v. bewegl. Vermögen	—	—	50.1	—	—	—
Summe A.	331.7	332.8	446.5	0.3	34.6	34.2
B. Verkehrssteuern.						
1. Enregistrement	214.5	362.8	553.5	69.2	158.4	52.6
2. Stempel	39.3	83.7	154.5	113.0	293.1	82.2
Summe B.	253.8	446.5	708.0	75.9	179.0	58.5
C. Indirecte Verbrauchssteuern.						
1. Zölle u. Nebenabg.	160.3	75.1	290.9	(—50.1)	81.5	274.0
2. Salzst. (inländ. Salz)	70.7	31.8	33.4	(—55.0)	(—52.7)	5.0
3. Getränkesteuer	102.0	243.4	455.1	138.6	336.2	87.0
4. Inländ. Zucker	19.3	111.5	151.1	479.3	683.0	35.2
5. Tabakmonopol	112.5	246.8	379.3	119.4	237.0	53.6
Summe C.	464.8	708.9	1309.6	52.5	181.7	84.7
D. Uebrige klein. St.	48.0	54.8	228.3	14.2	375.6	316.6
Summe I (A—D) Staatsst.	1098.3	1543.0	2692.4	40.5	145.2	74.5
II. Depart. u. Communalbesteuerung.						
A. Zuschl. z. den dir. St.	86.2	233.8	348.7	171.2	304.5	49.1
B. Octrois d. Gemeinden	88.0	201.3	277.1	128.7	215.0	37.7
Summe II.	174.2	435.1	625.8	150.4	259.2	43.8

Die „übrigen kleineren Steuern" (Rubrik D) umfassen hier mancherlei „Verschiedenes", was in den französischen Etats zu den „indirecten Steuern" gerechnet wird (1885 z. B. in obigem Posten von 229.3 Mill. 39.6 Mill.); ferner das Pulvermonopol (1847 6.0, 1870 13.2, 1885 14.9 Mill. Frcs.); in 1885 sodann die „den directen Steuern assimilirten Specialtaxen" (zus. 27. Mill., wovon 6.1 Steuer von Gütern der todten Hand, 2.5 Bergwerksabgaben, 4.5 Gebühren für Verification der Maasse, Gewichte u. s. w., 0.3 für Apothekenvisitation, 10.6 Pferde- und Wagensteuer, 1.1 für Billards, 1.5 für geschlossene Gesellschaften, also nicht bloss „Steuern", sondern auch „gebührenartige" Einkünfte, sonst meist directe Steuern); weiter die ebenfalls bei den directen Steuern mit eingesetzten Transportsteuern von den Eisenbahnen (1885 92.3 Mill.) und vom sonstigen öffentlichen (regelmässigen) Fuhrwerkstransport (1885 4.5 Mill.); endlich in 1885 auch die seit dem Kriege eingeführten neuen kleineren inneren indirecten Steuern von einzelnen Objecten und Fabrikationen (1885 50.1 Mill, nämlich vom Zündholzmonopol 17.1, Papier 15.9, Mineralöl 0.005, anderen Oelen 3.1, Stearin, Kerzen 9.0, Essig etc. 2.8, Dynamit- und Nitroglycerinfabrikation 2.3. S. darüber u. die Darstellung der neusten Zeit). Obige Daten verstehen sich hier immer ohne Algier, das in den jetzigen französischen Budgets bei den einzelnen Einnahmezweigen mit seinen Einkünften erscheint. Kleine Verschiebungen in der Etatsirung, bes. in Rubrik D, sind wohl eingetreten, aber zu unbedeutend, um die Vergleichbarkeit der Daten in den 3 angeführten Jahren weiter zu stören. Die kleinen Abweichungen der Zahlen in obiger Tabelle von den früheren auf S. 373/374 erklären sich aus kleinen Verschiedenheiten der Rubricirung der einzelnen steuer- und gebührenartigen Einnahmen unter die angeführten Gruppen.

Bei der Departements- und Communalbesteuerung sind die Zuschläge zu den directen Steuern aus dem Etats (sog. „Specialfonds", neben den „Generalfonds" für den Staat), die Octroieinnahmen aus der Statistik der Octrois im Bull. de stat. XI, 53 entnommen. Die Zahl in der Col. für 1870 ist hier die brauchbarere für 1869 (1870 sank die Octroieinnahme auf 167.2 Mill.), die Zahl in der Col. für 1885 diejenige für 1880. Für 1882 war die Einnahme ca. 290 Mill. Frcs. (Block's Annuaire 1886, p. 113). Die Zahl der Gemeinden mit Octroi war 1831 1467, 1847 1459, 1869 1543, 1882 1535. Im Jahre 1847 kam vom angegebenen Bruttoertrag 36.1 Mill. auf Paris, 51.9 auf alle anderen Orte, 1869 bez. 107.6 und 93.8, 1880 141.9 und 135.2, 1882 150.9 und 139 Mill. In Paris sind die Erträge des Octroi also bis 1870 stärker, seitdem schwächer als in den Provinzialorten gestiegen.

VI. Die Besteuerung unter der dritten Republik
(1870 bis zur Gegenwart, bez. 1885).

§. 172. Eine Vermehrung der Steuererträge um weit mehr als eine Milliarde Francs, um 11—1200 Mill. Frcs., von 1870 bis zur Gegenwart, ohne Aussicht auf die Möglichkeit einer Wiederverminderung, ja mit der sicheren Aussicht einer neuen Vermehrung — unter den allgemeinen und unter den in Frankreich noch speciell auf die immer weitere Vermehrung des Finanzbedarfs hinwirkenden Ursachen —: das ist das Ergebniss der neuesten republikanischen Finanzperiode, wie es aus den Zahlen der letzten Uebersicht deutlich hervortritt.

Reichlich die Hälfte dieser definitiven Steuervermehrung wird direct auf den deutsch-französischen Krieg, namentlich auf die Zinsen der Staatsschulden zu rechnen sein, welche Frankreich für die Deckung seiner Kriegskosten und sonstigen mit dem Kriege unmittelbar zusammenhängenden Ausgaben und zur Bezahlung der deutschen Kriegscontribution und der übrigen Leistungen des französischen Staats an Deutschland aufzunehmen hatte. Hierbei ist ein entsprechender Betrag schon für das „Retablissement" des französischen Heeres eingerechnet, etwa 1 Milliarde. Dann kommt man auf rund 10 Milliarden „Kriegskosten", welche nach dem Zinsfuss der damaligen Anleihen 5—600 Mill. Frcs. jährlich verlangen, jetzt allerdings, nach erfolgter und weiter möglicher Zinsreduction, etwas weniger. Vergl. die amtlichen Daten über die französischen Kriegskosten in Fin. I, 3. Aufl., S. 451. Von der anderen, wohl etwas kleineren Hälfte der Steuervermehrung wird ein nicht unerheblicher Betrag auf die Steigerung des Militair- und Marinebudgets und auf die Zinsen derjenigen Anleihen, welche für die Stärkung der französischen Kriegsmacht, noch ausser für das Retablissement, aufgenommen worden sind, beansprucht werden: wohl eine indirecte finanzielle Folge des letzten Kriegs. Der ordentliche Militäretat allein ist von 1870—1885 von 373 auf 596, der ordentliche Marine- und Colonialetat von 163 auf 234 Mill. gestiegen. Man kann 250—300 Mill. Frcs. vermehrten Steuerbedarf bloss auf diese, zunächst verbleibende Erhöhung der genannten beiden ordentlichen Etats ansetzen. Nimmt man hierzu die Zinsen der weiteren Anleihen für militärische und maritime Zwecke, so erlangt man wohl die Summe von 800—900 Mill. Frcs., d. h. von $2/3$—$3/4$ der Steuervermehrung, welche direct und indirect jenem Kriege zuzuschreiben sind. Der Etat der Schuld im ordentlichen (allgemeinen) Budget war 1870 (mit Pensionen) 490, 1885 1277 Mill. Frcs. So viel haben sich die Franzosen schon jetzt ihren ungerechten und kleinlich neidischen Widerspruch gegen die politische Consolidation des deutschen Volks kosten lassen! Nur der Rest von $1/4$—$1/3$ der Steuervermehrung fällt auf die sonstige Steigerung des ordentlichen Finanzbedarfs, vornehmlich auf diejenige des öffentlichen Unterrichts- und Bautenbedarfs. Um mehr als 100 Mill. (von 238 auf 339 Mill.) haben sich auch die Regie-, Betriebs- und Erhebungskosten vermehrt. Ueber die bedenkliche Verschwendungssucht im französischen Finanzwesen und über die politischen Einflüsse darauf, besonders seit 1875, verbreitet sich mit Schilderungen der furchtbaren Corruption grau in grau, aber mit Anführung zahlloser Thatsachen, deren Richtigkeit im Einzelnen freilich der Fremde nicht prüfen kann, die Schrift von Trésor de la Roque, les finances de la république, les chambres prodigues. Par. 1884.

In der Beschaffung dieser ungeheuren Steuereinnahmen hat die „dritte Republik", wie gleichfalls die Zahlen in der obigen Uebersicht genauer zeigen, wesentlich die Wege der kaiserlichen Steuerpolitik weiter verfolgt. Auch jetzt, wie in der vorausgehenden Periode, rühren die vermehrten Einnahmen vornehmlich aus dem Enregistrement, Stempel, den Getränkesteuern, dem Tabakmonopol, der Zuckersteuer her. Abweichend von der letzten Periode ist nur der Zoll wieder in sehr starkem Maasse ergiebiger gemacht worden. Ferner ist von den alten directen Hauptsteuern wenigstens die Patentsteuer in ihren Erträgen namhaft gesteigert worden, die anderen haben von selbst allmählich ein wenig höhere Erträge ergeben. Endlich hat sich die Gruppe der „kleineren Steuereinnahmen" durch Einführung einer Anzahl neuer directer (Luxus- u. dgl.) und indirecter Steuern und durch die Erhöhung, bez. Ertragsentwicklung anderer, besonders der Eisenbahntransportsteuern im Ertrage erheblich vermehrt und ist in der „Einkommensteuer von beweglichen Werthen" (Werthpapieren) eine neue Steuerquelle erschlossen worden.

Auf die Verkehrssteuern (Enregistrement und Stempel) und die vier grossen indirecten Verbrauchssteuern (Zölle, doch meist Einfuhrzölle, aber mit allen Nebeneinnahmen, Getränkesteuern, Zuckersteuer, Tabakmonopol) kommen von der Steuervermehrung von 1150 Mill. Frcs. (seit 1870) ca. 860 Mill., d. h. diese genannten Steuern zeigen eine Ertragszunahme von 76.6% und lieferten allein fast 75% (74.8) zu der genannten Gesammtvermehrung. Die directen Steuern (die 4 alten nebst der Steuer von Werthpapieren) haben zur Vermehrung des ganzen Steuerertrags nur ca. 114 Mill. Frcs. oder noch nicht ganz 10% (9.9)% beigetragen.

d. h. nur um 34.2%, ihres früheren Ertrags mehr abgeworfen; die alten directen Steuern allein gaben zum neuen Steuerbedarf (in 1885) sogar nur ca. 64 Mill. oder ca. 5.5%, her. Einen grösseren Beitrag hat die Gruppe der „kleineren Steuern" geliefert, ca. 174 Mill. Frcs. oder etwa 15% der Gesammtzunahme. Da diese Gruppe früher noch wenig entwickelt war, ist die Ertragssteigerung bei ihr die relativ stärkste (376%). Verschiedene zwischen 1871 und 1885 eingeführte und wieder beseitigte Steuererhöhungen und neue Steuern sind hier zunächst unberücksichtigt geblieben (s. u.).

Man ersieht hieraus, dass in der That, wie schon im Allgemeinen oben (§. 165) bemerkt und jetzt durch die angegebenen Daten genauer erwiesen wird, rein fiscalisch betrachtet, die französische indirecte Verbrauchs- und die Verkehrsbesteuerung auf ihrer alten Grundlage sich fähig zur Erfüllung der colossalsten Anforderungen in Bezug auf höhere Ergiebigkeit, auch binnen kurzer Zeit, gezeigt haben; dass die directe Besteuerung des alten Systems dagegen in dieser Hinsicht viel weniger geleistet hat; dass endlich auch Steuern in neuen Formen (Einkommensteuer von beweglichen Werthen) und neue Steuern in alten Formen (kleinere indirecte, sowie directe Luxus- und ähnliche Steuern) doch nur mässige Beihilfe bei vermehrtem Bedarf gewährt haben, sei es, dass man diese Art der Besteuerung nicht weiter entwickeln wollte, oder es nicht konnte.

§. 173. Die Steuerpolitik der dritten Republik war hiernach, abweichend von derjenigen der ersten und auch noch der zweiten eine wesentlich conservative, d. h. eine solche, welche möglichst an dem überkommenen und bestehenden Steuersystem festhielt und dasselbe durch Erhöhung der Steuersätze, Auflegung von Zuschlägen zu den alten Steuern und durch Ausbau im Einzelnen (Stempel, Enregistrement, Zölle) für den neuen grossen Finanzbedarf ergiebiger zu machen suchte und auch mit bedeutendem Erfolge dies zu Wege brachte. Das ist eine wichtige Thatsache der Steuergeschichte, welche auch für die allgemeine vergleichende Steuerpolitik und für die Besteuerungstheorie besondere Beachtung verdient. Für die Beurtheilung des Werths dieser französischen Steuerpolitik ist dieser fiscalische Erfolg nicht gering anzuschlagen, aber allein durch ihn wird dieser Werth natürlich auch nicht bestimmt.

Das ungemein starke und steigende Uebergewicht, welches die Verkehrssteuern und die indirecten Verbrauchssteuern vor den directen Steuern, zumal in der Staatsbesteuerung, in dieser neuesten Periode durch die nach dem

Kriege eingeschlagene und bisher im Wesentlichen aufrecht erhaltene Steuerpolitik erlangt haben, hat sicherlich auch seine bedenklichen Seiten in allen in Betracht kommenden Beziehungen, volkswirthschaftlich, socialpolitisch, auch finanzpolitisch.

Die übermässigen Belastungen der Rechtsgeschäfte verschiedenster Art, besonders des Besitzwechsels von Immobilien zumal unter Lebenden, im Gebiete des Stempels und der Registrirungsabgaben, möchten dabei das Bedenklichste sein. Aber auch die theils bisher, und meistens, verbliebenen, theils wenigstens zeitweilig durchgeführten Erhöhungen der Eisenbahntransportsteuern, vieler Zölle, des Zuckers, und bei den Getränken der Weinsteuern haben doch auch volkswirthschaftlich und mit Rücksicht auf die Vertheilung der Steuerlast Seitens der endgiltigen Steuerträger, unbestreitbar gewichtige Nachtheile im Gefolge. Nicht unbedingt tadelfrei, weil auch hier die „Gleichmässigkeit" der Steuervertheilung wohl in erhöhtem Maasse verletzt worden ist, aber doch in geringerem Grade bedenklich sind von den wichtigeren Steuermaassregeln nur diejenigen, durch welche dem Tabak im Monopol und dem Branntwein unter den Getränkesteuern höhere Erträge abgewonnen worden sind. Die starke Ertragszunahme bei den Getränkesteuern fällt nämlich ganz überwiegend auf Branntwein, in erheblich geringerem Maasse auf Wein, noch weniger auf Bier und Cider. Auch unter den Zollerhöhungen sind manche in volkswirthschaftlicher und socialpolitischer — d. h. die Steuervertheilung auf die Steuerträger betreffender — Hinsicht fragwürdige. Dasselbe gilt von den neu eingeführten inneren indirecten Steuern, besonders denjenigen auf Zundhölzchen, Papier, Stearin und Lichter, Oele, Essig von den wieder aufgehobenen auf Seife Cichorien, von der allerdings ganz kurz dauernden (1875) Erhöhung der Salzsteuer. Steuern und Steuererhöhungen, welche einzeln, vollends vorübergehend, als Finanzmittel während einer schweren Krisis sich immerhin mögen rechtfertigen lassen, aber welche insgesammt zu der ganzen schon so grossen Bürde an indirecten Verbrauchssteuern in Frankreich hinzutretend doch vollends eine ungleichmässigere, vielfach mehr nach Unten zu belastende Steuervertheilung herbeigeführt haben. Durch die Entwicklung der Erträge der städtischen Octrois, an der die Getränke und Esswaaren in besonderem Maasse betheiligt sind, wird diese Einwirkung der Besteuerung noch gesteigert.

Allen diesen Maassregeln auf dem Gebiete der Verkehrs- und der indirecten Verbrauchsbesteuerung stehen auf demjenigen der directen Besteuerung im Wesentlichen nur drei, an sich und im Vergleich mit dem, was bei jenen anderen Steuern geschah, kleine Maassregeln der Steuervermehrung gegenüber: Einmal die Zuschläge zur Patentsteuer, welche diese directe Steuer allein in starkem, auch wohl, besonders anfangs, in zu starkem Maasse (60% neben Erhöhungen einzelner Sätze für 1873, 43% für 1874—79) trafen und seitdem, verringert von 1880 an auf 20%, geblieben sind, während die drei übrigen der grossen directen Steuern auch jetzt von Erhöhungen verschont gelassen wurden, so speciell auch die hierfür am Meisten in Frage gekommene, weil früher wiederholt im Principalcontingent herabgesetzte und von ehemaligen Staatszuschlägen (1850) befreite Grundsteuer. Sodann die drei directen Gebrauchs- und Luxussteuern, auf Wagen und Pferde, auf geschlossene Gesellschaften, Clubs u. dgl.

und auf Billards, welche alle drei unter den ersten Steuermaassregeln nach dem Kriege (September 1871) gestanden haben und bisher bestehen geblieben sind. Endlich, als einziger in der Gesetzgebung durchgedrungener Theil einer Art Capitalrentensteuer eine 3 %ₒ Steuer auf die Zinsen von Werthpapieren, mit Ausnahme derer der französischen Staatsschuld (1872), während eine Besteuerung der Hypothekenzinsen zwar durch ein bezügliches Gesetz eingeführt, aber noch vor dessen Durchführung wieder aufgehoben wurde.

§. 174. Diese gleich in den ersten Jahren nach dem Kriege, namentlich 1871 und 1872 begründete und mit zwar zahlreichen, aber sachlich nur geringen Veränderungen seitdem festgehaltene Steuerpolitik drang nur unter **lebhaften publicistischen und parlamentarischen Kämpfen** in der Gesetzgebung durch. Einigermaassen Uebereinstimmung bestand unter den Urtheilsfähigen in Betreff einer Erhöhung der Steuersätze bei den Registrirungs- und Stempelabgaben, dem Tabakmonopol, den Getränke- und Zuckersteuern, den Finanz-Einfuhrzöllen. Aber über das Maass der Erhöhung dieser Steuern gingen die Ansichten auseinander, wonach dann auch wieder die Meinungen über die weitere, zur Deckung des Steuerbedarfs einzuschlagende Steuerpolitik abwichen. Bei den Zöllen, besonders den Einfuhrzöllen auf Rohstoffe, Halbfabrikate und Fabrikate, ferner bei den von einer Seite wieder mehr mit verlangten Ausfuhrzöllen führten die gegensätzlichen handelspolitischen Standpuncte, der freihändlerische und schutzzöllnerische, zu verschiedenen Ansichten auch über das Maass, in welchem selbst in einer solchen Finanzkrisis diese Zölle mit als Mittel, Erträge für die Finanzen zu beschaffen, benutzt werden sollten, dürften und könnten. Die Hochschutzzollpolitik von Thiers wollte aus den Zöllen, namentlich der Rohstoffe, auch der Gewebe und anderer Artikel mehr noch weit grössere Summen herausschlagen, so dass auf diese Weise der Haupttheil des Bedarfs gedeckt werden sollte. Doch drang diese Politik nur einen Augenblick durch und wurde alsbald wieder aufgegeben und nur in beschränkter Weise wirklich durchgeführt. Etwas, aber nicht mit besonderem Erfolg wurde die starke Erhöhung der indirecten Steuern und der Finanzzölle auch aus dem **socialpolitischen** Gesichtspuncte, im Interesse der weniger wohlhabenden Consumenten, angefochten. Diese Tendenz führte dazu, die kaum erfolgte Erhöhung der Salzsteuer sehr bald wieder rückgängig zu machen und später, als die Verbesserung der Finanzlage wieder Steuerermässigungen erlaubte, die Wein- und Obstweinsteuern (in allen ihren Formen, besonders auch die wichtigste Abgabe, die sogenannte Detailabgabe), ebenso die Zuckersteuern wieder erheblich zu ermässigen (1881).

In stärkerer Opposition gegen die nach dem Kriege eingeschlagene Steuerpolitik standen zwei, auch im Parlament vertretene Ansichten, einmal diejenige, welche die vorhandenen directen Steuern, namentlich auch die Grundsteuer, dann besonders die Personal- und Mobiliarsteuer neben der Patentsteuer in der damaligen Finanzkrisis erheblich mit erhöhen wollte, sodann diejenige welche es für die Bedarfsdeckung vornemlich auf eine neue directe Steuer absah. Unter dieser meinten die Meisten eine eigentliche Einkommensteuer, im Hinblick auf das britische Muster, freilich ohne dass der Character dieser sogenannten „Einkommensteuer" dabei immer richtig verstanden worden wäre (s. o. §. 111). Andere hatten eine „Capitalsteuer", d. h. im Wesentlichen eine allgemeine Vermögenssteuer, auch vom Gebrauchs- und Nutzvermögen, nicht nur vom Rentegebenden, im Sinne. Ueber die Einrichtung solcher Steuern und über ihre Höhe, daher ihre Ertragsfähigkeit gingen die Meinungen wieder vielfach auseinander. Dass eine solche, an sich und vollends in der damaligen Finanzlage dem französischen Steuersystem fehlende Steuer doch immer und auch damals nur die Rolle einer mehr oder weniger ergiebigen Ergänzungssteuer, auch für die Deckung des neuen Finanzbedarfs, spielen könne, wurde von den Anhängern dieser Steuern wohl nicht immer genügend hevorgehoben, was die Abneigung Anderer gegen diese Steuern noch steigerte. Radicalere Politiker dachten an höhere Steuersätze, um einen möglichst grossen Theil des neuen Bedarfs mit dem Ertrage solcher Steuer zu decken, auch wohl an Progressivität oder doch an einen höheren Normalsatz, mit Degressivität für kleinere Einkommen und Vermögen, und Steuerfreiheit unter einem gewissen Minimum. Auch darin gingen die Vertreter solcher Steuern aus einander, ob und wie weit die letzteren zugleich an Stelle der bisherigen directen treten, ferner ob sie definitiv oder nur für die Zeit der durch den Krieg hervorgerufenen Finanzschwierigkeiten, also als ausserordentliche Steuern eingeführt werden sollten. Manche dachten nur an Letzteres. .

Beide oppositionelle Richtungen verschafften sich keine Geltung.

Steuertechnische, volkswirthschaftliche, am Meisten wohl eigentlich politische Gründe setzten sich dagegen und bestimmten die parlamentarischen Majoritäten und die wechselnden Regierungen zur Annahme der geschilderten Steuerpolitik.

Die Auflegung starker und gleichmässiger Zuschläge für den Staatsbedarf zu den directen Steuern fand ihre berechtigten Bedenken, welche freilich in solcher Lage nicht allein hätten entscheiden sollen, in der höchst unvollkommenen, ungleichmässigen Steuervertheilung dieser Steuern auf den bestehenden Grundlagen, besonders bei der Grundsteuer zwischen ganzen Landestheilen, Departements, Gemeinden und einzelnen Steuerpflichtigen (§. 183 ff.). Eine Herstellung besserer Grundlagen, daher wieder namentlich bei der Grundsteuer eine umfassende Revision des Katasters oder vollends eine Neukatastrirung war viel zu zeitraubend, um damit sofort vorgehen und dann höhere Steuern erheben zu können. Auch war Rücksicht darauf zu nehmen, dass die ebenfalls rasch steigenden Departemental- und Communalzuschläge ohnehin die bestehenden directen Steuern stark erhöhten und die Ungleichmässigkeiten der Belastungen durch diese Steuern schon sehr viel bedenklicher machten. Bei der Patentsteuer galten die Grundlagen, mit Recht oder Unrecht, für nicht so incorrect, als bei der Grundsteuer und bei den anderen directen Steuern. Daher glaubte man hier eher starke Staatszuschläge zeitweilig auflegen zu können. Aber ein grosser Theil der steuertechnischen Bedenken gegen solche Maassregeln blieb auch hier bestehen, und mit der vorgenommenen Erhöhung that man wohl das Aeusserste, was zulässig war. Neben diesen steuertechnischen Rücksichten sprachen gegen eine stärkere Erhöhung der directen Steuern nach Ansicht der entscheidenden legislativen Factoren auch volkswirthschaftliche Gründe, Befürchtungen einer weiteren Schädigung der Production, des wirthschaftlichen Fortschritts. Allein mehr als das Alles haben politische Erwägungen eine solche Steuererhöhung widerrathen, besonders Rücksichten auf die Stimmung der Landbevölkerung, welche man nicht abermals, wie 1848, durch Steigerung der Grundsteuer in ihren Interessen verletzen und so der jungen Republik abspenstig machen wollte. Republikanische Finanzautoren wie Boiteau, sind naiv genug gewesen, das offen auszusprechen. Einer der mancherlei Fälle, wo im modernen Frankreich die Steuerpolitik von solchen Rücksichten nicht eben zum Vortheil der finanziellen Seite und der objectiven Entscheidung der Sache bestimmt worden ist.

Es verhält sich ähnlich mit der damaligen und der späteren Ablehnung der Pläne einer allgemeinen directen Personalsteuer, Einkommen- wie Vermögenssteuer. Pläne, welche niemals ganz von der Tagesordnung verschwanden, auch in der neuesten Zeit (1886—87) wieder mehr hervorgetreten, aber bisher immer noch unausgeführt geblieben sind. Die in Frankreich meistens überschätzten technischen Schwierigkeiten und Mängel einer solchen Steuer, die Abneigung gegen „arbiträre" Einschätzungen oder widerwärtige Declarationspflichten, nationale Vorurtheile, volkswirthschaftliche — am Wenigsten begründete und zu begründende — Befürchtungen wegen Schädigung der Productionsinteressen und des Fortschritts der Productivität stemmten sich zugleich mit wiederum wohl noch mehr entscheidenden politischen Rücksichten immer wieder gegen diese Steuern. In letzterer Hinsicht kamen Befürchtungen bezüglich des schlimmen Eindrucks einer solchen Besteuerung auf die Bevölkerung — auf die Wähler, speciell auf die wohlhabende Bourgeoisie in Betracht, auch wohl noch Befürchtungen in Betreff radical demokratischer, namentlich socialistischer Steuerpolitik, zu welcher diese allgemeinen Einkommen- oder Vermögenssteuern, z. B. durch Anwendung des progressiven Steuerfusses, gerade in Frankreich besonders leicht Anlass und Anreiz geben könnten. Die Vorgänge Englands, Italiens, der Schweiz, deutscher Staaten galten nicht als für Frankreich hinlänglich beweisend. Von da, woher man am Meisten die Muster für eine vernünftige und brauchbare Einkommensteuer hätte nehmen können, von Deutschland, wo wie in Frankreich die Einkommensteuer neben und über einem Ertragssteuersystem besteht oder aus diesem hervorgegangen ist, wollte oder konnte man in diesen Dingen nichts lernen, theils wegen der gewöhnlichen geringen Kenntniss der deutschen Verhältnisse in Frankreich, theils wegen der nationalen Eitelkeit und Animosität, welche Steuern nach deutschen Mustern nicht angebracht erscheinen liessen und lassen.

Das bisherige Endergebniss aller dieser Bestrebungen und Kämpfe um die Entwicklung der französischen Besteuerung seit dem Kriege von 1870—71 ist das geschilderte: die Aufbringung des enormen neuen Steuerbedarfs ganz überwiegend durch Zuschläge zu den Verkehrs- und indirecten Verbrauchssteuern, unter Beibehaltung der bestehenden Steuerformen und Arten, nur mit Ausbau des Einzelnen und Einfügung einzelner neuer, aber untergeordneter Theile in das Steuersystem. Der bald wieder erreichte volkswirthschaftliche Aufschwung Frankreichs trug das Seine dazu bei, diese Steuerpolitik durch die ohnehin steigenden Erträge der Verkehrs- und indirecten Verbrauchssteuern erfolgreich zu machen. Es ist auch nicht wahrscheinlich, dass mit diesem Steuersystem in naher Zukunft erhebliche Veränderungen vorgenommen werden, wenn auch unter den neueren schlechter gewordenen wirthschaftlichen Verhältnissen der Steuerdruck überhaupt und die Steuerbelastung durch einzelne Steuern, wie die Registrirungsabgaben, die Getränkesteuern, Octrois, Zölle und anderseits durch die directen Steuern, besonders die Grund- und Patentsteuer, immer härter empfunden werden. Aber die daraus hervorgehenden Reformbestrebungen finden an den politischen und steuertechnischen Schwierigkeiten ihrer Durchführung und an der fiscalischen Nothwendigkeit, den riesig angewachsenen und weiter wachsenden Steuerbedarf zu decken, kaum zu überwindende Hindernisse.

VII. Die Erprobung der verschiedenen Steuerarten in den politischen Katastrophen und Finanznöthen Frankreichs.

§. 175. Die ungewöhnlichen äusseren und inneren politischen Katastrophen, welche Frankreich in den letzten hundert Jahren durchlebt hat, machen das Finanz- und Steuerwesen desselben in besonderem Maasse geeignet, um daran gewissermaassen experimentell den Einfluss solcher Zeitumstände auf die Ergiebigkeit der einzelnen Einnahmequellen, namentlich der einzelnen Steuerarten zu prüfen. Auch die während und nach solchen Katastrophen vorgenommenen, auf Ertragserhöhung abzielenden Besteuerungsmaassregeln lassen sich an den Daten der französischen Steuerertrags-Statistik hinsichtlich ihres finanziellen Erfolgs besonders gut experimentell erproben. Oder, in der Terminologie unserer „allgemeinen Steuerlehre" gesprochen (Fin. II, 220 ff.): Die eigenthümlichen geschichtlichen Verhältnisse des französischen Staats ermöglichen in vorzüglichem Grade eine Prüfung des französischen Steuersystems und seiner einzelnen Bestandtheile, der verschiedenen Steuerarten und Steuern, an dem Maassstabe der ersten aller theoretischen und practischen Grundsätze der Besteuerung, der „finanzpolitischen" Principien der „Ausreichendheit" und „Beweglichkeit" (Fin. II, §. 365—368), mit anderen Worten man kann die einzelnen Steuern in Frankreich gut auf ihre **finanzielle Elasticität** prüfen.

Die Ergebnisse lassen sich freilich nur mit Vorsicht verallgemeinern. Ohne Weiteres darf selbst in zukünftigen ähnlichen Zeitverhältnissen Frankreichs nicht immer das Gleiche erwartet werden, da die bestimmenden und bedingenden Grundverhältnisse sich verändern können. Noch vorsichtiger wird die Uebertragung solcher Ergebnisse auf andere Länder geschehen müssen, und vollends die Ableitung allgemeiner fester „Regeln" aus den ein- und selbst mehrmaligen französischen Erfahrungen nur ganz bedingt statthaft sein. Allein **einigen allgemeineren Werth** für die Beurtheilung der einzelnen Steuerarten nach dieser Seite der finanziellen Elasticität und insofern für die allgemeine Theorie und Praxis der Besteuerung haben die Thatsachen der französischen Steuerertrags-Statistik immerhin.

Sie zeigen, dass in rein fiscalischer Hinsicht, welche eben doch, nach unseren „finanzpolitischen" Principien, in erster Linie steht und stehen muss, die **indirecten Verbrauchssteuern** (innere, Monopole, Zölle) und die **Verkehrssteuern** (Stempel, Enregistrement) in politischen Katastrophen und in den diese begleitenden **Verkehrsstockungen und wirthschaftlichen Nothständen erhebliche Ausfälle** erleiden, aber doch nicht **immer ganz so bedeutende und namentlich nicht so andauernde** als man öfters von vornherein erwartet hat. Solche Ausfälle treten bei den **directen** Steuern, ausser in Fällen feindlicher Gebietsoccupation, wie 1870—71, und völliger Desorganisation der Verwaltung, wie in der ersten Revolution, nicht ein. Sie lassen sich hier eventuell auch als „Rückstände" später wieder einbringen, zumal beim Repartitionsprincip, was natürlich bei jenen anderen beiden Gruppen, abgesehen von einigen Fällen beim Enregistrement, ausgeschlossen ist.

Die französische Steuerstatistik lässt ferner den **finanziellen Erfolg einer Erhöhung der Steuersätze** bei den indirecten Verbrauchs- und den Verkehrssteuern mehrfach günstiger, sicherer und rascher hervortreten, als man ebenfalls öfters vermuthet hat. In der Bewegung der betreffenden Einnahmen ist allerdings schwer und mehrfach gar nicht der Einfluss der Steuererhöhung von dem etwa parallel. gehenden der wirthschaftlichen Entwicklung abzusondern. Aber das Ergebniss lässt sich doch mit Sicherheit constatiren, dass die freihändlerische Ansicht, höhere Steuersätze seien nicht immer, öfters gar nicht vortheilhaft, selbst mitunter schädlich für den Ertrag, eine zu weit gehende Generalisation einzelner Thatsachen und ein zu einseitiger Schluss der apriorischen Deduction ist. Die gemachten Erfahrungen sind daher auch für das Gesammturtheil über die französische Steuerpolitik im 19. Jahrhundert wichtig. Sie erklären und rechtfertigen diese Politik, wenigstens rein nach der fiscalischen Seite, ihrerseits wieder mit.

§. 176. Die Daten aus der Periode der ersten Revolution und Napoleon's I., ohnehin zum Theil nur lückenhaft und unsicher, liefern wegen der völlig abnormen inneren und äusseren politischen Verhältnisse und wegen der Gebietsveränderungen weniger brauchbares Material zur Vornahme einer solchen Prüfung der Steuern auf ihre finanzielle Elasticität. Dagegen bietet die Zeit um 1830, um 1848 und namentlich um 1870—71 die geeigneten statistischen Daten, wenn auch in der letzten Periode während des Kriegs selbst die Abspielung desselben ganz auf französischem Boden und hinterher die Ausscheidung Elsass-Lothringens störende Factoren für die statistische Beobachtung und Vergleichung sind. In Betreff der eigentlichen Kriegszeit kann man aber andererseits aus den Daten der Jahre 1870—71 auch wieder speciell den Einfluss solcher Zeitumstände auf den Steuerertrag gut verfolgen.

S. über solche „Proben" der Steuern schon Fin. II, bes. §. 365 u. Note 14 S. 236; auch Leroy-Beaulieu, fin. (1. Aug.) I, 220 ff. Hier folgen Daten über einige Hauptarten der in Betreff der Frage besonders bemerkenswerthen Steuern.

Einregistrirungsabgaben und Stempel zeigen eine besonders starke Affection durch solche politischen Ereignisse, welche den wirthschaftlichen Verkehr stark beeinflussen. Von 1816—1830 mit wenigen Unterbrechungen im Ertrage beständig gestiegen, erfahren sie um die kritischen Perioden folgende Ertragsschwankungen (Bull. 1882, XII, 42). (Mill. Frcs.).

	Enregistr.	Proportion.	Stempel.	Proportion.
1816	118.1	—	24.9	—
1829	155.5	100.0	25.8	100.0
1830	153.5	98.7	25.0	97.2
1831	146.2	94.0	25.2	97.9
1832	168.7	109.2	25.9	100.3
1846	219.9	100.0	40.4	100.0
1847	228.7	104.0	41.7	103.1
1848	173.4	78.9	30.9	76.4
1849	189.4	86.1	32.7	80.9
1850	208.3	94.7	39.8	98.5
1851	199.2	90.6	41.3	102.1
1852	223.2	101.5	44.3	109.5
1853	241.9	109.9	46.5	114.9

Also: 1830—32 starke, aber nur kurze Affection des Enregistrement-Ertrags, kaum eine wahrnehmbare beim Stempel. Von da an wieder wenig unterbrochene Steigerung beider Erträge, Maximum 1847. Dagegen um 1848 erheblich stärkere und länger andauernde Affection beider Erträge, frühere definitive Erholung des Stempels. Nach 1853 weitere Ertragssteigerung, bei Stempel kaum einmal und nur unbedeutend unterbrochen bis 1869, bei Enregistrement nur Markirung des Krimkriegs bloss in 1854 und des italienischen Kriegs in 1859 durch kleine Verminderung der Erträge. Maximum 1864. Bei Enregistrement immer mehr Einfluss des Geschäftsgangs im Verkehr (Speculation u. s. w.).

	Enregistr.	Proportion.	Stempel.	Proportion.
1868	369.8	100.0	85.0	100.0
1869	372.0	100.6	89.3	105.1
1870	290.7	78.6	74.9	88.1
1871	341.1	92.2	82.2	96.7
1872	439.2	118.7	137.7	162.0
1873	429.7	116.2	140.1	165.0
1881	571.8	154.6	155.4	182.8

Hier zeigen die Einnahmen aus Enregistrement und Stempel eine ungefähr ebenso starke Affection in 1870 wie in 1848, wenn auch die Ausfälle in beiden Jahren durch wesentlich verschiedene Umstände bedingt sind. Sie erholen sich aber sehr viel rascher, eigentlich schon 1871 vollständig, wenn man bedenkt, dass der Krieg noch die ersten Monate umfasste, dann der Communeaufstand kam und Elsass-Lothringen (mit 4% der bisherigen französischen Bevölkerung, aber wohl einem etwas stärkeren Antheil an den Staatseinnahmen) abgetreten war. Im Jahre 1871 kann die hohe Einnahme selbst auffallen, da die Steuererhöhungen hier noch nicht viel einwirken konnten. Sie erklärt sich in bemerkenswerther Weise aber indirect gerade mit aus den Kriegsverhältnissen, nämlich aus den zahlreichen Todesfällen, welche einen ungewöhnlich starken steuerpflichtigen Besitzwechsel von Todeswegen mit sich brachten (Werthbetrag dieses Wechsels 1869 3637, 1870 3372, 1871 5011, 1872 3951. Bull. 1884, XV, 543). Dadurch wurden anderweite Ausfälle aufgewogen, so bei dem wichtigen Posten des Enregistrements „Uebertragungen von Immobilien mit onerosem Titel unter Lebenden", wo z. B. 1869 2477, 1870 nur 1721, 1871 nur 1511, 1872 wieder 2482 Mill. Frcs. steuerpflichtigen Besitzwechsels stattfanden (Bull. 1879, V, 370). Wie viel nachhaltiger der Verkehr und damit eine Verkehrssteuer wie das Enregistrement durch politisch-revolutionäre Wirren, wie die 1848er, gestört wird, als durch einen Krieg, wie den 1870—71er, wenn dabei die „öffentliche Ordnung" nicht dauernd leidet, ergiebt der Vergleich der obigen Daten um 1848 und um 1871.

Die Steuererhöhungen bei Enregistrement und Stempel hatten nach dem Kriege fast sofort ihren erwartungsmässigen Erfolg und übertrafen ihn bei dem raschen Verkehrsaufschwung bald. Bei beiden Steuern, vielleicht beim Enregistrement, wenigstens bei Hauptbestandtheilen desselben, noch etwas mehr, ist der Einfluss der wirthschaftlichen Verkehrslage auf Zahl, Art und Höhe der Umsätze, daher auf den Steuerertrag zu durchschlagend, als dass selbst so hohe Steuersätze, wie die französischen eine starke Verminderung der Umsätze und damit der Erträge herbeiführten. Erst mit dem Rückgang der Geschäfte von 1882 an erlitten die Einnahmen des Enregistrements auch Verminderungen und blieben hinter den Voranschlägen ziemlich zurück: Ertrag 1883 545.3 Mill. gegen Anschlag von 593.3 Mill., Ertrag 1885 521.4 Mill. Eine Ueberspannung einer solchen Steuer, wenigstens unter gewissen Zeitverhältnissen, wird hier zuzugeben sein.

Das Tabakmonopol, als die alleinige Form der französischen Tabakbesteuerung, hat durch die Ereignisse von 1830 und selbst von 1848 so gut wie gar nicht in seinem Absatz (die Menge des verkauften Tabaks nach) und in seinem Rohertrage und Reinertrage gelitten. Anders war es begreiflich bei den Kriegsereignissen von 1870—71. Nach denselben steigt die Einnahme zwar bald wieder auf die frühere Höhe und überragt sie, aber unter dem Einfluss der starken Erhöhung des Preises, also der Steuer (für den Hauptartikel, ordinären Rauchtabak z. B. von 9 Frcs. auf 11 Frcs. 50 C. das Kilogramm, nach Gesetz vom 29. Februar 1872) braucht die Absatzmenge immerhin einige Jahre, 3—4, um auf die frühere Höhe zu steigen. Dann nimmt sie langsam weiter zu. Aehnliche Erfahrung wie 1860 ff. mit der Ende 1860 erfolgten Preiserhöhung (von 7 Frcs. 25 C. auf 9 Frcs. f. ord. Tabak). Das Tabakmonopol hat daher eine bedeutende und dauernde finanzielle Elasticität bei Steuererhöhungen für die Deckung des Finanzbedarfs gezeigt. Das bestätigen folgende Daten (in Mill. Kilogr., bez. Mill. Frcs.) (Bull. I, 97 ff., X, 361, XVII, 626, XXI, 141).

	Verkaufte Menge	Roheinnahme	Reinertrag
	Mill. Kilogr.	Mill. Frcs.	Mill. Frcs.
1816	10.36	55.30	33.36
1829	11.07	66.61	45.63
1830	11.17	67.27	46.78
1831	11.08	66.10	45.92
1847	18.93	117.70	86.39
1848	18.36	116.26	85.27
1849	18.34	117.13	85.14
1850	19.22	122.12	89.92
1859	25.60	179.75	129.66
1860	29.58	195.32	143.76
1861	28.24	216.10	163.35
1863	29.44	227.14	170.57
1869	32.57	255.71	197.21
1870	31.35	244.26	169.29
1871	26.97	218.22	168.11
1872	27.03	269.63	218.72
1873	28.34	291.98	238.17
1875	30.37	313.55	254.55
1880	33.56	346.15	282.54
1883	35.77	c. 372.50	c. 303.55
1886	?	c. 368.93	—

In den letzten Jahren selbst hier Stagnation und kleiner Rückgang.

Die Getränkesteuern umfassen die 4 Hauptartikel Wein, Obstwein (besonders Apfelwein, Cider), Bier, Branntwein. Das complicirte System der Weinbesteuerung, namentlich der Umstand, dass dieselbe sich an den Transport und Consum, nicht an die erste Erzeugung des Weins anschliesst, bedingt, dass der Ertrag der Weinsteuer viel weniger, als es sonst der Fall sein würde, von dem Ernteausfall abhängt, also relativ stabiler ist. Daher können sich auch bei diesem Artikel die Zeitverhältnisse, Erwerbslage u. s. w. und die Steuermaassregeln unmittelbarer von Einfluss zeigen. Dasselbe gilt vom Obstwein. In den Materialien der Getränkesteuerenquête von 1879 ff. sind viele interessante statistische Daten enthalten (s. bes. B. IX u. X des Bulletin, so X, 366; XIII, 352; XI, 403; XIX, 262). Danach war der Ertrag in Mill. Frcs. ohne verschiedene allgemeine Nebenabgaben, Licenzen u. s. w.):

	Wein.	Branntw.	Alle Getränke. (incl. Bier, Cider).
1830	60.54	20.21	98.25
1831	35.20	14.52	62.90

Starke Ermässigung durch damalige Reduction des Steuersatzes.

	Wein.	Branntw.	Alle Getränke.
1847	59.72	25.21	101.06
1848	51.89	23.27	90.85
1849	55.92	23.14	93.93
1850	58.77	24.42	100.15

Maximum des Ertrags in 1846, nur wenig höher als 1847 (102.56). Die Steuererlasse der 48er Revolution blieben grosstheils unausgeführt oder wurden alsbald wieder rückgängig gemacht (s. o. §. 171). Von 1851 an dann rasche Ertragssteigerung.

	Wein.	Branntw.	Alle Getränke.
1869	122.54	96.09	248.48
1870	108.68	84.01	219.02
1871	108.15	110.54	245.87
1872	139.20	119.00	288.67
1873	146.51	148.92	326.34
1876	159.29	168.31	395.23
1880	177.63	220.91	435.51
1881	139.72	287.59	409.97
1885	135.16	238.33	410.80

Der Ausfall also nur in 1870; schon 1871, ohne Elsass-Lothringen, wieder eingeholt; die Steuererhöhungen von Ende 1871 an von raschem, bedeutendem und bleibendem finanziellen Erfolge, zumal bei Branntwein, aber doch auch bei Wein und Cider. Ende 1880 Ermässigung der Weinsteuer, daher von hier an geringerer Ertrag. Der Branntwein zeigt am Meisten seine Steuerfähigkeit und die ziemliche Indifferenz seines Absatzes gegen hohe Steuern, da bei ihm die Detailpreise von anderen Factoren weit mehr abhängen.

Die Zuckersteuer ist unter den heutigen Productions-, Bezugs- und Absatzverhältnissen zu sehr von Handelsconjuncturen beeinflusst, so dass wir sie für diese Untersuchung übergehen. Dasselbe gilt von den Einfuhrzöllen. Auch hier haben sich aber die Erhöhungen nach dem Kriege doch bald finanziell bewährt. Weiteres unten in der Darstellung der einzelnen Steuern.

Dagegen liefern die städtischen Octrois noch beachtenswerthes Material hinsichtlich der finanziellen Elasticität solcher indirecter Verbrauchsabgaben. Naturlich, dass bei ihnen politische und wirthschaftliche Localverhältnisse, wie etwa in Paris 1870—71, besondere Bedeutung gewinnen. S. bes. d. Abh. im Bull. XI, 43 ff., 50. Die Statistik gestattet mit ihrer Unterscheidung der Artikel-Gruppen und einzelnen Artikel (bes. bei den Getränken) auch einen Einblick in Einzelverhältnisse, welche Beachtung verdienen. Die Artikel des Octrois zerfallen in die 6 Gruppen Getränke, Verzehrungsgegenstände, Brennstoffe, Futter, Materialien (zum Bau u. s. w.), und verschiedene Objecte. Auch der Antheil der einzelnen Getränke, besonders des Branntweins, in kritischen Perioden ist beachtenswerth. Das Verhältniss zwischen Roh- und Reinertrag stellt sich natürlich in solchen Zeiten ungünstiger, da der Haupttheil der Erhebungskosten sich nicht mit den Einnahmeausfällen vermindert. Es war in Mill. Frcs.:

	Rohertr. d. Octrois.	Reinertrag.	Vom Rohertrag fielen auf			Von d. Getränken auf	
			Getränke.	Nahrungsm.	Material.	Wein.	Branntw.
1831	54.24	48.36	22.03	16.95	2.60	14.00	2.24
1847	87.98	78.38	38.43	26.50	7.86	22.63	4.05
1848	76.63	67.78	33.82	23.06	4.25	20.58	3.69
1849	86.41	77.41	35.48	26.91	4.55	24.71	4.06
1850	94.34	84.86	42.09	29.30	5.71	26.63	4.29
1853	96.43	86.76	38.31	30.60	9.01	22.65	4.20
1869	201.35	185.01	89.03	48.89	23.95	60.00	7.40
1870	167.17	150.87	80.11	45.88	13.98	55.46	6.74
1871	156.59	140.02	75.82	41.85	7.89	48.43	9.00
1872	199.43	181.92	95.55	48.87	16.59	64.74	8.63
1873	211.09	192.88	102.25	51.10	16.43	66.66	12.12

Also 1848 und wieder 1870—71 starke Ausfälle, 1848 aber nur in diesem Jahre, von Baumaterialien abgesehen, wo der Ertrag länger niedrig bleibt; in beiden Perioden nur kurz dauernde Abnahme bei den Getränken, Branntweinertrag alsbald wieder stark steigend. Bei Materialien Erholung des besonders stark gesunkenen Ertrags zwar schon 1872, aber erst 1877 werden die Zahlen von 1869 wieder erreicht.

Paris speciell lässt die Einflüsse noch schärfer hervortreten:

	Rohertrag.	Davon			Von den Getränken	
		Getränke.	Verzehrungsgegenstände.	Materialien.	Wein.	Branntw.
1847	36.09	17.40	7.17	4.12	12.21	1.97
1848	28.20	15.45	4.70	1.92	10.49	1.80
1849	34.91	18.48	7.65	2.03	13.09	2.01
1850	39.32	20.50	8.69	2.45	14.62	2.15
1869	107.56	54.49	16.77	14.65	41.26	3.71
1870	80.06	47.80	13.26	7.04	37.75	3.47
1871	68.56	41.80	10.23	1.93	30.94	4.82
1872	100.44	55.02	15.31	8.07	43.08	4.74
1873	107.97	63.18	15.94	7.58	45.21	7.19

Auch hier verdient ausser der allgemeinen Bewegung besonders diejenige der Branntwein- und der Materialiensteuer-Erträge Beachtung (das Belagerungs- und

Communejahr 1871!). Wie weit in 1870—71, auch nach der Aufhebung der Belagerung, die Octroierhebung etwa sistirt war, ist mir unbekannt. Der Ertrag von Materialien erreichte in Paris erst 1853 wieder denjenigen von 1846—47, erst 1880 denjenigen von 1869, während der Branntweinertrag schon 1875 sich gegen 1869 mehr als verdoppelt hatte und auch hinterher noch erheblich stieg (1880 10.35 Mill.).

Vergleicht man mit diesen Bewegungen der Erträge der Verkehrs- und indirecten Verbrauchssteuern diejenigen der directen Steuern, so zeigen diese allerdings fast durchaus, wie es scheint, nur Schwankungen, welche auf einer Veränderung des Steuerfusses beruhen. Ich muss aber dahin gestellt sein lassen, wie hier, z. B. in der Periode 1870—71, gerechnet worden ist. Denn wenn in 1870—71 die directen Staatssteuern wenig oder keine Ausfälle zeigen, obwohl sie in grossen Theilen Frankreichs wenigstens nicht in die französische, sondern in die deutsche Casse flossen, so ist das nicht recht verständlich. Ob hier unter dem „produit annuel" etwa doch nur die Vorschreibungen oder zwar die legalen Abzahlungen der Steuerverbündlichkeiten, auch wenn sie wie damals, an die Deutschen erfolgten, zu verstehen sind? Auch die Berechnung der Extrazuschläge von 1848 fehlt in den Ausweisen im Bull. VII, 240 und XX, 220 ff. Das Principalcontingent nebst allgemeinen Zuschlägen für die Staatscasse hätte sich hiernach in den beiden neuesten kritischen Perioden folgendermaassen bewegt (in Mill. Frcs.).

	Grund-steuer.	Personal- u. Mobiliarst.	Thür- u. Fensterst.	Patent-steuer.	Zusammen.
1847	190.78	41.84	29.18	37.43	299.23
1848	191.18	42.27	29.70	37.69	300.84
1849	190.08	42.31	29.92	36.00	298.31
1850	190.76	42.96	30.01	36.97	300.70
1869	174.96	54.38	39.49	72.13	340.95
1870	175.81	55.51	40.12	73.14	344.57
1871	171.05	54.69	38.86	68.45	333.04
1872	172.43	56.07	39.42	76.70	344.63

Hier zeigt sich vornehmlich nur bei der Patentsteuer und auch bei dieser erst im zweiten Jahre der Katastrophen eine merkliche Abnahme. Bei den drei anderen Steuern kann übrigens der Character derselben als Repartitionssteuern, wonach die Jahrescontingente unabhängig von Ausfällen bei einzelnen Steuerpflichtigen von der Gesammtheit aufgebracht werden müssen, die Stabilität der Steuererträge mit erklären. Sollte das richtig sein, so läge hier ein Fall der guten finanziellen Bewährung dieser Steuereinrichtung vor. Aber freilich träte dabei die Rücksicht auf die zahlungsfähigen Steuerpflichtigen in den Hintergrund.

Die 1872 eingeführte 3% Steuer vom Einkommen aus Mobiliarwerthen (Werthpapieren) ist rasch von 6.08 (Semesterertrag 1872) auf 31.75 und 34.18 Mill. Frcs. von 1872—74 gestiegen, dann 3 Jahre lang, bis 1878, im Ertrage fast stabil geblieben, darauf mit Schwankungen weiter, bis 45 Mill. Frcs. in 1883 gestiegen, seitdem aber wieder etwas gesunken (1885 45.87 Mill.); sie zeigt also jedenfalls entfernt keine solche Elasticität wie die Verkehrs- und Verbrauchssteuern.

VIII. Rückblick auf die französische Steuerentwicklung seit 1789, bezw. 1815.

§. 177. Die französische Besteuerung hat so zwar die ihr in der Zeit der ersten Revolution und Napoleon's I. gegebene Grundlage im Wesentlichen beibehalten. Aber auf dieser Grundlage hat sie sich unter dem Drang der regelmässigen und der in den immer neuen politischen Katastrophen förmlich ruckweise erfolgenden Steigerung des Finanzbedarfs ungemein entwickelt und im Ertrage vermehrt.

In dieser Hinsicht bietet sie ein völlig anderes Bild als die britische Besteuerung (§. 107, 108): diese hat sich vereinfacht, die französische sich complicirt, jene ist im Ertrage für den Staat von 1815 bis zur Gegenwart (1885) kaum gewachsen, diese hat sich verdreifacht und auch die Localbesteuerung für Departements und Gemeinden ist rascher und stärker als in Grossbritannien gestiegen. Die britische Besteuerung warf bei ihrer Ertragsstabilität zwar kaum für die Tilgung der Schulden der früheren Kriegszeit etwas Erhebliches ab, aber auch von der französischen ist trotz ihrer enormen Zunahme in dieser Hinsicht kaum mehr zu rühmen und bei den immer neuen Schuldaufnahmen in Revolutions-, Kriegs- und Friedenszeiten wäre eine mässige Tilgung aus Staatsüberschüssen auch eine Danaidenarbeit geblieben.

In der britischen Besteuerung sind die directen Steuern gesteigert, die indirecten Verbrauchs- und ein Theil der Verkehrssteuern im Ertrage fast gleich geblieben, aber die ersteren auf geeignetere Objecte concentrirt worden. In Frankreich haben umgekehrt die directen Steuern nur eine mässige Zunahme, die anderen eine absolut und im Vergleich mit jenen wahrhaft colossale Ertragsvermehrung erfahren. Allerdings sind dabei auch hier, wie in Grossbritannien, aus der Branntwein- und Tabakbesteuerung besonders grosse Ertragssteigerungen erzielt worden. Aber während das britische gesunde Nationalgetränk der Massen, das Bier, in der Besteuerung erleichtert, ist in Frankreich der im Consum analog stehende Wein immer mehr fiscalisch ausgebeutet worden. Die Salz- und Zuckersteuer sind jenseits des Canals gefallen, mit allen Schutzzöllen die meisten kleineren Finanzzölle beseitigt oder ermässigt, in Frankreich die Zölle wieder stark gesteigert, die Zuckersteuer ergiebiger gemacht und auch die Salzsteuer, wennschon ermässigt, beibehalten worden, und kleinere innere Verbrauchssteuern, die in England alle verschwunden sind, sind in Frankreich wieder neu aufgekommen.

So ist die gesammte Steuerlast hier mehr nach Unten zu gelegt, umgekehrt wie in Grossbritannien: eine socialpolitisch ungünstigere Gestaltung in Frankreich. Die angemessenere Mitbelastung der besitzenden und wohlhabenderen Classen ist dort durch die erneute Entwicklung der Einkommensteuer und durch die Ausbildung der Erbschaftssteuern erfolgt. In Frankreich hat man trotz der enormen Zunahme der gesammten Steuerlast eine allgemeine Einkommensteuer immer noch vermieden. Durch die

Registrirungs- und Stempelabgaben und theilweise durch die vier grossen Ertragssteuern und die neuen kleinen Luxussteuern werden zwar die besitzenden und wohlhabenderen Classen höheren Einkommens auch hier mehr mit belastet, immerhin einigermaassen zum Ersatz der fehlenden Einkommensteuer, was bei dem Vergleich des französischen mit den Steuersystemen anderer Länder nicht übersehen werden darf (§. 215). Im Enregistrement ist ferner eine hohe Erbschaftsbesteuerung enthalten. Aber alle diese Steuern treffen auch den kleinen Besitz und das kleine Einkommen und auch bei ihrem Proportionalitätsprincip oft schwerer als den grösseren Besitz und das höhere Einkommen. Ausserdem belästigen diese Registrirungs- und Stempelabgaben auch den legitimsten wirthschaftlichen Verkehr in empfindlichster Weise, stören ihn und unterbinden ihn zum Theil, und natürlich desto mehr, je höher die Steuersätze gesteigert und, auch deswegen, die Controlmaassregeln verschärft worden sind. Frankreich band daher in gesteigertem Maasse durch seine Verbrauchs- und Verkehrssteuern den Verkehr, vertheuerte, durch seine Transportsteuern, seine Frachten, während Grossbritannien, wie in der Zollpolitik, so in der Politik seiner inneren Besteuerung die ehemaligen Fesseln des Verkehrs immer mehr löste. Während so Grossbritannien sein Volk und seine Volkswirthschaft auch durch seine Steuerpolitik concurrenzfähiger machte, freilich nicht ohne einige bedenkliche Folgen, wie die Preisgebung seiner Landwirthschaft, hat Frankreich, um die Mittel für die Politik rubelosen Ehrgeizes nach Aussen und ewiger Neuerungssucht im Inneren zu beschaffen, sein Land und Volk mit einem Steuerbetrage nicht nur, sondern auch in **Steuerformen** belastet, die mehrfach kaum erträglich erscheinen und anderswo schwerlich ertragen würden. Sie könnten immerhin auch ein Factor sein, welcher an dem verhältnissmässigen Zurückbleiben des französischen Volksthums und damit der Bedeutung Frankreichs im Concert der raschen und rüstiger vorwärts schreitenden übrigen leitenden Culturnationen, der Briten, Deutschen, Nordamerikaner, Italiener eine gewisse Mitschuld mit hat. Das ist das „Facit" aus der Finanzrechnung eines „Jahrhunderts der Revolutionen".

Rein in steuertechnischer und damit auch in politischer Hinsicht zeigt die heutige französische Besteuerung gewiss manche Vorzüge im Vergleich mit der Besteuerung des ancien régime und in einigen Puncten auch im Vergleich mit anderen Ländern. Die

Gleichmässigkeit im ganzen Staatsgebiete, die streng durchgeführte Unification, die festen gesetzlichen und administrativen Normen, welche alle „Willkühr" der Verwaltungsbehörden, eine der Hauptklagen in der Zeit vor 1789, möglichst ausschliessen, die Beseitigung fast aller rechtlichen provinziellen, realen und personalen Steuerexemtionen und Privilégien — die in der Getränkebesteuerung für Eigenbrau und Eigenbrennerei noch verbliebenen finden gerade im Augenblick besondere Opposition, so dass sie vielleicht bald fallen werden — dies und Anderes mehr sind sicher erhebliche Fortschritte, welche bei der grossen Anspannung der Steuerschraube noch ihren besonderen Werth haben. Der Grundsatz der „Bestimmtheit" der Besteuerung (Fin. II, §. 534) ist so immer besser zur Durchführung gebracht worden.

Freilich ist dies nur durch einen grossen Formalismus und Schematismus, in der directen wie in wichtigen Zweigen der indirecten Verbrauchsbesteuerung (Getränkesteuern!) und in der Verkehrsbesteuerung (Enregistrement!) erreicht worden, worauf man in Frankreich, um Klarheit und Präcision in die Steuergesetzgebung und Verwaltung zu bringen und um die Willkühr der Behörden möglichst zu beseitigen, vorzugsweise Gewicht gelegt hat.

Die Folge hiervon ist, dass in der gesammten Besteuerung mechanische Rechnungsoperationen eine grosse Anwendung finden, das dem französischen Geist auch sonst entsprechende „mathematische Moment" in solchen Dingen, wie es namentlich in der directen Besteuerung, den Getränkesteuern und dem Enregistrement hervortritt. Dieser Vortheil „mathematischer Bestimmtheit" wird indessen um einen ziemlich hohen Preis gewonnen: viel und theure Controlen; trotz der grossen Steuererträge, bei denen sich diese Verhältnisse an und für sich günstiger stellen müssen, hohe Erhebungskosten; sehr scharfe Verstösse gegen den Grundsatz der „Bequemlichkeit" (Fin. II, §. 535); vor Allem aber eine eben nur ganz mechanische Durchführung des auch der französischen politischen Auffassung seit der Revolution wichtigsten Grundsatzes der „Gleichmässigkeit" der Besteuerung, der allgemein verlangten, viel gerühmten, seit der ersten Revolution in allen Verfassungen hochgehaltenen und vermeintlich erreichten „Proportionalität der Steuern nach den Kräften eines Jeden".

Abgesehen davon, dass diese Proportionalität bei den französischen indirecten Verbrauchs- und den Verkehrssteuern eine blosse Illusion ist, kann sie doch auch da, wo man sie am Meisten erstrebte und das ganze System zu diesem Zweck einrichtete, bei der directen Besteuerung, nicht für auch nur halbwegs erreicht gelten. Gerade das Mechanisch-Rechnungsmässige, „Mathematische", das Anknüpfen der Steuer an reale Momente kann bei so veränderlichen und individuellen Verhältnissen, wie den Reinerträgen des Grundbesitzes, der Häuser, der Gewerbe, bei Steuern nach der Miethe (Personal- und Mobiliarsteuer, Patentsteuer) unmöglich zu einer wirklich proportionalen Steuer führen. Der stärkeren Berücksichtigung des personalen Elements, der Subjectbesteuerung statt der Objectbesteuerung gelingt das immer noch besser, wenn dabei auch oder gerade weil dabei nicht bloss mechanisch gerechnet, sondern nach dem arbitrium boni viri abgewogen und ermessen wird. Das will man aber in Frankreich, nach dem Gesagten, viel zu sehr und aus nicht unrichtigen, aber auch nicht allein berechtigten Gründen ausschliessen.

Der mechanisch-rechnungsmässige, „mathematische" Character der französischen Besteuerung hat derselben manche Anerkennung unter Theoretikern und Practikern verschafft, auch der Uebertragung einzelner Theile davon, so der Grundsteuer, Patentsteuer, des Enregistrements auf andere Länder Vorschub geleistet. Er könnte auch wohl dazu beitragen, es berechtigt erscheinen zu lassen, der modernen französischen Besteuerung den Namen eines wirklichen „Steuersystems" mit besonderem Fug zu ertheilen. Allein bei näherer Betrachtung verdient diese Besteuerung diesen Namen doch höchstens im formalen Sinne, wegen ihrer angedeuteten Eigenschaften, nicht im materiellen Sinne. Denn dazu fehlt ihr eben doch zu sehr die nothwendige Uebereinstimmung mit den obersten Steuerprincipien und die wirkliche verhältnissmässige Erfassung aller Steuerkräfte nach deren Leistungsfähigkeit und nach den Anforderungen eines wahren Steuersystems, wie es in unserer „allgemeinen Steuerlehre" aufgestellt worden ist. Darüber dürfen die eleganten Formseiten, die wie in allem Französischen auch in der dortigen Besteuerung hervortreten, nicht hinwegtäuschen, wie sie es nach der Neigung des französischen Volksgeists so leicht thun. Man fasst hier, ähnlich wie in der Staatsverfassung, ein Problem, das seiner ganzen Natur nach eine solche einseitige Lösung nicht zulässt, zu ausschliesslich mechanisch auf und will es mit zu ausschliesslich mechanischen Hilfsmitteln lösen.

Wenn wir sagen, die britische Besteuerung verdiene den Vorzug vor der französischen, so meinen wir damit natürlich nicht, dass man zwischen beiden beliebig wechseln, die britische etwa in Frankreich annehmen sollte oder könnte. Die practischen Steuersysteme sind dafür viel zu sehr „geschichtlich gebunden", haben zu viel „Erdgeschmack" des Landes, in dem sie entstanden sind. Mit dem einfacheren britischen System würde man die in Frankreich erforderlichen Summen hier auch schwerlich aufbringen. Aber richtig möchte eben doch bleiben, dass die britische Besteuerung an sich den Vorzug verdient, sie ist eben auch das Product einer glücklicheren Geschichte und einer glücklicheren Volksanlage, als die französische Besteuerung.

Weiteres zum Beleg und zur Begründung des Gesagten im Folgenden.

2. Die einzelnen Steuern.

In Betreff der Behandlungsweise gelten auch für das Folgende die Bemerkungen oben S. 235 bei den britischen Steuern. Eine völlig gleichmässige Behandlung der einzelnen Steuern wird auch hier nicht beabsichtigt. Vielmehr werden die letzteren je nach ihrer characteristischen Eigenthümlichkeit und mithin finanzwissenschaftlichen Wichtigkeit mehr oder weniger eingehend besprochen, kleinere und unwichtigere bloss erwähnt werden.

§. 178. Uebersicht. Die moderne französische Besteuerung des 19. Jahrhunderts wird hier in folgender, in diesem Werke allgemein festgehaltenen Ordnung zur Darstellung gelangen. Diese Ordnung weicht mehrfach von der Classification der französischen Verwaltungspraxis und des Etats etwas ab.

I. Die Staatsbesteuerung.

A. Die directe Besteuerung.

1. Die vier grossen directen (Ertrags-)Steuern.

a. Die Grundsteuer (contribution foncière). Neuerdings zerlegt in:

α. Grundsteuer von unbebautem Boden oder eigentliche Grundsteuer (contribution foncière des propriétés non bâties).

β. Grundsteuer von bebautem Boden (propriétés bâties) oder Gebäude-Grundsteuer.

b. Die Personal- und Mobiliarsteuer (contribution personelle et mobilière).

c. Die Thür- und Fenstersteuer (contrib. des portes et fenêtres).

d. Die Patent- oder Gewerbesteuer (contribution des patentes).

Dazu als kleine Nebenabgabe:

e. Die Taxe der ersten Ankündigung (taxe de premier avertissement).

2. Die Steuer von den Gütern der todten Hand (taxe sur les biens de main morte).

3. Die Bergwerksabgaben.

4. Die 3 % Steuer vom Einkommen aus beweglichen Werthen (Werthpapieren, sur le revenu des valeurs mobilières).

Die unter 1 genannten vier Hauptsteuern bilden den alten Grundstock der modernen französischen directen Besteuerung. An dieselben schliessen sich administrativ, indem sie unter der „Generaldirection der directen Steuern" mit stehen und etatmässig die sogen. „den directen Steuern gleichgestellten (assimilirten) Specialtaxen" an, jetzt 8 an der Zahl. Davon sind nur die obigen Nummern 2 und 3 hier eingestellt; 3 andere werden in der Rubrik D, 4 unten aufgeführt, nämlich auf Wagen und Pferde, Billards, Gesellschaften. Die 3 übrigen gehören mehr zu den Gebühren als zu den Steuern, nämlich die Abgaben für Verification der Maasse und Gewichte, desgl. der Alkoholometer und die Abgaben für die Aufsicht über Apotheken und Droguerichandlungen; sie könnten allenfalls auch mit als kleine Specialgewerbesteuern aufgefasst werden. Die diesen „Gebühren" verwandten, aber mehr steuerartigen Abgaben für Controle der Gold- und Silberwaaren und des denaturirten Alkohols, ferner für verschiedene andere Beaufsichtigungen in der Steuerverwaltung werden in Frankreich zu den „indirecten" Steuern gerechnet und bilden bei diesen im Etat einen Theil der „verschiedenen Abgaben und Einkünfte aus verschiedenen Titeln" (s. Bulletin XX, 262, von Kaufmann, Fin. Frankreichs, S. 456). Wiederum ähnliche Abgaben stehen noch unter einer anderen Abtheilung des Etats, den „verschiedenen Erträgen des Budgets" so die Abgaben für die Untersuchung des in Frankreich eingeführten Viehs, die Ueberschüsse der Münzverwaltung, der Ersatz für die Beaufsichtigungskosten der Eisenbahnen, sowie der gleiche Ersatz bei verschiedenen anderen Gesellschaften und Anstalten.

Die unter No. 4 genannte Steuer wird mit Recht hier eingereiht. Sie wird aber in der französischen Praxis und im Etat nicht zu den directen Steuern gestellt, sie untersteht mit der Generaldirection des Enregistrements, ihr Ertrag wird jedoch im Etat nicht bei diesem, sondern unter der Rubrik „verschiedene Einkünfte" eingestellt.

Die Licenzabgaben im Gebiete der Verbrauchsbesteuerung, besonders der Getränkesteuern, ferner bei öffentlichen Fuhrwerksunternehmungen, einschliesslich Eisenbahnen, und in einigen anderen Fällen (Gold- und Silberwaaren, Spielkarten, Debit von Tabak und Pulver) haben zwar einerseits auch in Frankreich die Natur einer directen Steuer, einer kleinen Specialgewerbesteuer, stehen aber anderseits mit den betreffenden indirecten Verbrauchs- und Transportsteuern u. s. w. in der nächsten Verbindung, so dass sie, wie in der Darstellung der britischen Besteuerung, passend in Zusammenhang mit den genannten Steuern behandelt werden (s. Bull. XX, 598). Das Licenzwesen untersteht der Verwaltung der indirecten Steuern, seine Erträge erscheinen im Etat bei den „verschiedenen Abgaben und Einkünften aus verschiedenen Titeln" in dieser Verwaltung.

B. Die Verkehrsbesteuerung nebst verwandten Abgaben.

1. Das System der Registrirungsabgaben (droits d'enregistrement, de greffe et d'hypothèque), welches in Frankreich auch die Erbschafts- und Schenkungssteuern umfasst.

2. Die Besteuerung mittelst Stempels, bez. im Gebiet der Stempelverwaltung.

Beide sehr entwickelte und verwickelte Abgabearten stehen mehrfach in Zusammenhang, aber der Stempel ist keine Erhebungsform der Registrirungsabgaben und letztere sind nicht eine Form der Erhebung von sonst etwa auch durch Stempel zu berichtigenden Abgaben. Beide umfassen eigentliche Verkehrssteuern, eigentliche Gebühren und vermischte Abgaben dieses zweifachen Characters und, wie gesagt, auch die steuerpolitisch wieder besonders aufzufassenden Erbschafts- und

Schenkungssteuern. In Betreff der Gebühren ist zum Theil schon auf die Augaben in Fin. II, 33 ff. zu verweisen. Enregistrement und Stempelwesen bilden bisher mit den Domänen zusammen Einen grossen Verwaltungszweig, eine Generaldirection im Finanzministerium. Die Erträge der beiden ersten werden zu den „indirecten Steuern und Einkünften" im Etat gerechnet. Ein kleiner Betrag Stempeleinnahmen, fast ganz aus Quittungsstempeln der Verbrauchssteuerzahlungen, steht unter den „verschiedenen Abgaben und Einkünften aus verschiedenen Titeln" bei den indirecten Steuern (Bull. XX, 262, v. Kaufmann, S. 457). Unter dieser Rubrik erscheint auch der Ertrag der Spielkartensteuer. Zu anderen eigentlichen Verbrauchssteuererhebungen wird der Stempel in Frankreich noch nicht benutzt. Die französischen Erbschafts- und Schenkungssteuern hängen steuertechnisch mit dem Enregistrement zu enge zusammen, um nicht auch in der Darstellung damit verbunden werden zu müssen. Daher bleiben für die besondere Behandlung dieser Steuern unter C nur einige Puncte übrig.

3. Abgabe von den Erfindungspatenten.

Der Ertrag steht bei den „verschiedenen Erträgen des Budgets".

4. Transportsteuern

a. von den Eisenbahnen;

b. von anderen öffentlichen Fuhr- und Transportunternehmungen mit regelmässigem Dienst (auch zu Wasser).

Stehen unter der Verwaltung der „indirecten Steuern" und die Erträge im Etat ebenfalls bei diesen.

C. Anfallerwerbsbesteuerung.

Hierher gehört die umfassende Erbschafts- und Schenkungsbesteuerung, welche im Enregistrement enthalten ist und in der Hauptsache unten bei dieser Abgabekategorie mit behandelt werden wird. Auch die Erträge jener Besteuerung sind aus denjenigen des Enregistrements nur nach den speciellen statistischen Ausweisen auszuscheiden. Eine Besteuerung von Loosen u. dgl. ist mit der unter A, 4 genannten Steuer auf Werthpapiere verbunden worden.

D. Gebrauchs-, namentlich Verbrauchsbesteuerung, nebst technisch verwandten oder sonst damit in näherem Zusammenhang stehenden Steuern (so bei den Zöllen).

1. Die inneren Verbrauchssteuern.

a. Bei privatwirthschaftlicher Productionsweise:

α. Die Salzsteuer, im Inneren und im Bezirk der Zollverwaltung.

Dieser Unterschied wird in Frankreich seit lange festgehalten. Der erste Theil der Salzsteuer untersteht daher der „Verwaltung der indirecten Steuern" und sein Ertrag erscheint im Etat bei diesen Steuern; der zweite Theil untersteht als Zoll und als Verbrauchssteuer der Zollverwaltung und sein Ertrag wird bei, bez. neben den Zöllen aufgeführt.

β. Die Getränkebesteuerung. Auf:

aa) Wein,
bb) Obstwein (Cider) u. dgl.,
cc) Branntwein (Alkohol),
dd) Bier.

γ. Die inländische Rübenzuckersteuer.

δ. Die neueren noch bestehenden kleineren derartigen Steuern; auf:
- aa) Papier,
- bb) Mineralöl,
- cc) andere Oele,
- dd) Stearin und Kerzen,
- ee) Essig und Essigsäure,
- ff) Fabrikation von Dynamit und Nitroglycerin.

ε. Andere verwandte Steuern.
- aa) Prüfungsabgabe von Gold- und Silberwaaren.
- bb) Denaturalisirungsabgabe von Alkohol.
- cc) Spielkartensteuern.

Diese drei Abgaben gehören zu den „indirecten Steuern" des französischen Rechts, ihre Erträge, wie schon bemerkt, zu den „verschiedenen Abgaben und Einnahmen aus verschiedenen Titeln" bei dieser Steuergruppe im Etat.

ζ. Aufgehobene derartige Steuern (Seife, Cichorien).

b. Verbrauchssteuern in Monopolform.
- α. Das Tabakmonopol.
- β. Das Schiesspulvermonopol.
- γ. Das Zündhölzchenmonopol.

2. Die Zölle, als Verbrauchssteuern (Finanzzölle) und als Schutzzölle, insbesondere die Einfuhrzölle.

a. Eigentliche Zölle (seit 1882 nur noch Einfuhrzölle).

b. Statistische Abgabe.

c. Schifffahrtsabgaben.

Diese letzteren könnten auch zu den Transportsteuern oben (B. 4) gestellt werden, stehen indessen mit dem Zollwesen in nächster Verbindung. Sie sind finanziell zugleich mehr Gebühren als Steuern.

d. Nebenabgaben der Zollverwaltung.

3. Gewerbliche Licenzsteuern, namentlich auf dem Gebiete der Verbrauchsbesteuerung (s. o., S. 416).

4. Directe Gebrauchs- und Genussteuern.

a. Wagen- und Pferdesteuer.

b. Billardsteuer.

c. Steuer auf gesellige Vereine, geschlossene Gesellschaften u. dgl. (cercles, sociétés et lieux de réunion).

Wie oben bemerkt, administrativ und etatmässig zu den „den directen Steuern assimilirten Specialtaxen" gehörig.

II. Departemental- und Communalbesteuerung.

A. Die directen Steuern.

Fast ausschliesslich in Form von Zuschlägen zu den directen Staatssteuern, namentlich den vier Hauptsteuern, mitunter zu einzelnen der assimilirten Specialtaxen: sogen. Zuschlagcentimen für „Specialfonds" zu Departemental- und Communalzwecken. Also im Allgemeinen: keine selbständigen directen Localsteuern. Sonst findet sich nur eine directe Gebrauchssteuer, die Hundesteuer, als obligatorische Gemeindesteuer. Eine besondere Stellung nimmt die nach Wunsch in Geld abzulösende Verpflichtung zu Naturalleistungen für die Vicinalwege bei den Communen ein.

B. Die indirecten Steuern.

Dahin gehören die sehr verbreiteten, in den meisten grösseren Gemeinden, namentlich den Städten, für Communalzwecke erhobenen, bisweilen auch mit zur Aufbringung eines Theils des directen Staatssteuercontingents (Personal- und Wohnungssteuer, Thür- und Fenstersteuer) der Gemeinde und zur Miterhebung der staatlichen Getränkesteuern (Eingangsabgabe, einzige Steuer) dienenden Octrois.

Zu den „directen Steuern" stellt das französische Finanzrecht auch noch einige Specialabgaben, welche nicht den vollen Character eigentlicher Steuern haben, sondern mehr zu den Gebühren und Kostenersätzen gehören. So die Abgabe für die Unterhaltung der Börsen und Handelskammern von gewissen Patentsteuerpflichtigen, die Abgaben für Erhaltung der Deiche und Dämme, für Flussreinigung, Bewässerung, Entsumpfung, Minenentwässerung, für Abwehr von Ueberschwemmungen, für städtische Pflasterung u. dgl. m. S. Vignes, I, 52 ff., 88.

Schon diese Uebersicht zeigt, dass namentlich die französische Staatsbesteuerung eine ausserordentlich complicirte Einrichtung ist, weit mehr als die gegenwärtige britische, auch mehr als diejenige Deutschlands, Preussens und anderer Einzelstaaten. Von den wichtigeren einzelnen Steuern, so den directen, den Getränkesteuern, dem Zollwesen gilt das wieder in besonderem und noch höherem Maasse und vollends Enregistrement und Stempel stellen ein eigenes complicirtes förmliches Verkehrssteuersystem dar. In der folgerichtigen Durchführung des leitenden Princips einer Steuer zeichnet sich die französische Besteuerung aus. Manches Einzelne in der feineren Durchführung erklärt sich mit aus dem Streben nach einer solchen logischen Consequenz. Aber auch die Höhe der Summen, welche durch die Steuern zur Deckung des Bedarfs aufgebracht werden müssen, erklärt eine derartige Einrichtung der Steuern mit, um auf diese Weise die Tragung der Lasten besser zu ermöglichen und leichter zu machen.

Für die Darstellung bietet diese Beschaffenheit der französischen Besteuerung ihre eigenen Schwierigkeiten. So verwickelte Dinge lassen sich namentlich nicht leicht zugleich kurz und klar darstellen, wie es doch nach dem Character dieses Werks geboten ist. Eine umfassende, im Raum weniger beschränkte monographische Behandlung der französischen Besteuerung, wo auch der für dies Werk leitende Gesichtspunct, nämlich die Vergleichung mit anderen Ländern vorzunehmen oder vorzubereiten und das Steuerwesen eines Landes zum Zweck der Gewinnung finanzwissenschaftlicher Ergebnisse darzustellen, zurücktritt, hat es in einer Hinsicht leichter. Im Folgenden gilt es, möglichst nur das Wesentliche der Einrichtungen hervorzuheben. Für vielerlei Einzelnes, so für die kleineren, weniger wichtigen Steuern, und für die hier gar nicht oder nur ganz kurz behandelten Seiten, so die, welche die verfassungsmässigen politischen, die administrativen Verhältnisse, das Steuerbehördenwesen, die Verwaltungsrechtspflege in Steuersachen betreffen, ist auf die Specialliteratur, besonders auf diejenige des französischen Verwaltungsrechts, u. A. namentlich auf Block's dictionnaire und auf die grösseren Monographien des französischen Finanzwesens, aus der deutschen Literatur auf die Werke von v. Hock und v. Kaufmann zu verweisen. Wenn trotzdem unsere ganze Darstellung der französischen Besteuerung und auch diejenige einiger der wichtigeren einzelnen Steuern und Steuerarten erheblich mehr Raum als die Darstellung der britischen Besteuerung umfasst, so liegt das in der grösseren Verwickeltheit dieser Dinge in Frankreich, verglichen mit England, dessen jetzt viel einfachere Besteuerung auch einfacher, kurzer und leichter dargestellt werden kann. Im Uebrigen gelten auch für das Folgende die Bemerkungen auf S. 235.

I. Die Staatsbesteuerung.

A. Die directen Steuern.

Wie sich aus dem Folgenden ergiebt, hängt Gesetzgebung und Verwaltung der einzelnen französischen directen Steuern näher zusammen. Die wichtigeren Gesetze werden jedoch erst unten bei den einzelnen Steuern genannt. S. Perroux-Joppen, die französischen directen Steuern. Block, Art. contributions directes und patentes im dictionn. und in den supplém. dazu.

Auch die Literatur behandelt diese Steuern regelmässig gemeinsam. Bibliographie bei Block, dictionn. p. 673 ff. Stourm I, ch. 5—10. Vignes I, 9 ff., 19—110. v. Hock, Cap. 4 (S. 138—176). v. Kaufmann, S. 152—263, Bulletin (bes. auch f. Statistik) s. Generalregister zu Band XX (1886) unter dem Worte „contributions directes". Faure, budgets de la France p. 70 ff. —

Ueber die directe Besteuerung im Ganzen beziehe ich mich vorläufig auf meine betreffende Abhandlung in Schönberg's Handb. d. polit. Oekonomie, 2. Aufl., III, 176—328.

1. Die directen Steuern im Allgemeinen.

§. 179. Die französischen directen Steuern, namentlich die vier grossen Hauptsteuern, bilden nicht nur technisch, sondern auch finanz- und verwaltungsrechtlich eine eigene Gruppe eng zusammengehörender Steuern, für welche eine Reihe gemeinsamer Grundsätze und Normen gilt. Sie haben zwar ihre Rechtsgrundlage in den für sie bestehenden einzelnen Steuergesetzen. Aber erst durch das jährliche Finanzgesetz, welches den von einer jeden Steuer nach Hauptsumme (principal) und Zuschlägen zu erhebenden Betrag feststellt, erlangt die Verwaltung das Recht zur Ausschreibung und Erhebung den Steuerpflichtigen gegenüber. Wie auch in anderen Ländern stehen die directen Steuern näher als die anderen Steuerarten mit der gesammten allgemeinen Landesverwaltung, der Staats-, wie der Selbstverwaltung in Beziehung, namentlich in Betreff ihrer Veranlagung, Vertheilung und Ausschreibung. Sie bilden ferner die Grundlage für das directe Departemental- und Communalsteuersystem, welches in der Form von Zuschlägen zum Principalcontingent der drei grossen Repartitionssteuern, der **Grundsteuer**, **Personal- und Mobiliarsteuer** und **Thür- und Fenstersteuer**, und zu den Normalsätzen der **Patentsteuer** und einzelner der **kleineren directen Steuern** eingerichtet ist. So stellen die directen Steuern Frankreichs in ihrer Gesammtheit in jeder Hinsicht einen wahren **Eckpfeiler** des ganzen französischen Steuersystems dar und nehmen eine besondere, hervorragende Stellung auch im Organismus der Staatsverwaltung, wie in demjenigen der Selbstverwaltung der Gemeinden und Departements ein.

Nach ihrem Character als **Repartitionssteuern** bilden die drei vorgenannten Steuern dann wieder in finanz- und verwaltungsrechtlicher Hinsicht eine **eigene Gruppe für sich**, welche der als **Quotitätssteuer** eingerichteten **Patentsteuer** gegenüber steht. Die **kleineren directen Steuern** oder die sogen. „**den directen Steuern gleichgestellten Specialtaxen**", welche aber nur theilweise als eigentliche directe Steuern aufzufassen und hier zu behandeln sind (S. 416), bilden wieder eine andere engere Gruppe für sich. Völlig administrativ getrennt steht bisher von den übrigen directen Steuern, zu denen sie finanzwissenschaftlich gehört, die Einkommensteuer von beweglichen Werthen. Die Licenzabgaben endlich, welche ebenfalls finanzwissenschaftlich und auch nach den sonstigen Kriterien des französischen Finanzrechts zu den directen Steuern gehören, werden als eine Art Anhängsel in Form directer Steuer zu den inneren indirecten Verbrauchssteuern gereiht.

<small>Im französischen Finanzrecht ist eine Art „Legaldefinition" des Begriffs „directer" und „indirecter" Steuern recipirt worden, welche zuerst im Gesetz vom 8. Januar 1790 von der constituirenden Versammlung aufgestellt worden ist. Sie hat auch in der gegenwärtigen finanz- und verwaltungsrechtlichen Eintheilung und administrativen Behandlung der Steuern ihre practische Bestätigung gefunden. „Directe" Steuern sind danach diejenigen, welche direct auf Personen und Eigenthum (bez. Grundeigenthum) gelegt mittelst Katasters und Steuerrollen (rôle nominatifs) erhoben und unmittelbar vom Steuerpflichtigen in die Casse des mit der Erhebung betrauten Steuereinnehmers eingezahlt werden. „Indirecte" Steuern sind dagegen diejenigen, welche auf Fabrikation, Verkauf, Transport, Einfuhr von Consum-</small>

tibilien und Handelsobjecten haften und von den Consumenten „indirect" gezahlt werden (vgl. Fin. II, §. 338. 358). Das Merkmal der rôles nominatifs wird bei der Classification und bei der Einreihung der einzelnen Steuern unter die directen des Finanz- und Verwaltungsrechts in Frankreich gern besonders betont. Man hat selbst die Namen „nominative" und „nicht nominative" an Stelle von „directen" und „indirecten" Steuern vorgeschlagen (Cabantous). Hiernach sind auch die „den directen Steuern assimilirten Specialtaxen", ferner die communale Hundesteuer, die Naturalleistung für Vicinalwegebau im französischen Recht „directe" Steuern. Vgl. Perroux-Joppen, S. 2. Noten, Art. contrib. dir. in Block's dict. No. 1 ff., Josat, minist. de fin., p. 14, 435; auch v. Kaufmann, S. 156.

Die directen Steuern, mit den erwähnten Ausnahmen (Steuer von beweglichen Werthen, Licenzabgaben) unterstehen einer der grossen Generaldirectionen, in welche das französische Finanzministerium eingetheilt ist (Fin. I, 3. A., §. 99), der „Generaldirection der directen Steuern". Letztere zerfällt in eine Centralverwaltung zu Paris und in die Local- oder Departementalverwaltung. Für jedes der 86 Departements steht ein Steuer-Director an der Spitze und verfügt über ein Personal von Controleuren und Inspectoren für den Dienst. Zu diesem gehört in dem Ressort der genannten Generaldirection ausschliesslich die Veranlagung und die Repartition, nicht auch die Erhebung der directen Steuern, welche zur Generaldirection des öffentlichen Rechnungswesens ressortirt und von eigenen Beamten dafür erfolgt. An die Thätigkeit dieser Behörden und Beamten der eigentlichen staatlichen Steuerverwaltung der directen Steuern, schliesst sich diejenige von Behörden und Beamten der allgemeinen staatlichen Landesverwaltung, sowie der localen „Selbstverwaltung" — soweit diese Bezeichnung für die betreffenden französischen Einrichtungen zulässig ist — an, nämlich des Maire, des Unterpräfecten und des Präfecten, dann des Municipalraths, des Arrondissementsraths und des das Departement vertretenden Generalraths, sowie, besonders für das Reclamationswesen, des Präfecturraths und des Staatsraths, endlich der bürgerschaftlichen Repartitions- und Classificationscommissionen.

§. 180. 1. Die Steuerrepartition. Eine specifisch eigenthümliche Function mehrerer dieser Behörden, namentlich der General- und Arrondissementsräthe und der localen Repartitionscommissionen wird durch den Character dreier der grossen directen Steuern als Repartitionssteuern und durch die Veränderungen in den steuerpflichtigen Objecten, welche gesetzlich auch hier zu berücksichtigen sind, bedingt.

Das jährliche Finanzgesetz bestimmt die Höhe des Jahres-Principalcontingents jeder Steuer und der allgemeinen Steuerzuschläge (centimes additionels généraux) für die Staatscasse, sowie der Steuerzuschläge für die Departements- und Communalausgaben und für verschiedene Specialzwecke (budget sur réssources spéciales, fonds départementaux, fonds communaux, und Specialfonds für Ausfälle u. dgl. m.). Das hiernach den Departements zufallende und von jedem einzelnen aufzubringende Contingent wird alsdann in einem jeden von seinem Generalrath auf die Arrondissements der Departements, vom Arrondissementsrath die betreffende Quote weiter auf die Gemeinden vertheilt. Darauf werden die Gemeindecontingente unter Benutzung der vorbereitenden Arbeiten der staatlichen Steuerbeamten (Controleure und Erheber), welche die Mutterrollen zu entwerfen und die Besitzveränderungen auf dem Laufenden zu halten haben, durch die localen Repartitionscommissionen auf die einzelnen Steuerpflichtigen vertheilt.

Diese Commissionen setzen sich aus dem Maire, seinem Adjuncten und funf grundsteuerpflichtigen Gemeindebürgern zusammen. Die letzte Untervertheilung oder die Individualrepartition des Gemeindecontingents erfolgt nach dem Kataster bei der Grundsteuer, nach dem Steuertarif bei der Thür- und Fenstersteuer, und zwar hier vorbehaltlich der Abänderungen des Tarifsatzes, welche die Aufbringung des Contingents etwa bedingt, sowie für den nach der Wohnungsmiethe aufzubringenden Theil der Personal- und Mobiliarsteuer, welcher nach Abzug des durch die Personalsteuer aufgebrachten Theils von dem betreffenden Contingent noch übrig bleibt, nach den ermittelten Miethwerthen. Auch die Steuercontingente der Grund- und der Thür- und Fenstersteuer selbst erleiden übrigens noch kleine Veränderungen durch die Veränderungen im Umfang der steuerpflichtigen Objecte beim landwirthschaftlich benutzten Boden (Zerstörungen, Abschwemmungen u. dgl., Zutritt von bisher steuerfreiem Staats- und Krongut, in Folge Uebergangs in Privatbesitz, z. B. von Wahl, zum steuerpflichtigen Boden und besonders bei den Gebäuden (Neubauten, Brand, Einreissen u. s. w.). Hierdurch sind dann wieder Veränderungen in der Vertheilung der Departemental-Contingente auf die Arrondissements, die Gemeinden und die einzelnen Steuerpflichtigen bedingt, um das erstere Contingent aufzubringen. Arbeiten, welche die Steuerbeamten (Controleure) und Repartitionscommissionen auszuführen haben. Während sich so innerhalb der Departements und weiter hinab nach den Veränderungen im Bestand der steuerpflichtigen Objecte die Repartitionscontingente der Arrondissements und Gemeinden und die Steuerquoten der Einzelnen beständig etwas verändern, steigt das Principalcontingent der drei Repartitionssteuern zu Gunsten der Staatscasse nur um den Betrag, um welchen sich die steuerpflichtigen Objecte, bei der Mobiliarsteuer auch die steuerpflichtigen Mietherträge mehr vermehren als vermindern. Dadurch können dann auch noch Verschiebungen der Departemental-Contingente im Rahmen des fixirten und nur der oben erwähnten Veränderung (bez. Erhöhung) unterliegenden Staats-Principalcontingents erfolgen. Bei der Personal- und Mobiliar- und der Thür- und Fenstersteuer war einmal eine periodische Revision der Repartition auf die Departements beabsichtigt gewesen (Gesetz von 1832, 1838), aber wegen der Opposition dagegen wurde sie wieder aufgegeben (1844). Darüber unten bei den einzelnen Steuern.

S. über die Organisation der oben genannten Behörden und über die Function der letzteren und der betheiligten einzelnen Beamten die vielen Einzelbestimmungen, namentlich bei der Repartition, bes. in Perroux-Joppen, Abschn. 2, Art. contrib. directes in Block's dict. No. 11—62, Josat, p. 434—443, 460 ff., 465—471. O. Mayer, Französisches Verwaltungsrecht, 1. Abschnitt. Einzelnes davon unten bei den einzelnen Steuern.

Die drei französischen directen Repartitionssteuern bilden eines der wichtigsten practischen Beispiele des Repartitionssteuer-Princips in der modernen Steuergesetzgebung. Ueber dieses Princip wurde schon in der „allgemeinen Steuerlehre" in diesem Werke gehandelt (Fin. II, §. 543 ff.). Die dort hervorgehobenen, diesem Princip eigenthümlichen Vorzüge werden auch in Frankreich anerkannt und von Autoren wie von Hock gerühmt. Durch die den Einzelnen und den Gemeinden hinsichtlich ihrer Steuerquote gestatteten Reclamationen kann auf die relativ gleichmässigere Steuervertheilung mit hingewirkt werden, ohne Beeinträchtigung des fiscalischen Interesses.

Der wesentliche Mangel der genannten drei Steuern liegt darin, dass die Grundsteuer-Contingente der Departements, Arrondissements und Gemeinden nach alten, von vornherein unrichtig gewesenen und mittlerweile immer unrichtiger und ungleichmässiger gewordenen Maassstäben geregelt sind; ferner, dass die Individualrepartition der Grundsteuer nach dem im Ganzen stabilen und notorisch höchst ungleichmässige und immer ungleichmässiger werdende Einschätzungen enthaltenden Kataster, die Individualrepartition der Mobiliarsteuer nach der misslichen Grundlage der Miethe und diejenige der Thür- und Fenstersteuer nach einem unvermeidlich mangelhaften Tarif erfolgt. Alle diese Mängel haften aber dem Repartitionsprincip als solchem nicht an, sondern sind vielmehr die Folge einer Abweichung von demselben und einer verhüllten Zugrundelegung des Quotitätsprincips.

Ein weiterer Mangel ist die das berechtigte fiscalische Interesse verletzende zu grosse Stabilität der staatlichen Principalcontingente. Diese letzteren erhöben sich, bei dem Unterbleiben der allerdings ursprünglich im Plan gewesenen allgemeinen Erneuerung oder wenigstens Revision des Grundsteuerkatasters, bei dieser Steuer und ebenso bei den zwei anderen im Wesentlichen nur durch die kleinen allmählichen Mehrzunahmen als Verminderungen der Steuerobjecte, sowie der Miethöhungen bei der Mobiliarsteuer und der communalen Volkszunahme, wodurch eventuell eine höhere Tarifclasse der Thür- und Fenstersteuer zur Anwendung in einer Gemeinde kommt. Auf diese Weise gerathen die drei Repartitionssteuern immer mehr in ein Missverhältniss zu den übrigen, stark im Ertrage wachsenden Steuern und speciell auch zu der directen Quotitätssteuer, der Patentsteuer. Aber auch dieser Mangel ist wenigstens keine nothwendige, wenngleich allerdings eine aus anderen mitspielenden Gründen sich hier leichter einstellende Folge des Repartitionsprincips, und anderseits vom Standpunct der Steuerpflichtigen und auch von demjenigen einer sparsamen Finanzpolitik aus überhaupt nicht unbedingt ein „Mangel", sondern wenigstens öfters ein relativer Vorzug.

Das richtige und berechtigte fiscalische Interesse würde freilich gerade in Frankreich bei seinem stark gestiegenen und fortwährend steigenden Steuerbedarf eine **grössere Beweglichkeit und Steigerung auch des Principalcontingents der drei Repartitionssteuern** fordern. Damit steht das Repartitionsprincip nicht in Widerspruch. Im Gegentheil ist einer der leitenden Gedanken bei der Anwendung dieses Princips der, dass **mit dem Bedarf die Ertragssumme einer Steuer und der Steuerfuss wechseln** (Fin. II, §. 545 u. a.). Das ist in Frankreich versäumt worden, weil die Steuerpflichtigen zu stark opponirten und eben die letzte Vertheilungsgrundlage (Kataster bei der Grundsteuer, Besteuerungsmaassstab bei den beiden anderen) eine zu wenig verlässliche und zum Theil geradezu unrichtige und ungerechte ist. Bei der Quasi-Gesammthaftung der Steuerpflichtigen, welche das Repartitionsprincip bedingt, war dann auch eine Veränderung der Grundlagen der Vertheilung besonders missliebig, weil jeder einzelne Pflichtige und jede Contingentsgemeinschaft (Departement, Arrondissement, Gemeinde) sich vor Mehrbelastungen in Folge anderweiter Minderbelastungen fürchtete.

Indessen folgt doch aus dem Allen kein durchschlagender Einwand gegen die Repartitionssteuer als solche, sondern nur soviel, dass auch hier eigenthümliche Schwierigkeiten vorliegen und dass **die genügende finanzielle Ergiebigmachung solcher Steuern an die Voraussetzung richtiger Besteuerungsgrundlagen (Kataster) und Maassstäbe** gebunden ist, weil man beim Vorhandensein solcher die richtige durch die Gesammtentwicklung des Steuerbedarfs gebotene Erhöhung der Principalcontingente nicht wird zu scheuen brauchen und den Widerstand der Interessenten dagegen leichter überwinden kann.

Ich halte daher doch mein günstiges Urtheil über das Repartitionsprincip aus der „allgemeinen Steuerlehre" (Fin. II, §. 543—545, S. 594 ff.) aufrecht. S. sonst auch von Hock, Fin. Frankreichs, S. 140, eine schon im B. II von mir citirte Stelle (S. 595 Note).

Die Verletzung des fiscalischen Interesses ergiebt sich aus der geringen Steigerung der Ertragsziffern der drei Repartitionssteuern. Z. B. wuchs das Principalcontingent des Staats (incl. Zuschläge zu den kleinen Specialfonds) bei der Grundsteuer 1851 bis 1870 (mit Elsass-Lothringen) nur von 163,89 auf 175,81, von 1871—85 (ohne die abgetretenen Provinzen) nur von 171.05 auf 181.40 Mill. Frcs., bei der Personal- und Mobiliarsteuer in demselben Perioden von 43.17 auf 55.51 und von 54.69 auf 70.26, bei der Thür- und Fenstersteuer von 30.15 auf 40.12 und von 38.86 auf 47.20 Mill. Frcs., wobei noch bei allen drei Steuern die Ertragsvermehrung bei sonst stabilem Contingent und Fuss vornehmlich von sogen. „bebauten" (d. h. als Area der Gebäude dienenden) Grundstücken, sowie von den Gebäuden und Wohnungen selbst herrührt. (Bulletin vol. XX, p. 220 ff.).

Die wirkliche Einbringung der ausgeschriebenen Staats-, Departements-, Arrondissements- und Gemeindecontingente der Repartitionssteuern wird durch Einrichtungen, welche diese Steuern speciell, theilweise aber auch die directen Steuern überhaupt betreffen, zweckmässig im fiscalischen Interesse verbürgt. Diese Einrichtungen bestehen in den fonds de non valeurs et de secours, die durch Zuschlagcentimen gespeist werden, und ausserdem gerade bei den Repartitionssteuern in der Wiederauflegung der in einem Jahre gewährten Erlasse und Reductionen von Steuerquoten auf die Contingentsgemeinschaft im nächsten Jahre.

Der fonds de non valeurs oder der Steuerausfälle, welche durch Uneinbringlichkeit der Individualquoten der Repartitionssteuern und der ausgeschriebenen Steuerschuldigkeiten der Patentsteuer, sowie bei dieser Steuer durch Erlass oder Ermässigung der Steuern entstehen, wird jährlich im Etat mit bestimmten Centimen (seit lange regelmässig 1 für die Grund- und Personal- und Mobiliarsteuer, 3 für die Thür- und Fenstersteuer, 5 für die Patentsteuer) dotirt. Um diese Centimen erhöhen sich daher die Contingente und schliesslich die Individualbeträge. Die Ausfälle und bei der Patentsteuer die Erlasse und Ermässigungen werden aber so zu Gunsten des Fiscus gleich gedeckt. Ein Haupterklärungsgrund für das sichere Eingehen der Summen der Hauptcontingente der Repartitionssteuern und auch der Budgetsummen der Patentsteuer. Ausserdem steht im Staatshaushaltsetat ein Hilfsfonds für Hagelschlag, Brand, Ueberschwemmung u. dgl. m., der durch Zuschlagcentimen der Grund- und der Personal- und Mobiliarsteuer (gewöhnlich 1) dotirt wird und Steuerausfälle aus solchen Titeln deckt.

Die Ausfälle in Folge von Erlass oder Ermässigung rechtmässig geschuldeter Beträge bei den Repartitionssteuern (nach Reclamationen auf Entlastung und Reductionen, welche für begründet erachtet wurden, s. folg. §.) werden dagegen, dem Princip dieser Steuern gemäss, im nächsten Jahre auf die betreffende Contingentsgemeinschaft wieder mit repartirt, eine Möglichkeit, worin sich ebenfalls ein Vortheil dieses Repartitionsprincips für den Fiscus zeigt. Siehe u. A. Block, dict. Art. contr. dir. No. 13, 320—322, bes. Perroux-Joppen, §. 448 ff. über Entbürdungen und Ausfallfonds. Die erste Einrichtung eines solchen schon nach Gesetz vom 14. October 1791. Auch für die directen Zuschlagsteuern der Departements und Gemeinden bestehen wieder eigene Zuschlagcentimen zur Deckung von Ausfällen. Das jährliche Gesetz, welches die directen Steuern und Zuschläge dazu feststellt, enthält in seinen Annexen die Ziffern der einzelnen Arten von Zuschlägen. S. z. B. f. 1881 die Uebersicht in v. Kaufmann, Fin. Frankreichs, S. 792; für 1868—86 in den Tabellen bei Faure.

§. 181. 2. Das Reclamationswesen bei den directen Steuern gestaltet sich in Frankreich zunächst wieder für die Repartitionssteuern eigenthümlich. Hier kommen nämlich ausser den Reclamationen einzelner Steuerpflichtigen auch solche der localen Contingentsgemeinschaften, der Gemeinden,

Arrondissements und eventuell auch der Departements gegen
das ihnen zur Aufbringung zugetheilte Contingent vor.

<small>Vgl. Fin. II. §. 552 ff., S. 671 ff. Da die Departementscontingente durch das Finanzgesetz festgestellt werden, geht die etwaige Reclamation des Departements in Form des Gesuchs an die Legislative selbst. Reclamationen der Gemeinden gehen seitens des Gemeinde- oder Municipalraths zur Begutachtung an den Arrondissementsrath und, wie gleichfalls solche der Arrondissementsräthe über die Repartition der Arrondissements-Contingente, zur endgiltigen Entscheidung an den Generalrath des Departements. Hier ist also nur Gesuch, nicht verwaltungsrechtliche Beschwerde oder Klage zulässig, (mit einer Ausnahme bei Gemeindereclamationen in einem Falle betr. leerstehende Häuser, wo auch der Präfecturrath entscheidet). S. Perroux-Joppen, No. 352—358.</small>

Anders liegen die Verhältnisse in Bezug auf Reclamationen
einzelner Steuerpflichtigen sowohl gegen die **Veranlagung**
als auch gegen die **Erhebung** directer Steuern. Hier wird mit
der scharfen Consequenz des französischen Verwaltungsrechts im
Gebiete der directen Besteuerung zwischen den Begründungen
und den zulässigen Rechtsmitteln bei Reclamationen unterschieden.

Das französische Recht unterscheidet ferner auch in Betreff der
Competenzen für die Entscheidung von Fragen der Veranlagung
(einschliesslich der Repartition) und der Erhebung (einschliesslich
des Zwangsverfahrens) scharf zwischen den **directen Steuern**
einer- und den beiden anderen grossen Steuergruppen, den
indirecten Verbrauchssteuern und den **Register- und
Stempelabgaben** anderseits. Bei den directen Steuern speciell
wird in Reclamationssachen der Weg des **Gesuchs**, aus **Billigkeitsgründen**, und der Weg des **Rechtsstreits**, der **verwaltungsrechtlichen Beschwerde** bez. **Klage**, aus **Rechtsgründen** streng unterschieden.

Competent in Betreff der Veranlagung und im Wesentlichen auch der Erhebung der directen Steuern, daher in den
hierher gehörigen Reclamationssachen, ist die **Verwaltung** und,
soweit es sich um **streitiges Recht** handelt, die zu ihr gehörige
Verwaltungsjustiz, und zwar letzteren Falles auch in Betreff
der Erhebung und des Zwangsverfahrens mit Ausschluss
der Civiljustiz überall da, wo die Entscheidung nach den
durch die Steuergesetzgebung für die Steuererhebung festgestellten
Regeln zu erfolgen hat. Unterschieden wird alsdann mit scharfer
Logik bei Reclamationen, ob dieselben eine gesetzlich unrichtige,
also unrechtmässige Besteuerung, an und für sich oder der
Höhe nach behaupten und demnach eine **Entlastung** (décharge)
oder eine **Herabsetzung** (réduction) als rechtlich begründet,

verlangen, oder ob sie um Erlass (remise) oder Ermässigung (modération) unter Vorbringung von Billigkeitsgründen nachsuchen. Im ersten Fall handelt es sich um eine rechtliche Streitfrage, welche in Frankreich aber nur im **verwaltungsrechtlichen Streitverfahren**, in erster Instanz von dem Präfecturrath, in zweiter vom Staatsrath, als den Verwaltungsgerichtshöfen, entschieden wird. Im zweiten Falle handelt es sich um eine reine Verwaltungssache, in welcher die Verwaltungsbehörden allein, der Unterpräfect und Präfect in erster, der Minister in zweiter Instanz competent sind und nach Billigkeitsgründen entscheiden. Hier enthält die Reclamation (i. w. S.) daher nur ein Gesuch, eine Bitte, dort, bei Rechtsfragen, eine Beschwerde, bez. verwaltungsrechtliche Klage.

Die Reclamationen letzterer Art, auf Entlastung oder Herabsetzung nach Rechtsgründen, wird zunächst an den Unterpräfecten oder Präfecten gerichtet und kann natürlich auch von diesen, also als Beschwerde, im Verwaltungswege, im Sinne des Reclamanten erledigt werden. Andernfalls geht sie vom Präfecten an den Präfecturrath zur Entscheidung im Rechtswege, als Verwaltungsklage. Dieser Rath entscheidet nach Einholung des Berichts des Steuerdirectors und, wenn dieser Bericht ablehnend ist, nach erfolgter Untersuchung durch Experte, worauf der Reclamant dringen kann. Zur ersten Anbringung der Reclamation besteht eine Frist von 3 Monaten nach Publication der Steuerrollen. Die Zahlungspflicht in Betreff der einmal vorgeschriebenen Steuer läuft indessen auch nach und während angebrachter Reclamation 3 Monate lang, innerhalb welcher Frist jede Reclamation regelmässig erledigt sein soll. Die Ausfälle durch Entlastungen in Folge für rechtlich begründet anerkannter Reclamationen werden bei den Repartitionssteuern — ganz folgerichtig — auf die Contingentsgemeinschaften wieder mit aufgelegt, bei der Patentsteuer aus dem Ausfallfonds mit gedeckt.

Die Reclamationen, welche Gesuche um Erlass oder Ermässigung enthalten, stützen sich dagegen, wie gesagt, nicht auf Rechtsgründe, sondern auf Billigkeitsgründe, z. B. auf verschwundene oder verminderte Zahlungsfähigkeit des Censiten. Sie werden von den genannten Verwaltungsinstanzen entschieden ebenfalls nach vorausgegangener Untersuchung und Berichterstattung des Steuercontroleurs und Steuerdirectors. Die so entstehenden Ausfälle werden auch bei den Repartitionssteuern, — wiederum folgerichtig — auf den Ausfallfonds übernommen.

Die Competenz des Präfecturraths in Streitfragen der Veranlagung und Reclamation beruht auf unzweideutiger positiver gesetzlicher Norm (Gesetz v. 28. pluv. VIII, Art. 4, v. 21. April 1832, Art. 29). Die gleiche Competenz in Streitsachen der Erhebung (und des Zwangsverfahrens) bei den directen Steuern ist nur durch die Judicatur des Staatsraths begründet worden. Doch wird hier unterschieden: wo es sich um Entscheidung nach speciellen Regeln der Steuererhebung handelt, ist der Präfecturrath (und Staatsrath), wo es sich um Anwendung der Regeln des gemeinen Rechts handelt, sind auch hier die Civilgerichte competent (Vignes I, 107, nach Durieu, traité sur les poursuites en mat. de contr. dir. I, 394).

Bei den genannten beiden anderen grossen Steuergruppen besteht dagegen in Betreff der Competenz und des Rechtswegs bei Reclamationen ein wesentlicher Unterschied von den directen Steuern. In Betreff der Veranlagung, der Erhebung und des Zwangsverfahrens ist hier durchaus die Civilgerichtsbarkeit competent, nicht die Verwaltungsgerichtsbarkeit. Hier handelt es sich in Reclamationen daher auch um Klagen in Betreff behauptetermaassen von der Verwaltung unrichtig angewandten Rechts. Der Anbringung solcher Klagen kann nur natürlich auch hier der Beschwerdeweg bei den Verwaltungsbehörden selbst vorangehen, welche letzteren ausserdem selbstverständlich auch hier bei Gesuchen um Erlass oder Ermässigung aus Billigkeitsgründen competent sind.

S. die besonders klare Darstellung dieser Dinge und des Unterschieds bei den genannten Steuergruppen in Vignes I, 91 ff., 106 ff., 283 ff., 465 ff. Ferner Pradier-Fodéré, droit administratif 7. éd., p. 380. O. Mayer, Französ. Verw. recht S. 84, 126, 392 (mit den Citaten der ausführlichen Erörterung dieser Puncte in der französ. verwaltungsrechtlichen Fachliteratur, bes. in Dufour, traité génér.). Block, dict. Art. contrib. dir. No. 219—253. Perroux-Joppen No. 359—475, mit Berücksichtigung der Verhältnisse bei den einzelnen directen Steuern.

§. 182. 3. **Erhebung und Zwangsverfahren**. Ein fein durchgebildetes verwaltungsrechtliches Gebiet, mit zahlreichen Einzelbestimmungen, kleineren Verschiedenheiten bei den einzelnen Steuern, aber im Wesentlichen mit gleichen Grundsätzen und Normen bei allen directen Steuern.

a) **Erhebung**.

Die **Jahresschuldigkeit** an directen Steuern wird jedem Steuerpflichtigen auf Grund der Steuerrolle besonders **angezeigt** („premier avertissement"), wofür zur Kostendeckung 5 Cent. erhoben werden.

Die oben in der Uebersicht S. 415 genannte taxe de premier avertissement. Im Etat wird der Ertrag dieser Steuer besonders aufgeführt: er war z. B. für 1897 auf 616,500 Frcs. nebst 429,500 Frcs. für Specialfonds, zusammen auf 1,046,000 Frcs. veranschlagt, entsprechend einer Zahl von 20.92 Mill. „Ankündigungen" und zwar allein bei den 4 Hauptsteuern. Bei den kleineren directen Steuern kommt die Taxe auch vor.

Die Steuerzettel enthalten die Beträge der einzelnen Steuern, in Hauptsumme (principal) und Zuschlägen und nach den Bestimmungszwecken der letzteren (für Staat, Departement, Gemeinde, Specialfonds) getrennt ausgewiesen. Die Erhebung erfolgt gemeinsam durch die staatlichen Einnehmer (percepteurs), welche zu diesem Behuf sich in jeder Gemeinde ohne ständiges Steueramt zu bestimmten Terminen einfinden. Dies wird öffentlich bekannt gemacht, worauf die Pflichtigen die fällige Steuer zum Einnehmer zu bringen haben. Die Zahlungspflichtigen sind die in den Steuerrollen aufgeführten Personen, bez. deren Erben. Die Grundsteuer darf auch statt vom Eigenthümer vom Pächter oder Miether gefordert und umgekehrt dürfen für ihre Zahlung der oder die Pächter vom

Eigenthümer, mit gewissen Beschränkungen, delegirt werden, wobei aber der Eigenthümer eventuell verhaftet bleibt. Die eigentlich von jedem „Bewohner" gesetzlich schuldige Thür- und Fenstersteuer wird vom Eigenthümer, Usufructuar, Hauptpächter und Hauptmiether gefordert, vorbehaltlich des — in der Regel nicht formell ausgeübten — Rechts, die Steuer pro rata anderen Pächtern und Miethern seitens des Eigenthümers u. s. w. anzurechnen. Die sämmtlichen directen Steuern werden regelmässig in Monatsraten fällig und werden so erhoben, gesetzlich und factisch jetzt am ersten des folgenden Monats für den verflossenen Monat, wobei Vorauszahlung mehrerer Monatsraten oder der ganzen Jahresschuldigkeit zulässig ist, doch ohne Anspruch auf Discont.

Uebrigens kann in Ausnahmefällen zur Sicherung des Fiscus, z. B. bei Hausirern, Falliten, Ortsdomicil Wechselnden (so bei der Personal- und Wohnungssteuer), die Zahlung der ganzen Jahresschuldigkeit, bez. des Rests davon auf einmal verlangt werden. Die „Jahreszwölftel" oder Monatsraten der directen Steuern sind auch staatsrechtlich, z. B. für die Budgetbewilligung, und statistisch, für Vergleichungen hinsichtlich des Steuereingangs unter dem Einfluss der wirthschaftlichen und politischen Lage, wichtig (Monatsübersichten im Bull. statist.). S. über die Steuererhebung das weitere reiche Detail der Vorschriften in Perroux-Joppen. No. 479 ff., 500—537 und Block, dict. contr. dir. No. 254—265. Vignes, I, 95 ff.

b) Zwangsverfahren.

Die Vorschriften darüber tragen in ihrer Schärfe das Gepräge der Zeit, in der sie entstanden sind, der späteren Jahre der ersten Revolution, wo man nach den üblen Erfahrungen der vorausgegangenen Zeit die Nothwendigkeit strengerer Maassregeln im fiscalischen Interesse nicht mehr verkennen konnte und wieder wagte, damit Ernst zu machen, freilich besonders erst seit dem Consulat (Gesetz vom 17. brum. V, Art. 3, besonders Consular-Verordnung v. 16. thermid. VIII oder 4. August 1800 u. a. m.). Sie sind dann in der Folgezeit im Einzelnen weiter ausgebildet (Gesetz vom 25. März 1817, Reglem. vom 26. Aug. 1824, Reglem. vom 21. Dec. 1839), aber vornehmlich erst jüngst durch das Gesetz vom 9. Februar 1877, welches die übrigens im Wesentlichen in der Praxis schon obsolet gewordene Einrichtung der „Steuereinlieger" (garnisaires) auch formell beseitigte, wenigstens in diesem Puncte gemildert worden. Der wichtige Fortschritt in der nachrevolutionären Periode gegenüber dem harten Zwangsverfahren des ancien régime lag daher auch hier nicht sowohl in milderen Grundsätzen, als in der Herstellung einer strengen rechtlichen und administrativen Ordnung des Zwangsverfahrens, auch seiner Kosten, sowie in der Gewährung genügender Cautelen für die Steuerpflichtigen gegen Willkühr und Amtsmissbrauch der Erhebungs- und Executionsorgane.

In dieser Hinsicht sind die Bestimmungen des französischen Verwaltungsrechts musterhaft. Die nicht zu leugnende Schärfe mancher einzelnen Bestimmungen dieses Rechtsgebiets ist aber bei Steuern, zumal bei directen Steuern, nicht wohl zu vermeiden, wenn das Ziel, der richtige, vollständige und möglichst rechtzeitige Steuereingang erreicht werden soll.

<small>Ueber die Verordnung von 1800 und die Weiterbildung der bezüglichen Gesetzgebung (über „poursuites") s. Stourm, I. 182 ff. Für alles Einzelne Perroux-Joppen, No. 535—551, auch passim No. 582—615, Block dict. art. contr. dir. §. 266 bis 319; auch Supplemente, so suppl. génér. (1878—84), s. garnisaire, p. 216. Vignes. I. 97 ff. Für die Beschlagnahmeverfahren kommen auch die Bestimmungen des Code de procéd. civ. in Betracht. Im Folgenden nur die Grundzüge des Systems.</small>

Steuerpflichtige, welche nach Ablauf des Steuertermins, bez. der Steuerfrist, d. h. 10 Tage nach ersterem noch in Rückstand mit Raten directer Steuern sind, sollen zuerst noch einmal durch den Steuererheber kostenfrei gemahnt werden, und zwar mindestens 8 Tage vor dem ersten Acte des Verfahrens, welcher Kosten machen kann. Blieb diese Mahnung ohne Erfolg, so treten Zwangsmaassregeln in gesetzlich bestimmter Reihenfolge ein, welche durch Steuerexecutoren (porteurs de contrainte) ausgeführt werden. Die erste Zwangsmaassregel bestand früher in der Einquartierung von Steuereinliegern (garnisaires) in der Behausung des rückständigen Steuerpflichtigen, wobei Kost und nach einem Tarif Gebühren zu entrichten waren.

<small>Es wurde dabei Collectiv-Einquartierung (garnison collective), durch Einen Einlieger bei mehreren rückständigen Steuerpflichtigen, unter Vertheilung der Kosten auf diese, für höchstens 10 Tage in ein- und derselben Gemeinde, und Individual-Einquartierung (garnison individuelle) durch einen Einlieger bei Einem Rückständigen, der mindestens 40 Frcs. schuldete, und für höchstens 2 Tage unterschieden. Das genannte Gesetz von 1877 hat diese letztere Einrichtung formell und sachlich beseitigt und aus der ersteren eine „Mahnung mit Kosten" gemacht, sie sachlich aber belassen.</small>

Die zweite, jetzt dem einzelnen Rückständigen gegenüber die erste Zwangsmaassregel ist der Zahlungsbefehl mit Androhung von und Berechtigung zur Beschlagnahme. Zwischen dieser und dem Befehl muss mindestens eine Frist von 3 Tagen liegen.

<small>Die Beschlagnahme selbst darf nur die Mobiliarobjecte und die noch im Felde stehenden Früchte des Steuerrestanten umfassen, mit gewissen Ausnahmen in Betreff einiger nothwendiger Gebrauchsgegenstände und Arbeitsgeräthe. Das Immobiliarvermögen, im Einzelnen das, was nach französischem Civilrecht darunter fällt, ist von der Beschlagnahme ausgeschlossen. Die in Beschlag genommenen Objecte dürfen nicht früher, als mindestens 8 Tage nach der Beschlagnahme und nur auf Grund einer besonderen Ermächtigung des Unterpräfecten unter genau im Einzelnen weiter vorgeschriebenen Formen und Cautelen verkauft werden. Haftbarkeit der Steuererheber, im Falle die letzteren in den Executionsmaassregeln Nachlässigkeiten oder Versäumnisse begehen, und gewisse Fiscalprivilegien sichern ausserdem das fiscalische Interesse bei der Erhebung der directen Steuern.</small>

Zu einzelnen weiteren Bemerkungen über die in den §§. 179—182 behandelten Puncte wird sich im Folgenden bei der Darstellung der einzelnen Steuern noch Gelegenheit finden.

§. 183. 4. **Erhebungskosten** (i. w. S.). Dieselben zerfallen in die Veranlagungskosten und die eigentlichen Erhebungskosten (i. e. S.).

Zu den ersteren werden in Frankreich wie in anderen Ländern gewöhnlich nur die laufenden, jährlich ungefähr in demselben Betrage sich wiederholenden, einschliesslich derjenigen Kosten, welche die Evidenzhaltung der Kataster betreffen, gerechnet. Genauer genommen müssen aber die eigentlichen Kataster- oder Katastrirungskosten auch dazu gesetzt werden, daher besonders die ersten Kosten der Anlage eines dauernden Katasters, also namentlich des Grundsteuerkatasters. Ein entsprechender Zinsbetrag und streng genommen ein Amortisations- und Erneuerungsbetrag von den Kosten der ersten Katasteranlage gehört daher eigentlich auch zu den „Veranlagungskosten" der directen Steuern, was u. A. bei der Vergleichung der gesammten Erhebungskosten der verschiedenen Steuerarten in demselben und in verschiedenen Ländern zu beachten ist.

Die laufenden Veranlagungskosten lassen sich von den Verwaltungskosten der sämmtlichen Steuern und zum Theil der Finanzen überhaupt, besonders für den Centraldienst, nicht ganz genau ausscheiden. Sie und die einzelnen Erhebungskosten sind ferner bei dem engen Zusammenhang, in welchem gerade in Frankreich die directen Steuern, besonders die vier grossen, stehen, in der Hauptsache nur im Ganzen für die unter der Verwaltung der „Direction der directen Steuern" stehenden Steuern (daher für die vier Hauptsteuern und die denselben assimilirten Specialtaxen) anzugeben, nicht für jede einzelne Steuer. Da ausserdem auf diesem Gebiete Veränderungen in Einzelheiten der Verwaltung, in der Etatisirung und Verrechnung vorzugehen pflegen, wie das auch in Frankreich geschehen ist, auch die betreffenden Beamten, z. B. die Steuereinnehmer (percepteurs) mitunter noch andere Functionen ausüben, so sind ganz genaue Kostenberechnungen für längere Perioden auch aus den Daten der Budgets und Etats schwierig und selbst von den amtlichen Organen nur mit gewissen Schätzungen für einzelne Posten ausführbar. Man hat es daher doch nur mit Näherungswerthen zu thun. Soweit die Kosten für sachliche und persönliche Ausgaben feste sind (fixirte Gehalte u. s. w.) im Unterschied zu procentweisen (wie den im Erhebungsdienst der französischen directen Steuern vorkommenden, übrigens nach degressivem Procentsatz normirten Tantièmen), stellen sie sich natürlich mit der Steigerung der Steuererträge relativ günstiger, was man auch in Frankreich wahrnimmt. Da die Erhebung der Zuschläge für Departemental- und Communalzwecke durch die Staatsverwaltung mit erfolgt, so müssen zur Berechnung der relativen Kosten die

Gesammteinnahmen an directen Steuern zum Vergleich gezogen werden.

S. v. Kaufmann, S. 260—263, mit Daten aus dem Budg. f. 1881 und anderen statist. Daten. Block's dictionn. Art. percepteurs, p. 1491, suppl. génér., p. 356. Generalinstruction d. Finanzmin. vom 20. Juni 1859. Gesetz vom 25. Juli 1879, dazu Ministerial-Verordnung vom 6. August 1879 und 10. Februar 1880 (Ermässigung der Tantièmetarife für die Steuereinnehmer vom 20. December 1871 und 20. November 1874). Die folgenden Daten alle aus dem Bull. Manche verlangen aber zum Verständniss und zur Erklärung der Berechnungsweise eine genauere Erläuterung, wofür auf die angeführten Stellen im Bull. zu verweisen ist. S. ferner die ziemlich detaillirte Kostenstatistik f. 1865—1887 in der Tabelle bei Faure, p. 192 ff.

Die eigentlichen Veranlagungskosten der directen Steuern (frais d'assiette) wurden jüngst durch eine umfassende statistische Arbeit der Generaldirection der directen Steuern von 1823 an zusammengestellt (Bull. 1887, XXI, 577 ff.). Sie beziehen sich auf die festen Gehalte und gewisse Indemnitäten im Central- und im äusseren Dienst, auf die Bureaukosten der Directoren, die Reisekosten der Inspectoren, die beiderlei Kosten der Controleure, auf Hilfsleistungen und unvorhergesehene Kosten, auf Kosten der Katasterumschreibungen (mutations), endlich auf Druck- und Rollenanfertigungs- und Ankündigungskosten. Hierbei fehlen also nicht bloss die eigentlichen Katasterkosten, sondern auch alle Kosten für die an der Veranlagung der directen Steuern mit theilnehmenden Communal-, Arrondissements- und Departementsorgane, die sich nicht feststellen lassen. Auch beschränkt sich jene Arbeit auf Berechnung der Kosten für die 4 directen Hauptsteuern (nebst Zuschlägen), einschliesslich der Börsen- und Handelskammerabgabe, aber ausschliesslich aller übrigen assimilirten Specialtaxen. Die Kosten haben relativ etwas abgenommen, absolut sind sie um 70—80% seit 1823 gestiegen. In Procenten der Einnahme waren sie 1823 1.13, 1827 und 1828 (Max.) 1.23, 1869 1.01, 1871 1.00, 1886 0.92%; absolut 1823 3.90, 1869 5.80, 1886 7.09 Mill. Fres., die Einnahmen bez. 343.6, 625.2, 768.6 Mill. Fres. Würde man auch nur die 4% Zinsen der Kosten des Grundsteuerkatasters, ohne einen Ansatz für Amortisationskosten des letzteren, hinzuschlagen, mit ca. 6 Mill. Fres., so stiege der Procentsatz um ca. $^6/_7$ oder auf gegenwärtig ca. 1.71%.

Die eigentlichen Erhebungskosten (i. e. S.) bestehen bei den directen Steuern vornehmlich aus den Bezügen der Einnehmer (percepteurs). Diese Bezüge setzen sich zusammen aus kleineren festen Provisionen für jeden Artikel der Steuerrollen und aus proportionalen Provisionen nach dem Betrag der Rollen gemäss eines mit dem Betrage abnehmenden Tarifs, wozu dann noch 3% Tantième vom Betrage der Communalauflagen, Börsen- und Handelskammerauflage, von den assimilirten Taxen und den Geldstrafen kommen. Die Zahl der Einnehmer ist jetzt 5265. Die neuerlichen Ermässigungen der Proportionalprovisionen ergeben sich aus der Abnahme des Procentsatzes dieser Tantièmen von den zu erhebenden Beträgen. Ausserdem gehören hierher die Beiträge des Staats zu den Kosten für die Zwangsbeitreibung (indemnités et secours aux porteurs de contrainte), (in den letzten Jahren ca. 469.000 Fres.), dann die Kosten für die Einziehung von Geldstrafen u. dgl. (ca. 400.000 Fres.) und Unterstützungsbeiträge für die Einnehmer und deren Angehörige (ca. 200.000 Fres.). Die Bezüge der Einnehmer (excl. derjenigen für Communalauflagen) waren nach den definitiven Crediten 1872 11.87, 1874 (Max.) 12.40, 1875 11.83, 1879 12, 1884 11.70 Mill. Fres. oder in Procenten der Summen in den Rollen in denselben Jahren bez. 2.358, 2.202, 1.902, 2.005, 1.918%, wozu dann noch ca. 4.5 Mill. Fres. Bezüge von Communalauflagen kommen, so dass sich der Procentsatz auf 2.65 erhöht (Bull. XIX, 272). Einschliesslich der drei anderen vorgenannten kleinen Posten (nach Faure, p. 194) sind demnach die eigentlichen Erhebungskosten ca. 12.77 Mill. oder ca. 2.08, mit den Communalbezügen ca. 2.51%.

Die Erhebungskosten im weiteren Sinne (Veranlagungs- und eigentliche Erhebungskosten), aber ohne erstmalige Katasterkosten, betragen nach diesen Berechnungen ca. 3, bez. 3.73%.

Hiermit stimmen andere amtliche Berechnungen, wie sie die Generaldirection der comptabilité publique von Zeit zu Zeit angestellt hat, ziemlich genau überein (Bull. XVI, 15, und I, 125). Wie daselbst näher im Einzelnen ziffermässig begründet wird, waren die Erhebungskosten im weiteren Sinne für die directen Steuern und die anderen grossen Steuergruppen folgende in % des Ertrags:

	1825	1876	1884
Directe Steuern	5.1	3.5	3.7
Enregistrement, Stempel, Domänen	5.2	2.5	2.2
Zölle und Salz	16.2	10.2	7.7
Indirecte Steuern	15.0	3.7	4.0

Bei den directen Steuern sind hier die Specialtaxen einbegriffen, ohne dieselben stellen sich die Kosten etwas günstiger. So in 1884 für die directen Hauptsteuern allein (incl. alle Zuschläge) auf 3.40%. Eigentliche Veranlagungskosten 7.81, Erhebungskosten i. e. S. 11.40, desgleichen für die Communalauflagen 4.52, Indemnität der porteurs de contrainte 0.44 Mill., zusammen 24.17 Mill. Frcs. bei 710.44 Mill. Frcs. Ertrag. Für die assimilirten Specialtaxen (todte Hand, Bergwerke, Wagen und Pferde, Billards, Gesellschaften) werden die Kosten auf 1.262 Mill. Frcs. (594,000 für Verwaltung, 668,000 für Erhebung) oder auf 5.75% berechnet (Ertrag 21.98 Mill. Frcs.).

Die vortreffliche formelle Ordnung des Erhebungsdienstes der directen Steuern ergiebt sich aus dem prompten Eingang der fälligen Steuern, aus den gewöhnlich erheblichen Vorauszahlungen auf noch nicht fällige Monatsraten oder Zwölftel und aus den mässigen Kosten für die Beitreibung der Rückstände. Auch darüber liegen lehrreiche statistische Zusammenstellungen vor (so für 1815—84 im Bull. XVII, 142 ff.), aus denen hervorgeht, dass bis 1850 die Rückstände, seitdem die Vorauszahlungen am Jahresschluss überwiegen, und in politisch unruhigen Jahren sich das Verhältniss wieder umdreht. So war in Procenten einer Monatsrate am Jahresschluss rückständig 1815 87, sich vermindernd bis 1824, hier nur noch 6, 1830 wieder 51, 1831 142, 1847 34, 1848 124, 1849 68, 1850 0.5, 1870 71, 1871 33%, dagegen anticipativ gezahlt 1851 5, später meist einige 60, 1869 62, 1872 31, 1884 62%. Die Kosten der Eintreibung waren auf 1000 Frcs. 1847 1.97, 1848 3.35, 1849 4.29, 1850 3.58, allmählich herab auf 1.28—1.36 vor dem letzten Kriege, auch 1870—71 nicht höher, 1872 dagegen 1.91, 1881 (Min.) 1.71, 1884 1.82 %, also durchweg etwas höher als vor dem Kriege, was doch steigenden Druck andeutet.

2. Die vier directen Hauptsteuern.

a. Die Grundsteuer.

Gesetzgebung (Hauptgesetze). Decret vom 23. November, 1. December 1790; alle Hauptbestimmungen zusammenfassendes, dadurch formell rechtlich zur definitiven Grundlage gewordenes Gesetz v. 3. frimaire VII (23. November 1798), zugleich eine Codification der Reglements u. dgl. Katastergesetz vom 15., 25. September 1807. Recueil méthodique der Gesetze, Reglements, Instructionen u. s. w. über Kataster (amtlich) von 1811; Gesetz vom 31. Juli 1821 (Beschränkung des Katasters auf die Benutzung bei der Repartition innerhalb der Gemeinde). Gesetz vom 29. Juli 1881 (Theilung der Grundsteuer in die von propriétés non bâties und bâties). — Perroux-Joppen, No. 13—16, 160—264, 359—409. Block, dict. Art. cadastre u. contrib. directes.

Literatur. Bibliographie eb. p. 309, 673. Stourm, I. ch. 5 u. 6 (p. 124 bis 220); Vignes, I. 25—39; v. Hock, S. 138—144; v. Kaufmann, S. 165 bis 194. Statistik u. dgl. bes. im Bull., so über den „livre terrier du cadastre" XVII, 613; Enquête von 1851 über Grundeinkünfte, VI, 110, 185, 248; neuste Enquête von 1880 ff., VI, 70, 317, XIII, 129, 253, 419, 576, 685, XIV, 35, XVI, 273. Ferner XIII, 416 (Theilung der Grundsteuer) u. a. m.

Ueber die moderne Grundsteuer überhaupt s. meinen Aufsatz in Schönberg's Handbuch, 2. Aufl. III, 230—250.

§. 184. 1. **Character, Repartition und locale Contingente.** Die französische Grundsteuer ist eine allgemeine Ertragssteuer des gesammten Grund und Bodens, einschliesslich desjenigen, auf welchem Gebäude errichtet sind, und zwar nach dem Princip der Repartitionssteuer und des Parcellar-Reinertragskatasters. Sie trifft ausserdem die Gebäude auch nach ihrem Ertrage, enthält also in doppelter Hinsicht eine Gebäudesteuer in sich (§. 187).

Nach der ursprünglichen Idee der Gesetzgebung in der Revolutionszeit sollte sie, wie bemerkt (§. 168), die hauptsächliche directe Steuer sein und an die Stelle der aufgehobenen Steuern des ancien régime, besonders der Taille, Zwanzigsten, Kopfsteuer, auch der Zehnten treten. Im Unterschied von diesen älteren directen Steuern sollte sie nach dem ersten Hauptgesetz vom 1. December 1790 nur keinerlei reale und personale Exemtionen gestatten, möglichst genau und gleichmässig den Reinertrag des Bodens, d. h. denjenigen Theil des Robertrags, welcher „nach Abzug von Cultur-, Saat-, Ernte- und Unterhaltungskosten übrig bleibe", treffen, im Steuersoll jährlich nach dem Bedarf festgestellt, zunächst auf 240 Mill. L., und diese Summe dann nach dem Reinertrag auf die einzelnen Verwaltungsabtheilungen des Staatsgebiets bis herab auf die Gemeinden und schliesslich auf die einzelnen Grundbesitzungen, daher als Repartitionssteuer, aufgetheilt werden. Die Principien der „Allgemeinheit" und „Gleichmässigkeit", die „staatsbürgerlichen Gerechtigkeitsprincipien", diejenigen der „Wahl der richtigen Steuerquelle", nämlich des als einzelwirthschaftlicher Reinertrag vom Gesetz bestimmten Theils des Robertrags, und der „Wahl der richtigen Steuerart", der Steuer vom Bodenreinertrag, auch der Grundsatz der „festen Bestimmtheit" waren so der Leitstern, während in der Festsetzung des erforderlichen Steuersolls das finanzielle oder Staatsinteresse, dem „finanzpolitischen" Princip der Besteuerung gemäss, wahrgenommen wurde (Fin. II, S. 220 bis 360). Die Feststellung eines individuellen Steuermaximums ($^1/_5$ vom Reinertrag, später $^1/_6$), in dem Sinne, dass ein Grundbesitzer, welcher durch die aufgelegte Repartitionsquote mehr als diesen Satz hätte zahlen müssen, eine entsprechende Ermässigung verlangen konnte, sollte vor übermässigem Steuerdruck schützen. Diese Bestimmung ist jedoch, ohne formell aufgehoben worden zu sein, ein todter Buchstabe geblieben.

Die allgemeine Beurtheilung dieser so geplanten Grundsteuer unterbleibt hier, da es sich dabei um das allgemeine Grundsteuerproblem, nicht um eine specifisch französische steuerpolitische und -technische Frage handeln würde. Giebt man einmal die Berechtigung der Ertragssteuern überhaupt und der Grundsteuer insbesondere im modernen Steuersystem, ferner auch die Berechtigung zu, die Grundsteuer durch die Höhe ihres Fusses in dem Maasse, wie in Frankreich, ergiebig zu machen, so entsprach der französische Reformplan mit der Grundsteuer den Forderungen richtiger Steuerpolitik.

Aber man unterschätzte von vornherein die enormen **technischen Schwierigkeiten** der erforderlichen ordentlichen **Bodenkatastrirung**, nach der eine solche Grundsteuer allein richtig durchzuführen ist. Die Geschichte dieser französischen Steuer hat den Beweis geliefert, dass auch das richtig gestellte Grundsteuerproblem schlechterdings nur sehr mangelhaft gelöst werden kann. Namentlich das Hauptziel, die **gleichmässige** Besteuerung des Bodenreinertrags, ist trotz aller Bemühungen und Kosten nicht entfernt genügend erreicht worden.

Hierzu kam dann noch eine besondere Schwierigkeit in den damaligen Verhältnissen Frankreichs, welche man gleichfalls von vornherein nicht gebührend gewürdigt hat. Die Erhebung einer solchen neuen Grundsteuer hätte die **vorausgehende gelungene** Bodenkatastrirung bedingt, um alsdann erst die Repartition der aufzubringenden Steuersumme richtig durchführen zu können. Allein eine solche Katastrirung war in einem grossen Staate ein langwieriges und kostspieliges Werk. Man fasste sie zwar gleich Anfangs ins Auge, gelangte aber in der Revolutionszeit lange nicht einmal zur endgiltigen Wahl des Katasterprincips, und als dies dann im Princip des **Parcellarkatasters** angenommen war (1807), dauerte die Ausführung des Katasterwerks noch manche Jahrzehnte. Natürlich konnte die Staatscasse nicht auf den Ertrag der neuen Steuer warten, nachdem man einmal übereilt die alten Steuern der früheren Periode aufgehoben hatte. So half man sich mit dem in solcher Lage unvermeidlichen, aber an sich unrichtigen Auskunftsmittel, im **Wesentlichen doch nach den alten Katastern und nach den Erträgen der zu ersetzenden Steuern mit gewissen angemessen erscheinenden Umänderungen die Steuersumme zu vertheilen und so die Steuercontingente der neuen Verwaltungsabtheilungen, der Departements, Arrondissements und Gemeinden zu bilden.**

<small>Als sich diese Repartition dann vielfach unzulänglich, namentlich ungleichmässig erwies und auch die allmählich fertig werdenden Katasterergebnisse solche Ungleichmässigkeiten in der Steuerbelastung der verschiedenen Landestheile zeigten, erschienen Veränderungen der Repartition geboten, wurden von den überlasteten oder sich für überlastet haltenden Landestheilen eifrig verlangt, auch von Regierung und Parlament öfters erwogen und mehrmals vorgenommen. Allein ein **sicherer Maassstab** dafür fehlte. Nach mehr oder weniger zuverlässigen Anhaltspuncten erwog</small>

oder traf man Aenderungen, wohl in der gebotenen Richtung, aber ohne genügende Gewissheit des richtigen Maasses.

Nach Vollendung des Katasters hätte es dann nahe gelegen, wie die **Individualrepartition** in den Gemeinden, welche so geschieht, so auch die Feststellung der Gemeinde-, Arrondissements- und Departements**contingente nach dem Kataster** vorzunehmen. Allein die Ergebnisse der Ertrags-Katastrirung konnten dafür wieder nicht als zuverlässig genug gelten und die Veränderungen der Contingente, welche bei diesem Vorgehen hätten stattfinden müssen, erschienen gegenüber der bereits wieder eingebürgerten bisherigen Repartition — ein Analogon zu den ehemaligen Steuercontingenten des ständischen Staats (s. z. B. §. 47 oben), wo jede einmal eingebürgerte Repartition auch immer bald als „wohlerworbenes Recht" der Interessenten und jede Veränderung daran als Verletzung dieses „Rechts" galt — zu einschneidend, um sie zumal bei der zweifelhaften Brauchbarkeit der Katastrirungen für eine gleichmässige Einschätzung, vornehmen zu dürfen. So ist es denn im Wesentlichen beim Alten geblieben und **das vollendete Kataster wird für die Feststellung der localen Contingente, der Gemeinden, Arrondissements und Departements nicht benutzt.**

Ohne umfassende und eingreifende, auch in nicht zu langen Perioden erfolgende **Revisionen**, wie sie das französische Gesetz zwar in Aussicht nimmt, aber nicht durchgeführt hat, muss ohnedem selbst eine anfänglich gelungene und gleichmässige Katastrirung, zumal der Erträge (aber auch der Grundwerthe) im Laufe der Zeit und vollends unter den gegenwärtigen so rasch wechselnden ökonomischen, technischen und Communicationsverhältnissen immer wieder bald unrichtig und gegenüber den Thatsachen der Wirklichkeit local in ganz verschiedenem Grade ungleichmässig werden.

<small>Fehlt es zu der genauen Bemessung dieser Veränderungen auch wieder an völlig zuverlässigen Anhaltspuncten, so kann man doch die ungefähre Ungleichmässigkeit der Entwicklung feststellen. In Frankreich sind reichliche Erfahrungen in dieser Hinsicht gemacht worden, welche die Grundsteuerkatastrirung im Ganzen ungünstig beurtheilen lassen, und zwar nicht, wegen eines falschen Princips oder mangelhafter Durchführung der Arbeiten, sondern wegen solcher Verhältnisse, die im Wesen der Sache, im Problem selbst, liegen. Auch die geraume Zeit, welche die Katastrirung eines grossen Landes erheischt, und die unvermeidliche, schon anfängliche Ungleichmässigkeit in der Ausführung der Arbeiten, bei den Bonitirungen, Ertragsschätzungen u. s. w., bedingen neue grosse Mängel, derentwegen auch gleich nach Vollendung eines solchen Katasters die Ergebnisse desselben ungleichmässig sind, wie sich in Frankreich ebenfalls gezeigt hat.</small>

Einige specifische Mängel der französischen Grundsteuer erklären sich allerdings aus dem Princip des **Parcellarkatasters** und des Ertragskatasters. Aber zur Wahl dieser beiden Katasterprincipien statt eines Guts- und eines Werthkatasters war man, in einem grösseren Lande zumal, doch wohl mit Recht gelangt, in Betreff des ersteren Princips auch nach vergeblichen anderweiten Versuchen (§. 186). Bei den genannten beiden anderen Katasterprincipien wären die Fehlerquellen wohl noch reichlicher geflossen, und für genügende Werthkatastrirung würde es auch vermuthlich an brauchbarem Material in Kaufpreisen u. dgl. mehr gefehlt haben (§. 190).

> Prüfungen der Ergebnisse des Parcellar-Ertragskatasters an Kauf- und Pachtpreisen und an Daten aus Grundcreditgeschäften u. s. w. sind wiederholt erfolgt; und danach sind Rectificationen der Contingente vorgeschlagen und zum Theil ausgeführt worden. Aber die Frage blieb und bleibt auch hier immer wieder: ob, wie weit, wann, wo man mit Zuverlässigkeit nach solchen Daten aus dem Verkehrsleben selbst die Gleichmässigkeit der Grundsteuer verbürgen kann. Eben dieser berechtigte Zweifel stellt sich auch immer grösseren und allgemeineren Veränderungen einer einmal bestehenden Grundsteuer-Repartition entgegen: es ist eben fraglich, wie weit diese Veränderungen wirklich wahre „Rectificationen" sein würden. Noch jüngst hat eine französische Enquête für die Frage der Repartitions-Veränderung viel interessantes Material hervorgefördert. (Einige Daten daraus in folgenden Paragraphen). Aber der Benutzung desselben für den practischen Zweck selbst steht man doch mit Recht sehr zaghaft gegenüber. Das Bedenken, dass eine grössere Veränderung der Contingente zudem leicht mehr oder weniger auf den Bodenwerth selbst einwirken könne, verlangt dabei ausserdem seine Beachtung und rechtfertigt neues Zögern mit oder selbst Abstehen von einer Rectification der alten Contingente.

§. 185. Alle diese Verhältnisse erklären einige zunächst auffällige Thatsachen der Geschichte der modernen französischen Grundsteuer, Thatsachen, von welchen die Finanzwissenschaft für ihre Stellung zur Grundsteuer überhaupt Act zu nehmen hat.

So hat die ursprüngliche Hauptsumme (principal) des Grundsteuercontingents des ganzen Staats erhebliche Herabsetzungen erfahren, weil man auf diese Weise noch am Besten die geboten erscheinenden Erleichterungen einiger Landestheile glaubte herbeiführen zu können und eben nicht wagte, dem Wesen der Repartitionssteuer gemäss, die so abgenommenen Summen auf die anderen Landestheile aufzulegen. Auf diese Weise ist das Principalcontingent seit geraumer Zeit (1821) aber im Wesentlichen thatsächlich stabil geworden, gegen die Natur jeder Steuer, auch gegen die ursprüngliche Absicht des Gesetzgebers und im vollen Gegensatz zur Entwicklung des französischen Steuerbedarfs und der meisten übrigen, besonders der indirecten Verbrauchs- und der Verkehrssteuern, aber auch der Patentsteuer, zu welchen allen die Grundsteuer daher immer mehr in ein Missverhältniss gekommen ist.

Mehrfach haben zwar Zuschläge zur Grundsteuer in verschiedener Höhe und Zeitdauer auch für allgemeine Staatszwecke stattgefunden. Aber die wenigstens hierdurch bedingte Veränderlichkeit der Grundsteuer ist mit dem nunmehr seit lange definitiven Wegfall dieser Zuschläge, seit 1851, verschwunden. Allerdings mit unter Einwirkung politischer Interessen, aber doch auch in der Einsicht, dass eine so ungleichmässig vertheilte Steuer, wie die französische Grundsteuer, durch solche Zuschläge für allgemeine Staatszwecke vollends ungleichmässig wird. Mit der factischen Stabilität verliert sich aber bei einer solchen Steuer der eigentliche Steuercharacter allmählich und tritt derjenige einer Reallast hervor, selbst bei dem französischen Repartitionsprincip. Nur der Umstand, dass die französische Grundsteuer auch mit Zuschlägen für Departemental- und Communalzwecke belegt wird und dass diese wechseln und im Allgemeinen steigen, verhindert die volle Hinüberbildung der Grundsteuer zu einer Reallast.

Das ursprünglich nach einer freilich sehr unsicheren statistischen Schätzung des Boden-Reinertrags von 1200, dann von 1440 Mill. Livres auf $^1/_5$, bez. auf $^1/_6$ hiervon, daher auf 240 Mill. Livres festgesetzte Principalcontingent wurde wegen der Repartition, die man doch nicht vom Grund aus umzuändern wagte, zunächst um 21,941,000 Frcs. im Jahre 1797 herabgesetzt, wobei die für überlastet geltenden Departements Ermässigungen von 25—12%, die für richtig belegt geltenden solche von 10%, die für bisher begünstigt geltenden solche von 9—1% erhielten (Gesetz v. 18. Prärial V. oder 6. Juni 1797). Eine neue, aber für alle Departements gleiche Ermässigung um 10,902,945 Frcs erfolgte schon durch Gesetz v. 9. Vendém. VI. Bald darauf wurden die bisher mit besteuerten und übermässig belasteten Nationalgüter, welche keinen Ertrag gaben, steuerfrei, wodurch 17,659,550 Frcs. von dem Contingente fortfielen. Der Haupttheil davon, 16 Mill., wurde wieder zu Entlastungen nach einer für die als überlastet geltenden Departements progressiv günstiger werdenden Scala benutzt (Gesetz v. 7. Brum. VII. oder 28. October 1798). Eine ähnliche Maassregel war die Befreiung der Staatswälder von der Grundsteuer (Gesetz v. 19. Vent. IX. oder 10. März 1801) und die Entlastung einer Anzahl überbürdeter Departements um einen hierdurch frei werdenden Betrag von 6,192,300 Frcs. Weitere Verminderungen erfolgten 1804 um 8,434,000, 1805 um 3,092,000, 1819 um 3,978,000, 1821 (Gesetz v. 31. Juli) um 13,446,123 Frcs., welche in verschiedener Weise den Departements gut gebracht wurden, theils in höherem Maasse den überlasteten, theils gleichmässig allen. So stellte sich das Principalcontingent seit 1821 auf 154,681,351 Frcs. und ist seitdem im Wesentlichen so geblieben, indem es nämlich nur durch den gesetzlichen Zutritt zur und Austritt von Grundstücken aus der Steuerpflichtigkeit kleinere Aenderungen, etwas erheblichere nur in Betreff der Steuer von „bebauten Grundstücken" erleidet. (Alle Daten auf den Umfang Frankreichs von 1815 bezogen, die obigen meist nach Stourm, I, 201—210. S. auch Sudre, I, 309, 359, Vignes, I. 31). Nach endgiltiger Aufhebung der 17°/₀ Zuschläge für allgemeine Staatszwecke zur Grundsteuer von 1851 an durch Gesetz vom 14. August 1850 ist das Grundsteuer-Principalcontingent des Staats nur noch mit kleinen Zuschlägen für Ausfälle und Aushilfen belegt. Einschliesslich dieser Zuschläge betrug es 1851 163,89. 1870 175,81, 1871 nach dem Verlust von Elsass-Lothringen 171 03, 1885 181.40 Mill. Frcs. (Bull. XX, 220), also für das heutige Frankreich nur etwa $^3/_4$ der ursprünglichen Summe von 240 Mill. Dazu traten aber allerdings Departemental- und Communal-Zuschläge 1838 mit 70.57, 1851 mit 96.29, 1870 mit 146.52, 1885 mit 192.08 Mill. Frcs. (Bull. eb.), so dass die Entlastungen seitens des Staats durch diese Zuschläge dreifach übertroffen werden.

Abgesehen von den erwähnten Veränderungen der Repartition, welche auch doch wieder unvermeidlich etwas willkührlich erfolgten, ist demnach die ursprüngliche Repartition von 1791 bis heute verblieben. Damit hat man aber eigentlich nur die Ungleichmässigkeiten der Besteuerung des ancien régime bis in die Gegenwart hinein erhalten.

Man kann u. A. in den überlasteten und unterlasteten Departemental-Gruppen noch jetzt die alte Eintheilung Frankreichs in pays d'élection und pays d'états wieder finden, so dass auch hier das „Alte" unter dunner Tünche des „Neuen" liegt. (Stourm, I, 212, nach den parlamentarischen Berichten und Debatten von 1821).

Dreimal, 1818—1821, 1851—54 und 1879—83, sind grosse Enquêten über das Grundeigenthum (insbesondere das „nicht bebaute", d. h. im Wesentlichen das landwirthschaftliche), seine Erträge und seine Steuerbelastung angestellt worden, um das Verhältniss der bestehenden Besteuerung zu den „wirklichen" Erträgen, bez. den dafür geltenden, aus Kauf- und Pachtpreisen u. dgl. m. ermittelten, zu bestimmen und eventuell eine sichere Grundlage für eine neue Repartition oder Feststellung der localen Contingente zu gewinnen. Aber trotzdem diese Untersuchungen kaum denkbare Ungleichmässigkeiten der Belastung ergeben haben, hat man doch nur in ganz beschränktem Maasse die Ergebnisse der ersten Enquête von 1818 ff. zu einer Veränderung der Repartition benutzt (1821). In dem Dilemma, dort ermässigen und hier erhöhen zu sollen, wagte man nur Ersteres zu thun, und in geringerem Grade, als es den Untersuchungsergebnissen entsprochen hätte. Das wird nach dem oben Gesagten auch immer wieder begreiflich. Nach der Natur der Sache konnte den „Ergebnissen" eben doch auch keine volle Richtigkeit beigemessen werden. Der Vergleich der Ertragsschätzungen des Katasters mit den Kauf- und Pachtpreisen und den Daten anderer Rechtsgeschäfte ist gewiss interessant und giebt gute Fingerzeige für Aenderungen. Aber eine **sichere Grundlage für Repartition und Katasterrectification geben eben auch die Kauf- und Pachtpreise u. s. w. nicht.**

S. bes. Stourm, I, 211 ff., von Hock, S. 142, v. Kaufmann, S. 177 ff. (mit vielen Daten aus den Enquêten). Bull. VI, 110, 185, 248 über die Untersuchung von 1851 ff. (der resumirende Bericht von Vandal, auf den schon Hock Bezug nimmt; der einzige von 86 Handschrift-Bänden der Enquête, welcher dem Brande des Finanzministeriums 1871 entgangen ist). Ueber die neueste Untersuchung von 1880 ff. s. Bull. an den oben S. 434 genannten Stellen, höchst reichhaltige und interessante Materialien. Nur hieraus einige Daten.

Die neue Abschätzung des Ertrags der „nicht bebauten" Grundstücke, nach den Gesetzen vom 3. August 1875 und 9. August 1879, erfolgte nach einer umfassenden Instruction (s. dieselbe im Bull. VI, 317). Der Katastralreinertrag von 805.04 Mill. Frcs. und der eingeschätzte Ertrag um 1851 von 1824.19 Mill. Frcs. wurde nach der neuen Abschätzung von 1880 ff. auf 2645.51 Mill. Frcs., der Verkaufswerth dafür auf 91.58 Milliarden Frcs. (Bull. XIII, 130) veranschlagt, also der Ertrag auf mehr als das Dreifache des ersteren und um 45% mehr als der zweite, wobei allerdings 1879 die von Italien abgetretenen Gebiete eingerechnet sind, die 1851 fehlen, was aber das Ergebniss wenig verändert. (Im Katasterertrag sind diese Gebiete eingeschlossen). Zu der Ertragssteigerung hat die Ertragserhöhung der einzelnen Culturarten, auch der Uebergang von Grundstücken in höhere Culturarten, bes. die Verwandlung von Haide und Weiden in Ackerland, Wiesen und andere Culturclassen beigetragen (Bull. XIII, 130, nach Depart. ob. 252 ff.). Diese Ertragssteigerung läuft auf eine Verminderung der Steuer hinaus, in Betreff des Principals auf weniger als $1/_3$, die Fortbewegung in der seit 1791 beständig zu verfolgenden Richtung. Der ursprüngliche (geplante) Steuersatz des Principals von 20, bez. 16.67% für die ganze

Grundsteuer (incl. „bebaute" Grundstücke), der durch die bis 1821 erfolgten Steuerermässigungen schon auf ca. 13.9, bez. 10.7 gefallen war, ist durch eine solche Ertragsentwicklung auf jetzt etwa 4% (immer nur für das Principal) gesunken. (Siehe auch v. Kaufmann, S. 188 u. ff.). Bei den „nicht bebauten" Grundstücken allein war der Steuersatz nach dem Kataster 11.76, nach der Einschätzung in der Enquête von 1851 6.44, nach der von 1879 4.49% (Bull. XIV, 43, wiederum 1879 incl. italienische Departements, was aber auch hier auf die Durchschnittszahl ohne sonderlichen Einfluss ist. Die ehemaligen elsass-lothringischen Departements sind in diesen und den obigen Zahlen abgerechnet). Ein gutes Beispiel der allmählichen Erleichterung und Quasi-Abwälzung einer stabilen Grundsteuer durch die Ertragssteigerung, welche letztere freilich wieder die mannigfachsten Ursachen hat, eine davon auch in der Preissteigerung der Producte. (Fin. II. S. 273).

Allein diese Entwicklung ist eben, wie vorauszusehen war und durch die Ergebnisse der Untersuchungen von 1851 und 1879 überall bestätigt worden ist, ganz ungleichmässig nach Culturarten und Landestheilen erfolgt, so gegen die Katastralschätzungen bis 1851 und wieder gegen die Einschätzungen von 1851 bis 1879. Gerade dadurch ist die Grundsteuer selbst eine immer ungleichmässigere Last geworden. Das Maass dieser Ungleichmässigkeit ist in der Enquête von 1880 auf mancherlei verschiedene Weise berechnet worden (s. die angeführten Stellen im Bull.). Bei den Culturgruppen für den ganzen Staat ergab sich Folgendes (Bull. XIII, 583; XIV, 36).

	1851	1880	÷ od. −%	% d. Principals d. Grundst. nach Schätzung v. 1879
	Ertrag p. Hect. in Fres.			
Grundstücke höherer Art (Gärten etc.)	119.61	166.06	÷38.0	4.30
Ackerland u. ihm gleichgestelltes (auch Boden der Häuser)	42.49	56.74	+33.5	4.64
Wiesen u. dgl.	72.60	96.67	+33.1	4.69
Weinland	69.38	129.95	+87.3	2.95
Waldungen	20.18	22.50	+11.5	5.26
Weiden, Haide u. s. w.	4.64	6.12	+31.8	5.12
Verschiedene Culturen	49.10	42.61	−13.2	4.73
Allgem. Durchschnitt	38.04	52.87	÷38.9	4.49

Etwas abweichende Ergebnisse nach dem Vergleich der Verkaufswerthe. Per Hectar waren diese von 1851−53 bis 1879−83 um 43.45% gestiegen, im ganzen Staate und bei allen Culturen im Durchschnitt, mit Differenzen nach Departements von +140.70% im Maximum im Departement Allier (abgesehen vom Seinedepartement, wo die Steigerung auf 1373.12% berechnet wird) und +0.96% in Vaucluse im Minimum, bez. sogar neben einer Abnahme in 5 Departements von im Maximum 15.38% (Ober-Alpen). (Bull. XIII, 584 ff.).

Eine „Ausgleichung" des Principals der Departemental-Contingente nach der Einschätzung von 1879 würde für die „nicht bebauten" Grundstücke gegenüber der jetzigen Repartition zur Aufbringung des bestehenden Gesamtcontingents von 118,853,588 Fres. eine Mehrbelastung von 41 Departements um 11,157,464 Fres. und eine Minderbelastung von 47 Departements um den gleichen Betrag bedingt haben. Die Mehrbelastung beträgt im Maximum 374.08% (Corsica) und 79.72% (Aude), im Minimum 0.39% (Loire), die Minderbelastung im Maximum 37.71 (Oberalpen), im Minimum 0.61% (Loire et Cher) und die verschiedensten Sätze in den dazwischen liegenden Fällen (Bull. XIII, 583 ff., XVI, 37 ff.).

Berücksichtigt man vollends nur die Extreme, so fand man schon 1851 die Minimalbelastung eines ganzen Departements durch die Grundsteuer (principal) mit 3.80, die Maximalbelastung mit 9.18%, also wie 1 : 2.42 (Bull. XIV, 40). Nach der Enquête von 1874 stellten sich die Extreme noch stärker heraus, nämlich folgendermaassen (Tabelle XXXI, Bull. XIV, 40) nach Gebietsabtheilungen, in Procenten der Grundsteuer vom „wirklichen" Ertrag.

	Gemeinden.	Cantone.	Arrondissem.	Departem.
4 Minimalbelastungen	0.19	1.00	0.74	0.95
	0.47	1.26	1.40	2.50
	0.50	1.36	1.74	2.58
	0.58	1.54	1.91	2.60

	Gemeinden.	Cantone.	Arrondissem.	Departem.
4 Maximalbelastungen	20.76	10.32	7.67	6.47
	22.57	10.32	7.52	6.67
	29.59	11.25	8.06	6.80
	30.03	13.57	9.47	7.21
Verh. v. Min. zu Max. wie 1 :	158.1	15.6	12.8	7.6
Verh. des höchsten Minimum zum niedersten Maximum 1 :	35.8	6.7	4.0	2.5

Man sieht: Hock's Wort vor 30 Jahren (Fin. Frankreichs, S. 142), man sei überzeugt, „es gäbe Departements, die $2^1/_4$ Mal, und Gemeinden, die 10 Mal so hoch als andere besteuert sind", bezeichnet jetzt schon bei Weitem nicht mehr die Extreme! Freilich muss man immer wieder daran erinnern, dass hier die Unrichtigkeit der bestehenden Grundsteuervertheilung an dem gewiss wieder recht unvollkommenen Maassstabe der neuen cursorischen Abschätzung nach Kauf- und Pachtpreisen u. dgl. m. bemessen wird. In Wirklichkeit können die Extreme kleiner, freilich aber in manchen Fällen auch noch grösser sein.

Durch den Hinzutritt der Zuschläge für Departemental- und Communalzwecke wird die Differenz der Steuerbelastung wiederum bald verkleinert, bald vergrössert werden.

Jedenfalls ergiebt sich aus allen diesen und zahlreichen weiteren Thatsachen, welche die letzte Enquête hervorgefördert hat, dass man doch mit Recht Bedenken tragen musste, eine so völlig ungleichmässig vertheilte und in dieser Hinsicht beständig ungleichmässiger werdende Steuer, wie die Grundsteuer, mit allgemeinen und gleichen Zuschlägen für die Staatscasse zu belegen, selbst in den Finanznöthen und bei den allgemeinen Steuererhöhungen nach dem letzten Kriege. Mindestens hätte einer solchen Maassregel erst eine Steuerausgleichung vorangehen müssen. Allein eine solche setzte wieder eine zeitraubende und kostspielige neue Katastrirung oder doch wenigstens eine Untersuchung, wie die 1879 ff. vorgenommene voraus. Jedoch auch die Ergebnisse einer solchen Operation waren sicher von vornherein wieder sehr mangelhaft und mussten es vollends immer bald wieder mehr und mehr werden. Aus den französischen Erfahrungen darf man daher wohl den Schluss ableiten, dass auch die moderne, sogen. „rationelle" Grundsteuer, wegen ihrer unvermeidlichen grossen und in Folge der verschiedenen Entwicklung der einzelnen Landestheile immer grösser werdenden Ungleichmässigkeit und schon dadurch bedingten Stabilität, wenigstens in einem grösseren Staate, keine passende Staatssteuer für allgemeine Staatsbedürfnisse und vollends ungeeignet ist, mit — ohne Willkühr wieder kaum anders als gleich hoch zu stellenden — Steuerzuschlägen für den wachsenden Staatsbedarf belegt zu werden.

Nur durch beständige, in kurzen Zeiträumen erfolgende und eingreifende Revisionen liesse sich diese Steuer für die Deckung des Staatsbedarfs geeigneter machen. Aber solche Revisionen sind steuertechnisch, dann wegen des Kostenpuncts schwer ausführbar und wegen schwerer anderweiter Bedenken, welche aus der ökonomischen Natur des Grundeigenthums, besonders des ländlichen, und aus dessen Bewirthschaftung folgen, zu beanstanden. Ist die Grundsteuerveranlagung und die Steuerrepartition, wie in Frankreich, aber einmal thatsächlich längere Zeit **unverändert geblieben**, so wird nicht nur jede Revision technisch immer schwieriger, kostspieliger und in ihren Ergebnissen unsicherer, müsste sie nicht nur zu einer fast völligen **Erneuerung der Katastrirung führen: sie schneidet ausserdem in die Reinerträge, die nach Abzug der neuen Steuer bleiben, und dadurch in die Werthe des Grundeigenthums** so bedeutend ein, dass man wieder kaum wagen wird, die Neuvertheilung der Steuer danach zu bewerkstelligen. Die französischen Enquêten von 1851 und 1879 sind eben deshalb auch ohne practischen Erfolg geblieben.

Im Jahre 1884 hat eine eigene Commission im Finanzministerium die Ergebnisse der Enquête von 1879, welche zuvor in den Departements den Generalräthen vorgelegt worden waren, zu prüfen gehabt. Die Generalräthe hatten sich im Allgemeinen günstig über die Genauigkeit der Ergebnisse geäussert. Beim Beginn der Arbeit (1879) hatte man übrigens zur Beruhigung der Bevölkerung amtlich versichert, dass die etwaige Ausgleichung der Ungleichmässigkeiten einzig **durch Entlastungen**, nicht durch Erhöhungen erfolgen könne: wiederum im Widerspruch mit den nothwendigen fiscalischen Anforderungen, aber nach Lage der Dinge und Interessen ebenso characteristisch als begreiflich. Im Ministerium herrschte die Ansicht, dass ohne eine gleichzeitige Revision der Individualrepartition, daher des Parcellarkatasters eine Ausgleichung auch nicht wohl statthaft sei. Ebenso galt die letztere für störend für die Departemental- und Communalfinanzen wegen des Zuschlagssystems. Die genannte Centralcommission erklärte die Ergebnisse der Enquête von 1879 ff. für **hinlänglich zuverlässig**. Der Antrag auf eine allgemeine Ausgleichung wurde indessen **abgelehnt**, ähnlich, aus fiscalischen Gründen, der eines Erlasses von 11.8 Mill. Frcs. des Principals in den über den Durchschnitt überlasteten Departements. Die Commission entschied sich schliesslich dahin, der Regierung zu rathen, einen Theil des Contingents der „unbebauten" Grundstücke auf dasjenige der für weniger hoch besteuert geltenden „bebauten" zu übertragen, zuvor aber eine Revision der Einschätzung des „bebauten Eigenthums" vorzunehmen. Die Kosten dafür wurden, je nach der Mitberücksichtigung oder nicht der Personal- und Mobiliarsteuer und der Thür- und Fenstersteuer dabei, auf 4—2 Mill. Frcs., die Zeitdauer auf 2—1 Jahr veranschlagt. Für die Enquête von 1879 ff. war ein Credit von 1 Mill. eröffnet gewesen. Bis jetzt ist es zu einer weiteren Reform und Veränderung der Repartition und der Contingente nicht gekommen. Durch das Finanzgesetz vom 8. August 1885, Art. 34, wurde auch eine Aufnahme allen „bebauten Eigenthums" und Schätzung seines wirklichen Miethwerths angeordnet und dafür später ein Credit eröffnet (Gesetz vom 8. Juni 1887). Diese Aufnahme ist jetzt im Gang und schreitet rasch vor.

§. 186. 2. **Katastrirung.** Die Nothwendigkeit einer allgemeinen Bodenkatastrirung zur besseren Vertheilung der älteren directen, meist den Grundbesitz treffenden Steuern (Taille u. s. w.) hatte man in Frankreich schon in den letzten Jahrzehnten des ancien régime empfunden und wiederholt ernstlicher an eine solche Operation gedacht (§. 59). Die politischen, vornemlich in den ständischen Verhältnissen liegenden und die technischen Schwierigkeiten der Sache hinderten aber ein Vorgehen damit. Durch die Revolution waren die ersteren beseitigt, nur die letzteren geblieben. Die unruhigen Zeitverhältnisse, die dringenden Finanzbedürfnisse liessen es aber auch jetzt nicht sobald zu einer so langwierigen und kostspieligen, geordnete ruhige Verhältnisse fast unbedingt voraussetzenden Operation kommen, wenn man deren Unentbehrlichkeit für die zweckmässige und gerechte Durchführung des neuen Steuersystems auch von vornherein nicht verkannte. Ueber parlamentarische und legislative Monologe in Betreff der Nothwendigkeit einer Katastrirung kam man bis zur Zeit des Consulats nicht hinaus. Erst hier begann die Ausführung, anfangs indessen nach Plänen, welche dem Gedanken einer Verkleinerung und Vereinfachung der riesigen Arbeit entsprungen waren, sich aber bald als unzureichend für den Zweck, namentlich für die Grundsteuerveranlagung der einzelnen Besitzer erwiesen (Katastrirung nach „Culturmassen", Versuch einer Beschränkung der Katastrirung auf eine grössere Anzahl, 1900, Mustergemeinden und Anwendung der dabei erhaltenen Ergebnisse auf die übrigen 48,000). Man schritt daher nach diesen vergeblichen, zeitraubenden und immerhin schon kostspieligen Vorarbeiten (20 Mill. Fres.) zur letzten Consequenz, zur Katastrirung der einzelnen Parcellen (Gesetz vom 15.—25. September 1807). Eine Arbeit, welche nur langsam fortschreiten konnte, so dass beim Sturz Napoleon's I. erst $1/4$ von Frankreich vermessen, $1/8$ katastrirt war und die ganze von den späteren Regierungen fortgesetzte Arbeit im Wesentlichen erst 1845, vollständig im continentalen Frankreich erst 1850, in Corsica (bis auf kleine noch heute verbliebene Reste) erst 1858 und in den neuen ehemals italienischen Departements noch gegenwärtig nicht ganz vollendet ist. Die Kosten sind bis um 1850 schon auf 150 Mill. Fres. berechnet worden, also etwa auf den einjährigen Betrag des Principalcontingents (nach dessen Reductionen nach 1821). Dieselben sind bis 1821 vom Staate, seitdem überwiegend von den Departements getragen worden. Die ursprünglich beabsichtigte Benutzung des Katasters zur Vertheilung der Grundsteuer auch unter den Gemeinden und Arrondissements eines

Departements ist nach verschiedenen, ungenügend ausgefallenen Versuchen und nach bereits früher erfolgter Beschränkung der Benutzung des Katasters zur Vertheilung des Departementalcontingents auf die Arrondissements desselben Departements (1813), dann des Arrondissementscontingents auf die Cantone desselben Arrondissements (1818) seit 1821 definitiv aufgegeben worden. Seitdem dient das Kataster ausschliesslich zur Individualrepartition unter den Grundstücken, bez. Grundbesitzern jeder Gemeinde (Gesetz vom 21. Juli 1821). Im Jahre 1850 ward den Gemeinden das Recht ertheilt, auf Verlangen des Municipalraths und unter Beistimmung des departementalen Generalraths auf Gemeindekosten eine Revision oder Erneuerung des Katasters vorzunehmen, wenn mindestens 30 Jahre seit der Katastrirung verflossen sind. (Gesetz vom 7. August 1850, Art. 7). Von diesem Rechte ist nicht besonders oft Gebrauch gemacht worden. Gegen seine Anwendung stemmen sich in den Gemeinden ähnliche Interessen, wie gegen die Veränderung der localen Contingente selbst.

S. bes. Stourm, I. 192—200. Vignes, I. 32 ff., von Hock, S. 118 ff., von Kaufmann, S. 176, Block's dict. Art. cadastre. Bei dem Versuch eines blossen „Culturmassen-Katasters" vermied man die mühsame, zeitraubende und kostspielige Abmessung und Einschätzung der einzelnen Parcellen und beschränkte sich auf diejenige der im Zusammenhang liegenden analogen Culturen. Eine Neukatastrirung ist im Ganzen zwischen 1828—53 in 2265 Gemeinden von ca. 36.100 erfolgt, meist solchen mit stark zersplittertem Grundbesitz (Bull. XIV. 660, XVI. 182), speciell nach dem Gesetz von 1850 sogar nur in 828 Gemeinden, wovon bei Weitem die meisten im Departement Nord, wo die fortgeschrittene Parcellirung nach dem ersten Kataster 0.38, nach dem zweiten bloss 0.29 Hectare pro Parcelle und bez. 2.23 und 1.85 pro Eigenthümer ergab.

§. 187. Die Katastrirung selbst erfolgte in Frankreich, wie in den meisten neueren Grundsteuerkatastrirungen nach dem System des Parcellar-Reinertrags- und Classenkatasters mit der Einschätzung der einzelnen Parcellen in die Bonitätsclassen jeder Culturart nach Typen-Grundstücken. Sie bietet nur einzelnes Eigenthümliche, wovon Einiges in den nächsten §§. mit erwähnt wird, während eine allgemeine Darstellung hier, unter Verweisung auf die allgemeine Lehre von der modernen Grundsteuer, unterbleiben kann. Auch auf eine specielle Kritik braucht hier nicht eingegangen zu werden. Das System hat auch in Frankreich dieselben allgemeinen Vorzüge und Nachtheile gezeigt wie in anderen Landen.

Vgl. vorläufig über die Grundsteuer im Allgemeinen und über die „Katastersysteme" meine Abh. directe Steuern in Schönberg'schen Handbuch der politischen Oekonomie, 2. Aufl., III. 230 ff., 241 ff., auch S. 216.

Erschwerend für die Lösung der Hauptaufgabe, die richtige, wenigstens verhältnissmässige Ertragseinschätzung, wirkten wohl gerade in Frankreich manche Umstände. So der, dass es sich um ein so grosses Gebiet mit sehr verschiedenen Boden- und Besitzverhältnissen, auch Culturen handelte; dass der französische Grundbesitz nach dem Eigenthumsverhältnissen zum Theil sehr zersplittert und die einzelnen Besitzungen gewöhnlich stark parcellirt sind, daher die Zahl der Parcellen eine riesige und deren Grösse oft sehr klein ist; dass die Katastrirung Jahrzehnte dauerte, in den verschiedenen Landestheilen zu verschiedener Zeit und von einem verschiedenen technischen Personal durchgeführt wurde, was von vornherein Ungleichmässigkeiten auch schon der ersten Ertragseinschätzung bewirken musste. Die specifischen Mängel, welche dem Parcellarkataster aus solchem, verglichen mit einem freilich direct nicht wohl herzustellenden „Gutskataster", principiell ankleben, weil die Zusammenfassung der Parcellen Eines Besitzers zu einer Besitz- und Wirthschaftseinheit unbeachtet bleibt, müssen bei der französischen Bodenparcellirung nothwendig in besonderem Maasse hervortreten, zumal bei der landwirthschaftlichen Hauptcultur, dem eigentlichen Feldbau. Das Gleiche wird von den specifischen Mängeln des stets unvermeidlich auf unsicheren Rechnungs- und Schätzungsoperationen beruhenden Reinertragskatasters als solchen, verglichen mit dem Werth- oder Verkehrskataster gelten, da die Fehlerquellen bei ersterem mit grösserer Parcellirung wohl progressiv stärker werden. Die ungemein viel höheren Einschätzungszahlen in den Enquêten von 1851 und 1879 ff. gegenüber den Katastraleinschätzungen legen die Vermuthung nahe, dass die letzteren schon von vornherein viel zu niedrig waren; die Ertrags- und Werthsteigerung also theilweise wohl nur eine rechnungsmässige, keine wirkliche ist. Aber wie sich die wirklichen Erträge zu den katastralen in den verschiedenen Gegenden und Einzelfällen schon anfangs verhalten haben mögen, das bleibt unbekannt. Nur aus der ganzen Art der Ertragskatastrirung lässt sich schliessen, dass hier grosse Differenzen vorhanden gewesen sein werden. Man wird daher in der Annahme kaum irren, dass die Grundsteuervertheilung unter den Grundbesitzern innerhalb der Gemeinde nach dem Kataster zwar sehr grosse Ungleichmässigkeiten und mit der verschiedenen Entwicklung der Verhältnisse der einzelnen Besitzer und Wirthe ebenfalls immer mehr Ungleichmässigkeiten an sich haben wird, ähnlich wie bei den localen Contingenten (S. 441). Die Benutzung des Katasters gerade zur Vertheilung des communalen Contingents auf die einzelnen Besitzungen ist daher auch von zweifelhafter Berechtigung, wenn man die Erzielung wenigstens verhältnissmässig gleichmässiger Steuerbelastung der einzelnen Grundbesitzer damit erreichen will. Bei der grossen Abhängigkeit des wirklichen Reinertrags eines landwirthschaftlichen Anwesens von dem Grade der Parcellirung, Arrondirung, von der Lage der Parcellen zum Gutshof und zu einander, der Zugehörigkeit derselben zu Gütern verschiedener Grösse — die französische Annahme „mittlerer" Gutsgrössen thut eben wieder der realen Verhältnissen Zwang an —, endlich von der Persönlichkeit des Wirths einer Besitz- und Wirthschaftseinheit, kann man selbst zweifeln, ob die französische Praxis, unmittelbar nach dem Kataster grade die Individualrepartition der Grundsteuer vorzunehmen, nicht noch anfechtbarer ist, als die Benutzung des Katasters für die Feststellung der localen Contingente sein würde, welche man in Frankreich vermieden hat. Denn hier würden wohl eher Ausgleichungen zwischen ungleichmässigen Einschätzungen vor sich gehen, als innerhalb ein und derselben Gemeinde bei den Besitzer verschiedener Parcellen.

Durch die Katastrirung und die partiellen Erneuerungen derselben, sowie durch die früher genannten mehrfachen Enquêten und versuchsweisen Neueinschätzungen ist sehr viel interessantes statistisches Material, besonders auch über die Besitz- und Parcellirungsverhältnisse, hervorgefördert worden, das allerdings agrarstatistisch noch wichtiger als steuerstatistisch ist. Aber die Schwierigkeit der Lösung des Problems einer allgemeinen französischen Grundsteuer ist nach solchen statistischen Daten der Besitz- und Parcellirungsverhältnisse erst recht zu würdigen und die notorische Mangelhaftigkeit der Ergebnisse der grossen mühevollen und kostspieligen Katastrirungsarbeit wird dann auch leicht begreiflich. Nur einige wenige Daten zum Beleg. (Vielerlei aus der neuesten und der 1851er Enquête im Bull., so VI, 110, 185, 245 über 1851, aus dem Kataster u. a. XVII, 613 ff). Nach dem Kataster war der französische Boden 52,153,150 ha, davon steuerpflichtiger „nicht bebauter" 49,144,677 ha, desgleichen „bebauter" 244,893 ha, nicht steuerpflichtiger 2,763,550; die Zahl der Eigenthümer 11,036,601, der Parcellen 126,079,962, also pro Eigenthümer 4.7 ha, pro Parcelle 0.41 ha.

(Bull. XVII, 625). Ferner war die Zahl der Grundsteuerquoten (sog. cotes) (Bull. XVI, 156, XIX, 624 und mehrfach. S. auch Kaufmann, S. 184 ff.):

```
1835      10,893,528
1858      13,118,723
1885    { 14,271,167 bebaute   } Grundstücke.
          6,579,799 nicht bebaute
```

Die Zahl der kleinen Quoten bis 5 Frcs. Steuer (Principal und Zuschläge) war hiervon 1835 47.79, 1858 50.97, jetzt 51.33%, ist also in stetiger Zunahme begriffen. In den 2265 neukatastrirten Gemeinden war (Bull. XVI, 182):

	bei der ersten	bei der neuen Katastrirung.
Umfang des steuerpflichtigen Bodens, ha	2,645,765	2,651,942
Zahl der Parcellen	7,629,525	8,068,469
Zahl der Eigenthümer	730,524	813,180
Mittlere Grösse der Parcelle, ha	0.35	0.33
Desgl. des Besitzthums, ha	3.62	3.30

Einen besonders guten Einblick in die grosse Besitzzersplitterung giebt eine neuerdings erfolgte amtliche Zusammenstellung der Grössen der Besitzungen, im Bull. XVI, 180 (für die einzelnen Departements, S. 138—179). Hiernach war in ganz Frankreich, mit Ausnahme von Paris und 364 noch nicht katastrirten Gemeinden in Corsica, Saroien und Obersavoien, das Ueberwiegen der ganz kleinen Besitzungen doch sehr bedeutend, wie folgende Uebersicht zeigt (weitere Einzelheiten in Betreff der hier fehlenden, mittleren Kategorien von 2—100 ha, Bull. XVI, 180).

Kategorie.	Zahl der Steuerquoten.	Flächeninhalt. ha.	Procent der Zahl.	Procent des Flächeninhalts.
0—10 a	2,670,512	108,231	18.98	0.22
10—20 a	1,444,951	213,789	10.28	0.43
20—50 a	2,482,380	825,784	17.64	1.66
50—100 a	1,987,480	1,426,785	14.12	2.88
Zusammen	8,585,323	2,574,589	61.02	5.19
1—2 ha	1,840,045	2,636,867	13.07	5.34
Total	14,074,801	49,358,304	100.00	100.00
Davon nur grössere Besitzungen 100—200 ha	31,567	4,338,240	0.22	8.79
Ueber 200 ha	17,676	8,017,542	0.12	16.23

Welche Aufgaben der Katastrirung!

Ueber die leitenden Grundsätze der Katastrirung, besonders des Vermessungs- und des Einschätzungsverfahrens, s. ausser den Gesetzen (3. frimaire VII. oder 28. November 1798, 15.—25. September 1807, 31. Juli 1821) besonders den amtlichen recueil méthodique des lois, décrets, réglements, instructions etc. sur le cadastre de la France von 1811; ferner spätere Reglements vom 3. October 1821, 15. März 1827. Bibliographie der Literatur des französischen Katasters bei Block, Art. cadastre, p. 309 und Art. contrib. dir., No. 64 ff. Kurze systematische Darstellung des französischen Katasterwesens in dem ersten Artikel, eingehender in Perroux-Joppen, No. 160 ff.

§. 188. 3. Unter den einzelnen Eigenthümlichkeiten der französischen Grundsteuer und ihrer Katastrirung mögen hier folgende als beachtenswerth hervorgehoben werden.

a) Der Umfang der Grundsteuer ist in Bezug auf die ihr unterliegenden Grundstücke weit gezogen und mehrfach eigenthümlich bestimmt. Namentlich ist ausser dem gewöhnlich überall der modernen Grundsteuer unterworfenen land- und forstwirthschaftlich oder in einer diesen verwandten Weise benutzten Boden auch der mit Gebäuden bebaute und der verschiedenen anderen Verwendungszwecken dienende Boden zur Grundsteuer herangezogen. Ausserdem unterliegt aber bei Gebäuden auch das Gebäude selbst, bez. dessen Ertrag der Grundsteuer, welche also insofern in Frankreich in doppelter Weise auch zugleich eine Gebäudesteuer mit umfasst. Erst jüngst ist, nach länger gehegtem Plane, eine förmliche Theilung dieser Grundsteuer in eine solche vom „nicht bebauten" Grundeigenthum (agrarischem u. s. w.) und vom „bebauten" (den Häusern u. s. w.) erfolgt und so eine eigentliche Gebäudesteuer, ausser der bestehen gebliebenen Thür- und Fenstersteuer und der Mobiliarsteuer, geschaffen worden (Gesetz vom 29. Juli 1881). Doch ist diese Theilung der Grundsteuer mehr von formeller, als von principieller und practischer Bedeutung, indem insbesondere kein anderes als das bisher geltende Veranlagungs- und Einschätzungsverfahren damit eingeführt worden ist. Es ist daher auch ganz richtig die alte Bezeichnung „Grundsteuer" die gemeinsame, für beide nunmehr geschiedene Theile dieser Steuer geblieben.

α) Gebäude-Grundsteuer. Die Bodenfläche (area), auf der das Haus steht, wird nach dem Satze des besten Ackerlandes (1. Bonitätsclasse) der Gemeinde, das Gebäude selbst nach seinem Miethwerth, unter entsprechendem Abzug für die Bodenfläche, zur Steuer veranlagt.

Bei Wohnhäusern und Fabriken, wie ähnlichen gewerblichen Gebäuden soll der 10jährige Durchschnitt des Miethwerths zu Grunde gelegt und behufs Berechnung des steuerpflichtigen Reinertrags bei den Wohnhäusern von diesem Werth $1/4$, bei den gewerblichen Gebäuden $1/2$ für Abnutzung, Unterhaltungs- und Reparaturkosten abgesetzt werden. Das Minimum des so verbleibenden Ertrags muss aber, je nach der Zahl der Stockwerke des Hauses (1-, 2- und mehrstöckig) das 2-, 3- und 4fache des Satzes der besten Bonitätsclasse in der Gemeinde für die dem Ackerbau durch das Haus entzogene Bodenfläche erreichen. Für die Veranlagung der Gebäude wird auch in Frankreich zwischen dem platten Lande und den kleineren Orten einer-, den grösseren Orten (Städten) anderseits unterschieden, wie in Oesterreich, Preussen u. a. L. m. Dort werden die Häuser in der Regel in Classen (bis 10) gebracht, hier einzeln veranlagt. Letzteres pflegt auch allgemein bei industriellen Gebäuden zu geschehen. Die zum landwirthschaftlichen Betrieb dienenden Gebäude entrichten nur die Bodenflächensteuer nach dem Satz des besten Ackerlands der Gemeinde. Durch manche casuistische Bestimmungen werden ausserdem bei den Gebäuden die verschiedenen Verhältnisse berücksichtigt. Neubauten u. dgl. unterliegen in den ersten 2 Jahren nur der bisherigen Steuer der Bodenfläche, erst vom dritten Jahre an der durch die Normen für Gebäude festgestellten Grundsteuer. Die erneuerte Einschätzung der Gebäude erfolgt alle 10 Jahre. S. Perroux-Joppen, No. 219 ff., mit den Stellen aus dem Gesetz v. 3. frim. VII. und aus dem recueil method.

Ueber die Trennung der Grundsteuer in die genannten beiden Abtheilungen bestimmte das Finanzgesetz vom 29. Juli 1881 Art. 2, Alinea 3 bloss: „Le revenu cadastral afférent pour 1882 aux propriétés bâties, abstraction faite de celui du sol, sera separé des autres revenus figurant aux matrices cadastrales et générales, et sera inscrit à part dans les dites matrices".

Mit Hilfe eines besonderen Credits wurde diese Operation dann durchgeführt. (Bull. X, 82. Block. supplem. génér. 1878/84, p. 132, woselbst das betreffende Circular des General-Directors der directen Steuern vom 20. December 1881). Das Ergebniss war in 1884 für das Principal (nicht, wie Kaufmann S. 174 sagt, inclusive Zuschlagcentimen) 115,650,252 Frcs. für die Grundsteuer der nichtbebauten, 57,070,621 Frcs. für die der bebauten Grundstücke, richtiger gesagt, der Gebäude, da die Bodenfläche der letzteren bei der Grundsteuer der „nicht bebauten Grundstücke" angesetzt geblieben ist, zusammen 175,720,873 Frcs (Bull. XIII, 119. woselbst auch die Vertheilung nach Departements). Seitdem wird in den Etats und Finanzgesetzen diese Theilung festgehalten. Durch die letztere hat sich die Zahl der individuellen Steuerquoten bei der Gesammtgrundsteuer natürlich sehr vermehrt. S. die Zahl o. S. 447. Statistik der Gebäudearten nach dem Kataster im Bull. XVII, 617 ff. (aus dem 1871 allein unverbrannt gebliebenen Bande, s. o. S. 447).

Eine endgiltige Reform der Gebäudesteuer ist durch diese Maassregel nicht erreicht worden. Es ergiebt sich nur eher die Möglichkeit, wie schon öfters geplant war, die Grundsteuer des „bebauten Eigenthums" allein zu erhöhen. Eine allgemeine Maassregel dieser Art bleibt jedoch misslich, da in den einzelnen Städten und auf dem platten Lande die Verhältnisse zu verschieden sind, die agrarische Grundsteuer ohnedem fast stabil, die Gebäudegrundsteuer durch Neubauten u. s. w. in Zunahme begriffen ist — sie hat sich seit 1835 im Principal immerhin um ca. 84 % vermehrt — und die Gebäude ausserdem noch direct oder indirect durch die zwei anderen directen Steuern, die Thür- und Fenster- und die Mobiliarsteuer, getroffen worden. Eine tiefere Reform müsste wohl zu einer völligen Abtrennung der Gebäudesteuer von der Grundsteuer, zur Beseitigung der getrennten Besteuerung der Bodenfläche des Hauses und des letzteren selbst und zur Verschmelzung der Gebäudesteuer mit der Thür- und Fenstersteuer führen, wobei die Unterscheidung der Gebäudeclassensteuer und der Gebäudezinssteuer, nach österreichischem Muster, dann strenger durchzuführen sein möchte.

§. 189. β) In der Grundsteuer für den „nicht bebauten" Grundbesitz werden Hauptkategorien von Culturarten und in denselben weitere Unterabtheilungen unterschieden.

In den statistischen Verarbeitungen des Materials nicht ganz in gleicher Weise, namentlich etwas verschieden in der Statistik des Katasters (livre terrier du cadastre, Bull. XVII, 613 ff.) und in der Statistik der neuen Einschätzung bei der Enquête von 1879 ff. (z. B. Bull. XIII, 130). Die Hauptkategorien sind im Kataster Ackerland, Wiesen, Weinberge, Waldungen und verschiedene Grundstücke. letztere weiter unterschieden in Gärten (auch Obstgärten, Baumschulen), Weidengebüsche u. dgl. (oseraies, saussaies, aulnaies), Steinbrüche und Bergwerke, Wasserpfuhle u. dgl. (auch Bewässerungscanäle, Schwemmen), Schifffahrtscanäle (und die ihnen gleichgestellten Eisenbahnen, bez. Bahndämme u. dgl.), Haide- und Weideland (auch Torfland, Sümpfe, Felsland, uncultivirtes

Gebirgsland, sonstiger uncultivirter Boden), Teiche, Oliven-, Mandel-, Maulbeerpflanzungen u. dgl., Kastanienwälder. In der Statistik, zu welcher die letzte grosse Enquête führte, hat man 7 Hauptkategorien gebildet und die einzelnen Unterabtheilungen in diese etwas anders eingereiht: Grundstücke höherer Güte (Gärten, Obstgärten, Hanffelder u. dgl.), Ackerland und demselben gleichgestelltes Land (darunter der Reblaus das „bebauten" Eigenthums, Wasserstücke, Pfuhle, Baumschulen, Canäle, Eisenbahnen u. s. w.), Wiesen (Grasplätze u. dgl.), Weinland, Waldungen (auch Weidengebüsch), Haide- und Weideland (und anderes uncultivirtes), endlich Culturen, die in keiner der genannten 6 Gattungen schon enthalten sind. Es ergiebt sich aus dieser Uebersicht die weite Ausdehnung und „Allgemeinheit" der französischen Grundsteuer, was die steuerpflichtigen Grundstücke anlangt. Die Einschätzungsgrundsätze für diese verschiedenen „Culturen" weichen in Einzelheiten von einander ab. Siehe besonders das Gesetz vom 3. frim. VII. und recueil méthod.; danach Perroux-Joppen, No. 172 ff. Block, dict. Art. contrib. dir. No. 66 ff., auch Art. cadastre. Für Oedland u. dgl. muss mindestens ein Ertrags- und Steuerminimum von 50, bez. 10 Cent. per Hectar angesetzt werden. Boden, welcher bloss zu Vergnügungszwecken dient, Lustgärten u. dgl., wird der höchsten Bonitätsclasse des Ackerlandes in der Gemeinde gleichgestellt. Bergwerke zahlen Grundsteuer nach der Grösse der benutzten Oberfläche, in der Höhe das Satzes der angrenzenden Grundstücke, Schifffahrtscanäle und nach deren Analogie Eisenbahnen für den benutzten Boden (abgesehen von dem, der Gebäude trägt) im Verhältniss des besten Ackerbodens der Gemarkung. Ueber die immer besonders schwierige Veranlagung von Weinland und Waldungen s. die gesetzlichen Bestimmungen an den genannten Stellen. Die Verheerung des Weinlands durch die Reblaus hat auch für die Aufrechthaltung der Grundsteuer Schwierigkeiten bereitet und sind Steuererlasse und Ermässigungen mittelst des Aushilfsfonds (S. 426) gewährt worden. Das neue Gesetz v. 1. Dec. 1887 gewährt z. B. in den von der Reblaus afficirten Departements zeitweilige Befreiungen von der Grundsteuer für jüngere als 4jährige Rebenpflanzungen, à Conto des fonds de non-valeurs. Die letzte Enquête erwies u. A., dass von 823.509 ha Weinland 231,763 (mit einem Katastralertrag von 4.398.372 Frcs.) keinen, 338.168 ha bereits von der Reblaus angegriffenen Bodens einen erheblich verminderten Ertrag ergaben, 23.148 ha neu bepflanzt, nur 230.091 ha noch unversehrt waren (Bull. XIII, 318). Für uncultivirtes Land, sowie für cultivirtes, das mit Weinstöcken, Maulbeerbäumen, Obstbäumen bepflanzt wird, bleibt die alte Besteuerung 15—30 Jahr lang unerhöht. Ebenso wird die Anlage von Wäldern durch niedrigeren Steuersatz begünstigt. (Rec. meth. Art. 111 ff., Perroux-Joppen, No. 247 ff.).

In Betreff der Befreiungen von der Grundsteuer (auch der in ihr enthaltenen Gebäudesteuer) hat die Gesetzgebung geschwankt, wenn auch die Hauptbestimmungen schon im Gesetz v. 3. frimaire VII. getroffen sind. An Casuistik fehlt es nicht. Es werden bleibende und zeitweilige Befreiungen unterschieden.

Bleibend frei ist zunächst veräusserliches und nicht veräusserliches ertragloses Staats-, Departemental- und Communaleigenthum, auch Gebäude, von letzteren auch noch bestimmt genannte Kategorien öffentlicher, kirchlicher u. dgl. Gebäude. Das ertragsfähige, für veräusserlich erklärte Staatseigenthum ist staatssteuerpflichtig wie Privatbesitz, also die Domänen u. dgl.; durch ein besonderes Gesetz sind aber die Staatsforsten bleibend befreit worden (19. ventôse IX.). Zu den Kosten der Vicinalwege tragen diese jedoch bei, seit 1870 auch für eine feste Summe zu den ordentlichen und ausserordentlichen Zuschlagcentimen für Departemental- und Communalausgaben. S. die Zusammenstellung der durch verschiedene Gesetze, Verordnungen, Staatsrathentscheidungen gegebenen Bestimmungen in Art. contrib. dir. in Block's dict., No. 101 ff. und in Perroux-Joppen, No. 230—246, mit weiteren Einzelheiten, über Krongut (nur staatssteuerfrei), Privatgut des Staatsoberhaupts (besteuert), Gemeindeeigenthum (im Allgemeinen staatssteuerpflichtig), Stiftungseigenthum (desgleichen, in beiden letzteren Fällen mit Ausnahme der dem Dienst bestimmten Häuser). Beim Uebergang von Staats- und sonstigem öffentlichen Grund- und

Gebäudeeigenthum in Privatbesitz tritt regelmässig Steuerpflichtigkeit nach den allgemeinen Normen ein. Zu den zeitweiligen Befreiungen gehören die oben genannten im Interesse der land- und forstwirthschaftlichen Cultur, ferner diejenigen für neue Gebäude (S. 445).

§. 190. b) In den Grundsätzen und in der Praxis des Einschätzungsverfahrens bietet die französische Grundsteuer im Uebrigen, wie bemerkt, kaum etwas Eigenthümliches. Es werden eben die Folgerungen gezogen, welche aus der Natur des einmal gewählten Katastersystems, des Parcellar-, Reinertrags- und Classenkatasters, mit Nothwendigkeit abzuleiten sind.

Eine individuelle Abschätzung der einzelnen Parcellen oder auch nur der einzelnen Besitzeinheiten wäre bei einer Zahl von weit über 100 Millionen der ersteren und weit über 10 Millionen der letzteren allerdings nicht wohl möglich gewesen. Die etwaigen Ergebnisse hätten sicher noch viel mehr Fehler enthalten, als bei dem gewählten Einschätzungs- oder Classenkataster.

Fraglicher ist es, ob man nicht allgemeiner als erste Grundlage der Abschätzung Verkehrswerthe, Kauf- und Pachtpreise, statt der doch nur durch eine rohe Veranschlagung erlangten und in der That auch nur so erlangbaren Ertragswerthe hätte bestimmen können und sollen. Aber der Einfluss localer und temporärer Verhältnisse auf die Verkehrswerthe, zumal in den unruhigen Jahrzehnten, welche dem französischen Katasterwerk vorangegangen sind und in welche dessen Ausführung theilweise noch hineinfiel, war bei diesen Werthen wohl in einem so grossen Staatsgebiete noch weniger betreffs seiner Bedeutung für die Abweichungen von normalen Werthen festzustellen und die Reduction der gefundenen Werthe auf Mittelwerthe wohl noch schwieriger und unsicherer als bei den Ertragswerthen.

Indem man bei letzteren überall durchschnittliche Verhältnisse, in den landwirthschaftlichen und ähnlichen Culturen gewöhnliche, gemeindeübliche Wirthschaftsmethoden zum Ausgangspunct für die Bestimmung der Katastralertragswerthe nahm, mussten die letzteren freilich von vornherein vielfach von den wirklichen Erträgen mehr oder weniger abweichen, überwiegend wohl, aber wieder in ungleichem Grade in den einzelnen Fällen, zu niedrig ausfallen, so dass der reelle Steuersatz gleich Anfangs hinter dem nominellen, gewiss oft erheblich, zurückgeblieben ist.

Man legte im Allgemeinen 15jährige Durchschnitte für die Berechnung der Roherträge zu Grunde, mit Ausschluss der 2 besten und schlechtesten Jahre, so bei den Ackerfeldern. Kleinere Werthdifferenzen wurden absichtlich übersehen, so in der Bestimmung, dass bei einer Culturart in der Gemeinde höchstens 5 Bonitätsclassen zu unterscheiden seien, wobei dann in jeder zwei Parcellen als Typen, eine höhere und eine niedrigere, ausgesucht und durch Vergleichung mit diesen die Einschätzung der übrigen Parcellen der Culturart in die Bonitätsclassen bewerkstelligt wurden.

Man kann dieses Verfahren, ferner die gesetzlich vorgeschriebene und in der Katastrirung befolgte Methode der Rohertrags- und der Productionskostenveranschlagung leicht kritisiren und als „roh" bemängeln, die Ergebnisse davon, die Reinertragsschätzungen daher auch mit Recht in Betreff ihrer Zuverlässigkeit und selbst nur ihrer Gleichmässigkeit beanstanden. Damit wird hier jedoch deshalb nicht viel bewiesen, weil einmal zur Lösung der gestellten Aufgabe nicht wohl anders vorgegangen werden konnte. Die Kritik trifft die Aufgabe selbst, das „Grundsteuer- und das Katastrirungsproblem" als solches. Das wäre wohl schon von Anfang an einzusehen gewesen. Es ist jetzt, nach so vielen misslungenen Erfahrungen, zu denen die französischen als ein besonders lehrreiches Beispiel gehören, nur leichter zu verstehen.

Daher halte ich z. B. die, auch hie und da im Einzelnen zu berichtigende Darstellung und Kritik von v. Kaufmann (Fin. Frankreichs, S. 175 ff.), u. A. dessen m. E. unrichtige Auffassung des Berichts von Vandal, in mehreren Puncten für unzutreffend.

Besondere Aufmerksamkeit wird den Besitzveränderungen gewidmet, die bei so zersplittertem Grundbesitz auch für die Erhebung der Grundsteuer manche Mühe mit sich führen.

Der Steuerpflichtige ist regelmässig der Eigenthümer (auch der Usufructuar), der jedoch seine Pächter mit der Zahlung betrauen kann, was dem Steuereinnehmer anzuzeigen ist und, wenn der Pächter mehr als 3 sind, überhaupt nur unter Mitwirkung des Steuerdirectors erfolgen darf. Für jeden Besitzer wird eine Grundsteuerrolle angelegt, in welcher die Quoten seiner einzelnen Parcellen vereinigt sind. Ueber die Besitzveränderungen (mutations) werden besondere Bücher, jetzt Blätter geführt. Hier sind die Besitzveränderungen seitens der Parteien anzuzeigen und dann einzutragen. Bis dies geschehen, bleibt der bisher eingetragene Eigenthümer für die Steuer verpflichtet. (Perroux-Joppen, No. 170 ff., 260 ff.).

b. Personal- und Mobiliarsteuer.

Gesetzgebung. (Hauptgesetz) Decret vom 13. Januar, 18. Februar 1791, Gesetz vom 3. Nivôse VII. (23. December 1798). Gesetz vom 26. März 1831 (vorübergehende Trennung der Personal- und Mobiliarsteuer und Gestaltung der ersteren als Quotitätssteuer). Gesetz vom 21. August 1832, Grundlage des bestehenden Rechts (Wiedervereinigung der beiden Steuern). Gesetz vom 4. August 1844 (Vermehrung und Verminderung der Departements-Contingente um 5% des zu- und abgehenden Miethwerthbetrags von Neubauten und zerstörten Wohnhäusern). Perroux-Joppen, No. 17—24, 256—306, 410 ff., Block, diction. Art. contrib. dir., No. 125—179.

Literatur. Die französische, meist die allgemeine über directe Steuern, Bibliographie bei Block, dict. S. 673. Stourm, I. ch. 8, p. 238—264 (Historisches). Vignes, p. 39—47; v. Hock, S. 145—147; v. Kaufmann, S. 195—208 (auch Statistisches). Statistik, meist nur der Erträge, im Bull., IV, 197, VII, 240, XX, 219, XIX, 621. F. Faure, budgets, p. 74—76 (1868—87). — Ueber die mit der Gestaltung der Personal- und Mobiliarsteuer mehrfach in Verbindung stehenden französischen Pläne zur Ausbildung einer Einkommensteuer s. Yves Guyot, l'impôt sur le revenu, Par. 1886, und König, nouv. imp. sur le revenu, 2. éd., Par. 1887. Gesetzentwurf des Ministers Dauphin im Bull. XXI (1887), p. 276, mit Motiven (nicht zu Stande gekommen).

§. 191. 1. **Die Mobiliarsteuer als Grundlage einer Art Einkommensteuer.** Der ersten Einführung dieser eigenthümlichen Steuer lag der Gedanke zu Grunde, die **nicht aus Grundbesitz** herrührenden Einkünfte einer regelmässigen directen, der neuen Grundsteuer correspondirenden Steuer zu unterwerfen, daher die Einkünfte aus **beweglichem Vermögen** und aus **rein persönlichem Erwerb.** Diese Einkünfte waren im Princip auch den älteren directen Steuern, namentlich den Zwanzigsten, der Kopfsteuer, der taille personelle mit unterlegen gewesen, thatsächlich aber von diesen Steuern, theils gar nicht, theils nicht genügend und, worüber am Meisten geklagt worden, fast immer nur ziemlich willkührlich getroffen worden (s. §. 59, 60). Um diesen Fehler, besonders den letzteren, zu vermeiden, hatte man hie und da, so in Paris, schon früher die Kopfsteuer nach der **Wohnungsmiethe** aufgelegt. Eine Idee dieser Art hegte auch bereits die Notabelnversammlung von 1787 bei ihren Plänen zur Reform der directen Steuern. Die Gesetzgebung der Revolutionszeit entnahm diesem Ideenkreise den Gedanken, **nach objectiven äusseren Merkmalen** auf die Steuerfähigkeit der Bezieher von Einkünften aus beweglichem Vermögen und aus persönlichem Erwerbe zu schliessen, um die befürchtete „Willkühr" bei der Veranlagung und ein lästiges Eindringen in die persönlichen Verhältnisse möglichst zu vermeiden, und fand das geeignetste Merkmal hierfür in dem **Wohnungsaufwand** oder **Wohnungswerth** (Valeur locative), bez. dem Miethwerth der (Privat-) Wohnung.

Hierbei dachte man aber zuerst an eine auf der Basis dieses „äusseren Merkmals" aufzubauende **einkommensteuerartige Abgabe** für die gesammten Einkünfte und Personen, indem aus dem Wohnungsaufwand auf die Höhe des Einkommens geschlossen und das also berechnete „Einkommen" besteuert werden sollte.

Man beachtete dabei, was neuere statistische Untersuchungen im Ganzen als richtig erwiesen haben, dass der Wohnungsaufwand der Leute mit kleinerem Einkommen ein verhältnissmässig — zu diesem Einkommen, als Quote davon berechnet — grösserer sei und umgekehrt. Daher benutzte man eine progressive Coefficientenreihe zur Bildung der steuerpflichtigen Einkommen aus dem Wohnungswerth verschiedener Höhe, um auf diese Weise annähernd proportional, dem Plane nach mit einem Steuerfuss von 5%, die dergestalt berechneten „Einkommen" zu besteuern. An sich und der Richtung nach ganz richtig, nur dass die Coefficienten ohne genügende Anhaltspuncte der Erfahrung und der vorausgehenden statistischen Erforschung der Thatsachen, ziemlich willkührlich bestimmt waren, man namentlich auch ausser der Höhe des Wohnungswerths nicht andere, für das Verhältniss zwischen diesem Werth und dem Einkommen mit in Betracht kommende Momente, so besonders die Grösse und Art der Wohnorte mit irgend welche sonstige einflussreiche individuelle Momente mit berücksichtigte. Der Coefficienten waren im Ganzen 19, beginnend mit 2 bei einer Miethe von 100 Frcs. und weniger, 3 bei 100—500 Frcs., 4 bei 500—1000 u. s. w. und endend mit $12^{1}/_{2}$ bei 12000 Frcs. und darüber. Um der Steuer den Character der Steuer vom beweglichen Vermögen und von persönlichen Einkünften zu bewahren, sollte der getroffene Steuerpflichtige das Recht haben, seine Grundsteuerquote von der Mobiliarsteuerquote abzuziehen. Ergänzt wurde diese Steuer einmal durch eine allgemeine Personalsteuer im Betrag von dreitägigem Arbeitslohn, eine Steuer, welche von den Arbeitern aber nur die einen höheren als den gemeinen, amtlich ermittelten Lohn in der Gemeinde beziehenden zu entrichten hatten, also meist nicht die gewöhnlichen Tagelöhner, zweitens durch „Luxussteuern" auf das Halten von Dienstboten und auf den Besitz von Pferden und Mauleseln zum persönlichen Gebrauch. (S. bes. Stourm, I. 347 ff., v. Kaufmann, S. 196 ff., König, p. 3 ff., Bull. XXI, 277, Motive des Entwurfs von 1887).

Doch ist diese ganze Gesetzgebung nicht ordentlich zur Durchführung und practischen Anwendung gelangt. Nach verschiedenen Veränderungen, auch nach einem Versuch mit einer abgestuften (Classen-) Personalsteuer kehrte das Gesetz von 1798 (3. Nivôse VII) zu der allgemeinen Personaltaxe und zu der unmittelbaren Mobiliar- oder Wohnungs- (Mieth-)steuer, unter Verzicht auf den Versuch, aus der Miethe das „Einkommen" zu berechnen, zurück und legte so den Grund zu der noch heute geltenden Gesetzgebung. Die anfangs noch verbliebenen Luxussteuern, zu denen auch noch solche auf Kamine und Oefen gekommen waren, fielen 1806 fort, ebenso die Abzüge der Grundsteuer von der Mobiliarsteuerquote folgerichtig mit der Aufgabe des Versuchs, die Mobiliarsteuer zu einer Art Einkommensteuer zu gestalten.

Der Gedanke, das steuertechnisch schwierige Problem einer Einkommensteuer von den persönlichen Arbeits- und den Einkünften aus beweglichem Vermögen auf einem Wege, wie dem des Gesetzes von 1791 zu lösen, liegt nahe. Die Ermittlung des Wohnungsaufwands, bezw. Miethwerths bietet zwar ausserhalb der grösseren Städte und zumal in ländlichen Verhältnissen auch manche nicht unerhebliche Schwierigkeit, aber nicht so bedeutende, wie die Ermittlung des Einkommens selbst. Schwerer wiegt das Bedenken, dass eben der Rückschluss vom Wohnungs- oder Miethwerth auf die Einkommenhöhe immer ein unsicherer bleibt und für jene Coefficientenreihe wohl die Richtung, aber nicht genügend sicher die ziffermässige Grösse und Abstufung der einzelnen Coefficienten angegeben werden kann, auch die individuellen Verhältnisse gerade auf diesem Gebiete, selbst im nämlichen Orte, zu grosse Verschiedenheiten zeigen. Indem man ferner die Coefficienten über eine gewisse Höhe der Miethe, daher des Einkommens nicht wachsen lässt, werden wieder die ganz grossen Einkommen besonders begünstigt, d. h. nicht nur nicht progressiv, sondern nicht einmal proportional, vielmehr unterproportional besteuert. Der unbestreitbare Vortheil allein, durch Zugrundelegung solcher „äusseren Merkmale" das Moment der „Willkühr" auszuschliessen — das zudem bei eigenbewohnten Häusern und auf dem Lande, sowie in der Wahl der Coefficienten gross genug bleibt —, kann doch hier nicht den Ausschlag geben. Wäre das Einkommensteuerproblem so leicht zu lösen, wie auf solchem Wege, so würde man sicherlich auch in anderen Ländern, welche Einkommensteuern haben, auf diesen naheliegenden Ausweg gefallen sein. Bei einer Besteuerung der Immobiliareinkünfte durch die Grundsteuer und der Mobiliareinkünfte durch diese einkommensteuerartige Mobiliarsteuer würde ausserdem diese tief greifende Verschiedenheit der Steuerprincipien sehr störend geworden sein.

Es berührt daher eigenthümlich, dass man jüngst von Neuem auf den leitenden Gedanken des Gesetzes von 1791 in dem Dauphin'schen Plan der Umgestaltung der Mobiliarsteuer zu einer Art Einkommensteuer der persönlichen und der Einkünfte aus beweglichem Vermögen zurückgekehrt ist, „um die Mobiliarsteuer besser mit den individuellen Fähigkeiten in ein richtiges Verhältniss zu bringen", ohne doch der „Willkühr" oder der lästigen „Inquisition" wieder Thür und Thor zu öffnen. (Gesetzentwurf vom 27. Februar 1887). Danach sollten die Personal- und die Mobiliarsteuer wieder, wie 1831, getrennt und in Quotitätssteuern verwandelt, auch die erstere nach 9 Ortsclassen abgestuft ($1/_4$—$1^1/_2$ Frcs.) und die zweite „einkommensteuerartig" ausgestaltet werden, nach den Grundsätzen des Gesetzes von 1791, aber mit Modificationen: weniger Coefficienten nach der Höhe der valeurs locatives, 7 statt 15, um absichtlich grössere Spielräume zu gewähren, und Combination derselben mit 9 Ortsclassen nach der Bevölkerungsgrösse, wie bei der Patentsteuer (Min. Orte unter 2000 Einw., Max. Paris), um den localen Verschiedenheiten der Proportion von Miethwerth zu Einkommen möglichst Rechnung zu tragen, und mit Gewährung von Mobiliarsteuerfreiheit unter einem nach Ortsclassen abgestuften Miethwerthminimum (25 Frcs. in den kleinsten Orten, 500 Frcs in Paris), um die „kleinen Leute" ausser durch die Personalsteuer nicht noch durch die Mobiliarsteuer zu belasten. Gewiss alles richtige Grundsätze, — wenn einmal der Hauptgrundsatz, die Auffindung einer Steuergrundlage in der geschilderten Weise, zugegeben wird. Aber in diesem Puncte treffen das neue Project dieselben Einwürfe wie das Gesetz von 1791. Die grossen Einkünfte würden bei dem Maximalcoefficienten von 10 für Miethen von 15,000 Frcs. und darüber in Paris und von 3000 Frcs. und darüber in den kleinsten Orten auch wieder unverhältnissmässig geschont worden sein. S. den Gesetzentwurf im Bull. a. a. O., die, wenn auch mit Modificationen doch zu einseitig den Plan empfehlende (auch die Priorität desselben beanspruchende) Schrift von König und darüber meine Rec. in d. Tüb. Ztschr. 1888, S. 171 ff., und die Schanz'sche im Finanzarchiv, V (1888), 1, S. 522 ff.

§. 192. 2. **Character.** Die französische Personal- und Mobiliarsteuer ist eine aus zwei verschiedenen Gliedern bestehende **Repartitionssteuer**, welche indessen in der untersten Stufe ihres Personalsteuerglieds, bei der Individualbesteuerung, zu einer Quotitätssteuer wird. Das Gesammtcontingent des Staats und die Contingente der Departements werden alljährlich durch das Finanzgesetz festgestellt, die letzteren Contingente dann durch die Repartitionsbehörden (§. 180, Generalräthe u. s. w.) auf die Arrondissements und Gemeinden, schliesslich die Gemeindecontingente auf die einzelnen Steuerpflichtigen vertheilt. Für die letzteren hat die Personalsteuer den Charcater einer gleichen Kopf- bez. Familiensteuer in derselben Gemeinde, einer im Fusse etwas verschiedenen von Gemeinde zu Gemeinde etc., insoweit in der That den Character einer Quotitätssteuer mit einem nach dem etwa verschiedenen Ausschlag des Arbeitslohns jährlich möglicher Weise etwas wechselnden Fusse. Die Mobiliarsteuer hat den Character einer Repartitions-, Wohnungs- oder Miethsteuer mit einem Fusse, welcher sich aus dem Verhältniss zwischen dem Communalcontingent, genauer: der durch die Mobiliarsteuer zu deckenden Quote des Communalcontingents der vereinigten Steuer einer- und den ermittelten Mieth- oder Wohnungswerthen anderseits ergiebt.

Die Personalsteuer wird in der Weise aufgelegt, dass der Generalrath für jede Gemeinde den Werth des Arbeitstages innerhalb der gesetzlichen Grenzen von $1/2 - 1\,1/2$ Frcs. festsetzt, worauf alsdann der dreifache Betrag dieser Summe als Personaltaxe bestimmt und von jedem in- oder ausländischen Einwohner der Gemeinde, beiderlei Geschlechts, der „im Genuss seiner Rechte" und nicht notorisch arm ist, erhoben wird. Der sich so ergebende Gesammtbetrag der Personalsteuer wird darauf von den betreffenden localen Contingenten (der Gemeinde, des Arrondissements, Departements) der vereinten Steuer abgezogen und der Rest als Mobiliarsteuer nach Verhältniss der Miethwerthe repartirt. Bei letzteren handelt es sich aber nur um die dem persönlichen Bedürfniss dienende, daher möblirte („Privat"-)Wohnung, demnach mit Inbegriff entsprechender Nebenlocalitäten, aber mit Ausschluss der gewerblichen, geschäftlichen Räume, bei möblirt vermietheten Wohnungen oder Zimmern (chambres garnies) unter Veranschlagung des Miethwerths ohne Möbel.

Die Casuistik in Bezug auf die Steuerpflichtigkeit bei der Personal- und Mobiliarsteuer und auf die Ausnahmen davon ist gross, liegt aber in der Natur der Verhältnisse und auch darin, dass eben doch unvermeidlich gesetzlich nicht scharf bestimmbare Kriterien für die „äusseren Merkmale", nach denen die Steuer, um „Willkühr zu vermeiden", aufgelegt werden soll, gebraucht werden müssen. So z. B. in Betreff des Moments „sich im Genuss seiner Rechte befindend" (jouissant de ses droits). Im Allgemeinen sind übrigens der Personalsteuer in den Familien gewöhnlich nur die Familienhäupter allein unterworfen, nicht die Angehörigen, wenn auch mit mancherlei Ausnahmen (z. B. für minorenne wie majorenne Kinder, die bei ihren Eltern leben, aber eigene Mittel haben). Insofern waltet eben mehr der Familiensteuer- als der reine Kopfsteuercharacter bei der Personalsteuer ob. Das ergiebt sich auch aus den Zahlen der Censiten im Vergleich mit der Volkszahl: Personalsteuerquoten allein 1,766,260, Personal- und Mobiliarsteuerquoten 6,462,935, zusammen 8,229,195, Mobiliarsteuerquoten allein 235,063 (in 1885, Bull. XIX, 621). Für die sogen. arbeitenden Classen stellt der Personalsteuer sich auch in Verbindung mit der Mobiliarsteuer eine directe Arbeitslohnsteuer dar. Gewöhnliche Dienstboten sind personalsteuerfrei. Auch in Betreff der mobiliarsteuerpflichtigen Wohnungen ist die Casuistik genau. S. aus der Gesetzgebung das Gesetz vom 21. April 1832, aber auch andere ältere, ferner Ministerialerlasse, Staatsraths-Entscheidungen über einzelne Fälle. Detail bei Perroux-Joppen, No. 286 ff., Block, diction. contrib. dir., No. 126 ff., 137 ff., 169 ff. Besondere Bestimmungen über Officiere, die theilweise von der Steuer frei sind, so die Officiere der Land- und Seemacht ohne festen Sitz und mit Wohnung in der Garnison; dagegen sind die, welche für sich und ihre Familien besondere Wohnungen haben, steuerpflichtig, die öffentlichen Beamten im Allgemeinen ebenfalls.

Die Personal- und Mobiliarsteuer ist für das ganze Jahr da zu zahlen, wo der Steuerpflichtige im Beginn des Jahres domicilirte, auch wenn er im Laufe des Jahres stirbt, Wohnung und Gemeinde verlässt u. s. w. Eigenthümliche Verpflichtungen der Controle, der Anmeldung bei der Steuerbehörde, bez. Polizei, und eventuell der Haftung haben die Hauseigenthümer und Hauptmiether für ihre steuerpflichtigen Miether, so wenn diese aus- oder fortziehen, oder heimlich die Wohnung verlassen.

Die Personalsteuer knüpft sich ausschliesslich an das Domicil des Steuerpflichtigen, die Mobiliarsteuer ist eventuell auch ausserhalb des Domicils in jeder Gemeinde, wo der Pflichtige eine Wohnung inne hat, zu entrichten.

Zuschlagecentimen aller Art sind nur bei der Mobiliar-, nicht bei der Personalsteuer gestattet.

Als eine Art **Kopf-** oder **Familiensteuer** treffen die Personalsteuer die Bedenken einer solchen, die Einkommen-, Besitz-, Standesverhältnisse nicht beachtenden directen Steuer. Bedenken, welche indessen durch die **Niedrigkeit** des Steuersatzes (im Maximum $4^{1}/_{2}$ Frcs. oder vom Arbeitseinkommen durchschnittlich wohl nur wenig über $^{1}/_{2}$—$^{3}/_{4}\%$, gewöhnlich bei niedrigerem Satze weniger) und durch den Hinzutritt der nach anderen Elementen aufgelegten Mobiliarsteuer gemindert werden, wodurch die Personalsteuer bloss eines der **Elemente** eines directen Steuersystems wird. Immerhin würde die Hinüberführung der Personalsteuer in eine mehr einkommensteuerartige, mindestens in eine personale Classensteuer und die 1831 vollzogene, aber schon 1832 wieder rückgängig gemachte, 1887 neu geplante Trennung der Personalsteuer von der Mobiliarsteuer berechtigt erscheinen.

Gesetz vom 26. März 1831, das wegen der lebhaften Opposition gegen die Verwandlung der Personalsteuer in eine auch dem fiscalischen Interesse mehr dienende, von der Mobiliarsteuer getrennte Quotitätssteuer schon durch Gesetz vom 21. April 1832 wieder beseitigt wurde. Dauphin's Gesetzentwurf von 1887 s. o. S. 455. Die Personalsteuer sollte hiernach in 4 festen Sätzen nach Orts-, bez. Bevölkerungsgrössenclassen (unter 2000 Einw., 1—5000 u. s. w., über 100,000, am Höchsten Paris) mit $1^{1}/_{4}$, 2, $2^{1}/_{2}$ u. s. w. bis $4^{1}/_{2}$ Frcs. erhoben werden, auch fernerhin ohne die sonstigen Zuschlagecentimen bleiben, doch einem 3% Zuschlag für Entlastungen und Ausfälle unterliegen. Bull. XXI, 251.

Die **Mobiliarsteuer** characterisirt sich steuertechnisch und steuerpolitisch als eine allgemeine **Wohnungs-** oder **Miethsteuer** mit **proportionalem**, nur nach der Natur der Repartitionssteuer etwas wechselndem Steuerfusse. Danach unterliegt sie den nicht unwesentlichen allgemeinen principiellen Bedenken, welche eine solche Steuer in Bezug auf den steuertechnischen Doppelcharacter, den man ihr beilegen kann, treffen. Ob man sie nämlich als **Verbrauchssteuer** für einen der wichtigsten und stärksten Consume, die Befriedigung des Wohnungsbedürfnisses, oder als eine Art „Einkommensteuer", bei der man auf die Höhe des Einkommens aus dem Wohnungsaufwand schliesst, auffasst: in beiden Fällen ist sie bedenklich wegen ihrer Belastung eines nothwendigen Consums und wegen ihrer Ungleichmässigkeit. Ohne Steuerfreiheit für kleine Wohnungen der Aermeren und mit proportionalem Steuerfuss wirkt sie, vollends neben der Personalsteuer, umgekehrt progressiv auf die „kleinen Leute", die Masse der Bevölkerung. Bedenken, die sich in Frankreich bei dessen sonstiger hoher Verbrauchsbesteuerung noch steigern. Durch die mangelhafte Festsetzung der oberen Contingente (§. 193) steigern sich diese Bedenken in Bezug auf die Gleichmässigkeit abermals. Die Steuer erscheint danach in ihrer gesetzlichen Gestalt namentlich als allgemeine **Staatssteuer** und mit ihren Zuschlägen für **Departementalzwecke** misslich, weniger als **Communalsteuer**. Nicht unbedenklich ist aber endlich, dass sie als **dritte directe Steuer**, neben der Grundsteuer und der Thür- und Fenstersteuer, an das **Wohnhaus** sich anschliesst und wenigstens durch mögliche Ueberwälzung auch wieder den Hausertrag treffen kann, wobei dann noch an die hohe Verkehrsbesteuerung der Immobilien (Enregistrement) zu denken ist. Eine **Ersetzung** der Mobiliarsteuer durch eine wirkliche **Einkommensteuer**, in welchem Falle dann auch die Verbindung mit der zu einer Classensteuer umgebildeten Personalsteuer beibehalten werden könnte, wäre daher gewiss ein richtiger Schritt und eine passende Reformmaassregel. Die mechanische Benutzung der Mobiliarsteuer zur Construction einer Einkommensteuer, wie im Gesetz von 1791 und im ministeriellen Project von 1887, reichte freilich hierzu nicht aus und unterliegt besonderen anderweiten Bedenken (S. 455).

§. 193. **3. Die Festsetzung der Contingente des Staats und der Departements.** Die Art und Weise dieser Festsetzung ist, ähnlich wie bei der Grundsteuer (§. 184), eine besonders schwache Seite der Personal- und mehr noch der Mobiliarsteuer. Weder das berechtigte **fiscalische Interesse** an steigenden Erträgen, parallel der wachsenden Leistungsfähigkeit der steuerpflichtigen Bevölkerung, noch das Interesse der **vertheilenden Gerechtigkeit** in Bezug auf die Belastung der verschiedenen Landestheile, der Departements, ist genügend wahrgenommen.

<small>Die anfängliche Feststellung des Staatscontingents, mit 60 Mill. Fres., erfolgte gerade so willkührlich, wie bei der Grundsteuer. Die Summe erwies sich zu hoch und musste stark herabgesetzt werden. Aber da man auch hier, wie bei der Grund-</small>

steuer, wegen des dringenden Finanzbedarfs und der Zeitdauer einer ordentlichen Katastrirung, nicht zuvor die letztere vorgenommen hatte, so fehlte für die Bestimmung der Höhe des Staatscontingents und der Vertheilung desselben auf die Departements, daher auch für den Betrag der Ermässigungen ein sicherer Maassstab. Die ursprüngliche Vertheilung war wiederum ebenso wie bei der Grundsteuer, wesentlich nach dem Verhältniss der Steuern des ancien régime erfolgt, enthielt also deren Ungleichmässigkeiten noch in sich. In mechanischer Weise verminderte man dann das Staatscontingent und nahm man an der Departementalrepartition Verminderungen vor, d. h. man entlastete einige Departements, die für überbürdet galten, ohne zu wagen, dem Wesen der Repartitionssteuer gemäss, dafür andere wieder entsprechend höher zu belasten. Schon das Gesetz von 1798 setzte das Contingent des damaligen Staats nur auf 30 Mill. Frcs., wovon 20 auf die eigentliche Personalsteuer, 1½ Mill. auf die inbegriffenen Luxussteuern, 3 auf Abgaben von Besoldungen (der Beamten u. a. m.), nur 5½ auf die eigentliche Mobiliarsteuer fielen (Stourm, I, 260). 1806 wurden die Luxussteuern aufgehoben, die (5%) Besoldungssteuern wurden vermindert. In dem Frankreich nach 1815 betrug das Staatscontingent der Personal- und Mobiliarsteuer ca. 27 Mill. Frcs. Von 1820 an wurden dann Pläne für eine neue Repartition der Mobiliarsteuer auf Grund einer Aufnahme der Miethwerthe im ganzen Staate verfolgt, aber ein befriedigendes Resultat wurde nicht erreicht (Gesetz vom 23. Juli 1820. Einige statistische Daten bei v. Kaufmann, S. 202). Es erfolgten kleine Entlastungen einiger Departements. Die Abzüge an den Besoldungen fielen fort (1821). Der zweckmässige Plan, die Personalsteuer von der Mobiliarsteuer ganz zu trennen und sie in eine Quotitätssteuer mit festen Steuersätzen zu verwandeln, wurde zwar Gesetz (26. März 1831), aber musste, als „zu fiscalisch" bald wieder rückgängig gemacht werden.

Das neue Gesetz vom 21. April 1832 führte nicht nur die Vereinigung beider Steuern wieder herbei, es setzte auch das Staatscontingent wieder ziemlich willkührlich fest (34 Mill. im Principal) unter gleichzeitiger Entbürdung der für überlastet geltenden Departements um 3 Mill. Frcs. Für die Vertheilung dieser Summe auf die Departements wurde zwar eine etwas veränderte, jedoch abermals ziemlich willkührliche Grundlage bestimmt. Es wurde nämlich ⅓ des Contingents nach Verhältniss der Personalsteuer im Jahre 1831, ⅓ nach Verhältniss der Mobiliarsteuer im Jahre 1830, ⅓ nach Verhältniss der amtlichen Aufnahme der Miethwerthe repartirt. Um dann wenigstens die Repartition einigermaassen in Einklang mit der Entwicklung der wirklichen Miethwerthe zu halten, wie es fiscalisches und Gerechtigkeitsinteresse forderten, wurde bestimmt, dass in 1834 und dann von 5 zu 5 Jahren eine neue Repartition unter den Departements nach den Miethwerthen erfolgen solle. Allein dies unterblieb, die Bestimmung wurde 1838 auch gesetzlich beseitigt und ein neuer Repartitionsplan im Jahre 1842, mit 10 jährigen Erneuerungsperioden, kam ebenfalls nicht zu Stande. So verblieb es bei der Repartition von 1832 endgiltig bis heute, nur mit einer Ausnahme, dass von 1846 an die betreffenden Departementalcontingente jährlich um die Steuerquoten, welche auf zerstörten Häusern lagen, vermindert, um die 5 procentigen Miethwerthe hinzu gekommener neuer oder umgebauter, zur Grundsteuer veranlagter Häuser vermehrt werden (Gesetz vom 4. August 1844). Hiernach steigt allmählich das Staatscontingent selbst etwas, aber doch nur langsam. Die Steigerung der Personalsteuer allein, die Folge der Volkszunahme und eventuell steigender Lohnhöhe, kommt der Staatscasse nicht zu gute, sondern bewirkt nur eine Verminderung der Mobiliarsteuer. Die Verquickung beider Steuern führt daher leicht zu einer Verschiebung zu Ungunsten der Personalsteuerpflichtigen. Das Staatscontingent war 1832 (mit allgemeinen Zuschlagcentimen für Staatszwecke, Ausfälle u. s. w.) 39.41, 1838 42.59, 1846 41.56, 1848 42.27, 1870 55.51, 1871 (ohne Elsass-Lothringen) 54.69, 1885 70.26 Mill. Frcs., eine stetige, aber langsame Zunahme.

Natürlich, dass bei solcher Stabilität der Departemental-Repartition die Steuer auch immer unfähiger für die Belastung mit allgemeinen Staatszuschlägen wurde und selbst 1871 ff. ebenso wie die Grundsteuer davon befreit blieb. Innerhalb des einzelnen Departements besteht dieser Mangel bei der Repartition des Departemental-Contingents auf Arrondissements und Gemeinden und schliesslich auf die Einzelnen wenigstens nicht, weil hier jährlich die Veränderungen der Personenzahl, Lohnhöhe und Miethwerthe bei der Repartition berücksichtigt werden. Die starke Steigerung der Departemental-Zuschläge (1838 9.31, 1885 32.56 Mill. Frcs.) und der Communal-

Zuschläge bez. 4.04 und 25.97 Mill. Frcs) unterliegt daher nicht dem Bedenken, dem eine solche Vermehrung des Staatscontingents bei dessen Repartitionsstabilität ausgesetzt wäre. Die übrigen Bedenken, welche die Steuer als solche treffen, treten aber bei dieser Steigerung der Zuschläge auch hier hervor. Nebenbei bemerkt, markirt sich die Periode 1871 ff. auch bei diesen Zuschlägen nicht besonders ab. (Bull. XX, 221).

Dass bei dieser Sachlage die Reform der Personal- und Mobiliarsteuer noch immer nicht zu Stande gekommen und an Stelle dieser Steuer noch keine ordentliche Einkommensteuer getreten ist, erweckt billig Erstaunen. Aber es zeigt sich wiederum, welche besondere Schwierigkeiten Reformen der directen Steuern in unserem „Zeitalter des Individualismus" finden und auch — dass diese Schwierigkeiten wohl durch das Repartitionssystem mit seinen localen Contingenten in einem grösseren Staate noch gesteigert werden. Auch hier sehen die unterlasteten Landestheile (Departements) den „Besitz" eines bestimmten, ihnen günstigen Contingents einer Staatssteuer, wie im Mittelalter und später im ständischen Staate die Stände und Landestheile ein einmal übernommenes Contingent, gleichsam wie ein „wohlerworbenes Recht" an und sträuben sich gegen die Consequenzen des Repartitionssystems, dass Veränderungen der localen Contingente eintreten, mit Minderbelastungen da und Mehrbelastungen dort. Immerhin möchte auch diese Wahrnehmung indessen nicht gegen das Repartitionssystem überhaupt sprechen, sondern nur gegen das unpassende Verfahren bei der ersten Einführung desselben in Frankreich und gegen die schon anfängliche Festhaltung stabiler Departemental-Contingente. Aber bei der allgemeinen Würdigung des Repartitions- und des Quotitätssystems kommen freilich diese Schwierigkeiten einer Erhöhung des Gesammtcontingents und einer Veränderung der Localcontingente in Betracht. Nur wenn man, was recht wohl möglich ist, principiell und practisch die Repartition nach diesen beiden Seiten genügend in Entwicklung und Bewegung hält, treten in fiscalischer, administrativer und in Hinsicht der distributiven Gerechtigkeit die Vortheile des Repartitionssystems ordentlich hervor. Sonst wird man in allen diesen Beziehungen dem Quotitätssystem den Vorrang einräumen müssen.

§. 194. 4. Zahlung des Communalcontingents der Steuer aus dem Octroi-Ertrag. In eigenthümlicher Weise kann die Personal- und Mobiliarsteuerbelastung der Gemeinden und ihrer Bewohner durch die Bestimmung der französischen Gesetzgebung vermindert werden, dass das Communalcontingent dieser

Steuer ganz oder theilweise aus der Octroieinnahme gedeckt werden dürfe.

Es setzt dies einen Beschluss des Municipalraths, Antrag beim Präfecten und Genehmigung durch Verordnung des Staatsoberhaupts voraus. Der verbleibende Rest der Steuer wird nur auf die Mobiliarquoten gelegt, eventuell unter Freilassung der kleineren Miethen und mit einem Progressivtarif für die höheren, welche einzelne Municipalrathsbeschlüsse wieder von der Staatsbehörde, bez. dem Staatsoberhaupt zu genehmigen sind. Dabei soll darauf gehalten werden, dass die grösseren Steuerpflichtigen mit höheren Miethen aber auch so nicht mehr zahlen, als sie bei der Repartition des vollen Contingents der Personal- und Mobiliarsteuer zahlen müssten. (Gesetz vom 21. April 1832, Art. 20, 3. Juli 1846, Art. 5; die Einrichtung beruht aber schon auf Bestimmungen eines Gesetzes von 1806). Nur wenige, meist grössere Städte haben diese Einrichtung angenommen (Paris, Lyon, Marseille, Bordeaux, drei andere). In Paris besteht zur Deckung des Rests der Personal- und Mobiliarsteuer ein Miethsteuertarif, der Wohnungen unter 250 Frcs. freilässt, solche von 250—499 Frcs. mit 3, von 500—999 Frcs. mit 5, von 1000—1499 Frcs. mit 7, von 1500 und darüber mit 9%, trifft. Also ein im Princip richtiger, der Abnahme der Wohnungsquote vom steigenden Einkommen einigermaassen Rechnung tragender, insoweit wirklich proportionaler Tarif, dessen Progression nur zu früh endet. (S. Perroux-Joppen, No. 302—304, Vignes, I, 46, v. Hock, S. 146, v. Kaufmann, S. 745, mit etwas abweichenden Angaben).

Die ganze Einrichtung ist immerhin ein characteristisches Beispiel der Combination directer und indirecter (Verbrauchs-) Besteuerung und des Ersatzes jener durch diese, wobei übrigens der particlle Verbrauchssteuercharacter auch der Miethsteuer, nicht nur des Octrois zu beachten ist. Ein Beispiel einer Tendenz, die sich in der älteren und neueren Steuergeschichte mehrfach zeigt.

c. Thür- und Fenstersteuer.

Gesetzgebung. (Hauptgesetze). Erstes, die Steuer neu als Ergänzung der Mobiliarsteuer einführendes, aber Grundlage gebliebenes Gesetz v. 4. Frimaire VII. oder 24. November 1798. Später nur kleine Modificationen von Einzelheiten, Tariferhöhungen, Umgestaltung der ursprünglichen Quotitätssteuer in eine Repartitionssteuer mittelst Feststellung von Contingenten, unter Beibehaltung der nur nach der Repartition zu modificirenden Quotitätssätze eines Tarifs, nach Gesetz v. 13. Flor. X. oder 3. Mai 1802. Vorübergehende Umwandlung, — wie bei der Personalsteuer S. 455 — in eine Quotitätssteuer durch Gesetz vom 26. März 1831, Rückverwandlung in Repartitionssteuer durch Gesetz vom 21. April 1832, das seitdem formell die Grundlage der Steuer bildet. Bestimmungen über die Berücksichtigung der Neubauten und Gebäudezerstörungen bei der Feststellung der Contingente im Gesetz vom 17. Aug. 1835, über die Berücksichtigung der communalen Volkszahlen nach einer amtlichen Zählung für die Tarifclassen und weiter für die Departemental-Contingente durch Gesetz vom 4. August 1844. Gesetz vom 30. Juli 1885, Art. 3—5 (Modification der Besteuerung in Orten über 5000 Einwohner, s. auch Bull. XIII, 566). Perroux-Joppen, No. 25 bis 30, 265—285, 416 ff., Block's dict. Art. contrib. dir., pass., bes. No. 180—213; suppl. génér. (1878—84), p. 137, suppl. annuel 1885, p. 25.

Literatur. Bibliographie bei Block dict., p. 673, directe Steuern. Stourm, I, ch. 9, p 265—274; Vignes I, 47—52; v. Hock, S. 147—149; v. Kaufmann, S. 209—215 (übrigens mit einigen Irrthümern in der Darstellung). Statistik bei Kaufmann eb., Faure, budg., p. 77, 78, Bull. u. a. XX, 219, VII, 199, XIX, 621, bes. II, 223 ff. und über die Steuer in den Orten über 5000 Einwohner, XIII, 566.

Ueber diese Steuer als Form einer Gebäudesteuer s. meinen Aufsatz in Schönberg's Handbuch der politischen Oekonomie, 2. A. III, 237.

§. 195. 1. Character. Die Thür- und Fenstersteuer verdankt rein fiscalischen Bedürfnissen im Jahre 1798 ihre erste Einführung in die französische Gesetzgebung, mit nach englischem Muster. Sie erweist sich so von vornherein als ein **anorganisches** Element des neuen directen Steuersystems, ist aber gleichwohl, wenn diesem auch erst etwas später nur mechanisch angefügt, dauernd und im Wesentlichen auf ihrer ersten Grundlage ein Glied dieses Systems geblieben. Dazu hat ausser dem finanziellen Bedürfniss der unzureichende und doch auf der gegebenen Grundlage nicht hinlänglich steigerungsfähige Ertrag der drei anderen directen Steuern, besonders der Grund- und der Personal- und Mobiliarsteuer, dann aber wohl auch der **steuertechnische Character** der Thür- und Fenstersteuer selbst beigetragen. Denn so denkbar äusserlich mechanisch und insofern **steuerpolitisch bedenklich** diese Steuer ist, so lässt sie sich doch verhältnissmässig **leicht** nach den **äusseren** einfach zu constatirenden, kein „lästiges Eindringen" in die persönlichen und ökonomischen Verhältnisse erfordernden **Merkmalen**, nach denen sie aufgelegt wird, veranlagen. Sie entsprach so in besonderem Maasse Auffassungen und Bedürfnissen, welche man in Frankreich gern als „dem französischen Volksgeist eigenthümlich" bezeichnet und namentlich in der Periode der Steuerreform der ersten Revolution grundsätzlich zu berücksichtigen gesucht hat, wie auch schon bei der Mobiliarsteuer.

Obgleich als Ergänzung der Mobiliarsteuer gedacht und bestimmt, nicht den Hauseigenthümer als solchen, sondern den **Benutzer**, daher bei vermietheten Wohngebäuden und Gebäudetheilen den **Miether als solchen** nach seiner steuerpflichtigen Thür- und Fensterzahl zu besteuern, wird die Steuer doch vom **Eigenthümer** (auch Usufructuar und allerdings auch vom Miether eines ganzen Gebäudes) gefordert und bezahlt, dem indessen das, formell wie es scheint meist nicht besonders geübte Recht, verbleibt, den ratenmässigen Antheil von seinen Miethern sich vergüten zu lassen. Practisch vollzieht sich die endgiltige Tragung der Steuer also gewöhnlich in der Regelung des Miethpreises und erscheint die Thür- und Fenstersteuer im Uebrigen steuerpolitisch wohl überwiegend, mitunter ganz, immer mehr oder weniger als eine **Haus-Ertragssteuer**. Ihre Auflegung nach dem äusseren Merkmal der Thüren und Fenster und die Belegung des Hausertrags schon durch die „Grundsteuer für bebaute Grundstücke" und durch die Grundsteuer für das Hausgrundstück (§. 188) machen die Steuer als eine Hausertragssteuer dann nur noch besonders bedenklich. Bedenken, welche sich noch dadurch steigern, dass die Mobiliarsteuer sich auch an Wohnung und Haus anschliesst, also sogar eine **dreifache Combination directer Steuern beim Hause** vorliegt. Wie es sich da mit dem leitenden Grundsatz der modernen französischen Besteuerung verhält, „Jeden nach seinen Fähigkeiten zu besteuern", bleibt fraglich genug. Unberechenbare Ueberwälzungsverhältnisse bei allen drei Steuern mindern die Bedenken in diesem Puncte nicht.

Selbst wenn man aber die Thür- und Fenstersteuer nicht als Ertragssteuer, sondern als **Wohnungssteuer** auffasst und in dieser wieder den Doppelcharacter der **Verbrauchs-** und der **Einkommensteuer**, wie bei der Mobiliarsteuer (§. 191), anerkennt, unterliegt die Steuer nicht nur den principiellen und practischen Bedenken jeder Wohnungssteuer dieses regelmässig vorhandenen Doppelcharacters, sondern auch noch den speciellen Bedenken, welche aus der Veranlagung der Steuer nach einem **so äusserlichen** und für die wirkliche Werthbestimmung des Hauses oder der Wohnung wenig zuverlässigen Merkmal hervorgehen.

§. 196. **2. Die Besteuerung der einzelnen steuerpflichtigen Subjecte und Objecte.** Die Steuer characterisirt sich weiter im Wesentlichen für die einzelnen Steuerpflichtigen als eine **Quotitäts-Hausclassensteuer von Wohnungen, bezw. Wohngebäuden.** Denn der Character der **Repartitionssteuer**, den sie wegen der Festsetzung des Staats- und der Localcontingente (der Departements, Arrondissements und Gemeinden) so zu sagen „nach oben zu" trägt, kommt „nach unten zu" nur in den kleinen Modificationen zur Geltung, welche die **individuellen Steuerschuldigkeiten** nach den Abweichungen zwischen dem aufzubringenden Contingent und dem aus der Anwendung des Tarifs auf die Steuerobjecte gebildeten „Steuersoll" der Gemeinde u. s. w. etwa erfahren. In der Hauptsache bleibt die Steuer so eine **Quotitätssteuer** und zwar eine nach einem **Classen- und Stufentarif** erhobene Hausclassensteuer für die unmittelbar Betroffenen, die Hauseigenthümer (und Hauptmiether).

Jede, auch die beste Hausclassensteuer ist steuertechnisch und steuerpolitisch nur von **problematischem Werth**. Principiell allgemein, practisch wenigstens in den Städten, vollends in den grösseren, steht sie in dieser Hinsicht hinter einer freilich nicht überall anwendbaren, mit Recht meist auf die Städte beschränkten „Hauszinssteuer" zurück, der relativ besten „Gebäudesteuer" und Ertragssteuer überhaupt.

S. meine Abhandlung im Schönberg'schen Handbuch, III, 259 ff. Das hat man auch in Frankreich nicht ganz verkannt und wohl mit deswegen Paris und einzelnen anderen Städten (Lyon, Bordeaux) gestattet, nach einem besonderen Tarif, der eine Combination der Besteuerung nach „Hausöffnungen" mit einer solchen nach dem Miethertrag, bezw. Reinertrag der Häuser enthält, ihr Contingent aufzubringen. (Decret für Paris vom 17. März 1852, Art. 10, Perroux-Joppen, No. 270 ff., woselbst der Tarif für Paris; für Bordeaux Gesetz vom 5. Mai 1855, Art. 14). Die specielle Ungeeignetheit einer blossen Thür- und Fenstersteuer für Grossstädte hat zu solchen Exemtionen ausserdem noch beigetragen.

Unter den möglichen Formen einer Hausclassensteuer ist dann aber wieder diejenige einer immer so mechanisch äusserlichen und zugleich unvermeidlich an casuistischen Bestimmungen so reichen Steuer, wie eine Thür- und Fenstersteuer, noch besonders zu bemängeln. Nicht sowohl deswegen, weil diese Steuerreform wie eine „Besteuerung von Licht und Luft" wirkt, gesundheitlich und sicherheitlich unzweckmässiges Bauen veranlasst — obgleich auch in dieser Hinsicht die Bedenken nicht so völlig fehlen, wie z. B. v. Kaufmann meint —. Wichtiger ist das Bedenken, dass auch der noch so zweckmässig abgestufte Tarif einer „Thür- und Fenster"-Steuer weder den Ertrags- noch den Wohnungswerthverschiedenheiten von Ort zu Ort und von Gebäude zu Gebäude in demselben Ort sich richtig anzupassen vermag, sowie dass auch die feinste gesetzliche Casuistik und deren weitere Entwicklung durch Verordnungen der Verwaltungsbehörden und Entscheidungen der Verwaltungsgerichtshöfe ein grosses Maass von „Willkühr" nicht zu beseitigen vermag. Der Werth einer Steuer, welche nach einem „einfachen", „sichtbaren" äusseren Merkmal aufgelegt wird, wird aber gerade in dieser Vermeidung der Willkühr gefunden.

Die französische Gesetzgebung hat einen principiell richtigen und ziemlich feinen Classen-Tarif für die Veranlagung der Thür- und Fenstersteuer aufgestellt.

Es werden darin bei kleineren Häusern bis 5 „Oeffnungen" 3, bei grösseren sogar 4 richtig ausgewählte, den Wohnungs- bez. Hauswerth wesentlich mitbestimmende Elemente zur Bildung eines Classenschematismus combinirt, nämlich die Grösse der Ortsbevölkerung nach 6 „Ortsclassen", die Zahl der „Oeffnungen" (bei den Häusern bis incl. 5 Oeffnungen), die Zahl, Art (Thore, Hausthuren, Fensterzahl) und Lage der Fenster (bis incl. 2 und im 3. und höheren Stockwerken) in den Häusern mit 6 und mehr „Oeffnungen". So entsteht schon für die kleineren Häuser die Zahl von 30 Steuerclassen, für die grösseren eine sich der Zahl, Art und Lage der Oeffnungen fein anschmiegende Steuerclassenzahl, wie der folgende Tarif des Gesetzes von 1852 (für das Principal) zeigt:

Thür- und Fenstersteuer. Einzelnes. Tarif.

Ortsclassen. Einwohnerzahl.	1	Häuser mit Oeffnungen 2	3	4	5	Häuser mit 6 u. mehr Oeffnungen für jede der letzteren: Thorwege, Magazinthore u. dgl.	Gewöhnl. Thore, Fenster d. unt. Stockw. bis incl. 2.	Fenster des 3. u. höh. Stockwerks
	Frcs.	Frcs.	Frcs.	Frcs.	Frcs.	Frcs.	Frcs.	Frcs.
Unter 5000 . .	0.30	0.45	0.90	1.60	2.50	1.60	0.60	0.60
5—10.000 . .	0.40	0.60	1.35	2.20	3.25	3.50	0.75	0.75
10,000—25,000	0.50	0.80	1.80	2.50	4.00	7.40	0.90	0.75
25,000—50,000	0.60	1.00	2.70	4.00	5.50	11.20	1.20	0.75
50,000—100,000	0.80	1.20	3.60	5.20	7.00	15.00	1.50	0.75
über 100.000 .	1.00	1.50	4.50	6.40	8.50	18.80	1.50	0.75

Weitere casuistische Bestimmungen des Gesetzes und Auslegungen hinsichtlich dessen, was als „Ortsbevölkerung" der Ortstarifclasse gerechnet wird (im Allgemeinen die Zahl der Ortsanwesenden, ausschliesslich des Militärs und der Insassen der sogen. „Anstalten", s. Verordnung vom 4. Mai 1846, bei Perroux-Joppen, No. 269, auch bisher nur die Bevölkerung innerhalb der Octroigrenze bei Orten über 5000 Einw., jetzt diese Bevölkerung in dem „agglomerirten Theil" der Gemeinde, die übrigen Häuser der letzteren unterliegen dem Tarif der Landgemeinden. Gesetz vom 30. Juli 1885); ferner die Casuistik in Betreff der steuerpflichtigen „Wohnung", bezw. des „Wohnhauses" und der übrigen steuerpflichtigen Häuser, sowie in Betreff des Begriffs „Thorweg", „Thür", „Fenster" u. s. w. dienen dazu, den Tarif bei der practischen Anwendung noch mehr sich den Verhältnissen des Wohnungswerths anpassen zu lassen.

Und dennoch bleiben auch bei diesem entwickelten Stufentarif und dieser Casuistik, zumal in den Städten, vollends in den grossen, sicherlich von Ort zu Ort und in demselben Orte bei verschiedenen Gebäuden sehr erhebliche Ungleichmässigkeiten bestehen, welche bei einer eigentlichen Ertragssteuer des Eigenthümers oder Miethsteuer des Miethers viel mehr vermieden würden.

Dieselben werden durch die starken Departemental- und Communalzuschläge (s. u. S. 468), wie durch die bei dieser Steuer bestehenden allgemeinen Staatszuschläge und die kleinen Nebenzuschläge, — durch deren Gesammtheit das Principal jetzt fast verdoppelt wird, 1897 betragen sie 95.1 % des Principals — noch wesentlich gesteigert, also drückender.

Die weitgehende Casuistik bei dieser Steuer — hinsichtlich der Steuerpflichtigkeit und Steuerfreiheit der ganzen Gebäude und Wohnungen, dann hinsichtlich der Begriffe „Oeffnung", Thorweg, Thür, Fenster und der Steuerpflichtigkeit, Steuerfreiheit und Steuerhöhe dieser „Oeffnungen" — erklärt sich zum Theil aus ungenauen und willkührlichen Bestimmungen des Gesetzes, zum Theil, wie auch die britische Erfahrung zeigt (§. 117*), aus dem Wesen dieser Steuer und aus der öfters nur scheinbar so einfachen Bemessungsbasis „handgreiflicher" und gleichwohl vieldeutiger „äusserer Merkmale".

Der leitende Grundsatz des Gesetzes erscheint einfach genug: nämlich, dass „Thüren und Fenster, welche nach den Strassen, Höfen und Gärten der Gebäude und Fabriken (usines) hinausgehen, steuerpflichtig sind" (Gesetz v. 4. Frim. VII., Art. 2). In der Anwendung und Auslegung dieses Grundsatzes ergeben sich jedoch eine Menge Schwierigkeiten, welche die angedeutete Casuistik nöthig machen.

So in Betreff des steuertechnischen Begriffs „Fenster", „Thür", „Thorweg", „usines". Beim besten Willen bleibt in den Entscheidungen manche Willkühr übrig. S. das Einzelne bei Perroux-Joppen, No. 265 ff., 273 ff., und Block, dict. Art. contrib. dir., No. 180 ff., 195 ff. Vornehmlich hat man die Wohnräume besteuern wollen. Bei der Veranlagung entstehen Zweifel, wenn geschäftliche (gewerbliche) und Wohnräume nicht getrennt sind u. i. a. F. m. Das Gesetz von 1798 will ferner die Steuer auf „usines" legen, ein späteres (4. Germin. XI., Art 19) beschränkt die Steuer bei „Manufacturen" auf die „Fenster der persönlichen Wohnung und derjenigen der Aufseher und Commis". Aus diesen Vorschriften entwickelte sich wieder die Streitfrage, was eine „usine" und was eine „Manufactur" sei und eine weitgehende Casuistik (Perroux-Joppen, No. 281, Block a. a. O., No. 206. Unrichtig Kaufmann, S. 214. „usine" heisst hier auch nicht „Hüttenwerk"). Man legte den Unterschied in folgende, bei der practischen Anwendung vielfach wieder unzulängliche Momente: steuerfreie „Manufacturen" seien „grosse industrielle Anstalten, welche in Werkstätten eingetheilt seien und zahlreiche Arbeiter beschäftigten", „Fabriken" (usines) seien dagegen „industrielle Anstalten, wo die natürlichen und künstlichen Motoren das hauptsächliche oder wirksamste Agens der Fabrikation seien". Die eigenthümlichen Entscheidungen hiernach a. a. O. (Perroux-Joppen, S. 82) Steuerfrei sind ferner ausdrücklich die Thüren und Fenster zur Beleuchtung und Lüftung der wichtigsten, speciell genannten landwirthschaftlichen, nicht zur Wohnung bestimmten Gebäude, sowie der für einen öffentlichen Dienst bestimmten Localitäten, was wiederum zu casuistischen Unterscheidungen Anlass giebt. Dienstwohnungen der Beamten sind steuerpflichtig. Oeffnungen, welche aus gesundheitspolizeilichen Rücksichten in Häusern angebracht werden, sind drei Jahre lang steuerfrei.

Aus der Statistik (Bull. II, 226, s. auch v. Kaufmann, abweichend) sei Folgendes angeführt. Allgemeine Aufnahme der Gebäude und Fabriken fand 1822 und 1841 statt.

	1822	1871	1876
1. Zahl der Häuser und Fabriken mit weniger als 6 Oeffnungen . . .	—	5,672,692	5,698,575
2. Desgl. mit mehr als 6	—	2,776,264	2,931,607
3. Zusammen	6,432,000	8,448,956	8,630,182
4. Zahl der Oeffnungen bei 1 . . .	—	17,273,978	17,447,438
5. Desgl. bei 2	—	38,678,224	41,048,295
6. Zusammen	33,949,468	55,952,202	58,495,733
7. Durchschnittszahl d. Oeffnungen bei 1	—	3.04	3.06
8. " " " 2	—	13.93	14.00
9. " " " im Ganzen	5.28	6.62	6.77

Die Zahl der Häuser nach der Zahl der Oeffnungen war 1885 (Bull. XIX, 621):

Mit 1 Oeffnung . . .	248,352	Mit 5 Oeffnungen	849,961
Mit 2 Oeffnungen . . .	1,827,104	Mit 6 u. mehr Oeffnungen .	3,259,331
Mit 3 Oeffnungen . . .	1,624,516	Zusammen	8,975,166
Mit 4 Oeffnungen . . .	1,165,902	Einzelne Steuerquoten . .	6,715,208

Nur die Häuser mit 1 Oeffnung nehmen beständig etwas ab (1837 waren es 346,401), mit 2 neuerdings ebenfalls. Am Stärksten nehmen die grösseren Häuser mit 6 und mehr Oeffnungen zu. Auf 1 Steuerquote kommen 1.33 Häuser, was auch darauf hindeutet, dass meistens die Eigenthümer zahlen werden, freilich mit bedeutenderen Ausnahmen in den grösseren Städten, wo die Zahlen der Statistik für die Steuerpflichtigen 2 bis 3 Mal so gross als für die Häuser sind, was auf entsprechende directe Besteuerung der Miether schliessen lässt. Der Steuerbetrag für 1 Haus war 1885 im Principal 4.42, mit allen Zuschlägen 8.64 Frcs., für 1 Steuerquote 5.91 und 11.52. Nach einer

Tabelle bei v. Kaufmann (S. 212) würde die Steuer für 1 Haus 1888 3.25 Frcs. (princ.) gewesen sein, und zwar in Ortschaften bis 5000 Einw. 2.17, in solchen von 50—100,000 Einw. 21.55, in grösseren 55,71. Hiernach erscheint die Steuer auch gegenwärtig noch mässig, aber relativ besonders niedrig in grösseren Städten, was wieder auf die mangelhafte Veranlagungsbasis hinweist, bei der man eben keinen angemessen hohen Tarif für die Städte anzuwenden wagt.

§. 197. 3. Die Repartition und die Feststellung der Contingente. Ungünstige finanzielle Erfolge mit der ursprünglichen Quotitätssteuer führten 1802 zur Verwandlung der Steuer in eine Repartitionssteuer. Für die angemessene Bestimmung der Höhe des Staatscontingents und der Repartition desselben auf die Landestheile (Departements) bis herab zu den Gemeinden fehlten aber wieder, wie bei der Grund- und Personal- und Mobiliarsteuer, die genügenden Daten. Daher setzte man das Staatscontingent auf Grund der bisherigen Erträge in 1802 niedrig und wohl zu niedrig an (16 Mill. Frcs.) und die Vertheilung auf die Departements blieb ungleichmässig. Die richtige Verwandlung der Steuer in eine Quotitätssteuer im Jahre 1831 (Gesetz vom 26. März 1831) bot das Mittel zur angemessenen Steigerung der Erträge und zu einer richtigeren, freilich die bisher begünstigten Landestheile empfindlich mehr belastenden localen Steuervertheilung. Aber beide Wirkungen dieses Gesetzes fanden auch bei dieser Maassregel, wie bei der gleichzeitigen ähnlichen in Betreff der Personalsteuer (S. 459) heftige Opposition, der man durch Rückkehr zu der Repartitionssteuer schon in 1832 (Gesetz vom 21. April 1832) Rechnung trug. Indessen wurde gleichzeitig auf Grund der nach dem vorigen Gesetze erfolgten Veranlagung das Staatscontingent jetzt wesentlich erhöht, auf 22 Mill. im Principal, und die locale Vertheilung berichtigt. Da man ferner bald darauf dafür sorgte, dass alle Contingente durch die Berücksichtigung der Neu- und Umbauten — unter Abrechnung der zerstörten Gebäude — sich entsprechend erhöhten und veränderten (unter den Departements, Arrondissements und Gemeinden) nach Gesetz vom 17. August 1835 und die Departementalcontingente sich nach Gesetz vom 4. August 1844 in Gemässheit der von der wechselnden Grösse der Ortsbevölkerung abhängigen Sätze des Steuertarifs veränderten, d. h. gewöhnlich erhöhten, so blieb die Entwicklung des Ertrags und die locale Vertheilung dieser Steuer, abweichend von der Grund- und Personal- und Mobiliarsteuer, mehr in Einklang mit dem fiscalischen Interesse und mit einer der Tendenz des Gesetzes wirklich entsprechenden localen Vertheilung, sowohl von vornherein, als mehr und mehr im Laufe der Zeit. Als Glied des directen

Steuersystems ist die Thür- und Fenstersteuer freilich auf diese Art zu den beiden anderen Repartitionssteuern, besonders zu der wesentlich stabilen Grundsteuer, hierin ähnlich wie die Patentsteuer, immer mehr in ein Missverhältniss gekommen.

Zum Principal der Thür- und Fenstersteuer werden auch seit der Gesetzgebung von 1832 beständig Zuschläge für die allgemeine Staatscasse erhoben (15.8 %). Einschliesslich der Zuschläge für die Nebenfonds (Ausfallfonds u. s. w.) des Principals und der oben genannten Zuschläge betrug der Ertrag für den Staat 1838 26.56. 1870 40.12. 1871 (ohne Elsass-Lothringen) 38.93, 1883 47.20 Mill. Frcs., stieg also von 1838—1883 (wo im letzten Jahre Elsass-Lothringen fehlt, Nizza und Savoien inbegriffen ist) um 77.7 %. In derselben Zeit wuchs der ebenso berechnete Ertrag der Personal- und Mobiliarsteuer nur um 64.9 %, der Ertrag der Staatsgrundsteuer sank sogar unter dem Einfluss des durch die anderweite Ertragssteigerung noch nicht wieder eingebrachten Erlasses der Staatszuschläge seit 1851, von 1838—85 um 6 %. Bull. XX, 220 ff. Ungemein sind bei der Thür- und Fenstersteuer die Zuschläge für Departemental- (von 1838—85 von 1.95 auf 12.73) und für Communalzwecke (dgl. von 1.17 auf 18.09 Mill. Frcs.) gestiegen, was bei der ungleichmässigen Belastung der Gebäude in ein und demselben Orte doch auch grosse Bedenken hat. (Bull. eb., s. auch Faure, S. 77).

Die Zusammenziehung der Thür- und Fenstersteuer mit der Grundsteuer von „bebauten Grundstücken" und der Grundsteuer von den Grundstücken, auf denen die Häuser stehen, in eine einzige eigentliche Gebäudesteuer erschiene das Zweckmässigste. Diese Steuer wäre dann wohl wesentlich auf die Wohngebäude zu beschränken und in allen grösseren Ortschaften nach dem Ertrage (Wohnungswerth, valeur locative, Miethwerth) aufzulegen, die Thür- und Fenstersteuer wie die Grundsteuer von gewerblichen Gebäuden, namentlich von Fabriken u. dgl. m. in die Patentsteuer völlig mit einzugliedern. Aber Frankreich hat sich seit der ersten Revolution wenig zu tieferen Reformen der directen Steuern befähigt gezeigt. Sonst würde man wohl schon längst in der angedeuteten oder einer ähnlichen Weise vorgegangen sein.

d. Die Patentsteuer.

Gesetzgebung (Hauptgesetze). Erstes Gesetz vom 2.—17. März 1791; nach Aufhebung 1793 neu begründet durch Gesetz vom 4. Thermid. III. (22. Juli 1795), erweitert durch Gesetz vom 6. Fructid. IV. (23. August 1796), modificirt durch andere im Jahre V, endgiltig festgestellt durch Gesetz vom 7. Brum. VI. (28. October 1797) und bes. vom 1. Brum. VII. (22. October 1798). Veränderungen durch Gesetz vom 25. März 1817, 15. Mai 1818, 19. Juli 1819. Umfassende Codification, nach vergeblichen früheren Versuchen, und Ausbildung durch das Gesetz vom 25. April 1844, die Hauptgrundlage bis zum Gesetz von 1880. Abänderungen durch Gesetz vom 18. Mai 1850 (Ausdehnung der Steuer auf liberale Berufe u. dgl. m., Tabelle „G"), 10. Juni 1853, 4. Juni 1858, 26. Juli 1860, 2. Juli 1862, 13. Mai 1863, 15. Juli 1866. 2. August 1868, 10. Mai 1869, 27. Juli 1870, 29. März, 16., 23. Juli 1873 (Steuererhöhungen). Nach längeren Vorbereitungen neue Codification durch das Gesetz vom 15. Juli 1880, welches jetzt die Grundlage bildet. S. Perroux-Joppen, No. 307 bis 351, 427—430, Block, dict. Art. patentes, p. 1447. im Suppl. génér. (1878—84).

p. 346 (das neue Gesetz von 1880, hier falsch vom 14. Juli datirt). Bull. VIII, 1 (das Gesetz von 1880). Dejean, code d. nouv. impôts, Par. 1875, 2. éd., p. 166 ff., 212, 213, 313, 407. Amtliche Ausgaben des Gesetzes von 1880, ein Octavband von 257 Seiten, nur das Gesetz, die Tarife und die Nomenclatur der Gewerbe enthaltend! Literatur. In Frankreich meist die allgemeine über directe Steuern. Bibliographie bei Block, dict. p. 673. Daselbst Art. patentes. Stourm. I, ch. 10, p. 275 bis 294, Vignes. I, 52—63, v. Hock, S. 153—157, aus den Tarifen eb. in den Anlagen, S. 617 ff., v. Kaufmann, S. 215—251 (auch grössere Auszüge aus den Tarifen). Statistik besonders bei v. Kaufmann. Faure, p. 79 ff., Bull. VIII, 88 ff. (1859—79). Jährliche Statistik, so XXI, 491 f. 1886; Erträge eb. XX, 219 (seit 1885). Umfassende Statistik der einzelnen eingesteuerten Gewerbe jeder Classe, mit Angabe der bestenerten Miethwerthe, nach den Rollen von 1885, im Bull. XXII, 355—413.

Ueber die Gewerbesteuer im Allgemeinen und besonders über das **Grundprincip** der französischen s. meine Abhandlung directe Steuern, in Schönberg's Handbuch der politischen Oekonomie, 2. A. III, 278 ff., 284.

§. 198. 1. **Character.** Die französische **Gewerbesteuer**, welche den Namen Patentsteuer trägt, ist von den directen Steuern Frankreichs die eigenthümlichste und finanzwissenschaftlich interessanteste, daher wird sie hier auch am Eingehendsten erörtert. Sie ist nicht, wie die drei bisher besprochenen directen, eine Repartitions-, sondern eine **Quotitätssteuer**. Seit ihrer endgiltigen Begründung durch das Gesetz von 1798 (22. October, 1. Brum. VII.) hat sie keine Veränderung ihres eigentlichen Grundprincips, der Besteuerung nach **äusseren Merkmalen der Ertragsfähigkeit**, erfahren. Wohl aber ist sie in immer erneuter legislativer Arbeit auf dieser Grundlage folgerichtig ausgebildet und dadurch erheblich vervollkommnet worden. Sie konnte sich so einigermaassen den grossen technischen und ökonomischen Veränderungen des Gewerbewesens im 19. Jahrhundert anpassen und hat sich in Folge dessen auch von den französischen directen Steuern allein zu starken Erhöhungen behufs Deckung des gewachsenen staatlichen Finanzbedarfs geeignet erwiesen (1872 ff.). Das Entwicklungsprincip der Steuer war: **immer feinere Casuistik in Betreff der „äusseren Merkmale" der Veranlagung**. Dadurch hat sie sich zu einer nach solchen Merkmalen immer sorgfältiger specialisirenden Classen-Gewerbesteuer entwickelt. Was eine Gewerbesteuer dieser Art — und eine Ertrags- oder auch eine directe Steuer dieser Art überhaupt — zu leisten vermag, das leistet die französische Patentsteuer. Ihre Vorzüge wie ihre Schwächen liegen in diesem ihrem steuertechnischen Character begründet.

Die erste Einführung der Patentsteuer erfolgte lediglich aus fiscalischen Rücksichten (§. 168), da die anfängliche Idee, dass die gewerblichen Einkünfte durch die Mobiliarsteuer ausreichend für den

Finanzbedarf mit zu besteuern seien, sich als eine Täuschung erwies. Man verband dann, eigenthümlich genug, die Einführung der Steuer mit derjenigen des Systems der Gewerbefreiheit, indem man Anmeldungen der gewerblichen Unternehmer und Entnahme eines „Patents" für das zu betreibende Gewerbe vorschrieb und für dieses Patent die Zahlung einer Abgabe verlangte. So erklärt sich auch der Name der neuen Gewerbesteuer.

Hiermit war zugleich und auf die Dauer ein erster Grundsatz dieser Steuer, die Vorschrift der Anmeldung des Gewerbebetriebs und damit zur Gewerbesteuerveranlagung, angenommen. Aus der anfänglich geplanten Besteuerung der gewerblichen Einkünfte durch die Mobiliarsteuer entnahm man dann einen zweiten Grundsatz der Patentsteuer: die Besteuerung nach einem Proportionalsatz vom Miethwerth der Räume für den Gewerbebetrieb, in drei progressiven Sätzen von 10, $12^1/_2$ und 15% des Miethbetrags, zunächst noch ohne „festen Satz" (droit fixe). Nach vorübergehender Aufhebung der Patentsteuer (21., 22. März 1793) und einfacher Mit-Unterstellung der gewerblichen Einkünfte unter die Mobiliarsteuer, kehrte man aus specifisch-politischen Motiven der Epoche[1]) 1795 (Gesetz vom 22. Juli, 4. Thermid. III.) zu der Patentsteuer zurück, gestaltete sie aber jetzt anders, nämlich auf der Grundlage von festen Steuersätzen nach (6) Classen von Gewerben und nach der Ortsbevölkerung (4 Classen), doch ohne Proportionalsätze nach der Miethe oder dgl. mehr, womit zwei weitere leitende Grundsätze der Patentsteuer — Besteuerung nach Gewerbegattungsclassen und nach Orts-Bevölkerungsclassen — eingeführt wurden, freilich noch in roher, viel zu wenig specialisirender Form.

Die baldige Fortbildung der Steuer erfolgte dann so, dass die verschiedenen Grundsätze der erwähnten Gesetze, namentlich der Anmelde- und Patentnahmezwang, die Abstufung der „festen" Sätze nach Gewerbegattungen und bei den wesentlich für den Ortsbedarf arbeitenden Gewerben nach Ortsclassen, mit dem Princip der „Proportionalsätze" nach dem Miethwerth — bald der Wohnräume, bald der gewerblichen Localitäten je nach Verschiedenheit der Gewerbe — combinirt wurden, wobei indessen die Casuistik der Classi-

---

[1] S. Stourm, I, 282 ff., auch für weitere Einzelheiten der Entwicklung.

fication immer noch eine wenig entwickelte blieb, u. A. die „Proportionalabgabe" gleichmässig 10% war. (Gesetz vom 6. Fruct. IV. — 23. August 1796 —, 9. Frim. V. — 29. November 1798 -, 1. Brum. VII. — 22. October 1798 —).

So war die Gewerbesteuer als Patentsteuer nach einem Classenschematismus und mit zwei grundsätzlich verschiedenen Steuersätzen, dem „festen Satze" (droit fixe), welcher sich aber nach Gewerbegattungen und eventuell weiter nach Ortsclassen abstufte, und dem „Proportionalsatze" nach dem Miethwerth endgiltig begründet worden.

Die Fortentwicklung in der Gesetzgebung des 19. Jahrhunderts bestand folgerichtig und leicht begreiflich in der weiteren und feineren Ausbildung des Classensystems. Hierbei gelangte man auch, besonders bei der (grossen) Industrie und Handels-, Bank- und dgl. Gewerben, für ein und dasselbe Gewerbe zur Einfügung von „veränderlichen Steuersätzen" nach Merkmalen des Betriebsumfangs einer einzelnen gewerblichen Unternehmung, damit zur Aufstellung von Betriebsumfangs-Classen, sowohl bei Gewerben, welche ohne Rücksicht auf die Grösse der Ortsbevölkerung besteuert werden, als auch bei einer Anzahl von Gewerben, wo ausserdem die „festen Sätze" nach Ortsclassen verschieden sind. Nach früheren Gesetzen und Bestimmungen in dieser Richtung (1817, 1818) kam das ganze System, erheblich verfeinert, in dem Hauptgesetz vom 25. April 1844 zu einem gewissen Abschluss.

Indessen hat man in der eingeschlagenen Richtung immer feinerer Casuistik, daher immer grösserer Specialisirung der Classification und der Steuersätze auch seitdem fortzuarbeiten nicht geruht, so in den oben S. 468 genannten Gesetzen. Dabei sind dann auch, wie übrigens schon in Gesetzen der Revolutionszeit, theils Erleichterungen, Beschränkungen und Ausnahmen, theils Ausdehnungen der Patentsteuerpflichtigkeit erfolgt. Ersteres namentlich in Bezug auf gewisse Kleingewerbe, Letzteres besonders hinsichtlich der „liberalen Professionen" (Gesetz vom 18. Mai 1850). Das neue Gesetz vom 15. Juli 1880 hat dann wieder einen Abschluss gebracht. Die nimmer ruhende ökonomisch-technische Entwicklung bedingt aber, dass jeder solche „Abschluss" doch wieder nur die Bedeutung eines Provisoriums hat. Die Steuerverwaltung arbeitet selbst beständig weiter und bereitet immer neue gesetzliche Veränderungen vor. Eben dadurch passt sich die französische Patentsteuer den Verhältnissen des gewerblichen Lebens immer sorgfältiger an, steigt sie in den Erträgen und erweist sie sich auch in den Steuersätzen selbst steigerungsfähig, im grossen Unterschied namentlich von der Grundsteuer, ihrem hauptsächlichen Seitenstück.

§. 199. 2. Einrichtung der Patentsteuer im Einzelnen.

a) Umfang. Die Steuer trifft im Wesentlichen die „Gewerbe im engeren Sinne", und zwar die gewerblichen Unternehmer als solche für ihr „Gewerbe" mit bestimmten im Gesetz genannten Ausnahmen, aber inbegriffen auch einige in den Tarifen speciell genannte Erwerbsarten (wie die einzeln aufgezählten „liberalen Berufe"), welche gewöhnlich nicht zu den „Gewerben" gerechnet werden.

„Tout individu, Français ou étranger, qui exerce en France un commerce, une industrie, une profession, non compris dans les exceptions determinées par la présente loi, est assujetti à la contribution des patentes" (Art. 1 des Gesetzes von 1850, auch von 1844). Nicht patentsteuerpflichtig sind danach namentlich (Art. 13 des Gesetzes von 1844, Art. 17 des Gesetzes von 1880) folgende wichtigere Classen: die Lohnarbeiter aller Art, auch kaufmännische (Commis), Beamte der gewerblichen Unternehmungen; Künstler, Lehrer, Zeitungsherausgeber; die öffentlichen Beamten; die Landwirthe, als solche, also ausser den selbstwirthschaftenden Eigenthümern auch Pächter, soweit sie nur eigene Ernteproducte verkaufen; die Bergwerksbesitzer für den Bergbau und für den Verkauf der Bergwerksproducte (nicht auch für die Umformung der letzteren, also z. B. für Hüttenwerke); dann einige specielle Kategorien (z. B. Hebammen, Fischer, Marketender, öffentliche Schreiber, Handelsschiffkapitäne, die nicht auf eigene Rechnung fahren, unentgeltlich verwaltete Spar- und Versorgungscassen, autorisirte Gegenseitigkeits-Versicherungsanstalten, Salzteich-Besitzer und Pächter u. a. m.); endlich die im Folgenden noch genannten, gemeinhin zu den „Gewerben" i. e. S. gerechneten gewerblichen Kleinunternehmungen.

Hiernach umfasst die Patentsteuer, im Ganzen ebenso wie die meisten Gewerbesteuern anderer Länder, die regelmässigen grossen Kategorien „gewerblicher" Unternehmung: Handwerk, Manufactur, Fabrikwesen, Hüttenwesen, Handel, Agentur-Commissions-, Geld-, Bank-, Versicherungsgeschäft, Transportgewerbe (auch Eisenbahnen), Gast- und Schankgewerbe, Dienstleistungs-Gewerbe (Theater u. s. w., regelmässige [gewerbsmässige] Zimmervermiethung, chambres garnies), endlich, abweichend von manchen anderen Gesetzgebungen, einige wichtigere Arten liberaler Professionen, die selbständig, nicht im (öffentlichen oder privaten) Dienstverhältniss ausgeübt werden.

Unter den gewerblichen Unternehmungen sind aber einige wegen ihrer ökonomischen Unbedeutendheit oder wegen der gewöhnlichen Dürftigkeit ihrer Betreiber, ausdrücklich für steuerfrei erklärt, einige andere werden wenigstens niedriger als zu den allgemeinen Steuersätzen besteuert: **Kleingewerbe, Handelsgewerbe, Hausirgewerbe, Handwerk, Hausindustrie gewissen geringen Umfangs und gewisser Art.** Befreiungen, welche neben der **socialpolitischen,** zunächst dafür maassgebenden auch eine **steuertechnische** Bedeutung haben, indem dadurch die Zahl der Patentsteuerpflichtigen erwünscht vermindert wird.

Die **Rechtsform** der Unternehmung ist an sich für die Steuerpflicht gleichgiltig, doch bestehen für die Veranlagung der **Erwerbsgesellschaften** einige Specialbestimmungen.

Alle steuerpflichtigen Gewerbe werden in den den **Gesetzen beigefügten Tarifen** und in den zu letzteren gehörigen **Namensverzeichnissen** einzeln in der bestimmten Tarifclasse, unter die sie fallen sollen, aufgeführt. Hier nicht speciell genannte Gewerbe werden durch die Verwaltungsbehörden einstweilen nach Analogie der nächstverwandten des Tarifs veranlagt und betreffende Listen solcher Gewerbe alle 5 Jahre der Legislatur zur Genehmigung vorgelegt (Gesetz von 1880, Art. 4). So bleibt die Besteuerung in Uebereinstimmung mit der Entwicklung des Gewerbewesens.

Die als ein Theil der Tabelle „D" der neueren Gesetze, worin die Proportionalsätze zusammengestellt sind, aufgeführten, seit dem Gesetz vom 18. Mai 1850 patentsteuerpflichtig gewordenen „liberalen Berufe" sind immerhin etwas willkührlich aus der Gesammtheit solcher Berufe herausgehoben. Es gehören dahin jetzt folgende z. Th. hier besser mit den französischen technischen Namen bezeichnete Kategorien, (amtliche Ausgabe S. 68, auch Perroux-Joppen, S. 259, Statistik im Bull. XXII, 413): Aerzte und Personen des Heilberufs (Dr. med., Dr. chir., zahnärztliche Chirurgen, officiers de santé, Thierärzte), Anwälte, Notare und andere mit Rechts- und Gerichtswesen in Verbindung stehende Personen (Advocaten bei den Gerichten, bei dem Staatsrath und Cassationshof, Sachwalter — avoués —, Bevollmächtigte bei den Handelsgerichten, greffiers, huissiers, référendaires au sceau, commissaires-priseurs), Architecten, Civilingenieure, Vorsteher von Schul- und Erziehungsanstalten (Pensionen). Warum andere verwandte Fälle ausdrücklich steuerfrei sind, z. B. (Gesetz von 1850 Art. 17). „Künstler" (Maler, Bildhauer, Stecher, Zeichner, „die als Künstler gelten" — allerdings diese alle nur, wenn sie sich auf den Verkauf ihrer eigenen Kunsterzeugnisse beschränken, ferner dramatische Künstler), dann auch „Professoren der schönen Literatur, der Wissenschaften, der Unterhaltungskünste", sogar Zeitungsherausgeber, ist nicht genügend zu begründen. Die Patentsteuerfreiheit der Beamten und angestellten Angehörigen liberaler Berufe (in einem „Dienstverhältniss") liegt anders. Allerdings werden aber diese letzteren Patentsteuerfreien unzureichend, weil allein durch die Personal- und Mobiliarsteuer und die Thür- und Fenstersteuer und auch hier nicht einmal immer direct, sondern nur eventuell indirect, durch Ueberwälzung, getroffen. Alles ein Beweis, dass der Grundsatz der „Allgemeinheit" und der „Gleichmässigkeit" auch im modernen Frankreich nur mangelhaft durchgeführt ist: ebenso der der Gleichmässigkeit auch bei den patentsteuerpflichtigen liberalen Berufen wegen der Besteuerung bloss nach dem Miethwerth der benutzten Räume (s. u.).

Die **Steuerfreiheiten** und **Erleichterungen** von **Kleingewerben** betreffen namentlich folgende Fälle nach den genannten Gesetzen von 1844, 1853, 1858. 1862, 1868, welche fortschreitend Erweiterungen der Befreiungen brachten, und jetzt nach Gesetz von 1880 (Art. 17): Arbeiter und Handwerker, welche zu Hause oder bei anderen Gewerben ohne Gehilfen (Gesellen) oder Lehrlinge arbeiten, einerlei ob im Auftrage eines Unternehmers oder auf eigene Rechnung und mit eigenen Materialien und ob mit oder ohne Schild oder Laden, wobei aber die mit dem Manne zusammen arbeitende Ehefrau, die mit Eltern zusammen arbeitenden unverheiratheten Kinder, auch ein einfacher Handlanger nicht als Gehilfen oder Lehrlinge gelten; ferner sind befreit Handwerker, die zu Hause mit einem unter 16jährigen Lehrlinge arbeiten, auch die Wittwe, die mit Hilfe eines einzigen Arbeiters oder Lehrlings das Gewerbe ihres Mannes fortsetzt; weiter Personen, die im Umhergehen auf den Strassen u. s. w. Blumen, Zunder, Besen, Gipsfiguren oder Früchte, Gemüse, Butter, Eier, Käse und andere geringe Esswaaren verkaufen; endlich sind noch frei: Schuhflicker, kleine Lumpensammler (mit Hacken), Wasserträger (mit Tragband oder Handwagen), herumziehende Scheerenschleifer, Krankenträger. Besonders durch das Hauptgesetz von 1844 und das spätere von 1858 sind so $^1/_4$ Million Kleingewerbetreibender gegen früher aus der Patentsteuer ausgeschieden. Das letzte Gesetz von 1880 hat in dieser Hinsicht keine erheblichen Aenderungen mehr gebracht.

Steuererleichterungen geniessen alle Personen, welche andere als die vorerwähnten kleinen Artikel, im Umherziehen oder in Buden und Ständen (échoppes und étalages) als Händler verkaufen: sie zahlen nur die Hälfte des Steuersatzes, welchen die Kaufleute für dieselben Gegenstände mit Läden entrichten (Gesetz von 1844, Art. 14, von 1880, Art. 18, mit Ausnahme der Fleischer und anderer Kaufleute, die festen Stand in Hallen und Märkten haben).

Die Associés en commandite sind nicht patentsteuerpflichtig. Die Patente sind persönlich. Bei „sociétés en nom collectif" zahlt nur der Haupttheilnehmer die ganze „feste" Abgabe des Gewerbes, die anderen Theilnehmer zahlen diese Abgabe in gleichen Raten noch einmal (mit einer Maximalgrenze für die Einzelnen, $^1/_{20}$ bei Mitgliedern einer Arbeiterassociation). Die „Proportionalabgabe" wird nur für das Wohnhaus des Haupttheilnehmers und für die Localitäten, welche den allgemeinen Geschäftszwecken dienen, berechnet. (Gesetz von 1880, Art. 20, Abweichungen von diesen Grundsätzen nach Art. 21 für Gewerbe in Tariftabelle C u. B). — Gewerbe und Handel treibende anonyme Gesellschaften zahlen für jedes ihrer Etablissements unter Bezeichnung des Objects der Unternehmung eine einzige feste Abgabe (Gesetz von 1880, Art. 22).

Wer Waaren von Gemeinde zu Gemeinde bringt, wenn auch zum Verkauf auf fremde Rechnung, bedarf eines Hausirpatents der betreffenden Art (mit Packen, Saumthier, Wagen; Gesetz von 1880, Art. 23).

Auswärtige Handelsreisende werden auf demselben Fusse wie französische in dem betreffenden Heimathlande des Reisenden behandelt (eb. Art. 24).

Besondere Bestimmungen gelten für Fälle, wo ein Patentsteuerpflichtiger (patentable) in demselben Etablissement verschiedene Gewerbe ausübt, oder wenn ein solcher mehrere Geschäfte hat (eb. Art. 7, 8, 9).

§. 200. b) Das Classensystem und die Steuersätze darin. In Form, Namen und Einzelheiten der Einrichtung abweichend kommen die Steuerclassen der französischen Patentsteuer doch auf die allgemeinen Unterscheidungen und Classentypen der neueren Classen-Gewerbesteuern hinaus. Es werden nämlich unterschieden:

I. Gewerbe, welche wesentlich für den Ortsbedarf arbeiten, und andere.

II. Bei der erstgenannten stufen sich die „festen" Steuersätze nach einem System von Ortsclassen, gemäss der Bevölkerungsgrösse der Gemeinde, ab, bei den letztgenannten nicht. Das Ortsclassen-Princip beruht mit, nicht allein, auf dem Gedanken, nach der Ortsgrösse den Betriebsumfang, bezw. die Ertrags- und Steuerfähigkeit eines Gewerbes zu bemessen.

III. Sämmtliche Gewerbe sind in Gattungsclassen nach ihrem ganzen ökonomischen Character, namentlich nach ihrer ungefähren einzelwirthschaftlichen Bedeutung und theilweise zugleich in Betriebsumfangs- und Ertragsfähigkeits-Classen (bei ein und derselben Gewerbegattung) gebracht, und zwar zunächst in vier Hauptclassen, wovon die beiden ersten (A und B) in Combination mit, in beiden Fällen übrigens verschiedenen, Ortsclassen, die beiden letzten (C und die Abtheilung liberale Berufe in D) ohne diese Combination. Die weitere Classification innerhalb jeder dieser Hauptclassen ist verschieden eingerichtet, wie in §. 201 und 202 gezeigt wird.

IV. Bei den Gewerben aller Classen, mit Ausnahme von Kleingewerben in Orten unter 20.000 Einwohner in der ersten Hauptclasse (A), wird der Betriebsumfang für die Steuerbemessung der einzelnen zu einer Gewerbegattung gehörigen Unternehmung berücksichtigt und zwar mittelst der, selbst wieder abgestuften, Proportionalabgabe nach dem Miethwerth der Localitäten. Bei gewissen Gewerben, namentlich der dritten Hauptclasse (C), aber auch einzelnen anderen in der zweiten (B), wird ausserdem der Betriebsumfang nach gewissen äusseren Merkmalen desselben bestimmt und die Steuer mit danach bemessen.

V. Die Steuersätze sind sonach dreierlei Art:

1. Ein „fester" Satz (droit fixe), vornehmlich nach der Gattung des Gewerbes, theilweise auch nach dem Betriebsumfang, bei den Gewerben der ersten und zweiten Hauptclasse (A und B) classenweise abgestuft nach der Grösse der Ortsbevölkerung, bei der dritten (C) nicht; bei der vierten, den liberalen Berufen, fehlt der „feste" Satz.

2. Ein proportionaler Satz verschiedener Höhe, nach dem Miethwerth, und zwar regelmässig (mit seltenen Ausnahmen) demjenigen der Wohnung und der etwaigen besonderen gewerblichen Anstalt (des industriellen Etablissements), allgemein bei allen patentsteuerpflichtigen Gewerben. Er dient dem Doppelzweck, der Steuerabstufung nach Gewerbegattungen und nach dem Betriebsumfang des einzelnen Gewerbes derselben Gattung: dem ersteren Zweck, indem der Proportionalsatz bei verschiedenen Gewerbegruppen und mitunter auch bei der Wohnung und der gewerblichen Anstalt (auch wohl den ge-

trennten Verkaufsmagazinen) eine verschiedene Höhe hat; dem zweiten Zweck, indem ein bestimmter Proportionalsatz nach dem genannten Miethwerth ein und dieselbe Gewerbeart in verschiedenem Maasse trifft. Bei den Gewerben, wo der „feste" Satz nach Ortsclassen verschieden ist (A und B), wird der Betriebsumfang daher in zweifacher Weise bei der Bemessung berücksichtigt; bei anderen, besonders der Hauptclasse C, wird dies durch den folgenden Punct unter No. 3 erreicht. Die beachtenswerthe und für das System characteristische Entwicklung war die allmähliche Differenzirung der ursprünglich gleich hohen (10 %) Proportionalabgabe.

3. Ein veränderlicher Satz nach äusseren Merkmalen des Betriebsumfangs bei gewissen Gewerben, namentlich denjenigem der dritten Hauptclasse (C), auch bei einzelnen der zweiten Hauptclasse (B). Durch die verschiedene Normirung der Einheitsbeträge dieses „veränderlichen" Satzes wird ausserdem auch die Gewerbegattung berücksichtigt, also die Classification nach Gattung und Betriebsumfang combinirt.

§. 201. Das Classificationssystem der französischen Patentsteuer gestaltet sich nach den im Vorausgehenden angegebenen Elementen und nach den weiteren Bestimmungen der Gesetzgebung über die Classification dann schliesslich im Wesentlichen folgendermaassen.

Erste Hauptclasse (Tabelle A des Tarifs), die grosse Masse der gewöhnlichen Geschäftsleute, Kaufleute, Gewerbetreibenden, besonders der Arbeiter beschäftigenden Handwerker — „commerçants ordinaires et artisans occupants des ouvriers"; wie sie in der Patentstatistik kurz heissen — daher auch der Zahl nach an $^5/_6$ aller Patentsteuerpflichtigen (gegenwärtig nahezu 1,400,000 oder 84 % aller in 1885) umfassend. Die „festen" Sätze wechseln hier nach einem „Generaltarif" von 8 Gattungs- und, wie bemerkt, (auch zum Theil Betriebsumfangs-) und 9 Ortsclassen (die erste davon Paris). Die Proportionalabgabe ist im Gesetz von 1880 wieder etwas ermässigt, im Principal regelmässig — „vorbehaltlich die Ausnahmen" — $1/_{20}$ bei Gattungsclasse 1—3, $1/_{30}$ bei Gattungsclasse 4—6 und $1/_{60}$ bei Gattungsclasse 7 und 8 des Miethwerths der Wohnung und der gewerblichen Anstalt. Sie entfällt jedoch in beiden letzteren Classen (7 und 8) in den 4 untersten Ortsclassen (d. h. in denen mit Bevölkerung unter 20,000 Einwohnern).

Die Classification nach Gewerbegattungen kann man genau nur aus den umfangreichen Tarifen und Nomenclatur-Tabellen selbst entnehmen. Die jüngst veröffentlichte Statistik (Bull. XXII, 360 ff.) giebt dabei noch einen besseren Einblick in das characteristische Einzelne. Bei einer blossen Zusammenfassung und Hervorhebung des Hauptsächlichen ergibt sich zur Characterisirung der Gattungsclassen etwa Folgendes (nach der Einleitung zu der genannten Statistik, Bull. XXII, 354, etwas eingehender Kaufmann, S. 233—235): 1. Classe die meisten Grosshändler (d. h. welche an andere Händler, Halbgrosshändler und Kleinhändler verkaufen); 2. Classe die meisten Halbgrosshändler (d. h. welche an Kleinhändler und an das Consumentenpublicum verkaufen); 3. Classe gewisse Gross- und Halbgrosshändler, welche kleinere Reinerträge als die in Classe 1 und 2 zu erzielen scheinen, auch einige Kleinhändler u. dgl., die von grösserer Bedeutung als die Geschäfte der folgenden Classen (z. B. Conditoreien, Juwelen- und Bijouteriehandel, Verlagsbuchhandel, grössere Schneider, Läden für Kleidungsstoffe); 4., 5. und 6. Classe Kleinhandel und Gewerbe (Handwerk) mit Handelscharacter; 7. und 8. Classe kleine Handwerker u. dgl., besonders zu Hause für fremde Unternehmer (Meister) arbeitende, geringer Kleinhandel u. dgl. Die Vertheilung der verschiedenen Gewerbe und auch desselben Gewerbes verschiedenen Characters, Umfangs und muthmaasslichen Ertrags in die Classen ist sicher mit grossem Sachverständniss, feinem Tact und nach vielfachen „ungefähren" Erfahrungsthatsachen in Betreff der Bedeutung und Einträglichkeit der Geschäfte gemacht (z. B. bei den Gast- und Schankgewerben unter Berücksichtigung der Art des Betriebs, des Besitzes von Billards oder nicht u. dgl. m., so u. A. Weinhändler en gros, in Classe 1, Weinhändler en détail, die gewöhnlich ausser Haus nach Körben oder Flaschen verkaufen, in Classe 4, Weinhändler en détail, die bei sich verschenken und Billard halten, in Classe 5, ebensolche, aber ohne Billard, in Classe 6, Verkäufer von Wein, Cider, Bier „au petit détail" in Classe 7). Das Fragliche bleibt nur immer, ob diese in der Richtung gewiss richtigen Abstufungen auch dem Maasse nach allgemein, in Betreff der Gattungen und vollends einzeln, in Betreff der einzelnen Geschäfte jeder Gattung, zu einer richtigen Verhältnissmässigkeit der Steuer führen? Der kritische Punct in dieser ganzen Besteuerungsmethode „nach äusseren Merkmalen"! (S. u. §. 205).

Der jetzige Classen- und Ortstarif (für das Principal) ist der folgende:

Gattungs-classen	Paris 1. Frcs.	Ueber 100,000 2. Frcs.	50,001 bis 100,000 3. Frcs.	30,001 bis 50,000 4. Frcs.	20,001 bis 30,000 5. Frcs.	10,001 bis 20,000 6. Frcs.	5001 bis 10,000 7. Frcs.	2001 bis 5000 8. Frcs.	unter 2001 9. Frcs.
1.	400	300	240	180	120	80	60	45	35
2.	200	150	120	90	60	45	40	30	25
3.	140	100	80	60	40	30	25	22	18
4.		75	60	45	30	25	20	15	12
5.		50	40	30	20	15	12	9	7
6.		40	32	24	16	10	8	6	4
7.		20	16	12	8	8	5	4	3
8.		12	10	8	6	5	4	3	2

In Classe 7 und 8 entfällt, wie bemerkt, von Ortsclasse 6 incl. an abwärts die Proportionalabgabe.

Die Bevölkerung der Gemeinde wird nach der letzten Volkszählung und nach dem Decret darüber berechnet, wie bei der Thür- und Fenstersteuer, daher im Allgemeinen unter Abzug der Militär- und der Anstaltenbevölkerung (Perroux-Joppen, No. 33, s. o. S. 465). Unterschieden wird dabei in Gemeinden mit einer Gesammtbevölkerung von über 5000 Einwohnern, ob der Gewerbetreibende in dem zusammenhängend gebauten Theile der Gemeinde (partie agglomérée) oder ausserhalb dieses Theils in der Gemeinde sein Gewerbe betreibt. Im ersten Falle richtet sich die Steuerstufe nach der Ortsclasse, in welche die Gemeinde nach ihrer Gesammtbevölkerung gehört, im zweiten Falle nach der Classe, in welche sie nach der Zahl der nicht zusammenhängend wohnenden Bevölkerung gehören würde (Gesetz von 1880 und von 1844, Art. 6). Bei dem Uebergang einer Gemeinde nach einer neuen Zählung in eine höhere Ortsbevölkerungsclasse ist der höhere feste Ortsclassensatz in den ersten 5 Jahren nur zur Hälfte zu zahlen (eb. Art. 5).

Zweite Hauptclasse (Tab. B): die „hauts commerçants" der Patentsteuerstatistik, eine verhältnissmässig kleine Anzahl solcher Gewerbe (ca. 16—17,000 gegenwärtig, oder ca. 1 % aller), welche im Allgemeinen für wichtiger und durchschnittlich steuerfähiger als diejenigen der ersten Classe gelten, z. B. Wechselagenten, Banquiers, Wechselstuben (für Geschäfte in Werthpapieren), gewisse Commissionäre, grössere Kaufleute (négociants), Makler, Seeversicherer, grössere Verkaufsmagazine, Droschken-, Omnibus-Unternehmungen u. dgl. m. Diese Geschäfte unterliegen deshalb einem Specialtarif mit höheren Sätzen, welche wieder nach Ortsclassen, aber nach solchen grösseren Bevölkerungs-Spielraums, als in Classe A, und ausserdem mehrfach nach Merkmalen, welche für das Domicil wichtig sind — so Vorhandensein oder Fehlen eines Entrepots — und nach Merkmalen des Betriebsumfangs abgestuft sind. In letzterer Hinsicht besteht daher das Princip „veränderlicher" Sätze, wie in der dritten Hauptclasse (C) auch hier. Die „festen" Sätze sind regelmässig erheblich höher als auch für die ersten Unterclassen in Hauptclasse A, die Proportionalabgabe auch, regelmässig früher $1/15$, jetzt $1/10$.

Der Tarif auch bei Kaufmann, S. 236 ff. Die Statistik von 1885 führt 31 Kategorien von Gewerben auf, innerhalb deren die Ortsclassensätze und z. Th. die veränderlichen Sätze wieder vielfach verschieden sind. Die Ortsclassen weichen nicht nur von denen der Classe A ab, sondern sind auch hie und da unter den verschiedenen Kategorien der Classe B wieder etwas verschieden. In der Regel bestehen höchste Sätze für Paris, dann Ortsclassen von über 100,000, 50,001—100,000, 30,001—50,000, 15,001—30,000 und 15,000 Einwohnern und darunter, mehrfach in Combination mit dem Umstand, ob der Ort des Domicils mit oder ohne Entrepot und mit höherer Steuerstufe im ersteren Falle. Die kleineren Landstädte sind also meistens mit den Landgemeinden in Eine unterste Classe vereinigt. Beispiele von festen Sätzen, Ortsstufen und veränderlichen Sätzen nach Merkmalen des Betriebsumfangs sind: Banquiers in Paris 2000 Frcs., in den 5 genannten Ortsclassen 1000, 500, 400, 300, 200 Frcs. (mit Modificationen der zweit- und drittletzten Classe nach dem Moment des Entrepots), dann für jeden angestellten Commis u. dgl. über 5 hinaus, ebenfalls abgestuft nach denselben Ortsclassen, je 50, 40, 25, 20, 15, 10 Frcs.; bei Banquiers, welche Emissionsgeschäfte für fremde Länder betreiben, Zinszahlstellen dafür haben, erhöhen sich die „festen Sätze" um die Hälfte; bei Grosskaufleuten feste Ortssätze von 500 (Paris), 400, 300, 200, 150, 100 Frcs. und Commissätze (wie o.) von 25, 20, 15, 10, 8, 5 Frcs.; bei Droschken- und dgl. Lohnfuhrunternehmungen Orts- und Betriebsumfangssätze nach Zahl und Wagen, bei Omnibusunternehmungen desgleichen nach Zahl der Plätze in den Wagen. Die neuere Gesetzgebung hat im Allgemeinen die Sätze der Classe B, um sie der durchschnittlich grösseren Leistungsfähigkeit dieser Classe anzupassen, nicht unwesentlich erhöht, was sich am Deutlichsten im Durchschnittssteuersatz eines Patentsteuerpflichtigen ausdrückt: 1880 364.78, 1882 462.85 Frcs., während dieser Satz in Classe A etwas gesunken (bez. von 37.48 auf 34.93 Frcs.) und bei den zwei anderen Classen auch nur wenig gestiegen ist (Classe C 75.43 und 83.25, Classe D, liberale Berufe, 46.55 und 49.75). Die Steuerlast ist hier immerhin etwas mehr auf die stärkeren Unternehmungen des Privatcapitalismus geschoben worden. Ob genügend? Die ob auch nur wenigstens gleich hohe proportionale Besteuerung (im Verhältniss zum Reinertrag) der wichtigeren Grossgeschäfte im Vergleich mit den kleineren ist ein besonders misslicher Punct der modernen „rationellen" Gewerbeclassensteuern nach der Methode der Veranlagung nach äusseren Merkmalen.

§. 202. **Dritte Hauptclasse (Tab. C).** Hierhin gehören namentlich **industrielle Unternehmungen (Fabriken, Manufacturen und dgl., Hüttenwerke),** doch auch eine Anzahl anderer, so grössere Transportunternehmungen (Eisenbahnen, Dampfschiffe), Versicherungsgesellschaften (auf Erwerb), die grössten Banken (u. a. die Französische), Bankactiengesellschaften überhaupt, Militärlieferanten, Theater, Concertunternehmungen u. dgl. m., einzelne mehr commercielle Geschäfte, endlich namentlich der **Hausirhandel**, also doch manche Kategorien und Fälle, deren Einstellung in diese Abtheilung statt in A oder B auf einer gewissen Willkühr beruht. Die Zahl der Patentpflichtigen dieser Hauptclasse hat nach dem letzten Gesetz von 1880 etwas abgenommen, sie beträgt gegenwärtig nicht ganz 200,000 oder etwa $1/7$ der Classe A und nahezu 12% der Gesammtzahl. Die **Bevölkerungsgrösse der Gemeinde wird hier nicht berücksichtigt.** Die betreffenden Unternehmungen sind wieder in 5 Specialclassen eingereiht. Für jede derselben ist namentlich die **Proportionalabgabe** verschieden, theils nach der Höhe ihres Satzes, theils nach dem Umfang der Localitäten, auf die sie sich bezieht (Wohnung, industrielles Etablissement, getrennte Verkaufsmagazine, mit mehrfach nach diesen Kategorien wiederum verschiedenen Proportionalsätzen). Die einzelnen Unternehmungsarten jeder Specialclasse unterliegen meistens wieder bestimmten „festen" (Einheits-) Sätzen, zu denen dann „veränderliche" Sätze nach Merkmalen des Betriebsumfangs treten. Bisweilen fehlen die festen Einheitssätze ganz und werden nur solche „veränderliche" Sätze erhoben. Beachtenswerth und characteristisch gerade für das französische Gewerbesteuersystem, im Unterschied auch von verwandten Systemen anderer Länder (so der deutschen Staaten) ist es, dass man sich bei der Wahl solcher „äusseren Merkmale" **fast ausschliesslich auf solche beschränkt hat, welche den Arbeitsfactor oder den Factor der Maschine, des Apparats** u. dgl. m. darstellen, daher nicht den Ertrag, sondern nur die Ertragsfähigkeit eines Gewerbes erkennen lassen und ohne besonderes Eindringen in die privaten Vermögens- und Erwerbsverhältnisse zu constatiren sind: Arbeiterzahl, Maschinenart und Grösse, Ofenraum, Gefässgrösse u. dgl., unter Ausschluss von Menge der verbrauchten Roh- und Hilfsstoffe, der erzeugten Fabrikate, des benutzten Kapitalbetrags, der wirklich erzielten Erträge. Nur in wenigen Fällen wird nach dem „Kapital" (so bei Bankactiengesellschaften) oder nach dem Ertrag (bei Theatern u. dgl.) die Steuer bemessen.

Auch für diese Classe Tarifproben bei Kaufmann, S. 241 ff. Nur die Tariftabelle selbst giebt natürlich vollen Einblick. Die Normirung der „festen" Sätze und, was practisch hier wichtiger ist, die Abstufung der Proportionssätze und die Einreihung der Gewerbe in die fünf Specialclassen, sowie die Bestimmung der Betriebsumfangs-Merkmale für die „veränderlichen" Sätze und die Bemessung der letzteren ist sicher wieder mit grossem Geschick vorgenommen worden. In den allmählich hier eingetretenen Aenderungen offenbart sich das Streben, die Gesammtpatentsteuer einer Unternehmung mit der Entwicklung der technischen und ökonomischen Verhältnisse und mit derjenigen der „Leistungsfähigkeit" möglichst in Einklang zu halten. Aber das unvermeidlich Willkührliche des ganzen Systems tritt doch überall entgegen und die grosse Frage bleibt immer: wie weit eben die verschiedenen Gewerbegattungen dieser Classe C unter sich und verglichen mit denjenigen der Abtheilungen A und B, ferner wie weit die verschiedenen einzelnen Unternehmungen derselben Gewerbegattung bei diesem Verfahren in richtiger Verhältnissmässigkeit besteuert werden. Die Modificationen bei der Anwendung eines der Besteuerungsprincipien in solchen Fällen, wo die Anwendung zu Härten führen könnte, enthalten wiederum ein an sich richtiges Individualisirungsmoment, aber zugleich doch abermals etwas Willkührliches.

Unter den „veränderlichen" Sätzen nach Betriebsumfangs-Merkmalen ist derjenige, welcher sich nach der Arbeiterzahl richtet, der häufigste, im Allgemeinen bei denjenigen Manufacturen und Fabriken in Anwendung, bei welchen der „Arbeitsfactor" vor statt des „Maschinenfactors" u. dgl. noch zur Vorrang für die Ertragsfähigkeit behauptet. Die Steuer eines Gewerbes steigt dann mit jedem Arbeiter um einen bestimmten Satz (früher in der Regel 3 Fres., nach Gesetz von 1880 meist höher, am Häufigsten 4 Fres., aber auch 2, $2^{1}/_{2}$, 3, $3^{1}/_{2}$, 5, 6, 7, selbst 10 Fres.). Dabei werden Arbeiter unter 16 und über 65 Jahre nur zur Hälfte gerechnet (Gesetz vom 4. Juni 1858, Art. 10, Gesetz von 1880, Art. 10). Die Tariftabelle bestimmt genau in allen einzelnen Fällen, wo der „veränderliche" Satz sich nach der Arbeiterzahl, wo nach anderen, sachlichen Betriebselementen, Maschinenzahl, Apparaten u. s. w. richtet. Und zwar wird regelmässig entweder nach der Arbeiterzahl oder nach solchen sachlichen Factoren die Steuer bemessen, bei der üblichen Betriebstechnik, nicht nach beiden zugleich. Die früher hier und auch bei einigen anderen Betriebsmerkmalen geltenden Maxima (der nach dem Merkmal sich richtenden Gesammtabgabe) sind seit 1872 (Gesetz vom 24. März 1872, Art. 2) beseitigt, womit eine Begünstigung des Grossbetriebes fortgefallen ist.

Beispiele von „sachlichen" Merkmalen für die Bestimmung der „veränderlichen" Sätze sind: Lastengehalt bei Schiffen, Geschäftsumfang der Militärlieferanten, Ofeninhalt bei gewissen Fabrikationen (Gips, Kalk), Ofenzahl, Feueressen, Braupfannengrösse (bei Brauereien), zurückgelegte Wegelänge und Wagengrösse (Diligencen beides, Eisenbahnen ersteres); bei verschiedenen Industrien, Hüttenwerken, Spinnereien, Zwirnereien, Webereien, Zeugdruckereien, Drahtziehereien, Mühlen, Papierfabriken, Porcellanfabriken, Brennereien u. s. w. dient gewöhnlich das für die Technik des Betriebes characteristische und wichtigste Betriebsmerkmal als Grundlage für den veränderlichen Satz (z. B. die Zahl der Spindeln, der Webstühle, der Drucktische, der Walzenpaare, der Inhalt der Gährbottiche u. dgl. m.).

Hausirer werden nach Transportart (Packen, Lastthiere, Wagenart, 1, 2- und mehrspännig), dann nach Wagenzahl besteuert; Hausirer bloss mit gewissen gemeinen Waaren (Besen, Korbwaaren, irden Geschirr u. dgl.) nur zur Hälfte der sonstigen Sätze, ebenso bei Eselgespann und bei Hausiren im Umkreise von 20 Kilometer. Die bloss ausnahmsweise Berücksichtigung des Kapitalbetrags selbst (bei Bankactiengesellschaften) hat bei dem Princip der „Oeffentlichkeit" für solche Unternehmungen, ähnlich die Besteuerung nach gewissen Erträgen (Theater, Concerte) nach der Notorietät der Ertragsverhältnisse keine Schwierigkeit und nichts Lästiges. Eine allgemeine Pflicht, der Steuerverwaltung Einsicht in die Waaren-

Empfangs- und Expeditionsregister zu gewähren, besteht für Eisenbahnen, Fluss-, See- und Landtransportunternehmungen, Entrepots- und Magazinverwaltungen (Gesetz von 1880, Art. 37).

Die Proportionalabgabe fügt sich in dieser Classe den Verhältnissen des Betriebs und der Leistungsfähigkeit besonders fein an, in Sätzen seit 1880 von $\frac{1}{20}$ (früher von $\frac{1}{15}$) bis $\frac{1}{60}$, mit sachgemässen Unterscheidungen von Wohnung, industriellem Etablissement, davon getrennten Verkaufsmagazinen, wobei die Sätze theils nach diesen Verschiedenheiten der Localitäten verschieden hoch sind, theils nur die eine oder andere Art der Localitäten treffen, z. B. in der 5. Specialclasse nur die Wohnung ($\frac{1}{20}$).

Vierte Hauptclasse (eine Abtheilung der den Proportionaltarif enthaltenden Tab. D): nur die oben (S. 473) genannten „liberalen Berufe", die keinen „festen" Steuersatz haben, sondern bloss der Proportionalabgabe für ihre Privatwohnung zu $\frac{1}{15}$ unterliegen. Hier nimmt die Patentsteuer daher ganz den Character der Miethsteuer an und erscheint je nachdem als eine Verbrauchs- oder als eine Einkommensteuer dieser Berufsclasse, wobei die richtige Verhältnissmässigkeit der Besteuerung unter den einzelnen Steuerpflichtigen gerade dieser Classe und im Vergleich mit denjenigen der anderen Classen freilich zweifelhaft genug bleibt.

Die Proportionalabgabe aller Patentsteuerpflichtigen ist durch die Tab. D im Anhang zu dem Gesetze für die einzelnen Classen und Unterclassen normirt. Sie enthält jetzt Sätze von $\frac{1}{10}$, $\frac{1}{15}$, $\frac{1}{20}$, $\frac{1}{30}$, $\frac{1}{40}$, $\frac{1}{50}$, $\frac{1}{60}$, also eine grosse Differenzirung und im Allgemeinen eine Ermässigung gegen den ursprünglichen Einheitssatz von 10%. Die kapitalkräftigeren und ertragsfähigeren Unternehmungen, bezw. Gewerbegattungen mit höherem Proportionalsatz, die anderen mit niedrigerem, die schwächsten am Niedrigsten zu belegen oder auch ganz zu befreien, ist das leitende Princip dieser Differenzirung der Sätze. Ob das auf diese Weise richtig erreicht wird, steht wieder dahin.

Die Grundlage der Proportionalabgabe ist der Miethwerth (valeur locative) des Wohnhauses wie der verschiedenen und verschiedenartigen, zur Ausübung des steuerpflichtigen Gewerbes dienenden Localitäten (Gesetz von 1844, Art. 9, Gesetz von 1880, Art. 12). Er wird nach authentischen Miethverträgen oder nach gehörig registrirten wörtlichen Erklärungen oder durch Vergleich mit anderen Localitäten, deren Miethwerth bekannt ist, festgestellt, bei Fabriken u. dgl. für diese als Ganzes genommen und mit ihren materiellen Productionsmitteln (also z. B. Maschinen) ausgestattet. Hierdurch wird die Proportionalabgabe in Einklang mit der Bewegung der Miethwerthe gehalten, also in der Regel ertragsreicher werden. Nähere Bestimmung über das, was als steuerpflichtiges „Wohnhaus" gilt, über die örtliche Lage der steuerpflichtigen Localitäten in Art. 14 des Gesetzes von 1880.

§. 203. c) Weitere Einzelheiten der Einrichtungen. Von solchen sind als bemerkenswerth etwa noch folgende hervorzuheben.

α) Die Steuer wird jährlich veranlagt. Dieser Umstand, in Verbindung mit dem Quotitätssteuercharacter der Patentsteuer und mit dem System der Proportional- und der veränderlichen Sätze, bedingt, gegenüber den drei anderen grossen directen Steuern, als Repartitionssteuern, besonders gegenüber der Grundsteuer, die grössere Beweglichkeit und Steigerungsfähigkeit der Erträge. Fiscalisch ein Vortheil, vom Standpunct der richtigen Vertheilung der directen Besteuerung etwas nicht Unbedenkliches.

β) Der Steuerpflichtige muss stets auf Anforderung der Behörde sein Patent vorweisen können. Gewerbebetrieb ohne Patent ist strafffällig und zieht unmittelbar Verfolgung nach sich. (S. Gesetz von 1880, Art. 32, 33). Frühere schärfere Bestimmungen. u. A. über Denunciantenantheile der Patentinhaber gegen steuerpflichtige, patentlose Gewerbetreibende in den Gesetzen der Revolutionszeit, dann über die Pflicht steter Erwähnung des Patents bei gerichtlichen Schritten und bei öffentlichen gewerblichen Anzeigen sind beseitigt worden.

γ) **Die Steuer wird für das ganze Jahr** von allen geschuldet, die im Januar das steuerpflichtige Gewerbe betreiben. Doch erfolgt auf Antrag Uebertragung des Patents an denjenigen, welchem ein steuerpflichtiges Gewerbe cedirt wurde. Nur bei **Schluss des Gewerbes** in Folge von Tod oder Fallissement wird auf Reclamation vom folgenden Monat an die Steuer erlassen. Im Tarif des Jahres begonnene Gewerbe werden vom Monat der Eröffnung an steuerpflichtig. Ebenso treten die Erhöhungen der festen und der Proportionalsätze ein, wenn ein Steuerpflichtiger ein mit höherem festen Satz belastetes Gewerbe übernimmt oder sein Gewerbe in eine Gemeinde mit höherem Ortssatz überträgt oder Locale mit höherem als den Miethwerth der früher benutzten gebraucht. (Gesetz von 1880, Art. 28). Dagegen werden Veränderungen des Miethwerths desselben Locals oder der Merkmale, nach denen sich die veränderlichen Sätze richten, erst bei der neuen Veranlagung, also vom folgenden Jahre an, regelmässig, wie es scheint, nach dem Stande zur Zeit der Veranlagung, berücksichtigt. Die Patentsteuer ist wie die anderen directen Steuern in Zwölfteln, also in Monatsraten fällig. Doch müssen **Hausirer** und überhaupt Gewerbetreibende, deren Gewerbe nicht an einem festen Orte ausgeübt wird, die ganze Steuer auf einmal bei Auslieferung des Patents zahlen. (Gesetz von 1880, Art. 29; ebenso bei Wohnungswechsel ausserhalb des Erhebungsbezirks, eb. Art. 30).

δ) Die Patentformulare sind jetzt **stempelfrei** (Gesetz vom 4. Juni 1858, früher 1½ Frcs. Stempel p. Patent nach Gesetz von 1844). Dafür werden aber allgemeine **Zuschlagcentimen** zum Principale erhoben, deren Betrag jährlich das Finanzgesetz feststellt. Ferner werden 5% Zuschläge zum Principale und zu den ordentlichen und ausserordentlichen Departemental- und Communalzuschlägen erhoben zur **Deckung der Entlastungen, Herabsetzungen, Erlasse, Ermässigungen, und zur Bestreitung der Druck- und Expeditionskosten der Patentformulare** (Gesetz von 1880, Art. 31, 36). Von dem Principalsatz der Patentsteuer fliessen aber nur 92% in die Staatscasse, 8% in die Casse der Gemeinde, wo das Gewerbe steuerpflichtig ist, eine Bestimmung, durch welche man gerade bei einer solchen Quotitätssteuer glaubte das Interesse der Communalverwaltung an richtiger Veranlagung der Censiten anregen zu sollen und zu können. Ob das mit Erfolg hierdurch geschieht, vermag ich nicht anzugeben.

ε) Die Patentsteuer hat nach dem letzten Kriege allein von den directen Steuern Steigerungen, namentlich erhebliche **Erhöhungen einiger ihrer Sätze und allgemeine ausserordentliche Zuschläge** zu Gunsten der Staatscasse erfahren. So wurde durch Gesetz vom 29. März 1872 Art. 1 (jetzt als Art. 8 im Gesetz von 1880) die frühere mässigere Besteuerung eines „patentable", welcher mehrere Etablissements, Läden, Magazine derselben Art oder verschiedener Arten besitzt und betreibt und im Gesetz von 1844 bloss einen einzigen Steuersatz, nach den Gesetzen vom 18. Mai 1850 und 4. Juni 1858 ausserdem für die Zweiggeschäfte je einen halben Steuersatz zu entrichten gehabt hatte, jetzt in die volle Besteuerung nach Massgabe aller seiner Geschäfte verwandelt. Dasselbe Gesetz v. 1872 beseitigte die Maxima, welche die Summe der „veränderlichen" Sätze nach Betriebsmerkmalen erreichen durften (Art. 2). Ferner wurde der Proportionalsatz nach dem Miethwerth für die erste Unterclasse der Hauptclasse A und für die ganze Hauptclasse B von $\frac{1}{15}$ auf $\frac{1}{10}$, für die 2. und 3. Unterclasse von A von $\frac{1}{25}$ auf $\frac{1}{15}$ schon von 1. April 1872 an erhöht (Gesetz vom 29. März 1872, Art. 4). Dann folgte bald die Auflegung eines allgemeinen ausserordentlichen Zuschlags von 60% zum Principal für das Jahr 1873 (Gesetz vom 16. Juli 1872), wovon bloss die 7. und 8. Unterclasse der Hauptclasse A in Orten unter 20.000 Einwohnern und diejenigen übrigen Patentablen, welche nicht mehr als 8 Frcs. Principal zahlten, befreit blieben. Von 1874 an wurden diese 60% auf 43 herabgesetzt, (Gesetz vom 24. Juli 1873), erst von 1880 an (Finanzgesetz für 1880 vom 30. Juli 1879, Art. 1) auf 20%. Das Patentgesetz von 1880 brachte dann auch wieder Ermässigungen der Proportionalabgabe, so für die ersten 3 Classen von A von $\frac{1}{10}$, bez. $\frac{1}{15}$ auf $\frac{1}{20}$ (wie vor 1872, wo Classe 1 aber schon $\frac{1}{15}$ gezahlt hatte). So betrugen die Zuschlagcentimen für allgemeine Zwecke bis 1872 15.5, dann 1873 79.6, 1874—1880 62.6, 1880 ff. 39.6%, neben solchen für Departements, 1872 27.5, allmählich bis 1884 auf 32.1%, steigend, und solchen für Gemeinden, die von 29.5 auf 38.6 stiegen (s. Faure, Tab. S. 81). Zur vergleichsweisen Beurtheilung der Patentsteuer und der anderen directen Steuern ist diese grössere „Tragfähigkeit" der ersteren immerhin beachtenswerth.

β) Die Veranlagung der Steuerpflichtigen und die Aufstellung der Steuerrollen erfolgt jährlich durch die Controleure der directen Steuern gemeindeweise, unter Assistenz des Maire oder eines Delegirten desselben, die bei abweichender Meinung dies in der Rolle vermerken. Die Rolle wird dann 10 Tage lang im Secretariat des Maire zur Kenntnissnahme der Interessenten aufgelegt, von letzteren dem Maire etwaige Einwendungen kundgegeben, dann wird nach neuen 10 Tagen die Rolle vom Maire, mit dessen Bemerkungen, dem Director der directen Steuern (früher zunächst dem Unterpräfecten und mit dessen Bemerkungen jenem Director) überreicht. Letzterer stellt die unbestrittenen Sätze fest, hinsichtlich der bestrittenen berichtet er dem Präfecten. Wenn dieser dem Director nicht beistimmt wird an den Finanzminister berichtet. Der Präfect setzt dann die Rolle fest und macht sie vollstreckbar (Gesetz von 1844, Art. 20, von 1880, Art 25, etwas abweichende Bestimmungen für Paris).

γ) Reclamanten gegen die ihnen aufgelegten Steuersätze können durch Vorlegung von Gesellschaftsacten, ordnungsmässig geführten Journalen und Handelsbüchern und anderen Documenten ihre Reclamationen zu begründen suchen (Gesetz von 1880, Art. 26). Reclamationen um Entlastung oder Herabsetzung und Bitten um Erlass oder Ermässigung (s. o., §. 181) gehen an den Maire und werden im Uebrigen wie bei den anderen directen Steuern behandelt (eb. Art. 27).

§. 204. 3. Zur Statistik. Der Ertrag der Patentsteuer hat sich seit 1838 folgendermaassen entwickelt in Mill. Frcs. (Bull. XX, 219).

	Principal f. Staat, (ohne die 8% für Gemeinden) nebst allgem. Zuschlägen.	Für Departements nebst Zuschlägen f. Ausfälle etc.	Für Gemeinden nebst Zuschlägen, incl. die 8% v. Principal.	Summe.
1838	31.00	2.44	3.68	37.12
1844	37.86	4.18	5.64	47.67
1845 (neues Ges.)	36.90	4.21	5.40	46.51
1848	37.69	5.01	6.25	48.94
1849	36.00	5.50	6.65	48.11
1870	73.14	17.76	21.45	112.35
1871 (ohne Elsass)	68.45	17.88	21.75	108.07
1872	76.70	18.20	25.25	120.14
1873	130.88	21.18	29.19	181.24
1874	119.26	21.32	30.76	171.33
1879	128.40	24.34	38.22	190.96
1880	103.78	23.56	37.26	164.61
1885	106.91	26.32	38.68	171.92

Von 1819—1870, von 1874—1879, von 1880—1885 ist die Steigerung des Principals u. s. w. ununterbrochen, ein Beleg für die Entwicklung der Steuererträge in Verbindung mit dem gewerblichen Leben (genaueres Detail nach Zwecken der Erträge bei Faure, S. 79 ff. Der „Kriegszuschlag" brachte 1873 45.41, 1874 32.88, 1879 35.41, 1880 15.61, 1885 16.62, 1887 16.43 Mill. Frcs.).

In die Zahl der Steuerpflichtigen, deren Vertheilung auf die 4 Hauptclassen, die Steuererträge der letzteren und die Zusammensetzung derselben aus den „festen" und den „proportionalen" Abgaben, die Durchschnittsbelastung eines Patents jeder Classe und die Bewegung der zur Bemessung der Proportionalabgabe dienenden Miethwerthe giebt folgende tabellarische Uebersicht einen Einblick. Sie ist nach dem Materialien in Bull. VIII, 88—111 und den „jährlichen Statistiken" in Bull. (spec. IX, 313, XI, 323, XXI, 491) zusammengestellt und enthält nur die Daten für characteristische Jahre, nach den politischen Verhältnissen (1870—71) oder nach Aenderungen der Gesetzgebung (1880—81). Besonders der Einfluss des Gesetzes von 1880 ist beachtenswerth. Die Ertragszahlen und Belastungsziffern betreffen nur das Principale. (Vgl. auch die Daten bei v. Kaufmann, S. 248—251, die zum Theil etwas ausführlicher sind).

	1859	1870	1871	1880	1881	1886
Zahl der Steuerpflichtigen (s. u.).						
Cl. A	1,188,918	1,222,591	1,110,421	1,353,987	1,353,376	1,402,408
„ B	11,513	14,670	13,008	16,239	16,267	16,570
„ C	185,479	197,941	184,099	221,566	204,107	194,699
„ D	52,012	51,965	48,840	49,754	49,907	50,871
Summa	1,437,922	1,487,167	1,386,368	1,641,546	1,623,657	1,664,548
Mittlerer Betrag für 1 Patent, in Frcs.						
Cl. A	25.56	38.17	38.15	37.48	34.48	36.38
„ B	295.45	322.85	318.90	364.78	453.28	434.70
„ C	57.01	64.37	63.23	75.43	79.71	87.33
„ D	27.42	34.77	34.55	46.55	48.56	54.54
Zusammen	34.34	44.35	44.01	46.11	44.80	46.86
Ertrag des Principals in den Classen, in Mill. Frcs.						
A. feste Abgabe	17.72	21.77	20.15	21.62	23.19	24.39
„ proport. Abg.	16.24	24.90	23.39	29.12	23.47	26.63
„ zusammen	33.96	46.67	43.54	50.74	46.66	51.02
B. feste Abgabe	2.10	2.68	2.21	2.47	3.71	3.36
„ proport. Abg.	1.31	2.11	1.93	3.46	3.67	3.84
„ zusammen	3.47	4.74	4.15	5.92	7.37	7.20
C. feste Abgabe	5.18	5.66	5.03	8.14	8.85	8.79
„ proport. Abg.	5.39	7.08	6.61	8.57	7.42	8.21
„ zusammen	10.58	12.74	11.64	16.71	16.27	17.00
D. proport. Abg.	1.43	1.81	1.69	2.32	2.44	2.77
Sa. feste Abg.	25.01	30.06	27.39	32.24	35.75	36.53
„ proport. Abg.	24.47	35.90	33.63	43.46	37.00	41.46
„ im Ganzen	49.38	65.95	61.02	75.69	72.74	78.00
Miethwerthe für die proport. Abgabe, Mill. Frcs.						
Cl. A	354.85	552.89	519.57	680.41	687.74	785.88
„ B	21.47	32.82	28.83	41.43	41.59	44.84
„ C	182.09	228.32	211.59	286.84	301.50	340.10
„ D	21.40	27.10	25.31	34.74	36.58	41.62
Summa	579.81	841.14	785.30	1043.43	1067.72	1212.55

Die „Zahl der Steuerpflichtigen" begreift in all diesen Statistiken genauer gesagt die „Zahl der festen Steuersätze oder der Theile davon, nebst der Zahl der Patentablen in Abth. D".

Durch den Verlust von Elsass-Lothringen schieden 49,679 Patente mit 2.14 Mill. Frcs. Ertrag aus, die Gesammtabnahme 1871 gegen 1870 war aber 100,799 Patente mit 4.94 Mill. Frcs. Ertrag, wovon eine Kleinigkeit auf gesetzliche Abänderung (140 P. und 13,638 Frcs. Ertrag), fast Alles auf den Einfluss der damaligen politischen Ereignisse zu setzen ist (Bull. VIII, 101).

Der Einfluss des Gesetzes von 1880 zeigt sich besonders in der Abnahme der Zahl der Patente in Classe C, der Erträge der Proportionalabgabe, namentlich in A, Folge der Herabsetzung des Satzes, und der Ertragssteigerung, bes. der festen Abgabe, in Classe B, Folge der Erhöhung der Sätze.

Die ungemein starke Steigerung der Miethwerthe, an und für sich beachtenswerth, zeigt, dass in der Proportionalabgabe vom Miethwerth wenigstens einigermaassen ein geeignetes Mittel anzuerkennen ist, die Steuer, gemäss dem fiscalischen und dem Gerechtigkeitsinteresse, der Entwicklung der Leistungsfähigkeit anzupassen. Das Verhältniss zwischen den Erträgen beider Theile der Steuer hat sich immer mehr zu Gunsten der Proportionalabgabe verschoben, eine Bewegung, in die nur gesetzliche Aenderungen, wie im Gesetz von 1880, hemmend eingreifen. Die Entwicklung der Unternehmungen zum Grossbetrieb (so in B) trägt zu dieser Bewegung auch etwas mit bei und spiegelt sich in den Zahlen ab. In der Hauptclasse C (grosse Industrie) steigt der Ertrag der „veränderlichen" Abgabe (oben bei dem „festen" Satze inbegriffen) in Zeiten günstiger Conjunctur mit der vermehrten Arbeiterbeschäftigung, lebhafterem Geschäftsbetrieb u. s. w., was sich bei dem Vergleich der einzelnen Jahre auch etwas ersichtlich macht.

Innerhalb der Hauptclassen sind natürlich die Verhältnisse, namentlich auch die Mittelbeträge eines Patents nach den Specialclassen und weiter nach den einzelnen Gattungen in jeder der letzteren sehr verschieden. Für die 8 Classen der Hauptclasse A s. eine Statistik bei v. Kaufmann (S. 251, ohne Quellenangabe), wonach 1873 die Durchschnittssteuer eines Patents im Principal war Classe 1—8: bez. Fres. 177. 285, 104, 55, 36, 24, 15, 8. Grosses interessantes Detail jetzt in der Statistik für 1885 im Bull. XXII, 359 ff., doch nicht für die Erträge und die Mittelbelastungen der Specialclassen und Geschäfte. Immerhin bekommt man einen Einblick in die Gliederung im Einzelnen und in die verschiedene Höhe der Miethwerthe bei verschiedenartigen Gewerben, Verhältnisse, welche für die Beurtheilung der Patentsteuer mit in Betracht kommen, hier aber nicht weiter verfolgt werden können.

Die Bedeutung der Specialclassen ergiebt sich aus folgenden Zahlen der „Patentpflichtigen" (im oben S. 484 genannten Sinne) für 1885 (Bull. XXII, 359):

	Zahl.	Miethwerth Mill. Fres.	Miethwerth p. Patent, Fres.
Classe A.			
1. Classe	46,743	67,21	1438
2. „	15,162	31,99	2110
3. „	58,894	92,37	1568
4. „	185,557	154,45	831
5. „	282,587	160,44	566
6. „	501,226	198,43	396
7. „	226,722	62,36	275
8. „	77,458	9,77	126
Summa	1394,649	777,01	557
Classe B	16,607	45,42	2735
Classe C.			
1. Classe	26,263	11,06	421
2. „	10,706	18,43	1722
3. „	117,366	225,31	1920
4. „	10,646	77,53	7282
5. „	31,796	4,65	146
Summa	196,777	237,01	1204
Classe D	50,849	41,11	808
Zusammen	1658,882	1200,55	724

In den Classen 2 bis 4 von C wird noch zwischen Werth der Wohnung und des industriellen Etablissements unterschieden; er ist in Classe 3 bez. 18,60 und 206,71, in Classe 4 bez. 6,35 und 71,18 Mill. Fres. Die Bedeutung der Gewerbegattung, des Betriebsumfangs und der Ertrags- und Steuerfähigkeit der Gewerbe jeder Classe spiegelt sich in den Durchschnittsmiethwerthen bezeichnend ab.

§. 205. 4. Zur Kritik der französischen Patentsteuer. Nach „äusseren Merkmalen", welche sich zugleich möglichst ohne lästiges Eindringen in die persönlichen Verhältnisse eines gewerblichen Unternehmers und in die inneren Geschäftsverhältnisse ermitteln lassen, will die französische Patentsteuer das schwierige Problem der modernen Gewerbesteuer lösen. Dadurch soll das allgemeine Ziel, welches der französischen Gesetzgebung bei allen directen Steuern seit der Revolution vorschwebt, nämlich unter Ausschluss jeglicher subjectiven Willkür von Veranlagungsbehörden, Commissionen u. s. w. die Besteuerung durchzuführen, hier auf dem Gebiete des Gewerbewesens erreicht werden. Die berücksichtigten „äusseren Merkmale" sollen dabei so ausgewählt werden, dass sie mit Sicherheit auf die — wenigstens ungefähre — Einträglichkeit der besteuerten Gewerbe und Berufe einen Schluss gestatten, damit der leitende Hauptgrundsatz der modernen französischen Steuerpolitik, „Jeden nach seinen Fähigkeiten" zu den öffentlichen Lasten herbeizuziehen, verwirklicht werde. Alle die dargestellten Einrichtungen der Patentsteuer, namentlich der Classenschematismus, dienen den genannten zwei Gesichts- und Zielpuncten, die immer weitergehende Individualisirung und Specialisirung in der Classification besonders dem zweiten davon.

Die Kritik wird zugeben müssen, dass die französische Gesetzgebung sich im Ganzen auf dieser einmal gewählten Grundlage folgerichtig und dem practischen Bedürfniss nach gleichmässiger Veranlagung der Gewerbe gemäss entwickelt hat. Zwar erheben sich auch hier, diese Grundlage selbst als richtig zugegeben, manche Bedenken gegen Einzelheiten des französischen Classificationssystems. Aber es ist einzuräumen, dass diese Einzelheiten für die Beurtheilung nicht entscheidend und auch noch der Verbesserung und Veränderung fähig sind.

So machen sich Bedenken geltend gegen das doch recht mechanische Princip von „Ortsclassen" bloss nach der Bevölkerungszahl, ohne Rücksicht auf so manche andere Umstände, welche daneben die wirthschaftliche Bedeutung eines Ortes und der darin betriebenen Gewerbe bestimmen; so gegen die Vertheilung mancher Gewerbearten in die verschiedenen Classen und unter die verschiedenen Steuersätze, wenn auch im Ganzen gerade hierbei mit grossem Tact und Verständniss vorgegangen ist; so gegen das zwar steuertechnisch bequeme, aber doch nicht genügend zuverlässige Princip der Proportionalabgabe gerade nach dem Miethwerth, welcher doch auf die Proportionalität der Reinerträge der Gewerbe nur einen sehr unsicheren Schluss gestattet und bei gewissen gewerblichen Localitäten, so bei Fabriken u. dgl., auch ohne die sonst so verfehmte „subjective Willkühr" nicht zu ermitteln ist; so endlich auch gegen das Princip der „veränderlichen" Sätze vornehmlich nach der Arbeiterzahl und der Zahl und Art der sachlichen Betriebsfactoren. Die Veranlagung der Steuer nach Kapitalbeträgen, wenigstens bei Grossgewerben, besonders bei Handels-, Bank-, Fabrikgeschäften, böte wohl mehr Garantie für richtige Verhältnissmässigkeit der Besteuerung unter verschiedenen Gewerbearten und einzelnen Gewerbebetrieben derselben Art. Aber — sie verstiesse freilich mehr gegen den Grundsatz sich nur an leicht erkennbare äussere Merkmale zu halten, und bedingte ein „lästiges Eindringen" in persönliche und Betriebsverhältnisse in höherem Grade, als die Ermittlung der Zahl der Arbeiter, Commis, Maschinen, Miethwerthe u. s. w. Die an sich richtige Abstufung der Proportionalabgabe verstösst andererseits freilich wieder gegen die Tendenz, „Willkühr auszuschliessen" — und auch eine „gesetzliche" Bestimmung dieser Art ist doch „Willkühr", wennschon keine subjective — stark. In dieser Hinsicht wird sie von dem gleich zu erörternden Haupteinwurf gegen die ganze Grundlage der französischen Patentsteuer mit getroffen.

Auch unter wesentlicher Festhaltung dieser Grundlage lässt sich indessen durch immer weitere Specialisirung, auch doch wohl mitunter durch Zurückgehen auf das Anlage- und Betriebskapital selbst, statt bloss auf einzelne herausgegriffene Bestandtheile beider letzteren, das ganze System noch verbessern und so den Mannigfaltigkeiten der concreten Verhältnisse noch feiner anpassen. Durch Bildung von „Steuergesellschaften" von Gewerbsgenossen, welche die tarifmässigen Contingente der Patentsteuer von Gewerbegruppen auf die einzelnen Steuerpflichtigen zu vertheilen hätten und dabei individuelle Verhältnisse mit berücksichtigen müssten und könnten, einigermaassen nach preussischem Muster, liesse sich endlich wohl auch in Frankreich die alleinige Entscheidung nach mechanischen Elementen etwas zurückdrängen, auch Momente der Quotitäts- und Repartitionssteuer passend vereinigen, aber freilich — nicht ohne dass „subjectiver Willkühr" dabei ein Spielraum eröffnet wird. Es fragt sich nur, ob das nicht mehr ein Vortheil, als ein Nachtheil ist, verglichen mit dem gegenwärtigen Zustande, womit wir zu dem Haupteinwurfe kommen.

Die eigentlichen principiellen Bedenken betreffen eben die ganze Grundlage der Patentsteuer und damit gerade den leitenden Gedanken, nach noch so passend und fein specialisirten „äusseren Merkmalen" eine Gewerbebesteuerung richtig durchführen zu wollen, zumal in unserer Zeit beständig wechselnder Technik, Communicationswesens und unter moderner Gewerbefreiheit.

Es ist mit anderen Worten in erster Linie die Methode, gegen welche sich die Kritik wenden muss, nicht die Ausführung der Methode, die in Frankreich vielfach vorzüglich ist. Nach der einmal angenommenen Methode kann man weder die wirklichen noch die verhältnissmässigen Reinerträge, nach denen sich doch die Besteuerung richten müsste, genügend zuverlässig ermitteln. Denn einmal werden dabei ebenso wichtige oder selbst wichtigere Factoren für die Bestimmung dieser Reinerträge, als die berücksichtigten „äusseren Merkmale" unbeachtet gelassen — vor Allem die Persönlichkeit des Unternehmers, auch als Subject von Vermögensrechten —, sodann fehlt ein Maassstab zur Messung der wirklichen Bedeutung der einzelnen, im Classenschematismus aufgenommenen „äusseren Merkmale" für die Gestaltung des Reinertrags, endlich kann man überhaupt aus solchen äusseren Merkmalen höchstens, und auch das nur bedingt, auf die absolute und relative Ertragsfähigkeit und allenfalls auf den Rohertrag, nicht aber, wie es doch erforderlich wäre, auf den Reinertrag einer Gewerbegattung und eines einzelnen Gewerbes schliessen. Mit Hilfe der französischen Patentsteuermethode gelingt es, bestenfalls die Richtung, in welcher sich die Erträge muthmaasslich bewegen, und ganz ins Ungefähre gewisse Grössenmaasse dieser Erträge, innerhalb weiter Grenzen, festzustellen. Aber das genügt eben für die Lösung der wirklich vorliegenden Aufgabe noch lange nicht.

Ja gerade die an sich richtige Specialisirung und Individualisirung im Classificationssystem steigert in einer Hinsicht die Bedenken, denn dabei werden wiederum nach mehr oder weniger zufälligen Nebenumständen, nur weil dieselben sich leicht ermitteln lassen, Ertragsverschiedenheiten vermuthet, welche in vielen Fällen der Wirklichkeit nicht entsprechen werden, weil andere, nicht beachtete Factoren wichtiger sind. Dies gilt z. B. von dem mechanischen Ortsclassensystem, der Proportionalabgabe nach dem Miethwerthe, der „veränderlichen" Abgabe nach der Arbeiterzahl u. a. m.

Vielleicht, dass das Classificationssystem der Patentsteuer bei festem, dem Individualismus Schranken auflegendem Gewerberecht, wie im Zunftwesen, bei relativ stabiler Gewerbetechnik, wie vor dem Dampf- und Maschinenzeitalter, bei unvollkommenem und lange Zeit unverändert bleibendem Communications- und Transportwesen, wie ehedem, zur Lösung des Problems einer „gleichmässigen" Gewerbesteuer leidlich ausreichen würde. In unserem Zeitalter des „ökonomischen Individualismus", beständiger Umgestaltung der Technik, der Betriebsformen, der Betriebsgrössen, des Communications- und Transportwesens reicht das System entschieden zur Lösung dieser Aufgabe nicht aus. Es läuft auf ein System von doch mehr oder weniger willkührlichen Gewerbetaxen für die verschiedenen Gewerbegattungen und einzelnen Gewerbe hinaus, das zwar recht rationell erscheint und zweifellos sehr scharfsinnig ausgebildet ist, aber im Grunde doch auf einer Reihe mehr oder weniger willkührlicher Vermuthungen über die absolute und relative Ertragsfähigkeit der Gewerbe beruht.

Von einem weiteren Haupteinwurf, nämlich der fehlenden richtigen Verhältnissmässigkeit der Patentsteuer zu den anderen Ertragssteuern, soll hier nicht einmal gesprochen werden. Er trifft alle einzelnen Glieder eines jeden neueren Ertragssteuersystems. Auch in Frankreich hat man sich mit diesem Problem des richtigen Verhältnisses der Ertragssteuern unter einander nicht weiter beschäftigt, obgleich dessen Stellung und Lösung der Frage nach der richtigen Gestaltung jeder einzelnen Ertragssteuer vorangehen müsste.

Mit dieser Kritik in §. 205 ist eigentlich der systematischen „speciellen Steuerlehre" schon vorgegriffen worden. Da indessen gerade die französische Patentsteuer als ein besonders gelungenes Beispiel des auf Classificationsmerkmalen beruhenden Ertragssteuersystems gilt, in Frankreich wie vielfach ausserhalb, und da diese Steuer öfter als Muster gedient hat, darf sich auch schon an sie wohl eine mehr die ganze Methode betreffende Kritik anknüpfen. Für das Weitere hinsichtlich der Kritik beziehe ich mich vorläufig auf meine Abh. „directe Steuern" im Schönberg'schen Handbuch der politischen Oekonomie, 2. Aufl., bes. §. 83 ff., S. 275 ff. Was ich hier allgemein ausgeführt habe, findet meines Erachtens in der Kritik des glänzendsten Beispiels der Gewerbebesteuerung „nach der Methode der äusseren Merkmale", der französischen Patentsteuer, seine volle Bestätigung. Das halte ich u. A. auch Vocke gegenüber aufrecht, auch gegenüber seiner Abwehr meiner Kritik (Schanz' Fin Arch., 1888, I, 472 Note).

Implicite folgt, nebenbei bemerkt, aus einer Kritik, wie der vorausgehenden der französischen Patentsteuer auch die relative Rechtfertigung anderer mangelhafter Steuern, wie der Verkehrs- und Verbrauchssteuern, was ebenfalls Vocke's Ueberschätzung der Ertragssteuern gegenüber hier gesagt werden mag.

3. Die übrigen (kleineren) directen Steuern.

Als solche werden, abweichend von der französischen Terminologie und Verwaltungspraxis, nur drei hier an dieser Stelle behandelt, die Steuer von den Gütern der todten Hand, die Bergwerksabgaben und die 3% Steuer vom Einkommen aus beweglichem Vermögen (s. o. S. 416).

a. Die Steuer von den Gütern der todten Hand (taxe sur les biens de mainmorte).

Gesetzgebung. Einführung der Steuer durch Gesetz vom 20. Februar 1849. Erhöhung des Steuersatzes durch Gesetz vom 30. März 1872, auch 30. December 1873. Gesetz vom 14. December 1875 (Befreiung der Actiengesellschaften, welche ausschliesslich An- und Verkauf von Immobilien betreiben). Perroux-Joppen, No. 655 bis 657. Block, dict. Art. mainmorte, p. 1219, suppl. génér., p. 273, Dejean, code d. nouv. imp., p. 185.

Literatur. Vignes, I, 76, v. Hock, S. 158, v. Kaufmann, S. 252—254. Block, a. a. O. Statistik Bull. I, 213 ff. (eb. VIII, 249, Besitz von Congregationen, s. auch Kaufmann, a. a. O.). Faure, p. 82.

§. 206. **Character und Einrichtung.** Diese directe Steuer ist in Folge der politischen Strömungen von 1848 eingeführt worden, verdankt aber doch auch principiellen und schon älteren Erwägungen ihre Entstehung. Sie hat einen verschiedenen **steuerpolitischen und steuertechnischen Character.** In ersterer Hinsicht ist sie eine **Ersatzsteuer der im Gesetz genannten juristischen und dgl. Personen** für die im französischen Registerabgabenwesen (Enregistrement) enthaltenen Steuern **vom Besitzwechsel von Immobilien** unter Lebenden und von Todeswegen, da diese Personen, „weil sie selten veräussern und nicht sterben" thatsächlich von diesen Registrirungsabgaben nicht getroffen werden: eine **principiell steuerpolitisch gerechtfertigte**, ja folgerichtig zu fordernde Abgabe, wenn einmal solche Besitzwechselsteuern bestehen. In steuertechnischer Hinsicht ist sie eine **directe Steuer und zwar in Form eines bestimmten Zuschlags zur Grundsteuer**, welche die betreffenden juristischen Personen von ihrem Immobiliarbesitz zu entrichten haben: eine aus Zweckmässigkeitsgründen gewählte Form, einen Ertrag direct zu besteuern, den man nach Lage der Verhältnisse hier nicht durch die „Verkehrssteuern" treffen kann.

Principiell ist die Steuer steuerpolitisch und -technisch kaum anzufechten. Misslich bleibt indessen zweierlei, einmal ob die Ersatzabgabe, welche sie darstellt, ihrer Höhe nach in richtigem Verhältniss zu denjenigen Steuern steht, welche sie ersetzen soll; sodann dass ein gleichmässiger Zuschlag zur Grundsteuer die Ungleichmässigkeit der Veranlagung der letzteren unter den in Frankreich bestehenden Verhältnissen noch steigert und für die Belasteten so wieder sehr ungleichmässig wirkt. Für das richtige Verhältniss zwischen der zu ersetzenden Summe der Besitzwechselabgaben und dem als Ersatz dafür dienenden Grundsteuerzuschlage sind ganz sichere Anhaltspuncte schwer zu finden. Die für die Normirung der Steuer vom französischen Gesetzgeber benutzten bieten aber wohl die Garantie dafür, dass die Ersatzsteuer **ungefähr** in ihrer Höhe richtig bestimmt worden ist. Die ungleichmässige Wirkung des gleich hohen Zuschlags zur Grundsteuer ist ein integrirender Fehler.

Das Gesetz von 1849 stellte die Höhe auf 62.5 % Zuschlag zur Grundsteuer. Auf diesen Satz kam man in der Annahme, dass Immobilien einmal in 20 Jahren im Besitz wechseln, dann ca. 5% Besitzwechselabgaben vom Kapitalwerth oder einen einjährigen Ertrag (diesen also **hoch**, d. h. zu 5% gerechnet) als Steuer zu tragen hätten, daher jährlich 5%. Daraus ging beim damaligen Anschlag des jährlichen Ertrags des betreffenden Besitzes auf 66 Mill. Frcs. ein Steuerbetrag von 3.3 Mill. Frcs. oder ein Zuschlag von 62.5% zum Grundsteuerprincipal dieses Besitzes hervor (siehe Vignes, I, 76 Note, auch Kaufmann, S. 252). Nach dem Kriege wurde der Zuschlag mit Rücksicht auf die mittlerweile erfolgte allgemeine Ertragssteigerung auf 70% erhöht (Gesetz vom 30. März 1872, Art. 5), im Widerspruch mit der Ablehnung der allgemeinen Erhöhung der Grundsteuer und mit characteristischer Hinwegsetzung über die doch auch bei diesem Besitze der todten Hand aus der ungleichartigen Veranlagung der Grundsteuer folgenden Bedenken gegen eine gleichmässige Erhöhung. Dagegen war es allerdings folgerichtig, weil dem Character der Ersatzsteuer für die Immobiliarmutationsabgaben entsprechend, die Steuer denselben „Kriegszuschlägen" wie diese letzteren Abgaben zu unterziehen (dass. Gesetz, auch Gesetz vom 30. December 1873, seitdem 25%). Die Steuer beträgt daher 87.5% des Grundsteuerprincipals. Natürlich aber, dass die aus der Ungleichmässigkeit der Grundsteuer hervorgehenden Bedenken gegen diesen Modus der Besteuerung durch diese Zuschläge noch verstärkt werden.

Steuersubjecte sind die im Gesetz speciell genannten: Departements, Gemeinden, Hospitäler, Seminare, Kirchen (fabriques), religiöse Congregationen, Consistorien, Wohlthätigkeitsanstalten und „-Bureaux" (technischer Name), anonyme Gesellschaften (Actien-), öffentliche gesetzlich autorisirte Anstalten. **Steuerobjecte** sind die diesen Subjecten „gehörenden", der Grundsteuer unterworfenen Immobilien.

Gesetz von 1849, Art. 1. Die nicht unzweideutige Wortfassung hat zu Zweifeln und zu casuistischen Entscheidungen der Judicatur, des Staatsraths Anlass gegeben, wodurch der subjective und objective Umfang der Steuer, daher auch die Befreiungen in der Verwaltungspraxis sich in einigen Puncten eigenthümlich und wenn nicht gegen die ursprüngliche Absicht des Gesetzgebers, so doch bisweilen wohl gegen die rationelle und folgerichtige steuerpolitische Ausbildung einer solchen „Steuer der todten Hand" gestaltet haben. So u. a. in Folge des Ausdrucks, dass die steuerpflichtigen Immobilien den Steuerobjecten „gehören" müssen („appartenant" aux . . .), was zur Steuerfreiheit der Grundstücke der Eisenbahn-, Canalgesellschaften geführt hat; dass nur „etablissements publics légalement autorisés" Steuersubjecte sind, ebenfalls mit eigenthümlichen practischen Consequenzen, u. a. F. m. (s. Block, dict. u. suppl. a. a. O., auch Vignes). Die im Gesetz vom 14. Decbr. 1875 ausdrücklich gewährte Steuerfreiheit für anonyme Gesellschaften, welche sich ausschliesslich dem An- und Verkauf von Immobilien widmen, ist dagegen folgerichtig, da hier ja die Voraussetzung der Ersatzsteuer fehlt, vielmehr die durch diese zu ersetzenden Besitzwechselabgaben selbst eintreten.

Eine richtige Consequenz des dem Gesetz von 1849 zu Grunde liegenden Gedankens wurde es dagegen sein, auch das in Werthpapieren u. dgl. bestehende bewegliche Vermögen der genannten Steuersubjecte, welches doch auch seltener als unter physischen Personen im Besitz wechseln wird, einer besonderen Ersatzabgabe für diejenigen zum Stempel- und Registerabgabewesen gehörenden Besitzwechselsteuern zu unterwerfen, welche den Verkehr in Werthpapieren treffen. Befreiungen für Banken u. dgl., nach Analogie des genannten Gesetzes von 1875, wären dabei freilich, wenigstens in gewissem Umfang, zu gewähren.

Für gewisse ähnliche Fälle hat die neueste französische Gesetzgebung auch einen wenigstens verwandten Gedanken verwirklicht: durch das Finanzgesetz vom 28. December 1880, Art. 4, ist für alle Gesellschaften und Associationen des Civilrechts, welche den Zutritt neuer Mitglieder gestatten, bestimmt, dass ihre Vermögenszuwächse, welche auf Grund von Anfallclauseln von Seiten ausscheidender Mitglieder zu Gunsten der verbleibenden eintreten, der Besitzwechselabgabe von Todeswegen unterliegen, wenn der Zuwachs sich bei Todesfällen zuträgt und der Schenkungssteuer in allen anderen Fällen, ohne Rücksicht auf etwaige frühere Cessionen unter Lebenden. Diese vornehmlich auf religiöse Congregationen abzielende Bestimmung wird durch Finanzgesetz vom 29. December 1884 sogar ausdrücklich gerade für diese wirksam gemacht. Eine solche specielle Tendenz der Besteuerung hat aber doch ihre Bedenken. (S. auch unten unter §. 208).

Der Ertrag der Steuer hat anfangs die erstrebte Summe von 3.3 Mill. Fres. nicht ganz erreicht, noch 1868 war er nur 3.60, 1870 3.72, 1871 (ohne Elsass-Lothringen) 3.56, 1873 und 74 nach der Erhöhung 4.67, bez. 4.92, 1877 5.14, 1884 5.93, 1887 (Anschl.) 6.41 Mill. Fres. 1877 unterlagen der Steuer (Bull. I, 214) 4.897.000 ha Wald, 2.612.000 ha uncultivirtes Land, Weiden und dgl., nur 524.000 ha landwirthschaftliches und dgl. Culturland, 15.667 ha industrielle Grundstücke, 6101 ha „bebaute" Grundstücke. 91.9 % dieser sämmtlichen Grundstücke gehörten Gemeinden, die vornehmlich den Wald und die uncultivirten Grundstücke besassen, von geringem Ertrag, weshalb sie auch nur mit 56.2 % an der Steuerlast betheiligt sind. Den grössten Besitz hatten sodann die Hospitäler, 3.79 %, des Landes, schon von höherem Werth (meist Landgut) mit 13.85 % der Steuer; darauf die anonymen Gesellschaften (bes. mit industriellen Grundstücken) mit 2.02 % des Landes und 17.28 % der Steuer; die bureaux de bienfaisance mit bezw. 0.62 und 2.43, die religiösen Congregationen mit bezw. 0.38 und 1.79 %, also auch mit werthvollerem Besitz u. s. w. Die letztere Kategorie bezieht sich dabei nur auf die „autorisirten" Congregationen; die von der Taxe der todten Hand freien „nicht autorisirten" haben ausserdem noch einen nicht unerheblichen Immobiliarbesitz. Und derjenige beider Arten ist in starker Zunahme begriffen (vgl. die Statistik in Bull. VIII, 249). Ob das so gefährlich ist und ob es durch Umgestaltung der Steuer zu beschränken gesucht werden sollte, wie v. Kaufmann S. 253 andeutet, bleibe dahin gestellt. Noch weiter als durch die genannten schon nicht unbedenklichen Gesetze von 1880 und 1884 zu gehen, möchte kaum räthlich sein. Die Zunahme des Besitzes in solchen Händen ist doch ungleich weniger bedenklich, als der Uebergang von Boden an städtische Capitalisten, Börsenmänner und selbst an alte Grundaristokratie, da der Besitz der Congregationen direct und indirect im Wesentlichen gemeinnützigen und verwandten Zwecken dient.

b. Die Bergwerksabgaben (rederances des mines).

Gesetzgebung. Einführung der Steuer durch das allgemeine Bergwerksgesetz vom 21. April 1810, Art. 33 ff., dazu Decret über die Durchführung der Steuer vom 11. Mai 1811, später modificirt, aber in der Hauptsache geltend. Neuere Decrete vom 30. Juni 1860, 27. Juni 1866, bes. 11. Februar 1874. Gesetz vom 17. Juni 1840, Art. 4 (Wegfall der Proportionalabgabe an den Staat für Salzwerke und Salinen). S. besonders die eingehende Darstellung der Gesetzgebung in Perroux-Joppen, No. 668—725, kürzer im Art. mines in Block's dict. Art. mines, No. 44—49.

Literatur. Block, a. a. O. und suppl. génér., p. 283 (Gesetz vom 27. Juli 1880), auch für die ganze Bergwerksgesetzgebung, die bei dieser Steuer immer von Wichtigkeit ist; Bibliogr. dict., S. 1295. Vignes, I, 74 ff., v. Hock, S. 155, v. Kaufmann, S. 255, Arndt in Conrad's Jahrb., B. 36, S. 631. Statistik im Bull. XV, 533 ff.

Ueber Bergwerksbesteuerung überhaupt s. meine Abh. directe Steuern im Schönberg'schen Handbuch der politischen Oekonomie, 2. Aufl., III, 255 und Arndt, a. a. O., S. 174, 630.

§. 207. Bergwerke unterliegen in Frankreich, wie alles Grundeigenthum, zunächst der Grundsteuer und zwar für die in Anspruch genommene Oberfläche nach dem Steuersatze der angrenzenden Grundstücke (S. 450). Dagegen sind die Bergwerksconcessionäre als solche, nämlich soweit sie nur ihre Producte fördern und verkaufen — also nicht für etwaige Verarbeitung, Verhüttung etc. — patentsteuerfrei, so früher und noch nach der neuesten Gesetzgebung (Gesetz von 1880 Art. 17). Es war daher folgerichtig, nicht auf Grund der rechtlichen Natur des Bergwerksbesitzes, sondern nach der ökonomischen Bedeutung desselben, die Bergwerke — allerdings streng genommen nur die concessionirten, weil allein gesetzlich patentsteuerfreien — einer der Patentsteuer einigermaassen analogen directen Ertragssteuer, einer Art „Specialgewerbesteuer" zu unterziehen, der dann aber auch die ohne oder ohne ordnungsmässige Concession betriebenen Bergwerke unterstellt worden sind. Eine derartige Steuer wurde durch das Gesetz vom 21. April 1810 mit eingeführt und durch das Decret vom 11. Mai 1811 geregelt. Diese Steuer enthält, wie die Patentsteuer, „feste" Sätze und „proportionale" Sätze. Jene richten sich nach dem Umfang des concessionirten Grubenfeldes, bezw. bei Bergwerken, welche ohne Concession betrieben werden, nach der Ausdehnung des Betriebes und betragen 10 Frcs. für das Quadratkilometer des Feldes. Die proportionalen Sätze richten sich nach dem festgestellten Reinertrag eines Bergwerks, sollen im Maximum des Principals 5% des Reinertrags nicht überschreiten, der specielle Steuersatz soll durch das jedesmalige Finanzgesetz festgestellt werden, er beträgt regelmässig unverändert Jahr aus Jahr ein 5%. Im Unterschied von der Patentsteuer wird hier also der **Reinertrag** selbst die Basis der Proportionalabgabe und wird nicht nur aus „äusseren Merkmalen" auf diesen geschlossen.

Zur Ermittelung des Reinertrags besteht eine allerdings nicht unbedingte Verpflichtung der Bergwerksbetreiber, erforderliche Angaben zu machen, in deren Ermangelung von Amtswegen eine Abschätzung durch eine zu diesem Zweck aus dem Präfecten, zwei von diesem ernannten Mitgliedern des Generalraths, dem Steuerdirector, dem Bergwerksingenieur und zwei hervorragendsten Bergwerksbesitzern zusammengesetzte Commission erfolgt. Diese Commission prüft auch die eingereichten Angaben der Besitzer oder Betreiber und stellt den steuerpflichtigen Reinertrag fest. Sie hat Recht und Pflicht, über die den Reinertrag bedingenden und bestimmenden Productions- und Absatzverhältnisse die erforderlichen Nachforschungen anzustellen. Genaue Normen über die Berechnung des Reinertrags aus dem Rohertrag und den Productionskosten, unter näherer Angabe, was als letztere abgezogen werden darf, Circ. v. 1860, Perroux-Joppen, No. 668, Note, auch Decret v. 11. Februar 1874 über den „Reinertrag". Seit 1877 werden für die Berechnung die geförderten, nicht mehr wie bis dahin die verkauften Mengen zu Grunde gelegt. Jedes einzelne Bergwerk wird als selbständiges Steuerobject behandelt, auch wenn Ein Besitzer mehrere hat, daher erfolgt auch keine Compensation der Reinerträge und Verluste für mehrere Bergwerke desselben Besitzers, ebenso nicht für mehrere Jahre. In jeder Beziehung also hier ein „Eindringen" in die persönlichen und ökonomischen Verhältnisse, was die französische Gesetzgebung sonst, so bei der Patentsteuer, so ausserordentlich und so bedenklich übertreibend scheut. (S. besonders Decret von 1811, Art. 16 ff., bei Perroux-Joppen, No. 681 ff.). Bloss die rechtliche und ökonomischtechnische Natur des Bergbaus rechtfertigt doch ein so völlig abweichendes Verhalten der Gesetzgebung und Verwaltung kaum. Ja, gerade bei Bergwerken und wesentlich nur bei diesen den wirklichen Reinertrag der Steuer zu Grunde zu legen, welcher bei Bergwerken doch stets nur unsicher zu berechnen ist — da Alles von der unlösbaren Frage abhängt, wie lange ein bestimmtes Bergwerk dauern wird, wie weit der „Reinertrag" daher wirklicher Reinertrag oder Amortisation ist —, muss sogar noch Bedenken gegen diese Anomalie im französischen Steuerrecht erregen. Andere Gesetzgebungen haben dieser Bedenken wegen auf Reinertragsbesteuerung der Bergwerke verzichtet.

Befreit von der Proportionalabgabe sind Salzwerke u. s. w. (mines de sel, sources et puits d'eau salée), die feste Abgabe zahlen sie (Gesetz vom 17. Juni 1840, Art. 4. 2).

Ausser der unmittelbaren Feststellung der Steuer nach dem Reinertrag sind Abonnements für die Proportionalabgabe zwischen dem Fiscus und den Bergwerksbetreibern, regelmässig auf Grund fünfjähriger Durchschnitte des Reinertrags, statthaft (Decret von 1811, Art. 31 ff., Decret von 1860, 1866, 1874).

Auch bei dieser Steuer besteht ein „Ausfallfonds", welcher mit einem Zuschlag von 10 % zum Principale dotirt wird und aus dem Entlastungen, Befreiungen, Minderungen zu Gunsten der mit Verlust arbeitenden Bergwerke, der von besonderen Unfällen betroffenen erfolgen, sowie gewisse Kosten der Steuerveranlagung und Erhebung bestritten werden (Näheres schon im Decret von 1811). Anfangs sollte überhaupt der Ertrag der Steuer nicht in die Staatscasse zu allgemeinen Staatsausgaben fliessen, sondern einen Specialfonds für Zwecke der Bergwerksverwaltung bilden, was aber schon seit 1815 aufgehört hat.

Der Ertrag der Bergwerksabgaben (incl. Zuschlag für Ausfallfonds, auch mitunter gewisse Gebühren) war 1826 222,000 Frcs., stieg erst etwas mehr seit den 1840er Jahren (Max. für 1848 nach der Veranlagung auf Grund des Ertrags in 1847 707,000), 1869 1,461,000, 1871 (ohne Elsass) 1,126,000, 1874 (Max., Speculationsjahr) 3,309,000 Frcs., 1883 2,793,000 Frcs., 1885 und 1886 (Anschlag) 2,50 Mill. Frcs. (Bull. XV, 538, Faure, p. 82).

c. Die Steuer vom Ertrag (Einkommen) aus beweglichen Werthen oder die Ertragssteuer von Werthpapieren. (Taxe sur le revenu des valeurs mobilières).

Gesetzgebung. Einführung durch das Grundlage gebliebene Gesetz vom 29. Juni 1872, Decret mit Ausführungsreglement vom 6. December 1872. Ausdehnung der Steuer auf Loose und Rückzahlungsprämien durch Gesetz vom 21. Juni 1875, Reglement dazu vom 15. December 1875. Gewisse Beschränkungen in Bezug auf Steuerobjecte durch Gesetz vom 1. December 1875; umgekehrt bezügliche Ausdehnungen durch Gesetz vom 28. December 1880. Art. 3, und 29. December 1884. Art. 9. (Besteuerung der Einkünfte religiöser Congregationen). Block, dict. Art. valeurs mobilières, No. 13—17. p. 1789. suppl. génér., p. 434, suppl. annuel 1885, p. 15, Bull. VIII, 399, XVI, 617, XXII, 234. Dejean code. p. 207 ff., 278 ff. (Gesetz und Decret von 1872).

Literatur s. Block gen Artikel. Vignes, I, 405—411. Kaufmann, S. 290 (nur Erwähnung). Statistik jährlich in derjenigen der Enregistrementsverwaltung. Für 1872—86 Bull. XXII, 234 (Erträge und belegte Werthe nach Hauptarten, auch graph. Darstellung). Ueber die Projecte einer umfassenderen Einkommensteuer nach dem Kriege von 1871, woraus dann die hier zu besprechende Steuer allein verwirklicht worden ist, Yves Guyot, imp. sur le revenu (Par. 1886), ch. IV.

§. 208. Character, Umfang. Diese Steuer ist die einzige, welche die Franzosen zur nothwendigen Ergänzung ihres directen Ertragssteuersystems nach dem letzten Kriege eingeführt haben, zugleich die einzige, womit man ein wenig in die Bahnen der directen Einkommenbesteuerung eingelenkt hat. So, wie sie aus umfassenderen Plänen zur Besteuerung von Erträgen oder Einkünften aus beweglichem Vermögen oder „Kapital" allein übrig geblieben ist, stellt sie eine **particle Kapitalrentensteuer** dar, welche sich ziemlich willkührlich auf die Zinsen, Renten, Dividenden u. s. w. von gewissen im Gesetz genannten Capitalanlagen, namentlich **gewisser Werthpapiere**, beschränkt. Wichtige analoge Zinserträge, besonders aus (in- und ausländischen) **Staatsfonds**, dann aus **hypothekarischen Darlehen** u. a. m. sind dieser Steuer nicht unterworfen. Ein gleichzeitiges Gesetz (28. Juni 1872) über die Besteuerung der Zinsen aus letzteren mit 2% war noch vor seiner Ausführung am 20. December 1872 aus Rücksicht auf Grundcredit und Immobiliarbesitz wieder aufgehoben worden. Dem **Umfang** oder den **Steuerobjecten** nach ist diese Steuer, als Kapitalrentensteuer, daher **viel zu eng** bemessen und damit eben **kein genügendes Glied** des Ertragssteuersystems geworden. Die **Ausdehnung** des ursprünglichen Umfangs durch das Gesetz vom 21. Juni 1875 ist zwar richtig gewesen, diejenige durch die Gesetze von 1880 und 1884 aber nicht ohne Bedenken.

Der Umfang der Steuer ist der folgende:

Nach dem Gesetz von 1872 sind Steuerobject: die Zinsen, Dividenden, Einkünfte und andere Erträge von Actien jeder Art, von irgendwelchen (in- und ausländischen) Gesellschaften, Compagnien, Unternehmungen, finanziellen, industriellen, commerciellen oder des Civilrechts; die jährlichen Renten und Zinsen von Anleihen und Obligationen von (in- und ausländischen) Provinzen, Departements, Gemeinden, Corporationen, öffentlichen Anstalten, Gesellschaften, Compagnien, Unternehmungen u. s. w.; endlich die Zinsen, Erträge, Beneficien von Interessenantheilen und Commanditkapitalien in Gesellschaften, Unternehmungen u. dgl., deren Kapital nicht in Actien eingetheilt ist (Gesetz von 1872, Art. 1, 4). Die mehrfach angeregte Ausdehnung der Steuer auf französische Staatsfonds ist aus principiellen Bedenken über die rechtliche Zulässigkeit einer solchen Besteuerung und aus Rücksichten auf den Staatscredit und auf wünschenswerth erscheinende Begünstigung der Kapitalanlagen in der einheimischen Staatsrente unterblieben. Rücksichten, welche bei dem Creditbedürfniss des Staats um 1872 und bei näherer Aussicht auf die Möglichkeit von Zinsherabsetzungen der steuerfreien Rente allerdings zu nehmen waren. Die Einbeziehung ausländischer Staatsfonds wurde noch unmittelbar bei der letzten Berathung des Gesetzes von 1872 beantragt. aber doch aus Opportunitätsrücksichten, u. A. damals wohl auch aus Rücksicht auf die Betheiligung fremden Kapitals an französischen Staatsanleihen unterlassen, wo man dann auch Seitens fremder Staaten eine Besteuerung der letzteren unter Umständen hätte erwarten können (Italien). Auch hätte die Veranlagung und Erhebung der Steuer in der angenommenen Form auf fremde Staatspapiere sich weniger leicht anwenden lassen, da man sich wohl scheute, fremden Staatsregierungen gegenüber die Cautelen zu verlangen, welche das Gesetz sonst für die Zulassung eines Papiers zur französischen Börsennotirung stellt (s. u.).

Durch das Gesetz vom 21. Juni 1875 sind dann folgerichtig auch Loose (nach dem ganzen Betrage) und die aus der Differenz zwischen dem Emissionscurs und dem Rückzahlungsbetrage von Anleihen sich ergebenden, im Grunde Zinsen vertretenden Prämien der Steuer von 1872 unterworfen worden, mit einigen besonderen Bestimmungen über die Durchführung, wie sie die eigenthümlichen Amortisationspläne bei solchen Anleihen bedingen (Reglement vom 15. December 1875).

Nach dem Wortlaut des Gesetzes von 1872 waren die Actien und Interessentenantheile von Gesellschaften jeder Art Steuerobject, daher auch selbst von gewöhnlichen offenen Handelsgesellschaften oder Collectivgesellschaften (sociétés en nom collectif). Das wurde als zu weitgehend durch Gesetz vom 1. December 1875 beschränkt, indem letztere Gesellschaften, dann Consumgenossenschaften für ganz frei und bei einfachen Commanditgesellschaften nur die an die Commanditisten für die eingelegten Commanditkapitalien gezahlten Erträge für steuerpflichtig erklärt wurden. Auch hier ergiebt sich dann aber immer die ungleichmässige Behandlung ganz ähnlicher Kapitalanlagen durch die dem Umfang nach zu enge französische Kapitalrentensteuer. Die Zinserträge von gewöhnlichen Darlehen bleiben eben frei.

Die Ausdehnung der Steuer durch die Gesetze von 1880 und 1884 auf eigenthümlich liegende andere Fälle von Gesellschaften und Associationen ist zwar in einer Hinsicht auch folgerichtig, in anderer doch nicht ohne principielle Bedenken, zumal hier durch die Besteuerung z. Th. nicht bloss finanzielle, sondern andere, namentlich den religiösen Genossenschaften u. dgl. gegenüber kirchenpolitische Sonderzwecke verfolgt werden. Nach dem Gesetz vom 28. December 1880, Art. 3 sollen nämlich der Steuer des Gesetzes von 1872 auch die jährlichen Erträge und Beneficien solcher Gesellschaften und anerkannter und nicht anerkannter Associationen unterliegen, bei welchen die Erträge nicht ganz oder theilweise unter ihre Mitglieder vertheilt werden müssen. Soweit dabei die Höhe dieser Erträge nicht nach den Bestimmungen des Gesetzes von 1872 zur Veranlagung der Steuer bemessen werden kann und keine entsprechenden zuverlässigen Angaben der Gesellschaftsvertreter vorliegen, soll als Ertrag der Satz von 5% des detaillirt abzuschätzenden Werths der das Gesellschaftskapital bildenden beweglichen und unbeweglichen Vermögensbestandtheile angesetzt werden. (Ueber den mit Art. 3 des genannten Gesetzes zusammenhängenden Art. 4 s. o. §. 206, S. 491). Das Gesetz vom 29. December 1884, Art. 9 wendet dann die genannten Bestimmungen des Gesetzes von 1880 und damit die Steuer des Gesetzes von 1872 speciell auf alle „religiösen Congregationen, Verbindungen (communautés) und Associationen, autorisirte wie nicht autorisirte", an und bestimmt für diese, wie für alle anderen, im Gesetz von 1880 bezeichneten Gesellschaften oder Associationen, die ihre Erträge nicht ganz oder theilweise unter ihre Mitglieder vertheilen, dass allgemein als steuerpflichtiges Einkommen der Satz von 5% des Bruttowerths der besessenen oder occupirten beweglichen und unbeweglichen Güter der betreffenden Gesellschaften angenommen werden soll, wenn nicht ein noch höheres Einkommen constatirt ist. Detaillirte Declarationen des Vermögens bilden die Basis der Veranlagung. Wie man auch über den speciellen Zweck dieser vornehmlich auf die religiösen Congregationen abzielenden Besteuerung denke und wenn man auch annimmt, dass unter den so besteuerten Einkünften manche Zinserträge sind, welche durch die Steuer von 1872 sonst nicht getroffen würden und eigentlich dadurch getroffen werden sollten, zwei erhebliche rein steuerpolitische Bedenken bleiben doch bestehen. Einmal trifft die also ausgedehnte Steuer eben nun Zinsen, welche bei **anderen** Beziehern rechtlich und factisch frei bleiben: ein Verstoss gegen die Gleichmässigkeit einer Kapitalrentensteuer, und zweitens nimmt die Steuer zum Theil so einen ganz anderen Character als den gerade einer Kapitalrentensteuer an: sie wird hier wirklich eine rohe **Gesammteinkommensteuer** in Form einer **Vermögenssteuer**, wodurch natürlich die „Gleichheit vor dem Gesetz" anderen Personen gegenüber verletzt wird.

§. 209. Für die Veranlagung und Erhebung der Steuer ist ein steuertechnisch zweckmässiges Verfahren angenommen worden. Durch dasselbe erleichtert und sichert man für die practisch wohl wichtigsten Fälle die Durchführung der Kapitalrentensteuer wesentlich, aber freilich trifft man andere, jedenfalls indessen weniger zahlreiche und wichtige Fälle, welche unter die Steuer gehören würden, eben wegen des gewählten Verfahrens nicht.

Das Verfahren besteht darin, dass man zu Steuersubjecten nicht die Zins- und Dividendenempfänger u. s. w., die Gläubiger gemacht hat, welche man doch eigentlich besteuern will, sondern die die Zahlung der Zinsen u. s. w. Leistenden, die Schuldner, die Gesellschaften selbst. Diesen letzteren sind daher betreffende Verpflichtungen der Declaration, Gestattung der Controle durch die Steuerbehörde, dann der directen Steuerzahlung auferlegt, mit dem Rechte, sich an den Empfangsberechtigten (also namentlich den Gläubigern) durch entsprechenden Abzug der Steuer bei der Zinszahlung u. s. w. schadlos zu halten. So nimmt die Steuer den Character einer Dividendenverkürzung gegenüber Actionären und ähnlichen Personen und einer als Zinsreduction erscheinenden Couponsteuer gegenüber Obligationären u. s. w. an, soweit nicht letzteren Falls der Schuldner, die Gesellschaft, die Corporation etwa die Steuer endgiltig auf sich übernimmt, was nicht unzulässig ist. Natürlich, dass aber so sich der Character der Steuer theilweise verändert. Trotzdem bleibt dieser Modus der Veranlagung und Erhebung fiscalisch, steuertechnisch betrachtet, überwiegend vortheilhaft. Denn er verbürgt eine möglichst sichere Einsteuerung der Steuerobjecte, auch des Haupttheils der in ausländischen Effecten bestehenden, eine wohlfeile Veranlagung und Erhebung, auch weil man es mit weniger und mit den zahlungsfähigsten Steuersubjecten zu thun hat. Misslich bleibt nur, dass die Kapitalanlagen in solchen ausländischen Effecten, welche nicht in Frankreich notirt werden, sich der Steuer entziehen, was aber gerade unter französischen Verhältnissen practisch nicht so sehr ins Gewicht fallen mag. In allen diesen Puncten zeigt die Veranlagung dieser Steuern viel weniger Scheu vor scharfen Anforderungen an die Steuersubjecte in Betreff der Angaben und Controlen, vor „Eindringen in die persönlichen und ökonomischen Verhältnisse", als bei den älteren grossen directen Steuern.

Für die französischen Zahlung-Leistenden und Steuerpflichtigen lässt sich die Zahlungspflicht unschwer durchführen. In Betreff fremder Effecten besteht die Vorschrift, dass sie in Frankreich nur notirt, negociirt, zum Verkauf gebracht und emittirt werden dürfen, wenn sich die Zahlungspflichtigen, bez. deren gesetzlich zu bestellende verantwortliche Vertreter in Frankreich der Zahlung der Steuer (ebenso wie derjenigen der Stempelabgaben und Transmissionssteuer) unterziehen (Gesetz von 1872, Art. 4, Decret von 1872, Art. 3 und 4). Eben diese Vorschriften mochte man wohl nicht auf fremde Staaten anwenden und liess mit deshalb die Fonds derselben steuerfrei (s. o.). Effecten von fremden Gesellschaften und Unternehmungen, welche nicht in Frankreich notirt werden, unterliegen der Steuer in dem Falle, dass die betreffenden Gesellschaften u. s. w. in Frankreich liegendes bewegliches oder unbewegliches Vermögen besitzen, im Verhältniss der daraus sich ergebenden Einkünfte (Decret von 1872 eb., s. u. die statistischen Daten). Alle übrigen fremden Effecten, die eigentlich nach dem Sinn und wohl selbst nach dem Wortlaut des Gesetzes steuerpflichtig wären, bleiben bei diesem Verfahren also frei. Die Steuer ist in vier Quartalsterminen zu zahlen, bei Actien und anderen wechselnden Erträgen auch und zwar zu $^4/_5$ des letztjährigen Steuerbetrags, mit definitiver Abrechnung über die Steuer nach Beendigung des Jahres-Rechnungsabschlusses der Gesellschaften (Decret von 1872, Art. 1, 2).

Strafen von 100—5000 Frcs. (nach Art. 10 des Gesetzes vom 23. Juni 1857) und eventuell weitere nach Art. 39 des Gesetzes vom 22. Germ. VII. treten bei Vergehen der Steuersubjecte, auch in Betreff von Unterlassungen von oder Mängeln in den Declarationen ein (Gesetz von 1872, Art. 5).

Die Steuer ist im Uebrigen eine Quotitätssteuer zu dem festen Steuersatze von 3% jährlich. Mit diesem Satze, dessen Stellung auf 5% angeregt worden war, bleibt die Steuer unzweifelhaft hinter dem Satze, welchen selbst gegenwärtig noch die französische Grundsteuer erreicht (S. 441), zurück. Ob auch hinter dem Mittelsatze der Patentsteuer, lässt sich nicht sagen. Zuschläge zu der Steuer werden nicht erhoben. Einen höheren Satz als 3% glaubte man aus mancherlei Rücksichten der Creditpolitik, bei der möglichen Ueberwälzung, bezw. bei der endgiltigen Tragung durch die gesetzlichen Steuersubjecte vermeiden zu sollen.

Die Steuer steht in gewisser Verbindung mit den beiden anderen Steuern, durch welche die französische Gesetzgebung die Werthpapiere trifft, dem Stempel und der Transmissionssteuer (§. 220). Da diese Steuern unter der Direction für Stempel und Enregistrement stehen und einige steuertechnische Einzelheiten in der Veranlagung bei der 3% „Einkommensteuer" den Einrichtungen des Enregistrements angepasst sind, lag es nahe, die neue Steuer selbst unter diese Direction, nicht unter diejenige der directen Steuern zu stellen. Eine „directe" Steuer ist sie steuerpolitisch und technisch gleichwohl, wenn auch die „vorschussweise" Zahlung durch die Schuldner und Gesellschaften u. s. w. an Stelle der Gläubiger, Actionäre, welche eigentlich besteuert werden sollen, ihr immerhin einen eigenthümlichen Character giebt. Verhältnisse dieser Art kommen aber auch sonst bei „directen" Steuern vor, so im französischen Recht bei der Thür- und Fenstersteuer (§. 195, 196).

Die Steuer trat mit 1. Juli 1872 ein. Ihr Ertrag war im ersten vollen Jahre 1873 37.55, 1874 34.18, bis 1878 34—35, 1880 39.10, 1881 44.46, 1883 (Max.) 47.98, 1884—86 46.83, 45.87, 47,28 Mill. Frcs.; seit 1885 incl. Steuer von den religiösen Congregationen. Einige 90% kamen regelmässig auf französische Werthe, auf fremde 1873 2.06, 1882 (Max.) 4.10, 1886 3.48 Mill. Frcs. Die Summe der besteuerten Erträge war in Mill. Frcs.

	1873	1886
Französische Actien	437.06	581.57
Französische Obligationen und Anleihen	504.47	716.86
Französ. Interessentenanth. u. Commanditkapitalien	47.87	110.33
Summa französische Werthe	989.40	1458.76
Fremde Actien	22.85	42.54
Fremde Obligationen	44.25	62.79
Fremde Gesellschaften mit Gut in Frankreich	1.66	10.46
Summa fremde Werthe	68.76	115.78
Gesammtbetrag	1058.16	1574.54

Die Anlagen besonders in fremden Actien haben 1886 erheblich abgenommen. Die einzelnen Jahre dazwischen zeigen auch sonst manches Beachtenswerthe (Bull. XXII, 235). Zur Würdigung der ökonomischen Bedeutung der Anlagen ist nicht zu übersehen, dass alle Staatsfonds, als steuerfrei, hier fehlen.

4. Rückblick auf die französische directe Besteuerung im Ganzen.

§. 210. Ein Rückblick auf die im Vorausgehenden abgehandelten einzelnen directen Steuern des modernen Frankreichs kann in Betreff dieser ganzen Steuergruppe nur bestätigen, was schon in dem Rückblick auf die gesammte französische Steuerentwicklung im 19. Jahrhundert hervorgehoben wurde (§. 177). In der politischen Seite des Steuerwesens, in der formellen Ordnung dieser directen Steuern, in der technischen Durcharbeitung einmal angenommener Grundsätze für dieselben haben Gesetzgebung und Verwaltung Bedeutendes geleistet und Erhebliches erreicht. Ein grosser Fortschritt ist hier gegen das Steuerwesen des ancien régime nicht zu verkennen. Wirkliche Steuerprivilegien und Exemtionen im rechtlichen Sinne sind gefallen. Die „staatsbürgerlichen" Besteuerungspostulate als politische Anforderungen sind erfüllt.

Allein mit dem Allen sind doch im directen Steuerwesen mehr nur formelle als materielle Fortschritte constatirt. In letzterer

Hinsicht kann man gerade auf Grund einer speciellen Darstellung und Prüfung wie der vorausgehenden nicht verhehlen, dass viel weniger erreicht worden ist, als zu verlangen wäre. Ein Steuersystem, das diesen Namen verdient, stellt die moderne französische directe Besteuerung — weder für sich als Ganzes, noch in ihren einzelnen Gliedern, noch als Theil der gesammten Besteuerung betrachtet — entfernt nicht dar. Den nothwendigen finanzpolitischen Grundsätzen und Anforderungen hinlänglicher „Ausreichendheit" und „Beweglichkeit", um sich dem durch sie zu deckenden Theil des wachsenden Finanzbedarfs, namentlich des staatlichen, anzupassen, entspricht sie ganz ungenügend. Die Gerechtigkeitsgrundsätze und Anforderungen der „Allgemeinheit" und „Gleichmässigkeit" und damit die nicht nur formelle „Gleichheit vor dem Gesetz", sondern die materielle Richtigkeit des Gesetzes selbst, daher die (wenigstens proportionale) Gleichheit der Steuerbelastung aller Derer, welche Steuerträger sein sollten, erfüllt sie ebenso wenig. Der so oft als Leitstern in und seit der ersten Revolution hingestellte Grundsatz, „Jedermann nach seinen Fähigkeiten zu besteuern", der grosse Grundsatz der „Besteuerung nach der Leistungsfähigkeit", auch wenn er, gegen seinen wahren Sinn, nur auf allgemeine proportionale Gleichmässigkeit der Steuerbelastung gedeutet wird, ist von seiner Verwirklichung weit entfernt.

Dies ergiebt sich unzweifelhaft aus dem Verhältniss der directen Steuern zu einander, wenn sie als Glieder einer Gruppe aufgefasst werden, wie aus den inneren Verhältnissen jeder einzelnen Steuer, von dem Verhältniss der directen Steuern überhaupt zu allen übrigen Steuern gar nicht zu reden.

Die französischen directen Steuern stellen im Wesentlichen eine sogen. „Ertragsbesteuerung" dar. Als solche erfassen sie aber weder alle Erträge, Einkommen, Vermögen derjenigen Einzelnen, welche in einem wirklichen Steuersystem dieser Art Steuerträger sein müssten, sind also nicht wahrhaft allgemein, noch erfassen sie die Erträge u. s. w., welche sie treffen, gleichmässig.

In ersterer Hinsicht fehlt gerade die systematische Ausbildung der Ertragsbesteuerung. Ganze Berufsclassen und Ertragsarten werden nicht direct besteuert, höchstens indirect mitunter durch nicht genau zu verfolgende Ueberwälzung getroffen. So aus der Bevölkerung Theile der arbeitenden Classe, der liberalen Berufe, vielfach die Beamten, die landwirthschaftlichen Pächter, so aus den Erträgen die von den eben genannten Personenkreisen bezogenen, ferner grosse Theile der Zinsrenten, ohne dass in beiden Fällen von einer angemessenen Compensation durch die übrigen Steuern oder allgemein von steuerpolitisch berechtigter Steuerfreiheit zu sprechen wäre. Die Ertragssteuersysteme anderer Länder, so der süddeutschen Staaten, leisten in dieser Hinsicht in systematischer Durchführung des einmal angenommenen Ertragssteuerprincips entschieden mehr. Die Erfassung und Nichterfassung der Steuerkräfte durch die directen Steuern beruht ja in Frankreich freilich auf dem Gesetz, nicht auf Willkühr der Verwaltung mehr. Allein die betreffende Gesetzgebung selbst ist eben vielfach ganz willkührlich verfahren.

In Bezug auf die Gleichmässigkeit der directen Steuern gegenüber den durch sie getroffenen Steuersubjecten und Steuerobjecten sind aber auch in Frankreich nicht einmal ernstliche Versuche gemacht. Wenn man nur die beiden wichtigsten Steuern, die Grundsteuer und die Patentsteuer vergleicht und etwa noch die Bergwerkssteuer und die Werthpapiersteuer mit herbeizieht, wo ist da irgendwie eine „gleichmässige" Besteuerung der durch diese Steuern getroffenen Objecte und persönlichen Träger zu finden? Schon diese Steuern, vollends die zwei anderen grossen directen hinzugenommen, stellen doch nur eine willkührliche ganz anorganische Aneinanderreihung directer Steuern von völlig verschiedener Einrichtung, schon deshalb von Unvergleichbarkeit unter einander und von verschiedener Höhe dar.

So erfüllen diese Steuern in der That materiell das politische, „staatsbürgerliche" und das Gerechtigkeitspostulat allgemeiner und gleichmässiger Besteuerung durchaus ungenügend.

Ebenso wenig befriedigend gestaltet sich jede einzelne Steuer, wenn man sie für sich nach ihrer Einrichtung und ihren inneren Verhältnissen betrachtet.

Die colossalen Ungleichmässigkeiten der Grundsteuer haben sich einigermassen auf Zahlenausdrücke zurückführen lassen (§. 155). Diejenigen der Patentsteuer sind vielleicht nicht geringer, trotz des ingeniösen specialisirenden Classenschematismus. Wenn man dies auch ziffermässig nicht so leicht genau nachweisen kann, die Kritik der einzelnen maassgebenden Factoren gestattet einen solchen Schluss mit Sicherheit, ja nöthigt dazu (§. 205). Und mit den einzelnen übrigen Steuern steht es schwerlich sehr viel besser. Das Problem hat man hier zwar in der Gesetzgebung und Verwaltung jeder dieser Steuern richtig erfasst, aber theils nicht den richtigen Weg zur Lösung beschritten, theils auf richtigem Wege die Schwierigkeiten nicht überwinden können. So ist man daher auch hier weit entfernt von „gleichmässiger" Besteuerung aller Grundbesitzer und Grundbesitzungen, aller Gewerbetreibenden und Gewerbebetriebe, aller Hausbesitzer und Häuser, aller Hausbewohner und Wohnungen u. s. w. u. s. w geblieben.

Nicht allein aus diesen misslichen Verhältnissen, aber wesentlich mit aus ihnen erklärt sich die geringe Fähigkeit der französischen directen Besteuerung, sich in den Steuersätzen und abgesehen hiervon durch eigene Entwicklung der Steuersubjecte und Steuerobjecte im Ertrage, namentlich für die Staatsbedürfnisse, steigern zu lassen. Unter den allgemeinen Entwicklungsbedingungen modernen öffentlichen, besonders Staatsbedarfs und unter den speciellen Bedingungen dafür in Frankreich musste diese relative Ertragsstabilität der directen Steuern dann auch wieder um so mehr zu der zum Theil übermässigen Steigerung der Erträge der beiden anderen grossen Steuergruppen, der Verkehrs- und der directen Verbrauchssteuern, hindrängen.

Alles in Allem kann so das Urtheil über die moderne französische directe Besteuerung in steuerpolitischer und steuertechnischer Hinsicht doch kein besonders günstiges sein.

Die Ursache davon liegt sicherlich mit und selbst wohl überwiegend in den überaus grossen Schwierigkeiten einer finanziell, volkswirthschaftlich, technisch und nach den Gerechtigkeitspostulaten befriedigenden directen Besteuerung, theilweise aber doch auch in inneren Mängeln der Gesetzgebung, welche sich hätten vermeiden lassen. Diese Mängel sind wieder grundsätzlicher und practischer Art.

Gewiss war es richtig, der directen Besteuerung eine bedeutsame Stellung im Steuersystem zu erhalten, auch nach der Abkehr von der einseitigen Tendenz in den ersten Zeiten der ersten Revolution, als diese Besteuerung zu der ganz vorwaltenden oder nahezu zur alleinigen hatte gemacht werden sollen; und gleichfalls war es richtig, das Streben zu verfolgen, „Jeden nach seinen Fähigkeiten zu besteuern". Allein dann musste man auch grundsätzlich für den rechten Zweck die rechten Mittel wählen, d. h. hier sich nicht darauf beschränken, nach mehr oder weniger zuverlässigen, oft recht unzuverlässigen, wenn auch verhältnissmässig leicht zu constatirenden „äusseren Merkmalen" Object- oder Ertragssteuern allein einzurichten, sondern man musste den moralischen und politischen Muth haben, unter Gewährung aller erforderlichen Bürgschaften für den Ausschluss von „Willkühr" von Verwaltungsorganen, Subjectsteuern zu bilden und in die persönlichen und ökonomischen Verhältnisse der Wirthschaftssubjecte und ihrer Wirthschaften bei diesen Steuern wie bei den daneben bestehenden Objectsteuern so weit einzudringen, als es eben für die Durchführung wirklicher allgemeiner Steuern und für gleichmässige Veranlagung derselben geboten ist. Hier siegte aber in Frankreich ganz der „Individualismus", d. h. hier die Rücksicht auf wirkliche oder vermeintliche Interessen, auf Vorurtheile, Empfindungen der Bevölkerung. Mit den viel zu weit gehenden Rücksichten, welche man dort in dieser Beziehung nahm, ist weder eine „gerechte" noch eine finanziell hinlänglich ergiebige Besteuerung, vollends keine directe, welche solchen beiderlei Anforderungen entspricht, vereinbar. Das scheint man aber in Frankreich immer noch nicht eingesehen zu haben. Sonst wäre es in der Periode von 1871 ff.

zu einer gründlicheren Reform der directen Steuern und endlich zur Einführung einer Einkommensteuer gekommen.

Practisch aber war es ein verhängnissvoller Fehler, dass man in der ersten Revolution viel zu rasch die alten Steuern beseitigte und ohne genügende Vorbereitung die neue directe Besteuerung legislativ feststellte und dann administrativ durchführte; dass man ferner aber auch später an der einmal im ersten Jahrzehnt der ersten Revolution gelegten Grundlage dieser Besteuerung mit geringen Veränderungen festhielt. Thatsächlich sind in Folge dessen bei der Grundsteuer und bei der Personal- und Wohnungssteuer (S. 459) in grossem Umfang die Ungleichmässigkeiten der directen Steuern aus der früheren Königszeit, über die man doch so klagte, mit viel zu geringen Abänderungen in die neuere Zeit hinübergegangen und selbst bis heute erhalten worden. Die Unfähigkeit der französischen directen Steuern, sich den gesteigerten Anforderungen des Staatsbedarfs anzupassen, hängt mit diesen Verhältnissen ebenfalls zusammen.

Was danach zu geschehen hätte, möchte auf Grund der gegebenen Darstellung und Untersuchung doch auch der fremde Theoretiker sagen dürfen: **Beschränkung der zu ausschliesslichen Beachtung der mechanischen "äusseren" Merkmale und Einfügung subjectiver Momente in die Ertragsbesteuerung, ferner Danebenstellung einer Einkommenbesteuerung und theilweise Hinüberführung der Ertragssteuern in eine solche.**

B. Die Verkehrsbesteuerung.

I. Die Registrirungsabgaben, das Stempelwesen und andere verwandte Abgaben.

a. Im Allgemeinen.

Gesetzgebung. S. schon die Uebersicht in Fin. II. 33 (im Folgenden Berichtigungen dazu). Die hierher gehörigen Gesetze zerfallen in vier Kategorien, entsprechend den viererlei "Abgaben" dieses Gebiets, sie stehen aber, wie diese Abgaben selbst, in Zusammenhang unter einander: Gesetze über die Registrirungsabgaben, über den Stempel, über die Gerichtsschreibereigebühren, über die Hypothekengebühren. Das Gebührenelement und das Steuerelement in den betreffenden Abgaben, besonders in den ersten, wird in der Gesetzgebung selbst nicht scharf, meistens gar nicht getrennt. In die steuerpolitisch und steuertechnisch besonders zu beachtende Verwickeltheit und beständige Veränderungsbedürftigkeit dieser Gesetzgebung giebt schon die folgende Uebersicht der Gesetze einen Einblick. Sie ist absichtlich eingehender gehalten worden, auch um diesen eigenthümlichen Character einer solchen Steuergesetzgebung zugleich mit hervortreten zu lassen.

Verkehrsbesteuerung. Registrirungsabgaben. Gesetze.   503

1. Die **Registrirungsabgaben** (droits d'enregistrement), welche die Erbschaftsbesteuerung mit in sich enthalten, wurden in der Revolutionszeit durch das Gesetz vom 5.—19. December 1790 neu begründet. Nach verschiedenen weiteren Gesetzen wurde jedoch erst durch das an Stelle aller bisherigen tretende Hauptgesetz vom 22. Frimaire VII. (12. December 1798) die endgiltige Grundlage des Systems gelegt. Zahlreiche weitere Gesetze haben die letztere in Einzelheiten verändert, ausgebildet, die Sätze mitunter ermässigt, häufiger erhöht, aber das System selbst ist in seinen Hauptpuncten so wie es das Gesetz vom 22. Frimaire VII. eingerichtet hatte, bestehen geblieben. S. das Gesetz vom Frimaire u. A. bei Jacob, Gesetze über Enregistrement u. s. w., S. 21—96 (deutscher Text). Manche einzelne kleinere Veränderungen sind, wie auch auf anderen Gebieten des französischen Steuerwesens, in den Jahresfinanzgesetzen, Einnahmegesetzen u. s. w. getroffen worden. S. die Daten der Gesetze bei Vignes, I, 329, Block, dictionn., Art. enregistrement, p. 878. Hervorgehoben mögen hier in chronologischer Reihe folgende Gesetze werden, die wichtigeren davon sind durch gesperrte Schrift („Gesetz") bezeichnet (s. den Text, soweit er hergehört und in Kraft bis 1870 blieb, bei Jacob, nach 1870 z. B. bei Dejean, a. a. O.): 22. Pluviôse VII. (10. Februar 1799, Förmlichkeiten bei Versteigerungen); Gesetz vom 27. Ventôse IX. (18. März 1801, regelt verschiedene Puncte bei der Erhebung der Registrirungsabgaben); Gesetz vom 28. April 1816 (Finanzgesetz, Tit. VII, Art. 37—59, einige Veränderungen, dann verschiedene Steuererhöhungen gegen das Gesetz vom Frim. VII, auch Tarif der Siegelgebühren und 20 % Registerabgaben dabei, für Adels-, Wappenverleihungen u. a. m., Jacob, S. 162—183; dazu K. Ordonn. vom 22. Mai 1816, eb. S. 189 ff.); Finanzgesetz vom 25. März 1817, Art. 74, 75, dsgl. vom 15. Mai 1818, Art. 72 ff. (kleine Veränderungen); Gesetz vom 16. Juni 1824 (Ermässigungen von Sätzen der Registrirungsabgaben und Stempel); 18. April 1831 (über Enregistrementsgebühren von Erwerbungen der Gemeinden, öffentlichen Corporationen u. dgl.); 21. April 1832 (über event. Erlass gewisser Siegelgebühren des Gesetzes von 1816); Gesetz vom 21. April 1832 (Art. 33 des betreffenden Einnahmebudgetgesetzes. Tarif der Schenkungs- und Erbschaftsabgaben in der Seitenlinie); 24. Mai 1834 (dsgl. Einnahmegesetz, Art. 11 ff., verschiedene Tarifänderungen); 3. Mai 1841, Art. 58 (Gebührenfreiheit bei Expropriationen); 25. Juni 1841 (Besteuerung der Uebertragung verkäuflicher Amtsstellen); 19. Juli 1845 (Einnahmegesetz, kleine Tarifänderungen); 3. Juli 1846; 25. März 1848 (Decret, Ermässigungen des Wechselprotesttarifs); Gesetz vom 18. Mai 1850 (Regelung einiger Puncte und Sätze der Erbschafts- und Schenkungsabgaben u. a. m.); Gesetz vom 5. Juni 1850 (vornehmlich über Stempel von Handelseffecten, Werthpapieren, aber auch mit einzelnen Bestimmungen über Registrirung); 7. August 1850 (Finanzgesetz, Art. 7, Ermässigungen einiger Sätze); 10. December 1850 (gewisse Gebührenfreiheiten bei Eheschliessung Armer u. s. w.); 22. Januar 1851 (Stundungsgewähr für Registrirungsabgaben bei „Armen"); 8. Juli 1852; 5. Mai 1855 (Finanzgesetz, Art. 15 (Wiederaufhebung der Ermässigung des Gesetzes vom 7. August 1850 (Finanzgesetz, Art. 7); Gesetz vom 23. Juni 1857 (Einführung einer eigenen Uebertragungsabgabe — „Transmissionssteuer" — von Werthpapieren, dazu Ausführungsdecret vom 17. Juli 1857; 11. Juni 1859 (Tarifänderungen); 27. Juli 1870 (Ermässigung der Abgabe bei gewissen Tauschen ländlicher Grundstücke). — Dann kommen nach dem Kriege von 1870—71 grade bei diesen Abgaben die Erhöhungen der Steuersätze und die Auflegung neuer Zuschläge für die Staatscasse zum Principale, neben den alten (s. u.), meist für das ganze Gebiet der betreffenden Verwaltung (also incl. Stempel u. s. w.). So Hauptgesetz über Registerabgaben und Stempel vom 23. August 1871; 16. September 1871 (auch andre Steuern betr.); Gesetz vom 28. Februar 1872 (Einführung abgestufter „fester Sätze" für den „droit fixe" bei gewissen Urkunden; 30. März 1872; 30. December 1873; Gesetz vom 19. Februar 1874 (Tariferhöhung); 21. Juni 1875; 30. December 1876; 26. März 1878; 18. December 1878 (gewisse Urkunden bei milit. Requisitionen gratis zu registriren); 23. October 1884 (speciell über gerichtliche Verkäufe von Immobilien) und 3. November 1884 (einige Tarifermässigungen).

Decrete des Staatsoberhaupts, Verordnungen der Centralbehörden, Entscheidungen und Gutachten des Staatsraths, Urtheile der Judicatur sind bei dem Registerwesen besonders zahlreich und wichtig und steigern die Casuistik und das Detail ins Unendliche. Gerade das ist auch wieder für dies Gebiet steuertechnisch besonders zu beachten. Theoretisch und practisch aber ein schwacher Punct dieser Steuerart! Aehnliches gilt von der folgenden Gattung.

2. Stempel (droits de timbre). Die neue Regelung dieses Steuergebiets erfolgte zunächst durch das Gesetz vom 12. December 1790—18. Februar 1791, das bald Veränderungen erfuhr und durch das Hauptgesetz vom 13. Brumaire VII. (13. Novbr. 1798) ersetzt wurde (bei Jacob, S. 1—20). Letzteres ist die Grundlage des Stempelwesens geworden und bis heute geblieben. Alle weiteren Gesetze, Decrete haben es nur in Einzelheiten abgeändert und ausgebildet. Mehrere der beim Enregistrement genannten Gesetze betreffen gleichzeitig den Stempel mit. Hervorzuheben sind: Gesetz vom 9. Vendém. VI. (30. September 1797, Stempel von Eingaben an Behörden, von Zeitungen und periodischen Blättern); Gesetz v. 6. Prairial VII. (25. Mai 1799, u. A. Stempel für gedruckte Anzeigen); Gesetz vom 28. April 1816 (Art. 62, 63, 71, 75, 76, dann in Art. 243 besonderer Stempel von 10 Cent. für die Bezettelungen und Quittungen bei indirecten Steuern); Gesetz vom 16. Juni 1824 (Einzelnes); Gesetz vom 24. Mai 1834 (Einzelnes); Gesetz vom 20. Juli 1837 (an Stelle der Stempel von Handelsbüchern tritt ein 3 % Zuschlag zur Patentsteuer, s. o. Gesetz vom 5. Juni 1850 (Stempel von Handelseffecten, Schlussnoten, Actien, öffentlichen Obligationen, Versicherungspolicen, bei Jacob, S. 233—247); Gesetz vom 22. Januar 1851 (Freiheit für mit „Armenrecht" Begünstigte); Gesetz vom 2. Juli 1862 (verschiedene Aenderungen, Erhöhungen), dazu Decrete vom 30. Juli, 29. October, 8. December 1862; Gesetz vom 13. Mai 1863 (Etatsgesetz, Stempel für ausländische Staatspapiere); Decret (der neuen Regierung, unmittelbar nach Napoleon's III. Sturz) vom 5. September 1870, Aufhebung des Stempels von Zeitungen u. dgl.). — Nach dem Kriege auch hier im Erhöhungen und Ausdehnungen des Stempels durch Gesetz vom 23. August 1871 (u. A. Einführung eines allgemeinen Quittungs- und Checkstempels); Gesetz vom 30. März 1872 (Stempel von Eisenbahnrecepissen und Schiffsconnossamenten); Gesetz vom 25. Mai 1872 (Aenderung des Stempels von fremden Staatspapieren); kleine Aenderungen in den Etatsgesetzen der Periode; Decret vom 30. December 1873 (Formalien); Gesetz vom 19. Februar 1874 (Erhöhungen); Decret vom 19. Februar 1874 (Stempelmarken für Handelseffecten und Warrants); Finanzgesetz vom 22. December 1878 (Ermässigung des Stempels für Handelseffecten); Gesetz vom 30. März 1880 (Stempel von Affichen); Decret vom 29. April 1881 (Stempelmarken).

3. Gerichtsschreibereigebühren (droits de greffe), theils zu Gunsten des Gerichtsschreibers (greffiers), theils als Abgabe für die Staatscasse. Hauptgesetz für Civilgerichte und Handelsgerichte vom 21. Ventôse VII. (11. März 1799, bei Jacob, S. 104—110) und Decret vom 12. Juli 1808 (Jacob, S. 137); Ordonn. vom 9. October 1825; für andere Gerichte und Behörden verschiedene Bestimmungen, s. Vigues, I, 458; Gesetz vom 16. November 1875 über Friedensrichter.

4. Hypothekengebühren (droits d'hypothèques). Bestimmungen auch hierüber in dem Hauptgesetz über Hypothekenwesen vom 21. Ventôse VII. (11. März 1799, Art. 19 ff., bei Jacob, S. 100 ff.). Aenderungen der Sätze im Gesetz vom 28. April 1816, Art. 60, 61; Gesetz vom 23. August 1871, Art. 5 (Dejean, p. 10).

Alle diese verschiedenen Abgaben (mit einzelnen Ausnahmen) unterliegen Staatszuschlägen zum Principal, so einem 10 procentigen als Kriegszuschlag schon 1799 eingeführten (Gesetz vom 6. Prairial VII. oder 25. Mai 1799), aber, mit Ausnahme beim Stempel, wo er durch das Gesetz vom 28. April 1816, Art. 67 zeitweilig beseitigt wurde, beständig gewordenen. Zu diesem Zehntel trat zeitweise ein weiteres (1855 bis 1857, 1862—64), auch anderthalb Zehntel (1864—71), nach dem letzten Kriege wieder zu dem alten von 1799 ein zweites Zehntel (Gesetz vom 23. August 1871, Art. 1, 2, woselbst auch die Ausnahmen), seit 1874 für Register- und Hypothekenabgaben (auch Geldstrafen) (Gesetz vom 30. December 1873, Art. 2), noch ein halbes Zehntel. Daher ist der Zuschlag seitdem im Ganzen 25 % für die eben genannten, 20 % für die Stempel- und Gerichtsschreiberabgaben. Einzelne Tarifposten sind von allen Zuschlägen frei (so die Quittungs- und Checkstempel, die Effecten-Transmissionssteuer). Die grosse Ertragssteigerung seit dem Kriege ist zu einem erheblichen Theile auf diese starken Zuschläge von 20—25 % zurückzuführen. Im Vergleich mit den directen Steuern ist zu beachten, dass bei den hier besprochenen Verkehrssteuern Departemental- und Communalzuschläge fehlen.

Ausser den 4 genannten Abgaben stehen mit dem Gebiete dieses ganzen Verwaltungszweigs noch in Zusammenhang: die als Ersatz der Registerabgaben u. s. w. eingeführte directe Steuer von den Gütern der todten Hand (o. S. 489 ff.), die aber nicht unter der Verwaltung des Enregistrements mit steht; die directe Steuer vom Ertrag beweglicher Werthe (einschliesslich der Steuer auf Lose und Prämien), (o. S. 494 ff.), welche zu dieser Verwaltung ressortirt; die besondere Steuer von See- und Landversicherungen im Gesetz vom 23. August 1871, welche von Vignes u. A. ebenso wie die beiden vorher genannten und wie die Effecten-Transmissionssteuer vom 23. Juni 1857 als „Anhang" zu den Registerabgaben angesehen wird. Wir ziehen beide letztere zu diesen Abgaben hinzu, während die beiden anderen oben (§. 206, 208 ff.) abgehandelt worden sind.

Literatur. Stourm, I, ch. XV und XVI, p. 394—469. Vignes, I, ch. 3, p. 320—473 (vorzügliche, reichhaltige und doch gedrängte systematische Behandlung). Tarife daselbst I, 414 ff., II, 397—410. v. Hock, Kap. 5, No. 1, 2, 4, S. 177—209, 218—223. v. Kaufmann, S. 277—306. Block, dictionn. und Supplemente, Art. enregistrement, timbre, greffiers, hypothèques (verwaltungsrechtlicher Standpunct; in den Daten der Gesetze hier und da Fehler). Bibliographie der Specialwerke des Finanz- und Verwaltungsrechts im Block'schen dictionn. am Schluss des Art. enregistr. (dict., p 688, suppl. génér. p. 186), umfassende Commentare u. dgl. So Dalloz et Vergé, code de l'enregistrement, de timbre etc., Par. 1878. Garnier, répert. génér. et raisonné de l'enregistrement, 6. éd., Par. 1878. 5 vol. Naquet, traité théor. et prat. des droits d'enregistrement, 3 vol., Par. 1882. Die neuesten Gesetze bei Dejean, code de nouv. imp. (von mir speciell benutzt), Roger et Sorel, codes et lois usuelles. — Bei der Schwierigkeit der Materie, den vielen juristischen, technischen Ausdrücken ist es erwünscht, dass für Elsass-Lothringen, wo diese wie die übrige französische Steuergesetzgebung verblieben ist, mittlerweile übrigens einige Aenderungen erfahren hat, deutsche Bearbeitungen des legislativen Stoffs, der Gesetze selbst, der Decrete, Staatsrathsentscheidungen u. s. w. vorhanden sind. Ich habe besonders die genannte Schrift von Jacob, „die Gesetze über Enregistrements-, Stempel-, Hypothekengebühren und ähnliche Abgaben in Elsass-Lothringen", Strassburg 1878, benutzt. S. ausserdem: Leydhecker, die indirecten Steuern in Elsass-Lothringen, 2 B., Strassburg 1877, und die (halbamtlichen) Sammlungen der in Elsass-Lothringen geltenden Gesetze, 3 B., Strassburg 1880—81, daraus B. 2, französische Einzelgesetze.

Es liegt im Wesen dieses Steuergebiets, dass die Steuernormen sich an das Privatrecht, namentlich an die Rechtsnormen für Eigenthum, Nutzung, Pfandrecht, Obligationenrecht und an das ganze Vertragsrecht, dann an das Erbrecht, an das ganze Handels-, an das Processrecht u. s. w. näher anschliessen. Manches Eigenthümliche der französischen betreffenden Besteuerung ist die Folge der Anpassung der Steuernormen an diese Rechtsnormen. Die Verwickeltheit der ersteren, die Casuistik wird wieder durch die letzteren bedingt. Daher ist im Allgemeinen auch hier im Steuerwesen auf die französischen „Codes", den Code civil, code de commerce, code de procédure civile und auf die Commentare dazu sowie auf die Literatur über französisches Privatrecht hinzuweisen. Vielerlei Streitfragen des Steuerrechts, welche die Gerichtshöfe, der Staatsrath zu entscheiden haben, entstehen, weil es sich nicht nur um steuerrechtliche, sondern um privatrechtliche Streitfragen dabei handelt. Daher denn auch die bezeichnende Auffassung der französischen Juristen, dass „Enregistrement und Stempel die einzigen eines Juristen würdigen Steuermaterien" seien. Vom Standpunct der Steuerpolitik und Steuertechnik gerade kein Lob, für die finanzwissenschaftliche Darstellung ein sehr erschwerendes Moment, aber eine Auffassung, welche doch bei der finanziellen theoretischen und practischen Beurtheilung dieses „Verkehrssteuersystems" recht beachtet werden muss. Wenn in Frankreich der „feine juristische Character" des Gegenstands besonders scharf hervortritt, wenn die Zahl der Decrete, Verordnungen, Erlasse u. s. w., welche die Durchführung der Gesetze erfordert, schon vor Jahren auf über drittelhalbtausend berechnet worden ist und jetzt danach 3000 übersteigen mag, wenn alles dies die principiellen Bedenken gegen diese Besteuerung steigert, so ist doch auch nicht zu übersehen, dass gerade die ungemeine Ausdehnung, welche man in Frankreich dem Enregistrement und Stempelwesen gegeben hat, und die enorme Höhe vieler Steuersätze (Besitzwechsel von Immobilien unter Lebenden! Erbschaftssteuer!) unvermeidlich eben die feine Rechtstechnik, die unendliche Casuistik, die zahlreichen Streitfragen, weil es sich um schwere Belastungen handelt, bedingen. Eine ausserordentliche Belastung des Verkehrs, eine übermässige Belastung zahlloser Rechtsgeschäfte und Rechtsthatsachen (wie bei Todesfällen und Erbgang) sind die Folge von dem Allen. Aber der Staat hat sich so auch eine ungeheure Ertragsquelle für seine grossen Bedürfnisse eröffnet, die ihm jetzt an 700 Mill. Fres., mehr als ein Viertel seiner heutigen enormen Steuereinnahme abwirft.

Höchst werthvoll, reichhaltig und detaillirt ist die Statistik dieser französischen Besteuerung, die in den Finanzwerken nicht genügend verwerthet wird. Siehe die Tabellen Faure's, p. 88 ff., besonders aber die Jahresberichte der Direction des Enregistrement im Bull. (fur 1886 in vol. XXII, 139), und die langjährigen Rückblicke in einzelnen Arbeiten daselbst, so I, 309, XII, 38, XV, 540 (Successionen und Donationen seit 1826, auch XVII, 404, XXI, 137); V, 370, XVI, 152 (Uebertragungen von Immobilien unter lästigem Titel seit 1827), I, 24, III, 343 u. a. m. Eine Statistik, welche für manche finanzielle, ökonomische und selbst für die eigenthümliche französische populationistische Frage (Erbfolgestatistik) von hohem Interesse ist und monographische Bearbeitungen verdiente.

Die Darstellung dieser Besteuerung bietet erhebliche, in der Sache liegende formelle und materielle Schwierigkeiten, wenn sie sich nicht auf blosse Tarifproben und statistische Daten beschränken will. Eine erschöpfende Behandlung erfordert grossen Raum, eine knappe muss Vieles und darunter doch auch wichtiges Einzelne übergehen. Die privatrechtliche und verwaltungsrechtliche Seite hängen eben zu enge mit der finanziellen zusammen. Musterhaft und noch knapp ist die Darstellung von Vignes, aber immerhin 150 Seiten umfassend. Auch die Block'schen Artikel verdienen Anerkennung. Im Folgenden ist natürlich nur eine Hervorhebung der Hauptpuncte möglich.

§. 211. 1. Geschäftskreis und Dienstorganisation. Die Verwaltung der Register- und Stempelabgaben untersteht einer der grossen Generaldirectionen des Finanzministeriums, zu welcher zugleich der „domaine", d. h. das Staatseigenthum (mit Ausschluss der Staatsforsten und der einem öffentlichen Dienst gewidmeten Objecte) ressortirt, weshalb die Direction die Benennung „Registrirung, Domänen und Stempel" führt, eine eigenthümliche Verbindung von Steuer- und anderen Geschäften. Ausser den genannten Verkehrssteuern ist dieser Direction auch die Verwaltung der Steuer vom Ertrag beweglicher Werthe (S. 494 ff.) und der Versicherung übertragen, auch führt sie noch einige andere Geschäfte, u. A. vereinnahmt sie einen Theil der Forsterträge, ferner die übrigens zum „domaine" gehörigen herrenlosen Hinterlassenschaften u. a. m. Hiernach erscheinen unter ihren Gesammteinnahmen verschiedenartige Posten. Ihre weitaus bedeutendste Thätigkeit hat sie indessen speciell auf dem Gebiete der Registrirung, des Stempels und der anderen dazu gehörigen Abgaben (S. 502) und der grösste Theil der Einnahmen ihrer Verwaltung rührt daraus her.

Ueber den Geschäftskreis der Direction s. Bull. I, 310, Block, dictionn., Art. enregistrem. No. 25, Josat, minist. de fin., p. 479 ff. Die Verwaltung des „domaine" umfasst das gesammte Staatseigenthum, mit Ausschluss der Staatsforsten, welche bis 1820 unter dieser Direction standen, jetzt zum Ackerbauministerium gehören, dann auch ausgenommen die nicht zu einem öffentlichen Dienst bestimmten Objecte.

speciell Immobilien, die den betreffenden Fachministerien unterstehen (Josat, p. 509 ff., 513). Gewisse Erträge der Staatsforsten, so diejenigen für Holzschläge, welche nicht von den Generaleinnehmern vereinnahmt werden, und verschiedene andere Forsterträge fliessen aber auch bei der Registrirungsdirection ein. Zur Würdigung der Organisation und der Kosten dieser Direction ist dieser weite auf vielerlei Anderes, als auf die Verkehrssteuern sich beziehende Geschäftskreis zu beachten. Von den Einnahmen kamen 1886 (Bull. XXII, 139 ff.) auf die Hauptgruppen folgende Summen in Mill. Frcs.

Eigentliche Registrirungsabgaben (i. e. S.)	465.34
Droits de greffe	8.08
Hypothekengebühren	5.68
Geldstrafen im Gebiet der Direction	1.27
Seeversicherungspolicen	0.23
Effectentransmissionssteuer	36.96
Verschiedene Einnahmen d. Regist.-Abtheilung	1.56
Zusammen Regist. im weiteren Sinne	519.11
Stempel	156.14
Summa	675.25
3% Mobiliarwerthsteuer	47.24
Summa „Steuern"	722.49
Domänenerträge	17.06
Forsterträge	7.58
Verschiedene Einnahmen	1.83
Summa Summarum	748.95

Unter den „verschiedenen Einnahmen der Regist.-Abtheilung" Siegelgelder 204.000 Frcs., Justizkosten 1.28 Mill. Unter den „Domänenerträgen" regelmässig die Hauptsumme aus Veräusserungen beweglicher und unbeweglicher Objecte (11.74 Mill.), 2.57 Mill. aus herrenlosen Verlassenschaften u. s. w. S. weitere statist. Daten u. §. 224.

Eine Zusammenstellung der Erträge und Verwaltungskosten der Direction von 1799—1878 in Bull. I, 309 ff. Die „persönlichen Kosten" sind von 6% in 1820 auf 4.94 in 1830, 3.86 in 1850, 2.83 in 1869, 2.12% in 1875 gefallen, vornehmlich wegen der Ertragssteigerung, auch weil die Ertragsantheile (remises) der Beamten nur vom Principal, nicht von den Zuschlägen berechnet werden. Die persönlichen Kosten waren 1875 14.18, die sachlichen u. s. w. 1.80, zusammen 15.98 Mill. Frcs., bei 670.3 Mill. Einnahme, also ca. 2.37% Kosten im Ganzen, jetzt wohl nur 2¼%, allerdings sehr niedrig, auch niedriger als die der directen Steuern (s. o. S. 434), — wobei freilich immer fraglich bleibt, ob alles Erforderliche richtig angesetzt worden ist und werden kann.

Ihrer Organisation nach zerfällt auch diese Direction in einen Central- und einen Local- oder Departementaldienst.

An der Spitze des ersten steht der Generaldirector, unterstützt durch einen Verwaltungsrath (4 Mitglieder) und das erforderliche Bureau-, Rechnungspersonal u. s. w., alle cautionsfrei.

Der Localdienst gliedert sich zunächst nach Departements und umfasst in jedem ein höheres und ein niederes, bezw. eigentliches Localdienst-Personal, das im Allgemeinen cautionspflichtig ist. Zu ersterem gehört für jedes Departement ein Director und ein Inspector, dann Unterinspectoren und Verificatoren, in besonderer Stellung ein garde-magasin contrôleur de comptabilité. Der Inspector hat u. A. die Verificatoren und in Superrevision die Einnehmer (receveurs) selbst zu controliren, die Unterinspectoren und Verificatoren, gewöhnlich je 1 in jedem Arrondissement, haben den ganzen Dienst der Rechnung legenden Beamten (comptables) und Einnehmer speciell zu controliren. Im Local- und eigentlichen Einnahmedienst fungiren für die Registrirung, für die Veranlagung und Erhebung der Abgaben und für den Debit des Stempelpapiers die Einnehmer („receveurs"), gewöhnlich in jedem Canton je 1, die Hypothekenbewahrer, in den Hauptorten der Departements und meistens in denen der Arrondissements je 1. In grösseren Städten giebt es ferner eigene Beamte zur Controle der Erbfolgen, Mieth- und Pachtverträge, mündlichen Erklärungen. (Vignes, I, 470 ff., Josat, p. 483 ff., Block, dictionn., No. 13

bis 24 im Art. Enregistrement. Die Einnehmer sind, wie andere derartige französische
Finanzbeamte (die receveurs particuliers der Arrondissements s. bei Block u. d. W.) auf
mässige Gehalte und auf Einnahmeantheile (remises) gesetzt. Hierfür gilt ein mit der
Summe abnehmender (degressiver) Tarifsatz, der jetzt z. B. bei 2—3 Mill. auf 0.1,
bei 3—6 Mill. auf 0.05, bei über 6 Mill. Frcs. auf 0.01°/₀ sinkt (Suppl. génér.
Block's, p. 155). Ein früher bestehendes Maximum der remises eines Einnehmers
von 12.000 Frcs. ist 1882 beseitigt worden. Ehedem sind auch die übrigen Beamten
des Enregistrement, wie schon vor 1789 bei den analogen Abgaben, auf solche
Tantièmen gesetzt gewesen, was erst 1817 beseitigt wurde, wo für sie feste Gehalte
eintraten. (Stourm, I, 430.)

Dieser steuertechnisch gerade bei dieser Steuergruppe besonders wichtige Local-, Inspections- und Controldienst ist der Aufgabe, die hier vor Allem in der vollständigen und richtigen Veranlagung besteht, wohl gut angepasst. Für diese Veranlagung ist die Voraussetzung die sichere Constatirung der steuerpflichtigen Rechtsgeschäfte und derjenigen Thatsachen, an welche sich Steuerfälle anknüpfen, wie namentlich der Todesfälle und der Erbfolgen, sowie in allen Fällen, wo das Maass der Steuerpflicht sich nach der Werthhöhe richtet, wie namentlich bei allen Proportionalabgaben, die sichere Feststellung dieser Werthhöhe. Beides sucht die Organisation des Dienstes zweckmässig zu verbürgen. Die Stellung der Einnehmer auf Tantièmen trägt dazu auch mit bei.

Zur Mithilfe in der Lösung dieser schwierigen Aufgabe der Registrirungs- und Stempelverwaltung dienen dann die Verpflichtungen anderer Behörden und Beamten zu erforderlichen Anzeigen (z. B. der Standesämter in Betreff der Todesfälle) und zur Ertheilung erbetener Aufschlüsse, die Berechtigungen der Registerbeamten zu Nachforschungen in den Acten anderer Behörden, die Verpflichtungen anderer Behörden zur Controle (z. B. der Gerichte in Betreff der vor sie kommenden Urkunden, Rechtsgeschäfte, Vorgänge bezüglich der erfolgten richtigen Registrirung und Stempelung), endlich und namentlich die Verpflichtungen des Rechtsgeschäfte abschliessenden, Erbschaften antretenden u. s. w. steuerpflichtigen Publicums selbst zur Anmeldung, Registrirung, Stempelung und die Androhung von Rechtsnachtheilen und Strafen bei Unterlassungen der Registrirung und Stempelung und bei Verkürzungen des Fiscus (z. B. in Folge unvollständiger oder falscher Angaben).

Ob alle diese Hilfsmittel neben der guten Organisation des Verwaltungsdienstes ausreichen, die gesetzliche Besteuerung vollständig und richtig durchzuführen, darüber stimmen auch in Frankreich die Urtheile nicht ganz überein. Wo empfindliche Rechtsnachtheile drohen, und die Betheiligten selbst ein wesentliches Interesse an der Erfüllung aller rechtlichen Formalitäten, an die sich dann die Steuer gleich anknüpft, haben, wie wohl im Ganzen meistens beim Verkehr unter Lebenden und von Todeswegen in Immobilien, da mag das Ziel der Besteuerung wohl ziemlich erreicht werden. Jedenfalls werden hier weniger Fälle der völligen Unterlassung der Steuerzahlung, bei ganz unterbleibender Registrirung und Stempelung, als der theilweisen Hinterziehung, besonders vermittelst zu niedriger Werthangaben, vorkommen. Die zur Verhütung letzteren Vergehens eingeführten Controlen der Verwaltung, so das eventuell statthafte amtliche Untersuchungsverfahren („expertise"), werden schwerlich immer ausreichen. Bei Verkehrsvorgängen und Rechtsgeschäften, welche sich auf bewegliche Werthe, besonders auf Werthpapiere (Namenspapiere), beziehen, dürfte auch die französische Verwaltung mit allen ihren fiscalischen Hilfsmitteln eine vollständige Durchführung der gesetzlichen Besteuerung kaum erreicht haben: das heikle Problem einer solchen „Verkehrsbesteuerung", das für die Beurtheilung des steuerpolitischen und steuertechnischen Werths derselben von Wichtigkeit ist, weil eben die gleichmässige Behandlung des Immobiliar- und Mobiliarverkehrs dabei wieder nicht durchführbar erscheint. Die ungemeine Höhe vieler Steuersätze, besonders des Immobiliarbesitzwechsels und der Erbschaftssteuern, steigert natürlich die Hinterziehungs- und Verkürzungstendenz sehr. Die mitunter mögliche Wahl zwischen verschiedenen Einkleidungsformen von Rechtsgeschäften mit verschiedener Steuerhöhe mag auch ein wenig in dieser Richtung wirken. Die Controlen, die bei diesen Abgaben besonders wichtigen, unentbehrlichen und auch im französischen Recht sehr ausgedehnt angewendeten Androhungen von Rechtsnachtheilen und Strafen wenden sich demgemäss gegen alle solche Versuche, aber reichen schwerlich immer für den Zweck aus. Alles das bedingt unvermeidlich wieder thatsächliche Ungleichmässigkeiten der Besteuerung und bildet so ein Bedenken gegen die letztere.

§. 212. 2. Reclamationen. Beitreibung. Zwangsverfahren. Auch bei diesen Abgaben, wie bei den directen Steuern (§. 182) unterscheidet das französische Recht einmal Reclamationen, welche aus Billigkeitsgründen um „Erlass" oder „Ermässigung" bitten und innerhalb der Verwaltungsbehörden-

Instanz allein erledigt werden; sodann solche Reclamationen, welche als Beschwerden wegen unberechtigter oder unrichtiger Veranlagung oder ebensolcher Zahlungsleistung, also wegen verletzten Rechts eventuell zunächst ebenfalls an die Verwaltung gehen, aber auch danach, bei unbefriedigendem Bescheid für den Reclamanten, oder gleich von vornherein als Steuerklagen an die Gerichte gebracht werden können und hier, wenn Zahlung schon geleistet war, Restitution verlangen.

Das Recht der Verwaltung, Erlass oder Ermässigung zu gewähren, ist indessen bei diesen Abgaben — dem Wesen derselben allerdings wohl entsprechend, also logisch folgerichtig — erheblich beschränkter, als bei anderen Steuern, so den directen, und war es früher noch mehr.

<small>Nach Art. 59 des Gesetzes vom 22. Frim. VII. war der Verwaltung, bei persönlicher Verantwortlichkeit der Beamten, die Gewährung von Erlass oder Ermässigung der Abgaben und Strafen untersagt. Doch hat man dies später beschränkt auf die einfachen Abgabesätze und die schon gezahlten (Straf-)Aufschläge dazu und die Geldstrafen. Sind diese noch nicht bezahlt, so kann der Finanzminister dafür Nachlass oder Ermässigung gewähren. (Jacob, Note zu Art. 59 des genannten Gesetzes, S. 53, Vignes, I, 397. S. auch Art. 60 dieses Gesetzes: „eine gesetzlich erhobene Registrirgebühr kann nicht zurück erstattet werden". Dennoch Ausnahmen. s. Jacob, Note zu diesem Artikel, S. 54, Vignes, S. 397 ff.).</small>

Steuerklagen wegen verletzten Rechts gehen bei diesen Abgaben regelmässig zur Entscheidung an die Civilgerichte, welche auch alle Strafen dabei verhängen.

<small>Gesetz v. Frim. VII., Art. 65. Vignes, I, 466. Ein wesentlicher Unterschied von der Sachlage bei den directen Steuern, wo die Verwaltungsjustiz hier competent ist (§. 181). Bei den Register- und Stempelabgaben u. s. w., wo es sich regelmässig um streitige Privatrechtsfragen in solchen Reclamationen handelt, — z. B. ob ein Rechtsgeschäft unter die und die Tarifposition fällt — ist es nur folgerichtig und zweckmässig, hier die Civiljustiz für competent zu erklären, wie das auch andere Gesetzgebungen in ähnlichen Fällen, z. B. im Stempelwesen, gethan haben.</small>

Die Beitreibung veranlagter fälliger und unbezahlt gebliebener Abgaben erfolgt nach vorausgegangener Mahnung, innerhalb 8 Tagen zu zahlen, durch einen Zwangsbefehl des competenten Steuerbeamten, welcher vom Friedensrichter des Cantons, worin das Steueramt liegt, visirt und für vollstreckbar erklärt ist. Die Vollstreckung dieses Befehls kann aber durch die Widerspruchsklage des Steuerschuldners unterbrochen werden. Ueber diese Klage entscheidet das Civilgericht des Steuerbezirks.

<small>Gesetz v. Frim., Art. 64, 65. S. Jacob, S. 56. Vignes, I, 467 ff. Keine Berufung gegen das Urtheil. Anfechtung nur durch Nichtigkeitsbeschwerde (Art. 65). S. f. Weiteres zum Vergleich auch oben §. 182 über diese Puncte bei den directen Steuern. Auch Block, dict., Art. Enregistrement, No. 104—108. Vignes, I, 283 ff. über diese Verhältnisse bei den Verbrauchssteuern, welche principiell bei den Verkehrssteuern ebenso oder ganz ähnlich liegen, während sie bei den directen Steuern</small>

gegen beide Steuergruppen abweichen. — Bei den zum Theil nur kurzen Verjährungsfristen der Registerabgaben gewinnt das Beitreibungsverfahren besondere Wichtigkeit.

Einzelnes weitere Hierhergehörige, dann über Steuerstrafen und Rechtsnachtheile im Folgenden bei den einzelnen Abgaben.

b. Die Registrirungsabgaben.

Gesetzgebung und Literatur s. o. S. 503 und S. 505.

§. 213. 1. Ursprung. Zur Würdigung dieses ganzen complicirten und den Vermögensverkehr so schwer belastenden Steuersystems ist immer wieder darauf hinzuweisen, dass es in seiner Grundlage und seinen leitenden Grundsätzen aus dem ancien régime herübergenommen worden ist, nur unter anderen Namen und mit Aenderungen und Verbesserungen, sowie mit feinerer systematischer Durchbildung im Einzelnen, freilich aber auch mit weit höheren Steuersätzen. Die Vorgänger der heutigen Registerabgaben sind die ehemaligen Abgaben unter dem Namen contrôle, insinuation und centième denier (§. 65), deren administrative und steuertechnische Durchführung formell bereits vor 1789 eine im Ganzen wohl gelungene war, so dass Manches davon in der Folgezeit für die Einrichtung des Enregistrement als Muster dienen konnte und in der That in den neuen Gesetzen und Reglements vielfach nur copirt worden ist. Die Revolutionsgesetzgebung hob diese älteren Abgaben und Einrichtungen, mit Ausnahme der „Insinuation" auf (Gesetz vom 5.—19. December 1790), führte sie aber vereinfacht unter anderen Namen gleichzeitig wieder ein, als Abgaben von Urkunden und von Eigenthumswechsel, zunächst freilich nach Normen, welche das fiscalische Interesse nicht genügend sicherten und, nach den Ideologieen der Zeit, der Bereitwilligkeit und Ehrlichkeit der „Bürger", der gesetzlichen Steuerzahlung nachzukommen, zu viel zutrauten (gen. Gesetz von 1790). Nachdem dies durch die Erfahrung erhärtet war, verschiedene Experimente sich nicht bewährt, die politischen Zeitverhältnisse aber begonnen hatten, sich wieder zu klären, hat dann das **grundlegende Hauptgesetz vom 22. Frimaire VII. (12. December 1798) das System des Enregistrement endgiltig festgestellt**. In diesem Gesetze ist aber im Wesentlichen das Gute und Brauchbare aus der Gesetzgebung der früheren Zeit nur in verbesserter Gestalt beibehalten worden. Alles, was seitdem legislativ auf diesem Gebiete geschah, bildet nur den **Ausbau des Systems des Gesetzes vom 22. Frimaire VII.**

Vortrefflich weist Sturm, I, 394—443 überall die wenig verborgenen Verbindungsfäden zwischen der alten und neuen Gesetzgebung nach, da auch hier die üblichen französischen Illusionen über die „Neuheit" des Steuerwesens der ersten Revolution verbreitet sind. Doch sind diese Beziehungen zwischen dem „Neuen" und „Alten" auch schon früher von den Fachautoren bemerkt worden. S. auch Vignes, I, 323 ff. — Das erste Gesetz von 1790 litt an dem allgemeinen Fehler der Zeit, den Steuerpflichtigen zu viel Ehrlichkeit zuzutrauen und der Verwaltung die Mittel zur Controle, zur Entdeckung und Verfolgung der Hinterziehungen zu versagen oder zu beschränken. Daher unterblieb die Anmeldung und Registrirung so vieler steuerpflichtiger Rechtsgeschäfte oder wurden namentlich die Werthe zu niedrig angegeben. Das Gesetz vom Frimaire VII. gab in allen diesen Beziehungen der Verwaltung die nöthigen Hilfsmittel wieder, nachdem schon ein Gesetz vom 9. Vendémiaire VI. (30. September 1797) die Verwaltung ermächtigt hatte, bei Zweifeln über richtige Werthangaben in den Urkunden auf die „Expertise" zurückzukommen. Blosse Strafandrohungen, für deren Anwendung die Handhabe fehlte, hatten sich unzulänglich erwiesen. Freilich ist nicht zu leugnen, dass die Zeit für die Bewährung eines milderen Gesetzes gleich demjenigen von 1790 damals die denkbar ungünstigste war.

§. 214. 2. Der finanzpolitische Character der Registrirungsabgaben. „Die Einregistrirung ist eine Förmlichkeit, welche darin besteht, dass in ein öffentliches Register bürgerliche, gerichtliche und aussergerichtliche Urkunden und Erklärungen über Eigenthumswechsel wörtlich oder auszugsweise eingetragen und dabei zu Gunsten des Schatzes Abgaben erhoben werden." So definiren Cuënot und Verpy in ihrem Artikel über die Einregistrirung (Enregistrement) im Block'schen Wörterbuch (No. 1) die Einrichtung und fügen dann in der auch bei anderen französischen Autoren (z. B. Vignes) üblichen Weise hinzu, diese Einregistrirung habe einen doppelten Character, den einer öffentlichen Dienstleistung im Interesse der Bürger und den einer Besteuerung im Interesse des Staats. Hiermit wird richtig der finanzpolitische Doppel- oder Mischcharacter der französischen Registrirungsabgaben anerkannt: sie sind im Allgemeinen, freilich nicht alle und nicht alle gleichmässig, „Gebühren" und „eigentliche Steuern".

a) Jenes, soweit wirklich aus sachlichen, rechtstechnischen und verkehrspolitischen Gründen, im Interesse der allgemeinen Ordnung und Sicherheit des Verkehrs, der Rechtsgeschäfte, des Erbgangs und daher im wirklichen Interesse der Nächstbetheiligten eine Einregistrirung erfolgt, eventuell auch obligatorisch ist — ein Umstand, welcher den „Gebührencharacter" der dabei erhobenen Abgabe nicht aufhebt — und die Abgabe nach ihrer Höhe in „angemessenem", d. h. zu der Vergeltung des „Dienstes", der verursachten Kostenprovocation und der erforderlichen Beitragsleistung für die Deckung der Kosten der Registereinrichtung — soweit diese letztere eben im Verkehrsinteresse liegt — in „richtigem Verhältniss" steht.

Ganz scharfe Kriterien zur Feststellung letzterer Momente fehlen zwar der Natur der Sache nach. Aber ungefähre Anhaltspuncte zur Abschätzung bieten sich und reichen aus. Der Gebührencharacter der Abgabe wird auch noch nicht durch die Abstufung der letzteren nach den Werthgrössen, auf welche sich die Rechtsgeschäfte u. s. w. beziehen, aufgehoben. Denn einmal bietet die Proportion zwischen dieser Werthgrösse und der Höhe der Abgabe immerhin öfters ein Merkmal zur Bemessung der ungefähren Bedeutung der durch die Registereinrichtung vertretenen „öffentlichen Dienstleistung" und sodann, was noch mehr zutrifft, lässt sich nach einer solchen Proportion die Vertheilung der Gesammtkosten der Einrichtung am Besten auf die einzelnen Fälle der Dienstleistung vornehmen. Auch eine „Proportionalabgabe", wie im französischen Registerwesen, verliert daher den Gebührencharacter noch nicht völlig. S. auch Fin. II, 277 ff., bes. §. 293, Vignes, I, 323, 330 ff.

4) **Eigentliche Steuern** sind die französischen Registrirungsabgaben dagegen in allen den Fällen, wo sie nicht Gebühren, und in allen denjenigen, wo sie nur theilweise Gebühren sind: daher, wo kein sachlicher, rechtstechnischer und verkehrspolitischer, sondern nur ein fiscalischer Grund die Einregistrirung einer Urkunde, eines Rechtsgeschäfts, eines Vorgangs u. s. w. bedingt und wo, selbst wenn Gründe ersterer Art vorliegen und daher eine wirkliche öffentliche Dienstleistung stattfindet, die Höhe der Abgabe nach den vorhin angedeuteten Merkmalen die für eine „Gebühr" zulässige Höhe übersteigt.

Hiernach sind die Registerabgaben Frankreichs theils nach dem ersten Umstande, weil nur aus fiscalischem Grunde die Registrirung verlangt wird, theils und im Ganzen mehr noch aus dem zweiten Grunde, weil die Höhe der Abgabesätze eine sehr bedeutende ist, weit überwiegend eigentliche Steuern, welche daher nach steuerpolitischen und steuertechnischen Gesichtspuncten zu beurtheilen sind. Bloss „Gebühren" sind unter den Registerabgaben kaum vorhanden.

Ob und in welchem Maasse die einzelnen Registerabgaben nur Steuer oder mehr oder weniger Steuer oder Gebühr sind, ist wesentlich nach allgemeinen sachlichen, rechtstechnischen und verkehrspolitischen Gründen zu entscheiden.

In Frankreich ist man auch Seitens der Finanzmänner (z. B. Vignes, I. 330 ff.) zu sehr geneigt, die nach der specifischen Rechtstechnik des französischen Civilrechts und Processrechts gebotenen Einregistrirungen, obligatorischen Erklärungen über Eigenthums- und Besitzwechsel und schriftlichen Beurkundungen schon immer als hinlängliche sachliche Begründungen der Präsumtion eines „öffentlichen Diensts" und daher der Erhebung einer „Gebühr" in der Abgabe anzuerkennen, was in dieser Allgemeinheit nicht zugegeben werden kann. Es liegt dieser Ansicht die andere zu Grunde, dass die französischen civil- und processrechtlichen Bestimmungen die an sich juristisch gebotenen sind, was schon durch die Abweichungen anderer Rechtssysteme widerlegt wird. Nach finanzwissenschaftlicher Auffassung sind die französischen Registerabgaben daher in noch geringerem Maasse, als nach der oben angedeuteten Ansicht, und mitunter überhaupt nicht mehr „Gebühren", wo sie es nach letzterer noch sind.

Demgemäss sind, wenn man einige Hauptfälle betrachtet, generisch die an den Eigenthumswechsel von Immobilien, unter Lebenden wie von Todeswegen, unter lästigem Titel oder unentgeltlich sich knüpfenden Registerabgaben ebenso wie die Hypothekenabgaben, entschieden zum Theil Gebühr und als solche gerechtfertigt. Auch von Abgaben für Eintragungen in solche Register, welche aus rechtstechnischen Gründen, z. B. im Gebiete des Handelsrechts, Gesellschaftsrechts, geführt werden, gilt dies. Die Registerabgaben von Rechtsgeschäften bezüglich beweglicher Objecte und bezüglich der blossen **Nutzungsübertragung** von Immobilien (Pacht- und Miethverträge) fallen dagegen im Allgemeinen aus dem Gebührengebiet ganz heraus. Auch von den **Erbschaftsabgaben** als solchen, soweit sie sich nicht auf Immobiliarnachlass beziehen und nicht an sachlich allgemein begründete Amtshandlungen der Gerichte u. s. w. sich anschliessen, gilt dasselbe. Ebenso von zahlreichen einzelnen Verträgen, Urkunden, Geschäften aller Art, welche die französische Gesetzgebung direct oder indirect — so namentlich bei Producirung vor Gericht — der Registrirung und den Abgaben dafür unterwirft, z. B. Heirathsverträge, Versteigerungen, Submissionen von Arbeiten, Lieferungsverträge, Schenkungen u. v. a. m.

Das französische Gesetz verlangt nicht von allen Urkunden, Verträgen, Rechtsgeschäften unbedingt die Registrirung, sondern nur von speciell genannten, die innerhalb gesetzlicher Fristen unter Strafandrohung registrirt werden müssen. Aber auch für andere Urkunden u. s. w. besteht ein bedingter oder indirecter Registrirungszwang, indem von denselben „weder in öffentlichen Urkunden noch vor Gericht noch vor irgend einer eingesetzten Behörde Gebrauch gemacht werden darf, bevor die Registrirung stattgefunden hat", was dann die Abgabepflichtigkeit und Zahlung bedingt (Gesetz vom 22. Frim. VII., Art. 23, 42—44, 47, 48, Gesetz vom 28. April 1816, Art. 57). Auch bei den unbedingt zu registrirenden Urkunden u. s. w. liegt ausser in der Strafandrohung und in der unmittelbaren Gefahr, in Betreff der unterlassenen Registrirung und Abgabezahlung entdeckt und dann bestraft zu werden, ein mächtiges Compelle, die Registrirung wirklich vornehmen zu lassen, in dem drohenden Rechtsnachtheil, die Urkunde nicht vor Gericht u. s. w. produciren zu können und wenn letzteres eventuell geschehen muss, um so sicherer der Strafe für unterlassene Registrirung zu verfallen.

Man hat mit Rücksicht auf diese Verhältnisse dann bisweilen die Ansicht vertreten, die französische Registrirungsabgabe sei eben auch allgemein der Preis — und insofern wenigstens für einen Theil ihres Betrags wieder allgemein eine „Gebühr" — welcher für die allgemeine von der Rechtsordnung anerkannte Verwendbarkeit der Urkunde als rechtliches Beweismittel bezahlt werde, sei eine Bezahlung für den Schutz, welchen die Gesellschaft den Rechtsgeschäften u. s. w. zu Theil werden lasse. Darauf läuft z. B. eine diese Abgaben mit begründende Bemerkung von Vignes, I, 322 (womit die Ausführung eb. S. 330 ff. zu vergleichen ist) wenigstens mit hinaus. Ganz unhaltbar ist diese Auffassung wohl nicht. Sie würde indessen folgerichtig einen allgemeinsten und unbedingten Registrirungszwang aller denkbaren Rechtsgeschäfte mit entsprechender Abgabepflichtigkeit und sonstiger Nichtigkeit (Nullität, voller Ungültigkeit) bei unterlassener Registrirung fordern, was an der Durchführbarkeit, von anderen Bedenken abgesehen, scheitert. Und das ist auch gegen die Auffassung bei dem bestehenden französischen System einzuwenden: es ist und bleibt zu zufällig, daher in der Praxis zu ungleichmässig, ob und welche Urkunden registrirt und belastet werden und wie man den Tarif nach der Verschiedenheit der Rechtsgeschäfte u. s. w. gestaltet. Die wirkliche Benutzung einer Urkunde, z. B. als Beweismittel vor Gericht, rechtfertigt daher auch noch nicht die französische Forderung der, wenigstens nachträglichen Registrirung und Abgabezahlung, die immer in einer Menge anderer Fälle, wo es nicht zu einem Rechtsstreit kommt, unterbleibt. Das richtige Gebührenmoment in den „Gerichtskosten" bei Processen liegt doch nicht bei Registerabgaben von gerichtlich zu producirenden Urkunden vor. Von der allgemeinen Unzulässigkeit der Theorie, die Besteuerung auf den „Schutzgesichtspunct" („protection sociale") zu begründen, soll hierbei gar nicht einmal geredet werden (s. Fin. II, §. 340, 418).

Auch in denjenigen Fällen, wo die französische Registerabgabe generisch nach der Art der betroffenen Rechtsgeschäfte, Vorgänge und Urkunden eine „Gebühr" in sich schliesst, bleibt die Abgabe aber nach ihrer Höhe regelmässig doch zum grössten Theil eigentliche Steuer, die nur als solche beurtheilt und eventuell gerechtfertigt werden kann. Auch die Immobiliargeschäfte, Eigenthumswechsel u. s. w. sind dieser Höhe der Abgabesätze nach in Frankreich weit mehr wirklichen „Steuern", als „Gebühren" unterworfen.

Vgl. daher die Tarifsätze des Enregistrement, bes. die Proportionalabgaben unten in §. 218. Z. B. 5.5, mit den Decimen 6.875% Abgabe von Verkäufen von Immobilien; 1, 3, 6.5, 7, 8, 9% nebst 25% Zuschlag bei den Erbschaftsabgaben. Ueber $1/4$ des Ertrags des eigentlichen Enregistrement (1886 126.32 Mill. von 465.34) kommt allein auf die gewöhnlichen Verkäufe von Immobilien unter Lebenden, mit Ausschluss von besonderen Fällen, z. B. bei Verkäufen behufs Theilung unter Miterben u. a. m.

Welcher Theil der Registerabgabe auch in den Fällen, wo letztere wirklich „Gebühr" mit ist, als „Gebühr", welcher als „Steuer" anzusehen ist, lässt sich natürlich nicht ziffermässig, sondern nur begriffsmässig scheiden, daher auch in den Erträgen nicht trennen. Jedenfalls ist aber die „Steuerquote" erheblich grösser als die „Gebührenquote". Im Folgenden kommt die Registerabgabe nur als Steuer zur Erörterung.

Was im Vorausgehenden vom finanzpolitischen Character der Registrirungsabgaben gesagt worden ist, gilt mutatis mutandis im Wesentlichen auch von den Hypotheken-, Gerichtsschreiberei- und den in Stempelform erhobenen Abgaben. Die beiden ersteren sind in der Hauptsache nur „Gebühren", die letzteren umgekehrt ganz überwiegend „Steuern", doch enthalten auch die französischen Hypothekengebühren für die „Ueberschreibung" von Immobiliarbesitzwechsel ein starkes Steuerelement, s. §. 219.

§. 215. 3. Der steuerpolitische Character der französischen Registerabgaben, daher derjenigen, welche nur, und der übrigen, soweit als sie, „Steuern" sind. Die übermässige Ausdehnung und Höhe dieser Abgaben, auch wenn dieselben als Steuern aufgefasst werden, daher die einseitige und übertriebene fiscalische Tendenz in der Entwicklung dieses ganzen

Abgabesystems ist nicht wohl zu leugnen. Sie ergiebt sich aus jedem Blick in den Tarif und aus der Vergleichung mit den gleichen oder ähnlichen Abgaben anderer Länder. Damit wird aber in steuerpolitischer Hinsicht doch nur ein Uebermaass constatirt und gerügt, das Abgabesystem im Ganzen und in seinen wichtigeren Theilen ist unabhängig von diesem Uebermaass des Fiscalismus vom Standpunct der allgemeinen und der französischen Steuerpolitik aus zu characterisiren.

a) In ersterer, in allgemeiner Hinsicht entspricht ein Verkehrssteuersystem, wie dasjenige der französischen Registerabgaben (und im Ganzen auch der Stempelabgaben) den Anforderungen, welche für ein modernes Steuersystem aufzustellen sind: es greift da ein, wo die übrigen Steuern rechtlich oder factisch Lücken lassen und daher einer Ergänzung und eines Ersatzes bedürfen.

Die principielle Rechtfertigung solcher Verkehrssteuern und das principielle Verlangen danach für ein ordentlich ausgestaltetes Steuersystem unserer Periode bei hoch entwickeltem Creditverkehr, regem Besitzwechsel, beim Bezug von zufällig angefallenen oder speculativ erstrebten „Conjuncturengewinnen" aller Art in Folge solchen Besitzwechsels, überhaupt bei einer volkswirthschaftlichen Organisation, wie der heutigen wesentlich privatwirthschaftlichen in dem Gebiete unserer Culturvölker, ist in unserer „allgemeinen Steuerlehre" (Fin. II, S. 439 ff., 455 ff.) näher begründet worden; ebenso die Rechtfertigung des und das Verlangen nach einem Erbschaftssteuersystem, welches ein Bestandtheil des französischen Registrirungsabgabensystems ist (Fin. II, S. 476 ff.).

Alles dort früher Ausgeführte nötigt uns, rechtfertigt es aber u. E. auch, principiell das französische Enregistrement mit seinen Steuern (und ähnlich das Stempelwesen) gegen die zu weit gehenden allgemeinen Angriffe, die es als Besteuerungseinrichtung öfters erfahren hat, in Schutz zu nehmen. Bestände es nicht, so müsste man es — unbeschadet der Frage seiner Ausdehnung, Einrichtung im Einzelnen und der Höhe seiner Steuersätze — steuerpolitisch verlangen, wie es auch in anderen Ländern zu verlangen ist. Denn auch durch die noch so vollkommene Einrichtung der übrigen Steuern ist die einmal zur Verwirklichung der obersten Steuerprincipien zu fordernde systematische Ausgestaltung des Steuerwesens, namentlich die rechtliche und thatsächliche Erfassung und wenigstens einigermaassen gleichmässige Belastung aller Erträge, Einkommen, Gewinne u. s. w. nicht zu erreichen. Eine „Verkehrsbesteuerung", wie Enregistrement und Stempelwesen, ist freilich ein ziemlich rohes und an sich wieder recht unvollkommenes Hilfsmittel zur Annäherung an dieses Ziel, aber immerhin ein Hilfsmittel, dessen Fehlen, bei seiner sonstigen, wenigstens partiellen Unersetzbarkeit durch Ausgestaltungen der übrigen Steuern, schlimmer ist, als seine Fehler sind.

<small>Angesichts der eigenthümlichen jüngsten Preisgebung seiner eigenen früheren, im Kern doch haltbaren „Verkehrssteuertheorie" seitens L. v. Stein's glaube ich auch an dieser Stelle dies hervorheben zu sollen, gerade bei der Besprechung des wichtigsten und für die principiellen Gegner günstigsten, weil so berechtigten Einwänden wegen fiscalischer Maasslosigkeit ausgesetzten practischen Beispiels der Verkehrsbesteuerung. Ich halte Stein gegenüber (4. Aufl. der Finanzwissenschaft II, 152, 5. Aufl., II, 2. Abth., S. 212) meine Ausführungen im 2. Bande meiner Finanzwissenschaft (bes. S. 439 ff. u. §. 469, 470) aufrecht und bin durch das genauere Studium des französischen Enregistrement in meiner Auffassung noch bestärkt worden. S. auch die Bemerkungen über und gegen Stein in meinem Aufsatze „Finanzwissenschaft und Staatssocialismus" I, Tüb. Ztschr. 1888, S. 43 Note, S. 46 Note.</small>

b) Im französischen Steuersystem speciell nimmt aber Enregistrement (und Stempelwesen) vollends eine **an und für sich ganz berechtigte Stellung** ein. Es bildet hier eine nicht unpassende Ergänzung der directen Steuern, u. A. nach seiner Wirkung als Besteuerung von Besitz, von Rentenquellen, also auch des **fundirten Einkommens**, überhaupt einigermassen einen **Ersatz** der fehlenden directen Einkommen- und Vermögensbesteuerung und einen **Ausgleichungsfactor** neben den so ausserordentlich entwickelten indirecten Verbrauchssteuern (inneren und Zöllen). Dies gilt von dem Enregistrement sowohl, soweit es Rechtsgeschäfte unter Lebenden betrifft, als namentlich auch, soweit es die Erbschaftsbesteuerung in sich enthält. In seiner Wirkung derjenigen von directen Steuern wesentlich gleichkommend und nach diesem entscheidenden Moment mehr zu diesen als zu den „indirecten" gehörig, mit denen es sonst wohl zusammengezogen wird, stellt es so auch das Gleichgewicht zwischen **diesen** beiden Steuerarten mehr her. Das ist auch bei Vergleichung der französischen mit anderen Besteuerungen zu beachten. Und wenn Frankreich mit Recht dafür getadelt wird, dass es die eigentlichen directen Staatssteuern neben den indirecten Verbrauchssteuern nicht genügend entwickelt, die Einführung einer eigentlichen Einkommensteuer unterlassen hat, so muss dieser Tadel im Hinblick auf das Enregistrement (und den Stempel) doch erheblich eingeschränkt werden. Denn mindestens theilweise wird durch letzteres in Bezug auf die Vertheilung der Steuerlast etwas Aenliches erreicht als durch die Einkommen- oder eine ihr verwandte Steuer (z. B. eine allgemeine Vermögenssteuer).

Die Frage läuft dann insofern auf eine steuertechnische hinaus: auf die Wahl der einen, der directen Steuer, der Einkommen- und Vermögenssteuer, oder des Enregistrements und Stempels zur Erreichung desselben steuerpolitischen Ziels. Wenn man auch hierbei die erste Steuerart meines Erachtens mit Recht vorzieht, so sind doch gewisse Vorzüge auch der zweiten nicht zu verkennen, — immer zunächst nur die principielle Frage nach der ganzen Steuerart gestellt, ohne Rücksicht auf die specielle Ausgestaltung, welche Enregistrement und Stempelwesen in Frankreich gefunden haben. Denn diese Ausgestaltung ist nicht die allein mögliche und kann und muss vielfach, vollends in den hohen Steuersätzen, preisgegeben werden, — Sätze, welche freilich die nothwendige Folge eines enormen Finanzbedarfs sind (§. 225) — ohne dass damit das Princip solcher Besteuerung fallen gelassen wird. Sicherlich verbleiben freilich auch bei einem maassvolleren, weniger ausgedehnten, weniger fiscalisch übertriebenen Verkehrssteuersystem in der Weise des französischen Enregistrements (und Stempels) immer noch viele Bedenken und Nachtheile, steuertechnischer wie principieller steuerpolitischer Art, Bedenken, welche in den Principien einer solchen Besteuerung begründet sind, also sich nicht völlig beseitigen und nur theilweise durch passende Einrichtungsmodalitäten vermindern lassen. Aber es fragt sich eben, ob diese Bedenken erheblicher sind, als bei einem Einkommen- (oder Vermögens-) Steuersystem oder gar bei einem Ertragssteuersystem. Nur so vergleichsweise, daher relativ lässt sich der grössere oder geringere Werth oder Unwerth einer Steuergattung in einem concreten Falle aber richtig beurtheilen.

Dieser steuerpolitische Character der Einregistrirung als eines wichtigen Ersatz- und Ergänzungsglieds der französischen Besteuerung ist im Uebrigen genauer nur aus den grundlegenden Bestimmungen der bezüglichen Gesetzgebung, daher namentlich des Hauptgesetzes vom 22. Frimaire VII. (12. December 1798) abzuleiten. Zur Darstellung dieser Bestimmungen wenden wir uns jetzt zunächst, um dann zum Schluss noch einmal in einem kritischen Rückblick auf den steuerpolitischen Werth der Registrirungsabgaben zurück zu kommen (§. 225).

S. bes. Vignes, I, 333 ff.

§. 216. 4. **Das System und die leitenden Principien der Einregistrirung und des Abgabewesens dabei.**

a) **Grundsätze.** Der allgemeine Grundsatz, welcher die Regel aufstellt, ist, dass alle der Registrirung unterworfenen Urkunden, Rechtsgeschäfte und Handänderungen (mutations) auch abgabepflichtig sind. Theils zu diesem Zwecke, theils oder zugleich schon aus rechtstechnischen Gründen ist die — directe oder indirecte — Registrirungspflicht weit ausgedehnt. Sie tritt präsumtiv überall ein, wo es sich um Urkunde, Rechtsgeschäft, Handänderung handelt und wo das Gesetz nicht ausdrücklich von der Registrirung absieht oder wo aus der Auslassung bei denjenigen speciellen Fällen, in welchen in Ermangelung von Urkunden „Erklärungen" verlangt werden (s. u.), das Fehlen der Registrirungspflicht — wenigstens bis auf Bezugnahme vor Gerichten u. s. w. — implicite folgt, endlich, wo aus gewissen concludenten Thatsachen hervorgeht, dass eine Uebertragung von Eigenthum oder Nutzniessung von Grundstücken, welche gesetzwidrig nicht registrirt worden ist, stattgefunden haben muss.

S. für letzteren Punct Gesetz vom Frim. VII., Art. 12, 13, z. B. Eintragung eines neuen Eigenthumers in die Grundsteuerrolle, Zahlung von Steuern durch ihn, Eingehung von Mieth- und Pachtverträgen. Hock, S. 184 generalisirt daher zu sehr, wenn er sagt: „dem Princip nach wird das abgeschlossene Rechtsgeschäft, nicht die darüber aufgenommene Urkunde besteuert". S. unten.

Nur in beschränktem Maasse bestehen Ausnahmen. Einmal von der Registrirungspflicht selbst, so u. A., ausser für Urkunden der Regierung, der öffentlichen Verwaltungen (wo aber Verkäufe und gewisse Verträge wieder zu registriren sind), für Steuerquittungen, für Eintragungen und Uebertragungen unter lästigem Titel (also u. A. nicht im Erbgang) im grossen Staatsschuldbuch. Ferner werden eine Anzahl Urkunden zwar registrirt, aber unentgeltlich (z. B. für die Heirath „Armer"). Endlich werden manche Urkunden zwar registrirt, aber die Abgabe einstweilen nur ins Debet geschrieben, wo es dann von den Umständen abhängt, ob später eine Beitreibung erfolgt. (S. Vignes, I. 365—368, wo die Gesetzesstellen, Block, dict. Art. Enregistr., No. 110—119.)

Registrirungspflichtig und abgabepflichtig sind danach in der Regel alle gerichtliche und aussergerichtliche, notarielle Urkunden, ferner auch solche private (unter Privatunterschrift), welche unter Lebenden wie im Sterbefall Eigenthum und Nutzniessung an unbeweglichen Gütern übertragen, Miethe und Pacht, Unterpacht, Cession von Pacht u. dgl. m. bei diesen Gütern betreffen; endlich auch solche andere Privaturkunden, von welchen vor Gericht oder Behörden Gebrauch gemacht wird (S. 514). Hier wird also nicht das Rechtsgeschäft schon als solches, sondern nur das schriftlich beurkundete zur Eintragung und Abgabeentrichtung verpflichtet, aber nicht die **Schriftlichkeit** unbedingt verlangt und etwa zur Voraussetzung der Rechtsgiltigkeit gemacht.

Dazu treten jedoch Fälle, wo ein **Rechtsgeschäft als solches**, bezw. eine **Handänderung** (mutation) **als solche** der doppelten Verpflichtung unterliegt und daher, bei fehlenden Urkunden (also u. A. regelmässig bei Intestaterbfolge, bei vielen Schenkungen) innerhalb bestimmter Fristen unter Strafandrohung abzugebende **Erklärungen** zur Erfüllung dieser Verpflichtungen vorgeschrieben sind. Dahin gehört jede Uebertragung des Eigenthums oder der Nutzniessung **unbeweglichen** Guts unter Lebenden; **beweglichen und unbeweglichen** Guts im **Sterbefall** (beides schon nach Gesetz von 1801), ferner jetzt auch jede Uebertragung der **Nutzung unbeweglichen** Guts (also alle Pachten und Miethen, mit Ausnahme mündlicher Vermiethungen auf höchstens 3 Jahre und für höchstens 100 Frcs. jährlich) und jede Uebertragung zu **Eigenthum** unter lästigem Titel von **Handelsfonds** u. dgl. (fonds de commerce ou de clientèles).

<small>Beides letztere der Declarationspflicht unterworfen durch Gesetz vom 23. März 1871. Art. 11 (s. Dejean, p. 13 ff., mit den Noten), bezw. Gesetz vom 28. Februar 1871, Art. 7 u. 8 (eb. p. 147); die beiden älteren Vorschriften schon im Gesetz vom 27. Vent. IX., Art. 4, in Verbindung mit 22. Frim., Art. 12, 22, 24, 38.
Vignes (I, 337 ff.) leitet zwei „allgemeine Regeln" für die Abgabepflichtigkeit ab: 1. es bedarf einer Urkunde (acte), ausgenommen in den Fällen, wo zum Ersatz jene „Erklärungen" verlangt werden; 2. die Urkunden müssen dem Registeramt vorgelegt werden, ausgenommen, wenn nicht schon die Geschäfte (Umsätze) als solche, auf Grund jener „Erklärungen" register- und steuerpflichtig sind. Daher sind Besitzveränderungen beweglicher Güter unter Lebenden im Allgemeinen nur bei Beurkundung pflichtig und diese Beurkundung ist nicht obligatorisch, so, dass davon etwa die Rechtsgiltigkeit des Geschäfts abhinge, weshalb sich die meisten letzteren der Strafe entziehen (gegen den Wortlaut des ursprünglichen Gesetzes).</small>

§. 217. b) **Die Abgabearten.** Die Registerabgaben zerfallen nach der ursprünglichen Gesetzgebung (Jahr VII) in **zwei Arten**; durch ein neueres Gesetz (28. Februar 1872) ist noch eine an die erste Classe der bestehenden sich anlehnende und sie in gewissen Fällen verändernde **dritte Art** hinzu getreten. Die beiden alten Arten sind die sogen. **festen Abgaben** (droits fixes) und die sog. **proportionalen** oder **verhältnissmässigen Abgaben** (droits proportionnels), die neue Classe ist die der **abgestuften festen Abgaben** (droits fixes gradués). Die Anwendung jeder der drei Arten richtet sich nach der Art der Urkunden, Rechtsgeschäfte, Handänderungen (mutations).

α) Nach den grundlegenden Normen des Art. 3 des Gesetzes vom 22. Frim. VII. und dem damit in Verbindung stehenden Tarif

(Art. 68) unterliegen der festen Abgabe diejenigen „bürgerlichen, gerichtlichen und aussergerichtlichen Urkunden, welche weder eine **Schuldverbindlichkeit** (obligation), noch eine **Schuldbefreiung** (libération), noch Vertheilung unter Gläubigern (collocation) oder Liquidation von Geld- und Werthbeträgen, noch eine Uebertragung von Eigenthum, Nutzniessung oder Genuss an beweglichem oder unbeweglichem Gut enthalten". Hiernach kann man wohl mit Vignes sagen: die feste Abgabe tritt bei Urkunden mit bloss darlegendem oder erklärendem Inhalte (actes déclaratifs) ein. Der Tarif classificirt diese Urkunden dann und unterwirft sie verschiedenen festen Sätzen, welche gegenwärtig im Principal von ³/₄ bis 150 Frcs. gehen. Das Missliche möchte dabei nur sein, dass die feste Abgabe in zahlreichen Fällen, wie gewisse Rechts- und Verwaltungsgebühren auch sonst, in ein ungünstiges Verhältniss zur Steuerfähigkeit der Betroffenen, zu deren Einkommen und Vermögen tritt, leicht nach Unten zu härter, einigermaassen „umgekehrt progressiv" wirkt.

In der Uebersetzung des Art. 3 bin ich Jacob gefolgt. Ganz unzweideutig ist auch das Original nicht. Der Tarif trifft gewöhnliche bürgerliche und Verwaltungs-Urkunden mit 1¼—22½ Frcs., gerichtliche mit 1½—150, aussergerichtliche mit ³/₄—37½ Frcs., Urkunden des Civilstands mit 3—150 Frcs. Das Einzelne im Tarif §. 68, bei Jacob, S. 58 ff. (mit den Abänderungen des Gesetzes vom Frim. VII.). Die „feste Abgabe" gleicht hiernach doch sehr dem Stempel und in vielen Fällen würde es einfacher erscheinen, die betreffende Urkunde nur für stempelpflichtig zu erklären (was sie ausserdem noch sein kann und regelmässig ist). Die Registrirung ist nur ein gutes Controlmittel der Steuererhebung.

Bloss ein kleiner Theil, ca. 8%, des Ertrags des eigentlichen Enregistrement fällt auf die feste Abgabe. Es war in 1886 (Bull. XXII, 150).

	Zahl Stück.	Ertrag Mill. Frcs. (mit Decimen)	Abg. p. Stück.
Bürgerl. u. administrative Urkunden	2,378,564	9,541	ca. 4 Frcs
Gerichtliche Urkunden	2,167,806	9,968	„ 4.6 „
Aussergerichtliche Urkunden	6,554,169	17,474	„ 2.7 „
Civilstands-Urkunden	8,928	199	„ 22.3 „
Zusammen	11,109,467	37,231	„ 3.3 „

Ertrag incl. 49,000 Frcs. nach älteren Tarifen. Gesammtertrag des Enregistrement 465.34 Mill. Frcs. — Aber welche Verwaltungsarbeit und welche Belästigung des Publicums durch diese Registrirung von über 11 Mill. Urkunden, ohne sehr erheblichen finanziellen Effect und doch nur mit beschränkterer Stützung durch die Gründe, welche die Proportionalabgabe steuerpolitisch rechtfertigen. So ist diese „feste Abgabe" auch steuertechnisch mehr als die andere zu bemängeln.

β) Die 1872 neu eingeführte Classe der **abgestuften festen Abgabe** hat Grundsätze der gewöhnlichen festen und der Proportionalabgabe in Verbindung gebracht. Sie stuft nämlich, so der muthmaasslichen Steuerfähigkeit der Betroffenen sich mehr anpassend, als die feste Abgabe, für bestimmte, im Gesetz genannte Urkunden die Abgabe nach grossen Stufen der Werthbeträge, auf welche sich die Urkunden — ohne zur Proportionalabgabe Anlass zu geben — beziehen, selbst wieder ab. Wohl ein an sich richtiger Fortschritt gegenüber der reinen festen Abgabe, wobei freilich Auswahl der Urkunden und Höhe und Abstufung der Abgabesätze wieder ziemlich willkührlich bestimmt wurden und werden mussten.

S. das Gesetz vom 28. Februar 1872 bei Dejean. p. 139 ff. mit Noten. Die dieser abgestuften festen Abgabe unterworfenen Urkunden betreffen: Bildung und Verlängerung von Gesellschaften (für den Betrag der Zubringungen, Apports, nach Abzug der Schulden, wo ohnehin die Unterstellung unter die feste Abgabe, statt unter die proportionale, von zweifelhafter Berechtigung und insofern eine Vergünstigung ist); Urkunden über Handänderung jeder Art (auch Nutzniessung, Genuss) an unbeweglichem Gut im Ausland oder den Colonien unter Lebenden, wenn diese Urkunden Rechtswirkung innerhalb Frankreichs erlangen; dgl. über Verkauf havarirter Schiffe; Heirathsverträge (nach dem reinen Betrage der persönlichen Zubringungen der künftigen Gatten); Theilungen unter Miteigenthümern (auch Miterben) unter Schuldabzug (in letzterem Puncte richtig abweichend von der Proportionalabgabe, wo diese als Erbschaftssteuer fungirt); Auslieferung von Legaten; Zustimmung zur Aufhebung von Beschlagnahmen von Hypotheken; Fristverlängerungen von Schulden; Zuschläge für Bauten, Lieferungen u. s. w. seitens des Staatsschatzes und Cautionsstellung dafür; Ausgabe neuer Titel für Renten u. dgl., wo die Schuld begründenden Urkunden registrirt sind; im Ganzen 10 Arten von Urkunden. Der Tarif ist: 5 Frcs. für Summen von 5000 Frcs. in den Urkunden, 10 Frcs. für solche von 5—10,000 Frcs., 20 Frcs. für 10—20,000 Frcs. und weiter 20 Frcs. für jede vollen oder angefangenen 20,000 Frcs. Also 1 Promille. Der Ertrag war 1886 für 429,925 Urkunden 10.60 Mill. Frcs., p. Stück ca. 25 Frcs. (davon 94.884 „Theilungen" mit 4.136, 105.565 Heirathscontracte mit 2.186, p. Stück ca. 20 Frcs., Bull. XXII, 151). Im Ganzen noch nicht ein Drittel des Ertrags der festen Abgabe und nur ca. $2^1/_3 \%$ des Ertrags des ganzen Enregistrement, von dem daher die feste und die abgestufte feste Abgabe nur etwas über 10% einbringen.

§. 218. γ) Die Proportionalabgaben, die dritte Art der Registrirungsabgaben, sind mithin das eigentliche Finanzobject in der Einregistrirung. Sie liegen nach dem maassgebenden Art. 4 des Gesetzes vom 22. Frim. VII., was dann in dem Tarifartikel 69 specialisirt wird, auf „Schuldverpflichtungen (obligations), Schuldbefreiungen (libérations), Verurtheilungen, Vertheilungen unter Gläubigern (collocations) und Festsetzung von Geld- und Werthbeträgen (liquidation de sommes et valeurs) und auf jeder Uebertragung von Eigenthum, Nutzniessung oder Genuss beweglichen oder unbeweglichen Guts" und zwar werden sie „nach den Werthen aufgelegt". Daher, wiederum mit Vignes: die Proportionalabgaben treffen Urkunden und Thatsachen, durch welche Rechte oder Eigenthum zuertheilt werden (actes au faits attributifs). Der Tarif classificirt dann die verschiedenen steuerpflichtigen Fälle und belegt sie mit bestimmten Werthprocenten, welche ursprünglich von $^1/_4$ bis 5% gingen, aber mancherlei Veränderungen erfahren haben. Als procentweise Abgabe ist die Proportionalabgabe den oben erwähnten Bedenken der „festen" Abgabe, sich nicht der Steuerfähigkeit der Betroffenen anzupassen, nicht ausgesetzt. Sie entspricht vielmehr nach ihrem Steuerfuss — freilich darum noch nicht an und für sich und ihrer ganzen Natur und Wirkung nach — dem leitenden Gedanken der „staatsbürgerlichen Besteuerung", der „Proportionalbesteuerung" (Fin. II, §. 396 ff.). Da fast 90 % des Ertrags des Enregistrement auf diese Abgabe fallen, so ist das auch für die principielle steuerpolitische Gesammtbeurtheilung dieses ganzen „Verkehrssteuersystems" zu beachten. Allein gerade hier zeigt sich freilich auch einmal deutlich, dass auch die „Proportionalbesteuerung", welche kleine und grosse Umsätze u. s. w. mit gleichem Steuerprocent belegt, immer noch nach Unten zu schwerer drückt, wie ja die „gleichquotige" Einkommensteuer im Grunde ebenfalls.

Nach einer sachlichen Classification des Tarifs, welcher sich auch die Ertragsstatistik der Registerverwaltung anschliesst, werden, meistens mit einer Anzahl Specialrubriken, die wieder verschiedene Steuersätze haben, folgende Hauptarten von Fällen gegenwärtig mit den angegebenen Principalsätzen getroffen, zu welchen letzteren dann seit 1873 noch die 2½ Decimen oder 25 % Zuschläge für die Staatscasse hinzutreten. Statistische Daten für 1886 (Bull. XXII. 144 ff.) werden hier beigefügt, sie lassen die finanzielle Bedeutung der einzelnen Kategorien am Besten hervortreten.

	Tarifsatz (Principal).	Anzahl der Fälle.	Besteuerter Werth Mill. Fres.	Ertrag Mill.Frcs. (mit Decimen).	Durchschnittsbelast.(m. Dec.) %
I. Uebertragungen unter Lebenden, m. lästigem Titel.					
A. Von beweglich. Gut (Verkäufe u. dgl.)	2, (auch 1, u.½ u. a. m.)	513,928	918.06	18.52	2.01
B. Von unbewegl. Gut (Verkäufe u. dgl.)	5.5 (auch 4, 3.5, 2, 1, 0.2)	923,368	2,104.41	139.04	6.61
Zusammen I.		1,437,296	3,022.49	157.56	5.21
II. Verschied. Urkunden, Verträge u. s. w. unter Lebenden.					
A. Pacht, Miethe, antichret. Verträge	0.2 (auch 2, 4)	2,913,646	2,915.44	7.74	0.26
B. Zuschläge an Mindestfordernde, Vergebungen von Arbeiten u. s. w.	1	77,186	292.50	3.66	1.25
C. Schuldverschreibungen	1 (auch ½, S. u. feste Sätze)	2,222,910	2,152.77	32.08	1.49
D. Schuldbefreiungen	0.50	486,566	1,132.44	7.10	0.63
E. Verurtheil., Vertheil. unter Gläubigern etc.	0.50 (auch 2)	213,986	572.87	4.16	0.73
F. Cautionen u. dgl.	0.50 (auch 0.25, 0.1)	75,174	210.97	1.08	0.51
Zusammen II.		6,022,468	7,276.99	55.82	0.77
Summe I und II		7,459,764	10,299.48	213.38	2.07

	Tarifsatz (Principal)	Anzahl der Fälle.	Besteuerter Werth Mill. Fres.	Ertrag Mill Fres. (mit Decimen).	Durchschnittsbelastung (Proc.) %
III. Schenkungen (unentgeltliche Uebertragungen unter Lebenden).					
A. In directer Linie . .	1 u. 1.25 (2.50) 1.5 u. 2.75 (4)	152.240	954.68	18.13	1.90
B. Unter Gatten . . .	1.5 u. 3, 3 u. 4.5	788	4.25	0,082	1.93
C. In der Seitenlinie . .	4.5 u. 6.50, 5 u. 7, 5.5 u. 8	8.280	35.41	2.69	7.60
D. Unter Nichtverwandten	6 u. 9	5.290	24.06	2.54	10.55
Zusammen III (incl. ältere Fälle)		166,596	1,018.40	23.44	2.30
Dieselben Fälle: Bewegliches Gut (incl. Werthpapiere) .		98.745	591.46	11.49	1.94
Unbewegliches Gut .		67.850	426.94	11.94	2.80
Dieselben Fälle: In Heirathsverträgen .		97.640	552.46	10.76	1.97
Ausserdem		68.955	465.94	12.68	2.72
IV. Erbschaften (Handänderungen durch Sterbefall).					
A. In directer Linie . .	1	539,478	3,583.24	44.79	1.25
B. Unter Gatten . . .	3	166,735	520.71	19.53	3.62
C. In Seitenlinie . .	6.5, 7, 8	190,152	1,045.27	88.66	8.19
D. Unter Nichtverwandten	9	38,167	220,02	21.75	11.28
Zusammen IV (incl. ältere Fälle) . . .		934,568	5,369.24	176.73	3.29
Dieselben Fälle: Bewegliches Gut (incl. Werthpapiere) . .		524,832	2,616.36	93.90	3.59
Unbewegliches Gut .		409,730	2,752.88	82.82	3.01
III u. IV zusammen .		1,101,164	6,387.64	200,17	3.13
Sa. der Proportionalabgaben		8.560,928	16,687.12	413.55	2.48

Erläuterungen und Ausführungen zu dieser Tarifübersicht und Tabelle.

Zu I. A. Der wichtigste hierher gehörige Fall betrifft Urkunden über Verkäufe beweglicher Sachen (wozu im Princip auch Fonds, Effecten, Werthpapiere gehören), mit dem Principalsteuersatz von 2%. Fast die Hälfte des Steuerertrags von I. A kommt auf diese Fälle (1886 8.64 Mill. Fres, bei 345.55 Mill. Fres. besteuertem Werth). An sich natürlich sehr wenig, da der bei Weitem grösste Theil des betreffenden Umsatzes sich der Steuer entzieht, weil er nicht beurkundet werden muss und auch wohl im Falle der Beurkundung nicht immer versteuert wird. Eine Ergänzung bildet in Betreff gewisser Effecten die „Transmissions"-(Umsatz-)steuer von 1857 (s. u. §. 220). Sonst kommt hier das oben Gesagte (S. 520) in Betracht, dass schriftliche Beurkundung nicht erforderlich, nicht das Rechtsgeschäft als solches, sondern nur die Urkunde steuerpflichtig ist und nicht, wie in anderen Fällen, wo Urkunden fehlen, Declarationen verlangt werden. Man könnte das eine Lücke im Gesetz nennen und gegenüber der allgemeinen Fassung des Art. 4 des Gesetzes vom Frimaire ist es auch eine solche. Doch hat man wohl von vornherein nicht den ganzen Verkehr und Umsatz in beweglichen Gütern — also die Masse der „Baargeschäfte"! — register- und steuerpflichtig machen wollen und wenn man es gewollt hätte, es nicht können. Aber freilich wird so von vornherein der Verkehr in Mobilien viel weniger getroffen als der in Immobilien, was für die Beurtheilung des ganzen Systems zu beachten bleibt.

Der Steuersatz von 2 % gilt ferner für Verkäufe von fonds de commerce et de clientèles, worauf fast ¼ des Ertrags von I. A kommen (1886 4.33 Mill. Frcs. bei 173.08 Mill. Werth); dann für Versteigerungen. Herauszahlungen von Erben an Miterben (soultes de partage) und Vertheilungen von beweglichem Gut (Code civil, Art. 1075 u. 1076); weiter für Errichtung, Cession, Delegation von Renten oder Pensionen (Ertrag 393,000 Frcs. für 15.72 Mill. Frcs. Werth in 1886).

1 % (früher ½) im Principal zahlen namentlich Cessionen und Delegationen von Schuldforderungen auf Zeit (créances à terme), im Ertrage die drittwichtigste Rubrik von I. A (1886 2.61 Mill. Frcs. für 209.09 Mill. Frcs. Werth).

½ % öffentliche Verkäufe neuer Waaren und Verkäufe von beweglichen Gütern und Waaren in Concursen (0.58 Mill. Frcs. Ertrag für 92.23 Mill. Werth in 1886); desgleichen von Interessenantheilen in Gesellschaften (andere als Actien, 0.20 Mill. Ertrag für 32.39 Mill. Werth in 1886).

Auch andere Sätze kommen unter I. A noch vor, u. A. 0.1 % für öffentliche En-gros-Waarenverkäufe (Auctionen, für 45.70 Mill. Frcs. Werth, in 1886 57,000 Frcs. Ertrag).

Zu I. B. Den Hauptposten bilden hier die gewöhnlichen Verkäufe von Immobilien (Grundstücken, Häusern) mit dem ungemein hohen Steuersatz von 5.5 % (mit Zuschlag 6.875), übrigens einschliesslich des 1½ %igen Transcriptionssatzes von den Hypothekengebühren, der seit 1816 gleich mit der eigentlich 4 % Registerabgabe erhoben wird (s. u. § 219). Also 1—2 Jahreserträge! 90 % des Ertrags von I. B, von 60 %, des von lästigen Rechtsgeschäften, über ⅓ des ganzen Enregistrementsertrags fallen auf diese Rubrik (1886 126.32 Mill. Frcs. Ertrag von 139.04 von I. B, bei einem Umsatz von 1837.4 Mill. Frcs.). Da hier eben Beurkundung oder in deren Ermangelung Erklärung und Einregistrirung obligatorisch sind, ferner, Eigenthumsübergang sich hier nicht leicht verbergen lässt, sondern in concludenten Thatsachen hervortritt — woraus dann die Registrirungspflicht folgt, s. o. S. 519 — so fällt dieser Hauptverkehr in Immobilien auch thatsächlich wohl ganz unter die Einregistrirung und Steuer, noch neben der hohen Grundsteuer, im wesentlichen Unterschied vom beweglichen Vermögen. Die Controlmittel, um die gesetzliche Verpflichtung zur ordentlichen Erfüllung zu bringen, und das rechtstechnische Interesse der Betheiligten an dieser Erfüllung bewirken bei diesen Geschäften wohl ziemlich sicher und vollständig die Einregistrirung und Versteuerung an sich. Nur im Puncte der Werthhöhen mögen Hinterziehungen trotz aller Cautelen nicht ganz zu verhindern sein. — Demselben Steuersatz unterliegt der Betrag des erlangten Mehrwerths bei Tausch nicht aneinanderstossender Grundstücke (Ertrag 0.43 Mill. Frcs.).

4 % tragen Versteigerungen und Herauszahlungen unter Miterben und Miteigenthümern (C. cir., Art. 1075, 1076), der zweite Ertragsposten von I. B (1886 11.02 Mill. für 220.31 Mill. Werth); ferner Auflösung von Verkaufscontracten durch Urtheilsspruch.

3½ % gewöhnliche Tausche (auf einer Seite, 1886 0.50 Mill. Ertrag für 18.39 Werth).

2 % Verkäufe von Staatsdomänen.

1 % der Mehrwerth bei Tauschen aneinanderstossender Grundstücke.

0.2 % der Tausch aneinanderstossender Grundstücke, insbesondere in Landgemeinden von ländlichen Grundstücken: ein so mässiger Satz im agrarpolitischen Interesse solcher Maassregeln (betroffener Werth in 1886 bei 2318 gewöhnlicher Tausche 2.99 Mill. Frcs., speciell in derselben oder in Nachbargemeinden 6728 Fälle mit 7.92 Mill. Werth, sonstige von ländlichen Grundstücken 1021 mit 2.02 Mill.).

Auf die ganze Kategorie I kommt ca. ¾ des Ertrags der Proportionalabgabe des Enregistrement vom Verkehr zu lästigem Titel unter Lebenden, wovon aber der Immobiliarverkehr an 88 %, der Mobiliarverkehr nur etwas über 12 % trägt. Zu letzterem tritt jedoch noch die Effecten-Umsatzsteuer (§. 220).

Zu II. A. Der normale Hauptsatz ist hier der mässige von 0.2 % für die gewöhnlichen Pacht- und Miethverträge über Immobilien von begrenzter Dauer, sowohl wenn sie schriftlich als auch wenn sie mündlich abgeschlossen sind (Zahl der ersteren in 1886 700,665 für 2087 Mill. mit 5.22 Mill. Steuerertrag, der letzteren 2,170,695 für 803 Mill. mit 2 Mill. Ertrag, wozu dann noch andere nicht specificirte kommen, für 14,07 Mill. Werth).

Dagegen zahlen Urkunden über **Pacht und Miethe von Immobilien** auf **Lebenszeit** oder **unbegrenzte Dauer** 4 (1886 für 7.92 Mill. Werth, an 400,000 Frcs. Ertrag), von **Mobilien** in letzterem Fall 2%; ebenfalls 2% antichretische (Nutzungspfand-)Verträge über Immobilien (1886 161 für 2.08 Mill. Werth).

Zu II. B. Dem Satz von 1% unterliegen die genannten Geschäfte (adjudications au rabais et marchés), unter **Privaten** („autres que ceux de fournitures", 1886 35,042 mit 85.98 Mill. Werth und 1.07 Mill. Ertrag) und von **Departements, Gemeinden, öffentlichen Anstalten** (39,755 für 206.52 Mill. Werth, mit 2.58 Mill. Ertrag). Bei den ersteren möchte die niedrige Zahl auf Unvollständigkeit der Registrirung hinweisen.

Dem festen Satz von 3 Frcs. im Principal unterliegen solche als **Handelsurkunden** geltenden Verträge (1886 nur 2389).

Zu II. C. Schuldverschreibungen („obligations"). Der Hauptsatz von 1 (früher 1/2)% betrifft die gewöhnlichen **Schuldverträge**, (auch Rechnungsabschlüsse, Geldhinterlegungen, Anweisungen u. dgl. m.), worauf auch die Hälfte des Ertrags der Kategorie fällt (1886 16.22 Mill. für 433,596 Fälle mit 1297 Mill. Werth; muthmaasslich vornehmlich nur Fälle, wo die Einregistrirung wegen gerichtlicher u. s. w. Producirung der Urkunden erfolgen muss).

1/2% Billets à Ordre, Warrants, Wechsel (protestirte), auch Fristgewährungen, Prolongationen u. dgl. (atermoiements), die dritte Rubrik dieser Kategorie dem Ertrage nach (1886 1,777,175 für 605 Mill. mit 3.75 Mill. Ertrag); ferner Crediteröffnungen und Realisationen (nur 4985 für 139.2 Mill. mit 0.57 Mill. Ertrag).

8% von der Prämie Feuerversicherungsverträge und Policen (2707 Fälle für 111.3 Mill. mit 11.13 Mill. Ertrag). Diese Abgabe von der Feuerversicherung und eine ähnliche von 1/2% von der Seeversicherung (gleichfalls von den Prämien, Principal, wozu bei dieser Versicherung keine, bei der 8% Feuerversicherung dagegen die 25% Zuschläge treten) — nicht von anderen Versicherungen — ist erst durch Gesetz vom 23. August 1871 Art. 6 zu einer unbedingten geworden. Früher hing ihre Zahlung nur von der bedingten Registrirung ab. Die Veranlagung und Erhebung beider Versicherungssteuern ist auch etwas anders eingerichtet, nicht unmittelbar an die Registrirung geknüpft (s. Vignes, I, 411). In der Statistik wird die Feuerversicherungsabgabe bei den „Obligationen", die Seeversicherung apart aufgeführt (1886 für 45.53 Mill. Ertrag 0.228).

Ausserdem sind mit verschiedenen Sätzen andere Verträge belegt, und einige tragen feste Sätze (Urkunden über Waarendepots und Konsignationen, 3 Frcs. Lehrverträge 1 1/2 Frcs. bloss 1947!). —

Die wirklichen Geschäfte und Verträge dieser Art müssen viel zahl- und umfangreicher sein. Das Princip der Registrirung behufs Processen u. dgl. wirkt eben nicht ausreichend. Das Gleiche gilt von den folgenden Kategorien.

Zu II. D. **Schuldbefreiungen.** Registrirte Quittungen über Geldsummen, Werthe u. s. w. 1/2% (1886 484,983 über 1132.3 Mill. Frcs. mit 7.07 Mill. Ertrag). Ausserdem 20% der von der betreffenden Behörde erhobenen Siegelgebührensätze für Adelstitel u. a. m. (Ertrag 35,000 Frcs., s. Jacob, S. 181).

Zu II. E. **Verurtheilungen** u. s. w. Richterliche Urtheile (bei allen in Betracht kommenden Gerichtshöfen), welche Verurtheilungen, Vertheilungen unter Gläubigern, Festsetzung streitiger Beträge von Geldsummen und beweglichen Werthen enthalten, unterliegen der Abgabe von 1/2%, ebenso gerichtliche und freundschaftliche Protokolle über Vertheilung unter Gläubigern (1886 190,888 Fälle mit 365.06 Mill. Werth und 2.30 Mill. Frcs. Ertrag, bezw. 16,049 für 187.3 und 1.17 Mill.).

2% tragen dagegen Urtheile über Schadenersatz (1886 37,079 Fälle über 27.52 Mill. Frcs., mit 0.69 Mill. Ertrag).

Zu II. F. **Cautionen** (Verbürgungen über Geldsummen, bewegliche Gegenstände, Sicherheitsleistungen mit diesen u. dgl. m.) tragen ebenfalls 1/2% (gewöhnl. Bürgschaften 1886 54,685 für 163 Mill. Frcs. mit 1.02 Mill. Ertrag); 1/5% gewisse Cautionen staatl. Rechnungsleger; 1/10% Pacht- und Miethcautionen (1886 23,366 für 46.97 Mill. Frcs.).

Die ungefähre Durchschnittsbelastung der einzelnen Hauptarten von beurkundeten und sonst registrirungspflichtigen Rechtsgeschäften ergiebt die letzte Verticalspalte der Uebersicht. Die ungemein viel höhere Belastung des Immobiliarverkehrs springt in die Augen. Die für französische Verhältnisse auffallend mässige Belastung der Pacht- und Miethgeschäfte gewährt nur eine kleine Compensation, namentlich wenn man ausserdem die directe Besteuerung berücksichtigt.

Zu III. Schenkungen (transmissions entre vifs, à titre gratuit). Die Registerabgaben dafür ("Schenkungssteuern") sind wesentlich eine (übrigens nicht unbedenkliche, §. 242) Ergänzung der Abgaben für Erbschaften. Daher bestehen auch wie bei letzteren für die Steuersätze Abstufungen nach der persönlichen Beziehung, bezw. dem Verwandtschaftsgrad von Schenker und Beschenktem. Es werden für die Steuersätze 4 Kategorien von Personen unterschieden, directe Linie, Ehegatten, Seitenlinie und Nichtverwandte; in der Seitenlinie drei weitere Rubriken, die erste Brüder und Schwestern, Onkel und Tanten, Neffen und Nichten, die zweite Grossonkel, Grosstanten, Grossneffen, Grossnichten, Geschwisterkinder, die dritte Verwandte über den vierten Grad hinaus und bis zum zwölften Grade umfassend. Mit der Entfernung der Verwandtschaft steigen in üblicher Weise die Steuersätze für die Schenkungen, wie für die Erbschaften. Ausserdem wird bei jeder dieser Rubriken und Kategorien unterschieden, ob die Schenkung im Heirathsvertrage oder ausserhalb eines solchen erfolgt. Im ersteren Falle sind die Sätze im Allgemeinen erheblich niedriger. Bei der directen Linie wird noch weiter unterschieden, ob die Schenkung ausserhalb des Heirathsvertrags ohne oder mit Bestimmung über Vermögenstheilung (partage) erfolgt (Art. 1075 und 1076 des Code civil), wo im letzteren Falle die Sätze wieder niedriger sind. Endlich werden bei allen Kategorien und Rubriken gewöhnliches bewegliches Gut, französische und ausländische Staatspapiere, desgl. bewegliche Werthe (Actien, Obligationen, Gesellschaftsantheilen u. s. w., kurz Werthpapiere, ausser Staatspapieren) und Immobilien unterschieden, wobei die drei ersten Gattungen Vermögen regelmässig aber den gleichen und zwar niedrigeren, die Immobilien einen höheren Steuersatz in jeder Kategorie und Rubrik der directen Linie und unter Gatten haben, während in der Seitenlinie und unter Nichtverwandten Immobilien und übriges Vermögen denselben Satz tragen. Der Schenkungssteuertarif wird so ziemlich mannigfaltig.

Zu IV. Dem gegenüber ist der Erbschaftssteuertarif insofern einfacher, als er nur, und zwar in derselben Weise wie bei den Schenkungen, die Erbfälle nach den persönlichen, bezw. verwandtschaftlichen Beziehungen zwischen Erblasser und Erben unterscheidet, allein danach die Steuersätze abstuft, dagegen die vier Arten Vermögen für jede Personen- oder Verwandtschaftsclasse mit demselben Steuersatze belegt.

Hiernach sind die Zahlenangaben in der Uebersicht in der Colonne des Steuersatzes zu verstehen.

In der directen Linie ist bei den Schenkungssteuern der niederste Satz (im Principal, also ohne die allgemein jetzt 25% Zuschläge dazu) 1% für alle Arten beweglichen Vermögens bei Uebertragungen ausserhalb von Heirathsverträgen mit Bestimmungen über Vermögenstheilung, 1.5% für Immobilien; 1.25 und bezw. 2.75 in Ehecontract; 2.50 und bezw. 4 ausserhalb des Ehecontracts und ohne Bestimmung über Theilung. — Bei Gatten gelten die beiden niedrigeren Sätze (1.5 u. 3%) für Mobilien und Immobilien im Ehecontract, die beiden höheren (3 u. 4.50 dgl. ohne diesen. — In der Seitenlinie die dreierlei Sätze, je der niedrigere für Ehecontracte, der höhere wenn diese fehlen, für die in Steuersatz unterschiedenen 3 Verwandtschaftsgrade (also 4.5 und 6.5, 5 und 7, 5.5 und 8, ohne Unterscheidung der Vermögensart). Ebenso bei Nichtverwandten (6 und 9%) nur Unterscheidung nach „im oder nicht im Ehecontract übertragen". — Bei den Erbschaftssteuern der Seitenlinie beziehen sich die 3 angegebenen Sätze (6.5, 7, 8%) auf die drei Verwandtschaftsgrade.

Alles in allem eine für die directe Linie doch nicht eben hohe Belastung, woneben diejenige für Gatten hoch erscheint (anders als in England, s. o. S. 269). Die Belastungsziffer für die Seitenlinie ist in der Uebersicht (letzte Spalte) die durchschnittliche der drei Verwandtschaftsgrade, für die weitaus wichtigsten Fälle (erste Seitenlinie) ist sie natürlich etwas niedriger. In einzelnen Jahren selbstverständlich verschiedene Ergebnisse der Erträge und Durchschnittsbelastungen, je nachdem sich die mit verschiedenen Steuersätzen belegten Erbschaftsarten verschieden gestalten (so in der Seitenlinie). Die Erbschaftssteuern ertragen 7—8 Mal so viel als die Schenkungssteuern. Etwas könnte dies Uebergewicht durch die gleich zu erwähnende muthmassliche factische Lücke im Schenkungssteuerwesen mit bewirkt werden. Und beide Steuern zusammen ertragen nicht viel weniger als die Hälfte der ganzen Proportionalabgabe oder fast soviel wie der Verkehr unter Lebenden zu lästigem Titel.

Ob die Schenkungs- und Erbschaftssteuern bei allen Arten von Vermögen gleichmässig zur gesetzlichen Durchführung kommen, ist wenigstens in Betreff der ersteren bei den Werthpapieren nach den statistischen Ausweisen wohl zweifelhaft, denn die der Schenkungssteuer unterworfenen Staats- und sonstigen Fonds und Effecten weisen doch auffallend niedrige Beträge auf, sowohl im Vergleich mit den übrigen besteuerten Werthen als mit den Effecten selbst bei den Erbschaftssteuern. Auch wenn man berücksichtigt, dass die Schenkungen unter Lebenden besonders ländliche Anwesen betreffen werden (Gutsüberlassungen an die Kinder), sind die Fälle bei Effecten doch unerwartet wenig zahlreich und die Werthsummen niedrig. So unterlagen 1886 gewöhnliches bewegliches Gut in 96,695 Fällen für 558.7, immobiles in 67,850 für 426.9, dagegen Staatsfonds nur in 710 für 15.3 und andere Effecten nur in 1337 für 17.4 Mill. Werth der Schenkungssteuer; bei der Erbschaftssteuer sind dieselben Zahlen bezw. 1630.2 — 2752.9 — 351.4 — 634.8 Mill. Werth, letztere beiden Ziffern für Effecten u. s. w. nicht so niedriger als man erwarten möchte. Ist diese Muthmassung richtig, so läge hier ein steuertechnischer Mangel des Systems vor, der wiederum auf eine factische Begünstigung des Mobiliarvermögens und zumal des auch sonst so schwer durch Steuern fassbaren der heutigen „privatkapitalistischen" Volkswirthschaft, des in Urkunden des Creditverkehrs bestehenden, hinauskommt.

Ueber die Festellung des steuerpflichtigen Werths für die Berechnung der Proportionalabgabe s. u. §. 223.

Zur Vervollständigung der Einnahmen des eigentlichen Enregistrement ist noch der (strafweise aufgelegten) höheren Abgabesätze (s. u. §. 221, 222) zu erwähnen, die 1886 3.95 Mill. Fres. ergaben.

§. 219. 5. Hypothekengebühren. An das geschilderte System der Registerabgaben und speciell der Proportionalabgabe schliessen sich die Hypothekengebühren und die Umsatz- oder Transmissionssteuer von Actien und Obligationen an.

Die Hypothekengebühren haben in stärkerem Grade als die bisher besprochenen eigentlichen Enregistrementsabgaben „Gebühren"-Character. Auch sie zerfallen in „feste" und „proportionale". Die ersteren fallen in bestimmten Sätzen, nach einem ursprünglich von 1810 herrührenden, später z. Th. veränderten Tarif den Hypothekenbeamten zu, kommen aber in einigen besonderen Fällen auch anstatt der Proportionalabgabe, im Interesse der Erleichterung des Verkehrs, zu Gunsten der Staatscasse vor. Die Proportionalabgabe ist jedoch die eigentliche Hypothekengebühr für den Staat. Sie zerfällt in die Einschreibungsgebühr (droit d'inscription) und die Ueberschreibungsgebühr (droit de transcription). Die erste ist allein eine wirkliche Hypothekenabgabe und zwar wesentlich „Gebühr". Sie wird für die Eintragung hypothekarischer Forderungen, jetzt (Gesetz vom 23. August 1871) auch von Hypotheken behufs Sicherstellung von Crediteröffnungen erhoben und beträgt 1 Promille im Principale (jetzt mit 25% Zuschlag) (Gesetz vom 21. Vent. VII., Art. 20 und Gesetz vom 28. April 1816, Art. 60). Die **Ueberschreibungsgebühr** wird für die Uebertragung der den Besitzwechsel des **Grundeigenthums** selbst betreffenden Urkunden in die Hypothekenregister mit $1^1/_2\%$ vom Gesammtbetrage des Preises der Uebertragungen, wie dieser bei der Registrirung berechnet wird, angesetzt (Gesetz vom 21. Vent. VII., Art. 25). Sie ist also nicht eigentlich Hypothekenabgabe und auch nur nebenbei für einen kleinen Theil ihres Betrags „Gebühr", und insofern den Registerabgaben ziemlich gleich zu stellen. Diese Abgabe wird denn auch nach dem Gesetz von 1816 regelmässig gleich bei der Einregistrirung der betreffenden Urkunden mit erhoben, wodurch der ursprüngliche Abgabesatz bei Immobilienverkäufen von 4% auf $5^1/_4\%$ im Principal gestiegen ist (s. o. Tab. S. 523 u. S. 525). Ist dies geschehen, so ermässigt sich die Hypothekenabgabe für die Umschreibung in den Hypothekenregistern auf den festen Satz von 1 Frcs.

Im Interesse der Begünstigung elterlicher Vermögenstheilungen unter den Kindern bei Lebzeiten (Art. 1075 und 1076 des Code civ.) ist die Ueberschreibungsgebühr in diesen Fällen auf $^1/_2\%$ herabgesetzt worden (1875). S. Näheres bei Vignes, I, 462. Tarif II, 405. v. Kaufmann, S. 299. Block's dictionn. Art. hypothèque. Das Hauptgesetz vom 21. Ventôse VII. in den hergehörigen Bestimmungen bei Jacob, S. 160 ff. — In der Statistik der Enregistrements-Verwaltung bilden die Hypothekenabgaben eine besondere Abtheilung, mit Unterscheidung der proportionalen Ueberschreibungsabgaben, ob sie von den Einnehmern des Enregistrement (receveurs) oder von den Hypothekenbewahrern (conservateurs) erhoben werden (z. B. 1886 von ersteren 1.58 Mill. Frcs., für 84.29 Mill Werth, von letzteren 0.387 für 20.61 Mill.). Dazu treten die von den Hypothekenbewahrern für den Staat erhobenen festen Abgaben (1886 907,000 Frcs.). Als Ertrag der Inscriptionsabgabe ist für 224.25 Mill. 2.80 Mill Frcs. angegeben und zwar nach dem Tarifsatz von 1.25 Procent (nicht Promille, auch in anderen Berichten). Sollte hierunter die allgemeine Registerabgabe von Obligationen (s. o. S. 526) verstanden sein, so fällt der niedrige Betrag des Steuerobjects auf und würde die $1\%_{00}$ Hypotheken-Inscriptionsgebühr fehlen. Daher bleiben wir hier die statistischen Buchungen unverständlich. Die volle $5^1/_4\%$ Besitzwechselabgabe von Immobilien unter Lebenden (also nicht nur 4%) ist, wie die Tab. o. S. 523 ergibt, bei diesen Verkäufen schon angerechnet. Der Gesammtertrag der Hypothekengebühren war 1886 5.68 Mill. Frcs.

§. 220. 6. Die sogenannte **Umsatzsteuer von Actien und Obligationen** von in- und ausländischen Actiengesellschaften u. dgl., Corporationen, öffentlichen Körpern — **nicht des französischen noch fremder Staaten** — bildet nach dem grundlegenden Gesetz vom 28. Juni 1857 (Art. 6 ff.) eine nicht unwichtige Ergänzung des Verkehrssteuersystems des Enregistrement. Sie füllt eine Lücke desselben aus, belastet im Werthpapierumsatz, den sie trifft, das bewegliche Kapital in gebührendem Maasse mit und bildet mit dem **Stempel von Werthpapieren** (Gesetz vom

5. Juni 1850, s. u.) und der „Einkommensteuer von beweglichen Werthen" (S. 494) wieder eine Art eigenes dreigliedriges System zur Besteuerung des in gewissen Werthpapieren angelegten oder durch dieselben repräsentirten beweglichen Kapitals, bezw. des Ertrags des letzteren. Eine einigermaassen genügende Ausgleichung der Besteuerung dieser Art des beweglichen Vermögens mit derjenigen des Immobiliareigenthums ist freilich auch durch diese drei Steuern noch nicht erreicht, vollends wenn man neben den Registerabgaben die directe Besteuerung Frankreichs mit berücksichtigt. Und die Umsatzsteuer allein gleicht wieder innerhalb der Verkehrsbesteuerung die Belastung der Immobilien mit der schweren Besitzwechselabgabe nicht aus.

<small>S. das genannte Gesetz von 1857 bei Jacob, S. 267. Dazu das Decret vom 17. Juli 1857 ob. S. 270. Erweiterung der Steuerpflicht auf solche Werthpapiere, welche das Gesetz von 1857 nicht getroffen hatte, und Erhöhung des Steuersatzes nach dem Kriege durch Gesetz vom 16. September 1871, Art. 11. weitere Erhöhung durch Gesetz vom 30. März 1872, Art. 1 und Wiederermässigung durch Gesetz vom 29. Juni 1872, Art. 3, als die 3°/₀ Einkommensteuer von Werthpapieren eingeführt wurde. S. mit den betreffenden Noten Dejean, p. 65, 179, 209. Vignes, I, 402—405, Block, dict. Art. valeurs mobilières, No. 7—12, v. Kaufmann, S. 259. Statistik, speciellere für 1877—79, Bull. VIII, 150 (Septembernummer); kürzer jährlich im Bericht der Registerverwaltung, für 1886 Bull. XXII, 152.</small>

Nach Wortlaut und Tendenz des Gesetzes vom Frimaire VII. würden auch die Effectenumsätze, wie alle Handänderungen (mutations), der Registrirung und somit der Besitzwechselabgabe für bewegliche Werthe unterliegen, wenn diese Umsätze beurkundet oder, wie gewisse Immobiliargeschäfte zum Zweck der Einregistrirung, declarirt werden müssten. Da Ersteres hier regelmässig nicht der Fall ist und Beides aus technischen und verkehrspolitischen Gründen schwer, wenn überhaupt, erzwungen werden kann, so entzieht sich der Effectenumsatz der Besteuerung durch das Enregistrement grossentheils, meist völlig, nach der Ausstellungsform solcher Werthpapiere namentlich als Inhaber-, aber auch als Namenspapiere. Das war auch die französische Erfahrung gewesen. Mit der steigenden Bedeutung der Kapitalanlage in Effecten und des Umsatzes der letzteren wurde das, zumal gegenüber dem Immobiliarumsatz und auch dem controlirbaren und daher einregistrirbaren beurkundeten Umsatz anderer beweglicher Werthe, ein immer grösserer Uebelstand, welcher die Gleichmässigkeit der Verkehrsbesteuerung und auch das fiscalische Interesse verletzte. Der erstere Umstand mehr wie der letztere — was in der französischen Fachliteratur (so bei Block) und danach z. B. auch von Kaufmann unrichtig ausgeführt worden ist, — musste daher folgerichtig zu dem Gedanken einer Ersatzsteuer der Registrirungsabgabe für Handänderungen bei Effecten führen. In dem einmaligen Emissionsstempel (Gesetz vom 5. Juni 1850) konnte eine solche Ersatzsteuer theils gar nicht, theils nicht genügend gefunden werden. Gerade in einem Steuersystem wie dem französischen Enregistrement bildete daher die Einführung einer eigenen Umsatzsteuer von Effecten eine folgerichtige steuerpolitische Maassregel. Es ist das Verdienst des Gesetzes von 1857, unter Napoleon III., diese Consequenz gezogen zu haben, wenn auch die Durchführung des Gedankens eigenthümlich ausgefallen ist. Denn eine wirkliche Umsatzsteuer ist die Abgabe wenigstens in den wichtigsten Fällen, bei den Inhaberpapieren, nicht geworden, sondern es wurde wieder nur ein Ersatz einer solchen Umsatzsteuer für Effecten in den angenommenen Normen geschaffen. Daher kann diese Steuer auch nur bedingt als eine sogen. „Börsensteuer" bezeichnet werden. Man scheute die unleugbaren Schwierigkeiten einer wirklichen Umsatzsteuer bei Inhaberpapieren und die — wirklich oder vermeintlich — verkehrshemmenden und deshalb, vielfacher, freilich zweifelhaft berechtigter Annahme nach, schädlichen volkswirthschaftlichen Folgen einer solchen Steuer.

Die Steuer trifft bestimmte Kategorien verhandelbarer oder börsengängiger Werthpapiere, nach dem Gesetz von 1857 Actien (auch Interimsscheine) und Obligationen von jeder Art (privater) Gesellschaften (finanzieller, industrieller, commercieller, civilistischer Actiengesellschaften, Vereine, Unternehmungen jeder Art), und zwar inländischer wie ausländischer; nach dem Gesetz vom 16. September 1871, Art. 11 auch die Obligationen von Departements, Gemeinden, öffentlicher Anstalten, der Gesellschaft des Crédit foncier, die bis dahin frei waren, auch die ausländischen (Gesetz vom 30. Mai 1872, Art. 1). Die ausländischen Effecten durften nach dem Gesetz von 1857 (Art. 9) an der Börse im Inland weder amtlich notirt noch gehandelt werden, ohne Bezahlung der Abgabe; nach dem Gesetz vom 30. März 1872, Art. 2 ist auch Emission und Zum-Verkauf-stellen ohne die Erfüllung dieser Bedingung verboten. Gleiche Bestimmungen, wie sie auch für die Stempelung auswärtiger Effecten gelten. Während der letzteren aber auch fremde Staatspapiere, welche in Frankreich emittirt, gehandelt, notirt werden, unterworfen sind, ist die hier besprochene Abgabe auf Staatspapiere nicht ausgedehnt.

Sie führt nur den Namen Umsatzsteuer (droit de transmission), aber sie ist formell eine solche nur bei denjenigen inländischen Effecten, welche als Namenspapiere (titres nominatifs) bloss durch eine Umschreibung in den Büchern des Emittenten (der Gesellschaft u. s. w.) rechtsgiltig übertragen werden können. Hier wird sie auf Rechnung des Staats von der betreffenden Gesellschaft u. s. w. bei jeder Umschreibung von Actien und Obligationen, auch bei einer Umwandlung von Namens- in Inhaberpapiere und umgekehrt, erhoben, und zwar regelmässig nach dem mittleren Börsencurse des dem Geschäft vorangehenden Tages, ursprünglich zu dem Satze von $1/5\%$, seit 1871 von $1/2\%$ (ohne Zuschläge).

(Decret vom 17. Juli 1857, Art. 2, 3.) Nur der 7.—8. Theil des Ertrags der ganzen Steuer kommt auf diese eigentliche „Umsatz"steuer (1856 2.09 Mill. Frcs. von 417.48 Mill. Frcs. Umsatz von Actien, 3.08 Mill. von 615.49 Mill. Umsatz von Obligationen, zusammen 5.17 Mill. Ertrag von 1031.33 Mill. Umsatz, während der ganze Ertrag 16.96 Mill. Frcs. war).

Bei den inländischen Effecten, welche auf Inhaber lauten, sowie bei allen ausländischen (also hier auch bei den Namenspapieren, Decret vom 17. Juli 1857, Art. 10), ferner auch bei denjenigen, welche, nicht auf den Inhaber gestellt, doch auch ohne Umschreibung in den Büchern des Emittenten rechtsgiltig übertragen werden können (Gesetz vom 23. Juni 1857, Art. 6) tritt an Stelle der Uebertragungsabgabe in jedem einzelnen Falle eine jährliche obligatorische Abgabe, ein sog. (Zwangs-)Abonnement. Diese Abgabe wird nach dem Durchschnittscurse der Actien und Obligationen im voraufgehenden Jahre berechnet und beträgt davon jetzt $1/5\%$ (ohne Decimen).

Anfangs (Gesetz von 1857) nur 0.12% (Gesetz vom 23. Juni 1857, Art. 6, vom 29. Juni 1872, Art. 3, über die Berechnung des Curses Decret von 1857, Art. 7: Summirung der Curse nach den Notizen und Dividirung durch die Zahl der Notizen). Nähere Vorschriften regeln das Einzelne in Betreff der Zahlungspflicht der Gesellschaften u. s. w. (s. das Decret von 1857 und das Decret vom 24. Mai 1872, bei Dejean, p. 192). Die Emittenten haben die Abgabe nach vierteljährlichen Registern vierteljährlich zu entrichten. Ausländische Gesellschaften u. s. w. müssen einen verantwortlichen, vom Finanzminister genehmigten Vertreter im Inlande stellen (Decret von 1857, Art. 10. Die Abgabe von ausländischen Effecten wird übrigens nur von einem Theile der betreffenden Actien und Obligationen erhoben (mindestens $1/10$ des Kapitals der ersteren, $2/10$ desjenigen der letzteren): von welchem Theile, das bestimmt der Finanzminister nach Anhörung einer fachmännischen Commission, wobei alle 3 Jahre Revision vorbehalten bleibt (s. Decret vom 24. Mai 1872).

Die letztbesprochene Steuer, durchaus die Hauptsache bei der sogen. Umsatzsteuer, ist also gar keine „Umsatz"steuer, sondern eine nominelle Kapitalsteuer, im Effect eine Ertragssteuer von Actien und Obligationen. Bei letzteren dies allerdings nur dann, wenn sie von dem zunächst zahlungspflichtigen Aussteller wirklich den Obligationären bei der Zinsauszahlung angerechnet wird, was gesetzlich zulässig ist und um der Steuer wenigstens einigermaassen ihren ursprünglich beabsichtigten Character zu erhalten, auch folgerichtig. Das thatsächliche Vorgehen scheint verschieden zu sein. Erfolgt die Ueberwälzung vom Schuldner auf den Gläubiger nicht, so wird die Steuer auch bei den Obligationen, wie bei den Actien, zu einer Steuer des Schuldners, also bei Gesellschaften zu einer Ertragssteuer von freilich problematischem Werthe.

„Internationale" Gesellschaften, wie z. B. die grosse österreichische Südbahn haben ein verschiedenes Verfahren befolgt, neuerdings die genannte den Betrag, pauschalirt mit anderen Couponsteuerabzügen, abgezogen; anders die französisch-österreichische Staatsbahngesellschaft. Vgl. Siegfried, Saling's Börsenpapiere, Th. I, 4. Aufl., Berlin 1884, S. 57, 75; Derselbe in der Ztschr. f. Kapital und Rente, XII, 118 ff. über die französische Effectenbesteuerung.

Der Umstand, dass die zweite Art der „Umsatzsteuer" nicht, wie der Effectenstempel einmal und nach dem Nennwerth, sondern jährlich und nach dem Curswerth erhoben wird, unterscheidet die Steuer immerhin von der gewöhnlichen Stempelabgabe. Der Ertrag schwankt daher natürlich mit den Cursen und soweit diese nicht rein durch äussere politische u. dgl. Umstände und Speculationen, sondern durch die Ertragsverhältnisse bestimmt werden, steigt und fällt er mit diesen, was im Ganzen ein Vorzug ist. Aber die Häufigkeit und Seltenheit der Effectenumsätze selbst ist abgesehen von ihrem Einfluss auf den Curs indifferent für den Ertrag und da Jahresdurchschnittscurse die Grundlage der Steuerberechnung bilden, kommen die speculativen Cursschwankungen innerhalb des Jahres, soweit sie sich ausgleichen, auch für den Ertrag nicht weiter in Betracht. Daher kann diese Steuer in keiner Weise als eine genügende Lösung des Problems, die Börsenumsätze zu treffen, gelten.

S. die statistischen Daten im Bull. a. a. O. Die einzelnen Jahre zeigen in den Gesammterträgen geringere, in den Summen der belegten Werthe grosse Schwankungen, welche letzteren nicht bloss auf Cursänderungen zurückgeführt werden können, mir aber sonst nicht recht erklärlich sind, namentlich was das merkwürdig selbst von Jahr zu Jahr schwankende Verhältniss zwischen Actien und Obligationen anlangt. Der amtliche Bericht klärt das nicht auf. So war z. B. 1884—86 (Bull. XX, 457, XXII, 253):

„Abonnements" (zu 0.2%)	1884 Belegte Werthe Mill. Fr.	Ertrag Mill. Fr.	1885 Belegte Werthe Mill. Fr.	Ertrag Mill. Fr.	1886 Belegte Werthe Mill. Fr.	Ertrag Mill. Fr.
Französ. Actien	5.495.3	10.99	6.912.6	13.83	4.625.3	9.25
Französ. Oblig.	7.794.3	15.59	6.655.7	13.33	8.957.8	17.92
Zusammen . .	13.259.6	26.58	13.568.3	27.16	13.583.2	27.17

"Abonnements" (zu 0.2%)	1884 Belegte Werthe Mill. Fr.	Ertrag Mill. Fr.	1885 Belegte Werthe Mill. Fr.	Ertrag Mill. Fr.	1886 Belegte Werthe Mill. Fr.	Ertrag Mill. Fr.
Ausländ. Actien	1,247.4	2.49	1,195.3	2.39	2,312.01	4.62
Ausländ. Oblig.	1,121.2	2.24	1,218.7	2.44	0.064 (!)	0.000125 (!)
Zusammen . .	2,368.6	4.74	2,414.0	4.83	2,312.1	4.62
Summa . . .	15,658.2	31.32	15,952.3	31.99	15,895.3	31.79
Dazu Transmiss.-Steuer (0.5%).						
Inländ. Actien .	662.2	3.31	426.8	2.13	417.84	2.09
Inländ. Obligat.	522.6	2.61	556.9	2.78	615.49	3.08
Zusammen . .	1,184.8	5.92	983.7	4.92	1,033.33	5.17
Ganze Steuer (m. Strafzuschl.).	16,843.0	37.24	16,975.6	36.90	16,494.3	36.96

Während die Werthe und die Erträge jeder der drei Kategorien (inländische Abonnements, ausländische desgleichen, Transmissionssteuer) und die Gesammtwerthe und Erträge wenig verschieden sind, zeigen sich ausserordentliche Verschiebungen zwischen Actien und Obligationen jeder Kategorie, besonders bei den Abonnements, wo die ausländischen Obligationen 1886 geradezu verschwinden. Speciellere Unterscheidung der einzelnen Arten Effecten für 1877—79. Bull. VIII, 130. Damals traten solche Schwankungen zwischen Actien und Obligationen nicht hervor. Belegter Werth 1877—79 11,406.4 — 11,961.4 — 13,000.7 Mill., Ertrag bezw. 25.15, 26.89, 29.97 Mill. Frcs.

Auch bei der Zusammenziehung der Registerabgabe für Uebertragungen beweglichen Guts unter Lebenden zu lästigem Titel (Verkäufe u. s. w., o. S. 523 und S. 524) mit dieser Effectenabgabe erhält man z. B. für 1886 nur 55.48 Mill. Frcs. Ertrag gegen 139.04 Mill. bei den gleichen Geschäften mit Immobilien. Das Missverhältniss bleibt gross genug.

Zu bemerken ist übrigens, dass die Uebertragung von Effecten, auch derjenigen, welche die „Umsatzsteuer" trifft, schenkungsweise und im Erbgang der Registrirung und der betreffenden Abgabe unterworfen bleibt. Freilich mit zweifelhafter Wirkung wenigstens bei Schenkungen (S. 528).

§. 221. 7. Die Durchführung der tarifmässigen Registrirungsbesteuerung.

a) Allgemeines. Ein so umfassendes, verwickeltes, öfters feine und streitige Rechtsfragen berührendes Verkehrssteuersystem, wie das geschilderte, welches zugleich vielfach so hohe, ja mitunter drückende Steuersätze enthält, macht für seine strenge Durchführung auf der gesetzlichen Grundlage natürlich grosse Schwierigkeiten. Zur Ueberwindung derselben bedarf es daher eines mächtigen Apparates von einzelnen gesetzlichen und administrativen Ausführungsnormen, Verwaltungseinrichtungen, Controlmaassregeln und Strafbestimmungen.

Ein ausserordentliches Detail, das hier nicht nur nicht erschöpft, sondern nicht einmal vollständig auch nur in Betreff aller wichtigeren Puncte erwähnt werden kann. Mehr zur Characterisirung des Ganzen und mehr beispielsweise werden hier nur einige dieser wichtigeren Puncte aus diesem grossen Gebiet zahlreicher Einzelheiten von ungleicher, jedoch auch in den scheinbar nebensächlichsten Bestimmungen nicht fehlender Bedeutung herausgehoben. Unberücksichtigt dürfen diese Dinge aber auch für die finanzwissenschaftliche Betrachtung eines Steuersystems wie des französischen Registrirungsabgabewesens nicht bleiben. Denn sie gehören zu denjenigen Momenten, von welchen der finanzielle Erfolg und die gesetzliche gleichmässige Behandlung der steuerpflichtigen Fälle abhängen, in welchen sich aber auch die Belästigungen, Störungen, immer verbleibenden Ungleichmässigkeiten der Belastung und damit die steuerpolitischen Bedenken besonders stark zeigen.

Die gesetzmässige Durchführung der Registrirungsabgaben bedingt vor Allem, dass alle registrirungs- und abgabepflichtigen Urkunden und die auch ohne Beurkundung hierzu verpflichteten Rechtsgeschäfte und Handänderungen (mutations), wie im Erbgang und schenkungsweise, vollständig, rechtzeitig, am rechten Ort, d. h. vor dem legalen Registeramte, und, soweit das in Betracht kommt, daher namentlich bei der Proportionalabgabe (und der „festen abgestuften") im wirklichen Werthbetrage zur Registrirung und Abgabeveranlagung und alsdann demgemäss die gesetzlichen Abgabebeträge zur Erhebung gelangen.

Um dies zu erreichen, sind einmal gewissen amtlichen Personen, wie den Gerichtsvollziehern u. dgl. m. und den Gerichtsschreibern für alle von ihnen ausgehenden oder, wie den Notaren, für alle von ihnen aufgenommenen Urkunden Verpflichtungen zur Einreichung der Urkunden bei dem zuständigen Registeramte auferlegt. Gleiche Verpflichtungen liegen dem (Privat-) Publicum für Urkunden unter Privatunterschrift ob, und zwar unbedingt, wenn es sich um Testamente und um die oben (S. 519) genannten Rechtsgeschäfte handelt, durch welche unter Lebenden Handänderungen erfolgen, sowie in gewissen, ebenfalls früher (S. 520) schon erwähnten Fällen, wo auch ohne Beurkundung ein solcher Besitzwechsel zu „declariren" ist; ferner bedingt, wenn die Urkunden vor Gerichten oder Behörden benutzt werden sollen, in welchem Falle sie vorher einregistrirt und die Abgaben dafür gezahlt werden müssen. Als Ansporn der betreffenden Personen zur Erfüllung dieser Verpflichtungen dient theils einzeln, theils verbunden einerseits die Androhung von Rechtsnachtheilen, von erhöhten Gebührensätzen oder von Strafen bei überhaupt oder in der gesetzlichen Frist unterlassener Ueberreichung oder Anmeldung zur Eintragung auf dem Registeramte, bei Verheimlichungen, bei unrichtigen Werthangaben, auch bei Ausstellung von Gegenscheinen unter Parteien, wodurch zum Zweck der Steuerdefraudation ein Preis in einer registrirten Urkunde erhöht wird (Art. 40 des Gesetzes vom 22. Frim. VII.); anderseits die Ausstattung der registrirten Urkunden mit gewissen

Rechtsvortheilen. Für die verschiedenen Fälle von betheiligten Personen, in Betracht kommenden Urkunden, Rechtsgeschäften, Vorgängen sind verschieden lange **Fristen**, innerhalb deren die Registrirung regelmässig zu erfolgen hat, festgesetzt.

Unter den angedrohten Rechtsnachtheilen findet sich die **Nichtigkeit** der nicht oder nicht gehörig oder nicht rechtzeitig registrirten Urkunde, bezw. des Rechtsgeschäfts, die logisch richtige Consequenz in diesem wie in dem analogen Falle der unterlassenen Stempelung, in der französischen Gesetzgebung nur in ganz beschränktem Maasse, so für Gerichtsvollzieher und andere mit ähnlichen Befugnissen versehene Beamte bei unterlassener Registrirung von Zustellungen und Protokollen, wofür der Zuwiderhandelnde der Partei verantwortlich ist (Gesetz vom 22. Frim. VII., Art. 34). In dem practisch bedeutsameren Falle von Unterlassung der unbedingt obligatorischen Registrirung von Urkunden, Rechtsgeschäften, Erbfällen oder bei Verheimlichungen, bei zu niedrigen Werthangaben, hat man regelmässig nicht so weit zu gehen gewagt. Hier tritt als Rechtsnachtheil nur die einstweilige Unbrauchbarkeit einer Urkunde für die Benutzung vor Gerichten und Behörden, also namentlich als Beweismittel in Rechtsstreiten, dann die Verpflichtung zu nachträglicher Registrirung und dabei eine erhöhte Abgabe als Strafe ein. Nur bei der **Ausstellung von Gegenscheinen** zum Zweck der Steuerhinterziehung mittelst zu niedriger Preisangaben in den Urkunden bestimmte das Gesetz vom 22. Frim. VII., Art. 40 auch **Nichtigkeit**, was indessen durch das Civilgesetzbuch (Art. 1321) auf Nichtigkeit Dritten gegenüber, nicht unter den Parteien selbst, beschränkt wurde. Die Straferhöhung der Abgabe ist in diesem Falle aber besonders scharf, das Dreifache des gewöhnlichen Satzes.

<small>Besonders gute klare Darstellung aller dieser Puncte bei Vignes, a. a. O. Mehrfach kommen auch hier für die Registrirung rechtstechnische Begründungen in Betracht, daher Bestimmungen des französischen Civilrechts. Von diesen gilt jedoch das oben S. 513 Gesagte: sie können als genügende Begründung einer finanziellen Gebühr, geschweige einer Steuer nicht gelten. So die Fiction eines nothwendigen „öffentlichen Dienstes", um durch die Einregistrirung die Existenz einer Urkunde, eines Rechtsgeschäfts u. s. w. zu sichern oder die (notarielle) Authenticirung noch zu vervollständigen oder (so bei Privaturkunden u. s. w.) das Datum Dritten gegenüber zu vergewissern (s. Vignes, I, 330 ff.).</small>

§. 222. b) **Einzelne Puncte.** Hier werden folgende sechs behandelt: die **Fristen zur Eintragung, die Zahlungspflichten, die Strafbestimmungen, die zur Controle dienenden Obliegenheiten verschiedener Organe, die**

Verjährungsfristen, die Normen für die Werthbestimmungen bei der Proportionalabgabe.

α) Ueber die Fristen, innerhalb deren Urkunden und Erklärungen zur Registrirung zu bringen sind, s. besonders Gesetz vom 22. Frim VII., Art. 20—25, Block, Art. Enregistr., No. 64—72, Vignes, I. 368. Es werden öffentliche Urkunden, Gerichtsvollzieher u. dgl., Notare, Behörden einer-, Urkunden unter Privatunterschrift anderseits unterschieden, mit verschiedenen Fristen nach den Kategorien von Fällen. So müssen öffentliche Urkunden in kurzen Fristen (4, 10, 15, 20 Tage), Urkunden unter Privatunterschrift in längeren Fristen, z. B. wenn sie eine Uebertragung von Eigenthum oder Nutzniessung an Liegenschaften zum Gegenstande haben, auch Pacht- und Miethverträge u. dgl. m. binnen 3 Monaten von ihrem Datum an zur Registrirung gebracht werden, falls es sich um inländische Fälle handelt. (Art. 22 des Gesetzes vom Frim.). Erb-, Schenk-, Vermächtnissannahmen im Inlande müssen 6 Monate nach dem Tode des Erblassers (in verschiedenen längeren Fristen bei Todesfällen in verschiedenen Auslandsgebieten) registrirt werden.

β) Hinsichtlich der Zahlungspflicht selbst ist der allgemeine Grundsatz, dass die Abgaben vor der Registrirung zu entrichten sind (Gesetz vom Frim. VII., Art. 28). An Stelle der Parteien, welche in letzter Linie von den Abgaben getroffen werden sollen, sind, im Interesse der Erleichterung und Vereinfachung der Erhebung, mehrfach in näher bezeichneten Fällen die Notare, Gerichtsvollzieher und Gerichtsschreiber diejenigen, welche vorschussweise die Zahlung an das Registeramt zu leisten haben (dasselbe Gesetz, Art. 29, 30). Die Parteien selbst haften in vielen Fällen für die von ihnen direct zu zahlenden oder an die genannten Beamten zurückzuerstattenden Abgaben solidarisch, ebenso bei Erbfällen die Miterben (eb. Art. 29, 30, 32). Wird unter Parteien die endgiltige Tragung der Abgabe nicht vertragsmässig geregelt, so sollen bei bürgerlichen oder gerichtlichen Urkunden, welche eine Schuldverpflichtung, Schuldbefreiung, Uebertragung von Eigenthum oder Nutzniessung beweglichen und unbeweglichen Guts enthalten, die Schuldner oder neuen Besitzer, bei anderen Urkunden, die Betheiligten, welche daraus Vortheil ziehen, die Abgabe tragen (eb. Art. 31). S. Weiteres Detail bei Vignes, I. 376—380.

γ) Die Strafbestimmungen betreffen theils die Beamten, Notare, welche Verpflichtungen zur Anmeldung von Urkunden für die Registrirung haben, theils bei Urkunden unter Privatunterschrift und bei den vorgeschriebenen „Erklärungen" das betheiligte Publicum. Die Strafen bestehen, abgesehen von den Fällen der Nichtigkeit (S. 536), in festen Geldstrafen und in um die Hälfte oder auf das Doppelte oder auf das Dreifache des einfachen Satzes erhöhten Abgaben. Diese verschiedenen Strafen werden mitunter verbunden oder auch so combinirt, dass bei Fällen, wo die feste Registerabgabe besteht, eine feste Geldstrafe, in Fällen der Proportionalabgabe die Erhöhung derselben, unter Bestimmung eines Minimalbetrags des Zuschlags, eintritt (Gesetz vom Frim. VII., Art. 33—40, Vignes, I. 380 bis 385, Block, Art. Enregistr., No. 75 ff.). U. A. ist der doppelte Abgabesatz bei Unterlassung der Registrirung in den oben S. 519 genannten Fällen des Art. 22 des Gesetzes vom Frimaire zu berechnen (gen. Gesetz, Art. 38), der hälftige Zuschlag bei Unterlassung der Erklärungen, welche Erben, Schenk- und Vermächtnissnehmer abzugeben haben; der doppelte Satz bei Verheimlichungen oder bei ungenügender Schätzung von Vermögensstücken in den letztgenannten Fällen, und zwar von dem verheimlichten oder nicht mit geschätzten Betrage (eb. Art. 40). — Bei denjenigen Urkunden unter Privatunterschrift, welche nicht unbedingt obligatorisch registrirungspflichtig sind, aber nachträglich registrirt werden müssen, wenn man von ihnen vor Gericht u. s. w. Gebrauch machen will, tritt zunächst zwar nur der gesetzliche (einfache) Gebührensatz ein, der doppelte jedoch, wenn sie vor der Bezugnahme am Gericht noch nicht registrirt sind. S. für Einzelnes ausser dem Gesetz vom Frimaire auch Gesetz vom 27. Ventôse IX. und 28. April 1816 sowie einzelne der neueren Gesetze, so vom 23. Aug. 1871, 28. Februar 1872.

Eine principiell wichtige Neuerung im fiscalischen Interesse ist die Einführung einer bis dahin fehlenden Mit-Interessirung des früheren Besitzers eines der Besitzwechselabgabe unterliegenden Objects, sowie des Vermiethers und Verpachters an der richtigen Einregistrirung der Urkunde, Abgabe der vorgeschriebenen Erklärungen u. s. w. Bei unterbliebener Registrirung oder Erklärung werden danach nämlich auch die Genannten persönlich und ohne Recurs, ungeachtet entgegenstehender Stipulationen, haftbar für einen Zuschlagabgabesatz (mindestens 50 Frcs.). Davon wie von der unmittelbaren Zahlung des einfachen Satzes können sie sich nur befreien, wenn sie innerhalb bestimmter Frist — ein Monat mehr als die allgemeine Frist in diesen Fällen — auf einem Registeramt die die Handänderung betreffende Urkunde hinterlegen oder, bei deren Fehlen, die nach Art. 4 des Gesetzes vom 27. Vent. IX. gebotenen „Erklärungen" abgeben. (Gesetz vom 23. August 1871, Art. 14, auch vom 28. Februar 1872, Art. 8). Wohl eine zweckmässige und wie man annehmen sollte wirksame Neuerung.

Auch bei der Effecten-Umsatzsteuer (Gesetz vom 23. Juni 1857, Art. 10) sind für Unterlassung oder Unvollständigkeit der Erklärungen die doppelten Gebührensätze nach Gesetz vom Frim. angedroht, neben Strafen von 100—5000 Frcs. für jede Zuwiderhandlung gegen die Bestimmungen des Gesetzes oder der Ausführungsverordnungen.

δ) Ueber weitere, mit als Controlmittel dienende Obliegenheiten der Notare, Gerichtsvollzieher, Gerichtsschreiber, Secretäre, Richter, Verwaltungsbeamten und sonstigen öffentlichen Beamten, auch der Einnehmer, s. bes. Gesetz vom Frim., Art. 41—59. Danach, mit Rücksicht auf ähnliche Bestimmungen anderer Gesetze, Vignes, I, 355—394, Block, Art. Enregistr., No. 86—97. Zur Characteristik solcher Bestimmungen auch nach der fiscalischen Seite vgl. z. B. Art. 47 des Gesetzes vom Frim.: auf Grund nicht registrirter Urkunden darf kein Richter oder Schiedsrichter ein Urtheil, kein Verwaltungsbeamter einen Beschluss zu Gunsten von Privatpersonen erlassen, bei Strafe persönlicher Haftbarkeit für die Gebühren.

ε) Die Verjährungsfrist für die Ansprüche des Fiscus ist für verschiedene Kategorien von Fällen auf $1/_4$, 1, 2, 5, 10 Jahre gestellt, hie und da aber auch die allgemeine des französischen Civilrechts von 30 Jahren. (Gesetz vom Frim., Art. 60 bis 62 und neuere. Vignes, I, 399—401, Block. Enreg., No. 102, 103).

ζ) Von besonderer finanzieller Wichtigkeit sind bei den Registerabgaben, namentlich bei der Proportionalabgabe (und der „festen abgestuften") richtige Werthangaben in den Urkunden und Erklärungen. Daher bedarf es besonders neben Strafandrohungen hier Normen und Maassregeln zur Verhütung. bezw. Aufdeckung zu niedriger Angaben bei Handänderungen unter lästigem und unentgeltlichem Titel (Schenkungen, Erbfällen), wozu hier namentlich das gesetzlich gestattete Verfahren der Abschätzung durch Sachverständige („expertise") dient.

Strafen u. A. in Art. 39 des Gesetzes vom Frim VII., so doppelte Gebühr bei Auslassungen und ungenügenden Schätzungen der Vermögensstücke für Erben, Schenk- und Vermächtnissnehmer. Vormünder u. dgl. haben hier diese Strafen persönlich zu tragen. —

Ueber diese Abschätzung besonders Art. 17—19, 61 des Gesetzes vom Frim., Gesetz vom 15. November 1808, vom 23. August 1871, Art. 11, 15, vom 28. Februar 1872, Art. 8. Bei Urkunden oder Declarationen über Handänderung von Immobilien (Eigenthum, Nutzniessung, Genuss), auch von Handelsfonds zu lästigem Titel kann innerhalb eines Jahres von Seiten der Steuerverwaltung bei muthmaasslich zu niedriger Preisangabe auf solche „Expertise" angetragen werden; bei jedem unentgeltlichen Besitzwechsel von Immobilien binnen 2 Jahren. Ermittelt soll der wahre Verkaufswerth der Objecte zur Zeit der Veräusserung oder des Besitzwechsels werden. Vignes, I, 394, Block, Enregistr., No. 52 ff.

§. 223. c) **Bestimmungen über den steuerpflichtigen „Werth" bei der Proportionalabgabe.** Bei letzterer kann es ohne eine positive gesetzliche Bestimmung mitunter zweifelhaft sein, welcher „Werth" ihrer Berechnung überhaupt zu Grunde gelegt werden soll. In manchen Fällen, wiederum namentlich bei Erbgang und Schenkung, sind auch gesetzliche Grundsätze für die Werthberechnung selbst erforderlich. Die französische Gesetzgebung hat in zahlreichen Bestimmungen hierüber das Nothwendige festgesetzt, im Wesentlichen schon im Gesetz vom 22. Frim. VII., Art. 14 und 15, dessen Bestimmungen durch spätere Gesetze einzelne Modificationen und Ergänzungen erfahren haben.

Genaueres Einzelne bei Vignes, I. 346—355, kürzer Block, Art. Enregistr., No. 50, 51. S. auch Jacob a. a. O., Noten zu den Art. 14 u. 15 des Gesetzes vom Frimaire.

Es wird in diesen Normen bewegliches und unbewegliches Gut unterschieden und in beiden Kategorien für jede einzelne Art Urkunden, Rechtsgeschäfte, Besitzwechsel u. s. w. die Bestimmung über den zu Grunde liegenden Werth getroffen. In vielen Fällen entsprechen die Bestimmungen dem auch sonst Ueblichen oder von selbst sich Ergebenden. Von wichtigeren eigenthümlichen Fällen mögen folgende hervorgehoben werden.

α) Aus den Vorschriften für bewegliches Gut: Bestellung von immerwährenden — d. h. nach französischem Recht höchstens für 30 Jahre nicht ablösbaren — oder Lebensrenten und von Pensionen unter lästigem Titel: hier ist das bestellte oder veräusserte Kapital das Object der Proportionalabgabe. Ebenso verhält es sich bei Uebertragung, Ablösung, Rückkauf solcher Renten und Pensionen, ohne Rücksicht auf den hierfür bezahlten Preis. — Werden Renten, Pensionen ohne Angabe eines Kapitals bestellt (übertragen, abgelöst), so wird das für diesen Vorgang steuerpflichtige Object durch diejenige Kapitalsumme gebildet, welche dem 20 fachen der immerwährenden und dem 10 fachen der lebenslänglichen Rente, — wobei zwischen solchen, die auf 1 oder mehrere Leben gestellt sind, nicht unterschieden wird — entspricht, ebenfalls ohne Rücksicht auf den Preis der Uebertragung oder Ablösung. — Die unentgeltlich eingeräumte Nutzniessung an beweglichem Gut wird gleich der Hälfte des Werthes solchen Guts veranschlagt.

Besonders wichtig ist, dass bei Uebertragungen auf Grund freigebiger Verfügung unter Lebenden und für den Uebergang durch Todesfall der Werth des beweglichen Guts nach einer abzugebenden Erklärung der Betheiligten — zu deren Controle dann wieder das Verfahren der „Expertise" angewandt werden kann — sich bestimmt, aber ohne Abzug der Lasten, was u. A. die Erbschaftsteuer zu einer solchen vom Vermögen ohne Schuldabzug macht. Bei Werthpapieren aller Art (auch des in diesen Fällen steuerpflichtigen Uebergangs französischer Staatsrente) berechnet sich der Werth in der Regel nach dem Börsencurs vom Tage des Besitzwechsels.

β) Aus den Vorschriften für unbewegliches Gut: bei Pacht- und Miethverträgen bildet der jährliche Preis unter Zurechnung der dem Pachter oder Miether auferlegten Lasten, das Steuerobject; bei Pachten und Miethen von unbestimmter Dauer oder gegen beständige Renten wird aus dem in gleicher Weise berechneten Pacht- oder Miethpreise ein Steuerkapital durch Multiplication mit dem 20 fachen gebildet. Bei Verpachtung und Vermiethung auf Lebensdauer wird der Preis mit dem 10 fachen multiplicirt. Neuerdings ist für ländliche Immobilien die Ermässigung der Kapitalisation bloss mit dem $12^1/_2$ fachen erfolgt (1875). — Bei Tauschen findet ein Kapitalanschlag zum 20 fachen des Jahresertrags ohne Lastenabzug statt, bei ländlichen Grundstücken (ausser bei Tauschen aneinanderstossender unbebauter, d. h. nicht mit Häusern besetzter) sogar zum 25 fachen. — Für Verkäufe und andere unter lästigem Titel stattfindende Uebertragungen von Eigenthum und Nutzniessung unter Lebenden wird der beurkundete, bezw. durch Expertise festgestellte Preis zuzüglich eines Kapitalanschlags aller Lasten zu Grunde gelegt.

Bei unentgeltlicher Uebertragung von Immobiliar-Eigenthum unter Lebenden und von Todeswegen, also für die Proportionalabgabe als Schenkungs- und Erbschaftssteuer, wird, wiederum ohne Abzug der Lasten, der Jahresertrag oder Pacht- und Miethzins mit dem 20 fachen, bei ländlichen Grundstücken jetzt mit dem 25 fachen zur Bildung des Steuerkapitals multiplicirt. Das 10-, bezw. $12^1/_2$ fache tritt in diesen Fällen bei Uebertragung der Nutzniessung allein, gleichfalls ohne Lastenabzug, ein. Die Erbschafts- und Schenkungssteuer erhält durch diesen Nichtabzug der Lasten — welcher in England jetzt erfolgt, §. 122, S. 269 oben — einen besonderen Character, welcher manche Bedenken hervorruft und zu bedeutend erhöhter, auch ungleichmässigerer Belastung führen kann, unter den obwaltenden Verhältnissen auch wohl wirklich führt (§. 241).

§. 224. 8. Zur Statistik der Registrirungsabgaben. S. die reichhaltigen Materialien in den oben S. 506 angegebenen Stellen. Einige Daten wurden schon früher herausgehoben, so in den Tabellen auf S. 374, 395, bes. 406, 407, dann in den §§. 211 (S. 507), 217, 218, besonders in der tabellarischen Uebersicht des Tarifs der Proportionalabgabe S. 523. Eine Analyse des reichen statistischen Materials muss der monographischen Bearbeitung vorbehalten bleiben. Sie würde m. E. für manche specielle Fragen einer Verkehrsbesteuerung, wie diejenige des französischen Enregistrement, auch finanzwissenschaftlich — wie wohl noch mehr volkswirthschaftlich — werthvolle Beiträge liefern. Hier nur noch einige Daten zur Ergänzung der früheren, bes. der auf S. 406 u. 407 mitgetheilten, um die Reaction der Ereignisse in den kritischen Perioden des französischen Staats- und Wirthschaftslebens auf die dem Enregistrement unterworfenen Geschäfte und daher auf die Steuererträge noch etwas näher zu verfolgen.

Der Werth der Uebertragungen von Immobilien zu lästigem Titel unter Lebenden (wesentlich Verkäufe) war (Bull. V, 370, Faure, p. 89) in Mill. Fres.:

1827	1128	1844	1718	1858	1976	1869	2177
1829	1205	1847	1657	1859	1846	1870	1721
1830	1157	1848	958	1860	2160	1871	1511
1831	1094	1849	1283			1872	2482
1832	1226	1850	1399			1873	2348
		1852	1544				
		1853	1810				

Die Reaction ist in diesen vier kritischen Perioden deutlich zu erkennen, dem Grade nach ungleich stark, aber so, wie es nach der allgemeinen Verkehrsstörung durch die äusseren Ereignisse etwa zu erwarten war. Der Ausfall der Erträge ergiebt sich aus den Bewegungen der Werthzahlen, da es sich um die Proportionalabgabe handelt. Was er praktisch bedeutet, zeigen z. B. folgende Zahlen des Ertrags für die hier behandelten Geschäfte in 1869—72: 142.6 — 98.7 — 86.5 — 141.5 Mill. Fres. — Natürlich sind die Gesammtzahlen der Umsätze und Erträge das Product aller öfters sich kreuzenden Einflüsse. Während des Krimkriegs fand z. B. eine grosse speculative Bewegung statt. Die Umsätze in Immobilien zeigen daher für 1853—57 folgende Zahlen: 1810 — 1641 — 1923 — 2016 — 1882 Mill. Fres. — Neuerdings erreichten die Ziffern in 1881 das Maximum, 2572 Mill., sanken 1884 auf 2249, hoben sich 1885 wieder auf 2502, sanken 1886 auf 2104 Mill. Fres. Der Gang der Geschäfte und des gesammten wirthschaftlichen und politischen Lebens spiegelt sich also immer deutlich ab. Da sich die Einnahmen des Enregistrement aber aus so verschiedenen Posten zusammensetzen und auch die Erbschafts- und Schenkungssteuern darunter fallen, zeigen die Gesammt-Erträge nicht immer ganz die gleichen Bewegungen und im Ganzen doch eine, wenn auch nicht ununterbrochen, aufsteigende Bewegung, — wie die meisten indirecten Verbrauchssteuern. Finanzpolitisch sind sie daher bei wachsendem Finanzbedarf sehr befriedigend.

Die Beschränkung der Umsätze, namentlich der Verkäufe von Immobilien durch die Registerabgabe, die bei letzteren Geschäften so ausserordentlich hoch ist, wird sich im Princip kaum leugnen lassen, mag je nachdem als eine günstige oder ungünstige Wirkung dieser Steuer angesehen werden wird und werden kann. Immerhin haben sich doch auch die eigentlichen Verkäufe allein von 1827—1860 fast verdoppelt 998 und 1878 Mill. Fres.). Seit dem letzten Kriege sind sie dagegen bei den höheren Steuersätzen — ob wegen derselben? — wenig gewachsen, zeigen aber jährliche nicht unbedeutende Schwankungen (1873 1843, 1877 2046, 1884 1965, 1886 1837 Mill. Fres., Bull. V, 371, XX, 479, XXII, 145). — Die Zahl der Geschäfte ist mitunter Jahre lang fast stabil, z. B. Uebertragungen unter lästigem Titel von Immobilien 1878—81: 988,532 — 982,005 — 981,303 — 986,709 Fälle (Bull. XVI, 154), und dies gilt nicht nur von der Gesammtzahl für den Staat, sondern auch von den Departementszahlen (s. eb.).

Ueber die zeitliche Bewegung der Werthe und Steuererträge von Mieth- und Pachtverträgen s. Bull. IV, 138 (seit 1827), XVI, 150. Der Einfluss der Zeitereignisse (1848—49, 1870—71) markirt sich auch hier deutlich. Starke Steigerung der besteuerten Werthe in Folge des Gesetzes vom 23. August 1871.

Statistische Daten der Effecten-Umsatzsteuer s. o. S. 533.

Auf die statistischen Daten der im Enregistrement enthaltenen Erbschafts- und Schenkungssteuern wird unten in dem davon handelnden Abschnitt §. 243 noch besonders eingegangen.

Daten über die Bewegung der Gesammterträge des Enregistrement werden unten in §. 234 neben solchen, welche den Stempel betreffen, mitgetheilt. In mancher Beziehung gehören diese Daten zusammen und ist die Vergleichung ihrer Bewegung von Interesse.

§. 225. 9. Zur Kritik. Erst durch einen genaueren Einblick in das ganze System, die leitenden Grundsätze und die wichtigeren Bestimmungen über die Durchführung wird man genügend in den Stand gesetzt, den steuerpolitischen Character einer so eigenthümlichen und so verwickelten Besteuerungsart, wie sie das französische Registerabgabewesen ist, vollständig zu verstehen und zu beurtheilen. Durch das Studium der Einzelheiten des Tarifs und der Registrirungs- und Ertragsstatistik erlangt man auch erst ein deutlicheres Bild von der verkehrspolitischen und volkswirthschaftlichen Bedeutung dieser Besteuerung, wovon das Urtheil über den steuerpolitischen Character und Werth der letzteren wieder mit abhängt. Wir schliessen daher mit einigen Betrachtungen wie den oben in §. 215 schon vorangeschickten.

Das französische Registerwesen will, als Steuereinrichtung betrachtet, das Vermögen, wo es und wenn es in Urkunden, mitunter auch wo und wenn es ohne Urkunden in Rechtsgeschäften, sowie in bestimmten Thatsachen oder Vorgängen, wie beim Besitzwechsel in Folge Erbfalls oder Schenkung, sich vorhanden oder in Bewegung (im „Verkehr") zeigt, einer Steuer unterwerfen. Diese Steuer hat den Character einer Besitzsteuer, vornehmlich in ihrer „festen Abgabe", einer Verkehrssteuer, vornehmlich in ihrer Proportionalabgabe. Die erstere trifft das Vermögen wesentlich da, wo es sich nach Urkunden vorhanden erweist, die zweite, wo es nach Urkunden, Rechtsgeschäften, Thatsachen in Bewegung zwischen verschiedenen Personen ist und durch diese Urkunden etc. diese Bewegung bekundet wird. Man kann in dieser Weise mit Vignes den Unterschied beider Hauptabgaben und danach auch ihren steuerpolitischen Character richtig kennzeichnen (§. 217, 218 o. S. 521 u. S. 522): im einen Falle werden Vermögensrechte „declarirt", im andern „zuertheilt". Bei der weit überwiegenden practischen Wichtigkeit der Proportionalabgabe bleibt das Verkehrssteuermoment in dem Registerabgabewesen nur das durchaus vorwaltende.

Die principielle Rechtfertigung dieses Abgabezweigs liegt dann wieder in derjenigen der Verkehrssteuer überhaupt (§. 215) und in der anzuerkennenden Ergänzungs- und Ersatzfunction, welche das Enregistrement als Besteuerung im französischen Steuersystem speciell ausübt, besonders gegenüber dem System der directen Steuern und gegenüber der schweren indirecten Verbrauchsbesteuerung Frankreichs. Was in dieser Hinsicht bereits oben in §. 215 gesagt wurde, findet in der vorausgehenden näheren Darstellung der französischen Einregistrirung seine Bestätigung: nicht die Einrichtung als solche, nicht die Haupttheile der Registerabgaben, sondern die übertrieben hohen Steuersätze, besonders für den Immobiliarverkehr, sind das Bedenkliche. Da eine analoge Besteuerung des Mobiliarverkehrs schon in der Gesetzgebung, geschweige in der Praxis nicht durchgeführt werden kann und auch in Frankreich trotz der Ausdehnung des Enregistrement auf diesen Verkehr, trotz der Ergänzung dieser Besteuerung durch die Effecten-Umsatzsteuer nicht besteht, so ergiebt sich auch eine Ungleichmässigkeit der Belastung dieser beiden Verkehrsgebiete, welche neue Bedenken hervorruft. Und nur um so grössere, weil das Immobiliarvermögen, bezw. sein Ertrag durch die directen Steuern schon viel sicherer und schwerer getroffen wird. Dagegen kann auch die indirecte Verbrauchsbesteuerung keine Ausgleichung bilden, auch nicht in ihrer französischen Einrichtung.

Von der Erbschaftsbesteuerung sehen wir hier noch ab (s. §. 241). Ist sie auch im französischen Enregistrement formell mit enthalten, so kommen für sie doch wesentlich andere steuerpolitische Gesichtspuncte als für die Steuern auf Urkunden und Rechtsgeschäfte, Handänderungen unter lästigem Titel unter Lebenden in Betracht. Auch die Höhe der Steuersätze, dann die Allgemeinheit der Erbschaftssteuer, nämlich ihre Ausdehnung auf alle Vermögensarten und alle Verwandtschaftsgrade sind hier anders zu beurtheilen. — Die wenigen kritischen Bemerkungen bei v. Kaufmann, S. 811 treffen das Wesentliche m. E. nicht und erscheinen mir auch sonst unrichtig, auch in Betreff des folgenden Puncts.

Man hat mitunter Einwendungen gegen die Registrirungsabgaben als sogen. „Kapitalsteuern" oder als Vermögenssteuern gemacht. Diese sind indessen kaum zutreffend. Es liegt hier, wie auch bei den gleichen Einwendungen wider viele Abgaben in Stempelform und wider jede Erbschafts- und Schenkungssteuer, die übliche doppelte Verwechslung, bezw. der Mangel der nothwendigen Unterscheidung zwischen einer einzelwirthschaftlichen und einer volkswirthschaftlichen reellen Vermögens- oder Kapitalsteuer und — was die Kritik noch weniger übersehen sollte — zwischen einer reellen und einer nominellen solchen Steuer war. Nur die hohen französischen Steuersätze, besonders bei dem Eigenthumswechsel von Immobilien im Wege des Verkaufs, bieten in beiderlei Beziehung allerdings das Bedenken, dass die nominelle eine reelle, die einzelwirthschaftliche eine volkswirthschaftliche Vermögenssteuer mehr oder weniger werde. Aber an sich ist dies nicht die Wirkung dieser Abgabeform und auch in Frankreich bei vielen anderen Registerabgaben nicht die factische Wirkung derselben. In der Regel werden dieselben und theilweise gewiss auch die genannte Immobiliarverkehrsabgabe nominelle einzelwirthschaftliche Vermögenssteuern und damit reelle einzelwirthschaftliche Ertrags- oder Gewinn- oder Einkommensteuern bleiben. Freilich belasten die Registerabgaben auch als Steuern letzterer Art die Betroffenen zufälliger, verschiedener, ungleichmässiger, als formelle oder nominelle Ertrags-, Conjuncturengewinns- und Einkommensteuern es thun würden, aber in der Endwirkung gleichen sie diesen doch einigermaassen. Und neben specifischen Nachtheilen gegen letztere haben sie auch einige steuerpolitische und steuertechnische Vorzüge vor denselben voraus (§. 215).

S. über die Terminologie und den Unterschied — der auch mit dem principalen von National- und Privatvermögen und Kapital zusammenhängt — Fin. II, §. 330, S. 153, Grundlegung §. 23, 25. Ueberhaupt die Ausführungen meiner allgemeinen Steuerlehre über Verkehrs- und Conjuncturengewinnssteuern (Fin. II, §. 467 ff., 473 ff.). — Die Widerlegung des Einwands gegen Erbschaftssteuern als reelle Kapitalsteuern, was dieselben allerdings in der Regel sein werden, ist etwas anders zu führen. Siehe Fin. II, §. 452 ff. v. Kaufmann's polemische Bemerkungen gegen die Erbschaftssteuern (S. 292 ff.) sind m. E. ganz schief und bleiben auf der Oberfläche. Auch seine Aeusserung S. 311, „der Nachtheil der Einregistrirungssteuer würde sich recht schnell in Frankreich in seiner ganzen Grösse zeigen, wenn nicht von allen Seiten danach getrachtet würde, die Abgabe theilweise zu umgehen", übertreibt sehr.

Der unbestreitbare Uebelstand der Registerabgaben ist deren zu bedeutende Höhe in den wichtigeren Fällen. Mit daraus folgt wieder die Nothwendigkeit der scharfen Controlen, Verkehrshemmungen, Strafen. Allein diese grosse Höhe der Steuersätze ist eben die Folge des grossen Finanzbedarfs und der gleichfalls so bedeutenden Höhe anderer französischer Steuern und dies ist wieder die Folge der französischen Geschichte und Politik.

Wäre das Enregistrement weniger fiscalisch ausgenutzt, so würde man andere Steuern noch mehr anspannen müssen. Hätte man die einzelwirthschaftlichen Steuerquellen, welche durch die Registerabgaben erschlossen werden, durch directe Einkommen- und Vermögenssteuern zu treffen gesucht, so würde man des hohen Finanzbedarfs wegen auch diese Steuern sehr stark haben anspannen müssen. Dann würden die Schwierigkeiten der Einrichtung und Durchführung derselben so gewachsen sein, dass die Besteuerung in dieser Form vielleicht lästiger als in derjenigen des Enregistrement geworden und wahrscheinlich weniger ergiebig geblieben wäre. Mit dem an sich sicherlich begründeten Vorwurf des Superfiscalismus und der zu hohen Abgabesätze des Enregistrement beweist man also unter den französischen Verhältnissen nicht viel gegen diese Steuerform. Ziemlich demselben Vorwurfe sind alle und müssen alle französischen Steuern, auch etwaige Einkommen- und Vermögenssteuern, ausgesetzt sein.

Die specifischen Nachtheile der Registerabgabe, verglichen mit den letztgenannten und sonstigen Steuern, welche als ihr Ersatz, ihre Ergänzung, ihre Modification in Betracht kommen könnten, sind dieselben wie diejenigen aller ähnlichen Verkehrssteuern, auch derer in Stempelform.

An einzelne mehr oder weniger zufällige Vorgänge des Verkehrs sich anschliessend, in mehr oder weniger willkührlich gewählten Fällen und Beträgen diese Vorgänge oder die ihnen zu Grunde liegenden Rechtsgeschäfte treffend, besteuern sie die Pflichtigen sehr ungleichmässig und ohne Rücksicht auf das Vorhandensein und die Höhe eines Gewinnes für denjenigen, welcher die Steuer trägt, bei dem besteuerten Vorgang oder Rechtsgeschäft. Daher widersprechen diese Abgaben sicherlich dem vermeintlich leitenden, d. h. oft genug emphatisch hervorgehobenen, aber stets ganz ungenügend durchgeführten Grundsatz der modernen französischen Steuerpolitik: „Jeden nach seinem Vermögen und seinen Fähigkeiten zu besteuern." Hier böten nur Modificationen der Einrichtung der Verkehrsbesteuerung, wie wir sie in der „allgemeinen Steuerlehre" besonders auch in Betreff der „Conjuncturengewinnsteuer" angedeutet haben, eine Abhilfe (Fin. II, §. 479).

Die specifischen Vorzüge der Registerabgaben, besonders verglichen mit den üblichen Formen der directen Steuern und mit indirecten Verbrauchssteuern, sind jedoch auch nicht zu verkennen.

Die Rechtsgeschäfte lassen sich zum Theil mit Rücksicht auf die sich an sie knüpfenden Registerabgaben der jeweiligen Steuerfähigkeit mehr anpassen, besser als directe Steuern und ebenso wie indirecte Verbrauchssteuern. Sie treffen doch wenigstens öfters dann, wenn ein Gewinn gemacht wird und denjenigen, welcher ihn macht oder einen Vortheil aus dem Verkehrsgeschäft erzielt. Sie lösen das Problem freilich nur roh, Einkommen, Ertrag, Vermögen zu besteuern, aber sie lösen es doch, indem sie dann eintreten, wenn durch einen Verkehrsvorgang, ein Rechtsgeschäft ein ökonomischer „Werth" als vorhanden und sich vom Einen zum Anderen bewegend nachgewiesen wird. Wie schwer ist öfters für die directe Besteuerung ein solcher Nachweis! Wie viel reelle Steuerfähigkeit treffen diese nicht oder unzureichend, welche die Einrichtung der Einregistrirung zu finden und die damit verbundene Abgabe zu treffen weiss.

Gewiss Alles nur Rechtfertigungsgründe von sehr relativem Werthe. Aber muss man sich mit solchen nicht fast immer im Steuerwesen aller Formen und Arten, aller Zeiten und Länder begnügen?!

Eine eingreifende Reform setzte zweierlei voraus, wovon unter den gegebenen Verhältnissen keine Rede sein kann: eine sehr bedeutende Verminderung des Finanzbedarfs oder — womöglich zugleich — eine Ersatzmittel bietende Entwicklung der übrigen Besteuerung. Dann, aber auch nur dann, wäre es möglich das Enregistrement von vielen fiscalischen Härten zu befreien, manche einzelne Steuersätze desselben aufzuheben, alle, namentlich die bedenklichsten, erheblich zu ermässigen.

Wie die Dinge in Frankreich liegen, wird man sich mit einem viel weniger weit gehenden Reformprogramm begnügen müssen: Ermässigung besonders der übertrieben hohen Registerabgaben vom Besitzwechsel des Grundeigenthums unter lästigem Titel unter Lebenden und Revision der übrigen Theile dieser Abgaben. Dies wäre aber nur durchführbar, wenn genügender Ersatz für die dadurch entstehenden Ausfälle an Einnahmen durch andere Steuern zu beschaffen wäre. Nicht nur wegen der ohnehin schon so bedeutenden Anspannung aller übrigen französischen Steuern, sondern auch aus Gründen richtiger practischer Steuersystematik und desjenigen Ersatzes, welchen gerade aufzuhebende und zu ermässigende Registerabgaben erhalten müssten, wäre das Richtige wohl die Einführung einer **supplementären Einkommensteuer oder Einkommen- und Vermögenssteuer**. Käme es dazu, vollends aber wenn es, wie bisher, nicht dazu kommt, so müsste **innerhalb** des verbleibenden Systems der Registerabgaben aber jedenfalls mehr auf Entlastung des Immobiliar- und stärkere Belastung des Mobiliarverkehrs hingestrebt werden.

Betrachtet man endlich das französische Registrirungsabgabewesen vom steuertechnischen Standpuncte aus, so verdient es alle Anerkennung, — immer vorausgesetzt, dass einmal durch eine derartige Besteuerung so enorme Summen für die Staatsbedürfnisse erhoben werden sollen. Der Ertrag zeigt sich trotz der Höhe der Steuersätze sehr entwicklungsfähig. Die logische Consequenz und systematische Durchbildung ist bewundernswerth. Schon das grosse Hauptgesetz vom 22. Frimaire VII. ist eine **steuertechnische Leistung ersten Ranges** zur Lösung des gestellten Problems, welche die höchste Anerkennung verdient. Beweis dafür, dass dies Gesetz trotz der grossartigen Entwicklung und vielfachen Umgestaltung des Verkehrs — Creditwesen! — im 19. Jahrhundert die Grundlage des Enregistrement bleiben konnte und noch gegenwärtig ist. Nicht einmal das Bedürfniss einer neuen Codification ist trotz der zahlreichen einzelnen Abänderungen und Zusätze durch spätere Gesetze in besonderem Maasse hervorgetreten. Das spricht sehr zu Gunsten dieses Hauptstücks der Revolutionsgesetzgebung.

c. Die Abgaben in Stempelform.

Gesetzgebung und Literatur s. o. S. 504 und S. 505.

§. 226. 1. **Ursprung.** Auch diese Abgaben stammen aus dem ancien régime, wo sie unter dem Namen des droit de formule in freilich geringerer Ausdehnung, unvollkommenerer Systematisirung und niedrigeren Sätzen, übrigens mit Ausnahme einiger Provinzen (der neu annectirten), schon bestanden hatten (o. §. 65). Der Notabelnversammlung von 1787 hatte der Entwurf eines neuen Stempelgesetzes vorgelegen, durch den u. A. die Urkunden unter Privatunterschrift in grösserem Maasse stempelpflichtig gemacht werden sollten. Dieser steuertechnisch vorzüglich gearbeitete Entwurf stand indessen nur einen Monat lang in Gesetzeskraft (4. August 1787), da das Gesetz vom König der Opposition des Parlaments gegenüber alsbald wieder zurückgenommen wurde. Er enthielt alles Wesentliche und Brauchbare der Gesetzgebung der späteren Zeit von 1797—98 an.

Der erste gesetzgeberische Versuch in der Revolutionsperiode auf dem Gebiete des Stempelwesens im Gesetze vom 12. December 1790/18. Februar 1791 misslang ähnlich und aus gleichen Gründen wie auf dem Gebiete der Registrirung: man wagte das Stempelwesen nicht in der Weise des Entwurfs von 1787 auszubilden noch die strengeren Controlvorschriften, welche das fiscalische Interesse hier einmal verlangt, als „zu wenig liberal", einzuführen. Mit daher war der finanzielle Erfolg des neuen Gesetzes unbefriedigend. Erst nach und nach kam man auch hier auf den Weg jenes Gesetzentwurfs zurück. Nach verschiedenen Specialgesetzen in dieser Richtung schuf auch hier ein technisch vorzügliches Hauptgesetz dieser Periode, dasjenige vom 13. Brumaire VII. (3. November 1798), die endgiltige Grundlage für die Folgezeit bis zur Gegenwart. Dies Gesetz, ein Seitenstück desjenigen vom 22. Frim. VII. über die Registrirung, knüpft reell, wenn auch nicht formell, an den Entwurf von 1787 an. Alle späteren Gesetze bauen das Stempelwesen auf der so geschaffenen Grundlage nur weiter auf und aus. Namentlich wird die Stempelpflichtigkeit für specielle Fälle genauer normirt und wirksam gemacht. Die leitenden Grundsätze der Gesetzgebung sind dabei aber nicht mehr verändert worden, so dass die neuerliche Einführung von Stempelmarken wohl als der bedeutendste Punct des organisatorischen Fortschritts auf diesem Abgabegebiet bezeichnet worden ist. Durch die Entwicklung der Geschäfte, die Ausdehnung der Stempelpflichtigkeit, die immer erfolgreicheren Controlen und die höheren Sätze (namentlich die 20 % Zuschläge) ist der Ertrag sehr gewachsen, besonders seit 1871.

S. auch hier das Nähere in der trefflichen Darstellung der Entwicklung der Stempelgesetzgebung der Revolutionszeit von Stourm, I, 444—469. Unter den bei Berathung des Gesetzes erörterten Fragen ist diejenige über die **gerichtliche Un-giltigkeit** von Urkunden auf ungestempeltem Papiere — „Nullität" in diesem Sinne — eine der auch finanzwissenschaftlich besonders interessanten. Schon in dem der Notablenversammlung von 1787 vorgelegten Entwurfe war vorgesehen, die Aussteller von Urkunden unter Privatunterschrift dadurch im eigenen Interesse zur Benutzung von Stempelpapier zu veranlassen, dass sie andernfalls mit Unwirksamkeit dieser Urkunden vor Gericht bedroht wurden. Die Regierung begründete dies gegen die Einwände einer zu grossen Strenge damit, dass die Vorschrift, Privaturkunden etwa erst bei der Vorweisung vor Gericht zu stempeln, nicht ausreiche, weil dann nur der kleinste Theil davon zur Stempelung verpflichtet werde und dazu komme. Aber die Bestimmung wurde doch fallen gelassen (Stourm, I. 445). Von Neuem wurde die Frage bei der Vorbereitung des Gesetzes vom Brum. VII. angeregt, aber wiederum verneinend entschieden. Ebenso ging es jüngst nach dem deutschen Kriege 1871 u. 1875 (Stourm, I, 464). Auch die unterlassene Einregistrirung hat man in Frankreich nur ausnahmsweise so scharf zu bestrafen gewagt (s. o. S. 536). In England dagegen ist die strengere Consequenz der Unklagbarkeit eines Anspruchs auf Grund ungestempelter Urkunden gezogen worden (s. o. S. 262).

§. 227. **2. Finanz- und steuerpolitischer Character der französischen Stempelabgaben.** Er ist in beiden Hinsichten einigermaassen demjenigen der Registerabgaben verwandt: „Gebühr" und „Steuer" sind im Stempelwesen ebenfalls gemischt (§. 214, 215). Doch ist im Vergleich mit den Registerabgaben das Gebührenelement etwas häufiger und, wo es vorhanden, etwas stärker ausgeprägt.

Dies folgt aus der im Gesetze bestimmten umfassenden Anwendung von Stempelpapier für die verschiedensten Arten „öffentlicher" und sonstiger Urkunden, welche von Gerichten, Gerichtsvollziehern, Verwaltungsbehörden, Notaren, Advocaten ausgehen, zum Theil auch aus der Stempelpflichtigkeit für gewisse Register der Gerichte, der Staats- und Gemeindeverwaltungen. Hier bekommen die betreffenden Privatpersonen, auf deren Angelegenheiten sich diese Urkunden und Register beziehen, dann den Stempel verrechnet und zahlen in demselben mit die „öffentliche Dienstleistung". Derselbe Gesichtspunct waltet beim Stempel für Eingaben, Gesuche u. dgl. m. an Behörden ob. S. Gesetz vom Brum. VII., Art. 12 mit seinen vielen einzelnen Kategorien von Fällen. Da hier nicht, wie so vielfach beim Enregistrement (o. S. 513) die „öffentliche Dienstleistung" fingirt oder bloss im fiscalischen Interesse aufgedrungen wird, sondern im Wesen der Sache liegt, so ist das Gebührenelement hier an sich als vorhanden zuzugeben und die „Gebühr" in der geforderten Abgabe principiell hier berechtigt. Nur die Art ihres Ansatzes im Stempel, besonders in der höchst mechanischen Form des Dimensionsstempels (s. u. §. 229) erregt wieder Bedenken. Und die grosse Ausdehnung, in welcher solche „öffentliche" Urkunden und Register stempelpflichtig erklärt worden sind, sowie die Höhe der Abgabesätze bewirken, dass auch in denjenigen Fällen, wo die Abgabe berechtigter Maassen als Gebühr eintritt, doch ein bedeutender Theil derselben Steuercharacter annimmt. Damit fällt dieser Theil dann auch unter einen anderen principiellen Gesichtspunct und wird von demselben aus beurtheilt vielleicht bedenklich, wenn der „Gebührentheil" in der Abgabe selbst gerechtfertigt erscheint.

Auch die Ableitung einer **allgemeinen** Berechtigung oder sogar Nothwendigkeit des Stempels als „Gebühr" für alle Urkunden und Schriftstücke bloss aus der „Möglichkeit", dass dieselben einmal vor Gericht vorgelegt und zur Beglaubigung oder Beweisführung gebracht werden könnten (Art. 1 des Gesetzes vom Brum. VII.), wird zwar mitunter in Frankreich vertreten. Diese blosse „Möglichkeit" ist indessen doch kaum schon ein genügender Grund zu einer Gebührenerhebung, so wenig wie der ähnliche Gesichtspunct bei den Registrirungsabgaben (o. S. 514). Bloss die wirkliche Beanspruchung der Gerichte stellt eine „öffentliche Dienstleistung" dar, welche mit „Gebühren" passend bezahlt wird, wie im Falle der Gerichtskosten. Nur im Stempel der für Processführung gelieferten Schriften der Rechtskundigen, Advocaten könnte man daher etwa das Gebührenelement ähnlich wie in den Gerichtskosten sehen.

Die französischen Stempelabgaben enthalten somit besonders in den vorausgehend angedeuteten Fällen gewiss principiell „Gebühren" und practisch mehr oder weniger hohe Gebührenquoten. Aber über letzteren Betrag hinaus sind sie auch hier nach ihrer Ausdehnung, Berechnungsart und Höhe wieder „Steuern", und zwar Steuern auf Rechtsgeschäfte, Urkunden u. s. w., ähnlich wie die Registerabgaben, also, in der üblichen Terminologie „Verkehrssteuern".

Theils diesen, theils, in einigen besonderen Fällen des Dimensionsstempels, einen Verbrauchssteuer-Character nehmen die Stempelabgaben aber vollends und mehr oder weniger ausschliesslich, häufig durchaus allein in den übrigen Kategorien der Stempelpflichtigkeit von Urkunden, Schriftstücken, Drucksachen an, daher besonders bei Privaturkunden (unter Privatunterschrift).

Dahin gehören die Fälle des Proportionalstempels, des sogen. Specialstempels für verschiedenerlei Geschäfts-, Verkehrspapiere (wie Frachtbriefe, Eisenbahn-Empfangscheine, Connossemente u. a. m.), des Check-, Quittungs-, Anschlag-(Affichen-)Stempels, des Stempels für Versicherungspolicen u. s. w. Nur in den einzelnen Fällen, welche die Ausnahme von der Regel bilden, kommt auch hier in der Abgabe, welche im Stempel liegt, das Gebührenelement mit vor oder überwiegt selbst, so in Etwas bei Pässen, Jagdscheinen.

Mehrfach, so namentlich beim Proportionalstempel der Handelseffecten, Actien, Obligationen, fremden Staatspapiere, beim Stempel der Checks, Quittungen, der verschiedenen Transportpapiere, wo überall in der Abgabe der Steuercharacter so gut wie ausschliesslich vorliegt, ist die in Stempelform zur Veranlagung und Erhebung kommende Abgabe steuerpolitisch der Registerabgabe wesentlich homogen. Eigentlich stellen hier beide Abgabearten nur zwei verschiedene Formen ein und derselben Steuergattung, der Besteuerung der Rechtsgeschäfte und Verkehrsvorgänge, dar. Am Deutlichsten tritt dies in der als Regel geltenden Bestimmung hervor, dass die Registrirungsämter nur die auf dem vorgeschriebenen Stempelpapier errichteten oder für Stempelzahlung ausdrücklich visirten Urkunden registriren dürfen (Gesetz vom Brum. VII, Art. 25).

Die folgende Darstellung des Systems und der Grundsätze des französischen Stempels wird den finanz- und steuerpolitischen Character desselben und seiner verschiedenen Arten wieder genauer im Einzelnen nachzuweisen suchen.

Bei den einzelnen Tarifposten und ihren Erträgen kann man nach dem Gesagten mehrfach, wie bei den Registerabgaben, nur begriffs-, nicht ziffermässig eine Scheidung in „Gebühren" und in „Steuern" vornehmen. Vom Gesammtertrag des Stempels möchte ich kaum ein Drittheil als Gebühren ansehen, wie sich aus den im Folgenden eingestreuten statistischen Daten mit ergiebt. Das ist aber immerhin eine viel höhere Quote als die, welche bei den Registerabgaben einen solchen Character haben mag.

In Bezug auf die allgemeine Frage der Berechtigung, Nothwendigkeit und Zweckmässigkeit der Stempelabgaben, soweit die letzteren Steuern und speciell Verkehrssteuern auf Urkunden über Rechtsgeschäfte sind, genügt es im Wesentlichen auf die Erörterungen über die gleiche Frage bei den Registerabgaben zu verweisen (§. 215, 225). Die allgemeine principielle Berechtigung möchte danach auch den betreffenden Stempelabgaben meistens zuzugestehen sein. Die steuerpolitischen Bedenken liegen mehrfach in der Berechnungsart, seltener, aber auch bisweilen, in der Höhe des Abgabesatzes als Steuer.

§. 228. 3. **System und leitende Principien des Stempelwesens.**

a) **Grundsatz. Ausdehnung.** Der allgemeine Grundsatz, welcher die Regel aufstellt, steht gleich an der Spitze des Gesetzes vom Brumaire VII. und lautet hier im 1. Artikel: „Die Stempelabgabe wird auf alle zu bürgerlichen und gerichtlichen Urkunden und zu Schriftstücken, welche vor Gericht vorgelegt und hier zur Beweisführung gebraucht werden können, bestimmten Papiere gelegt. Es giebt hiervon keine anderen Ausnahmen, als die, welche im gegenwärtigen Gesetz ausdrücklich genannt sind." Also die fast denkbar weiteste Ausdehnung der Stempelpflichtigkeit, wenn man sich bloss an die Fassung dieses Artikels hielte. Das ist indessen nicht ganz zulässig.

Dieser legislativen Fassung der gesetzlichen Stempelpflichtigkeit ist allerdings gerade ihre Klarheit und Bestimmtheit und die principielle Allgemeinheit, welche sie für die Stempelpflichtigkeit aufstellt, nachgerühmt worden, so von Stourm (I, 461 ff.). In letzterer Hinsicht sollte nur so das fiscalische Interesse genügend gesichert sein, weshalb die Fassung des Art. 1 als eine wesentliche Verbesserung analoger Bestimmungen im ersten Stempelgesetz vom 18. Februar 1791 bezeichnet worden ist. In diesem war als allgemeiner Grundsatz die Stempelpflichtigkeit der der Registrirung unterworfenen Urkunden hingestellt und damit eine zu enge Grenze gezogen (Stourm, I, 457). Indessen kann man umgekehrt doch die Fassung des Art. 1 des Gesetzes vom Brumaire VII. als zu allgemein und als selbst nicht einmal so durchaus klar bezeichnen. Dies zeigt sich u. A. schon bei der Schwierigkeit einer correcten, grammatikalisch und dem Sinne nach zutreffenden Uebersetzung. Die obige weicht absichtlich von derjenigen Jacob's (a. a. O., S. 2) etwas ab. Im französischen Text heisst es: „la contribution du timbre est établie sur tous les papiers destinés aux actes civiles et judiciaires et aux écritures qui peuvent être produits en justice et y faire foi. Il n'y a d'autres exceptions que celles nommément exprimés dans la présente." Die von Stourm gerühmte „Allgemeinheit" der Fassung liegt in der Wahl des Ausdrucks „peuvent", in Verbindung mit dem letzten Satze. Aber das „peuvent" würde so ziemlich jedes denkbare Schriftstück umfassen: welcher gewöhnlichste Privatbrief könnte nicht unter Umständen darunter fallen?: Und die im Schlusssatze in Aussicht gestellte namenweise Aufzählung der Ausnahmen, die auch in Art. 16 erfolgt, reicht dann doch, wie gewöhnlich eine derartige Casuistik

in einem Gesetze, nicht aus, um die Regel des Art. 1 genügend einzuschränken
Die Praxis hat daher auch hier die richtige Einschränkung mit geben müssen, indem
sie sich an den Sinn, nicht an den blossen Wortlaut des ganzen Gesetzes gehalten
hat. Die auch practisch sehr grosse Ausdehnung der Stempelpflichtigkeit ist daher
doch kleiner als nach Art. 1 anzunehmen wäre.

Der allgemeine Grundsatz des Art. 1 findet dann seine nähere
Ausführung im Art. 12. Derselbe zählt unter nochmaliger anfäng-
licher Hervorhebung des Princips die einzelnen Kategorien von
Urkunden und Schriftstücken auf, welche der ersten Art des
Stempels, dem Dimensionsstempel (s. u. §. 229), unterliegen.
Neben den schon oben genannten „öffentlichen" Urkunden und
Registern sind hier nun auch Urkunden von Privatpersonen unter
Privatunterschrift in sehr allgemeiner Weise, wenn auch wiederum
nicht so allgemein, wie es dem Wortlaut des Art. 1 entsprechen
würde, für (dimensions-)stempelpflichtig erklärt. Gerade durch
diese Bestimmungen wird dem französischen Stempelwesen — und
zwar speciell demjenigen Theile davon, welcher sich auf Rechtsgeschäfte, auf Verkehrsvorgänge rechtlicher Bedeutung, so
betreffend Schenkung, auf Regelung des Erbgangs (Testamente) etc.
bezieht — so sehr der Character der „Verkehrssteuer", ähnlich
wie beim Enregistrement, nicht oder nicht bloss derjenige der
Gebühr aufgeprägt. Das muss für die steuerpolitische Bedeutung
des französischen Stempelwesens beachtet werden.

S. Art. 12 des Gesetzes vom Brum. VII., bei Jacob, S. 4 ff., mit den späteren
Abänderungen der einzelnen Puncte in den Noten. Vignes, I. 416 ff., Block, Art.
timbre. Hervorzuheben ist, dass nicht nur die öffentlichen, gerichtlichen, gerichts-
vollzieherischen, gerichtsschreiberischen, notariellen, advocatorischen u. s. w. Urkunden,
diejenigen von Verwaltungsbehörden — diese soweit sie der Registrirung unterliegen oder an Private ausgehändigt werden —, auch gewisse Protokolle selbst
(dimensions-)stempelpflichtig sind, sondern auch die Auszüge, Abschriften, Ausfertigungen dieser Urkunden. Auch die Register der Gerichte, in welche die
der Registrirung auf der Urschrift unterliegenden Urkunden eingetragen werden, sowie
die Repertorien der Gerichtsschreiber, die Register der Staats- und
Gemeindeverwaltungen für Gegenstände, welche zu ihrem Geschäftskreis gehören,
aber sich nicht auf die allgemeine Landesverwaltung beziehen, die Repertorien
der Secretäre dieser Behörden, die Register der Notare, Gerichtsvollzieher,
anderer öffentlicher Beamten und ihre Repertorien, ebenso die Register
der Rechnungsleger von Gemeinden und öffentlichen Anstalten, endlich
die Gesuche und Eingaben an alle Behörden — wenigstens in der Regel — sind
(dimensions-)stempelpflichtig. Unter den in Art. 16 (und der sich an ihn anschliessenden späteren Gesetzgebung) angeführten Ausnahmen von der Stempelpflichtigkeit
befinden sich u. A. die Urkunden der gesetzgebenden und vollstreckenden Gewalt,
Urschriften von Urkunden u. s. w. der öffentlichen Verwaltung und Anstalten dann,
wenn diese Urkunden nicht der Registrirung unterliegen; die Register der
Erheber öffentlicher Abgaben, ferner Quittungen über Gehaltsbezüge u. dgl.
der Staatsbeamten; gewisse Steuerquittungen (so für directe Steuern) u. a. F. m.
Die (Dimensions-)Stempelpflichtigkeit von reinen Privaturkunden bezieht
sich einmal auf Verträge, welche Privatpersonen unter Privatunterschrift abschliessen
(auch auf Rechnungsduplicate über Cassenführung und Verwaltung besonderer Ge-
schäftszweige). Ferner werden allgemein dem (Dimensions-)Stempel unterworfen:

„alle öffentlichen und Privaturkunden und Schriftstücke, Auszuge, Abschriften und Ausfertigungen, welche bestimmt oder geeignet sind, eine rechtlich bedeutsame Thatsache darzuthun oder zum Zwecke der Geltendmachung einer Verpflichtung oder Entlastung, behufs Beglaubigung einer Behauptung, zum Zwecke der Begründung und Bekämpfung eines Anspruchs vorgebracht zu werden" (Gesetz vom Brum. Art. 12, nach Jacob's Uebersetzung und Eintheilung unter No. 1, Punct 1, s. auch eb. No. 2, Punct b. Ausnahmen hiervon kommen in Art. 16 kaum vor, bestehen aber gleichwohl, wie sich auch aus dem alsbald anzuführenden Art. 30 des Gesetzes vom Brum. ergibt. Unterbliebene Stempelung bedingt daher bei den genannten Privat- und öffentlichen Urkunden und Schriftstücken Straffälligkeit. Endlich aber bestimmt der genannte Art. 30 noch ganz allgemein, dass „Privatschriftstücke, welche, obwohl sie nicht unter den Ausnahmen ausdrücklich aufgeführt sind, doch ohne Zuwiderhandlung gegen die Stempelgesetze auf freies Papier geschrieben werden können (sic! — in directem Widerspruch mit der Fassung des Art. 1, die sich auch hier noch als zu generell erweist —), vor Gericht nicht vorgelegt werden dürfen, ohne vorher der Extrastempelung unterzogen oder für Stempel visirt worden zu sein", unter Strafandrohung. — Auch Handels- und Geschäftsbücher der Kaufleute, Fabrikanten, Banquiers, Actiengesellschaften und verschiedener anderer, wesentlich gewerblicher Unternehmungen (z. B. Fremdenbücher der Wirthe) waren anfänglich (dimensions-) stempelpflichtig, doch ist im Allgemeinen diese Stempelpflicht aufgehoben worden (Gesetz vom 20. Juli 1837, Art. 4) und dafür ein Zuschlag zur Gewerbesteuer eingetreten. Geschäftsbücher der Makler (Art. 84 des Code de comm.) unterliegen jedoch dem (Dimensions-)Stempel (Gesetz vom 5. Juni 1850, Art. 47).

Durch den Zutritt des (Proportional-)Stempels für Handelseffecten (Gesetz vom Brum. VII., Art. 14) und Werthpapiere (Gesetz vom 5. Juni 1850, s. u. §. 231) und durch die Ausbildung einiger besonderer Stempelarten (§. 230) erweitert sich die Ausdehnung der Stempelpflichtigkeit im französischen Abgabesystem dann noch erheblich.

Grundsätzlich bezieht sich die Stempelpflichtigkeit der im Vorausgehenden genannten Urkunden und Schriftstücke nur auf im Inland aufgenommene. Aber auch im Ausland aufgenommene sind alsdann stempelpflichtig, wenn sie, bezw. bevor sie im Inland irgendwie benutzt werden, in öffentlichen Urkunden, in Erklärungen, vor Gericht, vor Verwaltungsbehörden (Gesetz vom Brum., Art. 13), im Allgemeinen nach denselben Normen und Tarifsätzen wie inländische Urkunden.

So übertrifft Frankreich in der Ausdehnung des Stempelwesens wohl jede andere ältere und bestehende Gesetzgebung.

Die Uebereinstimmung mancher einzelnen Normen mit denjenigen, welche für die Registrirung gelten, tritt öfters hervor und ist an sich folgerichtig, auch practisch zweckmässig. Superfiscalisch ist das Abgabesystem in beiden Fällen.

Grundsätzlich ist der französische Stempel ein Urkunden- oder Schriftstückstempel, nicht eine Abgabe vom Rechtsgeschäft oder Verkehrsvorgang als solchem. Soweit Schriftlichkeit von Verträgen u. dgl. nicht obligatorisch noch allgemein üblich ist, fallen daher manche Vorgänge und Geschäfte nicht unter den Stempel. Bei der Einregistrirung liegt der Sachverhalt anders, weil hier in bestimmten Fällen, wenn Urkunden fehlen, „Erklärungen" über Geschäfte und Vorgänge gemacht und diese registrirt werden müssen, womit es dann auch zur Abgabepflicht kommt (o. S. 520).

§. 229. b) Arten des Stempels. Ursprünglich, speciell im Gesetz vom Brumaire VII., Art. 2, und danach zum Theil noch heute in der Verwaltung, Statistik und Literatur, werden, wie schon mehrfach im Vorherigen berührt wurde, nur zwei Hauptarten, der Dimensions-(Umfang-)Stempel und der Proportional-(verhältnissmässige) Stempel unterschieden. Richtiger ist es wohl neben diesen beiden eine dritte Hauptart, eine Reihe von Specialstempeln, und zwar meist Fixstempeln zu stellen, welche nach und nach hinzugekommen sind, und sich mehrfach von den anderen unterscheiden.

So z. B. auch im Block'schen dictionn. in dem reichhaltigen Artikel von J. Chardon, während Vignes an der älteren Zweitheilung festhält, die Specialstempel fast alle beim Dimensionsstempel bespricht (I, 419 ff.), aber doch selbst hervorhebt, dass letzterer in einigen Fällen, eben denen der dritten Art, nicht nach der Papierdimension, sondern ausschliesslich nach der Natur der Urkunde sich richtet (I, 415), das heisst aber doch, dass hier der Stempel nicht Dimensionsstempel ist.

α) Der Dimensionsstempel richtet sich nach dem Umfang des für die Urkunden, Register, Schriftstücke verbrauchten Papiers (eventuell Pergaments). Er wird daher auch wohl, doch kaum passend, Verbrauchsstempel genannt. Richtiger kann er, im Unterschied von den Specialstempeln, der eigentliche Dimensionsstempel heissen, während dann der die Specialstempel mit umfassende der Dimensionsstempel „im weiteren Sinne" wäre.

Nach amtlichen Formatgrössen ist der Tarifsatz im Principal für den Bogen (Blatt) ein fünffacher: $^1/_2$, 1, $1^1/_2$, 2, 3 Frcs. Die ursprüngliche Regel war die Lieferung des Stempelpapiers durch die Verwaltung. Gewisse Personen sind gesetzlich genöthigt, nur solches Papier zu verwenden (Notare, Gerichtsvollzieher, Gerichtsschreiber, Schiedsrichter, Anwälte, Advocaten, alle öffentlichen Beamten, ausgenommen wenn statt Papier Pergament gebraucht wird, Gesetz vom Brum. VII., Art. 18). Einige davon, so Notare, Gerichtsschreiber, sind auch noch in der Wahl des Formats beschränkt, indem sie kein Papier unter einer bestimmten Grösse benutzen dürfen, was dann wieder eine bestimmte Höhe des Stempelbetrags bedingt (eb. Art. 19). Andere Personen, bez. Verwaltungen können dagegen auch eigenes Papier verwenden, müssen dasselbe aber zuvor, d. h. vor dem Gebrauch für Urkunden u. s. w. nach dem Formattarif amtlich stempeln lassen (sog. Extrastempelung, timbre extraordinaire, eb. Art. 7), wobei von dem amtlichen abweichende Papierformate nach dem Satze des nächst höheren Formats belegt werden. Der Zweck verlangt dann aber sogar Normen für die Schreibweise, welche in Bestimmungen über die Maximal-Zeilenzahl auf einer Seite des Formats und die Maximal-Silbenzahl auf einer Zeile — durchschnittlich für jedes Schriftstück gerechnet — gegeben sind (s. z. B. Jacob, S. 14, Vignes, I, 418). Ueberschreitungen machen straffällig. Seit 1859 (zuerst im Gesetz vom 11. Juni d. J.) sind statt des amtlichen

Stempelpapiers und der Extrastempelung auch Stempelmarken (timbres mobiles) für die Berichtigung des Dimensionsstempels (wie auch der übrigen) eingeführt und durch spätere Gesetze nach und nach immer allgemeiner in bestimmt genannten Fällen für anwendbar erklärt (Daten bei Vignes, I, 449). Mitunter, so bei dem Dimensionsstempel für Anschläge (Affiches) und bei einigen Specialstempeln ist ausser der Extrastempelung nur die Stempelmarke in Gebrauch. Von dem hier besprochenen eigentlichen Dimensionsstempel für Urkunden, Schriftstücke, Register u. s. w. im Allgemeinen kommt aber auch gegenwärtig noch nur $1/3—1/4$ des Ertrags auf die Stempelmarke, das Uebrige auf Stempelpapier (1886 46.43 Mill. Blätter Stempelpapier mit 43.49 Mill. Fres. Ertrag, 14.11 Mill. Blätter mit Stempelmarken mit 12.09 Mill. Ertrag). Einzelne weitere Vorschriften suchen für die gehörige fiscalische Ausnutzung des Dimensionsstempels zu sorgen, z. B. diejenige des Art. 23 des Gesetzes vom Brum. VII., wonach in der Regel nicht zwei Urkunden nach einander auf demselben Stempelbogen stehen dürfen (mit manchen Ausnahmen, s. Jacob, S. 15, in den Noten).

Die diesem Dimensionsstempel unterliegenden Schriftstücke u. s. w. sind die schon oben in §. 228 hervorgehobenen, welche für die Ausdehnung der Stempelpflicht im französischen Recht überhaupt vornehmlich in Betracht kommen: öffentliche Urkunden, Register, Urkunden unter Privatunterschrift, namentlich Vertragsurkunden, zu registrirende u. a. m. Der früher genannte Artikel 12 des Gesetzes vom Brum. VII., für die Befreiungen der Art. 16 bestimmen das Einzelne; spätere Gesetze haben manche Aenderungen und Ausdehnungen gebracht (s. Block, dict. Art. timbre, No. 31).

Die Principalsätze des Tarifs des Dimensionsstempels waren von den älteren Zuschlägen (dem „Kriegszehntel") früher frei. Denjenigen, welche nach dem letzten Kriege ein- oder wiedereingeführt wurden, unterliegen sie im Betrage von 2 Decimen oder 20%, wie, mit einzelnen Ausnahmen, auch die übrigen Stempelabgaben, immerhin also niedriger als die Registerabgaben, welche im Allgemeinen 25% Zuschlag erhalten haben.

Der Ertrag dieses eigentlichen Dimensionsstempels ist gegenwärtig etwas über ein Drittheil des gesammten Stempelertrags, Zuschläge inbegriffen (1886 55.58 Mill. Fres. von 156.40 Mill. Fres. im Ganzen) und die kleinere Hälfte des Dimensionsstempels im weiteren Sinne (122.30 Mill. Fres.), so dass die grössere Hälfte auf die verschiedenen Specialstempel kommt (66.72 Mill. Fres.). Diese Ziffern verschieben sich etwas zu Gunsten des Dimensionsstempels, wenn man den Affichen- und den wenigstens theilweise noch zum eigentlichen Dimensionsstempel gehörigen Asseeuranz-Policenstempel mit dazu rechnet (s. u.), ferner den „Dimensionsstempel für andere nicht speciell genannte Urkunden jeder Art", der, in der Statistik in einer Rubrik mit dem (Special-)Stempel für Anschläge und Schlusszettel aufgeführt, 1886 1.85 Mill. Fres. ergab. Dann kommt die volle Hälfte statt die kleinere auf diesen Dimensionsstempel vom Dimensionsstempel im weiteren Sinne. Der Proportionalstempel-Ertrag erreicht dagegen immerhin nur $2/3$ desjenigen des eigentlichen Dimensionsstempels (1886 33.84 Mill. Fres.).

Das Urtheil über diese Art des Stempels speciell kann nicht günstig ausfallen. Aufgelegt nach einem denkbar äusserlichsten mechanischen Moment in ziemlich hohen Sätzen bedingt er viele Mühewaltung der Steuerpflichtigen, auch der Controle und belastet die einzelnen Pflichtigen jedenfalls sehr zufällig und ungleichmässig, vielfach mit der Wirkung eines gegen die Leistungsfähigkeit, die Einkommen- und Vermögensverhältnisse, die Werthhöhe der in den Urkunden, Schriftstücken und Registern bekundeten Geschäfte etc. umgekehrt progressiven Steuerfusses. In Proportion mit dem Umfang des gebrauchten Papiers steht die Steuerfähigkeit ja in keiner Weise. Wo dieser Stempel einzuregistrirende Urkunden trifft, tritt er zu der schweren Registerabgabe noch hinzu, in der Wirkung wie ein Zuschlag zu letzterer, aber wie ein solcher, welcher gegen die Art, Werthhöhe und die Umstände des registrirten Geschäfts oder Vorgangs ganz indifferent ist. Ein einfacher Procentzuschlag zur betreffenden Registerabgabe wäre steuerpolitisch und am Ende auch steuertechnisch vorzuziehen.

§. 230. *β*) Specialstempel. Für verschiedene Kategorien von Schriftstücken, Urkunden, sind im französischen Stempelrecht besondere Stempelsätze zur Geltung gebracht worden. In einigen Fällen kommt der eigentliche Dimensionsstempel noch zur Anwendung, aber anders als in seinem normalen Bereich oder neben ihm oder statt seiner auch eine andere Veranlagungs- und Erhebungsweise der Abgabe. Meistens ist aber das Moment der Dimension für die Belegung mit der Abgabe ganz aufgehoben worden und es treten für die verschiedenen Kategorien verschiedene feste Stempelsätze (fixe Stempel, Stückestempel) ein (Fin. II, §. 324). Daher waltet auf dem Gebiete dieser Specialstempel doch im Wesentlichen ein anderer Abgabemaassstab als bei dem eigentlichen Dimensionsstempel und als bei dem Proportionalstempel ob. Deshalb ist es richtig, jene Stempel von den beiden anderen Hauptarten zu trennen. Die einzelnen zu ihnen gehörigen Specialarten sind übrigens wieder mannigfaltig und in einzelnen Puncten verschieden. Sie werden hier in der Reihenfolge der amtlichen Statistik aufgeführt.

aa) Versicherungsstempel.

Besonders Gesetz vom 5. Juni 1850, Art. 33—48, auch einzelne Bestimmungen in späteren Gesetzen, nach 1870. Vignes, I, 426—430; Block, dict. Art. timbre, No. 56—68. Das genannte, für diesen Stempel grundlegende Gesetz von 1850 unterwirft im Princip allgemein alle Versicherungsverträge und deren Verlängerungen und Veränderungen dem Dimensionsstempel, und zwar ausdrücklich zu Lasten des Versicherers. Bei allen Versicherungen — der Erwerbsgesellschaften, einzelner Versicherer, wie der Gegenseitigkeitsgesellschaften — mit Ausnahme der See- und sonstigen Wasser- (Fluss- u. s. w.) Versicherung, ist es aber gestattet, Seitens der Versicherer Abkommen (Abonnements) zu treffen, wonach die Sachversicherungsgeschäfte statt dieses Dimensionsstempels jährlich 2, seit 1862 3 Permille vom Gesammtbetrag der versicherten Summen, die Lebensversicherungsgeschäfte 2 Permille von demjenigen der jährlich eingenommenen Prämien zu entrichten haben. Für Feuerversicherungen ist dieser Abonnementssatz jetzt 4 $^{o}/_{oo}$ bei Prämien-, 3 $^{o}/_{oo}$ bei gegenseitigen Gesellschaften (Finanzgesetz vom 29. December 1884). Treten solche Geschäfte von diesen Abonnements wieder zurück, so unterliegen sie für jede Police statt des Dimensionsstempels einem festen Satze von 35, seit 1862 von 50 Cent. Einige besondere Bestimmungen für See- u. s. w. Versicherungen. Assecuranzmakler und -Notare zahlen für ihre Geschäftsbücher den Dimensionsstempel. — Die Statistik führt nur die Stempelerträge von nicht maritimen Versicherungen auf, in 3 Posten. 1886 baar erhobene Gebühren (droits au comptant) 189,000, Abonnements 664,000, Extrastempelung und durch Visirung erhobener Stempel 3,527,000 Frcs., zusammen 4.38 Mill. Frcs.

bb) Anschläge (Strassenanschläge, affiches).

Bes. Gesetz vom 18. Juli 1852 und 18. Juli 1866, Art. 4. Vignes, I. 430 bis 433, Block, timbre, No. 69—80. Während die sog. gerichtlichen (legalen, öffentlichen) Anschläge dem gewöhnlichen Dimensionsstempel unterliegen, besteht für alle anderen Strassenanschläge auf Papier, seit dem gen. Gesetz von 1852 auch für solche auf Leinwand u. dgl. und auf den Mauern selbst (gemalte) — dieser unter dem besonderen Namen des droit d'affichage — ein specieller Dimensionsstempel. Die normalen Einheitssätze sind nach 3 Grössen für die gewöhnlichen Anschläge auf Papier 5, 15 und 20 Cent., jetzt mit 20%, Zuschlag (in gewissen Fällen Erhöhungen); die gemalten u. dgl. Mauerflächen zahlen je nach der Flächengrösse ½ und 1 Fres., nebst 20% Zuschlag. — Eine gewerbesteuerartige, auch bes. Geschäftsreclamen treffende Steuer, welche sich wohl steuerpolitisch billigen lässt. Sie hat keinen ganz unbedeutenden Ertrag (1886 für 12.305.165 gewöhnliche Anschläge 1.097.000 Fres. Ertrag von Stempelmarken; dazu 1.556.000 Fres. von Extrastempelung, zus. 2,634,000 Fres.; ausserdem 47,000 Fres. vom droit d'affichage, zus. 2,681,000 Fres.).

cc) Aufgehobene specielle Stempel.

Dahin gehört der der Gesetzgebung der Revolutionszeit angehörige Stempel von Musiknoten-Papier, aufgehoben 1840; der Stempel für gedruckte Ankündigungen, Annoncen, Prospecte, aufgehoben 1857; und namentlich der Stempel von Zeitungen, periodischen Schriften und gewissen nicht periodischen, welche von politischen, nationalökonomischen, socialen Angelegenheiten handeln. Dieser wesentlich unter politischen Gesichtspunct in der späteren Zeit der ersten Revolution eingeführte Stempel (Gesetz vom 9. Vendém. VI.) hat begreiflich Wandlungen durchgemacht. Im Jahre 1848 aufgehoben, wurde er 1850 wieder eingeführt. Ein Decret der Regierung gleich nach dem Sturze Napoleon's III. hat ihn wieder beseitigt (5. September 1870). An seine Stelle gewissermaassen ist aber nach dem Kriege die specielle Zeitungspapiersteuer nach dem Gewicht getreten, 20 Fres. für 100 Kilo, ein Theil der damals eingeführten allgemeinen Papiersteuer, zu einem erheblich höheren Satze als diese (Gesetz vom 4. September 1871, Art. 7, s. u.).

dd) Verschiedene besondere Stempel auf Urkunden, Schriftstücke des Geschäfts-, besonders des Geldverkehrs.

Hier fassen wir die von der Gesetzgebung unterschiedenen und von ihr verschieden behandelten, aber verkehrs- und steuerpolitisch doch unter sich näher verwandten vier Fälle des Stempels von Schlussnoten u. dgl. der Wechselagenten und Makler, von Quittungen u. dgl. im Allgemeinen, von besonderen Quittungen bei öffentlichen Cassen und von Checks zusammen.

αα) Die Schlussnoten und Rechnungsabschlüsse der Wechselagenten und Makler (bordereaux, arrêtés de compte).

Sie sollten nach Gesetz vom 5. Juni 1850, Art. 13 auf Papier geschrieben werden, welches dem Dimensionsstempel oder der Extrastempelung dafür unterlag. An Stelle dieses Stempels hat das Gesetz vom 2. Juni 1862, Art. 19 einen doppelten Feststempel nach der Höhe der Summe, auf welche sich der Schlusszettel oder die Rechnung bezieht, gesetzt, ½ Fres. für Beträge bis 10,000 Fres., 1¼ Fres. für höhere, mit 20% Zuschlag nach dem Kriege. Dieser Stempel hat durch diese Veränderung seine technische Natur offenbar gewechselt und sich dem Princip des Proportionalstempels etwas genähert, doch nicht so viel, um ihn (wie im Block'schen dictiona.) zu diesen zu stellen. Denn wirklich proportional ist er eben nicht geworden. Die eingetretene Vereinfachung ist eine Begünstigung der grösseren Operationen. Ertrag 1886 766,000 Fres.

ββ) **Quittungen u. s. w.**, nämlich auch Empfangsbescheinigungen, Entlastungen und andere befreiende Acte (besonders im Privatverkehr).

S. Vignes, I, 420—422. Block, Art. timbre, No. 132—142. Schon das Gesetz vom Brum. VII., Art. 12 hat diese Schriftstücke dem (Dimensions-)Stempel unterworfen, da dieselben unter einen der allgemein gehaltenen Sätze dieses Artikels fallen. Der Art. 13 des genannten Gesetzes bestätigt dies, indem er ausdrücklich Quittungen bis 10 Frcs. befreit. Die Gesetzgebung nach dem letzten Kriege hat hier eine wesentliche Veränderung getroffen und für die Quittungen u. s. w. einen Feststempel von 10 Cent. für jedes Stück (ohne Zuschläge) eingeführt (Gesetz vom 23. August 1871. Art. 18). Die Befreiung für Beträge bis 10 Frcs. ist geblieben (ausser bei Abschlagszahlungen für höhere Summen), ebenso bestehen einige andere Ausnahmen (eb. Art. 20). Wer seine Formulare für Quittungen u. dgl. vorher stempeln lässt, geniesst 2% Discont. Die Zahlung erfolgt überwiegend durch Benutzung von Stempelmarken (1886 für 128.307 Mill. Stück 13.384 Mill. Frcs. Ertrag, was mit dem 10 Cent.-Stempel nicht ganz stimmt, aber in der amtlichen Statistik nicht erklärt wird); ferner durch Extrastempelung (1886 38.173 Mill. Stück mit 3.817 Mill. Frcs. Ertrag, was mit dem Tarif stimmt) und „auf andere Weise" (?) (für 11.125 Mill. Stück 1.112 Mill. Frcs. Ertrag, was auch stimmt). Im Ganzen ergiebt dieser kleine Stempel also jetzt 18.31 Mill. Frcs. Ertrag, mehr als der analoge britische Pennystempel, wenn man berücksichtigt, dass dieser andere Urkunden mit umfasst (oben S. 264, 265). Gewiss eine, besonders Anfangs, etwas lästige Abgabe wegen der Formalitäten, aber eine durchaus nicht drückende, an die sich der Geschäftsverkehr auch in Frankreich bald gewöhnt hat. S. den Aufsatz im Bull. XII, 64 ff. und die Statistik daselbst, p. 147. Der Ertrag des Quittungsstempels stieg von 1872 mit 13.24, 1873 mit 13.43 auf 18.04 Mill. Frcs. in 1881, während die Zahl der Contraventionsprotokolle von 4189 in 1873, 3189 in 1874, 2819 in 1875 auf 803 in 1880 und 976 in 1881 sank.

γγ) **Quittungen von und an öffentliche Cassen.**

Sie waren, abgesehen von besonderen Fällen der meisten Steuerquittungen, schon nach dem Gesetz vom Brum. VII. im Princip (Dimensions-)stempelpflichtig und zwar, gegeben oder empfangen, zu Lasten der betreffenden Privaten (Gesetz vom Brum. VII., Art. 29, die genannten Befreiungen eb. Art. 16). Mit diesem Stempel wurde schon früher eine ähnliche Aenderung getroffen, wie 1871 bei den allgemeinen Quittungen. Ihre Entnahme und Ertheilung wurde für obligatorisch erklärt, aber ein Feststempel von 20, seit 1871 von 25 Cent. für jedes Stück eingeführt (Gesetz vom 8. Juli 1865, Art. 4, vom 23. August 1871, Art. 2, No. 3. Vignes, I, 419. Block, Art. timbre, No. 151—155. Jacob, S. 10). Die Statistik für 1886 giebt circa 3,931,000 Fälle und circa 983,000 Frcs. Ertrag an.

δδ) **Checks.**

Sie wurden eigentlich, wie „Handelseffecten", Wechsel u. dgl. m. unter den Proportionalstempel des Gesetzes vom Brum. VII. fallen. Im verkehrspolitischen Interesse, um ihre Einbürgerung in Frankreich zu begünstigen, hat man sie aber zuerst für 10 Jahre lang von jedem Stempel befreit (Gesetz vom 14. Juni 1865, Jacob, S. 296), nach dem Kriege zwar alsbald sie mit belegt, aber, nicht nach dem Proportionalstempel, was wiederholt angeregt war, sondern nach einem Feststempel wie bei Quittungen u. dgl. in 2 Sätzen: 10 Cent. für gewöhnliche Checks im Orte, 20 Cent. für solche zwischen verschiedenen Plätzen, auch zwischen französischen und fremden (Gesetz vom 23. August 1871, Art. 18, No. 2, Gesetz vom 19. Februar 1874, Art. 8). Stempelmarken sind nur in gewissen Fällen anwendbar, die gewöhnlichen Stempel unterliegen der Extrastempelung. Der Gebrauch von Checks ist nach den statistischen Daten auch gegenwärtig noch verhältnissmässig beschränkt, 1886 3.216,000 gewöhnl. Checks zu 10 Cent. mit 322,000 Frcs. Ertrag, 1,522,000 andere zu 20 Cent. mit 304,000 Frcs. Ertrag, zus. 626,000 Frcs. Ertrag. (Vignes, I, 422. Block, timbre, No. 143—150.)

Die hier unter „dd" besprochenen 4 Kategorien kleiner Feststempel, meist zu 10 Centimes, haben sonach 1886 immerhin 20.69 Mill. Frcs. ergeben, fast $^2/_5$ des eigentlichen Dimensionsstempels, $^1/_6$ des Dimensionsstempels im weiteren Sinne, incl. der Specialstempel, über $^1/_8$ des gesammten Stempels. Der niedrige Feststempel hat sich hiernach und nach sonstigen Beobachtungen auch in Frankreich fiscalisch und verkehrspolitisch bewährt. Indifferent gegen die Summen, auf die sich die stempelpflichtigen Papiere beziehen, bleibt er freilich dem Einwand der Ungleichmässigkeit der Belastung ausgesetzt, aber — er belastet im concreten Fall — und darauf kommt es hier an — doch überhaupt nur sehr unbedeutend und bringt der Staatscasse etwas Nennenswerthes ein, das auf andere Weise kaum so wenig drückend erhoben würde. Die allgemeine Rechtfertigung der „Verkehrssteuer" trifft bei ihm wohl zu.

ee) **Stempel von Scheinen des Transportwesens über Versendung von Waaren, zu Lande und zu Wasser** (Frachtbriefe, Empfangsbescheinigungen über zu versendende Waaren, Schiffsconnossemente). Hier ist, für gewisse Eisenbahnscheine schon seit 1863, für die übrigen Scheine seit 1871 eine ähnliche steuertechnische Entwicklung vom allgemeinen (Dimensions-)Stempel zu speciellen, mässigen Feststempeln, wie bei der vorausgehenden Rubrik eingetreten. Sie hat ähnlichen Erfolg gehabt und verdient ähnliche Anerkennung. Für kleinere Sendungen unterliegt sie allerdings wieder dem Bedenken der antiproportionalen, ungleichmässigeren Belastung noch mehr. Für die steuerpolitische Beurtheilung ist ausserdem zu beachten, dass die Transportanstalten mit regelmässigem Dienste, namentlich die Eisenbahnen, auch noch anderen Transportsteuern unterliegen (s. u. §. 238).

Das Einzelne, wovon Einiges näher mit Bestimmungen des französischen Handelsrechts zusammenhängt, so in Betreff der Connossemente, s. bei Block, Art. timbre, No. 156 –180, Vignes, I, 423–426. Die Sätze des jetzigen Stempels für die Frachtbriefe u. s. w. sind nach den neueren Gesetzen folgende (bes. Gesetz vom 13. Mai 1863, Art. 1, über Eisenbahnrecepisse, 23. August 1871, Art. 18, modificirt durch Gesetz vom 28. Februar 1872, Art. 11 über Frachtbriefe und Recepisse, Gesetz vom 30. März 1872 über Eisenbahnrecepisse und Schiffsconnossemente, Gesetz vom 19. Februar 1874, Art. 10 über Stempelpflichtigkeit von — obligatorischen — Recepissen oder Frachtbriefen über Geld- und Werthsendungen und über Geldeinziehungen aus dem Frachtgeschäft und andere Specialbestimmungen in den Steuergesetzen der ersten 70er Jahre). Gewöhnliche (nicht obligatorische) Frachtbriefe des Landtransports entrichten $^1/_2$ Frcs., nebst 10 Cent. Zuschlag, also 60 Cent. das Stück (1886 nur 106,000 mit 64,000 Frcs. Ertrag). Eisenbahnrecepisse für Eilgut, sowie über Einziehung von Geld für den Preis von beförderten Gütern tragen einen Stempel von 35, für Frachtgut und alle eigentlichen Frachtbriefe der Eisenbahnen 70 Centimes das Stück, beides ohne Zuschlag und als Abgabe, welche den 10 Cent.-

Stempel für die Quittungen der Empfänger der Waaren gleich mit berichtigt (Fälle zu 35 Cent. in 1886 21.01 Mill., mit 8.11 Mill. Frcs. Ertrag, zu 70 Cent. 27.79 Mill. mit 19.15 Mill. Frcs., zusammen 27.86 Mill. Frcs. Stempelertrag von diesen Bahnscheinen). Ausdehnung und Ertrag erklären sich aus dem Princip des obligatorischen Recepisses der Eisenbahn, wenn kein Frachtbrief, was nicht gesetzlich nothwendig ist, genommen wird — so schon nach Gesetz von 1863). Bei anderem Landverkehr fehlt eine analoge Bestimmung; wohl daher die geringe Zahl der Fälle. Auch **Schiffsconnossemente** (für See, Fluss, Canal) sind obligatorisch für jeden Transport zu Wasser und tragen für das in Händen des Kapitäns befindliche Original 2 Frcs. per Stück (mit Zuschlag 2 Frcs. 40 Cent.), womit bis zu 4 Originalen gedeckt sind; jedes weitere kostet nach 1½ Frcs. Stempel. Connossemente der Küstenschifffahrt unterliegen dem halben Satz. Der Ertrag von Connossementenstempel war 1886 2.05 Mill. Frcs., der Gesammtertrag des Stempels von eben solchen Versendungsscheinen 30 Mill. Frcs., fast ½ des ganzen, fast ¼ des Dimensions- und Specialstempelertrags. Freilich keine ganz unerhebliche Belastung des Transports.

ff) Pass- und Jagdscheinstempel.

Beide sind zwar im Princip mehr gebührenartige als steuerartige Abgaben, aber nach den ziemlich hohen Sätzen doch Letzteres mehr als in anderen Gesetzgebungen. Der Passstempel unterscheidet **Inlandspässe** und solche für die **Fremde** und beträgt schon seit 1840 für jene 2, für diese 10 Frcs., welche Sätze dem allgemeinen 20procentigen Zuschlag von 1871 unterliegen. Ertrag 1886 für 3216 der ersteren 7718, für 3452 der letzteren 41,424, zus. ca. 49,000 Frcs. — Der Jagdstempel fällt als Steuer betrachtet nicht unter die Verkehrs-, sondern unter die directe Gebrauchs- oder Genuss- (und allenfalls die Gewerbe-)Steuer. Er beträgt seit 1844 15 Frcs. für den Staat, 10 Frcs. für die Gemeinde. Ersterer Satz wurde 1871 auf 30 Frcs. erhöht, doch schon 1872 wieder auf den früheren Betrag ermässigt. 1875 aber dem 20 % Zuschlag unterworfen, daher ist er im Ganzen jetzt 18, bezw. 28 Frcs. mit dem Communalsatz zusammen. Die Anzahl der ertheilten Scheine („permis de chasse") ist 1885 und 1886 rund 400,000 und 391,000 gewesen, mit dem nicht unerheblichen Ertrag für den Staat allein von 7.20, bezw. 7.04 Mill. Frcs. (vgl. Grossbritannien, S. 344, 345).

gg) Stempelabgabe von Fabrikmarken.

Wohl, mit der amtl. Statistik, besser hier einzureihen, als beim Proportional-Stempel wie bei **Vignes** (I. 440). In eigenthümlicher Weise ist mit dem Handelsoder Fabrikmarkensystem (Gesetz vom 23. Juni 1857) durch Gesetz vom 26. Novbr. 1873 eine Stempelabgabe von 1 (jetzt 2) Cent. bis 1 Frcs. im Min. 5 Cent., im Max. 5 Frcs. verbunden worden, die z. B. 1886 26,211 Frcs. abwarf. Siehe auch zwei Decrete vom 25. Juni 1874 darüber (Dejean, code. p. 397, 405, das Gesetz selbst eb. p. 340).

Im Rückblick auf die hier aufgezählten 7 Hauptarten von Specialstempeln und deren Unterarten ergiebt sich, dass diese zweite Gattung des französischen Stempels und demnach der daraus herrührende Ertrag (von 64.87 Mill. Frcs. in 1886) steuerpolitisch ziemlich verschiedene Abgaben umfasst. Die Entwicklung zu bestimmten, meist mässigen **Feststempeln** verschiedenen Betrags (Geldgeschäfts-, Transportstempel) möchte steuertechnisch das besonders Beachtenswerthe auf diesem Stempelgebiete sein. Etwas Aehnliches zeigt England besonders im Pennystempel, finanzwissenschaftlich bemerkenswerth. Der steuertechnische Vortheil siegt dabei über die Bedenken vom Standpunct des Princips gleichmässiger Steuerbelastung.

§. 231. γ) Der Proportionalstempel, die dritte Hauptgattung des französischen Stempels, entspricht wenigstens von vornherein, hierin ähnlich wie die Proportionalabgabe im Enregistrement, der wichtigen steuerpolitischen Anforderung „gleichmässiger" Besteuerung weit mehr als die beiden anderen Haupt-Stempelgattungen — diese „Gleichmässigkeit" in der üblichen Weise im Sinne der „Proportionalbesteuerung" genommen (Fin. II, §. 397). Hierin liegt sein unbestreitbarer Vorzug vor den bisher besprochenen Stempeln. Auch mit in Folge dieses Umstands ist er mehr „eine Steuer" und hat er das Gebührenelement fast völlig abgestreift. Er schliesst sich dadurch der Besteuerung im Registerwesen genauer an und wird, wie Theile dieser letzteren (§. 218) und die Umsatzsteuer von Werthpapieren (§. 219), zu einer Steuer auf das bewegliche Kapital, welches im Handels-, Geld-, Bankgeschäft u. s. w. arbeitet und in „Werthpapieren" des Börsenverkehrs angelegt ist.

Die Urkunden, welche diesem Stempel unterworfen sind, lassen sich in zwei Kategorien theilen: sogen. Handelseffecten und Werthpapiere oder Börseneffecten.

aa) Die Handelseffecten sind diejenigen stempelpflichtigen Urkunden, welche schon nach der ursprünglichen Gesetzgebung (13. Brum. VII.) gerade dem hier im Unterschied zum Dimensionsstempel eingeführten Proportionalstempel, bezw. der Verpflichtung, auf betreffendem Stempelpapier stehen zu müssen, unterliegen sollen, (gen. Gesetz, Art. 2, 14), nämlich „verhandelbare und für den Handelsverkehr bestimmte Effecten", zu denen namentlich Wechsel, auch Ordre-Billets und auf den Ueberbringer lautende u. dgl. m. gehören. Bald darauf wurden aber auch nicht verhandelbare Schuldscheine, Schuldanerkenntnisse, einfache Billete, Zahlungsanweisungen auf Frist und von Platz zu Platz u. dgl. m. demselben Proportionalstempel unterstellt (Gesetz vom 6. Prair. VII., Art. 6, auch Gesetz vom 19. Februar 1874, Art. 4, mit weiter, bisherige Zweifel, ob gewisse Papiere stempelpflichtig seien, ausschliessender Fassung der Steuerpflicht). In der Hauptsache ist dieser Stempel gleichwohl der französische „Wechselstempel". Der Steuersatz war anfänglich 50 Cent. ($1/2^{00}/_{00}$) für jede angefangenen 1000 Frcs. der Werthsumme des Documents. Dieser mehrfach veränderte Satz ist der Normalsatz geblieben und gilt auch gegenwärtig wieder.

<small>Der Umfang der Kategorie ist im Wesentlichen derselbe geblieben; 1858 (Gesetz vom 28. Mai, Art. 13) sind Warrants, welche getrennt vom Empfangsschein indossirt werden, dazu getreten. Der Tarif ist früher, vor 1871, nur gering-</small>

fugig verändert worden, so in der Weise, dass der eigentliche Proportionalsatz in einen festen Stufensatz für Beträge innerhalb gewisser Grenzziffern verwandelt wurde, was besonders für den Verkehr bequemer und bei diesem Stempel auch sonst üblich ist. Der alte Normalsatz von $1/2\ ^{00}/_{00}$ blieb jedoch der durchschnittliche, wurde aber zeitweilig mit Zuschlägen versehen oder allgemein erhöht. (S. Gesetz vom 18. Mai 1834, Art. 18. Ermässigung von $7/_{10}\ ^{00}/_{00}$ wieder auf $1/_2\ ^{00}/_{00}$ Gesetz vom 5. Juni 1850, Art. 1, (u. A. Ermässigung für kleine Wechsel unter 500 Frcs., die vordem allgemein 25 Cent., ohne Rücksicht auf ihren Betrag, gezahlt hatten, auf 5 Stufensätze von 5, 10, 15, 20, 25 Cent. für Wechsel bis 100, von 100—200, 2—300, 3—400, 4—500 Frcs.). Nach dem letzten Kriege trat dagegen für diesen Stempel zeitweise eine bedeutende Erhöhung ein, und zwar eine Verdoppelung des bisherigen Tarifsatzes (Gesetz vom 23. August 1871, Art. 2, No. 1), später sogar eine weitere Erhöhung um die Hälfte, also auf das Dreifache des früheren Satzes (Gesetz vom 19. Februar 1874, Art. 3). Ein Experiment, das sich wenigstens finanziell insofern bewährt hat, als der Ertrag im vollen Verhältniss der Tariferhöhung und selbst darüber hinaus wuchs. Einnahme aus den beiden Hauptfällen, sogen. ordinärer Stempel (Papier) und Stempelmarken, zus. 1868 6.67, 1869 6.81, 1872—78 13.90, 14.49, 21.71 (Miteinfluss der Contributionszahlungen an Deutschland?), 23.13, 23.12, 23.85, 25.03 (Maximum) Mill. Frcs. Im Jahre 1879 fand aber eine Herabsetzung dieses Stempels wesentlich wieder auf den alten Satz vor dem Kriege statt, also auf den dritten Theil des bisherigen (Gesetz vom 22. December 1878). Der Normalsatz ist somit wieder $1/2\ ^{00}/_{00}$, und zwar jetzt allgemein für grössere und kleinere Beträge immer in Stufen von 5 Cent. für 100 Frcs., nur dass Wechsel unter 100 Frcs. stets 5 Cent. zahlen (Gesetz vom 29. Juli 1881, Art. 5). Die Einnahme sank 1880 auf 11.02 Mill. Frcs. und hat sich seitdem, mit nur kleinen Schwankungen, auf dieser Höhe gehalten (1886 11.10 Mill.). Sie ist also zwar durch die Ermässigung des Satzes nicht entsprechend gesunken, was den verkehrspolitischen Erfolg der Maassregel zeigt, aber doch nicht in eine dauernd steigende Richtung gekommen. (S. Tab. Faure's, S. 104. Bull. XXI, 157.)

Steuerpflichtig sind zunächst alle Effecten (Wechsel), welche in Frankreich selbst ausgestellt und zahlbar sind, dann aber auch diejenigen, welche von Frankreich aufs Ausland gezogen werden und umgekehrt. Im letzteren Fall müssen sie nachträglich gestempelt werden. Effecten, welche vom Ausland auf das Ausland gezogen sind, Frankreich also nur durch Indossament passiren, wurden dem französischen Stempel erst 1871 (Gesetz vom 23. August) unterworfen und zwar damals dem gewöhnlichen, also dem stark erhöhten Tarif. Das wurde 1872 schon geändert und der Stempel für solche Effecten auf $1/_4\ ^{00}/_{00}$ bezw. auf $1/_2$ Frcs. für je 2000 Frcs. Betrag ermässigt. Im grossen Maasse sind Stempelmarken bei den Wechseln u. s. w. in Anwendung. Die Verhältnisse der Haftbarkeit für den Stempel und für die Strafen bei unterlassener oder ungenügender Stempelung sind bes. durch das Gesetz vom 5. Juni 1850, Art. 2—9 genauer geregelt worden (Jacob, S. 233 ff.). — Auch die Noten der Bank von Frankreich sind stempelpflichtig und zwar zu 50 Cent. und 20 Cent. für 1000 Frcs. Ertrag davon 1885 rund 954.000, 1886 897.000 Frcs. Fremdes Staatspapiergeld ist frei, fremde Banknoten, wenn sie in Frankreich negociirt (indossirt, acceptirt, bezahlt) werden, nicht. Vgl. Vignes, I, 431—440, Block, dict. timbre, No. 83—95; supplém. génér., p. 429.

Die ganze Einnahme aus diesem Proportionalstempel war 1886 14.12 Mill. Frcs., davon für 14.23 Mill. Stück mit gewöhnl. Stempel 2.90 Mill. Frcs., für 28.67 Mill. Stück Stempelmarken 8.20 Mill. Frcs., für 13.71 Mill. Fälle Extrastempelung 1.91 Mill. Frcs., für Visirung für Stempel 0.21 Mill. Frcs.; der Rest vom Stempel der französischen Banknoten.

bb) Der Stempel für Werthpapiere (Börseneffecten), wesentlich ein sogen. Emissionsstempel, ist durch das für ihn grundlegende Gesetz vom 5. Juni 1850 als Proportionalstempel bei der ersten Ausgabe der betreffenden Papiere an Stelle des bis dahin für letztere geltenden Dimensionsstempels getreten. Er bildet in Verbindung mit der 1857 hinzugekommenen Effecten-Umsatzsteuer (o. §. 220) und der 3 % Einkommensteuer von Werthpapieren von 1871 (o. §. 206) die französische Besteuerung speciell des in solchen Werthen angelegten **beweglichen Kapitals** und ist insofern steuerpolitisch von principieller Bedeutung. Eine genügende Gleichstellung in der Besteuerung dieser Vermögensart mit derjenigen des unbeweglichen Vermögens wird aber auch durch alle diese drei Steuern noch kaum erreicht. Als Besteuerung des Börsenverkehrs wirkt der Stempel noch weniger als die Effecten-Umsatzsteuer.

Steuerpflichtig waren nach Gesetz von 1850 (Art. 14 ff.) **Actien, Obligationen von Gesellschaften** und zwar von französischen und (seit 1857) auch von fremden; **Obligationen von Departements, Gemeinden, öffentlichen Anstalten** und **Corporationen**, zunächst nur inländische, nach Gesetz vom 30. März. 1872 auch ausländische; fremde **Staatspapiere** erst nach Gesetz vom 13. Mai 1863; eine besondere Stellung nehmen die Obligationen (Pfandbriefe) des Crédit foncier ein (Gesetz vom 8. Mai 1852. Art. 29, Jacob, S. 259). Der Stempel erhielt die Natur des (ersten) Emissionsstempels bes. durch die Bestimmung, dass ihm zunächst nur die nach 1. Januar 1851 ausgegebenen Actien u. s. w. unterworfen waren und zwar mit $1/2$ % vom Nennwerth bei Unternehmungen von weniger, mit 1 % bei solchen von mehr als 10 jähriger Dauer (seit 1871 beide mit 20 % Zuschlag). Neu an Stelle alter ausgegebene Actien sind frei. Vor 1851 ausgegebene Actien zahlten bedingungsweise nur $1/2$ ⁰⁄₀₀; neu an ihrer Stelle ausgegebene tragen stets diesen Satz. Für **Obligationen** jedes inländischen Emittenten, die nach 1. Januar 1851 ausgegeben wurden, ist der Steuersatz allgemein 1 ⁰⁄₀; für ältere zu nachträglicher Stempelung binnen bestimmter kurzer Frist eingereichte der bis dahin bestandene Satz (in der Regel $1/2$ ⁰⁄₀); jetzt auch mit 2 Decimen Zuschlag. **Ausländische Actien und Obligationen** wurden durch Gesetz vom 23. Juni 1857 (und Decret vom 17. Juli desselben Jahres) dem gleichen Stempel wie die inländischen unterworfen. Die inländischen Emittenten von Actien und Obligationen können aber statt der Zahlung des Emissionsstempels ein **Abonnement** eingehen, indem sie jährlich 5 (mit Zuschlag jetzt 6) Cent. für 1000 Frcs., also $1/2$, bezw. 0,6 ⁰⁄₀₀ vom Nennwerth ihrer Papiere in Quartalsraten zahlen (Gesetz von 1850. Art. 22 und 31), wovon aber die in den 2 letzten Jahren nach Abschluss des Abonnements nicht Gewinn noch Zinsen zahlen könnenden Gesellschaften für ihre Actien befreit werden: ein Stimulus zur Eingehung solcher Abonnements für die Gesellschaften (eb. Art. 24). Bei ausländischen Gesellschaften ist das Abonnement obligatorisch. Fremde **Staatspapiere** wurden durch Gesetz vom 13. Mai 1863 (Art. 6 ff., Jacob, S. 292 ff.) einer ähnlichen Stempelabgabe zuerst von $1/2$ ⁰⁄₀₀, dann von 1 ⁰⁄₀ (Gesetz vom 8. Juni 1864. Art. 7) unterworfen, wozu 1871 die 2 Decimen Zuschlag traten. Abweichend von anderen Steuermaassregeln der Periode wurde dieser Stempel schon 1872 erheblich herabgesetzt, auf 75 Cent. für Stücke bis 500 Frcs. Nennwerth, auf $1 1/4$ Frcs. von 500—1000 Frcs., und auf $1 1/4$ Frcs. oder Promille für jede weitern 1000 Frcs. (Gesetz vom 25. Mai 1872, s. Dejean, code. p. 195 ff., mit den Noten), ohne Zuschläge. Politische und volkswirthschaftliche Erwägungen waren hierfür mit maassgebend. Ohne vorausgegangene Entrichtung dieser Abgaben dürfen fremde Staatspapiere in Frankreich bei Strafe nicht übertragen werden (Gesetz vom 13. Mai 1863. Art. 7). **Obligationen (lettres de gage) des Crédit foncier** sind etwas begünstigt. Sie waren zuerst nur dem $1/2$ ⁰⁄₀₀ Stempel für allgemeine Handelseffecten unterworfen, später trat auch hier die Erlaubniss des Abonnements ein: anfangs waren dabei nur 2 Cent für je 1000 Frcs. des Gesammtumlaufs (Gesetz vom 8 Juli 1852. Art. 29), seit 1872 5 Cent. oder bloss 0,05 ⁰⁄₀₀ zu zahlen, also der zehnte Theil der Abgabe, welche bei den anderen im Abonnement versteuerten Papieren als Stempel zu entrichten ist, woneben diese letzteren noch dem 20 % Kriegszuschlag unterliegen. Für die Veranlagung, Zahlung, die Verpflichtungen der Emittenten, Gesellschaften, auch der ausländischen, deren Papiere in Frankreich emittirt und gehandelt werden, bestehen analoge Bestimmungen wie bei der Effecten-Umsatzsteuer (§. 220). S. bes. das Gesetz vom 5. Juni 1850, Art. 14—32 und vom 13. Mai 1863, Art. 6—11. Weiteres Einzelne bei Vignes, I, 440—446, Block, dict. timbre, No. 101—130.

Das Abonnement wirkt auch auf grössere Gleichmässigkeit der jährlichen Steuererträge hin, während der directe Emissionsstempelertrag natürlich nach dem Geschäftsgang mehr schwankt. Einzelne grössere Veränderungen der Zahlen auch bei Abonnements von Jahr zu Jahr (so beim Crédit foncier) sind ohne nähere Erläuterungen, welche in der amtlichen Statistik fehlen, nicht verständlich. Der Ertrag des ganzen hier besprochenen Werthpapierstempels, incl. Abonnements, war 1885 20,51, 1886 19,72 Mill. Frcs. Davon kamen auf französische Actien bezw. wirkl. Stempel nur 24,823 und 24,233 Frcs., auf Abonnements 4,97 und 4,70 Mill. Frcs., auf französische Obligationen ebenso 53.705 und 28,589 Frcs. und (Abonnement) 11.70 und 11.88 Mill. Frcs., auf Obligationen des Créd. fonc. 354,031 und 132,791 Frcs., zusammen auf inländische Werthe 17.10 und 16.76 Mill. Frcs.; auf fremde Gesellschafts- u. dgl. Papiere (wesentlich Abonnements) 1.65 und 1.99 Mill. Frcs., auf fremde Staatspapiere (Emissionsstempel) 1.754 und 0.968 Mill. Frcs., zusammen auf fremde Werthe 3.40 und 2.96 Mill. Frcs.

Der ganze Proportionalstempel ertrug 1885 85.08, 1886 83.84 Mill. Frcs., d. h. wenig über $1/_5$ des gesammten Stempelertrags von 154.59 und 156.14 Mill. Frcs.

Wenn man die drei „Börseneffectensteuern", den besprochenen Emissionsstempel, die Umsatzsteuer (§. 220) und die Einkommensteuer von Werthpapieren zusammenfasst, so war der Ertrag dieser Steuern dieses Theils des „beweglichen Kapitals" neuerdings zusammen etwas über 100 Mill. Frcs. (1885 103.28, 1886 103.92 Mill. Frcs.). Immerhin ein Object im heutigen französischen Steuersystem. Aber ob eine genügende Ausgleichung auch bloss gegen die Grundsteuer und die Immobiliarbesitzwechselabgabe (ohne Schenkungs- und Erbschaftssteuer), die zusammen für den Staat allein das Dreifache (1886 ca. 306 Mill.) abwarfen? Doch schwerlich!

§. 232. 4. **Durchführung der Stempelabgabe.** Es liegt im Wesen eines solchen „formalistischen" Abgabesystems, wie des Stempels, dass dasselbe für die Betheiligten, Publicum, Fiscus, Behörden viele Schwierigkeiten macht und eine Menge von Normen, Verwaltungsmaassregeln und Einrichtungen in Betreff der erforderlichen Förmlichkeiten, Controlen, Strafbestimmungen u. s. w. bedingt. Darin unterscheiden sich dann die Stempelsysteme verschiedener Länder nach ihrem specifischen Character wieder in Einzelheiten, aber in Hauptpuncten bringt das gleiche Abgabeprincip auch übereinstimmende oder ähnliche Normen und Verwaltungseinrichtungen mit sich. Daher ist hier, mehr als auf dem verwandten, aber doch Frankreich eigenthümlichen Gebiete der Registrirungsabgaben, auf die allgemeine finanztechnische und administrative Lehre vom Stempelwesen zu verweisen. Manches an sich Eigenthümliche in den hierher gehörigen Bestimmungen und Einrichtungen des französischen Stempelwesens stimmt dann wieder mehr oder weniger mit den betreffenden Verhältnissen im Enregistrement überein, so dass dafür auf die frühere Darstellung Bezug genommen werden kann (§. 221, 222). Vielerlei Einzelnes, was sich auf die Durchführung des Stempels bezieht, ist auch bereits des nahen Zusammenhangs wegen in den vorausgehenden Paragraphen an seinem Ort mit berührt worden, besonders bei der

Darstellung der verschiedenen Haupt- und Unterarten des Stempels, wo sich einzelne dieser Verhältnisse wieder verschieden gestalten. Daher genügt es, im Folgenden Einiges zur Ergänzung oder zur besonderen Characteristik der Normen und Einrichtungen, welche die Durchführung des französischen Stempels betreffen, hervorzuheben.

Das Detail ist natürlich auch hier erheblich, wenn auch nicht in gleichem Grade wie beim Enregistrement. Auch nur das Wichtigste daraus in Block, dict., Chardon's Art. timbre, bes. No. 8—30, 186—212 und passim bei den einzelnen Stempelarten; s. auch in den Supplem. den gleichen Artikel. Vignes, bes. I, 447—459, 468 und ebenfalls bei den einzelnen Stempeln, p. 416—446, v. Hock, S. 196—201, v. Kaufmann, S. 301 ff.; beide, besonders letztere, in diesen wichtigen Puncten hier wie sonst zu dürftig für solche umfassende monographische Werke. Von den Gesetzen sind besonders wichtig für diese Fragen: das vom 13. Brum. VII., namentlich Art. 17 bis 32; vom 28. April 1816, namentlich Art. 63 ff., 75, 76; vom 16. Juni 1824, besonders Art. 10—14; vom 5. Juni 1850 (Wechsel und Handelseffecten Börseneffecten, Versicherungsverträge mit zahlreichen, gerade hierher gehörigen Bestimmungen), s. bes. auch Art. 49; Gesetz vom 2. Juli 1862, Art. 17 ff., nebst Decreten vom 30. Juli und 29. October 1862; Gesetz vom 13. Mai 1863, Art. 8 ff.; ferner einige der nach dem letzten Kriege erlassenen Gesetze, wo die Veränderung der Principien in einigen Fällen, ferner die Erhöhungen der Sätze und das stärker gewordene fiscalische Interesse in den hierher gehörigen Bestimmungen mehrfach Neuerungen, Verbesserungen und Verschärfungen gebracht haben: bes. Hauptgesetz vom 23. August 1871, nebst Decret vom 25. und vom 27. November 1871 (Dejean, p. 67, 74, s. auch die Noten zu dem Gesetz selbst, p. 6 ff.); Gesetz vom 30. März 1872 (Eisenbahnrecepisse, Connossemente); Gesetz vom 19. Februar 1874; Decret vom 19. Februar 1874 (über Stempelmarken für Handelseffecten, Warrants); Decret vom 29. April 1881 (Stempelmarken). Auch in anderen Stempelgesetzen sind einzelne hierher gehörige Puncte gelegentlich mit geregelt.

§. 233. Die Puncte, welche hier noch besonders behandelt werden sollen, betreffen: a) die Erhebung der Stempelabgaben; b) die Zahlungsverpflichtungen, Haftbarkeitsverhältnisse und Strafandrohungen; c) die fiscalischen Hilfsmittel dazu und Controlen darüber, dass die gesetz- und vorschriftsmässigen Stempelungen u. s. w. überhaupt und richtig erfolgt sind und Zuwiderhandlungen entdeckt werden; d) die Verfolgung von Zuwiderhandlungen und die Strafverhängung; e) die Verjährungen; f) die Stempelbefreiungen und Aehnliches.

a) Die Erhebung der Stempelabgabe erfolgt regelmässig und vornehmlich durch den Verkauf von Stempelpapier und Stempelmarken; ausserdem durch die sog. Extrastempelung (timbre extraordinaire), die Visirung anstatt des Stempels, und durch Abonnement; endlich ausnahmsweise (besonders für die Generalzahlmeister der Finanzverwaltung) im Wege der laufenden Rechnung mit dem Staatsschatze.

Vignes, I, 448 ff., Block, timbre, No. 8 ff.

α) Die einfache, allen Betheiligten bequemste Form der Stempelmarken hat auch in Frankreich immer allgemeinere Anwendung gefunden, doch ist sie nur in den von den Gesetzen näher bezeichneten Fällen statthaft. Mitunter (so mehrfach beim Dimensionsstempel) müssen die Marken von Finanzorganen (Einnehmern) angebracht und überschrieben werden, nicht unmittelbar von den Pflichtigen selbst. Die Art der Ueberschreibung ist vorgeschrieben. Der Verkauf von Papier und Marken steht nur denen zu, welchen er besonders gestattet, bezw. übertragen ist; früher regelmässig nur den Registerämtern, neuerdings, zur Erleichterung des Anschaffens für das Publicum, auch den Einnehmern der directen Steuern und besonders den staatlichen Tabakverkäufern, welche dafür Provisionen geniessen. Oeffentliche Beamte dürfen aber die Stempel nur von den Registerämtern kaufen. Anderen Personen als den von der Verwaltung autorisirten ist der Verkauf von Stempelpapier und Marken bei Strafe untersagt.

β) Die **Extrastempelung** (s. o. S. 552) erfolgt durch Stempelaufdruck auf Papier, das zu stempelpflichtigen Urkunden bestimmt ist und dessen sich Private und Behörden statt des amtlichen Papiers bedienen wollen. Es muss aber vor der Benutzung eingereicht werden. Notare, Advocaten, Beamte dürfen jedoch, wie schon früher bemerkt, nur amtliches Stempelpapier benutzen. Zur Vornahme der Extrastempelung sind nur gewisse Hauptbureaux berechtigt. Auch sind die Fälle speciell genannt, wo sie zulässig ist. Die Zahlung muss im Voraus erfolgen.

γ) **Visirung** statt des Stempels findet ebenfalls gegen Vorauszahlung der Abgabe, in gewissen gesetzlich bestimmten Fällen, statt, so wenn Marken nicht angebracht werden können, auch bei der Erhebung von Stempelgebühren im Stempelwesen.

δ) Des **Abonnements** anstatt der speciellen Stempelung, bezw. Abgabeerhebung ist oben mehrfach gedacht worden. Die Actien und Obligationen, für die es z. B. erfolgt, unterliegen dann einzeln der unentgeltlichen Extrastempelung.

b) **Die Zahlungsverpflichtungen, Haftbarkeitsverhältnisse und Strafandrohungen.** Die Zahlungsverpflichtungen ergeben sich vielfach aus den Bestimmungen über die Stempelpflichtigkeit von selbst. Wo sie zweifelhaft sein können, wie bei Vertrags- und anderen Urkunden, an denen verschiedene Parteien oder Personen betheiligt sind, sind sie in den Gesetzen näher bestimmt. Letzteres gilt auch von den Haftbarkeitsverhältnissen verschiedener Betheiligten, sowie derjenigen Organe, welche, wie Notare, gewisse Beamte, Urkunden aufnehmen. Die Strafandrohungen bei Zuwiderhandlungen gegen die Normen für die Zahlungspflicht und für die Haftbarkeit folgen dann mit logischer Consequenz aus diesen Normen.

In der Regel ist derjenige, welcher eine stempelpflichtige Urkunde ausstellt (unterzeichnet), der zunächst Zahlungspflichtige, eventuell der, zu dessen Gunsten die Urkunde ausgestellt ist oder der sich derselben für seine Zwecke bedient. Wer die Zahlung endgiltig trägt, ist dabei der Vereinbarung unter den Betheiligten gewöhnlich, aber nicht ausnahmslos, überlassen. Für die Entrichtung der Stempelabgaben und Strafen haften im Uebrigen die Betheiligten solidarisch.

So die Unterzeichner bei zweiseitigen Verträgen, Gläubiger und Schuldner bei Quittungen, sowie bei Darlehnsverträgen, die öffentlichen Beamten, welche bei Entgegennahme oder Aufnahme von Urkunden nicht gestempelte Acten oder Bücher anführen (Gesetz vom 28. April 1816, Art. 75).

Die Strafen selbst gelten im Stempelwesen übrigens, abgesehen von unterlaufender betrügerischer Absicht bei einer Zuwiderhandlung, nicht als wirkliche Strafen, sondern als civilrechtliche Wiedergutmachungen, und gehen eben deshalb auf die Erben über. Sie sind gewöhnlich Geldstrafen, meistens feste Sätze, verschieden in der Höhe nach den einzelnen Fällen im Gesetze bestimmt, mitunter aber auch Quoten vom Werth, um welchen es sich in der betreffenden Urkunde handelt, so bei Zuwiderhandlungen gegen die Vorschriften über den Wechselstempel (s. u.).

Oeffentliche Beamte, Notare u. dgl. Personen unterliegen gewöhnlich mässigen festen Strafen (allgemeine Herabsetzung derselben durch Gesetz vom 16. Juni 1824, Art. 10). Neben den Geldstrafen sind regelmässig die gesetzlichen Stempelabgaben ausserdem noch zu zahlen. Nur selten sind ausdrücklich Rechtsnachtheile mit Zuwiderhandlungen verbunden. So beim Wechselstempel (Gesetz vom 5. Mai 1850, Art. 5 und 7, s. u., auch Vignes, I, 456).

Als Beispiele für die specielle gesetzliche Normirung der hier behandelten Puncte mögen folgende dienen: Der Quittungsstempel ist zwar zu Lasten des Schuldners, dem quittirt wird oder worden ist. Aber haftbar für die Stempelung, daher straffällig (mit 50 Frcs. im Principale für jeden einzelnen Fall) ist der Gläubiger, der die Quittung ertheilt hat, und zwar persönlich und ohne Rückgriff auf den Schuldner auch trotz etwa entgegenstehender Abmachungen (Gesetz vom 23. August 1871, Art. 23, Dejean, p. 34). — Der Versicherungsstempel ist immer zu Lasten des Versicherers, der auch allein straffällig bei Zuwiderhandlungen ist, ohne auf die Versicherten zurückgreifen zu dürfen (Gesetz vom 5. Juni 1850, Art. 33). — Gesellschaften u. s. w., welche nicht gestempelte oder nicht aus dem vorgeschriebenen Stockregister (registre à souche) herausgenommene Actien ausliefern, unterliegen einer Strafe von 12% des betreffenden Actienbetrags. Einer gleichen Strafe von 10% sind Wechselagenten und Makler unterworfen, welche sich an der Uebertragung solcher Actien betheiligen (Gesetz vom 5. Juni 1850, Art. 18, 19). Aehnliche Bestimmungen bei dem Obligationenstempel und demjenigen für fremde Staatspapiere. Auch der Inhaber eines solchen, sowie jeder öffentliche Beamte, der bei der Veräusserung eines ungestempelten Papiers mitwirkt, ist mit einer Strafe von 10% des Nennwerths bedroht (Gesetz vom 13. Mai 1863, Art. 7).

Besonders wichtig sind alle solche Normen für den Stempel der Handelseffecten, daher namentlich den Wechselstempel wegen der regelmässigen Betheiligtheit verschiedener Personen an dem Wechsel. S. darüber Gesetz vom 5. Juni 1850, Art. 2 ff. (danach Vignes, I, 436 ff., Block, timbre, No. 93 ff.). Hier besteht zunächst die Stempelpflicht des Ausstellers. Ist das Papier von diesem nicht oder nicht richtig gestempelt, so hat es der Empfänger, wenn er sich eigener Straffälligkeit entziehen will, innerhalb 14 Tagen oder früher, wenn es vorher verfällt, für Stempel visiren zu lassen, wofür die Abgabe aber die dreifache der gewöhnlichen (15 statt 5 Cent. für 100 Frcs.) ist, jedoch immer zu Lasten des Ausstellers, den entgegengesetzte Vertragsbestimmungen hiervon auch nicht befreien. Wenn jedoch auch der Empfänger die Stempelung nicht in der angegebenen Weise nachholt, so sind Aussteller, Acceptant, Berechtigter oder erster Indossant und zwar ein Jeder einer Strafe von 6% des Wechselbetrags — eventuell, bei zu niedrigem Stempel, von 6% der durch letzteren nicht gedeckten Wechselsumme — unterworfen. Für diese hohe Strafe haften die Genannten solidarisch, wobei der Inhaber die Abgabe und Strafen auszulegen hat, vorbehaltlich seines Rückgriffs auf die anderen Verhafteten. Nur der erste Indossant ist zwar straffällig, aber auch ein weiterer, daher der Inhaber hat bei nicht genügend gestempelten Effecten einen Rechtsnachtheil, nämlich ein beschränktes Klagerecht, nur gegen die Trassanten und Acceptanten. Verboten ist endlich Jedermann die Eincassirung oder das Eincassirenlassen ungestempelter oder ungenügend gestempelter Effecten, unter einer Strafe, deren Androhung eine wesentliche Cautel richtiger Stempelung ist, nämlich von wiederum 6% des Betrags des Effects. Aehnliche Normen, im Einzelnen etwas abweichend, gelten für fremde, im Inland zahlbare Effecten. — Die weiteren Specialbestimmungen in den oben S. 559, 563 genannten Gesetzen. Noch andere Beispiele bei Vignes und Block.

c) **Die Hilfsmittel und Controlen, um die gesetzliche Stempelung herbeizuführen und Zuwiderhandlungen zu entdecken.**

S. Vignes, I, 454 ff., Block, timbre, No. 193—200. Das Wesentliche ist in der früheren Darstellung schon berührt worden oder ergiebt sich daraus, so aus den soeben bei den Handelseffecten erwähnten Puncten.

In der Hauptsache lassen sich zwei „Controlmethoden" unterscheiden, eine indirecte und eine directe. Die erste besteht in Pflichten der Behörden, Beamten, Gerichte, Notare u. s. w., dann namentlich der Registerämter und anderer Steuerämter (der Zollverwaltung, der indirecten Steuern, des Octrois), bei Gelegenheit ihrer Amtshandlungen regelmässig zugleich zu controliren, ob die vorschriftsmässige Stempelung der ihnen vorkommenden Urkunden erfolgt ist. Die zweite Methode besteht in Rechten (und daraus sich ergebenden Amtspflichten) der Registerämter, direct von Amtswegen nachzuforschen, ob die richtige Stempelung stattgefunden hat.

Für die Handhabung der ersten Controlmethode ist die schon im Gesetz vom 13. Brum. VII., Art. 21 enthaltene Bestimmung besonders wichtig, dass Behörden, Beamte, Gerichte u. s. w. keine Amtshandlungen vornehmen noch Urtheile fällen oder Beschlüsse fassen dürfen auf Grund von Urkunden, Registern, Handelseffecten, welche nicht vorschriftsmässig gestempelt sind. Spätere Gesetze haben diese Controlpflichten noch wirksamer zu machen gesucht, so das Gesetz vom 5. Juni 1850, Art. 49, wonach der Beamte bei Strafe jedesmal ausdrücklich erklären muss, ob im bei einer Amtshandlung ihm vorgelegtes Schriftstück richtig und für welchen Betrag es gestempelt war. Aehnliches in Art. 2 des Gesetzes vom 30. März 1872 in Betreff fremder Werthpapiere. Besonders wichtig und auch wirksam ist weiter die Bestimmung, dass die Registerämter nicht oder nicht vorschriftsmässig gestempelte Urkunden nicht registriren dürfen (Gesetz vom Brum. VII., Art. 25). Immerhin hängt es natürlich bei dieser Methode der indirecten Controle vom Zufall ab, ob und welche Schriftstücke u. s. w. überhaupt zur Controle kommen.

In diesem Puncte tritt nun die Methode der directen Controle ergänzend ein. Nach derselben sind in den Gesetzen genannte Anstalten, Einrichtungen, Personen (Notare, Gerichtsschreiber, Secretäre u. a. m.), ferner namentlich Actiengesellschaften, Versicherungs-, Verkehrsanstalten verpflichtet, den Agenten der zuständigen Registerämts ihre Bücher, Register, Rechnungen u. dgl. m. zur Prüfung auf die vorschriftsmässige Stempelung vorzulegen, unter Strafandrohung für jeden Fall der Verweigerung (Gesetz vom 23. August 1871, Art. 22, aber auch schon nach Bestimmungen in früheren Gesetzen. Gesetz vom 15. December 1875, Art. 4). Für die practische Wirksamkeit solcher Normen kommt es natürlich auf die Handhabung an. Immerhin kann wohl auf diese Weise, schon weil der Abgabepflichtige auf die Möglichkeit dieser Controle Rücksicht nehmen muss und wird, mancher Zuwiderhandlung und Defraudation mit Erfolg vorgebeugt werden.

d) **Die Verfolgung von Zuwiderhandlungen und die Strafverhängung.**

Ueber Zuwiderhandlungen gegen die Stempelgesetze werden sofort Protokolle von den competenten Beamten, welche die Sache entdeckten, aufgenommen. Dabei können die betreffenden Urkunden, Register, Effecten mit Beschlag belegt und den Protokollen beigefügt werden. Doch unterbleibt dies, wenn die straffälligen Personen das Protokoll alsbald unterzeichnen und die Strafe nebst der gesetzlichen Stempelabgabe auf der Stelle entrichten (Gesetz vom Brum. VII., Art. 31). Andernfalls erfolgt die Beitreibung mittelst Zwangsbefehls. Wird dem nicht nachgekommen, so geht die Sache nach denselben Normen wie bei den Registerabgaben an das competente Civilgericht zur Entscheidung, gegen welche letztere keine Berufung stattfindet (Gesetz vom Brum. VII., Art. 32; 22. Frim. VII., Art. 65; 28. April 1816, Art. 76).

e) Die Verjährungsfristen.

Die regelmässige ist die 30jährige in Betreff der Stempel und Strafen Seitens des Pflichtigen gegen die Verwaltung; ausnahmsweise eine 2jährige (Gesetz vom 26. Juni 1824, Art. 14). Das Recht, unrichtig erhobene Abgaben und Strafen zurückzufordern, verjährt für den Berechtigten in 5 Jahren.

f) Die Stempelbefreiungen und Aehnliches.

Wie bei den Registerabgaben giebt es im französischen Recht auch bei den Stempeln drei Kategorien von Fällen, wo die Abgabeerhebung vorläufig oder endgiltig unterbleibt: einmal wird sie mitunter nur ins Debet gebucht, bis der Pflichtige festgestellt ist (z. B. bei Polizeiprotokollen, „actes timbre en débet"); ferner erfolgt in gewissen Fällen die Stempelung unentgeltlich („gratis", so wo der Staat selbst belastet würde oder aus Humanitätsgründen, z. B. bei Eheschliessungen Armer); endlich sind nach Specialbestimmungen der Gesetze manche Fälle aus besonderen Rücksichten (auch aus verkehrspolitischen) ausdrücklich von dem Stempel, unter den sie an sich fallen würden, ausgenommen oder befreit (nach Vignes, I. 447). Aber, wie die frühere Darstellung gezeigt hat, ist die Stempelpflichtigkeit im französischen Recht sehr ausgedehnt und allmählich immer ausgedehnter geworden, namentlich durch die Gesetzgebung der letzten Jahrzehnte und nach dem Kriege von 1870—71. Mit daher und wegen der Zuschläge (Decimen) die bedeutende Ertragssteigerung.

§. 234. 5. Zur Statistik.

Durch die folgenden Daten werden die in die vorausgehende Darstellung eingestreuten ergänzt. Zugleich werden hier auch, wie oben am Schluss des §. 224 vorbehalten wurde, Daten über die Bewegung der Gesammterträge auch des Enregistrements mitgetheilt. S. Bull. XII, 42 (1815—1852); für die folgenden Jahre und mit den Einzelheiten in den Jahresberichten der Registerverwaltung (im Bull.; für 1886 Bull. XXII, 154). S. auch Faure, p. 99, 105 (1868—87). Die Zahlen beim Enregistrement umfassen hier das letztere im weiteren Sinne, daher einschliesslich der Gerichtsschreiberei- und Hypothekenabgaben, der Geldstrafen, die auch für Stempel bei den Registerabgaben mit verrechnet sind, der Siegeltaxen, der Einziehung von Justizkosten.

	Ertrag in Mill. Frcs.		
	Registrir.	Stempel.	Zusammen.
1816	118.10	24.94	143.04
1820	126.87	25.74	152.61
1830	153.46	27.96	181.42
1840	194.46	34.47	228.94
1847	228.70	41.70	270.40
1850	208.33	39.83	248.17
1860	305.60	56.39	362.00
1869	371.95	89.32	461.27
1870	290.67	74.85	365.52
1871	341.06	82.15	423.24
1872	439.17	137.75	576.92
1873	429.68	140.15	569.82
1881	571.76	155.36	727.15
1886	519.11	156.14	675.25

Die Steigerung ist ausserordentlich, woraus sich die Fähigkeit dieser Steuerarten, vermehrte Beträge bei Bedarf zu liefern, ergibt. Die allgemeine Entwicklung des

Verkehrs, die Ausdehnung wohl namentlich der Creditwirthschaft in allen Formen, die Ausdehnung der Abgabepflichtigkeit und die Erhöhung der Steuersätze theilen sich in den Erfolg. Die Schwankungen in kritischen Jahren sind oben S. 406 ff. schon näher verfolgt worden. Auch hier vermag ich nicht anzugeben, wie in 1870/71 in dem von den Deutschen besetzten Theile Frankreichs die Verrechnung für obige Daten stattgefunden hat. In den allerletzten Jahren zeigt sich Stabilität im Ertrag des Stempels, Rückgang in dem des Enregistrement (Maximum in 1881). Bei letzterem war die Steigerung des Ertrags nach den Finanzmaassregeln des Kriegs langsamer, aber anhaltender als beim Stempel, der aber später wieder mehr Stetigkeit im Ertrage zeigte. Das hängt wohl damit zusammen, dass die Steuerobjecte des Stempels weniger als diejenigen des Enregistrements von den Schwankungen im Verkehrsleben beeinflusst werden, aber auch weniger empfindlich für Steuererhöhungen sind oder sich letzteren weniger entziehen können.

Die Zusammensetzung der Stempelerträge aus den einzelnen Stempelkategorien ist oben schon mit gezeigt worden (bes. in §. 229—231). Im Unterschied vom Enregistrement ist es beachtenswerth, dass beim Stempel der Ertrag des Proportionalstempels viel kleiner als derjenige des übrigen ist (wenig über 1 : 4, 1886 33.8 gegen 122.3 Mill. Frcs.), während das Verhältniss das umgekehrte beim Enregistrement ist, indem auf die „feste" Abgabe, selbst inbegriffen die, der Proportionalabgabe sich schon mehr nähernde „feste abgestufte", kaum 10, auf die Proportionalabgabe an 90 %, des Ertrags fallen. Steuerpolitisch ist, soweit dieser Punct entscheidet, das Registerabgabewesen hiernach erheblich günstiger als das Stempelwesen zu beurtheilen, weil sich die Proportionalabgabe — freilich auch nur sehr roh und durchaus nicht immer — doch im Ganzen den Anforderungen gleichmässigerer Steuerbelastung der Pflichtigen besser anpasst.

Die Einnahme aus Geldstrafen war in 1885 und 1886 beim Proportionalstempel 206,441 und 208,830, beim Dimensions- und Specialstempel 487,189 und 478,072, bei anderen Strafen (incl. Einkommensteuer) 514,191 und 584,321 Frcs., zus. 1.208 und 1.271 Mill. Frcs.

Siegelgebühren kamen 1886 203,984 Frcs. für den Schatz ein (Tarif der Adels-, Wappentaxen, Altersdispense und einiges Andere im Gesetz vom 28. April 1816, Art. 55, bei Jacob, S. 181).

§. 235. 6. Zur Kritik des Stempels. Auf eine umfassendere Kritik des französischen Stempelwesens als solchen soll hier jetzt nicht eingegangen werden. Es kann an den in die Darstellung eingestreuten Bemerkungen genügen. Denn das französische Stempelwesen ist doch nicht so abweichend von demjenigen anderer Länder, dass nicht die Kritik des Stempels überhaupt, in der allgemeinen Steuerlehre (Fin. II, §. 467 ff., auch 323 ff.) und in der systematischen speciellen, im Wesentlichen auch für den französischen Stempel zuträfe. Daher hier nur noch wenige kritische Bemerkungen.

Namentlich die grosse Ausdehnung des besonders roh mechanischen Dimensionsstempels scheint mir ein Uebelstand des französischen Stempelrechts zu sein. Die Erhebung von Gerichtsgebühren mit in dieser Form (für Processschriften etc.) ist ebenfalls ein besonderer Mangel, und zwar nicht nur ein finanz- und steuerpolitischer, sondern wohl auch ein justizpolitischer, — was noch bedenklicher ist. Der Hinzutritt des Stempels zu den Registerabgaben in vielen Fällen erhöht die Steuerbelastung der registrirungspflichtigen Rechtsgeschäfte und damit manche Bedenken dieses Abgabesystems gewiss auch öfters nicht unerheblich, und zwar nicht nur wegen des Betrags der Stempelabgabe, sondern auch wegen der Art, wie die letztere eingerichtet ist.

Aber anderseits bietet sich doch in der **Verbindung von Stempel und Registerabgabe**, auch von ersterem mit der **Umsatzsteuer** (bei Werthpapieren), wieder der bei einem grossen Gesammtsteuerbedarf, welcher einmal aufgebracht werden muss, doch nicht unwichtige Vortheil, die **Steuerlast mehr auf verschiedene Arten, Fälle, Zeitpuncte der Steuerpflichtigkeit zu vertheilen**. Es wird hier eben derselbe steuerpolitische Grundsatz angewandt, wie in einem ganzen, aus vielen verschiedenartigen Steuern bestehenden, statt eines sehr einfachen Steuersystems und gar statt einer „einzigen Steuer". Immerhin freilich erhebt sich dem Betrachter doch nicht selten die Frage, ob es nothwendig, richtig, zweckmässig ist, Registerabgaben und Stempel **neben einander zu erheben**, so bei den registrirungspflichtigen Urkunden und ob man hier nicht besser bloss eine einzige entsprechend umgestaltete Abgabeform wählen könnte und sollte.

Bei den **Special**stempeln, wo die Entwicklung in der Richtung **niedriger Fixstempel** als der steuertechnisch allgemein beachtenswerthe Punct dem Kritiker entgegentritt (S. 558) und bei dem **Proportional**stempel in seinen beiden Hauptkategorien, **Handelseffecten** (Wechsel) und **Werthpapieren**, zeigt der Stempel in seiner französischen Ausbildung im besonderen Maasse jenen seinen eigenthümlichen und an sich steuerpolitisch und steuertechnisch gerechtfertigten Character der **Ergänzungs-** und der **Ersatz**steuer gegenüber dem französischen System der directen Besteuerung: so gegenüber der **Patentsteuer** und deren unzureichender Belastung mancher in ihren Erträgen aus den dieser Steuer zu Grunde liegenden „äusseren Merkmalen" nicht genügend getroffener Gewerbe, besonders des Geld-, Bank-, Verkehrs-, Versicherungswesens; so ferner gegenüber dem **Fehlen der Einkommensteuer**, welches Letztere den Einkünften aus beweglichem Vermögen namentlich zu Gute kommt, ein Privileg, das durch die Registrirungspflichtigkeit von Rechtsgeschäften und Urkunden einigermaassen vermindert wird.

So Manches daher im Ganzen wie im Einzelnen an dem französischen Stempelwesen vom finanzwissenschaftlichen und volkswirthschaftlichen, ja, wie bemerkt, selbst vom justizpolitischen

Standpunct auszusetzen ist: im Rahmen der gesammten französischen Besteuerung betrachtet hat dieser Stempel in seiner erreichten Ausgestaltung doch auch wohl seine tiefere steuerpolitische und steuertechnische Berechtigung.

d. Die Gerichtsschreibereiabgaben (droit de greffe).

Gesetzgebung s. o. S. 501, Grundlage im Hauptgesetz vom 21. Vent. VII. (11. März 1799). Literatur. Vignes, I, 458—461, 469, II, 408—410 (Tarif). Block, dict. Art. greffier, p. 1045. v. Hock, S. 201—204. v. Kaufmann, S. 295. Statistik in derjenigen der Verwaltung des Enregistrement, zu welcher diese Abgaben ressortiren.

§. 236. Diese Abgaben haben überwiegend Gebührencharacter, als Zahlungen für Amtshandlungen der „greffiers" (Gerichtsschreiber). Die letzteren beziehen auch in den Hauptfällen Antheile an diesen Gebühren, zur Ergänzung ihrer mässigen festen Besoldungen. Im engen Zusammenhang mit der eigenthümlichen französischen Organisation dieses Dienstzweiges der Gerichtsschreiberei (der Gerichtskanzlei), mit der Function der Gerichtsschreiber und mit der Gattung der einzelnen Amtshandlungen dieser Personen stehend, sind sie nicht aus dem finanzwissenschaftlichen Gesichtspuncte in erster Linie zu beurtheilen und auch als „Gebühren" nur in Verbindung mit Gerichtsorganisation, Processrecht etc. ganz verständlich. Steuerelemente enthalten sie grossentheils gar nicht, stets nur in geringem Grade. Indem sie aber regelmässig in solchen Fällen vorkommen, wo für die betreffenden Urkunden und Rechtsgeschäfte schon Stempel- und Registerabgaben entrichtet sind, bilden sie, wenn auch wesentlich Vergütungen für specielle Dienstleistungen, doch in der finanziellen Wirkung eine abermalige neue Belastung von Urkunden und Rechtsgeschäften, obschon in weit geringerer Höhe und nach einem anderen Princip und Maassstab als die beiden anderen genannten Abgabearten, vertheilt. Ihr Gesammtertrag ist gegenwärtig mit ca. 8 Mill. Frcs. etwas über 5 % des Stempelertrags und etwa $1^3/_4$ % desjenigen des Enregistrements.

S. über Organisation und Function des Dienstes der Greffiers den gen. Artikel im Block'schen dict. Greffiers bestehen an den Civil-, Friedens-, Handelsgerichten, beim Cassationshof, Staatsrath, Rechnungshof, mit verschiedenen Tarifen (Vignes, I, 458). Derjenige für die Civilgerichte beruht auf dem Gesetz vom 21. Vent. VII., Art. 2 ff. (Jacob, S. 104 ff.) u. kaiserl. Decret vom 12. Juli 1808 (eb. S. 137). Die Abgabesätze, bei denen zum Principal der alte 10 % Zuschlag vom Jahre VII und ein weiterer seit 1871 (Gesetz vom 23. August), also zusammen 20 % treten, zerfallen in drei Hauptarten:

1) Für die Eintragung einer Sache in die Gerichtsrolle (droits de mise en rôle) „feste" Sätze von 1, $1^1/_2$, 3, 5 Frcs. 10 % davon fallen in der Regel (nicht

überall) den Greffiers als Gebührenantheil zu. Ertrag 1885 und 1886 bei Civil- und Handelsgerichten 789,000 und 796,000 Frcs., bei Friedensrichtern 353,000 und 359,000 Frcs.

2) Für die **Abfassung und Ueberschreibung** (rédaction et transcription) gewisser im Gesetz genannter Urkunden; und zwar meistens feste Sätze, je nach den Gegenständen, für jeden Fall von 1½, 1½ und 3 Frcs.; in zwei Fällen aber auch **Proportionalabgaben** von ½ (bedingt ½) % für die ersten 5000 Frcs.) bei Listen über Antheilssummen von Gläubigern, Anweisungen zu Beisteuern derselben, sowie bei gerichtlichen Zuschlägen. Diese Gestaltung der Abgabe nimmt ihr nicht nothwendig den Gebührencharacter, sondern dient nur zur angemesseneren Vertheilung der Kosten unter den Interessenten. Auch hier beziehen die Greffiers 10% des Ertrags. Letzterer war 1885 und 1886 1.810,000 und 1,979,000 Frcs.

3) Für **Ausfertigungen** (expéditions) von Erkenntnissen, Urtheilen und Gerichtsurkunden, für jedes Stück 1, 1½, 2 Frcs, je nach dem Gegenstand, wie das Gesetz es näher angiebt. Der Antheil des Greffiers ist hier 30 Cent. pro Stück (Rolle), bei Ausfertigungen für Staatsbeamte im Namen und für das Interesse des Staats 20 Cent. Der Haupttheil des Ertrags fällt auf diese dritte Gattung, 1885 und 1886 4.540,000 und 4,944,000 Frcs.

Der Gesammtertrag dieser Abgaben war daher 1885 und 1886 7,492,000 und 8,077,000 Frcs., wobei (meiner Annahme nach) die Antheile der Greffiers schon abgezogen sind.

In allen Fällen, namentlich auch bei den Ausfertigungen, sind diese Gebühren **ausser den Stempeln** zu entrichten. Im Interesse des Ertrags des letzteren bestehen wieder Vorschriften über die Zahl der Zeilen auf der Seite und der Silben in der Zeile, welche die Ausfertigungsurkunden im Durchschnitt inne zu halten, also namentlich nicht, gegen das fiscalische Interesse, zu überschreiten haben. Immer beachtenswerth für die Consequenz, mit der das fiscalische Interesse auf diesem Gebiete überall hin verfolgt und der Zusammenhang von Register-, Stempel-, und Gerichtsschreibereigebühren daher gewahrt wird.

Ueber die vierte Kategorie der zu diesem ganzen Gebiet gehörenden Abgaben, die Hypothekengebühren, ist des Zusammenhangs wegen schon oben in §. 219 im Rahmen der Darstellung des eigentlichen Enregistrement (i. e. S.) gehandelt worden.

Es ist somit dieses grosse, verwickelte in jeder Hinsicht besonders wichtige Abgabegebiet nunmehr vollständig zur Darstellung gebracht worden. Wir können uns daher jetzt zu den übrigen Abgaben wenden, welche wir zur französischen „**Verkehrsbesteuerung**" i. w. S. gestellt haben (o. S. 417).

2. Abgabe von den Erfindungspatenten (brevets d'invention).

Gesetzgebung. Gesetz vom 5. Juli 1844, bes. Art. 4. **Literatur.** Block, dict. Art. brevet d'invention, No. 45, 46. Vgl. auch Klostermann, Patentgesetzgebung aller Länder, 2. Aufl., Berlin 1876, S. 316 ff., über das französische Patentrecht, S. 334. v. Kaufmann, S. 567. Statistik der Erträge bei Faure, p. 148, im Etat bei den „verschiedenen Erträgen".

§. 237. In Frankreich besteht als Princip des Patentrechts das **reine Anmeldeverfahren**, ohne Vorprüfung. Das Patent kann auf 5, 10 oder höchstens 15 Jahre genommen werden. Seine Giltigkeit ist an die Zahlung einer gleichmässigen **Jahresabgabe** von 100 Frcs. geknüpft, welche jährlich vor Beginn des Jahres entrichtet sein muss, sonst verfällt das Patent. Bei einer Cession des Patents muss diese Abgabe für die ganze Dauer der Zeit, für die jenes genommen ist und noch läuft, also je bis zum 5., 10. oder 15. Jahre, auf einmal erlegt werden.

Die Abgabe hat wie jede derartige Patenttaxe etwas vom Character der **Gebühr**, als Kostenersatz für das Patentamt, sonst den einer Steuer, in der man zwar etwas Gewerbesteuerartiges, aber auch etwas Verkehrssteuerartiges sehen kann, insoweit die Abgabe für den Erwerb des Erfinderschutzrechts bezahlt wird. Der Zweck, durch die Abgabeforderung zugleich die übermässige Entnahme von Patenten zu beschränken, wird auch in Frankreich anerkannt.

Ihr Ertrag ist jetzt über 2 Mill. Frcs.:

1869	1,446,000 Frcs.	1872	1,137,000 Frcs.
1870	1,007,000 „	1875	1,418,000 „
1871	1,035,000 „	1884	2,133,000 „

Anschlag 1887 2,190,000 Frcs. Also starker Rückgang in der Kriegszeit und langsame Erholung.

3. Transportsteuern

oder Steuern von „öffentlichen" Fahrzeugen, bezw. Fuhrdiensten, insbesondere regelmässigen, einschliesslich Eisenbahnen, namentlich für den Personentransport (voitures publiques).

Gesetzgebung (Hauptgesetze). Grundlegendes Gesetz vom 9. Vendém. VI. (30. September 1797) für Personentransport. Gesetz vom 5. Vent. XII. (23. Februar 1804), Ausdehnung auf gewisse Waarentransporte. Decrete vom 14. Fructid. XII. (1. September 1804). Im Finanzgesetz vom 25. März 1817, Art. 112 ff. wesentlich nur neue Redaction der älteren Vorschriften. Tarifänderungen, meist Erhöhungen und andere kleinere Veränderungen mehrfach, so 1819, 1833, 1837, 1851, 1855, 1871. In letzterem Jahre durch Gesetz vom 16. September 1871 nahezu Verdopplung der Steuer. Gesetz vom 11. Juli 1879 (Tarifmodification gegenüber dem Gesetz vom 25. März 1817, Art. 112, 113 und genauere Bestimmungen über die Art und Weise der Berechnung der Steuer). — Diese Gesetze beziehen sich im Allgemeinen auf die Steuer vom Eisenbahntransport mit. Besondere Bestimmungen über diese Steuer im Gesetz vom 2. Juli 1838; wesentlich verändert durch Gesetz vom 14. Juli 1855. Die starke Tariferhöhung des Gesetzes vom 16. September 1871, Art. 12, betrifft practisch vornemlich nach ihrem finanziellen Effect die Eisenbahnen. Genauere Bestimmungen über die Durchführung der Steuer für Eisenbahnen durch Decret vom 21. Mai 1881, zu dessen Erlass die Verwaltung durch Art. 4 des Gesetzes vom 11. Juli 1879 ermächtigt worden war. Gesetz vom 3. März und 9. September 1881. Der Principalsatz der Steuer erhöht sich durch die 2 Decimen Zuschläge (des einen alten von 10% von 1799 und eines zweiten von derselben Höhe aus 1855). — Ausser der eigentlichen Steuer von „voitures publiques" besteht auch noch eine Licenzabgabe von den „Wagen" (Tarif nach Gesetz vom 25. März 1817, Erhöhung um 5% im Gesetz vom 30. December 1873). — Vorübergehend hat nach dem letzten Kriege auch eine Besteuerung des gewöhnlichen Frachtgüterverkehrs der Eisenbahnen („petite vitesse") bestanden (Gesetz vom 21. März 1874). Doch ist dieselbe bald wieder beseitigt worden (Gesetz vom 26. März 1878). — S. über den wesentlichen Inhalt der Gesetze bes. Block und Vignes.

Literatur. Stourm, II, 105—117 (Entstehung der Besteuerung in der Periode der ersten Revolution und Verknüpfung mit den Einrichtungen des „öffentlichen" Fuhrwesens der früheren Zeit). Vignes, I, 191—194, Tarif daselbst II. 388. Block, dict. Art. voitures publiques, p. 1833 ff., suppl. génér., p. 435 (Gesetz von 1879); Art. Chemins de fer, dict., p. 412, No. 62—64, suppl. génér., p. 86 (Decret von 1881); Art. Licence, dict., p. 1198. v. Hock, S. 410—418, 420. v. Kaufmann, S. 431—442, beide hier ziemlich ausführlich. Bull. VI, 1 (Gesetz von 1879), IX, 457 (Decret von 1881). Tarife XVI, 535. — Statistik bei Vignes, II, 294. v. Kaufmann, a. a. O., Faure, p. 121. Bull. in den Berichten der Verwaltung der „indirecten Steuern", so I, 146, XIX, 266, 252, XX, 600 u. a. m.

§. 238. 1. Entwicklung. Character. Die französische „Transportsteuer" von „öffentlichen" Fahrzeugen (Fuhrwerken) oder Fuhrdiensten bietet ein eigenthümliches Beispiel des Waltens systematischen Sinnes in der französischen Steuergesetzgebung. Die Steuer wurde 1797 wesentlich aus fiscalischen Rücksichten eingeführt, um den Ausfall an Einnahmen zu decken, welchen die damals gleichzeitig erfolgte Aufgabe der Personen-

und Packetpost (ferme nationale des Messageries) endgiltig mit sich bringen musste. Diese Verwaltung hatte allerdings thatsächlich mit Deficiten gearbeitet, da man sich nicht entschliessen konnte, ihr, wie anfangs beabsichtigt war, ein ausschliessliches Recht auf Fahrcurse mit festen, nach Tagen und Stunden genau bestimmten Abgangszeiten in wirksamer Weise zu verbürgen. Man half sich schliesslich, indem man die Messagerien überall der Privatindustrie überliess und eine Steuer, theils als Proportionalabgabe von 10% vom Ertrag der Personen-Fahrzeuge mit regelmässigem Fuhrdienst zwischen verschiedenen Orten zu fest bestimmten Abgangszeiten, theils als feste Abgabe von anderen „öffentlichen", auf besondere Bestellung fahrenden Personen-Fahrzeugen einführte.

Bei der ersten Abgabe wurde ein Viertel, seit 1819 ein Drittel für „leere Plätze" abgerechnet. Anfangs auch gewisse Aussenplätze nicht berücksichtigt, ferner das etwa im Fahrpreis enthaltene „Trinkgeld" nicht mit besteuert. Im Princip betraf und betrifft die Steuer auch den Verkehr zu Wasser im Inlande. 1804 wurde dann der regelmässige Waarenverkehr zu Lande der Proportionalabgabe mit unterzogen. Die Hauptsache ist immer die Besteuerung des Personenverkehrs geblieben. Abonnements wurden gestattet (1805). Mancherlei kleinere Veränderungen im Tarif, in der Berechnungsweise der Abgaben sind im Laufe der Zeit erfolgt (s. die oben genannten Gesetze u. s. w.). An Casuistik und an Zweifeln, welche die Judicatur entschied, fehlte es auch hier nicht. Die Abgabe unterstand zuerst der Enregistrementverwaltung. 1805 wurde sie zum Zweck besserer Durchführung und Controle unter die Verwaltung der indirecten Steuern gestellt, zu welcher sie noch gegenwärtig gehört.

Diese in der französischen Steuergesetzgebung beliebte Combination von Proportional- und festen Abgaben ist geblieben und systematisch ausgebildet worden. Zu beiden trat seit 1817 noch eine Licenzabgabe von jedem einzelnen Fahrzeug bei der Einfügung der „öffentlichen Fuhrwerke" in das wesentlich Controlzwecken dienende Licenzsystem der indirecten Besteuerung.

Das steuerpolitisch entscheidende Moment in der Entwicklung dieser „Besteuerung öffentlicher Fuhrwerke" war dann die systematische Anwendung derselben auf den Eisenbahnverkehr. Dadurch wurde zugleich die steigende und eine allmählich sehr erhebliche finanzielle Bedeutung dieser Besteuerung herbeigeführt.

An und für sich war es nur folgerichtig, den Personentransport der Eisenbahnen unter die einmal bestehende Besteuerung der öffentlichen Fahrzeuge zu stellen. Das Sträuben der Bahngesellschaften, welches mit dem Hinweis auf die Benutzung der von ihnen selbst hergestellten Bahnen, als ihrer eigenen Wege, zu begründen gesucht wurde, ist daher auch mit Recht zurückgewiesen worden.

Da die Bahnen aber in dem Tarif des Personenverkehrs nicht bloss für den eigentlichen Transportdienst ihres Fuhr- und Wagenparks, sondern auch für die Benutzung der Bahnen selbst bezahlt wurden, so war es gleichfalls folgerichtig, dass die Proportionalsteuer nur von dem Tarifbetrag für den ersteren Dienst erhoben wurde.

Dies hat das Gesetz vom 2. Juli 1838 festgestellt, wonach im Allgemeinen, Mangels anderer Bestimmungen, $^1/_2$ des Tarifbetrags und daher Verkehrsertrags als der der Proportionalabgabe zu unterwerfende Theil anerkannt wurde. S. Näheres über diesen Punct bei v. Kaufmann, S. 434 ff., wo in der sonst guten Darstellung nur die scharfe steuerpolitische Auffassung mangelt und die schärfere Entwicklung, wie öfters bei ihm, zu einseitig auf bloss fiscalische Rücksichten zurückgeführt wird. Auch Hock, S. 417, hebt den entscheidenden principiellen Punct nicht hervor. S. auch Vignes, I, 192, Block, dict. Art. voitures publ., No. 9, 10, Art. chemins de fer, No. 62, Stourm, I, 115. Hier wird überall das Wesen der älteren und ihr Unterschied von der neuen Eisenbahnsteuer verkannt. Eine „Ausnahme", wie im Block'schen dict. a. a. O. in No. 10 gesagt wird, also eine Art Steuerprivileg, war die frühere Beschränkung der Eisenbahnabgabe auf die Steuer vom eigentlichen Transportdienst nicht, sondern etwas nach dem Geiste der bestehenden Transportsteuer Richtiges. Es ist auch nicht zu vergessen, dass die damalige französische Eisenbahngesetzgebung, wie auch die anderer Länder, so die preussische, noch der Idee der Möglichkeit der Trennung des Fahrverkehrs vom Besitz der Bahngeleise anhing, wobei dann eine uns jetzt fremdartig und sonderbar vorkommende Zusammensetzung des Tarifs aus zwei Elementen, für den eigentlichen Transport und für die Bahnbenutzung, wieder nur folgerichtig war.

Im Jahre 1855 wurde dann aber die Besteuerung des Eisenbahnverkehrs umgestaltet und damit dieselbe überhaupt steuerpolitisch zu etwas Anderem gemacht, als sie bis dahin gewesen und als die allgemeine Steuer auf „öffentliche Fahrzeuge" war und blieb. Wird die Eisenbahnsteuer auch seitdem nach wie vor als ein Glied dieser allgemeinen Steuer aufgefasst, so ist sie das doch nur noch formell, ihrem Wesen nach hat sie sich so verändert, dass eigentlich eine neue Steuer vorliegt. Das Gesetz vom 14. Juli 1855 bestimmte nämlich, dass die Proportionalabgabe von 10 %, nebst Zuschlägen, von dem ganzen tarifmässigen Preise, daher Ertrage des Personenverkehrs der Eisenbahnen, ferner auch des Eilgutverkehrs berechnet werden, den Eisenbahnen aber auch die wohl schon geübte, jedenfalls von ihnen beanspruchte Berechtigung, diese Steuer zum concessionirten Tarifsatze hinzuzuschlagen, gestattet werden sollte. So ist diese Steuer äusserlich eine Ertragssteuer vom genannten Eisenbahnverkehr, ihrem Wesen, ihrer vornehmlichen Wirkung und schliesslich auch selbst ihrer Form nach eine indirecte, durch die Bahnverwaltung mit erhobene, regelmässig vom Benutzer der Bahntransportdienste getragene Verbrauchs- oder Genusssteuer geworden. Das Gewerbesteuerartige, auch das nicht ganz fehlende Gebührenartige der allgemeinen Fahrzeugsteuer ist damit in der Hauptsache verschwunden. Sie muss daher auch principiell anders als letztere beurtheilt werden.

<small>Das ist, so viel ich sehe, in der Literatur, so in der oben genannten, übersehen oder nicht richtig erkannt worden, auch von v. Kaufmann nicht, der hier immer nur einseitig fiscalische Tendenzen sieht. — Nebenbei bemerkt ist der wirkliche steuerpolitische Character einer Steuer wie der französischen Eisenbahnsteuer von 1855 übrigens mit nach der Antwort auf die schwer zu entscheidende Frage zu bestimmen, welche Rückwirkung eine solche Steuer auf Verkehr, Tarife, Reinerträge hat. Ich möchte doch annehmen, auch nach der Höhe der Steuer, dass dieselbe nach dieser muthmaasslichen Rückwirkung immerhin etwas wie eine Ertragssteuer der Eisenbahnen mit wirkt. Für die Beurtheilung des Steuergesetzes von 1855 kommt das mit in Betracht.</small>

Die Umgestaltung, welche hiernach gerade die Eisenbahnsteuer durch das Gesetz von 1855 erlangt hat, wird man mit Rücksicht auf die Stellung des Eisenbahnwesens unter den Communications- und Transportanstalten der Gegenwart und auf die ganze Gestaltung des französischen Steuersystems steuerpolitisch nicht so durchaus missbilligen können, wie es wohl geschehen ist. Nach der rechtlichen Natur der Privat-Eisenbahnen, schon in Betreff ihrer Entstehung, ist eine Sonderstellung derselben im Steuerwesen nicht ungerechtfertigt. Nach der factisch mehr oder weniger monopolistischen Stellung im Verkehrsleben ebenso wenig. Allerdings wird man nach beiden Momenten zunächst nur eine besondere Ertragsbesteuerung der Bahnen billigen können, nicht die im französischen Recht gestattete Tarifsatzerhöhung um die Steuer, also die Ueberwälzung auf das Publicum. Und in der That ist dies der misslichere Punct. Aber selbst dafür lässt sich geltend machen, dass eine derartige Steuer in ein Steuersystem immerhin hinein passt, welches wie das französische so allgemein dahin strebt, die Tragung der grossen Steuerlast durch Vertheilung der letzteren auf möglichst viele Verkehrsacte, Consume, Rechtsgeschäfte zu erleichtern. Verkehrspolitische Bedenken bleiben trotzdem gewiss, aber sie müssen und dürfen auch wohl beim Personen- und Eilgutverkehr den in Frankreich einmal gebotenen finanziellen Rücksichten weichen. Beim Frachtverkehr liegt die Sache anders. Hier ist die in der Finanznoth nach dem letzten Kriege 1874 eingeführte Steuer denn auch bald wieder beseitigt worden (1878).

Der finanzielle Schwerpunct der ganzen „Transportsteuer" ist durch die grossartige Entwicklung des Eisenbahnverkehrs und die starke Erhöhung der Steuer seit 1871, aber auch wesentlich mit durch die Umgestaltungen des Gesetzes von 1855 durchaus in die Eisenbahnsteuer verlegt worden. Diese bringt jetzt an 95 % des Gesammtsteuerertrags von ca. 90 Mill. Frcs. auf. Erst durch die

Ausdehnung der Steuer auf die Eisenbahnen und durch die genannte Steuererhöhung ist die ganze Steuer so zu einem erheblichen Finanzobject für das französische Budget geworden.

Ob Frankreichs Finanzlage eine Wiederermässigung der Steuer so leicht und bald zulassen wird, wie es im Verkehrsinteresse erwünscht wäre, ist fraglich und wäre gegenüber so vielen anderen bedenklicheren Steuern nicht durchaus räthlich. Eher könnte man daran denken, die wenig einträgliche und durch die Einrichtung und die Controlen viel lästigere Besteuerung der übrigen Fahrzeuge aufzuheben: gewissermaassen jetzt nur noch ein Anhängsel der Eisenbahnsteuer, wenn auch der Ausgangspunct dieser ganzen Steuergattung. Abgesehen von auch hiergegen noch etwas mitsprechenden finanziellen Bedenken wird aber nicht nur der alte Bestand der Steuer, sondern auch der französische Sinn für strenge „Steuersystematik", in welcher letzterer man in Frankreich wohl ohne Weiteres die Erfüllung der Gerechtigkeitsforderungen sieht, dagegen sich auflehnen.

§. 239. 2. Einrichtung und Tarif der Transportbesteuerung. Nur dem „öffentlichen" Verkehr dienende Fahrzeuge sind steuerpflichtig, also frei die Privatfuhrwerke für die persönlichen Zwecke des Besitzers. Für diese besteht jetzt als directe Gebrauchssteuer eine eigene Wagensteuer, mit welcher die hier behandelte nicht zu verwechseln ist. Bei letzterer sind dann nach der gegenwärtigen Gesetzgebung folgende Fahrzeug- und Transportzweige zu unterscheiden, bei welchen hier die jetzt geltenden Tarifsätze gleich beigefügt werden.

S. bes. Gesetz vom 11. Juli 1879. Decret vom 21. Mai 1881; Tarifübersicht, Bull. XVI. 535.

a) Oeffentliche Fahrzeuge (Wagen) für den Verkehr zu Land und zu Wasser und zwar

α) mit regelmässigem Fahrdienst, d. h. einem solchen, welcher zwischen mehreren Puncten zu bestimmten Abgangszeiten erfolgt. Hier findet die Proportionalabgabe Anwendung.

Der Tarifsatz im Principal ist $^{1}/_{10}$ des Preises der Plätze der Fahrgäste und des für den Waarentransport bezahlten Preises, einerlei ob für jeden Fall oder im Abonnement erhoben. Die Berechnung erfolgt jetzt in der Weise, dass bei Tarifsätzen von 50 Cent. und darüber $22^{1}/_{2}\%$ der Nettoeinnahmen oder $^{9}/_{40}$ der Bruttoeinnahmen, bei Tarifsätzen unter 50 Cent. 12% der ersteren oder $^{8}/_{64}$ der letzteren die Steuerschuldigkeit (mit allen Zuschlägen zum Principal) bilden. Ertrag nur noch unbedeutend, 1886 für Reisende 210,688, für Waaren bloss 2839 Frcs.! (Bull. XXIII, 287). Dies erklärt sich aus den Veränderungen des Gesetzes von 1879 (s. u.). Früher,

z. B. 1876, war der Ertrag (incl. ausserordentlicher Dienst, s. u.) erheblich höher 2,434,000 Frcs. für Personen und 86,000 für Waaren (Bull. I, 146).

β) (Mieth-)**Fahrzeuge auf Bestellung**. Hier besteht die feste Abgabe, theils nach **Fahrzeugen (Wagen)**, theils nach **Plätzen**.

Zu diesem Verkehr werden jetzt auch Wagen mit bestimmtem Dienst zwischen zwei Puncten gerechnet, wenn dieselben die Stadt nicht oder nicht über 40 Kilometer weit verlassen, vorausgesetzt, dass nicht eine unmittelbare Fahrtfortsetzung, auch nicht mit Wagenwechsel, nach entfernteren Puncten stattfindet (daher voitures assimilés au service d'occasion. Gesetz vom 11. Juli 1879, Art. 2, wodurch eine Ausnahme von Art. 112 des Gesetzes vom 25. März 1817 begründet wird). In Folge dessen fällt der Omnibus- und Pferdebahnverkehr jetzt unter diese feste Abgabe, woraus sich die Geringfügigkeit des Ertrags unter *α* mit erklärt. Die Ausnahmebestimmung bestand übrigens vordem schon, aber nur innerhalb 15 Kilometer Entfernung (Gesetz vom 28. Juni 1833, Art. 8).

Der jetzige Tarif ist eine feste Jahresabgabe für Wagen von 1—2 Plätzen von 50 Frcs., 3 Plätzen 75 Frcs., 4 Plätzen 100 Frcs., 5 Plätzen 120 Frcs., 6 Plätzen $137^1/_2$ Frcs.; für grössere Wagen (Waggons, auch Schiffe) von 6—50 Plätzen pro Platz $12^1/_2$, von 51—150 desgl. $6^1/_4$, über 150 $3^1/_8$ Frcs. pro Platz. Der Ertrag war 1886 4,549,500 Frcs., früher, z. B. 1876, nur 3,017,000 Frcs. Ausserdem 1886 für in diese Kategorie gestellte Eisenbahnen 84,990 Frcs.

γ) **Fahrzeuge im ausserordentlichen Dienst**, d. h. zur **Aushilfe bei Bewältigung des „regelmässigen" Dienstes** (unter *α*). Hier besteht dieselbe Proportionalabgabe wie bei *α*.

Und zwar mit dem gleichen Tarifsatze. Ertrag incl. des „vorübergehenden" Diensts (u. *δ*) 1886 23,903 Frcs.

δ) **Fahrzeuge im vorübergehenden Dienst**, d. h. bei **einzelnen besonderen Gelegenheiten**, wie öffentlichen Festen u. dgl. (service accidentel). Hier besteht eine mässigere feste Abgabe.

Für den Platz und Tag jetzt mit Zuschlägen $18^3/_4$ Centimes.

b) **Eisenbahnen. Sie unterliegen der Proportionalabgabe vom Ertrag des Personenverkehrs und des Eilgutverkehrs (grande vitesse).**

Die Bahngesellschaften können zwischen der Erhebung der Steuer nach der wirklichen Einnahme und im Abonnement wählen (Decret von 1881). Im letzteren üblichen Falle werden der Berechnung der Steuer jetzt zu Grunde gelegt die tarifmässigen Roheinnahmen der Bahngesellschaften für beide genannte Verkehre (Postcollis sind jedoch frei). Davon sind $^{26}/_{144}$ oder 18.531 ... % von Tarifeinheiten von 50 Cent. und darüber, $^{13}/_{112}$ oder 10.714 ... % von solchen unter 50 Cent. zu entrichten, was den gesetzlichen Beträgen von $22^1/_2$ und 12% (mit Zuschlägen) der „Nettoeinnahmen" gleich gilt. 2 Cent. pro Einnahmepost werden (Decret vom 21. Mai 1881) dabei von den ersteren Fällen abgerechnet, vorbehaltlich einer Revision dieses Abzugs alle 5 Jahre. Früher war die Berechnungsweise streitig, namentlich in Betreff der Zuschlagsdecimen und der 10% neuen Steuer von 1871, ob beide nämlich von dem alten Steuer-Principalsatz oder, nach eingetretenem Zuschlag desselben zum Tarif der Bahn, von dem ganzen, die Steuer schon in sich enthaltenden Satze zu berechnen seien, was die Steuerverwaltung behauptete. S. darüber Block, dict. Art. voit. publ. No. 11, 12. v. Kaufmann, a. a. O., S. 437. Jetzt ist die Sache, wie angegeben, geregelt, also der wirklich erhobene Steuersatz procentweise doch niedriger als der gesetzliche. Ein Fortschritt in der Richtung besserer Steuervertheilung wäre es, wenn man bei der Besteuerung des Personenverkehrs die **Wagenclassen** unterschiede und diese, statt proportional, progressiv, am Niedrigsten die 3., am Höchsten die 1. belegte. — Der Ertrag ist endgiltig immer erst nach Abschluss der Rechnungen der Bahnen festzustellen. Er war für Personen in 1886 nach der Abschlussrechnung 72.42 Mill. Frcs., für Eilgut 15.47, zus. 87.89 Mill. Frcs., nach den durch die Steuerverwaltung während des Jahres selbst constatirten Summen bezw. 62.70, 12.83, 75.53 Mill. Frcs.

Zu diesen Steuern treten noch Licenzgebühren und Gebühren für die Fahrzeug- oder Wagen-Controlmarke. Dem Licenzzwang mit seiner Gebühr und dem Controlmarkenzwang unterliegen alle Wagen und Schiffe für den regelmässigen und den ausserordentlichen Dienst, einschliesslich der Eisenbahnwagen, der Controlmarke auch die auf Bestellung fahrenden Wagen.

Die Licenzgebühr beträgt jährlich mit Zuschlägen 6¼ Frcs. pro Waggon, Wagen, Schiff (nur für zweirädrige Wagen 2½ Frcs.); für Wagen auf Bestellung (?), daher Droschken u. dgl. wird an Stelle dieser Licenzgebühr nur ein Stempel von 10 Cent. erhoben. Die Controlmarke besteht in einem kleinen amtlichen Metallschild, das an jedem Fahrzeug angebracht werden muss und 2 Frcs. kostet (estampille). Der Controle in Folge des Licenzzwangs unterlagen 1873 und 1885 Eisenbahnunternehmungen bezw. 38 und 60, Unternehmer öffentlicher Fuhrwerke mit regelmässigem Dienst 4332 und 515, mit Bestellungsdienst 10,301 und 13,709 (Bull. XX, 600). In diesen Zahlen zeigt sich der Einfluss des Gesetzes von 1879.

Der Eisenbahnfrachtverkehr unterlag nach dem Gesetz vom 21. März 1874 einer 5%, Abgabe vom eigentlichen Frachtpreis zuzüglich der Lade- und Entladegebühren, der Bahnhofsspesen und Uebergangsgebühren zwischen verschiedenen Netzen für alle Waaren und Gegenstände, welche nach dem Tarif für „petite vitesse" befördert werden. Auch diese Steuer, die keinen weiteren Zuschlägen unterlag, durfte auf dem Tarifsatz geschlagen werden. Befreit blieben Waaren im Transit von einer zur anderen Grenze und Waaren im directen Verkehr nach dem Ausland. (Näheres im Decret vom 22. Mai 1874, Dejean, code, p. 388 ff.). Die Steuer trat noch für einen Theil von 1874 in Kraft und hörte mit 1. Juli 1878 wieder auf (Gesetz vom 26. März 1878). Ertrag 1876 23.11 Mill. Frcs.

Der Gesammtertrag der Transportsteuer (ohne die eben genannte) war (Faure, p. 121) in Mill. Frcs.

	von Eisenbahnen.	von anderen Fahrzeugen.	Summe.
1869	32.98	5.21	38.19
1873	64.36	5.42	69.77
1878	83.23	5.89	89.12
1879	75.91	5.05	80.96
1883	90.10	4.72	94.83
1887 (Anschl.)	85.82	4.82	90.64

Man ersieht besonders den Einfluss der starken Erhöhung der Eisenbahnsteuer um ein weiteres Zehntel des Tarifpreises, sowie den Einfluss des Gesetzes von 1879 auf die Abnahme der Erträge von anderen Fahrzeugen. Vor dem Kriege kam von dem Steuerertrage auf letztere ¹⁄₁₀—¹⁄₇, jetzt nur noch etwas über 5%.

Die Veranlagung und Erhebung der Steuer erfolgt bei den gewöhnlichen Fahrzeugen auf Grund von vorgeschriebenen Declarationen der Unternehmer über alle einzelnen für die Besteuerung wichtigen Puncte. Der Licenzzwang, die ihm entspringenden Controlrechte der Verwaltung, die Controlmarkirung der Wagen dienen zur Sicherung der gesetzlichen Besteuerung. Ueber die Erfüllung der Verpflichtungen werden Scheine ausgestellt, welche die Wagenführer stets bei sich tragen müssen. Für den Verkehr im regelmässigen Dienst sind Bücher und Register mit bestimmter Einrichtung zu führen. Auch Abonnements sind in gewissen Fällen statthaft. Strafandrohungen vervollständigen das ziemlich complicirte und lästige Besteuerungssystem, dessen zahlreiche Einzelheiten und Abweichungen bei den oben unterschiedenen Dienstzweigen hier nicht weiter verfolgt werden sollen. S. die hierauf näher eingehende Darstellung von v. Hock und im Block'schen dictionn. Das Einzelne ist mit der üblichen Schärfe und Consequenz des französischen Steuerrechts durchgearbeitet und stellt in seiner Gesammtheit wieder ein merkwürdiges Beispiel davon dar, was sich der französische Verkehr und Gewerbebetrieb im Gebiet der indirecten Steuern und Verkehrssteuern (Enregistrement und Stempel) an fiscalischen Plackereien und Controlen gefallen lässt, während man in der directen Besteuerung so spröde ist, in die persönlichen, ökonomischen Geschäftverhältnisse dem Fiscus Einblick zu gewähren.

Die Geschäftsführung, das Rechnungswesen, die Oeffentlichkeit, die Betriebsconcentration im Eisenbahnwesen erleichtern eine solche Besteuerung viel mehr als diejenige der so zersplitterten sonstigen Fuhrwerksunternehmungen. Die neuere Entwickelung im Verkehrswesen ist daher auch in diesem Puncte dieser Transportsteuer sehr zu Gute gekommen.

Seeschiffe und Seeschifffahrtsverkehr, auch der Personenverkehr dabei unterliegen der Steuer nicht mit.

4. Rückblick auf die französische Verkehrsbesteuerung im Ganzen.

§. 240. Stellt man, wie wir es hier gethan haben, die Transportsteuern zur Verkehrsbesteuerung, also zu Einer Hauptgruppe der Besteuerung mit dem Enregistrement und Stempel zusammen, so erhält man von dieser Gruppe gegenwärtig in Frankreich einen Ertrag von ca. 765 Mill. Frcs. — auch noch nach der Abnahme des Enregistrementertrags in den allerletzten Jahren, vordem von rund 800 Mill. Frcs. und mehr. — Das ist nahezu das Doppelte des Ertrags der directen Staatssteuern, nur etwa 100—150 Mill. weniger als der Ertrag der Zölle und indirecten Verbrauchssteuern (ohne Monopole und Zuckersteuer) zusammen, mehr als das Doppelte des Rohertrags des Tabaksmonopols und an 30 % des gesammten gegenwärtigen Staatssteuerertrags. Die ungemeine Wichtigkeit dieser Steuergruppe als Finanzobject im französischen Staatshaushalt ergiebt sich hieraus, aber auch die ausserordentliche Belastung des „Verkehrs" in dem hier gemeinten Sinne. Nicht zu vergessen ist dabei übrigens, dass die Erbschafts- und Schenkungssteuern im französischen Enregistrement inbegriffen sind.

In steuertechnischer Beziehung giebt es kaum ein feineres und verwickelteres, daher interessanteres, freilich aber auch lästigeres Steuergebiet als dasjenige dieser französischen Verkehrsbesteuerung: rein fiscalisch, steuertechnisch betrachtet eine bewundernswerthe Leistung, der man in der französischen und sonstigen Besteuerung schwer etwas Aehnliches zur Seite, geschweige ihr voranstellen kann. Steuerpolitisch freilich kein unbedenkliches Lob!

In steuerpolitischer Hinsicht kommen aber auch noch sonstige Bedenken, anderseits allerdings auch günstige Seiten dieser „Verkehrsbesteuerung" in Betracht.

Bei der Zufälligkeit, ob und in welchem Maasse die einzelnen Personen von dieser Besteuerung getroffen werden, kann von einer Erfüllung der „Gerechtigkeitspostulate" der Allgemeinheit und Gleichmässigkeit, von einer Uebereinstimmung der Besteuerung durch Registerabgaben, Stempel und Transportsteuern mit dem „leitenden Grundsatze" der modernen französischen Steuerpolitik, „Jeden nach seinen Fähigkeiten zu belasten", durchaus nicht die Rede sein.

Und zwar nicht, wenn man diese grosse Steuergruppe allein für sich, und ebensowenig, zum Theil selbst noch weniger, wenn man sie mit der directen und mit der Verbrauchsbesteuerung zusammen betrachtet: noch weniger, wenn man bedenkt, wie schwer die Rechtsgeschäfte des Immobiliarverkehrs belegt sind, während doch die Immobilien schon durch die directe Besteuerung — die Häuser eventuell durch drei directe Steuern! — getroffen werden. Die Steuerlast, welche einmal Dank der französischen Staatsgeschichte zu tragen ist, wird durch die Verkehrssteuern nach ganz anderen Grundsätzen auf die Bevölkerung vertheilt, als durch die beiden anderen Gruppen. Aber ob überhaupt „gerechter" und nicht noch ungerechter, in welchem Grade „gerechter", wenn das erste „ob" selbst bejaht werden sollte, das ist zweifelhaft genug.

Andererseits bleibt doch die Thatsache bestehen, wiegt steuerpolitisch schwer und spricht zu Gunsten dieser Steuergruppe, dass eben durch ihre drei Hauptglieder, die Registerabgaben, Stempel und die Eisenbahnsteuer, die Tragung des betreffenden Theils der französischen Steuerlast erleichtert und vielleicht erst möglich gemacht wird, weil das „Lastenvertheilungsprincip" bei ihnen ein so ganz anderes als bei den directen und den Verbrauchssteuern ist.

Kein erfahrener Steuerpractiker und kein besonnener Theoretiker würde wohl trotz der schweren Mängel dieser Verkehrssteuern die Aufhebung derselben zu verlangen und den Ausfall dann durch Steuern der beiden anderen Gruppen zu decken wagen. Würde man wirklich so vorgehen, so wäre das Ergebniss für die Lastenvertheilung, nach dem Maassstabe „gerechter" Besteuerung, schwerlich ein besseres, der wirthschaftliche Druck der übrigen, entsprechend vermehrten oder erhöhten Steuern wohl noch grösser, dem Einzelnen empfindlicher, der volkswirthschaftliche und sociale Nachtheil einer so ausserordentlich hohen Besteuerung, wie die französische Gesammtbesteuerung einmal sein muss, höchst wahrscheinlich noch bedeutender.

In allen diesen Hinsichten erweist sich die französische Verkehrsbesteuerung auch geeignet, jene Function zu übernehmen, welche ihr nach der principiellen steuersystematischen Aufgabe dieser ganzen Steuergruppe obliegt: die Function der Ergänzung und des Ersatzes gegenüber anderen Steuern im gesammten practischen Steuersystem.

Fin. II, §. 467 ff. Gewiss vielfach nur in roher, an sich nicht eben befriedigender Weise, aber doch so, dass man diese Besteuerung, als Ganzes betrachtet, nicht entbehren möchte, weil sonst das Steuerwesen noch weit mehr Mängel aufweisen würde.

Indem die zahlreichen einzelnen Abgaben dieser grossen Steuergruppe einen Beitrag zu Gunsten der Staatscasse dem Einzelnen da abfordern, wo sich letzterer im Besitz von Vermögen, Einkommen, wirthschaftlicher Leistungsfähigkeit bei einem Rechtsgeschäft, in einer Beurkundung u. s. w., bei einem Transportact zeigt, übernimmt die betreffende Besteuerung denn auch die Aufgabe, welche den directen Einkommen- und Vermögenssteuern zukäme und anderswo diesen obliegt. Was in dieser Beziehung oben (§. 225) vom Enregistrement speciell gesagt wurde, lässt sich einigermaassen für die ganze französische Verkehrsbesteuerung verallgemeinern.

Steuerpolitische und steuertechnische Vorzüge wie Nachtheile sind mit dem einen wie mit dem anderen Wege nach dem gemeinsamen Ziele: einer Besteuerung nach der „wirthschaftlichen Leistungsfähigkeit", verbunden. Wo die Besteuerung einmal so hoch sein muss, wie unter französischen Verhältnissen, hat der Weg der Verkehrsbesteuerung, ähnlich wie derjenige der Verbrauchsbesteuerung, verglichen mit dem der directen Besteuerung, immerhin den besonders schwer wiegenden Vorzug, den Druck der Steuerlast durch Vertheilung der letzteren auf zahlreiche einzelne Fälle im wirthschaftlichen Leben — eben Rechtsgeschäfte, Urkundenausstellung u. s. w., Transportacte — weniger empfindlich zu machen. Ich möchte annehmen, dass z. B. solche mehr oder weniger klar bewusste und selbst unbewusste Momente es mit erklären, dass man die Deckung des neuen plötzlich ungeheuer vermehrten Steuerbedarfs nach 1870—71 in so besonders starkem Maasse mittelst der Ausdehnung und Steigerung der Verkehrsbesteuerung bewerkstelligte.

Bei dem jetzt einmal für unabsehbare Zeit gegebenen und dem immer weiter sich steigernden Steuerbedarf wird daher auch wohl in Frankreich an eine Umgestaltung dieser Besteuerung, soweit damit eine starke Ertragsverminderung der letzteren verbunden sein würde, kaum zu denken sein.

Für die Reformfrage möchte sich daraus ergeben: man sollte wenigstens die schlimmsten Puncte, welche wohl im Enregistrement und hier in den Besitzwechselabgaben von Immobilien, ferner im Gebiete des Stempels im Dimensionsstempel liegen, zu verbessern suchen. Auch Reformen dieser Art, welche kleinere Ausfälle ergäben, wären aber wohl an die Voraussetzung gebunden, dass eine directe Einkommen- oder Einkommen- und Vermögenssteuer eingeführt würde, wie wir oben (S. 502) bei dem Rückblick auf die directe Besteuerung schon empfohlen haben.

Denn die directen Ertragssteuern Frankreichs allein können solche Ausfälle nach ihrer technischen Einrichtung schwerlich decken, oder es würde das andere überwiegende Bedenken haben. Die Verbrauchssteuern aber hierfür noch immer weiter anzuspannen erscheint, einmal nicht hinlänglich sicher ausführbar — wenn man nicht in weiteren Monopolen, wie dem des Branntweins, das Hilfsmittel finden sollte und möchte —, anderseits sonst wieder zu bedenklich. Verbleibt der Haupttheil der Erträge aus den drei grossen Verkehrssteuern, so handelt es sich auch nur um eine mässig hohe supplementäre directe Einkommensteuer, was deren Einführung und Einbürgerung wesentlich erleichtern würde.

C. Die Anfallerwerbs-Besteuerung, insbesondere die Erbschafts- und Schenkungsbesteuerung.

Von den beiden hierher gehörigen französischen Steuern, den Erbschafts- und Schenkungssteuern und den Steuern auf Loose sind die ersteren ganz im System der französischen Registerabgaben enthalten, daher in der Hauptsache schon oben (namentlich in §. 218) mit abgehandelt worden. Deshalb im Folgenden nur noch weniges Weitere speciell über diesen Theil der Registerabgaben. Die Steuer auf Loose gehört in Frankreich zu der Besteuerung der Werthpapiere oder der 3°/₀ Steuer „vom Einkommen aus beweglichen Werthen" und wurde deshalb gleichfalls schon früher an betreffender Stelle mit besprochen (§. 208 ff.). Wir kommen auf diese Steuer jetzt nicht besonders zurück.

Gesetzgebung. S. oben diejenige über Enregistrement und Registerabgaben S. 503. Specielle Uebersicht im Bull. XV, 540. Grundlage schon Art. 4 des Gesetzes vom 22. Frim. VII. (12. December 1798), wonach „alle Uebertragungen von Eigenthum, Nutzniessung und Genuss beweglichen und unbeweglichen Guts, sei es unter Lebenden oder durch Sterbefall" der Proportionalabgabe des Enregistrements unterworfen werden. Tarif im Anschluss an diesen Art. 4 in Art. 69 des genannten Gesetzes, mit späteren Abänderungen, so durch Gesetz vom 18. Mai 1850. Art. 10 für die gerade Linie im Sterbefall, desgl. hier und im Gesetz vom 28. April 1816. Art. 53 bei Schenkungen, für die Seitenlinie besonders durch Gesetz vom 21. April 1832. Art. 33 (im Gesetz vom 18. Mai 1850, Art. 10, Gleichstellung von beweglichem und unbeweglichem Gut), für Ehegatten durch Gesetz vom 28. April 1816. Art. 53 (auch 54 und Gesetz vom 18. Mai 1850. Art. 10), für Nichtverwandte durch Gesetz vom 21. April 1832. Art. 33. S. die Zusammenstellung des Tarifs bei Jacob, S. 211 ff., dann oben S. 527. Zu diesen Principalsätzen treten die Zuschläge mit 25°/₀. Ueber die Werthberechnungen gelten die allgemeinen Grundsätze bei den Registerabgaben, bes. Gesetz vom Frim. VII., Art. 14. 15. S. auch Gesetz vom 18. Mai 1850, Art. 7. Die weiteren Hauptbestimmungen im Gesetz vom Frim. VII.

Literatur s. o. S. 505; in Betreff der Entwicklung der neuen Gesetzgebung aus der alten s. auch hier Stourm, I, ch. XV, passim u. o. §. 65. — Statistik ob. S. 506. bes. Bull. XV, 540, XVII, 404, XXI, 157; I, 24, III, 343 u. a. m.

§. 241. **1. Erbschafts- und Schenkungsbesteuerung als Theil des Enregistrement.** Das Characteristische der französischen Erbschafts- und Schenkungsbesteuerung ist ein zweifaches, einmal die vollständige Eingliederung derselben in das System des Enregistrements; sodann die Hinzufügung einer förmlichen Schenkungssteuer, d. h. von „Uebertragungen unter Lebenden zu unentgeltlichem Titel", einschliesslich derjenigen unter nächsten Verwandten (gerade Linie), zu der Erbschaftssteuer.

In steuertechnischer und administrativer, daher auch in fiscalischer Beziehung ist jene Eingliederung wohl günstig, in steuerpolitischer dagegen überwiegend bedenklich. Auch hier hat aber wieder die Gesetzgebung der Revolutionszeit (das Gesetz vom 19. December 1790 und vom 22. Frim. VII.) weder diese Erbschafts- und Schenkungsbesteuerung erst geschaffen, noch diese Eingliederung zuerst herbeigeführt. Die Vorläufer der neuen Gesetzgebung sind vielmehr auch hier die ältern Gesetze über den centième denier — vom Eigenthumswechsel von Immobilien allein unter Lebenden und von Todeswegen — und zum Theil über die droits de contrôle und droits d'insinuation (o. §. 65).

Für die steuertechnische und die administrative Seite dieser Besteuerung genügt es, auf die frühere Darstellung im Abschnitt von den Registerabgaben zu verweisen.

<small>Nicht zu übersehen ist, dass da, wo zu den Registerabgaben Stempelabgaben hinzutreten, namentlich wegen vorschriftsmässigen Gebrauchs des dem Dimensionsstempel unterworfenen Papiers für die betreffenden Urkunden, auch die Erbschafts- und Schenkungssteuern sich um entsprechende Stempelbeträge erhöhen. Ausser der Hauptabgabe, der Proportionalabgabe von Schenkungen, Erbschaften, Vermächtnissen, kommen auch die kleineren festen Registerabgaben bei diesen Angelegenheiten vor, so bei Urkunden, welche Abstehung, Ausschlagung von, Verzichtleistung auf, wie anderseits Annahme von Erbschaften, Vermächtnissen enthalten (Gesetz vom Frim. VII, Art. 68 und spätere, mit Abänderungen der Sätze).</small>

Ueber die steuerpolitische Bedeutung dieser Besteuerung und ihrer Eingliederung in das System des Enregistrement ist hier noch Einiges hinzuzufügen, auch zur Vervollständigung der principiellen Kritik des Enregistrement in §. 225, wo diese Besteuerung absichtlich nur nebenbei berührt wurde.

Die principielle steuerpolitische Berechtigung, ja Nothwendigkeit von Erbschaftssteuern überhaupt in einem Steuersystem ist gewiss nicht zu bestreiten. Dafür kann hier auf die Behandlung dieser Frage in der „allgemeinen Steuerlehre" verwiesen werden (Fin. II, §. 482 ff.). Schenkungen von Todeswegen sind nothwendig der Erbschaftssteuer oder einer analogen Steuer zu unterziehen, wenn die Erbschaftssteuer nicht zu leicht soll umgangen werden können. In Frankreich hat man es aber mit einer eigentlichen umfassenderen Schenkungssteuer zu thun, in Betreff deren die principielle und practische Frage doch anders liegt. Daher darüber unten (§. 242) noch ein Wort. Nach dem speciellen Character des französischen Steuersystems dürfte eine Erbschaftssteuer vollends nicht fehlen.

Auch die hauptsächlichen Puncte der Ausgestaltung von solchen Steuern — die allgemeine Schenkungssteuer vorläufig einmal als berechtigt zugegeben —, namentlich ihre **Ausdehnung auf alle Arten Vermögensobjecte**, bewegliches, unbewegliches Gut, Werthpapiere, die **Ausdehnung auf alle Verwandtschaftsgrade, einschliesslich der geraden Linie, die Tarifabstufung nach der Nähe der Verwandtschaft zum Beerbten**, sind im Ganzen in der französischen Gesetzgebung richtig den principiellen Anforderungen der Finanzwissenschaft gemäss geregelt. Die **Zahlensätze der Tarifstufen** sind immer etwas Willkürliches, aber in den Proportionen zu einander wohl auch passend bestimmt.

Der verhältnissmässig hohe Satz für Ehegatten (3°/₀ gegen 1°/₀ in der directen und 6¹/₂°/₀ in der nächsten Seitenlinie im Principal bei der Erbschaftssteuer) ist etwas auffällig und abweichend von anderen Ländern, so namentlich England, aber es mag diese Tarifirung französischen Auffassungen entsprechen. Gleiches gilt von den Tarifstufen bei Schenkungen in directer Linie und unter Ehegatten im Ehevertrage, während der Ehe oder ausserhalb eines Ehevertrags (s. o. S. 327), wenn dabei die Willkuhr in der Bestimmung der Verschiedenheit der Sätze auch schon etwas auffälliger ist. Steuerpolitisch fragwürdiger, weil wesentlich eine Consequenz der Eingliederung der Steuern in das Enregistrementsystem, sind die vorkommenden Unterschiede der Steuerhöhe, zum Nachtheil des Immobiliarbesitzes, zwischen Immobilien und Mobilien. Dafür gelten die folgenden Bedenken mit.

Die **absolute Höhe der Abgabeprocente der Erbschafts- und Schenkungssteuern** — letztere wiederum zunächst als berechtigt zugegeben — erscheint im Ganzen nicht zu bedeutend, auch nicht in der directen Linie und in der nächsten Seitenlinie. Sie entspricht den principiellen Anforderungen und ist ohnehin durch die Verhältnisse des französischen Steuerbedarfs geboten.

Ja nach diesen bemessen und verglichen mit anderen französischen Steuersätzen in der übrigen Besteuerung, sowie mit den Erbschaftssteuersätzen anderer Länder, z. B. Grossbritanniens und verschiedener Continentalstaaten, selbst — wenigstens in Betreff der Seitenlinie und der Nicht-Verwandten — auch deutscher Staaten erscheinen die französischen Steuersätze, sogar einschliesslich der Zuschläge, nicht einmal so anomal hoch, etwa mit Ausnahme derjenigen für bewegliches Gut ausserhalb des Ehevertrags (2¹/₂°/₀) und für unbewegliches Gut (4°/₀) „sans partage" in der geraden Linie, wo letzteren Falls wieder Consequenzen der Eingliederung der Steuer in das Enregistrement vorliegen.

Der hohe **Gesammtertrag der französischen Steuern** möchte daher auch an sich und vollends mit Rücksicht auf die französische Finanzlage nicht eben steuerpolitisch zu beanstanden sein. Er müsste nur auf die betreffenden Steuerträger mit Rücksicht auf die folgenden Bedenken etwas **anders vertheilt** sein. Seine Grösse entspricht im Uebrigen auch der Function, welche diese Steuern in Frankreich mit zu übernehmen haben: als **Ersatz einer Einkommen- und Vermögenssteuer**, als **Ergänzung der ungenügenden directen Besteuerung**, auch zur **Mitbesteuerung von Conjuncturengewinnen** an vererbten Werthobjecten zu dienen.

S. oben S. 524 und unten §. 243 die statistischen Daten. Ein Ertrag von gegenwärtig rund 200 Mill. Frcs., d. h. incl. Schenkungssteuern etwa ebensoviel wie in Grossbritannien die Erbschaftssteuer ergiebt (S. 275), welches Land diese Besteuerung so besonders stark entwickelt hat, wird gerade nach diesem Vergleich von Anderen vielleicht ungebührlich hoch gefunden werden. Nach meiner prinzipiellen Auffassung von der Erbschaftssteuer, auf welche von jenen 200 Mill. gut $^?_8$ fallen, ist er dies nicht und bei einem Gesammtsteuerbedarf des Staats von rund 2700 Mill. Frcs., mit 7.4%, ohne Schenkungssteuer mit 6.5%, dieser Summe ebenfalls nicht. In Grossbritannien ist diese Relation 10—11%.

Der Bedenken sind nun namentlich zweierlei. Beide hängen mit derjenigen Einrichtung der Steuern zusammen, welche aus der steuerpolitisch unrichtigen und principwidrigen Eingliederung der letzteren in das Enregistrement nothwendig folgt. Einmal werden nämlich die Besitzwechsel in Folge Todesfalls und bei Schenkungen den übrigen Besitzwechseln in Folge von Rechtsgeschäften im Verkehr zu weitgehend gleichgestellt, wenn auch mit Berücksichtigung der völlig abweichenden Ursache des Besitzwechsels, wie sich in der Einrichtung eines besonderen Tarifsystems der Erbschafts- und Schenkungssteuern zeigt. Ferner werden — was bei dem Besitzwechsel unter lästigem Titel im Verkehr begreiflich, auch hier zwar nicht unbedingt, aber doch eher berechtigt ist und sich auch viel schwieriger anders machen lässt — in völlig unzulässiger Weise bei diesen Steuern die Lasten und Schulden bei der Bemessung des die Grundlage der Besteuerung bildenden Werths des Objects nicht abgezogen (Gesetz vom Frim. VII., Art. 14. 15). Das ist eine freilich auch in anderen Gesetzgebungen, so früher in der britischen, vorkommende Bestimmung. Durch dieselbe wird die Erbschaftssteuer aber zu einer öfters recht bedenklichen Belastung, welche sich auf die Steuerträger sehr ungleichmässig vertheilt, namentlich wohl wieder zum Nachtheil des Immobiliarbesitzes.

a) Die Gleichstellung des Erbgangs (und der Schenkgebung) mit anderem Besitzwechsel ist formell in der französischen Gesetzgebung streng durchgeführt, so im grundlegenden Gesetz vom Frimaire VII. Es entspricht das auch wieder dem mechanisch systematisirenden Character des französischen Steuerrechts. Aber es ist doch materiell eine Anomalie und führt denn auch zu bedenklichen Consequenzen. Vor Allem wird dabei der völlige ökonomische und socialpolitische, daher auch steuerpolitische Unterschied zwischen dem nothwendigen Besitzwechsel bei Todesfällen im Erbgang und doch auch ähnlich bei Schenkungen wenigstens im nächsten Verwandtenkreise behufs Ausstattung

Mitgift u. dgl. m. einerseits und dem in der Regel freiwilligen Besitzwechsel bei Rechtsgeschäften unter Lebenden zu lästigem Titel anderseits gänzlich bei Seite gesetzt.

In dem Tarifsystem der Registerabgaben für jene und für diese Fälle kommt dieser Unterschied zwar wieder zur Anerkennung, aber bedenkliche Consequenzen jener formellen Gleichstellung bleiben doch, so namentlich in den höheren Steuersätzen für Schenkungen von Immobilien als für solche von Mobilien, in verschiedenem Maasse, aber allgemein für Schenkungen in der geraden Linie und zwischen Ehegatten (s. o. S. 524, 527 den Tarif).

Die ökonomische und socialpolitische Verschiedenheit des Besitzwechsels in Folge Erbgangs (oder von Schenkungen der angedeuteten Art) gegenüber dem Besitzwechsel in Folge der gewöhnlichen Rechtsgeschäfte des Verkehrs würde steuerpolitisch und folgerichtig auch steuertechnisch eine andere Behandlung der Erbschafts- und Schenkungssteuern als der Besitzwechselabgaben bei Verkauf und Tausch u. s. w. im Steuerrecht bedingen. Das würde passend auch formell seinen Ausdruck in besonderen Steuergesetzen für die in beiden Fällen steuerpolitisch ganz verschiedenen Abgaben finden. Nicht der „Besitzwechsel", als das in beiden Fällen Gleiche, sondern die Ursache desselben, als das hierbei völlig Verschiedene, müsste den Anknüpfungspunct für zwei verschiedene Gesetzgebungen bilden.

b) Practisch bedenklicher und principiell nicht minder unrichtig ist der Nicht-Abzug der Lasten und Schulden bei den Erbschaftsteuern.

Gerade die zunehmende, im Einzelnen aber wieder so ungleichmässige Entwicklung von Creditverkettungen unter den Einzelwirthschaften führt hier nothwendig zu ganz ungleichmässigen Belastungen, ähnlich wie bei den Grund- und Gebäudesteuern, welche auf das Ob und Wie hoch der Verschuldung auch nicht Rücksicht nehmen. Was sich aber bei diesen Ertragssteuern nicht gut durchführen lässt, die Berücksichtigung der Schulden, das ist bei Erbschaftssteuern recht wohl durchführbar und muss bei ihnen grundsätzlich verlangt werden. Kann die Staatscasse den Ertragsausfall, welcher sich bei der Anwendung der bestehenden Tarifsätze aus einer dergestalt abgeänderten Erbschaftsbesteuerung ergeben würde, nicht ertragen, so ist es richtiger, ihn durch entsprechende Erhöhung der Tarifsätze auszugleichen. Die Belastung durch die Steuer wird sich dabei dann wesentlich gerechter gestalten.

So wie sie jetzt ist, muss daher die französische Erbschaftssteuer, zumal bei der an sich richtigen Mitbelastung der geraden Linie und bei den geltenden Steuersätzen, als eine recht unvollkommene Form dieser Steuern bezeichnet werden. Der Grundbesitz wird dabei auch wieder überwiegend Benachtheiligungen erfahren.

So kann wohl über die Eingliederung der in Rede stehenden Steuern in das Enregistrement vom Standpuncte der

Steuerpolitik aus nicht günstig geurtheilt werden. In besonderen Gesetzen als besondere Steuern würden sie auch sofort auf den ersten Blick als das erscheinen, was sie sind: steuerpolitisch etwas Anderes als die eigentlichen Registerabgaben. Steuertechnische und administrative Puncte analog zu gestalten, was vielfach richtig ist, hinderte ja auch dann nichts. Jetzt stellt das Enregistrement eine anorganische Verbindung heterogener Elemente dar, wovon sich missliche practische Folgen leicht nachweisen lassen.

So ist es z. B. eine Consequenz dieser mechanischen formell-gleichen Behandlung heterogener Abgaben, dass in der Regel jede einzelne steuerpolitische Aenderung, auch in den Steuersätzen, ohne Weiteres auf die Erbschafts- und Schenkungssteuern angewendet wird, nur weil sie ein Theil des Enregistrement sind, z. B. die gleichen Zuschläge, wie geschehen, aufgelegt worden. Gewiss öfters ein schwerer Missstand! Es kann ja im concreten Falle sein, dass ein gleiches Vorgehen bei allen Registerabgaben richtig ist. Aber das könnte ja auch stattfinden, wenn jene verschiedenartigen Bestandtheile des Steuerwesens getrennt würden. Man muss nur immer speciell prüfen, ob gleiches, ob verschiedenes Vorgehen das Passende ist. Diese Prüfung aber wird nur zu leicht bei der Zusammenfassung zu Einer Steuergruppe, wie im Enregistrement, unterbleiben.

§. 242. 2. **Die Hinzufügung der Schenkungssteuer zur Erbschaftssteuer.** Die Einbeziehung von Schenkungen von Todeswegen (donationes mortis causa) in die Erbschaftsbesteuerung oder die Unterstellung solcher Schenkungen unter eine wesentlich analog gestaltete besondere Besteuerung wird, wie schon bemerkt, als eine folgerichtige Consequenz der Erbschaftsbesteuerung gelten müssen, schon um Umgehungen der letzteren nach Möglichkeit zu verhüten. Anders liegt die Frage bei gewöhnlichen Schenkungen unter Lebenden, auch Nächst-Verwandten, welche sofort oder zwar erst in bestimmter, jedoch nicht vom Tode des Schenkers abhängiger Frist und unter etwaigen weiteren Bedingungen den Uebergang von Werthobjecten vom Schenker auf den Schenknehmer zur Folge haben. Das Eigenthümliche der französischen Gesetzgebung ist, dass sie im Princip auch solche Schenkungen den Registerabgaben für „Uebertragungen von Eigenthum, Nutzniessung und Genuss beweglichen und unbeweglichen Guts" unterwirft (Gesetz vom Frim. VII., Art. 4), wenn und soweit als diese Uebertragungen registrirungspflichtig sind, daher wenn sie thatsächlich beurkundet werden oder, wenn sie in Ermangelung einer Beurkundung declarirt werden müssen.

Die Beurkundung selbst ist nicht unbedingt obligatorisch, die Registrirung des Besitzwechsels unter Lebenden ebendeshalb gleichfalls nicht, die Declaration nur bei Uebertragung von Eigenthum, Nutzniessung und Genuss unbeweglichen Guts.

Deshalb fällt nur letzteres unbedingt rechtlich und einigermaassen sicher thatsächlich, bewegliches aber sogar rechtlich nur, wenn die Schenkung — wozu kein unbedingter Zwang vorliegt, also nur facultativ — beurkundet wird, thatsächlich daher durchaus nicht allgemein unter die Registerabgaben für Schenkungen. (S. o. S. 519 ff., Gesetz vom Frim. VII., Art. 22. 38. Gesetz vom 27. Vent. IX. Art. 4; Vignes, I., 335.) Einer der früher schon erwähnten Fälle (S. 519), wo die allgemeine Fassung des Art. 4 des Gesetzes vom Frim. VII. doch nicht die allgemeine Registrir- und Abgabepflichtigkeit eines Rechtsgeschäfts oder Verkehrsvorgangs in Frankreich herbeigeführt hat.

Auch hier zeigt sich daher zunächst die formelle Einreihung der Schenkungen oder der „unentgeltlichen Uebertragungen unter Lebenden" unter die in das System des Enregistrement eingegliederten Fälle von Bedeutung für die rechtliche Begründung der Abgabepflichtigkeit der Schenkungen, in der eben erwähnten Beschränkung. Eine Behandlung der Frage und eine Consequenz dieser Eingliederung, in Betreff deren die im vorigen Paragraphen hervorgehobenen Bedenken gelten.

In principieller Hinsicht ist eine Schenkungssteuer überhaupt und speciell als Glied des französischen Steuersystems zwar ähnlich, aber nicht ganz ebenso zu beurtheilen, daher nicht in gleichem Maasse zu rechtfertigen wie die Erbschaftssteuer.

Die Begründung einer solchen Steuer als einer „Anfallerwerbs-Steuer" ist zwar im Wesentlichen ebenso zu liefern, wie diejenige der Erbschaftssteuer, soweit es sich um die ökonomische Art dieses Erwerbs für den und die ökonomische Wirkung desselben auf den Schenknehmer handelt (Fin. II. §. 482). Aber nach der anderen mit in Betracht kommenden Seite liegt die Sache anders, nämlich in Betreff einmal des Erbrechts und sodann des „Schenkungsrechts". Letzteres ist ein nothwendiger Bestandtheil des „Eigenthumsrechts", ersteres nicht, sondern ein besonderes Rechtsinstitut neben dem Eigenthumsrecht. Das bedingt für die ökonomische und für die steuerpolitische Auffassung Verschiedenheiten. Ich beziehe mich für diese an dieser Stelle nicht weiter zu verfolgende Frage auf die Erörterungen in meiner „Grundlegung", 2. A., §. 256 und Fin. II, §. 473 ff., 482 ff.

In practischer Hinsicht ist allerdings zuzugeben, dass eine Schenkungssteuer namentlich für Schenkungen unter Verwandten, zumal in der geraden Linie und besonders in dem thatsächlich wichtigsten Falle bei Schenkungen von Eltern an Kinder (Ausstattungen, Mitgiften u. s. w.), als eine Consequenz einer Erbschaftssteuer, namentlich wieder einer solchen, welche die gerade Linie mit trifft, aufgefasst und insofern auch allgemeiner begründet werden könnte. Denn durch solche „Schenkungen" wird eigentlich der dereinstige unter die Erbschaftssteuer fallende Vermögensbetrag verkürzt und werden Erbportionen gewissermaassen vorweg ausgeantwortet. Durch diese „Schenkungen" erfolgt also unzweifelhaft auch eine Verkürzung des Ertrags der Erbschaftssteuer.

Zu einer allgemeinen **principiellen** Begründung der Schenkungssteuer nach der vorhin angedeuteten Seite möchte aber auch dieser practische Gesichtspunct noch nicht ausreichen, eben weil das „Schenkungsrecht" als nothwendiger Bestandtheil des Eigenthumsrechts anzusehen ist und eine schenkungsweise Uebertragung von Vermögenswerth derjenigen unter lästigem Titel ökonomisch und socialpolitisch und **deshalb** auch wieder steuerpolitisch nicht ohne Weiteres gleichgestellt werden kann.

Gerade aus wesentlich **practischen** Erwägungen ist aber ferner auch ein Haupteinwand gegen eine allgemeinere Schenkungssteuer wie die französische zu erheben: **es ist schlechterdings nicht möglich, sie einigermaassen vollständig dem Gesetze gemäss durchzuführen.** Wiederum wird sie den **Immobiliarbesitz** viel allgemeiner als den **Mobiliarbesitz** und unter dem letzteren wieder den grössten Theil des **Werthpapierbesitzes** viel schwerer als vielerlei anderes bewegliches Gut erfassen. Auf diesen Sachverhalt deutet auch die Statistik der französischen Schenkungssteuer hin (S. 524 u. 591). Das ist, wie immer in solchen Fällen und wie die Ertragsstatistik zeigt, nicht nur ein Nachtheil in fiscalischer, sondern auch ein Bedenken in allgemeiner **steuerpolitischer Hinsicht**. Denn die Steuervertheilung wird dadurch trotz richtiger gesetzlicher Normen thatsächlich eine ganz **ungleichmässige**. Auch nach **Gesellschaftsclassen, Erwerbsständen, Volkssitten** u. dgl. Momenten mehr möchten sich bei der Schenkungssteuer weitere Ungleichmässigkeiten ergeben, indem der gesetzlich zu besteuernde Schenkungsact nach diesen Kategorien und Verhältnissen in mannigfach ungleichem Grade, bald leichter, bald schwerer, bald vollständiger, bald nur weniger vollständig zu erfassen ist.

Wenn man vor strengeren Controlmitteln, vor einem gerade in diesen Dingen wohl besonders lästig empfundenen fiscalischen Eindringen in persönliche und Familienverhältnisse nicht zurückscheut, mag es wohl gelingen, diese Bedenken zu vermindern. Aber einmal bieten solche Mittel und Wege und ihre Anwendung gerade hier besondere Schwierigkeiten, und sodann wird auch damit nicht entfernt diejenige vollständige, daher gleichmässige Besteuerung erreicht, welche dem Gesetze entspricht und principiell, **wenn die Steuer einmal bestehen soll**, zu verlangen ist.

Die französische Gesetzgebung und die administrativen Normen und Einrichtungen des Enregistrement reichen jedenfalls hierzu nicht aus, wahrscheinlich weniger, als bei jedem anderen Theile dieses Steuergebiets, auch als bei der Erbschaftssteuer. Der Beurkundungszwang, der directe Registrirungszwang für Urkunden, der Declarationszwang zum Ersatz fehlender Beurkundung müsste viel schärfer, viel umfassender, daher aber freilich auch viel lästiger, bis zum Unerträglichen, gesetzlich gefordert und hinsichtlich der Durchführung controlirt werden, als es selbst gegenwärtig, wo man in dem Allen in Frankreich schon nicht eben spröde ist, auf dem Gebiete des Enregistrement geschieht und als es wohl überhaupt, beim besten Willen der Verwaltung, durchführbar sein möchte, — vollends beweglichem Gut, gar Werthpapieren gegenüber.

Alle diese Erwägungen führen zu keinem besonders günstigen Urtheil über solche allgemeine Schenkungssteuern und speciell über die französische aus dem Gesichtspunct der steuerpolitischen und steuertechnischen Betrachtung.

§. 243. 3. Zur Statistik. Schon früher wurden Daten mitgetheilt, welche sich mit auf die beiden hier betrachteten Steuern beziehen. S. o. S. 524 und passim. Die Einzelheiten der amtlichen Statistik (bes. Bull. XV, 554 ff., Daten seit 1826, specieller 1877—82, Bull. XXII, 116, Daten für 1885 und 1886) lassen sich mit für die Beweisführung in Sachen der Schenkungssteuern benutzen. S. ebenfalls schon oben S. 528. Das Detail ist zu gross, um es hier einfügen zu können, und nur bei einem genaueren Eingehen auf dasselbe ist ein sichererer Beweis — wie bei aller Statistik freilich nur ein Wahrscheinlichkeitsbeweis — zu führen. Es muss genügen, hier auf einige Puncte hinzuweisen, welche durch die Statistik illustrirt werden. Daran wird ein kleiner Excurs über den Einfluss der französischen Bevölkerungsbewegung auf die Ergebnisse der Erbschaftssteuer geknüpft, welcher allerdings aus dem Gebiet der Steuerstatistik etwas hinausführt, aber doch eine auch für die steuerpolitische Würdigung dieser Steuer wichtige Seite behandelt.

Der Schwerpunct der Schenkungssteuer liegt durchaus in der directen Linie, weit mehr als bei der Erbschaftssteuer und unverhältnissmässig zurück treten dabei Schenkungen von Werthpapieren u. dgl., ebenfalls weit mehr als bei der Erbschaftssteuer, während das sonstige gewöhnliche bewegliche Gut dort erheblich stärker vertreten ist als hier. Das Alles wird zum Theil an der wirklichen Verschiedenheit der Uebertragungen, zum Theil aber vermuthlich auch daran liegen, dass die Veranlagung der Schenkungssteuer, besonders in Betreff der Werthpapiere, vielleicht auch überhaupt ausserhalb der directen Linie, mangelhafter ist. Die folgenden Daten scheinen mir diese Auffassung zu bekräftigen. Sie bilden zugleich eine Ergänzung der summarischen Daten für 1886 oben S. 524. Es war (Bull. XXII, 146):

Schenkungen.	Zahl der Fälle 1885	1886	Werthbetrag Mill. Frcs. 1885	1886	Steuerbetrag 1000 Frcs. 1885	1886
Directe Linie	152,744	152,240	970.14	954.65	18,311	18,134
Seitenlinie A	6,657	6,830	26.50	29.49	1,975	2,180
„ B	913	965	3.87	3.32	300	255
„ C	537	495	2.33	2.61	209	245
Ehegatten	950	785	3.34	4.25	94	82
Nicht-Verwandte	5,217	5,290	15.36	24.06	1,595	2,535
Summa	167,018	166,595	1021.54	1015.40	24,485	23,441

Objecte der Schenkungen.	Zahl der Fälle 1885	1886	Werthbetrag Mill. Frcs. 1885	1886	Steuerbetrag 1000 Frcs. 1885	1886
Bewegliches Gut	97,466	96,698	569.84	558.75	10,242	10,089
Französische u. fremde Staatsfonds	765	710	12.00	15.29	235	683
Französische u. fremde Werthpapiere	1,100	1,337	20.39	17.42	344	719
Zusammen „Mobilien".	99,331	98,745	602.23	591.46	10,821	11,491
Immobilien	67,687	67,850	419.31	426.94	11,664	11,949
Summa	167,018	166,595	1021.54	1018.40	22,485	23,440
Davon i. Heirathsvertrag	97,932	97,640	558.16	552.46	10,731	10,761
„ ausserhalb	69,086	68,955	463.38	465.94	11,754	12,680
Erbfälle.						
Directe Linie	533,315	539,478	3622.67	3583.24	45.28	44.79
Seitenlinie A	153,968	157,270	782.03	814.26	65.54	66.16
„ B	22,246	23,174	131.18	128.28	11.48	11.22
„ C	9,527	9,738	103.18	102.74	10.32	10.27
Ehegatten	166,311	166,735	538.83	520.71	20.21	19.53
Nicht-Verwandte	36,904	38,167	229.00	220.02	23.76	24.75
Summa	922,271	934,562	5406.91	5369.24	176.59	176.73
Objecte der Erbfälle.						
Bewegliches Gut	481,213	484,775	1681.65	1630.16	57.52	58.49
Französische u. fremde Staatsfonds	18,869	21,046	315.48	351.43	11.86	13.16
Französische u. fremde Werthpapiere	16,690	19,011	625.70	634.78	22.34	22.25
Zusammen „Mobilien".	516,772	524,832	2622.83	2616.36	91.72	93.90
Immobilien	405,499	409,730	2784.08	2752.88	84.87	82.22
Summa	922,271	934,562	5406.91	5369.24	176.59	176.73

Seitenlinie A: Geschwister, Onkel und Tanten, Neffen und Nichten. — B: Grossonkel, Grosstanten, Grossneffen, Grossnichten. — C: Verwandte vom 5.—12. Grade.

Etwa 91% der Fälle und etwa 94% der Werthbeträge kommen bei den Schenkungen, nur etwa 56—57% der Fälle und etwa 66—67% der Werthbeträge kommen bei den Erbschaften auf die directe Linie. Die Uebertragungen von Werthpapieren (incl. Staatsfonds) sind bei den Schenkungen nur 3,2, bei den Erbschaften 18% der Gesammtwerthe.

Das genauere Detail der Statistik der Schenkungssteuer (Bull. XV, 556) ergiebt, dass in der directen Linie über die Hälfte der Werthbeträge auf „Uebertragungen im Ehecontract" kommen, davon wieder $^4/_5$ auf bewegliches Gut (zum Steuersatz von 1.25% im Principal, wie ebenso für Werthpapiere), nicht $^1/_5$ auf Immobilien (2.75% Steuer), etwa 3% auf Werthpapiere. Von der anderen etwas kleineren Hälfte kommen zu 90%, auf Uebertragungen ausserhalb Ehecontracts mit Theilung" (Code civ., Art. 1075 und 1076) und davon hier $^4/_5$ auf Immobilien (Steuersatz 1.50, bei Mobilien und Werthpapieren nur 1%). Civilrechtliche Bestimmungen, wie die bezeichneten, erweisen sich hier von besonderem Einfluss.

Die Steuererträge ergeben nach den Kategorien der belasteten Personen im Durchschnitt der beiden Jahre 1885 und 1886 folgende Quoten in %:

	Schenkungen.	Erbschaften.
Directe Linie	79.5 } 88.5	25.5 } 62.2
Seitenlinie A	9.0	36.7
„ B	1.2 } 11.2	6.4 } 48.9
„ C	1.0	5.5
Ehegatten	0.3	11.3
Nichtverwandte	9.0	14.3
Summa	100.0	100.0

Die Zufälligkeiten des Ertrags, nach den Verwandtschaftsverhältnissen, daher nach den anzuwendenden Steuersätzen und nach den Werthbeträgen in den einzelnen Jahren führen natürlich Verschiebungen der Quoten mit sich. Die typischen Verschiedenheiten ergeben sich aber schon genügend aus einem solchen Beispiel. Sie springen bei der Schenkungssteuer verglichen mit der Erbschaftssteuer in die Augen. Bei jener liegt der Schwerpunct der Erträge trotz der niedrigen Steuersätze ganz in der directen Linie, bei den Erbschaften in der Seitenlinie und namentlich in der ersten (Geschwister u. s. w.).

§. 244. Statistischer Excurs über den Einfluss der Bevölkerungsbewegung auf die Ergebnisse der Erbschaftssteuer. Soweit nicht testamentarische Verfügungen erheblichere Abweichungen von der gesetzlichen Erbfolge bedingen — was im Kreise der näheren Verwandten doch meistens nur in geringem Maasse und in Frankreich wegen der hohen Pflichttheile, bez. der Kleinheit der zur freien Disposition des Erblassers stehenden Vermögensquote in noch geringerem Grade als in Ländern anderen Erbrechts der Fall ist — wird der wirkliche Erbgang in letzter Linie von der Bevölkerungsbewegung, speciell von dem Absterbe-, bez. Aussterbeverhältniss der Blutsverwandten bestimmt. Je leichter die directe Linie ausstirbt, desto mehr Erbanfälle in der Seitenlinie, und weiter in der entfernteren Seitenlinie, je leichter die nähere ausstirbt. Testamentarische Bestimmungen werden doch zumeist die Verwandtschaftsverhältnisse berücksichtigen. Je weniger nahe Verwandte vorhanden sind, desto mehr wird vermuthlich durch Testament regelnd und abweichend von der gesetzlichen Erbfolge zu Gunsten der Gatten, entfernterer Verwandten und Nichtverwandten verfügt werden.

Wie sich in dieser Beziehung die französischen Verhältnisse gestalten, lässt sich natürlich aus der Steuererträgen nicht sicher ersehen, weil diese von den verschiedenen Steuersätzen beeinflusst werden. Immerhin erscheinen 25—26% Ertrag der directen Linie nicht hoch, 36—37% der ersten Seitenlinie (d. h. wohl meistens der zweiten Geschwister) und 6—7% der zweiten Seitenlinie ziemlich hoch, — auch im Vergleich mit der britischen Succession duty, soweit ein solcher bei der Verschiedenheit der Steuergesetzgebung zulässig ist, was freilich nur beschränkt der Fall ist (s. o. S. 275 und 269; die Legacy duty gestattet noch weniger einen Vergleich; bei diesen beiden britischen Steuern fehlt auch die Besteuerung der Ehegatten).

Bessere Anhaltspuncte ergeben die Vermögenswerthe in ihrer Vertheilung auf die verschiedenen Personenkategorien, denen sie durch Erbgang u. s. w. zufallen, sowohl in einzelnen Jahren als vollends in der Reihenfolge der Jahre.

Allerdings müssen dabei drei Voraussetzungen gemacht werden, wenn man einen Schluss ziehen will: dass die Steuerveranlagung unter den verschiedenen Personenclassen gleich zuverlässig erfolgt, ferner, dass in längeren Zeiträumen in dieser Hinsicht keine erheblichen Aenderungen eingetreten sind, endlich, dass weder in der gesetzlichen Erbfolge noch in den in grossen Volkskreisen üblichen testamentarischen Bestimmungen in einer solchen längeren Periode erheblichere Abweichungen von dem früher Geltenden und Ueblichen Platz gegriffen haben. Voraussetzungen, welche wohl nicht völlig genau, aber doch gerade in Frankreich so weit zutreffen möchten, dass man mit leidlicher Sicherheit schliessen kann. Variable Factoren, deren Grösse, Bedeutung und Veränderung man noch schwerer berücksichtigen und nicht zur Ziffer bringen kann, welche aber gleichwohl auf das Ergebniss einwirken, giebt es auch ausserdem noch. So wird die im Laufe der Zeit eingetretene Vermehrung des beweglichen Vermögens und besonders des

Werthpapierbesitzes insofern influiren, als die gesetzliche Steuerveranlagung desselben bei den verschiedenen Erbkategorien vermuthlich nicht ganz gleich vollständig ist und auch in dieser Beziehung wieder in längeren Zwischenräumen Veränderungen erleidet. Es könnte z. B. der Fall sein, dass sich Werthpapierbesitz in der directen Linie mehr als in der Seitenlinie der Besteuerung entzieht. Eine Verminderung der Quote der directen Linie von dem Werthbetrage in längerer Periode wäre dann mit darauf zurückzuführen.

Alle solche Erwägungen mahnen zur Vorsicht in der Schlussziehung. Dennoch sind folgende Berechnungen von Interesse für die ökonomische und sociale, für die steuerpolitische und — für die populationistische Seite der französischen Erbschaftssteuer-Statistik.

Die übertragenen Werthbeträge im Durchschnitt der Jahre 1885 und 1886 waren bei der Erbschaftssteuer in %:

Directe Linie	66.9 } 81.7
Seitenlinie A	14.5
" B	2.4 } 19.1
" C	1.9
Ehegatten	9.8
Nichtverwandte	4.2
Summa	100.0

Hiernach bleiben nur $^2/_3$ des im Erbgang übertragenen Vermögens in der directen Linie, nur etwas über $^1/_5$ in dieser und der nächsten Seitenlinie. Die finanzielle Bedeutung einer Erbschaftssteuer steigt bei dem üblichen Princip progressiver Steuersätze nach der grösseren Entfernung vom Beerbten natürlich, je mehr Erbgang ausserhalb der directen, weiter ausserhalb der nächsten Seitenlinie, endlich ausserhalb jeder Verwandtschaft erfolgt. Man vergleiche auch hier die Daten über Grossbritannien (S. 275, 276), aus deren Abweichungen von den französischen indessen wieder bei der Verschiedenheit der Einrichtung beider Steuern Schlüsse auf den Erbgang in beiden Ländern nicht ohne Weiteres gezogen werden können.

Bevor dann der interessanteste Punct, die etwaige Veränderung der Quoten der Erbenkategorien in längeren Perioden, untersucht wird, sei zunächst noch einmal der früher schon berührte folgende Punct etwas näher ins Auge gefasst: nämlich der Einfluss von bedeutsameren Vorgängen in der Bevölkerungsbewegung, d. h. hier speciell in den Todesfällen auf den Erbgang und damit auf die Steuererträge in einzelnen besonders characteristischen Jahren. Dieser Einfluss ist ganz unverkennbar. In Betreff von 1870—71 ist darauf schon oben S. 407 aufmerksam gemacht worden. Das Genauere zeigen folgende Daten, die auch für die steuerpolitische Würdigung der Erbschaftssteuer von Interesse sind. Es ist dabei daran zu denken, dass Elsass-Lothringen nur noch für einen Theil von 1870 von dieser Statistik mit umfasst wird (Bull. XV, 542). Die Zahlen Mill. Frcs

Erbfälle	Directe Linie	%	Seitenlinie	%	Ehegatten	%	Nichtverwandte	%
1868	2303.2 }	100.0	681.3 }	100.0	339.1 }	100.0	132.5 }	100.0
1869	2507.6		640.9		359.3		125.9	
1870	2337.3	97.2	603.1	91.2	333.6	95.7	98.3	75.4
1871	3407.8	147.7	946.1	143.1	470.9	134.8	187.0	143.1
1872	2716.7	112.9	727.5	110.4	373.0	106.9	134.0	102.5
1873	2507.9	101.2	697.1	105.3	370.0	105.1	136.0	104.1

Die Abnahme in 1870 ist jedenfalls mit auf die Kriegsereignisse zurückzuführen, weil dadurch vielfach eine Steuerveranlagung unmöglich gemacht wurde oder verschoben werden musste. Die starke Zunahme in 1871 erklärt sich ausser aus vermehrten Todesfällen in diesem und dem Vorjahr aus nachträglicher Regelung von Rückständen aus 1870. In den einzelnen Kategorien von Erbfällen zeigt sich sonst aber kein grosser Unterschied in der Quotenbewegung, mit Ausnahme der Erbschaften, die an Nichtverwandte kamen, bei denen die Declarationen 1870 besonders im Rückstand geblieben sein müssen.

Die Bewegung nach Kategorien von Werthobjecten (Bull. XV, 549) ergibt bei allen hier unterschiedenen 4 Arten (s. o. S. 591) in 1870 kleine Abnahmen gegen die Vorjahre, am Stärksten bei den Inscriptionen im Staatsschuldbuch, nicht unbegreiflich, dann 1871 überall starke Zunahmen, am Stärksten bei öffentlichen Fonds und Actien (ausser französischer Renteninscription).

Die Schenkungen zeigen bei allen 4 Personenkategorien erhebliche Abnahmen der Werthbeträge 1870 und noch 1871, erst 1872 besonders starke Zunahmen, die in den folgenden Jahren aber nur wenig und nicht allgemein (so nicht unter Ehegatten) sich wieder vermindern. Z. B. directe Linie 1868—75 866, 878, 640, 676. 1070, 972. 935, 1005 Mill. Frcs. (Bull. XV, 555).

Die allgemeine Sterblichkeit war in directer und indirecter Folge des Kriegs von 1870—71 enorm. 1869—72 2.34, 2.83. 3.48, 2.19%, bezw. 864,326 — 1046,909 — 1271,010 — 793,064 Todesfälle. Dem Fiscus kam das in der Erbschaftssteuer sehr zu statten, eine immerhin eigenthümliche Consequenz einer solchen Steuer: sie florirt in Calamitäten.

Auch in früheren Jahren lässt sich ein gewisser Einfluss politischer Ereignisse auf die zur Erbschaftssteuer veranlagten Werthe und auf den Steuerertrag nachweisen, nur viel geringer, weil der Einfluss auf die Sterblichkeit geringer war, oder diese, wo sie gestiegen, gleichzeitig etwa von anderen Ereignissen, Theuerung, verheerenden Krankheiten emporgetrieben war (so 1847—49. 1854—55 — Krimkrieg —, 1859 italienischer Krieg). Aber seit der ersten Revolution hat kein politisches Ereigniss entfernt so stark die Bevölkerungsbewegung und namentlich die Sterblichkeit nachtheilig beeinflusst als der Krieg von 1870—71, nicht einmal die napoleonischen Kriegsjahre 1806 ff., 1812—14. (S. Ann. Stat. 1882, p. 93 ff.).

Sind nun in den Quoten der Erbenkategorien bestimmte Aenderungen während der Beobachtungsreihe (seit 1826) nachweisbar, welche auf Vorgänge in der Bevölkerungsbewegung, namentlich in der Sterblichkeit als auf ihre Ursache hin zeigen? In einzelnen kritischen Zeitpuncten, wie 1870—71, kaum, was auch keine allgemeineren Gründe hier vermuthen lassen. In längeren Perioden wäre es dagegen a priori bei der geringen Geburtsziffer Frankreichs, der niedrigen ehelichen Fruchtbarkeit und dem kleinen jährlichen Ueberschuss der Geburten über die Todesfälle — 1870—71 hat sogar die Zahl der Todesfälle um 548,000 überwogen — nicht unmöglich, ja eigentlich wahrscheinlich, dass häufiger ein Aussterben der directen Linie und selbst der ersten Seitenlinie erfolgt, dass dann die Intestaterbschaften in diese und weiter in die entfernteren Linien übergehen, anderseits auch mehr Erbschaften und Vermächtnisse durch testamentarische Bestimmungen an Ehegatten, entferntere Verwandte und selbst Nichtverwandte fallen, weil weniger oder eventuell gar keine Rücksichten auf nähere Verwandte genommen werden müssen.

Statistisch lässt sich ein solcher Schluss nur wieder unter den oben angedeuteten Voraussetzungen prüfen. Man wird dabei auch, um die Zufälligkeiten des Erbgangs in den einzelnen Jahren etwas auszugleichen, Durchschnitte mehrerer Jahre zu Grunde legen müssen. Im Folgenden werden die Ergebnisse einer solchen statistischen Berechnung mitgetheilt. Die absoluten Zahlen s. in Bull. XV, 542, XXI. 137, XXII, 147. Die Daten an ersterer Stelle — 1826—1882 — beschränken sich auf die 4 Hauptkategorien von Erben. In den Jahresberichten der Enregistrement-Verwaltung sind auch die 3 Arten der Seitenverwandten unterschieden, wenngleich eine Untersuchung des Erbgangs für die angedeutete Frage gleichfalls von Interesse wäre. Doch muss sie hier als zu weitläufig unterbleiben. In der directen Linie wäre noch eine genauere Verfolgung des Erbgangs — von Eltern auf Kinder, Grosskinder und umgekehrt — auch von Werth. Hier fehlen die Daten indessen auch in der amtlichen Statistik. Es würde zu weit führen, hier die Berechnung in dem ganzen Zeitraume für einzelne Jahre und Perioden (z. B. Quinquennien) vorzunehmen und hier einzufügen. Die folgende Uebersicht beschränkt sich auf eine Berechnung im Anfang, der Mitte und am Schluss der Periode von 1826—1885.

Die obige Annahme findet danach ihre volle Bestätigung. Die Jahre 1871 bis 72 sind hier nicht mit in die Beobachtungsreihe gezogen, obgleich sie für die Frage Interesse böten, weil die Veranlagung damals zu sehr gestört war und dieser Umstand sich nicht eliminiren lässt.

Absolute Zahlen.	Summe Mill. Frcs.	Directe Linie.	Seiten-Linie.	Ehegatten.	Nichtverwandte.
Durchschnitt 1826—30	1353.4	970.5	207.8	129.8	35.3
„ 1851—55	2061.5	1410.2	361.3	195.0	54.9
„ 1876—80	4831.6	3247.5	933.9	476.4	173.5
1885	5406.9	3622.7	1016.4	538.8	229.0

Relativzahlen %.		Directe Linie.	Seiten-Linie.	Ehe-gatten.	Nicht-verwandte.
Durchschnitt 1826—30	100.00	70.16	17.91	9.38	2.55
„ 1851—55	100.00	68.41	18.50	9.46	3.63
„ 1876—80	100.00	67.22	19.33	9.86	3.59
1885	100.00	67.00	18.79	9.97	4.24

Es wäre nun freilich möglich, dass andere Umstände als die Bewegung der Sterblichkeit in der Familie diese Bewegung der Quoten bestimmt oder doch mit bestimmt haben. So etwa eine stärkere Vermehrung der Schenkungen in der directen Linie. Indessen sind von 1826—30 bis 1876—80 die Erbfälle in der directen Linie um 335, die Schenkungen nur um 238%, gewachsen, in der Seitenlinie, wo die Schenkungen aber wenig ins Gewicht fallen, die Erbfälle um 377, die Schenkungen nur um 128%. Wenn daher nicht etwa anzunehmen ist, dass in der directen Linie immer mehr Hinterziehungen bei der Erbschaftssteuer stattfinden, was unwahrscheinlich ist und durch die regelmässige und constante Verschiebung der Quoten der Erbenkategorien mit widerlegt wird, so bleibt nur die Annahme übrig, dass die geringe Geburtsziffer und der Gang der Sterblichkeit wirklich in Frankreich den Erbgang mehr in die Seitenlinie und selbst aus der Blutsverwandtschaft herausdrängen. Diese eigenthümliche Bevölkerungsbewegung Frankreichs bedingt dann eine steigende Ergiebigkeit der Erbschaftssteuer wegen der progressiven Steuersätze in der Seitenlinie, bei Ehegatten und Nichtverwandten. Ein fiscalischer Vortheil, welcher natürlich in mancher Hinsicht seine Bedenken hat und in Ländern mit anderer Bevölkerungsbewegung, daher z. B. in den germanischen, bei dieser Steuer nicht hervortreten würde.

Die weitere Untersuchung dieser Verhältnisse muss anderen Arbeiten überlassen bleiben und gehörte auch mehr in das bevölkerungsstatistische als in das steuerstatistische Gebiet. Diese Zusammenhänge sind aber von so eigenthümlichem Interesse, dass dieser kleine Excurs an dieser Stelle gestattet sein mag. Dass vermehrte Vergebungen an religiöse und dgl. Stiftungszwecke auch mit bei der Verschiebung der Quoten etwas mitspielen mögen, ist möglich. Aber die Haupterklärung scheint uns doch im Gang der Bevölkerungsbewegung zu liegen.

Für manche andere hier nicht weiter hergehörige Fragen ist das interessante Material der Erbschaftssteuerstatistik verwerthbar und verwerthet worden, so für die Schätzung des Volksvermögens und der Vermehrung des letzteren. Wenn man an dem Vergleich der eingesteuerten Erbschaftssteuerwerthe mit den Staatseinnahmen auch das Steigen und Fallen der durch diese Einnahmen dargestellten Belastung des Volksvermögens zu messen gesucht hat (Bull. I, 24. III, 344 ff.), so ist das freilich etwas gewagt.

D. Die Gesammtgruppe der directen, der Verkehrs- und der Erbschaftsbesteuerung.

§. 245. Die drei grossen Gruppen der modernen französischen Staatsbesteuerung, die directe, die Verkehrs- und die Erbschaftsbesteuerung oder die beiden grossen Gruppen der französischen Verwaltungspraxis: „directe Steuern" und „Enregistrement nebst Stempelwesen", lassen sich auch wieder zu Einer Hauptgruppe der französischen Staatsbesteuerung zusammenfassen und dann der zweiten Hauptgruppe, der indirecten Verbrauchsbesteuerung (einschliesslich der Zölle) gegenüberstellen. Eine solche Zusammenfassung und Gegenüberstellung ist für die Würdigung des französischen Staatssteuersystems wie zur Gewinnung eines allgemeinen finanzwissenschaftlichen Ergebnisses aus der französischen Steuergeschichte von Interesse.

Der Doctrinarismus und die Ideologie der ersten Revolution glaubten mit directen Steuern und allenfalls mit etwas Register- und Stempelabgaben den Bedürfnissen des Staatshaushalts eines Grossstaats im Ganzen genügen zu können (§. 167 ff.). Obgleich man nun in dem Zeitraume nahezu eines Jahrhunderts diese Steuern immerhin viel umfassender ausgebildet hat, als es im ersten Plane lag, und das fiscalische Interesse in der technischen Ausgestaltung derselben stark genug zur Geltung gelangt ist, — statt der um 1792 erstrebten ca. 400 Mill. (S. 385) geben die genannten Steuern jetzt mehr als das Dreifache — **reicht doch nach wie vor 1789 der Ertrag dieser Einen grossen Steuergruppe bei Weitem nicht zur Deckung des Steuerbedarfs aus. Die zweite grosse Gruppe, die in der Zeit der ersten Revolution so verfehmte indirecte Verbrauchsbesteuerung, muss zu diesem Behufe noch um ein paar hundert Millionen mehr abwerfen als die bisher besprochenen Steuern zusammen genommen!**

Dabei sind die directen und die Verkehrssteuern schon so superfiscalisch ausgenutzt, dass aus ihnen auf der bestehenden Basis auf einmal nicht viel mehr, als sie schon ertragen, herauszupressen sein möchte. Das hat unsere eingehende Darstellung wohl gezeigt. Nur die weitere Entwicklung der Volkswirthschaft mag sie noch ergiebiger machen. Dann wird aber auch der Steuerbedarf, und wahrscheinlich mindestens in gleichem Maasse, gewachsen sein. Und wenn man auch durch Ausbildung einer rationellen directen Einkommen- und Vermögenssteuer noch einige hundert Millionen mag erzielen können, so wäre anderseits dann vollends eine Ermässigung der Steuersätze, hie und da bei den bestehenden directen Steuern, in weiterem Umfang im Enregistrement, dringend geboten. An einen irgend umfassenderen Ersatz des Ertrags der indirecten Verbrauchsbesteuerung durch Reformen im Gebiete der jetzigen directen und Verkehrsbesteuerung allein ist gewiss nicht zu denken.

Das „steuergeschichtliche Facit" von allgemeinerer Bedeutung, das wir hieraus ziehen, ist daher: ohne stark entwickelte Verbrauchsbesteuerung, sogar neben einer oft so übermässig fiscalisch ausgestalteten directen und Verkehrsbesteuerung, wie der geschilderten französischen, ist im „neuen" wie im „alten Regiment" der Haushalt eines Grossstaats, dessen geschichtliche Stellung, mit Recht oder Unrecht, einen grossen Finanzbedarf bedingt, vollends aber der Haushalt des Staates eines politisch so ruhelosen und ehrgeizigen Volkes wie des französischen schlechterdings nicht zu führen.

Von diesem „Facit" ist für den folgenden Schlussabschnitt von der Verbrauchsbesteuerung von vornherein Act zu nehmen. Der „Superfiscalismus" ist auch hier das nothwendige Product der französischen allgemeinen Geschichte.

E. Die indirecten Steuern oder die Verbrauchsbesteuerung
(im weiteren Sinne, einschliesslich der Monopole, Zölle, Gebrauchs- und Genusssteuern, s. o. S. 417).

Die Gesetzgebung ist für die einzelnen hierhergehörigen Steuern regelmässig eine besondere. Die betreffenden Gesetze werden daher bei jeder Steuer oder kleineren Steuergruppe speciell angegeben. Die Verwaltung dieses grossen Gebiets zerfällt in mehrere Abtheilungen, von denen die wichtigste, diejenige der „indirecten Steuern" i. e. S., die meisten hierhergehörigen Steuern nebst den bereits bei der Verkehrsbesteuerung dargestellten Transportsteuern unter sich vereinigt. Gewisse Einrichtungen und leitende Grundsätze der Verwaltung sind aber auch dem ganzen Gebiet der Verbrauchsbesteuerung gemeinsam. Sie kommen im Folgenden zuerst zur Darstellung.

Literatur. Stourm, I, ch. 11—14; II, ch. 18. 19. Vignes I, ch. 2, p. 111—319; II, p. 287—313 (Statistik); II, 382—396 (Tarife). Josat, minist. d. fin., bes. II. partie, ch. 3—5, p. 519 ff. v. Hock. Cap. 6—8. v. Kaufmann, S. 263 ff., 320—550. Block, diction. und supplém. Art. contributions indirectes, douanes, tabac (Monopol) und die Artikel über die einzelnen hierhergehörigen Steuern. Say's diction. de finances Art. contributions indirectes (im fasc. 10. p. 1226—1245) und einzelne Artikel, soweit sie in dem alphabetischen Werk schon erschienen, so bes. Art. boissons (von Stourm). In diesem Say'schen Werk auch Statistik. Die wichtigten Massregeln nach dem Kriege auf dem Gebiete der indirecten (einschliesslich der Verkehrs-) Besteuerung im Einzelnen gut (mit vielen statistischen Daten) dargelegt und kritisch beurtheilt in Mathieu-Bodet's sorgfältigem und objectivem Werke „les finances françaises de 1870—78". Par. 1881, bes. vol. I, ch. 2—4, 8—11. vol. II, ch. 23; ferner Amagat, les emprunts et les impôts de la rançon de 1871. Par. 1889, bes. p. 161 ff. Bull. d. Minist. de fin., s. Generalregister in vol. XX (1886) über „contribut. indir.", „douanes", „manufactures de l'état"; Einzelnes auch unter „comptabilité publ." (neueste Gesetzgebung, Enquêten, so über die Getränkesteuern, Tarife, Statistik, histor. statist. und legislative Uebersichtsartikel mehrfach, z. B. über die Monopole). Jahresberichte der Generaldirectionen etc. und in den folgenden Bänden, mit reichem statistischen Material. Faure, budg. d. l. France, p. 110 ff. (Statistik 1868—1887.)

Von grösseren wesentlich administrativen Werken und Commentaren über die französischen indirecten Steuern wurde bes. benutzt Olibo, code des contributions indirectes et des octrois, 3 vol. 5. éd. Lyon 1878—79, ein für das Eindringen in das administrative Detail ganz unentbehrliches Werk. Weitere Bibliographie bei Block, dictionn. p. 685, Say. dict. p. 1244.

1. Die indirecten oder Verbrauchssteuern im Allgemeinen.

§. 246. 1. Dienstorganisation. Finanzielle Bedeutung. Im Unterschied von der directen Besteuerung, wo die allgemeinen Verwaltungsbehörden mehrfach an der Verwaltung betheiligt sind (§. 179 ff.), besteht auch in Frankreich nach der Technik der indirecten Steuern eine besondere diesem Zweige angepasste Dienstorganisation mit eigenem Behörden- und Beamtenapparat. Nach mehrfachem Wechsel auch in der Zeit seit 1815 ist gegenwärtig die Verwaltung dieser Steuern in Frankreich unter fünf finanzministerielle Generaldirectionen, diejenigen der „indirecten Steuern" (i. e. S.), der Staatsmanufacturen, der directen Steuern, der Comptabilität, der Zölle, ausserdem an eine Abtheilung des Kriegsministeriums vertheilt.

Die Generaldirection der indirecten Steuern erhielt 1814 ihren Namen, wo sie an die Stelle der napoleonischen „Regie der vereinigten Abgaben" (régie des droits réunis) trat. Letztere war 1804 für die Verwaltung der wiedereingeführten inneren Verbrauchssteuern und einiger anderer Steuern gebildet worden. Zeitweilig ist mit der Direction der indirecten Steuern auch die Verwaltung der Zölle vereinigt gewesen (1814—15, 1851—69), ferner die Verwaltung des Tabak- und Pulvermonopols. Ueber die mehrfachen Veränderungen in dieser Dienstorganisation Josat, p. 521. 590. Die Grösse und Verschiedenartigkeit der Dienstgeschäfte haben nach manchen Experimenten zu der jetzigen Organisation geführt. Ausser administrativen und technischen Rücksichten scheinen aber mitunter politische Erwägungen (so bei der neuerlichen Unterstellung des Pulvermonopols unter das Kriegsministerium), hie und da vielleicht auch persönliche Einflüsse bei den Veränderungen mit gespielt zu haben.

a) **Die Generaldirection der „indirecten Steuern"** hat es namentlich mit der Veranlagung und Erhebung der auch in Frankreich im engeren Sinne sogenannten inneren indirecten Steuern zu thun. Ausserdem umfasst sie aber einige andere Abgaben und Einziehungsoperationen.

Es unterstehen ihr speciell die innere Salzsteuer, die Getränkesteuern, die inländische Rübenzuckersteuer, die neueren kleineren inneren indirecten Steuern (Mineralöl, andere Oele, Stearin und Kerzen, Essig und Essigsäure, Dynamit u. s. w., früher auch die inzwischen wieder beseitigten, zu denen seit 1886 auch die Papiersteuer gehört), das (übrigens verpachtete) Zündhölzchen-Monopol, die Prüfungsabgabe von Gold- und Silberwaaren, die Denaturalisationsabgabe von Alcohol, die Spielkartensteuer, die Licenzen im Gebiet der Verbrauchsbesteuerung. Ferner ressortirt zu dieser Direction der Verkauf (nicht die Cultur und Fabrikation) des Tabaks beim Tabakmonopol und ebenso der Verkauf (nicht die Herstellung) des Pulvers beim Schiesspulvermonopol. Verschiedene kleinere Abgaben und Einnahmen, welche mit diesen indirecten Steuern in Verbindung stehen, gewisse Stempel, Controlgebühren überwachter steuerpflichtiger Gewerbe, Plombirungsgelder, Geldstrafen, werden ebenfalls von dieser Direction mit verwaltet und erhoben. Ausserdem gehören die schon oben behandelten Transportsteuern von öffentlichem Fuhrdienst, auch von Eisenbahnen zu ihrem Ressort. Endlich unterstand ihr die Erhebung der 1880 beseitigten Abgaben von der Schifffahrt im Inneren und untersteht ihr noch gegenwärtig die Einziehung der Pachtgelder von Fähren, Ueberfuhren, Fischerei u. s. w., sowie diejenige gewisser Zahlungen der Gemeinden zum Ersatz von Ausgaben im Interesse des städtischen Octroidienstes, auch communaler Kasernirungsbeiträge. Es findet sich hier also mit den grossen Hauptzweigen der „inneren indirecten Verbrauchsbesteuerung" eine Reihe kleinerer Einnahmezweige vereinigt, welche finanzwissenschaftlich besser zu einer anderen Steuergruppe gestellt werden (die Transportsteuern zu den „Verkehrssteuern") oder gemischt steuer- und gebührenartiger oder nur letzterer Natur sind. Sie fallen auch insgesammt finanziell nicht sehr erheblich ins Gewicht. Auf eine eigene Darstellung dieser Nebenzweige des Dienstes dieser Generaldirection verzichten wir hier, soweit nicht der Zusammenhang mit den wichtigeren Zweigen zu einer Erwähnung Anlass giebt. Einige statistische Daten weiter unten.

b) **Die Generaldirection der Staatsmanufacturen** fungirt jetzt ausschliesslich noch für das Tabakmonopol und zwar nur für die Ueberwachung des inländischen Tabakbaus, den

Ankauf des Tabaks im In- und Auslande und die Herstellung der Tabakfabrikate, während der **Verkauf** der letzteren zur Generaldirection der indirecten Steuern gehört.

<small>Anfänglich stand das Tabakmonopol bei der „Regie der vereinigten Abgaben", der späteren Direction der indirecten Steuern. Nach mehrfachen früheren Veränderungen, wobei sie bereits zeitweilig selbständig gestellt gewesen, wurde die Tabaksverwaltung 1860 von Neuem zu einer eigenen Generaldirection erhoben, welcher 1865 unter Beilegung des Namens „**Generaldirection der Staatsmanufacturen**" auch die Herstellung des monopolisirten Pulvers für den Privatverkehr (im Unterschied vom Bedarf der Militärverwaltung) übertragen wurde (s. u.). Im J. 1873 wurde dieser Fabrikationszweig ihr aber wieder abgenommen und dem Kriegsministerium mit übertragen. (Josat, p. 521, 591. Vignes I, 201.)</small>

c) Die **Generaldirection der directen Steuern** und diejenige der **Comptabilität** (comptabilité publique) verwalten von den erst im Folgenden mit behandelten Steuern die von uns hier mit eingereihten „**Gebrauchs- und Genusssteuern**", nämlich die im französischen Finanzrecht mit zu den „den directen Steuern assimilirten Specialtaxen" gestellten Steuern auf **Wagen und Pferde, Billards, gesellige Vereine** u. dgl. (geschlossene Gesellschaften) (S. 416, 418). Die erstgenannte Direction besorgt aber auch hier nur die **Veranlagung** und was damit zusammenhängt, die zweitgenannte die **Erhebung** dieser Steuern (S. 422).

d) Das **Kriegsministerium** verwaltet seit 1873 durch eine seiner Directionen (Ingénieurs des poudres et salpêtres) das gesammte Pulvermonopol, daher auch die Fabrikation des für Handel, Bergwerke, Jagd bestimmten Schiesspulvers. Den **Verkauf** des letzteren besorgt aber, wie schon bemerkt, auch hier die Generaldirection der indirecten Steuern.

<small>So war es auch vor 1865 gewesen, wo die Pulver- und Salpeterdirection im Kriegsministerium aufgehoben und letzterer nur die Fabrikation des Pulvers für Militärzwecke belassen, die des Handelspulvers aber der Tabak-Direction mit übertragen wurde. Alle Staats-Pulver-Fabriken und Salpeter-Raffinerieen gingen 1873 wieder auf das Kriegsministerium über.</small>

Die folgende Uebersicht zeigt die heutige **hohe finanzielle Bedeutung** der französischen indirecten Steuern und die Vertheilung derselben auf die oben genannten Verwaltungsdirectionen.

<small>Bull. XXIII, 265 ff., 306, Ergebniss der nicht unter der Direction der directen Steuern stehenden Abgaben für 1886; Anschlag der drei unter der Direction der directen Steuern stehenden Gebrauchssteuern für 1887 in Bull. XX, 9; Zölle, eb. XXII, 630, Ergebniss; auch Faure p. 82, 118, 119. Die Reihenfolge ist die, in welcher sie hier besprochen werden (s. S. 417).</small>

		Ertrag 1000 Frcs.	Ertrag 1000 Frcs.
I. Bei der Direction der indirecten Steuern erhoben:			
A. Verbrauchssteuern:			
	Innere Salzsteuer . . .	—	8,865
Getränkesteuern:			
	Wein	133,216	
	Obstwein	15,472	
	Branntwein	234,554	407,468
	Alkoholis. Weine . . .	2,451	
	Bier	21,693	
	Zuschl.-Centimen . . .	83	
	Expeditionsgebühr		4,781
	Innere Zuckersteuer	—	86,918
Neuere kleinere innere Steuern:			
	Papier	10,590 *)	
	Mineralöl	37	
	Andere Oele	2,555	25,627
	Stearin, Kerzen . . .	8,716	
	Essig u. s. w.	2,983	
	Dynamit u. s. w. . . .	796	
Andere verwandte:			
	Gold- und Silberprüfungsabgabe . .	1,624	
	Alcohol — denaturalisirt . . .	2,220	9,149
	Spielkarten	2,305	
Monopole:			
	Tabak	365,938	
	Pulver	12,971	395,919
	Zündhölzer	17,010	
Licenzen:			
	bei Getränken	12,209	12,593
	andere	694	
	Summe A. Verbrauchssteuern . .	—	954,620.
B. Ausserdem werden bei dieser Direction noch vereinnahmt:			
	Stempel	8,663	
	Strafen und Confiscationen . . .	4,128	
	Von Fähren, Fischerei u. dgl. m.	2,755	20,502
	Zinsen von Steuercrediten . . .	516	
	Communale Kasernirungskosten .	1,536	
	Verschied. Andere, Kostenersätze u. dgl.	2,904	
C. Ferner Transportsteuern:			
	Eisenbahnen	75,614	80,537
	Andere öffentl. Fuhrwerke . .	4,923	
	Summe aller dieser Einnahmen . . .	—	1,055,659
	Berichtigt**)	—	1,055,688
	Dazu Erträgnisse des 2. Theils des Exercice	—	20,724
	Gesammtbetrag I.	—	1,076,383.
II. Bei der Direction der directen Steuern veranlagt:			
	Wagen, Pferde u. s. w.	11,070	
	Billards	1,187	13,747
	Vereine, Gesellschaften	1,490	

*) Seit 1. December 1886 weggefallen, also obiger Ertrag nur für 11 Monate.
**) Die Summirung ergiebt 29,000 Francs weniger, vielleicht wegen eines nicht ermittelten Druck- oder Rechenfehlers in einer Rubrik.

	Ertrag 1000 Frcs.	Ertrag 1000 Frcs.
III. Zölle:		
Eingangszölle (incl. von Zucker)	324.595	
Statist. Abgabe	6,440	343,610
Schifffahrtsabgaben	7.654	
Nebeneinn. der Zollverwaltung	4.891	
Salzsteuer in dieser Verwaltung	—	23,006
Summe III.	—	366,616
Summe I. bis III.	—	1,456.746
Summe ohne die Transportsteuern unter I. C.	—	1.376,209

Solche Daten für ein einzelnes Jahr geben bei den Schwankungen der Erträge gerade der hier aufgeführten Steuern natürlich nur ein Bild von der Bedeutung der verschiedenen Posten im Ganzen und von der Grösse des Gesammtertrags dieser Steuern im Verhältniss zu demjenigen der übrigen grossen Steuergruppen.

Mit 13—1400 Mill. Frcs. beläuft sich der Ertrag dieser „Verbrauchsbesteuerung" auf 1—200 Mill. höher als derjenige der beiden früher dargestellten Gruppen der Staatsbesteuerung (S. 596). Die grosse Steuervermehrung seit dem deutsch-französischen Kriege fällt in besonders starkem Maasse auf diese „Verbrauchsbesteuerung". Von 661 Mill. Frcs. in 1869 stieg die Gesammteinnahme (incl. Transportsteuern) bei der Generaldirection der indirecten Steuern schon 1875 auf über 1000 Mill. und hat sich seitdem zwischen 1050 und 1100 Mill. Frcs. bewegt, einmal letztere Ziffer selbst etwas überschritten. Ebenso ist die Einnahme bei der Generaldirection der Zölle von 145 Mill. in 1869 von 1874 an rasch gewachsen und in den 1880er Jahren bis auf 360—400 Mill. Frcs. und mehr gestiegen (incl. Salzsteuer und Zuckerzoll). Im Unterschied von den directen Steuern erfolgen zu den indirecten Steuern in Frankreich keine Zuschläge zu Departemental- und Communalzwecken. Das ermöglichte mit die grosse Einnahmesteigerung für die Staatscasse, die sonst wohl nicht in diesem Umfange zu erreichen gewesen wäre. Das „steuerpolitische Programm" nach dem Kriege in der Periode seit 1871 war aber überhaupt gerade die „Erhöhung und Vermehrung der indirecten Steuern" (einschliesslich Enregistrement und Stempel). Wir kommen auf diese schon oben (§. 172 bis 174) characterisirte Politik unten zum Schluss noch einmal zu sprechen.

Im Folgenden wird zunächst nur die Einrichtung und der Geschäftskreis der Generaldirection der indirecten Besteuerung dargestellt. Von der Tabak- und der Zollverwaltung speciell wird später im Eingang der Darstellung dieser Steuern gehandelt werden.

§. 247. 2. Einrichtung und Geschäftskreis der Direction der indirecten Steuern. Nach der technischen

Natur dieser Steuern — wie auch der Zölle und der Verkehrssteuern (Enregistrement und Stempel) — hängt Veranlagung und Erhebung hier sachlich und häufig auch zeitlich näher zusammen als bei den directen Steuern. Die bei letzteren in der französischen Verwaltung bestehende durchgreifende Trennung des Veranlagungs- und Erhebungsdienstes, welche beide hier sogar unter zwei verschiedenen Generaldirectionen stehen (S. 422), findet sich bei den indirecten wie bei den Zöllen und Verkehrssteuern auch nicht. Auf die Einrichtung des gesammten Dienstes ist diese Verschiedenheit von Einfluss.

Der Dienst theilt sich auch bei der Generaldirection der indirecten Steuern in einen Centraldienst zu Paris und einen Local- oder Departementaldienst.

<small>Josat, p. 522 ff. Block, dict. Art. contrib. indir. IV, 12—57. Say, dict., p. 1237 ff., hier kürzere Darstellung der neuesten Gestaltung. Vignes I, 305 ff. v. Hock, S. 441 ff. v. Kaufmann, S. 323 ff. Das mancherlei Detail soll hier nicht gegeben werden; im Folgenden nur einige Hauptpuncte.

Der Centraldienst unter dem Generaldirector ist jetzt unter 3 (bis 1881 4) Abtheilungen („divisions"), jede unter einem „Verwalter" (administrateur) vertheilt. (Die Functionen derselben bei Josat, p. 523 ff.) Der Generaldirector hat ausserdem ein Centralbureau und ein Bureau für die Personalien unmittelbar unter sich.

Der Departementaldienst gliedert sich wieder in den mehr centralisirten höheren und in den mehr decentralisirten niederen oder eigentlichen Localdienst. In der Regel bildet jedes Departement einen Directionsbezirk unter einem Director; nur das Seinedepartement mit Paris hat drei Directionen. Dieser Bezirk ist je nach Bedarf wieder unter Unterdirectoren in Unterbezirke, welche nach dem Umfang der Geschäfte ein oder mehrere Arrondissements umfassen, eingetheilt. In jedem Directionsbezirk stehen unter dem Director „Inspectoren", theils „sesshafte" (sédentaires), welche ausschliesslich in ihrem Wohnsitz thätig sind, theils Departementsinspectoren, welche Rundreisen zu machen haben. Diese Inspectoren haben die allgemeine Ueberwachung des Dienstes und die specielle Prüfung der Rechnungsleger zu besorgen, sowie das Personal des „activen" Dienstes (s. u.) in ordentlicher Anspannung zu halten.

Für den eigentlichen Localdienst bestehen Haupteinnehmereien (receveurs principaux) für die Vereinnahmung der Gelder der Unter- und Nebenämter, für die Verrechnung mit diesen u. s. w., sie fungiren für ihren Ort oder für kleinere Bezirke, aber auch mit als Unterämter; sodann bestehen in den grösseren oder wichtigeren Städten eigene Unterämter (receveurs particuliers) für den Veranlagungs- und Erhebungsdienst der einzelnen Gefälle; endlich Nebenämter (receveurs buralistes) in den kleineren Gemeinden. Im Interesse leichter und bequemer Erledigung der Steuergeschäfte für das Publicum ist die gesetzliche Bestimmung seit 1816 getroffen, dass jede Gemeinde, die eine Erhebungsstelle wünscht und einen zahlungsfähigen Mann dafür stellen kann, das Recht hat, ein solches Nebenamt zu erhalten. Manches specialisirt sich nach den einzelnen Steuern. Besonders die eigenthümliche Einrichtung der Getränkesteuern, namentlich der Wein- und Branntweinsteuern, die dabei vorkommende Versendungs- und Transportcontrole bedingen wieder Eigenthümlichkeiten im Ueberwachungsdienst (§. 252 ff.). Die Einnehmer der Direction der indirecten Steuer fungiren gewöhnlich auch mit als Verschleisser von Tabak und eventuell von Pulver.

Im Localdienst wird ferner zwischen den Städten und dem platten Lande unterschieden. Dort bestehen regelmässig Steuerämter mit festem Sitze, in denen die Veranlagung oder Feststellung der Steuern von der Erhebung derselben getrennt und jede einem besonderen Beamtenpersonal übertragen ist. In wichtigeren</small>

Orten fungiren daneben noch ständige Controleure. Auf dem Lande wird der Dienst von ambulanten Beamten, zu Fuss oder zu Pferd, immer zwei zusammen, dem eigentlichen Einnehmer und dem Hauptcommis, besorgt und so Veranlagung, Erhebung und daneben regelmässig auch Controle von demselben Personal vorgenommen.

Specialbeamte fungiren statt der genannten Beamten oder Behörden mitunter noch für einzelne Zweige der unter dieser Generaldirection stehenden Abgaben.

Im französischen Finanzrecht wird auf diesem Gebiete in der departementalen und localen Steuerverwaltung noch zwischen dem sesshaften (sédentaire) und dem activen Dienst unterschieden. Zu jenem rechnet man den Bureaudienst der Directoren, Unterdirectoren und der einzig mit der Eincassirung von Steuern betrauten Aemter (comptables); zum activen Dienst die insbesondere mit der Ueberwachung der Steuerpflichtigen und mit der Constatirung der steuerpflichtigen Fälle betrauten Behörden und Beamten: die Inspectoren, Controleure, ambulanten Erheber und das untere Ueberwachungspersonal speciell für die hierhergehörigen „indirecten" Steuern. (So Say, dict. Art. contr. indir., p. 1238. Die Unterscheidung wird von den einzelnen Autoren, so Vignes, Josat, Block's dict., v. Hock [s. S. 25, 442], v. Kaufmann a. a. O. nicht ganz in der gleichen Weise gemacht.) An dem Ueberwachungsdienst hat auch das Personal anderer Finanzzweige, namentlich die Zollwache, in gewissen Fällen Theil zu nehmen, hie und da, z. B. bei dem Getränketransport, üben auch andere Verwaltungsorgane, wie Weg- und Brückenwächter, Gensdarmerie u. a. m. die Controle mit aus. — Statistisches und Angaben über die Bezahlung der Beamten im Folgenden bei den Erhebungskosten.

Der grosse Umfang und die Mannigfaltigkeit des Dienstes auf dem Gebiete der Verwaltung der indirecten Steuern mit ihrer schwierigen, verwickelten Ueberwachung, Veranlagung und Erhebung sind durch die technische Natur dieser Steuern nothwendig begründet. In Frankreich werden sie aber durch die gebotene streng fiscalische Tendenz, durch die Höhe der Steuersätze und durch die specifische Einrichtung einiger Steuern (Getränkesteuern, Tabakmonopol) noch gesteigert. Das Verwaltungspersonal muss deshalb in Frankreich besonders zahlreich und kostspielig sein. Natürlich stellt es auch eine Menge über-, neben- und untergeordneter Kategorieen von Beamten, m. a. W. eine grosse bureaukratische Hierarchie dar. Die in solchen Einrichtungen enthaltenen Uebelstände sind nicht zu verkennen, aber sie sind die unvermeidliche Folge eines solchen Steuersystems. Manches mag durch den Einfluss politischer Momente, persönlicher Rücksichten unter den so oft wechselnden Verfassungen des Staats und den noch viel häufiger wechselnden Ministerien verschlimmert worden sein, auch gerade seit 1870. Aber in der Hauptsache wird man die Dienstorganisation mit ihren Schwächen und Vorzügen zugleich mit dem ganzen superfiscalischen System französischer indirecter Steuern hinnehmen müssen. Das System ist eben wieder das Product französischer Staatsgeschichte im 19. Jahrhundert und musste durch die nach dem Kriege von 1870—71 eingeschlagene, freilich im Grossen und Ganzen kaum anders mögliche Steuerpolitik nothwendig noch schärfer herausgebildet werden.

§. 248. 3. Ueberwachungsdienst, Erhebung, Reclamationen, Eintreibung, Steuervergehen. Die technische Natur der indirecten Steuern überhaupt und der französischen insbesondere, namentlich einzelner der letzteren, wie vor allen der Getränkesteuern, bedingt auch einen umfassenden Dienst regelmässiger Ueberwachung (in strengster Form mittelst des sogen. steueramtlichen „Exércice", §. 263). Darin liegt eine der besonderen Belästigungen des wirthschaftlichen Verkehrs, welche wieder als Folge des Systems hingenommen werden muss. Für die Ausübung dieses Dienstes, zur Feststellung der Steuerschuldigkeiten, zur Verhütung von Defraudationen und zur Ermittlung derselben geniesst die Verwaltung, namentlich das hierhergehörige Dienstpersonal, wichtige Rechte in Betreff des regelmässigen oder ausserordentlichen Besuchs in den Geschäftsräumen der dem Exercice unterworfenen Steuerpflichtigen, auch des Eindringens in die Wohnungen im Verdachtsfalle (z. B. bei Heblerei) gegenüber sonstigen Privaten u. dgl. m. Umfang und Art wie Ausübungsmodalitäten dieser Rechte und der correlativen Pflichten des Publicums, z. B. hinsichtlich der Tageszeit der Besuche, der Vornahme derselben bei gewöhnlichen Privaten nur unter Assistenz von Friedensrichter, Maire oder Polizeicommissär, bestimmen die betreffenden Gesetze, zum Theil diejenigen über die einzelnen Steuern. Natürlich wird ein erheblicher Theil der Verwaltungskosten der indirecten Steuern gerade durch diesen Ueberwachungsdienst und das zahlreiche Personal dafür veranlasst. Statistisches über diesen Dienst im folgenden §. 249.

Die Erhebung der indirecten Steuern erfolgt auf zweierlei Weise. Entweder werden die schuldigen Beträge gleich unmittelbar nach der amtlichen Feststellung baar bezahlt (sogen. droits au comptant) oder vorläufig festgestellt und als Steuerschuld dem Pflichtigen zur Last geschrieben (sogen. droits constatés) auf Grund der Ermittlung der Beamten bei dem „Exercice" oder, soweit das zugelassen ist, nach Schuldigkeits-Anerkenntnissen der Steuerpflichtigen selbst. Diese Beträge sind also nicht sogleich fällig. Die Vorschriften über die Behandlung, Sicherstellung, Einziehung dieser Schuld sind bei den einzelnen Steuern öfters etwas verschieden. Der berechtigte allgemeine Gesichtspunct ist aber, die Entrichtung der Steuer dem zunächst Verpflichteten zu erleichtern und dieselbe thunlichst so anzusetzen, dass der letztere nicht oder nicht lange die Steuer aus eigenen Mitteln vorschiessen muss, — womit der specifische Character „indirecter" Steuern anerkannt wird (Fin. II, p. 338, 388). Daher werden hier auch meist eigentliche **Steuercredite** für bestimmte Maximalfristen gegeben, die aber nach dem letzten Kriege verzinslich gemacht worden sind. Erfolgte dagegen sofort Baarzahlung, so wurde früher dem Pflichtigen ein **Discont** gewährt, was neuerdings aufgehört hat. Das Gleiche gilt von den Zöllen (Gesetz v. 15. Febr. 1875).

Beim **Tabak- und Pulvermonopol** müssen die amtlichen Debitanten sofort den die Steuer enthaltenden Preis bei dem Bezug der Lieferungen aus den Magazinen baar entrichten. Der feste Absatzpreis enthält dann ihre Provision gleich mit. Creditgewährung an Käufer erfolgt natürlich nur auf ihre Gefahr.

Streitfragen, daher **Reclamationen** über die Veranlagung der Steuern können bei Baarzahlung wie bei „Constatirung" der Steuer entstehen. Das Reclamationsrecht des Steuerpflichtigen bezieht sich im ersten Falle, wenn er voraussetzungsweise den geforderten Betrag entrichtet hat, auf entsprechende Rückzahlung des Entrichteten oder zu viel Entrichteten, im zweiten auf entsprechende Herabsetzung oder Löschung seiner Steuerschuld. Hier steht ihm dann einmal die **Beschwerde im Verwaltungswege**, sodann aber auch die **Klage im Civilgerichtswege** zu, wenn ungeachtet seines Widerspruchs die Verwaltung gegen ihn einen **Zahlungsbefehl** erlässt, wozu sie zunächst das Recht hat, und dieser Befehl executirbar ist, eventuell auch gegen ihn executirt wurde.

In dieser Beziehung kommt hier der schon früher erwähnte wichtige Grundsatz in Betracht, dass die Civilgerichte bei den indirecten Steuern wie bei den Register- und Stempelabgaben auch schon hinsichtlich der Veranlagung, bezw. bei der Frage competent sind, in welcher Art und in welchem Maasse Jemand überhaupt zu der verlangten Steuerentrichtung rechtlich verpflichtet sei. Bei den directen Steuern wird darüber nur im Verwaltungswege entschieden, kann also auch nur innerhalb desselben reclamirt werden. (S. o. § 181, S. 128. §. 212, S. 510 und die dort angegebenen Stellen, bes. Vignes I. 283 ff. Block, dict. contrib. indir., Nr. 86. Say, dict. ders. Art. p. 1241. Ges. 3. 22. Frim. VII. 5. Vent. XII.) Appellation gegen die Entscheidung des Civilgerichts findet nicht statt. Anfechtung nur im Cassationswege. Die Anbringung der Klage hat für die Vollziehung eines Zahlungsbefehls, zu der eventuell wieder das Gericht mitzuwirken hat, nur dann aufschiebende Wirkung, wenn der Steuerpflichtige binnen 8 Tagen motivirten Widerspruch eingelegt und die Sache zur Entscheidung vor das competente Civilgericht gebracht hat. Bekommt der Steuerpflichtige nach einstweiliger freiwilliger Zahlung oder nach erfolgter Execution Recht, so hat er ausser auf Rückersatz des Gezahlten auch Anspruch auf Entschädigung. Für gewöhnlich sistirt indessen die Verwaltung Zwangsmassregeln gegen den klagenden Steuerschuldner überhaupt, wenn keine Gefahr vorliegt, dass im Falle des Obsiegens der Verwaltung das Interesse des Fiscus inzwischen gefährdet wird.

Gegen rückständige Steuerschuldner, bei „constatirten" Fällen, erfolgt die Beitreibung nach Eintritt des Zahlungstermins auch mittelst Zahlungsbefehls der Verwaltung. Das Weitere gestaltet sich dann in der eben angegebenen Weise. Wo Cautionen der Steuerpflichtigen zu stellen sind oder bei Steuercrediten, welchen solche oder andere, z. B. wechselmässige Verpflichtungen des Steuerschuldners zu Grunde liegen, geben diese Cautionen u. s. w. zunächst die Mittel für den Fiscus, sich im Weigerungs- oder Unvermögensfalle des Schuldners bezahlt zu machen. Im Uebrigen hat die Verwaltung das Privileg, sich vor anderen Gläubigern (mit gewissen Ausnahmen) an das bewegliche Vermögen (einschliesslich Werthpapiere) des Schuldners zu halten. Auch bei Fallissement des Steuerpflichtigen geniesst der Fiscus für seine rückständigen Steuerforderungen Vorrechte. In allen Streitfällen ist die Civiljustiz competent. Die Verjährungsfrist ist gegen die Verwaltung für nicht eingezogene Abgaben ein Jahr vom Zeitpunct der Fälligkeit ab, gegen den Steuerpflichtigen für die Forderung von Rückzahlungen, Herausgaben (z. B. von beschlagnahmten Waaren) zwei Jahre.

Ueber Steuervergehen, Hinterziehungen (Contraventionen, Defraudationen) werden zunächst von den competenten Steuerbeamten — bisweilen auch von den anderen, bei der Ueberwachung mit betheiligten öffentlichen Beamten, z. B. seit 1872 hinsichtlich des Transports der Getränke — in genau vorgeschriebenen Formen und unter ebensolchen Modalitäten Protokolle aufgenommen. Zur Entscheidung geht die Sache alsdann an das Correctionstribunal erster Instanz. Gegen dessen Urtheil kann appellirt und auf Cassation angetragen werden.

Auch die französische Praxis kennt aber im Gebiet der indirecten Besteuerung das Vergleichs- oder Abfindungsverfahren über Geldstrafen bei Defraudationen. Principiell nicht unbedenklich (Fin. II, §. 598) gilt dies Verfahren eben doch durch das practische Bedürfniss für geboten. Es kann sowohl vor Anhängigmachung der Sache vor Gericht als selbst nach erfolgtem Urtheil eintreten. Nach der Höhe der Summe, um die es sich bei einem Straffall und einer Verurtheilung dreht, sind verschiedene Instanzen der Finanzverwaltung zur Bestätigung der Vergleiche competent (Departementsdirector, Generaldirector, Minister). Die eingehenden Strafbeträge werden grossentheils unter die bei der Ermittlung der Defraudationen betheiligten Beamten — und zwar im Allgemeinen nur an die unteren, bis zu einem bestimmten Grade — vertheilt.

Die in Geltung stehenden Vorschriften über die in diesem §. berührten Puncte stammen zum Theil noch aus Gesetzen und Decreten der Periode der ersten Revolution her. So Ges. v. 5. Vent. XII, Decr. v. 1. Germin. XIII u. a. m. Bes. wichtig dann mit einigen Bestimmungen das Ges. v. 28. Apr. 1816 (so §. 235—239 über die Rechte der Verwaltung in Bez. auf visites, exercices, Eindringen in Wohnungen Privater im Verdachtsfall). Bei der Einführung der neuen Indirecten Steuern 1871 ff. wird gewöhnlich in dem betreffenden Gesetze die Anwendung der älteren gesetzlichen Normen auf die Verhältnisse der neuen Steuern ausdrücklich ausgesprochen (z. B. Ges. v. 4. Sept. 1871. Art. 8). Das Einzelne bei Vignes I, 253 ff., Art. 289—293. Block, dict., Art. contr. indir., bes. Nr. 81—113. Say. dict., ders. Artikel, p. 1241 bis 1244, wo für die wichtigeren Puncte die gesetzlichen Bestimmungen allegirt werden. Auf einige davon kommen wir unten bei den einzelnen Steuern zurück, bes. in der Darstellung der Getränkebesteuerung, dem in jeder Hinsicht eigenthümlichsten und finanzwissenschaftlich interessantesten Theil der indirecten Steuern. Der weitläufige Gegenstand lässt sich aber hier nicht erschöpfen. Für die finanzwissenschaftliche Würdigung der französischen indirecten Steuern ist indessen die Beachtung dieser Puncte wichtig.

§. 249. 4. **Erhebungskosten**. Trotz des complicirten Verwaltungsapparates, des zahlreichen Verwaltungspersonals, namentlich auch des weitläufigen Ueberwachungsdienstes sind die Erhebungskosten (i. w. S.) der eigentlichen inneren indirecten Steuern, der Monopole und der Zölle in Frankreich verhältnissmässig niedrig. Sie haben sich auch relativ immer weiter ermässigt, verglichen mit der früheren Zeit, mit den Kosten der andren grossen Steuergruppen und mit denen andrer Länder. Das erklärt sich wesentlich mit aus der enormen Einnahme, welche diese Abgaben in Frankreich abwerfen, und der grossen Steigerung derselben in den letzten Jahrzehnten, besonders seit 1871. Natürlich mussten sich selbst absolut etwas wachsende Kosten mit der grösseren Vermehrung der Einnahmen, auf die sie sich vertheilen, relativ günstiger stellen. Kann man den amtlichen Kostenberechnungen trauen und annehmen, dass dieselben in verschiedenen Zeiträumen genau nach denselben Grundsätzen erfolgt sind, so wäre aber auch die absolute Steigerung der Erhebungskosten nicht eben bedeutend. Hie und da scheint danach selbst eine absolute Abnahme derselben eingetreten zu sein. Desto besser musste sich das Verhältniss der Kosten zu den Einnahmen stellen. Freilich sind hier wie sonst bei den Kosten die Zinsen und etwaige Amortisationsbeträge des grossen Gebäudecapitals und anderer stehender Capitalien der Steuerverwaltung nicht berücksichtigt.

Statistik des Ueberwachungsdienstes im Gebiet der indirecten Steuern (incl. Monopole) in Bull. VI, 5, XIII, 736, XX, 598 ff. Kaufmann, S. 326 ff. Im Allgemeinen sind alle Producenten, Fabrikanten, Händler, Niederlagen-Inhaber der steuerpflichtigen Artikel, bezw. die betreffenden Unternehmungen der Ueberwachung unterworfen. Die Einführung der kleineren neuen indirecten Steuern nach 1871 hat daher die Zahl der Ueberwachten vermehrt. Doch wird dieser Ueberwachungsdienst bei den (amtlichen) Debitanten von Tabak und Pulver, bei den Goldschmieden, Juwelieren, Uhrmachern, ferner bei denjenigen Getränkedebitanten, welche abonnirt sind, sich abgefunden haben (und letzteren Falls nur Branntwein verkaufen) oder in den der „einzigen Taxe" unterworfenen Städten ihr Geschäft haben, nicht ausgeübt. Dadurch vermindert sich die Zahl der thatsächlich ständig überwachten Unternehmer auf fast die Hälfte aller im Princip der Controle unterstehenden. Nur schätzungsweise führt die Statistik die Anzahl der bloss ihren eigenen Wein und Cider erntenden Eigenthümer und Brenner (bouilleurs de cru), welche steuerfrei sind, auf. Auch die Eisenbahnunternehmungen (1869 32, 1885 60) und diejenigen des öffentlichen Fuhrwesens (1869 14,647, 1885 14,224) unterliegen dieser Controle mit (s. o. S. 578). Die Hauptzahlen sind folgende (auch 1869 ohne Elsass-Lothringen berechnet), einschliesslich der ebengenannten Geschäfte. Weitere Einzelheiten bei den betreffenden Steuern. „Exercice" ist die strengere Form der periodischen oder selbst beständigen Ueberwachung.

	1869	1873	1885
Unternehmer im Gebiet der Getränke.	396,711	380,293	427,437
Darunter:			
Unter Exercice	274,472	260,578	246,229
Frei davon	122,239	119,715	181,208
Schätzung der Eigenernter und Brenner	2,232,676	2,312,689	3,358,172
Alle anderen Unternehmer	94,117	92,536	104,927
Darunter:			
Im Exercice	30,445	30,007	35,232
Exercice-frei	63,672	62,529	69,695
Gesammtzahl der control. Steuerpflichtigen	490,828	472,829	532,364
Darunter:			
Im Exercice	304,917	290,585	281,461
Exercice-frei	185,911	182,244	250,903

Die „andren" exercice-freien Unternehmer sind die Tabak- und Pulverdebitanten und die Goldschmiede u. dgl. Ausserdem hatten noch einige Fabrikanten die Papiersteuer durch Abonnement berichtigt und sich dadurch vom Exercice befreit (1885 10), was in obigen Zahlen nicht berücksichtigt ist. Die apart stehenden Getränke-Debitanten in Paris sind überhaupt in den Zahlen nicht enthalten.

Die Erhebungskosten bestehen ganz überwiegend in persönlichen, für das Verwaltungspersonal. So im Etat f. 1887 f. das „Personal" in der Verwalt. d. indir. Steuern 29,32 Mill. Frcs., für Mieth- und andre Schadloshaltungen (grösstentheils jedenfalls persönliche Kosten) 5,74, für Materielles 0,43 Mill., für verschiedenes Andre (incl. gewisse Geschäfte beim Tabakmonopol) 2,43 Mill. Frcs., zus. 37,95 Mill. Frcs. Das zahlreiche Verwaltungspersonal umfasste in den 1870er Jahren im Centraldienst der Generaldirection der indirecten Steuern 125 Personen in 6 Kategorieen, im Departementaldienst in 19 Kategorieen 12,311 (darunter z. B. 234 receveurs particuliers sédentaires, je 1100 ambulante Einnehmer zu Pferde und deren Begleiter, Commis, je 1000 desgl. zu Fuss, 4580 Leute des Ueberwachungspersonals und für die Exercices). Ausserdem an 11—12,000 buralistes und an 1800 Octroieinnehmer, welche für den Staat die Eingangsabgabe von Getränken in den Städten mit erheben. Im Ganzen ein Personal von ca. 25—26,000 Köpfen. Diese Beamten beziehen feste Gehalte, welche gewöhnlich für jede Kategorie wieder in einige Classen (z. B. bei den receveurs partic. sédent. in 8) zerfallen. Dazu treten für einzelne Beamtenkategorieen Mieth- und andre Entschädigungen, z. B. bei den ambulanten Beamten. Ausserdem erhalten die Beamten im eigentlichen Erhebungsdienst Provisionen (remises) in der Form von Tantièmen von den durch sie constatirten, bezw. zur wirklichen Erhebung gekommenen Summen. Die Höhe dieser Tantièmen steht in umgekehrtem Procentverhältnis zu denjenigen der vereinnahmten Gesammt-

Indirecte Besteuerung. Erhebungskosten.

beträge, z. B. bei Summen bis 10.000 Frcs. ist sie 4%, von 10.001—50.000 Frcs. 3¹/₄% u. s. w., bei über 200.000 Frcs. ¹/₂%, bei Beträgen über 300.000 Frcs. sinkt sie weiter auf 0.4% für die zweiten 300.000 Frcs. und schliesslich, immer nach einer fallenden Scala für den Zuwachs, auf 0.04% für Beträge über 8 Mill. Frcs. In diesen Tantièmen und Scalen treten gelegentlich Aenderungen ein. (Block, dict. Art. contrib. indir., S. 55 ff., Art. receveurs partic., suppl. génér., Art. contr. indir. und percepteurs, mit weiteren Einzelheiten.) Für einzelne Beamtenkategorieen und Landestheile bestehen Specialtarife. Die Buralistes beziehen diese Provisionen nach der Anzahl ihrer Ausfertigungen. Sie haben gewöhnlich einen Tabakdebit. Zu diesen Einkünften kommen für einige Beamtenkategorieen noch die Antheile an Strafgeldern.

Die Beamten der Generaldirection der indirecten Steuern, insbesondere im Departementaldienst, sind grösstentheils **cautionspflichtig**, mit Beträgen, welche sich nach der Art des einzelnen Amts abstufen und vom einfachen Betrage des Gehalts bis zu dem 4—7¹/₂fachen der Amtseinkünfte steigen (Block, dict., Art. contr. indir., Nr. 55 ff., suppl. génér., Art. percepteurs).

Das Verhältniss der gesammten Verwaltungs- und Erhebungskosten zu den Einnahmen wurde schon oben S. 434 nach amtlicher Berechnung für die Hauptclassen aller französischen Steuern angegeben. Die relative Verminderung der Kosten im Laufe längerer Zeit trat aus den Zahlen deutlich hervor. Im Einzelnen hat man für die indirecte Besteuerung im weiteren Sinne folgende Kostenquoten berechnet, wobei für Tabak und Pulver nur die eigentlichen Verwaltungs- und Erhebungskosten, nicht die natürlich viel bedeutenderen Kosten für den Rohstoff und für die Fabrikation — ganz mit Recht — als Regiespesen oder Erhebungskosten angesetzt sind (Bull. I, 125 ff., XVI, 15 ff.) Die zweite Colonne der absoluten Zahlen bezieht sich auf den „Reinertrag", welcher vom „Rohertrag" nach Abzug der Bewirthschaftungskosten, Rückzahlungen, non-valeurs u. dgl. übrigbleibt. Er enthält also die eigentlichen Verwaltungs- und Erhebungskosten noch in sich. Die Procentzahl giebt den Betrag der letzteren von diesem „Reinertrag" an. Aus dem Vergleich der absoluten Zahlen in den 3 angegebenen Zeitpuncten ersieht man gut die verschiedene Bewegung der Erträge und der Kosten, mit denen jene erzielt werden, daher auch die technisch-finanzielle Vortheilhaftigkeit einer so fiscalischen Steuerpolitik wie der französischen und freilich auch den Einfluss einer grossartigen volkswirthschaftlichen Entwicklung oder wenigstens Consumsteigerung, welche die Erträge so wachsen liess.

	Absolute Zahlen			% der Kosten
	Rohertrag Mill. Frcs.	Reinertrag Mill. Frcs.	Kosten Mill. Frcs.	vom Reinertrag
Indirecte Steuern der Generaldirection ohne Tabak u. Pulver				
1825	140.17	139.30	20.93	15.2
1876	745.53	742.33	32.05	4.42
1884	717.70	716.55	34.83	4.86
Tabak und Pulver				
1828	72.09	54.86	8.20	14.9
1876	336.06	271.18	5.02	1.85
1884	358.50	314.40	6.44	2.04
Tabak allein				
1876	322.35	261.44	4.53	1.73
1884	373.59	306.06	6.14	2.01
Pulver allein				
1876	13.71	9.74	0.50	5.13
1884	14.91	8.34	0.29	3.51
Zölle und Salz				
1828	163.53	150.93	24.35	16.1
1876	287.45	286.92	29.38	10.23
1884	399.96	397.68	30.56	7.68

Das Tabakmonopol würde hiernach jetzt mit ca. 2% nur etwa dieselben Erhebungskosten wie Enregistrement, Stempel und Domänen machen (ob. S. 434). Bei letzterer Generaldirection ist eine Trennung der Kosten für die ihr unterstehenden Zweige nicht möglich. Sicher aber betragen diese bei den Domänen und gewissen Forsterträgen, welche hier verwaltet oder vereinnahmt werden, erheblich mehr als bei Enregistrement und Stempel allein, so dass die f. 1884 berechnete Quote von 2.17% bei letzteren beiden Steuerzweigen noch etwas niedriger sein wird. Die übrigen indirecten Steuern, mit ihrem kostspieligen Ueberwachungsdienst über die zersplitterte privatwirthschaftliche Production (Getränkesteuern!), haben immerhin auch jetzt noch mehr als doppelt so hohe Erhebungskosten als das Tabakmonopol und als Enregistrement und Stempel und die Zölle sogar noch fast die vierfachen. Die relative Verbesserung des Kostenverhältnisses seit 1828 ist bei allen genannten Steuern aber sehr bedeutend, die absolute Kostensteigerung nicht sehr erheblich, bei Tabak seit 1825 sogar eine absolute Kostenverminderung erfolgt.

Für die Generaldirection der Zölle allein ist jüngst eine umfassende amtliche Berechnung über die Einnahmen und die Erhebungskosten von 1791—1885 veröffentlicht worden, wobei selbst die Jahre der ärgsten Revolutionswirren nicht fehlen. Die Zuverlässigkeit der Daten für diese Jahre muss dahingestellt bleiben (Bull. XXI, 488 ff., mit graph. Darstellung). Hiernach hätten die Kosten in den 1790er Jahren zwischen 50 und 22, 1801—1814 zwischen 16¼ und 30 (mit vielen Schwankungen), 1817—19 ca. 20% betragen. Von da an sind sie ziemlich stetig bis auf 13% in Mitte der 40er Jahre gesunken, 1848 ff. wegen verminderter Einnahme bei gleich bleibender Ausgabe wieder auf 18—22% gestiegen, dann von Neuem bis 1855 auf 13% gefallen, hierauf etwas, seit 1860 (Handelsvertrag mit England, Verminderung der Einnahmen) stärker, auf 23—24% gestiegen, bis 1869 jedoch wieder auf 19% gesunken, nach dem Kriege alsdann mit rasch wachsender Einnahme bei geringer Steigerung der Ausgaben von 16% in 1872 auf 10% bis 1877 und langsam weiter auf 7¼% in 1885 gewichen. Die absolute Steigerung der Kosten war seit 1816 bis 1862 zwar eine fast stetige, aber eine sehr langsame, von ca. 22—23 auf 32 bis 33 Mill. Frcs. Dann sanken sie wieder auf 27—28 Mill. (1869). Seit 1872 betragen sie etwas über 30, 1879—85 wenig schwankend etwa 31½ Mill. Frcs jährlich: eine steuertechnisch glänzende Entwicklung!

Manche Puncte der Steuerverwaltung, welche zwar die indirecten Verbrauchssteuern im Allgemeinen betreffen, erlangen doch bei einzelnen der hierhergehörigen Steuern wieder besondere Bedeutung und gestalten sich dabei in Einzelheiten etwas verschieden. Sie werden deshalb zweckmässiger erst im Folgenden, soweit nöthig, mit behandelt. In jeder Hinsicht hebt sich die Getränkebesteuerung unter allen französischen indirecten Verbrauchssteuern als die finanzwissenschaftlich eigenthümlichste heraus. Sie wird daher auch am Eingehendsten behandelt und Manches, was zwar auch bei andren Steuern vorkommt, bei ihr aber besonders wichtig und bemerkenswerth ist, wird in ihrer Darstellung seinen Platz finden.

Die Zölle auf eingeführte fremde Artikel, welche als inländische einer inneren Verbrauchssteuer unterliegen, bringen wir in Folgendem gleich bei den Verbrauchssteuern, soweit nöthig, mit zur Sprache.

Eine Uebersicht der Tarife der indirecten Steuern im Bull. XVI, 514.

2. Die einzelnen Verbrauchssteuern.

a. Die inneren Verbrauchssteuern bei privatwirthschaftlicher Productionsweise.

(Salz-, Getränke-, Rübenzucker-, kleinere derartige und ähnliche Steuern, s. o. S. 417.)

α. Die Salzsteuer.

Gesetzgebung (Hauptbestimmungen). Endgiltige Wiedereinführung der Salzsteuer nach vorausgegangenem Decret v. 16. Mai 1806 durch Ges v. 24. April — 4. Mai 1806, dazu Decret v. 11. Juni 1806. Tarifänderungen 1813, 1816. Ges. v. 17. Juni 1840, K. Ord. v. 7. März 1841, auch 26. Juni 1841 u. s. m. Aufhebung der Steuer durch Decr. v. 19. März 1848, Wiedereinführung durch Ges. v. 28. Dec. 1848 in geringerer Höhe (⅓). Vorübergehende Belegung mit den Kriegszuschlägen (25%) durch Ges. v. 2. Juni 1875, Aufhebung dieser Zuschläge durch Ges. v. 26. Dec. 1876. Seitdem keine Tarifveränderung. Zulassung fremden Salzes zur Einfuhr aus dem Ausland gegen Eingangsabgabe. Ges. v. 19. Juli 1850. Fabriken u. dgl., in denen Salz als Nebenproduct gewonnen wird, chemische Fabriken u. s. w., unterstehen den Betriebsvorschriften und Controlen der Salzsteuer z. Th. mit und sind für das in den Consum gebrachte Salz steuerpflichtig. Ges. v. 17. Juni 1840. Decr. v. 26. Juni 1841. Andererseits mehrfache Steuerfreiheit, so bes. für Exportsalz, Fischerei u. dgl., dann für bestimmte Fabriken, für landwirthschaftliche Zwecke, wenn denaturirtes Salz verwendet wird (gen. Ges. v. 1806, Ges. v. 17. Juni 1840, Decr. v. 19. Juli 1868 — Steuerrestitution bei exportirter gesalzener Butter —, Ges. v. 2. Juli 1862 über Steuerfreiheit des Salzes in Sodafabriken, Decr. v. 8. Nov. 1869 betr. Freiheit von denaturirtem Vieh-, Düngsalz u. dgl., auch Decr. v. 25. Mai 1882; weitere Ausdehnung dieser Freiheit für verschiedene benannte Gewerbe, wie Töpferei, Lohgerberei, Carmin-, Indigo-, Seifen-, Anilin-, Glas-, Papierfabriken u. s. m. bes. 1882 ff.).

Literatur. Stourm I, 318—324 (Wiedereinführung). Vignes I, 164—168. Block, dict. Art. sel., auch suppl. génér. und annuel (1885). Olibo III, 147—210 (die einzelnen Artikel der Gesetze und Decrete mit Commentar). v. Hock, S. 325 bis 338 (eingehende gute Darstellung der steuertechnischen Seite, Erhebung, Controlen u. s. w.). v. Kaufmann, S. 424—430. — Statistik, eb. S. 431. Faure. p. 120, 112, dann in d. jährl. statist. Bericht der Generaldirection der indir. Steuern und der Zölle im Bull., so f. 1856 und 1857 XXIII, 269 ff., XXII, 633 (Zölle). Uebersicht der Consumtion und Finanz-Erträge 1816—76 im Bull. I, 29.

§. 250. 1. Die Salzsteuer im Allgemeinen. Unter den indirecten Verbrauchssteuern des Ancien régime war die Salzsteuer, namentlich in der drückenden und gehässigen Form der Gabelle, besonders unbeliebt gewesen (§. 63). Daher war ihre Aufhebung gleich im Beginn der Revolutionsära bestimmt in Aussicht genommen worden (Gesetz vom 3. November 1789) und durch Decret vom 30. März 1790 vom 1. April an auch wirklich erfolgt. Der Gedanke, eine Salzsteuer wieder einzuführen, blieb auch längere Zeit sehr unpopulär, obgleich er sich doch bereits unter dem Directorium als Project in den gesetzgebenden Körperschaften wieder hervorwagte, im Drange des Finanzbedürfnisses und mit der Begründung, dass eine mässige Salzsteuer in der Form einer wenig lästigen an die Production sich anschliessenden Verbrauchssteuer den berechtigten Einwendungen und der allgemein verbreiteten Abneigung gegen die alte Gabelle keineswegs unterliege. Nach einem fehlgeschlagenen Anlauf fand der Plan im J. 1799 auch im Rath der 500 Billigung, fiel aber im Rath der Alten. Auch der erste Consul war Anfangs der Wiedereinführung der verhassten Steuer, die Gaudin (Herzog von Gaëta) alsbald plante, abgeneigt. Es vergingen noch mehrere Jahre, bis man gleichwohl von Neuem zu der Steuer griff. Der Ertrag derselben war anfangs zur Unterhaltung der Strassen, Brücken u. s. w. bestimmt, nachdem das besondere Wegegeld aufgehoben worden war. Dabei wurde die Monopolform,

an die auch gedacht worden war, vermieden, die Steuer möglichst
an die Productionsstätten geknüpft und der Verkehr für das schon
versteuert in ihn gebrachte Salz thunlichst von Controlen befreit,
auch die Salzsteuer niedrig angesetzt, zuerst auf 10, gleich darauf
auf 20 Centimes für das Kilogramm Speisesalz.

<small>Decr. v. 16. März. Ges. v. 24. April, 4. Mai, Decr. v. 11. Juni 1806. S. bes.
Stourm I, 310 ff., 325 ff. für die Einzelheiten der hier skizzirten Entwicklung.
Durch die mässige Zahl von Salzwerken und die Betriebsconcentration im Inneren,
sowie durch die Einrichtung der Seesalzgewinnung in Salzteichen, die von der Zollverwaltung bequem mit überwacht werden können, ist die Einführung der Salzsteuer
als Productionssteuer erleichtert und die Beibehaltung dieser Steuer begünstigt worden.</small>

Steuerfreiheit für ins Ausland gehendes Salz wurde von
Anfang an gewährt, und diese Freiheit dann im Lauf der Zeit
aus volkswirthschaftlichen Gründen immer mehr erweitert und bequemer brauchbar gemacht.

<small>Besonders für exportirte eingesalzene Objecte, für die Seefischerei, für die von
der Marine und in den Colonieen gebrauchten Salzwaaren, für die Einsalzung von
Fischen überhaupt, dann für gewisse Industrieen, welche Salz in ihren Fabrikationsprocessen brauchen, und für landwirthschaftlichen Zwecken der Viehfütterung, der
Düngerbereitung und Düngung und sonst dienendes Salz, das dann aber denaturirt
sein muss (s. d. Ges. und Decr. in der Vorbemerkung). Industrieen, welche zur Herstellung menschlicher Nahrungs- und Genussmittel Salz verwenden, geniessen aber
folgerichtig keine Steuerfreiheit und ebenso folgerichtig ist das in gewissen Industrieen
als Nebenproduct gewonnene, in den eigentlichen Consum übergehende Salz steuerpflichtig. Man will übrigens einen besonderen Einfluss der Gewährung der Steuerfreiheit auf die Vermehrung des Salzverbrauchs in Industrie und Landwirthschaft nicht
wahrgenommen haben.</small>

Im Princip und im Wesentlichen auch in der practischen
Durchführung des Princips ist daher die französische Salzsteuer
auf das als menschliches Nahrungs- und Genussmittel im
inländischen Consum dienende Salz (Kochsalz) beschränkt.
Dadurch entfallen die Einwendungen gegen eine allgemeine,
alles irgendwie verwendete Salz treffende Steuer. Die Vermeidung
der Monopolform, die Freigebung des Verkehrs in versteuertem
Salze, die verhältnissmässig einfache Form der Steuer, die Ab-
wesenheit fast aller der Controlen, Zwangsmaassregeln, vollends der
förmlichen Consumerzwingung, welche die alte Salzsteuer characterisirten, machen auch die früheren Einwendungen gegen die neue
Steuer im Wesentlichen hinfällig. Der Angriffspunct für die Kritik
der Gegner dieser Steuer blieb und bleibt dagegen die Besteuerung des Speisesalzes an sich und die Höhe des
Steuersatzes.

<small>Nach vorübergehender Erhöhung des letzteren von 20 sogar auf 40 Centimes
für das Kilogramm Ende 1813 wurde der Satz 1816 auf 30 Cent. festgestellt und blieb
so bis 1848, mit einem Ertrage von 70 Mill. Frcs. für die Staatscasse.</small>

Die principiellen Ansichten im Schoosse der provisorischen Regierung von 1848 in Bezug auf indirecte Verbrauchssteuern wichtiger Nahrungs- und Genussmittel (§. 171) führten denn auch alsbald zur Aufhebung der Steuer (Decret v. 18. April 1848), die aber noch vor ihrer völligen Durchführung bereits Ende 1848 wieder rückgängig gemacht wurde (Gesetz v. 28. Dec. 1848). Dabei wurde jedoch der Steuersatz auf den dritten Theil des früheren, 10 Centimes für das Kilogramm, herabgesetzt. Dadurch opferte man endgiltig anfangs 45, später 30—40 Mill. Frcs. Staatseinnahme auf, ohne den Consumenten eine ebenso grosse Ersparung an Kosten zu verschaffen. Denn der Einzelpreis des Salzes ging notorisch nicht um den vollen Betrag des Steuererlasses, sondern nur etwa um die Hälfte desselben herab. Der Consum selbst stieg zwar sofort vorübergehend (1849) erheblich und blieb dauernd höher als vorher (in den 40er Jahren 6.5, in den 50er 8.25 Kil. pro Kopf), aber hob sich dann kaum weiter. Die Massregel von 1848 kann daher fiscalisch und volkswirthschaftlich nicht besonders günstig beurtheilt werden.

Die principielle Abneigung in weiten politischen Kreisen gegen jede Besteuerung des Salzes war indessen in der Zeit nach 1870 doch stark genug, um, trotz des dringenden Finanzbedürfnisses, die Salzsteuer von der Erhöhung der sonstigen indirecten Verbrauchs- und der Verkehrssteuern auszunehmen. Im Jahre 1875 wurde sie zwar dem 25% Zuschlag mit unterzogen (Gesetz v. 2. Juni 1875), aber schon Ende 1876 (Gesetz v. 26. Dec. 1876) wieder von demselben befreit, so dass der frühere Satz von 10 Cent. (10 Frcs. f. 100 Kilogr.) seitdem abermals gilt. Derselbe ist im Verhältniss zu der Höhe der meisten französischen Steuern und auch im Vergleich mit anderen Ländern nicht übermässig hoch, sogar niedriger als in Deutschland, wo er 12 Pfennig oder etwa 15 Cent. für das Kilogramm beträgt, der Consum auch etwa 1 Kilogramm niedriger als in Frankreich ist (7.7 gegen 8.7 Kil. pro Kopf). Der Ertrag ist jetzt jährlich etwa 32—32.5 Mill. Frcs. oder auf den Kopf der Bevölkerung etwa 85 Cent. gegen 1 Frcs. 15 Cent. (92—93 Pfenn.) im Deutschen Reich: niedriger in Frankreich, ein seltener Ausnahmefall bei deutschen und französischen Steuervergleichungen. Die weitere Ausdehnung der Steuerfreiheit des Salzes für gewerbliche Zwecke hat das Wachsthum des Ertrags in Frankreich etwas gehemmt.

Die moderne französische Steuer ist, im günstigen Unterschied von der verwickelten und ungleichmässigen Salzbesteuerung in der alten Monarchie, die gleiche im ganzen Staatsgebiete, sie macht auch keinen Unterschied zwischen Seesalz und im Inneren gewonnenem. Nur in einem kleinen Grenzgebiet gegen die Schweiz (pays de Gex und Theil von Obersavoien) besteht eine Ermässigung des Satzes auf 2 Cent. für das Kilogramm. Salz aus Algier und den Colonieen unterliegt nur dem allgemeinen Steuersatze. Ausländisches Salz dagegen zahlt ausser der allgemeinen Steuer, wenn es in den Consum übergeht, noch einen Einfuhrzoll, welcher nach den Sorten, nach den Transportwegen (See und Land) und zum Theil nach den Grenzen verschieden ist und im Höchstbetrage im Tarif von 1881 40%, seit 1884 immer noch 33% der Steuer ausmacht. Das inländische Salz geniesst also einen nicht unerheblichen Schutz.

Der Zolltarif unterscheidet folgendermassen: roh und gereinigtes Salz (See-, Salinen-, Steinsalz), nicht weiss, nach dem bis 1881 geltenden Tarif für 100 Kil. zu Land über die belg. und luxemb. Grenze 2½, nebst 2 Decimen, nach dem Tarif v. 4. Mai 1881 3 Frcs., nach Ges. v. 5. April 1884 2 Frcs. 40, über andere Landgrenzen bez. nur 62—74—60 Cent.; zur See über Canal und Ocean 2 Frcs. 18—2 Frcs. 60—2 Frcs. 10 Cent.. über Mittelmeer nur 62—74 — 60 Cent.; ferner gereinigtes weisses Salz zu Land über die lux. und belg. Grenze 3 Frcs. 48—4 Frcs —3 Frcs. 30, über die anderen Landgrenzen dieselben Sätze wie nicht weisses Salz; zur See über Canal und Ocean 43 Cent. — 4 Frcs.—3 Frcs. 30 Cent., über Mittelmeer 62—74—60 Cent. In den Handelsverträgen und Conventionaltarifen kommt Salz nicht besonders vor, es gilt daher der allgemeine Tarif. Mit Elsass-Lothringen verlor Frankreich wichtige innere Salzwerke und Salinen, für deren Salzeinfuhr nach Frankreich also jetzt der Zollsatz für die „anderen Landgrenzen" Anwendung findet. (Bull. IX, 475, XI, 518, XV, 399, XVI, 531, Beutner, Zolltarife Europas Berl. 1883, I, 159.)

Nach Bull. I, 29 und XXIII, 283 war:

	Steuerertrag Mill. Frcs.	Versteuerte Menge Mill. Kil.	Consum p. Kopf Kil.
1817	52.5	175.6	5.99
1845	70.4	236.7	6.74
1851	26.6	266.7	7.45
1869	32.9	329.4	8.56
1876	37.7	301.3	8.35
1886	31.9	319.7	8.70

Steuersatz, wie schon bemerkt, bis 1848 30, von da bis 1875 10, 1875—76 12 5, seit 1877 wieder 10 Cent. p. Kil.

§. 251. 2. Einrichtung der Salzsteuer. Die jetzige französische Salzsteuer ist eine an die Productionsstätten sich anschliessende allgemeine innere Verbrauchssteuer, welche das Salz regelmässig erst beim Uebergang desselben aus den Productionsstätten und Magazinen in den Consum oder in den freien Verkehr trifft. Die Controlen erstrecken sich daher namentlich auf diese Stätten, beschränken sich aber auch im Wesentlichen darauf, mit der Ausnahme, dass in einem gewissen

Umkreise um die Stätten im Inneren (15 Kilometer) und bis zu einer gewissen Entfernung von den Seeküsten (auch 15 Kilometer) die Salzversendung dem Anmeldezwang bei der Steuerbehörde oder dem Zollamt und dem Begleitscheinverfahren unterliegt. Im Uebrigen zerfällt die Salzsteuer administrativ in **zwei Arten**, die **innere** für das im Binnenlande gewonnene Salinen-, Siede- und Steinsalz, welche unter der Generaldirection der indirecten Steuern, und die wesentlich die **Seesalzgewinnung** treffende Steuer, welche im Küstenstriche unter der Generaldirection der Zölle mit steht.

Nach administrativer Zweckmässigkeit, mit Rücksicht auf die örtliche Lage, aber auch nach Veränderung der Eigenthums- und Betriebsverhältnisse, wenn z. B. ein Salzwerk an eine andere Salzunternehmung übergeht, erfolgen mitunter Verschiebungen zwischen den unter den genannten beiden Generaldirectionen stehenden Werken, daher auch zwischen den Salzsteuererträgnissen beider. Man kann deshalb nicht kurzweg sagen, dass nur Seesalzgewinnung unter der Zollverwaltung, alle andere ganz unter der Verwaltung der indirecten Steuern steht. So erwarb z. B. 1886—87 das Syndicat der „Salines des Ostens" ein ihm Concurrenz machendes Etablissement in der Zolllinie, wodurch die Erträge der Steuerverwaltung 1887 gegen 1886 stiegen, die der Zollverwaltung fielen (Bull. XXIII, 268). Die wichtigsten Werke des Binnengebiets mit über 60 % des Steuerertrags liegen im Dep. Meurthe und Mosel, die nächstwichtigen mit 18 % des Ertrags in Doubs, dann noch erhebliche in den Dep. Jura, Landes, Haute-Saône, Haute-Garonne, Unterpyrenäen, im Ganzen nur in 7 Depart. bedeutendere Werke; kleine, z. Th. ganz kleine Erträge, wohl aus chem. Fabriken, kommen ausserdem noch in 8 Departements vor. Diese locale Concentration erleichtert die Besteuerung.

Die Salzsteuern im **Inneren** und im **Küstenstrich** sind in allem Wesentlichen gleich eingerichtet, mit kleineren Unterschieden, welche sich aus den verschiedenen Betriebsverhältnissen ergeben. Der einzige wichtigere Unterschied des Finanz- und Verwaltungsrechts ist, dass die Anlegung und Ausbeutung der Seesalzteiche (marais salants) ohne Weiteres, d. h. **ohne besondere behördliche Ermächtigung** stattfinden kann, aber eine **Declaration** verlangt, wonach dann die Werke der Ueberwachung unterliegen, während die Ausnutzung von Steinsalzlagern und Salzquellen im Inneren ausser an eine mindestens einen Monat vorausgehende **Declaration** noch an die Erlangung einer im Staatsrath zu gewährenden **Concession** geknüpft ist.

Diese wird bei Bergwerken höchstens für einen Umfang von 20, für Salzquellen u. dgl. für einen solchen von 1 Quadratkilometer ertheilt, übrigens auf demselben Raum nur einheitlich an Einen Unternehmer gemeinsam für Bergwerk und Quellen. Auch muss sich, im Interesse der Steuerverwaltung, jeder Concessionär in der Regel verpflichten, mindestens für $^1/_2$ Mill. Kilogr. Salz jährlich zu gewinnen. Für die Anlegung von Salzbergwerken und Erschliessung von Salzquellen kommt mehrfach das **Bergrecht** in Betracht, daher das Ges. v. 21. April 1810, die Verordnungen dazu, für die Concessionen auch Ges. v. 17. Juni 1840 und Ord. v. 7. März 1841. Der Bergwerkssteuer (o. §. 207) unterliegen Salzwerke nicht, — was übrigens keine nothwendige und auch keine richtige Consequenz der Salzsteuer ist, da diese einen ganz anderen steuerpolitischen Character als die Bergwerkssteuer hat. — Wohl aber zahlen Salzwerke Grundsteuer für die Oberfläche der benutzten Grundstücke und Grundsteuer für die Gebäude (s. o. §. 189, 188). Jede Ausbeutung salzhaltiger Stoffe und jede Salzsiederei ist beim nächsten Steuer- oder Zollamt anzumelden und darf nur in ausdrücklich genehmigten Stätten erfolgen. Geheime Salzgewinnung u. s. w. ist verboten. Jedes Salzwerk muss durch eine angemessene Umzäunung oder Ummauerung getrennt von sonstigen Gebäuden sein, darf nur einen Zugang haben, ist jederzeit den Steuerbeamten zur Ausübung der Ueberwachung zugänglich.

Steueramtlich controlirt und festgestellt wird die wirklich gewonnene Salzmenge (insofern besteht „Fabrikatbesteuerung") und diese bildet den Ausgangspunct für die Bemessung der Steuerschuldigkeit. Das Salz, welches nicht sofort aus dem Werk selbst in den Consum übergeht und in diesem Fall principiell sogleich zu versteuern ist, muss in Magazine gebracht werden. Hier ist über Ein- und Ausgang genau Buch zu führen und erfolgt vierteljährliche Abrechnung mit dem Steueramt, welches den Verkehr des Magazins und den Bestand der Lager überwacht. Zur Sicherung dieser Controle über die Werke, Salzleicke und Magazine besteht der Transport-Anmeldezwang und das Begleitscheinverfahren in der erwähnten Ausdehnung von 15 Kilometer um das Werk, bezw. von der Küste aus. Auch bedarf nächtlicher Transport noch besonderer Erlaubniss. Fehlt diese oder fehlen die erforderlichen Begleitscheine, so ist Confiscation und doppelter Steuersatz angedroht.

Von den nach den Registern und Controlen steuerpflichtigen Salzmengen werden dreierlei Nachlässe gewährt, einmal von dem wirklich gewonnenen Salz 3—5%, etwas verschieden je nach den Gewinnungsorten, als allgemeiner Verlust sodann von dem magazinirten Salz 8% als Lagerverlust, endlich von dem versendeten Salz 2% als Transportverlust.

Im Princip ist die Salzsteuer beim Uebergang in den Consum, daher bei Entnahme aus dem Magazin und beim Verkauf fällig und baar zu entrichten. Doch bestehen einige Ausnahmen, wo der Fälligkeitstermin erst später eintritt. Auch werden Steuercredite in der Weise gewährt, dass für Summen über mehr als 300 Frcs. genügend verbürgte Obligationen mit 4 Monat Verfallzeit, aber unter Anrechnung von Verzugszinsen und mit Provisionsbezügen (remises) für die Beamten angenommen werden: die gleiche Einrichtung wie bei den anderen indirecten Steuern und den Zöllen (Ges. v. 15. Febr. 1873, Maximum der remise $1/_2$%).

Leichtere Straffälle werden ohne Appellation vom Friedensrichter mit persönlicher Geldstrafe von 100 Frcs. neben der Confiscation der beschlagnahmten Gegenstände, im Rückfall oder in gewissen Erschwerungsfällen vom Correctionstribunal mit 2—500 Frcs. und $1/_2$—2 Monat Gefängniss, in bestimmten Fällen des Gesetzes v. 1840 ebenfalls von diesem Gerichtshofe mit Confiscation auch der Werkzeuge, Transportmittel, ausser dem Salz selbst, mit Geldstrafen von 500—5000 und 10,000 Frcs. und mit Erhebung des Doppelsatzes der Steuer geahndet. — Auch kann die Concession unter Umständen entzogen werden. S. bes. Ges. v. 1806 und 1840 nebst Decreten dazu. Vignes und Block, dict. a. a. O., am Meisten Einzelheiten, von denen hier nur das Wichtigste berührt wurde, bei Hock, so über Steuerfreiheit der Fischerei, der Fischeinsalzung u. dgl. m. (S. 333 ff). Die Auslegung der einzelnen gesetzlichen Vorschriften durch die Rechtsprechung bei Olibo.

Dem Ueberwachungsdienst („exercice") der Direction der indirecten Steuern unterstanden 1869 (ohne Elsass-Lothr.) nur 32, 1873 23, 1885 22 selbständige Unternehmungen („fabricants"). Also eine grosse Eigenthums- und Betriebsconcentration, günstig für die Steuerverwaltung (Bull. XX, 600). Es war (1886 defin., 1887 provis., Bull. XXIII, 283):

	Salzmenge versteuert Mill. Kil.			Steuerertrag Mill. Frcs.		
	Steuerverwaltung	Zollverwaltung	Zus.	Steuerverwaltung	Zollverwaltung	Zus.
1886	89,65	230,07	319,75	8,865	23,007	31,872
1887	105,36	219,86	325,22	10,406	21,986	32,393

Zu 2 Frcs. p. 100 Kil. für Gex und Savoien wurden hiervon bez. 1,25 und 1,63 Mill. Kil. versteuert. Das Verhältniss der von den beiden Generaldirectionen

erhobenen Salzsteuern hat im Laufe dieses Jahrhunderts mehrfach periodisch geschwankt, im Ganzen hat aber die innere Gewinnung absolut und relativ gegenüber der Seesalzgewinnung zugenommen.

β. Die Besteuerung der Getränke, Wein, Obstwein, Branntwein, Bier.

Gesetzgebung. Die französische Getränkebesteuerung (impôt des boissons) ist nach dem Enregistrement die verwickeltste von allen französischen Besteuerungen. Sie bietet eben deshalb auch für die Darstellung besondere Schwierigkeiten. In den zahlreichen Gesetzen, Verordnungen und in der Menge der Instructionen treten diese Verwickeltheit und diese Schwierigkeiten schon äusserlich hervor. Eine amtliche Uebersicht (Bull. X, 516) führt zwischen 1804 und 1880 auf: für Wein und Cider 38 Gesetze, 27 Decrete und (in der Königszeit von 1815—47) 9 Ordonnanzen, für Branntwein (Alcohol) 39 Gesetze, 43 Decrete und 8 Ordonnanzen, für Bier 19 Gesetze, 9 Decrete und 1 Ordonnanz! Mehrfach sind hier für die 3, bezw. 4 Getränke allerdings dieselben Gesetze, Decrete bei jeder Kategorie besonders gezählt. Aber gewöhnlich sind die Bestimmungen wieder im Rahmen desselben Gesetzes für jede Gattung mehr oder weniger abweichend. Im Ganzen ist die Getränkesteuer für Wein und Obstwein (Cider) wesentlich in der gleichen Weise eingerichtet, die Verschiedenheiten betreffen vornehmlich nur die Steuersätze. Die Alcoholsteuer hat mit der Weinsteuer einige Puncte gemeinsam, ist aber im Hauptpuncte, besonders seit dem Gesetz von 1824, sonst technisch verschieden. Die Biersteuer bildet ein selbständiges, von den beiden anderen Getränkesteuern sich durchgreifend unterscheidendes Glied des Systems. Nur die wichtigsten Gesetze und Verordnungen werden im Folgenden angegeben. Die vollständige Liste s. im Bull. a. a. O.

Wiedereinführung der in der Revolutionszeit (S. 379) beseitigten Getränkesteuern durch Ges. v. 5. Ventôse XII (25. Febr. 1804); verschiedene Decrete im J. XII und XIII, bes. v. 1. Germ. XIII. Weitere Ausbildung durch Ges. v. 24. April 1806 (Decr. v. 5. Mai und 31. Aug. 1806) und Ges. v. 25. Nov. 1808 (Decr. v. 21. Dec. 1808). Damit war der dauernde Grund der Gesetzgebung wieder gelegt. Der Branntwein unterlag dabei noch den Bestimmungen der Weinsteuer. Fortbildung in den Decr. v. 5. Jan. und 7. Apr. 1814. Art. Codification im Ges. v. 8. Dec. 1814 und, nachdem Napoleon I. durch Decret v. 8. Apr. 1815 die bestehende Gesetzgebung umgestossen hatte, von Neuem durch das Gesetz v. 28. April 1816: bis heute das grundlegende für die Getränkebesteuerung, besonders für Wein, Cider, Bier, Steuern, welche von da an im Wesentlichen in ihrer damals erreichten technischen Einrichtung verblieben sind. Erheblichere Modificationen, vornehmlich der Weinsteuer u. A. durch das überhaupt noch wichtige Ges. v. 25. März 1817; dann Ges. v. 12. Dec. 1830, 21. Apr. 1832, 25. Juni 1841. Der Alcohol wurde dagegen erst durch das Ges. v. 21. Juni 1824 einer eigenen Verbrauchsabgabe unterstellt und aus dem Rahmen der Weinsteuer in der Hauptsache herausgenommen. Im J. 1848 und 1849 auf dem Papiere durch Decrete und Gesetze grossentheils umgestossen, wurde die Getränkebesteuerung noch vor der Ausführung dieser Bestimmungen auf der alten Grundlage wiederhergestellt (Ges. v. 20. Dec. 1849). Erheblichere Aenderungen dann nur noch durch Decr. v. 17. März 1852, sonst unter Napoleon III. nur kleinere (bes. noch durch Ges. v. 8. Juni 1864). — Nach dem deutschen Kriege allgemeine Tariferhöhungen, bes. durch Ges. v. 1. Sept. 1871, für Alcohol speciell durch Ges. v. 26. März 1872, für die Getränkesteuern im Ganzen durch Ges. v. 30. Dec. 1873, für Theile der Wein- und Cidersteuer durch Ges. v. 31. Dec. 1873. Dazu traten verschärfte Control- und Strafbestimmungen und einzelne Aenderungen der Erhebung (Ges. v. 28. Febr., 26. März, 2. Aug. 1872, 21. Juni 1873, 16. Febr. 1875, 9. Juni 1875, 14. Dec. 1875 u. a. m.), an die sich wieder wichtigere Ausführungsverordnungen (Decrete) anschlossen (bes. 1875—79). Durch Ges. v. 19. Juli 1880 erfolgten darauf bedeutende Tarifermässigungen und neue kleinere Veränderungen. Seitdem schweben verschiedene Reformprojecte, welche auch zu Gesetzentwürfen geführt haben, so 1887 (Bull. XIX, 239) und wieder 1888 (Bull. XXIV, 529), letzterer mit höchst radicaler Tendenz, s. u. § 253.

Literatur. Stourm I, ch. 13. bes. p. 352 ff. (Wiederherstellung der Steuern unter Napoleon I). Vignes I, 119—147 (getrennte Darstellung der einzelnen Steuern, weniger eingehend als bei anderen Steuern), Tarife eb. II, 382. v. Hock, S. 360 bis 377 und passim, S. 388 ff. v. Kaufmann, S. 332—398. Block, dict., Art. boissons von Roucou und Supplem. (suppl. génér. 1878—81. p. 52 und spätere). Bes. eingehend und vorzüglich, u. A. über die verschiedenen Getränkesteuer-Enquêten, in Say's dict. de fin. die betreffenden Fachartikel, namentlich Stourm's Art. boissons, dann alcool, bière, vin, cidre, vinage, dénaturation und sonstige einzelne über die technischen Puncte bei dieser Steuer (noch nicht alle erschienen); auch Stourm, l'impôt sur l'alcool dans les princip. pays. Par. 1886, p. 5—88. — Olibo, der ganze Band I (672 p.) über die einzelnen Theile des Systems), ferner in vol. 2 über bouilleurs et distillateurs, acquits-à-caution, Licenzen. S. auch J. Wolf, Branntweinsteuer, Tüb. 1884, S. 126—155, ders. in Schanz' Fin. Arch. IV, 394. Die einzelnen Massregeln auf diesem Gebiete nach dem letzten Kriege von Mathieu-Bodet dargestellt und z. Th. kritisirt (so I, 37, 40, 98 ff. — Repressivmassregeln gegen Unterschleif in 1872—113, 137, 141, 239, 253, 301, 332), ferner von Amagat a. a. O. bes. p. 319 ff., 168 ff. Bibliographie im Block'schen dict. p. 253, im Say'schen p. 430. Statistik bei Faure p. 114 ff., Vignes II, 288, in den Artikeln des Say'schen dict., auch manche Daten bei v. Kaufmann, vornehmlich aber im Bull., bes. die höchst reichhaltigen Daten, welche amtlich für die grosse Getränkesteuerenquête v. 1879 ff. zusammengestellt worden sind, in vol. IX und X; dann Daten über Production von Wein, Cider, Alcohol und über vielerlei Einzelnes aus dem Gebiete dieser Besteuerung (s. Generalregister f. die 20 ersten Bände d. Bull. p. 8). Daten über die Steuererträge in den Verwaltungsberichten. Im Bull. auch seit 1877 die Gesetze, Decrete, Gesetzentwürfe mit Motiven, Einzelnes aus den Enquêten, so der Haupttheil des Berichtes der letzten ausserparlamentarischen Untersuchungscommission unter L. Say's Vorsitz (Bull. XXII, 329, Bericht v. Finanzminister Rouvier an Präs. Grevy, Ber. der Commission über die Monopolfrage im Journ. offic. v. 9. Juli 1888, über die sanitäre Seite der Alcoholfrage und über Steuerreformen im Bull. 1888 XXIV, p. 470 ff. und 592 ff.). Der demgemäss ausgearbeitete Gesetzentwurf ist der obengenannte, am 30. October 1888 der Deputirtenkammer vorgelegte (Bull. XXIV, 529).

Im Folgenden wird zunächst eine Uebersicht der Entwicklung der Getränkebesteuerung als ganzes System und im Allgemeinen gegeben, darauf die Einrichtung des Systems und der einzelnen Steuern dargestellt. Einiges in der technischen Einrichtung dieser Steuern beschränkt sich, wie oben schon bemerkt, nicht auf sie allein, sondern ist nur bei ihnen besonders wichtig und zum Theil weiter ausgebildet, kehrt aber bei anderen indirecten Steuern, wie der Salz-, Zuckersteuer, den Oelsteuern u. a. m., wieder. Es wird im Wesentlichen hier bei der Behandlung der Getränkesteuern auch für die anderen Steuern mit erledigt (Exercice, circulation, acquits-à-caution u. s. w.). — Das Detail der Bestimmungen ist auf diesem Steuergebiete ausserordentlich gross. Auch die folgende Darstellung kann von wichtigeren Einzelheiten nicht ganz absehen, weil sie zur Characteristik des Systems gehören. Aber sie möglichst zu beschränken oder zurücktreten zu lassen, war die Absicht.

aa. Die Entwicklung der Getränkebesteuerung als Ganzes und im Allgemeinen.

§. 252. 1. **Ursprung, Ausbildung und allgemeine finanzielle Bedeutung von 1804—1871.** Auch die moderne französische Getränkebesteuerung stellt in vielen und wichtigen technischen Puncten, besonders beim Weine, ein Wiederaufleben von ähnlichen Steuern des „alten Regiments", der ehemaligen „aides" (§. 62) dar. Nur dass die neue Steuer verallgemeinert, vereinheitlicht, systematisch vollständiger und noch folgerichtiger in ihren Einzelheiten ausgebildet worden und der frühere Tarifwirrwarr verschwunden ist. Die moderne Gesetzgebung, namentlich das Hauptgesetz von 1816, ist wohl als fiscalisches Meisterstück gepriesen worden. v. Hock nennt es „das umfassendste, kühnste und durchdachteste, welches je aus dem Gehirn eines Finanzministers entsprang". Aber abgesehen davon, dass dieses Gesetz mehr nur die Normen seit 1808 zusammenfasste und schon insofern nicht die Arbeit Eines Mannes war: es lässt sich sogar nachweisen, wie es Stourm gethan hat, dass die wichtigsten technischen Bestimmungen der neuen Getränkebesteuerung den Reglements der ferme générale, der Ordonnanz Ludwig's XIV. von 1680 und überhaupt dem im Laufe des 17. und 18. Jahrhunderts ausgebildeten Finanzrecht der aides nachgebildet worden sind. Der „Bruch mit der Vergangenheit" war auch hier nur ein vorübergehender, das „Neue" später mehr scheinbar als wirklich, die lästigen Controlen und Verkehrshemmungen namentlich bei der Weinsteuer gingen von der alten Zeit in die moderne hinüber.[1])

Die aides waren nach einigem Zögern hinsichtlich der sogen. Eingangsabgabe in den geschlossenen Städten (droits d'entrée) schliesslich doch mit dieser Abgabe, in der Consequenz der von der constituirenden Versammlung einmal eingeschlagenen Steuerpolitik, im J. 1791 gefallen (Gesetz v. 17. März 1791), nachdem sie ohnehin schon thatsächlich vielfach hatten preisgegeben werden müssen (§. 167). Die Finanznoth regte zwar auch in Betreff der Getränkesteuern schon in der Zeit des Directoriums Gedanken der Wiederherstellung an. Aber nur als Communalabgabe, nämlich als Theil des städtischen Octroi, das für eine Anzahl Gemeinden, darunter Paris, 1798 wieder zugelassen wurde, trat die Getränkesteuer vorläufig wieder ins Leben. Fast 5—6 Jahr später, im Jahre 1804 unter Napoleon's Regierung, kehrte sie als Staatssteuer zurück, um seitdem nicht wieder zu verschwinden und nach und nach durch ihren steigenden grossen Ertrag einer der Grundpfeiler des französischen indirecten und des ganzen Steuersystems überhaupt zu werden. Die erste Gesetzgebung brachte einen unbefriedigenden Versuch mit einer neuen Steuerform, einer Art Productionssteuer. Schon 1806 kehrte man zu den Steuerformen der früheren Zeit zurück und bildete dann die Ge-

---

[1]) v. Hock, S. 361. Stourm I, 331 ff. und ders. im dict. de fin., Art. boissons, p. 417. Auch für das Folgende Näheres bes. bei Stourm.

tränkebesteuerung demgemäss aus: ein System von drei bez. vier Abgaben, die sogen. Circulations-, Klein- (Detail-), Eingangs- und „einzige" Abgabe.

Die 1804 neu geschaffene Steuer knüpfte unmittelbar an die Production an und war sehr mässig. Nach der Wein- und Obsternte erfolgten Aufnahmen der gewonnenen Mengen Getränk, mit späterer Nachprüfung der Bestände (sogen. System des Inventars). Der Wein zahlte dann beim Verkauf 40 Cent., Cidre u. s. w. 15 Cent. p. Hectol. Branntwein aus diesen Getränken destillirt zahlte nichts weiter, aus anderen Stoffen (Korn, Kernobst) ebenfalls nur 40 Cent. p. Hectol (Ges. v. 5. Ventôse XII oder 25. Febr. 1804).

Im J. 1808 wurde die Aufnahme mittelst Inventars beseitigt. Aber schon 1806 (Ges. v. 24. April) wurden zwei neue Abgaben von den Getränken eingeführt und damit die Grundlage des ganzen späteren Systems geschaffen: die sogen. Circulationsabgabe, anfangs als 5%, Werthabgabe, seit 1808 als specifische Abgabe nach der Menge (Hectoliter) und nach einem vierstufigen sogen. Zonen-Tarifsatze auf Grund einer Eintheilung des französ. Gebiets in 4 Classen (Zonen) nach dem ungefähren Durchschnittswerth des Weins (Min. 30, Max. 80 Cent. p. Hectol.), ferner die sogen. Kleinabgabe („Detailgebühr", droit de détail), als Werthabgabe von 10, 1808 von 15%. 1808 trat dann als dritte Abgabe des Systems die Eingangsabgabe in Städten von 2000 Einwohnern und darüber nach einem mit der Grösse der Ortsbevölkerung in Stufen aufsteigenden Tarife hinzu (Ges. v. 25. Nov. 1808). Die Circulationssteuer ward sogleich in der für sie characteristisch gebliebenen Weise eingerichtet, nämlich so, dass jede Platzveränderung der Getränke steueramtlich gemeldet und ein Begleitschein dafür genommen werden musste (sogen. expédition), die Grosskaufleute für die bei ihnen eintreffenden Mengen belastet und ihre Lagerbestände periodisch aufgenommen wurden. Auch der Branntwein wurde zunächst noch wie Wein behandelt, unterlag daher den drei genannten Abgaben, nur bestand für die Circulationssteuer kein Zonen-, sondern ein einheitlicher Tarif (1 Frcs. 20 Cent. p. Hectol. in Fässern, 5 Frcs. in Flaschen). Schon 1812 wurde aber für Branntwein die Circulations- und Kleinabgabe in eine einzige 15% Werthabgabe verwandelt. Bier wurde seit 1808 ausschliesslich einer Fabrikationssteuer unterworfen, daher von den drei Abgaben der übrigen Getränkesteuern nicht getroffen. Im J. 1811 (Decr. v. 27. April) wurde auch bereits die vierte Abgabe des Systems eingeführt, die sogen. einzige Abgabe (taxe unique), welche in Städten mit Octroi, unter Beseitigung der inneren Controlen (des Exercice), an die Stelle der Circulations- und Kleinabgabe in Form einer entsprechend erhöhten Eingangsabgabe trat, damals obligatorisch, wenn die Gemeinde nicht in kurzer Frist widersprach. (S. Näheres bei Stourm I, 353 ff., ders. in Say's dict., Art. boissons, p. 419 ff., meist wörtlich übereinstimmend, dann Stourm's Art. alcool, eb. p. 16. Diese Schriften auch für das Folgende).

Dieses Getränkesteuersystem bewährte sich finanziell, der Ertrag stieg von 1806—9 von 35 auf 100 Mill. Frcs. Es war aber freilich für den Verkehr, für die Producenten, besonders die Wein- und Obstbauer, und für die Weinhändler und Wirthe, wie für das Wein beziehende Privatpublicum mit recht lästigen Controlen und Mühen verknüpft. Daher machten sich 1814 und 1815 politische Rücksichten in der Gesetzgebung dagegen geltend.

Die Restaurationsregierung gewährte den „Eigenbauern" für Wein, Obstwein und Branntwein, den sie bloss aus ihrem eigenen Ernteproduct gewonnen, Steuerfreiheit, einerlei wohin und an wen das Getränk ging, — womit die noch gegenwärtig nicht ausgetragene Streitfrage über die Behandlung des Products der Eigenbauer und sogen. bouilleurs de cru begann, eine Streitfrage, welche wiederholt die Gesetzgebung bis in die neueste Zeit beschäftigt hat und mehrfach verschieden entschieden wurde (Decr. v. 8. Dec. 1814). Nachdem dann durch Napoleon I., nach der Rückkehr von Elba, aus noch weitergehenden politischen Tendenzen mit dem Getränkesteuersystem gebrochen und dafür Händlerlicenzen — die später blieben — eingeführt worden (Decr. v. 8. Apr. 1815), die königliche Regierung aber alsbald zu dem früheren System zurückgekehrt war und es durch das Hauptgesetz v. 28. Apr. 1816 endgiltig neu begründet hatte, wurde zwar die Steuerfreiheit der Eigenbauer beschränkt (1816, 1817), verblieb aber für den persönlichen Verbrauch und für Transporte in der Nachbarschaft von Keller zu Keller, was die Quelle niemals völlig unterdrückt gewordener Unterschleife geworden ist. Durch Ges. v. 25. März 1817 wurden die Grundbestimmungen der Wein- und Ciderbesteuerung dann zum Abschluss gebracht, die Circulationsabgabe blieb auf Sendungen an „Private" (particoliers), die Kleinabgabe auf Kleinverkäufer (Wirthe, Debitanten) beschränkt: ein durchgreifender principieller Punct der Getränkebesteuerung.

In der Alcoholbesteuerung erfolgte dagegen im J. 1824 eine wichtige Aenderung. Die bestehende Werthabgabe wurde nämlich beseitigt und durch eine einheitliche, genau nach der Stärke (Gradhaltigkeit) bemessene specifische Steuer, die sogen. „Verbrauchsabgabe" (droit de consommation) ersetzt. Diese Steuer ward nach dem Hectoliter reinen Alcohols zu dem Steuersatz von 50 Frcs. berechnet und mittelst des Gay-Lussac'schen Centesimal-Alcoholometers bestimmt (Gesetz v. 24. Juni 1824). Dieses ist die Grundlage der Besteuerung geblieben, nur sind später die Steuersätze sehr erhöht worden. In den Orten mit Eingangsabgabe tritt letztere übrigens auch für Alcohol hinzu.

Wiederum waren es im J. 1830 nach der Julirevolution mit politische Erwägungen, welche zu einer erheblichen Tarifreduction der Getränkesteuern, selbst für Alcohol, auf ca. $^2/_3$ des Satzes, auch der Kleinabgabe (auf 10 %) und zur Anstellung einer umfassenden Enquête über die ganze technische Einrichtung der Besteuerung führten. Gegen diese Einrichtung hatte sich besonders in den Weinbau treibenden Landestheilen eine scharfe Opposition erhoben. Das Ergebniss der Untersuchung war aber der Steuer selbst und den Grundlagen ihrer Einrichtung günstig. Nur in einigen Puncten der Formalien, der Controlen und der Erhebung erfolgten Erleichterungen und Veränderungen, die hie und da zu weit gingen, so dass später Einzelnes davon wieder etwas modificirt werden musste.

Ges. v. 17. Oct. und 12. Dec. 1830, 21. Apr. 1832, 23. Apr. 1836, 20. Juli 1837, 25. Juni 1841. Stourm, Art. boissons im Say'schen dict. p. 423, über d. Enquête v. 1830. U. A. wurde den Debitanten von Spirituosen gestattet, gegen Entrichtung der Abgaben bei der Ankunft, sich von der Ueberwachung (dem Exercice) zu lösen (sog. debitants rédimés, 1832). Die „einzige" Abgabe wurde 1841 auf Ersatz der Klein- und Eingangsabgabe beschränkt, so dass sie nicht mehr die Circulationsabgabe mit umfasste, dafür aber die Controle innerhalb der betreffenden Gemeinden im Interesse der Staatssteuer und auch das Octroi wieder hergestellt wurde. — Die Steuerermässigung von 1830 verminderte den Ertrag sehr, ohne, wie von amtlicher und sonstiger sachverständiger Seite hervorgehoben wird, den Consumenten in Preis oder Qualität zu Gute zu kommen. Der Weinsteuerertrag sank 1830 auf 1831 von 60.5 auf 35.2 Mill. Frcs. und erreichte erst 1846—47 annähernd wieder die frühere Höhe; der Alcoholsteuerertrag sank von 1830 auf 1831 von 20.2 auf 14.5 Mill. Frcs. und war erst 1839 wieder so hoch als 1830 (Bull. IX, 181, X, 155).

Aus ähnlichen politischen Gesichtspuncten ging man im J. 1848 sofort gegen die Getränkesteuern vor, nur viel radicaler. Wegen der lästigen und gehässigen Erhebungsart hob die provisorische Regierung die Kleinabgabe und die Ueberwachungen dafür auf und führte eine allgemeine Verbrauchsabgabe für Wein, Obstwein und Alcohol mit einem mässig gehaltenen Tarife ein, wobei übrigens die Förmlichkeiten der Circulation verbleiben sollten (Decr. v. 31. März 1848). Die Nationalversammlung stellte indessen die alte Gesetzgebung einfach wieder her (Ges. v. 22. Juni 1848). Zwar beschloss sie selbst später nochmals, mit in politischer Tendenz, die Aufhebung (Ges. v. 9. Mai 1849). Bevor aber der Termin, von welchem an diese Massregel Platz greifen sollte (1. Jan. 1850), herbeigekommen war, wurde durch die neu gewählte Nationalversammlung abermals das alte Steuersystem wieder hergestellt und die Frage der Steuerreform wieder einer Enquête-Commission übertragen (Ges. v. 20. Dec. 1849). Das Ergebniss auch dieser neuen eingehenden Prüfung war schliesslich wiederum der bestehenden Steuereinrichtung im Ganzen günstig. Nur in einigen Einzelheiten wurden Abänderungen vorgeschlagen, welche durch das Decret v. 17. März 1852 im Wesentlichen in das Steuerrecht übergegangen sind. Unter Napoleon III. blieben die so wieder festgestellten Grundlagen der Besteuerung dann fast unverändert. Der Ertrag stieg, mit unter dem Einfluss von Tariferhöhungen, erheblich, bei allen Getränken zusammen, inbegriffen die Nebenabgaben, von 110.9 Mill. in 1859 auf 259.4 Mill. Frcs. in 1869.

S. wiederum bes. Stourm in dict. de fin., Art. boissons, p. 423 ff. Einem alten Vorwurf gegen die Getränkesteuer (auch für Alcohol seit 1824), dass dieselbe nämlich nur bei der Kleinabgabe, als einer Werthabgabe, die Qualität berücksichtige, bei den sonstigen Abgaben, als specifischen Steuern, im Ganzen dagegen nicht, glaubte man nach den Untersuchungen der Commission doch nicht weiter als mittelst Beibehaltung der Kleinabgabe und Steuerzuschlag für Weine und Spirituosen in Flaschen und für Liqueure Rechnung tragen zu können. — Das Privileg der Eigenbauer wurde wieder etwas beschränkt, auf Sendungen von Keller zu Keller, bloss innerhalb des Cantons und der benachbarten Gemeinden. Eine andere Privilegienfrage, die, welche den sogen. steuerfreie vinage, d. h. die Vermischung des Weins mit Alcohol ohne Steuer für letzteren betrifft, wurde 1856 zu Gunsten dieser Freiheit für 7 Departements des Südens gelöst, 1864 (Ges. v. 8. Juni) aber wieder beseitigt. (Stourm a. a. O., p. 424. Art. vinage im Block'schen und im Say'schen dictionn.)

§. 253. 2. Periode seit 1871. Nach dem deutschen Kriege mussten begreiflicher Weise die schon so ergiebigen, aber doch immer noch einer weiteren Ertragssteigerung fähigen Getränkesteuern ihren gebührenden Antheil an der allgemein gebotenen Steuervermehrung mit übernehmen. Dabei trat aber immer schärfer eine characteristische Neigung hervor, die Belastung mehr auf den Alcohol zu schieben, als auf die übrigen Getränke. Ferner suchte man nicht nur durch Tariferhöhungen, sei es des Principalsatzes (so besonders bei Alcohol), sei es der Zuschläge dazu für Staatsrechnung (der „Decimen"), sondern durch Ausdehnung und Verschärfung der Controlen, der Formalitäten, der Strafen den Unterschleif wirksamer zu unterdrücken. Beide Bestrebungen sind von Erfolg begleitet gewesen. Der Ertrag der Getränkesteuern stieg von 1869 bis 1880 für den Staat (ohne die Zölle) von 259.4 auf 454.4 Mill. Fres., also um ca. 75%. Mit den Zöllen und Gemeindeoctrois ergab sich um 1880 ein Gesammtertrag von über 600 Mill. Frcs.

Die Tariferhöhungen, zumal für Alcohol, drängten dann auch ihrerseits wieder, weil sie noch mehr zum Unterschleif anreizten, auf die Verschärfung der Controlen u. s. w. hin. Natürlich, dass aber dadurch die Belästigungen gesteigert wurden und die Unpopularität dieser Besteuerung, trotz der Gewöhnung der Pflichtigen an letztere, noch wuchs.

Dazu traten immer mehr andere Schwierigkeiten in Betreff der Einrichtung der Getränkebesteuerung. Solche machten u. A. besonders die Fragen von der Steuerfreiheit der Eigenbauer und Eigenbrenner (bouilleurs de cru) und von der Unterstellung derselben unter die regelmässige steueramtliche Controle („exercice"), ferner von der Besteuerung des Alcoholzusatzes zum Weine (vinage) in theils neuer, theils vermehrter Weise, abermals vollends bei den höheren Steuersätzen. Diese Fragen beschäftigten fast beständig die öffentliche Meinung und wiederholt die Gesetzgebung, die sie in verschiedener Weise behandelte. Ferner verlangten die Verheerungen der Reblaus, die wachsende Concurrenz der „industriellen" Alcohole mit denen aus Wein etc., die Veränderungen und Verbesserungen der Technik des Brennereibetriebs, die bei letzterem mitspielenden landwirthschaftlichen wie anderseits die Weinbauinteressen u. dgl. m. noch mehr als in anderen Ländern Berücksichtigungen bei einer so streng fiscalischen Steuergesetzgebung. Aber das dringende Finanzbedürfniss machte diese Berücksichtigungen noch schwieriger als anderswo. Wiederum schuf auch die ungeheuere Zersplitterung der privatwirthschaftlichen Production beim Weinbau, Obstbau, der Brennerei, bei den gebotenen hohen Steuersätzen noch ihre eigenen Schwierigkeiten für eine erträgliche und doch hinlänglich einträgliche Einrichtung der Getränkebesteuerung. Die Sachlage war und ist in Frankreich in dieser Hinsicht eine ganz andere als in Grossbritannien ohne Weinbau und mit bloss industrieller, ausserordentlich concentrirter Brennerei (S. 291) und auch als in Deutschland, wo Weinbau und Weinconsum so viel beschränkter sind. Die zunehmende Verbreitung der Trunksucht, die Erkenntniss der schädlichen Ingredienzen besonders der nicht oder nicht genügend gereinigten industriellen Branntweine gaben endlich der Frage der Getränkebesteuerung abermals eine neue Wendung. Sanitäre, ethische, selbst politische Momente begannen immer stärker ihre Berücksichtigung zu verlangen. Die Schankwirthschafts-Gesetzgebung, die Licenzfrage traten deshalb mit in den Vordergrund.

So wird es begreiflich, dass mancherlei Reformprojecte auftauchten und mehrfach auch die Gesetzgebung beschäftigten. In eigenthümlicher Form trat das Branntwein-Monopolproject in dem Alglave'schen Plane einer Art Kleinverkaufs-Monopols hervor.[1]) Abermals wurde eine grosse parlamentarische Enquête i. J. 1882 angestellt und darauf nochmals eine ausserparlamentarische über einige Hauptfragen der Getränkesteuerreform, besonders der Branntweinbesteuerung (1887). Die verbesserte Finanzlage hatte schon im J. 1880 (Gesetz v. 19. Juli) die Möglichkeit zu einigen Steuererleichterungen gegeben. Man glaubte, dies vornehmlich den Getränkesteuern zu Gute kommen lassen zu sollen und schritt daher zu einer erheblichen Ermässigung der Tarife derselben. Man erzielte damit eine beträchtliche Ertragsabnahme, hat aber wieder die Erfahrung gemacht, dass davon den Consumenten wenig zu Gute gekommen ist, was u. A. der Zersplitterung des Getränkekleinhandels oder Debits mit zugeschoben wird (Say). Die beständige Agitation, das Mitspielen politischer Rücksichtnahmen auf einzelne Volksclassen, aber allerdings auch die Ergebnisse der neuen Untersuchungen der Getränkesteuern, die dabei erfolgten Vorschläge und das Bestreben, den sanitären, ethischen und culturpolitischen Rücksichten, welche bei der Einrichtung der Getränkesteuern mitspielen, möglichst Rechnung zu tragen, hat denn jüngst

---

[1]) S. darüber J. Wolf, im Finanzarchiv IV, 397. Branntwein sollte nur in amtlichen Flaschen durch den Staat, der ihn den Erzeugern im Grossen abkaufte, in den Consum und Kleinverkehr übergehen dürfen.

zu einem radicalen Gesetzentwurf des Finanzministers Peytral geführt. Hier wird nichts Geringeres geplant, als die **völlige Aufhebung der Wein-, Cider- und Biersteuern als Staatssteuern und die Ersetzung des grossen Ausfalls an Einnahmen durch die Steigerung der Alcoholsteuer, die Erhöhung der Licenzen und die Einführung einer kleinen Einkommensteuer.** Das lange vorschwebende Ziel, die Getränkebesteuerung wesentlich auf den Alcohol zu concentriren, würde damit erreicht werden.

S. wiederum bes. Stourm in den gen. Artikeln. Ueber die einzelnen steuerpolitischen Massregeln und Pläne auch Mathieu-Bodet und Amagat a. a. O. Durch Ges. v. 1. Sept. 1871 wurde u. A. die Circulationsabgabe verdoppelt (f. Wein in Fässern auf 1 Frcs. 20 Cent., 1.60, 2 und 2 Frcs. 40), f. Flaschenwein auf 15 Frcs. p. Hectol. gebracht. die Alcoholsteuer stieg v. 75 auf 125 Frcs., später (Ges. v. 26. März 1872) f. Branntwein in Flaschen, für alle Liqueure (auch in Fässern) auf 175 Frcs., die correspondirenden Abgaben (taxe de remplacement in Paris, Steuersatz in den villes redimées) wurden entsprechend erhöht, die Eingangsabgabe desgl. (Ges. v. 31. Dec. 1873). Die Kleinabgabe blieb dagegen im alten seit 1852 wieder bestehenden Principalsatz v. 15 %. Die Biersteuer wurde gleichfalls 1871 für „starkes Bier" um die Hälfte, für „kleines Bier" auf das Doppelte gesteigert. Die Getränkesteuern unterlagen wie die meisten übrigen indirecten beständig dem alten 10 % Zuschlag für den Staat (Ges. v. 1816) und seit 1855 einem zweiten ebenso hohen, wozu 1874 noch eine halbe Decime trat (Ges. v. 30. Dec. 1873), zus. also 25 % Zuschlag zum Principalsatz (mit kleinen Abweichungen im Einzelnen). Im J. 1880 wurden dann die Circulations- und Eingangsabgabe f. Weine und Obstweine um ein Drittel, die Kleinabgabe auf 12.5 % vom Preise (incl. Decimen) herabgesetzt, die Alcoholsteuer ebenso, Decimen inbegriffen, auf 156¼ Frcs. p. Hectol. (Ges. v. 19. Juli 1880). Die „Expeditionsgebühr" für die Auslieferung steueramtlicher Begleitscheine jeder Art ist 1873 (Ges. v. 31. Dec.) von 15 auf 40 Cent. erhöht worden, wozu dann noch eine Stempelabgabe von 10 Cent. tritt.

Unter den Gesetzen, welche nach dem Kriege das Steuerverfahren, die Formalitäten, die Controlen und Strafen u. dgl. m. in einigen Puncten neu regelten, bez. verschärften, sind hervorzuheben: diejenigen vom 28. Febr. 1872 (über Formalitäten, Controlen, Behandlung der acquits-à-caution u. dgl. m. bei der Circulation der Getränke); 26. März 1872 (u. A. über Behandlung des Absinths); 2. Aug. 1872 (Unterstellung der bouilleurs de cru unter das exercice, mit Modificationen); 21. Juni 1873 (betr. Verfahren bei Defraudationen, Strafen im Gebiet der indirecten Steuern); 16. Febr. 1875 (unterwarf die bis dahin vom exercice befreiten reellen Entrepôts von Getränken in Paris, wo viel Unterschleif vorgekommen sein soll, den Controlen und Formalitäten des Grosshandels und der Entrepôts, wie sie ausserhalb Paris bestehen); 4. März 1875 (betr. die constatirten Fehlmengen — manquants — über die gesetzlichen Nachlässe bei Grosshändlern, Brennern und Destillateuren und die Besteuerung dieser Mengen); 9. Juni 1875 (die „einzige" Steuer obligatorisch an Stelle der Detail- und Eingangsabgabe für alle Orte über 10,000 Einw. gemacht); 14. Dec. 1875 (Wiederaufhebung der Controle für die Eigenbrenner). S. über die Massregeln v. 1876 ff. bes. Mathieu-Bodet I, 95, 113, 134, 301, 332.

Der finanzielle Erfolg der genannten Tarifveränderungen und Verschärfungen der Controlen tritt in folgenden Daten des Ertrags der einzelnen Abgabearten und des Gesammtertrags deutlich hervor, wobei auch die Verschiebungen zwischen den Erträgen der Abgabearten steuertechnisch beachtenswerth sind.

Faure p. 114, womit die Daten und Berechnungen der amtlichen Jahresberichte der Generaldirection der indirecten Steuern zu vergleichen, im Bull. z. B. f. 1886 XXIII, 538, auch für die Vertheilung der Erträge auf die gemischten Abgabearten, welche, wie die „einzige Taxe", mehrere sonst getrennte Abgaben in sich enthalten. Die Zahlen bedeuten Millionen Francs.

	1869	1872	1876	1880	1881	1884
Circulationsabgabe von Wein und Cider	17.53	33.77	17.26	38.46	26.65	28.21
Expeditionsgebühr	1.18	1.17	4.12	3.86	4.28	4.82
Kleinabgabe	91.84	99.37	100.19	113.48	99.85	98.18
Allgemeine Alcoholsteuer	47.01	62.15	98.25	135.30	146.53	156.09
Eingangsabgabe	11.50	10.72	9.74	10.98	11.02	12.14
Einzige Steuer	10.09	12.45	46.03	38.54	33.92	37.33
Pariser Ersatzsteuer	50.82	49.96	72.39	75.80	68.70	66.81
Biersteuer	16.83	19.58	21.25	22.62	23.67	23.07
Gesammtertrag	249.83	289.16	399.24	439.05	414.63	426.65

Es liegen die Daten bei der Klein-, Eingangs- und Pariser Ersatzsteuer auch getrennt für Weine und Obstweine einer-, Alcohol anderseits vor. Demnach kamen in 1884 auf

	Wein u. s. w.	Alcohol
Kleinabgabe	46.22	51.76
Eingangsabgabe	2.25	9.90
Pariser Ersatzsteuer	39.23	27.57

In 1884 fällt sonach, ohne die „einzige Taxe", auf den Alcohol 245.3 Mill. Fres. Am Bemerkenswerthesten ist besonders diese starke Steigerung des Ertrags der Alcoholsteuer und der „einzigen Steuer" (letzteres eine Folge des Gesetzes von 1875, welches diese Steuer für die Orte von mehr als 10,000 Einw. obligatorisch machte). Die Expeditionsgebühr wird auch in einigen anderen Fällen erhoben, der Ertrag fällt aber fast ganz auf das Gebiet der Getränkebesteuerung.
Der Gesammtertrag der letzteren war 1886 (incl. Expeditionsgebühr) 412.23, 1887 417.99 Mill. Frcs. (Bull. XXIII, 284). Gegenwärtig also etwa $^1/_5 — ^1/_4$ der gesammten Staatssteuern, ohne die neuester Zeit erheblich gewordenen Zolleinnahmen für fremde Weine, Alcohole und Biere (1880 bez. 25.27, 8.18, 2.84, zus. 36.28 Mill. Fres.). Die volle finanzielle Bedeutung der französischen Getränkesteuern ergiebt sich aber erst unter Einrechnung des den Gemeinden zufallenden Octroiertrags von Getränken, welcher 1880 auf 113 Mill. berechnet wurde (79 f. Wein, 2.3 f. Cider, 14.23 f. Bier, 17.5 f. Alcohol). So steigt der Ertrag an inneren Steuern, Zöllen und Octrois für den Staat und die Gemeinden auf über 600 Mill. Frcs. (1880 603,74, Bull. X, 511). Seitdem hat er in Folge der Tarifreductionen von 1880 etwas abgenommen.
Nach den von der Generaldirection der indirecten Steuern für die Enquête von 1881 angestellten Berechnungen ergiebt sich für die einzelnen Getränke folgende Ertragsbewegung der für Staat und Gemeinden erhobenen inneren Steuern, Zölle und Octrois in Mill. Frcs. (Bull. X, 510):

Durchschnitt	Wein	Obstwein	Alcohol	Bier	Nebenabg.	Summe
1830—39	65.40	8.46	19.42	12.12	5.64	111.03
1840—49	78.39	9.23	27.49	14.80	6.89	136.79
1850—59	92.24	11.80	44.33	20.32	8.41	177.12
1860—69	155.00	15.09	91.89	28.06	9.92	299.97
1870—79	228.11	16.36	165.59	32.91	13.61	456.60
1880	281.89	16.61	246.62	39.69	18.93	603.74

Auf den Alcohol fiel hiernach in den 30er Jahren 17.5, 1880 40.8% des Ertrags. Seitdem, in Folge der Wirkungen des Gesetzes von 1880, ist diese Quote noch gestiegen.
Man veranschlagte um 1878, dass die sämmtlichen Staats- und Localsteuern den Wein im Durchschnitt mit etwa 20% vom Verkaufswerthe belasteten (mit 6 Frcs. 54 Cent.

für 32.5 Frcs. p. Hectol. — nur etwa 3—4% des französ. Weins gehört zu dem Product höherer Qualität und Preises); ebenso hoch schätzte man die mittlere Belastung des Obstweins (3 Frcs. 47 Cent. von 15—16 Frcs. Werth p. Hectol.). (Bull. VII, 149). Eine solche Belastung galt als zu hoch. Deshalb die Ermässigung im Ges. v. 1880 und die weiteren Reformpläne.

Misslicher ist aber ein anderer Punct des ganzen Systems, nämlich ob die Consumenten durch die einzelnen Arten der Getränkesteuer wenigstens annähernd gleichmässig getroffen werden? Bei allgemein höheren Tarifen ist das natürlich noch wichtiger. Besonders schwierig ist hier die Feststellung des richtigen Verhältnisses der Circulationsabgabe, welche die wohlhabenderen Privaten, und der Kleinabgabe, welche den Wirthshausverkehr und mehr die mittleren und unteren Erwerbsclassen vornehmlich zu treffen hat. Die Frage der Ueberwälzung und endgiltigen Tragung der Steuer bleibt dabei ausserdem noch ganz unerledigt. Man hielt früher und um 1871 die Circulationsabgabe gegenüber der Kleinabgabe für zu niedrig und hat sie daher stark erhöht, die andere im alten Principalsatz belassen. Mit den betreffenden Abgaben ist dann aber wieder die „einzige Steuer" und die Pariser Ersatzsteuer im richtigen Verhältniss zu halten, was auch Schwierigkeiten gemacht hat.

Das hat sich z. B. bei der Ausführung einer Vorschrift des Ges. v. 9. Juni 1873 betr. die obligatorische Durchführung der „einzigen Steuer" in den Orten über 10,000 Einw.) ergeben, wonach alle 3 Jahre eine Revision des Tarifs der „einzigen Steuer" erfolgen sollte. (Näheres in d. Motiven des Ges. v. 1880, s. Bull. VII, 152.)

Gerade die steuertechnische Verschiedenheit der einzelnen Theile des Getränkesteuersystems hat man wohl sonst gerühmt, weil sich die Besteuerung so den Verschiedenheiten der Verkehrs-, Absatz- und Consumtionsverhältnisse gut anpasse. Aber die hierdurch wieder bedingte Complication macht eben eine gleichmässige Besteuerung der Consumenten — von der Ueberwälzungsfrage ganz abgesehen — sehr schwierig und im practischen Ergebniss fraglich.

Die Strebziele der verschiedenen neueren privaten und officiellen Reformpläne und Gesetzentwürfe geben daher auch mit auf eine Vereinfachung der Besteuerung hinaus.

In dem Gesetzentwurf v. 1880 sollte das Exercice bei den Getränkedebitanten fortfallen, ebenso allgemein die Kleinabgabe, dagegen verbleiben die Circulationsabgabe — nach einem dreistufigen Tarif für Wein nach 3 Abtheilungen des Gebiets, nach einem Einheitstarif für Obstwein und für Alcohol — als allgemeine Verbrauchssteuer im ganzen Staatsgebiete, die Eingangsabgabe in Orten über 4000 Einwohnern nach einem siebenstufigen Ortstarif (gemäss der Volkszahl), mit weiterer Unterscheidung dieses Tarifs für Wein, nicht für Obstwein und Alcohol, nach den drei Gebietsabtheilungen. Die Licenzen sollten verdoppelt, die steuerfreie Alcoholisirung der Weine auf die Grenze bis zu 12% Alcoholstärke des Weins beschränkt, der von den bouilleurs de cru fabricirte Alcohol mit besteuert, diese Personen zwar nicht dem Exercice, aber einer Controle der Brennerei- und Destillirapparate u. s. w. mit unterzogen, der Schwerpunct der Besteuerung durch Erhöhung der allgemeinen Verbrauchsabgabe für Alcohol auf 215 Frcs. p. Hectol. — ausser der nach Ortsclassen zwischen 7,5 und 30 Frcs. sich bewegenden Eingangsabgabe — noch mehr in diesen Artikel gelegt werden (Ges. u. s. w. im Bull. XIX. 239. Motive eb. S. 233 ff.). Das finanzielle Ergebniss dieses Project gebliebenen Reformplans wurde auf ein Plus von 76,3 Mill. Frcs. für den Staat, gegenüber dem bisherigen Ertrage, geschätzt (Verlust bei Wein und Obstwein 49,3, Gewinn bei Alcohol im Ganzen 115 Mill. Frcs., sonst bei Licenzen u. a. m.).

Die ausserparlamentarische Untersuchungscommission von 1888 constatirte nach der hygienischen Seite der Frage, dass die Ursache des „Alcoholismus" im Missbrauch und in der schlechten Beschaffenheit der alcoholischen Getränke liege.

Auf Verhütung des Missbrauchs könne man durch Verminderung der Consumtion und hierauf durch Verminderung der Schenklocale und durch die mittelst Steuererhöhung zu erzielende Preissteigerung des Getränks hinwirken. Die Verminderung der Schenklocale durch Verwandlung der Licenzen in widerrufliche behördliche Genehmigung widerspreche den französischen Gewohnheiten und gebe zu Missbräuchen Anlass. Eher könne man daran denken, die Zahl der Debite nach dem Verhältniss der Bevölkerung zu begrenzen. Doch empfehle sich mehr, dies auf dem indirecten Wege, durch Erhöhung des Licenzsteuersatzes zu erreichen, wodurch die kleinsten Locale verdrängt werden würden; Erhöhung der allgemeinen Verbrauchsabgabe setze aber gleichzeitig verschärfte Controlen zur Bekämpfung der Defraudation voraus. Daher sei Ueberwachung der Eigenbrenner mit geboten. Im hygienischen Interesse sei der Uebergang der landwirthschaftlichen Branntweine in den Consum nur nach erfolgter Reinigung unter Innehaltung eines Reinheitstypus zu gestatten, die Wein- und Obstbranntweine müssten einer ähnlichen Verkaufscontrole wie schädliche Verzehrungsgegenstände unterworfen und entsprechende Strafen den Verkäufern angedroht werden. Alle industriellen und landwirthschaftlichen gewerbsmässigen und sonstigen Brenner sollten Declarationen über ihren Betrieb machen müssen, die Eigenbrenner nur für höchstens 10 Liter Alcohol, als Eigenconsum, steuerfrei sein, die Fabrikation, der Verkauf und die Benutzung von Destillirkolben und anderen Destillirapparaten überwacht, der Wein nach der Alcoholstärke besteuert, der Zusatz von Branntwein zu Wein nur bis 3%, und bis zur Grenze von 15% Alcoholstärke des Weins statthaft sein (Bull. XXIV, 482, 616).

Der Gesetzentwurf vom 30. Oct. 1888 trug diesen Vorschlägen Rechnung, ging aber noch darüber hinaus.

Danach sollen die Staatssteuern von Naturweinen jeder Stärke, von alcoholisirten oder Kunstweinen bis 13 Grad Stärke, von Obst-, Honigwein (Meth), von Bier, demnach die betreffenden Circulations-, Klein-, Verbrauchs-, Fabrikationssteuern bei den genannten, ferner die staatlichen Eingangsabgaben in Städten, auch die Expeditions-, Begleitscheinstempel- und Quittungsabgaben fortfallen (mit einer Einbusse von 194,57 Mill. Frcs.), die Ueberwachung (exercice) der Getränkedebite auch aufhören. Der Ersatz sollte gefunden werden in der Erhöhung der Alcoholsteuer (auch von Eigenbrennern, die nur noch für 10 Liter im Jahre steuerfrei sein sollten) auf 210 Frcs. p. Hectol. reinen Alcohols (104 Mill. Frcs. Plus), in der Besteuerung des „vinage" und in erhöhten und anders geregelten Licenzen. Alcoholzusatz zu Wein bis zu 3% im Maximum und bis zur Erreichung eines Stärkegehalts von 12 Grad zahlt für den Hectoliter reinen Alcohols 37,5, aller Wein über 12 Grad Stärke, der nicht eine höhere Naturstärke hat, sondern künstlich alcoholisirt worden, für seinen Stärkegehalt von 13—15 Grad 50 Frcs. vom Hectoliter reinen Alcohols, von 16—21 Grad dgl. 100 Frcs., von 22 Grad und darüber den Normalsatz von 210 Frcs. (Ertragsanschlag dafür 20 Mill. Frcs.). Die Licenzen sollen in fixen Sätzen für Debitanten, Grosskaufleute, Brenner, Brauer und in proportionalen Sätzen nach dem Miethwerth der Gewerbslocalitäten von 8, 14 und 20% — also nach dem Princip der Patentsteuer — erhoben werden, wovon man bez. 22 (fixer Satz) und 23 Mill. (prop. Satz) Plus erwartet. Totalplus (incl. von Essig) 161.9 Mill. Frcs., daher Ausfall durch die ganze Reform 32.67 Mill. Frcs., welcher durch eine Einkommensteuer im Anschluss von 35 Mill. Frcs. gedeckt werden soll (Bull. XXIV, 529 ff.).

Der Entwurf ist, während dies geschrieben wird, noch nicht erledigt. Die Concentration auf den Alcohol, auch in den alcoholisirten Weinen, ist besonders bemerkenswerth. Auch die Steuerüberwachung würde danach eine andere, sie würde sich nicht mehr auf den Umlauf und den Kleinverkauf, sondern ausschliesslich auf die Alcoholfabrikation und Zumischung zum Weine, sowie auf die Fabrikation und den Verkauf von Destillirapparaten erstrecken. Ob die Ueberwachung in dieser Beschränkung wirksam genug werden kann? Und ob die Aufhebung jeder eigentlichen Wein- und Bierbesteuerung gerade unter französischen Consumtionsverhältnissen nicht zu weit geht und die Berücksichtigung bloss des Alcohols und die Höhe der Steuer dafür nicht die Steuerlast zu einseitig auf die Branntweinconsumenten schieben, wenn auch unter Wahrnehmung der hygienischen und ethischen Interessen, die in der Frage mitspielen —?

Im Folgenden stellen wir die Getränkebesteuerung dar, wie sie bisher besteht.

bb. Einrichtung der Getränkebesteuerung.

§. 254. 1. **Einzelne Steuerarten.** Hierfür ist nach dem Früheren in wichtigen Puncten die Besteuerung des **Weins** und **Obstweins** (Apfel-, Birnwein, auch Honigwein oder Meth), dann die des **Alcohols**, endlich die des **Biers** zu unterscheiden.

Als allgemeine Abgabe besteht die **Licenzsteuer** für die gewerbliche Unternehmung auf dem Gebiet der Getränke, nämlich für **Kleinabsatz** („Debitanten", Wirthschaften u. s. w.), **Grosshandel, gewerbsmässige Brennerei und Destillation, Brauerei**.

S. u. über Licenzen. In den dict. von Block und Say unter diesem Wort. Bes. Ges. v. 1816 Art. 144, 171. Zu den Debitanten gehören alle Arten Kleinverkaufsstellen, auch von Eigenbauern und Eigenbrennern. Der Tarif umfasst 8 Stufen nach Ortsclassen (Volkszahl) von 15—50 Frcs. (incl. Decimen). Die Grosshändler entrichten überall den gleichen Satz 125 Frcs., ebenso die gewerbsmässigen Brenner und Destillateure 25 Frcs., die Brauer in 11 Depart. 125, in den übrigen 75 Frcs. Frei von der Brenn-Licenz sind die Brenner und Destillateure von Wein, Obstwein, Kernobst, welche ausschliesslich eigenes Ernteproduct (bouilleurs de cru) verarbeiten, sie haben bei Grossverkäufen auch keine Grosshändlerlicenz zu entrichten (Ollbo II, 9); dann die Brauer, welche nur für den Eigenconsum brauen. In Paris ersetzt die „Ersatzsteuer" (s. u.) alle Licenzen mit, bis auf die der Brauereien. Licenzsteuerpflichtig waren 1886 408,021 Debitanten mit 8.81 Mill. Frcs. Steuerertrag, 27,029 Grosshändler mit 3.40 Mill. Frcs., 2751 Brauereien, 1845 Gewerbsbrenner und Destillateure, 259 Liqueurfabriken, 1878 Grossliquoristen, im Ganzen, incl. die Licenzen anderer Unternehmungen als auf dem Getränkegebiet, 461,798 Licenzpflichtige mit 12.89 Mill. Frcs. Steuerertrag, der zum bei Weitem grössten Theil doch von Geschäften im Getränkegebiet herrührt (Bull. XXIII, 289). Diese Abgaben haben auch nach ihrer mässigen Höhe wesentlich nur den Character von Special-Gewerbesteuern.

Von eigentlichen staatlichen Verbrauchssteuern bestehen für Wein und Obstwein, — jetzt, seit dem Gesetz von 1880 ohne die frühere Zusatzsteuer für Flaschenwein, also im gleichen Satze für Fass- und Flaschenwein — fünf verschiedene Abgaben, die Circulations-, Klein-, Eingangs- und „einzige" Abgabe und speciell für Paris und Lyon die „Ersatztaxe", davon die Circulations- und die Eingangsabgabe ebenso wie die Eingangs- und Kleinabgabe neben einander, d. h. für dasselbe Weinquantum, die „einzige" Steuer als Ersatzabgabe der Eingangs- und der Kleinabgabe, die Pariser (und Lyoner) Ersatzsteuer als Ersatz aller anderen Abgaben, auch der Circulations- und Licenzabgabe. Alcohol unterliegt drei solchen Abgaben, der gleichmässigen allgemeinen Verbrauchssteuer — jetzt, seit dem Gesetz von 1880, ohne den bis dahin geltenden höheren Steuersatz für Spirituosen in Flaschen, für Liqueure, Absinth, daher auch hier, wie bei Wein, jetzt im gleichen Satze für Fass- und Flaschenbranntwein —, dann der Eingangsabgabe und in Paris wieder der alleinigen Ersatzsteuer. Bier wird dagegen nur von der einzigen Steuer bei der Fabrikation getroffen.

Für die städtischen Finanzen fallen alle genannten Getränke in den Gemeinden mit Octroi dann noch ausserdem unter dieses letztere.

Die Veranlagungs- und Erhebungsformen, sowie die Controlen richten sich natürlich wieder nach dem steuertechnischen Character jeder einzelnen der genannten Abgaben.

Eine besondere kleine Nebenabgabe ist die an die Versendung oder den Transport der Weine, Obstweine und Alcohole, bez. an die dabei vorkommenden Begleitscheine, sich anknüpfende Expeditionsgebühr.

Sie beträgt 10 Cent. als Stempel für jede „Expedition" Seitens des Steueramts, ausserdem 40 Centimes für jede Expedition mit „acquits-à-caution" oder „passavants" (daher mit Stempel hier ½ Frcs.). Zahl solcher Expeditionen zu 40 Cent., grösstentheils bei den Getränkesteuern, z. B. in 1886 11,951,529 mit 4.78 Mill. Frcs. Ertrag.

§. 255. 2. Steuerpflichtige. Theils als Steuersubjecte oder eigentliche Steuerpflichtige, theils nur als Steuerhaftende sind bei diesen verschiedenen Steuerarten folgende sechs Personenkategorieen zu unterscheiden: sogen. einfache Private; Eigenbauer und Eigenbrenner (bouilleurs de cru); einfache Kleinverkäufer und Liqueurdebitanten; einfache und Liqueur-Grosshändler; gewerbsmässige

Brenner und Destillateure; Brauer. Je nach der Steuerart, um die es sich handelt, erscheinen diese Personen in verschiedener Weise als Steuerpflichtige oder Steuerhaftende und unterliegen sie verschiedener Verantwortlichkeit und Controle, überhaupt einem verschiedenen Steuerrecht. Erläuterungen verlangen besonders die zwei ersten Kategorieen.

„Einfache Private" sind im Steuerrecht insbesondere die Personen, welche Getränke, speciell Wein und Obstwein, aber auch Spirituosen, regelmässig für ihren eigenen Bedarf, beziehen und dann der Circulationsabgabe, bei Spirituosen der Verbrauchssteuer, eventuell auch der Eingangsabgabe oder statt beider der „einzigen" Steuer, in Paris und Lyon der Ersatzsteuer unterliegen. Der Begriff des „einfachen Privaten" wird in der Praxis etwas ausgedehnt (Block, dict. Art. boissons No. 54 ff.).

Eigenbauer und Eigenbrenner sind Wein- und Obstbauer, welche nur ihr selbstgeerntetes Product zu Wein, Obstwein, Alcohol verarbeiten. Fur einen bestimmten Familienbedarf (20 Liter Alcohol) sind die Brenner steuerfrei. Bei Weintransporten innerhalb des Cantons und der Nachbargemeinden von Keller zu Keller sind die Eigenbauer von der Circulationsabgabe frei. Die Brenner unterstanden nach dem Ges. v. 2. Aug. 1872 dem Exercice der Steuerbehörde, was aber nach dem Ges. v. 14. Dec. 1875 wieder aufgehört hat. Wenn Eigenbauer und Eigenbrenner ihre gewonnenen Getränke im Grossen verkaufen, bez. versenden und im Kleinen verschenken, treten auch für sie die allgemeinen Formalitäten, Controlen und Abgaben ein, d. h. sie unterliegen insbesondere dem Meldezwang in Betreff der Versendungen, der Expeditionsgebühr, der Circulations- und eventuell der Kleinabgabe. Im Princip ferner sind die Eigenbauer und Brenner nur für die Verarbeitung des selbstgeernteten Products zu Wein, Obstwein, Alcohol vom Exercice befreit. Die Schwierigkeit liegt für die Steuerbehörde darin, zu verhindern, dass angekauftes Product mit verarbeitet wird und dass die Eigenbauer und Eigenbrenner an Dritte steuerfrei absetzen. Im Kampf mit diesem Unterschleif liegt die Verwaltung beständig. Um ihn erfolgreich zu führen, verlangt sie die Beseitigung des „Privilegs" dieser Personen, von dem regelmässigen „exercice" frei zu sein, namentlich in Betreff der Brenner. Allein es handelt sich bei der grossen privatwirthschaftlichen Zersplitterung des französ. Wein- und Obstbaues um eine sehr erhebliche Anzahl von solchen Personen, die dann mit überwacht werden müssen, daher um technische Controlschwierigkeiten und um grossen Volkskreisen missliebige Beaufsichtigungen, was das Mitspielen eines politischen Moments in dieser viel erörterten Frage erklärt. Die Zahl der bouilleurs de cru hat sich in der Zeit seit 1871, übrigens mit erheblichen Schwankungen, besonders stark vermehrt. Im J. 1885 wurden die Weinbauer auf 1.791,779, die Obstbauer auf 1,035,376, die Eigenbrenner auf 531,017 veranschlagt (Bull. XX, 601); letztere Zahl war noch 1881 nur 100,653. Die Menge des steuerfrei consumirten Weins an sich, dem absoluten Betrage des letzteren nach, und im Verhältniss zum besteuerten Wein richtet sich wesentlich nach den Ernteverhältnissen: bei guten Ernten steigt absolut und relativ besonders dieser steuerfrei bei den Eigenbauern verzehrte Wein, bei schlechten sinkt er aber auch besonders stark. Die versteuerte Menge schwankt daher weniger als die Erntemenge und vollends als die unversteuert verzehrte (dies das Ergebniss einer Tabelle im Bull. IX, 123, f. d. Jahre 1831—79, wobei natürlich die Zahlen der Erntemenge und unversteuerten Menge nur schätzungsweise ermittelt sind). Im längeren Durchschnitt bleibt $^1/_4$—$^1/_3$ der Ernte steuerfrei, z. B. 1870—79 10,45 Mill. Hectol. v. 35,09 im Ganzen. Aehnliche Schwankungen beim Obstwein, wo aber im Durchschnitt jetzt die Hälfte und mehr steuerfrei verzehrt wird (Bull. IX, 371).

Bei Alcohol lässt sich der Einfluss der Weinernte auf den absoluten und relativen Umfang der Eigenbrennerei ebenfalls erkennen: in guten Jahren wird zur Verwerthung des Products mehr gebrannt, in schlechten weniger (so 1855—57). Doch üben andere Umstände, wie die Concurrenz der industriellen Brennerei und die Preisconjuncturen hier noch ihren eigenen Einfluss. Im Ganzen ist die Alcoholgewinnung aus Wein, Obst, Früchten gegenüber derjenigen aus mehligen Stoffen,

Melasse, Rüben auch in Frankreich sehr zurückgegangen: 1840—50 von 891,500 Hect. reinen Alcohols 815,000 aus Wein. Obst u. s. w., 1865—69 von 1,344,614 553,283, 1870—79 von 1,545,599 nur 451,070, 1880 sogar von 1,551.068 nur 48,514 (Bull. X, 124), und seitdem (1880—87) keine wesentliche Veränderung; 1887 z. B. bei 2,005,635 Hectol. Gesammtgewinnung von Alcohol speciell aus Wein 32,758, aus Cider 13.595, aus Weintrübern u. dgl. (marcs, lies z. B.) 41,872, aus Früchten 2386, zus. aus diesen Substanzen 90,611· Hectol , oder nur noch ca. 4.5% (Bull. XXIII, 609). Dieser Bewegung entsprechend — zum Theil nur ein anderer statistischer Ausdruck für dieselbe Erscheinung — ist die Alcoholgewinnung der Eigenbrenner mit Schwankungen absolut und relativ sehr gesunken und der steuerfreie Eigenconsum wenigstens absolut in längeren Perioden gesunken, in einzelnen Jahren erreicht er aber noch die frühere Höhe (s. für beide Puncte die Daten von 1830—80 im Bull. X, 122, bis 1887 Bull. XXIII, 668, 672). So wurden bei einer guten Wein- und Obsternte 1883 von den Eigenbrennern 40,000 Hectol. Alcohol von 2,011,000 im Ganzen und 1,484,020 versteuertem Alcohol, bei einer schlechten Ernte 1886 72,000 Hectol. von 2,052,000, bezw. 1,419,901 erzeugt, der frei von den Brennern selbst verzehrte Branntwein auf 41,106 Hectol. geschätzt (Bull. eb.). Wer kann aber bürgen, dass die Brenner nicht mehr als 20 Liter steuerfrei verzehren oder verkaufen? In den 3 Jahren des Exercice 1872—75 wurde die steuerfrei verzehrte Menge auf 26—27.000, in den nächsten Jahren auf 38—39,000 Hectol. geschätzt. Bei 30 bis 40,000 Hectol. Eigenconsum ergiebt sich für die Staatscasse eine Einbusse von 5.7—6.3 Mill. Frcs. jährlich, — unberücksichtigt die muthmassliche Defraude. Und misslich ist auch die Verweigerung dieses Steuerprivilegs für kleine landwirthsch. Brennereien, welche andere Stoffe verarbeiten.

S. über die Behandlung der Eigenbauer und Brenner Block, Art. boissons. No. 62—73; Say, dict. Art. bouilleurs de cru. Mathieu-Bodet I, 39, 137, 256, 331. Olibo II, 1—59 passim.

Auf die vier anderen eben genannten Kategorieen von Steuerpflichtigen und Steuerhaftenden wird, soweit nöthig, im weiteren Verlauf mit eingegangen. S. bes. die klare Darstellung für jede Kategorie im Block'schen dict. Art. boissons, No. 74 ff., Specielleres im Commentar von Olibo.

§. 256. 3. Wichtigere Puncte der Einrichtung der Getränkebesteuerung.

Die einzelnen Bestimmungen zur Durchführung des Systems sind ebenso zahlreich als mannigfaltig, und zwischen Wichtigerem und Untergeordnetem ist im einzelnen Falle nicht immer leicht zu unterscheiden. Alles steht in Verbindung unter einander, folgt aus einander, bedingt sich gegenseitig. Bei der hier gebotenen Kürze der Darstellung muss Vieles ganz übergangen und die Hervorhebung des Wichtigeren unvermeidlich mit nach subjectivem Ermessen — noch dazu des Ausländers und des Theoretikers, nicht des in solchen Dingen competenteren Practikers — erfolgen. Zu verweisen ist besonders, wie immer gerade für derartiges administrativ-technisches Einzelne, auf v. Hock für diese Puncte, wenn auch seitdem Vieles geändert worden ist. v. Kaufmann's Darstellung enthält gute Partieen (so S. 383 ff.), aber ist in diesem Abschnitt zu ungleichmässig gearbeitet und unterscheidet nicht immer genügend (so z. B. S. 353 nicht zwischen den Formalitäten der Circulation und der speciellen Circulationsabgabe). Knapp, aber vorzüglich ist für diesen Gegenstand der Art. boissons im Block'schen dict., auch suppl. génér. in den betreffenden Abschnitten. Im Say'schen dict. sind nur die allgemeinen Verhältnisse in den durchweg trefflichen Artikeln boissons, vin, cidre, alcool, bière, die specielleren in besonderen Artikeln unter den einzelnen technischen Ausdrücken, und hier recht klar und genau, behandelt. Doch ist das Werk in der 11. Lieferung (Ende 1888) nicht mit dem Buchst. D fertig, es fehlen daher noch viele Artikel. S. u. A. circulation, acquits-à-caution, congé, abonnements; von noch nicht erschienenen entrepôt, exercice, droit de détail, d'entrée, taxe unique, taxe de remplacement u. s. w. Auf dieses Say'sche Werk ist für das Detail besonders Bezug zu nehmen. Es giebt hier viel mehr als das Block'sche dict., auch als die für das Allgemeinere der Getränkebesteuerung vorzüglichen Arbeiten von Stourm, und in den einzelnen Artikeln doch wieder in knapper Form und in systematischer Darstellung, während Commentare wie Olibo zwar noch mehr ins Detail, in die Casuistik und in die Streitfragen — die hier zahllos sind und eine umfangreiche und wichtige Thätigkeit der Judicatur bedingt haben — hineinführen, aber zu systemlos, zu unübersichtlich, daher weniger für wissenschaftliche als für unmittelbar practische Zwecke brauchbar sind. Mathieu-Bodet hat auch die hieher gehörigen Reformen nach 1870 gut beleuchtet S. für die Branntweinsteuer ferner J. Wolf's Arbeiten a. a. O.

Es lassen sich in der Einrichtung der Besteuerung hier die speciellen Verhältnisse bei jeder einzelnen der oben in §. 254 aufgeführten Steuern und die allgemeineren, alle oder mehrere dieser Steuern betreffenden Verhältnisse unterscheiden.

α) Verhältnisse bei den einzelnen Steuern.

aa) Circulationsabgabe. Sie ist im Princip diejenige Verbrauchsteuer von Wein und Obstwein, welche den Privatconsumenten treffen soll, und zwar denjenigen, welcher das Getränk nicht selbst aus seinen eigen gewonnenen Producten herstellt, — dafür besteht Steuerfreiheit, — sondern welcher es von Dritten erwirbt, und zwar dann, wenn es sich um den Bezug im Grossen, d. h. von mehr als 25 Litern auf einmal und um die Verzehrung des Privaten bei sich zu Hause, bez. im Privatlocal, im Unterschied von der Wirthshausverzehrung, handelt. Dieses Princip erleidet bei der practischen Durchführung aber Modificationen, Erweiterungen und Beschränkungen. Der Tarif ist ein nach einem Qualitätsmoment dreifach abgestufter specifischer.

Die Grundzüge der Einrichtung sind die folgenden. Der steuerbare Act wird durch die behufs Versendung stattfindende Platzveränderung von Wein und Obstwein (d. h. Apfel-, Birn-, Honigwein) gebildet. Deshalb ist jede solche Veränderung dem Steueramt anzumelden und dafür ein Begleitschein zu nehmen (§. 263). Transporte von der Kelter zum Keller des Eigenbauers (récoltant) und von einem seiner Keller zum anderen, innerhalb desselben Cantons oder der Nachbargemeinden, sind aber dem Princip der Steuer gemäss von der Circulationsabgabe befreit, bedürfen jedoch auch eines „passavant" (§. 263). Wegen Defraudationsgefahr ist dagegen der früher auch in weiterer Entfernung erlaubte Transport des Eigenproducts des Eigenbauers nach seinen eigenen Kellern nicht mehr von der Circulationsabgabe frei: eine Erweiterung der Steuerpflicht gegen das Princip. Sonst ist regelmässig Besitzwechsel zwischen verschiedenen Personen, also gewöhnlich im Verkauf, Bedingung der Steuerpflicht. Doch bestehen hiervon einige Ausnahmen. Insbesondere unterliegen kleinere Versendungen oder Bezüge als 25 Liter statt der Circulationsabgabe der Kleinabgabe mit. Ferner sind Versendungen an Grosshändler, Debitanten oder Wirthe und sonst mit Licenz zum Getränkehandel versehene Personen ebenfalls frei von der Circulationsabgabe, und gehen mit den erforderlichen Begleitscheinen an die bestimmungsmässigen Empfänger. Doch unterliegen der Abgabe in den Städten mit „einziger Steuer" auch die Debitanten. Frei sind auch, wie von allen anderen Getränkesteuern (bis auf die Expeditionsgebühr). die für die Ausfuhr ins Ausland bestimmten Sendungen. In Paris (und Lyon) ersetzt die Ersatzsteuer die Circulationsabgabe mit. Der Tarif ist ein drei- (bis 1880 ein vier-)stufiger, nach drei Abtheilungen, in welche Frankreich nach der ungefähren Güte und dem Preise des dort consumirten Weins eingetheilt ist, jetzt mit den Sätzen von 1, 1.5, 2 Frcs. (Principal und Decimen) p. Hectol. Fass- wie

Flaschenwein; früher letzterer mehrfach höher tarifirt, so von 1871—80 einheitlich zu 15 Frcs. p. Hectol.; der Tendenz nach mit ein Qualitätsfuss, der aber nach seiner practischen Wirkung doch nicht richtig als solcher wirkte und deshalb wieder aufgegeben wurde. Der anzulegende Tarifsatz richtet sich nach der Classe des Bestimmungs-, nicht des Versendungsorts. Obstwein hat den Einheitssatz von 80 Cent. im ganzen Gebiete. Gegenüber der Kleinabgabe ist die Circulationsabgabe auch nach der Verdoppelung des Principals in 1871 und vollends nach der Wiederermässigung in 1880 wohl immer noch zu niedrig. So betrug der Mittelpreis 1870—79 für das Hectol. Wein bei den Weinbauern selbst 29, im Grosshandel 38, bei den Debitanten 55.25 Frcs., die der Circulationsabgabe unterzogene Menge im Durchschn. 17.41 Mill. Hectol., der Steuerertrag 33.63 Mill. Frcs. oder p. Hectol. 1.94 Frcs., d. h. vom ursprünglichen Preise 6.7, von dem am meisten zur Vergleichung geeigneten Grosshandelspreise 5.1, vom Debitantenpreise selbst nur 3.5 %, während der Wein im Kleinhandel damals 15% nebst 2½% Decimen Zuschlag vom Debitantenpreis, seit 1880 immer noch 12.5% im Ganzen zahlt. Allerdings tritt in den Orten über 4000 Einw. noch die Eingangsabgabe hinzu. Aber auch mit dieser zusammen erscheint der im Grossen bezogene Wein des Privaten begünstigt. Im J. 1886 unterlagen 17.205,404 Hectol. mit 23.37 Mill. Frcs. Ertrag der Circulationsabgabe, p. Hectol. 1.38 Frcs.; davon 5.67 Mill. Hectol. in der 1. Classe mit 1, 10.77 in der 2. Classe mit 1½, nur 775,011 Hectol. in der 3. Classe mit 2 Frcs. Steuersatz. Obstwein u. dgl. wurde 1886 3.125,413 Hectol. mit 2.5 Mill. Frcs. Ertrag versteuert. (S. jedoch unten über die etwas abweichenden Berechnungen und Bull. XXIII, 548. Daten aus Bull. XXIII, 280, IX, 110 u. a. O.)

§. 257. bb) **Kleinabgabe** (droit de détail). Sie ist im Princip diejenige Verbrauchsteuer von **Wein und Obstwein**, welche den **Consum im Kleinen**, daher insbesondere in Wirthschaften aller Art oder bei sogen. **Debitanten**, aber auch bei Bezügen von weniger als 25 Liter auf einmal ins Haus, also für den Privatconsum in diesem Sinne, treffen soll; und zwar wiederum mit Ausnahme des aus eigenen Producten gewonnenen Getränks, das der Wein- und Obstbauer mit den Seinen selbst steuerfrei verzehrt. Auch hier ist daher die Voraussetzung der Steuerpflicht der Absatz an Dritte. Die Abgabe ist eine Werthabgabe nach dem Absatzpreise der Weine, jetzt von 12.5% (ohne weitere Zuschläge).

Die Hauptpuncte für die Steuerverwaltung sind die sichere Constatirung der vom Debitanten bezogenen und abgesetzten Mengen und der Verkaufspreise dafür. Darauf richtet sich daher die Controle vor Allem und um sie ausüben zu können, unterstehen die Debitanten der steueramtlichen regelmässigen Visitation, dem sog. Exercice (§. 263, 264), soweit sie sich nicht durch Abonnements davon befreien, was zulässig ist, oder die Kleinabgabe zusammen mit der Eingangsabgabe in die sogen. „einzige Steuer" verwandelt wird.

Nachweislich im Grossen, d. h. in Mengen von über 25 Liter auch von Debitanten abgesetzter Wein, ein auch diesen Personen gestattetes Geschäft, ist von der Kleinabgabe frei und eventuell der Circulationsabgabe unterworfen. Der Debitant muss die Eröffnung seines Geschäfts, das Verkaufslocal, die Mengen und Sorten Getränke, welche er besitzt, der Steuerverwaltung anmelden und ein Schild oder dgl. aussen führen. Die allgemeine Versendungs- bez. Bezugscontrole ist auch die Voraussetzung für die Veranlagung und Erhebung der Kleinabgabe (§. 263). Ueber Zu- und Abgang wird Buch geführt und steueramtlich durch das Exercice controlirt. Vielerlei einzelne Bestimmungen, über Rechte der Verwaltung und Pflichten der Debitanten, suchen Unterschleif zu verhüten. Unter Umständen kann die Ueberwachung auf die Nachbarhäuser ausgedehnt werden. Eine besondere Gefahr liegt immer darin, dass Wein im Geheimen in die Lager des Debitanten gelangt, daher besonders aus Nachbarhäusern, wohin etwa Wein zum Privatconsum bezogen wurde. Was sich nach den Büchern als Fehlmenge ergiebt, nicht nachweisbar verdorben ist und den gesetzlichen Satz von 3% für Abgang und Familienconsum übersteigt, unterliegt der Kleinabgabe. Die Verkaufspreise werden von den Debitanten declarirt, im Falle der Bestreitung hat der Maire, mit Recurs an den Präfecturrath, zu entscheiden. Sie sind im Local an sichtbarer Stelle anzuschlagen und dürfen beim Verkauf nicht überschritten werden. Strafandrohungen suchen die Innehaltung dieser Vorschriften zu sichern. Gleichwohl sollen gerade in Bezug auf die Preise durch unrichtige Angaben und Anlegung anderer Verkaufspreise die meisten, nur schwer zu constatirenden Unterschleife vorkommen. Die Steuer ist von den dem Exercice unterstehenden Debitanten regelmässig nach vierteljährlichen Abrechnungen zu zahlen. Fast ⅔ des von Debitanten abgesetzten Weins und fast der ganze Obstwein wird durch die Visitation beim Exercice zur Veranlagung gebracht. Der Rest kommt grösstentheils auf Abonnements. (S. Vignes I, 131, Art. Abonn. im Say'schen dict., p. 4.)

Diese sind meistens sogen. Einzelabonnements der einzelnen Debitanten, entweder — aber selten — nur in Betr. des Preises, wo man sich über einen Mittelpreis einigt, die Ueberwachung nur mehr die Mengen betrifft und die Steuer davon erhoben wird (sog. Abonnement für das Hectoliter); oder, und in der Regel, auch in Betr. der Mengen, gegen eine Abfindungssumme, immer höchstens auf 1 Jahr. Das Eingehen auf solche Abonnements kann die Verwaltung nicht verweigern. Einigt man sich nicht über die Summe, so entscheidet der Präfecturrath, mit Recurs an den Staatsrath. Ausserdem kommen, aber nur selten, sogen. Collectiv- oder Corporationsabonnements der Gesammtheit der Debitanten eines Orts unter solidarischer Haft vor, nach Beschluss von mindestens ⅔ der Debitanten unter Genehmigung des Municipalraths. Endlich giebt es noch sog. allgemeine Abonnements, welche auf Verlangen der Municipalräthe für ganze Gemeinden über die Klein- und Circulationsabgabe gewährt werden müssen, wo dann die vereinbarte Summe an die Staatscasse in halbmonatlichen Raten aus der Gemeindecasse entrichtet wird. Sie verlangen zum Abschluss die Genehmigung des Finanzministers, kommen übrigens auch nur wenig vor. Durch die Erklärung der „einzigen Steuer" als obligatorisch in den Gemeinden von über 10,000 Einw. (Ges. v. 9. Juni 1875) hat die Zahl der abonnirten wie der dem Exercice unterworfenen Debitanten abgenommen. Es waren

	1873	1879	1885
Für Wein und Cider abonnirte Debitanten	54,746	39,441	56,756
Abgelöste, bloss Alcohol verkaufende Debitanten (s. u.) .	36,494	29,895	39,732
Debitanten in Städten mit einziger Steuer	28,745	68,940	84,720
Zus. frei vom Exercice	119,715	138,271	181,208
Debitanten dem Exercice unterworfen	225,884	216,576	214,495
Summe	348,599	354,852	395,703

In allen diesen Zahlen fehlt Paris (Bull. XX. 600).

Den Grosshändlern als solchen war früher bei erheblicher Strafe (500—5000 Frcs. und Confiscation der Getränke) der Debit verboten. Jetzt ist ihnen derselbe gestattet, wenn sie für das Kleingeschäft ganz getrennte Lager und Locale haben. Die Fehlmengen, welche bei ihnen über die gesetzlichen Nachlässe hinaus durch die Verwaltung constatirt werden, sind nach dem Satze der Kleinabgabe zu versteuern. Nur unbedeutend sind die gleich beim Bezug von Wein und Cidor erhobenen Beträge der Kleinabgabe.

Für 1886 ergiebt sich für die verschiedenen Fälle der Kleinabgabe Folgendes (Bull. XXIII, 280):

	Wein		Obstwein u. s. w.	
	Hectol.	Ertrag Frcs.	Hectol.	Ertrag Frcs.
Beim Bezug erhoben	14,826	139,126	217	640
Fehlmenge bei Grosshändlern	36,657	337,812	5,192	19,473
Durch Exercice constatirt	2,578,163	24,399,420	3,218,599	7,250,327
Abonnements	1,431,856	13,410,631	67,136	178,602
Summe	4,061,532	38,286,989	3,291,144	7,449,042

Der Steuersatz bei den Debitanten mit Exercice stellt sich mit Nachlässen auf 12.115%, statt auf 12.5%. Diese Ziffern enthalten aber lange nicht die ganze Kleinabgabe, da dieselbe grosstheils mit in der „einzigen" Steuer und der Pariser und Lyoner Ersatzsteuer steckt (s. u.). Sie steigt, unter Einrechnung der betreff. Bestandtheile dieser Steuern, auf 87.63 Mill. Frcs. f. Wein von 133.22 Mill. Total und auf 2.68 Mill. Frcs. f. Obstwein von 15.48 Mill. Frcs. Total (Bull. XXIII, 539). — Der Durchschnittspreis der von Debitanten unter Exercice abgesetzten Mengen ist in den letzten Jahren erheblich gestiegen. Er war bei Wein 1882—87 p. Hectol. 76.38—77.79—76.17—75.67—78.04—79.61 Frcs. gegen 46.72 im Durchschnitt von 1850—59, 51.57 von 1860—69, 55.25 von 1870—79; bei Obstwein 1882—87 19.48—19.05—17.88—18.39—22.50—21.28 gegen 16.05, 16.30 und 18.51 in den drei genannten Decennialperioden (Bull. XXIII, 281, IX, 110, 370). Natürlich wird die Summe im Abonnement immer entsprechend neu geregelt; eben deshalb die höchstens einjährigen Abonnements. Die Werthabgabe wurde also neuerdings einträglicher, kam aber auch noch mehr in Missverhältniss zur Circulationsabgabe, und die Ermässigung des Steuersatzes in 1880 wurde durch dies Preissteigen ziemlich aufgewogen: so trug z. B. das Hectoliter Wein im Durchschnitt von 1886—87 an Kleinabgabe 9.50, von 1875—76 auch nur 9.6 Frcs., obwohl damals die Abgabe als Quote vom Werth etwa um die Hälfte höher war als jetzt. Der Fiscus profitirt also bei steigenden Preisen erheblich, aber die Gleichmässigkeit der Besteuerung im ganzen System wird verschoben.

§. 258. cc) Die Eingangsabgabe ist im Princip eine Verbrauchssteuer zu Gunsten des Staats speciell von der städtischen, d. h. von der Bevölkerung in Orten mit mehr als 4000 Einwohnern, von Wein, Obstwein, Meth, wie auch von Alcohol. Sie tritt zu der Circulations- und der Kleinabgabe, wie bei Alcohol zu der allgemeinen Verbrauchsabgabe noch hinzu, so dass durch diese vereinigten Abgaben die städtische Bevölkerung höher als die ländliche besteuert wird: was mit dem höheren Wohlstand der Städte begründet wird, also ein Umstand ist, durch den die Getränkesteuer sich dem Princip der Besteuerung „nach der Leistungsfähigkeit" anpasst. Derselbe Gedanke waltet im Tarif ob, welcher ein siebenstufiger, mit der Grösse der Ortsbevölkerung steigender specifischer ist, bei Alcohol und Obstwein für jede Ortsclasse der gleich hohe, bei Wein noch in Combination mit den Abtheilungen des Staatsgebiets, wie bei der Circulationsabgabe.

Die Controle erfolgt in Verbindung mit der Versendungs- und Bezugscontrole und den Begleitscheinen beim Eingang in die Ortschaften, wobei die Transporte oder Bezüge dem Steueramt angemeldet werden müssen. Steuerpflichtig ist nur das für den Consum im Orte bestimmte Getränk, nicht das unter Controle bloss durchgeführte. Auch die vom Eigenthümer in den Ort zur Kelterung u. s. w. eingeführten und die im Orte vom Selbstbauer geernteten Trauben und Früchte sind der Eingangssteuer und einer entsprechenden Contro'e mittelst Aufnahme eines Inventars unterworfen, wobei die Steuer nach dem Reductionsverhältniss von 2 Hectol. Wein aus 3 Hectol. Trauben und 5 Hectol. Obstwein aus 3 Obst, bei trocknen Früchten von 1 Hectol. Obstwein aus 25 Kilogr. Obst berechnet wird. Ein allgemeines Abonnement für die Weinlese Seitens der Gemeinde ist zulässig. Grosshändler und Selbstbauer können für ihre Bezüge und Producte die sonst beim Eingang fällige Zahlung verschieben, wenn sie die Getränke in Entrepôt bringen, wofür beim Händler Minimalmengen zum Beginn vorgeschrieben sind. Debitanten und Private haben kein gesetzliches Anrecht auf Gewährung des Entrepôts, doch kommt die administrative Zulassung auch bei ihnen vor. Versteuert wird dann, was nach den Bestandbüchern des Entrepôts oder eigenen Lagers in den Consum übergegangen ist, bez. was fehlt, nach Abzug der Nachlässe, welche beim Eigenbauer seit 1852 bis 10%, beim Grosshändler bis 6—7% bei Wein betragen (bei Obstwein und Alcohol 7%). Der Tarif von 1880 steigt in 7 Ortsstufen (4—6000 als erste, über 50,000 Einw. als höchste) von 35 auf 80 Cent. p. Hectol. für Cider u. s. w., von 7½ auf 30 Frcs. p. Hectol. für Alcohol, von 0.40 auf 1 50, von 0.55 auf 2.25, von 0.75 auf 3 Frcs. für Wein nach den drei Gebietstheil-Classen. Besondere Bestimmungen bestehen über die Berechnung der Ortsbevölkerung, Behandlung der Vorstädte u. s. w.

Durch die facultativ zulässige, neuerdings für Orte über 10,000 Einw. obligatorisch gewordene, daher mehr verbreitete „einzige Steuer" hat die Eingangsabgabe als selbständiges Glied der Getränkebesteuerung an Bedeutung verloren. Direct unter diesem Namen führt die amtliche Statistik nur kleine Beträge auf, so für 1886 von 2.14 Mill. Hectol. Wein 1.54 Mill. Frcs. Ertrag, von 1.19 Mill. Hectol. Obstwein 0.55 Mill. Frcs., von 471,327 Hectol. Alcohol 9.69 Mill. Frcs. Allein wenn man, wie es in besonderen Berechnungen auch hierfür die Verwaltungsstatistik thut, die einzige Steuer und die Pariser und Lyoner Ersatzsteuer wieder, wie oben bei der Kleinabgabe, in die Steuern zerlegt, die sie vertreten, so ergeben sich erheblich grössere Zahlen für die Eingangsabgabe, nämlich in 1886 für Wein 13.52 Mill. Hectol. mit 22.82 Mill. Frcs. Steuerertrag von 133.22 Mill. Frcs. Total, für Obstwein 3.25 Mill. Hectol. mit 2.68 Mill. Frcs. von 15.45 Mill. Frcs. Total, für Alcohol 614,327 Hectol. mit 13.98 Mill. Frcs., zus. an Eingangsabgabe 39.48 Mill. Frcs. von 234.55 Mill. Frcs. Total (ohne den Zuschlag für alcoholisirte Weine). (Bull. XXIII, 280 und 540). Im J. 1886 bestand die Eingangsabgabe selbständig in 266 Gemeinden (in 147 von 4—6000, in 119 von 6—10,000 Einw.), in Verbindung mit der einzigen Steuer in 151, davon 22 unter 6000 Einw., zus. in 447 Gemeinden mit 6.33 Mill. Einw., wozu dann noch Paris und Lyon apart kommen (Bull. XXIII, 540).

dd) Die mehrfach schon erwähnte „einzige Steuer" tritt in Orten von 4—10,000 Einwohnern facultativ, seit dem Gesetze vom 9. Juni 1875 in allen Orten über 10,000 Einwohner obligatorisch an Stelle der bestehenden Klein- und Eingangsabgabe von Wein und Obstwein u. s. w. Ebenso wird die allgemeine Verbrauchssteuer von Alcohol (§. 260) in Orten mit Eingangsabgabe beim Eingang gemeinsam erhoben. Die Debitanten werden in diesen Orten (sog. villes redimées) dann von Exercice befreit, unterliegen aber, wie Private, der Circulationsabgabe mit. Die Controle besteht in der allgemeinen Versendungs- und Bezugscontrole und in derjenigen beim Eingang in die Orte. Die Tarife werden periodisch revidirt, um sie in Uebereinstimmung mit der Kleinabgabe, als einer Werthquotenabgabe, zu erhalten. Die

Schwierigkeiten, die Debitanten in Städten auch mittelst des Exercice ausreichend zu controliren und das letztere wirksam zu gestalten, neben dem Vortheil, den Verkehr von lästigen Fesseln im Innern der Städte zu befreien, haben zu der Ausdehnung der einzigen Steuer und zur Einführung der Steuer als obligatorischer Massregel geführt: ein bemerkenswerther steuertechnischer Vorgang, ähnlich wie die Pariser Ersatzsteuer.

<small>Ueber die facultative Einführung entscheidet ein Beschluss des ad hoc durch eine Anzahl Grosshändler und Debitanten zu verstärkenden Municipalraths. Eigenbauer unterliegen für ihr Absatzproduct der einzigen Steuer, nicht aber der Circulationsabgabe. Die Formalien, Erhebung, Entrepôts u. s. w sind sonst wie bei der Eingangssteuer. Die einzige Steuer ist überhaupt eigentlich nur eine erhöhte Eingangsabgabe, mit einem wesentlichen Unterschied, nämlich, dass sie, weil sie die Kleinabgabe als Werthquotenabgabe mit zu ersetzen hat, aber specifische Abgabe bleibt, nothwendig veränderlich sein muss. Man hilft sich dadurch, dass man die Tarife periodisch revidirt, aber an specifischen Sätzen festhält, was practisch kaum anders möglich, in der Durchführung aber nicht ohne Schwierigkeiten ist und principiell der Steuer doch einen von der Kleinabgabe, die sie ersetzen soll, wiederum abweichenden Character giebt: der ganze Vorgang steuertechnisch auch als Uebergang von der principiell richtigeren Werthsteuer zur practisch passenderen specifischen beachtenswerth. Nach Ges. v. 9. Juni 1875 Art. 4 und 5 sollte nach 1. Januar 1879 alle 5 Jahre der Tarif revidirt werden. S. über hervorgetretene Schwierigkeiten Motive zum Gesetzentwurfe von 1880, Bull. VII, 154. Das Gesetz von 1875 und das vom 19. Juli 1880 bestimmte, dass die Tarife der einzigen Steuer nach den Mengen und Arrondissements-Durchschnitts-Detailpreisen der Debitanten in 1877—79, dann vom 1. Jan. 1886 in 5 jähr. Perioden revidirt werden sollten. Bis dahin sollte die einzige Steuer in den Orten über 10.000 Einw. das Dreifache des Eingangstarifs des Ges. v. 1880 nicht übersteigen dürfen (Art. 5). — Der Ertrag der einzigen Steuer war 1886 für 6.42 Mill. Hectol. Wein 29.36 Mill. Frcs., d. i. im Durchschn. 4.58 Frcs. p. Hectol., für 1.76 Mill. Hectol. Obstwein 3.60 Mill. Frcs., 2.04 Frcs. p. Hectol. (für Alcohol nicht ausgeschieden). In der Steuersumme des Weins steckt 10.11 Mill. Frcs. Eingangsabgabe, 19.25 Mill. Frcs. Kleinabgabe, in der des Obstweins bezw. 1.73 und 1.86 Mill. (Bull. XXIII, 540, 280).</small>

ee) **Ersatzsteuer von Paris** (und Lyon) (taxe de remplacement). Sie stellt im Princip eine völlige Unification der Getränkebesteuerung dar, indem eine einzige specifische Abgabe in der Form der Eingangsabgabe als Ersatz aller anderen Steuern, selbst der Licenz, für jede Art Getränk (ausser Bier) erhoben wird. Der Tarif wird nothwendig jedesmal gleichzeitig mit der Veränderung der Tarife der anderen Abgaben geregelt, zuletzt im Gesetz vom 19. Juli 1880. Er ist absichtlich höher als in anderen Orten gehalten, müsste aber eigentlich, da die Ersatzsteuer namentlich die Kleinabgabe mit zu ersetzen hat, periodisch, ähnlich wie die einzige Steuer, gemäss den Veränderungen der Preise, revidirt werden. Die Controlen des Exercice der Debitanten u. s. w. fallen bei der Ersatzsteuer fort: der Hauptzweck und Hauptvortheil für Verwaltung und Verkehr. Destillation von Alcohol ist in Paris verboten, Liqueurfabrikation jedoch nicht.

<small>Die Ersatzsteuer in Paris ist (ohne weiteren Zuschlag) nach Ges. v. 1880 für Wein 8.25 Frcs. p. Hectol., in Lyon 7.77, für Obstwein 4.50 und 2.65, für Alcohol 186.25 in Paris (vor 1880 auch hier ein höherer Tarif für Flaschenbranntwein, Cider, Absinth, seitdem ein gleicher Satz für allen Alcohol). Die Pariser Grosshändler und Hinterleger in den Entrepôts sind, wegen der vorgekommenen Missbräuche u. s. w., dem Exercice unterstellt worden (Ges. v. 16. Febr. 1875 s. o.). Der Ertrag der Ersatzsteuer war 1886 in Paris für 4.84 Mill. Hectol. Wein 35.81 Mill. Frcs., für 306,121 Hectol. Obstwein 1.38 Mill. Frcs., für 143,000 Hectol. Alcohol 26.63 Mill. Frcs., welche Summe nach amtlicher Berechnung sich als 3.51 Mill. Frcs. Circulations-, 9.77 Eingangs- und 22.53 Mill. Frcs. Kleinabgabe ergeben würde (Bull. XXIII, 539).</small>

§. 259. ff) Die **allgemeine Verbrauchssteuer von Alcohol** (droit général de consommation) ist die hauptsächliche, im ganzen Staatsgebiete, bis auf Paris, gleiche Branntweinsteuer, zu welcher in den Orten mit Eingangsabgabe, wie schon bemerkt, dann die letztere noch hinzutritt. In Orten mit einziger Steuer vereinigt sich die allgemeine Verbrauchssteuer mit der Eingangsabgabe in der Erhebung. In Paris ist sie in der Ersatzsteuer enthalten. Seit dem grundlegenden Gesetze vom 24. Juni 1824 von der Weinsteuer abgetrennt und verselbständigt, stellt sie seitdem im Princip eine **specifische** Abgabe in Form einer hohen **Fabrikatsteuer** dar, welche nach dem reinen Alcoholgehalt aller, der eigentlichen Verzehrung oder Verwendung zu Verzehrungsgegenständen dienenden gebrannten Flüssigkeiten mittelst des Gay-Lussac'schen Centesimal-Alcoholometers bemessen wird. Sogen. denaturirter, für gewerbliche Zwecke dienender Spiritus unterliegt auch einer Steuer, aber einer viel mässigeren. Die Controle, welche bei der starken Steigerung der Steuersätze sehr verschärft werden musste und wurde, erfolgt zunächst durch die Ueberwachung (Exercice) der sogen. gewerblichen Brennereien oder Destillationsanstalten, eine Ueberwachung, von welcher die sogen. Eigenbrenner (bouilleurs de cru) von Wein- und Früchtebranntwein, welche ausschliesslich ihr eigenes Ernteproduct verarbeiten, seit 1875 wieder befreit sind, — die schon oben (S. 631) besprochene Frage ; ferner dient, zumal auch gegenüber diesen Eigenbrennern, bei diesen sogar allein, die allgemeine Versendungs- und Bezugscontrole zur hier bei Alcohol besonders wichtigen Hilfe; endlich unterstehen die Grosshändler, die Entrepôts, Liqueurfabrikanten, Debitanten, — letztere mit Ausnahme derer in den „abgelösten" Städten (mit einziger Steuer) und in Paris —, der Ueberwachung. Bei der grossen Höhe der Steuer sind Zahlungsaufschube hier von besonderer Wichtigkeit und die Einrichtungen, sie zu ermöglichen, gut getroffen, so namentlich durch die Bestimmung, dass nicht die Brennerei als solche die Steuer zu entrichten hat, sondern der, welcher zum eigen Consum, als Privater, oder zum Absatz unmittelbar für den Consum, als Debitant, den Branntwein bezieht, ferner durch die Einrichtung der Entrepôts und durch die Zulassung der Versteuerung des bezogenen Quantums bei den Debitanten nach Massgabe des Absatzes, auf Grund der Bestandscontrole mittelst des Exercice. Bei der deutlichen Tendenz der Gesetzgebung, auf dem beschrittenen Wege der Steigerung des Steuersatzes fortzuschreiten, und bei der immer mächtigeren Entwicklung der gewerblichen Brennerei werden diese Erleichterungen der Zahlung wie jene Verschärfungen der Controlen immer wichtiger. Da diese gewerbliche Entwicklung aber auch zu grösserer Betriebsconcentration, im Vergleich zu der ehemals fast allein zu beachtenden, so ganz zersplitterten Wein- und Obstbrennerei, führt, so werden die Controlverschärfungen auch anwendbarer und erfolgreicher. Sie sind auch in Frankreich neuerdings mit nach englischem Vorbild vorgenommen worden.

S. bes. den Art. Alcool von Stourm im Say'schen dict., auch Stourm's Schrift über die Branntweinsteuer; Wolf a. a. O. Oben §. 253. Die neueren Gesetze vom 28. Febr. 1872, 26. März 1873, 21. Juni 1873, 16. Febr. 1875 (o. S. 617), 19. Juli 1880, Reglements „A" v. 18. Sept. 1879 für grosse Melasse- und Kornbrennereien. „A bis" vom 19. Sept. 1879 für landwirthsch. Brennereien, „B" v. 13. August 1881 für gewerbliche Wein-, Cider-, Fruchtbrennereien und einige andere (Bull. X, 5, auch Block. suppl. génér. p. 53); Decr. v. 27. Dec. 1884 (über das Alcoholometer).

Die Steuersätze sind im Laufe der Zeit sehr stark gesteigert worden. 1824 war der Normalsatz, incl. Decime, 55 Frcs., seit 1830 37.40, seit 1855 60, seit 1860 90, seit 1871 150, seit 1873 156.25, von 1872—1880 für Spirituosen in Flaschen. Liqueure, Absinth 218.75 Frcs., seit 1880 für alle Spirituosen gleich, 156.25 Frcs.

Der Satz bezieht sich stets auf reinen Alcohol, verändert sich also im einzelnen Falle nach dem Gehalt. Die steuertechnische Hauptaufgabe ist daher, zugleich dem ganzen Character der Steuer als Fabrikatsteuer entsprechend, die sichere und möglichst einfache Ermittlung des Alcoholgehalts, — ein Problem, das in Frankreich seit länger für so weit genügend gelöst gilt, dass man die Besteuerung in der angegebenen Art einrichten zu dürfen geglaubt hat. Nach einer Reductions- und Correctionstabelle wird bei der Veranlagung der Steuer in der Praxis umgerechnet, wenn die Temperatur der Flüssigkeit von der normalen von 15 Grad Celsius abweicht (s. die Tabelle bei Block. dict. p. 243). Das Gay-Lussac'sche Centesimal-Alcoholometer ist für alle Verwaltungsacte und Privatgeschäfte zum ausschliesslich anwendbaren gesetzlich erklärt worden. Jedes in Gebrauch kommende und ebenso jedes dabei mit benutzte Thermometer darf nur verkauft und benutzt werden, wenn es zuvor amtlich beglaubigt und diese Beglaubigung durch ein vorgeschriebenes Zeichen constatirt ist. Mit beiden Instrumenten erfolgen, wie überhaupt in Frankreich mit Maassen und Gewichten, periodische Revisionen. Jeder Patentpflichtige, welcher Gross- oder Halbgrosshandel mit Alcohol treibt, muss beide verificirte Instrumente haben (Ges. v. 7. Juli 1881, auch 7. Juli 1882, 28. Juli 1883, Decr. v. 27. Dec 1884, in dem das Alcoholometer beschrieben ist, Bull. XVII, 4). Ein jüngstes Gesetz vom

10. Dec. 1857 eröffnet eine Preisbewerbung für die Erfindung eines einfachen und practisch von der Steuerverwaltung verwendbaren Verfahrens zur Erkennung der chemischen Reinheit des Alcohols. Früher (Ges. v. 1824) wurde Branntwein in Flaschen, aller Liqueur (auch in Fässern) und Früchte in Branntwein als „reiner Alcohol" versteuert. Seit den grossen Steuererhöhungen nach dem letzten Kriege wird aber auch hier nur nach dem ermittelten Alcoholgrade versteuert (Gesetz vom 26. März 1872). Nur Absinth blieb unbedingt noch als reiner Alcohol behandelt. (Absinthessenz nur als Medicin zu fabriciren und zu verkaufen erlaubt). Das Gesetz vom 19. Juli 1880 stellte Absinth aber auch in diesem Puncte anderen Spirituosen gleich.

Durch diese Einrichtung der Alcoholsteuer als Fabrikatsteuer hat Frankreich die Schwierigkeiten und bedenklichen Folgen der Besteuerung nach Rohstoffen oder Betriebsmerkmalen vermieden, allerdings damit auch die Prämiirung technischer Fortschritte, welche mit diesen anderen Steuerformen verbunden sind (Preussen, Deutschland u. a. L.). Die Fabrikatsteuer bedingt dann nur besonders scharfe Controlen. Eben hier zeigte sich das Privileg der bouilleurs de cru nachtheilig, anderseits bot die Versendungscontrole hier besondere Vortheile zur Ergänzung der Brennereicontrole. Die Steuer wird zwar nicht unmittelbar von der Brennerei gezahlt, aber durch die Controlen wird hier die Menge des Fabrikats constatirt, die Brennerei damit belastet und von da an der Verbleib des Fabrikats durch die Versendungscontrole verfolgt und das, was steuerpflichtig wird, — daher u. A. nicht der exportirte Alcohol — nach den gesetzlichen Vorschriften zur Besteuerung herangezogen, so z. B. auch der zum Vinage benutzte Alcohol.

Alle gewerblichen Brennereien und Rectificirungsanstalten müssen nicht nur eine Licenz nehmen, wonach sie unter das steueramtliche Exercice kommen, sondern auch Declarationen über ihren Betrieb machen. In allen grösseren gewerblichen Anstalten erfolgt jetzt — nach englischem Muster, doch mit Modificationen, wie sie schon die grössere Anzahl der Geschäfte bedingt hat — eine beständige Ueberwachung durch Beamte, welche in der Anstalt selbst installirt sind. Sie controliren alle Operationen, vom Bezug der Rohstoffe bis zur Fertigstellung des Fabrikats und der Hinausführung desselben, wobei die Verwaltung auch vieles Einzelne in Betreff der Aufstellung und Benutzung der Gefässe, Bottiche, Röhren, Vorlegeschlösser, Schlüssel u. s. w. regelt (s. bes. Rgl. A v. 1879). Für landwirthsch. Brennereien sind die Controlen etwas mildere, noch mehr für die übrigen (gewerbl. Weinbrennereien u. s. w.), doch dürfen z. B. auch hier die Beamten zu jeder Tageszeit, und wenn die Brennerei Nachtarbeit hat, auch Nachts in die Anstalt kommen; die Verbindungen mit Nachbarhäusern sind verboten u. a. m. — Bei den nicht dem Exercice unterstehenden Destillationen der Eigenbrenner ist wenigstens durch Verminderung des steuerfrei zu consumirenden Branntweins von 40 auf 20 Liter für den Haushalt dem Unterschleif zu begegnen gesucht worden, wenn auch sicher immer noch ohne genügenden Erfolg. Denn die hier nun seit 1876 wieder allein zum Ersatz der Brennereicontrole fungirende Versendungscontrole mag wohl noch ziemlich ausreichen bei Transporten in weitere Entfernung, schwerlich jedoch bei geheimen Verkäufen in der Nachbarschaft (Stourm). Ebendeshalb ist das Streben der Steuerverwaltung nach Ausdehnung der Ueberwachung über die bouilleurs de cru, wenn auch in anderer, milderer Form als bei den gewerblichen Brennern, so begreiflich als gerechtfertigt, wie wieder in den neuesten Gesetzentwürfen (S. 628).

Grosshändler und Debitanten beziehen den Branntwein u. s. w. regelmässig unter der Form des sogen. acquit-à-caution (§. 263). Sie werden dann in einem Steuerconto mit den Bezugsmengen belastet. Die Grosshändler erhalten darauf für jede Versendung Entlastung, müssen aber für die bei der Controle (dem hier Recensement genannten Exercice) fehlenden Mengen, soweit diese den statthaften Abgang bis zu 7 %, für Leckage u. s. w. übersteigen, versteuern. Debitanten dürfen den empfangenen Alcohol nach Massgabe des durch das Exercice constatirten Abgangs, unter Abrechnung von 3 % für Verlust und Familienconsum, versteuern, haben daher hier gar keinen „Steuervorschuss" zu machen, wenn sie, der Annahme nach, den Preis um die Steuer erhöhen oder die Stärke des Getränks entsprechend herabsetzen konnten. — Durch Entrichtung der Steuer gleich bei Empfang des Alcohols, wozu sie das Recht haben, können sich die Debitanten aber auch vom Exercice ganz befreien, was vielfach geschieht, freilich alsdann aber den vollen Steuervorschuss bedingt. (Ueber eine besondere Art des Unterschleifs, welche nach der Steuererhöhung von 1871 sehr zugenommen haben soll, nämlich mittelst sogen. fictiver Versendungen auf acquits-à-caution s. Mathieu-Bodet l, 98. Das Ges. v. 28. Febr. 1872 suchte dem vorzubeugen, indem es namentlich von den Versendern Angabe der Transportart, der Route, der Hauptpuncte der Passage, von den Empfängern Vorlage der Frachtscheine, Eisenbahnpapiere u. s. w. verlangte.)

Das Princip der Fabrikatsteuer in Verbindung mit der Erhebungsart der Steuer, der Versendungscontrole und dem acquit-à-caution als Begleitschein ermöglicht dann auch eine einfache Lösung des Problems der Steuerfreiheit des ins Ausland exportirten Alcohols. Derselbe wird überhaupt gar nicht wirklich versteuert, in keinem Stadium der Fabrikation und des Handels, sondern auf Grund eines Certificates des betr. Zollamts, welches die erfolgte Ausfuhr bescheinigt, wird das mit dem Alcohol einstweilen belastete Conto der Brennerei oder des Grosshändlers wieder entlastet.

Eine besondere Besteuerung besteht für den Alcoholzusatz zu Weinen (sogen. vinage, „alcoholisirte" Weine) und für denaturirten Alcohol zu gewerblichen Zwecken. Die erstere ist erst 1852 eingeführt, indem bis dahin Alcoholzusatz zu Wein, bis zu einer Stärke des letzteren von 26 Grad und bis zu einem Zusatz von 5 %, reinen Alcohols, allgemein steuerfrei war, seit 1852 nur noch in 7 südl. Departements, was auch 1861 aufhörte. Nach dem Kriege wurde zunächst aller Wein mit einer Alcoholstärke von mehr als 15 Grad dem Doppelsatz der Alcoholverbrauchssteuer, der Eingangsabgabe, der Pariser Ersatzsteuer (und auch des Octroi) für die Gradstärke von 15—21 Grad unterworfen, Wein von Stärke über 21 Grad aber in der Steuer dem reinen Alcoholsatz unterstellt. Später wurden von dieser Steuer Weine mit natürlicher Alcoholstärke von 15—18 Grad befreit (Ges. v. 2. Aug. 1872 Art. 3), wenn sie gleich als solche von dem versendenden Weinbauer bezeichnet und das auf dem Begleitschein angegeben war. Die ins Ausland und in die Colonieen gehenden alcoholisirten Weine sind von der Alcoholsteuer frei. Die ganze Frage ist technisch und wirthschaftlich noch nicht endgiltig entschieden, die Gesetzgebung wird vielfach angegangen, sie neu zu regeln (s. auch Wolf, in Schanz' Finanzarch. IV, 402).

Denaturirter Spiritus und Branntwein für gewerbliche Zwecke, der in Gegenwart der Steuerbeamten für den Consum unbrauchbar gemacht war, war schon nach dem Ges. v. 1814 steuerfrei. Eine unklare Bestimmung des Ges. v. 1816 führte aber 1833 Seitens der Verwaltung dazu, diese Freiheit als aufgehoben anzusehen. Erst ein Gesetz v. 14. Juli 1843 gewährte wieder Freiheit von den allgemeinen Alcoholsteuern, führte aber eine kleine Abgabe vom denaturirten Alcohol ein (Ord. v. 14. Juni 1844, 29. Aug. 1845). Nach dem Kriege von 1870 stellte das Ges. vom 2. Aug. 1872 diese Abgabe im Principal auf 30 Fres. p. Hectol. und verordnete, dass „die Commission der Künste und Manufacturen" für jeden Zweig der Gewerbe die Bedingungen der Denaturalisation des Alcohols in Gegenwart der Beamten zu bestimmen habe. In der Regel wird Holzgeist (Methylene), meist ¹⁄₁₀ zugesetzt. Neues strenges Reglement v. 29. Jan. 1881. S. Art. Dénaturation p. 1403 von Stourm im Say'schen dict., Bull. IX, 355, das Reglem. v. 1881).

§. 260. Statistisches zur Alcoholbesteuerung. Die Ergebnisse der Alcoholsteuer im J. 1886 sind die folgenden (Bull. XXIII, 282, 288, 541).

Getränkebesteuerung. Alcoholsteuer. 643

	Hectoliter reiner Alcohol	Ertrag Mill. Frcs.	Steuersatz Frcs. p. Hectol.
Allgem. Verbrauchssteuer, erhoben bei Entnahme, Ankunft, Eingang in abgelöste Städte, Fehlmenge bei Grosshändlern	1,003,309	156.77	156.25
Desgl. constatirt durch Exercice (Debitanten)	273,581	41.47	151.57
Ersatzsteuer von Paris	142,998	26.63	186.25
Summe	1,419,888	224.87	
Eingangsabgabe	471,327	9.69	Verschied.
Summe	—	234.55	—
Zuschlag für alcoholisirte Weine:			
Doppelte Verbrauchssteuer	5,715	1.79	312.50
Doppelte Par. Ersatzsteuer	1,413	0.53	372.50
Doppelte Eingangsabgabe	3,119	0.14	Verschied.
Zus. von Weinen	—	2.45	—
Denaturalisationsabgabe	59,196	2.22	37.50
Summe aller dieser Abgaben		240.22	

Die Steuerverwaltung hat, wie für alle Getränke, so besonders für Alcohol seit Jahren eine vortreffliche Statistik aufgestellt, deren Daten für alle Seiten der Steuerfrage, aber auch für die wirthschaftlichen Puncte der Production und die ethischen des Consums von grossem Interesse sind. Reichste Materialien in vol. 9 und 10 des Bull. für die Enquête v. 1880. Neueste Daten f. 1886 und 1887 Bull. XXIII, 658 ff. S. schon oben S. 626. Auch v. Kaufmann, Wolf, Stourm u. a. O., so in der Schrift über die Alcoholsteuer p. 29, 44 und im Say'schen dict.

Die wichtigste Thatsache der Productionsstatistik ist auch in Frankreich die Ueberhandnahme der grossen industriellen Brennerei von mehligen Substanzen, Melasse, Runkelrüben, nur wenig von Kartoffeln, gegenüber der in der Productionsmenge mehr und mehr verdrängten Wein-, Obstwein- und Fruchtbrennerei, dann der gewerblichen gegenüber der der bouilleurs de cru (die freilich muthmasslich die amtlichen Schätzungen übersteigt). S. schon o. S. 632 die Daten. Speciell für die letzten Jahre sind die Productionsdaten folgende (Bull. XXIII, 668):

Alcohol aus	1886 Hectoliter	1887 Hectoliter
Mehligen Substanzen	789,963	765,050
Melasse	471,781	431,826
Runkelrüben	683,485	672,352
Wein	19,513	32,758
Cider	28,600	13,595
Trübern u. s. w.	49,311	41,972
Früchten	4,424	2,386
Andere Substanzen	4,673	25,796
Summe	2,052,250	2,005,635
Davon aus gewerblichen Brennereien	1,980,000	1,952,000
Bouilleurs de cru ca.	72,000	53,000
Versteuert	1,419,901	1,467,642

Die Anzahl der gewerblichen Brennereien war 1886 3395, 1887 3528, diejenige der bouilleurs de cru schätzungsweise bez. 540,167 und 519,453, von denen aber nicht ganz die Hälfte in dem Jahre in Betrieb waren, nämlich bez. 248,617 und 235,233. Die Durchschnittsproduction dieser Eigenbrenner ist also — wenn die Schätzungen einigermassen richtig — minimal, nur einige 20 Liter. Von den gewerblichen Brennereien verarbeiteten 1887 mehlige Stoffe 846, Kartoffeln 18, Melasse und Rüben 594, Wein 1261, Cider 374, Träber u. s. w. 799, Früchte 82, andere Stoffe 54. Nur 250 Anstalten sind bedeutender, nur 53 gewannen jede über 10,000 Hectol., im Durchschn. 26,700 Hectol., nur je 3 über 60,000, 50—60,000, 40—50,000, 6 zwischen 30—40,000 (Bull. XXIII, 660, 666). Also doch auch hier noch eine viel geringere Betriebsconcentration als in Grossbritannien (o. S. 291). Alles beachtenswerth für die Steuerfrage.

Die Statistik der Versteuerung, Verwendung und des Consums ergiebt auch für die Steuerfrage wichtige Aufschlüsse (s. bes. Bull. XXIII, 668, 672, 675). In den letzten Jahren sind in der Regel nicht ganz drei Viertel der heimischen Productionsmenge zur Versteuerung gelangt. Die Verwendung in 1887 war:

Heimische Production	2,032,250 Hectol.	} 2,260,896 Hectol.
Einfuhr	228,646 „	
Davon		
der allgem. Verbrauchssteuer unterworfen	1,419,555 „	
der Denaturalisationsabgabe	59,196 „	
in Essig verwandelt	52,070 „	
als Abzug bei Grosshändlern gestattet	91,099 „	
für Vinage declarirt	125,263 „	
frei bei den bouilleurs de cru verzehrt ca.	41,106 „	2,164,548 „
ausgeführt	288,812 „	
Entlastungen f. verschiedene Verluste	37,153 „	
Entlast. für geringeres Rendement, Abgang bei Rectification	11,816 „	
Menge auf dem Transport, in Durchfuhr am Jahresschluss	38,145 „	
Differenz		116,348 „

Diese Differenz kann sich aus Veränderungen in den Vorräthen Anfangs oder Ende d. J. erklären.

Von dem Alcohol zum eigentlichen Consum kamen 1887 auf die Versteuerung durch Debitanten ausserhalb Paris 1,126,775 Hectol.; durch Private für Versorgung im Grossen (d. h. nicht durch Vermittlung von Debitanten, welche Zahlen in den vorausgehenden mit stecken) 150,115 Hectol., ausserdem die Pariser Consumtion 142,498 Hectol.

Sehr bemerkenswerth ist, dass nach den französischen Erfahrungen weder die Preisschwankungen — welche bei den niedrigeren Steuersätzen der früheren Zeit und bei damals öfters und andauernd erheblich höheren Preisen mehr als bei den umgekehrten Verhältnissen der Zeit seit 1871 einwirken müssten — noch die starken Tariferhöhungen in der letzten Periode, welche den Steuersatz auf das 3—4fache des Preises brachten, einen sehr erheblichen Einfluss auf die Consumtion und namentlich die Tariferhöhungen keine irgend nachhaltige Verminderung der Consumtion bewirkt haben. Daraus erklärt sich der ausserordentliche fiscalische Vortheil dieser Erhöhungen und ergiebt sich auch in Frankreich die enorme fiscalische Tragfähigkeit des Branntweins. Vorgekommene Steuerermässigungen haben auch nur wenig auf den Consum eingewirkt, sind auch notorisch im Preise wenig oder gar nicht den Consumenten zu Gute gekommen, was auch in diesem Falle aus der grossen Anzahl der Debitanten, der knappen Lage sehr vieler unter ihnen, der Neigung und Möglichkeit, Steuerermässigungen dem eigenen Säckel des Wirths zu Gute kommen zu lassen, und der Unfähigkeit oder Indolenz der Consumenten, ihr Interesse wahrzunehmen, erklärt wird (L. Say, Stourm).

Der Consum hat seit lange eine wenig unterbrochene aufsteigende Richtung. In 1830 p. Kopf 1.12 Liter stieg er bis 1869 auf 2.62. Der Steuererlass 1830 um 31 % (von 55 auf 37.4 Frcs.) erhöhte ihn unmittelbar nicht, die Steuererhöhung 1855 um 45 % (von 37.4 auf 60 Frcs.) und die von 1860 um 50 % (von 60 auf 90 Frcs.) drückten ihn, die erste gar nicht, die zweite fast nicht und nur ganz vorübergehend, und hemmten auch die Zuwachsrate kaum. Auch von den sehr hohen Preisen der Mitte der 50er Jahre, bei den starken Missernten von Wein und Obst, gilt ziemlich dasselbe (Preis 1850—58: 56, 53, 110, 128, 214, 145, 111, 109, 70 Frcs. p. Hectol.). Der Consum steigt bis 1855 von 1.46 auf 1.80, sinkt nur bei dem Maximalpreise von 1854 auf 1.68, um in den folgenden Jahren sofort auf 2.00, 2.13, 2.29 Hectol. zu steigen. Die Tariferhöhung in 1871 um 66 % (90 auf 150 Frcs.) traf in ein Jahr nöheren Mittelpreises (75 Frcs. gegen 57 und 54 Frcs. in 1870 und 1872). Der Consum, 1869 2.63, 1870 2.32, 1871 2.81, sank allerdings 1872 auf 2.09, war aber 1873 ff. 2.59, 2.69, 2.82 und stieg 1880 bis 3.64 Hectol. p. Kopf, bei Preisen zwischen 43 und 68 Frcs. und obwohl 1873 der Tarif noch um 4% erhöht und damals die Liqueure, Absinthe u. s. w. höher als gewöhnlicher Alcohol besteuert waren. Wein- und Obstsruten waren dabei Mitte der 70er Jahre meist sehr reichlich. Nach dem Fortfall der Zuschlagtaxen für Liqueure u. s. w. in 1881 stieg der Consum 1881 auf 3.91, erreichte 1884 mit 3.98 das Maximum, war aber 1886 und 1887 auf 3.53 und 3.54 Liter, bei Preisen meist zwischen 40—50 Frcs. in den 1880er Jahren. Die Vermehrung der allgemeinen Production bes. der industriellen Branntweine, die Zunahme der Schenken, die dadurch gegebene leichtere Gelegenheit und Verführung zum Consum sind offenbar viel entscheidender als die Steuerhöhe (vgl. die Daten im Bull. XXIII, 668, X, 122, auch Stourm, impôt sur l'alcool, p. 28, 34). Stourm theilt nach den Aufnahmen, welche L. Say als Seinepräfect probeweise bei 100 Debitanten in Paris machen liess, die interessante Thatsache mit, dass der ausgeschenkte Branntwein vor der Steuererhöhung von 1871 38.81 Grad Stärke hatte, ein Jahr später 56.70, Ende 1875 37.50. Etwas, aber auch nicht viel und nicht andauernd hatte sich der Kleinverkehr also durch Verminderung der Qualität bei den Steuererhöhungen schadlos gehalten (Stourm a. a. O. p. 44).

Die Steuererträge des Alcohols sind aber unter diesen Verhältnissen folgendermassen gewachsen:

	Ertrag der inneren Staatssteuer Mill. Frcs.	p. Kopf Frcs.
1831	14.52	0.45
1855	35.98	1.00
1860	63.64	1.70
1869	96.09	2.52
1872	119.00	3.13
1880	220.94	6.03
1884	245.49	6.51
1887	242.48	6.34

(Bull. X, 366, XXIII, 282, auch Stourm a. a. O.).

Diese Erfahrungen machen Pläne, wie den oben erwähnten neuesten (S. 628), die Getränkesteuer ganz in der Branntweinsteuer (und der für alcoholisirte Weine) aufgehen zu lassen, auch vom fiscalischen Standpuncte in Frankreich begreiflich.

Vielerlei andere, auch für die Steuerfrage, Octroi u. dgl. beachtenswerthe Daten, so über den Consum der einzelnen Departements und grösseren Städte, in der amtlichen Statistik müssen wir hier übergehen (s. z. B. Bull. XXIII, 674). — Die Einfuhr von Alcohol hat seit Mitte der 70er Jahre stark zugenommen, von 50,000 auf über 200,000 Hectol., die Ausfuhr hält sich mit unter 500.000 Hectol. nur auf der Höhe früherer Jahrzehnte und ist bloss Anfang und Mitte der 70er Jahre erheblich höher gewesen (Bull. eb. p. 670).

Die Herstellung denaturirten Alcohols hat sich seit 10 Jahren mehr als verdoppelt (Bull. eb. p. 675, mit Angabe der einzelnen gewerblichen Verwendungen).

Die Getränkebesteuerung, besonders für Wein, Obstwein, Alcohol spielt auch in den Gemeindehaushalten Frankreichs in den Orten mit Octrois eine sehr wichtige Rolle (s. u.). Mit im Interesse der Staatsfinanzen finden sich in den Steuergesetzen Normen und Tarifschranken für den Getränkeoctroi, so im Ges. v. 19. Juli 1880 Art. 6, wonach Wein- und Obstwein-Octroisatz im Allgemeinen nicht das Doppelte der Eingangsabgabe überschreiten darf.

§. 261. gg) Die Bierbesteuerung ist wesentlich verschieden von der übrigen Getränkebesteuerung eingerichtet und im Ganzen viel einfacher. Auch sie ist allerdings, wie die anderen Getränkesteuern, im Princip eine — in der practischen Durchführung übrigens wesentlich modificirte — Fabrikatsteuer, aber eine solche, welche nicht bloss beim Producenten controlirt und demnach diesem zur Belastung gebracht, sondern a u c h b e i i h m e r h o b e n wird. Das Bier geht daher bereits versteuert in den Verkehr über, weshalb bei diesem Getränk die Verkehrscontrolen fortfallen. Die Veranlagung und Controle der Steuer erfolgt in der Brauerei mittelst der Ueberwachung der technischen Einrichtung und des Betriebs selbst. Der Tarif unterscheidet zwei Sätze, für sogen. „starkes" Bier, jetzt 3.75 Frcs. p. Hectoliter und für sog. „kleines" Bier, welches aus Nachguss auf bereits zu dem starken Bier benutztes Malzschrot hergestellt wird, mit einem nur $1/3$ so hohen Steuersatze, 1.25 Frcs. — eine Unterscheidung, an welche sich besonders viele Missbräuche und Unterschleife angeknüpft haben. Wiederholt, besonders seit 1871 geplante Reformen der Bierbesteuerung, bei denen es sich zum Theil um den Uebergang zu einer anderen Besteuerungsmethode handelte, sind nicht zu Stande gekommen. Der neueste radicale Gesetzentwurf giebt die Biersteuer ganz auf (S. 628), wofür schon früher parlamentarische Stimmen sich in der Ueberzeugung erhoben hatten, man könne das Problem einer zweckmässigen und vor Unterschleifen hinlänglich zu sichernden Biersteuer durch keinerlei Steuermethode lösen, so in der Getränkesteuerenquête von 1880.

Grundlage der Biersteuer ist immer noch, mit einigen späteren Veränderungen, das Ges. v. 28. Apr. 1816 (Art. 107 ff.). S. ausser den oben genannten allgemeinen Schriften den Art. bière von Roussan im Say'schen dict., die hier p. 399 genannten Berichte aus 1874, 1875, 1880 über die Biersteuer und über die Reformpläne p. 393. Olibo I, 569—634. — Die französ. Biersteuer, im Princip Fabrikatsteuer, ist nach ihrer practischen Gestaltung eigentlich eine sogen. Kesselsteuer. Die Brauereien bedürfen zunächst der Licenz, die 75, bezw. in einigen Departements 125 Frcs. im Jahre kostet (s. o. S. 629). Dazu treten zweierlei Declarationspflichten gegenüber dem Steueramt, einmal betreffs der Einrichtung der Brauerei, speciell des Inhalts der Kessel, Bottiche u. s. w., welche Gefässe erst nach erfolgter amtlicher Nachprüfung benutzt werden dürfen, auch jede Aenderung in den Gefässen muss vorher angemeldet werden; zweitens betreffs der jedesmaligen Vornahme des Betriebs selbst, wo die Zeit der Heizung, Zahl und Inhalt der Kessel, welche benutzt werden sollen, Zahl und Gattung der mit demselben Malzschrot beabsichtigten Gebräue, Zeit der Füllung der Fässer u. s. w. angegeben werden muss und die Verwaltung die umfassendsten Rechte der Controle während des ganzen Brauprocesses und bei der Fassung hat. Die Veranlagung der Steuer erfolgt nur nach dem Rauminhalt der Kessel, wobei für jedes Gebräu der volle Inhalt berechnet, aber für Abzüge u. s. w. 20% abgezogen wird (Ges. v. 1816 Art. 10, Olibo I, 597). Wenn die Controle der Bottiche u. s. w., oder beim Fassen mehr, als nach dem Inhalt der Kessel angenommen, ergiebt, so wird das Plus nach d. Ges. v. 1816 in Beschlag genommen, $1/10$ Plus bedingt die Vermuthung eines nicht declarirten Gebräus und Straffälligkeit. Ein 10% übersteigender Mehrbetrag der Menge über die declarirte steuerpflichtige hinaus wird nachversteuert (gen. Ges. Art. 111). Die Fortschritte und Veränderungen der Technik und die Anwendung verschiedener Braumethoden haben dazu genöthigt, theils im Wege der Gesetzgebung, theils in dem der Verordnung und Instruction der Verwaltung, einige Modificationen hinsichtlich der allgemeinen Brauereibestimmungen einzuführen, so z. B. bei baier. und cambray'scher Braumethode, wo in die mit den erforderlichen Untersätzen versehenen Kesseln mehr als dem Bruttoinhalt der letzteren entsprechende Stoffmengen gebracht werden dürfen (35—40% Plus).

Als „kleines" Bier, Dünnbier, gilt nur das Gebräu, welches als letztes, nach mindestens zwei vorangegangenen Gebräuen starken Biers, mit demselben Schrot gewonnen wird, wobei noch einige weitere Bedingungen hinsichtlich der Herstellung erfüllt sein müssen.

Die Steuer ist für die fertigen Mengen am Ende jedes Monats fällig. Früher wurde dann bei sofortiger Baarzahlung ein Discont oder Credit für einige Monate gewährt. Seit d. Ges. v. 13. Febr. 1875 ist das auch hier, wie bei allen indirecten Steuern (o. S. 605) verändert. Bei Baarzahlung fällt der Discont fort, Credite auf 4 Monate sind verzinslich und mit einer Provision für den verantwortlichen Erheber versehen. Statt der gesetzlichen Veranlagung der Steuer können aber in Städten von über 30.000 Einw. allgemeine Abonnements mit der Gesammtheit der Brauer, auf deren Wunsch und unter solidarischer Haft, bewilligt werden. Sie bestehen gegenwärtig nur für Paris, dessen Brauerei unter der Concurrenz von ausserhalb im Rückgang, übrigens in grösserer Concentration begriffen ist (Say, dict., p. 395).

Ein erheblicher Mangel, den die Rohstoffbesteuerung nicht, jedenfalls nur geringer hat, ist, dass, ausser in der Unterscheidung von starkem und Dünnbier, **kein Qualitätssteuerfuss** besteht.

Hausbrau bloss für den eigenen Bedarf ist im Princip auch steuerpflichtig, factisch aber vielfach nicht getroffen. Gebräu von Hospitälern für eigenen Bedarf geniesst Ermässigungen. — Zur Essigfabrikation verwendetes Bier ist biersteuerfrei, unterliegt aber der Essigsteuer (§. 275). Traubenzucker, welcher nur zur Herstellung von Dünnbier gewisser Art verwendet wird, ist von der Zuckersteuer frei. Exportirtes Bier erhält volle Steuerrestitution.

Die Bierproduction und Consumtion ist auch in Frankreich in Zunahme begriffen, p. Kopf war der Consum inländ. Bier 1830—39 ca. 10.54, 1850—59 15.58, 1860—69 19.14, 1870—79 22.22, 1886—87 21.2 Liter, davon früher nur $1/_6$, neuerdings über $1/_2$, jetzt $2/_5$ Dünnbier. Die Production und Consumtion, überwiegend im Norden und Nordosten, schwankt mit nach dem Ausfall der Obst- und Ciderernte. Die Zahl der überwachten Brauereien war 1869 2861, 1872 2750, 1885 2722, zeigt also wenigstens keine besondere Abnahme. Die Einfuhr, meist deutschen Biers, überschritt schon $1/_3$ Mill. Hectol., ist aber wieder etwas im Rückgang, sie unterliegt einem erheblich höheren Zoll, als das einheimische Bier; die Ausfuhr ist unbedeutend. In 1887 ward im Inneren versteuert 7.98 Mill. Hectol. Bier, davon 4.69 starkes, 3.25 Mill. Dünnbier, 9000 Hectol. für Hospitäler. Steuerertrag 21.69 Mill. Frcs, 1860—69 war es i. D. 16.58 Mill. Frcs. Im 1871 wurden die Steuersätze von 2.40 und 0.60 Frcs. auf 3 und 1 Frcs., mit Decimen 3.75 und 1.25 Frcs. gesetzt. Der Ertrag stieg von ca. 17 auf über 20 Mill. Frcs. (Bull. X, 24, 366, XXIII, 282).

Bei der Darstellung der Zucker- und der Essigbesteuerung werden noch Zusammenhänge mit der Getränkebesteuerung zu berühren sein.

§. 262. β) **Allgemeine Verhältnisse der Einrichtung der Getränkebesteuerung**. Nachdem im Voransgehenden die Verhältnisse der Einrichtung der einzelnen Steuern des Getränkesteuersystems dargestellt worden sind, sind jetzt noch einige allgemeine Verhältnisse, welche in den §§. 256—261 meistens schon gelegentlich mit berührt worden sind, zu behandeln (s. o. S. 633). Sie betreffen in der Regel nur die Wein-, Obstwein- und Alcoholsteuer, nicht die Biersteuer. Von solchen allgemeinen Verhältnissen kommen namentlich folgende fünf in Betracht, von denen die beiden ersten wieder näher unter sich zusammenhängen, daher im Folgenden so behandelt werden: Die Vorschriften über die **Versendung** oder **Circulation** (Transport) der Getränke; das **Begleitschein-**

verfahren und damit zusammenhängend die Arten der Zahlung der Steuern; die Controlen mittelst periodischer Visitation oder beständiger laufender Beaufsichtigung (Exercice, recensement); die Einrichtungen des Entrepôtwesens; die Strafbestimmungen.

<small>Für andere Puncte ist auf den Abschnitt von den „indirecten Steuern im Allgemeinen" (§. 246 ff.) zu verweisen. Die genannten fünf Puncte werden hier nur insoweit noch besonders behandelt, als sie nicht bei der Darstellung der einzelnen Steuern schon genügend zur Sprache kamen und als es die Bedeutung der Sache mit sich bringt.</small>

aa) **Circulation und Begleitscheinverfahren.** Die Controle der Circulation der steuerpflichtigen Getränke, d. h. der besprochenen, mit Ausnahme des Biers, bildet, nach dem Früheren, den geradezu entscheidenden Punct des französischen Getränkesteuersystems. Es besteht daher die Vorschrift, dass jede Entnahme und Versendung von Getränken zuvor steueramtlich vom Versender oder Bezieher (Käufer) angemeldet und dafür ein vom Frachtführer bei sich zu tragender steueramtlicher Begleitschein erlangt sein muss. Diese Formalitäten sind unabhängig von der Circulationsabgabe (§. 257), wenn auch die Voraussetzungen der Veranlagung und Erhebung der letzteren. Aber sie haben eine allgemeine Bedeutung für das ganze System, weil sie auch für die anderen Steuern den Stützpunct der Controle für Veranlagung und Erhebung bilden. An den Begleitschein selbst knüpfen sich nur die oben (S. 630) schon erwähnten, nach der Art dieses Scheins sich richtenden Expeditions- und Stempelabgaben.

<small>Ges. v. 28. Apr. 1816 Art. 6 u. ff., 10 ff. Dazu Olibo's Commentar I, 50, 64. Die oben erwähnten Verschärfungen wegen der missbräuchlichen „fictiven Versendungen" (S. 642) im Ges. v. 28. Febr. 1872, Ges. v. 2. Aug. 1872, Art. 8, 21. Juni 1873, Art. 8, §. 2; ministerielle Circulare v. 16. Jan. 1879, 31. Juli 1882, 11. Aug. 1888 (Bull. XXIV, 149, Erleichterungen bei den Versendungen von Getränken in kleinen Mengen; schon d. Ges. v. 1816, Art. 18 hatte für Reisende solche Erleichterungen in knappem Masse gewährt). Art. Circulation im Say'schen dict., Vignes I, 122. Bei v. Kaufmann S. 883 ergiebt sich die selbständige Bedeutung der Formalitäten nicht deutlich genug, sie wären auch nicht unter „Circulationsabgabe" zu behandeln gewesen.</small>

<small>Der Begleitschein wird nur ausgeliefert, wenn die Declaration die Mengen, Arten, Qualitäten der Getränke, die Arten der Versendung und Bestimmung, Namen, Vornamen, Wohnort, Beruf der Versender, Frachtführer, Käufer, bestimmungsmässigen Empfänger, bei Alcohol auch Inhalt und Stärke des Fasses, bei acquits-à-caution als Begleitschein die Stoffe, aus denen der Alcohol hergestellt ist — wonach dann je für Wein, industr. Alcohole und Mischungen sich die Farbe des Papiers des Scheins richtet — angiebt. Das Bedürfniss des Verkehrs hat bei der Möglichkeit, das fiscal. Interesse auch dabei leidlich zu sichern, zu einigen Erleichterungen für kleine Versendungen geführt, wofür auf die genannten Circulare zu verweisen ist. Sie bilden doch nur kleine Ausnahmen des allgemeinen Princips des Anmeldezwangs für alle Versendungen. Die Steuerbeamten und z. Th. auch sonstige Verwaltungsorgane (Gendarmerie, Strassen- und Brückenwächter u. a. m., Ges. v. 28. Febr. 1872, Art. 5)</small>

haben hiernach auch auf dem Transporte selbst weitgehende Controlrechte, die seit 1871 noch verschärft worden sind (gen. Ges. v. 1872).

Die Begleitscheine sind dreifacher Art, wesentlich nach der Unterscheidung, ob und wie die Steuerzahlung gesetzlicher Weise zu erfolgen hat oder üblicher Weise erfolgt. Danach dient als Begleitschein entweder ein sogen. congé oder ein sogen. acquit-à-caution oder ein sogen. passavant. Dies System von verschiedenen Begleitscheinen und das Verfahren bezüglich derselben kommen auch bei anderen indirecten inneren Verbrauchssteuern und in der Zollverwaltung vor. Bei den Getränkesteuern ist es von besonderer Wichtigkeit.

Der congé wird als Begleitschein ertheilt, wenn die Steuer bei Absendung entrichtet ist, worüber dabei zugleich quittirt wird. Üblicher Weise kommt er für Getränke nach Entrichtung der Circulationsabgabe bei Versendungen an Private, nach Zahlung der Kleinabgabe und der Alcohol-Verbrauchsabgabe auch sonst in Anwendung (s. Art. congé im Say'schen dict.).

Der acquit-à-caution wird bei Versendungen von Getränken, welche erst beim Empfang versteuert werden sollen, ausgestellt, so dass erst im Ankunftsorte die Versteuerung steueramtlich zur Erledigung gelangt. Entsprechende Sicherstellungen für die Zahlung werden daher hier gefordert. Die Einrichtung des acquit-à-caution dient dazu, die Steuerzahlung selbst zu verschieben, gemäss der allgemeinen Tendenz der französischen Getränkebesteuerung, und die Controle doch möglichst wirksam zu machen. Mittelst des acquit-à-caution gehen u. A. die Getränke in die Städte mit „einziger Steuer" und nach Paris, wo regelmässig erst beim Eingang in diese Orte, nicht bei der Absendung die Abgabe entrichtet werden soll, ferner in die Entrepôts und von einem derselben ins andere, auch die zum Export ins Ausland bestimmten gehen mit diesem Begleitschein an das Grenzzollamt. Besonders für die hohe Alcohol-Verbrauchssteuer ergiebt sich aus diesem Begleitscheinverfahren der grosse Vortheil der Verschiebung der Steuerentrichtung bis zum endgiltigen Uebergang der Waare in den Consum oder bis zur Streichung der Steuerschuld beim Export. Ohne diese Einrichtung wäre bei einer Steuer, welche 3—400 % vom Productionswerth beträgt, der Verkehr und Handel sehr erschwert. Im System der acquits-à-caution liegt daher der Schwerpunct des ganzen Begleitscheinverfahrens. Es ist umfassend aus- und fein durchgebildet. S. den Specialartikel darüber im Say'schen dict., Olibo II, 519—542. Grundlage dafür schon im Ges. v. 21. Aug. 1791, Art. 2—14 gelegt; im Ges. v. 1816, Art. 230 wird auf das Ges. v. 1791 nur Bezug genommen. Wichtig dann die Ord. v. 11. Juni 1816, auch Decr. v. 17. März 1852, und die genannten Verschärfungen zur Verhütung fictiver Versendungen im Ges. vom 28. Febr. 1872.

Der sogen. passavant endlich dient als Begleitschein, wenn überhaupt keine Steuerpflicht für das Getränk vorliegt, so bei den Transporten zwischen den verschiedenen Kellern eines Weinbauers u. s. w. oder einfachen Privaten, wo aber doch immerhin eine steueramtliche Meldung und die Entnahme eines solchen Begleitscheins erforderlich ist.

Zur Erleichterung des Verkehrs können den Versendern von Getränken, in deren Wohnort kein Steueramt besteht, besondere sogen. „laissez-passer" gewährt werden, mittelst welcher Formulare Transporte bis zum nächsten Steueramt gehen, wo dann der laissez-passer durch einen der drei genannten Begleitscheine ersetzt wird. Besondere Vorschriften regeln die Durchführung oder den Aufenthalt von Getränken, welche unter Begleitschein gehen, in Orten mit Eingangsabgaben oder mit einziger Steuer.

§. 263. bb) Die steueramtliche Beaufsichtigung, das sogen. Exercice (bei den Grosshändlern recensement) beruht

auf Rechten der Verwaltung und entsprechenden Pflichten der
Steuerschuldner, bezw. Steuerhaftenden, welche in den einzelnen
in Betracht kommenden Fällen verschieden geregelt und daher bei
der Darstellung der einzelnen Steuern schon erwähnt worden sind.
Durch die Vorschrift der Anmeldung des Geschäfts bei der
Steuerbehörde und durch den Licenzzwang werden die Geschäfte
der Beaufsichtigung unterstellt.

Den Beginn macht dann die Controle der Production.

Sie besteht nach dem Früheren vollständig und streng als beständige Beaufsichtigung nur bei den gewerblichen Brennereien und Rectificationsanstalten von Alcohol, sowie bei den Bierbrauereien, während das „Privileg der Freiheit vom Exercice", welches die Eigenernter und Selbstbrenner geniessen, bei der Gewinnung des Weins und Obstweins und bei der Herstellung des Alcohols, hier die mehrfach besprochene Lücke in das Controlsystem reisst. Die Beschränkung dieses Privilegs auf die Verarbeitung selbst gewonnener Producte ist factisch nicht genügend durchzuführen. Nur wenn Eigenernter und Selbstbrenner in Orten mit Eingangsabgabe das Getränk erst im Inneren dieser Orte herstellen, erfolgt auch ihre Ueberwachung.

Sodann unterstehen die Getränke-Kleinverkäufer oder
„Debitanten", daher namentlich die Schenkwirthe u. dgl. m.,
die Grosshändler mit Getränken und die Entrepôts der
periodischen Visitation von Zeit zu Zeit.

Die auf Grund der Versendungs- bez. Bezugscontrole geführten Verzeichnisse dienen dabei zunächst als Anhalt. Fehlmengen über die gesetzlichen Nachlässe hinaus unterliegen dabei, wie früher schon bemerkt, der Versteuerung. Am Wichtigsten und Strengsten ist die Ueberwachung der Debitanten, welche dann nach Massgabe des constatirten Absatzes die Steuer zu entrichten haben. Weniger streng und seltener erfolgen die Visitationen (recensements) der Grosshändler. Die Ueberwachung der Entrepôts ist zur Ergänzung nothwendig und hat sich auch in Paris, wo sonst wegen der „Ersatzabgabe" die Versendungscontrolen im Inneren und die Exercices fortfallen, bei den „reellen" Entrepôts (s. u.) zur Unterdrückung von Unterschleifen geboten gezeigt (s. o. S. 639). Auch einfache Private werden überwacht, wenn sie auf dem Transport befindliche Getränke bei sich lagern haben oder in Orten mit Eingangsabgabe des Entrepôts geniessen. Ueber die Formalitäten, unter welchen, und insbesondere über den Zeitpunct, in welchem die Visitationen u. s. w. ausgeübt werden dürfen, bestehen nähere Vorschriften. Im Allgemeinen beschränkt sich das Recht auf die Tageszeit, ausser in Brennereien und Brauereien mit Nachtdienst, bei Debitanten besteht es für die ganze Zeit, wo die Locale dem Publicum offen sind. Die Ausübung des Rechts steht den competenten Steuerorganen als solchen ohne Weiteres zu. Nur im Verdachtsfall können auch bei Personen, welche dem Exercice nicht unterstehen, Visitationen erfolgen, doch nur auf Grund der Ermächtigung eines höheren Verwaltungsorgans und in Begleitung eines Polizeibeamten. Bestimmungen v. 1816 und später, Olibo I. 344 ff. Der noch ausstehende Artikel Exercice im Say'schen dict.

cc) Entrepôts, d. h. steuerfreie Niederlagen bilden
im französischen Zollrecht und im Recht der indirecten Verbrauchssteuern überhaupt, speciell aber wieder in der Getränkebesteuerung ein wichtiges Hülfsmittel, dem Steuerpflichtigen,
bez. Steuerhaftenden die Verschiebung der Steuerentrichtung

oder, besonders bei exportirten Getränken, die endgiltige Unterlassung der Steuerzahlung — auch selbst nur vorschussweise — zu ermöglichen. Im Allgemeinen haben bei den Getränkesteuern nur die Producenten selbst und die Grosshändler gesetzlichen Anspruch auf Entrepôts, nur bedingungsweise und beschränkt Private und nur nach administrativem Ermessen bisweilen auch Debitanten, diese mit Ausschluss der abonnirten.

Es werden auch hier sogen. öffentliche oder reelle und private oder fictive Entrepôts unterschieden. Erstere bestehen in einem eigenen, der Gemeinde oder der öffentlichen Verwaltung gehörigen Magazin, die anderen in Niederlagen bei sich zu Hause, aber unter der erforderlichen Controle der Steuerverwaltung. Wo ein öffentliches Entrepôt besteht, kann der Municipalrath dies zum ausschliesslichen erklären. Fehlmengen in solchen waren früher steuerfrei (Ges. v. 1816), jetzt nicht mehr. Für Privatlager muss Caution gestellt werden. Es gelten für sie die nämlichen Controlrechte der Verwaltung wie für die Lager der Grosshändler. Hauptbestimmungen im Ges. v. 1816, Art. 31—39, mit Ergänzungen durch spätere Gesetze, s. Olibo I, 197—225, 279 ff. Der noch ausstehende Art. Entrepôt im Say'schen dict. (im Block'schen handelt derselbe nur von den Zollentrepôts). Vignes I, 137.

dd) Die Strafandrohungen sind begreiflicher Weise bei dem Character der französischen Getränkebesteuerung zahlreich und öfters scharf. Sie sind seit 1871 noch mehrfach verschärft worden. Sie betreffen unterlassene oder unrichtige Declarationen, Versendungsanmeldungen, Weigerungen, die Controle (speciell das Exercice) zuzulassen, geheime Fabrikation, Unterschleife durch In-Umlaufsetzung von Getränken oder Verkauf derselben ohne Entrichtung oder Sicherstellung der Steuern und überhaupt die einzelnen Zuwiderhandlungen gegen die gesetzlichen und administrativen Normen des ganzen „régime des boissons". Die Strafen bestehen regelmässig in **Geldstrafen** zwischen einem Minimum und Maximum, mit Erhöhung, besonders des ersteren, im Wiederholungsfalle, ferner in gewissen Fällen in **Confiscation des Objects**, auf das sich die Zuwiderhandlung oder der Unterschleif bezog, ausnahmsweise auch in **Gefängnissstrafe**.

S. schon d. Ges. v. 1816, so Art. 46, 94—96, 106 u. A., von den neueren bes. d. Ges. v. 21. Juni 1873, betr. die indirecten Steuern, dessen Bestimmungen grossentheils speciell die Getränkesteuern betreffen, auch Ges. v. 28. Febr. 1872 u. a. m. Nur einige Beispiele. Versendung von Getränken ohne die vorgeschriebenen Anmeldungen und Begleitscheine oder mit unrichtigen oder mangelhaften Angaben darin ist mit Geldstrafen von 200—1000 Frcs., im Wiederholungsfalle von 500 Frcs. im Minimum, bei Branntwein, Liqueur u. s. w. überhaupt von 500—5000 Frcs. und mit Beschlagnahme, bez. Confiscation der Ladungen bedroht, die Transportmittel können event. als Sicherung der Geldstrafe beschlagnahmt werden. Wichtig ist, dass sich diese Strafandrohungen auch auf die Verletzungen der speciellen Declarationsvorschriften beziehen, welche nach dem Ges. v. 28. Febr. 1872 für Getränkeversendungen vorgeschrieben worden sind. — Bei Nichtübereinstimmung von Acquit-à-Caution und steueramtlichem Entlastungscertificat treffen die Unterzeichner sechsfache

Circulationsabgaben bei Wein und Obstwein (Decr. v. 17. März 1852, ähnl. Ges. v. 21. Juni 1873, Art. 10, betr. alcoholisirte Weine). — Besondere z. Th. verschärfte Bestimmungen betreffen Zuwiderhandlungen und Unterschleife bei der Eingangs-, der einzigen und der Pariser Ersatzabgabe (1—200 Frcs. und Confiscation, ausser Strafen für geheimen Transport). Bei gewissen Fällen, so bei Unterschleifen mittelst Uebersteigung, unterirdisch oder mit bewaffneter Hand treten allgemein, bei gewissen anderen Manipulationen, wenn es sich um Spirituosen handelt, z. B. beim Verbergen in der Kleidung, Correctionsstrafen von 6 Tagen bis 6 Monat Gefängniss ein, ebenso bei Destillationen in Paris, wo sie verboten sind, oder bei Einfuhrung wieder gereinigter denaturirter Alcohole (Ges. v. 1816, Art. 46, v. 21. Juni 1873, Art. 11—14). — Debitanten, welche ohne Anmeldung ihr Geschäft betreiben, verfallen Geldstrafen von 300—1000 Frcs. und der Confiscation der Getränke. In andern Fällen von Zuwiderhandlungen treten die gleichen Strafen, wie die bei der Versendung genannten, ein. — Aehnliche Bestimmungen gelten für Zuwiderhandlungen von Grosshändlern, Destillateuren u. s. w. Bei Bierbrauern sind die Geldstrafen 2—600 Frcs. Hier kommt auch die Androhung der Confiscation der Kessel vor, wenn in nicht eingemauerten Kesseln Bier hergestellt ist.

Schätzungen über den Umfang der Unterschleife sind natürlich immer misslich. Diejenigen, welche von den bouilleurs de cru ausgehen, werden wohl immer noch einen ziemlichen Umfang erreichen. Sie wurden mitunter auf $^1/_2$ Mill. Hectol. Alcohol geschätzt. Auch Unterschleife mit unrichtigen Begleitscheinen, mehrmaliger Benutzung solcher für verschiedene Sendungen u. dgl. m. sollen, trotz der verschärften Gesetzgebung von 1872—73, immer noch vorkommen. S. Wolf, Branntweinsteuer, S. 154.

cc. Getränkezölle.

§. 264. Die Zölle sind schon im Vorausgehenden mehrfach erwähnt worden. Besonders bemerkenswerth ist, dass sie, wie in anderen Fällen französischer innerer Verbrauchssteuern, so bei Salz (S. 614), bei den zum Consum eingeführten auswärtigen Artikeln nicht als Ersatz der inneren Steuer, sondern als besondere Abgaben von fremden Waaren bestehen und die innere Verbrauchsabgabe daher dann erst noch hinzutritt. Eine Ausnahme bildet hiervon unter den Getränken nur das Bier, wo der — die innere Fabrikatsteuer übrigens selbst im Conventionaltarif noch erheblich übersteigende — Einfuhrzoll die einzige Abgabe auch an Stelle der inneren Steuer ist. Diese Ausnahme ist also doch eigentlich nur eine formelle. Bei den wichtigeren Getränken Wein und Branntwein bedingt dann freilich, zumal bei Wein, theilweise auch bei Branntwein, schon die technische Einrichtung der inneren Steuer, dass das zum inländischen Consum gelangende aus dem Ausland eingeführte Getränk nicht gut durch den Einfuhrzoll allein besteuert werden kann. Aber möglich wäre, den Einfuhrzoll etwa auf die hinzutretende innere Steuer anzurechnen. Das geschieht jedoch nicht, der Zoll ist daher ein Finanzzoll und zugleich ein Schutzzoll, um den das ausländische Getränk höher als das inländische besteuert wird. Auch durch die Conventionaltarife der Handelsverträge, welche Frankreich seit 1860 abgeschlossen hat, ist dieser Sachverhalt geblieben und nur der Tarifsatz gegen den allgemeinen Tarif ermässigt worden. Jüngst haben dann aber gegenüber den in der Brennerei und Branntweinbesteuerung anderer Länder erfolgten Veränderungen der Concurrenzbedingungen des fremden, besonders auch des deutschen Spiritus bei der Einfuhr, starke Tariferhöhungen des Alcoholzolls stattgefunden, wodurch der Schutzzollcharacter desselben wesentlich verschärft worden ist.

Vor 1871 waren indessen diese Bezollungsverhältnisse nicht von besonderer practischer Bedeutung, weil die Wein-, Bier- und Alcoholeinfuhr im Ganzen geringfügig und nur letztere vorübergebend in Jahren schlechter Weinernte, wie 1854—1857, erheblicher war. Seitdem dagegen und in steigendem Maasse seit etwa 10 Jahren, unter dem Einfluss der Verheerungen der Reblaus und wohl auch der vermehrten Concurrenz der fremden Alcohole, hat sich dieser Sachverhalt sehr geändert und könnte leicht so verbleiben, wie er jetzt geworden ist. Die Einfuhr fremder Weine und Alcohole ist viel grösser geworden als ehedem, der Zollertrag daher entsprechend gewachsen. In den letzten Jahren betrug sogar die Weineinfuhr nach Frankreich dem Werthe nach mehr als das Doppelte der Weinausfuhr! Dadurch hat sich die practische Bedeutung der Getränkezollfrage natürlich auch gegen früher verschoben. Der ganze Vorgang ist ein gutes Beispiel für den finanzwissenschaftlich und volkswirthschaftspolitisch wichtigen Satz, dass solche Tariffragen in Betreff des Verhältnisses zwischen inneren Verbrauchssteuern und Einfuhrzöllen nicht bloss nach den Tarifsätzen selbst, sondern zugleich mit Rücksicht auf die jeweilige Lage der thatsächlichen Productions- und Handelsverhältnisse zu beurtheilen sind. Auch die Einfuhr von Trauben und Früchten (Feigen) zur Verarbeitung zu Wein u. s. w. hat zugenommen, so dass auch die Zölle auf diese Gegenstände bei der Getränkebesteuerung mitspielen.

<small>Alcohol gehörte zu den Artikeln, betreffs deren Frankreich an Grossbritannien im Handelsvertrage von 1860 Concessionen machte (die Zölle sollten danach nicht über 30% vom Werth betragen). Das Princip dieser Zollermässigung ging dann in die Conventionaltarife über. Damals wurde z. B. der Alcoholzoll von 30 auf 15 Frcs. p. Hectol., ausser der inneren Verbrauchsabgabe, der Bierzoll von 7.20 Frcs. auf 2 Frcs. in dem Conventionaltarife herabgesetzt. Die britische Alcoholeinfuhr nach Frankreich ist aber unbedeutend geblieben und hat nach 1860 selbst niemals wieder entfernt die Höhe wie in den schlechten Weinjahren 1854 ff. erreicht, wo sie einmal auf 86,000 Hectol. gestiegen war (1855, auch in 1856 und 1857 an 80,000 Hectol., später Max. 1881 und 1882 mit 45,000 und 27,000, meistens aber nur wenige 1000. Bull. X, 162, XXIII, 670). — Nach dem Kriege von 1870—71 hemmten auch hier</small>

die Handelsverträge eine stärkere Zollerhöhung. Als allgemeinen Zoll bestimmte das Ges. v. 8. Juli 1871 30 Fres. p. Hectol. der Flüssigkeit von Branntwein in Flaschen, desgl. 35 Fres. von allen Liqueuren, 30 Fres. vom reinen Alcohol von Branntwein in Fässern, mit späterem Zuschlage bez. 31.20 und 36.40 Frcs. Die Vertragstarife hatten in allen Fällen den Zollsatz von 15 Fres. Der allgemeine Tarif von 1881 bestimmte wieder 30 Frcs. für Alcohol in Fässern v. Hectol. reinen Alcohols, desgl. in Flaschen von der Flüssigkeit und ebenso von Liqueuren 40 Frcs, von der Flüssigkeit. 30 Frcs. ist immerhin an 60% der neuerlichen Durchschnittspreise, und der Vertragstarif von 15 Fres. beträgt danach doch auch noch an 30%. Bei Gelegenheit der deutschen Branntweinsteuerreform in 1887 und in specieller Begründung damit hat Frankreich provisorisch durch Ges. v. 3. Juli 1887 den Satz des allgemeinen Tarifs auf 70 Fres. für bestimmte Zeit erhöht und den Termin mehrmals verlängert, zuletzt durch Ges. v. 29. Mai 1888 bis auf Weiteres.

Der Weinzoll wurde nach dem Kriege auf 5 Fres. f. d. Hectol., bei Liqueurweinen auf 20 Fres. gestellt, mit späterem Zuschlag war er bez. 5.20 und 20.80 Frcs. Der Vertragstarifsatz war einheitlich 3.50 Fres. Im allgemeinen Tarif von 1881 wurde der Zoll ebenfalls einheitlich auf 4.50 Fres. gesetzt. — Der Bierzoll, vor 1860 7.20 Fres. p. Hectol., im brit. Vertragstarif 2 Fres. (nebst innerer Verbrauchssteuer), betrug nach dem Kriege mit Zuschlag 7.75 Fres. im allgemeinen, 5.75 Frcs. im Vertragstarif, seit 1881 in ersterem 7.50 Frcs., womit die innere Steuer gedeckt ist. Diese ist aber nur 3.75 Frcs. für starkes und 1.25 Fres. für Dünnbier (§. 262). — Auch der Obstwein- und Methzoll wird ausser der inneren Steuer für fremdes, zum Consum eingehendes Getränk erhoben, ist aber practisch bei fast ganz fehlender Einfuhr ohne Bedeutung. Er war vor 1881 im allgemeinen Tarif für Obstwein 2.50, für Meth 31.20 Frcs. p. Hectol., im Tarif v. 1881 bez. 1 und 20 Fres., im Vertragstarif kommt von diesen Getränken Cider allein mit 0.25 Fres. p. Hectol. vor. Der Zollertrag überschreitet einige 100 Fres. jährlich nicht. — Trockene und gepresste Trauben (auch Aepfel und Birnen) zahlen nach dem allgem. Tarif von 1881 6 Fres., ebenso viel trockene und gepresste Feigen, aber beide Kategorieen nach dem Vertragstarif nur 30 Cent. f. 100 Kilogr.

Die Statistik der Ein- und Ausfuhr und der Zollerträge ergiebt Folgendes (s. Bull. IX, 295 ff., X, 160 ff., 506, XXII, 614 ff., XXIII, 23, 670 u. a. m.).

Die Alcoholeinfuhr wie Ausfuhr, zumal die erstere, zeigt sich von der Weinernte beeinflusst. Die Einfuhr betrug vor 1852 immer nur 5—7000 Hectol., stieg Mitte der 50er Jahre auf 201.000—377.000 im Jahre, sank dann aber in gewöhnlichen Jahren wieder auf 50.000—70.000, erst seit 1879 hat sie fast jedes Jahr 200.000 Hectol. überschritten, 1886 war sie 229.000 (für 17.2 Mill. Frcs.), 1887 212.000. England ist daran fast gar nicht mehr, Deutschland war Anf. der 1880er Jahre mit der Hälfte, in den letzten Jahren nur mit $^1/_4$—$^1/_2$ betheiligt. Die Einfuhr von Liqueuren war im Max. etwa 2500, neuestens wieder unter 1000 Hectoliter. — Aehnlich hat sich natürlich der Zollertrag bewegt, er war 1851 schon einmal 6.89 Mill. Fres., im Durchschn. v. 1860—69 0.99, von 1870—79 6.70, seit 1878 ist er immer erheblich höher. Max. 1882 4.1 Mill. Fres., i. D. v. 1883—87 3 Mill. — Die Ausfuhr französ. Alcohole war in dem 4. und 5. Jahrzehnt ca. $^1/_8$, im 6. ca. $^1/_4$ Mill. Hectol. jährlich, in den 70er Jahren 450.000 im Durchschn., seitdem ist sie durchschnittlich unter 300.000, 1886 289.000, 1887 286.000, die seit einigen Jahren stark gesunkene Liqueurausfuhr war im vor. Jahrzehnt ca. 24.000 Hectol. jährlich, 1886 nur 11.410, 1887 8536. — Allerdings sind die exportirten Alcohole von hohem Werthe, so 1886 75.7, 1887 79.4 Mill. Frcs., etwa 4 mal so werthvoll wie die importirten, was auf die bezogenen und versendeten Sorten Licht wirft.

Die Weineinfuhr war in den früheren Jahrzehnten und bis 1853 ganz unbedeutend. 2500—3500 Hectol. jährlich. Dann stieg sie von 1854 an bei den damaligen schlechten Weinernten rasch und stark, 1857 bis auf 625.000 Hectol., sank dann wieder erheblich, aber doch nur in 2 Jahren, 1865 und 66 auf unter 100.000 Hectol., Durchschn. 1860—69 194.000. Von 1872 an wuchs sie bedeutend, wohl unter dem Miteinfluss der Ausscheidung von Elsass-Lothringen, dessen Aus- und Einfuhren seitdem im französ. Handelsausweis erscheinen. Sie war 5—600.000 Hectol. jährlich, nur einmal, 1875 noch unter 300.000. Seit 1879 stieg sie dann rapid, 1880 auf 7.2 Mill. Hectol., 1886 auf 11.01, 1887 auf 12.28 Mill., d. h. in diesem Jahre auf 50% der Weinernte von 21,33 Mill.! Der Werth dieser Einfuhr, 1878 nur erst 59,2, war 1887 578,2 Mill. Frcs. und im Durchschn. v. 1878—87 357,3 gegen nur 244,2 Mill. Werth der Weinausfuhr in diesen 10 Jahren! (Bull. XXII, 23). Spanien und Italien liefern die Hauptmengen. Der Weinzollertrag, im 4., 5. und 6. Jahrzehnt $^{1}/_{4} - ^{3}/_{10}$ Mill. Frcs. jährlich, im 7. bloss 67,000 Frcs., stieg v. 1872 an in die Millionen, Durchschn. 1870—79 3,09, 1879 10,25, 1880 25,27, 1886 21,8 Mill. Frcs., bildet also jetzt $^{1}/_{7}$—$^{1}/_{6}$ des Ertrags der inneren Weinsteuer (1886 133,2 Mill. Frcs.). — Die Weinausfuhr hat sich bei den schlechten Weinernten, bez. bei der Abnahme der Weingewinnung in den 1880er Jahren, offenbar nur mit Hilfe dieser gesteigerten Bezüge fremder Weine einigermassen auf der früheren Höhe erhalten können. Sie war vom 4. bis 7. Jahrzehnt durchschnittlich von 1,2 auf 2,48 Mill. Hectol. jährlich gestiegen, hatte im 8. Jahrzehnt 3,28 (Max. 1878 3,95, Min. 1879 2,79 Mill.) erreicht, seitdem ist sie auf ca. 2,6 Mill. gewichen (1886 2,71, 1887 2,40). Frankreich hat daher vorläufig aufgehört, zu den überwiegend Wein ausführenden Ländern zu zählen, es ist unter die Weinbezugsländer getreten. — Die Einfuhr von trockenen Trauben und Feigen, meist zur Weinbereitung, war 1885 und 1886 bez. 95,35 und 88,42 Mill. Kil. Trauben und 16,18 und 18,19 Mill. Kil., woraus 2,27 und 2,82 Mill. bez. (aus Feigen) 21,407 und 21,770 Hectol. Kunstwein bereitet worden wäre (Bull. XXIII, 281).

Alle diese Umstände, die eben deshalb etwas genauer dargelegt sind, machen es begreiflich, dass in dem alten Weinlande und Weinsteuerlande Frankreich jetzt ernstlich an die volle Beseitigung der Staats-Weinsteuer gedacht wird: eine finanzpolitische Wirkung der — Reblaus, nicht nur auf Steuererträge, sondern auf die ganze Einrichtung eines wichtigen Besteuerungsgebiets!

Die Biereinfuhr ist wie die Bierausfuhr seit Jahrzehnten in langsamer, aber stetiger, erstere ist seit den 1860er Jahren in etwas erheblicherer Steigerung begriffen gewesen; von da an überragt sie die Ausfuhr (Durchschn. 1860—69 48,000 Hectol. Einfuhr, 28,000 Ausfuhr). Seit 1871 ist, vornehmlich mit durch die Einwirkung des Ausscheidens von Elsass-Lothringen, die Ausfuhr fast stabil geblieben (26—32,000 Hectol. jährlich), die Einfuhr sofort und weiter rasch auf $^{1}/_{4}$, $^{1}/_{2}$, $^{3}/_{5}$ Mill. Hectol. gewachsen, dann aber wieder etwas gesunken (Max. 1882 und 83 414,000, 1886 293,000, 1887 236,000 Hectol.), der Ertrag der Biersteuer daher auch von $^{1}/_{4}$ Mill. im 7. auf 1,40 im 8. Jahrzehnt und 2,8 Mill. in 1882—86 jährlich gestiegen — immerhin auf $^{1}/_{8}$ des Ertrags der Steuer von inländischem Bier.

dd. Rückblick und zur Kritik.

§. 265. Die eigenthümliche Verbindung der Besteuerung der verschiedenen Getränke und die nicht minder eigenthümliche Zusammenfügung technisch verschiedener Steuerarten zu einem Ganzen erscheinen wohl beim ersten Anblick ziemlich willkürlich, die Bezeichnung dieses Ganzen als „System" der Getränkebesteuerung daher auch fragwürdig. Bei der näheren Betrachtung der Menge einzelner Bestimmungen, welche der Durchführung dieses „Systems" dienen, steigert sich sogar die Empfindung des Willkürlichen noch und macht das Ganze dann schliesslich mehr den Eindruck eines förmlichen steuerrechtlichen und steuertechnischen Chaos als eines klaren und folgerichtig durchgebildeten „Systems".

Allein eine solche Be- und Verurtheilung der französischen Getränkebesteuerung wäre eine unrichtige. Giebt man vielmehr einmal die Nothwendigkeit und Berechtigung der Getränkebesteuerung in einem Umfange und Maasse zu, wie sie in Frankreich besteht — und durch die finanziellen Erfordernisse nothwendig geworden ist — so erweist sich die ganze Einrichtung bei unbefangener Prüfung als ein Ergebniss klarer steuerpolitischer Gedanken und Ziele und im Ganzen wie in allen ihren Einzelheiten als die Durchführung eines klaren steuertechnischen Planes zur Verwirklichung jener Ziele. Das Einzelne ist mit strenger Folgerichtigkeit entwickelt, auch das Untergeordnete und Nebensächliche. Nothwendigkeit und System sind da vorhanden, wo zuerst nur Willkür erscheint. Namentlich gilt dies von dem Haupttheil der französischen Getränkebesteuerung, der Wein-, Obstwein- und Alcoholbesteuerung, bei welcher sich, im Unterschied von der Bierbesteuerung, vornehmlich Eigenthümliches und von den Einrichtungen anderer Gesetzgebungen Abweichendes findet.

Nach dem vorschwebenden steuerpolitischen Ziele soll die Besteuerung der vorgenannten drei Getränke möglichst eine wirkliche Verbrauchssteuer sein. Daher wird die Steuerpflicht wesentlich auf das zum heimischen Consum bestimmte Getränk beschränkt und, unter den erforderlichen Cautelen, das zur Ausfuhr gelangende Getränk überhaupt gar nicht erst versteuert. Zu diesem Zweck wird im ersten Falle die Verpflichtung zur Steuerzahlung an den Act der Consumtion selbst geknüpft oder wenigstens an eine Stelle gelegt, welche diesem Acte möglichst nahe liegt, bis dahin aber nur die Erzeugung, die Versendung und die Lagerung des Getränks steueramtlich unter Controle genommen. Für das ausgeführte Getränk aber wird nicht erst die Steuer erhoben und dann zurückerstattet, sondern das von den betreffenden Begleitscheinen begleitete Getränk geht überhaupt steuerfrei hinaus. Nach diesen Ziel- und Gesichtspuncten sind die technischen Einzelheiten der Einrichtung und Durchführung der Getränkebesteuerung gestaltet.

<small>So hält man sich zur Veranlagung der Steuer an das fertige Product, das „Fabrikat", nicht an Betriebsmerkmale bei der Herstellung noch an Rohstoffmengen u. dgl. m (Fin. II, §. 492). Es erfolgt dann eine Controle der Production, aber nicht die Besteuerung des Getränks beim Producenten selbst, sondern nur die Ermittlung der producirten Menge bei ihm durch</small>

die regelmässige steueramtliche Ueberwachung (Exercice). Die empfindliche Lücke bei letzterer bleibt — folgerichtig, weil eine Abweichung vom Grundgedanken — die fehlende Ueberwachung der Production der Eigenbauer und Eigenbrenner. Der Producent ist nicht der eigentliche Steuerpflichtige, sondern nur der Steuerhaftende, dem die producirten Mengen zur Last geschrieben werden, bis sie nachweislich versteuert oder zu steuerfreier Verwendung, wie in der Ausfuhr, gelangt sind. An die Productionscontrole der gewerbsmässigen Getränkeerzeugung schliesst sich die Versendungscontrole an und selbständig tritt dieselbe auch bei der Versendung von Getränken Seitens der Eigenbauer und Eigenbrenner ein. Sie ist in ihrer ganzen Einrichtung, mit dem Anmeldezwang für Versendungen, dem Begleitscheinzwang, den betreffenden Abgaben bei der „Expedition" und „Circulation" der Getränke, der Controle beim Eingang in die geschlossenen Orte ein wesentlicher und wieder durchaus folgerichtig ein- und durchgeführter Punct des ganzen Systems: sie dient dazu, das Steuerobject, auf dem Wege vom Producenten, Grosshändler, den Steuerhaftenden, zum Händler, Wirth, Consumenten, als den eigentlich Steuerpflichtigen verfolgen und erfassen zu können, es aber eben erst kurz vor oder selbst, wie bei den Debitanten, erst nach dem erfolgten Consum zur Besteuerung zu bringen. Die Controle beim Empfang Seitens des Steuerhaftenden oder Steuerpflichtigen, die Gewährung des Rechts der steuerfreien Niederlage (Entrepôt) an den Producenten und Grosshändler, der Getränkebezug der Debitanten und Händler unter dem System des acquit-à-caution, die Ueberwachung der Lager und Keller der Grosshändler, Entrepôts, Debitanten, Liqueurfabrikanten, wodurch bei Grosshändlern und Entrepôts es wieder möglich wird, nur Steuerhaftung, nicht Zahlungsverpflichtung, beim Debitanten nur Eintritt der Steuerpflicht und Fälligkeit der Steuerzahlung nach Massgabe des Absatzes eintreten zu lassen: — alle diese Einrichtungen und Bestimmungen sind wieder streng folgerichtig und dienen erfolgreich dem Zweck, die Steuerzahlung aufschiebbar zu machen und der Getränkebesteuerung den Character einer Verbrauchssteuer des Consumenten thunlichst zu wahren. Die Formen der Sicherstellung und der endlichen Entrichtung der Steuer sind den obwaltenden französischen Productions-, Absatz-, Verkehrs-, Consumtionsverhältnissen gut angepasst.

Auch die Alcoholbesteuerung war ursprünglich nach den gegebenen Verhältnissen der früher fast allein in Betracht kommenden Wein- und Obstweinbrennerei leidlich genügend eingerichtet. Das freilich von vornherein missliche Privileg der Controlfreiheit der Eigenbrenner war von den Eigenbauern von Wein und Obst — zunächst denselben Personen, die eben auch destillirten —, herübergenommen, bei der früheren geringeren, weniger zum Unterschleif anreizenden Höhe der Steuer aber auch noch nicht so bedenklich wie später. Die Entwicklung der gewerbsmässigen (Gross-)Brennerei von mehligen Stoffen, Melasse, Rüben schuf dann auch in Frankreich die Nothwendigkeit immer schärferer Betriebscontrolen.

In dieser ihrer complicirten Einrichtung hat die französische Getränkebesteuerung die schwierige Aufgabe verhältnissmässig befriedigend gelöst, eine sehr einträgliche „indirecte" Verbrauchssteuer bei einer ausserordentlich zersplitterten privatwirthschaftlichen Production so durchzuführen, dass diese Production dabei bestehen kann. Der Grossbetrieb — wenn auch zu Gunsten der gewerblich-technischen Entwicklung, aber mit sehr bedenklichen socialpolitischen Folgen — wird nicht so einseitig, wie bei Rohstoff- und Betriebsmerkmal-Steuern zum Nachtheil der kleineren Betriebe prämiirt. Der Steuer wird der beabsichtigte Character der wirklichen Verbrauchssteuer thunlichst gewahrt. v. Hock's oben (S. 619) schon erwähntes Urtheil über das Gesetz von 1816 ist besser auf den ganzen Bau dieser Getränkesteuer-Gesetzgebung anzuwenden: er ist ebenso umfassend und kühn als durchdacht, freilich auch ein Werk, an welchem eine höchst intelligente und tüchtige Verwaltung Menschenalter hindurch gearbeitet hat und bis in die Gegenwart hinein emsig fortarbeitet, wie die seit 1871 erfolgten weiteren legislativen und administrativen Fortschritte beweisen. So radicale Reformpläne, wie derjenige von 1888, wenn er auch immer noch wichtige Theile der Grundlagen der bestehenden Gesetzgebung festhält, sind doch wohl auch deswegen bedenklich, weil viel Erprobtes dabei zu leicht preisgegeben wird.

Die anklebenden Mängel des ganzen Systems sind freilich anderseits auch nicht zu verkennen.

Die verschiedene Qualität der Getränke, welche bei Wein und Branntwein nicht bloss in der Alcoholstärke liegt, wird dadurch noch nicht genügend berücksichtigt, dass die wichtige Kleinabgabe bei Wein und Cider nach dem Preise bemessen und die Circulationsabgabe nach den Preisverhältnissen dreifach abgestuft ist. Auch die Biersteuer trägt der Qualität des Getränks nicht ausreichend Rechnung. Nach diesen Seiten verstösst die Getränkebesteuerung gegen den Grundsatz, die Steuerlast nach der Leistungsfähigkeit zu vertheilen. Genügend und richtig wird dieser Grundsatz durch den Hinzutritt der Eingangsabgabe in den grösseren Orten auch noch nicht zur Anwendung gebracht. Einen directen Verstoss gegen denselben bildet der Umstand, dass die einzelnen Glieder des Systems die verschiedenen Consumentenkreise zu ungleich treffen, was besonders von der Kleinabgabe einer-, der Circulationsabgabe andererseits gilt.

Die Controlen sind unvermeidlich belästigend, störend, und doch noch nicht genügend wirksam, um den Unterschleif zu bewältigen. Beides trifft in besonderem Maasse bei der dem System eigenthümlichen — wenn auch noch bei anderen französischen indirecten Steuern sich findenden — Versendungs- oder Transportcontrole zu. Die Erhöhung der Alcoholsteuer hat alle Controlen noch nothwendiger gemacht, die eingetretenen erheblichen Verschärfungen reichen gleichwohl noch immer nicht aus. Und doch haben sie schon einen Umfang und eine Beschaffenheit, die anderswo kaum als erträglich gelten würden. Man hat dennoch auch bei den neueren Reformprojecten der Steuer an die Milderung und theilweise die Beseitigung dieser Controlen gedacht. In Betreff dieser Bestrebungen, namentlich soweit sie auch das Aufgeben der besonders odiösen Versendungscontrole bei einer Concentration der Getränkebesteuerung bloss auf Alcohol betreffen, möchte indessen das Wort Stourm's gelten: „entweder die Formalitäten festhalten oder die Steuer unterdrücken". Eine Variante des „Sit ut est, aut non sit", deren Anwendbarkeit die logische Consequenz und technisch vollendete Durcharbeitung des Systems am Besten beweist. Manche Erleichterung gewähren ja auch die Abonnements, aber die gleichmässige Wirkung derselben auf die abonnirten Steuerpflichtigen steht freilich wohl mehrfach dahin, ebenso wie die gleichmässige Behandlung der Abonnenten einer- und der Nicht-Abonnenten andererseits, sowie die genügende Sicherung des fiscalischen Interesses bei solchen Abonnements immer fraglich bleibt.

S. Stourm im Art. boisson, Say's dict. p. 426. Er betont aber auch, dass die Gewöhnung der Steuerpflichtigen und Haftenden die Controlen nicht so unerträglich in der Praxis macht, als sie nach dem Wortlaut der Gesetze, Verordnungen und Instructionen erscheinen. In der Praxis wickelten sich die Dinge in der Regel einfach, glatt und schnell ab, die Steuerverwaltung gewähre jedes Entgegenkommen, das mit der genügenden Wahrung der fiscalischen Interessen, die sie zu hüten hat, irgend vereinbar sei u. s. w.

γ. Die Zuckerbesteuerung.

Die speciell hierher gehörende Besteuerung des einheimischen, zum inneren Verbrauch gelangenden Rübenzuckers steht in engem Zusammenhang mit der Besteuerung des französischen Colonialzuckers und des fremden Rohr- wie Rübenzuckers durch die Einfuhrzölle, sowie mit der Behandlung, bezw. der differentiellen Bezollung von Rohzucker und Raffinade bei der Einfuhr und mit der Regelung der Reductionsverhältnisse der verschiedenen Zuckersorten auf einander, speciell für die Feststellung der Ausfuhrvergütungen. Auf diese Zusammenhänge muss daher auch in der Darstellung Rücksicht genommen werden. Das Tarifwesen der französischen Zuckerbesteuerung wird so ein sehr verwickeltes. Es hat zudem häufige Aenderungen erfahren, sowohl in seinen Sätzen als in seiner ganzen technischen Einrichtung. In allen seinen Einzelheiten kann dieser Gegenstand hier nicht verfolgt werden.

Die ganze Materie der Zuckerbesteuerung gehört, wie das Zollwesen und z. Th. auch die Getränkebesteuerung, zu denjenigen finanzwirthschaftlichen, bei welchen die volkswirthschaftliche Seite vor der bloss finanziellen an Bedeutung voran steht. Namentlich die Beziehungen zwischen der Entwicklung der Rübenzuckerindustrie und der Landwirthschaft und zwischen ersterer und dem internationalen Zuckerhandel sind ebenso verwickelt als wichtig. Durch die seit lange in Frankreich eingeschlagene und in einigen Puncten noch gegenwärtig festgehaltene Handelspolitik wird die Zuckersteuerfrage gerade in Frankreich nach ihrer volkswirthschaftlichen Seite auch noch verwickelter als in den meisten anderen Ländern, z. B. als in Deutschland, wo es sich nur um den Gegensatz fremden Rohr- und später auch Rübenzuckers zum einheimischen Rübenzucker, oder als in England, wo es sich in Ermangelung einer einheimischen Rübenzuckerindustrie auch früher zur Zeit der Zuckerzölle nur um den Gegensatz des eigenen Colonial- zum fremden Zucker handelte. In Frankreich sind schon nach der Herkunft drei Hauptunterscheidungen bei Zucker zu machen: französischer Colonial-, fremder und einheimischer (Rüben-)Zucker. Dazu treten aber in Betreff der importirten Zucker weitere Unterscheidungen der Handelspolitik: so zwischen direct aus überseeischem Productionsgebiet, aus europäischem Productionsgebiet und aus europäischen Entrepôts kommendem, bei dem seewärts eingeführten zwischen dem unter französ. und fremder Flagge anlangenden Zucker. Durch den Abschluss von Handelsverträgen und speciell von Zuckerconventionen — mit Grossbritannien, Niederlanden, Belgien — kommen wiederum neue Unterscheidungen in das Tarifwesen. In Folge dieser und anderer ähnlicher Umstände mehr werden die auf diesem Gebiete überhaupt so wichtigen, vielfach entscheidenden Wechselwirkungen zwischen der Einrichtung und dem Tarifwesen der Rübenzuckersteuer, der Einfuhrzölle und Ausfuhrvergütungen einerseits und der technischen und wirthschaftlichen Entwicklung der Rübenzuckerproduction und des internationalen Zuckerhandels andererseits in Frankreich noch mannigfaltiger, verwickelter, wechselnder als anderswo. Auch bei dem in diesem Werke gebotenen Bestreben, die Zuckerfrage als Steuerfrage zu behandeln, lässt sich eine Berücksichtigung der angedeuteten anderen Seiten der Frage nicht vermeiden, weil dieselben mit der steuerpolitischen und steuertechnischen, streng genommen allein hierhergehörigen zu eng zusammenhängen. Aber selbstverständlich können diese anderen Seiten hier nur berührt, nicht entfernt erschöpft werden. Der Hauptpunct ist die Rübenzuckersteuer; die Zölle und Zollfragen müssen in die folgende Darstellung aufgenommen werden, aber sind darin absichtlich in zweite Linie gestellt.

Gesetzgebung. (Kurze Uebersicht, aber nur wichtigere Gesetze, Decrete.) Sie hat sich in dem Bestreben, allen Interessenten Rücksicht zu gewähren, fast unaufhörlich verändert, von 1814—54 ist 26 mal und seitdem noch mehrmals daran gearbeitet worden. Bis zur Einführung der Rübenzuckersteuer i. J. 1837 kommt nur die Zollgesetzgebung und deren Tarifwesen in Betracht. Massgebend daher die allgemeinen Bestimmungen des Zollrechts und Zolltarifs auch für die Zuckerzölle, mit der dem französ. Zollrecht eigenthümlichen, in einigen Puncten noch geltenden differentiellen Behandlung des eingefuhrten Zuckers nach Herkunft, Flagge (französ. und fremde), directer und indirecter (d. h. aus Entrepôts kommender) Einfuhr. Grundlegend für die Tarifbegünstigung des französ. Colonialzuckers gegenüber dem fremden und für die besondere Begünstigung der inländischen Raffinerie das Ges. v. 28. Apr. 1816. Mehrfache Veränderung der Gesetze über die Tarifsätze, Rendements- oder Ausbeuteziffern, Ausfuhrvergütungen in den folgenden Jahrzehnten (s. v. Kaufmann, Zuckerindustrie, S. 120 ff.).

Erste Einführung einer inländischen Rübenzuckersteuer durch Ges. v. 18. Juli 1837. Zu unterscheiden sind seitdem in der Gesetzgebung die Bestimmungen über die Einrichtung und die Erhebungsmethode dieser Steuer, über die Tarife derselben, über die Bemessungsweise der Einfuhrzölle und deren Tarife und über die Bemessungsweise der Ausfuhrvergütungen, bezw. Steuer- und Zollrestitutionen.

Für die Einrichtung der Rübenzuckersteuer, Unterstellung der Rohzuckerfabriken unter die steueramtliche Controle (Exercice) ist bes. wichtig das Ges. v. 31. Mai 1846 nebst Ord. v. 29. Aug. 1846 und das Gesetz-Decret v. 27. März 1852 nebst Reglem. v. 1. Sept. 1852; danach gelten hier auch einige Bestimmungen des Ges. v. 28. Apr. 1816 (so Art. 235, 236, betr. Visitationen u. s. w.). Die Steuer im Princip Fabrikatsteuer; jährliche Licenzen. Als Methode für die Ermittlung des steuerpflichtigen Minimum bestimmt d. Ges. v. 1846, Art. 7, die Messung der Dichtigkeit des Safts mittelst des Densimeters, desgl. Ges. v. 19. Juli 1880, Art. 21 (Zurückführung der mit dem Densimeter nach der Saftmenge ermittelten Ergebnisse auf Raffinade). Feststellung der wirklich gewonnenen und als solche steuerpflichtigen Menge, daher eventuell über das aus dem Saft abgeleitete Minimum hinaus, durch die Controle (Exercice) des fertigen, zur Versendung aus der Fabrik hinausgehenden Rohzuckers. Die Methode für Ermittlung des letzteren, sowie für die Bemessung des Verhältnisses des Rohzuckers zur Raffinade und für diejenige der Ausfuhrvergütungen des Rohzuckers war nach der anfänglichen Gesetzgebung die Vergleichung mit Farbetypen verschiedenen muthmasslichen Zuckergehalts und danach bestimmten Steuersatzes. Nach Ges. v. 29. Juli 1875 trat Versteuerung nach dem wirklichen Zuckergehalt, daher eventuell auf Grund saccharimetrischer Prüfung, ein (s. u.). — Abonnements der Zuckerfabriken für Minimalausbeuten nach der Saftprobe, unter Freilassung der höheren Ausbeute, zugelassen nach Ges. v. 23. Mai 1860, Art. 4, durch Ges. v. 7. Mai 1864 wieder aufgehoben. — Völlige Umgestaltung der Erhebungsmethode zunächst facultativ seit 1. Sept. 1884, obligatorisch nach 1. Sept. 1887, durch Verwandlung der Fabrikat- bezw. Saftbesteuerung in die Rohstoffbesteuerung nach der Rübenmenge durch Ges. v. 29. Juli 1884, mit Bestimmungen über die steuerpflichtigen Minimalausbeuten (Rendements) und Freigebung der Mehrproduction; modificirt und niedrigere Mitbesteuerung des Plus der Ausbeute durch Ges. vom 4 Juli 1887. Administrative Durchführung der neuen Steuerform durch Decrete vom 31. Juli 1884 und 25. Aug. 1887.

Die von der Gesetzgebung bis in die neueste Zeit sehr begünstigten Raffinerieen von Rohzucker sind licenzpflichtig (Ges. v. 1846), sie unterlagen zwar auch früher schon in gewissen Fällen der Visitation, aber in der Regel nicht dem beständigen Exercice (Decr. v. 27. März 1852, Art. 2). In Consequenz der internationalen Zuckerconvention stellte das Ges. v. 21. März 1874 zwar die Raffinerieen allgemein unter das Exercice; die Ausführung dieses Gesetzes wurde aber verschoben bis 1. März 1876 (Ges. v. 29. Juli 1875) und ist auch dann nicht sofort ordentlich erfolgt. In Verbindung mit der neuesten Gesetzgebung v. 1884 ist die Controle der Raffinerieen eine derjenigen der Rohzuckerfabriken ähnliche, aber nicht gleich scharfe geworden (Ges. v. 27. Mai 1887, Decr. v. 25. Aug. 1887).

Eigene Melasse-Entzuckerungsanstalten stehen unter dem Exercice (Ges. v. 1846), Melasse selbst trägt einen niedrigen Steuersatz. Glucose (Trauben-, Stärkezucker), — d. h. nach der gesetzlichen Definition alle saccharinischen, nicht crystallisirbaren Producte —, ist schon seit Ges. v. 4. Juli 1843 steuerpflichtig, zu einem mässigeren Satze; steuerfrei nur, mit gewisser Beschränkung bei Dünnbier, bei

Zusatz zu Bier (Ges. v. 19. Juli 1890, Art. 23, Ges. v. 1. Mai 1822, Art. 8). Die Glucosefabriken sind dem Exercice zwar mit unterworfen, aber nicht dem beständigen; licenzpflichtig sind sie nach Ges. v. 1846.

Die Tarife der Rübenzuckersteuer wie der Zölle, sowie die gesetzlichen **Ausbeuteziffern**, Reductionszahlen zwischen Rohzucker und Raffinade und die Normen für die Berechnung der Ausfuhrvergütungen haben seit 1837 viele Veränderungen erfahren. Erhöhung der Rübenzuckersteuer schon durch Ges. v. 3. Juli 1840. Feststellung einer allmäligen Steigerung der Steuer bis zu der 1847 zu erreichenden Gleichstellung mit dem Zollsatz für franzős. Colonialzucker, nach Ges. v. 2. Juli 1843, unter Fortdauer der Begünstigung beider gegen fremden Zucker. Neue Begünstigung des franzős. Colonialzuckers auch gegen den einheimischen Rübenzucker mittelst eines Zoll-Abschlags (détaxe) nach Ges. v. 13. Juni 1851 und Gesetz-Decret v. 27. März 1852, ein System, das mit verschiedenen Veränderungen der Steuersätze bis Ende 1860 dauerte. Wichtige Tarifänderungen u. dgl. m. durch Gesetze v. 23. Mai 1860, 2. Juli 1862, 7. Mai 1864. Abschluss einer internationalen Zuckerconvention mit Grossbritannien, Niederlanden, Belgien unter dem 8. Nov. 1864 auf 10 Jahre v. 1. Aug. 1865 an, mit Nachtrag 1868. Bestimmungen in Frankreich aber niemals genügend durchgeführt. — Nach dem Kriege starke Tariferhöhungen aus finanziellen Gründen durch Ges. vom 8. Juli 1871, v. 22. Jan. 1872 und 30. Dec. 1873. Zweite internationale Zuckerconvention zwischen den genannten Staaten v. 11. Aug. 1875; zur Ausführung derselben Ges. v. 30. Dec. 1875, durch Nichtratificirung der Convention Seitens der Niederlande die Ausführung dieses Gesetzes verschoben. Dritte Convention v. 8. März 1877, ebenfalls ohne genügenden practischen Erfolg in Frankreich (s. d. u. gen. Schriften von v. Kaufmann und J. Wolf). — Neues Tarifsystem und starke Herabsetzungen der Tarife durch Ges. v. 19. Juli 1880. Abermalige Aenderungen in Verbindung mit der technischen Umgestaltung der Rübenzuckersteuer, durch Ges. v. 29. Juli 1884; dazu die Decrete v. 31. Juli 1884 und 22. Juli 1885, letzteres betr. die Verwendung von niedriger besteuertem Zucker jeder Art als Zusatz zu Wein und Obstwein vor der Gährung. Fortdauer des im Ges. v. 1884 angeordneten Zollzuschlags für fremde Rohzucker aus Europa durch Gesetze v. 13. Juli 1886 und 24. Juli 1888 (hier bis Ende 1890). Bekämpfung der bald eingetretenen ungünstigen finanziellen Folgen des Gesetzes v. 29. Juli 1884 durch Einführung eines zeitweiligen Zuschlags von 20% für allen Zucker, auch des zur Zuckerung der Weine u. s. w. benutzten, sowie eines Zuschlags v. 10 Frcs. für 100 Kil. raff. Zuckers für die steuerfreie Mehrausbeute der Rübenzuckerfabriken, über das gesetzliche Ausbeuteverhältniss hinaus, und für die gleichfalls steuerfreie Quote der eingeführten franzős. Colonialzucker, welche dabei als gesetzlicher Fabrikationsabgang berechnet wird, durch Ges. v. 27. Mai 1887. Erhöhung dieser Zuschläge (auf 50%, bez. 20 Frcs.), unter Herabsetzung des Principalsatzes durch Ges v. 24. Juli 1888. Erhöhung der gesetzlichen Minimalausbeutequoten (Rendements) der Rübenzuckerfabriken schon vorher durch Ges. v. 4. Juli 1887.

Auch bei den Zöllen und den Bemessungen der Ausfuhrvergütungen ist, wie bei der Rübenzuckersteuer, an Stelle der Classification nach Farbentypen die saccharimetrische Feststellung des Zuckergehalts (Polarisationsmethode) getreten (Ges. v. 29. Juli 1875, Ges. v. 30. Dec. 1875). Dabei wurden nach dem zwischen gewissen Grenzen sich bewegenden Zuckergehalt zunächst wieder Classen von einem Minimum bis zu einem Maximum Zuckergehalts unterschieden, für den zum einheimischen Verbrauch bestimmten Zucker 2, bezw. 3, für den zur „zeitweiligen Zulassung" in den Raffinerieen (und dann event. für die Ausfuhr ins Ausland) bestimmten 4, bezw. 5 (s. Olibo III, 224, Circ. v. 18. Febr. 1876). Nach dem Ges. v. 19. Juli 1880 wird nicht mehr nach diesen Classen, sondern nach dem wirklichen jedesmaligen Zuckergehalt, unter Gewährung gewisser Nachlässe und Abrechnung der Salz-, bezw. Aschen- und Glucosebestandtheile in dem Zucker, nach gesetzlichen Coefficientensätzen dafür, versteuert, verzollt und rückvergütet.

Literatur. S. für die ganze Materie, namentlich in Betreff des Zusammenhangs der Besteuerungsart und Steuerhöhe mit den oben erwähnten landwirthschaftlichen und handelspolitischen Seiten bes. v. Kaufmann, Zuckerindustrie, Berl. 1879, daselbst über Frankreich S. 50, S. 113—143, über die internat. Zuckerconventionen eb. S. 171—196, für die Zeit bis 1878, ders. in den Fin. Frankreichs S. 398—422, für die Zeit bis 1881; zur Ergänzung und zur Fortführung bis 1885 J. Wolf, 3 Aufsätze über die Zuckersteuer in d. Tüb. Ztschr. XXXVIII (1882), über Frankreich bes. S. 313 ff., 660—669 (Ges. v. 1880), ders. in Schanz' Finanzarchiv III, 1886 1—85, über Frankreich S. 49—61 (Ges. v. 1884). In der folgenden Behandlung der französ. Zuckerbesteuerung wird unter Hinweis auf diese tüchtigen Arbeiten v. Kaufmann's und Wolf's, die sich gut ergänzen, Vieles übergangen oder nur kurz berührt, so die volkswirthschaftlichen Seiten der Frage, mancherlei Technisches und überhaupt die Zeit bis 1880. Vornemlich soll die Umgestaltung der Besteuerung im J. 1884 hier zur Erörterung kommen. Vielerlei Hergehöriges auch in den fachtechnischen Zeitschriften der Zuckerindustrie. Ueber die ganze Zuckersteuerfrage s. Riecke im Schönberg'schen Handb. 2. Aufl. III, 431—446 (bes. über die deutsche Enquête 1883—84, S. 435 ff.). Ueber das Technische s. z. B. Wagner, chem. Technologie, 11. Aufl. Leipzig 1880, „Zuckerfabrikation" S. 580—625 und die daselbst S. 580 citirte Special-Fachliteratur (Stohmann, Scheibler, Stamer u. s. w.); ferner Claassen, Ueberblick über die Zuckerindustrie Deutschlands, 1888 (Fabrikationstechnik).

Vignes I, 156—163. Block, dict. und Supplemente, Art. sucre, über die technische Einrichtung und Durchführung der Steuer und die neueste Gesetzgebung. Im Say'schen dict. steht der betr. Artikel noch aus. Für das Einzelne Olivo III, 211—344 (bis 1879), sehr reichhaltig und für das Verständniss auch mancher wichtigeren Puncte der Steuereinrichtung und Verwaltung unentbehrlich. v. Hock, S. 321—327, Stand um 1856, natürlich nicht mehr genügend. Ueber die gesetzgeberischen Vorgänge seit 1871 Mathieu-Bodet I, 32, 83, 239, 253, 273, 330, II, 401 ff.; auch Amagat p. 166, 172; über den ganzen historischen Gang der Zuckersteuerfrage ders. p. 352 ff. Die neueren Gesetze, Verordnungen u. s. w. im Bull., bes. vol. VIII, X, XVI, XVIII, XX bis XXIV. Ueber die Veränderungen der Steuertechnik, ihre Ursachen und Folgen, Manches auch in den statist. und Verwaltungsberichten im Bull.

Statistik. Manche Daten bei v. Kaufmann und in guter Verarbeitung für die Beweisführung bei J. Wolf, Faure, p. 124, bes. aber viel werthvolles Material im Bull., so II, 29 (Zuckerconsum und Steuersatz seit 1830), III, 141 (Statistik der Rubenzuckerfabrikation 1838—76, auch nach Depart.), XIII, 156. Seit 1880 namentlich die Jahresberichte, auch über den Stand der technischen Einrichtung, die Wirkungen der Gesetzgebung, so XI, 320, XIII, 158, XV, 17, XVII, 170, XIX, 404, XXI, 298, XXIII, 256. Auch XXI, 599 (Production und Herkunft der Zucker in 1886), XXI, 602 (Zuckerung von Wein), XXIII, 532 (dasselbe), XXIV, 50 ff. (Statistik der Ein-, Ausfuhr, Production, Consumtion seit 1871—1887. bes. lehrreich).

aa) Entwicklung der Zuckerbesteuerung.

§. 266. 1. Periode bis 1871. Schon die Zuckerhandelspolitik der früheren Zeit ging in Frankreich auf Begünstigung der einheimischen Raffinirung des colonialen und fremden Rohr-Rohzuckers und auf diejenige der Rohzuckerproduction und der Zuckereinfuhr der eigenen Colonien aus. Mit unter dem Einfluss der Handels- und Zollpolitik Napoleon's I., besonders während der Continentalsperre seit 1810 verbreitete sich die Rübenzuckergewinnung damals in der Praxis. Nach 1814 nahmen die Handelsverhältnisse wieder ihre natürliche Gestalt an. Die leitenden Grundzüge der Gesetzgebung waren von da an und bei den Zöllen Jahrzehnte lang, namentlich bis um 1860, in einigen Puncten noch länger, in den Einzelheiten der Durchführung, besonders in den Tarifsätzen, öfters verändert: **Verbot der Einfuhr raffinirten Zuckers**, erhebliche **Zolldifferenz** bei der Einfuhr zu Gunsten des französchen Colonialzuckers gegenüber dem fremden Zucker, insbesondere für **Rohzucker**, Gewährung von **Rückzöllen** für ausgeführte Raffinade, welche nach Berechnungsweise und Höhe zu erheblichen **Ausfuhrprämien**, besonders bei der Verarbeitung französischen Colonialzuckers wurden, demnach Begünstigung theils der einheimischen Raffinirung, theils der französischen Colonialzuckerproduction, dem Grade nach wechselnd, Beides zum **Nachtheil des fiscalischen Interesses und der einheimischen Consumtion**, welche langsam wuchs.

Die Rübenzuckerindustrie genoss dagegen nach 1814 zunächst noch über zwei Jahrzehnte lang **Steuerfreiheit**. Dank derselben entwickelte sie sich immer weiter und dehnte sich vornemlich in unmittelbarer Verbindung mit Landwirthschaftsbetrieben, in zahlreichen, vielfach nur kleinen Fabriken über einen grossen Theil Frankreichs aus, mit ihrer Production in der Mitte der dreissiger Jahre bereits ein Drittel bis zur Hälfte der damaligen französischen Zuckerconsumtion deckend. Die Benachtheiligungen, welche daraus für die Staatscasse und für das Productionsinteresse der französischen Colonien hervorgingen, regten seit den zwanziger Jahren schon die Frage der Besteuerung des heimischen Zuckers an. 1832 und 1836 wurden bezügliche Gesetzentwürfe vorgelegt, aber noch abgelehnt. Im Jahre 1837 kam jedoch ein Gesetz zu Stande (Gesetz v. 18. Juli 1837), das für die Zuckerfabriken **Licenzen** (50 Frcs.) einführte, sie der steueramtlichen Ueberwachung unterstellte und den Zucker vom 1. Juli 1838 an in Form einer Steuer vom Fabrikat, bezw. Halbfabrikat, dem **Rohzucker**, einer Gewichtssteuer von 10 Frcs. für 100 Kilogr. im ersten, 15 Frcs. vom zweiten Jahre an unterwarf.

<small>Eine Ordonnanz v. 4. Juli 1838 stufte diese Steuer nach einem **Typensystem** in Gemässheit des angenommenen Zuckergehalts ab, ein System, das dann im Gesetz v. 3. Juli 1840 unter gleichzeitiger Erhöhung der Sätze (25 Frcs. — 33.30 Frcs. bezw. 36.10 Frcs.) bleibend in die Gesetzgebung überging. Im Jahre 1843 (Ges. v. 2. Juli) wurde darauf eine schrittweise jährliche Erhöhung von 5 Frcs. für den Steuersatz v. 1. Aug. 1844 an bestimmt, um so bis 1847 die Steuer auf die Höhe des Zolls des französ. Colonialzuckers zu bringen, auch die Zahl der Typen auf 2 vermindert. Die so gleichgestellten Zucker blieben aber erheblich gegen allen fremden Zucker begünstigt, dessen Einfuhr auch ferner nur als Rohzucker, nicht raffinirt, gestattet war. Gegenüber dem Normalzollsatz für fremden Rohzucker von 71.50 Frcs. behielt der Colonialzucker eine Ermässigung von 22 Frcs. im Zoll. Der Tarif specialisirte ausserdem die Zollsätze für fremden Zucker nach der **Flagge** und nach der **Herkunft**, mit Ermässigung bei französ. Flagge, ebenso bei **directer Einfuhr** (nicht aus Entrepôts) und wieder bei Herkunft aus Indien gegenüber der aus</small>

anderen aussereurop. Ländern. Beim französ. Colonialzucker war wieder der aus Bourbon (Réunion) vor dem aus Amerika (den Antillen, Guadeloupe, Martinique) etwas begünstigt. So gingen die Zollsätze im Tarif von 1840 von 39.50 Frcs. für 100 Kil. für „anderen als weissen Rohzucker" aus Bourbon in 13 Stufen bis auf 105 Frcs. für weissen oder gleichgestellten fremden Rohzucker unter fremder Flagge. Durch das wichtige Gesetz v. 31. Mai 1846 nebst Ord. v. 29. Aug 1846 wurde darauf die technisch-administrative Durchführung der Rübenzuckerbesteuerung zum Abschluss gebracht, — in den strengen Formen des französischen Ueberwachungs-systems (Exercice), wie es der Character der Steuer als Fabrikatsteuer hier besonders bedingte. S. Olibo III, 211; Amagat p. 352 ff.

Die Wirkung der Besteuerung zeigte sich alsbald in der Betriebsaufgabe einer grösseren Anzahl, meist kleinerer landwirthschaftlicher Fabriken, in dem Verschwinden der Rübenzuckerindustrie aus einer Anzahl Departements mit weniger günstigen Productionsverhältnissen und der Concentration dieser Industrie in 16—18, namentlich in 3—5 Departements, wo diese Verhältnisse günstiger lagen, aber nur in einer kurz dauernden Abnahme der Gesammtproduction, indem die bestehen gebliebenen oder neuen Fabriken ihren Betrieb ausdehnten: Erscheinungen, wie man sie ähnlich bei der Einführung und Erhöhung der Steuer auch in anderen Ländern mit anderen Steuermethoden (Rohstoffsteuer u. a. m) beobachtet hat, so dass sich hier ein specifischer Einfluss der französischen Fabrikatbesteuerung nicht erkennen lässt. Das fiscalische Interesse blieb so in einem gewissen Nachtheil, das coloniale nicht minder. Daraus gingen Gedanken selbst eines Verbots der Rübenzuckerindustrie, anderseits Tendenzen zur Steuererhöhung, mindestens bis zur Gleichstellung der Steuer mit dem französischen Colonialzucker hervor, wie sie dann in den genannten Gesetzen von 1840 und 1843 verwirklicht wurden. Die begünstigte Raffinerie verarbeitete bald heimischen ebenso wie eingeführten Zucker.

Die Entwicklung bis 1850—51 war folgende vom 1. Steuerjahr 1838—39 an:

	Zahl der Depart. mit Fabriken	Zahl der Fabriken	Productions-menge Mill. Kilogr. Rohzucker	Durchschnitts-production per Fabr. Kil.
1838—39	51	547	39	71,300
1839—40	39	418	23	55,000
1840—41	38	385	27	69,600
1844—45	19	294	36	122,400
1850—51	17	304	76	250,000

(Bull III, 155.) Die Consumtion war von 113 Mill. Kil. in 1837 und 1838 auf fast 130 Mill. in 1846 und 1847 (alle Zucker zus. gefasst) gestiegen, wovon anfangs etwa $^1/_8$, dann bis zur Hälfte, schliesslich an $^2/_5$ bereits auf einheimischen Rübenzucker kam (Bull. II, 30).

Die immer empfindlichere Concurrenz, welche der Rübenzucker unter dem System der Gleichstellung der Abgaben dem französischen

Colonialzucker machte, veranlasste im J. 1851 die Rückkehr zur Zollbegünstigung des letzteren gegenüber dem Steuersatz des Rübenzuckers. Zugleich erfolgte eine Erhöhung des Satzes für diesen und der Versuch, an Stelle des Typensystems der Besteuerung die genaue saccharimetrische Bestimmung des Gehalts an reinem Zucker und der Ausbeute bei der Raffinirung zu setzen (Gesetz v. 13. Juni 1851).

Ein Versuch, der sich indessen practisch noch nicht bewährte, so dass man bald zu dem Typensystem zurückkehrte (Decr. v. 27. März 1852). Das Differential-princip zu Ungunsten alles fremden Zuckers und des inländischen Rübenzuckers gegenüber dem französischen Colonialzucker blieb bestehen, doch erfuhr es 1852 und von Neuem 1854 und 1855 in Betreff des fremden Zuckers einige Ermässigungen.

Ein erheblicher Schritt in freihändlerischer Handelspolitik und liberaler Zollpolitik erfolgte alsdann in Veranlassung des Handelsvertrags mit Grossbritannien vom J. 1860 und in der Consequenz der damit eingeleiteten Volkswirthschaftspolitik, namentlich durch das Gesetz vom 23. Mai 1860.

Das Verbot der Einfuhr raffinirten Zuckers wurde für Vertragsstaaten aufgehoben, die Steuer und die Zölle wurden bedeutend ermässigt, der Zollabschlag zu Gunsten französischen Colonialzuckers zwar beibehalten, aber vermindert und zeitlich auf eine Reihe von Jahren (zunächst bis 1864, bezw. 1865) begrenzt, mit der Inaussichtnahme der Aufhebung jeder solchen Begünstigung alsdann, der Differential-Zollzuschlag für fremden Zucker und für Einfuhr unter fremder Flagge wurde ebenfalls herabgesetzt. Auch wurden Abonnements der Zuckerfabriken auf der Grundlage einer allein steuerpflichtigen Minimalausbeute — 1425 Gramm Zucker für jedes Hectoliter Saft und jeden Grad des Dichtigkeitsmessers — zugelassen, was auf eine Begünstigung der Rübenzuckerproduction und auf eine durch die Besteuerung bewirkte Förderung des technischen Fortschritts hinausläuft (Ges. v. 23. Mai 1860). Das Gesetz unterschied auch nur noch Rohzucker jeder Art als Eine Tarifclasse und raffinirten Zucker. Der Principalsatz für nicht raffin. Zucker war 25 Frcs. für 100 Kilogr. inländischen, ebenso viel für auf französ. Schiffen aus französ. Colonieen eingeführten, 3 Frcs. mehr für fremden aussereuropäischen, 9 Frcs. mehr für den aus Entrepôts — in beiden Fällen unter französ. Flagge —, 14 Frcs. mehr für fremde Flagge; raffinirter zahlte in allen Fällen 2½ Frcs. mehr. Zucker aus französ. Colonieen jenseits des Caps der guten Hoffnung genoss 6 Frcs., nach 1. Juli 1865 1½ Frcs. Abschlag. Bei der Beseitigung der Zoll- und Steuerstufen nach Typen für unraffinirten Zucker waltete der Gedanke ob, dass die Fabriken sich bestreben würden, Rohzucker herzustellen, der, ohne der kostspieligen Raffinirung zu bedürfen, unmittelbar in den Consum übergehen könne (s. Ber. d. Commiss. des gesetzgeb. Körpers über den Gesetzentwurf v. 1860, im Preuss. Hand.-Arch. 1860, I, 647). Diese Erwartung scheint sich nicht erfüllt zu haben. Das Ges. v. 7. Mai 1864 führte wieder 3 Typen ein und hob die Abonnementsabschliessung auf. Obwohl schon 1862 (Ges. v. 2. Juli) wieder ein Zuschlag zu Steuer und Zoll von 10 Frcs., bez. 12 Frcs. (mit den Decimen), daher auf 42 Frcs. im Ganzen erfolgte, hat doch eine bleibende starke Ermässigung der Zuckersteuern stattgefunden: von 60 auf 42 Frcs. im Normalsatz mit Decimen. Der Zuckerconsum stieg von 185 Mill. Kil. in 1857—59 auf 246 Mill. in 1861—63 und nach vorübergehender Abnahme auf 271 Mill. in 1867—69, etwa 7.7 Kil. p. Kopf bei im Ganzen überhaupt etwas weichenden Zuckerpreisen. Ein Einfluss der Steuerermässigung auf die Steigerung des Consums ist hier wohl anzunehmen. Der Colonialzucker von Réunion und den Antillen wurde von Neuem für die Zeit vom 15. Juni 1864 — 1. Januar 1870 mit einem Zollabschlag von 5 Frcs. p. 100 Kil. begünstigt (Ges. v. 7. Mai 1864, Art. 2).

Die Bestimmungen über die Ausfuhr und über die Berechnung der Vergütungen für ausgeführte Raffinade (Art. 7 des Gesetzes vom 23. Mai 1860) liefen fortdauernd auf die Gewährung erheblicher Ausfuhrprämien hinaus. Dies änderte sich auch nur der Form, nicht dem Wesen nach, als das Gesetz vom 7. Mai 1864 neue, dem wiederangenommenen Typensystem angepasste Ausbeuteannahmen für die Umrechnung der auszuführenden Raffinade auf Rohzucker feststellte und ein neues System der Behandlung der steuer- bzw. zollfrei auszuführenden Zucker einrichtete: das der zeitweisen abgabefreien Zulassung von nicht raffinirten Zuckern jeden Ursprungs behufs Raffinirung für die Ausfuhr (admission temporaire en franchise, Ges. v. 1864, Art. 5, 6). Zum Nachtheil der Staatscasse, unter Verschiebung der natürlichen Preisverhältnisse und der Concurrenz verschiedener Länder auf dritten Märkten ist dieses System von Ausfuhrprämien vornemlich nur für die Raffinerieen und eventuell für die ausländischen Consumenten günstig gewesen und hier nichts Anderes als ein unverdientes Geschenk an sie. Die einheimische Rübenzuckerproduction und die Rohrzuckergewinnung der französischen Colonieen profitirten davon nur etwa indirect durch die künstliche Steigerung der Nachfrage der Raffinerien nach Rohzucker behufs Verarbeitung zum Export. Auf die Beseitigung dieses Prämiensystems zielten die Zuckerconventionen von 1865, 1875 und 1877 zwischen Frankreich, Grossbritannien, Niederlanden, Belgien hin, ohne dass etwas Befriedigendes erreicht worden wäre. Freilich durch Mitschuld Frankreichs wegen dessen ungenügender Ausführung der Conventionsbestimmungen.

Näher soll dieser Gegenstand hier nicht verfolgt werden. S. darüber, bes. auch hinsichtlich der ungünstigen Einwirkungen des Typen-Classificationssystems, namentlich des (holländischen) Farben-Typensystems, welches nach den von den Conventionalstaaten in Köln angestellten practischen Proben angenommen wurde, v. Kaufmann, Zuckerindustrie, S. 130 ff., 172, J. Wolf, Tüb. Ztschr. B. 38, S. 644, 662.

Die Rübenzuckerproduction hat sich mit Schwankungen, welche weniger von den Steuerverhältnissen, als von den Ernteverhältnissen bedingt waren, fortdauernd ausgedehnt. Es war

	Zahl der Depart. mit Fabriken	Zahl der Fabriken	Menge der Production Mill. Kil. Rohzucker	Durchschnittsproduction p. Fabr. Kil.
1851—52	15	329	69	209,700
1859—60	18	334	126	377,200
1860—61	18	334	101	302,400
1869—70	24	465	289	621,500
1871—72	22	490	337	687,900

(Bull. III, 155).

Für die Steuererträge sind bei dem complicirten französischen System und bei der Bedeutung der Ausfuhrprämien ausser der jeweiligen Rübenzuckerernte und Einfuhr wesentlich die Relationen massgebend, in welchen bei dem Zucker „zum Consum" die drei nach der Herkunft unterschiedenen Zucker, der inländische Rüben-, der französische Colonial- und der fremde Zucker betheiligt sind, sowie die Grösse der Zuckerausfuhr und deren Vertheilung auf die drei genannten Zuckersorten und auf die daraus hergestellten Raffinaden. Daher nicht nur erhebliche Jahresschwankungen der Steuererträge, sondern auch der Beitragsquoten, welche von den Erträgen auf die drei Zuckersorten kommen.

S. die Tabelle bei v. Kaufmann, Fin. Frs S. 420 (1849—80). Der Ertrag stieg von 70.6 Mill. Frcs. im Durchschn. v. 1849—51 auf 112 Mill. in 1867—69, wovon anfangs etwa ⅖, zuletzt aber die Hälfte auf den Rübenzucker kamen. Im J. 1869 waren die Mengen des Consums, in Rohzucker berechnet, und die Steuererträge:

	Mill. Kil.	Mill. Frcs. Steuer
Rübenzucker	147.9	64.61
Colonialzucker	84.7	31.95
Fremder	38.7	16.70
Zusammen	271.2	113.25
Glucose	—	0.327

Faure p. 124; etwas abweichend Bull. II, 39 (auch, ohne Erklärung mehrfach in den amtl. Statistiken etwas verschiedene Zahlen, z. B. Bull. cb und XXIV, 56, 61). Von der inländ. Production kam auf die Dep. Nord, Aisne, Pas des Calais, Somme, Oise mehr als ⁶⁄₇. Die Verhältnisse der Ein- und Ausfuhr näher zu verfolgen, müssen wir uns für diese ältere Periode hier versagen. In der folgenden werden sie bei ihrem bestimmenden Einfluss auf die Besteuerung mit zu betrachten sein.

§. 267. **2. Periode seit 1871.** Die Zuckersteuern und Normalzölle waren in Frankreich auch vor dem Kriege, nach der neuen Erhöhung in den Gesetzen von 1862 und 1864 immerhin bereits 60—75 % des Preises für Rohzucker gewesen: hoch in Verhältniss zu anderen Ländern. Gleichwohl war es in der Finanzlage nach dem Kriege unvermeidlich, sie weiter und erheblich zu steigern, in drei Schritten 1871—73 schliesslich um 56 %, was aber jetzt, nach dem endgiltigen Fortfall des Zollabschlags des französischen Colonialzuckers und der im Wesentlichen erfolgten Gleichstellung des fremden Zuckers wenigstens in der Hauptsache gleichmässig für Zucker allen Ursprungs geschah. Dadurch stiegen die Sätze auf 100—115 % des Preises: eine enorme Höhe bei diesem Artikel, welche allerdings wohl die weitere Zunahme des Consums gehemmt, selbst etwas Abnahme darin bewirkt, sich daher auch finanziell nicht ganz in dem sonst wohl zu erwartenden, freilich aber doch immer in bedeutendem Grade vortheilhaft gezeigt hat. Die Lage der Rübenindustrie war dabei aber ungünstiger geworden. Die Zuckerconventionen von 1875 und 1877 und neue Gesetze von 1875 änderten in dieser Hinsicht nicht viel.

Die Verbesserung der Finanzlage Ende der siebenziger Jahre wurde daher auch dazu benutzt, den Consumenten wie der Industrie zu Liebe eine erhebliche Verminderung des Steuersatzes im Jahre 1880, um ca. 45 % des zuletzt geltenden Betrages für Raffinade, herbeizuführen, — gleichzeitig mit der Ermässigung der Getränkesteuern (S. 624), beide Massregeln in Verbindung mit einander, als Concession an verschiedene, dabei interessirte Landestheile. Die Tarifirung wurde auch etwas vereinfacht, in einigen Puncten verändert, ausländischer Zucker Zollzuschlägen unterworfen, welche bei Raffinade nicht unerheblich waren, die Feststellung der Ausbeuteverhältnisse (Rendements) nach dem wirklichen Zuckergehalt statt nach Classen angeordnet (Gesetz vom 19. Juli 1880). Jene Ermässigung, noch von sinkenden Preisen begleitet, hat zu einer namhaften, aber nicht so dauernd anhaltenden Steigerung der Consumtion, als man erwartet hatte, geführt. Die Vermehrung der Einfuhr fremden wie die gleichzeitige Verminderung der Ausfuhr heimischen Zuckers — vornemlich die Folge der stärkeren Entwicklung der deutschen, belgischen und österreichischen Zuckerindustrie, und des erlangten Uebergewichts der Zucker dieser Länder, besonders Deutschlands, auf dem für Frankreich wichtigen britischen Markte — haben aber auch bei der so viel niedrigeren Steuer die Lage der französischen Rübenzuckerindustrie von 1880 an trotz jener Consumsteigerung precär erhalten: Umstände, welche dann zu der grossen völligen Umgestaltung der Besteuerungsmethode im Jahre 1884 führten. Das System der Ausfuhrprämien blieb ungeachtet der Zuckerconventionen von 1876 und 1877 und der sich anschliessenden Gesetzgebung von 1875, welche auf eine richtigere Berechnung des Zuckergehalts und der Ausfuhrvergütungen hinzielte, bis 1880 wenig verändert in Geltung und ist auch durch das Gesetz von 1880 nicht genügend beseitigt worden. Bei der schwierigeren Lage der Industrie wagte man vollends nicht ganz damit zu brechen.

<small>Die Erhöhung der Consumsteuer für alle Zucker betrug zuerst 30 % des bestehenden Satzes (d. h. von Principal und Decimen zus., Ges. v. 8. Juli 1871), bald noch weitere 20 % desselben (Ges. v. 22. Jan. 1872) und schliesslich abermals 4 % des so erhöhten Satzes (Ges. v. 30. Dec. 1873). Der Satz war dadurch von 42 auf 65.52 Frcs. p. 100 Kil. Rohzucker unter der Type No. 13, auf 68.64 Frcs. für die No. 13—20, auf 70.20 für dem raffinirten gleichgestellten (poudres blanches), auf 73.32 Frcs. für raffinirten Zucker inländ. Ursprungs, auf 26 Frcs. für Zucker, welcher</small>

mit Hilfe des Baryt-Verfahrens oder dgl. aus Melasse gewonnen wird, auf 11.44 Frcs. für Glucose erhöht worden. Diese Tarifsätze erfuhren bei den Zöllen noch einige kleinere Modificationen, je nach der Herkunft der eingehenden Zucker, wo für die Zuckerconventions-Staaten Grossbritannien, Belgien, Holland etwas niedrigere, für die anderen Handelsvertrags-Staaten etwas höhere, für Oesterreich damals noch höhere Zölle in Anwendung kamen, auch sonst noch Unterscheidungen Platz griffen (s. bei v. Kaufmann, Zuckerindustrie, S. 142, den Zolltarif). Erneute Versuche, zu einer internationalen Zuckerconvention zu kommen, wurden 1875 aufgenommen, führten auch zum Abschluss einer solchen mit den früher genannten 3 Staaten (11. Aug. 1875), doch trat dieselbe, weil Holland nicht ratificirte, nicht in Kraft. Das französ. Ges. v. 30. Dec. 1875 hatte mit Rücksicht auf diese Convention neue alternative Bestimmungen betreffs der Zuckerbesteuerung getroffen, die einen für den Fall, dass die Convention ratificirt werde (Art. 1—12), die anderen (Art. 13—15) für den entgegengesetzten Fall, der also eintrat. Danach und nach dem mit bestimmenden Gesetz v. 29. Juli 1875 wurden, unter Festhaltung der bestehenden, vorgenannten Tarifsätze, bei den zwei Arten der Behandlung des Zuckers verschiedene Classificationen unterschieden: einmal für die Zahlung der Verbrauchssteuer 2 Classen, die eine unter der No. 13 der Type umfasste die Zucker unter 91 % Gehalt, die zweite, die von 91—98 % incl. (poudres blanches mit 98 % und mehr angerechnet); sodann für die „zeitweilige Zulassung" 4 Classen, die erste für die Typen 15—18 incl., wohin die Zucker mit 92 % excl. und 98 % incl. Gehalt, die zweite für die Typen 10—14 incl., wohin die Zucker mit 85 % incl. — 92 excl., die dritte für die Typen 7—9 incl., wohin die Zucker mit 76 % incl. — 85 excl., die vierte für die Typen unter 7, wohin die Zucker mit weniger als 76 %. Wie dieses Classificationssystem ausgebeutet wurde, um an Steuer und an Ausfuhrvergütung zu gewinnen, s. bei J. Wolf, Tüb. Zschr. B. 38, S. 662 ff. Soweit nun das beibehaltene Farben-Typensystem dem wirklichen Zuckergehalt nicht zu entsprechen schien, trat nach den Gesetzen vom 29. Juli und 30. Dec. 1875 ergänzend zur Corrector der Ausbeuteberechnungen und der danach bestimmten Steuer-, Zollsätze und Vergütungen die amtliche saccharimetrische Expertise ein, worin wenigstens principiell eine wesentliche Verbesserung des Verfahrens lag (Olibo III, 219 ff., v. Kaufmann, Zuckerindustrie, S. 131 ff., 173 ff.).

Nach dem Ges. v. 19. Juli 1880 (im Bull. VIII, 24 ff., auch bei v. Kaufmann Fin. Frs S. 415), das am 1. Oct. 1880 in Kraft trat, wurde Zucker jeder Herkunft bei der Bestimmung zum inneren Consum folgenden Sätzen unterworfen: Roh- und raffin. Zucker 40 Frcs. f. 100 Kil. raffin. Zuckers (also Rohzucker nach der Ausbeute an raffin. Zucker), desgl. 43 Frcs. f. 100 Kil. Candiszucker, Zucker, in besond. Anstalten aus steuerfreier Melasse gewonnen, 14 Frcs. f. 100 Kil., Glucose 9 Frcs. desgl.; Syrup, Bonbons, eingemachte Früchte wie raffin. Zucker, Confituren und gezuckertes Biscuit zum halben Satze des raffin. Zuckers, Chocolade 58 Frcs. p. 100 Kil., Melasse, welche nicht zur Destillation bestimmt, bei absol. Zuckergehalt bis incl. 50 % f. 100 Kil. 12 Frcs., bei höherem Gehalt 25½ Frcs. Fremder Zucker unterlag ausserdem einem Zollzuschlag im allgem. Tarif von 3 Frcs. f. 100 Kil. Rohzucker (d. i. von 98 %, Rendem. und darunter), 2 Frcs. im Vertragstarif, 12½ Frcs. bez. 8 Frcs. f. Raffinade oder ihr gleichgestellten Zucker (über 98 %), 15½ Frcs. bez. 11 Frcs. f. Candis. Als Raffinade galt aller Zucker in Broden oder dergleichen Formen, ihm gleichgestellte Zucker in Pulver (Stampfmelis) aus fremden Ländern mit Ausbeute über 98 %. Bei anderem (Roh-)Zucker wird für die Berechnung der Ausbeute an Raffinade in Max. 98, in Min. 65 %, vom wirklichen Prüfungsergebniss aber 1½ % als Abgang abgerechnet, auch bei dem zur „zeitweiligen Zulassung" in die Raffinereen — behufs event. Exports — gehenden Zucker: Bestimmungen, worin wieder ein Element der Ausfuhrprämie enthalten ist. Die Feststellung der Ausbeute des Rohzuckers erfolgte wie bisher nach der polarimetrischen Analyse und mit Absetzung des 4fachen (statt früher des 3fachen) an Aschen- und des 2fachen an Glucosebestandtheilen (noch etwas zu hoch, daher zu günstig für den Raffineur). Bei der Ausfuhr von Raffinade wird aber dieser Abzug für Glucose nicht berücksichtigt, was unter Umständen wieder eine erhebliche Ausfuhrprämie darstellt (s. das Ges. v. 1880, Art. 18, 19, dazu die guten Erläuterungen v. J. Wolf in d. Tüb. Zschr. B. 38, S. 662—666).

Die Gestaltung der Production, Consumtion und des Zuckerhandels seit dem Kriege bis zum Ges. v. 1884, und damit die ökonomische Begründung der grossen Umänderung der Besteuerung durch dieses Gesetz, ergeben sich aus folgenden Daten. Die Jahre seit 1884 bis zur Gegenwart, soweit Daten vorliegen, werden dabei gleich mit hinzugezogen und in der Besprechung jenes Gesetzes im folgenden Paragraphen mit benutzt werden. Sie zeigen die Wirkungen desselben (Bull. II, 39, III, 155, XIII, 156, XXIII, 283, bes. XXIV, 56—61, ausserdem die Jahresberichte über die Rübenzuckerindustrie im Bull., s. o. S. 662; Faure p. 124).

	Menge der in Rohzucker unter Type 13 Mill. Kil.	Production berechnet in Raffinade nach Analyse Mill. Kil.	Declarirt für innere Consumtion			
			Rübenzucker Mill. Kil.	Franz. Col. Mill. Kil.	Fremder Mill. Kil.	Zus. Mill. Kil.
1871—72	335	287	83	48	26	157
1875—76	462	396	178	47	47	272
1876—77	243	209	131	50	64	245
1879—80	278	238	160	54	104	318
1880—81	331	284	202	49	126	376
1881—82	393	337	220	64	120	404
1882—83	423	363	247	44	111	402
1883—84	474	406	246	50	129	425
1884—85	318	273	187	88	147	422
1885—86	309	265	315	75	38	427
1886—87	506	434	326	89	26	440
1887—88	c. 400	343	—	—	—	—

1876—77 und 1879—80 war das Minimum, 1875—76, 1883—84, 1886—87 das Maximum der Production. Die Jahre sind Campagnejahre 1. Sept. — 30. Aug.; bei der Consumtion Kalender- oder Finanzjahre und zwar die Daten für das zweite Jahr der ersten Colonne (also 1871—72 für 1872 u. s. w.).

In der Zahl der im Betrieb stehenden Fabriken ging bis 1884 keine sehr erhebliche Veränderung vor sich (1871—72, 1875—76 Max. 525, 1883—84 483). Seitdem hat sich die Zahl rasch vermindert und die Durchschnittsproduction vergrössert: eine bemerkenswerthe Wirkung des Ges. v. 1884 (1884—85 449, 1885—86 413, 1886—87 391, 1887—88 375, in 4 Jahren eine Abnahme um 108 oder 22%: die Durchschnittsproduction stieg von 951,000 Kil. Rohzucker in 1883—84 auf 1,294,000 in 1886—87: rascher als früher.

Die Declarirungen zum Consum haben sich bis 1879 mässig, seit 1880, dem Jahre der Steuerreduction, erheblich, indessen andauernd nur bis 1884 gesteigert. Die stärkste relative Zunahme und selbst eine starke absolute Zunahme als auf den Rübenzucker fällt aber auf den ausländischen Zucker, der daher von dem Gesetze v. 1880 am Meisten profitirte: 1879 war der Antheil dieses Zuckers nur 50 Mill. Kil. gewesen. Seit 1886 ist das dann freilich wieder ganz anders geworden, während von 1885 an der Antheil des Colonialzuckers stärker stieg.

Die Handelsstatistik der Periode 1871—1887 zeigt die eingetretenen Veränderungen in der Stellung der französischen Zuckerindustrie noch deutlicher. S. Bull. XXIV, 58 ff. Die Einfuhr stieg besonders von 1878—84—85 und zwar namentlich die Einfuhr fremden Rübenzuckers: letzterer von 8.64 Mill. Kil. Rohzucker in 1879 auf 56.71 in 1880, 91.84 in 1881, 1884 noch 89.73, dagegen 1885 nur 47.94 Mill., 1886 135,000 Kil., 1887 5643 Kil.! Deutschland war dabei zeitweise am Stärksten betheiligt, 1884 mit 54.1 Mill. Kil., 1886 mit — 100 Kil.: dann Belgien und Oesterreich. Die Ausfuhr von inländischem Rohzucker und von Raffinade nahm dagegen von 1875 an erheblich ab, bis 1885, um dann wieder stark zu steigen. Besonders der englische Markt bezog weniger französischen Zucker. Der französische Rohzucker wurde hier fast ganz, der raffinirte auch etwas durch den deutschen verdrängt (s. die brit. handelsstat. Daten in Bull. XXIV, 83, 85). Der französische Colonialzucker, fast ganz aus den Antillen (Martinique und Guadeloupe) und aus Réunion stammend, behauptete sich mit annähernd gleicher Einfuhr nach Frankreich 1871—79, sank dann auch etwas, nahm aber seit 1855 einen neuen Aufschwung. Die immerhin erschwerte Lage dieses französischen Colonialzuckers, mit in Folge der wachsenden Concurrenz des mitteleuropäischen Rübenzuckers, war für die neue Richtung der französischen Zuckersteuerpolitik auch mit massgebend. — Der Steuerertrag ging von 113.2 Mill. in 1869, 106.3 in 1872 auf 172.3 in 1873 und mit erheblichen Schwankungen bis auf 198 Mill. Frcs. in 1874 empor, um dann nach der Reduction der Sätze in 1880 auf 133.7 Mill. Frcs. in 1881 zu sinken, sich aber wieder bis 169.1 Mill. in 1884 zu erhöhen.

§. 268. 3. **Die Neugestaltung der Zuckerbesteuerung im Jahre 1884.** Die bisherige französische Besteuerungsmethode, die **Fabrikatbesteuerung** oder genauer gesagt die Verbindung der **Saftsteuer** mit ihrer Correctur durch die saccharimetrische Analyse, hatte zwar wegen ihrer schwierigen und lästigen Controlen und ihrer ganzen complicirten technischen Durchführung manche Angriffe erfahren. Aber sie galt anderseits als eine rationellere Besteuerungsmethode wie jede andere vom Standpuncte der allgemeinen Verbrauchssteuerpolitik aus. Seit länger wurde allerdings nicht verkannt, dass sie den technischen Fortschritt im Rübenbau, bezüglich der Erhöhung des Zuckergehalts der Rüben, und in der Fabrikation, bezüglich der vollständigen und wohlfeilen Gewinnung des Zuckers aus den Rüben, nicht in demselben Grade befördere, weil sie nicht durch die Ermöglichung von Ersparungen an Steuer ihn so förmlich prämiire, als andere Besteuerungsmethoden, besonders die Rohstoffbesteuerung, d. h. die eigentliche Rübensteuer, oder auch als etwa ein Abonnementssystem bei der Saftsteuer mit bloss steuerpflichtigen Minimalausbeuten, wie es von 1860 an einige Zeit hindurch in Frankreich bestanden hatte. Anderseits galt auch mit Recht eine solche Prämiirung für steuerpolitisch zu ungleichmässig, daher ungerecht wirkend und das französische System als dem landwirthschaftlichen Interesse entsprechender, insofern es dem Boden einen höheren Rübenertrag abgewinnen liess, der ihm in grösseren Futterrückständen der Zuckerindustrie wieder zu Gute kam.

Erst der grosse Aufschwung der sonstigen continentalen, besonders aber der unter der Rohstoffbesteuerung zur Blüthe gekommenen und der französischen Zuckerindustrie immer gefährlicher gewordenen **deutschen** Rübenzuckerfabrikation und die mit dadurch bedingte veränderte Stellung des französischen Rüben- und Colonialzuckers im Welthandel gaben den Anstoss zur völligen Umgestaltung des eingebürgerten Besteuerungssystems. U. A. galt es auch zu bewirken, dass die grossen Raffinerieen wieder mehr genöthigt würden, heimischen Zucker statt auswärtigen zu verarbeiten, welches Letztere seit 1879 stark zugenommen hatte. Die übliche specifische Animosität gegen Deutschland machte sich hierbei noch besonders geltend.

So kam es denn im Jahre 1884 zur **Einführung der Rübensteuer**, zuerst für 3 Jahre (1. September 1884—87) als **facultative Massregel** in Form von Abonnements, für welche günstige Ausbeuteminima als Grenze der Steuerpflichtigkeit des gewonnenen Zuckers zugelassen wurden, vom 1. September 1887 an als **obligatorische Massregel**. Der Steuersatz blieb nominell der Fabrikat-, bez. der Halbfabrikatsteuersatz, der dann auf die rechnungsmässig gewonnene Menge angewendet wurde. Er ward zwar nominell höher als der von 1880 gestellt, aber reell mit Rücksicht auf die Steuerfreiheit der Mehrausbeute war er niedriger. Zugleich wurde der fremde europäische oder aus europäischen Entrepôts kommende Rohzucker wieder einem **höheren Zuschlagzoll** unterworfen, welcher nicht **rückvergütet** wurde: ein Streich gegen den Bezug solchen Zuckers durch die Raffinerieen, auch bei beabsichtigter Wiederausfuhr der Raffinade.

Einen Erfolg für die Umgestaltung des französischen Aussenhandels, die Hebung des Consums heimischen Zuckers, die Verbesserung des Zuckergehalts der Rüben und der Fabrikationstechnik, namentlich durch Hindrängen auf die Annahme besserer Ausbeutungsmethoden (Diffusion u. s. w.) hat die neue Besteuerung in der kurzen Zeit ihrer Wirksamkeit bereits gehabt. Aber die Grossbetriebstendenz ist auch schon stärker hervorgetreten, viele Fabriken sind schon eingegangen und das Finanzinteresse drohte durch die Annahme zu niedriger Ausbeuteminima und die Steuerfreiheit der Mehrausbeute bald so empfindlich geschädigt zu werden, dass bereits Erhöhungen jener Minima und eine „zeitweilige Zuschlagsteuer" für den steuerfreien, namentlich den aus der Mehrausbeute herrührenden Zucker nothwendig geworden sind. Ob diese „Provisorien", zu denen auch der Zollzuschlag für fremden Rohzucker gehört, wieder beseitigt werden können oder „Definitiva" werden, steht noch dahin. Aber unwahrscheinlich ist Letzteres nicht. Etwas Endgiltiges hat auch das Gesetz von 1884 schwerlich geschaffen. Seine Tarife und Ausbeuterelationen sind ja, wie gesagt, auch bereits wieder abgeändert worden. Ob Frankreich die neueste Londoner Zuckerconvention einfach mit annehmen wird, lässt sich zur Zeit, wo dies geschrieben wird, auch noch nicht sagen. Geschähe es, so würden zur vertragsmässigen Beseitigung der Ausfuhrprämien wieder erhebliche Veränderungen in der Steuergesetzgebung nothwendig werden.

§. 269. 4. **Einzelnes über die neue Gesetzgebung und ihre Wirkungen.** Das wichtigste Ereigniss in der Geschichte der Politik und Technik der Zuckerbesteuerung ist der Uebergang zur Rübensteuer in Frankreich aber jedenfalls. Diese Massregel und die daraus hervorgehenden Einwirkungen auf Rübenbau und Fabrikationstechnik verdienen finanzwissenschaftlich allgemeine Beachtung und sollen deshalb hier etwas näher verfolgt werden.

S. d. Ges. v. 29. Juli 1884 in Bull. XVI, 125 (auch Block's dict. suppl. génér. p. 418). Dazu das Ausführungsdecret v. 31. Juli 1884, Bull. XVI, 253. Ueber diese Gesetzgebung gut J. Wolf, im Finanzarch. III., 53 ff. Ferner Ges. v. 4. Juli 1887 (Bull. XXII, 1, Block, dict. suppl. f. 1887 p. 300) und Decr. v. 25. März 1887 (Bull. XXII, 229).

Der Steuer- und Zollsatz für Zucker jeden Ursprungs ist 50 Frcs. (gegen 40 Frcs. im Ges. v. 1880) für Roh- und raffin. Zucker, für 100 Kil. raffin. Zuckers (also mit entsprechender Umrechnung, bez. Ermässigung für Rohzucker), 53.50 Frcs. für Candiszucker, 10 Frcs. für Glucose. Melasse, welche nicht zur Destillation dient, trägt f. 100 Kil. bei absolutem Zuckergehalt bis 50 % 15, bei höherem 32 Frcs., Chocolade 93 Frcs. Rohzucker und aller nicht den raffinirten gleichgestellter aus Europa oder europäischen Entrepôts unterliegt (zunächst bis Ende August 1886) einem nichtrückzahlbaren Zuschlag von 7 Frcs. f. 100 Kil., statt 3 Frcs. bisher. Auch ist die Minimalausbeute aus den letztgenannten Zuckern von 65 auf 80 % erhöht worden. Als Uebergangsmassregel von dem Steuersatz von 40 auf 50 Frcs. wurde eine Inventarisirung der Zuckerbestände der Raffinerien, Fabriken und kaufmännischen Magazine vorgenommen und der vorgefundene Zucker mit 10 Frcs. Complementärabgabe belegt; frei davon Beträge unter 1000 Kil. (Ergebniss ca. 22 Mill. Kil. und 2.2 Mill. Frcs. Steuer).

Schon ein Gesetz v. 13. Juli 1886 verlängerte die Erhebung des Zollzuschlags für europäischen Rohzucker bis Ende August 1888, das Ges. v. 24. Juli 1888 vorläufig bis Ende August 1890. Das Ges. v. 27. Mai 1887 (Bull. XXI, 573) brachte aber auch **allgemeine Tariferhöhungen**, so bis Ende 1887 von 20 % für alle Zucker (also von 50 auf 60 Frcs. per 100 Kil.), von 15 auf 18 und von 32 auf 38.40 Frcs. für die beiden Sorten Melasse, von 93 auf 98.40 Frcs. für Chocolade. Die Steuererhöhung von 10 Frcs. f. 100 Kil. raffin. Zuckers traf auch wieder die Vorräthe von bisher schon, aber niedriger versteuerten Zuckern (mittelst Inventarisirung) und die nach den Ges. v. 29. Juli 1884 und 13. Juli 1886 als Ausbeute-Ueberschuss und Fabrikationsabgang steuerfreien Zucker (s. u.). (Restitution dieser Zuschläge auf die Vorräthe am 1. Jan. 1888 vorbehalten, Art. 4 d. Ges. v. 27. Mai 1887). Das Ges. v. 24. Juli 1888 (Bull. XXIV, 14) stellte dann zwar den Normalsatz von 40 Frcs. des Ges. v. 1880 (statt 50 Frcs. des Ges. v. 1884) von der Campagne 1888—1889 (1. Sept. 1888) an wieder her, legte aber zugleich einen „zeitweiligen Zuschlag" — doch ohne Fristbestimmung — von 50 % für allen Zucker auf, so dass es bei 60 Frcs Steuersatz in Wirklichkeit verblieb. Dem entsprechenden „Aequivalent-Zuschlag" von 20 Frcs. wurden ferner die steuerfreien Ausbeuteüberschüsse und Fabrikationsabzüge der neuen Campagne sofort, die aus der vorausgehenden von Anfang 1889 an unterworfen; bis dahin entrichteten letztere nur 10 Frcs. solchen Zuschlags. Auch die als Fabrikationsabgang freien Beträge des französischen Colonialzuckers (s. u.) trugen bis 1. September 1884 nur 10, von da an 20 Frcs. Zuschlag.

Diese in beständiger Veränderung begriffenen Tarifeinzelheiten zeigen die fiscalischen Schwierigkeiten und Benachtheiligungen, in welche man durch das viel zu weit gehend die Zuckerfabriken begünstigende Gesetz von 1884 gekommen war.

Die Bestimmungen des letzteren über die inländischen Zuckerfabriken waren die folgenden: die letzteren konnten mit der Verwaltung der indirecten Steuern **Abonnements** eingehen, wonach als allein steuerpflichtig berechnet wurde auf je 100 Kil. Rüben die **Ausbeute von 6 Kil.** raffinirten Zuckers bei Diffusions- oder einem ähnlichen, von 5 Kil. bei dem Verfahren mit continuirlichen oder hydraulischen Pressen. Was darüber gewonnen wurde, war also steuerfrei, auch Syrup, Melasse. Fabriken, welche nicht abonnirten, erhielten einen **Abzug von** 8 % von ihrer Gesammtfabrikation. Nach 3 Jahren, d. h. nach 1. Sept. 1887 glaubte man, werde sich das neue Steuerverfahren eingebürgert, die Fabrikation, durch allgemeinere Annahme des Diffusionverfahrens, jenem angepasst haben. Von da an sollte die **Rübenbesteuerung** obligatorisch für alle Fabriken werden, wobei ein einheitlicher Ausbeutesatz, also ohne Unterschied des Fabrikationsverfahrens, zu Grunde gelegt wurde, nämlich in jährlicher Steigerung für die 4 Jahre 1. Sept. 1887 bis dahin 1891 von 6.25—6.5—6.75—7 Kil. raffinirten Zuckers für 100 Kil. Rüben. Gegenüber den raschen Fortschritten der Praxis in der Ausbeutung und den dabei drohenden fiscalischen Schädigungen erhöhte indessen das Ges. v. 4. Juli 1887 für die genannten 4 Jahre bereits die gesetzlichen **Ausbeuteminima** um ³/₄ Kil. jährlich, also auf 7—7.25—7.5 und 7.75 Kil. Zuckerfabriken, welche zur Zeit des Erlasses des Ges. v. 1884 sich bereits darauf eingerichtet hatten, gleichzeitig Zucker und Alcohol zu erzeugen, blieben nach dem gen. Ges. v. 1887 ausnahmsweise unter dem älteren Steuerverfahren stehen und genossen dann vom festgestellten Productionsquantum 12 % Abzug. Zugleich wurde durch das gen. Gesetz auch, „wegen der grösseren Kosten des im Interesse der Zuckerindustrie eingeführten Steuerverfahrens" eine jährliche Nebenabgabe von 30 Cent. für je 1000 Kil. verarbeiteter Rüben eingeführt.

Um bei dieser Begünstigung des einheimischen Rübenzuckers den **französischen Colonialzucker**, den Grundsätzen der neueren Gesetzgebung gemäss, einigermassen gleichgestellt zu erhalten, wurde demselben bei der directen Einfuhr nach Frankreich ein Fabrikationsabgang von 12 % zu Gute gerechnet (Ges. v. 1884 Art. 5). Dieser wurde nach Ges. v. 15. Juli 1886 für die Campagne 1886—87 bereits auf 24 % erhöht und allgemein bestimmt, dass er zukünftig dem mittleren Ausbeuteüberschuss der heimischen Zuckerindustrie in der letzten Fabrikationscampagne über den gesetzlichen Minimalsatz hinaus gleichkommen solle.

Besondere Bestimmungen trafen die gen. neueren Gesetze (v. 29. Juli 1884 Art. 6, v. 4. Juli 1887 Art. 5) über gewisse Ausbeuteberechnungen bei der Entlastung der Conten betr. „zeitweilige Zulassung" von Zucker zur Raffinirung behufs Ausfuhr.

Zucker zur Zuckerung der Weine und Obstweine vor der Gährung, wurde durch das Ges. v. 1884 Art. 2 dem niedrigeren Satze von 20 Frcs. für 100 Kil. raffinirten Zuckers unterworfen. Dazu Decr. v. 22. Juli 1885 über die Durchführung (Bull. XVIII, 269). Den 20 %-Zuschlag des Ges. v. 27. Mai 1887 tragen auch diese Zucker (bis auf Weiteres nach Ges. v. 24. Juli 1888).

Die Einwirkungen dieser neuen Gesetzgebung auf Ein- und Ausfuhr von Zucker und auf die Betheiligung der inländischen und der französischen Colonialzuckerindustrie an der Versorgung der heimischen Consumtion sind schon oben erwähnt und mit Zahlen belegt worden (S. 670). Die eingetretenen Veränderungen im Rübenbau, Menge und Qualität der Rüben, in Fabrikationstechnik, Zahl und Grösse der Fabriken und localem Sitz der Industrie ergeben sich genau aus den mit reichem statistischen Material versehenen Verwaltungsberichten der Steuerdirection über die Rübenzuckerindustrie. Einige wichtigere Thatsachen von allgemeiner Bedeutung für die

Zuckersteuerfrage und speciell für die Beurtheilung der neuen Besteuerungsmethode sollen hier noch Platz finden.

Zu vergleichen sind ausserdem die Ausführungen von J. Wolf über die neue französische Gesetzgebung im Finanzarch. a. a. O.

Bis Ende der 70er Jahre war der französische Rübenbau in der Zuckerhaltigkeit der Rübe und die Industrie in der Technik der Fabrikation notorisch immer mehr hinter denen Mitteleuropas zurückgeblieben. Die intensive Bodencultur, besonders im Norddepartement, hemmte die Gewinnung zuckerreicherer Rüben, die Ankaufsbedingungen beförderten mehr die Menge als die Qualität in der Cultur, das Classificationssystem der Steuergesetzgebung, vor dem Ges. v. 1884, begünstigte die Production von Zucker niedrigen Gehalts und ermöglichte so, ältere Fabrikationsmethoden, die in Deutschland und Oesterreich längst verbessert waren, beizubehalten. Das Diffusionsverfahren, das technisch beste (s. Wagner, chem. Technol. S. 600, Claassen S. 4 ff.) war noch nicht sehr verbreitet, auch das Osmoseverfahren bei der Entzuckerung der Melasse noch wenig und in manchen anderen Puncten war die Technik zurück (s. amtl. Ber. f. 1880, Bull. XI, 319). In allen diesen Verhältnissen traten indessen unter dem wachsenden Druck der ausländischen Concurrenz seit Ende der 70er Jahre mehr Fortschritte ein, welche seit dem Ges. v. 1880, das diese Concurrenz noch steigerte, rascher und bedeutender wurden, besonders in Betreff der Fabrikationstechnik, namentlich der Ausdehnung der Diffusion, der Verbesserung der Siedeapparate u. dgl. m. Die Zuckerausbeute wuchs so, die einzelnen Departements zeigten nach ihrer Rübencultur aber erhebliche Unterschiede, die alten Hauptsitze der Industrie, Nord und Pas des Calais, kamen nicht mehr so vorwärts.

Mit der wenn auch zunächst nur facultativen Einführung der Rübensteuer und Steuerfreiheit der das gesetzliche Minimum übersteigenden Ausbeute, nach Ges. v. 1884, traten dagegen sofort und seitdem immer umfassender erhebliche Veränderungen in Rübenbau und in der Fabrikationstechnik ein: einerseits zuckerreichere Rüben, höhere Preise dafür, Versuche, bei der Lieferung und dem Ankauf die Rüben nach dem Zuckergehalte zu bezahlen — eine schwierige Sache, weil die Methoden zur Bestimmung dieses Gehalts bei der Anwendung auf die Rübe selbst noch vielfach versagen und die einzelnen Rüben starke Unterschiede zeigen —, aber auch kleinere Ertragsmenge per Hectare und entsprechend relativ geringere Mengen Futterungsrückstände; andererseits immer weitere Ausdehnung der Diffusion an Stelle des Pressverfahrens, mindestens continuirliche an Stelle der hydraulischen Pressen, Verbesserung der Siedeapparate, Turbinen, Filtrirung und anderer technischer Betriebseinzelheiten, vermehrte Anwendung der Osmose, doch nur erst in einzelnen Fällen auch anderer neuerer — dem Osmoseverfahren überlegener (Claassen S. 58 ff.) — Melasseentzuckerungsverfahren u. dgl. m.

In Folge alles dessen rasche und starke Steigerung der Zuckerausbeute (in Procenten des Rübengewichts), aber freilich auch bald ausserordentliche Zunahme der steuerfreien Mehrausbeute zum Nachtheil des Fiscus, wodurch allerdings die rasche Verbesserung der Maschinerie u. s. w. ökonomisch erleichtert, öfters wohl erst ermöglicht wurde. Etwas haben durch Preisermässigung auch die Consumenten Vortheil gehabt.

S. die Berichte im Bull. XVII, 171, XIX, 404, XXI, 298, XXIII, 256.

Abonnirt waren schon im ersten Jahre 1884—85 142 von 449 Fabriken, die aber 45 % der Production darstellten und bis auf 1 alle die gesetzliche Ausbeute übertrafen, im Durchschnitt um 29.14 % der Steueranschreibung, um 22.46 % der Production; im zweiten Jahre waren schon 325 von 413 Fabriken abonnirt, die steuerfreie Mehrausbeute betrug 31.21 % der Production; im dritten Jahre waren von 391 384 abonnirt, die genannte Mehrausbeute war auf 36.44 % gestiegen.

Schon 1886 wurde amtlich zugestanden: „Das neue Steuersystem habe alle Wirkungen gehabt, die zu erwarten gewesen wären" (Bull. XXI, 299).

Die Zuckerausbeute (in raffinirtem Zucker berechnet) war unter dem alten Steuersystem etwa 5.5 % im Durchschnitt, 1884—85 bis 1886—87 bei den abonnirten Fabriken 7.27, 8.12, 8.87 (in Somme 9.34, in Aisne 9.17, in P. d. Calais nur 8.61, in Nord 8.42), 1887—88 ca. 9.5—9.75 %. Der Preis der Rüben war z. Th. um 5—10 % höher wie früher, der Ertrag p. Hect. aber von 35,000 auf 30—31,000 Kil. gesunken. Die Production hat sich zu Ungunsten der Departements mit zuckerärmeren Rüben (so Nord, P. d. Calais, die früher an der Spitze standen), zu Gunsten derjenigen mit zuckerreicheren (Somme, Aisne) etwas verschoben. In diesen 4 und 2 anderen Departements (Oise und Seine et Marne) ist sie noch concentrirt. Die Durchschnittsproduction einer Fabrik hat sich, zumal in guten Erntejahren, um 30 % erhöht (s. o. S. 670), eine Richtung, die nach deutscher Erfahrung wohl andauern wird.

Freilich war aber die Menge des als Ausbeutenüberschuss steuerfreien heimischen Zuckers schon in den 3 ersten Jahren des neuen Systems von 39.6 auf 157.8, des französischen Colonialzuckers von 11.1 auf 26.4 Mill. Kil. gewachsen und die so gewährten „Prämien" beliefen sich in den 3 Jahren auf 25.4—44—72.1 Mill. Frcs.! (Bull. XXIII, 256). Dies erklärt die erwähnten neuesten fiscalischen Veränderungen der Gesetzgebung, welche der Staatscasse wieder einen Theil der erlittenen Einbusse gut machen sollen.

Einige bemerkenswerthe Daten seit 1880—1882 ergibt noch die folgende Uebersicht:

	1881—82	1884—85	1886—87
Zahl der Fabriken	486	449	391
Arbeitstage von Männern 1000	4975	3592	4280
" " Weibern 1000	708	436	440
" " Kindern 1000	655	400	383
Verarb. Rüben Mill. Tonn.	6529	4557	4827
Rübenpreis, 1000 Kil. Frcs.	20.57	19.08	23.97
Rübenertr. p. Hect. 1000 Kil.	33.8	31.2	31.9
Rückstände (pulpes) 1000 Tonn.	1572	1207	1495
Preis dafür, 1000 Kil. Frcs.	10.16	8.61	7.73
Fabriken mit hydraul. Pressen	207	149	53
" " continuirl. "	125	141	120
" " Diffusören	91	159	218
Verbund. Râperies mit hydraul. Pressen	93	61	35
" " " continuirl.	91	24	23
" " " Diffusören	19	45	56
Totalzahl der hydraul. Pressen	2623	1369	572
" " continuirl. "	861	960	882
" " Diffusöre	1214	2318	3240
Inhalt der letzteren Hectol.	29,525	53,580	86,471
Fabr. mit Osmogenen	99	154	289
Zahl der "	557	1085	1884
Zuckerausbeute, % der Rüben	5.14	5.99	8.86
Davon in abonnirten Fabr.	—	7.27	8.87
" " nichtabonnirten Fabr.	—	5.24	6.80

Die Arbeitslöhne sind durchweg etwas herabgegangen, um 6—7 % — auch beachtenswerth (Bull. XIII, XIX, XXII). Die amtliche Statistik gestattet die Veränderungen aller einzelnen wichtigeren technischen Einrichtungen, Apparate, Maschinen u. s. w. zu verfolgen. — Fortschritte hat auch die Qualität der gewonnenen Zucker gemacht. Immer mehr Fabriken haben sich technisch in den Stand gesetzt, Raffinaden und Candis sowie anderen Zucker von 98 % und darüber zu erzeugen. Eigene „râperies" (Entsaftungsanstalten), getrennt und mehr oder weniger entfernt von der Fabrik gelegen, zu der sie gehören, sind Frankreich eigenthümlich.

Die Consumtion hat sich in den Jahren 1884—87 auf i. D 428.5 Mill. Kil. erhöht, ca. 11.2 per Kopf, also seit der Mitte der 70er Jahre, wo sie ca. 262 Mill. Kil. oder per Kopf ca. 7 Kil. war, allerdings wieder stark zugenommen. Die Gesetzgebung von 1884 kam auch in ihrer Wirkung schliesslich auf eine Ermässigung des Steuersatzes um $1/4$—$1/3$ hinaus, wenngleich es fraglich bleibt, inwieweit das in den

Preisen, also für die Consumenten, sich ausgedrückt hat. Die Betheiligung der Productionsländer an der Versorgung des Consums ergiebt sich aus den oben S. 670 angegebenen Zahlen.

Den Steuerertrag (incl. Zölle, etwas abweichend — o. S. 667 — von Faur p. 125, im Bull. XIX, 279 f. 1884 und 1885 mit 170.7 und 171.6 Mill. angegeben) hat die Gewinnung der steuerfreien Mehrausbeute bei Rübenzucker und die Gewährung der bedeutenden Abrechnung bei Colonialzucker wieder erheblich vermindert, 1886 auf 133.8 (92.2 inn. Steuern, 42.6 Zölle), 1887 (prov.) auf 120.1 (bez. 81.9 und 38.3) Mill. Frcs. Ein solches Ergebniss drängte unter französischen Finanzverhältnissen nothwendig auf Massregeln zur Wiedererhöhung der Einnahmen, wie die getroffenen, hin. Der Ertrag der ermässigten Zuckersteuer zur Zuckerung der Weine ist hier inbegriffen (1886 17.2 Mill. Kil. mit 3.44 Mill. Frcs. Ertrag). — Raffinirter Zucker für Corsica zahlt, nebenbei bemerkt, nur 20 Frcs. per 100 Kil., d. h. den halben Satz. — Glucose bringt ausserdem noch 2.6—2.7 Mill. Frcs. jetzt ein.

bb) Einrichtung der Zuckersteuer.

S. für die frühere Zeit, bis 1884, Vignes und Block, dict., Art. sucre; genaueres in Olibo a. a. O. Hauptgesetze und Decr. v. 1846 und 1852 (o. S. 660), auch Ges. v. 7. Mai 1864, 29. Juli und 30. Dec. 1875, 29. Juli 1880; für die neueste Zeit bes. Decrete v. 31. Juli 1884 (Bull. XVI, 253) und v. 25. Aug. 1887 (Bull. XXII, 229). Ueber die Controle der Zusetzung von Zucker zu Wein und Obstwein vor der Gährung zu ermässigtem Satze (Ges. v. 29. Juli 1884 Art. 2), das Decr. v. 22. Juli 1885 (Bull. XVIII, 269). Die Grundsätze des Exercice, der Versendungscontrole u. s. w. sind dieselben wie auf anderen Gebieten der französischen indirecten Besteuerung, so bei den Getränken, in der Anwendung modificirt nach der Technik des Gewerbes und nach den sich nach letzterer mit richtenden Besonderheiten der Ueberwachungsaufgaben. S. daher oben §. 262 ff.

§. 270. **1. Ueberwachung der Fabriken.** Das bis 1884 bestehende System der Fabrikat-, bez. Halbfabrikatbesteuerung brachte es schon an sich und vollends in seiner practischen Durchführung — mittelst der Saftmessung und der Feststellung der endgiltigen Mehrausbeute darüber hinaus — mit sich, dass der **ganze Fabrikationsprocess von Anfang an bis zum Schluss**, d. h. bis zum Ausgang der Zucker, Syrupe und Melassen aus der Fabrik, bei den inländischen Zuckerfabriken (für Rüben- und Stärkezucker) einer strengen und beständigen **Ueberwachung** in den üblichen Formen des französischen **Exercice** unterliegen musste.

Daher für diese Fabriken der **Licenzzwang** (50 Frcs., seit 1871 100 Frcs. jährlich), die Declarationspflicht bezüglich der Angaben über die ganze Einrichtung der Fabrik, ihre technischen Apparate u. s. w. und die weitere vor jeder Campagne bezüglich des technischen Verfahrens und der Arbeitszeit, sowie die Verpflichtung, vorgeschriebene und controlirte Register über die einzelnen Operationen und deren Ergebnisse, über die Mengen und Arten der gewonnenen Producte zu führen u. dgl. m. Die Steuerbeamten haben dann entsprechende Zutritts- und Controlrechte, können auch während der Betriebszeit in der Fabrik dauernd installirt werden. Sie haben die Apparate und die Operationen zu überwachen, einige der letzteren dürfen nur in ihrer Gegenwart vollzogen werden. Ueber die Production wird amtlich Buch geführt und am Anfang und Schluss der Campagne ein Inventar aufgenommen. Dabei constatirte Fehlmengen gegen das Ausbeuteminimum sind im Princip steuerpflichtig, ebenso hierbei ermittelte Mehrausbeuten (s. u.). Versteckte Mengen u. dgl. werden beschlagnahmt.

An diese Bestimmungen über das Exercice reihen sich weitere über die **Einrichtung der Fabrik**, um Unterschleife verhüten zu können, und über den **Verkehr** mit Zucker und zuckerigen Stoffen an.

So darf eine Fabrik keine innere Verbindung mit fremden Häusern, nur einen gewöhnlich offenen Haupteingang haben, die Fenster müssen in vorgeschriebener Weise vergittert sein. Heimischer oder fremder, fertiger oder unfertiger Zucker, Syrup, Melasse, darf nicht von anderswo in die Fabrik gebracht werden, falls diese nicht gleichzeitig Raffiniranstalt ist. Als Regel, welche aber einige Ausnahmen erleidet, gilt, wie bei den Getränken (S. 648), dass jede Versendung von Zucker u. s. w. angezeigt, steueramtlich geprüft und in gewissem örtlichen Umfang (innerhalb des Arrondissements, in dem eine Fabrik liegt, und der diesem Arrondissement benachbarten Cantone) unter Begleitschein in Form eines acquit-à-caution (S. 649) gehen muss. Auch sonstige Formalitäten (Zeit, Verpackungsart) sind für die Versendung angeordnet. Die Steuer ist im Princip bei dem Ausgang des Zuckers aus der Fabrik fällig. Doch bestehen einige öffentliche, dem Staate gehörende Entrepôts (Paris, Lille), in denen der Zucker einstweilen steuerfrei gelagert werden kann, sowie Gewährung von Steuercrediten gegen Sicherstellung auch hier. Fictive Entrepôts („à domicile") sind bei Zucker ausgeschlossen.

Zur Vervollständigung eines solchen Ueberwachungssystems hätte allerdings wohl von Anfang an die Unterstellung auch der **Raffinerieen** unter das Exercice gehört, um den Rohzuckerbezug zu controliren. Bei diesen ist aber, wie oben schon bemerkt, erst neuerdings eine bessere Ueberwachung erreicht worden.

Dabei muss besonders der Eingang von Rohzucker und der Ausgang von Raffinade bei jeder Anstalt überwacht werden. Bezügliche Declarationspflichten speciell für den Eingang der ursprünglich nur bereits versteuert, später nach dem System der „zeitweiligen Zulassung" auch einstweilen steuerfrei, unter Sicherstellung, zu beziehenden Rohzucker bestanden der Controle halber auch schon früher. Im Princip ist auch hier die Steuer beim Ausgang der Raffinade aus der Fabrik fällig, wenn der Rohzucker unversteuert bezogen war. Die Ueberwachung ist um so leichter, da die Raffinerie in wenigen Gross-Anstalten (jetzt 10) concentrirt ist. Aber das Exercice bei den Raffinerien macht allerdings nach der Technik des ganzen Betriebs viel grössere Schwierigkeiten als bei den Rohzuckerfabriken. S. über diese Frage und die Verhandlungen betr. die Einführung des Exercice 1871 ff., 1875 A m é, tarifs de douanes, Par. 1576, II, 330 ff., 363 ff.

§. 271. **2. Besteuerungsmethode.** Hier ist vornehmlich die Zeit vor und nach dem Gesetz von 1884 zu unterscheiden. Doch sind auch in der ersteren bei der Durchführung der im Ganzen beibehaltenen Methode Veränderungen erfolgt.

a) **Die ältere Methode** (bis 1884). Von Anfang an und bis 1884 war die inländische Zuckerbesteuerung als **Fabrikat-** bezw. **Halbfabrikat- (Rohzucker-) Besteuerung** gedacht. Die Verwaltung musste also bemüht sein, das gewonnene **Product nach seiner Menge und Art** (Zucker nach den verschiedenen Verarbeitungsstufen, als Rohzucker, Raffinade, Candis u. s. w. und nach der Qualität oder Sorte, dem Zuckergehalt, Syrup, Melasse) festzustellen. Darauf hatten auch die Controlen hinauszugehen. Man wählte nun zu diesem Behufe zunächst den Weg der sog. Saftbesteuerung, indem man aus der Menge und Dichtigkeit des Zuckersaftes vor der Scheidung mittelst des sog. Dichtigkeitsmessers (Densimeters) ein steuerpflichtiges Minimum der Ausbeute an Zucker einer bestimmten Type aus den Rüben festzustellen suchte. Alsdann erfolgte aber zur Correctur dieses Ergebnisses erst die genaue Feststellung der eventuell dieses Minimum überschreitenden Zuckerproduction durch die schon erwähnte steueramtliche Buchführung und Inventarisirung vor Beginn und am Schluss jeder Campagne. Das also corrigirte Ergebniss der Saftbesteuerung wurde der Berechnung der Steuerschuldigkeit der Fabrik zu Grunde gelegt. Die Steuermethode war also zunächst nur nominell die der (Halb-)Fabrikatsteuer, indem die Steuer nach Menge und Sorte des Products bloss bemessen wurde, eigentlich war es die einer modificirten Saftsteuer. Eine reelle Fabrikatsteuer entstand daraus erst durch die angegebene Correctur.

S. Ges. v. 31. Mai 1846, Art. 7: die Steueranschreibungen (charges) berechnet im Minimum nach Menge und Dichtigkeit des der Scheidung unterworfenen Safts im Verhältniss von 1400 Gramm Zucker erster Type auf 100 Liter Saft und jeden Grad des Densimeters über 100 (Dichtigkeit des Wassers) vor der Scheidung bei Temperatur von 15° C., wobei Brüche unter $\frac{1}{10}$ Grad vernachlässigt werden. Das Saftvolumen wird nach dem Inhalt der Kessel, unter Abzug von 10%, berechnet. (S. Durchführung danach bei Olibo III, 263, Regl. v. 1852, Art. 8, 9, Olibo p. 293. Erläuterung bei v. Kaufmann, Zuckerindustrie, S. 124 ff.) Die angenommene Gramm-Zahl hat gewechselt. Im Ges. v. 19. Juli 1880, Art. 21, ist der Ansatz auf 1200 Gramm raff. Zuckers für das Hectoliter bestimmt worden.

Als Saftsteuer hat diese Steuermethode die jener anklebenden Mängel, vor allen den, dass aus der Saftdichtigkeit nicht sicher und nicht gleichmässig auf den Zuckergehalt geschlossen werden kann, — Zuverlässigkeit des Densimeters, Sorgfalt der Beobachtung, Integrität der Controlbeamten selbst vorausgesetzt, Voraussetzungen, welche, zumal früher, auch nicht immer zugetroffen sein sollen. Auch wirkt die Saftsteuer nicht gleichmässig auf die Besteuerten und veranlasst unter Umständen unökonomische Betriebsoperationen. Ohne Hinzutritt der scharfen Betriebscontrolen mittelst des Exercice und schliesslich der Versendungscontrole und insbesondere ohne die Correctur durch die Bestandaufnahmen würde die Saftsteuer mit durchschnittlich mässigen Ausbeuteminimis vollends unzureichend bleiben. Die Ergänzung dieser Steuermethode nach diesen Seiten war also fiscalisch ganz folgerichtig.

Was in Kaufmann's Darstellung, Zuckerindustrie, S. 126, nicht recht erkannt wird. (Unrichtig hier, dass geringere Ergebnisse bei der Controle Nachlässe bedingten. Die Fehlmengen sind steuerpflichtig nach Ges. v. 1846, Art. 8, doch kann durch den Finanzminister eine Befreiung erfolgen. Decr. v. 7. Jan. 1860, Art. 1, Olibo III, 264.) S. die Kritik der Saftsteuer von J. Wolf, in d. Tüb. Ztschr. B. 38, S. 309. Wenn man die Ausbeuteminima bei der Saftsteuer nicht zu hoch ansetzt und dann Abonnements gewährt, bei denen die Mehrausbeute steuerfrei bleibt, wie in Frankreich nach d. Ges. v. 23. Mai 1860, so kann die Saftsteuer einigermassen ähnlich wie die Rohstoffsteuer oder wie eine andere Pauschalirungssteuer wirken, nämlich gewisse technische Fortschritte prämiirend. Doch waren die Erfahrungen in den wenigen Jahren des Bestehens dieser Einrichtung nicht günstig; die letztere kam nur einigen Gegenden mit zuckerreicherer Rübe zu Gute. So gab man sie 1864 (Ges. v. 7. Mai, Art. 4) wieder auf (Olibo III, 239, Wolf, Finanzarch. III, 60). Vor der Reform v. 1884 dachte man wieder an diese Saftsteuer mit Abonnements, gab aber dann doch der Rübensteuer den Vorzug (Wolf, im Finanzarch. III, 52, der Agriculturrath hatte sich für die Saftsteuer als weniger revolutionirend wirkend erklärt). Ueber die Betriebscontrole und die Inventarisirungen u. s. w. bes. Reglem. v. 1. Sept. 1852, bei Olibo III, 288 ff. zur Ausführung des Decrets v. 27. März 1852.

Jene Correctur der Ergebnisse der Saftsteuer durch die Betriebscontrole enthält aber eine neue schwierige Aufgabe, nämlich die Zuckersorten und Qualitäten richtig festzustellen, um die nach diesen bestimmten Steuersätze anzulegen und die Mengen und Arten der Producte, welche die Inventarisirung ergiebt, mit den Anschreibungen und vorläufigen Belastungen nach der Saftprobe zu vergleichen. Hierfür, sowie für die Verzollung und die Berechnung der Ausfuhrvergütungen für Raffinade bediente man sich des (ursprünglich holländischen) Systems der Classification der Zucker nach der Farbe. In der Anwendung dieses Systems trat aber die Vereinfachung ein, dass man je eine Anzahl dieser sogen. Farbentypen in Eine Kategorie, zu einer Normaltype zusammenzog, nach letzteren Typen die Steuersätze und die Umrechnungszahlen zwischen Raffinade und Rohzucker bestimmte und jede vorkommende Zuckerqualität auf ihre Type zurückführte. Hierdurch wurde die Besteuerung des einheimischen Rübenzuckers wie die Verzollung des Colonial- und fremden Zuckers also wieder in eigenthümlicher Weise modificirt. Die „Fabrikatsteuer" nahm die Gestalt einer Steuer nach solchen Typenclassen an, ihr „Qualitätssteuerfuss" ward von vornherein vielfach ein ungenauer, da jede Type Zucker verschiedenen Gehalts umfasste, der Steuersatz also höher für Sorten an der Untergrenze der Type, niedriger für die an der Obergrenze war. Dies führte unvermeidlich zu fiscalischen Benachtheiligungen, auch zur Hindrängung der Zuckerproduction in einseitige technische und damit öfters unökonomische Richtung und zur Verwandlung der Ausfuhrvergütungen in Ausfuhrprämien.

Die Bestimmungen über die Zahl und Grenzen der Typen haben gewechselt. Im Ges. v. 3. Juli 1840 wurden 3 Typen f. Rohzucker unterschieden, mit 4 Steuerstufen: für die erste Type und Nuancen darunter, zwischen der ersten und bis zur zweiten Type incl., über der zweiten und bis zur dritten incl., über der dritten, danach 25—27.75—30.50—33.20 Frcs. f. 100 Kil.; mit letzterer Kategorie gleichgestellt Zucker in Broten, geringer als Melis (oder quattre-cassons); endlich als eine fünfte Classe Melis u. s. w., auch Candis zu 36.10 Frcs. Veränderungen der Classification und Steuersätze 1851, 1852, 1860, 1864. Das Ges. v. 7. Mai 1864 unterschied Rohzucker jeden Ursprungs in zwei Classen, unter No. 13 mit 42 Frcs., Nr. 13 bis incl. 20 mit 44 Frcs.; ausserdem dem raffinirten ähnlichen (poudres blanches) über No. 20 mit 45 Frcs. Steuer, raff. inländ. und aus den französ. Colonieen mit 47 Frcs. Dieselbe Classification auch in den Tarifen nach dem Kriege, 1871, 1872.

Die internationale Zuckerconvention von 1864 legte ihren Bestimmungen ebenfalls die Classification nach der Farbe zu Grunde. Provisorisch wurden als Minima des Ausbringens von Zucker beim Raffiniren 4 Classen angesetzt: auf je 100 Kil. holl. Type 18—15 die 1. Cl. mit 87%, raff. Hutzucker, Type 14—10 die 2. Cl. mit 85%, Type 9—7 die 3. Cl. mit 81, unter 7 die 4. Cl. mit 76, wobei die Zwischensorten zwischen 2 Classen zur unteren gehören sollten (Art. 4 d. Convention v. 8. Nov. 1864). Darüber Circ. v. 25. Juli 1865, Preuss. Hand.-Arch. 1866, I, 232). Darauf wurden in Köln practische Versuche von einer Commission der Conventionsmächte angestellt, wonach dann für die gen. 4 Classen als Ausbringensprocente normirt wurden: 94, 88, 80, 67 (Declar. v. 20. Nov. 1866, Preuss. Hand.-Arch. 1867, I, 233). Ueber die Wirkungen, v. Kaufmann, Zuckerind. S. 131.

Das Ges. v. 30. Dec. 1875 unterschied in den Artikeln, welche bei Nichtratification der neuen, am 11. Aug. 1875 zu Brüssel abgeschlossenen Convention in Geltung traten, 2, bezw. 3 Classen für den Verbrauchssteuer zahlenden Zucker, 4, bezw. 5 für den zeitweilig in den Raffinerieen zugelassenen, behufs Ausfuhr der Raffinade (s. o. S. 669, Otibo III, 223, 224). — Der zur Ausfuhr kommende französ. Rohzucker war steuerfrei (Ges. v. 23. Mai 1860, Art. 8).

Der besondere Mangel jeder Classification der Zucker nach der Farbe liegt in der Unsicherheit des Schlusses aus der Farbe auf den wirklichen Zuckergehalt, speciell auf den Gehalt des Rohzuckers an krystallisirbarem Zucker. Ausserdem ist eine künstliche Dunklerfärbung des Zuckers, um den Steuersatz zu ermässigen oder die Ausfuhrvergütung zu erhöhen, ohne wesentlichen Nachtheil und ohne Einfluss auf den Zuckergehalt auszuführen.

S. J. Wolf, Tüb. Ztschr., B. 38, S. 317, nach Gunning, über Saccharimetrie, Berl. 1875. Auch v. Kaufmann, Zuckerind. S. 131 ff., wo auch noch des Uebelstands gedacht wird, dass die der Einschätzung zu Grunde liegenden Normalmuster sich allmälig selbst verändern.

Diesen Schwierigkeiten und Uebelständen hat die französische Gesetzgebung dadurch zu begegnen gesucht, dass sie, nach einem schon früheren, aber bald wieder aufgegebenen Versuche, die saccharimetrische Untersuchung statt der Farbentypen der Besteuerung zu Grunde zu legen (Gesetz vom 13. Juni 1851), die Verwaltung ermächtigte, in Zweifelsfällen, wenn die Nuance des Zuckers seinem wirklichen Zuckergehalte nicht zu entsprechen schiene, eine amtliche Prüfung nach den saccharimetrischen Proceduren zu veranlassen. Bald wurde dann dies Verfahren all-

gemein angewandt, wenn Zucker vom Fabrikanten nicht über
Type 20 von vornherein declarirt worden waren.

<small>Gesetz v. 29. Juli 1875, Art. 3 und Gesetz v. 30. Dec. 1875. Die dabei angewandte Specialmethode ist die sogen. optische, mittelst des Polarimeters (s. Wagner, chem. Technol., S. 594). S. die Durchführung bei Olibo III, 223 ff. Der Fabrikant hatte das Recht, wenn der Zuckergehalt nicht mit der Nuance übereinstimmte, denselben zu declariren. Bes. bei Verdacht künstlicher Färbung wurde die saccharim. Untersuchung wichtig. In Hauptsitzen der Zuckerindustrie wurden Untersuchungsbureaux eingerichtet, in Paris ein Centralbureau, an welche die erforderlichen Proben geschickt werden. S. auch Ges. v. 19. Juli 1880, Art. 18. Bei der Umrechnung von Rohzucker auf Raffinade werden dann das Ausbringen nach der polarimetrischen Analyse veranschlagt und für die Nichtzucker-Bestandtheile, welche das Krystallisiren hindern, Abzüge gewährt, wie früher schon bemerkt wurde (S. 669): für Glucosebestand das 2fache, für Aschenbestand das 4fache (früher 5fache), beides wohl zu hoch. S. Wolf, Tüb. Ztschr., B. 38, S. 318, 664.</small>

Auch diese Prüfungsmethode ist indessen mit wesentlichen Mängeln behaftet, die sich bisher nicht beseitigen liessen. Ihre Ergebnisse sind nicht genügend sicher, die Coefficienten für die Abrechnung der Nichtzuckertheile sind ebenfalls nicht allgemein genau bestimmbar und gleichmässig, die angenommenen beruhen auf Muthmassung und sind wahrscheinlich immer noch zu hoch, also für den Fiscus zu ungünstig und störend für gleichmässige Besteuerung. Auch lassen sich künstliche Beimischungen von Nichtzucker-Stoffen machen. Endlich ist die Methode in der Praxis schwierig anzuwenden, so dass man sie auch deswegen als nicht geeignet zur definitiven Beibehaltung bezeichnet hat. Die i. J. 1884 wenigstens bei der inländischen Zuckerbesteuerung erfolgte Aenderung ist durch solche Erwägungen unterstützt worden. Ein Fortschritt war es aber immerhin, dass das Gesetz vom 19. Juli 1880 von der **Tarifirung nach Classen** zu derjenigen nach dem **wirklichen Zuckergehalt** auf Grund der characterisirten saccharimetrischen Analyse übergegangen ist.

<small>S. J. Wolf, Tüb. Ztschr., B. 38, S. 318, 664, nach Gunning's obengenannter Schrift. Das saccharimetrische Problem ist schon als wissenschaftliches ein schwieriges, die Benutzung der saccharimetr. Methode für die Praxis vollends nur bedingt zulässig.</small>

§. 272. b) **Die neue Besteuerungsmethode.** Die durch das Gesetz von 1884 eingeführte eigentliche **Rübenbesteuerung** ist natürlich auch für die ganze Einrichtung der Steuer von entscheidender Bedeutung geworden. Die Saftsteuer wurde dadurch beseitigt, zunächst in den abonnirten Fabriken, seit 1. Sept. 1887 allgemein. Die bisherigen Controlen konnten geändert werden, an ihre Stelle trat eine um so sorgfältigere Controle der Einbringung von Rüben in die Fabrik und des Rübengewichts. Jene Controlen hätten selbst grossentheils fortfallen können. Ihre Beibehaltung hatte jedenfalls bei strenger und folgerichtiger Durchführung der Rübensteuer in der Regel keine direct fiscalische, steuertechnische Bedeutung mehr, sie boten indessen das Mittel zur Ergänzung der Rübencontrole und dienten ausserdem zu statistischen Ermittlungen, welche auch für die Verwaltung werthvoll sind. Seitdem dann die zunächst steuerfreie Mehrausbeute an Zucker über das gesetzliche Minimalausbringen hinaus wieder, wenn auch nur zu einem mässigen Satze, mit versteuert und nach ihrem Betrage die Quote des steuerfreien Abgangs beim französischen Colonialzucker bemessen wurde (S. 674), war die genaue Ermittlung des Betrags dieser Mehrausbeute wieder fiscalisch geboten und mussten dafür die Betriebs- und die Versendungscontrole wie bisher verbleiben.

Bei der neuen Steuermethode ist ferner die bei der Fabrikatsteuer mögliche einfache Freilassung des zu exportirenden Rohzuckers von der Steuer — er ging zu diesem Behuf unter Begleitschein (acquit-à-caution) an das Grenzzollamt — nicht mehr ausführbar. Es muss vielmehr eine Ausfuhrvergütung auch für den Rohzucker festgestellt werden. Diese wird freilich hier, wie bei Raffinade zu hoch, wenn sie einfach gemäss der gesetzlichen Minimalausbeute an Raffinade aus den Rüben bestimmt wird. Aber auch in diesem Falle setzt sie bei der Anwendung auf Rohzucker erst eine Umrechnung des Steuersatzes für raffinirten auf den für Rohzucker voraus. In diesen Fällen, wie auch bei den Einfuhrzöllen muss daher zur Feststellung des Zuckergehalts, insbesondere der Rohzucker, die saccharimetrische Untersuchung beibehalten werden, wie das auch in Frankreich geschehen ist.

In diesen Puncten ist die frühere Gesetzgebung in Kraft geblieben, speciell Art. 15 des Ges. v. 1880. S. die Tarifbestimmungen des Ges. v. 1884 oben S. 673. Das Nähere der Controle bei der Rübensteuer bestimmt das Decr. v. 31. Juli 1884 (Bull. XVI, 253, im Auszug bei Wolf, Finanzarch. III, 54), ergänzt durch das Decr. v. 25. Aug. 1887 (Bull. XXII, 229). Die Controle betrifft vornemlich die Waageapparate, die amtlich geprüft, mit automatischem Zählwerk versehen, gegen willkürliche Beeinflussungen geschützt sein, zu dem Zweck Einrichtungen, Schlösser u. dgl. m. haben müssen, zu denen die Verwaltung die Schlüssel in der Hand hat, Siegel anlegen darf u. s. w. (spec. Vorschriften im Decr. v. 1887); ferner die Zugänge zur Waage, die gegen geheimes Einbringen von Rüben zur Verarbeitung geschützt und so beschaffen sein müssen, dass der Controlbeamte von seinem Platze aus die Waage gut übersehen kann. Die Verwiegungen geschehen in Minimalmengen von 500 Kil., die Beamten führen Buch darüber, nach den Aufzeichnungen wird täglich die Fabrik gemäss den gesetzlichen Reductionssätzen belastet. Die Fabrikanten müssen mindestens 1 Monat vor Beginn der Arbeit der Controlbehörde den Plan des Waageapparates und der ganzen Einrichtung der Fabrik einreichen, die Herstellung der Waage muss mindestens 1 Monat vor Beginn der Arbeiten beendigt sein, ohne vorgängige Anzeige und Zustimmung der Controlbehörde darf weder an Waage noch Einrichtung der

Fabrik etwas verändert werden. Die Fabrikanten müssen auch in amtlich gelieferte Register Eintragungen über ihre Operationen, den gewonnenen Zucker, machen, worüber die Decrete das Einzelne näher bestimmen. Die amtlichen Inventarisirungen erfolgen in der früheren Weise. Die Belastungen und Steuerfreiheiten bestimmten sich anfangs aber nur nach den gesetzlichen Reductionsziffern von raffin. Zucker auf Ruben. Der der Mehrausbeute über das Minimum hinaus entsprechende Zucker kann steuerfrei versandt werden, bezw. unterliegt er jetzt nur der Ergänzungssteuer dafür, sobald die Production die gesetzliche Belastung übersteigt. Rohzucker und Melasse können jetzt auch aus anderen Fabriken bezogen werden. Bei den Entlastungen erfolgt die Umrechung der Rohzucker auf Raffinade nach den Bestimmungen des Ges. v. 1880, Art. 18, also nach saccharimetr. Feststellung des Zuckergehalts; nach Ges. v. 4. Juli 1887 werden Rohzucker von mindestens 65 und höchstens 98% zur Entlastung der Conten für „zeitweilige Zulassung" nach dem Reinergebnis an raff. Zucker, gemäss den Bestimmungen des Ges. v. 1880, aber mit Abrechnung von $1^{1}/_{2}$% als „Abgang" angesetzt. Der Zuckergehalt der Melasse ist vom Versender zu declariren, doch nicht unter 15%, wobei Melasseversendungen an Destillerieen oder ins Ausland anfangs keine Entlastung bedingten. Nach Ges. v. 4. Juli 1887, Art. 6, werden letztere Versendungen der Fabriken, welche kein Osmoseverfahren haben, mit 11% des Gewichts bei Melassen von wenigstens 44% des absoluten Zuckerreichthums zur Entlastung gut geschrieben. Bei Melasseversendungen von einer abonnirten Fabrik an die andere wird die Entlastung beim Versender und die Belastung beim Empfänger auf 14 Kil. raff. Zuckers für 100 Kil. Melasse angerechnet. Das Decr. v. 1887 hat auch noch besondere Declarationspflichten für die Fabriken, welche das Osmoseverfahren anwenden, eingeführt. — Einige Specialpflichten sind den Fabriken und Raffinerieen durch Ges. v. 27. Mai 1887 wegen der Erhebung des Steuerzuschlags für den bisher schon steuerpflichtigen und der Specialtaxe des bisher — als Ausbeuteüberschuss u. s. w. — steuerfreien Zuckers auferlegt worden. — In den 3 Zuckercolonieen Guadeloupe, Martinique und Réunion sind jetzt auch eigene amtliche Laboratorien für die Analyse der exportirten Zucker eingerichtet (Ges. vom 13. Juli 1886, Art. 3).

Bestreitungen bezüglich der richtigen Veranlagung der Zuckersteuer, daher insbesondere betreffend die Menge und den Zuckergehalt, Seitens der Fabrikanten, Raffineure gehen wie in anderen ähnlichen Fällen der indirecten Besteuerung an die durch Ges. v. 27. Juli 1822 für solche Fälle eingerichtete Expertencommission zur Entscheidung im contradictorischen Verfahren (Decr. v. 27. März 1852, Art. 4, Regl. v. 1. Sept. 1852, Art. 20, Olibo III, 308).

Die Strafandrohungen der früheren Gesetze sind noch in Kraft geblieben. Jede Verletzung der Gesetze, Reglements u. s. w. ist mit 1000—5000 Frcs. und Confiscation der Zucker, Syrupe, Melassen, die fraudulös fabricirt, verhehlt, fortgeschickt sind, bedroht, im Wiederholungsfalle kann die Strafe auf das Doppelte steigen (Ges. v. 1846, Art. 26, Decr. v. 1852, Art. 7, Ges. v. 30. Dec. 1873, Art. 3). Nach d. Decr. v. 1852 kann auch bei mehr- als zweimaliger Straffälligkeit vom Finanzminister Schluss der Fabrik angeordnet werden (ob noch geltend?). Das Ges. v. 4. Juli 1887, Art. 4, hat ausserdem alle Manipulationen, um die Waagen zu fälschen und über das Gewicht der verarbeiteten Rüben zu täuschen, mit der doppelten Steuer, welche auf diese Weise seit Beginn der Campagne entzogen werden konnte, und mit dem Vierfachen im Wiederholungsfalle, bedroht. — Das Strafverfahren ist das allgemeine bei den indirecten Steuern (S. 606).

cc) Rückblick und zur Kritik.

In der Darstellung der historischen Entwicklung und im vorausgehenden Abschnitt von der Einrichtung der Zuckerbesteuerung sind die nöthigen kritischen Erörterungen bereits an den Orten, wo es der Zusammenhang mit sich brachte, grossentheils eingefügt worden. Daher hier nur noch einige kritische Bemerkungen allgemeiner Art über den ganzen Gang der Steuerentwicklung und speciell bloss noch über die neugewählte Form der Rübensteuer. Auch hier wird die wichtige handelspolitische Seite der Zucker-Zollfrage und der Ausfuhrvergütungen nicht weiter verfolgt. S. darüber ausser den genannten Schriften noch Amé, étude des tarifs de douanes, I, ch. 18 u. 22 sowie namentlich Lexis, die französ. Ausfuhrprämien, Bonn 1870, passim u. bes Abschn. VII.

§. 273. Die französische Zuckerbesteuerung liefert ein gutes Beispiel der ausserordentlichen Schwierigkeiten und völlig gar nicht zu lösenden Conflicte, in welche man in der Steuerpolitik durch die Verquickung sich kreuzender finanzieller und schutzöllnerischer Interessen geräth. Die Versuche, diese Interessen zu versöhnen, — anfangs besonders zwischen Fiscus und fremder Zuckereinfuhr einer-, heimischer Raffinerie und französischen Zuckercolonien andrerseits, später zwischen dem Fiscus und auch der heimischen Zuckerindustrie und wieder zwischen letzterer und der Raffinerie und zwischen Rübenzucker und Colonialzucker, auch beiden letzteren und fremdem, neuerdings besonders mitteleuropäischem Rübenzucker, — durchziehen wie ein rother Faden die Geschichte der Zuckersteuer seit mehr denn 70 Jahren und bedingten ihre ewigen Veränderungen, bald der Tarife, bald der Einrichtung, ohne dass bisher etwas Befriedigendes erreicht worden wäre.

Bald wurde das fiscalische Interesse zu sehr preisgegeben, wie jüngst wieder im Gesetz von 1884, und musste wohl oder übel eine Wiedergutmachung erfolgen, bald machte sich das Interesse der Raffinerie, der Colonieen, der inländischen Rohzucker-production mehr geltend und führte zu Veränderungen der Gesetzgebung, aber niemals gelang es, die drei Interessenten unter einander und den Fiscus mit ihnen gleichzeitig und genügend gleichmässig zu befriedigen. Ungemein grosse Vortheile wurden den Interessenten öfters zugeführt, auf Kosten des Fiscus oder der Consumenten, lange Zeit hindurch den Raffinerieen, meist auch den Colonieen, anfangs und wieder neuerdings den Rübenzuckerfabriken. Die Einflüsse auf die Vermögens- und Einkommensvertheilung, die aus solchen Verhältnissen hervorgingen, haben sicherlich vielfach grosse Bedenken gehabt. Dass dann bei ungewöhnlich starker Begünstigung eines Interessententheils die anderen Interessenten und der Fiscus wieder reagirten, war begreiflich, auch gut, aber ein dauernder genügender Zustand und damit ein wahrer Ruhepunct kam doch nicht herbei. Immer nur neue Verschiebungen der Interessensphären, welche als solche den Keim zu abermals neuen Veränderungen in sich trugen.

Es ist nicht zu läugnen, dass dem gegenüber eine „strict freihändlerische" Politik auch rein vom finanzpolitischen Standpuncte aus günstiger erscheint, nicht nur, weil sie das fiscalische Interesse allein und strenger zu verfolgen gestattet, sondern weil sie den Keim zu solchen beständigen Umgestaltungen wegen all dieser sonstigen „Rücksichtnahmen" nicht in sich trägt: sie verändert sich in Tarifen und Einrichtung eben bloss nach finanziellen Gesichtspuncten. Die neuere britische Zoll- und Accisegeschichte zeigt das, auch auf dem Gebiete der Zuckerindustrie (S. 316). In Betreff des nunmehr steuerfreien Zuckers ist Grossbritannien ja auch nur durch die continentale Politik der Zucker-Ausfuhrprämien in neue Schwierigkeiten gerathen, weil seine Raffinerie unter diesen Verhältnissen leidet (S. 317).

Damit soll die **protectionistische** Politik weder im Allgemeinen noch speciell auf diesem Gebiete kurzweg abgewiesen werden. Es mögen zwingende Gründe für sie sprechen. Ob freilich 1884 in Frankreich? Aber man muss dann nur die Consequenzen klar erkennen und tragen: sie liegen in der **geschilderten, nicht zufälligen, sondern unvermeidlichen beständigen Veränderungsbedürftigkeit der Gesetzgebung**. Eine alle Interessen der verschiedenen Productionskreise und des Fiscus endgiltig befriedigende Gesetzgebung ist nicht möglich. Dies Problem ist als **solches** eben ein **unlösbares**. Neue Veränderungen der ökonomischen und technischen Productions-, der Bezugs- und Absatzverhältnisse im In- und Ausland bedingen immer wieder „**Veränderungen der Rechtsordnung**", — hier der **Steuergesetzgebung**. Bei der einen Steuermethode mehr als bei der anderen, bei der Rübensteuer mehr als bei der Fabrikatsteuer, aber auch bei dieser.

Das Alles will daher sehr bedacht sein, wenn man mit einer einmal finanzpolitisch gebotenen solchen Verbrauchssteuer, wie der hier besprochenen, protectionistische Gesichtspuncte verbinden will.

Die Conflicte, welche dann aber ebenfalls unvermeidlich und streng folgerichtig daraus entstehen, dass **verschiedene Staaten eine ähnliche protectionistische Politik** verfolgen, zeigen sich in der Zuckersteuerfrage auch einmal in besonders drastischer Weise. Daher die wiederholten Bestrebungen, gerade auf diesem Gebiete „**internationale**" **Conventionen** abzuschliessen, wie jüngst die neue von 1888, theils im fiscalischen Interesse aller Betheiligten, theils um „die internationale Concurrenz auf ihre 'natürliche' Grundlage zurückzuführen". Da aber hier einmal scharfe Interessenconflicte der verschiedenen „Volkswirthschaften" und damit wieder der Völker vorliegen, werden auch solche Conventionen, so berechtigt sie an sich sind, vielleicht nicht einen dauernden, Alle befriedigenden Zustand herbeiführen.

Wie viel schwieriger sind aber nach den gegebenen Verhältnissen, bei der beständigen Veränderung der ökonomischen, technischen, rechtlichen Bedingungen der Production und des Absatzes, alle modernen Steuerprobleme als die früheren! Wie fehlen so voll ständig die Analogieen zwischen jetzt und ehemals! Uns immer wieder ein Beleg für unsere Auffassung der bloss bedingten Bedeutung der älteren Finanz- und Steuergeschichte — d. h. derjenigen vor dem 19. Jahrhundert — für die Theorie und Praxis des Finanzwesens (Fin. I, §. 12, 18, III, §. 1, 2, §. 90).

Speciell die Einführung der „Rübensteuer" an Stelle der bisherigen „Fabrikatsteuer", einer rohen Rohstoff-Steuerform an Stelle dieser mit Recht als immerhin wesentlich „rationeller" geltenden Steuermethode ist auch ein beachtenswerthes Beispiel dafür, wie bei der Einrichtung solcher Steuern andere als „rationelle" theoretische und practische Erwägungen, auch als handgreifliche fiscalische Interessen mitunter den Ausschlag geben, selbst in einem Lande, wo letztere Interessen so schwer wiegen müssen und — zur Ehre der Franzosen sei es gesagt — unter allen Verfassungs- und Regierungsformen zur Anerkennung kommen. Bei der gedachten Massregel von 1884 entschied wieder einmal — zumeist die **Eifersucht auf Deutschland!**

Die Rübensteuer als Besteuerungsmethode hat den unvermeidlichen Nachtheil, die **Qualität** der Rüben nicht zu berücksichtigen, Prämien an Gegenden mit nach Naturverhältnissen zuckerreicheren Rüben zu geben, die Technik und demgemäss die Production in einseitige, forcirte, zum Theil unökonomische Entwicklung zu treiben, den Grossbetrieb besonders zu begünstigen, — eine Folge, welche wieder mit so vielen volkswirthschaftlichen, socialpolitischen und schliesslich politischen Bedenken verbunden ist. Sie führt weiter dazu, die Steuerlast und die Productionsvortheile so ungleichmässig zu vertheilen, die Ausfuhrprämien wieder mehr hervortreten zu lassen und noch schwerer abstellbar zu machen. Schon in den wenigen Jahren des Bestehens der neuen Steuermethode zeigen sich alle diese vorauszusehenden Wirkungen aufs Deutlichste und sie werden noch mehr hervortreten, wenn nicht eine angemessene Erhöhung der Verbrauchssteuer für die „Mehrausbeuten" bald eintreten und ausgleichend einwirken sollte.

In Frankreich zeigen sich aber auch noch **specifische Uebelstände**, welche nicht der Rübensteuer als solcher, sondern dem **Wechsel in der Besteuerungsmethode** zuzuschreiben sind. „Die Rübensteuer ist eben keine Steuerform für eine alte Industrie, die ihre Standorte nach Gesichtspuncten gewählt hat, die der Rübensteuer fremd sind und mit ihr hinfällig werden", sagt mit Recht

J. Wolf im Finanzarchiv. Die Verschiebung der Standorte hat schon begonnen und bringt wiederum für die Einen „unverschuldete Verluste", für die Andern „unverdiente Gewinne". Ein neuer Beleg für die Allmacht der Conjuncturen (Grundlegung §. 76 ff.).

Aber Alles das will nichts besagen. Eines erreicht Frankreich jedenfalls, es entgeht der entsetzlichen Gefahr, — „preussischen" Zucker essen zu müssen!

δ. Die neueren kleineren inneren Verbrauchssteuern.

Die Einrichtung und das einzelne Steuertechnische und Administrative dieser Steuern, wie Licenzpflicht, Ueberwachung (Exercice) u. s. w., nach den üblichen Normen des französ. Verwaltungsrechts der indirecten Steuern, wie es bei den Getränkesteuern, der Salz- und Zuckersteuer dargestellt worden ist. Deshalb wird darauf im Folgenden nicht näher eingegangen.

aa) Im Allgemeinen.

§. 274. Die hier zu besprechenden inneren Verbrauchssteuern auf Mineralöl, andere Oele, Stearin und Kerzen, Essig und Essigsäure, Dynamit und Nitroglycerin sind, ebenso wie die später noch darzustellenden, mittlerweile wieder aufgehobenen auf Papier, Seife, Cichorien alle nach dem Kriege von 1870 bis 1871 in den damaligen Finanznöthen und in der Verfolgung der eingeschlagenen Steuerpolitik eingeführt worden. Die verwandte Zündhölzchensteuer gehörte anfangs auch hierher, ist dann aber bald in ein Monopol verwandelt worden. Sie traten zum Theil ergänzend zu den bereits bestehenden und damals erhöhten Einfuhrzöllen, so speciell die Mineralölsteuer. Einige dieser Abgaben hatten schon im Ancien régime bestanden, so die Steuer auf andere Oele, auf Seife und Papier, erstere auch wieder eine Zeit lang nach 1815 (1817—1822). Einzeln im Ertrag, gegenüber den grossen indirecten Hauptsteuern, keine von hervorragender Bedeutung, sind sie doch in ihrer Gesammtheit immerhin finanziell kein ganz unerhebliches Object des französischen Budgets gewesen und selbst nach der Beseitigung der drei genannten, mit ertragreichsten und nach Modification der Steuer auf vegetabilische Oele, haben sie die finanzielle Wichtigkeit nicht ganz verloren.

Sie bilden — wie ähnliche Vorgänge in Nordamerika während des dortigen Bürgerkriegs — ein characteristisches Beispiel, wie derartige, lästige, sogar kleinliche und einzeln, wie gesagt, selbst finanziell unbedeutende Steuern, trotz aller principieller, steuerpolitischer und practischer steuertechnischer Bedenken und trotz ihrer Unpopularität aus früheren Zeiten her, in schweren Finanzkrisen gerne auftauchen, namentlich, wenn sie sich in ihrer Einrichtung an andere analoge Steuern anschliessen. Begreiflich, dass dann aber bei einer Besserung der Finanzlage solche Steuern ebenso gern bald wieder beseitigt werden, früher als andere von grösserer finanzieller Bedeutung und vielleicht steuerpolitisch bedenklichere und selbst früher, als letztere eine Ermässigung erfahren. So ist es auch in Frankreich gegangen: Aufhebung der Seifen- und Cichoriensteuern, ertragvermindernde Aenderung der Steuer auf vegetabilische Oele mit Aussicht auf völlige Beseitigung derselben schon 1878, Beseitigung der Papiersteuer 1885—1886.

Endgiltig verbleiben dagegen solche Steuern, welche sich ergänzend an andere Hauptsteuern anschliessen und deren Einführung daher eine Lücke im Steuerrecht ausfüllte, wie die Essigsteuer und die Dynamitsteuer, bei welcher letzteren auch noch besondere Gründe für die Besteuerung wegen der durch diese erleichterten sicherheitspolizeilichen Ueberwachung mitsprechen. Nur die Stearin- und Kerzensteuer und die Zündhölzchensteuer sind bisher aus rein finanziellen Gründen erhalten worden.

Ob nicht auch sie wieder verschwinden werden, ist aber immerhin nicht unwahrscheinlich, obwohl bei der Zündhölzchensteuer die Monopolform in dieser Hinsicht ein besonderes Hemmniss bilden könnte, nachdem man einmal die Privatfabriken seiner Zeit expropriirt hat. Aber die geringfügige Ertragsfähigkeit solcher Steuern, die Belästigung von Production und Verkehr durch sie, die überall sich geltend machende Tendenz, die innere indirecte Verbrauchsbesteuerung auf einige wichtige Hauptartikel zu concentriren, aber schon aus verkehrspolitischen Gründen auch zu beschränken — was erst in unserer Zeit möglich, weil fiscalisch genügend ergiebig geworden ist, im Unterschied zu den Consumverhältnissen des vorigen und noch des Beginns dieses Jahrhunderts —, Alles dies macht es nöthig und daher wahrscheinlich, dass solche kleine „Verlegenheitssteuern" nach Aufhören ihrer Ursache auch selbst nach kurz oder lang wieder aufhören.

Die Erträge der noch bestehenden und der wieder aufgehobenen Steuern sind folgende gewesen (Faure p. 120, 130, Bull. XXIII, 306) in 1000 Frcs.

	1872	1875	1876	1878	1880	1886
Noch bestehend:						
1. Mineralöl	154	203	86	144	85	36
2. Andere Oele	—	5,785	5,338	5,939	3,370	2,555
3. Stearin und Kerzen	—	6,471	7,251	7,397	7,925	8,716
4. Essig u. s. w.	—	1,152	2,004	2,104	2,440	2,933
5. Dynamit u. s. w.	—	—	203	396	983	796
Zusammen 1—5	154	13,611	14,882	15,980	14,803	15,036
Aufgehoben:						
6. Papier	9,812	11,651	13,150	14,855	16,366	—
7. Cichorie	2,507	5,113	5,363	5,116	—	—
8. Seife	—	5,785	6,171	1,308	—	—
Zusammen 6—8	12,319	22,549	24,714	21,279	16,366	—
Summe 1—8	12,473	36,160	39,596	37,259	31,169	15,036
9. Zündhölzchen	5,924	16,589	16,168	16,033	16,067	17,010
Summe 1—9	18,397	52,749	55,764	53,292	47,236	32,046

Das Maximum des Ertrags war 1876 und 1877 mit c. 56—57 Mill. Frcs. erreicht, etwa 4.4 % der damaligen gesammten indirecten Verbrauchssteuern (mit Monopolen und Zöllen); immerhin nur 14 % der damaligen Getränkesteuern, 17—18 % des Tabakmonopol-Ertrags, 31 % des Zuckersteuerertrags, 28 % des Zollertrags. Durch einige Mehrbelastung dieser Hauptsteuern hätte man daher wohl auch damals diese lästigen kleinen neuen Steuern entbehrlich machen können. Aber die Einführung der letzteren hat die Steuerbelastung der Bevölkerung wenigstens etwas allgemeiner und gleichmässiger vertheilt, was bei der enormen indirecten Besteuerung und deren rascher und grosser Steigerung nach dem Kriege doch wohl die richtigere Steuerpolitik war.

bb) Die einzelnen noch bestehenden neueren kleineren inneren Verbrauchssteuern.

Mineralöl, andere Oele, Stearin und Kerzen, Essig und Essigsäure, Dynamit und Nitroglycerin.

Die S. 418 hier mitgenannte Papiersteuer ist, als aufgehoben, unten bei cc) eingereiht (§. 280).

αα) Mineralölsteuer.

Gesetzgebung. Gesetz v. 16. Sept. 1871, Art. 5 (auch Art. 5 des Ges. vom 4. Sept. 1871, betr. Declarationspflichten und Strafen), Reglem. dazu v. 22. Dec. 1871 (Olibo III, 466). Ges. v. 29. Dec. 1873. Ueber den finanziell viel wichtigeren Einfuhrzoll von fremdem Petroleum die Tarifgesetze (bes. nach dem Kriege, so Ges. v. 8. Juli 1871, Art. 17 u. Ges. v. 30. Dec. 1873, Art. 4); einzelne Bestimmungen in Finanzgesetzen (Budgets) so f. 1888 (Block, suppl. 1888, p. 334).

Literatur. Vignes I, 148—151; Block, dict., Art. huiles minérales; Olibo III, 461—470; Mathieu-Bodet I, 34, 240; Amagat p. 349, 378. — Tarif Bull. XVI, 533. — Statistik s. oben, Faure p. 120; im Bull. in den Jahresberichten der Directionen der indirecten Steuern und der Zölle.

§. 275. Die Besteuerung des inländischen Steinöls u. dgl. ist principiell steuerpolitisch neben einem Petroleumzoll, zumal einem hohen, an sich folgerichtig. Sie fand in Frankreich denn auch unmittelbar nach der starken Erhöhung dieses Zolls nach dem Kriege statt. Bei der unbedeutenden heimischen Gewinnung und der Ueberlegenheit des amerikanischen Petroleums war die Steuer indessen practisch und finanziell immer unwichtig und hat in den letzten Jahren noch mehr an Bedeutung verloren. Ihre Aufhebung würde daher wohl, ähnlich wie in anderen Fällen, wo eine unerhebliche und keiner wesentlichen Ausdehnung fähige innere Gewinnung eines beim Eingang aus dem Auslande besteuerten Artikels steuerfrei gelassen wird, kaum fiscalische Bedenken haben und den Petroleumzoll nicht einmal partiell aus einem Finanzzoll zu einem Schutzzoll machen.

Die Steuer war anfänglich nur nach rohem, gereinigtem Oel und Essenz abgestuft; seit 1874 ist sie es auch nach dem Dichtigkeitsgrad, bezw. der Leuchtkraft des Steinöls. Einrichtung, Steuertechnik und Verwaltung sind die gewöhnlichen.

Die Sätze des Ges. v. 16. Sept. 1871 Art. 5 sind für die 3 gen. Qualitäten 5, 8 und 10 Frcs. für 100 Kil. im Principal. Die kurz zuvor durch Ges. v. 8. Juli 1871 erhöhten Zollsätze waren viel höher, nämlich für rohes Petroleum von aussereurop. Ländern 20, von anderswo 25 Frcs., gereinigtes 32 und 37, Essenz 40 und 45 Frcs. für 100 Kil. gewesen. In Folge Handelsvertrags mit Grossbritannien wurden die — leuchtkräftigeren — von dort eingeführten Oele von 1874 an den französischen gleichgestellt, was den Anlass gab, die innere Steuer auf alle zur Beleuchtung geeignete Mineralöle nach Dichtigkeit und Leuchtkraft abzustufen (Ges. v. 29. Dec. 1873: Essenz von 700° Dichtigkeit und darunter bei Temperatur von 15° für 100 Kil. 44.50 Frcs.; raff. Oel von 800° und darüber 34.50 Frcs., dasselbe unter 800° für jeden Grad weniger 10 Cent. mehr; rohes Oel für jedes Kil. reines von 800° bei 15° Temperatur 22 Cent., dgl. für jedes Kil. Essenz von 700° 32 Cent.). Diese Sätze stehen noch in Geltung (ohne Zuschlag). Anwendung findet sogut wie ausschliesslich der Satz von rohem Oel zu 22 Cent. (1886 kam darauf der ganze Steuerertrag bis auf — 3 Frcs., welche für raff. Oel zu 34.50 Frcs. per Kil. eingingen). Der Zoll wurde im Tarifges. v. 26. Juli 1872 auf 32 und 37 Frcs. für rohes Oel von aussereuropäischen Ländern und von anderswoher, auf 52 und 57 Frcs. für raff. Oel und Essenz erhöht; Einfuhr nur über bestimmte Zollämter zugelassen (Decr. v. 30. Dec. 1873, Dejean p. 361); Tara ist 18 und 19 %/₀ (Decr. v. 12. Apr. 1872). Diese Sätze wurden nach Aufhebung des Ges. v. 26. Juli 1872 wieder durch Ges. v. 30. Dec. 1873, Art. 4 nach dem Dichtigkeitsgrad abgestuft und dadurch etwas verändert, aber verblieben im Wesentlichen in dieser Höhe, mit Ermässigungen nur in den Vertragstarifen. Erst der Tarif von 1881 ging erheblich herab, auf 15 Frcs. für rohes und 25 Frcs. für raff. Oel und Essenz. Der Zollertrag war 1876—80 jährlich 19.1, 1883—87 25.4 Mill. Frcs., also der Ertrag der innern Steuer (S. 690) davon neuerdings nicht mehr ¹/₄ %/₀. Die Zahl der Fabriken war in den letzten Jahren 11, vor 1882 18—19. Der grosse Controlapparat des Decrets v. 22. Dec. 1871 erscheint gegenüber solchen kleinen Productionsverhältnissen vollends übermässig.

β δ) Steuer auf andere Oele.

Gesetzgebung. Gesetz v. 31. Dec. 1873 Art. 4 ff., durch welches eine Reihe von Artikeln des aufgehoben gewesenen alten Oelsteuer-Gesetzes v. 25. März 1817 über die Einrichtung der Erhebung der Steuer wieder in Kraft gesetzt wurden. Ges. v. 22. Dec. 1878 (über die Feststellung der Einnahmen für 1879) Art. 3—6. Die Einfuhrzölle in den Tarifen.

Literatur. Stourm II, 106. — Vignes I, p. 151—154; Block, dict., Art. huiles, suppl. génér. dgl.; Oliho III. 441—460 (auch Abdruck der wieder geltenden Artikel des Ges. v. 1817). — Mathieu-Bodet I, 241; Amagat p. 350. — Tarif Bull. XVI. 533. — Statistik o. S. 690; Faur p. 120; im Bull. in den Jahresberichten der Direction der indirecten Steuern. Statistik der Ueberwachung Bull. XX, 600.

§. 276. Unter „anderen" Oelen sind Oele jeder Art, mit Ausnahme der Mineralöle, daher vegetabilische wie animalische zu verstehen. Die Hauptsache bilden die Oliven-Speiseöle. Die Einführung dieser Steuer characterisirt sich als Wiedereinführung der älteren von 1817 (Gesetz vom 25. März) mit Veränderungen und einem niedrigeren Tarif.

Diese Steuer von 1817 war auf Orte über 2000 Einwohner beschränkt gewesen, hatte den Tarif nach Ortsclassen und nach Sätzen für Olivenöl und anderes Oel, für ersteres in doppelter Höhe unterschieden (p. Hectol. 14—40 und 7—20 Frcs.), in einigen südlichen Departements galt letzterer niedrigere Satz auch für Olivenöl. Aufhebung durch Ges. v. 17. Aug. 1822.

Die Steuer fand vom Standpunct des landwirthschaftlichen Interesses und weil sie ein in manchen Gegenden wichtiges Lebensmittel treffe, Opposition, drang aber in der durch den Finanzbedarf gegebenen Lage doch durch. Sie wurde jetzt jedoch für alle Oele auf denselben Satz und gleichmässig für das ganze Staatsgebiet, übrigens mit einem erheblich niedrigeren, nach Ortsclassen abgestuften Tarif als 1817, gestellt und auf Orte über 4000 Einwohner beschränkt.

Die Steuer ist daher eine „Eingangsabgabe" in Städten, ähnlich wie die betreffende Weinsteuer (S. 636), deren Modalitäten der Einrichtung und Erhebung auch im Wesentlichen auf sie übertragen worden sind (Ges. v. 31. Dec. 1873). Der Tarif für 100 Kil. in 5 Ortsclassen 6—12 Frcs. (4—10,000 Einw. 6, über 100,000 Einw. 12 Frcs.) im Principal. Steuerpflichtig ist in den Ort eingeführtes und im Orte selbst fabricirtes Oel. Steuerfrei das Oel, welches den Industrieen als Rohstoff und Schmiermaterial für Maschinen dient, unter Sicherstellung und Einrichtung von Entrepôts. Fabrikanten und Händler (mit Oel-Entrepôts) sind licenzpflichtig und unterliegen der Ueberwachung (Exercice). Das Nähere über Einrichtung, Controle, Erhebung der Steuer, über Declarationen der Transporte, Controle derselben u. s. w., im Ges. von 1817 Art. 90—105, in Allem ähnlich wie bei Wein. Strafen. Confiscation der Oele und 200—1000 Frcs. Busse bei Contraventionen, in schwereren Fällen höhere Geldstrafe und Freiheitsstrafe (Ges. v. 1873 Art. 6). — Die von der Steuer betroffenen Gemeinden haben das Recht, mit dem Fiscus Abonnements an Stelle der speciellen Erhebung abzuschliessen, nach Massgabe der Bestimmungen des Ges. v. 28. Apr. 1816 Art. 73—75 (Olibo III, 453, Grundsätze dafür). Der Ertrag der Steuer stieg bis 1878 auf fast 6 Mill. Frcs. Zahl der überwachten Fabrikanten 1879 228, Händler mit Entrepôts 1599.

Die Unpopularität der Steuer, ihre principiellen steuerpolitischen Bedenken, führten bei verbesserter Finanzlage bald zu ihrer wesentlichen Einschränkung, principiell eigentlich zu ihrer Aufhebung als Staatssteuer.

Das Gesetz v. 22. Dec. 1878 bestimmte nämlich von Anfang 1879 an diese Aufhebung in allen bisher steuerpflichtigen Orten, wo kein Octroi auf diese Oele erhoben werde. Beibehalten blieb die Steuer nur in den Orten über 4000 Einwohner, welche ein Oel-Octroi hatten und festhalten wollten. Danach steht es seitdem in der Hand der Municipalräthe, ob ihre Ortschaft von der Staatssteuer auf Oel befreit werden soll, was dann die Aufhebung auch der Gemeindesteuer darauf bedingt. In Folge dieser Bestimmung hat die Zahl der Orte mit Oelsteuer stark abgenommen, im J. 1879 allein um 219 und seitdem weiter jährlich in einigen Fällen, entsprechend die Zahl der überwachten Fabrikanten und Händler (schon 1881 nur noch 176 und 690, 1885 61 und 730, 1887 34 und 831). Orte, welche die Oelsteuer behalten oder neu einführen, können mit dem Fiscus einen Vertrag schliessen, wonach sie, unter event. Erhöhung ihres Octroisatzes auf das Doppelte, an den Staat den Betrag als Pauschsumme entrichten, den der Staat im Durchschnitt der 2 letzten Jahre der eigenen Besteuerung bezogen hat, doch soll dieser Betrag den eigenen Octroiertrag nicht übersteigen. Im Uebrigen bleiben die Erhebungsformen des Ges. v. 1873 in Kraft. (Näheres über d. Ausführung des Ges. v. 1878 bei Olibo III, 445 fl.) Die seit 1879 eingetretene Ertragsabnahme der Staatssteuer erklärt sich auf diese Weise (S. 690). Im J. 1886 kam der Ertrag von 2,555,000 Frcs. für den Staat auf 214,748 metr. Centner, also 100 Kil. waren nur mit 2.18 Frcs. belastet. Der Eingangszoll war für reine Olivenöle bis 1881 3.12 Frcs., seitdem 4.50, Vertragstarif 4.50, Zollertrag von diesen Oelen 1883—87 jährlich 0.66 Mill. Frcs. Bei diesen, wie bei anderen ausländischen Oelen tritt beim Eingang in steuerpflichtige Orte die innere Steuer noch hinzu.

γγ) **Steuer auf Stearin und Kerzen.**

Gesetzgebung. Einführungs-Gesetz v. 30. Dec. 1873, Art. 9—17. Reglem. v. 8. Jan. 1874.

Literatur. Vignes I, 172—174; Block, dict., Art. stéarine; Say, dict., Art. acide stéarique und bougies; Olibo III, p. 426—442; v. Kaufmann, S. 449—451; Mathieu-Bodet I, 240; Amagat p. 172, 349. — Tarif Bull. XVI, 534 (auch Tarif der Vignetten). — Statistik o. S. 690. Faure p. 120; im Bull. in den Jahresberichten der indir. Steuern; auch XX, 600.

§. 277. Auch diese Steuer verdankt lediglich der Finanzlage im Jahre 1873 ihre Einführung und ist damals ohne Debatte genehmigt worden. Auch ihre Beibehaltung bis jetzt hat keine Schwierigkeiten gefunden. Neben Petroleumsteuer und Zoll ist sie auch steuerpolitisch wohl haltbar und durch die Freilassung der Talglichter einem nahe liegenden Bedenken weniger ausgesetzt. Folgerichtig wäre allerdings bei dieser Besteuerung der besseren Beleuchtungsmittel eine Staatssteuer auf Gas und electrisches Licht. Die Veranlagung und Erhebung der Steuer sind freilich verkehrs- und fabrikationsbelästigend, indessen nicht schlimmer als bei anderen französischen inneren Verbrauchssteuern. Sie erfolgen im Allgemeinen in der bei letzteren üblichen Weise (Licenzen, Declarationen, Exercice, Circulationscontrole u. s. w.). Eine beachtenswerthe steuertechnische Eigenthümlichkeit besteht darin, dass die Kerzen nur in geschlossenen Packeten von bestimmtem Gewicht und versehen mit vorschriftsmässigen Vignetten, welche von der Verwaltung gegen den Betrag des Steuersatzes geliefert werden, aus der Fabrik herausgehen, ausgelegt und verkauft werden dürfen: also die Benutzung des Stempels zur Erhebung einer Verbrauchssteuer, wie bei der russischen und amerikanischen Tabaksteuer.

Das Steuerobject ist Stearinsäure (acide stéarique) und alle Mischungen von Wachs u. s. w. im Zustand von Lichtern oder Kerzen (Wachskerzen). Für andere Verwendungen sind diese Stoffe steuerfrei. Der unverändert gebliebene Steuersatz ist, mit 2 Decimen, 30 Frcs. f. 100 Kil., die regelmässigen Packete, nach Lichtsorten verschieden, zu 500 und 1000 Gramm, auch zu 200, danach Satz der Vignette 15, 30 und 6 Cent. Ins Ausland gehende Lichte sind steuerfrei, was nicht mittelst Steuerrückzahlung, sondern nur mittelst Abschreibung auf die Belastungen der Fabrik, gewöhnlich in der Form des Nichtüberziehens der Packete mit Vignetten ausgeführt wird, wo dann die Sendungen mit acquit-à-caution ans Grenzzollamt gehen. S. das Einzelne bes. bei Olibo. — Das Ges. v. 30. Dec. 1873 hat gleichzeitig den Einfuhrzoll von Stearinsäure auf 5%, vom Werth und von Kerzen jeder Art auf 10% gestellt, wozu auch hier letzteren Falls die innere Steuer noch hinzutritt. Im Tarif v. 1881 sind die Sätze bez. 10 und 19 Frcs. für 100 Frcs. — Die Fabrikanten haben 20 Frcs. jährl. Licenztaxe zu zahlen und unterstehen dem Exercice, ebenso die Grosshändler mit Entrepôts, nicht die Kleinhändler. Zahl der Fabrikanten von Stearinsäure allein 1886 5, von Lichtern 974, überwachte Händler 46, früher bei weiterer Ausdehnung der Ueberwachung mehr (1881 704). Die Zahl der Fabrikanten ist zurückgegangen (1881 noch 1136), immerhin beachtenswerth. — Steuerertrag langsam steigend (S. 690); 1886 für 29,05 Mill. Kil. 8,72 Mill. Frcs. Die Einfuhr von Kerzen ist unbedeutend, Ausfuhr erheblicher (über 3 Mill. Kil.); der Zoll auf Stearinsäure giebt c. 200,000 Frcs.

dd) Steuer auf Essig und Essigsäure.

Gesetzgebung. Ges. v. 2. Juli 1843 und 2. Aug. 1872, Art. 4 (Steuer auf denaturalisirten Alcohol, wodurch auch der zur Fabrikation von Essig dienende mitgetroffen). Ges. v. 17. Juli 1875 betr. allgemeine eigene Essig- und Essigsäure-Steuer, Min.-Circ. vom 1. Aug. 1875. Ausführungsverordnung im Decret vom 11. Mai 1876, vom 11. Aug. 1884.

Literatur. Vignes I, 155—156. Block, dict., Art. vinaigre. Say, dict., Art. acide acétique und der noch ausstehende vinaigre. Olibo III, 471—483. Bull. XVI, 257 (Decr. v. 1884). v. Kaufmann, S. 452, 453. — Mathieu-Bodet I, 303. Amagat p. 351. — Tarif Bull. XVI, 534. — Statistik o. S. 690. — Faur p. 121; in den Berichten im Bull.

§. 278. Die eigene Essigsteuer nach dem Gesetz vom 17. Juli 1875 hatte nur nebenbei einen direct fiscalischen Zweck. Ihr Hauptzweck war, eine Gleichstellung in der fiscalischen Behandlung für die verschiedenen technischen Arten der Essigfabrikation nach den dabei benutzten Grundstoffen herbeizuführen. Zugleich bot die neue Steuer die erwünschte Gelegenheit, die bei niedrigerem Einfuhrzoll lästig empfundene Concurrenz deutscher Alcohol-Essige zu erschweren, indem die eingeführten Essige dann nach der französischen Finanzpraxis die Essigsteuer als innere Steuer noch neben dem Zoll mitzutragen hatten.

S. über den früheren Rechtszustand in Betreff der Ausdehnung der Wein-, Cider-, Bier-, Alcoholsteuer auf Essig und über die innegehaltene Praxis der Verwaltung Olibo III, 471 und Roncou's Aufs. vinaigre im Block'schen dict., über das Technische Wagner, chem. Technol., 11. Aufl., S. 723 ff. Durch die Entwicklung der Essigfabrikation aus Essigsäure und aus Branntweinen, welche aus der Destillation von Melassen und Zuckerrüben herrühren, war allmälig die früher für Speiseessig fast allein in Betracht gekommene Weinessig-Fabrikation zurückgedrängt worden. Bieressig und Cideressig waren unwichtig, wurden aber im Princip von der Bier- und Ciderstener getroffen. Bei Weinessig und Branntweinessig hat die Auslegung der Steuergesetze gewechselt, aber die Praxis damit geendet, dass Weinessig schon seit 1817 durch die Entscheidung des Cassationshofs von der Wein-Circulationssteuer, welche die Verwaltung darauf mit hatte ausdehnen wollen und damit überhaupt von der Weinsteuer befreit ward, Branntweinessig nur der Steuer des denaturalisirten Alcohols der Ges. v. 2. Juli 1843 in ihren niedrigen Sätzen unterliegen sollte, aber unter gewissen Cautelen auch davon befreit wurde. Seit dem Gesetz v. 2. Aug. 1872 indessen, welches die Steuer auf denatur. Alcohol auf 30 Frcs. p. Hectol. erhöhte, erfolgte die Anwendung dieses Steuersatzes auch auf den aus Alcohol erzeugten Essig, während die anderen Essige, insbesondere die Weinessige und die aus Essigsäure hergestellten Essige steuerfrei blieben. Dadurch ward für die Fabrikation der Branntwein-Essige ein misslicher Zustand herbeigeführt, welcher zu Beschwerden der Interessenten führte. Aus verschiedenen Projecten ging schliesslich das Gesetz v. 17. Juli 1875 hervor.

Das neue Gesetz führte eine selbstständige innere Verbrauchssteuer auf Essig jeder Art und auf Essigsäure, welche nach dem Stärkegehalt des Essigs an Essigsäure und der letzteren an Säure abgestuft ward, ein, unterwarf ausdrücklich die eingeführten ausländischen Essige, unabhängig vom Zoll, auch dieser Steuer mit, befreite ebenfalls ausdrücklich die zur Essigfabrikation benutzten Weine, Biere, Cider, Alcohole von den betreffenden Steuern, damit auch die Alcohole von der Denaturalisationsabgabe bei dieser Anwendung, machte die Essigfabrikanten licenzpflichtig (20 Frcs.), ebenso die Grosshändler (10 Frcs.) und unterstellte Fabrikation, Versendung von, Handel mit Essig den üblichen bezüglichen Controlen des Exercice, der Versendung u. s. w., wobei die gewöhnlichen Einrichtungen, den Fabrikationsverhältnissen angepasst, die Vorschriften über das Begleitscheinverfahren (acquits-à-caution), die Strafbestimmungen u. s. w. wiederkehren. Die zu industriellen Verwendungen bestimmten Essige und Essigsäuren sind, unter den erforderlichen Nachweisen dieser Verwendung, steuerfrei, wobei die Verwaltung eventuell vorherige Denaturalisirung verlangen kann. Ebenso sind die ins Ausland gehenden Fabrikate steuerfrei.

S. das Einzelne bes. bei Olibo und in dem neuen Decret v. 1884. Der Steuersatz (incl. 25% Zuschlag zum Principal) war und ist p. Hectol.: für Essig bis 8% Essigsäure 5, von 9—12%, 7.50, von 13—16%, 10, für Essig und Essigsäure von 17—30% Säure 18.75, von 31—40% 25, von über 40% 52.50; für 100 Kil. krystallisirter und in festem Zustand befindlicher Essigsäure 62.50 Frcs. Der Zoll war vor 1881 2.08 Frcs. p. Hectol., seitdem 4.50 Frcs., im Vertragstarif 3.50 Frcs. Zu den für industrielle Verwendung steuerfreien Essigen und Essigsäuren gehört ausdrücklich der zu irgend welchen Nahrungsmitteln, sowie zu Toiletteartikeln, Parfümerieen dienende nicht mit. — Der Ueberwachung, bezw. dem Exercice unterstanden und licenzpflichtig waren: 1879 467 Fabrikanten, 2124 Grosskaufleute, 126 Conservefabrikanten, 1886 bezw. 414 (woron 21 speciell Essigsäurefabrikanten) — 2462—106. Der langsam steigende Steuerertrag (S. 690), 1886 2,933,000 Frcs., fällt grösstentheils auf Essig der untersten Steuerstufe (1886 2.765.000 Frcs. für 553.000 Hectol.\, vom Rest das Meiste auf die zweitunterste Stufe (103.000 Frcs. für 13,677 Hectol.).

ff) Steuer auf Dynamit und Nitroglycerin.

Gesetzgebung. Decret v. 21. Dec. 1872 (Erklärung der Zugehörigkeit des Dynamits zum Pulvermonopol, Tarif). Ges. v. 8. März 1875 (Ueberlassung der Fabrikation von Dynamit und von Nitroglycerin-Explosivstoffen an die Privatindustrie, nebst Einführung einer Steuer). Decr. v. 5. Juli 1875. Reglem. v. 24. Aug. 1875. Ausserdem polizeiliche Bestimmungen, so Decr. v. 28. Oct. 1882, betr. Verwendung von Dynamit.

Literatur. Vignes I, 202; Block, dict., Art. dynamite, auch suppl. génér. (Decr. v. 1882). Say, dict. ders. Artikel (noch ausstehend). Olibo II, 450 ff. (auch Reglem. v. 1875). Bull. XXII, 481. v. Kaufmann S. 453 (in der Einleitung Irrthum). — Mathieu-Bodet I, 304. Amagat p. 350 (über die parlam. Debatten 1873—75). — Tarif Bull. XVI, 552. — Statistik s. o. S. 690. Faure p. 121. In den Verwaltungsberichten bei Pulver (Bull. XXIII, 304).

§. 279. Nach dem Kriege von 1870—71 hatte sich die Privatindustrie der Herstellung des Dynamits zu bemächtigen begonnen. Im sicherheitspolizeilichen und fiscalischen Interesse suchte indessen die Regierung die Zugehörigkeit des Dynamits zu den Schiesspulvern und damit zu dem für letztere zu Recht bestehenden Fabrikations- und Verkaufs-Monopol aus dem Gesetze vom 13. Fructidor V durchzusetzen, zunächst im Verordnungswege (Decr. v. 21. Dec. 1872). Für das von der Verwaltung des Pulvermonopols herzustellende Dynamit wurde ein dreistufiger Tarif (nach der Sprengkraft) festgestellt und die Einfuhr von Dynamit aus dem Auslande an die besondere Ermächtigung des Finanzministers geknüpft, der dabei den Zollsatz zu bestimmen haben sollte.

Diese Einbeziehung des Dynamits unter das Pulvermonopol fand indessen bei den Interessenten, den Fabrikanten und Benutzern des neuen Sprengstoffs, bei gewissen Politikern und bei den freihändlerischen Doctrinären Widerspruch, der sich zu wiederholten Malen in den Jahren 1873—75 durch die Parlamentsdebatten hinzog. Die von der Regierung beabsichtigte Verwandlung des Decrets von 1872 in Gesetz scheiterte schliesslich. Die Fabrikation von Dynamit und Nitroglycerin wurde, unter ausdrücklicher Abänderung des Gesetzes vom Fructidor V — dessen principielle Anwendbarkeit auf den streitigen Fall damit anerkannt wurde — der Privatindustrie, unter den für ausreichend gehaltenen sicherheits- und gewerbepolizeilichen Cautelen, überlassen, und eine Steuer von 2 Frcs. im Maximum für das Kilogramm Dynamit eingeführt. Dieses gesetzgeberische Ergebniss lässt sich kaum genügend rechtfertigen, wenn man einmal ein **Pulvermonopol** hat, zumal eine eben erst im Entstehen begriffene Privatindustrie, wie die hier besprochene, keine besonderen Schwierigkeiten für die Monopolisirung des Dynamits geboten hätte.

Die Fabrikation von Dynamit und Nitroglycerin Explosivstoffen, als steuerpflichtige Gegenstände, unterliegt übrigens nicht nur den gewöhnlichen steuertechnischen Bedingungen und Controlen und den gewerbepolizeilichen Beschränkungen der gefährlichen und ungesunden Industrieen — zu welcher Kategorie, nebenbei bemerkt, auch manche andere Industrieen des Gebiets der indirecten Verbrauchssteuern gehören. Sie ist auch noch unter specielle erschwerende, der Absicht nach Sicherheit gegen Missbrauch bietende Cautelen gestellt worden.

Insbesondere erheischt jede Errichtung einer Fabrik eine eigene Ermächtigung der Regierung, die nur nach Anhörung des Präfecten auf gemeinsamen Antrag der Minister des Ackerbaues und Handels, des Innern, der Finanzen und des Kriegs durch Decret des Präsidenten ertheilt wird. Auch muss für jede einzelne Fabrik, auch desselben Fabrikanten, eine Caution von 50,000 Frcs. gestellt werden, — was auf Grossbetrieb mit hinwirkt. Zur unmittelbaren Verwendung an Ort und Stelle kann die Fabrikation von Nitroglycerin zu 4 Frcs. Steuer für das Kil. übrigens den betreffenden Industriellen unter besonderen Cautelen von der Regierung gestattet werden. Aus Gründen der öffentlichen Sicherheit dürfen ferner endgiltig oder zeitweilig die Fabrikation von Dynamit verboten, die Depôts und Kleinverkaufsstellen unterdrückt werden, auf Beschluss des Staatsraths und Anhörung der Parteien, ohne dass Fabrikanten, Depositäre oder Händler irgend einen Anspruch auf Entschädigung erheben können (Ges. v. 1875, Art. 9). Fabrikanten und Händler sind denselben Reglements wie Pulverdebitanten unterstellt; im Interesse der Sicherheit dürfen erforderliche weitere Control-Vorschriften erlassen werden. Für die Einfuhr von Dynamit aus dem Auslande ist specielle Ermächtigung der Regierung erforderlich, der Zollsatz ist 2.50 Frcs. Exportirtes Dynamit geniesst mittelst Abschreibung von den Belastungsconto Steuerfreiheit. Die Strafandrohungen sind schwerer als in anderen Fällen. Sie gehen bei Vergehen gegen Gesetz und Reglements sofort auf Haft von 1 Monat bis 1 Jahr und 100—10,000 Frcs. Geldstrafe, vorbehaltlich der Anwendung des Art. 463 des Code pénal.

Die Zahl der Fabrikanten war von 1879—85 beständig nur 2, die der überwachten Depositäre stieg von 9 auf 32. Der Ertrag der Steuer (S. 690) schwankt jährlich erheblich, 1882 war er schon einmal 1,763,000 Frcs. Er kommt fast ganz vom Dynamit zu dem Satze von 2 Frcs. p. Kil. (1886 von 795,908 Frcs. für 397,256 Kil. im Ganzen bloss 2673 Frcs. für 668 Kil. auf Nitroglycerin). Die Tarifsätze des Decrets v. 1872 waren in 3 Stufen 11.25, 7.50, 4.50 Frcs. p. Kil. gewesen, — wohl zu hoch. Aber das liess sich ja auch beim Monopol leicht ändern.

Man sieht aus allen diesen Verhältnissen, den peinlichen Controlen und Betriebsbedingungen, der Betriebsconcentration, der Verkehrscontrole, dass doch die Einbeziehung des Dynamits in ein einmal bestehendes Pulvermonopol das Rationellere wäre.

cc) Die einzelnen wieder aufgehobenen neueren kleineren inneren Verbrauchssteuern.
Papier, Cichorie, Seife.

αα) Papiersteuer.

Gesetzgebung. Einführung durch Ges. v. 4. Sept. 1871 Art. 7 (auch 8, 10); Ausführungsdecr. v. 28. Nov. 1871. Ges. v. 21. Juni 1873 Art. 18 (Tarifänderung); Ausführungsdecr. v. 16. Aug. 1873. Ges. v. 30. Dec. 1873 (4 % Tarifzuschlag). Ges. v. 30. Juni 1874 (Steuerfreiheit für das Journal officiel — dazu Reglem. v. 18. Juni 1877). Art. 18 des Finanzges. v. 29. Dec. 1884. (Verschärfung der Circulationscontrole). Ges. v. 29. Juli 1881 Art. 5 (Pressgesetz, Aufhebung der Zuschlagsteuer für Zeitungspapier in Consequenz des Art. 5). Decr. v. 30. Juli 1881. — Aufhebung der ganzen Papiersteuer durch Ges. v. 8. Aug. 1885 (Budgetges. für 1886) Art. 2, vom 1. Dec. 1886 an.

Literatur. Stourm II, 119; Vignes I, 169—172; Block, dict. Art. papier, dgl. suppl. génér. und suppl. für 1886; Olibo III, 395—426; Bull. XXI, 157—161. v. Kaufmann S. 442—445. — Mathieu-Bodet I, 42. Amagat p. 347, 379. — Tarif Bull. XVI, 553. — Statistik o. S. 690. Faure p. 120. Jahresberichte im Bull. Uebersichten und interessantes Detail Bull. XXI, 160.

§. 280. Diese schon im alten „Regiment" vorhanden gewesene Steuer war 1791 mit anderen indirecten Abgaben beseitigt worden. Projecte, sie wieder einzuführen, sind schon unter dem Directorium und ernstlich, bis zur Vorlage eines Gesetzentwurfs, 1815—16 aufgetaucht, aber nicht zu Stande gekommen. In der Finanzkrise von 1871 stand der Plan einer Papiersteuer, neben anderen ähnlichen neuen Steuern, auf Zündhölzchen, Cichorien, mit voran.

Er wurde durch die Ansicht der Steuerverwaltung, dass die Erhebung einer solchen Steuer an sich und bei der Concentration der Fabrikation auf nur etwas über 400 Fabriken nicht besonders schwierig und kostspielig sei und keine wesentliche Vermehrung der Steuerbeamten verlangen werde, unterstützt. Auch kam dem Plane zu Gute, dass er eine Mitbesteuerung der Zeitungen, welche nach dem Sturze Napoleon's so eilig vom Stempel befreit worden waren (S. 555), einfach gestatte. Andererseits fand er heftige principielle Opposition wegen der behaupteten „antisocialen" und „anticivilisatorischen" bildungs- und wirthschaftsschädlichen Wirkungen einer solchen Steuer. Besonders wurde auf die Schädigung des Interesses des Volksunterrichts, des Buchhandels, der Packpapier benutzenden Industrieen u. dgl. m. hingewiesen, was man jedoch wieder durch die Bemerkung, dass es sich bei der Steuer zum grossen Theil gar nicht um Vertheuerung für die Consumenten, sondern nur um einige Verkürzung der Gewinne des Zwischenhandels handeln werde, zu widerlegen suchte.

So kam die Steuer, zugleich mit der Cichorien- und Zündhölzchensteuer, schon im Sommer 1871 zu Stande (Ges. v. 4. Sept. 1871). Dem Ertrage nach ist sie die wichtigste der kleineren, nach dem Kriege eingeführten inneren Verbrauchssteuern gewesen (S. 690).

Diese Papiersteuer traf im Princip alle Sorten Papier, anfangs nach einem dreistufigen, seit dem Gesetz von 1873 (21. Juni) nach einem vierstufigen Qualitätsfuss. Sie war hier eine Fabrikationssteuer, die in den üblichen Formen der französischen, an die Productionsstätten sich anschliessenden indirecten Verbrauchssteuer entweder direct nach den speciellen steueramtlichen Aufnahmen der fertiggestellten und versendeten Papiere, daher mittelst Declarationspflichten, Buchführungszwang, Exercice, Versendungscontrole u. s. w. veranlagt und erhoben, oder auch auf Grund jährlichen Abonnements von den Fabrikanten bezahlt wurde. Ausserdem wurde aber, speciell zum Ersatz des durch Decret v. 5. Sept. 1870 beseitigten Zeitungsstempels (S. 555), ein Zuschlag von 20 Frcs. für 100 Kil. von 1871—1881 für dasjenige Papier erhoben, welches zum Druck von cautionspflichtigen Zeitungen und anderen periodischen Publicationen verwendet wurde. Diese Zuschlagtaxe ist schon seit 1881 fortgefallen, indem die Aufhebung der Cautionspflicht nach dem neuen Pressgesetz vom 29. Juli 1881 so ausgelegt wurde, dass damit jene Taxe implicite auch falle. Nachdem dann bereits 1880 in Folge parlamentarischer Initiative und 1881 in Folge derjenigen der Regierung selbst die Aufhebung der ganzen Steuer in Aussicht genommen gewesen, aber wegen budgetärer Bedürfnisse schliesslich beide Male noch vertagt worden war, wurde dieselbe endgiltig im Finanzgesetz vom 8. Aug. 1885 für die Zeit vom 1. Dec. 1886 an beschlossen und trat auch an diesem Termine ein. Eine Einnahme von 14—15 und mit dem ehemaligen Zeitungszuschlag von 18 - 19 Mill. Frcs. wurde dadurch aufgegeben, etwa $6/7$ des Biersteuerertrags.

S. bes. Bull. XXI, 157 ff., über die steuertechnische Durchführung und die Controlen, die im Einzelnen Interesse bieten, aber den allgemeinen französischen Grundsätzen entsprechen, die Decrete von 1871 (bei Dejean, code p. 74 ff.) und von 1873 (eb. p. 320 ff., auch bei Olibo III, 401 ff.). Der Tarif war im Ges. v. 1871 in 3 Classen: 15 Frcs. für 100 Kil. Cigaretten-, Seiden-, anderes ähnliches sehr feines Papier, Pergament- u. dgl. Papier, auch Briefpapier jeder Art; 10 Frcs. für Schreib-, Druck-, Zeichen-, Musik- u. dgl. Papier, weisses Tapeten-, farbiges und marmorirtes Einbandpapier u. dgl.; 5 Frcs. Cartons, Cartonpapier, Enveloppenpapier, farbiges Tapetenpapier, Pack-, Löschpapier u. dgl. Das zu Zeitungen u. s. w. verwendete Druckpapier gehörte zur zweiten Classe, zahlte daher mit dem Zuschlag 30 Frcs. per 100 Kil. Das Ges. v. 21. Juni 1873 Art. 18 veränderte diese Classification der Papiere etwas und bildete für Briefpapier jeder Art eine eigene neue (zweite) Classe mit 11 Frcs. Bei gewissen Papieren, wie Tapeten, bunten Cartons u. dgl. wurden nach den Ausführungsdecreten (Art. 6) erhebliche Nachlässe zur Feststellung des steuerpflichtigen Gewichts gewährt ($1/6$—$2/5$). Für Beschneidung, Façonnirung u. dgl. in der Fabrik konnten bis 10 % abgerechnet werden. Mit den 4 % Zuschlägen (Ges. v. 30. Dec. 1873) stellte sich so der vierstufige Tarif schliesslich auf 15.60—11.44—10.40—5.20, für Zeitungspapier auf 20.80 (im Ganzen 32.24) Frcs. für 100 Kil. Aus dem Ausland eingeführtes Papier unterlag auch hier ausdrücklich ausser dem Eingangszoll der inneren Steuer (Ges. v. 1871 Art. 7). Der Zoll war vor 1881 für Papier 99.84 bis 187.20, im Tarif von 1881 nur 25, im Vertragstarif 8 Frcs., für Pappe in Blättern vor 1881 wie für Papier, dann 11 und (im Vertragstarif) 8 Frcs. Französisches Papier und daraus hergestellte Gegenstände (also z. B. auch Papiermaché) waren bei der Ausfuhr ins Ausland und die Colonieen steuerfrei.

Die Fabrikanten waren licenzpflichtig (20 Frcs. jährlich, nach Ges. v. 1873 nur einmal, auch für mehrere Fabriken desselben Besitzers zu entrichten). Unter den Controlen ist die Versendungs- und Circulationscontrole beachtenswerth. Im Umkreis von 2 Myriametern um jede Fabrik mussten Duplicate der Wegführungsdeclarationen alle Transporte begleiten und waren auf Verlangen den Agenten der indirecten Steuern vorzuzeigen (Reglem. von 1871 und 1873 Art. 14). Da dies zur Verhütung von Unterschleifen noch nicht für ausreichend galt, wurde bestimmt, dass alles in Mengen von über 50 Kil. im Transport befindliche Papier mit Begleitschein (expédition) versehen sein müsse, der auf jedes Verlangen den Dienstthuenden vorzuweisen war, — eine Ermächtigung, die indessen thatsächlich doch nicht angewendet sein soll (Ges. v. 29. Dec. 1884 Art. 18, Bull. XXI, 159).

Die Specialtaxe für Zeitungen u. s. w. war von 1872—80 von 1,952,000 auf 3,917,000 Frcs. Ertrag gestiegen. Im Jahre 1881 war der Bruttoertrag der ganzen Steuer 16,117,000 Frcs., wovon für exportirtes Papier 1,321,000, für Rechnung der Steuerfreiheit des Journal officiel 92,000, für Abzüge, Verluste u. dgl. 28,664 Frcs. abzusetzen waren, so dass 14,676,000 Frcs. Reinertrag (noch incl. Verwaltungskosten) blieb. Für den Specialdienst der Papiersteuer waren 1874 nur 124 Agenten mit 195,000 Frcs. Kosten, 1.30 % der Einnahmen, 1885 nur 70 Agenten mit 127,300 Frcs. Kosten oder 0.90 % der Einnahmen zu bestreiten. Die Zahl der Fabrikanten, übrigens grösser als anfänglich angenommen, war 1873 642, 1879 533, 1881 601, 1885 527, die der Entrepositaires unter Controle anfangs 12—17, seit 1879 erheblich höher 250, 1885 288, die der überwachten (Zeitungs-) Drucker 1873 579, 1880 678. — Die Statistik im Bull. (XXI, 161) gestattet auch folgende interessante Angaben, aus denen die ungemeine practische Bedeutung, freilich auch die Umständlichkeit dieser Controlen, besonders der Versendungscontrolen für den Verkehr einmal ziffermässig hervortritt: Die Zahl der aufgenommenen Protokolle (wegen Contraventionen) 1874 316 (Max.), 1886 136 (Min.), 1885 236. Zahl der acquits-à-caution bei Versendung 1873 13,566, 1879 11,929, dann rasch steigend, 1882 (Max.) 72,740, 1885 noch 62,546; Zahl der laissez-passer (S. 649) Min. 1874 99,500, Max. 1885 279,700. Auf Grund von acquits-à caution sind 1882 141.10 Mill. Kil. Papier u. s. w., 1885 118.23 Mill. versendet worden. — Die Ausfuhr von Papier hat sich während des Bestehens der Steuer mit Schwankungen annähernd auf gleicher Höhe gehalten (22—24 Mill. Kil.), die Einfuhr ist stark gestiegen, von 3—4 Mill. Kil. anfangs auf 12—13 Mill. zuletzt (Bull. a. a. O.); wohl Einfluss des Tarifs v. 1881 und des Vertragstarifs, aber doch beachtenswerth, da die innere Steuer daneben zu tragen war.

$\beta_i\beta$) Cichoriensteuer.

Gesetzgebung. Gesetz v. 4. Sept. 1871 Art. 6 zur Einführung. Dazu Ausführungsdecr. v. 30. Nov. 1871 (Dejean p. 105 ff), Decr. v. 18. Jan. 1873 (eb. p. 291 ff.), Ges. v. 25. Juli 1873 Art. 20, 21, 23, 24 (u. A. Ausdehnung der Steuer auf der Cichorie ähnliche Producte). Zollerhöhung im Ges. v. 8. Juli 1871 Art. 6. Aufhebung der inneren Steuer durch Finanzges. f. 1879 (Ges. v. 28. Sept. 1878 Art. 2) v. 1. Jan. 1879 an.

Literatur. Vignes I, 168. Block. dict., Art. chicorée. Say, dict., ders. Art. v. Kaufmann S. 459. — Mathieu-Bodet I, 43. Amagat p. 348. — Statistik in den früheren Verwaltungsberichten der indirecten Steuern. Faure p. 120. O. S. 690.

§. 281. Auch diese Steuer ist durch die Finanzbedürfnisse nach dem letzten Kriege verursacht worden. Zu ihrer Einführung trug die Rücksicht auf den fiscalischen Nachtheil des Cichorienconsums für den Ertrag des Kaffeezolls, zumal seit dessen Erhöhung nach dem Kriege bei. Das principielle Bedenken gegen diese Steuer auf einen Artikel des Consums der ärmeren Classe und das weitere Bedenken, dass dieser Consum in einigen Gegenden (Departement Nord, Pas de Calais) besonders stark verbreitet sei, die Steuer thatsächlich also nicht gleichmässig wirke, tauchten auf, aber hinderten die Einführung der Steuer nicht. Obwohl man die Herstellung der Cichorie für den eigenen Hausbedarf frei liess, keinen nachtheiligen Einfluss der Steuer auf den Consum und dessen Zunahme glaubte nachweisen zu können und die Erhebungskosten mässig waren, wurde die Steuer doch schon im Jahre 1878 wieder aufgehoben, bald nach der Seifensteuer, obwohl der hohe Kaffeezoll verblieb. Damit ward eine Einnahme von $5^1/_3$ Mill. Frcs. aufgegeben.

Die Einrichtung der Steuer war die übliche, Licenzen, Declarationen, Exercice, Versendungscontrole u. s. w. Eigenthümlich war auch hier, wie bei der Kerzen- und Zündhölzchensteuer, die Vorschrift, dass die Cichorie nur in **geschlossenen Packeten bestimmten Gewichts und in gestempelten Umschlägen** circuliren und zum Verkauf gebracht werden durfte.

Der Fabrikationssteuersatz war 30 Cent. per Kil. für die „racine de chicorée préparée", beabsichtigt waren 50 Cent. gewesen, aber nicht angenommen. Die eingeführte Cichorie, gebrannt oder gemahlen, zahlte nach dem Tarif v. 8. Juli 1871 55 Frcs. per 100 Kil. (statt der innern Steuer), nach Aufhebung der inneren Steuer im Tarif von 1881 noch 5 Frcs. Der Kaffeezoll war in demselben Tarif für Bohnen auf 150 und 170 Frcs., für gebrannten oder gemahlenen auf 200 Frcs. gestellt, mit 4 % Zuschlag später 156 und 200 Frcs. Licenz der Fabrikanten und gewisser Kaufleute 20 Frcs. Die vorgeschriebenen Gewichtsmengen der Packete waren 100, 250, 500, 1000 Gramm und mussten so beschaffen sein, dass sie mittelst Stempeln oder gestempelter Vignetten umschlossen werden konnten. Nach Ges. v. 21. Juni 1873 Art. 23 mussten die Fabrikanten auf ihre Kosten selbst diese Papiere anbringen. Diese Stempelung oder Vignettirung war aber hier keine Steuererhebungsform, sondern nur eine Controlform. Die Fabrikanten u. s. w. hatten die Steuer nach monatlicher Abrechnung in der sonst üblichen Weise (baar oder mit Cautionsobligationen) zu begleichen. Die Kleinkaufleute durften, wenn sie weniger als 100 Gramm verkauften, nicht mehr als 1 Packet auf einmal anbrechen. — Die Menge der versteuerten Cichorie ist von 1872—1877 von ca. 8—9 auf ca. 18 Mill. Kil. gestiegen.

γγ) Seifensteuer.

Gesetzgebung. Eingeführt durch Ges. v. 30. Dec. 1873 Art. 7, 8; Reglem. v. 8. Jan. 1874. Ges. v. 5. Aug. 1874 Art. 8 (Steuerfreiheiten). Decr. v. 8. Aug. 1875 (Durchführung der Seifensteuerfreiheit für Webereien und Färbereien von Geweben). Aufhebung durch Finanzges. v. 16. März 1878 Art. 1 vom 1. April 1878 an.

Literatur. Stourm II, 107. Vignes I, 174. Block, dict., Art. savons v. Kaufmann S. 459. — Mathieu-Bodet I, 240. Amagat p. 349. — Statistik o. S. 690. Fauro p. 120.

§. 282. Diese gleichzeitig mit der Stearin- und Kerzensteuer und der allgemeinen Oelsteuer eingeführte Steuer wurde an Stelle einer anfangs geplanten Ausdehnung der Salzsteuer auf das zur Sodafabrikation dienende steuerfreie Salz gewählt. Sie traf Seife jeder Art mit 5 Frcs. per 100 Kil., doch bestand umfängliche Steuerfreiheit für Seife, welche zu bestimmten im Gesetz v. 5. Aug. 1874 noch genauer bezeichneten Verwendungen von Seife in der Textilindustrie diente. Die ins Ausland gehende Seife war ebenfalls steuerfrei. Fremde Seife trug auch hier eine Compensationsabgabe von 5 Frcs. bei der Einfuhr, neben den beträchtlichen Zöllen. Die Einrichtung der Besteuerung war die übliche, mit Licenzpflicht (20 Frcs.), Declarationen, Buchführungszwang, Exercice, Versendungscontrole u. s. w. Einer besonderen Controle unterlagen aber auch die Fabriken, welche Seife steuerfrei beziehen durften. Nach wenig über vierjährigem Bestehen wurde die Steuer bereits wieder aufgehoben, der erste Schritt zu Steuererleichterungen auf diesem Gebiet. Der Ertrag von ca. 6 Mill. Frcs. war hinter den anfänglichen Schätzungen von 9 Mill. zurückgeblieben, wie behauptet wird, weil viele Hinterziehungen stattfanden.

Im allgemeinen Tarif vor 1881 war Seife mit 205 Frcs. belegt, im Vertragstarif mit 6 und 70, im Tarif von 1881 mit 12 und 6 Frcs. für 100 Kil. Steuerfrei war die Seife für die Vorbereitung, Entfettung, Färberei, Bleicherei von Seide, Wolle, Baumwolle und anderen Faserstoffen der Textilindustrie im rohen Zustand oder als Gewebe, wenn es noch nicht die letzte Appretur erhalten hat. Die Verwendung musste genügend erwiesen werden. Die Steuerfreiheit erfolgte in der Weise, dass die Seifen von den Fabriken unter acquits-à-caution oder aus dem Auslande unter Zollplombe bezogen werden mussten. Die acquits wurden beim Empfänger nur unter Vorzeigung der Sendungen unter Band und Blei dechargirt. Dann Einlagerung in abgesonderte Magazine und Herausnahme nur nach dem täglichen Bedarf, mit entsprechenden weiteren Controlen. Fehlmengen nach den Inventaren steuerpflichtig. Nach Gutdünken der Verwaltung periodische Visitationen oder Einrichtung bleibender Ueberwachung auch dieser Textilindustrie-Etablissements (Decr. v. 8. März 1875). Diese doppelseitige Controle, theils der Seifenfabriken, theils der Textilfabriken war bei dem mässigen Steuerertrag wohl ein Umstand, der die Bestrebungen nach baldiger Beseitigung der Steuer unterstützte. — Im Jahre des höchsten Ertrags, 1876, wurden 163.6 Mill. Kil. Seife im Inland producirt, wovon 123.3 Mill. versteuert, 18.3 steuerfrei ausgeführt, 18.3 dgl. in der Textilindustrie verwendet, der Rest blieb in Verrechnung. Man hatte den steuerpflichtigen Consum bei der Einführung der Steuer auf 180 Mill. Kil. geschätzt.

Die ursprünglich als gewöhnliche Verbrauchssteuer eingerichtete, dann aber bald in Monopolform gekleidete Zündhölzchensteuer wird unten bei den Monopolen mit behandelt werden (§. 300).

ε) Andere verwandte kleinere Steuern.

Prüfungsabgabe von Gold- und Silberwaaren, Abgabe von denaturalisirtem Alcohol, Spielkartensteuer.

Die jetzt mit 37.50 Frcs. vom Hectoliter reinen Alcohols erhobene Steuer von denaturalisirtem Alcohol ist oben S. 642 bei der Getränkebesteuerung schon mit besprochen worden. Ertrag f. 59,106 Hectol. 2.22 Mill. Frcs. in 1886, f. 85,366 Hectol. 3.20 Mill Frcs (proris.) in 1887.

α) Prüfungsabgabe von Gold- und Silberwaaren.
(Droit de garantie sur les ouvrages d'or et d'argent.)

Gesetzgebung. (Hauptbestimmungen.) Wiedereinführung durch das grundlegende Gesetz vom 19. Brumaire VI (9. Nov. 1797). Zahlreiche weitere Gesetze und Verordnungen über Einzelheiten, besonders der Ausführung, betreffen meistens nur die gewerbepolizeiliche Seite der Sache, die Markirungen u. dgl. m. Alle einzelnen noch in Kraft stehenden Bestimmungen bei Olibo. So noch verschiedene aus J. VI u. den folgenden Jahren bis XIII; dann wieder 1819, 1820 (5 Mai), 1836, 1838 (Ord. v. 7. Apr. über der poinçon de recense), Ges. v. 10. Aug. 1839 nebst Ord. v. 30. Dec. 1839 (über Ausfuhr von Gegenständen ohne französische Marke und ohne Abgabezahlung), Ges. v. 9. Aug. 1844 Art. 13 (Herabsetzung der droits d'argue), Ord. v. 23. Dec. 1846, Decr. v. 24. Juli 1857 (Einrichtung der „Garantie" in Algier), Decr. v. 26. Mai 1860 (Ausdehnung der Verpflichtungen der Fabrikanten plattirter Waaren auf diejenigen, welche vergoldete und versilberte Waaren auf galvanischem oder electro-chemischem Wege herstellen), Decr. v. 13. Jan. 1864 (u. A. eigener Stempel für eingeführte ausländische Waare). Nach dem Kriege Abgabeerhöhung durch Ges. v. 30. März 1872. Decr. v. 27. Juni 1877 (Ausfuhr französischer Waare nur über bestimmte Zollämter). Decr. v. 27. Juli 1878 (Regelung der Rückzahlung der Abgabe bei Ausfuhr von Waaren). Ges. v. 25. Jan. 1884 (Einführung eines vierten Einheitsgrads — titre — für zur Ausfuhr bestimmte Gegenstände), Ausführungs-Decr. dazu v. 10. Juni 1884 (s. Bull. XV, 145, 647). Decr. v. 24. Dec. 1887 (eigener Stempel für ausgeführt gewesene, wieder zurückgesendete französische Waare).

Literatur. S. die Bibliographie über den weitläufigen und verwickelten Gegenstand in Block, dict., Art. garantie, p. 1034. Stourm II, 90—103 (Wiederherstellung der alten Gesetzgebung durch das Ges. v. Brumaire VI). Vignes I, 187—191. Block, dict., Art. garantie von Moreau, reichhaltig, eingehend und klar. Suppl. génér. p. 215 (Ges. v. 1884), Suppl. 1888 p. 367. Olibo II, 543—684 (höchst detaillirt und reichhaltig). v. Hock S. 432—439; v. Kaufmann S. 417—449. — Mathieu-Bodet I, 104, 105. Amagat p. 343. — Statistik, Faure p. 118; bes. in den Uebersichten (mit weiteren Ausführungen) im Bull. I. 216. V. 233, XV, 156; Ertragsdaten in den Berichten der indirecten Steuerverwaltung.

Die wichtigste und interessanteste Seite des Gegenstandes ist die gewerbepolizeiliche, zugleich die complicirteste, welche jene Menge von Bestimmungen und deren häufige Abänderung (betreffs der Arten der Markirung u. s. w.) veranlasst hat. Sie kann hier aber nur gestreift werden. S. darüber bes. den Art. von Moreau und Olibo's Werk, auch Bull. a. a. O., bes. XV, 156.

§. 283. Von Alters her bestand in Frankreich eine strenge gewerbepolizeiliche Controle der Herstellung und des Verkaufs von Gold- und Silberwaaren. Namentlich seit dem 16. Jahrhundert, dann unter Ludwig XIV. und wiederholt im 18. Jahrhundert wird diese Controle im Einzelnen geregelt. Sie dient einem doppelten Interesse, einmal soll sie den Käufern Sicherheit hinsichtlich der Qualität der Waaren gewähren und zweitens von den Producenten unsolide und betrügerische Concurrenz fern halten und der französischen Waare im In- und Auslande einen guten Ruf verbürgen. Das Controlsystem bedingte Einrichtungen, welche Kosten machten. Es wird daher, ohnehin im Geiste der älteren Gewerbepolitik, in systematischer Weise seit Ludwig XIV. ein Gebührenwesen damit verbunden, das diese Kosten zu decken ermöglichte, aber darüber hinaus Ueberschüsse gewährte, so dass es in eine gewerbesteuerartige, überwiegend wohl schon in eine verbrauchs- und luxussteuerartige Besteuerung überging. Das Ganze war aber zweckmässig und nicht einseitig fiscalisch geordnet und erfüllte seinen gewerbepolizeilichen Zweck gut.

Gleichwohl brach auch diese bewährte Einrichtung in der ersten Revolution zusammen, ohne förmlich gesetzlich aufgehoben zu sein, ja sogar trotz ausdrücklicher wiederholter amtlicher und legislativer Erklärungen, dass die Controle fortzudauern habe. Die „Gebühren" fielen unter die Kategorie der „indirecten Steuern", die unvermeidlichen Controlmassregeln unter die Opposition gegen derartige „Eingriffe in die freie Bewegung" und damit beide unter die einseitige Verurtheilung der Tagespolitik. Die nach dem thatsächlichen Wegfall der Controle (1791 ff.) eintretenden Missstände wurden aber rasch so empfindlich, dass bald an eine Wiederherstellung der Controle ernstlich gedacht wurde, wobei auch die Wahrnehmung des Finanzinteresses mit als Ziel hervortrat. Diesen Bestrebungen verdankt das grundlegende Gesetz vom 19. Brumaire VI (9. Nov. 1797) seine Entstehung. Es besteht im Wesentlichen in der Wiederherstellung der früher in Geltung gewesenen Bestimmungen, wie dies Stourm auch hier näher nachgewiesen hat. Dieses Gesetz ist die Grundlage der „Garantie" der Gold- und Silberwaaren geblieben. Es ist überwiegend ein gewerbepolizeiliches, nebenbei aber auch ein fiscalisches Gesetz. In beiden Beziehungen hat es sich ziemlich bewährt. Später sind in der Hauptsache nur Ergänzungen nach der gewerbepolizeilichen Seite erfolgt.

Fiscalischer Art sind die Bestimmungen über die bei Gelegenheit der amtlichen Controle zu erhebenden Abgaben (gen. Gesetz Art. 21, „droits de garantie"), welche später nur um die Zuschlagdecimen erhöht, sonst bis 1872 unverändert geblieben sind. In diesem Jahre trat eine Erhöhung des Principalsatzes der Abgaben in der damals eingeschlagenen Richtung der Finanzpolitik ein (Ges. v. 30. März 1872). Ausserdem bestehen Gebühren für die vorgeschriebene Benutzung der staatlichen Gold- und Silberdraht- oder Fädenziehereien (Argues), die also eine monopolistische öffentliche Einrichtung darstellen, — weil man an diesen Gold- und Silberdrähten und Fäden keine Markirung anbringen kann — sowie Probierergebühren. Die erhobenen eigentlichen Garantieabgaben wurden bei der Ausfuhr von Waaren nach dem Gesetz vom Brumaire VI zu $^2/_3$ ersetzt, so dass das letzte, nicht rückvergütete Drittel eine Art Ausfuhrzoll darstellte. Nach dem Gesetz von 1872 erfolgt jetzt voller Ersatz. Missbräuche, welche mittelst geheimer Wiedereinfuhr steuerfrei ausgeführter Waaren getrieben wurden und daher das fiscalische Interesse schädigten, haben verschärfte Controlen veranlasst, sind dadurch vermindert, aber kaum ganz abgestellt worden. Fremde eingeführte Waaren unterliegen derselben Qualitätscontrole wie die einheimischen und den Garantiegebühren dafür neben den Zöllen.

Finanzwissenschaftlich betrachtet stellt die „Garantieabgabe" eine gemischte Abgabe dar, welche Elemente der Gebühr und der Steuer, speciell der Verbrauchs- (Gebrauchs-) und Luxussteuer, — in Etwas vielleicht auch der Special-Gewerbesteuer — in sich vereinigt. Die kostenlose Markirung von Exportwaare und die Rückvergütung bei markirter und versteuerter solcher Waare lassen in der Abgabe das Element der indirecten Verbrauchssteuer deutlich hervortreten. Die Abgabe ist in jedem dieser Elemente und auch in ihrer Höhe wohl zu rechtfertigen. Der Ertrag ist, mit Schwankungen, bis 1869 und wieder von 1872 an, nach der Steuererhöhung, bis 1882 gestiegen, hat seitdem aber nicht unerheblich wieder abgenommen. Vielleicht ist daran Unterschleif im auswärtigen Handel immer noch etwas betheiligt, worauf auch andere Daten der Handelsbewegung hinweisen.

Der Abgabesatz des Ges. v. Brum. VI auf neu fabricirte Waare war 20 Frcs. für das Hectogramm Gold, 1 Frcs. für das Hectogramm Silber, ohne die Probiergebühren, später (J. VII) mit 10 % Zuschlag, also 22 und 1.10 Frcs., seit 1555 mit 20 % Zuschlag, 24 und 1.20, Erhöhung im Ges. v. 30. März 1872 auf 30 und 1.60 Frcs. im Princ. mit $2^1/_2$ Decimen Zuschlag, daher auf 37.50 und 2 Frcs. oder vom Werthe des $^9/_{10}$ feinen Münz-Metalls allein immerhin 12.1 und 10 $^0/_{00}$, entsprechend weniger vom Werthe des Fabrikats. Die Drahtzuggebühren sind für Gold 45 und 30, für Silber 25 und 12 Centimes für das Hectogr., je nachdem Ziehwerkzeuge (filières) des Fabrikanten selbst gestellt werden oder nicht. Die Probiergebühren betragen bei der Probe mit Probierstein 9 Cent. für das Dekagramm Gold, 20 Cent. für das Hectogr. Silber, sonst für jede Probe im Probiertigel (coupelle) bez. 3 Frcs. und 80 Cent. Steuerobjecte und Erträge waren folgende (Bull. I, 217, XV, 157, XXIII, 288):

	Goldwaaren Hectogr.	Silberwaaren Hectogr.	Garantiesteuer 1000 Frcs.
1860	89,665	713,645	3.022
1869	118,230	739,943	3.726
1870	64,299	416,361	2.043
1871	74,072	458,103	2.828
1872	121,024	705,849	5.239
1873	113,777	671,965	5.356
1881	145,341	820,905	7.092
1886	84,103	736,497	4.624

Im J. 1882 waren von dieser Waarenmenge 8143 Hectogr. Gold und 42,424 Hectogr. Silber ausländischen Ursprungs. In der Ertragsziffer ist der Betrag der rückgezahlten Abgaben bei der Ausfuhr noch enthalten; er war z. B. 1869 79.000, 1870 236,000, stieg dann auf 720,000 in 1876 und 1877, war aber 1881 nur noch 198,000 Frcs., nach Eintritt des Decrets v. 27. Juli 1878 (s. u.). Anderseits fehlt in der Ertragsziffer der Betrag der für wieder eingeführte französ. Waare erhobenen Steuer (1869 c. 10.000 Frcs., 1872 39,000, 1877 159,000, 1881 nur 1614 Frcs.).

Für die genauere Durchführung der Controle nach der gewerbepolizeilichen Seite muss hier auf die Gesetze, bes. das vom Brum. VI, die Decrete und die eingehenderen Darstellungen und Commentare verwiesen werden.

Es werden zur amtlichen Probe, Garantie und Garantiestempelung nur Goldwaaren von 3 „gesetzlichen Feinheitsgraden" zugelassen, von 920, 840 und 710 °⁰/₀₀₀, seit 1884 speciell auch noch goldene Uhrgehäuse bloss zum Export von einem vierten Grade zu 583 °⁰/₀₀₀; bei Silberwaaren sind die gesetzlichen Feinheiten 950 und 800 °⁰/₀₀₀. Die erlaubte Fehlergrenze (tolérance) ist bei Goldwaaren 3, bei Silberwaaren 5 °⁰/₀₀₀. Die erfolgte Controle wird dann durch Marken oder Stempel ausgedrückt, deren mehrere unterschieden werden. Jede für den inländischen Markt bestimmte Waare muss die Marke des Fabrikanten tragen, dann die amtlichen Marken der Feinheit und des Garantiebureaus; ganz kleine Gegenstände haben an Stelle dieser 3 2 kleine eigene Marken, eine für Gold und eine für Silber. Besondere Amtsmarken bestehen für importirte fremde Waaren, für zur Ausfuhr bestimmte mit Feinheitsgarantie versehene steuerfreie Waaren, für ebensolche, mit vorbehaltener Rückeinfuhr ausgeführte Waaren (seit 1878), für wirklich reimportirte Waaren (poinçon de retour, seit 1887), für neue Stempelung von Waaren nach Constatirung falscher Feinheitsgrade und Stempel (poinçon de recense), für alte Sachen (de hasard), für Gold- und Silberbarren, auch für plattirte Waare.

Diese verschiedenen Markirungen sollen zur Verhütung von Täuschungen des Publicums und zugleich zur Wahrnehmung des fiscalischen Interesses dienen. Mit vollständigem Erfolg indessen noch immer kaum, indem theils Nachahmung der amtlichen Marken schwer ganz zu verhüten ist, theils bei der Ausfuhr und Wiedereinfuhr Hinterziehungen, bezw. widerrechtliche Erlangungen von Steuervergütungen vorkommen, was allerdings die seit 1878 eingerichteten Massregeln (Einführung besonderen Stempels) erschwert haben (Bull. XV, 156). Die hier für die Finanzverwaltung vorliegenden Schwierigkeiten erklären sich folgendermassen. Sie werden hier als ein gutes Beispiel solcher Verhältnisse einmal etwas näher dargelegt.

Die amtliche Markirung ist für in- und ausländische, für den inländischen Markt bestimmte Waaren obligatorisch und auf die erwähnten Feinheitsgrade beschränkt. Die ins Ausland gehenden französ. Waaren können verschieden behandelt werden, 1) entweder so, dass die mit den gewöhnlichen Inlandsmarken versehenen Waaren ausgeführt werden: dann erfolgt jetzt, seit dem Gesetz von 1872, volle Rückvergütung der erhobenen Garantiegebühren; oder 2) so, dass die Waaren von vornherein mit besonderen „Ausfuhrmarken" versehen werden: dann wird überhaupt keine Garantieabgabe erhoben, es ist nur zu verhüten, dass die Waare im Inland abgesetzt wird, muss daher die wirkliche Ausfuhr controlirt werden; die Markirung dient hier nur dazu, dem fremden Markte die Garantie der richtigen Qualität zu geben; endlich 3) brauchen, nach Ges. v. 10. Aug. 1844, Exportwaaren eventuell überhaupt nicht markirt zu werden und keine Garantiegebühren zu entrichten, sie müssen aber dann, nach erfolgter Prüfung und Anerkennung des gesetzlichen Feinheitsgrades — was also immerhin auch hier vorgeschrieben bleibt, — bei der Verwaltung hinterlegt oder von deren Beamten überwacht werden, bis die Ausfuhr nachgewiesen wird.

Hintergehung des Fiscus, Hinterziehung schuldiger Gebühren, unrechtmässige Erlangung von Ausfuhrvergütungen ist hier nun auf mancherlei Weise möglich. Einmal durch Nachahmung der amtlichen Marken und durch Absatz von Waaren mit Exportmarke oder ohne Marke im Inland: die schwierigeren und wohl seltensten Fälle; sodann durch Einschmuggelung ausländischer Waare, ohne nachträgliche Markirung und Gebührenentrichtung: wohl nicht ganz zu verhüten, schon beim Reisendenverkehr, da die Beschränkung des freien Mitbringens von Waaren durch Reisende für den persönlichen Gebrauch auf 5 Hectogr. f. d. Person (Art. 23 des Ges. v. Brum.) nicht sicher zu controliren ist; indessen wird auch über diese Art der Hinterziehung nicht besonders geklagt. Die Hauptfälle derselben betreffen vielmehr die genannte erste Kategorie von Waaren, welche mit Inlandmarke versehen Ausfuhrvergütungen erlangen und dann nach erfolgter, steueramtlich controlirter Ausfuhr im Geheimen wieder eingeführt werden, um entweder ohne neue Markirung steuerfrei im Inland abgesetzt oder selbst von Neuem zur Ausfuhr angemeldet und abermals mit Ausfuhrvergütung exportirt zu werden. Auf diese Weise scheint bes. von 1872—78 der Fiscus in steigendem Maasse hintergangen zu sein, namentlich bei Goldwaaren. Das Decr. v. 27. Juli 1878 führte eben deshalb einen eigenen Stempel für Waaren ein, welche mit der Bedingung der Wiedereinfuhr exportirt werden. Der Erfolg war eine bedeutende Verminderung der Ausfuhr von Waaren mit den allgemeinen Inlandsstempeln (von 16,000—17,800 Hectogr. Gold auf 9800 in 1879, 4—5000 in den folgenden Jahren, von 27—30,000 Hectogr. Silber auf 20,000, dann auf 15—17,000), und demgemäss die schon erwähnte Abnahme der Ausfuhrvergütungen für solche Waaren, von über 700,000 und c. 200,000 Frcs. (Bull. XV, 156, 158). Aber ganz scheint der Uebelstand auch hierdurch nicht beseitigt zu sein, wie die Einführung einer eigenen „Retourmarke" für wiedereingeführte französ. Waare in 1887 (Decr. v. 24. Dec.) vermuthen lässt. — Die Ausfuhr von französ. Waare mit Exportmarke ist, mit einigen Schwankungen, im Ganzen von 1872—73 bis 1882 ungefähr gleichgeblieben (Goldwaaren 17—20,000, Silberwaaren 55.000—70,000 Hectogr.). Die Ausfuhr nicht markirter Waare war und blieb unerheblich (Gold 100—600, etwas steigend, Silber 700—1400 Hectogr.).

Zur Erzwingung der vorgeschriebenen Markirung bestehen die erforderlichen Controlen der Fabrikation und des Verkaufs der Gold- und Silberwaaren, namentlich Anmeldepflichten der Fabrikanten, Händler, Visitationsrechte der Verwaltung. Eine förmliche beständige Ueberwachung (Exercice) wird aber nicht ausgeübt. Die Zahl der controlirten Fabrikanten (incl. Uhrmacher) war 1879 2387, 1886 2305 (wovon 503 Uhrmacher), der Händler 13,394 und 14,147. Licenzpflichtig sind diese Geschäftsleute nicht. Garantiebureaux bestehen in den wichtigeren Städten (einige 70). Sie unterstehen für die technische Seite ihrer Aufgaben der Münzverwaltung, für die fiscalische der Direction der indirecten Steuern. — Die Strafbestimmungen sind auf diesem Gebiete angemessen verschärft: so bei Nachahmung und unerlaubter Anwendung von Staatsmarken Zuchthaus (travaux forcés, réclusion, Art. 108 des Ges. v. Brum. VI, Code pén. Art. 140, 141); bei Betrug in Betreff des Feingehalts Gefängnissstrafe von 3 Monat bis 1 Jahr und Geldstrafe (Code pén., Art. 423; im Art. 81 des Ges. v. Brum. steigende Geldstrafe im Wiederholungsfall, beim dritten Male Geschäftsuntersagung); bei anderen Contraventionen Geldstrafen von 200 — (im Wiederholungsfalle) 500—1000 Frcs., schon beim 2. Falle öffentliche Bekanntmachung, beim dritten Geschäftsverbot mit Strafe der Confiscation aller Handelsobjecte (Ges. v. Brum. Art. 80); ähnlich bei Anbringung falscher Marken, wo die Waare ausserdem confiscirt wird (eb. Art. 109); fertige, nicht markirte Waare wird beim Fabrikanten und Händler beschlagnahmt, worauf Strafverfolgung vor dem Correctionstribunal eintritt; bei Besitzern werden solche Waaren confiscirt und wird ebenfalls das Strafverfahren eingeleitet (eb. Art. 107).

β,β) Spielkartensteuer.

Gesetzgebung. Wiedereinführung durch die Stempelgesetze v. 9. Vendém. J. VI, Regelung durch Verordn. v. 3. Pluviose VI (22. Jan. 1798). Verschiedene weitere Bestimmungen in diesem und den folgenden Jahren bis 1810, bes. Decr. v. 1. Germ. XIII. Neue Regelung und Tarifirung durch Decr. v. 9. Febr. 1810, dann bes. durch Ges. v. 28. April 1816 Art. 160—170, 223—226. Einzelnes später durch Ordonnanzen geordnet und durch Gesetze (4. Juni 1836, 7. Aug. 1850) verändert. Tariferhöhung durch Ges. v. 1. Sept. 1871 Art. 5, Ges. v. 21. Juni 1873 Art. 19. Circ. v. 15. Juni 1887.

Literatur. Stourm II. 121—124. Vignes I, 185—187. Block, dict., Art. cartes à jouer von Roncou; suppl. 1887 p. 230. Say, dict., Art. cartes à jouer von Hastier. Olibo II, 253—275. v. Hock S. 407—410. v. Kaufmann S. 443 bis 447. — Mathien-Bodet I, 40, Amagat p. 339. — Tarif Bull. XVI, 539. — Statistik Faure p. 118. Berichte der Steuerverwaltung im Bull.

§. 284. Auch diese Abgabe stammt aus der Zeit vor 1789, wo sie seit dem 16. Jahrhundert bestanden hatte und wesentlich ebenso geregelt war wie in der Gegenwart, besonders in einem Reglement von 1751. Im Jahre 1791 als „indirecte Steuer" mit den übrigen gefallen, wurde sie in Verbindung mit der Stempelgesetzgebung 1797 ff. auf der alten Grundlage wieder hergestellt. Ihr Tarif hat mehrfach nach Höhe und Classification gewechselt. Nach dem letzten Kriege traten Erhöhungen ein. In Betreff der Einrichtung der Steuer sind allgemeine Puncte, nach Analogie der sonstigen Verbrauchssteuern — so Licenzpflichtigkeit (50 Frcs., seit 1871 100 Frcs. im Principal, 125 mit Zuschlag) für den Fabrikanten, Exercice der Fabrik u. s. w. — und besondere Puncte zu unterscheiden. Hinsichtlich letzterer ist das von Anfang an Characteristische geblieben: eine Beschränkung der Fabrikation auf gewisse Orte, noch verschärfte Controlen der Fabrikation und des Verkaufs der Karten, Zwang zur Entnahme des Papiers für die Herstellung der gewöhnlichen Karten (mit „französischen Bildern") zu bestimmten Preisen von der Steuerverwaltung, Umhüllung jedes Spiels in vorgeschriebener Weise, mit bestimmter Bezeichnung, Marke und Bandstreifen mit Trockenstempel, anzulegen von den Steuerbeamten, ohne welchen Bandstreifen die Karten nicht im Verkehr sein dürfen. Die Ausfuhr von Spielkarten ist durch Steuerfreiheit der letzteren erleichtert, auch die Fabrikation dieser Karten von gewissen Beschränkungen, so von der zwangsweisen Benutzung von Regie-Papier befreit, aber die Ausfuhr selbst wird noch besonders überwacht. Die Einfuhr von Spielkarten ist verboten. Der Ertrag ist nach der Steuererhöhung von 1871 gestiegen, doch nicht verhältnissmässig, seit 1876-77 ist er fast gleich geblieben, mit nur kleinen jährlichen Schwankungen.

Der Steuersatz war anfangs (J. VI) ein dreistufiger, für ein Spiel nach Zahl der Karten 20, 30 und 40 Cent., seit 1810 ein gleicher von 25, seit 1816 von 15 Cent., 1850 wieder ein zweistufiger von 25 für Karten mit französischen, von 40 für solche mit fremden Porträts, 1871 abermals ein gleicher von 50 (im Principal), 1873 wiederum ein zweifacher, 50 für Karten mit französischem, 70 für solche mit fremdem Bilde, mit den Zuschlägen 62.5 und 87.5 Cent. für jedes Spiel. Vielleicht, rein fiscalisch betrachtet, doch zu hoch, worauf wenigstens die Ertragsstabilität hinweist. Der Ertrag stieg von ca. $^1/_2$ Mill. Frcs. in 1830 auf 1.61 in 1869, nach der Steuererhöhung von 1871 und 1873 auf 2.3—2.4 Mill. Frcs., 1886 war er 2,305,000 Frcs., für 3,592,000 Spiele, fast ganz für die gewöhnlichen Karten, mit französischem Bild (1886 2,245,000

Francs). Der Steuererhöhung um ca. 108% nach dem Kriege (incl. Zuschläge berechnet) entsprach also nur eine Ertragssteigerung von ca. 44%. Das zur Vorderseite der französischen Karten von der Regie zu beziehende Papier kostet in 4 Sorten für 1000 Blatt 30, 20, 30 und 22 Frcs. Einnahme daraus (bei den verschied. Einnahmen der indir. Steuern) in den letzten Jahren c. 160,000 Frcs.

Im Jahre 1816 dachte die Regierung an die Errichtung eines Spielkarten-Monopols, das aber abgelehnt wurde. Die ausserordentlichen Beschränkungen der Privatfabrikation bei dem bestehenden Steuersystem, die kleine Zahl der Fabrikanten (1869 64, 1873 52, 1886 nur noch 23) legen einen solchen Gedanken nahe, zumal in einem Lande, wie Frankreich, wo drei andere Monopole schon bestehen und man die Tabakdebitanten so bequem auch mit dem Spielkartendebit betrauen kann. Jetzt besorgen letzteren 14,604 Kaufleute (1869 15,062, 1873 13,943), die zur Betreibung ihres Geschäfts einer eigenen Vollmacht der Regie bedürfen, dem Buchführungszwang für Ankäufe von den Fabrikanten, von denen direct gekauft werden muss, und für die täglichen Verkäufe und der Visitation der Steuerverwaltung unterliegen.

Auch sonst gehen die Beschränkungen und Controlen sehr weit. Fabriken werden rechtlich nur in den Orten mit Directionen der indirecten Steuern, thatsächlich in den Hauptorten der Arrondissements, wo sich die Controle (Exercice) genügend einrichten lässt, gestattet. Die Fabrikanten entrichten die Steuer nach Massgabe der verbrauchten gestempelten Bandstreifen, welche um die Spiele gelegt werden. Sie haben gleichfalls über die Verkäufe genau Buch zu führen. Auch Wirthschaften u. dgl., in denen Karten gespielt werden, haben genau Buch über ihre Ankäufe zu führen und können visitirt werden. Ihnen wie jedem Privaten ist der Verkauf von Karten, mit oder ohne Rand, neuer oder selbst gebrauchter untersagt. Steht ein solcher Apparat von Controlen u. s. w. mit dem finanziell doch wenig erheblichen Object in rechtem Einklang? — Eine Frage, die freilich auch in anderen Ländern bei der Kartensteuer auftauchen kann.

Die Strafbestimmungen sind, dem Character dieses Steuergebiets gemäss, auch besonders scharf, neben Confiscation und Geldstrafe (1000—3000 Frcs.) immer auch 1 Monat Gefängniss bei Fabrikation, Verkauf ohne Erlaubniss (Ges. v. 16. April 1816 Art. 166), auch bei Spiel mit verbotenen Karten in Wirthschaften u. dgl. (eb. Art. 167); bei Fälschungen und Nachahmungen von Mustern, Marken, ausserdem Zwangsarbeit (Art. 168, Code pénal Art. 142, 143). Contraventionen sollen doch häufig sein, auch mittelst Benutzung steuerfreier Exportkarten, welche im Geheimen wieder eingeführt werden, — also wie bei den Gold- und Silberwaaren.

b. Die Verbrauchssteuern in Monopolform.
Tabak-, Pulver-, Zündhölzchenmonopol.

Seit der Beschränkung der „Generaldirection der Staatsmanufacturen" auf das Tabakmonopol (S. 598), haben die in Frankreich bestehenden Staatsmonopole nichts besonders Gemeinsames, daher werden sie hier gleich jedes einzeln für sich behandelt. Ueber die Einführung der drei Monopole in die Steuerverwaltung ist oben (S. 595 ff.) schon das Erforderliche angegeben worden.

α. Das Tabakmonopol.

Gesetzgebung. Aufhebung des alten Monopols durch Freigabe des inneren Tabakbaus, der Fabrikation und des Verkaufs durch Ges. v. 20./27. März 1791. Seitdem nur Tabakzoll bei Einfuhr. Neue innere Steuer auf die Fabrikation v. 22. Brum. VII (12. Nov. 1798), verbessert durch Ges. v. 29. Floréal X (19. Mai 1802) und Ges v. 5./15. Ventôse XII (25. Febr./6. März 1804), Erhöhung und Veränderung durch Ges. v. 24. April 1806 (Art 44—47). Decr. über Cultur, Fabrikation, Verkauf v. 16. Juni 1808. — Wiedereinführung des Fabrikations- und Verkaufsmonopols durch kaiserl. Decret v. 29. Dec. 1810; dazu Decr. v. 11. Jan. 1811 betr. Verwaltung und Ueberwachung der Tabakankäufe, Fabrikation, des Verkaufs. Erhaltung des Monopols unter der Restauration durch Ges.

v. 24. Dec. 1814. Uebernahme in das codificirende Hauptgesetz über Finanzen, speciell über indirecte Steuern v. 28. April 1816, Titel V, Art. 172—229; hier aber Monopol nur bis Ende 1820. Durch weitere Gesetze immer auch nur für bestimmte Perioden verlängert (Ges. v. 28. April 1819 bis E. 1825, v. 17. Juni 1824 bis E. 1830, v. 19. April 1829 bis E. 1837, v. 12. Febr. 1835 bis E. 1841, v. 23. Apr. 1840 bis E. 1851, Decr. v. 11. Dec. 1851, Ges. v. 3. Juli 1852 bis E. 1862, Ges. v. 22. Juni 1862 bis E. 1872, v. 21. Dec 1872 bis E. 1882, v. 24. Dec. 1882 bis E. 1892). — Tarifbestimmungen durch Decr. v. 9. Mai 1811, Ord. v. 17. Juli 1816 und 9. Oct. 1816, 18. März 1832, Decr. v. 2. Mai 1848, 19. Oct. 1860, 16. Aug. 1862, 29. Juni 1863 u. a. m. — Nach dem Kriege verschiedene Tariferhöhungen und Veränderungen: Ges. v. 8. Juli 1871 Art. 16 (Zoll), 4. Sept. 1871 Art. 1, 2, Decr. v. 17. Febr. 1872, bes. Ges. v. 29. Febr. 1872 nebst Decr. v. 1. März 1872, Decr. v. 11. Juni 1872, 2 Decrete v. 17. Aug. 1872 (Zonen des Cantinetabaks), Decr. v. 10. Oct. 1874 (Exportpreise), 25. April 1876, Ges. v. 13. Juni 1878 (Einfuhrzölle), Decr. v. 14. Dec. 1881 (Havanna-Cigarren) und andere für Einzelnes (s. die Angaben im Bull. XVI, 545 ff. beim Tarif). — Preise in Algier, Decr. v. 11. März 1873. — Die Grundlage des Monopols ist mit geringfügigen Aenderungen das Ges. v. 28. April 1816 geblieben (s. Olibo); s. auch Ges. v. 12. Febr. 1835, 23. April 1840, 24. Juli 1843, Decr. v. 12. März 1860, Decr. v. 17. März 1874 u. a. m., worin durchweg nur ganz vereinzelte Nebenpuncte verändert werden.

Literatur. Josat, min. de fin. p. 586—597. Stourm I, 371 ff., 381—393, (Wiedereinführung des Monopols nach der Revolution durch Napoleon, Abriss der Geschichte der vorausgegangenen Steuerversuche von 1791—1810 und ihrer Erfolge.) Vignes I, 174—181. Block, dict., Art. tabac, auch suppl. génér. und Einzelnes in den Jahressupplementen (aus Decreten, Circularen u. dgl.), Say, dict., Art. tabac steht noch aus. Olibo II, 309—446. Bull. I, 94—102. v. Hock S. 338—355. v. Kaufmann S. 508—536 (S. 509 Auszug aus dem Enquêtebericht v. 1835, S. 512 ff. aus dem v. 1876). — Mathieu-Bodet I, 98. Amagat p. 339. Enquête sur l'exploitation du monopole de tabac etc. Par 1874 ff. Daraus, im Folgenden bes. benutzt, die „Réponses aux questions etc." der Gen.-Directoren der Staatsmanufacturen und der indirecten Steuern, mit vielen statistischen Daten und Annexen, Par. 1874. — Tarif Bull. XVI, 545—551. — Statistik Bull. X, 563, XVII, 626. Jahresberichte der Verwaltung der indirecten Steuern über die Verkäufe im Bull. Jahresbericht der Verwaltung der Staatsmanufacturen, aparte Publication, letzte hier benutzte f. 1886, Par. 1888; einleit. Ber. daraus f. 1884 im Block'schen Ann. de stat. 1887 p. 310. Faure p. 130, 197. Auch v. Kaufmann S. 524—535. Vielerlei Daten z. Th. auch Darstellung des französischen Monopols in den deutschen Schriften über Tabakbesteuerung von M. v. Mohl, Krückl, Mayr u. a. m., auch in den Materialien der deutschen Tabakenquête; hier u. A. in B. III Anl. XII S. 99—150 die wichtigsten Gesetze über die französische Tabakbesteuerung seit 1798 im französischen Wortlaut; Statistik der Erträgnisse der Steuer vom Monopol, 1798—1811, eb. S. 112. — Neuerdings giebt die Verwaltung in zwanglosen Heften eine eigene Fachzeitschrift heraus, Mémorial des manufactures de l'état, tabacs (1884—87 3 Hefte), worin wesentlich nur die agrar- und fabrikationstechnischen und ökonomischen Seiten, nicht die finanziellen behandelt werden.

aa. Entwicklung der Tabakbesteuerung.

§. 285. 1. Die Tabakbesteuerung bis zur Wiedereinführung des Monopols (1791—1810). Im Ancien régime hatte die Besteuerung des Tabaks in Monopolform, unter Ausschluss des heimischen Tabaksbaues im Monopolgebiete, das damals noch nicht ganz Frankreich umfasste, stattgefunden (S. 148). Das gut eingerichtete Monopol war der ferme générale mit übertragen gewesen (S. 154) und hatte steigende Erträgnisse aufgewiesen, die letzte Pachtsumme, für 1790, war 32 Mill. Livres. Die constituirende Versammlung zögerte auch bei diesem günstigen Ertrage und bei der Schwierigkeit, ihn durch eine andere Form der Tabakbesteuerung oder durch sonstige Steuern zu ersetzen, mit der Aufhebung des Monopols (S. 378). Mirabeau z. B. ist für die Aufrechthaltung desselben eingetreten. U. A. wurde dafür geltend gemacht, dass die Raucher die Abgabe in dieser Form freiwillig trügen und es bedenklich sei, den Steuerausfall bei der Aufhebung auf die übrige Bevölkerung zu übernehmen. Die geplante Fabrikationssteuer erschien zu unergiebig und mit der Freiheit der Tabakcultur unvereinbar. Diese wagte man aber dem bisherigen grossen Monopolgebiet nicht länger vorzuenthalten, da sie eine nothwendige Consequenz des constitutionellen Grundsatzes und der „Declaration der Menschenrechte" sei, dass jeder Eigenthümer frei über sein Eigenthum verfügen könne. Ebensowenig wünschte man, in den in das allgemeine Steuergebiet einzuziehenden, bisher monopolfreien Provinzen mit bedeutendem Tabaksbau — besonders im Elsass und Flandern — eine solche „Eigenthumsbeschränkung" gar erst neu einzuführen. Anderseits hielt man auch, wie früher (S. 148), Monopol und heimischen Tabakbau nicht miteinander vereinbar. So siegte schliesslich auch hier der damalige politische und finanzwirthschaftliche Doctrinarismus, das Monopol fiel, Jedermann erhielt im Inlande die Freiheit, Tabak zu bauen, zu fabriciren und zu verkaufen (Gesetz v. 20./27. März 1791). Nur die Einfuhr von Tabakfabrikaten blieb zunächst noch verboten. Die einzige Form der Tabakbesteuerung war der Einfuhrzoll auf Tabakblätter, dieser aber hätte neben völlig steuerfreiem inländischen Tabak selbst dann nicht irgend genügende, der bisherigen des Monopols entsprechende Erträge abzuwerfen vermocht, wenn nicht ohnehin durch die politischen Zustände die Zollverwaltung, die Controlen und der ordentliche Handel lahm gelegt worden wären. Der Ertrag sank auf $1/16$ des früheren (1.5—1.8 Mill. Fres.). Dabei soll sich die Qualität der Tabakfabrikate gegen die Monopolzeit verschlechtert, der Preis nicht ermässigt haben.

S. Stourm I, 371—381. Olibo II, 310 ff. Bull. I, 94, alles nach dem Ber. v. Vivien, Enqu.comm. v. 1835. Der Einfuhrzoll für Blätter war zuerst 25 L. p. Quintal (50 Fres. per 100 Kil.), in französischen Schiffen importirt $3/4$ davon. 1792 wurde er auf die Hälfte gesetzt, fremde Fabrikate zu 30 und 50 Fres. p. 100 Kil. zugelassen. Später (1797) wieder die Bestimmungen von 1791. Natürlich sind bei der Beurtheilung der Wirkungen einer blossen Besteuerung durch Einfuhrzoll die damaligen Zeitverhältnisse zu berücksichtigen, auch die Papiergeldwirren. Ein „reinliches Experiment" liegt also nicht vor.

Bei dieser Sachlage tauchten unter dem Directorium aber doch bereits wieder Pläne zu einer Aenderung der Tabakbesteuerung auf, wenn auch noch unter Ablehnung des Monopolgedankens, um aus dem Tabak eine grössere Einnahme für den Fiscus zu erzielen. Nach mehreren Anläufen kam man zur Besteuerung in Form einer Fabrikationssteuer (Ges. v. 22. Brum. VI oder 12. Nov. 1798). Diese Steuer war zuerst technisch noch sehr unvollkommen eingerichtet, da man ernstlichere Controlen noch scheute. Sie warf daher auch nur wenig ab (1.1—1.3 Mill. statt der erstrebten 10 Mill.). Aber sie bildete wenigstens wieder einen ordentlichen Anfang neben dem etwas erhöhten Einfuhrzoll für Tabakblätter, und wurde mit fortschreitender öffentlicher Ordnung in der Consequenz ihres Princips allmälig weiter ausgebildet, so dass sich der Ertrag vom J. XI (1802—3) an auch rasch hob. Er erreichte schliesslich die Hälfte bis drei Viertel des Ertrags des ehemaligen Monopols, — freilich 20 Jahre später und in dem damals so bedeutend vergrösserten französischen Staatsgebiet. Das Monopol ergab in den ersten Jahren nach seiner Wiedereinführung allerdings auch nicht gleich so viel, wie erwartet wurde, aber doch sehr bald den Ertrag des alten am Schluss des Ancien régime und dann langsam, jedoch stetig steigende Erträge. Ob die freiere Entwicklung des Fabrikatsteuerertrags ähnlich günstig, wie in den letzten Jahren, und wie alsdann diejenige des Monopolertrags gewesen wäre, lässt sich nicht bestimmt bejahen oder verneinen, da 1810—11 eben das Monopol an Stelle jener Steuer trat, ist aber doch nicht wahrscheinlich. Ueber die Qualität und die Preise im Vergleich zur alten Monopolzeit wurde unter der Fabrikatbesteuerung beständig geklagt. Eine noch weitere Steigerung der Steuersätze zur Ertragsvermehrung bei dieser Steuerform erschien ausgeschlossen.

S. Stourm I, 351 ff., die Statistik S. 358 (mit den Daten aus der Enquête v. 1835 im 3. Band der deutschen Enqu. S. 112 nicht ganz übereinstimmend s. u.) Olibo und Bull. II a. a. O.

Die Fabrikatsteuer in ihrer allmäligen Ausbildung ist als Versuch einer ergiebigeren Tabakbesteuerung ohne Monopol immerhin von allgemeinerem Interesse, daher hier eine etwas eingehendere Darstellung derselben. Das erste Gesetz vom Brum. VII war noch in jeder Hinsicht unzulänglich. Sein Erlass wurde damit begründet, dass die Vervielfältigung der Steuerobjecte ein Mittel sei, die Steuer milder und die Erhebung leichter zu machen und dass gerade der Tabak eine werthvolle Steuerquelle wegen der Grösse der Consumtion und der schwachen Belastung des einzelnen Pflichtigen biete. Unter fernerer Freierklärung von Bau, Handel und Fabrikation von Tabak. Verbot der Einfuhr fabricirten Tabaks, Erhöhung der Zölle auf Rohtabak 30, in französischen Schiffen importirt 20 Frcs. p. Quintal) und Entrepôtzwang für die fremden Tabake, die nicht gleich zur Fabrikation bezogen und verzollt wurden, wurde dem Fabrikanten eine „Specialtaxe" von 40 Cent. und 24 Cent. p. Kil. für 2 Sorten Tabakfabrikate auferlegt. Die Einschätzung jeder Fabrik für das Fabrikationsquantum war den Municipalverwaltungen übertragen, die dabei bloss auf Grund einzuziehender „Erkundigungen" über Zahl und Art der Maschinen, der Proceduren u. s. w. einschätzen sollten! Eigenthümer und Depositare von fabricirtem Tabak hatten der Cantonverwaltung bei der Einführung der Steuer Erklärungen über ihre Vorräthe zu machen, wobei diese Verwaltung ermächtigt wurde, sich von der Wahrheit der Angaben zu vergewissern, aber unter Vermeidung „vexatorischer und den Rechten der Bürger zuwiderer Formen". Um die Municipalverwaltungen an der richtigen Einschätzung zu interessiren, erhielten sie die eine Hälfte der Geldstrafen, die andere der Schatz. Für exportirte Tabakfabrikate war die Steuer zu $^2/_3$ beim nachgewiesenen Ausgang aus dem Zollgebiet zu ersetzen. Die finanz. Verwaltung der Steuer war der Régie des Enregistrement übertragen worden.

In den späteren Gesetzen wurde aber die einmal angenommene Steuerform zweckmässig weiter gebildet, d. h. allerdings vor Allem mit den das fiscalische Interesse sichernden Cautelen versehen. Die ganze Entwicklung ist auch als Beispiel beachtenswerth, wie man mit fortschreitender Wiederherstellung der politischen Ordnung in Steuersachen nothwendig wieder zu den alten, bewährten, oder zu passenden ähnlichen neuen steuertechnischen und administrativen Controlen und Verkehrsbeschränkungen gelangt, welche freilich vielfach lästig, aber eben durch den fiscalischen Zweck und die gewählte Steuerform einmal geboten sind.

So wurde im Ges. v. 29. Flor. X (19. Mai 1802) zur Erschwerung des Grenzschmuggels die Einfuhr von Rohtabak zu Lande überhaupt verboten, bei Strafe der Confiscation der Waare und der Transportmittel, zu Meer nur in 12 bestimmten Häfen und bloss in Schiffen von 100 Tonnen und darüber, unter Androhung gleicher Strafen gestattet, von Norden und Osten (aus Deutschland oder Holland) nur über den Rhein in Cöln, Mainz oder Strassburg. Zoll 66 und 44 Frcs. (französische Flagge) p. 100 Kil., Entrepôtszwang, Circulation innerhalb 20 Kilometern von Küste und Grenze nur mit acquit-à-caution, unter Androhung der genannten Strafen. Dasselbe Gesetz verschärfte die Controlen der inneren Tabaksteuer und erweiterte die bezüglichen Rechte der Verwaltung und Pflichten der Tabakfabrikanten. Jeder der letzteren hatte vorher eine Declaration einzureichen, bei Geld- und Confiscationsstrafe, die Steuerbeamten durften für sich jederzeit die Fabriken visitiren, in Begleitung des Maire oder seines Adjuncten auch die Häuser, welche geheimer Fabrikation verdächtig waren. Die Steuer wurde bereits eine einheitliche ohne Qualitätsfuss — 40 Cent. p. Kil. — eine characteristische Wendung bei jeder Fabrikatsteuer (Russland, Nordamerika). Einen weiteren Schritt in dieser Richtung verschärfter Controlen machte das Ges. v. 5. Ventôse XII. Die Steuer wurde der Régie des droits réunies unterstellt. Der Zoll wurde erhöht (100 Frcs. p. 100 Kil., in französischen Schiffen 80 nebst 10 % Zuschlag), die Formalitäten, um fremden Tabak vom Zollamt oder aus dem Entrepôt zu beziehen, wurden ausgedehnt (Versendung nur auf Grund einer Declaration betr. die beziehende Fabrik und mit acquit-à-caution, der innerhalb gewisser Fristen vom Steuerbeamten bei Eingang des Tabaks in die Fabrik dechargirt werden musste). Fabrikanten und Debitanten von Tabakfabriken wurden licenzpflichtig. Die ersteren mussten unter Androhung von Confiscation und weiterer Geldstrafe dem Steueramt die Mengen heimischen und fremden Tabaks anzeigen, welche sie verarbeiten wollten, und Buch über die bezogenen Mengen Rohtabak und die versendeten Mengen Fabrikate führen; die Fabriken, Häuser, Magazine unterlagen der Visite und Ueberwachung der Steuerbeamten. Die Licenzen der Fabrikanten haben im Betrage gewechselt, 1803 waren sie 1000 bis 10,000 Frcs., für eine bestimmte Firma 15,000, später war das Minimum 2000, zuletzt 3000 Frcs. Die Debitantenlicenzen wurden anfangs nach dem Umsatz, höchstens 10 Cent. p. Kilo, geregelt, schliesslich nach der Grösse der Ortsbevölkerung abgestuft (10 Classen von 6—100 Frcs.). Die Debitanten durften keine eigentlichen Fabrikationsinstrumente besitzen und unterstanden ebenfalls der Visite der Steuerbeamten. — Ausgeführter heimischer Rohtabak zahlte einen Ausfuhrzoll ($7^1/_2$ Frcs. p. 100 Kil.), Fabrikate erhielten Steuerrestitution, aber mussten unter acquit-à-caution zum Zollamt gelangen. — Die Strafbestimmungen waren auch noch verschärft worden; bei dreimaliger Contravention trat ausser den anderen Strafen Schliessung der Fabrik ein.

In der Folge wurden die Zölle und die inneren Steuern erhöht, so jene 1806 (Decr. v. 26. Febr.) auf 200 und 180, 1810 (Decr. v. 9. Febr. 1810) auf 400 und 360 Frcs., mit 10% Zuschlag (Continentalsperre); die innere Steuer verdoppelt (80 Cent. p. Kil.) und eine „Verkaufsabgabe" von 20 Cent. noch hinzugefügt (Ges. v. 24. Apr. 1806). Nach diesem Gesetz mussten auch alle fabricirten Tabake mit Marken und Vignetten der Regie versehen sein.

Das Decret v. 18. Juni 1808 dehnte dann namentlich die Controle mit auf den Tabakbau aus. Jeder Pflanzer musste zu Anfang des Jahres seine Absicht und Lage und Umfang seiner Felder anzeigen, die Steuerbeamten nahmen nach der Ernte Inventare auf und hatten die erforderlichen Visitationsrechte. Der geerntete Tabak durfte nur unter Begleitschein (acquit-à-caution) versandt werden, für Fehlmengen nach Inventar und Versandregister hafteten, nach Abzug gewisser Nachlässe, Pflanzer und Grosskaufmann. Für die Fabrikanten wurde die vorgeschriebene Buchführung noch mehr specialisirt. Jede von der Regie zu beziehende Vignette kostete 1 Cent. Die Debitanten durften nur Fabrikate mit amtlicher Vignette und Fabriktype, keinen Rohtabak führen. Jede Circulation von Tabakfabrikaten von über 10 Kilogr. war an acquit-à-caution geknüpft.

Diese sehr verschärften Vorschriften steigerten den Ertrag allerdings rasch. Wie weit andere Factoren (politische Verhältnisse, Krieg und Frieden, Gebietsänderung u. s. w.) einwirkten, bleibe dahingestellt. Nach Stourm (I, 358) war der Ertrag der inneren Steuer allein (incl. Licenzen) i. J. X 1,127,000, XII 3,741,000, XIII 8,363,000, 1807 13,353,000, 1809 14,664,000, 1810 21,127,000 Frcs.; dazu Zoll 1807 8,225,000, 1810 4,328,000 Frcs. Nach der Enquête v. 1835 (a. a. O.) war jährlich im Durchschnitt Sept. 1798—März 1804 die besteuerte Menge 4.16 Mill. Kil., der Steuerertrag 4.78 Mill. Frcs., p. Kil. 1.15 Frcs., März 1804—Mai 1806 bez. 11.86 Mill. Kil., 12.68 Mill. Frcs. und 1.07 Frcs., Mai 1806—Juli 1811 bez. 9.68 Mill. Kil., 16.02 Mill. Frcs. und 1.65 Frcs. p. Kilogr.

§. 286. 2. **Die Wiedereinführung des Tabakmonopols und seine dauernde Einbürgerung.** Verschiedene Gesichtspuncte und Erwägungen waren es, welche die napoleonische Regierung im Jahre 1810 zu der wichtigen Massregel der Ersetzung der bestehenden Form der Tabakbesteuerung durch das Monopol veranlassten, einer der auch principiell bedeutsamsten und folgenreichsten Schritte des ersten Napoleon auf dem Gebiete der Besteuerung, ähnlich, wie die Wiedereinführung der Getränkesteuer (§. 252). Einmal wirkten hier allgemeine finanz- und steuerpolitische Erwägungen, sodann die speciellen Erfahrungen mit der Fabrikatsteuer ein. Die ersteren mögen ein wenig mit als Vorwand gedient haben, aber sie enthielten doch auch sachlich Richtiges. Die Erfahrungen mit der bestehenden Tabaksteuer zeigten, dass mit dieser Steuerform die fiscalischen Interessen sich nicht hinreichend befriedigen liessen und die volkswirthschaftlichen, auch die Ackerbauinteressen nicht nur nicht besser, sondern eher weniger gut als beim Monopol berücksichtigt würden.

Im Eingang zum Decret v. 29. Dec. 1810 werden jene allgemeinen Erwägungen folgendermassen in immerhin sehr beachtenswerther und für die napoleonische Finanz- und Steuerpolitik überhaupt characteristischer Weise dargelegt. Die Finanzen eines grossen Staats müssten auch für ausserordentliche Umstände, selbst für die Wechselfälle schwerer Kriege die Mittel bieten, ohne dass man zu neuen Steuern, die in den ersten Jahren nur wenig einbrächten, zu greifen brauche. Das von manchen Nationen hierfür angewendete Mittel, das Anleihesystem, sei verwerflich und unmoralisch, da es im Voraus die Zukunft belaste. Vorzuziehen sei ein System einer grossen Anzahl Steuern, die in gewöhnlicher Zeit wenig das Volk belasteten, weil der Tarif niedrig sei, aber in ausserordentlicher Zeit durch einfache Tariferhöhung allen Bedürfnissen der Finanzen entsprechen könnten. Unter Hinweis auf die Herabsetzung der Grund- und Personalsteuern, die Errichtung der droits réunies und der Salzsteuer wird dann der Tabak als der von allen Gegenständen zur Besteuerung geeignetste bezeichnet. Die bisherigen Erfahrungen mit der Tabakbesteuerung seien aber unbefriedigend: geringe Zahl der Fabriken, die doch noch weiter zu vermindern wäre, der Preis der Fabrikate so hoch wie zur Zeit der Ferme, nur kleiner Ertrag für den Staat, die Landwirthe ganz von den Fabrikanten abhängig. Alles in Allem: die **Staatsregie** sei passender, selbst im Interesse der **Landwirthschaft**.

In der Zeit vor 1789 und noch während der ersten Jahre der Revolution hielt man es, wie schon bemerkt, nicht für möglich, **Tabakmonopol und einheimischen Tabakbau mit einander zu vereinigen**. Das frühere Monopol war ganz auf die Verarbeitung **eingeführten** Tabaks gegründet gewesen. In dieser Hinsicht glaubte man die Schwierigkeit dadurch lösen zu können, dass die neue Regie verpflichtet werde, vornemlich **inländischen Rohtabak zu verarbeiten** — nach dem Decret v. 29. Dec. 1810 höchstens $\frac{1}{15}$ fremden — und demgemäss der **Tabakbau im Inland** unter Controle der Verwaltung, insbesondere mit Ablieferungszwang in Betreff des gewonnenen Tabaks, in dem dem Bedürfniss der Regie entsprechenden Umfang zu gestatten sei. Dies System ist das dauernde geworden. Es hat zwar in der Weiterentwicklung zu einer localen Anbaubeschränkung und zu scharfen Anbaucontrolen geführt, die Verwendung fremden Tabaks ist auch vermehrt worden. In einem grossen Theil Frankreichs ward der Tabakbau so rechtlich in Folge des Monopols ausgeschlossen, aber doch vornemlich nur dort, wo er überhaupt nur thatsächlich fehlte oder unbedeutend oder wo das Product von besonders geringer Güte war, so dass das Verbot ohne oder ohne wesentliche practische Bedeutung gewesen ist. Eine — vermeintlich „inconstitutionelle" — „Privateigenthumsbeschränkung" lag in diesen Bestimmungen allerdings. Aber immerhin bewährte sich doch das Princip, den heimischen Tabakbau an sich, wenn auch mit Beschränkungen zuzulassen und ihn nur dem Monopol dienstbar zu machen. Damit entfällt aber ein beliebter Einwand gegen das letztere, welcher in Frankreich auch das alte Monopol getroffen und zu dessen Beseitigung mit beigetragen hatte. Indem dann die Ankäufe der Regie an die Stelle derjenigen der bisherigen Fabrikanten traten, da man gleiche Consumtion glaubte voraussetzen zu dürfen, erlitt die Landwirthschaft keinen Schaden und hatten die Tabakbauer noch den Vortheil, einen zahlungsfähigen Käufer, welcher nicht darauf angewiesen war, die Preise des Rohtabaks herabzudrücken, statt der Zwischenhändler und Fabrikanten zu erhalten.

Das fiscalische Interesse war natürlich doch das eigentlich treibende Motiv zur Wiederherstellung des Monopols. Man glaubte, den Ertrag mit der Zeit auf 80 Mill. Frcs. anschlagen zu dürfen, was „eine Verminderung um eine ähnliche Summe beim Tarif der Personal- und Grundsteuern gestatten und dem Staatsschatz die Sicherheit geben werde, auf ein stets im Verhältniss zu den Umständen und zu den Bedürfnissen stehendes Einkommen rechnen zu können". War dieser Ertragsanschlag auch zu optimistisch und würde die letztgenannte Erwartung sich gerade bei dem Niedergang von Einkünften aus einem solchen Monopol, wie aus allen indirecten Steuern, in kritischen Zeiten des Staatslebens sicher nicht genügend erfüllt haben, so ist doch auch nicht zu verkennen, dass Frankreich durch das Tabakmonopol sich eine **unvergleichliche finanzielle Hilfsquelle** für die Deckung eines erheblichen Theils seines steigenden Finanzbedarfs verschafft hat. Das sollte sich voll und ganz freilich erst zwei Menschenalter später unter den völlig veränderten politischen und finanziellen Verhältnissen nach dem grossen Kriege von 1870—71 zeigen. Eine grosse, tief eingreifende Finanzmassregel dieser Art kann aber in ihrer vollen Bedeutung auch erst allseitig nach solcher längerer Erfahrung gewürdigt werden. Das Tabakmonopol hat sich in Frankreich als einer der **Grundpfeiler des ungeheueren Finanzbaus** erwiesen. Man wird daher nicht umhin können, in seiner Wiedereinführung einen Beweis der weitsichtigen Politik Napoleon's I. und seiner Gehilfen anzuerkennen.

Der Reinertrag des Monopols war gleich zuerst, vom 1. Juli 1811—Ende 1814, also in der kriegsbewegtesten Zeit, jährlich im Durchschnitt 26.67, 1815 32.12, 1816 33.36, 1817 39.18 Mill. Frcs. 80 Mill. wurde erst ein Menschenalter später erreicht (1844 79.50, 1845 82.53), freilich auf einem viel kleineren Staatsgebiete als auf dem von 1810. Die von der Steuer getroffene Menge der Tabakfabrikate war zuletzt 1809 10.85, 1810—1. Juli 1811 14.63, d. h. im Jahre 9.75 Mill. Kil. gewesen; in den ersten 3½ Jahren des Monopols (1. Juli 1811—E. 1814) war sie jährlich 15.97 Mill. Kil., was allerdings auf bedeutende Unterschleife bei der Fabrikationssteuer hinwiese. Ein genauer Vergleich ist bei den Gebietsveränderungen und Kriegsläuften dieser Jahre freilich nicht möglich. Auf dem so viel verkleinerten französ. Monopolgebiet war 1816 und 1817 die verkaufte Menge 10.36 und 11.60 Mill. Kil.

Das Monopol wurde auf Grund der Untersuchungen einer Specialcommission, welche die Ursachen des Deficits und die Mittel, dieses zu beseitigen, geprüft hatte, auf Vorschlag des Finanzministers Gaudin, Herzog von Gaëta, nach Anhörung des Staatsraths vom 1. Juli 1881 an errichtet. Characteristisch für die Zeit und den Herrscher allerdings, wie von Stourm u. a. m. hervorgehoben wird, durch ein einfaches kaiserliches Decret, vom 29. December 1810, betreffend „die Betrauung der Regie der vereinigten Abgaben mit dem ausschliesslichen Ankauf von Rohtabak, Fabrikation und Verkauf der Tabakfabrikate", — nicht durch ein förmliches Gesetz. Aber dass die Massregel sachlich zweckmässig war, wird doch schon durch die einfache Beibehaltung des Monopols, mit nur unwesentlichen Veränderungen, Seitens der Restaurationsregierung (Gesetz v. 24. Dec. 1814, 28. Apr. 1816) und Seitens aller folgenden Regierungen unter dem wechselvollen Lauf französischer Dinge bestätigt. Die Anläufe gegen das Monopol wiederholten sich zwar lange Zeit, sie gingen aber nur von staatsrechtlichen und freihändlerischen Doctrinären aus. Daher verliefen sie practisch denn auch ganz im Sande.

Die einzige Concession war die **Fristsetzung** für das Monopol, welche aber auch nur eine Formalität darstellte, jedenfalls seit lange dazu wurde. Vor Ablauf erfolgte regelmässig, ohne grössere Beanstandung, die Verlängerung auf eine neue Frist. Und so wird es sicher weiter gehen, auch das nächste Mal, 1893 ff. und so fort. Es wäre vollends in der heutigen Finanzlage Frankreichs auch schlechterdings nicht ohne das Tabakmonopol auszukommen, jede andere Steuerform würde weniger passen, andere Mängel haben und sicherlich nicht entfernt die bisherigen, immer noch steigenden Einnahmen abwerfen, muthmasslich ohne dass der Ertragsausfall in Preis oder Qualität irgend den Consumenten zu Gute käme. Die Anstellung der beiden **Enquêten** von 1835—37 und 1873—76 war ebenfalls nur eine kleine Concession an die Gegner. In beiden Fällen war das Ergebniss dem Monopol günstig, im zweiten wurde überhaupt von vornherein das Princip des Monopols als solches schon bei der Untersuchung als gar nicht mehr strittig angenommen.

Einzelnes mag ja immer noch zu verbessern sein. Die **Einrichtung als Ganzes** genommen war von vornherein gut gelungen. Zeuge des, dass man in der langen Zeit seit 1810 nichts Wesentliches zu ändern für nothwendig befunden hat. Welcher erfreuliche Unterschied, vom Standpuncte des finanziellen Gesetzgebers aus betrachtet, gegen alle übrigen indirecten Verbrauchssteuern „bei freier privatwirthschaftlicher Production", wo die Veränderungen, oft tief greifender Art, nicht aufhören (Zuckersteuer)! **Das Monopol als Steuerform löst daher auch** nach dieser wichtigen französischen Erfahrung ein schwieriges Besteuerungsproblem endgiltig befriedigend.

Nur Veränderungen in kleinen Einzelheiten sind erfolgt. Die zum Verkauf gebrachten Fabrikate wurden — auch im Consumenteninteresse — mannigfaltiger, Rauchtabak vor Schnupftabak, Cigarren und neuerdings Cigaretten gewannen allmälig einen viel grösseren Raum in Consumtion und Production, die Verkaufspreise wurden mehrmals erhöht und verändert, die Fabrikation technisch vervollkommnet und verwohlfeilert, die Interessen der Tabakbauer und Fabrikarbeiter zweckmässig wahrgenommen. Das finanzielle Ergebniss stellte sich immer glänzender heraus und zwar nicht nur durch die absolute Steigerung der Roh- und Reinerträge, sondern auch durch ein immer günstigeres Verhältniss beider zu einander, wegen relativ stark sinkender Kosten. So kann das Urtheil im Ganzen nur günstig über die Massregel von 1810 lauten.

Nähere statistische Ausführungen zum Belege werden unten noch gegeben werden. Sie fügen sich besser an die Darstellung der Einrichtung an und werden in Verbindung mit dieser lehrreicher. Hier nur vorläufig wenige Hauptzahlen über die finanzielle Bedeutung des Monopols und deren Entwicklung. (Für die Zeit von 1815—1869 Bull. I, 97 und die Ausführungen dazu. Die anderen Daten aus den Jahresberichten, auch Faure 130, 197).

Jahres-Durch-schnitt	Verkaufte Menge Mill. Kil.	Rohertrag Mill. Frcs.	Ausgaben Mill. Frcs.	Reinertrag Mill. Frcs.	Procent d. Ausgaben v. Rohertrag
1815—17	10.57	57.14	22.25	34.89	38.9
1867—69	31.73	251.01	58.49	192.45	23.3
1884	36.24	376.48	70.39	306.09	18.7
% Zunahme bis 1867—69	200.0	339.3	163.0	451.6	—
% Zunahme bis 1884	241.8	559.0	216.4	777.3	—

Das Jahr 1884 zeigt das bisher erreichte höchste Ergebniss, 1885—1887 war der Robertrag um 2—7 Mill. Frcs. niedriger. Berücksichtigt man das Ausscheiden Elsass-Lothringens nach 1869 (in diesem Jahre mit c. 1.8 Mill. Kil. Consum und c. 8 Mill. Frcs. Erlös), so stellen sich die Resultate nach dem Kriege von 1870—71 verhältnissmässig noch etwas günstiger. In der ganzen Periode von 1815—1869, in 55 Jahren, ist fast ohne Unterbrechung eine Zunahme der Verkaufsmengen des Rohertrags und des Reinertrags erfolgt. Bei den ersteren hat nur in 12 Jahren eine immer nur geringfügige Abnahme gegen das Vorjahr stattgefunden (auch 1848 und 1849 nur eine kleine), im Rohertrag nur 8 mal, im Reinertrag nur 7 mal. Das Monopol zeigt also nicht nur eine grosse Steigerungsfähigkeit des finanziellen Ertrags, sondern auch kleine Jahresschwankungen: ein Vorzug vor anderen indirecten Steuern, die mehr vom Gang des Erwerbslebens u. s. w. abhängen (s. auch o. S. 407). Die Tarifsteigerungen machen sich in der Bewegung der Verkaufsmengen nur wenig als Hemmungsmittel geltend (bei Erhöhung der Hauptsorte in 1860 um 24% war die Verkaufsmenge 1859—63: 28.60—29.55—28.24—25.55—29.44 Mill. Kil.). Die Kriegsjahre 1870—71 zeigen sich dann freilich in allen Zahlenverhältnissen sehr nachtheilig (o. S. 408), auch wohl mit wegen der als Staatseigenthum den deutschen Truppen anheimfallenden Vorräthe u. s. w. in den occupirten Landestheilen, — worin eine üble Seite des Monopols verglichen mit einer anderen Steuerform hervortritt. (Die Ausgaben der Regie sind 1870 speciell auf Grund der Kriegsverluste, Territorialabtretung um eine Summe von 25.35 Mill. Frcs. höher gewesen, Bull. I, 97). Hinterher ist die aufsteigende Bewegung der Verkaufsmengen, Roh- und Reinerträge von 1871 an wieder eine ununterbrochene bis 1884, die Tarifsteigerung 1872 ff. (gleich um 25%) hat sie vielleicht etwas verlangsamt, aber nicht aufgehalten. Die verkaufte Menge war schon 1874—75 wieder so hoch wie vor dem Kriege (Elsass' Austritt berücksichtigt). (Bull. X, 365; danach eine Abnahme in der Ziffer des Reinertrags in 1878. Das ist aber ein — Druckfehler. Faure, 130.)

Einige der kleinen Aenderungen in der Einrichtung des Monopols seit dem Decrete von 1810 werden im Folgenden berührt werden, vgl. bes. die Decrete von 1810 und 1811 mit den Gesetzen von 1814, 1816. In späteren (z. B. 12. Febr. 1835) nur ganz wenige Einzelheiten geändert.

bb. Einrichtung des Tabakmonopols.

§. 287. 1. **Allgemeine Dienstorganisation.** Nach mehrfachem Wechsel in Stellung und Organisation bildet die Tabakverwaltung eine eigene „Generaldirection der Staatsmanufacturen", analog den anderen grossen Generaldirectionen, in welche das Finanzministerium eingetheilt ist. Trotz umfassenderen Namens hat diese Generaldirection aber gegenwärtig nur mit dem Tabak allein zu thun und auch in Betreff desselben beschränkt sich ihre Thätigkeit — insofern ihrem Namen wieder entsprechend — auf drei Functionen, die **Ueberwachung des inländischen Tabakbaus, den Ankauf des Rohtabaks von den inländischen Tabakbauern und aus dem Auslande** — hier inbegriffen den Ankauf von Fabrikaten — und auf die **Herstellung der Tabakfabrikate** aus den angekauften Rohstoffen. Ihr Dienst ist daher mit Recht als ein wesentlich **agricoler, commercieller und industrieller**, nicht als ein eigentlich finanzieller zu characterisiren (Josat). Nach der finanziellen Seite, als Ertragsquelle für den Staat und als Steuerform, untersteht das Tabakmonopol auch jetzt noch der **Generaldirection der indirecten Steuern**, welche allein den **Verkauf der Tabakfabrikate** im Monopolgebiete und ins Ausland, mithin die **Erhebung der Einnahmen vom Monopol** zu besorgen hat. Diese Generaldirection führt daher die eigentliche **finanzielle Verwaltung des Monopols**.

S. o. S. 598. Josat p. 592, Vignes I, 309, Olibo II, 312 ff., 448. — Nach dem Decret von 1810, Art. 1, war neben dem Ankauf des Rohtabaks und der Fabrikation auch der Gross- wie Kleinverkauf der Tabakfabrikate der „Regie der vereinigten Abgaben" (droits réunies) übertragen gewesen; ebenso nach Art. 1 des Ges. v. 24. Dec. 1814 der „Regie der indirecten Auflagen" (impositions), nach Art. 172 des Ges. v. 28. Apr. 1816 der „Regie der indirecten Steuern". Die Abtrennung einer besonderen Direction (Specialdirection) für die Ueberwachung des Tabakbaus, den Ankauf des Tabaks und die Fabrikation von der Generaldirection der indirecten

Steuern, welcher seitdem nur der Verkauf der Fabrikate vorbehalten blieb, erfolgte zuerst durch die Julimonarchie mittelst K. Ord. v. 5. Jan. 1831; die Erhebung der Tabakdirection zur Generaldirection durch Ord. v. 17. Dec. 1844. Nach der Februarrevolution von 1848 wurden die Generaldirectionen im Finanzministerium aufgehoben und die Tabakverwaltung unter einer Direction mit den indirecten Steuern vereinigt („direction des contrib. indirectes et des tabacs"). Nach dem Staatsstreich 1851 wurde diese Direction auch noch mit der Zollverwaltung zu Einer „Generaldirection der Zölle und indirecten Steuern" zusammengezogen. Abermals erfolgte aber eine Abtrennung der Tabakverwaltung und die Erhebung derselben zu einer eigenen Generaldirection, mit Beschränkung auf die genannten Functionen agricoler, commercieller und industrieller Art ganz nach den Bestimmungen der Ord. v. 1831, durch Kais. Decr. v. 12. März 1860, Art. 1. Nach der Uebertragung der Fabrikation des Jagd-, Bergwerks- und Handelspulvers wie der Salpetergewinnung vom Kriegsministerium auf diese Generaldirection erhielt dieselbe ihren jetzigen Namen „Generaldirection der Staatsmanufacturen" (Decr. v. 17. Juni und 9. Nov. 1865), der ihr dann geblieben ist, auch nachdem in Betreff des Pulvers u. s. w. der frühere Zustand der Dienstorganisation und Ressortbegrenzung wieder hergestellt worden war (Decr. vom 13. Nov. 1873). Schon die Zeitpuncte, an denen einige dieser Veränderungen eingetreten sind, zeigen, dass hier mehrfach politische Anschauungen und Tendenzen der Zeit mitgewirkt haben. Die Verselbständigung der Tabakverwaltung zu einer eigenen Generaldirection und die Beschränkung der letzteren auf die mehrfach genannten Functionen, während der Verkauf der Fabrikate der Generaldirection der indir. Steuern übertragen bleibt, sind aber doch wohl als Puncte von allgemein administrativ-technischer Bedeutung, für welche auch letztere Rücksichten entscheidend waren, für die Frage der Einrichtung des Monopols beachtenswerth.

Der Dienst der Generaldirection gliedert sich, wie sonst (S. 602), in einen Central- und einen Localdienst, letzterer wieder, nach den Aufgaben der Verwaltung, in den Dienst des Anbaus und der Magazine und denjenigen der Fabrikation (der Manufacturen).

Hinsichtlich des Personals der Verwaltung und der Kategorieen desselben ist als eigenthümlich hervorzuheben, dass die Leitung der Fabrikation und der technischen Arbeiten dabei ausschliesslich durch Ingenieure aus der polytechnischen Schule erfolgt. An der Spitze jeder Manufactur steht ein eigener Director (4 Gehaltsstufen von 8, 9, 10 und 12 Tausend Frcs.) mit Ingenieuren, Unteringenieuren, Ingenieur-Eleven, Experten, Controleuren, Magazinverwaltern und sonstigen Commis verschiedener Art und Grades. Wird in dem Bezirk eines Fabrikdirectors auch Tabak gebaut, so untersteht die obere Leitung und Verwaltung auch diesem Director. Bezirke des Tabakbaus, ohne Fabrik darin, haben eigene Directoren. Zu dem Dienstzweig für Anbau und Magazine gehören sonst noch Cultur-Verificatoren, Cultur-Controleure, Inspectoren und Unterinspectoren, Magazin-Controleure, Rohtabak-Niederlagenverwalter. S. Josat, p. 593 ff., Vignes I, 309, v. Kaufmann, S. 514 ff. (Einzelnes aus d. Budget). Ueber die Kosten des Personals s. u. §. 296.

§. 288. 2. Die Durchführung des Tabakmonopols. Dieselbe bedingt überall die Lösung dreier Aufgaben, der Anschaffung des Rohstoffs, des Blätter- oder Rohtabaks, der Verarbeitung desselben zu Tabakfabrikaten, des Verkaufs der letzteren. Die beiden ersten Aufgaben sind, wie gezeigt, in Frankreich der Generaldirection der Staatsmanufacturen, die dritte derjenigen der indirecten Steuern übertragen. An die erste Aufgabe schliesst sich die Ueberwachung des einheimischen Tabakbaus für die Regie und des — auch in Frankreich zulässigen — Tabakbaus für die Ausfuhr von Rohtabak sowie die Controle der wirklich erfolgenden Ausfuhr an. Zur ersten Aufgabe selbst gehört der Erwerb (Ankauf) des inländischen Rohtabaks für die Zwecke der Regie nach den dafür geltenden Taxbestimmungen u. s. w., sowie der Ankauf des ausländischen Tabaks, welcher von der Regie mit verarbeitet werden soll, der Transport des in- und ausländischen Tabaks in die Rohtabak-Magazine und die Lagerung desselben in diesen oder eventuell der Transport gleich in die Fabriken. Die zweite Aufgabe endigt mit der Ueberführung der Tabakfabrikate in die Verkaufs-Niederlagen. Die dritte Aufgabe, die des Verkaufs, umfasst directe Verkäufe an Consumenten aus den Fabriken und an anderen Stellen (von ausländischen, besonders Havannacigarren), die Verwaltung der Niederlagen (Entrepôts) der Tabakfabrikate, die Versorgung der Debitanten aus letzteren mit den Fabrikaten, welche dann durch die Debitanten direct an das Publicum verkauft werden, endlich die Verkäufe der Regie (von Blättern und Fabrikaten) behufs Ausfuhr und die hiermit in Verbindung stehende Ueberwachung. Das Verwandte oder in naher Beziehung Stehende zusammenziehend, kann man das wichtigere Einzelne unter folgenden Rubriken zur Darstellung bringen: inländischer Tabakbau, Ankauf und Einfuhr aus dem Auslande (von Rohtabak und Fabrikaten), Fabrikation, Verkauf.

a) Inländischer Tabakbau.

Darüber Decr. v. 1810, Tit. 2—4, schon erheblich erweitert in den Bestimmungen des Ges. v. 1814, Tit. 2—4; damit im Ganzen übereinstimmend das jetzt geltende Ges. v. 1816, Tit. 5, Kap. 2—4 (Art. 180—214). Kleine Abänderungen im Ges. v. 12. Febr. 1835, Art. 2—4. Ges. v. 22. Juni 1862. Art. 2 und 3, Ges. v. 21. Dec. 1872, Art. 2, 3. S. Vignes, Block, dict. a. a. O, bes. Ollbo II, 356—408.

Der Tabakbau sollte nach dem Gesetz von 1816, Art. 180, in denjenigen Departements beibehalten bleiben, wo er damals bereits autorisirt war, vorausgesetzt, dass er sich auf 100,000 Kil. (in trockener Waare) beläuft. Die Ermächtigung für jedes Departement zum Tabakbau erfolgt durch Gesetz oder Decret. Sie kann auch versuchsweise ertheilt werden.

Im departementalen Umfang des Tabakbaus sind in Folge des für diese Verhältnisse besonders wichtigen Ausscheidens von Elsass-Lothringen (Dep. Nieder-Rhein. Ober-Rhein, Mosel mit Tabakbau im Umfang des dritten Theils des verlangten Gesammtquantums der Regie vom heimischen Tabakbau in 1869) Veränderungen eingetreten. Der Anbau ist auf mehr Departements als früher ausgedehnt worden. In den 50er Jahren erfolgte er nur in 9 Depart.: Nieder-Rhein, Nord, Pas de Calais, Lot, Lot und Garonne, Ile und Vilaine, Var, Rhônemündungen, Gironde (Il ock S. 340), später traten Veränderungen ein. 1869 war der Bau ausser in den genannten 9 noch in 10 anderen Depart. zugelassen, nämlich in Seealpen, Dordogne, Meurthe, Ober-Saône, Savoien, Obersavoien, Oberpyrenäen, Landes, Ober-Rhein, Mosel, zus. in 19. Jetzt besteht der Tabakbau ausser in den genannten, von denen die elsass-lothringischen, noch neuerdings auch der Distr. Belfort, fortfielen, auch in Meurthe und Mosel, Corrèze, Maass, Isère, Vaucluse, Vogesen, zus. in 22 Dep. S. Réponses p. 299 ff., compte des manuf. p. 1886, p. 76. Die Hauptmenge kommt auf Dordogne (1886 vom verlangten Quantum von 22,275,000 Kil. 4,125,000), Lot und Garonne (3,035,000), Nord (2.52 Mill.), P. d. Calais (2.16), Isère, Lot, Gironde (je 1.8—1.9 Mill.), Ile und Vil. (1.2 Mill.), alle anderen unter 1 Mill. Kil. Diese locale Beschränkung des Tabakqaues erleichtert von vornherein die Controle.

Wer innerhalb eines zum Tabakbau ermächtigten Departements Tabak bauen will, muss darüber vorher eine Declaration einreichen und die ausdrückliche Erlaubniss erlangt haben, sonst wird er straffällig. Also Licenzzwang. Die Fläche eines einzelnen Tabakfelds darf dabei nicht unter ein gewisses Minimum herabgehen.

1810 40, 1816 20, seit 1862 5 Are, doch in diesem kleinen Umfang nur, wenn die Declaration des Tabakbauers mindestens 10 Are umfasst. Der im Verstoss gegen diese Vorschriften gebaute Tabak wird auf Kosten des Pflanzers zerstört und letzterer ausserdem straffällig (f. je 100 Fuss Tabakbau 50 Frcs. bei Bau in offenem Felde, 150 Frcs. bei solchem innerhalb einer Ummauerung. Max. 3000 Frcs.). Auch wird dem Pflanzer das Recht, in Zukunft Tabak zu bauen, entzogen. Statistik der Zahl der Pflanzer, der Flächengrössen, der Qualität und Menge der Ablieferungen, auch p. Pflanzer, in den Réponses p. 296, Compte v. 1886 p. 76. Die Zahl der Pflanzer neuerdings wieder stark gestiegen, in den 1860er Jahren bis 1872, ohne die abgetretenen Dep., c. 82,000, 1886 50,008, die 14,518 ha. bebauten, also auf 1 c. 29 Are, früher c. 31.1, verlangtes Quantum 22,575 Mill., auf 1 Pflanzer 451 Kil., abgeliefertes Quantum 18.74 Mill. Kil., von 1 Pflanzer 355 Kil. Zahlreiche Pflanzer liefern bis unter 100 Kil., eine Anzahl aber auch über 2000 Kil. — Ausserdem 1886 in Algier 6459 Pflanzer, die 3.11 Mill. Kil. lieferten.

Der geerntete Tabak muss dann, nach Massgabe der gesetzlichen Berechnungen seiner Menge, der Behörde vorgewiesen und für Fehlbeträge der Preis des sogenannten Cantine-Tabakfabrikats (s. u.) erlegt werden. Die Pflanzer können aber ihre Ernte sowohl für die Versorgung der Regiefabriken wie — unter den vorgeschriebenen Formalitäten — für die Ausfuhr bestimmen.

Für den ersteren Zweck wurde früher (Gesetz von 1816, Art. 184) im October für jedes zum Anbau zugelassene Departement eröffnet, wie viel Centner Tabak die Regie im nächsten Jahre bedürfe und ihr von der Ernte zu liefern seien. Dabei sollten mindestens $5/6$ des Tabakbedarfs der Regie durch den heimischen Anbau gedeckt werden, — gegen höchstens $1/15$ fremden Tabaks nach dem Decret von 1810. Im Jahre 1835 trat aber hierin eine Aenderung ein. Dem heimischen Tabakbau sollten seitdem nur noch höchstens

$4/5$ des Bedarfs der Regie zufallen und der Finanzminister jährlich die Zahl der zu bebauenden Hectaren und der erforderlichen Gesammtmenge auf die Tabakdepartements vertheilen (Ges. v. 12. Febr. 1835 Art. 3). Thatsächlich wird die genannte Quote seit lange nicht erreicht, die Verarbeitung **ausländischen** Tabaks überwiegt sogar öfters, theils weil der inländische Anbau nicht die erforderliche Menge, theils und wohl hauptsächlich, weil er nicht die erforderliche Qualität liefert.

S. die Statistik im Bull. X, 362, XV, 626; Compte f. 1886. p. 29; angekaufte Mengen des Rohstoffs von inländischen Pflanzern und überhaupt (in letzteren Zahlen ausser Rohtabak auch Cigarren inbegriffen). Danach wäre allerdings thatsächlich ungeachtet der entgegenstehenden gesetzlichen Bestimmung von 1816, die sich hiernach unausführbar erwies, die Quote des inländischen Tabaks schon vor 1835 **kleiner** gewesen als nach dem Gesetz. Oefters waren schon damals weniger als $4/5$, mitunter nur $2/4$—$3/5$—$3/8$ des Tabaks inländisches Product, offenbar je nach dem Ausfall der heimischen Ernte. Nach 1835 nahm diese Quote noch mehr ab, war auch nicht gleichmässig, wiederum wohl je nach dem Ernteausfall, sie fiel aber auch öfters schon unter die Hälfte. Später hob sie sich wieder darüber hinaus, auf c. $2/3$ in den letzten Jahren vor dem Kriege, in besonders günstigen Erntejahren auf noch mehr (1865 $14/15$). Nach dem Kriege ist das inländ. Erntequantum noch nicht wieder auf die frühere absolute Höhe gekommen, also das Ausscheiden des Elsass trotz der räumlichen Erweiterung des Tabakbaus noch nicht ganz ersetzt worden. Aber seit 1880 ist das inländ. Product in fortschreitender Steigerung begriffen. Die Quote war mehrfach bis auf $2/5$—$1/2$ gewichen, 1886 aber wieder über $1/2$. Es war jährlich in Mill. Kil.

	inländ. Quantum	Gesammtquantum
1867—70	21.92	32.72
1881—83	17.26	42.70
1886	21.84	42.92

Dem Werthe nach überwiegt der fremde Tabak noch mehr (1881—83 einheim. 11.74, aller zus. 36.03, 1886 bez. 18.38 und 46.82 Mill. Fres.), aber doch nicht in dem Masse, dass es sich dabei um durchweg viel höhere Qualitäten handeln könnte. Es wird in der That auch überwiegend **ordinärer** amerikan. und europ. Tabak eingeführt, der zwar durchschnittlich auch theurer als der inländische ist (35 bis 60 %), s. u.

Um die jedem Departement zugewiesenen Tabakflächen auf jedes **Arrondissement** im betreffenden Departement zu vertheilen, fungirt seit dem Gesetz von 1835 eine eigene Commission, welche die „Anbauerlaubnisse" gewährt.

Sie besteht aus dem Präfecten oder einem Delegirten desselben als Präsidenten, dem indirecten Steuer-Director, einem höheren Beamten des Anbau-Dienstes, je 1 Mitglied des General- und des Arrondiss.-Raths, die nicht Pflanzer sein dürfen, im Ganzen 5 Mitgliedern (Ges. v. 1835, Art. 2). Bei der Ermächtigung zum Anbau ist auf die Solvenz der Pflanzer zu sehen.

Die näheren Bestimmungen über die Declarationen, Erlaubnisse, Ueberwachung u. s. w., über die Entlastungen, Classificationen, Expertise, Erntelieferung bestimmt der Präfect nach Anhörung zweier hervorragender Pflanzer und nach dem Gutachten des Steuerdirectors. Es werden danach dann Lastenhefte entworfen, welche für die Pflanzer wie für die Verwaltung bindend sind. Eine Ueberschreitung des declarirten und gestatteten Anbaus um $1/5$ macht straffällig (25 Fres. f. 100 Fuss, Max. 1500) und auch hier erfolgt Entziehung des Rechts des Tabakbaus für die Zukunft.

Der ganze Tabakbau wird dann von Anfang an durch alle seine Stadien hindurch bis zur Ablieferung des Products in die Magazine der Regie sorgfältig von den Controlbeamten des Culturdienstes überwacht, damit das Erntequantum genau festgestellt und nichts davon bei Seite gebracht werden kann. Zur wirksamen Durchführung dieser Ueberwachung ist dem Pflanzer eine bestimmte Art der Bebauung vorgeschrieben.

Am genauesten ist das Einzelne dargestellt von v. Hock S. 342 ff., die Entscheidung der Fragen bei Olibo II, 398 ff. Die Controle erfolgt zur Zeit der Besamung der Felder, dann nach Entwicklung der Pflanzen, wiederum zur Zeit der Reife der Blätter und bei wie nach der Ernte. Sie richtet sich besonders auf genaues Innehalten der declarirten Anbauflächen und Feststellung der muthmasslichen Tabakernte schon zur Zeit, wo die Pflanzen noch auf dem Felde stehen. Wesentlich um diese Feststellung zu ermöglichen ist den Pflanzern auch im Einzelnen die Anbauweise vorgeschrieben (z. B. strenger Reihenbau, die Reihen und die Pflanzen gleich weit von einander, keine andern Pflanzen dazwischen). Die Pflanzen werden bereits auf dem Felde gezählt. Verkümmerte Pflanzen dürfen ersetzt werden. Auch die Menge der brauchbaren Blätter wird ermittelt. Auf diesen Grundlagen erfolgt schon eine vorläufige Feststellung des vom Pflanzer vorzuweisenden Erntequantums. Nach der Ernte muss der Pflanzer die Stengel und Strunke der Pflanzen herausreissen und zerstören. Auch für seinen Privatbedarf darf er nichts zurückbehalten. Verluste und Beschädigungen durch die Witterung u. dgl. bedingen nur dann Anspruch auf Ermässigung des vorläufig ermittelten Erntequantums, wenn sie durch die Controlbeamten in Gegenwart des und in Uebereinstimmung mit dem Maire constatirt sind. Die Höhe des Erlasses erfolgt durch Uebereinkunft zwischen Beamten und Pflanzer, in Ermangelung dieser durch Entscheidung von Experten, die der Präfect zu ernennen hat. Unbrauchbare Ueberbleibsel sind auch hier zu vernichten. Dasselbe Verfahren wiederholt sich bei Beschädigung des Tabaks nach der Ernte bis zur Uebernahme in die Regie-Magazine. Der geerntete Tabak wird auch bei und nach der Trocknung überwacht, danach sein Gewicht wieder abgeschätzt und er unter Begleitschein zum Magazin gebracht, wo dann die genaue Feststellung des Gewichts und der Blätterzahl erfolgt und das Conto des Pflanzers, unter Vergleichung mit den Aufnahmen in den früheren Stadien, endgiltig geregelt wird. Für nicht durch die gewährten Nachlässe gedeckte Fehlmengen muss der Pflanzer aufkommen, ebenfalls nach der Taxe des Cantine-Tabakfabrikats. In Betreff des hiernach sich ergebenden Abrechnungsresultats hat der Pflanzer binnen Monatsfrist das Reclamationsrecht vor dem Präfecturrath, welcher binnen 2 Monaten entscheiden muss. Im Jahre 1886 war z. B. das verlangte Quantum 22,275,000 Kil., die abzuliefernde Menge nach Schätzung auf Grund des Blätterinventars 18,700,500 Kil., wovon 32,500 für Export bestimmt, der Rest für die Regie. Das wirkliche Erntequantum wurde schliesslich auf 19,290,155 Kil. ermittelt, davon 18,743,916 zahlbar durch die Verwaltung. 37.500 Kil. Ausfuhr, 133,204 Kil. wurden als nicht für Zahlung zulässig abgezogen, 375,235 verworfen durch die Experten und zerstört.

Durch rationelle Förderung der agrarisch-technischen Seite des Tabakbaus Seitens der Monopolverwaltung ist mancher Fortschritt erzielt worden.

Der geerntete Tabak wird von der Regie nach Taxpreisen übernommen, welche jährlich im Voraus vom Finanzminister für die folgende Ernte arrondissementsweise für die verschiedenen Qualitäten des Tabaks festgestellt und öffentlich bekannt gemacht werden.

Ges. v. 1816 Art. 192, ergänzt durch Ges. v. 12 Febr. 1835 Art. 4. v. Hock S. 314 ff. Diese Preise sind für die Neigung zum Tabakbau natürlich massgebend und bilden die Basis der Calculation des Pflanzers. Sie werden absichtlich so gestellt, dass der Tabakbau sich genügend bezahlt macht, selbst lohnender als Weizenbau ist, und sind im Durchschnitt wohl etwas höher, als sie im freien Verkehr sein würden; das etwaige Plus fällt daher allerdings dem Monopol zur Last, oder, wie man eingewandt hat, „der Tabakbau wird mit aus dem Steuersäckel gezahlt". Das ist aber kein erheblicher Einwand, sondern die genügende Bezahlung nur eine Entschädigung für die mancherlei Belästigungen des Tabakbaus unter unvermeidlich so scharfer Anbau- und Ablieferungscontrole. Einen grösseren Vortheil als aus dem vielleicht etwas höheren Preise zieht der Pflanzer, welcher für die Regie baut, aus dem Umstande, dass er einen Abnehmer hat, welcher ihn zwar auch noch bei der Ablieferung des Tabaks scharf controlirt, aber ihn doch nicht drückt, nicht ausbeutet und zahlungsfähig ist. Die Lage des Regietabakbauers ist gerade in dieser Beziehung entschieden günstiger als die der „freien", wie des deutschen, pfälzischen und heute des elsässischen, was sich auch aus der Thatsache ergiebt, dass gerade die elsässischen Tabakbauer, welche ja beide Systeme vergleichen konnten, für das deutsche Tabakmonopol eingetreten sind. Die Festsetzung der Preise erfolgt unter Beirath einiger hauptsächlicher Pflanzer vom Finanzminister nach dem Gutachten der Tabaksdirectoren, für 3 normale Qualitätsclassen, für 1 Extraclasse (besonders gute Qualitäten, surchoix, zur Ermuthigung des Anbaus, für die gesetzlich 10 Cent. per Kil. mehr gegeben werden darf und thatsächlich wird, als für die erste Classe) und für 1 niederste Classe, unter der dritten Normalclasse (geringste Waare, non marchands).

Das Wichtigste und Schwierigste ist dann die Sortirung des abgelieferten Tabaks nach diesen Preisstufen. Sie erfolgt durch Vergleichung mit Typen oder Musterbüscheln von Seiten einer zu diesem Behuf durch ihre Zusammensetzung die Bürgschaft der Unparteilichkeit bietenden Sachverständigen-Commission, welche aus 2 von der Fabrik- und Magazinverwaltung bestimmten Beamten und 3 vom Präfecten ernannten Sachverständigen besteht.

Die Taxsätze für die genannten 5 Classen sind seit lange nur wenig verändert, auch für die meisten Tabak-Departements die gleichen, nur für 3 darunter um je 10—15 Frcs. in den 4 obersten Classen niedriger als die allgemeinen Taxsätze. Letztere waren für die Ernte von 1885 gegen diejenigen aus der Periode 1863—72 um 10—15 Frcs. höher und betrugen 155—143—112—90 — für non marchands in 3 Unterstufen 70—50—25 Frcs. für 100 Kil. Der wirklich gezahlte Durchschnittspreis war für non marchands im J. 1885, verschieden nach den Departements, Max. 60, Min. 42.20 Frcs. Die Taxsätze für Algier waren 160—150—120—90 und (Cl. 5) 60 bis 10 Frcs. (Durchschnittspreis hier 45.62 Frcs.) (Compte f. 1886, p. 77).

So wird dem Pflanzer nicht nur ein genügend remunerirender, sondern auch ein von Jahr zu Jahr fast gleichmässiger Preis zu Theil. — Damit gewinnt er, im vortheilhaften Unterschied vom „freien Verkehr", eine sichere Grundlage für seine Berechnungen; ein wahrer Segen gerade für den Landwirth. Der Erlös aus dem Tabakbau schwankt daher für den Pflanzer fast nur nach dem Ausfall der Ernte und der davon bedingten Quantität und Qualität (Taxclasse) seines Products.

Der Durchschnittspreis für den an die Regie abgelieferten Tabak richtet sich natürlich bei gleichen Taxen wesentlich nach der Vertheilung des Products in die Taxclassen und ist dementsprechend verschieden. Aber die Unterschiede zwischen den einzelnen Jahren sind auch hier nicht so gross, als man zunächst annehmen möchte. Bleibende, doch im Ganzen wieder jährlich weniger schwankende Differenzen zeigen sich von Departement zu Departement. Der gezahlte Durchschnittspreis für 100 Kil. war 1863—72 84.65, 1884 (incl. Algier) 87.24, 1885 81.83 (ohne Algier 87.17) Frcs. Auf 1 Pflanzer kam 1863—72 i. D. eine Einnahme von 818.60 Frcs.

auf 1 Hectare ein Erlös von 1023.67 Fres.; 1885 bezw. 326.90 und 1124.96 Fres. (Compte a. a. O., Réponses p. 297).

Die Zahlung an den Pflanzer geschieht auf Anweisung des abnehmenden Magazins durch die Casse der indirecten Steuern, unter Abzug von 1 Cent. p. Kil. f. Spesen, gemeinnützige Förderung des Tabakbaus u. dgl. m.

Rohstoffmagazine bestehen in Frankreich und Algier (wo der Tabakbau frei ist, aber die Cultur für die Versorgung der Regie gefördert wird) 32 (1886), deren specielle Verwaltungskosten an Gehalten, Löhnen u. s. w. und sachlichen Ausgaben i. J. 1886 2.71 Fres. für 100 Kil. angekauften und aufbewahrten Tabaks waren. Der Werth der Immobilien der Magazine war 1886 10.98 Mill., der Mobilien 0.51 Mill. Fres.

Ausser für die Regie kann aber, wie bemerkt, Tabak auch für die Ausfuhr (als Rohtabak) gebaut werden.

Der Pflanzer, mag er allein für die Ausfuhr oder zugleich für die Regie bauen, unterliegt aber denselben, oder ganz analogen Vorschriften, Bedingungen, Controlen und Strafandrohungen, wie der blosse Regiepflanzer.

Ges. v. 1816, Art. 202—214, auch die mit geltenden allgemeinen Art. 180—182, Olibo II, 402—408. Namentlich ist auch zur Ausfuhr der Tabakbau nur in den „Tabakdepartements" und unter den allgemeinen Bedingungen (Declaration, Erlaubniss, Vorweisung der Ernte, Einstehen für Fehlmengen) gestattet, und speciell wird nur als zahlungsfähig anerkannten oder Caution stellenden Pflanzern die Erlaubniss ertheilt. Wird gleichzeitig von demselben Pflanzer für die Regie gebaut, so muss der ganze geerntete Tabak ins Magazin abgeliefert und dort erst die Scheidung für die beiden Verwendungen vorgenommen werden. Der Export muss spätestens bis 1. Aug. des folgenden Jahres erfolgt sein, wenn der Pflanzer nicht vom Präfecten nach Begutachtung des Tabakdirectors einen Aufschub erlangt hat oder der Tabak nicht bis zur Ausfuhr in den Regie-Magazinen hinterlegt ist, was gegen Gebührenzahlung gestattet wird. Nach Ablauf der Frist wird nicht ausgeführter Tabak confiscirt. Jede Versendung auch dieses Tabaks bedarf eines Begleitscheins der Verwaltung in Form eines laissez-passer bloss zu dem Steueramt des nächsten Magazins; hier wird er untersucht, verwogen, verschnürt und plombirt und geht dann mit acquit-à-caution zum Grenzzollamt. Nachlässe an den zur Belastung geschriebenen Mengen für Beschädigung u. dgl. sind auch beim Exporttabak statthaft. — In irgend wesentlichem Umfange erfolgt indessen Tabakbau für die Ausfuhr und Export von Rohtabak überhaupt nicht. Im J. 1885 fand nur in 2 Depart. Tabakbau für die Ausfuhr und in ganz kleinem Umfang statt (Pas d. Calais 30,000, Nord 2500 Kil.).

Der gesammte Tabakbau Frankreichs umfasste in den 1850 er Jahren etwas über 10,000 Hectaren, stieg auf 13—14,000 in den letzten Jahren vor dem Kriege, sank dann und betrug längere Zeit nur 10—11,000 ha, ist aber in den letzten Jahren wieder auf über 14,000 ha gestiegen, mit einem Erlös für den an die Regie abgelieferten Tabak von 11—16 Mill. Fres. jährlich.

Es war z. B. 1877—79 die mit Tabak bebaute Fläche 10,553—10,534—10,454 hat. das Erntequantum 149,810—152,018—121,011 Quint., p. ha 13.75—14.09—11.58 Quin (Ann. stat. 1882 p. 275). Ueber 1000 ha nur in 8 Dep. (Lot und Garonne 3057, Dordogne 2400, Lot 1600), zwischen 500 und 1000 in 4 (Pas de Calais, Gironde, Ile und Vilaine, Nord), 100—500 ha in 3, unter 100 in 9 (incl. Corsica). Im J. 1885 war die Fläche in Frankreich 14,515, der Ertrag 192,902 m. Centn., Erlös 16.3 Mill. Fres. (ohne Algier, hier 3.14 Mill. m. Centn. und 3.20 Mill. Fres.), p. ha 13.28 Centn. Vergleichsweise war im Deutschen Reich der Tabakbau zwischen 1871—85 auf

c. 25—30,000 ha früher, neuerdings auf 20—22,000 ha ausgedehnt, der Ertrag p. ha 15—22 metr. Centner.

Auch andere Beschränkungen bestehen noch. So darf z. B. Niemand, ausser dem richtig autorisirten Tabakbauer selbst, daher auch dieser nicht nach Ablauf der Ablieferungs- oder Ausfuhrfrist, Rohtabak in Besitz haben (Ges. v. 1816, Art. 217), womit Rohtabakhandel, auch für Ausfuhr, ausgeschlossen erscheint. Die Bestimmungen über Defraudation und die Strafen (Ges. v. 1816, Art. 218, 221 ff.) betreffen ausser Contrebande in Fabrikaten, geheime Fabrikation u. s. w. auch Rohtabakbesitz, -Verkauf, -Transport mit. Einige Strafen sind besonders schwer. So bei Verkauf von Tabak aus der Wohnung, Colportage, sofortige Arretirung und Gefangennahme, Confiscation des Tabaks, der Verkaufsgeräthe, der Transportmittel, ausserdem Geldstrafe von 300—1000 Frcs.; bei Besitz von Tabak Geldstrafe v. 10 Frcs. p. Kil., im Ganzen mindestens 100, höchstens 3000 Frcs., zugleich Confiscation. Die Verurtheilten können bis zur völligen Zahlung der Strafgelder bis zu 6 Monaten, im Rückfall bis zu 1 Jahr gefangen gehalten werden. — Die Controle gegen Defraudation wird ausser von den Steuerbeamten, Zollbeamten auch mit von den Gendarmen, Forstaufsehern, Feldhütern und überhaupt jedem vereidigten Angestellten ausgeübt. Antheile an den Prämien für die Ergreifer machen diese allgemeine Controle hier wohl wirksam. Im J. 1886 sind im Ganzen 127,712 Kil. Tabak (und Fabrikate) beschlagnahmt worden; die Prämien der Ergreifer betrugen 53,506 Frcs. (Compte f. 1886, p. 87).

§. 289. b) **Ankauf und Einfuhr ausländischen Tabaks.** Soweit der inländische Tabakbau den Bedarf der Regie quantitativ und qualitativ nicht deckt, wird Seitens der Regie ausländischer, überwiegend überseeischer, besonders amerikanischer, doch auch daneben anderer Rohtabak eingekauft und eingeführt. Die Privateinfuhr von Rohtabak ist dagegen natürlich verboten. Ebenso kauft die Regie auf ihre Rechnung auch ausländische Tabakfabrikate, besonders Cigarren (namentlich Havanna- und etwas Manilacigarren) und Cigaretten, behufs Absatzes im Inlande zu den Regiepreisen, ein. In diesen Geschäften kommt ihr der Character als grosser, zahlungsfähiger Käufer zu Gute, welcher sich aller Vortheile der Verbindung mit dem Handel, mit grossen Lieferanten und der Versorgung durch diese, aber auch des directen Einkaufs durch die Consuln auf den grossen Tabakmärkten und unmittelbar bei den überseeischen Tabakpflanzern bedienen kann.

Nach d. Compte f. 1886, p. 86 betrugen im J. 1886 die Ankäufe von Rohtabak (abzüglich Refactien u. dgl.) 20.95 Mill. Kil., wovon 20.48 durch Lieferanten (31 Firmen, viele deutschen und jüdischen Namens, einige mit mehreren Mill. Kil. Lieferungen, welche in verschiedene Magazine und z. Th. direct in die Fabriken gehen), 475,000 Kil. durch die Consuln. Von der Gesammtmenge 5.28 Mill. Kil. f. 7.18 Mill. Frcs. (incl. Nebenspesen) p. 100 Kil. 136.03 Frcs. europ. und and. Product, 56,000 Kil. (351.44 Frcs. p. 100 Kil.) davon durch die Consuln; 15.66 Mill. Kil. f. 20.0 Mill. Frcs., p. 100 Kil. 127.73 Frcs., amerik. Ursprungs, wovon 408,000 Kil. durch Consuln (619.26 Frcs. p. 100 Kil.). Ausserdem wurden Fabrikate, Cigaretten und Fabrikmaterialien 5574 Kil., Cigarren (meist Havanna) 11,799 Kil. (p. Kil. 68.50 Frcs.), im Ganzen Fabrikate f. 972,000 Frcs. bezogen. Vornemlich ist hier der Consul in d. Havanna (f. 3.28 Mill. Frcs.), etwas auch der in Salonichi, Bahia, Pest thätig. Der Werth der Einfuhr von Rohtabak und Fabrikaten war 1886 29.15 Mill. Frcs.

Einen weiteren Einblick in die Versorgung der Regie mit Rohtabak zur Fabrikation und Fabrikaten zum Verkauf gewähren folgende Daten aus dem Geschäftsbericht f. 1884 (Block, Ann. stat. 1887, p. 310).

	Besitz Anfang des Jahres Kilogr.	Ankauf im Jahre Kilogr.	Kosten des Ankaufs 1000 Frcs.	Kosten für 100 Kil. Frcs.
Einheim. Rohtabak .	18,135,616	17,286,212	15,081	87.24
Fremder Rohtabak . .	27,988,123	21,019,180	26,197	124.45
In der Fabrikation . .	17,127,549	—	—	—
Fabrikate	3,770,369	6,635,000	173	2613.25
Havann. und and. Cig.	69,101	34,956	2,577	7370.40
(oder Stück)		8,741,565	—	294.81 (1000 St.)
Beschlagnahmter Tab.	3,656	146,304	319	217.95
Ausschuss und Staub	17,086	—	—	—
Summe . . .	67,111,832	38,523,750	44,347	

Unter „beschlagnahmtem Tabak" in der zweiten Col. (Ankauf) auch von Debitanten zurückgenommer (ganz kleine Mengen).

Die Anf. des Jahres besessene Menge im Werth (Col. 1, Ankaufskosten nebst den weiteren Spesen bis zu dem betreffenden Stadium) von 93.59 Mill. Frcs. vertheilte sich mit 29.76 Mill. Kil. auf die Vorräthe in den Rohstoff-Magazinen, mit 33.16 Mill. auf die in den Fabriken, mit 3.75 Mill. auf die in den Fabrikatniederlagen, mit 442,000 Kil. auf den auf dem Transport befindlichen Tabak. Die Buchführung über diese Bestände und über die darin erfolgenden Aenderungen ist bei dem Rohtabak in den Magazinen bis auf die Kilogramme, bei den Fabrikaten sogar bis auf die Gramme genau.

Auch die Einfuhr von Tabakfabrikaten aus dem Auslande ist im Allgemeinen für Private untersagt (Gesetz von 1816, Art. 173). Doch hatte man schon seit 1820 unter dem Namen von „Gesundheits- und Gewohnheitsvorrath" (provision de santé et d'habitude) in beschränkten Mengen für den einzelnen Empfänger (bis 10 Kil. jetzt) den Bezug von Cigarren und Cigaretten und einigen anderen Fabrikaten zu einem speciellen Tarife für Privatrechnung zugelassen. Davon kann in der Praxis immerhin etwas, aber bei der Beschränkung der Bezugsmenge doch nur in geringem Maasse Gebrauch gemacht werden.

Zollges. v. 7. Juni 1820. Erl. v. 8. Oct. 1850; Tarif im Ges. v. 13. Juni 1878: p. Kil. für Cigarren und Cigaretten 36, Schnupf- und Kautabak 15, Rauchtabak der Levante 25, anderer Rauchtabak 15 Frcs., bis zu 10 Kil. in 1 Jahre für den einzelnen Bezieher, mit Verbot des Wiederverkaufs. Die Cigarren u. s. w. sind vom Zollamt mit Regie-Vignetten zu versehen, ohne welche sie nicht circuliren dürfen; ebenso muss die Zollquittung beigefügt sein. Sonst tritt Beschlagnahme ein. Bis 1850 musste vor jeder solchen Einfuhr eine besondere Ermächtigung der indirecten Steuerverwaltung erlangt sein. Nur die für den Transitverkehr offenen Zollämter haben das Recht, diese Einfuhr zu gestatten.

Die Einfuhr zu obigem Tarif wirft jährlich 5—700,000 Frcs. ab (1883—87). Im J. 1887 (Tabl. génér. du commerce p. 220) war die Einfuhr von Cigarren zum Consum netto 78,739 Kil. f. 2,646,000 Frcs., mit 395,390 Frcs. Zoll; von Cigaretten 3772 Kil. netto f. 29,290 Frcs., mit 87,220 Frcs. Zoll; von anderen Fabrikaten 2590 Kil. f. 12,950 Frcs., mit 17,737 Frcs. Zoll, zus. f. 2,686,000 Frcs. mit 500,347 Frcs. Zollertrag. — Erleichterungen geniessen sonst nur kleine Restvorräthe der Reisenden u. dgl. m. Olibo II, 360—364. Obwohl nach dem Zolltarif ausdrücklich die Einfuhr von Rohtabak in Blättern und Rippen und von Tabakfabrikaten für die Regie zollfrei und die erstgenannte für Private verboten, findet sich in den Ertragsausweisen der Zollverwaltung dennoch ein Ertrag von Tabak in Blättern und Rippen (1883—87 jährlich 2—300,000 Frcs.) ausgewiesen (Bull. XXIV, 428, auch Tabl. génér. 1887) (?).

Genauere statistische Daten über die „direct an die Consumenten verkauften" importirten Fabrikate in den jährl. Verwaltungsberichten der indir. Steuern. Mittheilungen daraus und über die letztgenannte Verkaufsart unten in §. 291.

§. 290. c) Tabakfabrikation. Der bei Weitem grösste Theil der von der Regie verkauften Fabrikate wird von ihr in ihren — bis vor Kurzem 19, in 1886 21, ausserdem 1 in Algier — Fabriken („Manufacturen") selbst hergestellt: nach dem Erlös beim Verkauf berechnet fast 99%. Für die Gestaltung und Beurtheilung des französischen Tabakmonopols als eines „Fabrikationsmonopols" ist es von vorneherein beachtenswerth, dass, entsprechend der französischen Consumtionsrichtung, überwiegend Rauchtabak und in bedeutendem Umfang auch Schnupftabak producirt wird, obwohl, wie überall, auch in Frankreich die Cigarre, neuerdings zum Theil statt ihrer die Cigarette in der Consumtion fortschreitend Raum gewinnt und demgemäss die Fabriken immer mehr diese Sorte Tabakfabrikate zu liefern haben. Der Kautabak spielt daneben nur eine kleine Rolle. Die technischen Aufgaben der Fabrikation sind bekanntlich nach diesen Hauptsorten der Fabrikate verschieden. Nach verbreiteter, obwohl nicht unbedingt zutreffender Annahme bietet die Fabrikation des Rauch- und Schnupftabaks in grösseren Fabriken für eine Regie weniger Schwierigkeiten, als diejenige der Cigarren, hat wohl selbst einige Vorzüge, besonders was den Schnupftabak anlangt, in Vergleich mit der Privatindustrie. Der Grund wird darin gefunden, dass Cigarren Handarbeitsproduct sind, während bei den anderen Fabrikaten die Maschinen mehr Anwendung finden. Insofern würde die Richtung der französischen Consumtion für das Tabakmonopol günstiger sein, als in anderen Ländern mit relativ grösserer Cigarrenconsumtion, wobei allerdings jene Richtung gerade durch das Monopol und durch die relative Preisstellung der Fabrikate in ihrer Entwicklung, bez. Beharrung beeinflusst worden sein könnte. Indessen haben sich, wenn man die Consumentwicklung während längerer Perioden betrachtet, diese Verhältnisse doch wesentlich verändert. Im Beginn der Monopolzeit überwog nach der Consummenge noch der Schnupftabak den Rauchtabak, jetzt wird dieser 3—4 mal so stark als jener consumirt. Vor 1840 war der Cigarrenconsum unbedeutend, seitdem hat er sich verzehn- bis vervierzehnfacht und jetzt, wie gesagt, tritt die Cigarette immer mehr hervor: allen diesen Veränderungen des Consums musste sich doch — konnte sich aber auch die Monopol-Fabrikation anbequemen.

Aus der Verkaufsstatistik ergiebt sich das Genauere auch hinsichtlich der fabricirten Sorten. Es war unter Zusammenziehung aller Verkäufe (daher incl. derjenigen zu ermässigten Preisen in den Grenzzonen, an die Truppen, Hospitäler, 1886 auch incl. derjenigen in Corsica, Obersavoische Zone, Gex, Monaco) der Verkauf nach der Menge und der Erlös dafür nach den von Debitanten und directen Consumenten gezahlten Preisen (Bull. X, 150 ff., XXIII, 290 ff.):

	1875		1886	
	Menge 1000 Kil.	Erlös 1000 Frcs.	Menge 1000 Kil.	Erlös 1000 Frcs.
Echte Havanna- und Manilacigarren	62.8	4,554	29	3,371
Französische Cigarren	3,226	45,586	3,194	57,280
Cigaretten (französ. und fremde)	508	8,317	858	17,832
Directe Verkäufe an die Consumenten (überwiegend Cigarren, auch echte)	40.9	2,778	(auf die Sorten vertheilt)	
Rauchtabak	18,485	158,803	23,705	201,785
Schnupftabak	6,815	78,127	6,413	73,334
Kautabak	590	6,698	737	8,572
Ordinäre Carotten	435	5,001	473	5,444
Verkäufe für Export	167	1,376	(auf die Sorten vertheilt)	
Summe	30,330	311,240	35,710	367,618
Sonst zu reducirten Preisen	—	—	11	18
			(genauer 35,722.7	367,643.8)

Hiernach ist die Cigarette besonders stark gestiegen, Rauchtabak aber etwas mehr als Cigarren, Schnupftabak hat ab-, Kautabak zugenommen. Gewisse Richtungen der Entwicklung der Consumtion treten hierin wohl hervor. Die directen Verkäufe an Consumenten waren 1886 61,844 Kil. f. 4,020,000 Frcs., die für den Export 148,239 Kil. f. 1,094,000 Frcs. Jene haben zu-, diese abgenommen. Beachtenswerth auch die Abnahme der Bezüge echter Havanna- und Manilacigarren, was auf immer bessere Leistung der heimischen Fabrikation hinweist.

Die gewöhnlichen amtlichen Berichte über das Monopol enthalten keine besonders eingehenden Daten über die Einzelheiten der Fabrikation. S. z. B. Compte f. 1878, p. 54, f. 1886, p. 62. Darüber mehr in den statist. Beilagen zur Enquête (bes. für 1861—72). S. Réponses p. 317, 322 ff., bes. über die Arbeiter- und die Lohnzahlungsverhältnisse (in der grössten Manufactur, der von Gros-Caillou in Paris). Einige Daten daraus auch bei v. Kaufmann S. 520. Durch den Verlust von Elsass-Lothringen schieden die Fabriken zu Strassburg und Metz aus. Es war in den Manufacturen in 1000 Frcs.:

	1861	1869	1878	1886
Werth der Utensilien u. dgl.	1,584	1,760	2,403	2,722
Maschinen	2,309	3,779	4,025	4,878
Mobiliar etc.	54	96	81	101
Immob. Grundstücke	4,639	7,379	21,197	25,097
„ Gebäude	10,388	15,723		
Zusammen	18,974	28,733	27,707	32,798

(Statistik f. 1878 und später, wie es scheint, etwas anders aufgenommen.)

Um 1872 waren in den Manufacturen an 16,000 Arbeiter mit über 500 Aufsehern beschäftigt; genau 533 Aufseher, worunter 258 männliche in Monatslohn, 275 (251 männl. und 24 weibl.) in Tagelohn; 14,585 eigentliche „immatriculirte" (d. h. nach Beendigung der Lehrzeit definitiv angenommene) Arbeiter, worunter 575 in Tagelohn (283 m. u. 292 w.), 14,585 in Stücklohn (nur 1098 m. u. 13,487 w.). Die weiblichen Arbeitskräfte überwiegen also stark (gen. Band der „Réponses" p. 324). (In den „Culturmagazinen", für Rohtabak, waren 125 Aufseher und 674 Arbeiter beschäftigt, letztere alle auf Accord, darunter 401 Weiber und Kinder.) Die Accordarbeiten und danach die Tarife dafür sind sehr specialisirt, nach Stück, Tausend, Quadratmeter, Längenmeter u. a. m., bes. nach dem Gewicht, letzteres bei den eigentlichen Fabrikationsarbeiten (Tarif f. Gros-Caillau a. a. O., p. 326—331, über die einzelnen Verhältnisse, Recrutirung, Bezahlung der Arbeiter u. s. w. die Fragen und Antworten p. 163 ff.)

Die allgemein eingetretenen **Lohnsteigerungen** (1860—72 um ca. 25, in Paris um 26.5 %) machen sich für die Regie besonders bei der **Cigarrenfabrikation** fühlbar, weil diese ausschliesslich Handarbeit ist, und fallen daher mit der relativen und absoluten Zunahme des Cigarren- (und Cigaretten-) Consums mehr ins Gewicht. Diese Kostensteigerungen werden aber durch **andere Ersparungen** zum Theil aufgewogen. Grossbetriebs-Concentration, Verminderung der Generalkosten, Einführung der Accordarbeit statt Taglohns, mancherlei technische Fortschritte in den Geräthen, Apparaten, Maschinen, Fabrikationsprocessen u. dgl. m.

Besonders die Ersetzung der Handarbeit durch die Maschine, wo das möglich ist, hat Ersparungen herbeigeführt. So wurden in einem öfters citirten — allerdings nicht typischen Beispiel — in der Fabrik von Morlaix durch letztere Massregel die Fabrikationskosten von Schnupftabak bei Handarbeit von 22.67 Frcs. per 100 Kil. in 1870 auf 7.55 Frcs. in 1872 bei mechanischer Leistung herabgesetzt und dadurch 100,000 Frcs. gespart (Réponses p. 172, Bull. I, 99). Bis 1860 fand meistens Tagelohnarbeit statt, seitdem immer mehr Accordarbeit. Man führt darauf zwischen 1860 und 1869 ein Sinken der bezüglichen Verarbeitungskosten von 5.77 Frcs. auf 3.99 Frcs. für 100 Kil. zurück, jährlich um 575,000 Frcs., trotz höherer Löhne (Réponses p. 572). Durch bessere Ausnutzung der Rohstoffe ist es gelungen, 100 Kil. Fabrikate 1869 mit 98.925 Kil. Rohmaterial herzustellen, wozu man 1851—60 noch 104,449 Kil. brauchte, von welchen 1.8 Mill. Kil. oder 1.5 Mill. Frcs. ersparen liess (Réponses p. 171). Mit Hilfe aller solcher Verbesserungen in Technik und Oekonomie gelang es, trotz der Lohnsteigerung und mitunter auch der Preissteigerung des Rohstoffs, die gesammten Fabrikationskosten wenigstens erheblich weniger als die Löhne steigen zu lassen: für 100 Kil. Fabrikate von 1860—69—72 nur von 34.74 auf 38.52 und 40.61 Frcs., oder 1860—69 um 10.88, 1869—72 um 16.89 % (Rép. p. 171). Für 1886 werden diese Kosten auf 53.89 Frcs. per 100 Kil. der verarbeiteten Rohstoffe angegeben: wohl eine stärkere Steigerung seit 1872 auch wegen der grösseren Cigarrenproduction.

Die Bemühungen um Verbesserungen der genannten Art erklären es, dass in der ganzen Periode seit 1815—20 sogar **keine Vertheuerung der gesammten Kosten der verkauften Mengen Fabrikate** eingetreten ist.

Nur sind in den letzten Jahrzehnten, offenbar unter dem Einfluss der vermehrten Cigarrenfabrikation und der dabei besonders empfindlichen Lohnsteigerungen, jene Kosten nicht mehr so niedrig als in den 1840er Jahren. Es kostete 1 Kil. Fabrikate im Durchschnitt der Regie 1815 2.23, 1820 1.74, 1830 1.83, 1840 1.57, 1850 1.73, 1860 1.74, 1865 1.97, 1869 1.80, 1882 1.93 Frcs. (Bull. I, 100, XVII, 626).

In diesen Beziehungen erweist sich die französische Monopolverwaltung doch recht tüchtig und zeigt damit, dass es wohl möglich ist, bekannte Anklagen gegen das „ökonomisch-technische Können" der „Staatsfabriken" zu entkräften. Auch für die

Förderung der Arbeiterinteressen geschieht manches Erfreuliche, so dass die Zustände hier ein besseres Bild als bei der „freien" privatwirthschaftlichen Fabrikation anderswo bieten.

<small>Freilich noch 10 volle Arbeitsstunden, mitunter 11 und 12, Rép. p. 172; über vielerlei Massregeln zu Nutz und Heil der Arbeiter, eb. p. 176—190. Zahlungen in die caisse des retraites s. Bull., so XVIII, 694. Wir müssen es uns versagen, auf diese Seite der Sache an dieser Stelle weiter einzugehen.</small>

Die Urtheile über die Qualität der französischen Tabakfabrikate sind begreiflich vor Allem unter Franzosen und Nicht-Franzosen verschieden, aber wohl mehr nach Gewohnheit und davon bedingtem Geschmack der Consumenten, als nach wirklich objectivem Massstabe. Dabei muss selbstverständlich z. B. von Deutschen bei Vergleichungen nur Vergleichbares verglichen werden, also namentlich von vornherein die grosse, eben vom französischen Monopol aus fiscalischen Gründen beabsichtigte Preishöhe Berücksichtigung finden, so dass nicht Fabrikate gleichen Preises verglichen werden. Alsdann möchten die französischen Schnupftabake wie seit lange auch jetzt noch sehr günstig zu beurtheilen sein. Dass aber auch die Rauchtabake und die Cigarren und Cigaretten sich immer mehr verbessern, wird vielfach behauptet und ist aus der Vermehrung der Sorten, der Verbesserung der Fabrikationsmethoden, vielleicht etwas auch aus der Abnahme der Einfuhr echter Havannacigarren und des „tabac de santé" mit zu schliessen.

<small>S. Réponses p. 191 ff. 222 ff. Nach den Mittheilungen in der Enquête haben sich die Fabriken und die Techniker darin der Aufgabe gerade der technischen Verbesserungen, auch in den Utensilien, Apparaten, Maschinen durchaus gewachsen gezeigt (a. a. O. p. 192). Die Anzahl der Sorten (Varietäten) hat zugenommen: 1835 40, 1873 81, davon Schnupftabak 13 und 10, Abnahme in Folge einer Veränderung bei Cantinetabak nach dem letzten Kriege, Kautabak 9 und 7, aus gleichem Grunde, Scaferlatis, Rauchtabak 13 und 17, — ebenfalls Verminderung der Cantinetabake von 6 auf 3 — Cigarren 5 und 14, Cigaretten 0 und 33, ohne 19 Sorten aus Levantintabak (Réponses p. 332). Die Verkaufsstatistik von 1886—87 zeigt im eigentlichen Monopolgebiete (ohne die Grenzzonen und die Militärtabake u. s. w.) folgende Anzahl Preisclassen: Cigarren im Debitantenverkauf, echte Havanna und Manila 6, im directen Verkauf an Consumenten dsgl. 21, Cigarren in Frankreich fabricirt bez. 10 und 13, fremde und französische Cigaretten bez. 23 und 22, Rauchtabak 5 und 9, Schnupftabak 3 und 3, Kautabak 2 und 2; zu demselben Preise giebt es dann aber wieder verschiedene Sorten bei Rauch-, Schnupftabak, Cigaretten. Namentlich bei letzteren hat man neuerdings die Varietäten vermehrt (s. u.) Alles in Allem wohl so nicht die Mannigfaltigkeit wie in Deutschland, auch nicht wie beim österreichischen Monopol, aber doch wohl eine allen wesentlicheren Preis- und Geschmacksdifferenzen genügend Rechnung tragende Mannigfaltigkeit, die auch z. B. in Deutschland, vielfach nur in Nichtigkeiten oder selbst in bedenklichen Dingen, öfters nur im „spanischen Namen" oder bloss in der — Einbildung besteht.</small>

Die einzelnen Fabriken sind von erheblich verschiedener Grösse, aber im Durchschnitt von sehr bedeutendem Umfang, wie schon die oben S. 730 angegebenen Daten über das Anlagecapital und ebenso die Quantität der Fabrikate ergeben: in den letzten Jahren pro Fabrik (19) über 1.8 Mill. Kil. im Durchschnitt, an 800—900 Arbeiter und Beamte. Also **Grossbetrieb** im eminentesten Sinne mit allen seinen allgemeinen Vortheilen und einigen besonderen auch speciell in der Tabakfabrikation, wenn auch andererseits, wie behauptet wird, mit einigen Schwächen gerade hier, besonders bei Cigarren und theilweise auch bei Rauchtabak. Aber durch gewisse Einrichtungen, auch durch **Arbeitstheilung nach Sorten zwischen den einzelnen Fabriken** werden diese Nachtheile doch sehr gemindert und wieder andere Vortheile, wie Stärke einer Fabrik in **Specialitäten**, erreicht. Es produciren nämlich nicht alle Fabriken alle Sorten, noch jede diese in dem gleichen Verhältniss. Zum Theil richtet sich das vielmehr nach dem angedeuteten Gesichtspunct, zum Theil nach der örtlichen Lage einer Fabrik, wovon der bequeme Rohstoffbezug und der Absatz der Fabrikate mit abhängt. Jede Fabrik versorgt namentlich wieder die in einem gewissen örtlichen Bezirk bestehenden Verkaufsniederlagen.

Speciell für die Fabrikation von Cigarren aus Havannatabak in Frankreich selbst, wozu man durch die Vertheuerung der importirten Cigarren gedrängt wurde, ist die Fabrik von Reuilly bei Paris schon 1856 eingerichtet worden. Man begann mit der Herstellung bloss einer Sorte (Millares, zu 15 Cent. per Stück), gelangte aber bald auch zu anderen feineren Sorten und konnte mit der Güte und den Kosten des Fabrikats zufrieden sein. Nur die vom Klima abhängige Differenz der Productionsbedingungen liess sich nicht ganz beseitigen, wohl aber ebenfalls in ihrer Wirkung vermindern. Die Fabrik von Reuilly ist auch im Interesse der Güte des Fabrikats auf eine gewisse Fabrikationsmenge beschränkt. Die Verminderung der directen Einfuhr von Havannacigarren hängt mit dieser Entwicklung der inländischen Fabrikation zusammen (Réponses p. 247 ff., 259, Annexe 349).

Auch die Entwicklung des Cigarettenconsums zeigt, dass die Regie recht wohl den geschäftlichen Gesichtspuncten Rechnung tragen kann. Die betreffende Fabrikation begann 1843, blieb aber, anfangs bei zwei, seit 1847 bei einem Tarifsatz, unerheblich bis 1865 (5—8000 Kil. jährlich). Dann stellte man mehr Sorten her, zu verschiedenen Verkaufspreisen, worauf der Consum alsbald stieg (11,000 Kil. 1869). Aufs Neue nahm er durch Einführung neuer Sorten 1872 ff. trotz der Preissteigerungen stark zu und wuchs seitdem beständig, auf 8—900,000 Kil. gegenwärtig (Enqu. réponses p. 253). In der Enquête von 1873 ff. sind alle die ökonomisch-technischen, die Fabrikation betreffenden Puncte eingehend erörtert worden, bes. in den im Vorausgehenden benutzten „Antworten" des Generaldirectors der Staatsmanufacturen.

An Uebertragung der Fabrikation an **Private** ist gelegentlich gedacht, aber doch davon abgesehen worden, da die massgebenden fiscalischen Interessen für Staatsfabriken sprachen und die übrigen Interessen durch diese letzteren mit wahrgenommen werden können.

Nur eine Specialsorte Cigaretten mit verschiedenen Preissätzen („Richard Koenig") scheint eine Ausnahme zu bilden. Directe Verkäufe an Consumenten davon durch die Regie f. 4304 Kil. in 1886 f. 232,000 Frcs.

Für die **Transporte** von Tabak, Rohtabak wie Fabrikaten, bestehen mit den Eisenbahngesellschaften Verträge über die Tarifsätze.

Ausgabe für Transport in 1884 2,675,000 Fres., p. 100 Kil. 4.92 Frcs. von den Magazinen in die Fabriken, 2.53 Frcs. von letzteren (Fabrikate) in die Niederlagen.

Die fertigen Fabrikate werden dann von der Verwaltung der Staatsmanufacturen derjenigen der indirecten Steuern überliefert, welche den Verkauf zu besorgen hat.

Einzelne andere Puncte, welche die Fabrikation betreffen, kommen im folgenden §. mit zur Sprache. Ueber Einzelnes in der Organisation des Fabrikationsdienstes s. Block, Art. tabac No. 16 ff. Beachtenswerth ist, dass die Angelegenheiten der Fabriken in collegialer Form (im Rathe, conseil) durch die betreffenden höheren Beamten (Director, Ingenieur, Controleur, dazu mit bloss berathender Stimme der Unteringenieur) entschieden werden. Für die Uebernahme der eingehenden Rohtabake, die Bestände davon in den Fabriken und in den verschiedenen Verarbeitungsstufen, die Abführung an die indirecte Steuerverwaltung bestehen natürlich scharfe Controlen, genaue Buchführung, Verantwortlichkeiten der betreffenden, durchweg cautionspflichtigen Beamten.

§. 291. d) Verkauf der Tabakfabrikate. In diesem liegt der Act der Steuererhebung und damit der finanzielle Schwerpunct des Monopols. Der schliesslich dabei realisirte Reinertrag ist, zumal bei den hohen französischen Preissätzen, überwiegend „Steuer", aber doch, wie bei jedem solchen Monopol, in nicht unerheblichem Maasse auch „Geschäftsgewinn", welcher durch die Monopolisirung auf den Fiscus übertragen wird. Man kann daher nicht wohl den ganzen Reinertrag, welcher nach Abzug der Kosten des Rohtabaks, der Fabrikations- und sonstigen Unkosten vom Rohertrage übrig bleibt, auf das „Steuerconto" stellen: auch bei „freier privater Production" würde der Consument ausser den genannten Kosten einen solchen „Geschäftsgewinn" und einen danach mit geregelten Preis zu zahlen haben — im Kleinverkehr wohl öfters einen solchen, welcher, wenn auch unter dem besonders hohen französischen Monopolpreise stehend, doch bei Weitem nicht um die Differenz zwischen letzterem Preise und jenen Kosten niedriger sein würde. Das ist gerade bei der Beurtheilung des französischen, allerdings nach den Verkaufspreisen streng fiscalisch eingerichteten Tabakmonopols festzuhalten, auch gegenüber den Angriffen, welche dies Monopol eben wegen dieses seines „Fiscalismus" erfahren hat. Den grossen Preiszuschlag, welchen Tabakfabrikate im „freien privaten" Kleinabsatz zu erhalten pflegen, beschränkt das französische Debitsystem auf eine mässige Provision, worin beim Vergleich des Monopols mit dem „freien Verkehr" bereits eine beträchtliche Beschützung des Consumenteninteresses liegt. Letzteres wird ausserdem durch die garantirte Reinheit und überall zu findende Gleichmässigkeit des Fabrikats gerade mittelst des Monopols nach einer andern wichtigen Seite wahrgenommen. Die Preiszuschläge zu den Kosten bis zum Debit kommen aber im Monopol eben der Gesammtheit, nicht dem Zwischenhandel und der Fabrikation zu Gute, und fallen so, mag man sie als Steuerzuschläge oder als Geschäftsgewinn auffassen, unter einen anderen und — günstigeren Gesichtspunct.

Es handelt sich dann bei dem Tabakmonopol um zweierlei, einmal um die **Organisation des Verkaufs**, sodann um die **Normirung der Verkaufspreise**.

α) In ersterer Hinsicht ist die allgemeine Regel, dass die Tabakfabrikate in **Niederlagen** (Entrepôts) — im Jahre 1886 358, ausserdem 5 in Corsica und 5 in Algier — überführt und von hier an die **Debitanten** verkauft werden, deren Anzahl im Jahre 1886 43,740 war. Die Vorsteher der Niederlagen („**Verleger**", Entreposeurs) sind Staatsbeamte und stehen über Empfang und Abgabe der Fabrikate zu den festgesetzten Preisen in Verrechnung mit der Steuerverwaltung. Für sie kommen daher die gewöhnlichen Grundsätze des französischen Finanzrechts in Betreff der Rechnungslegung, Verantwortlichkeit, Cautionspflichtigkeit, Entlastung u. s. w. in Betracht. Die meisten Niederlagen sind auch gleich mit den Haupt- und Neben-Steuerämtern verbunden. Die Verleger beziehen ausser den festen Gehalten nur in einigen wenigen besonderen Fällen kleine Provisionen, so in Algier in Form eines kleinen Zuschlags zu dem Preise, den ihnen der Debitant zu zahlen hat, ferner die mit den directen Verkäufen an die Consumenten betrauten (s. u.) Die **Debitanten** dagegen sind Privatpersonen, welche nach bestimmten Grundsätzen ausgewählt und von der Regie mit dem örtlichen Kleinverkauf an die Consumenten beauftragt werden. Sie gelten aber wie die Verleger in ihrer Eigenschaft als Debitanten doch auch als Regie-Beamte und sind daher insoweit nicht patentsteuerpflichtig. Sie müssen die Fabrikate aus der Niederlage **gegen Baar** zu dem für sie festgestellten Preise jeder einzelnen Sorte (dem „**Debitantenpreise**") übernehmen und beim Verkauf genau die ebenfalls festgestellten Preise (die „**Consumentenpreise**") innehalten. Die Differenz zwischen beiden Preisen — etwas verschieden nach den Sorten, meist 6—8—10—12 % des Debitantenpreises — bildet ihren „**Geschäftsgewinn**" oder ihre „**Provision**". Erst zuzüglich dieser Debitantenprovision ergiebt sich daher der **eigentliche Rohertrag** des Tabakmonopols, d. h. die Summe, welche das Publicum für den Tabak schliesslich zahlt. Der in den Finanzrechnungen erscheinende Rohertrag ist um diese Provision kleiner.

Bei der Baarzahlung der Debitanten entfällt die Cautionspflichtigkeit und die Rechnungslegung für die Bezüge und Verkäufe, aber der regelmässigen steueramtlichen Controle und bestimmten Verpflichtungen der Buchführung — nicht jedoch dem eigentlichen Exercice — unterliegen auch die Debitanten.

Gewisse Tabakfabrikate, namentlich feinere, wie bestimmte Sorten importirter Havannacigarren, jedoch auch in Frankreich fabricirte Cigarren, Cigaretten, jetzt auch Rauch-, Schnupf- und Kautabak, werden aber theils ausschliesslich, theils ausser bei den Debitanten durch die sogenannten „Bureaux für directen Verkauf" auch direct an die Consumenten zu einem eigenen Tarif dafür, in besonderen Verpackungen und in bestimmten Minimalmengen verkauft: ein in Ausdehnung begriffener Absatz, welcher aber im Ganzen neben dem normalen durch die Debitanten doch nur geringfügig ist. Ebenso werden die für den Export bestimmten Fabrikate direct aus den Niederlagen verkauft.

Von 366 Niederlagen in 1886 waren 310 mit Haupt- und Untersteuerämtern (recettes princip. au particul.) verbunden, 56 selbständig für sich. Nach Decr. vom 11. März 1873 betragen die Provisionen der Verleger im algierschen und corsicau. Absatz p. Kil. feinerer Cigarren 25, mittlerer 20, ordinärer 10—15, bei Cigaretten ebenfalls 10—15, von anderen Fabrikaten 10 Cent. (Olibo II, 320). Um diese Beträge erhöht sich hier der Debitantenpreis, aber nicht auch der Consumentenpreis. m. a. W. hat der Debitant diese Provisionen an den Verleger aus seinem durch die genannte Preisdifferenz sich ergebenden Geschäftsgewinn zu entrichten. Die Verleger, welche Luxustabake direct an die Consumenten verkaufen, beziehen dafür von Verkäufen unter 1 Million 1, über 1 Million $\frac{1}{2}$% Provision (Decr. v. 27. April 1877, Olibo II, 322); dies geht auf Rechnung des Fiscus.

Die Zahl der Debite ist beständig vermehrt und dadurch die bequeme Versorgung der Consumenten erleichtert worden. Mitte des 1850er Jahre gab es 33.390, 1873, ohne Elsass-Lothringen, 39,980, 1884 43,280, 1886 43,740, wovon 14,302 mit Nebensteuerämtern (recettes buralistes) verbunden, 29,302 selbständige. Die Debitanten müssen den Tabak in gewissen Minimalmengen auf einmal (10 Kil., in Paris 25, ausnahmsweise auf dem Lande 5 und 3 Kil.) beziehen und unterliegen dabei und für den Transport der Controle. Bei der grossen Zahl der Debite und der Bedeutung der Provisionen für den Fiscus und für die Consumenten ist die Regelung des Debits keine unwichtige Sache und ist öfters an Aenderungen gedacht worden. Schwierigkeiten bietet einmal die Verleihung von Debiten, dann auch der Umstand, dass viele Debitanten (fast $\frac{1}{3}$) die Ausübung ihres Debits verpachten und so beweisen, dass die Provisionen, zum Nachtheil des Fiscus und der Consumenten, zu hoch sind. Bei der Verleihung liegt natürlich die Gefahr des Protectionswesens, politischer Rücksichten nahe. Decrete v. 28. Nov. 1873 und 17. März 1874 haben die Angelegenheit, die unter dem Kaiserreich mehrfach aufgeführt worden — noch im Ges. v. 27. Juli 1870 war bestimmt worden, dass dem Finanzgesetz jährlich eine Tabelle der Namen, Wohnorte und Titel der vom Finanzminister mit Debiten concessionirten Personen beizufügen sei — neu geregelt. Danach wurde eine eigene jährlich zu erneuernde Commission von 9 Mitgliedern unter dem Vorsitz eines Mitgliedes der Nationalversammlung, aus Deputirten und Staatsräthen, beim Finanzministerium eingerichtet, welche Listen für Candidaturen zum Debit aufzustellen hat. Nach diesen Listen besetzt dann der Finanzminister die grösseren Debite (über 1000 Frcs. Ertrag), der Präfect in seinem Departement die kleineren. Auf die Listen sollen vornehmlich Personen kommen, welche selbst oder deren Verwandte (Väter,

Gatten) Verdienste um den Staat erworben haben (in 4 Kategorieen, bes. Officiere, Beamte, und deren Frauen, Wittwen, Kinder, auch Soldaten, Privatpersonen, die sich durch muthige und hingebende Acte verdient gemacht): also das Debitwesen, nicht unpassend, als eine Art „Civilversorgung". Die Commission giebt auch von jedem Candidaten an, ob er von der persönlichen Führung des Debits entbunden werden dürfe. In den Departements ist eine ähnliche Commission aus 5 Mitgliedern (Präfect, je 1 Mitglied des Generalraths und des Präfecturraths, der Director der indirecten Steuern und der eines anderen depart. Finanzdienstes) mit Prüfung der Gesuche betraut (Decr. v. 17. März 1874). Das Einzelne, u. A. auch über die Bedingungen des Dispenses von der persönl. Führung des Debits bei Olibo II, 322—331.

Das Verhältniss der Provisionen der Debitanten folgt aus dem Tarif, welcher die Debitanten- und Consumentenpreise enthält. Im J. 1884 war z. B. der „Gewinn" der Debitanten 35,844,000 Frcs. oder 9.67% des durch die Debitanten abgesetzten Tabaks, dieser nach dem Debitantenpreise berechnet (368.73 Mill. Frcs.). Die Consumenten zahlten daher nicht nur letztere Summe, sondern 404.57 Mill. Frcs. Auf die Haupt-Preis-Classen vertheilt sich jener Gewinn mit 10,124,000 Frcs. für feinere Tabake (11.49%, Zuschlag zum Uebernahmepreis), 22,275,000 für ordinäre (8.70%), 3,107,000 für Tabake zu reducirten Preisen (14.08%), 339,000 Frcs. für Soldatentabake (15.35%). Im Durchschnitt kommt auf ein Debit 828 Frcs., im Einzelnen bestehen aber grosse Verschiedenheiten und schiene eine Ermässigung der Provisionen oder eine — wenigstens in gewissen Fällen eintretende — Versteigerung wohl erwägenswerth. Denn auch die kleinen Debite bilden vielfach nur eine Nebenthätigkeit. Die Debitanten beziehen ausserdem häufig Provisionen für den ihnen mit übertragenen Debit von Pulver, Stempel- und Postmarken; letztere beiden Debite müssen sie auf Verlangen übernehmen (gegen meist 1% Gebühr) (Olibo II, 341).

Die directen Verkäufe an Consumenten erfolgen durch 7 specielle Bureaux (3 in Paris, wovon 1 mit der Fabrik Gr.-Caillou verbunden, je 1 in Lyon, Bordeaux, Marseille, Nizza) und durch 2 Entrepôts (Havre, Vichy). 84% des Absatzes kommen auf Paris allein. Ihre Ausdehnung ist öfters erwogen worden, auch im fiscalischen Interesse, um den Consumenten Gelegenheit zu etwas wohlfeileren Ankäufen in grösserer Menge auf einmal zu geben, was dann doch erfahrungsmässig zu rascherem Verbrauch führe. Etwas Ausdehnung, auch auf andere Fabrikate als Cigarren, hat auch stattgefunden. Im J. 1886 wurden 61,844 Kil. Fabrikate für 4,020,000 Frcs. direct abgesetzt, davon allein 20,790 Kil. Havannacigarren f. 2,790,000 Frcs., doch nur wenig Rauch-, Schnupf- und Kautabak. Im Ganzen nur 1.1% des Verkaufs durch Debitanten, nach dem Werthe (362.08 Mill. Frcs.). Die theuersten Havannacigarren (von 70 Cent. p. Stück aufwärts bis 5 Frcs.) werden überhaupt nur direct durch jene Bureaux verkauft (in Kisten und Packeten), aber auch Cigarren bis zur Sorte von 10 Cent. p. Stück und alle Cigaretten. (Bull. XXIII, 297, etwas abweichend Compte p. 105.)

§. 292. β) Die Normirung der Verkaufspreise erfolgt — bei den Verkäufen durch Debitanten immer in dem Doppeltarif des Debitanten- und des Consumentenpreises — abweichend von den Grundsätzen moderner Staatssteuerpolitik, wie sie namentlich in Frankreich sonst möglichst consequent durchgeführt worden, nicht einheitlich im ganzen Staats- und Monopolgebiete. Die normalen, vom Fiscus einmal gewählten vollen Preise gelten nur in dem Haupttheile des Staatsgebiets, mehr im „Inneren", in gewisser Entfernung von den dem Schmuggel besonders ausgesetzten, daher namentlich von den Landgrenzen. Die Gefahr des Schmuggels aus dem Auslande, besonders aus Gegenden starken einheimischen Tabakbaues und eines anderen, auch mit niedrigeren Steuersätzen arbeitenden Steuersystems, wie an den östlichen Landgrenzen Frankreichs, nötbigte dazu, inländische Grenzzonen zu bilden, in welchen, um den Schmuggel weniger verführerisch und rentabel zu machen, die Verkaufspreise wenigstens der dem Schmuggel besonders ausgesetzten ordinären Tabake erheblich niedriger als im Innern des Landes zu stellen sind (sogenannte Cantine-Tabake). Je nach der Gefahr des Schmuggels sind hier dann verschiedene Zonen mit verschiedenen Preistarifen für ordinäre Rauch- und Kautabake — nicht für Cigarren, Cigaretten, seit 1872 auch nicht mehr für Schnupftabake — eingerichtet worden. Dies System bedingt aber weitere Controlen und Beschränkungen, namentlich betreffs der jedesmaligen Ankaufs- und der Besitzmengen von solchem wohlfeileren Tabak Seitens des einzelnen Consumenten und das Verbot des Hinüberbringens dieses Tabaks aus der wohlfeileren in die theurerere Zone und aus allen Zonen in das Gebiet der normalen Vollpreise. Das Ganze eine missliche, dem fiscalischen und dem Gerechtigkeitsinteresse widersprechende Concession an Verhältnisse, mit denen aber eben einmal unvermeidlich bei sehr hohen Monopolpreisen gerechnet werden muss. In diesen wie in anderen Fällen (Salz, Branntwein) ist die Entwicklung der fremden Steuersysteme in einer dem Inland ähnlichen Richtung und mit ähnlich hohen Sätzen wohl erst die Voraussetzung dafür, dass von einer solchen „Privilegirung" inländischer Gebietstheile abgesehen werden kann. Für Frankreich wären daher Monopolgebiete um das seine herum, mit ähnlichen Preisen und Transportcontrolen, sehr erwünscht.

Ausserdem bestehen noch besondere niedrigere Tarife für das Pays de Gex, für eine Zone im Dep. Ober-Savoien, für Corsica (und Algier), für das dem französischen Monopol angeschlossene Gebiet des Fürstenthums Monaco. Zu einem eigenen niedrigen Tarif, dem der zweiten Grenzzone, wird Tabak an Hospitäler, ferner zu einem noch niedrigeren an Soldaten und Seeleute der Kriegsmarine in beschränkter Menge abgelassen. Die zum Export abgegebenen importirten und die eigenen Fabrikate der Regie werden ebenfalls zu einem ermässigten Tarif verkauft.

Das Verhältniss dieser Verkäufe zu verschiedenen Preisen war das folgende (Bull. I, 150, XXIII, 290, s. auch oben S. 730, Erlös nach Debitantenpreis):

	1875			1886		
	Menge 1000 Kil.	Erlös 1000 Frcs.	p. Kil. Frcs.	Menge 1000 Kil.	Erlös 1000 Frcs.	p. Kil. Frcs.
Zu vollen Preisen durch Debitanten	23,682	285,005	12.71	27,009	338,475	12.53
Davon Cigarren und Cigaretten	3,797	58,457	15.50	4,300	74,678	17.37
Rauchtabak	12,152	140,095	11.53	15,212	177,034	11.64
Schnupftabak	6,781	77,975	11.50	6,334	72,850	11.50
Kautabak und Carotten	952	11,475	12.05	1,163	13,913	11.96
Zu ermässigten Preisen in den Grenzzonen	4,839	16,749	3.46	6,563	21,339	3.27
Davon Rauchtabak	4,817	16,624	3.45	6,558	21,309	3.26
Kautabak	22	125	5.63	5.5	30	5.40

Tabakmonopol. Regelung des Verkaufs.

Die Ziffern für die anderen kleinen Gebietstheile mit besonderen ermässigten Tarifen sind ganz klein. Auf Corsica kommen z. B. 1886 27,097 Kil. Rauchtabak mit 162,181 Frcs. Erlös, p. Kil. c. 6 Frcs. — An die Truppen wird nur Rauch- und Kautabak, an die Hospitäler ausserdem auch Schnupftabak zu ermässigtem Preise abgelassen. In 1886 war bei beiden zusammen der Verbrauch an Rauchtabak 1,796,000 Kil. für 2,527,000 Frcs., also p. Kil. nur 1.42 Frcs., an Kautabak 42,000 Kil. für 81,241 Frcs., c. 2 Frcs. p. Kil., an Schnupftabak 46,000 Kil. für 205,000 Frcs., c. 4,45 Frcs.

In dem wichtigeren Falle der Grenzzonen sind die Preise bei Rauchtabak durchschnittlich nicht $1/3$, bei Kautabak nicht $1/4$ der vollen Preise. Dass diese Preise hier auf den Consum von Rauchtabak steigernd eingewirkt haben, ergiebt, in Ermangelung einer genauen Berechnung des Consums p. Kopf, der Vergleich der Consumquanta im Hauptgebiet und in den Zonen sofort, da ersteres jedenfalls erheblich mehr als c. 2—3 mal so gross und so bevölkert ist, der Consum sich aber wie 2.3 : 1 verhält; auch ist in der Periode 1875—86 der Consum in den Zonen stärker als in dem Hauptgebiet gestiegen: dies Alles, obwohl der Schmuggel gerade im Grenzgebiet dem legalen Consum am Meisten schaden müsste. Der fiscalische Nachtheil ergiebt sich aber freilich aus diesen Vergleichen auch. Auf Grund der vollen Monopolpreise berechnet sich ein Einnahmeausfall von c. 40 Mill. Frcs., dieselbe Consumtion angenommen, von 20 Mill. Frcs., wenn man voraussetzt, dass sich bei jenen Preisen der Consum auf $2/3$ des bisherigen reduciren würde; die Frage hat also eine erhebliche finanzielle Bedeutung. Daher öfters der Gedanke an Aenderungen. Nach dem Kriege beschränkte man (Decr. v. 17. Aug. 1872) die früheren 5 Zonen auf 3, modificirte dies aber später wieder. Die jetzt geltenden Tarife sind für Rauchtabak (Scaferlati) in der 1. Abtheil. der 1. Zone p. Kil. 1.30 bez. 1.50 (Debit- u. Consumpreis), in der 2. Abtheil. 2.60 u. 3, in der 2. Zone 4.40 u. 5, in der 3. Zone 7.20 u. 8 Frcs., d. h., je weiter man sich von der Gefahr des Schmuggels, daher im Allgemeinen von der Grenze entfernt, desto höher steigt der Tarif; der volle Tarifsatz des ordin. Tabaks ist 11.50 bez. 12.50, der feineren in Frankreich fabricirten wie fremden ist bez. 16 Frcs. Von den 6,555,000 Kil. Cantine-Rauchtabak in 1886 kamen 613,000 Kil. auf die erste, 3,862,000 auf die zweite Abtheil. der 1. Zone, 1,614,000 auf die 2., 465,000 Kil. auf die 3. Zone. Der Rauchtabak für Hospitäler kostet 4.40 bez. 5 Frcs., für die Truppen 1.30 bez. 1.50; Schnupftabak für erstere wie Rauchtabak gegen ebenfalls 11.50 (12.50) u. 15 (16) Frcs. des vollen Satzes. Kautabak kostet in 1. Zone 5.30 (6), in 2. 7.20 (8), für Truppen 1.80 (2) Frcs. gegen die Normalpreise von gleichfalls 11.50 (12.50) und 15 (16) Frcs.

Cantinetabak in den Grenzzonen wird nur in Mengen bis zu 100 Gramm auf einmal an einen Käufer abgegeben; Niemand darf davon mehr als 3 Kil. in Vorrath haben. Militärtabak wird nur in Mengen von 10 Gramm p. Mann des Unterofficier- und Soldatenstands und p. Tag verkauft, auf Grund von Anweisungen über 100 Gramm, welche die Regie alle 10 Tage den Militärbehörden überreicht. — Schon die anfängliche Gesetzgebung (Ges. v. 1816, Art. 175) hatte die Fabrikation des sog. Cantinetabaks zu höchstens 4 Frcs. p. Kil. angeordnet, als die vollen Preise im Max. auf 11.20 Frcs. für erste und 7.20 Frcs. für zweite Qualität Tabak gestellt waren. Durch Ordonnanzen und Decrete ist die Materie dann später weiter entwickelt worden; s. z. B. den Tarif v. 18. März 1852, mit 4 Zonen („Linien"), die erste mit 2 Stufen. Detail bes. bei Olibo II, 369 ff., 415, und eingehend über die ganze Frage der „Zonen" die Darlegungen der Generaldirection der indir. Steuern in der Enquête v. 1873 (Réponses p. 371 ff.). Angabe der Gemeinden, welche zu den Zonen gehören, im Decr. v. 17. Aug. 1872, bei Dejean p. 260 ff.

Der Tarif für Exporttabak ist ganz nach einzelnen Cigarren- und sonstigen Fabriksorten specialisirt, umfasst auch die importirten „echten" Cigarren und ist natürlich durchweg ermässigt gegen die inländischen Consumentenpreise und auch noch gegen die Debitantenpreise, doch nicht in so erheblichem Maasse, als man es nach der Höhe der Inlandspreise voraussetzen möchte; was immerhin die Concurrenzfähigkeit auch noch bei ziemlich hohen Preisen zeigt. Der Tarif ist noch etwas niedriger bei Entnahmen von mehr als 100 Kil. als bei kleineren. S. Ministerialerl. v. 10. Oct. 1874 u. 24. Aug. 1879, danach den Tarif im Bull. XVI, 548 ff. Bei feinen Havannacigarren nur Ermässigungen um c. 10 %, bei wohlfeileren um 20—36, bei französischen um 20—50%/₀ (z. B. von 50 auf 35, von 37.50 auf 30, von 25 auf 18, von 18.75 auf 13, von 12.50 auf 8 Frcs. p. Kil. bei den wohlfeilsten Sorten), bei Cigaretten um 25—50%/₀ (z. B. von 25 auf 17—18, von 20 auf 13, von 15 auf 10 Frcs.), bei feinsten Rauchtabaken um 20—50, bei den gewöhnlichen um über 50%/₀, ebenso bei Schnupf- und Kautabaken (von 16 auf 7.75, von 12.50 auf 6 Frcs. p. Kil.), lauter Daten, welche für die Beurtheilung der vollen Monopolpreise beachtenswerth sind. Der Export betrug 1886 145,329 Kil. für 1,094,000 Frcs. (nach Bull. a. a. O.), davon Havannacig. 485, französ. 9754, Cigaretten 20,080, fremder Rauchtabak 21,633, französ. 74,525, Schnupftabak 13,960, Kautabak 95, Carotten 24, zu reduc. Preisen 7653. — Algier ist für diese Exporte als Bestimmungsland ausgeschlossen, da die Regie dort selbst verkauft; in die französ. Colonieen dürfen Sendungen gehen. S. Einzelnes bei Olibo II, 380 ff., über die bei dem Export zu erfüllenden Formalien (expédition und laissez-passer für Sendungen bis 10 Kil., acquit-à-caution für grössere) p. 384.

An Pharmaceuten, Thierärzte, Viehbesitzer können Tabaksblätter zum Preise des Cantinetabaks abgegeben werden. Tabakbrühe wird neuerdings zu Sätzen nach dem Gradgehalt auf Grund der Bestimmung durch das Areometer abgegeben, Abfälle der Tabakfabrikation zu 1 Frc. p. Kil. (Olibo II, 377).

§. 293. aa) **Höhe der Verkaufspreise.** Bei der Normirung der Vollpreise im Monopolgebiet griff man von vornherein zu hohen Preisen im fiscalischen Interesse und hat diese dann mit geringen Veränderungen — bei einigen Sorten mit einer kleinen Ermässigung im Jahre 1832 — bis zum Jahre 1860 beibehalten. Den Zuschlägen (10, bez. 20%/₀) der indirecten Steuern unterlagen diese Preise nicht. Durch Decret vom 19. Oct. 1860 wurden dann die Preise des ordinären Tabaks (Rauch-, Schnupf-, Kautabak, Carotten) erheblicher erhöbt, von 7.25 und 8 Frcs. auf 9 und 10 Frcs. (Debitanten- bezw. Consumentenpreis) per Kil., desgleichen etwas die niedrigeren Preise im Zonengebiet. Die Verkaufsmenge verminderte sich zwei Jahre lang ein wenig, im ersten Jahre um 3—4%/₀, erreichte aber schon im dritten die frühere Höhe und wuchs dann weiter, so dass das fiscalische Interesse seine Befriedigung fand (S. 718). Neue allgemeine Tariferhöhungen erfolgten dann nach dem Kriege, besonders durch das Gesetz vom 29. Febr. 1872, seit welchem die Vollpreise für die genannten Arten ordinären Tabaks 11.50 bez. 12.50, feineren Tabaks 15 bez. 16 Frcs. sind. Die Preise der Cigarren und Cigaretten wurden dem entsprechend in etwas verschiedenem Maasse nach den Sorten gleichfalls erhöbt.

Sie gehen bei den nur direct aus den Verkaufsbureaux an die Consumenten abgegebenen feinsten echten Havannacigarren bis auf 5 Frcs. für das Stück (1250 Frcs. für das Kilogramm, — es werden, unabhängig vom wirklichen Gewicht, immer 250 Cigarren auf 1 Kil. gerechnet), aber auch in 24 Abstufungen bis auf 10 Cent. das Stück (25 Frcs. p. Kil.) herab. Die durch Debitanten verkauften Havannacigarren gehen von 60 Cent. p. Stück (140 bez. 150 Frcs. p. Kil.) in 8 Stufen bis auf 15 Cent. (33 u. 37.5 Frcs. p. Kil.), die französischen von 60 in 11 Stufen, neuerdings von 50 in 10 Stufen bis auf 5 Cent. (140 bez. 150, jetzt 116 bez. 125, bis 11 bez. 12.50 Frcs. p. Kil.) herunter. Die Cigaretten, von denen immer 1000 Stück auf das Kilo gerechnet werden, kosten im directen Verkauf an die Consumenten in 21 Stufen p. Kil. 125 bis 15 Frcs., beim Verkauf durch die Debitanten in 20, jetzt 22 Stufen 92 bez. 100 (Consumentenpreis) bis 13.90 bez. 15 Frcs. Die am Stärksten direct abgesetzten echten Havannas rangiren zwischen 150 u. 87.50 Frcs. p. Kil., also 600 bis 350 Frcs. p. Mille, die am Stärksten direct abgesetzten französischen Cigarren sind die Marken zu 75, 31.25 u. 25 Frcs. (300, 125 u. 100 Frcs. p. Mille), die Cigaretten — ausser der am Stärksten gehenden Marke „König" — gehen am Meisten in den Preisen von 30, 40, 25, 35 Frcs. Der Cigarrenverkauf der Debitanten ist bei Weitem am Grössten in den Marken zu 12.50 (Debitantenpreis 11) und 25 (22) Frcs. p. Kil., d. h. in der untersten und drittuntersten Stufe; 1886 u. 1887 kam von dem Cigarrenabsatz der Debitanten darauf über $^4/_5$ der Menge, $^2/_3$—$^3/_4$ des Erlöses. Von den Cigaretten werden durch die Debitanten namentlich die Marken zu 25 (23.25), 15 (13.90) u. 20 (18.50) verkauft, auch über $^4/_5$ der Menge, fast $^3/_4$ des Erlöses. Statist. Daten darüber im folgenden §. Die Tarife in Bull. XVI, 545, Statist. XXIII. 290.

Die Tariferhöhungen nach dem Kriege haben allerdings kurze Zeit die Verkaufsmenge herabgedrückt, 1873 verglichen mit 1869 (ohne Elsass-Lothringen) um ca. 8%, aber, wie früher schon bemerkt (S. 718), bereits 1875—76 war die ehemalige Höhe erreicht und stieg die Verkaufsmenge bis 1884 ununterbrochen. Der Fiscus fand also abermals bei den Tariferhöhungen gut seine Rechnung, obgleich ja freilich dahin steht, ob bei mässigeren Preisen eine dann stärkere Consumsteigerung das Finanzinteresse nicht ebenfalls befriedigen könnte. Darauf könnte man aus dem stärkeren Consum des wohlfeileren Cantinetabaks und auch aus dem Vergleich mit dem grösseren Consum in Ländern wohlfeileren Tabaks, wie Deutschland, und selbst eines anderen Monopolgebiets, wie Oesterreich, schliessen.

Der Consum (d. h. die Verkaufsmenge) von Tabakfabrikaten war 1884 (bisher erreichtes Maximum) p. Kopf 962 Gramm. Erlös 10 Frcs., 1883 945 u. 9.85 Frcs., 1886 947 u. 9.78 Frcs. (Bull. XVIII, 291). Etwas abweichend Compte f. 1886 p. 123: in 1886 934 Gramm, woron 169 Schnupf-, 765 Rauchtabak (incl. Cig.). Wie übrigens neben Wohlstand und Preisen Sitte und Geschmack einwirkt, zeigt der ganz verschiedene Consum in den Departements: 1886 Schnupftab. Min. 24, Max. 385, Rauchtab. (incl. Cig.) Min. 264, Max. 1410 (nicht Seine, sondern Rhônemünd., noch höher Belfort mit 1914) Gramm, beide zusammen Min. 351, Max. 1592 (Belf. 1951) Gramm. Danach vertheilt sich die Tabaksteuer im Lande recht ungleichmässig. — In Deutschland ist der Consum jetzt 1.4—1.5, vor der Steuererhöhung 1.7—1.8 Kil. fabrikationsreifen Rohtabaks p. Kopf (Steuer- und Zollertrag auch jetzt noch nicht voll 1 M., früher etwa 30—40 Pfennig) (Stat. Jahrb. 1887, S. 135, 188). In West-Oesterreich ist der Consum etwa 1.4 Kil. Fabrikate (1884—86), der Erlös c. 3.2 fl. p. Kopf, wobei die Cigarre im Consum relativ mehr als doppelt so stark als in Frankreich vertreten ist (über $^1/_5$ gegen nicht $^1/_{10}$ vom Gesammtconsum) (Oest. Stat. Handb. f. 1887 S. 131).

Die genaue Feststellung des Verhältnisses zwischen den Kosten der Tabakfabrikate und des Erlöses dafür, demnach die genaue Bezifferung des Preisaufschlags und des Steuerzuschlags im Monopol, bietet bei der Complication der Verhältnisse und damit der Berechnungsgrundlagen Schwierigkeiten, vollends für die einzelnen Gattungen Fabrikate. Aber auch für die Gesammtmenge der letzteren kommt man zu einem verschiedenen

Ergebniss, je nachdem man einen Zins- und Amortisationsbetrag für das Anlagecapital und einen Zins für das Betriebscapital, wie es eigentlich richtig wäre, bereits mit zu den „Kosten" setzt oder, wie in den Finanzrechnungen, nicht. In diesem Falle enthält der berechnete Reinertrag diesen Zins- und Tilgungsbetrag in sich.

> Ein Pauschanschlag ergiebt Folgendes: Werth der Rohtabake, in Verarbeitung begriffener Tabake, der Cigarren- und Fabrikatvorräthe etc. Anf. 1886 96.47. Ende 1886 98.87 Mill. Frcs., i. D. 97.67 Mill. Frcs. „Betriebscapital", worauf etwa 10% Gewinn zu rechnen wäre: 44.00 Anf., 44.62 Ende 1886, i. D. 44.31 Mill. Frcs. Werth der Gebäude, Maschinen etc. als „Anlagecapital", worauf ausser 10% Gewinn 5% Amortisation käme. In Summa wäre daher c. 16.42 Mill. Frcs. Zins- und Amortisationsbetrag zu den Ausgaben des Monopols hinzu und von dem Reinertrag abzurechnen.

Annähernd richtig und für die hier vorliegenden Zwecke doch im Wesentlichen genügend sind indessen Berechnungen, in welchen man sich auf die massgebenden Hauptpuncte, fabricirte Mengen, Auslagen dafür im Jahre, Erlös dafür nach den Verkaufspreisen und Absatzarten beschränkt. Dabei sind aber die Provisionen der Debitanten wenigstens vergleichsweise mit zu berücksichtigen.

> Die Durchschnittszahlen für die Gesammtmenge der Fabrikate verändern sich jährlich natürlich auch in Gemässheit der Veränderung derjenigen Quoten, welche auf die einzelnen Gattungen und Sorten der Fabrikate kommen, weil und soweit bei diesen das Verhältniss zwischen Herstellungskosten und Verkaufspreisen ein verschiedenes ist. Mit der Steigerung der Tarife wird das Verhältniss zwischen Kosten und Erlös günstiger, der Preis- und Steueraufschlag höher, ebenso wirkt die Verminderung und umgekehrt die Steigerung der Herstellungskosten ein. — In den französischen amtlichen Berechnungen werden zu den „Einnahmen" auch die im Jahre erfolgten Vermehrungen des Regie-Capitals, zu den „Auslagen" die Verminderungen desselben gerechnet, — ganz richtig.

Im Ganzen kann man annehmen, dass anfangs, d. h. nach 1815, das Verhältniss zwischen Auslagen und Einnahmen etwa wie 37—35 : 100, dann (1827—36) wie 30 : 100, darauf allmälig (1837—60) wie 27—26—25 : 100, 1861—64 wie 24—23 zu 100 war, oder a. a. W. dass der Preis- und Steuerzuschlag zu den Herstellungskosten, als Ergebniss des Zusammenwirkens der Kostenbewegung, Tarifnormirung und des Gangs des Consums nach Gattungen von ca. 185 allmälig auf ca. 325% gestiegen ist. Nach dem Kriege hat sich in Folge der genannten drei Momente das Verhältniss zwischen Auslagen und Einnahmen bis 1884 wie etwas unter 19 : 100, der Preis- und Steuerzuschlag auf ca. 430% gestellt. Nimmt man aber die Provisionen der Debitanten noch hinzu, so ergiebt sich für 1884 ein Verhältniss der Ausgaben zu den Einnahmen wie etwa 17.5 : 100 und ein Gesammtaufschlag von ca. 470%. Das wäre in Frankreich mit der blossen Fabrikatsteuer schwerlich, mit dem britischen System der Tabakbesteuerung bloss durch den Zoll, unter Verbot des einheimischen Tabakbaues und Beschränkung des Consums auf ausländischen eingeführten, vermuthlich ebensowenig zu erreichen und jedenfalls nur mit nachtheiligeren volkswirthschaftlichen Wirkungen.

Die angegebenen Zahlen sind, wie gesagt, nur Näherungswerthe. Die genaue Berechnung in dem Bericht für 1884 ergiebt für die an die Niederlagen aus den Fabriken abgelieferten französischen Fabrikate (also ausser den importirten Havanna- und Manilacigarren) einen Aufschlag (ohne die Debitantenprovisionen) von 161 %. Einschliesslich der importirten Cigarren ermässigt sich dieser Aufschlag etwas, weil diese letzteren schon beim Ankauf theurer kommen und nicht im gleichen Maasse wie die französischen Fabrikate beim Verkauf im Preise hinaufgeschraubt werden (der Annahme nach auch nicht können). Für 1886 (Compte p. 71) ist die amtliche Berechnung des „bénéfice" gegenüber dem Kostenbetrage (prix de revient) 430.77, bei Havanna- und Manilacig. nur 105.29 %.

Berechnet man aus den Zahlen des gesammten Kostenaufwands, des Roh- und Reinertrags zur Vervollständigung der Daten über diese für die finanzielle Würdigung des Monopols entscheidenden Puncte noch den Durchschnittskostensatz, Absatzpreis und Regiegewinn für das Kilogramm des jedesmaligen Gesammtabsatzes, so ergiebt sich p. Kil. Frcs.:

Je 2 Jahre:	Kostensatz.	Preis.	Gewinn.	Gewinn % vom Kostensatz.
1817—18	2.02	5.50	3.48	172.3
1834—35	1.87	5.88	4.01	214.4
1858—59	1.74	6.29	4.55	261.5
1868—69	1.82	7.88	6.06	333.0
1884—85	1.97	10.37	8.40	426.4
1817—18 zu 1884—85 wie 100 : 97.5		188.5	241.4	

Es sind auch hier die Vermehrungen des Regiecapitals bei den Einnahmen, die Verminderungen desselben bei den Ausgaben eingesetzt, bei ersteren auch die Nebeneinnahmen inbegriffen. Unter Hinzurechnung der Provision der Debitanten erhöht sich der Preis und Gewinn noch fast genau um 1 Frc. (97 Cent.), 1884—85 auf 11.34 bez. 9.37 Frcs. p. Kil., was wieder einen Preis- und Steueraufschlag von 470 % ergiebt. Für die französischen Fabrikate allein wird der Verkaufspreis nach Debitantensatz in den Niederlagen f. 1886 auf 10.23 Frcs. p. Kil., der Uebernahmewerth auf 1.92 Frcs. amtlich berechnet (Ber. f. 1886 p. 9).

§. 294. bb) Abstufung der Verkaufspreise. Ein solcher enormer Preisaufschlag zeigt, welche Steuerbelastung der Tabakconsumenten durch das Monopol erfolgt, wenn dabei auch immer zu beachten ist, dass dieser Aufschlag den „Geschäftsgewinn" mit in sich enthält und ein Theil davon auch bei „freier privatwirthschaftlicher Production" den Consumenten treffen würde (S. 734). Da der grösste Theil des Tabaks zudem in der Form ordinärer Fabrikate von der Masse der Bevölkerung verbraucht wird und dieser Theil weitaus den Hauptertrag liefert, so fällt jene Steuerbelastung im Monopol doch vornehmlich auf die grosse Volksmasse.

Das Bedenken, welches dann gegen eine so hohe, mittelst des Monopols erreichte Tabakbesteuerung hinsichtlich der Gleichmässigkeit der Belastung auftaucht, vermindert sich jedoch, weil gerade die Monopolform die Anlegung eines wenigstens annähernd die Qualität der verschiedenen Fabrikate berücksichtigenden Steuerfusses, eines „Qualitätsfusses" zulässt, mehr wie jede andere Tabaksteuerform. Ja, das Monopol ermöglicht es sogar, einigermassen den Steuerfuss für die feineren Qualitäten der Fabrikate progressiv steigen zu lassen und so die Tabakbesteuerung mit in Gemässheit des Grundsatzes der „Besteuerung nach der Leistungsfähigkeit" der Consumenten einzurichten (Fin. II, S. 348).

Im französischen Tabakmonopol sind nun die Preise in der That mit Rücksicht auf diesen doppelten Gesichtspunct der höheren Besteuerung des feineren Tabaks und wieder der wohlhabenderen Consumenten abgestuft, — freilich nur soweit als es practisch und nach den Interessen des Fiscus selbst durchzuführen ist.

Denn die ganz genaue Abstufung der Preise nach Qualität des Fabrikats und Durchschnittswohlstand der Consumenten scheitert schon an der Schwierigkeit oder Unmöglichkeit, für jede einzelne Sorte (z. B. bei Cigarren, Cigaretten) die speciellen Herstellungskosten zu ermitteln. Die Qualität der verkauften Tabake steht ferner immer nur einigermassen im Verhältniss zum Wohlstand der Consumenten. Auch hindert der höhere Anschaffungs- oder Herstellungspreis, z. B. bei echten Havannacigarren und zum Theil allgemeiner bei Fabrikaten aus feineren amerikanischen Tabaken, den Aufschlag so hoch zu normiren, wie es der Qualität der Fabrikate im Verhältniss zu ordinäreren und wie es dem Wohlstand der Durchschnittsconsumenten entsprechen würde. Denn die dann eintretende Vertheuerung würde leicht ihren Zweck verfehlen, weil sie zu einer Consumminderung führte und so das Interesse des Fiscus schädigte.

Der „Qualitätssteuerfuss", welcher die Leistungsfähigkeit der Consumenten berücksichtigt, ist daher auch in Frankreich nur „im Grossen und Ganzen" durchgeführt, aber schon das ist ein Vortheil.

Die grösseren Preisstufen des französischen Tarifs nach Hauptgattungen, so bei Rauch-, Schnupf- und Kautabak nach den beiden Unterscheidungen von „feinerem" und „ordinärem" Fabrikat (zu 16 und 12.50 Frcs. p. Kil., Consumentenpreis) und einigermassen auch nach den genannten Fabrikaten einer-, Cigarren — inländische im Durchschnitt 1886 c. 16.4 bez. 18 (Debitanten- und Consumentenpreis) p. Kil. — und Cigaretten — 1886 c. 20.7 und 22.8 p. Kil. — andererseits, sowie wieder die Preisstufen, in welchen die Sorten von Cigarren und Cigaretten zu einander stehen, entsprechen wenigstens einem solchen „roheren" Qualitätssteuerfuss. Die Preisdifferenz drückt hier freilich nicht bloss die Aufschlagdifferenz, sondern auch diejenige der Anschaffungs- und Herstellungskosten mit aus. Der viel höhere Preis der „echten" Havannacigarren — 1886 p. Kil. 117.35 Frcs. im Durchschnitt, mit 108.29% Aufschlag, wozu bei dem allerdings nur kleinen, etwa $^1/_4$ des Gesammtabsatzes betragenden Verkauf durch Debitanten noch c. 8% Provision für den Consumenten hinzutritt — gegenüber im Inland, aus einheimischen und fremden Tabaken hergestellten Cigarren ist vollends in erheblichem Grade auf die höheren Anschaffungskosten zurückzuführen.

Daten über die Vertheilung des Consums, bez. Verkaufs nach Sorten sind schon mehrfach oben eingestreut worden (S. 725, S. 730, S. 732, S. 736). Im Jahre 1886 war der Verkauf an Debitanten und direct an Consumenten (incl. Fehlmengen zur Last der Rechnungsleger der Niederlagen, auch incl. Verkauf in Corsica und Algier, aber ohne Export und Einiges sonst) folgender (Compte d. manufact. 1886 p. 9; hie und da etwas abweichend Bull. XXXII. 290 ff.)

	Menge 1000 Kil.	mittl. Preis p. Kil. Frcs.	Erlös (Debit.preis) 1000 Frcs.	% des Erlöses.
Havanna- und Manilacigarren	28.4	117.85	3,337	0.9
Französ. Cig. u. feinere Tabakfabrikate	5,126	16.81	86,174	23.5
Ordinäre Tabake	22,041	11.48	253,059	69.0
Tabak zu reducirten Preisen	6,666	3.26	21,796	6.0
Truppentabak	1,688	1.30	2,201	0.6
Summe	35,549	10.23	366,567	100.0

Von dem Debitantenverkauf von Tabakfabrikaten, ausser Cigarren und Cigaretten, — der directe Verkauf an Consumenten ist ganz unerheblich — zu Vollpreisen im Monopolgebiete kommen auf die Preisclassen in 1886 folgende Mengen und Erlöse, wobei zu bemerken ist, dass die Relationen von Jahr zu Jahr kaum irgend merklich schwanken (nach Bull. a. a. O.):

	Menge 1000 Kil.	Debit.-Preis p. Kil. Frcs.	Erlös danach 1000 Frcs.	% des Erlöses
Rauchtabak:				
Scaferlati, fremder	234	15	3,507	2.0
„ feinerer	364	15	5,463	3.1
„ ordinärer	14,614	11.50	168,065	94.9
Summe	15,212	—	177,034	100.0
Schnupftabak:				
Fremder	0.448	15	7	0.001
Feinerer	1.630	15	24	0.004
Ordinärer	6,332.0	11.50	72,519	99.995
Summe	6,334.0	—	72,550	100.0
Kautabak:				
Feiner	155	15	2,322	27.4
Ordinärer	534	11.50	6,147	72.6
Summe	689	—	8,468	100.0
Ordin. Carotten	473	11.50	5,444	—
Oder von allen genannten Sorten				
Feiner (auch fremder)	755	15	11,323	4.3
Ordinärer	21,953	11.50	252,475	95.7
Summe	22,708	—	263,796	100.0

Von den 1887 eingeführten feinsten Rauchtabaken wurden durch die Debitanten verkauft 794 Kil. Vizir. (23.50 Frcs. p. Kil.), 843 Kil. feiner Levantiner (18.75 Frcs. p. Kil.) Die direct an die Consumenten abgesetzten fremden Rauchtabake (zu 20 bis 45 Frcs. p. Kil. in 7 Stufen) betrugen 1886 doch zusammen auch nur 2697 Kil. für 64,000 Frcs, neben 3241 Kil. ord. für 41,000 Frcs.

Bei Cigarren und Cigaretten wiederholt sich dieselbe Erscheinung, wenn sich auch nicht ganz in gleichem Maasse ein Ueberwiegen der Consumtion ordinärer Fabrikate zeigt (s. schon oben S. 741). Der Consum hochfeiner und sehr theurer Cigarren ist ein minimaler, z. B. in 1886 Absatz der theuersten Sorte des französischen Tarifs direct an Consumenten (1250 Frcs. p. Kil., Stück 5 Frcs.) nur 375 Gramm, der zweittheuersten (1000 Frcs.) 2700, der dritttheuersten Sorte (750 Frcs.) 700, der vierten (500 Frcs.) 18,300 Gramm, erst der sechsten (312½ Frcs.) 219.2 Kil. — Fasst man die Cigarren (incl. echte) und Cigaretten in 3 grössere Preisclassen zusammen (nach Debitantenpreis bez. bei den direct abgesetzten nach Consumentenpreis), so ergiebt sich Folgendes f. 1886 (berechnet nach den Daten im Bull. a. a. O.).

	Preis p. Kil.	Menge 100 Kil.	Erlös 1000 Frcs.	% des Erlöses
Cigarren:				
	100 Frcs. und mehr	182.8	2,625	4.3
	33 „ bis unter 100 Frcs.	1,988	9,450	15.3
	11 „ „ „ 33 „	32,844	48,318	80.4
	Summe	35,015	60,393	100.0
Cigaretten:				
	30 Frcs. und mehr	505.4	2,203	12.6
	Unter 30 Frcs.	7,827	15,281	87.4
	Summe	8,332	17,484	100.0

In wie weit die Preisstufen bestimmt beabsichtigten Zuschlägen zum Kostensatze behufs Durchführung des Qualitätsfusses und progressiv höherer Belastung der wohlhabenderen Consumenten entsprechen, ist einigermassen aus der Vergleichung der Sorten und Preise zu ersehen. Für die schwierigeren genaueren Berechnungen sind auch in dem detaillirten Rechnungswesen der französischen Monopolverwaltung noch keine völlig genügenden Grundlagen vorhanden. Indessen fehlt es in den amtlichen statistischen Veröffentlichungen nicht ganz an Anhaltspuncten wenigstens zu approximativen Veranschlagungen. S. bes. die Tabellen in dem Bande der Réponses der Generaldirectoren zu der Enquête v. 1873, p. 336 ff., wo für die einzelnen Fabriken für einige Sorten Fabrikate „Fabrikationskosten" p. Kilogr. f. 1833—72, 1863—72, berechnet worden. Der Character dieser Zahlen als blosser Näherungswerthe wird in den Erläuterungen selbst hervorgehoben. Die einzelnen Jahre zeigen auch aus zufälligen Einflüssen ziemlich bedeutende Schwankungen des Kostensätze bei derselben Fabrik und unter den einzelnen Fabriken sind diese Sätze auch mehrfach erheblich verschieden. Es handelt sich ferner hier nur um die eigentlichen „Fabrikationskosten", für Geräthe, Apparate, Gehalte, Löhne, Räume u. s. w., nicht um die ganzen Herstellungskosten, indem bes. der Werth des Rohstoffs, die Kosten der Magazinirung, des Transports dabei fehlen. Einiges Interesse bieten die Berechnungen aber doch. Die folgende Uebersicht giebt einige bemerkenswerthe Daten für 1872 zum Vergleich dieser Fabrikationskosten und damaligen neuen Tarifpreise, p. Kil. in Frcs., wobei die speciell genannten Fabriken diejenigen der grössten Productionsmenge sind.

	Fabrikationskosten Frcs.	Debitantenpreis Frcs.
Ordinärer Schnupftabak:		
Chateau-Roux	0.0844	11.50
Paris (Gr.-Caillou)	0.1600	11.50
Durchschnitt	0.1222	11.50
Andere Fabr. Max.	0.3218	11.50
„ „ Min.	0.0738	11.50
Feiner Schnupftabak:		
Gr.-Caillou	0.8400	15
Ordinärer Rauchtabak:		
Gr.-Caillou	0.1930	11.50
Lyon	0.1461	11.50
Andere Fabr. Max.	0.3630	11.50
„ „ Min.	0.1141	11.50
Fremder Rauchtabak:		
Gr.-Caillou	0.3110	15
Feinerer Rauchtabak:		
Havre	0.2495	15
Andere Fabr. Max.	0.4350	15
„ „ Min.	0.2359	15
Cigarren zu 5 Cent.:		
Marseille	2.0276	11
Toulouse	1.7683	11

	Fabrikations-kosten Frcs.	Debitanten-preis Frcs.
Andere Fabr. Max.	2.4212	11
" " Min.	1.7873	11
Cigarren zu 7½ Cent.:		
Chateau-Roux	2.4070	16,50
Andere Fabr. Max.	2.7303	16,50
" " Min.	2.1800	16,50
Cigarren zu 10 Cent.:		
Chateau-Roux	4.0296	22
Gr.-Caillou	4.1700	22
Andere Fabr. Max.	4.4014	22
" " Min.	3.3516	22
Cigarren (z. Th. aus Hav.tab.) v. Reuilly:		
Unterste Sorte	⎧ 7.8290 ⎨ ⎩ 7.8917	33 33
Folgende	8.1118	44
Dritte (Trabucos)	9.8551	56
" (Regalias)	9.9746	56
Vierte (Londres)	12.3730	68
Exceptionells	19.2380	92 und mehr.

Das Kilogr. Cigarren wird auch hier zu 250 Stück angenommen.

Sieht man von allen anderen Theilen der Herstellungskosten ab, die freilich, wie besonders die Rohstoffkosten nach dessen Qualität, wieder erheblich verschieden sind, indessen doch nicht so, dass durch ihre Einbeziehung die obigen Relationen vollständig verschoben würden, so ergiebt sich bei Schnupf- und Rauchtabak ein grösserer relativer Gewinn als bei Cigarren, der höchste bei ordinärem Schnupf-, dann bei Rauchtabak. Bei Cigarren von verschiedenen Sorten ist der relative Gewinn nicht erheblich verschieden, doch auch bei den ordinären Sorten etwas höher (Kosten zum Debitantenpreis hier wie 1:5—6—7, bei den anderen 1:4—6). Der absolute Gewinn per Kil. steigt aber doch mit der Qualität der Sorte, so bei Schnupf- und Rauchtabak von 11 bis 11¼ auf 14⅙—14⅔, bei Cigarren von ca. 9 auf ca. 14—18 bis 25—46—56—72 Frcs. und weiter, Zahlen, welche sich durch Einrechnung der anderen Kosten allerdings gerade bei den höheren Qualitäten mehr als bei den unteren vermindern, aber doch in den ungefähren Relationen auch dann bestehen bleiben. Dadurch wird aber das, was oben über den Steuerfuss gesagt wurde, bestätigt. Der geringe Consum der feineren Tabake (incl. Cigarren) zeigt zwar, dass auch diese grösseren absoluten Gewinne bei diesen Tabaken für den finanziellen Gesammtertrag des Monopols nicht viel ausmachen. Aber eine der höheren Qualität der feineren Tabake und der grösseren „Leistungsfähigkeit" der Consumenten derselben entsprechende Mehrbelastung dieser Personen wird doch auf diese

Weise erreicht. Das bleibt eine besonders vortheilhafte Seite der Tabakbesteuerung in Monopolform.

§. 295. e) Einige weitere Einzelheiten. Zur Ergänzung der vorausgehenden Darstellung der Einrichtung des französischen Tabakmonopols wären noch manche Einzelheiten zu erwähnen, von denen hier nur noch einige hervorgehoben werden mögen.

S. im Ges. v. 1816 bes. die „allgemeinen Bestimmungen" Art. 215—227. Olibo II, 409 ff. und passim, so p. 365 ff.

α) Das Monopol bezieht sich auch auf sog. künstlichen Tabak (tabac factice) und jede andere Materie, welche zum Verkauf als Tabak präparirt wird (Ges. von 1835, Art. 5).

β) Die feineren Rauch- und Schnupftabake und alle Cigarren werden auch von den Debitanten in genau nach Art, Farbe, Bezeichnung, Vignetten, Marken, Gewichtsmenge und (bei Cigarren und Cigaretten) Anzahl vorgeschriebenen Behältern und Verpackungen, welche nach den Sorten verschieden sind, verkauft (Uebersicht bei Olibo II, 365 ff.). Kautabake und Carotten, ordinärer Schnupf- und Rauchtabak in bestimmten Mengen offen nach Gewicht. Die Debitanten dürfen nicht mehr als ein Kistchen jeder Sorte Cigarren auf einmal öffnen und die Packete der feineren Cigarren nur im Ganzen verkaufen.

γ) Jede Menge von über 10 Kil. Tabakfabrikate darf nur mit acquit-à-caution circuliren, Mengen von 1—10 Kil. bedürfen dazu, wenn sie nicht mit Marken und Vignetten der Regie bekleidet sind, eines laissez passer (Ges. v. 1816, Art. 215). Cantinetabake sind noch mehr beschränkt: sie dürfen nicht in Mengen über 1 Kil. circuliren, selbst wenn sie Marken haben, falls sie nicht aus den Staatsfabriken oder Niederlagen kommen, wo sie von acquit-à-caution oder Factur des Verlegers begleitet sein müssen (Ges. v. 23. Apr. 1840, Art. 2). Verstösse gegen diese Transportvorschriften sind mit Beschlagnahme und Confiscation des Objects wie der Transportmittel und mit 100—1000 Frcs. Geldstrafe bedroht (Ges. v. 1816, Art 216).

δ) Niemand darf andere als gesetzlich zugelassene Tabakfabrikate besitzen, auch von den Regiefabrikaten keine grösseren Vorräthe als 10 Kil., falls sie nicht mit Regiemarke versehen sind (Ges. v. 1816, Art. 217). S. die analogen Beschränkungen f. Cantinetabak schon oben S. 739 und für Tabakpflanzer S. 727.

ε) Der Besitz von Werkzeugen und Geräthen zur Tabakfabrikation ist verboten und bedingt in Verbindung mit dem Besitz von Tabakblättern oder Tabak in Verarbeitung die Schuld der Defraude sowie die bezüglichen Strafen (Confiscation des Tabaks, der Geräthe u. s. w., Geldstrafe von 1000—3000 Frcs., Art. 220, 221 des Ges. v. 1816).

ζ) Die oben S. 727 schon erwähnten Strafen für geheimen Verkauf und Colportage beziehen sich auch auf diese Handlungen in Betreff von Tabaksfabrikaten (Ges. v. 1816, Art. 222).

η) Vorstände von Niederlagen und Verkaufsläden, welche Regiefabrikate fälschen, durch Hinzufügung von oder Mischung mit fremdartigen Stoffen, werden abgesetzt, — was auch auf Debitanten Anwendung findet (gen. Ges. Art. 227, s. Olibo II, 445).

§. 296. f) Finanzielles Ergebniss. Die im Vorausgebenden zahlreich eingestreuten statistischen Daten liessen das glänzende finanzielle Ergebniss des französischen Tabakmonopols bereits zur Genüge erkennen. Zum schliesslichen Ueberblick und zugleich zum Rückblick auf Früheres und auf die ganze Periode des Monopols von Mitte 1811 bis Ende 1886 werden hier noch einige Daten aus der Abrechnung der Generaldirection der Staatsmanufacturen für das Jahr 1886, das letzte, dessen Abrechnung vorliegt, zusammengestellt.

S. Compte f. 1886, p. 28 ff., 3 ff., 52 ff.

	Periode v. 1./7. 1811 bis 31./12. 1886	1886
Einnahme:		
Gesammtverkauf Menge 1000 Kil.	1.624,819	36,052
Erlös dafür 1000 Frcs.	12,360,275	369,341
Verschied. Einnahmen 1000 Frcs.	56,895	1,584
Gesammteinnahme	12,417,170	369,925
„ rectificirt	12,417,203	369,925
Ausgabe:		
Einheimischer Tabak (incl. Algier) 1000 Kil.	1,092,896	21,842
Zahlung dafür 1000 Frcs.	838,401	15,380
Fremder Tabak und Diverses 1000 Kil.	809,203	21,052
Zahlung dafür 1000 Frcs.	1,239,627	28,445
Zus. Ankäufe, Menge 1000 Kil.	1,901,099	42,933
Zahlung dafür 1000 Frcs.	2,078,028	46,825
Fabrikations-, Transport- und alle sonst. Auslagen 1000 Frcs.	1,098,034	26,597
Gesammtausgabe 1000 Frcs.	3,176,162	73,421
„ rectificirt	3,176,186	73,421
Ueberschuss hiernach 1000 Frcs.	9,241,017	296,503
Capital der Regie, vermehrt 1000 Frcs.	226,044	2,814
Desgl. vermindert 1000 Frcs.	82,761	—
Rest der Capitalvermehrung 1000 Frcs.	143,283	—
Reeller Reinertrag (incl. Capitalbewegung, nach Berichtigung der Rechnungen) 1000 Frcs.	9,386,967	299,317
Für den Staatsschatz erworben	9,351,003	295,663

Die Zahlen der letzten Reihe betreffen den Ueberschuss der Einziehungen über die bewerkstelligten Zahlungen.

Das Capital der Regie aus der ersten Periode 1. Juli 1811 — Ende 1814 war 33.89 Mill. Frcs. Es hat sich bis 1886 mehr als vervierfacht. Unter der Capitalverminderung befindet sich als Verlust durch den Krieg von 1870 der Betrag von 25,345,000 Frcs.

Der bisher erreichte Höchstbetrag der Verkäufe (36,374,000 Kil.), des Rohertrags (377,629,000 Frcs.) und des reellen Reinertrags (incl. Capitalvermehrung) (306,034,000 Frcs.) war im J. 1884.

Die Ausgabe f. 1886 vertheilt sich, abgesehen von dem Rohtabakankauf (s. die Tabelle), auf Transportkosten mit 2,513,000 Frcs. und auf andere Kosten mit 24,084,000 Frcs. Von letzteren kommen auf die Rohstoff-Magazine und Manufacturen 22,747,000 Frcs., auf Verkaufskosten (ohne die Debitantenprovisionen) 1,336,000 Frcs. Unter jenen 22,747,000 Frcs. waren:

	1000 Frcs.
Gehalte der Manufactur-Beamten	793
„ „ Cultur- und Magazin-Beamten	1,206
Gagen bei den Magazinen	165
Löhne „ „ „	391
Gagen „ „ Manufacturen	1,584
Löhne „ „ „	14,611
Zus. persönl. Ausgaben	18,750
Sonstige Ausgaben bei den Magazinen	246
„ „ „ „ Manufacturen	2,585
„ „ „ beiden zusammen	750
Zus. sachl. Ausgaben	3,581
Verschiedenes	417

Von der Gesammtausgabe machen die Kosten des Tabaks 63.8, die Transportkosten 3.4, die Magazinirungs- und Fabrikationskosten 31.0, die Verkaufskosten 1.8 % aus.

Zu letzteren gehören aber eigentlich die Debitantenprovisionen noch hinzu, mit 35,151,000 Frcs., womit die Gesammtausgabe auf 108,572,000 Frcs., der Rohertrag auf 405,076,000 Frcs. steigt, so dass jene 26.8 % von diesem beträgt.

cc) Rückblick und zur Kritik.

§. 297. Im Rückblick auf die dargelegte Entwicklung des französischen Tabakmonopols ergiebt sich, dass die Erwartungen, welche Napoleon I und seine Finanzmänner bei der nach neunzehnjähriger Unterbrechung und nach anderen unzulänglichen Besteuerungsexperimenten erfolgten Wiedereinführung des Monopols im Jahre 1810 gehegt hatten, sich, wenn auch erst nach längerer Zeit, als man damals vermuthet hatte, im Wesentlichen erfüllt haben (§. 286). Mit Hilfe des Monopols hat man eine Tabakbesteuerung erreicht, welche in verhältnissmässig bequemer Form, mit genügender Berücksichtigung der landwirthschaftlichen Interessen, jetzt über 300 Mill. Frcs. rein für den Staat erträgt, was etwa den neunten Theil der ungeheuer gesteigerten gegenwärtigen gesammten französischen Staatsbesteuerung ausmacht.

Ueber zwei Drittel der directen Staatssteuern, über drei Achtel der gewaltigen Einkünfte aus den Verkehrssteuern (Enregistrement, Stempel u. s. w.), zwei Drittel des enormen Ertrags der Getränkesteuern und ebenso viel als durch die Zölle wird so durch die Tabakbesteuerung dem Fiscus eingebracht (s. auch S. 579, 596). Und eine weitere Steigerung des Monopolertrags ist nach allem Bisherigen wahrscheinlich, wenn auch in den letzten Jahren (seit 1884—85) sich eine kleine rückläufige Bewegung im Ertrag gezeigt hat.

Freilich stellt der Reinertrag des Tabakmonopols, wie jedes solchen Monopols, was nicht vergessen werden darf (S. 734), zu einem Theil gar keine Steuern, sondern eine **Uebertragung von Geschäftsgewinnen** dar, welche bei „freiem Verkehr" der Privatindustrie und dem Handel zufallen würde.

Möglich, selbst wahrscheinlich, dass auch der französische Tabakbau ohne das Monopol und unter Voraussetzung einer Steuer, welche ihn lebensfähig erhielte, eine grössere Ausdehnung als gegenwärtig einnehmen würde, obwohl er sich als landwirthschaftlicher Productionszweig schwerlich dabei einer solchen Sicherheit und Prosperität erfreute, als da, wo er jetzt betrieben wird, unter dem Monopol (S. 725). Aber die Fabrikations-, Gross-, Zwischen- und Kleinhandelsgewinne, welche sonst vorkommen würden, bezieht allerdings beim Monopol der Staat in dem Reinertrag. Nur die Gewinne, welche bei der Versorgung der Regie mit ausländischem Tabak durch Lieferanten u. s. w. gemacht werden (S. 727), bleiben dem Privathandel. Sie würden bei „freier Concurrenz" im Tabakgeschäft jedoch vielleicht noch bedeutender sein.

Man muss also immerhin zugestehen, dass der hohe finanzielle Reinertrag des Tabakmonopols volkswirthschaftlich betrachtet auf Kosten der gänzlichen oder theilweisen Unterbindung eines wichtigen nationalen Erwerbszweigs, den andere Länder bei anderen Steuersystemen für ihre Volkswirthschaft erhalten haben, erworben wird.

Allein darin kann kein entscheidendes Bedenken gegen das Monopol gefunden werden. Es bleibt auch volkswirthschaftlich, nicht nur finanziell ein Vortheil, dass der hohe Ertrag des Tabakmonopols es ermöglicht, andere, sonst nöthige Steuern zu entbehren oder bei anderen bestehenden Steuern die Steuersätze mässiger zu halten, als es sonst geschehen könnte.

Als Glied der modernen Gesammtbesteuerung und zumal der Verbrauchsbesteuerung ist zudem eine einträgliche Tabakbesteuerung, vollends wo, wie in Frankreich, die Besteuerung einmal so stark angespannt werden muss, zu rechtfertigen, ja zu verlangen, — wenn freilich auch hier in der Entwicklung der Einträglichkeit der Tabakbesteuerung aus allgemeinen steuerpolitischen Gründen wieder ein bestimmtes Maass innegehalten werden sollte und es fraglich werden kann, ob dieses Maass in Frankreich nicht überschritten wird. Ein Punct, auf den zurückzukommen ist.

Jedes wichtige Finanzmonopol enthält aber zugleich ein Stück „Eigenthumsordnung" und damit ein Stück „volkswirthschaftlicher Organisation". Gerade in dieser Hinsicht zeigt das Tabakmonopol in Frankreich, dass man mittelst einer solchen Einrichtung recht wohl im Stande ist, „Planmässigkeit" der Production an Stelle der privatwirthschaftlichen „Regellosigkeit" zu setzen und dass dabei die ökonomischen und technischen Interessen und ebenso die Consumenteninteressen genügend wahrgenommen werden können.

<small>Denn was in letzterer Hinsicht den etwaigen Einwurf mit der Preishöhe anlangt, so ist diese keine Principienfrage. Sie kann rechtlich und factisch jeden Augenblick ermässigt werden, wenn das für nothwendig oder zweckmässig gilt und die Finanzen es erlauben. Auch die Festhaltung hoher Preise ist beim Monopol aber eben, weil der grössere Gewinn dabei der Gesammtheit zufliesst, ganz anders als bei der Privatindustrie zu beurtheilen.</small>

Gerade das französische Tabakmonopol beweist daher auch die Möglichkeit und Zweckmässigkeit der „Verstaatlichung" von Industrie- und Handelszweigen in ökonomisch und technisch geeigneten Fällen und beweist insofern etwas für „socialistische Forderungen".

<small>Die Versorgung eines grossen Marktbedarfs in einem so wichtigen Verbrauchsartikel, wie Tabak, mittelst eines absolut und relativ — im Verhältniss zur „freien Tabakindustrie" anderer Länder und im Vergleich mit anderen Productionszweigen</small>

des eigenen Landes — so geringen Personals, an Arbeitern, Beamten, Debitanten u. s. w., ist auch ein glänzendes Beispiel dafür, dass die „staatliche Organisation der Arbeit" ihre Aufgabe hier weit besser und auch — weit wohlfeiler löst, als die „privatwirthschaftliche", mit ihrer gerade auf dem Gebiete des Tabaks masslosen Kraftvergeudung — in Betreff des Personals — und Betriebszersplitterung, mit ihrer Fälschung der Fabrikate, ihrer Täuschung über Qualität und Werth, mit ihrer Vertheuerung des Artikels durch den Zwischen- und Kleinhandel, zumal für den „kleinen Mann". Der Vergleich zwischen Deutschland und Frankreich fällt in diesen Beziehungen vielfach zu Gunsten des letzteren und seines Monopols aus, — was am Allerwenigsten eine Schule von Theoretikern und Politikern verkennen sollte, welche, ganz mit Recht, „Versorgung des Bedarfs mit möglichst geringem Kräfteaufwand" als Ziel richtiger volkswirthschaftlicher Entwicklung hinstellt, sich aber freilich gewöhnlich dem Wahne hingiebt, die Erreichung dieses Ziels auf dem Boden „volkswirthschaftlicher Anarchie" als am Besten gesichert, ja selbst als allein möglich anzusehen: ein Wahn oder ein Dogma, welche durch das Studium einer Einrichtung, wie derjenigen des französischen Tabakmonopols, gut widerlegt werden.

Von den Bedenken bezüglich des französischen Tabakmonopols scheint dasjenige in Betreff zu hoher Preise, besonders der ordinäreren Fabrikate und des weiteren in Betreff einer zu grossen Quote des gesammten riesigen Steuerbedarfs, welche auf die Deckung durch die Tabakbesteuerung fällt, allerdings der Erwägung werth. Ob in beiderlei Beziehungen gegenwärtig noch das richtige Maass inne gehalten wird, kann, wie schon bemerkt, fraglich sein.

Ob nicht selbst das fiscalische Interesse bei einer Ermässigung der Monopolpreise gerade für die ordinären Tabake des Massenconsums, welcher doch für den Ertrag entscheidend ist (S. 745), profitiren würde? Die erfreuliche höhere Belastung der feineren Tabakfabrikate, die Anlegung eines „Qualitätsfusses" (S. 744) hebt das Bedenken einer unverhältnissmässigen, d. h. mit der Leistungsfähigkeit in Widerspruch stehenden Besteuerung der Tabak consumirenden Volksmassen doch noch nicht ausreichend. Die Ungleichmässigkeit des Tabakconsums in den einzelnen Landestheilen (S. 741) und die leidige, wenn auch unvermeidliche Zulassung der viel wohlfeileren Cantinetabake in den Grenzzonen bilden weitere Verstösse gegen allgemeine Steuerprincipien und Postulate und gegen Grundsätze, welche so gern zwar in Frankreich als Leitstern der modernen französischen Steuerpolitik „nach den Principien von 1789" hingestellt werden. — Grundsätze, welche freilich auch bei anderen französischen Steuern, nach wie vor 1789, oft genug verletzt werden oder lediglich eine formelle Anerkennung im Steuerrecht finden. Die enorme Höhe der Tabakpreise im Monopol steigert die angedeuteten Bedenken hier nur noch besonders.

So gerechtfertigt, ja nothwendig aber auch wie bemerkt, gerade die Tabakbesteuerung überhaupt in unseren Steuersystemen und besonders im französischen ist, so sehr man mit Recht behaupten darf: soll es einmal eine Verbrauchsbesteuerung geben, so ist die Tabakbesteuerung, und eine hohe Tabakbesteuerung einer ihrer richtigsten und wichtigsten Bestandtheile, — man kann doch anderseits eben bei diesem Artikel nach seinen eigenartigen Consumtionsverhältnissen nicht läugnen, dass für die Tabakbesteuerung ein Maass geboten ist, welches ihr Ertrag im

Gesammtsteuerertrag nicht überschreiten sollte. Ein Gesichtspunct, welcher bei der Besteuerung des Tabaks mehr wie bei der Branntweinbesteuerung Beachtung verlangt, selbst bei dieser aber nicht unrichtig ist. Den neunten Theil eines so colossalen Steuerbedarfs durch die Tabakbesteuerung aufbringen, das heisst eben doch, den zufälligen Consumenten eines Verbrauchsartikels eine kaum noch zu billigende Extra-Last für die Bestreitung des Staatsaufwands zuschieben. Und gerade die Consumenten sind es ja, welche bei der Besteuerung in Monopolform wirklich voll und ganz getroffen werden: eine der steuertechnischen Glanzseiten des Monopols. Aber nach dem Maasse der Besteuerung, der Höhe der Quote der letzteren vom Steuerbedarf und der individuellen Vertheilung der Tabakconsumtion bleibt es steuerpolitisch doch bedenklich, die Tabakbesteuerung so übermässig stark gegenüber allen anderen, auch den übrigen Verbrauchssteuern, deren Objecte nirgends solche individuelle Consumverschiedenheiten aufweisen, werden zu lassen.

<small>So wird man das wenigstens vom Standpuncte heutiger Theorie und Praxis und speciell vom Standpuncte der „Gleichmässigkeit" der Besteuerung aus auffassen. Als man in der Revolution das alte Monopol beseitigte, wurde, characteristisch für die Verschiedenheit der Anschauungen in solchen Dingen, gerade die Uebernahme des Einnahmeausfalls auf die nicht-tabakverbrauchende Bevölkerung mit als Bedenken gegen die Beseitigung des Monopols geltend gemacht.</small>

Freilich steht man in Frankreich, Dank der inneren und äusseren Politik im „Jahrhundert der Revolution", deren Reflex die colossale Steuerlast ist, hier, wie in anderen Fällen, wo ähnliche Bedenken auftauchen, beim Enregistrement und Stempel (S. 579 ff.), bei den Getränkesteuern (S. 655 ff.), vor einem peinlichen Dilemma: schiebt man diesen Steuern eine so grosse Quote des Steuerbedarfs zur Deckung zu, so erreicht man zwar diese Deckung, aber es erheben sich die angedeuteten Bedenken; berücksichtigt man diese, so wird die Deckung des Bedarfs noch schwieriger und man muss wieder zu manchen anderen Steuern greifen, d. h. die Gesammtbesteuerung noch verwickelter und für die Volkswirthschaft vielleicht noch lästiger machen. Die französische Besteuerung leidet eben einmal unvermeidlich unter den Folgen der Politik ihres Landes. „Macht mir gute Politik, und ich will Eure Besteuerung erträglich machen." Diesen Satz hat das „neue", wie das „alte Regiment" in Frankreich gleichermassen vergessen und — muss nun die Folgen tragen.

β) Das Pulvermonopol.

Gesetzgebung. (Hauptbestimmungen.) Ges. v. 13. Fructidor V (30. Aug. 1797). Ges. v. 10. Aug. 1819 (Freigabe der Salpetergewinnung). Ges. v. 16. März 1819 (Preisnormirung). Ord. v. 17. Nov. 1819 (Ergreiferprämien). Ges. v. 24. Mai 1834. Ges. v. 25. Juni 1841 (Art. 25. Strafen). Ord. v. 5. Oct. 1842 (Prämien). Decr. v. 1. März 1852 (Strafen). Ges. v. 19. Juni 1871 (Strafen). Ges. v. 4. Sept. 1871 Art. 11 (Verdopplung des Preises des Jagdpulvers). Ges. v. 25. Juli 1873 (Herabsetzung des Preises auf den früheren Stand). 25% Zuschlag f. Jagdpulver durch Ges. v. 30. Dec. 1873 und 2. Juni 1875. — Zahlreiche ältere und neuere Decrete über sicherheitspolizeiliche Einzelheiten; über die Organisation (Decr. v. 13. Nov. 1873); dann über den Tarif, neuerdings bes. über den Preis des zur Ausfuhr bestimmten Pulvers, die Bedingungen dabei u. A. m. (so Decr. v. 21. Mai 1886). (S. Olibo). — Antrag auf Aufhebung des Pulvermonopols i. J. 1887 (Bull. XXIII, 574). Ueber Dynamit u. s. w. s. schon o., § 279.

Literatur. Vignes I, 201. Block, dict. Art. poudres et salpêtres, auch im suppl. génér. und in den Jahressupplementen. Olibo II, 446—517, auch III, 156, Bull. XXII, 474—482 (geschichtl. Ueberblick über die bezügliche Gesetzgebung von Pulver und Salpeter v. 16. Jahrhundert an). v. Hock S. 355—359. v. Kaufmann S. 537—540. — Mathieu-Bodet I, 41, 307. Amagat p. 342. Die Enquête von 1883 ff. bezog sich z. Th. mit auf das Pulvermonopol. S. die „Réponses" (S. 710) des Steuerdirectors p. 365. — Tarif (im Einzelnen öfters verändert, bes. f. Pulver zum Export) Bull. XVI, 552 ff. — Statistik Bull. XVII, 548, XXIII, 483. Faure p. 130, 230. Berichte der Verwaltung der indir. Steuern über die Erträge.

§. 298. 1. Im Allgemeinen. Schon im Ancien régime hatte seit dem 16. Jahrhundert ein Monopol der Pulverfabrikation und des Pulververkaufs wie der Salpetergewinnung aus Gründen der hohen Staatspolitik und nationalen Sicherheit bestanden. Dasselbe war besonders durch die Berechtigungen in Betreff der Nachgrabungen auf Salpeter in Privathäusern lästig geworden, ein Vorrecht, das von Fermiers ausgeübt beständig Anlass zu Klagen gegeben hatte. Darin traten jedoch noch vor der Revolution wesentliche Verbesserungen ein. Der Staat übernahm die Gewinnung von Salpeter, die Fabrikation und den Verkauf von Pulver im Jahre 1770 in eigene Regie, machte die Nachsuchung von Salpeter vom Willen der Hauseigenthümer abhängig und befreite schliesslich die Wohnhäuser ganz von dieser Nachsuchung (1777).

Bei der besonderen Lage dieses Monopols entging dasselbe und damit die mit ihm verbundene Einnahme auch der allgemeinen Aufhebung derartiger Einrichtungen im Jahre 1791, obwohl es nach seinem Ertragniss zu den verfehmten „indirecten Steuern" gehörte. Die Wirren der Zeit führten indessen thatsächlich zu einem Bruch des Monopols, auch hörte die Fabrikation und der Verkauf von Pulver Seitens des Staats zu Privatzwecken aus Gründen der öffentlichen Sicherheit auf. Diesem Zustande suchte das Gesetz vom 13. Fructidor V (30. Aug. 1797) ein Ende zu machen, indem es aus Gründen der inneren Sicherheit und um der Ruhe der Bürger Willen wie im

Interesse der Nationalvertheidigung nach Aussen, gemäss dem noch geltenden Rechtszustand die Gewinnung von Salpeter und die Herstellung und den Verkauf des Pulvers von Neuem ausdrücklich dem Staate allein vorbehielt. Auch die private Einfuhr von Pulver und Ein- und Ausfuhr von Salpeter wurden verboten, ebenso der Besitz von Kriegspulver, und der Besitz von allem andern Pulver beim Privaten ohne besondere obrigkeitliche Ermächtigung auf 5 (seit 1834 auf 2) Kil. beschränkt, sowie eine Reihe von weiteren sicherheitspolizeilichen Anordnungen getroffen.

Das Monopol bezieht sich, nach der Auslegung der Judicatur, auch auf alle dem Schiesspulver ähnlichen Explosivstoffe.

Das Monopol wurde und wird mittelst der Preisnormirung für das Pulver, namentlich für das Jagdpulver, fiscalisch in der Weise ausgenutzt, dass es mit zur Erhebung einer Verbrauchssteuer dient, die den Haupttheil des Reinertrags bildet.

Das Gesetz vom Fructidor V ist noch heute die Grundlage des Monopolrechts. Doch sind manche Bestimmungen dieses Gesetzes beseitigt oder abgeändert worden. Namentlich wurde die Einfuhr ausländischen Salpeters und die Gewinnung und der Verkauf von Salpeter im Inlande, mit wenigen Beschränkungen, seit 1819 freigegeben (Ges. v. 10. März 1819), so dass seitdem das Monopol sich im Wesentlichen nur noch auf Pulver und andere ähnliche Explosivstoffe bezieht. Aber auch in dieser Hinsicht hat neuerdings eine Einschränkung des Monopols stattgefunden, indem durch das Gesetz v. 8. März 1875 die Fabrikation von Dynamit und Nitro-Glycerin-Sprengstoffen der Privatindustrie überlassen wurde (s. o. §. 279).

An die Aufhebung des ganzen Monopols ist öfters gedacht worden. Ein im Jahre 1887 gestellter Antrag ging darauf hinaus. Es sollten im Allgemeinen die Grundsätze des Gesetzes v. 8. März 1875 betr. Dynamit auch auf Pulver angewendet, also dessen Fabrikation und Verkauf unter genügenden Cautelen der Privatindustrie überlassen werden. Doch ist es bisher nicht dazu gekommen. Zwingende sicherheitspolitische Gründe sprechen kaum für das Monopol, wie auch das Beispiel anderer Länder beweist. Die Erhebung einer indirecten Verbrauchssteuer vom Jagdpulver, worin die finanzielle Bedeutung des französischen Monopols im Wesentlichen besteht, — eine Art „Luxussteuer" — liesse sich, wie bei Dynamit, auch bei der Privatfabrikation nach den üblichen französischen Formen durchführen. Anderseits sind die Gründe für die Aufhebung eines altbestehenden Monopols auch nicht durchschlagend.

§. 299. 2. Einrichtung.

a) In der Verwaltung des Monopols sind mehrfach Veränderungen eingetreten, welche früher schon in Verbindung mit anderen Organisationen zu erwähnen gewesen sind (S. 599 u. 720). Jetzt ist die Pulverfabrikation wieder dem Kriegsministerium, der Verkauf des Pulvers an Private der Generaldirection der indirecten Steuern übertragen: also bei diesem Monopol eine ähnliche Vertheilung der Functionen wie beim Tabakmonopol (S. 719).

Das Pulver für Private umfasst das für den Handel, auch Export, Jagd, Bergwerke, Feuerwerke, Schützengesellschaften, die Handelsmarine u. s. w. bestimmte Pulver. Die Herstellung desselben erfolgte bis zum Jahre 1865 durch das Kriegsministerium. Damals wurde diese Aufgabe der Generaldirection der Staatsmanufacturen mit übertragen, im Jahre 1874 aber in dieser Beziehung der frühere Zustand wieder hergestellt (Decr. v. 13. Nov. 1873). — Im Kriegsministerium besorgt jetzt wieder eine eigene Abtheilung diese Geschäfte, das Corps des ingénieurs des poudres et salpêtres (Decr. v. 9. Mai 1875). In Folge des Armeegesetzes v. 16. März 1882 sind hier formelle Aenderungen in Bezug auf die Trennung der Direction und der Ausführung der Geschäfte eingetreten (Decr. v. 19. Febr. 1883, Block, suppl. génér. p. 379). Der Verkauf des Pulvers für Private — zu dem eventuell auch Kriegspulver, z. B. für den Export nach anderen Ländern gehört — untersteht nach wie vor 1865 und 1873 der Generaldirection der indirecten Steuern.

b) Die Normirung der Preise des im Innern abgesetzten Pulvers erfolgt durch Gesetz, diejenige der Preise des für die Ausfuhr bestimmten Pulvers jährlich durch Ministerialerlass, nach Uebereinkunft zwischen dem Kriegs- und Finanzministerium. Ein eigentlicher Steuerzuschlag findet dabei ausdrücklich nur bei dem für die Jagd u. dgl. dienenden Pulver statt, während das Bergwerkspulver sowie das zur Ausfuhr bestimmte um einen Preis verkauft werden soll, welcher ein gesetzliches Maximum nicht überschreiten darf und den eigenen Herstellungs- und Transportkosten der Regie am Orte der Verwendung anzupassen ist.

Ges. v. 16. März 1819. Olibo II, 514. Bull. XXII, 478. Der Tarif selbst specialisirt nach Verwendungszwecken und Sorten genau. Die Verdopplung der Preise des Jagdpulvers nach dem Kriege von 1870—71 (Ges. v. 4. Sept. 1871 Art. 11) wurde wegen auch fiscalisch nachtheiliger Einwirkung auf den Consum bald wieder rückgängig gemacht (Ges. v. 25. Juli 1875). Doch unterliegt Pulver im Inland dem 25% Zuschlag der indirecten Steuern zum Principal. Bei der Festsetzung der Preise für das zur Ausfuhr bestimmte Pulver sind die allgemeinen Preisconjuncturen massgebend.

Der bestehende Tarif ist für Jagdpulver nach 4 Sorten p. Kil. 28—19.35—15—11.85 Frcs. (Consumentenpreis, s. u.), ausnahmsweise für englisches Pulver 33 Frcs.; für Bergwerkspulver in 3 Sorten 2.55—2.50—2 Frcs.; für Pulver zu verschiedenen anderen Zwecken 3.40—2—1.60—1.50—1.40 Frcs.; sogen. pulvérin 0.90; ausserdem noch einige weitere Specialsätze. Besondere, meist erheblich niedrigere Tarife bestehen wieder für Pays de Gex, Zone von Obersavoien, Corsica, Tunis, Monaco. — Der Tarif für die Jagdpulver zum Export ist 1886 erheblich, z. Th. auf die Hälfte herabgesetzt worden, so für 3 Sorten von 5 und 4.25 — 4.50 und 3.75 — 4 und 3.25 Frcs. p. Kil. auf bez. 2.50 und 1.90 — 2.25 und 1.65 — 2 und 1.40. Vgl. die Tarife im Bull. XVI, 552 ff., XXII, 479 ff., XXIII, 302 ff.

c) Der **Rohertrag** des Monopols kommt grösstentheils aus dem Verkauf der dritten und vierten Sorte Jagdpulvers und der ordinären Sorte Bergwerkpulvers. Der **Reinertrag** kann übrigens aus dem Jagdpulver nicht allein herrühren, wenigstens neuerdings nicht, wie das Verhältniss des Absatzes von Jagdpulver und des Erlöses dafür zum Reinertrag ergiebt. Es muss demnach auch an dem anderen Pulver und nach Lage des Dinge, wie sie die statistischen Zahlen constatiren, vornemlich doch am Bergwerkspulver, nicht ganz unbedeutend von der Regie profitirt werden.

Die Verkaufsmengen und Ertragsverhältnisse waren folgende (ältere Daten bei v. Hock S. 359; Bull. XVII, 548, XXII, 482, XXIII, 300 fl., Faure p. 130, 230; übrigens in den amtl. Quellen mehrfach etwas abweichende Daten).

	Verkaufte Menge	Erlös.	Gewinnungskosten	Reingewinn
	1000 Kil.	1000 Frcs.	1000 Frcs.	1000 Frcs.
1819	683	3.272	2.181	1.091
1835	954	4.615	2.302	2.313
1854	2.497	8.025	3.653	4.372
1864	4.183	12.817	5.671	7.146
1869	4.582	14.084	4.449	9.635
1874	4.124	13.081	4.270	8.811
1883	4.740	15.006	4.541	10.465

Die Zahlen beziehen sich mit auf Algier. Auch verhältnissmässig ist der Reinertrag immer günstiger geworden. 1 Kil. kostete der Regie hiernach durchschnittlich 1883 0.95 Frcs. und wurde von ihr für 4.01 Frcs. verkauft, also mit einem Gewinn- oder Steueraufschlag von 322 %, der beim Jagdpulver noch viel erheblicher gewesen sein muss. Seit 1882 sind Verkaufsmenge und Erlös etwas gesunken, der Reinertrag wenig. Auch die Dynamitsteuer hat seit 1882 im Ertrage abgenommen (S. 690, 697).

Nach dem Jahresbericht der Direction der indirecten Steuern — mit etwas abweichenden und zwar kleineren Zahlen, als die vorausgehenden (s. Bull. XXI, 436, XXIII, 300) — wurde 1885 an Jagdpulver im Inland verkauft 491,000 Kil. für 6,029,000 Frcs., p. Kil. 12,3 Frcs., wovon auf die zwei untersten Sorten allein bez. 131,000 und 350,000 Kil. zu 1,884,000 und 3,937,000 Frcs.; an Minenpulver 2,815,000 Kil. für 6,350,000 Frcs., p. Kil. 2.25 Frcs., fast alles von der niedersten Sorte oder Tarifclasse. Die Verkäufe für die Ausfuhr betrugen 832,030 Kil. für 935,000 Frcs., p. Kil. 1.11 Frcs. Der kleine Rest von der ganzen Summe (die im Bull. a. a. O. nur zu 4,410,000 Kil. für 13,802,000 Frcs. angegeben wird, also etwas niedriger als in der vorausgehenden Tabelle) kam auf die sämmtlichen anderen Verwendungszwecke und Absatzgebiete.

d) Der **Verkauf** des Pulvers ist ganz ähnlich eingerichtet wie beim Tabakmonopol (§. 291). Das der Direction der indirecten Steuern vom Kriegsministerium überlieferte Pulver wird in **Niederlagen (Entrepôts)** gebracht und von hier aus theils direct an

Consumenten verkauft, theils und vornemlich an Debitanten zu einem etwas ermässigten Preise — dem „Debitantenpreise" — abgegeben, welche es dann nach dem amtlichen Tarif des Consumentenpreises an das Publikum verkaufen. Für einzelne Sorten bestehen besondere Bestimmungen. Die Debitanten müssen über die Verkäufe genau Buch führen, insbesondere über Zeitpunct, Sorte, Menge des Pulvers, über Namen, Beruf und Wohnort des Käufers.

<small>Vielfach fungiren die Verleger und Debitanten des Tabaks zugleich mit für Pulver. Die Ernennung besonderer Pulverdebitanten erfolgt durch den Präfecten. Die Zahl der Debitanten war 1869 (ohne Elsass-Lothringen) 8.642, 1885 10.079. Die Provision der Debitanten beträgt beim Jagdpulver 1.20, meist 0.60 Frcs. p. Kil., Minenpulver darf nur von solchen Debitanten verkauft werden, die dazu eine eigene Ermächtigung des Präfecten haben, und auch dann nur auf Grund eines Certificats des Maires oder des leitenden Ingenieurs hinsichtlich der Verwendung. Die Preise dieses Pulvers sind für Debitanten und Consumenten jetzt dieselben. Die Verkäufe von Pulver erfolgen vorschriftsmässig in Behältern und Mengen, welche für die verschiedenen Sorten verschieden sind. — Mancherlei sicherheitspolizeiliche Vorschriften bestehen natürlich für die Aufbewahrung und den Transport von Pulver. In unruhigen Zeiten können die Präfecten den Verkauf von Pulver ganz verbieten, die Vorräthe der Debitanten einziehen oder den Verkauf auf Debite in den Hauptorten der Arrondissements beschränken und ihn an specielle Ermächtigung der Käufer knüpfen. Die Debitanten unterliegen der steueramtlichen visite und im Princip dem exercice. S. darüber und über das auch hier umfangreiche Detail des Verwaltungsrechts Olibo, z. B. II. 501.

Salpeterfabrikanten, welche ausserhalb der Bezirke der staatlichen Salpeterfabriken ihr Geschäft treiben, sind licenzpflichtig (25 Frcs.). Solcher gibt es aber seit Jahren nur 3—5.</small>

c) Die Strafandrohungen sind auf diesem Gebiete mehrfach besonders scharf, was sich aus der Verknüpfung sicherheitspolizeilicher mit den fiscalischen Interessen zur Genüge erklärt. Namentlich wird in einigen wichtigeren Fällen mit Confiscation der Objecte und mit Geldstrafen Gefängnissstrafe verbunden. Zur Aufspürung von Contraventionen dienen hier in besonderem Maasse Prämien der Ergreifer. Eigene Anzeigepflichten über Pulvervorräthe bestehen für ankommende Schiffe. Die früher auch hier zulässige Vereinbarung der Steuerbehörde in Bezug auf Confiscation und Geldstrafen über Abfindungssummen hat seit 1851 zu Gunsten steter gerichtlicher Entscheidung aufgehört.

<small>S. bes. Ges. v. Fruct. V, Art. 27—31, 36. Ges. v. 28. Apr. 1816 Art. 222—223, Ges. v. 24. Mai 1834 Art. 2—4. Ges. v. 25. Juni 1841 Art. 25. Olibo II. 469 ff., 501—514. Block, dict. Art. poudres Nr. 15—21. Beispiele: bei unerlaubter Pulverfabrikation Geldstrafe von 3000 Frcs., Confiscation des Pulvers und der Geräthe und Stoffe zur Herstellung; Einsperrung der beschäftigten Arbeiter auf 3 Monat, beim Rückfall auf 1 Jahr; ⅓ der Geldstrafen an den Denuncianten. Bei unerlaubtem Verkauf 300—1000 Frcs. und Gefängniss von 1 Monat bis 2 Jahren, letztere Strafe auch bei unerlaubtem Besitz von Kriegs- oder Armeepulver oder bei Besitz von mehr als 2 Kil. anderem Pulver, neben 100 Frcs. Geldstrafe. Handelsschiffe, welche nicht binnen 24 Stunden nach Ankunft ihre Pulvervorräthe angemeldet haben, laufen 500 Frcs. Geldstrafe. Verbotene Pulvereinfuhr ins Staatsgebiet unterliegt</small>

ausser Confiscation des Pulvers und der Transportmittel einer Strafe von 20.44 Frcs. p. Kil. Pulver; bei Einfuhr zur See im doppelten Satze. Die Ergreiferantheile richten sich z. Th. nach der Zahl der arretirten Contravenienten (15 Frcs. p. Kopf) und nach der Menge des beschlagnahmten Pulvers (3 Frcs. p. Kil.).

γ. Das Streich- oder Zündhölzchen-Monopol.
(Monopole des allumettes.)

Gesetzgebung. Erste Einführung einer Steuer durch Ges. v. 4. Sept. 1871, Art. 3—5, dazu Ausführungsdecret v. 20. Nov. 1871. Tarifänderung durch Ges. v. 22. Jan. 1872, Art. 4. Decret v. 29. Febr. 1872. — Errichtung des Monopols durch Ges. v. 2. Aug. 1872; in Art. 3 dieses Gesetzes Erklärung der Anwendbarkeit der Expropriations-Grundsätze des Ges. vom 3. Mai 1841. Oeffentl. Zuschlag für die Verpachtung des Monopols an eine Gesellschaft am 12. Oct. 1872, nach Lastenheft v. 5. Sept. 1872. Ueber die Durchführung der Expropriation finanzmin. Circular v. 8. Nov. 1872 an die Präfecten. Ges. v. 15. März 1873 über die Ausübung des Monopols und den Verkauf der Streichhölzchen. Decr. v. 30. Dec. 1874 betr Ermächtigung der concessionirten Monopolgesellschaft zum Verkauf von Luxusstreichhölzchen und Tarif dafür. Vertrag zwischen dem Finanzminister und der concess. Monopolgesellschaft vom 11. Dec. 1874. Ges. v. 28. Jan. 1875 betr. das Monopol (in Art. 3 Erklärung der Anwendbarkeit der Unterschleif bei Tabak betreffenden Bestimmungen der Art. 222 und 223 des Ges. v. 28. Apr. 1816 auf Contraventionen gegen Gesetze und Decrete betr. das Streichhölzchen-Monopol). Decr. v. 1. Febr. 1875 betr. Verkaufspreise gewisser Luxushölzchen. Ges. v. 28. Juli 1875 betr. Unterdrückung von Unterschleifen (Anwendbarkeit der Art. 217, 218, 237 des Ges. v. 28. Apr. 1816). Decr. v. 10. Aug. 1875. Neue Verpachtung des Monopols v. 1883 an, Zuschlag Aug. 1884, nach Lastenheft, mit Tarif, vom 7. Juli 1884.

Literatur. Vignes I, 151—185. Block, dict., Art. allumettes chimiques, auch suppl. génér. p. 19 (Vertrag v. 1884). Say, dict. ders. Artikel. Olibo III, 345—393 (Gesetze, Decrete, Lastenheft, Pachtvertrag im Wortlaut, mit Noten, auch Entscheidung der Streitfragen). Dejean, code, die einzelnen Gesetze (mit Noten). Bull. XVI, 639 ff. (Erneuerung des Vertrags, 1884, Lastenheft). v. Kaufmann S. 541—550 (ein vorzüglicher, reichhaltiger Abschnitt, Auszüge aus den Motiven, Verhandlungen, bes. über die Streitigkeiten zwischen Pachtgesellschaft und Staat, worauf hier, unter Hinweis auf Kaufmann's Darstellung, nicht näher eingegangen wird; s. darüber auch Say, dict. p. 128. — Mathieu-Bodet I, 41, 84, 148, 308, 313. — Tarif (neuer v. 1885) im Bull. XVI. 532 und in den oben genannten Gesetzen und Decreten. — Statistisches bei v. Kaufmann. Faure p. 130 (Ertrag f. d. Staat). Bericht über indirecte Steuern.

§. 300. 1. Im Allgemeinen. Einführung einer Steuer. Die Besteuerung der Streichhölzchen bietet nach drei Seiten ein besonderes Interesse, einmal als neue Verbrauchssteuer auf einen wichtigen, ja unentbehrlichen Consumartikel, sodann weil man sich veranlasst gesehen hat, die erst im Jahre 1871 eingeführte neue Steuer schon im folgenden Jahre wesentlich aus steuertechnischen Gründen in die Monopolform hinüber zu führen; endlich weil man das Monopol an eine Finanzgesellschaft verpachtet hat.

Beides Letztere Maassregeln, welche den Grundsätzen moderner französischer Finanzpolitik widersprechen, denn bei Tabak und Pulver handelte es sich doch um alte Monopole, für welche in einem

Falle auch eminent wichtige Finanzinteressen, im anderen, der Annahme nach, Sicherheitsinteressen sich geltend machten. Bei den Streichhölzchen war erst ein **neues Monopol** einer einmal bestehenden und entwickelten Privatindustrie gegenüber **einzuführen**, nachdem schon die Besteuerung dieses Artikels erheblichen Bedenken begegnet war. Und vollends die **Verpachtung** dieses Monopols, die damit verbundene Nothwendigkeit, **Privatorganen** wichtige **Controlrechte** zu gewähren, war eine mehr an die berufenen Zeiten der fermiers des ancien régime erinnernde Massregel, die dennoch — nicht nur beliebt wurde, sondern sich einbürgerte und wenigstens bis jetzt bestehen geblieben ist. Das Ganze ein neues Beispiel, dass man auf diesem Gebiete mit Generalisationen, wie „die und die Einrichtung gehört definitiv nur der und der finanzgeschichtlichen Epoche an", vorsichtig sein muss. Mindestens heisst es auch hier: „keine Regel ohne Ausnahme". Ob eine solche Ausnahme im concreten Falle Platz greifen soll und in unserem Beispiel berechtigt war, darüber gehen dann freilich die Meinungen wieder leicht auseinander.

Die Einführung einer **Verbrauchs-** oder **Fabrikationssteuer** auf Streichhölzchen gehört zu jener Reihe von Besteuerungsmassregeln, zu denen man nach dem deutschen Kriege in Frankreich, gezwungen durch die Finanznoth der Zeit und um die Steuerlast einigermassen auf verschiedene Objecte zu vertheilen, griff. Die neue Steuer bildete speciell ein Glied in der Reihe der „neuen kleinen Steuern", welche oben bereits besprochen worden sind (§. 274—282). Nur ihre spätere Hinüberführung in die Monopolform ist der äussere Grund dafür, dass sie erst hier zur Darstellung kommt (S. 690).

Eine solche Streichhölzchensteuer war aber kein ganz neues Steuerproject. Man hatte vielmehr schon früher unter Napoleon III. einmal an sie gedacht und damals, 1860—62, auch Seitens der Finanzverwaltung mittelst einer eigenen Enquête Material über die Lage der betreffenden Industrie gesammelt. Die Wahrnehmung des **ausserordentlichen Preisaufschlags**, den der Artikel durch den Zwischenhandel auf dem Wege vom ersten Producenten bis zum Consumenten erfahre, von 200 % und vielleicht noch mehr, und die Beobachtung der grossen **Feuersgefahr**, die durch den Missbrauch mit dem gleichwohl selbst im Kleinhandel noch so wohlfeilen Artikel hervorgerufen werde, hatten schon vordem die Idee einer Zündhölzchensteuer auftauchen lassen.

S. Olibo III, 346. Um 1862 schätzte man — wohl zu hoch — die Production von Streichhölzchen jeder Art auf 50 Milliarden Stück, im Gewicht von 11 Mill. Kil., zu einem Fabrikationskosten-Aufwand von 9, einem En-gros-Preise von 11 und einem Detail-Preise von 26 Mill. Fres. Also ein „Zwischengewinn" von 17 Mill. Frcs. oder 188 %. Die Zahl der Fabriken von einiger Bedeutung war c. 150, ausserdem an 1000 kleine Hausindustriebetriebe mit Vertrieb der Waare durch Colportage der Producenten selbst. Ein- und Ausfuhr glichen sich ungefähr aus.

Bei der Neuordnung der Finanzen nach dem Kriege erschien denn auch dies Steuerproject neben den zahlreichen anderen, zu denen die Finanzlage drängte, alsbald auf der Bildfläche und wurde, trotz mehrfacher Opposition und principieller wie practischer Bedenken zum Gesetz erhoben (Gesetz v. 4. Sept. 1871).

Es wurde vornemlich mit den beiden genannten Gründen motivirt, wozu dann Ausschlag gebend noch die weitere Erwägung kam, dass der Artikel ebenso gut, wie mancher andere, damals besteuerte, eine Steuer ertragen könne. Dem speciellen principiellen Bedenken, dass es sich hier um einen Artikel nothwendigsten Bedürfnisses handle, begegnete man mit dem freilich sich eigentlich aufhebenden Doppeleinwand, dass eine mässige Steuer, wie sie geplant werde, den Gegenstand gar nicht sehr vertheuern werde, da sie wesentlich vom grossen Gewinn des Zwischenhandels getragen werden werde, auch die Vertheilung der Consumtion auf die ganze Bevölkerung die Steuer für den einzelnen Consumenten kaum fühlbar machen könne, andererseits aber eine Vertheuerung des Artikels für den Consumenten aus allgemeinen Gründen erwünscht sei, um den gefährlichen Missbrauch zu erschweren und so Feuergefahren zu vermindern. Ein Gesichtspunkt, der seit Jahren vielfach durch die Generalräthe vertreten worden war: die „legalen Vertreter der Bevölkerung hätten so zu dieser Steuer selbst die Initiative ergriffen". — Ueber die zahlreichen sonstigen Steuerprojecte in der Zeit nach dem Kriege s. bes. Amagat, z. B. p. 168. Erst bei der Würdigung der Finanzlage nach dem Kriege, wie sie in solchen Projecten hervortritt, wird man dem einzelnen realisirten Project, mag es auch sonst Bedenken genug bieten, gerecht werden.

Die durch das Gesetz vom 4. Sept. 1871 neu eingeführte Steuer wurde in den üblichen Formen der französischen indirecten Verbrauchssteuern bei „privatwirthschaftlicher Productionsweise" eingerichtet. Daran knüpften sich einige besondere Normen nach der specifischen Natur einer Zündhölzchen-Besteuerung an.

Daher Licenzpflicht (20 Fres.) der Fabrikanten wie der mit Fabrikantenrecht versehenen Grosshändler und Commissionäre, Declarationspflicht über Art und Umfang der Fabrikation, ebenso der Gross- und Kleinhändler in Betreff ihres Geschäfts. Unterstellung der Fabriken und Debite unter die Controle der Beamten der indirecten Steuern (Form des exercice), entsprechende Strafbestimmungen u. s. w. S. bes. Ges. v. 4. Sept. 1871 Art. 3—4, Reglem. v. 29. Nov. 1871 (Dejean, p. 95 ff.).

Für das steuerpflichtige Object „allumettes chimiques" wurde eine „Legaldefinition gegeben: „alle Objecte, welche mit Zündstoff versehen (amorcés) oder derartig präparirt sind, dass sie sich durch Reibung (frottement) oder durch jedes andere Mittel, als directe Berührung mit einem in Brand befindlichen Gegenstand entflammen oder Feuer hervorbringen können" (Ges. v. 1871 Art. 3).

Der Tarif wurde büchsen- oder packetweise, nach der Zahl der Hölzchen, bestimmt, für die gewöhnliche Waare Typenmengen, in denen sie nur in den Handel kommen durfte (50, 100, 200, 500, 1000), festgestellt und verordnet, dass alle inländischen oder importirten Hölzchen nur in geschlossenen Büchsen oder Packeten, bekleidet mit gestempelten, die Steuerzahlung constatirenden Vignetten circuliren und zum Verkauf kommen dürften (gen. Ges. Art. 4). Der

Tarif war zuerst — für ordinäre Waare in Holz gegen den Entwurf etwas ermässigt — 1½ Cent. für Büchsen von 50 Stück und darunter, 3 Cent. für 51—100, je 3 Cent. f. je 100 in grösseren Büchsen oder Päckchen für Waare in Holz; für feinere Waare aus anderen Stoffen als Holz (Wachs u. s. w.) 10 Cent. f. je 100 Stück. Das Ges. v. 22. Juni 1872 erhöhte den Satz für Waare in Holz auf 4 Cent. für je 100 Stück und darunter. Die Stempelvignetten mussten nach Decr. v. 29. Febr. 1872 von den Fabrikanten selbst auf ihre Kosten angebracht werden, während ihnen in diesem Falle zuerst eine Provision gewährt worden war. — Ausdrücklich trug auch hier importirte Waare noch neben dem Eingangszoll die innere Verbrauchssteuer (Ges. v. 4. Sept. 1871 Art. 3) und unterlag dieselbe dann auch dem Markirungszwang. Exportwaare war steuerfrei.

In der Praxis bewährte sich diese Besteuerung jedoch nicht sonderlich. Der Ertrag blieb namentlich hinter der Erwartung zurück.

Statt 15 Mill. erhielt man nur 5—6 Mill. (genau in 1872 5,972,000 Frcs.). Die zahlreichen und zerstreut liegenden Fabriken waren schwer ordentlich zu beaufsichtigen, die Fabrikanten klagten dennoch, da die geheime Fabrikation bei dem Artikel nicht genügend zu verhüten, daher der Unterschleif gross war. Die Klagen über die Feuersgefahr blieben die alten. Den Consumenten aber wurde unerwartet ganz übermässig die Waare seit Einführung der Steuer vertheuert, indem der Detailpreis trotz der schon bisher grossen Gewinne des Zwischenhandels nicht bloss um 3—4 Cent. f. 100 Stück, sondern um 5, 10, selbst 15 Cent. stieg. „Das Publicum zahlte so fast 20 Mill. Frcs. mehr, als es beim Monopol zahlen würde." (S. die Note bei Dejean, code p. 252.)

Auch wenn diese Beschwerden nicht übertrieben gewesen sein sollten, kann man ihre volle Beweiskraft freilich doch bezweifeln, weil die Steuer kein ganzes Jahr ordentlich in Gang war und sich doch Manches bei längerem Bestehen gebessert haben möchte. Den Consum, und damit die Ertragsfähigkeit der Steuer hat man überhaupt etwas überschätzt, wie auch in der Folgezeit beim Monopol sich zeigte.

Diese „Erfahrungen" führten aber dazu, dass der bereits anfänglich aufgetauchte Gedanke, die Steuer in Monopolform einzurichten, schon im Sommer 1872, noch vor Ablauf eines Jahres nach der ersten Einführung der Steuer, durch ein neues Gesetz (vom 2. Aug. 1872) verwirklicht wurde: ein, wenn gerechtfertigtes oder selbst nothwendiges, so doch auffallend schnelles Vorgehen mit einer auch principiell so wichtigen Massregel, noch bevor die bisherige Steuerform sich wegen der Kürze der Zeit, in der sie in Geltung stand, überhaupt nur hätte genügend bewähren können.

§. 301. 2. Das Monopol. Die Begründung des einzuführenden Monopols stützte sich auf die im Vorausgehenden angegebenen Puncte. Das Consumenteninteresse, nicht nur was den Preis, sondern auch was die Qualität des Artikels anlangt, spielte dabei eine bemerkenswerthe Rolle. Den Ausschlag gab aber doch das Finanzbedürfniss und die Annahme, dass dessen Deckung für den von der Steuer veranschlagten Ertrag von mindestens 15 Mill. Frcs. gerade bei diesem Artikel, nach dessen eigenthümlichen Productionsbedingungen, nur durch das Monopol genügend gesichert werden könne. Diese Erwägungen siegten über die allgemeinen Bedenken und über eine lebhafte Opposition, welche sich gegen die Monopole überhaupt und gegen das beabsichtigte speciell richteten, wobei die Kosten der Expropriation der bestehenden Privatfabriken und die Unmöglichkeit, der geheimen Fabrikation überhaupt Herr zu werden, auch als finanzielle Bedenken festgehalten wurden. Der Hauptinhalt des massgebenden Gesetzes v. 2. Aug. 1872 ist der folgende.

<small>Von der Veröffentlichung des Gesetzes an wurde „Ankauf, Fabrikation und Verkauf von Streichhölzchen (allumettes chimiques) in ganzen Staatsgebiete ausschliesslich dem Staate übertragen" (Art. 1). Der Finanzminister wurde ermächtigt, dies Monopol entweder direct durch die Verwaltung der Staatsmanufacturen auszubeuten oder im Wege öffentlichen Zuschlags oder nach gegenseitiger Uebereinkunft (à l'amiable) eine Concession für die Ausbeutung des Monopols zu ertheilen (Art. 2). Zur Schaffung des freien Bodens für das Monopol sollte die Expropriation der bestehenden Fabriken eintreten, alsdann nach den Bedingungen des Gesetzes vom 3. Mai 1841. Die erforderliche Entschädigungssumme sollte der Finanzminister vorschiessen dürfen und mittelst Vorwegnahme aus dem Monopolertrag wieder einziehen (gen. Ges. Art. 1). Doch wies der Finanzminister die Präfecten in einem Circular vom 8. Nov. 1872 (bei Dejean, code p. 257) selbst darauf hin, dass häufig das Interesse des Fiscus und der Industriellen in der Vermeidung der Expropriation übereinstimme, daher dann besser an deren Stelle vertragsmässige Feststellung der Entschädigung treten werde. Nur konnte der Fabrikant seinerseits immer Expropriation verlangen. Das Gesetz v. 1872 stellte ferner Maxima der Verkaufspreise der Streichhölzchen nach Sorten auf: Waare in Holz p. Kil. 2½ Frcs., Büchse von 150 10. von 60 Stück 5 Cent. mit erlaubter Fehlergrenze (tolérance) von 10%. Waare in Wachs 10 Cent. für Schachteln von 40. mit gleicher Fehlergrenze (Art. 4). Im Falle der Verpachtung der Steuer sollten die finanziellen Abmachungen der Bestätigung der Nationalversammlung bedürfen (Art. 5). Bei jeder Art der Ausbeutung des Monopols sollten Einfuhr, Circulation und Verkauf der Streichhölzchen unter dem Régime und unter den Strafbestimmungen der Steuergesetze v. 4. Sept. 1871 u. 22. Jan. 1872 verbleiben (Art. 6).</small>

Eigenthümlicher Weise und rein sachlich nicht recht erklärlich entschied sich der Finanzminister für die Verpachtung des Monopols an eine Actiengesellschaft, nicht für den Eigenbetrieb.

<small>Da die beiden anderen Monopole in eigener Regie zufriedenstellend verwaltet wurden, damals noch beide durch die „Direction der Staatsmanufacturen", welche die Consumartikel fabricirte (S. 720), so hätte es, sollte man meinen, vollends nahe gelegen, das neue Monopol ebenfalls in die Eigenverwaltung zu nehmen. Die ökonomisch-technischen Aufgaben waren nicht besonders schwierig, jedenfalls leichter als bei den zwei anderen Monopolen, die Production liess sich nur zu ihrem Vortheil auf wenige Hauptfabriken concentriren, was die eigene Regie vollends leistungsfähig machen musste und von der Pachtgesellschaft gleichfalls durchgeführt wurde. Der Vertrieb der Waare konnte den Tabakdebitanten, aber, um den Artikel noch allgemeiner und bequemer den Consumenten zugänglich zu machen, auch anderen Privatdetaillisten, wie es Seitens der Pachtgesellschaft denn auch geschehen ist, überlassen werden. Den Schwierigkeiten der Regelung des Pachtwesens, welche bald hervortreten sollten, und den misslichen Consequenzen, Steuerpächtern und deren Organen weitgehende und odiöse Controlrechte zu übertragen, wäre man entgangen. Aber allerdings hätte der</small>

Fiscus von vornherein das Risico des Monopols, das sich doch nicht genau veranschlagen liess, tragen und möglicher Weise, wenigstens in den ersten Jahren, mit einem niedrigeren Reinertrag sich begnügen müssen, als der war, welchen der Pachtschilling der Gesellschaft verbürgte. Es scheint, dass diese finanziellen Rücksichten, neben etwa mitsprechenden politischen Momenten, für die Verpachtung den Ausschlag gaben. Ob mit Recht, möchte ich dahin stehen lassen.

Der Gesellschaft wurde durch öffentlichen Zuschlag nach dem Meistgebot auf Grund der Bedingungen eines „Lastenhefts" vor drei anderen Bewerbern das Monopol auf zunächst 20 Jahre überlassen, vorbehaltlich beiderseitigen Kündigungsrechts am Ende jeder fünfjährigen Periode immer ein Jahr zuvor.

Sie bildete sich mit einem Capital von 40 Mill. Frcs., hatte 10 Mill. Frcs. Caution zu stellen und jährlich, solange der Consum im Monopolgebiete 40 Milliarden Stück Streichhölzchen im Jahre nicht übersteigen würde, 16,030,000 Frcs. Pachtsumme zu entrichten, für den höheren Verbrauch einen verhältnissmässigen Betrag; für die exportirten Hölzchen, die nur in besonderen, von den für den heimischen Consum arbeitenden ganz getrennten Anstalten fabricirt werden durften, 1.6 Centimes für 1000 Stück aus Holz, 9 Cent. für 1000 aus Wachs. Die Gesellschaft hatte nach ihrer Wahl die ihr passenden vom Staate erworbenen bisherigen Privatfabriken unentgeltlich in Gebrauch zu übernehmen — was aber nur mit 9 (oder 11?) geschehen ist —, sie in gutem Zustande zu erhalten und sie in solchem seinerzeit zurückzustellen. Eventuell durften von ihr 2 neue Fabriken auf Staatskosten errichtet werden (bis zum Maximum v. 700,000 Frcs. Kosten). In ähnlicher Weise übernahm die Gesellschaft die brauchbaren Geräthe u. s. w.; ferner schätzungsweise die vorhandenen Materialien und Fabrikate (für 1,796,000 Frcs.). Die Gesellschaft musste sich verbindlich machen, die Bedürfnisse des Consums genügend zu befriedigen, die für den Verkauf bestimmten Sorten-Typen und die Maximalpreise dafür wurden festgestellt. Der Concessionar durfte Specialagenten vereidigen lassen, welche dann ermächtigt waren, Protokolle wegen Verletzung des Monopol betreffenden Gesetze und Reglements aufzunehmen, mit Beweiskraft bis zum Beweis des Gegentheils. Er konnte in diesen Fällen vor wie nach dem Urtheil sich mit den Contravenienten abfinden. Für Verstösse der Gesellschaft gegen die vertragsmässigen Verpflichtungen wurden Geldstrafen angedroht; auch dem Staat das Recht vorbehalten, wenn die Bedürfnisse der Consumtion irgendwo nicht genügend befriedigt werden sollten, auf Kosten der Gesellschaft die erforderliche Abhilfe eintreten zu lassen. Zweifel bei der Ausführung oder Auslegung des Vertrags (Lastenhefts) waren im Verwaltungswege vom Finanzminister zu entscheiden, vorbehaltlich Recurs an den Staatsrath. (Das Vorausgehende aus dem Lastenheft v. 5. Sept. 1872, bei Olibo III, 355—365; das Lastenheft enthält noch manches weitere Detail. S. auch Ges. v. 15. März 1873.)

Eine Schwierigkeit, auf welche schon bei der Feststellung der Bedingungen in dem Lastenhefte hatte Rücksicht genommen werden müssen, lag in den Verhältnissen der Einfuhr ausländischer Streichhölzchen.

In Consequenz des Monopols musste diese verboten oder nur dem Monopolisten selbst, bez. der Monopolpächterin gestattet werden. In ersterer Hinsicht hinderten aber die Handelsverträge wenigstens zunächst noch. Es konnte daher unmittelbar nur ein Verbot der Privateinfuhr aus Staaten, mit denen keine solchen Verträge bestanden, erfolgen. Aus Vertragsstaaten blieb diese Einfuhr gestattet, gegen den Zoll und eine besondere Steuer von 4 Cent. für Holzwaare, 5 Cent. für Wachshölzchen p. 100 Stück, aber nur für den persönlichen Gebrauch, bis 5 Kil. für den Beziehe in einem Jahre. Verkauf und Colportage wurden verboten. Die importirte Waare musste mit Stempel zum Beweis der Gebührenzahlung bekleidet werden. Nach Ablauf der Handelsverträge wurden Streichhölzer nicht mehr in die neuen Verträge aufgenommen und sind seitdem und nach dem Tarif v. 1881 für Privateinfuhr unbedingt verboten. Die Monopolgesellschaft darf nur mit specieller Ermächtigung des Finanzministers ausländische Waare einführen (Lastenheft von 1872 Art. 8, Ges. v. 15. März 1873 Art. 3, Ges. v. 28. Jan. 1875 Art. 2, Olibo III, 361, Say, dict. p. 128).

Besondere unerwartete Schwierigkeiten traten aber durch die Verzögerungen, welche der Erwerb der Privatfabriken durch den Staat erfuhr, für die Ausführung des Vertrags ein.

Die zwanzigjährige Concessionsdauer sollte von dem Tage an laufen, wo die Gesellschaft die zur Ausbeutung des Monopols bestimmten Fabriken übernehmen würde. Der Termin hierfür musste, weil sich die vollständige Abwicklung der Expropriationsgeschäfte hinauszog und man bis dahin den bestehenden Fabriken den Geschäftsbetrieb nicht untersagen konnte, bis 1. Oct. 1874 hinausgeschoben werden, von wo an die Gesellschaft daher erst mit dem Fabrikationsmonopol bekleidet wurde. Da aber auch nach diesem Termin noch Vorräthe von bisherigen Fabriken im Handel waren und noch nicht sofort ganz ausgeschlossen werden konnten, wurde in einem neuen Vertrag zwischen dem Staate und der Gesellschaft vom 11. Dec. 1874 (s. denselben bei Olibo III, 366 ff.) bestimmt, dass erst der 1. Januar 1875 der Termin sein sollte, von dem an die Gesellschaft als mit dem Monopol ausgestattet gelten und die 20jährige Concessionsdauer laufen solle. Der neue Vertrag modificirte ausserdem einige andere Bestimmungen des früheren. Seine finanziellen Stipulationen wurden in dem Ges. v. 28. Jan. 1875 genehmigt. Bis 1. Jan. 1875 hatten die Streichhölzchen der Gesellschaft, ebenso wie die der bisherigen Privatfabriken die Steuersätze der früheren Gesetze zu tragen. Einige Uebergangsbestimmungen wurden ebenfalls noch getroffen. Die Betheiligung des Staats an dem Gewinn aus dem Absatz von mehr als 40 Milliarden Stück im Inland wurde etwas anders normirt, was aber keine practische Bedeutung erlangte, da der Vertrieb diese Höhe nicht erreichte (Art. 6 d. Vertr. v. 1874). Für das erste Quinquennium wurde der Antheil des Staats bei exportirter Waare von 1.6 auf 0.8 Cent. f. 1000 Stück aus Holz, von 9 auf 4 Cent. für 1000 Stück aus Wachs herabgesetzt.

So erklärt es sich, dass die Einnahme aus dem Monopol erst vom Jahre 1875 an ihre volle vertragsmässige Höhe für den Staat erreichte. Bis dahin war der Ertrag gewesen: 1871 2372 Frcs., 1872 5,924,000, 1873 9,103,000, 1874 9,858,000 Frcs. 1875 betrug er 16,589,000 Frcs., über ½ Mill. Frcs. über die Vertragssumme, was vornemlich aus der Besteuerung von Restvorräthen zu Ende 1874 herrührt. Von da an bis 1884 hat die Einnahme des Staats jährlich zwischen 3000 und 185,000 Frcs. mehr als die stipulirte Summe von 16,030,000 Frcs. betragen, in Folge des Exports. Die Gesellschaft selbst hat freilich in den ersten Jahren zugesetzt, namentlich weil der Absatz weit unter der Annahme blieb. Eine Klage auf Entschädigung, welche Seitens der Gesellschaft angestellt wurde, fiel indessen nicht zu Gunsten der letzteren aus (s. v. Kaufmann S. 399).

Zu erwerben bez. einzulösen und eventuell mittelst Expropriation waren gegen 600 Fabriken, davon an 100 grössere (v. Kaufmann S. 540). Die erforderliche Entschädigungssumme war auf 22 Mill. Frcs. geschätzt worden, erreichte aber schliesslich 32.5 Mill., wovon 2 Mill. für Werkzeuge u. s. w., Rohstoffe, Fabrikate (Bull XVI, 530). Die Schwierigkeit für die volle Durchführung des Monopols folgte aus den Bestimmungen über die Expropriation nach dem anzuwendenden Ges. v. 3. Mai 1841. Danach musste der zwangsweise zu enteignende Eigenthümer im Besitz seines Immobils und demnach im Rechte des Betriebs — unter Verpflichtung der Steuerzahlung — bis zu dem Tage bleiben, wo er die Entschädigungssumme gezahlt erhielt. Damit waren Verzögerungen unvermeidlich geworden und es zum Theil den Fabrikanten selbst möglich gemacht, solche herbei zu führen. (S. Circ. d. Finanzministers v. 8. Nov. 1872, bei Dejean p. 257). Die von der Pachtgesellschaft nicht übernommenen Objecte sind vom Staate grosstheils wieder verkauft worden.

Vor Ablauf der zweiten Quinquennialperiode hat der Staat von dem vertragsmässigen Rechte der Kündigung der Pacht Gebrauch

gemacht, um etwas bessere finanzielle Bedingungen zu erzielen, was ihm denn auch gelungen ist.

<small>Sie konnten ihm nach 10 Jahren also doch gewährt werden. Die alte Gesellschaft verpflichtete sich nämlich in einem neuen Vertrage statt der bisherigen 16,030,000 Frcs. jährlich 1 Mill. mehr, vom fünften Jahre an 2 Mill. mehr zu entrichten, wobei nur die besondere Bezahlung für exportirte Streichhölzchen fortfiel. In der Deputirtenkammer wurde denn auch das Monopol beizubehalten beschlossen, indem sowohl die beantragte Aufhebung jeder Steuer als die Rückkehr zu freier Fabrikation mit leichter Vermehrung der Steuern abgelehnt ward. Doch wurde eine Resolution gefasst, dass das Monopol durch Zuschlag vergeben werden solle. Ein erster Versuch blieb erfolglos, alsdann wurde aber die „Allgemeine Streichhölzchen-Gesellschaft für Frankreich und das Ausland" concessionirt, für eine jährliche Zahlung an den Staat von 17,010,000 Frcs., zuzüglich eines Antheils von 40 % am Erlöse aus dem Absatze, welcher auf französ. Gebiete 35 Milliarden Stück übersteigen würde. Die besondere Abgabe für die ausgeführten Hölzchen wurde aufgehoben, der Gesellschaft zugleich die Einfuhr fremder Hölzchen untersagt. Diese Summe von 17,010,000 Frcs. steht seitdem, d. h. seit 1883, im Etat und in den Ertragsübersichten der Verwaltung der indirecten Steuern. Der neue Vertrag läuft auch wieder auf 20 Jahre, v. 1. Jan. 1883 an, vorbehaltlich der Aufkündigung je nach 5 jähr. Perioden immer ein Jahr vor Ablauf derselben. Sonst nur kleine Abänderungen des früheren Vertrags (s. das Lastenheft v. 1884, Bull. XVI, 649 ff).</small>

Es ist demnach bisher nicht nur die Besteuerung der Zündhölzchen, sondern auch das Monopol und die Verpachtung desselben bestehen geblieben. Da die Rückkehr zur Steuerfreiheit oder auch nur zur Besteuerung unter Freigabe der Fabrikation und des Verkaufs nicht bloss erhebliche finanzielle Bedenken hätte, welche in der Lage der französischen Finanzen berücksichtigt werden müssen, sondern auch die ganzen früheren Expropriationsmassregeln zwecklos werden liessen, ist es kaum wahrscheinlich, dass man in absehbarer Zeit wieder zur Aufgabe des ganzen Monopols schreiten wird, — falls nicht eine Revolution einmal wieder einen allgemeinen Umsturz des bestehenden Steuersystems mit sich führen sollte. Eher möchte anzunehmen sein, dass man über kurz oder lang an die Stelle der Verpachtung den Selbstbetrieb, die Regie treten lässt, wozu sich nach dem Pachtvertrage alle 5 Jahre von 1885 an Gelegenheit ergäbe. Denn Missliches liegt in der Ausnutzung eines Monopols, einer Steuerquelle, durch Pächter, wenigstens heutzutage, immer leicht. Das hat sich in den ersten Jahren der früheren Pachtperiode wiederholt und unangenehm gezeigt.

§. 302. 3. Einzelheiten des verpachteten Monopols. Zur Ergänzung des Vorausgehenden sind noch folgende Puncte als bemerkenswerth hervorzuheben.

a) Es besteht die Verpflichtung für die Pachtgesellschaft, für alle Anforderungen des Consums Streichhölzchen von guter Qualität in genügender Weise zu fabriciren und zum Verkauf zu bringen: ein Punct von besonderer principieller Bedeutung zum Vergleich des Monopolsystems und desjenigen des „freien Verkehrs".

Zu diesem Zweck sind in dem dem Pachtvertrage zu Grunde liegenden Lastenhefte genau die Sorten, Verkaufszahl-Einheiten und die Maximalpreise — unter die also die Gesellschaft hinunter gehen darf — festgestellt, im neuesten Tarif von 1884 folgendermassen: es werden zwei Hauptgattungen, „reglementsmässige" und Luxus-Streichhölzchen unterschieden. Von ersteren kommen in den Handel 8 „Typen", nämlich Holzstückchen mit ordinärem Phosphor nach dem Gewicht p. Kil. (auf 1 Kil. mindestens 3500 Stück) zu 2 Frcs., dreierlei Packete oder Schachteln derselben Sorte zu 500, 150, 60 Stück zu 30—10—5 Cent., zweierlei Schachteln von Holzwaare mit amorphem Phosphor zu 100 und 50 Stück zu 10 und 5 Cent., Wachsstreichhölzchen mit ordin. und amorphem Phosphor zu 40 und 30 Stück, jede Schachtel zu 10 Cent. Die Luxuswaare zerfällt in 5 Sorten, von denen drei in 3, 1 in 4, 1 in 1 Verkaufszahl-Einheiten in den Handel kommen (Preis z. B. für sog. „schwedische" 1000 Stück 1.10 Frcs., Schachtel mit Reiber und 50 Stück 10 Cent.). Weitere Sorten Luxuswaare können genehmigt werden, den Preis dafür setzt ein Decret des Präsidenten der Republik fest. In Betreff der Stückzahl ist bei allen Sorten Hölzchen eine „Toleranz" von 5—10% zulässig, die aber in Ganzen höchstens 2% erreichen darf (s. Art. 3 des Lastenhefts v. 1884). Die früheren, wesentlich gleichen Tarife, so im Decr. v. 30. Dec. 1874 und 1. Febr. 1875 f. Luxuswaare, z. B. bei Olibo III, 372 ff., Block, dict., p. 104. Die Packete, Schachteln u. s. w. kommen mit bestimmten, nach den Sorten verschiedenen Marken oder Vignetten in den Verkehr.

Die Verwaltung der indir. Steuern überwacht die Qualität der Waare. Zu dem Behufe werden Muster der vorgeschriebenen Sorten bei ihr hinterlegt (Art. 4 des Vertrags v. 1874).

Sie hat ausserdem auch das Recht, alle Fabriken und Magazine der Gesellschaft, ihrer Abnehmer (sous-traitants) und der Debitanten zu controliren, die Art der Rechnungsführung anzuordnen, auch die Bücher einzusehen und die Grösse der Fabrikation und des Absatzes zu constatiren.

Die schon erwähnten Strafandrohungen (S. 764) suchen die Innehaltung auch aller dieser Verpflichtungen zu verbürgen (Art. 10 des Lastenhefts v. 1872).

Für den Absatz ist dann das Gebiet in Regionen eingetheilt, in denen die Gesellschaft den Vertrieb an „sous-traitants" übergiebt, welche wieder die Debitanten versorgen. Die leichte Versorgung der Consumenten wird dadurch gesichert, dass gesetzlich jedem patentirten Kleinverkäufer auf sein Verlangen der Debit von Streichhölzchen der Monopolpächterin und zu einem für alle gleichen Provisionssatze überlassen werden muss (Ges. v. 28. Jan. 1875, Art. 2, s. Olibo III, 371 Note). Man wollte so alle Kleinhändler in demselben Verkaufsgebiet vom Standpuncte der freien Concurrenz aus in die gleiche Lage versetzen —, alles beachtenswerthe Puncte für die socialpolitische Seite des Monopols.

b) **Die Pachtgesellschaft betreibt die Fabrikation und den Verkauf der Streichhölzchen auf ihre Rechnung und Gefahr. Aber sie ist dafür vom Staate auch in dem ihr übertragenen Monopolrechte zu schützen.**

Zu diesem Behufe hat namentlich die Finanzverwaltung die gesetzlichen Controlrechte, Strafverfolgungen und Strafverhängungen zu Gunsten der Gesellschaft auszuüben, bez. zu veranlassen. Es sind auch, besonders durch die Gesetze vom 15. März 1873, Art. 5, 28. Jan. 1875, Art. 3 und 28. Juli 1875 wichtige Controlrechte und Strafbestimmungen zur Sicherung des Monopols, von anderen Steuergebieten, wie dem Tabakmonopol, auf die analogen Fälle des neuen Monopols übertragen oder neu erlassen worden. Und auch die Pachtgesellschaft selbst darf — und soll — in gewissem Umfang von sich aus durch ihr eigenes Personal Controlen ausüben, Contraventionen verfolgen und Strafanträge stellen, sowie sich über Strafen mit den Contravenienten abfinden und die Straf- und Abfindungsbeträge einziehen, zur Hälfte für sich selbst (s. o. S. 764 Lastenheft v. 1872, Art. 9, mit noch näheren Einzelbestimmungen). Ueber die gen. gesetzlichen Normen s. bes. den Commentar von Olibo III, 352, 371, 376.

Die Anwendung dieser z. Th. scharfen und weitgehenden Control- und Strafbestimmungen hat am meisten Schwierigkeiten und Opposition geschaffen. Die im Anfang erfolgte finanzministerielle Beauftragung von Agenten der Gesellschaft mit Control-, Inspections- und Visitationsrechten führte, bes. nach Erlass des Ges. vom 28. Juli 1875, zu sehr vielen Klagen, indem diese Agenten eine übertriebene Menge Visitationen vornahmen. Deshalb nahm der Finanzminister diesen Auftrag zurück, womit dann aber die Rechte der Gesellschaft auf Schutz ihres Monopolrechts gefährdet erschienen. Dies veranlasste die Gesellschaft zur Anstellung der Klage auf Entschädigung beim Staatsrath, mit der sie aber nicht durchdrang (s. Roussan's Artikel im Say'schen dict., p. 128, 129 und v. Kaufmann, S. 547 ff. Besonders die Ausdehnung der Visitationen auf Nachforschung nach blossem Besitz nicht-monopolischer Streichhölzchen, sogar bei blossen Privaten war der heikle Punct). Alles missliche Verhältnisse, welche nicht dem Monopolprincip, sondern dem Princip der Verpachtung eines solchen Monopols zuzuschreiben sind und derentwegen Vignes sagte: „Die Schwierigkeiten sind der Art, dass man vielleicht auf das System der Pacht verzichten wird" (I. 184). Der weitere Verlauf der Dinge, die Erneuerung des Pachtvertrags i. J. 1884 beweist jedoch, dass später diese Schwierigkeiten überwunden wurden.

Worauf die Controle im Einzelnen sich erstreckt, ergibt sich mit aus folgenden Strafbestimmungen: geheime Fabrikation von Streichhölzern mit Geldstrafe von 300—1000 Frcs. und Beschlagnahme und Confiscation der Hölzer, der Werkzeuge und Fabrikationsstoffe bedroht, im Wiederholungsfall Gefängnissstrafe von 6 Tagen — 6 Monat; ebenso Aufbewahrung von Werkzeugen, Stoffen u. s. w. (Ges. v. 28. Juli 1875, Art. 2, 3). — Frauduloser Verkauf, Colportage von Zündhölzchen bedroht mit Verhaftung, Geldstrafe von 300—1000 Frcs., Confiscation der Objecte, Geräthe, bei Colportage auch der Transportmittel (Ges. v. 28. Apr. 1816, Art. 222, v. 24. Jan. 1875, Art. 3). — Blosser Besitz von Nicht-Monopol-Hölzchen bei „einfachen Privaten" mit Confiscation und 10 Frcs. p. Kil., Min. 100, Max. 3000 Frcs., Geldstrafe geahndet (Ges. v. 28. Juli 1875, Art. 1, Ges. v. 1816, Art. 216, 217, s. Olibo III, 376 Noten). Solche Privaten dürfen auch nicht „echte" Hölzchen für mehr als 1 Kil. besitzen, wenn die Hölzchen nicht mehr mit den gesetzlichen Marken versehen sind. — Inhaber von Wirthschaften u. dgl. m. werden zwar von letzterer Beschränkung nicht getroffen, fallen aber beim Besitz von Nicht-Monopol-Artikeln unter dieselben Strafen, wie frauduloser Verkäufer und Colporteure (Ges. v. 28. Juli 1875, Art. 1, Ges. v. 1816, Art. 222, Olibo a. a. O.).

δ. Rückblick auf die Monopole und Vergleich mit den sonstigen inneren Verbrauchssteuerformen.

§. 303. Es ist nicht ohne Interesse, nach der vorausgehenden Darstellung noch einen Rückblick auf die indirecten inneren Verbrauchssteuern bei „freier privatwirthschaftlicher Production" einer- und auf die in „Monopolform erhobenen" Steuern anderseits zu werfen und zwischen diesen beiden „Steuerformen" nach den französischen Erfahrungen einen Vergleich zu ziehen.

Vom finanzwirthschaftlichen Standpuncte aus möchte dieser Vergleich zu Gunsten der Monopole ausfallen, wenigstens bei den drei bestehenden französischen Monopolen.

Das fiscalische Interesse liess sich bei diesen sehr gut wahrnehmen, und mit erheblich geringeren Schwierigkeiten als bei den übrigen inneren Verbrauchssteuern. Das Besteuerungsproblem wurde durch die Wahl des Monopols in jeder Hinsicht vereinfacht und nach richtigen steuerpolitischen und steuertechnischen Grundsätzen lösbar. Bei der Verbrauchsbesteuerung der Privatproduction, vollends in unserer Zeit der rasch wechselnden Technik, Oekonomik, Verkehrsverhältnisse bot es dagegen immer grössere Schwierigkeiten, die sich völlig befriedigend kaum für einen Moment, auf die Dauer niemals lösen liessen.

Steuerpolitisch war es auch ein grosser Vortheil, dass beim Monopol ein Qualitätsfuss angelegt werden konnte, was sonst gar nicht oder viel unvollkommner geschieht. Die Mitübertragung von Geschäftsgewinn mittelst des Monopols an den Staat ermöglicht es, den Steuerfuss niedriger zu halten, als es, unter der Voraussetzung, dass der Fiscus dieselbe Einnahme beziehen sollte, sonst hätte geschehen müssen. Die Controlen mussten zwar bei den Monopolen zur Verhütung geheimer Fabrikation oder Einfuhr besonders scharf sein, aber sie waren dann auch wirksamer und weniger belästigend als diejenigen, welche bei der andern Steuerform eintraten. Die Erhebungskosten stellten sich besonders günstig. Man konnte mit Hilfe der Monopolform so diejenige „Steuerfähigkeit", welche dem Verkaufszweig inne liegt und aus allgemeinen Gründen der Steuerpolitik wie nach den speciellen Verhältnissen des concreten Steuerbedarfs fiscalisch „gehoben" werden sollte, mit grösserer Sicherheit und mit weniger Mühe und weniger bedenklichen Consequenzen als bei der anderen Steuerform für die Deckung des Finanzbedarfs practisch ausnutzen.

Aber auch vom volkswirthschaftlichen Standpuncte aus bietet die Monopolisirung gerade nach den französischen Erfahrungen einige erhebliche Vorzüge.

Wenigstens auf Gebiete angewandt, wie die besprochenen, erweist sich nach diesen Erfahrungen der Monopolist, speciell bei Tabak und Pulver, die er in Frankreich ja in eigener Regie verwaltet, der Staat, bez. seine Verwaltung ökonomisch-technisch genügend leistungsfähig, um das hier vorliegende „Productionsproblem" befriedigend zu lösen. Die Monopolverwaltung arbeitet in Grossbetrieben technisch tüchtig, ökonomisch wohlfeil: das Ziel jeder vernünftigen „Productionsordnung". Sie hält hiernach den Vergleich mit der Privatindustrie recht wohl aus. Steht sie in Einzelnem zurück, so auch in Anderem voran. Die „Regellosigkeit" der Production, mit allen ihren weiteren schlimmen Folgen für alle Betheiligten — nicht zuletzt auch für die gewöhnlichen Lohnarbeiter —, die Kräfteerzeugung in unwirthschaftlichen Betriebsformen vermeidet sie ungleich besser.

Verglichen mit der in den üblichen Formen der Verbrauchsbesteuerung besteuerten Privatindustrie — beim Productionsbetrieb, der Fabrikation, Versendung, beim Absatz u. s. w., wie in Frankreich im Falle der Salz-, Getränke-, Zucker- und der verschiedenen kleineren Verbrauchssteuern — ergiebt sich als ein gerade auch volkswirthschaftlich und socialpolitisch wichtiger Vortheil der Monopolisirung, dass die Conflicte zwischen innerer Steuer und Zoll und die so wesentlich verschiedenen Einwirkungen der Verbrauchssteuer auf die einzelnen Producenten, Händler u. s. w. vermieden werden. So entfällt beim Monopol der Bezug von „rentenartigen Differenzgewinnen" zu Gunsten der in irgend einer Hinsicht ihren Concurrenten überlegenen Producenten, wie er bei der Getränkesteuer, der Zuckersteuer vorkommt, — zumal bei Besteuerung des Rohstoffs u. dgl. m. Es entfällt auch die Exportprämie mit ihren vielfach so bedenklichen Wirkungen.

Dass anderseits der richtige technische und ökonomische Fortschritt in der Production, speciell in der Verbesserung der Qualität der Erzeugnisse, der Verminderung der Kosten auch beim Monopol möglich ist und bei einer intelligenten Verwaltung erfolgt, hat sich beim französischen Tabakmonopol zur Genüge gezeigt.

Volkswirthschaftlich und socialpolitisch ist es ferner ein besonderer Vorzug der Monopolform, dass die Consumenten-

interessen sich dabei sicherer als bei jeder anderen Form, was
Qualität und Preis des Steuerobjects anlangt, wahrnehmen lassen.

Das ist vollends unbestreitbar, wenn man erwägt, dass derjenige Theil des Reinertrags des Monopols, welcher nicht auf Steuerzuschlag zu den Preisen der Verbrauchsgegenstände, sondern auf Uebertragung sonst von der Privatproduction und dem Zwischenhandel bezogener Geschäftsgewinne auf den Fiscus zurückzuführen ist, zugleich für die Consumenten, d. h. für die Bevölkerung, direct oder indirect andere Steuern erspart.

Das Monopol garantirt eine bestimmte Qualität, Reinheit, bequeme Erlangbarkeit des Artikels zu einem fest bestimmten Preise. Jeder technisch-ökonomische Fortschritt der Production kommt entweder unmittelbar dem Monopolisten, also dem Staate, und dadurch den Consumenten, als Steuerzahlern, zu Gute oder ermöglicht es, sonst etwa nöthige Preis- und Steueraufschläge zu unterlassen oder zu ermässigen. Die Privatindustrie, zumal die mit Verbrauchssteuern belastete, wird immer dahin streben, die Verwohlfeilerungen, welche der ökonomisch-technische Fortschritt herbeiführt, möglichst für sich zu behalten, sie eventuell nur mit dem Zwischenhandel theilen, dem Consumenten davon nichts oder möglichst wenig zukommen lassen, im Gegentheil ihm womöglich noch mehr als den Betrag der Steuer zuwälzen. Dass auch hier die „freie Concurrenz" nicht genügende Abhilfe schafft, zeigen die Wahrnehmungen der Wirkungen von Herabsetzungen des Steuersatzes bei den französischen Getränkesteuern (S. 644), des Prämiensystems bei der Zuckerbesteuerung (S. 666), der Preiserhöhungen bei der Streichhölzchensteuer (S. 762).

Allerdings wird man diese französischen Erfahrungen in Betreff
dieser Vorzüge des Monopols als Verbrauchssteuerform
nicht wieder zu sehr verallgemeinern dürfen. Sie treten in den
drei französischen Monopolen mit wegen der specifischen Productionsbedingungen bei den betreffenden Artikeln hervor.

Die hier gemachten Erfahrungen möchten vielleicht am Besten für eine Ausdehnung des Monopols auf Salz — gerade zur Wahrnehmung des Consumenteninteresses neben dem fiscalischen — sprechen, wenigstens solange Salz überhaupt besteuert werden soll. Die Gefahr, einen Artikel von der Bedeutung des Salzes im Volkshaushalt zum Gegenstand von „Speculationsringen" — wie neuerdings in Grossbritannien — werden und so einer „Privatsteuer" unterworfen zu sehen, vermiede man beim Monopol, und — vielleicht nur bei ihm. — Dass zur Ausschliessung des Dynamits vom Pulvermonopol kein sachlich durchschlagender Grund bestand, in einem Lande, welches einmal ein Pulvermonopol besitzt, wurde oben (S. 697) schon hervorgehoben.

Nach der Sachlage, d. h. nach den gegebenen Productionsverhältnissen bei den Getränkesteuern, — gerade in Frankreich auch wohl einschliesslich dieser Verhältnisse bei der Alcoholsteuer —, bei der Zuckersteuer wird man hier freilich erheblich
mehr Bedenken gegen ein etwaiges Monopol als Verbrauchssteuerform hegen müssen. Aber wenn man die Einrichtung dieser Steuern,
die Wirkungen derselben auf die Volkswirthschaft, die Producenten,
Händler, Consumenten, wenn man die finanziellen Ergebnisse mit
den entsprechenden Verhältnissen bei den Steuern in Monopolform,
besonders beim Tabakmonopol, unbefangen vergleicht, wenn man
die Nothwendigkeit immer neuer Veränderungen der Getränke- und
Zuckersteuer-Gesetzgebung beobachtet und die Einsicht gewinnt,

dass eine allseitig befriedigende Besteuerung hier bei „freier privatwirthschaftlicher Production" doch auch durch das denkbar beste
Steuergesetz nicht erreicht werden kann, — dann wird man zu dem
Schluss gelangen, dass Frankreich recht that, wenigstens in den
drei Fällen das Monopol beizubehalten oder neu einzuführen. Ein
Ergebniss, welches eine allgemeinere Bedeutung für die Finanzwissenschaft beanspruchen darf.

<small>Hiermit ist die Darstellung der „inneren Verbrauchssteuern" in Gemässheit der
früheren Uebersicht (S. 417—418) beendigt. Mit einer kleinen Abweichung von der
dortigen Reihenfolge wenden wir uns jetzt erst zu den „gewerblichen Licenzsteuern", weil diese mit den inneren Verbrauchssteuern aufs Engste zusammenhängen,
und behandeln dann auch erst die steuerpolitisch den letzteren verwandten, bloss
steuertechnisch davon verschiedenen „directen Getränke- und Genusssteuern",
um darauf mit der einzigen noch rückständigen grossen Gruppe der Staatsbesteuerung,
den Zöllen, zu schliessen, eine Gruppe, deren eigenartige und selbständige Stellung
im französischen Steuersystem diese Reihenfolge auch sonst am Passendsten erscheinen lässt.</small>

c. Die gewerblichen Licenzsteuern.*)

<small>Gesetzgebung. Allgemeine Grundlage auch hier, nach vorangegangenen ge-
setzlichen Bestimmungen für einzelne Fälle (Tabak, Getränke) das grosse Hauptgesetz
v. 28. Apr. 1816 Art. 144, 171; Ges. v. 21. Apr. 1832 Art. 44 (Einführung von
Quartal-Steuersätzen für die meisten Fälle). Sodann die Gesetze über die einzelnen
inneren Verbrauchs-, die Transportsteuern und verwandte (Spielkartensteuer), wo die
betreffenden Gewerbebetriebe für licenzpflichtig erklärt und unter Controle (Exercice)
gestellt werden. Am Ausgedehntesten und Wichtigsten sind die Licenzen in der
Getränkebesteuerung. Die betreffenden Gesetze und einzelnen Bestimmungen sind
oben bei jeder einzelnen Steuer schon erwähnt worden. Ges. v. 1. Sept. 1871 Art. 6
(Verdopplung der Licenzsätze).
Literatur. Vignes, passim bei den einzelnen Steuern. Block, dict. Art.
licence. Olibo, II, 277—307 (genaue alphabet. Uebersicht der licenzpflichtigen Gewerbe und Fälle und der Ausnahmen von der Regel). v. Hock S. 419—422.
v. Kaufmann S. 326—329. — Mathieu-Bodet I, 40. Amagat p. 344. —
Tarif bei Block, Olibo, Vignes (II, 394). v. Kaufmann, bes. Bull. XVI,
536 ff. — Statistik Faure p. 118. Berichte der Direction der indir. Steuern.</small>

§. 304. Die Licenzabgabe des französischen Steuerrechts ist
ein Anhängsel der Getränke- und einiger anderer Steuern, vom
steuerpolitischen Character einer kleinen Specialgewerbesteuer, insofern einer directen Steuer von der einzelnen
gewerblichen Unternehmung als solcher. Nur auf dem
Gebiete der Getränkebesteuerung ist das Licenzsteuerwesen
nach Höhe und Art der Steuersätze und Zahl der Steuerpflichtigen
von etwas grösserer Bedeutung nach dem Gesammtertrag für die

<small>*) S. o. S. 416, wo aber irrthümlich die Gewerbe der Gold- und Silberwaaren-
branche und die Debite von Tabak und Pulver mit als licenzabgabepflichtig erwähnt
sind. Sie unterstehen nur eventuell der Controle der Steuerbehörden mit, entrichten
aber keine Licenzsteuer.</small>

Finanzen und nach der individuellen Belastung wenigstens für einzelne Steuerpflichtige. Nur bei den Getränke- und Oeldebitanten (Kleinhandel, Wirthschaften u. s. w.) ist es zu einer Art System ausgebildet. Im Uebrigen liegt seine Bedeutung nach der üblichen französischen Annahme, die freilich nicht genügend begründet erscheint (s. u.), nicht sowohl in der finanziellen Seite: den Erträgen und Belastungen, als in der administrativen Seite, es soll ein Hilfsmittel bilden, um die Verpflichtung zur Unterstellung unter die steueramtliche Controle wirksamer zu machen und für die Ausübung dieser Controle die äusseren Anhaltspuncte sicherer zu beschaffen.

<small>In dieser Beziehung ist es denn auch im Vorausgehenden bei den betreffenden einzelnen Steuern schon mit zur Sprache gekommen und daher hier nur Weniges zur Ergänzung und um eine Uebersicht über das ganze Gebiet zu gewinnen, hinzuzufügen. S. oben S. 578 (Fuhrwesen), 629 (Getränke), 663 (Zucker) und passim, §. 275—284 (einzelne Steuern).</small>

Das leitende Princip wurde wiederum der Gesetzgebung des ancien régime, speciell einer Ordonnanz von 1680 über ein „droit annuel" für Wirthschaften u. dgl. Geschäfte (8 und 6½ Livre jährlich) entnommen und, nach vorausgegangenen Bestimmungen für Tabak- und Getränkegeschäfte unter Napoleon I., endgiltig für das Gebiet der Getränkegeschäfte (commerce quelconque de boissons) im Gesetz v. 28. April 1816 aufgestellt und dann auch auf einige andere Geschäfte, deren Artikel oder Leistungen (Transportwesen) einer „indirecten" Steuer unterworfen sind, ausgedehnt. Es muss danach ein jedes solches „Gewerbe" — abgesehen und unabhängig von der Anmeldung zur Patentsteuer (S. 470). — von seinem Inhaber der Steuerbehörde angemeldet (declarirt), dafür eine „Licenz" vor Beginn der Fabrikation oder des Debits u. s. w. erlangt und für diese „Licenz" eine tarifmässige Abgabe, welche ebenfalls „Licenz" heisst, erlegt werden.

<small>Diese Licenz gilt regelmässig nur für Eine gewerbliche Unternehmung oder Anlage (établissement) in Einer Gemeinde, ist also bei mehreren Etablissements desselben Unternehmers mehrfach zu nehmen, bez. zu entrichten und zwar jedes Jahr von Neuem. Sie gilt demnach eine periodische directe Steuer. Sie gilt aber als haftend am Etablissement, nicht an der Person des Gewerbetreibenden, geht daher während der Dauer ihrer Giltigkeit auf den etwaigen neuen Besitzer oder Erwerber eines Gewerbes über, der jedoch seinerseits eine neue Erklärung abgeben muss. Die Licenzpflichtigkeit hört bei den Getränkedebitanten u. dgl. nur auf Grund einer besonderen Erklärung der bisherigen Pflichtigen, das Geschäft aufzugeben, auf; bei den übrigen Licenzirten mit der Thatsache des Geschäftaufgebens. (S. bes. das Ges. v. 28. April 1816 Art. 144, 171, dann die einzelnen, namentlich auch die Gesetze über die neueren kleinen indirecten Steuern aus der Zeit von 1871 ff. Clibo III, 278 ff., 299 ff., Lösung der „Fragen", Block, dict. Art. licence Nr. 16 ff., 25 ff.).</small>

Contraventionen in Bezug auf die Licenz werden mit 300 Frcs. Geldstrafe geahndet und im Falle einer Hinterziehung mit dem Vierfachen der hinterzogenen Beträge (Ges. v. 1816 Art. 171).

Die Licenzabgabe war anfangs allgemein in Einer Jahresrate zu entrichten, einerlei in welchem Zeitpuncte das Geschäft begonnen oder angemeldet worden war. Im Jahre 1832 (Ges. v. 21. Apr. Art. 44) wurden für die damals bestehenden Licenzabgaben, ausser denen bei öffentlichen Fuhrwerken, Quartal-Steuersätze angeordnet. Bei den neuen Licenzen, welche später eingeführt wurden, auch 1871 ff., besteht gewöhnlich wieder die Abgabe als Jahressatz.

Licenzsteuerpflichtig sind nach der gegenwärtigen Gesetzgebung vor Allem die Gewerbe im Gebiet der verbrauchssteuerpflichtigen Getränke; ferner die Fabrikanten und Händler von vegetabilischem Oel, die Fabrikanten von Spielkarten, von Salpeter (ausserhalb der Bezirke der staatlichen Salpeterproduction), von einheimischem Rüben- und Stärkezucker, von Kerzen und Stearinsäure, von Essig und Essigsäure (bis zur Aufhebung der betreffenden Steuern auch von Streichhölzchen, Papier, Cichorie, Seife), die Grosshändler in Essig (wenn sie Steuercredit beanspruchen); endlich die Unternehmer öffentlichen Fuhrwerks, einschliesslich der Eisenbahngesellschaften. Der Steuersatz besteht in der Regel in einem Fixum für das Jahr bez. das Quartal. Nur bei den Getränke- und Oeldebitanten ist dies Fixum nach Ortsclassen in Gemässheit der Bevölkerungszahl abgestuft und dadurch etwas mehr zu einem Specialgewerbesteuersystem ausgebildet. Bei den Getränke-Hausirern besteht die Unterscheidung nach dem Transportmittel für den Steuersatz. Bei öffentlichem Fuhrwerk (incl. Schifffahrt und Eisenbahnen) ist die Licenzabgabe abweichend von der üblichen Form nach Zahl und (bei gewöhnlichem Landfuhrwerk) auch nach Art der Fahrpreise eingerichtet und nimmt dadurch auch einen etwas anderen Steuercharacter an. Die Principalsätze wurden im Jahr 1871 (Gesetz v. 1. Sept. Art. 6) verdoppelt und unterliegen ausserdem den 25 % Zuschlägen.

Die Tarife a. a. O. und bes. die genaue Uebersicht der einzelnen zu jeder Gattung gehörenden Gewerbe bei Olibo III, 283 ff., wonach die Casuistik doch ziemlich gross ist, aber die Einreihung der Fälle in licenzpflichtige und nicht pflichtige folgerichtig. S. auch Block, dict. Art. licence ch. II.

Zu den Licenzirten der Getränkebesteuerung gehören zunächst die Klein-Absatz- oder Debitantengeschäfte und die ihnen gleichgestellten mit einem Tarif von Jahressätzen mit Decimen (aber nur in Quartalraten zu zahlen), der in 8 Ortsclassen (unter 4000 Einw. bis 50,000 Einw. und mehr) von 15 auf 50 Frcs. steigt. Die Debitanten in Paris sind aber licenzfrei, die „Ersatzsteuer" deckt hier die Licenz mit. Die Oeldebitanten zahlen (in Orten über 4000 Einw.) dieselben Licenzen (daher von 20 Frcs. an). Die Grosshändler in Getränken und die ihnen gleichgestellten Geschäfte (so die Niederlagen-Halter denaturalisirten Branntweins)

haben eine Licenz von 125 Frcs. jährlich, die Hausirer mit Getränken, welche
Fuhrwerk benützen, ebenso, wenn sie nur Saumthiere benützen, bloss 15 Frcs. Die
gewerbsmässigen Branntweinbrenner und Destillateure entrichten 25 Frcs.
Licenz, die Eigenernter und Eigenbrenner (bouilleurs de cru), die nur eigenes
Ernteproduct verarbeiten, sind als solche licenzfrei, auch für Verkäufe von Branntwein ihrer Fabrikation im Grossen; für den Kleinabsatz unterliegen sie aber der
Debitantenlicenz ihres Wohnorts. Die gewerbsmässigen Bierbrauer haben in
11 bestimmten Departements eine Licenz von 125, in den übrigen von 75 Frcs.;
wenn sie zugleich Ausschank ihres Bieres bei sich selbst betreiben, bedürfen auch sie
ausserdem noch der Debitantenlicenz ihres Orts. Blosser Hausbrau für Eigenconsum
ist licenzfrei. Die Licenz der Fabrikanten von Spielkarten und von einheimischem Zucker ist 125, von Salpeter, Kerzen, Essig, (wie früher die der
anderen Fabrikanten, deren Fabrikate jetzt wieder steuerfrei) 25 Frcs., der Essig-Gross-
händler 12.50 Frcs. Oeffentliche Fuhrwerksunternehmungen (s. o. S. 578),
auch Eisenbahnen und Schifffahrt entrichten jährlich für Waggon, Wagen,
Wasserfahrzeug 6.25 Frcs.; zweiräd. Wagen aber nur $2^{1}/_{4}$ Frcs. — Durch die Auslegung der Gesetze sind dann die einzelnen Gewerbe, welche zu jeder Licenz-
kategorie gehören, genau bestimmt worden. Am Wichtigsten ist, dass jede Art
„Wirthschaft", auch Gasthöfe, Hotels garnis (auch wenn sie nicht Speisen und
Getränke geben) u. dgl. licenzpflichtig sind. Olibo führt 60 Specialzweige als licenzpflichtig an, 42 verwandte als frei von der Licenz.

Die Entrichtung der Licenzsteuer erfolgt bei der Anmeldung baar, bei öffentlichem Fuhrwerk findet jährlich am
Beginn des Jahres eine neue Anmeldung der Wagen u. s. w. statt
und wird dann danach die Steuer gleich berichtigt. Für die übrigen
Licenzpflichtigen werden, wie bei anderen directen Steuern, Rollen
entworfen und danach die Abgabe auf Anzeige der Steuerbehörde
erhoben. Die Licenzen werden trotz ihres steuertechnischen Characters
als directe Steuern, von der Direction der indirecten Steuern mit
verwaltet.

Der Ertrag hat sich durch die Tariferhöhungen von 1871
gegen früher ungefähr verdoppelt und ist seitdem in Folge der
Vermehrung der licenzpflichtigen Geschäfte auf etwa 13 Mill. Frcs.
gestiegen, wovon über 12 Mill. Frcs. von den Getränkelicenzen
herrühren, noch nicht ganz 3 % des Ertrags der Getränkebesteuerung.

Der Gesammtertrag war (Faure p. 118, nach den Staatsrechnungen, etwas
abweichend in den Zahlen von den Jahresberichten der indir. Steuern), 1000 Frcs.:

1869	5,590
1872	10,496
1884	12,591
1887 (provisorisch)	13,010.

Im J. 1886 war (defin. Zahlen, Bull. XXIII, 288):

	Anzahl der Geschäfte	Ertrag der Steuer 1000 Frcs.	Durchschn. des Ertrags f. 1 Geschäft Frcs.
Getränke-Debitanten	408,021	8,811	21.6
„ Grosshändler	27,029	3,395	125.9
Brauer	2,751		
Brenner u. dgl.	1,843	684	25.6
Alle and. Licenzirten	22,152		
Summe	461,795	12,894	27.8

Wie die Tarife und diese Zahlen der Durchschnittsbelastung der Geschäfte ergeben, sind die Licenzsteuern ja nicht eben hoch, werden in vielen Fällen kaum empfunden werden und bringen dem Staate doch immerhin ein Dutzend Millionen und mehr ein.

Dennoch können **Bedenken** gegen die ganze französische Licenzbesteuerung und gegen die Einrichtung derselben nicht verschwiegen werden. Einmal ist der **Umfang** der Licenzpflichtigkeit doch etwas **willkührlich** bestimmt und sodann die **individuelle Belastung** doch **zu ungleichmässig**.

In ersterer Hinsicht erregt die Auswahl der licenzpflichtigen und licenzfreien, öfters ganz analogen Geschäfte Bedenken. Die Licenzfreiheit der Tabak- und Pulverdebitanten ist begreiflich und gerechtfertigt, da diese Personen in einer Hinsicht als Finanzorgane fungiren. Aber warum sind z. B. die Salzwerke, Dynamitfabriken, Gold- und Silberschmiede u. s. w. licenzfrei? Dass die Licenz als Abgabe nicht eine nothwendige Folge der Unterstellung der Geschäfte unter die Controle der Steuerbehörde ist, beweisen diese Ausnahmen. Die Einnahme des Staats aus der Licenz kann mit als Kostenersatz für die Controle betrachtet werden. Aber genügend motivirt wird auch durch diesen Gesichtspunct die Licenzabgabe nicht. In anderen Fällen, so bei den Dynamitfabriken (Ges. v. 8. März 1875, Art. 1), werden die Kosten des Exercice auch dem Fabrikanten zugeschoben und vom Finanzminister jährlich geregelt. Wie es jetzt besteht, erscheint doch das ganze System der Licenzabgaben zu sehr nur als fiscalische Plusmacherei. Die Steuercontrole könnte gerade so eintreten, wenn man sich mit Anmelde- und Declarationspflicht begnügte, aber ohne Erhebung einer Abgabe dabei.

In Betreff des zweiten Bedenkens ist aber in der That doch klar, dass die gleichen festen Licenzsätze, eventuell wie bei den Getränkedebitanten bloss mit Ortsstufen, wenn auch wohl ziemlich jeden Steuerpflichtigen nur leicht, so doch die einzelnen derselben Classe ohne jede Rücksicht auf den Umfang ihres Geschäfts ganz verschieden treffen. Die Licenzabgabe wird so zu einer rohen Taxe, die dem französischen Steuergrundsatz „Jeder nach seinen Kräften" durchaus widerspricht. Bloss die Niedrigkeit der Sätze macht das weniger fühlbar. Eine gleichmässige Erhöhung der Sätze, wie im J. 1871 die Verdoppelung, hat so aber auch noch ihre besonderen Bedenken.

Will man daher wirklich die Licenzbesteuerung ergiebiger machen und sie zu einem **förmlichen Gliede der Getränkebesteuerung** erheben, wie nach dem Steuerproject von 1888 (S. 629), etwa mittelst der theureren Debitantenlicenz zugleich auch „consumpolitische" Tendenzen verfolgen, so wäre eine **rationellere Aus- und Umbildung** der ganzen Einrichtung unbedingt geboten. Namentlich die für einen grösseren Ertrag erforderlichen **höheren Sätze** müssten dann für jede einzelne Gewerbegattung nach Merkmalen abgestuft werden, aus welchen man auf den **individuellen Betriebsumfang und die Steuerfähigkeit jedes einzelnen Geschäfts** einigermassen schliessen kann. Der in dem Project von 1888 enthaltene Gedanke, mit nach dem Miethwerth der Gewerbslocalitäten, wie bei der Patentsteuer die Licenzen abzustufen, liegt dann in Frankreich nahe (S. 629). Aber ein ganz genügendes Merkmal ist dieses gerade bei diesen Geschäften auch noch nicht. Die einfache Erhöhung der fixen Licenzsätze, an die daneben gedacht ist, hätte freilich noch ihre besonderen Bedenken.

d. Directe Gebrauchs- und Genussstenern.
Wagen und Pferde. Billards. Gesellige Vereine u. s. w.

Gesetzgebung. Gleichzeitige Einführung dieser drei Steuern durch Ges. v. 16. Sept. 1871, Art. 7—10, für die Steuer von Wagen und Pferden mittelst Wiederherstellung des 1865 aufgehobenen bezüglichen Gesetzes v. 2. Juli 1862. Ges. v. 18. Dec. 1872 (Erhebung der Billard- und Gesellschaftssteuer nach den Grundsätzen der directen Steuern). — Abänderung der Wagen- und Pferdesteuer durch Ges. v. 23. Juli 1872, Art. 5—11, und Ges. v. 22. Dec. 1879, Circ. v. 21. Jan. 1882 (Ausführung der Steuerfreiheit für reglementsmässigen Besitz von Wagen und Pferden im Militärdienst). Fin.-Ges. v. 29. Dec. 1884, Art. 3 (Punct der Veranlagung). — Ausführ.-Decr. für die Billardsteuer v. 27. Dec. 1871. — Ausführ.-Decr. für die Gesellschaftssteuer v. 27. Dec. 1871. Ges. v. 5. Aug. 1874, Art. 7 (eine weitere Exemtion).

Literatur. Stourm I, 253, 255, 262 (Steuern der Revolutionszeit). Die Gesetze bis 1875, auch das von 1862, die Decrete u. A. in Dejean's code. Vignes I, 77—80. Block, dict. Art. chevaux et voitures, billards, cercles, auch mehrfach in den Supplementen. Say, dict. Art. voitures (noch nicht erschienen), billards, cercles (beide eingehend). v. Kaufmann, S. 255—256 (Pferde- und Wagensteuer, nicht ganz richtig), 259. — Mathieu-Bodet I, 45, 150. Amagat, p. 204 ff. — Ertragsstatistik Faure, p. 82, Basis der Veranlagung jährlich, z. B. f. 1887, Bull. XXIII, 644.

§. 305. 1. Im Allgemeinen. Die drei hierher gehörigen Steuern bilden nach ihrer steuerpolitischen Tendenz, welcher sie ihre Einführung mit zu verdanken haben, nämlich um als „Luxussteuern" zu fungiren, nach ihrer steuertechnischen Gestaltung, als Glieder der „den directen Steuern gleichgestellten Specialtaxen" (S. 416), und nach der Gleichzeitigkeit ihrer Einführung in der Finanznoth nach dem deutschen Kriege durch das Gesetz v. 16. Sept. 1871 eine zusammengehörige Gruppe kleiner Steuern, eben der „directen Gebrauchs- und Genusssteuern". In ihrer schliesslichen Wirkung sind sie anderseits den indirecten Verbrauchssteuern wieder mehr verwandt, mehr als den früher besprochenen directen Steuern, zu denen sie in Frankreich administrativ gehören. Ihre Vermehrung und Erhebung erfolgt ganz nach den Grundsätzen der directen Steuern, nach welchen auch das Reclamationswesen eingerichtet ist (S. 426). Sie unterstehen auch wie die übrigen directen Steuern in Betreff der Veranlagung der Generaldirection der directen Steuern, in Betreff der Erhebung derjenigen des öffentlichen Rechnungswesens (S. 422).

Wenn auch im Jahre 1871 erst eingeführt, sind sie übrigens doch nichts durchaus Neues in der französischen Steuergeschichte.

„Luxussteuern" auf den Besitz von Luxus-Pferden und Maulesein, wie auf das Halten von Dienstboten waren schon 1791 mit der Mobiliarsteuer verbunden gewesen (S. 364, 452), 1795 war auch eine Wagen- und eine Kaminsteuer dazu gekommen. Diese Steuern sind aber von Anfang 1807 an aufgehoben worden (Ges. v. 4. Mai 1806), als wenig ergiebig, lästig für die Pflichtigen. Im J. 1862 war dann abermals eine Steuer auf Wagen und Pferde eingeführt worden (Ges. v. 2. Juli 1862), welche aber wegen zu weitgehender und unrichtiger Fassung der Exemtionen wenig ergeben hatte (3 statt der erwarteten 5 Mill.) und ohne Versuch einer Verbesserung nach 3 Jahren wieder fallen gelassen war. Auch eine Gesellschaftssteuer war schon im J. 1870 kurz vor dem Kriege von einem Deputirten beantragt gewesen.

Nach dem Kriege gingen die drei Steuern aus der parlamentarischen Initiative hervor. Man hatte ausserdem an andere ähnliche gedacht, auf Pianos, Livreen, Dienstboten. Nachdem man im Jahre 1872 das erste Gesetz über die Steuer auf Wagen und Pferde passend verändert hatte, machte man so durch diese drei Steuern doch immerhin wieder eine Einnahme von 12—13.5 Mill. Frcs. für den Staat, ausserdem über $\frac{1}{2}$ Mill. Frcs. für die Gemeinden, denen eine Quote der in ihnen erhobenen Wagen- und Pferdesteuer zufällt, flüssig.

Immerhin ist so ein kleiner Ausbau des französischen Steuersystems in der Richtung einer etwas schärferen directen Besteuerung der wohlhabenderen Classen erfolgt und damit eine Massregel, welche eine erfreuliche Ergänzung der Besteuerung der Massen durch die grossen Verbrauchssteuern war. Aber freilich nicht entfernt eine genügende Ausgleichung zur gebührenden Mitbelastung der reicheren Classen, wie sie gerade in Frankreich zu verlangen, aber auch durch ein entwickelteres System von „Luxussteuern" als das angenommene nicht zu erreichen wäre. Dafür bedürfte es immer einer angemessenen Einkommensteuer oder Einkommen- und Vermögensteuer. Diese paar kleinen Luxussteuern entbinden vollends nicht von dieser Verpflichtung.

Der Ertrag war (Faure p. 82, Anschlag f. 1888, Bull. XXII, 12) in 1000 Frcs.:

	1873	1879	1880	1884	1888
„Allgem. Fonds" (Ertrag für den Staat):					
Wagen und Pferde	9,199	11,314	9,638	10,402	11,260
Billards	986	1,014	1,020	1,119	1,200
Gesellschaften	1,343	1,431	1,457	1,537	1,480
Summe	11,528	13,759	12,115	13,058	13,940
„Specialfonds":					
Wagen u. Pferde Gemeindeantheil	491	596	511	551	591
„ „ Ausfallfonds (5%)	639	625	611	643	591
„ „ ⅖ d. Taxe d. 1. Anmeld.	15	19	19	21	24
Billards, Kosten der 1. Anmeldung	3.6	4	4	4	4.7
Gesellschaft., Kosten d. 1. Anmeld.	0.3	0.3	0.3	0.3	0.3
Zus. Specialfonds	1,149	1,244	1,145	1,219	1,211
Gesammtertrag	12,677	15,003	13,260	14,277	15,151

§. 306. 2. Die Wagen- und Pferdesteuer wurde in der Eile der gesetzgeberischen Arbeit nach dem Kriege in der Weise eingeführt, dass das frühere mangelhafte und nicht bewährte Gesetz vom 2. Juli 1862 einfach wieder in Kraft gesetzt wurde (Ges. v. 16. Sept. 1871 Art. 6).

Dieses ältere Gesetz hatte die allerdings bei dieser Steuer Schwierigkeiten bereitende Frage der Besteuerung der Wagen und Pferde, welche vom Eigenthümer in der Landwirthschaft und im Gewerbebetriebe, daneben aber mit zum persönlichen Gebrauch benutzt werden, einseitig zu Gunsten der Besitzer und gegen das fiscalische Interesse dahin entschieden, dass in diesem Falle Steuerfreiheit eintrete. Denn darauf hin wurden durch selbst nur ganz gelegentliche Benutzung von Wagen und Pferden zu landwirthschaftlichen und gewerblichen Zwecken zahllose Befreiungen von der Steuer beansprucht und erlangt.

Diesen Mangel suchte daher bald ein neues Ges. v. 23. Juli 1872 durch Belegung der „ausschliesslich" in Landwirthschaft und Gewerben benutzten, an sich steuerpflichtigen Wagen und Pferde mit der halben Steuer abzuhelfen. Dies Gesetz hat zugleich auch noch in einigen anderen Puncten zweckmässige Aenderungen herbeigeführt, sonst aber den Steuertarif des Gesetzes von 1862 belassen. Erst dadurch wurde diese Steuer hinlänglich ergiebig gemacht und ihrem wesentlichen Zwecke, den Besitz von Wagen und Pferden zum persönlichen Gebrauch der Eigenthümer, als Zeichen eines gewissen Wohlstands, zur Grundlage für eine „Luxussteuer" zu machen, angepasst. Bei der Niedrigkeit der meistens anzuwendenden halben Tarifsätze glaubte man in einer solchen leichten neuen Steuer keine Ueberlastung der Landwirthschaft und der Gewerbe scheu zu müssen. Die ausschliesslich zu landwirthschaftlicher und gewerblicher Arbeit dienenden Arbeits- und nicht zum Personentransport dienenden Wagen und Pferde wurden von der Steuer auch nach dem neuen Gesetz nicht getroffen (s. u.).

In dieser neuen Form hat sich die Steuer im Ganzen bewährt. Das Gesetz von 1872 ist die Basis geblieben. Ein späteres Gesetz vom 22. Dec. 1879 hat jedoch, neben einer Veränderung der Tarifstufen, wiederum den Besitzern von Wagen und Pferden das Zugeständniss gemacht, dass letztere schon dann nur der halben Steuer unterliegen sollen, wenn sie „gewöhnlich" in der Landwirthschaft und in den Gewerben benutzt werden. Dadurch entstand eine Ertragsverminderung um über 1 Mill. Frcs., obwohl anderseits gleichzeitig durch das genannte Gesetz auch Maulthiere als steuerpflichtig erklärt worden sind.

Da in Frankreich auch das dem öffentlichen Verkehr dienende Fuhrwerk steuerpflichtig ist (§. 238, 239), war es im Uebrigen vollends folgerichtig, Privatfuhrwerk, Gespann und Reitpferde einer besonderen Steuer zu unterziehen, — ein Gesichtspunct, welcher auch mit für die Steuer vertreten wurde.

Von Einzelheiten sind folgende die wichtigsten. Hie und da ergeben sich auch dabei Zweifel und eine erst durch die Praxis und das Reclamationsverfahren zu entscheidende Casuistik. Immer ein Beweis, dass auch eine solche, scheinbar so besonders einfache Steuer doch ihre technischen Schwierigkeiten hat, weshalb hier darauf etwas näher eingegangen wird.

a) Steuerobject waren nach dem Gesetze v. 1862 „jeder bespannte Wagen (voiture attelée) und jedes Reit- oder Spann-Pferd, welches zum persönlichen Gebrauch des Eigenthümers oder seiner Familie dient"; nach dem Ges. v. 1872 sind „in Federn hängende Wagen (voitures suspendues), welche zum Personentransport bestimmt sind", das Steuerobject, — eine Erweiterung der Steuerpflichtigkeit gegen das frühere Gesetz, insofern nach diesem bei jedem Eigenthümer nur so viel Wagen, als nach dem vorhandenen Pferdebesitz bespannt werden konnten, nach dem neuen alle besessenen Wagen zu versteuern sind; als steuerpflichtige Pferde werden im Ges. v. 1872 „die zur Bespannung der steuerpflichtigen Wagen dienenden" den Reitpferden gegenüber gestellt. Jemand, der daher z. B. keine solche Wagen hat, ist hiernach auch für seine Gespanne immer steuerfrei, — weshalb die grosse Menge der in Landwirthschaft und Gewerben benutzten Pferde doch unbesteuert ist. Das Gesetz v. 1879 hat dann die Maulthiere (mules et mulets) unter denselben Voraussetzungen wie Pferde für steuerpflichtig erklärt. — Erst im Reclamationswege gegen die Steuerverwaltung ist entschieden worden, dass Pferde und Wagen eines Eigenthümers, welche bei einem Dritten in Stallung oder Remise stehen, bei diesem nicht auch steuerpflichtig sind, falls sie nicht dem letzteren zur Bespannung eines ihm gehörigen Wagens dienen. Das wäre sonst in der That auch eine Doppelbesteuerung (s. d. Entscheidung des Präfecturraths des Dep. Seine bei Block, suppl. 1888, p. 351).

b) Steuersubject ist zwar regelmässig der Eigenthümer der steuerpflichtigen Wagen und Pferde, aber nicht schon an und für sich nach dem Ges. v. 1872, Art. 8, sondern der Besitzer als solcher, daher z. B. auch der, welcher von einem Wagenbauer auf 1 Jahr einen Wagen für sich miethet, für diesen Wagen (s. eine Entscheidung bei Block, suppl. génér., p. 106).

c) Der Steuertarif ist im Wesentlichen noch der alte des Gesetzes von 1862 geblieben, bis auf eine Aenderung im Ges. v. 1879. Der Tarif unterscheidet 2 Arten Wagen, mit 4 und mit 2 Rädern, letztere sind mit $^1/_2$ des Satzes der ersteren (in Paris mit $^2/_3$) belegt. Reit- und Wagenpferde (und Maulthiere) entrichten denselben Satz. Der Tarif hat dann für jeden Wagen und jedes Pferd feste Sätze, welche nach Ortsclassen abgestuft sind, ursprünglich nach 5, seit dem Ges. v. 1879 nach 6, folgendermassen, in Frcs. p. Stück:

	Wagen zu 4 Rädern	Wagen zu 2 Rädern	Pferd
Paris	60	40	25
Gemeinden über 40,000 Einw.	50	25	20
Desgl. 20,001—40,000	40	20	15
„ 10,001—20,000	30	15	12
„ 5,001—10,000	25	10	10
„ 5,000 und weniger	10	5	5

Die Stufe von 30, bezw. 15 und 12 Frcs. ist 1879 eingeschoben. Früher traten die beiden untersten Stufen bei Orten von 3001—20,000 und unter 3000 Einw. ein.

Hat Jemand mehrere Wohnsitze, so wird er für die Wagen und Pferde, die ihm gewöhnlich folgen, in der Gemeinde besteuert, in der er personalsteuerpflichtig ist, aber nach dem Satze der Gemeinde der grösseren Bevölkerung; für die Wagen und Pferde, die gewöhnlich in einem Wohnsitz bleiben, indessen nach dem Satze der Ortsclasse dieses Wohnsitzes (Ges. v. 1862, Art. 10). Wechselt Jemand seinen Wohnsitz, so tritt event. der höhere Steuersatz des neuen Orts, daher eine Complementärsteuer ein, was der Steuerpflichtige anzumelden hat (Ges. v. 1872, Art. 9).

Das beliebte französische Ortsclassen-System findet also auch hier wieder seine Anwendung. Wohl noch mit zweifelhafterer Berechtigung als in anderen Fällen (S. 485). Denn z. B. Grossgrundbesitzer, Fabrikanten, Hütten- und Bergwerksbesitzer und Rentiers, welche „auf dem Lande" wohnen, zahlen so durchweg nur die niedrigeren, gemeinhin die niedrigsten Steuersätze für ihre „Equipagen", was schwerlich der steuerpolitischen Tendenz einer solchen Steuer entspricht.

d) Steuerermässigung, auf die Hälfte der Tarifsätze, geniessen nach dem Gesetz v. 1872, Art. 6, diejenigen gesetzlich sonst steuerpflichtigen Wagen und Pferde (und Maulthiere), welche „ausschliesslich", nach dem Ges. v. 1879, welche „gewöhnlich" im Dienste der Landwirthschaft und eines patentsteuerpflichtigen Gewerbes oder Berufs verwendet werden. Doch sind in letzterer Hinsicht die Wagen und Pferde der Patentpflichtigen der Tabelle G. des Patentsteuergesetzes v. 18. Mai 1850 (jetzt D. S. 473, 481), der „liberalen Berufe", ausgenommen, also der vollen Steuer unterworfen (s. Dejean, code p. 214 die Note).

e) Steuerfreiheit geniessen ipso jure alle Wagen und Pferde, welche nicht ausdrücklich in die Kategorie der halb oder ganz steuerpflichtigen fallen, — wo es also im Zweifelsfall auf die Entscheidung im Verwaltungswege oder im Reclamationsverfahren ankommt. In dem wohl seltenen Falle, dass z. B. Jemand seine in Landwirthschaft und Gewerbe beschäftigten Pferde wechselweise auch als Bespannung steuerpflichtiger Wagen benutzt, wird nur je 1 Pferd für je 1 zweispännigen Wagen voll besteuert. Ausserdem sind aber bestimmte Wagen und Pferde ausdrücklich im Gesetze für steuerfrei erklärt, nämlich Stuten und Hengste, welche ausschliesslich für die Züchtung bestimmt sind, Wagen und Pferde, welche ausschliesslich für öffentliches, der betreffenden indirecten Besteuerung unterworfenes Fuhrwerk dienen, desgl. solche, welche im Besitz von Pferdehändlern, Wagenfabrikanten und Wagenhändlern ausschliesslich zum Verkauf oder zur Vermiethung bestimmt sind, endlich solche, welche in Gemässheit der Vorschriften des Militär- und Verwaltungsdienstes gehalten werden (Ges. v. 1872, Art. 7, etwas verändert und erweitert gegen Art. 7 des Ges. v. 1862, wo auch Wagen und Pferde von Religionsdienern frei gewesen; über die Befreiungen vom Militärdienst s. das Circ. v. 1882 bei Block, suppl. génér. p. 105).

f) Die Veranlagung der Steuer erfolgt regelmässig für ein ganzes Jahr, in Betreff der Thatsachen am 1. Jan. (Ges. v. 1862, Art. 9, v. 1872, Art. 8). Die Steuerpflichtigen müssen ihre Wagen und Pferde bei der Mairie des oder der Wohnorte in der ersten Hälfte des Jan. anmelden, ebenso die Gemeinden angeben, wo sie beständig steuerpflichtige Elemente haben. Ebenso sind Veränderungen anzumelden, desgl. neuer Erwerb von steuerbaren Wagen und Pferden im Laufe des Jahres, wo vom ersten Tage des betr. Monats die Steuer dann eintritt, ohne Anrechnung der etwaigen Steuerzahlung früherer Besitzer (Ges. v. 1862, Art. 11, v. 1872, Art. 8; s. Dejean p. 246 Note).

g) Unterbliebene, ungenaue oder unvollständige Declarationen werden vom Controleur der directen Steuern in Uebereinstimmung mit dem Maire und den Repartitoren ergänzt (Ges. v. 1862, Art. 11, mit weiterer Bestimmung über Entscheidung von Meinungsverschiedenheiten zwischen diesen Personen).

h) Der Steuerpflichtige hat das Reclamationsrecht, nachdem die Steuerrolle zur Erhebung bestimmt ist (Ges. v. 1862, Art. 11).

i) Die Strafe für unterlassene oder ungenaue Declarationen ist Verdoppelung der Steuer (Ges. v. 1862, Art. 12).

k) Die Steuer wird mit einem Zuschlag von 5% für Entlastungen, Ermässigungen (Ausfallfonds, S. 426), für Veranlagungs- und Erhebungskosten erhoben; reicht das nicht aus, so erfolgt eine Vorauserhebung auf den nächsten Steuerbetrag (ob. Art. 13, s. o. S. 777 die Tabelle).

l) Den Gemeinden fällt 5% (im Ges. v. 1862 10%) des bei ihnen erhobenen Steuerbetrages, abzüglich der gewährten Entlastungen, zu (Ges. v. 1872, Art. 10).
In der Steuerrolle f. 1887 standen folgende Steuerobjecte (Bull. XXIII, 644):

	Zur ganzen Steuer veranlagt Einfacher Doppel-(Straf-)satz		Zur halben Steuer veranlagt Einfacher Doppelsatz		Summe
	\multicolumn{5}{c}{Objecte in der Gemeinde der Veranlagung.}				
Wagen zu 4 Rädern	177,656	185	155,423	167	333,431
„ „ 2 „	85,014	148	863,507	1,174	950,143
Pferde, Maulthiere	137,562	197	935,459	1,085	1,074,303
	\multicolumn{5}{c}{Objecte aus anderen Gemeinden.}				
Wagen zu 4 Rädern	3,503	5	202	—	3,710
„ „ 2 „	370	—	79	—	449
Pferde, Maulthiere	5.692	4	269	—	5,965

§. 307. 3. Die Billardsteuer ist wesentlich unter dem Gesichtspunct einer kleinen Luxussteuer durch das Ges. v. 16. Sept. 1871, Art. 8 eingeführt worden, und zwar ununterschiedlich sowohl für Billards in öffentlichen Orten (Wirthschaften) wie im Privatbesitz zum Gebrauch des Besitzers selbst.

Die wichtigeren Einzelheiten der Besteuerung, wobei es ebenfalls an casuistischen Streitfragen nicht ganz fehlt, sind in Kürze die folgenden. (S. für hier Uebergangenes das Decr. v. 27. Jan. 1871, bei Dojean, code p. 124 und bes. den Artikel von Arnoux im Say'schen dict., auch Block, dict. p. 238, suppl. génér. p. 52). Veranlagung, Erhebung, Reclamationen wie bei den directen Steuern überhaupt und bei der Wagen- und Pferdesteuer speciell.

a) Steuerobject ist jedes Billard, auch das unbenutzte, auch das in schlechtem Zustand befindliche, wenn nur nicht völlig demontirte, dem steuerpolitischen Gedanken des Gesetzes gemäss das zum Vergnügen u. dgl. dienende (s. u. d). Aber nur eigentliche Billards, nicht sogenannte für andere Spiele (englisches, holländisches, chinesisches) sind Steuerobject (s. Say und Block a. a. O.).

b) Steuersubject ist der Besitzer als solcher, einerlei ob er das Billard zum öffentlichen Gebrauch stellt oder seinem Privatgebrauch vorbehält.

c) Der Steuertarif ist wieder ein Ortsclassentarif, für Paris 60, für Städte über 50,000 Einw. 30, von 10,000—50,000 15, f. andere Orte 6 Frcs. für das Stück. Der bei einer Luxussteuer richtige Gedanke einer höheren Besteuerung der Privatbillards wurde nicht verwirklicht.

d) Steuerfreiheit geniessen nur die zum Verkauf oder zur Vermiethung bestimmten Billards der Billard-Fabrikanten und Händler, welche diese nicht zum persönlichen Gebrauch verwenden. Eine andere Qualität des Besitzers, z. B. bei Billards im Besitz von Heilanstalten, bedingt keine Steuerfreiheit.

e) Die Veranlagung der Steuer erfolgt regelmässig nach dem Stande am 1. Jan. für das ganze Jahr, und zwar auf Grund von Declarationen, welche der Besitzer bei der Mairie seiner Gemeinde v. 1. Oct. bis Ende Jan. machen muss. Diese Declarationen werden bis zu einer erfolgten Abänderung derselben als Grundlage angesehen (s. Ges. v. 1871, Art. 10, und das Decr. v. 27. Jan. 1871, mit den weiteren erforderlichen Bestimmungen).

f) Die Strafe für unterlassene oder ungenaue Declaration ist auch hier Vordoppelung des Steuersatzes.

Die Zahl der steuerpflichtigen Billardbesitzer war 1872 68,060, 1882 83,293, in 16,827 bez. 18,675 Gemeinden (eine fast gleiche Zahl Gemeinden besass keine); die Zahl der Billards in den Rollen war bez. 73,855 und 88,927; 1887 94,751; die Zahl der nicht declarirten ist von 3—4000 anfangs auf einige 100 jetzt gesunken, 1887 180 (Say, dict. p. 403, Bull. XXIII, 644).

§. 308. 4. Die Steuer auf solche **geschlossene Gesellschaften** u. dgl. (cercles, sociétés, lieux de réunion), wo die Mitglieder (abonnés) Beiträge (cotisations) zahlen, ist ebenfalls durch das Gesetz v. 16. Sept. 1871 Art. 4 eingeführt worden, wiederum in der Absicht, dadurch eine Art „Luxussteuer" für wohlhabendere, mehr oder weniger müssige Leute zu begründen. Danach ist auch die Umgrenzung der Steuerpflicht und die Feststellung der Ausnahmen erfolgt. In der Regel, ja wohl fast ausnahmelos wird das einzelne Mitglied hier voll und ganz von der Steuer getroffen werden, um welche eben sein Beitrag erhöht wird.

Die Einzelheiten sind die folgenden. S. für das Genauere das Decr. v. 27. Dec. 1871 (Dejean p. 128) und bes. den Artikel „cercles" von Arnoux im Say'schen dict.

a) Steuerobject ist der Betrag der Beiträge der Mitglieder der genannten Gesellschaften, Vereine, Clubs u. s. w., einschliesslich der etwaigen Eintrittsgelder, auch obligatorischer allgemeiner ausserordentlicher Einzahlungen.

b) Steuersubject ist der betreffende Verein als solcher, vertreten durch seinen Geranten, Secretär oder Schatzmeister, der die Steuer zu entrichten hat.

c) Der Steuersatz ist 20% des Betrags des Steuerobjects.

d) Befreit sind ausdrücklich nach dem Gesetz Wohlthätigkeits- und gegenseitige Hülfsgesellschaften, ferner ausschliesslich wissenschaftliche, literarische, landwirthschaftliche, musikalische Vereine, wenn sie nicht tägliche Zusammenkünfte haben. Durch Ges. v. 5. Aug. 1874, Art. 7, sind auch Vereine für gymnastische, Schiessübungen u. dgl. m. befreit worden (c. 400). Auch die obligatorischen Militärcirkel sind frei.

e) Die Veranlagung erfolgt auf Grund einer vorgeschriebenen Declaration des Secretärs u. s w. über Mitgliederzahl und Beiträge. Die Declaration gilt für die späteren Veranlagungen, bis eine Abänderung angemeldet ist. Die Jahresschuldigkeit ist auf einmal zu entrichten.

f) Die Strafe des doppelten Satzes trifft auch hier unterbliebene oder ungenaue Declaration.

Zahl der Gemeinden mit steuerpflichtigen Gesellschaften 1872 1906, 1885 2360, der Gesellschaften 4561 und 5235, der Mitglieder 217,717 und 257,964, in 1887 (Veranlagung) 249,518 (ausser 817 nicht declarirten, mit Doppelsatz), der steuerpflichtigen Beträge in den genannten 3 Jahren 6.59—7.03—7.04 Mill. Frcs. (und 11,722 f. nicht declarirte Beträge). Anfangs war die nicht declarirte Summe doppelt so hoch (Say p. 905, Bull. XXIII, 644).

Anhang.

§. 309. Verschiedene andere kleinere directe und indirecte Abgaben der französischen Staatsbesteuerung.

Diese oben S. 416 ff. schon genannten Abgaben enthalten zwar zum Theil, wie namentlich die einträglichste, die für Verification der Gewichte und Maasse, Steuerelemente in sich, sind aber doch im Uebrigen aparter Natur, gebührenartig, Kostenersätze. Wir gehen deshalb nicht näher auf sie ein, sondern fügen nur noch ein paar Daten über sie hinzu, für das Weitere auf die dictionnaires von Block und Say, auf Vignes u. a. m. verweisend.

Es war der Ertrag in 1000 Frcs.

A. Zu den den „directen Steuern gleichgestellten Specialtaxen" gehörend:

	1869	1872	1874	1884	1887
1. Verification der Gewichte u. s. w.	1,765	3,432	4,129	4,511	4,514
2. „ „ Alcoholometer	—	—	—	—	80
3. Abg. f. Besuch d. Apoth. und Drog.	233	223	262	306	321
4. Abg. f. Inspect. d. Fabr. u. s. w.	—	—	—	—	18
Summe A.	1,998	3,655	4,391	4,817	4,933

B. Zu den „verschiedenen Abgaben der indirecten Besteuerung" gehörig:

5. Inn. Schifff.-Abg. (Flüsse, Canäle)	3,978	3,698	4,391	-	-
6. Zölle, Abg. v. Fähren, Fisch., Jagd u. a. m	2,190	2,601	2,398	2,848	2,496
7. Stempel in Verwalt. indir. Steuern	6,177	6,012	7,380	8,637	8,826
8. Ertr. d. Geldstraf. u. Confiscat.	1,403	4,731	3,922	4,206	6,154
Summe B.	13,748	17,042	18,091	15,691	17,476

S. Faure p. 82, 118, Bull. XXIII, 373, 289. Die Daten f. 1887 Auschlag bei A, provis. Zahlen bei B, die früheren aus den Abschlüssen.

Zu A 1. Eine obligatorische Verification der im Handel gebrauchten Maasse und Gewichte findet jährlich statt und giebt Anlass zu Gebührenerhebung. Neue Regelung durch Decr. v. 26. Febr. 1873 und Tarif darin, wodurch die früheren Einnahmen verdoppelt wurden, so dass seitdem die „Besteuerung des Handels" mittelst dieser Abgabe schärfer hervortritt.

Zu A. 2. Eine obligatorische Verification der Alcoholometer, ebenfalls gegen Gebühren, findet nach dem Ges. v. 7. Juli 1881 und 28. Juli 1883 statt.

Zu A. 3. Die regelmässige Visitation der Apotheken, Droguerieen u. dgl. erfolgt nach Ges. v. 21. Germ. XI, gegen Gebühren eines Decrets v. 25. Therm. XI.

Zu A. 4. Die vorgeschriebene Inspection von Fabriken und Niederlagen von Mineralwasser, Bädern u. s. w. erfolgt gegen Gebühren nach Ges. v. 25. Juni 1841. Art. 30. Die betr. Einnahme wurde früher anderswo verrechnet, seit 1887 bei den genannten Taxen.

Zu B. 5. Die Abgaben für die Unterhaltung der Ströme, schiffbaren Flüsse und Canäle beruhten zuletzt auf einem Gesetz v. 9. Juli 1836 mit Tarif und auf Specialtarifen für einzelne Canäle. Diese Abgaben sind aber durch Ges. v. 19. Febr. 1880 sämmtlich aufgehoben worden.

Zu B. 6. Hierhin gehören mancherlei verschiedene Einnahmen, Abgaben, Zölle u. dgl. für Fähren, Brücken, Schiffzichen, Fischerei, Jagd, aus dem Ertrag der Baumanpflanzungen u. dgl. an Canälen und Derartiges mehr; gegebenen Falls nach besonderen Tarifen.

Zu B. 7. Die hier genannten Stempelerträge rühren aus den kleinen Stempeln für die Bezettelungen, Quittungen u. dgl. in der Verwaltung der indirecten Steuern her, wie sie früher mehrfach erwähnt worden sind. Sie treten also zu den Erträgen des sonstigen allgemeinen Stempelwesens (S. 567) noch hinzu.

Zu B. 8. Der Ertrag aus Geldstrafen und Confiscationen, ausschliesslich aus dem Gebiet der indirecten Steuern, ist nach dem Kriege, von 1872 an, theils durch die schärfere Controle und die Steigerung der Strafen, theils durch die Einführung neuer indirecter Steuern erheblich gewachsen. Er schwankt übrigens begreiflicher Weise von Jahr zu Jahr stark (Max. 1875 7,955,000 Frcs., Min. 1881 1,906,000 Frcs., 1886 im Definitivum 4,128,000 Frcs.). Zahl der Protokolle über Contraventionen 1886 35,807, 1887 39,530 (Bull. XXIII, 289).

Mit den genannten 8 Einnahme- und Abgabearten, die immerhin zusammen wieder 20 und einige Mill. Frcs. abwerfen, sind die Erträgnisse der Steuerverwaltung noch nicht einmal vollständig vorgeführt. Es kommen noch verschiedene andere vor, von welchen einzelne, wie die Zinsen der Steuercredite, doch auch noch Steuercharacter haben. Im Voranschlag f. 1887 finden sich noch folgende Ertragsposten unter der Generaldirection der indirecten Steuern (in 1000 Frcs.):

Erhebung von den Gemeinden für Kasernirungskosten	2,199
Entschädigung Seitens der Städte für Octroidienst	478
Preis der Bleie (Plombirung) bei Salz, Zucker, Getränken, Pulver	97
Ueberwachungskosten der Zuckerniederlagen und Sodafabriken	77.5
Zinsen der Steuercredite	529
Einziehung von Vorschüssen von Gemeinden f. Gehalts-Abonnements in Betreff der Beamten	586
Desgl. von Gemeinden f. Druck- u. dgl. Kosten	264
Desgl. von Spielkartenfabrikanten als Preis des gelieferten Papiers u. s. w. (s. o. S. 709)	159
Desgl. von Beamten f. Preis von Instrumenten	21
Verschiedene und zufällige Einnahmen	515.8
Summe	4,926.3

e. Die Zölle
insbesondere als Verbrauchssteuern (Finanzzölle).

Das französische Grenzzollwesen hat auch seit 1789 und nach der Herstellung eines einheitlichen Zollgebiets und eines allgemeinen Tarifs eigentlich nur in zweiter Linie als eine Einrichtung des Finanz- und Steuerwesens, in erster als eine solche der Handels- und Volkswirthschaftspolitik gedient. Das Finanzinteresse, mit Hilfe der Zölle, besonders der Einfuhrzölle dem Staate Einnahmen zu verschaffen und in Finanzzöllen Verbrauchssteuern zu erheben, spielte freilich immer mit, aber es trat nur in einzelnen Perioden, vornehmlich sogar seit 1871, schärfer hervor. Der handelspolitische, der protectionistische Gesichtspunct war und blieb der beherrschende: eine Erscheinung, welche ja auch in anderen Ländern, so auch in Grossbritannien, beobachtet wird, in Frankreich aber sich besonders frappant zeigt, nach momentaner Zurückdrängung immer wieder hervortritt und das Characteristische bleibt.

Namentlich die interessante Geschichte der französischen Zolltarif-Politik seit 1789 ist daher, zumal bis 1871, weit mehr ein Gegenstand der handelspolitischen und allgemein volkswirthschaftlichen als der finanzwirthschaftlichen Betrachtung. Eine auch nur etwas mehr ins Einzelne gehende Darstellung dieser Geschichte wird von selbst zu einer allgemeinen Geschichte der modernen französischen Volkswirthschaft, — wiederum mehr als das anderswo der Fall ist.

In diesem lediglich finanzwissenschaftlichen Werke liegt auch bei der Darstellung des Zollwesens einschliesslich des Tarifwesens natürlich wieder eine viel begrenztere Aufgabe vor: das Zoll- und Tarifwesen gehört streng genommen nur als Theil des Besteuerungswesens hierher, der Finanzzoll, nicht der Schutzzoll, das finanzpolitische, nicht das handelspolitische Moment interessiren uns allein näher. Indessen bei dem nahen Zusammenhang aller dieser Dinge und bei der Bedeutung, welche gerade in Frankreich auch die Schutzzölle im Ganzen für die Einnahme des Staats aus den Zöllen haben, ist es unmöglich, die handelspolitischen und Schutzzollfragen hier ganz unberücksichtigt zu lassen. Ja, die Einwirkung bestimmter handelspolitischer Zielpuncte und der diesen gemäss eingeschlagenen Zolltarif-Politik auf den Zollertrag ist sogar ein Gegenstand, welcher wieder für die finanzwissenschaftliche Betrachtung des Zollwesens wichtig ist und wofür die französischen Verhältnisse und Erfahrungen besonders lehrreich sind. Deshalb werden im Folgenden in der Skizze der Tarifgeschichte und in den statistischen Daten der Zollerträge diese Seiten des Gegenstands auch nicht übergangen. Aber auch hier ist der leitende Gesichtspunct für die Darstellung, wie in anderen früheren ähnlichen Fällen (britische Zolltarif-Geschichte, französ. Getränke- und Zuckerbesteuerung u. s. w.), immer der für dies Werk gebotene: alles, was nicht rein finanzwirthschaftlicher Art ist, gehört eben nur soweit, als es für die

Finanzen Bedeutung behält, hierher, mag es an sich und für die Volkswirthschaft u. s. w. auch das viel Wichtigere und Interessantere sein. Die richtige Grenzziehung und die nothwendige Beschränkung nach diesem Gesichtspunct sind freilich hier gerade nach der Lage der französischen Dinge besonders schwierig.

Mit diesen Bemerkungen wird ja nur etwas allgemein Bekanntes hervorgehoben, das gleichwohl oftmals in seiner Bedeutung nicht genügend gewürdigt wird: alle Darstellung der Finanzgeschichte und vollends wieder bloss der Steuergeschichte eines Landes sowie der Gestaltung seines Finanz- und Steuerwesens in einem bestimmten Zeitpuncte, wo man gewissermassen einen momentanen Stillstand in der Entwicklung fingirt, beruht auf einem Isolirungsverfahren, alle finanzwissenschaftliche Darstellung auf einem Abstractionsverfahren, welche beide, methodologisch betrachtet, berechtigt, ja nothwendig sind, aber eben doch den Vorgängen und Verhältnissen in der Wirklichkeit Zwang anthun, weil etwas, was wie Finanzen und Steuern in engem Zusammenhang mit Anderem und in engster beständiger Wechselwirkung damit steht — nach der Bedarfsseite mit Geschichte, Politik, Verfassung, Verwaltung des Staats, nach der Seite der Bedeckungsmittelbeschaffung mit der ganzen Volkswirthschaft — isolirt für sich, ausser diesem Zusammenhang und dieser Wechselwirkung, „abstract" betrachtet wird. Eine Schwäche der concreten Finanz- und Steuergeschichte und der ganzen Finanzwissenschaft, die auf keinem anderen Gebiete der Besteuerung vielleicht so bemerklich als gerade im Zollwesen ist, zumal wenn es sich um ein Land wie Frankreich handelt, dessen Tarifpolitik fast immer mehr volkswirthschaftlichen als finanziellen Zielen und Interessen gedient hat. Aber freilich eine Schwäche, die sich im Grunde in allen Zweigen der Historie, der historischen und Geisteswissenschaften und eigentlich ebenso der Naturwissenschaften zeigt, und im letzten Grunde nothwendig aus dem begrenzten menschlichen Erkenntniss-, Verständniss- und demnach auch Darstellungsvermögen folgt, das uns eben die Dinge nur mittelst jenes gedankenmässigen Isolirungs- und Abstractionsverfahrens, nicht auf einmal in ihren wirklichen allgemeinen Zusammenhängen, Bedingtheiten und Wechselwirkungen zu erfassen erlaubt.

Auch in der folgenden, etwas eingehenderen chronologischen Uebersicht der Gesetze u. s. w., welche in der üblichen Weise wie in den früheren Abschnitten hier vorangestellt wird, beschränken wir uns auf die Angabe der hauptsächlichen grundlegenden und Organisations- u. dgl. Gesetze und der wichtigeren Tarifgesetze, Handelsverträge u. s. w., besonders erst der neuesten. Die zahlreichen einzelnen Gesetze, „Ordonnanzen" (in der Königszeit 1814—1848), „Decrete" (in der übrigen Zeit) über Tarifpuncte, welche vornehmlich nur von handelspolitischer Bedeutung sind, werden hier absichtlich übergangen. Dafür ist auf die handels- und zollpolitische Specialliteratur zu verweisen. Das Eine oder Andere wird unten in der Darstellung mit berührt werden. Ueber die Zuckerzollgesetze s. o. S. 659 ff. Sie werden im Folgenden nicht wieder alle besonders namhaft gemacht, wenn auch hie und da erwähnt.

Gesetzgebung. Revolutionszeit 1790 ff.: Vier grundlegende Gesetze: Aufhebung der inneren Zölle (traites) durch Ges. v. 5. Nov. 1790 (o. S. 150). Neuer allgemeiner einheitlicher Zolltarif für den Verkehr mit dem Ausland v. 15. März 1791. Organisation des Zolldienstes (Personal) durch Ges. v. (23. Apr.) 1. Mai 1791 und Ges. v. (6.) 22. Aug. 1791 (Zollverfahren, Formalitäten des Diensts, Verpflichtungen des Publicums u. s. w.), nach manchen späteren Veränderungen die Grundlage des Diensts und Zollverfahrens noch gegenwärtig. Dazu die Gesetzgebung über Entrepôts, bes. Ges. v. 8. Flor. XI (23. Apr. 1803).

Kriegszeit (1793—1813). Beginn des handelspolitischen Kampfes mit England u. s. w. aus kriegspolitischen Motiven 1793 (Decr. v. 1. März, 19. Mai, 9. Oct. 1793, 10. Brum. V [31. Oct. 1796] u. a.). — Bestimmungen über Zollzahlung während der Assignatenwirthschaft, Ges. v. 20. Therm. III (7. Aug. 1795), 4. Nivôse IV (25. Dec. 1795), 14. Therm. IV (1. Aug. 1796, Zahlung der Zölle wieder ganz in Münze), 15. Brum. IV (5. Nov. 1796, Zollbeamten-Gehalte wieder in Münze). — Ges. v. 29. Flor. X (Ermächtigung der Regierung, von sich aus Tarifänderungen und Prohibitionen vorzunehmen, also bloss vermittelst „Decrets"). Erneuter handelspolitischer Kampf gegen England Seitens Napoleons I., Berliner Decr. v. 21. Nov. 1806, Mail. Decr. v. 23. Nov. 1807 und 17. Sept. 1808, Decr. v. 8. Oct. 1810 (Continentalsperre). Tariferhöhungen und Prohibitionen durch verschiedene Gesetze, Decrete, bes. aus 1803 (28. Apr.), 1806 (30. Apr.) 1810 (8. Febr., 10. Aug. u. a. m.).

Periode der Restauration (1814—1830). Wiedereinführung normaler Handels- und Zollverhältnisse durch verschiedene Ordonnanzen von 1814. Festhaltung und Neubegründung eines prohibitorisch-protectionistischen Systems der Handels- und Zollpolitik durch Ges. v. 17. Dec. 1814 (Art. 34 betr. die Berechtigung der Regierung, im Falle dringenden Bedürfnisses Tarifänderungen u. s. w. vorzunehmen). Dazu einzelne andere Gesetze über Tarife von Waarengruppen (Getreide, Wolle, Eisen, Colonialwaaren 1814, 1815); Ges. v. 16. Dec. 1814 (Freihäfen, Marseille). — Endgiltige Begründung des Zollwesens durch das Ges. v. 28. April 1816, nebst Ges. v. 27. März 1817 und 21. Apr. 1818 (Zollreglement, Repression des Schmuggels), Ord. v. 10. Sept. 1817 (Marseiller Freiheiten). — Weiterer scharf protectionistischer Ausbau des Zollwesens und der Tarife 1819 ff.—1826 (bes. auch f. Landwirthschaft, Getreide, Schafwolle, Vieh u. s. m., Colonialzucker, Eisen, Stahl, Waaren daraus, Textilindustrie u. s. w., Marine; bes. wichtige Gesetze v. 16. Juli 1819, 7. Juni 1820, 7. Juli 1821, 27. Juli 1822, 17. Mai 1826; Schifffahrts-Verträge mit Nordamerica v. 24. Juni 1822 und mit Grossbritannien v. 26. Jan. 1826).

Periode der Julimonarchie (1830—1848). Fortdauer der protectionistisch-prohibitorischen Richtung der Zollgesetzgebung, nur mit geringen Modificationen. Ges. v. 9. Febr. und 27. Febr. 1832 (über Transitverkehr, Entrepôts, auch im Innern). Neues Gesetz über Getreidezölle v. 15. Apr. 1832, nach Verlängerung durch Ges. v. 26. Apr. 1833 die Grundlage bis 1860. Verschiedene kleine Modificationen des Prohibitiv- und Schutzzollsystems durch Ordonnanzen, bestätigt und fortgebildet durch Ges. v. 2. Juli 1836, Ges. v. 5. Juli 1836 (Einführung des sogen. Veredelungsverkehrs, d. h. Zulassung zeitweiliger zollfreier Einfuhr fremder Producte durch kön. Ordonnanzen, zum Zweck der Fabrikation oder Verfeinerung, mit der Pflicht der Wiederausfuhr in bestimmter Frist). Wichtigere Tarifänderungen durch Ges. v. 6. Mai 1841 und 9. Juni 1845 th. mehr protectionistisch (Oelsamen u. a. m.), th. etwas entgegengesetzt. — Handelsverträge mit kleinen Concessionen mit Belgien v. 16. Juli 1842 und 13. Dec. 1845, dieser auf 6 Jahre, und mit Sardinien v. 28. Aug. 1843 (auf 4 Jahre, u. A. differentielle Ermässigung der Viehzölle).

Periode der zweiten Republik und des zweiten Kaiserreichs (1848—1870). Fortdauer des bisherigen handels- und zollpolitischen Systems, doch Beginn eingreifenderer Modificationen nach dem Staatsstreich Napoleons III. Bruch mit dem alten System und Uebergang zu „gemässigtem Schutzzoll" mittelst eines Systems „liberaler Handelsverträge" seit 1860. — Decr. v. 10. Juni 1848, Ges. v. 17. Dec. 1848 (erhöhte Ausfuhrprämien, Tarifmassregeln). — Handels- und Schifffahrtsverträge mit mittelamerican. Staaten, mit Belgien, mit Sardinien, Russland, Beiden Sicilien 1847—50. — Ermächtigung des Kaisers durch die neue Verfassung, von sich aus Handelsverträge, auch in Betreff der Tarife, mit verbindlicher Kraft des Gesetzes abzuschliessen (Verfassung v. 1852, Art. 6, Sen. cons. v. 22. Dec. 1852 Art. 3): die Handhabe zu den späteren Handelsverträgen und Conventionaltarifen von 1860 ff. Tarifermässigungen (u. A. für Vieh, einige Rohstoffe) durch verschiedene Decrete von 1852—59, auch Suspension des Getreidezollgesetzes von 1832 in Theuerungszeit 1853 ff. und länger darüber hinaus, bis 1859, ebenfalls durch Decrete; die Tarifänderungen dieser Decrete durch Ges. v. 1856 und 1859 (ausser für Getreide) dann bestätigt.

Einleitung einer „liberalen Tarifreform", besonders zur Beseitigung der Einfuhrverbote und zu Tarifermässigungen in „Conventionaltarifen" vermittelst des Abschlusses einer ganzen Reihe von „liberalen Handelsverträgen", zuerst mit Grossbritannien am 23. Jan. 1860 (Grundsätze, Tarifmaxima) nebst Anhangs-Conventionen v. 12. Oct. und 16. Nov. 1860 (Conventionaltarife). Darauf weitere ähnliche Verträge mit Belgien (1. Mai 1861, mit Zusatz v. 12. Mai 1863), Preussen und Zollverein (2. Aug. 1862), Italien (17. Jan. 1863), Schweiz (30. Juni 1864), Schweden und Norwegen (14. Febr. 1865), Hansestädten

(4. März 1865), Mecklenburg (9. Juni 1865), Spanien (18. Juni 1865), Niederlanden (7. Juli 1866), Portugal (11. Juli 1866), Oesterreich (11. Dec. 1866), Kirchenstaat (29. Juli 1867); ausserdem mit Japan (25. Juni 1866): zusammen 14 Verträge. (Die angegebenen Daten sind die des Vertragsabschlusses. Davon unterschieden die Daten der Publicationsdecrete, nach denen mitunter auch citirt wird, und die Daten des Zeitpuncts, an dem die Verträge, Tarife u. s. w. in Kraft treten. Gewöhnlich 10—12jähr. Dauer, mit Recht der Aufkündigung ein Jahr vorher und sonst stillschweigender Fortdauer.)

Wichtigere neuere Reformgesetze: Ges. v. 5. Mai 1860 (Befreiungen und Ermässigungen bei Rohstoffen, Herkunfts- und Flaggenzuschlägen); Ges. v. 15. Juni 1861 (kleine feste Getreidezölle an Stelle der „beweglichen Scala"); Ges. v. 3. Juli 1861 (Handel mit den Colon. Antillen und Réunion); Ges. v. 16. Mai 1863, 4. Juni 1864 (weitere Tarifveränderungen u. a. m.); 2 Ges. vom 1. Mai 1867 (Handel mit Indien, Fischerei, Steinkohlenzoll u. a.); Ges. v. 17. Juli 1867 (Handel von Algier); Ges. v. 11. Juli 1868 (Colonialpolitisches und Tarifsachen). — Decr. v. 16. Juli 1863 (Zoll f. Petroleum und Schieferöl). — Dazu kommen in dieser Periode die wichtigen Gesetze über Zucker (s. oben S. 661, 666), bes. das Ges. v. 23. Mai 1860, Decr. v. 16. Jan. und 24. Juni 1861, Ges. v. 7. Mai 1864 (statt Gewährung eines Zuckerrückzolls [Drawback] „zeitweilige zollfreie Zulassung" von Zucker zur Raffinirung), auch die Zuckerconvention vom 8. Nov. 1864. — Endlich das wichtige Ges. v. 19. Mai 1866 über die Handelsmarine (Gleichstellung der fremden Flagge mit der französischen im Tonnengeld und bei directer Einfuhr). — Noch vor dem Sturze des Kaiserreichs wurde bei der Verfassungsveränderung im Jahre 1869 (Sen. cons. v. 8. Sept. 1869) bestimmt, dass in Zukunft Veränderungen in den Zolltarifen in Handelsverträgen erst auf Grund eines Gesetzes giltig würden.

Periode des Kriegs von 1870—71 und der dritten Republik seitdem (1870—1889). Benutzung der Zölle in stärkerem Maasse zur Erzielung höherer Staatseinnahmen in der Finanznoth. Rückschlag gegen die Politik der Handelsverträge, mit aus finanziellen, überwiegend aus protectionistischen Gründen, und vermehrte schutzzöllnerische Tendenz, aber endgiltig stärkere Benutzung der Zölle zu finanziellen Zwecken, schliesslich doch unter Festhaltung eines Systems von Handelsverträgen mit neuen „Conventionaltarifen" statt des „allgemeinen Tarifs"; Tarife, welche aber nach Inhalt und nach Höhe der Zollsätze den finanziellen, nur wenig jedoch den protectionistischen Rücksichten mehr als die früheren Conventionaltarife entsprechen. — Noch Ges. v. 27. Juli 1870 (Erhöhung der Zölle bes. auf Caffee, auch Cacao, Thee, bei Ausbruch des Kriegs aus finanz. Grunde). Ges. v. 8. Juli 1871 (Erhöhung der Zölle f. Zucker, Caffee, andere Colonialwaren, Wein, Branntwein, Likör, aus gleichem Grunde). Ges. v. 11. Juli 1871 (Uebergangsmassregeln in Betreff des Ges v. 8. Juli). Ges. v. 26. Juli 1872 (umfassendes Tarifges., bes. zur Bezollung der fremden Rohstoffe); dazu Erlass v. 18. Aug. 1872. Aufhebung des Ges. v. 26. Juli 1872 durch das Ges. v. 25. Juli 1873. Ges. v. 30. Dec. 1873 (4% Zuschlag zu den Zollsätzen des allgem. Tarifs, und andere Tarifpuncte, Art. 2, 4, 5). — Ges. v. 15. Febr. 1875 (Behandlung der Zollcredite). Ges. v. 19. März 1875 (Reglementirungen). Ges. v. 2. Juni 1875 (Verschärfung der Zollcontrolen u. Strafen). — Neues Ges. über die Handelsmarine v. 30. Jan. 1872 (wieder Flaggenzuschläge und Zuschläge f. Waaren aus europ. „Entrepôts" u. a. m.). Aufhebung der Art. 1 und 2 dieses Gesetzes (betr. die Flaggenzuschläge) durch Ges. v. 28. Juli 1873. — Einführung einer Abgabe „zur Deckung der Kosten der Handelsstatistik" durch Ges. v. 22. Jan. 1872 Art. 3. — Einführung einer Abgabe zur „Deckung der Kosten des Quais" („Quai-Abgabe") in Form eines Tonnengelds für beladene Schiffe jeder Flagge, welche aus der Fremde oder französ. Colonien in französ. Häfen kommen, durch das gen. Ges. über die Handelsmarine v. 30. Jan. 1872 Art. 6; modific. durch Ges. v. 20. März 1875.

Frankfurter Friedensvertrag mit dem Deutschen Reich v. 10. Mai 1871, worin der frühere Handelsvertrag mit dem Zollverein nicht wiederhergestellt wird, aber in Art. 12 beide Contrahenten sich zusagen, sich auf dem Fusse der meistbegünstigten Nation zu behandeln, sofern es sich um Begünstigungen in Handelsverträgen mit England, Belgien, Niederlanden, Schweiz, Oesterreich, Russland handelt. Dadurch sind, ohne einen eigenen Handelsvertrag zwischen Frankreich und Deutschland, die mit den genannten dritten Staaten bestehenden oder neu abgeschlossenen Handelsverträge für den französ.-deutschen Handelsverkehr in Betr. der Ein-, Aus- und Durchfuhrabgaben, Zollförmlichkeiten u. s. w. massgebend. Die Schifffahrtsverträge sind wieder in Kraft getreten, doch hat sich Frankreich vorbehalten, von deutschen Schiffen und deren Ladungen Tonnen- und Flaggengebühren event. zu erheben, aber nicht höher als von den Schiffen u. s. w. der genannten dritten Staaten. Hiernach liegen zwischen Frankreich und Deutschland keine kündbaren Handelsverträge vor. Die Behandlung auf dem Fuss der meistbegünstigten Nation dauert, solange Handelsverträge mit den genannten dritten Staaten Begünstigungen enthalten und solange — Frieden besteht. — Ueber den Handelsverkehr zwischen Elsass-Lothringen und Frankreich während einer Uebergangszeit (1872) s. die Zusatzconvention zum Friedensvertrage v. 13. Oct. 1871.

Ges. v. 2. Febr. 1872 (Ermächtigung der Regierung, die Handelsverträge mit Grossbritannien und Belgien in passender Zeit zu kündigen, um freie Hand für fiscalische und protectionistische Tarifreformen zu gewinnen). Kündigung dieser Verträge am 15. und 18. März 1872. Neue, aber nicht in Kraft getretene Verträge mit Grossbritannien v. 5. Nov. 1872 u. Belgien v. 5. Febr. 1873. Abermalige Verträge mit diesen Staaten v. 23. Juli 1873, wodurch die früheren von 1860/61 wieder in Kraft treten. Zusatz zu dem Vertrag mit Grossbritannien v. 24. Jan. 1874; zu dem mit Belgien v. 7. Febr. 1874 und 29. Sept. 1879. Ges. v. 14. März 1873 (überhaupt die Conventionaltarife provisorisch in Kraft gelassen). Verfassungsges. v. 16. Juli 1875 (Art. 8 § 2, Handelsverträge nur nach Genehmigung beider Kammern gültig). Normale Ablauffrist der älteren Handelsverträge der 1860er Jahre zwischen 31. Dec. 1879 und 27. März 1880. Handelsvertr. mit Russland v. 1. Apr. 1874 (Behandlung auf dem Fuss der meistbegünstigten Nation). Ges v. 4. Aug. 1879 (Regierung ermächtigt, die bestehenden Handelsverträge zu verlängern, aber nicht über 6 Monate nach Bekanntmachung eines neuen „allgemeinen Zolltarifs"). Ges. v. 20. Juli 1881 (Regierung ermächtigt zur Verlängerung der Handelsverträge auf 3 Monat, v. 8. Nov. 1881 an, also bis zum 8. Febr. 1882).

Neuer allgemeiner Tarif nach Ges. v. 7. Mai 1881.

Neue Handelsverträge: mit Belgien (31. Oct. 1881), Italien (3. Nov. 1881), Oesterreich-Ungarn (7. Nov. 1881), Niederlanden (26. Nov. 1881), Portugal (19. Dec. 1881), Schweden und Norwegen (30. Dec. 1881), die alle am 9. Febr. 1882 in Kraft treten sollten. An Stelle des holländischen, den die holl. Kammern nicht genehmigten, trat ein neuer v. 24. März 1882, der abermals von den holl. Kammern nicht genehmigt wird. Weitere Verträge mit Spanien (6. Febr. 1882), Schweiz (23. Febr. 1882). Zusatzacte mit Portugal v. 6. Mai 1882. — Ges. v. 2. Febr. 1882 (Ermächtigung der Regierung, die in Kraft stehenden Handels- und Schifffahrtsverträge bis 1. März bez. 15. Mai gegenüber den Mächten, mit denen neue Verträge abgeschlossen, zu verlängern). Ges. v. 20. April, 4 Gesetze v. 11. Mai, 3 v. 13. Mai, wodurch die Ratificirung der neuen Verträge mit Italien, Belgien, Spanien, Schweden und Norwegen, Schweiz, Oesterreich-Ungarn, Portugal durch den Präsidenten der Republik genehmigt wird. Decreto v. 13. und 14. Mai 1882 erklären diese Verträge für ausführbar. Ges. v. 27. Febr. 1882 (Behandlung brit. Producte auf dem Fuss der meist begünstigten Nation). Ges. v. 11. Mai 1882 betr. die Genehmigung der Ratification eines Vertrags v. 28. Febr. 1882 mit Grossbritannien. Neuer Vertrag mit Oesterreich-Ungarn an Stelle des von 1881 v. 18. Febr. 1884, genehmigt durch Ges. v. 8. März 1884 (stets kündbar, endigend 6 Monat nach der Kündigung). Neuer Vertrag mit den Niederlanden v. 19. Apr. 1884 mit Specialtarif für einige direct importirte Waaren (Ges. v. 8. Aug. 1885). Ges. über die besondere Bezollung aller Producte aus Rumänien v. 7. Aug. 1885. Nach Kündigung des H.V. mit Italien zum 29. Febr. 1888 starke Erhöhung des Tarifs (auch über die Sätze des allgemeinen Tarifs v. 1882 hinaus) für wichtigere italien. Producte durch Ges. v. 27. Febr. 1888 (Bull. XXIII, 234. Aehnlich auf Seite Italiens gegen französ. Producte, eb. p. 330). Auch die Türkei gehört vertragsmässig zu den meistbegünstigten Staaten. Von europ. Staaten unterliegen nur Dänemark, Griechenland und unterlag bis zu dem gen. Vertrag Holland dem allgemeinen Tarif, der sonst nur auf den Handel aussereurop. Länder und auf die nicht in den Conventionaltarifen stehenden noch zollfreien Artikel europäischer Länder Anwendung findet.

Zölle. Gesetzgebung. Literatur.

Neueste Veränderungen des allgemeinen Tarifs: namentlich Rückkehr zu stärkerer landwirthschaftlicher Schutzzollpolitik. Ges. v. 5. Apr. 1884 (u. A. Salz), 2 Gesetze v. 28. März 1885 (neue und höhere Getreide- und Mehlzölle und höhere Viehzölle), Ges. v. 29. März und 5. Apr. 1887 (abermalige Erhöhung der Getreide-, Mehl- und Viehzölle). Ges. vom 16. Apr. 1889 (Roggenzoll erhöht); and. Ges. v. dems. Tage (Salzzölle). — Ges. v. 5. Juli 1887, 25. Nov. 1887, 26. Febr. 1888, 29. Mai 1888 (Erhöhung der Branntweinzölle und Verlängerung der Dauer dieser Erhöhung, s. o. S. 654).

Neues Ges. über die Handelsmarine v. 29. Jan. 1881 (Schiffbau- und Schifffahrtsprämien), dazu Reglem. im Decr. v. 29. Juni 1881.

Diese fast ein Jahrhundert umfassende Uebersicht der Zoll- und Tarifgesetzgebung bildet ein Gerippe für eine hier nicht mögliche eingehendere allgemeine Entwicklungsgeschichte des französischen Zollwesens und der Tarifpolitik und bewahrheitet schon die einleitende Bemerkung, dass auf diesem Gebiete der handelspolitische Gesichtspunct vor dem finanzpolitischen der beherrschende war und blieb.

Literatur. Aus der reichen Specialliteratur werden auch hier nur einige Werke herausgehoben, welche vom Verfasser umfassender benützt worden sind. Weitere literar. Nachweise mehrfach in den hier genannten Werken selbst wieder.

Vornemlich über Tarifpolitik und deren Geschichte: Stourm II, ch. 18. bes. p. 61—90 (Zoll- und Tarifwesen in der Hinüberleitung aus dem ancien régime in die neue Zeit). Fournier de Flaix, réforme de l'impôt en France, Par. 1885, I, 466 ff. (Tarif v. 1791). Comte de Butenval, premier tarif génér. d. douanes 1757—91, Par. 1876. Amé, étude sur les tarifs de douanes et sur les traités de commerce, Par. 1876, 2 vol. (eingehende Geschichte der Tarifpolitik, bes. von 1786 an, bis 1876, ein vorzügliches Werk, gemässigt freihändlerischer Standpunct, bes. zu Gunsten des Systems der napoleon. Handelsverträge). Bacqués, douanes franç., essai hist. 2. éd. Par. 1862 (kurzer Abriss, bes. der Entwicklung der Organisation 1815—62). M. Chevalier, examen du syst. commerc. connu sous le nom du syst. protecteur, 2. éd. Par. 1858. Wolowski, liberté commerc. et résultats du traité de commerce de 1860, Par. 1860. W. Lexis, die französ. Ausfuhrprämien im Zusammenhange mit der Tarifgeschichte und Handelsentwicklung Frankreichs seit der Restauration, Bonn 1870 (dies in jeder Hinsicht, namentlich auch methodologisch, ausgezeichnete Werk enthält u. A. auch einen sorgfältig gearbeiteten stoffreichen Abriss der allgemeinen Tarifgeschichte von 1789—1869, S. 41—96). Ueber die Tarifpolitik nach dem Kriege, ausser Amé, bes. Mathieu-Bodet passim, bes. über die Tarifpolitik 1871—73 in vol. I, ch. 2—4, Amagat passim, bes. part III, ch. 8 p. 355 ff. — Ueber die Erträge der Zollverwaltung (incl. Salz unter derselben, o. S. 615) nach Hauptposten und über die Hauptposten der Verwaltungskosten und sogen. non-valeurs (Escompte, Rückzahlungen, Ausfuhrprämien u. s. w.) eine lehrreiche amtliche Publication: douanes et sels, tabl. génér. des recettes etc. (1789—1872), Par. 1874 (Wiederabdruck einer 1865 in wenigen Exemplaren abgezogenen statist. Uebersicht, deren Exemplare im Communeaufstand mit dem Finanzministerium meist verbrannten). — Wiederholt haben in Frankreich über die Lage von Handel und Industrie und die Tarifpolitik Enquêten bez. eingehende Verhandlungen im Conseil supér. du commerce stattgefunden, auch zur Vorbereitung von Tarifreformen. So 1828, 1834, 1860, s. über letztere bes. Amé I, ch. 14 (Materialien f. die Feststellung des Conventionaltarifs der Handelsverträge v. 1860 ff.). Zur Vorbereitung des neuen allgemeinen Tarifs v. 1881 Rapport und Enquête de la commission du tarif général de douanes, 1878 ff.

Die älteren Tarife (1791—1854) in dem amtl. Tarif chronolog. des douanes de France, Par. 1855. Der Tarif von 1860—61, nebst Statistik des Handelsverkehrs, der Zollerträge (bes. 1857—59) und Daten über die Zölle von 1860 in O. Hübner's Berichten des statist. Centralarchivs Nr. 7 (Zollgesetzgebung und Handel Frankreichs), Leipz. 1861. Die neueren Tarife, auch die einzelnen Gesetze, Handelsverträge u. s. w. im Preussischen, jetzt Deutschen Handelsarchiv, in Dejean's Code (1871 ff.), im ital. Bulletino di legislat. e statist. doganale e commerciale (seit 1884 im italien. Finanzministerium herausgegeben); dann seit 1877 im Bull. de statist. des Finanzministeriums (so u. A. Vergleichung des alten allgemeinen und des bisherigen Conventionaltarifs mit dem neuen allgemeinen Tarif v. 1881 Bull. IX, 459 ff., des alten und neuen Conventionaltarifs mit dem neuen allgemeinen Tarif Bull. XI, 503 ff., des

Kampftarifs von 1888 gegen Italien mit dem geltenden allgem. und Conventionaltarif Bull. XXIII, 235 ff.). Der Tarif von 1881 auch in der deutschen amtl. Sammlung der Zolltarife, Berl. 1884 und in der Beutner'schen Sammlung (Centralverb. deutscher Industrieller), Berl. 1883. Für die Zeit bis 1869 bez. 1876 ist bes. auf die Werke von Lexis und Amé zu verweisen, deren Daten über Gesetze u. s. w. auch zu der Zusammenstellung der obigen Uebersicht mit benutzt worden.

Vornehmlich über Zollverwaltung, Zollverfahren, meist ohne Eingehen auf das Materielle des Tarifwesens: Bibliographie bei Block, dict. p. 818, Vignes I. 217—288, 297—308, 314—320, Josat, p. 568—586. Block, dict. Art. douanes von Ozenne, auch Supplemente, Art. entrepôts und einzelne andere. Im Say'schen dict. sind die betreffenden Artikel noch nicht erschienen. Bourgat, code des douanes, Par. 1848, mit späteren Supplementen. v. Hock, Cap. 6, S. 236—318 (Zollverwaltung, Zollgesetz und -Verfahren, Navigationsgesetze u. s. w., auch S. 278—305 über den Zolltarif, meist über den um 1856 geltenden; in der Darstellung der practischen Puncte wie gewöhnlich meisterhaft und unerreicht). v. Kaufmann S. 460—501.

Statistik. Tableau génér. du commerce, jährl. grosses Tabellenwerk: letzter Band f. 1887. Darin auch Daten über den Zollertrag. Documents statist. réunies par l'administr. d. douanes. Darin längere Uebersichten, auch über die Zollerträge. Im Bull. ausführliche Auszüge aus d. tabl. génér., auch über die Zollerträge und die einzelnen unter Specialrégime stehenden Handelszweige (f. 1887 Bull. XXIV, 403—431). Wichtigste Daten auch im Annuaire stat. de la France. Faure p. 110 ff., 194 ff. (1868—87).

α) Entwicklung des Zollwesens und Gang der Tarifpolitik.

In Betreff des letzteren Puncts muss sich die Darstellung hier nothwendig auf eine Uebersicht in grossen Zügen beschränken. Eine solche Uebersicht ist aber auch zur Würdigung der finanziellen Seite des Zollwesens als einer Besteuerungseinrichtung nicht wohl zu entbehren. Tarifproben, die ohnedem eine Vergleichung mit den Preisverhältnissen bedingen, um genügend gewürdigt zu werden, werden nur ausnahmsweise und mehr erst für die neuere Zeit und für die Finanzzölle mitgetheilt. S. für die Geschichte der Tarifpolitik bes. die Werke von Amé und Lexis, dann Mathieu-Bodet und Amagat (Zolldebatten von 1872—73).

§. 310. 1. **Grundcharacter und Epochen im Ueberblick.** Die Geschichte des französischen Zollwesens und namentlich der Zolltarif-Politik wird in starkem Maasse vom **Gang der allgemeinen politischen Geschichte** beeinflusst, wiederum mehr, als sich dies auf jedem anderen Besteuerungsgebiete zeigt. Eine Beobachtung, welche in anderen Staaten ebenfalls zu machen ist, aber kaum in dem Grade wie in Frankreich. Man kann daher die Perioden der allgemeinen Geschichte denen der Zoll- und Tarifgeschichte passend zu Grunde legen, wie es schon in der vorausgeschickten Uebersicht der Gesetzgebung geschehen ist.

Aber eigentliche **Epochen**, in denen eine grundsätzlich verschiedene und practisch erheblich anders wirkende Handels- und Zollpolitik eintritt, bilden jene Perioden nicht. Von solchen „Epochen" kann man dagegen etwa folgende vier unterscheiden: die Zeit von 1791—93, von 1793—1860, von 1860—71 und seitdem.

In der ersten Epoche wurde das neue **einheitliche, das ganze Staatsgebiet umfassende Landesgrenzzollsystem und der allgemeine Tarif** dafür begründet. Bald tritt aber, zunächst in Folge der Kriegsereignisse, im Zoll- und Tarifwesen eine scharfe Wendung ein, zu Prohibitionen der Einfuhr gewisser Waaren und in einzelnen Fällen auch der Ausfuhr und zu hohen Schutz- und Finanzzöllen, indem das Zollwesen als **politisches Kampfmittel** und von Neuem, ähnlich wie im Ancien régime, als **Mittel der Protection** benutzt wird. So wird unter Napoleon I. der **Grundcharacter** der Handels- und Zollpolitik wieder durchaus ein **prohibitorisch-protectionistischer**, neben dem das rein finanzielle Interesse in zweite Linie tritt. Dieser Character bleibt aber, mit kleinen Schwankungen, vielfach sogar mit Steigerungen, besonders in der Ausdehnung des Schutzprincips auf die **Landwirthschaft** und deren Producte (Getreide, Vieh, Wolle, Oelsaaten) in den folgenden drei Perioden der politischen Geschichte Frankreichs, unter der Restauration, der Julimonarchie und der zweiten Republik und selbst bis in die erste Hälfte der Zeit des zweiten Kaiserreichs hinein im **Wesentlichen gewahrt**. Eben deshalb ist die ganze lange Zeit von 1793 bis 1860 in der Hauptsache als **Eine Epoche** der Handels- und Zollpolitik von gleichmässigem Grundcharacter aufzufassen.

Erst durch das von Napoleon III. aus eigener Initiative herbeigeführte „**System liberaler Handelsverträge**", das mit Recht öfters den Namen dieses in diesem Puncte verdienten Herrschers führt, erfolgt im Jahre 1860 ein **grundsätzlicher und practisch bedeutsam wirkender Bruch** mit dem historisch durch zwei Menschenalter überkommenen prohibitorisch-protectionistischen System der Handels- und Zollpolitik, zu Gunsten eines **gemässigten Schutzsystems** mit einem „**allgemeinen Zolltarif**" mit höheren und „**Conventionaltarifen**" zwischen den Vertragsstaaten mit niedrigeren Sätzen und ohne Prohibitionen, wobei nur die **Finanzinteressen** in Folge der Anwendung ähnlicher Tarifgrundsätze im allgemeinen Zolltarife auf die Finanzzölle etwas zu wenig Berücksichtigung finden. So bildet die Zeit von 1860—70 eine **dritte Epoche**.

Die Finanzlage nach dem deutschen Kriege nöthigte dann auch hier dazu, das Zollwesen — „nach nordamerikanischem Muster" — in stärkerem Maasse als **Besteuerungseinrichtung** zur Beschaffung grösserer Staatseinnahmen zu benutzen. Zugleich aber trat ein wirthschaftspolitischer und rein politischer Rückschlag gegen das System der Handelsverträge ein, der besonders von Thiers unterstützt zwar in seinen neuen Uebertreibungen nicht durchdrang, aber doch die Handels- und Zollpolitik wieder mehr in protectionistische Richtung, nur jetzt unter besserer und dauernder Wahrung des Finanzinteresses, hinein trieb. Diese Bewegung lief indessen, nach vorübergehender Lossagung von Handelsverträgen, deren bindende Wirkung man in der Noth nach dem Kriege auch als finanziell lästig empfunden hatte, schliesslich in ein neues System von Handelsverträgen mit mässigeren Conventionaltarifen aus, neben welchen letzteren ein neuer „allgemeiner Tarif", der von 1881, den Protections- und Finanzinteressen, ersteren in geringerem, letzteren in höherem Grade als die früheren allgemeinen Tarife, auch noch Napoleons III. gerecht zu werden suchte. Nur auf einem, allerdings besonders wichtigen Gebiete, dem der landwirthschaftlichen Producte, erfolgte in den letzten Jahren in Getreide- und Viehzöllen eine principiell und practisch bedeutsame Rückkehr zu höheren Schutzzöllen: aus denselben allgemeinen Gründen, wie auch in anderen europäischen Ländern, wegen der empfindlichen russischen und osteuropäischen, mehr noch transoceanischen, namentlich nordamerikanischen Concurrenz. Im Ganzen kann man so die Zeit seit 1871 bis zur Gegenwart als eine **vierte** Epoche der französischen Handels- und Zollpolitik zusammenfassen, von wieder etwas **mehr protectionistischem** Character, um die wirthschaftliche Selbständigkeit und eigene Leistungsfähigkeit des Landes mehr als nach dem 1860 angenommenen System zu erhalten, aber doch auch in dieser Hinsicht von ungleich gemässigterer Richtung als in der ersten Hälfte des Jahrhunderts, und zugleich eine Epoche, welche sich von allen früheren durch **stärkere Ausnutzung der Zölle als Quelle von Staatseinnahmen** characteristisch unterscheidet.

Die Periodisirung der Geschichte der Handels- und Zollpolitik nach den Perioden der allgemeinen politischen Geschichte, der grossen französischen Staatsumwälzungen, ist trotzdem nicht unrichtig und nicht werthlos. Nur muss man sich auch hier, wie auf so vielen Gebieten des öffentlichen Lebens in Frankreich, nicht darüber täuschen, dass diese „Umwälzungen" der Staatsformen und Verfassungen, in denen die Franzosen trotz eines vollen Jahrhunderts entgegengesetzter Erfahrungen immer noch das Heil suchen, nicht überall sehr tiefgreifend einwirken, so namentlich nicht auf dem hier besprochenen Gebiete. Die jeweiligen Zeitumstände, die concreten Bedürfnisse, die Strömungen in der öffentlichen Meinung, die politischen Einflüsse und die Machtstellung, welche die verschiedenen Interessentengruppen unter den verschiedenen Staatsformen und Verfassungen erlangen, bestimmen öfters doch nur Tempo und Maass, in welchen eine allgemeine Richtung der Handels- und Zollpolitik zur Durchführung kommt, aber nicht die allgemeine Richtung, den Grundcharacter dieser Politik selbst. Das lehrt die interessante französische Zollgeschichte von 1793—1860 deutlich.

§. 311. 2. **Erste Epoche. Begründung des einheitlichen Zollgebiets und des ersten allgemeinen Zolltarifs im J. 1791.** Der früheren königlichen Regierung war es trotz ihrer Machtfülle und mehrfach darauf hinzielender Bestrebungen nicht gelungen, den Colbert'schen Gedanken zu verwirklichen, nemlich aus dem französischen Staatsgebiet ein einheitliches Zollgebiet ohne innere Zollschranken und mit Grenzzöllen nach Aussen sowie mit einem allgemeinen Zolltarif zu machen. Das handelspolitische und Zollsystem selbst war aber seit Colbert nur immer mehr prohibitorisch-protectionistisch geworden. Darunter blühte der Schmuggel und litten die Zolleinkünfte vom ausländischen Verkehr, welche ohnedem nach den Consumtionsverhältnissen, besonders nach dem nur erst mässigen Verbrauch von Colonialwaaren, noch nicht erheblich sein konnten.

S. o. § 64. In dem gen. tabl. génér. des rec. etc. (douanes et sels) befindet sich eine Karte, welche das französ. Staatsgebiet nach den drei grossen handelspolitischen Gruppen darstellt (o. S. 150). Dem Gebietsumfang nach ist die zweite, die südliche Gruppe, die „provinces reputées étrangères", zu der getrennt davon im Norden ausser Bretagne und Franche-Comté auch das französ. Flandern, Artois gehörte, fast noch etwas grösser als die erste Gruppe, das Gebiet der „cinq grosses fermes". Innerhalb des südlichen Haupttheils der zweiten Gruppe wurden an besonderen Linien, welche die gen. Karte angiebt, noch Abgaben der inneren „traites" erhoben. Die dritte Gruppe, die „provinces à l'instar de l'étranger effectif" bildet in den Deutschland abgerissenen Ländern, den drei Bisthümern Metz, Toul, Verdun, Lothringen und Elsass ein in sich zusammenhängendes Gebiet. Ausser diesen standen die Freihäfen von Marseille, Bayonne, Dünkirchen, kurze Zeit auch (1789—90) Lorient im kleinen Gebiet und das sog. Pays de Gex, an der Grenze gegen Genf, wie auch Avignon mit Gebiet, ganz ausserhalb des französ. Zollgebiets. Der Ertrag der gesammten traites (incl. die inneren und localen Zölle u. dgl. und die Abgaben von den Einfuhren aus den französ. Colonieen, das sogen. domaine d'Occident) war im letzten 6-jähr. Pachtvertrag (1787—92) mit 28.44 Mill. L. dem Staate gewährleistet, wovon auf die eigentlichen Zölle für den Verkehr mit dem Ausland 18.44 Mill. veranschlagt werden, etwas höher als früher Necker annahm (s. o. S. 149 und tabl. génér. p. 9). In der Verwaltung standen damals wie von Neuem seit Einführung der Salzsteuer und wie noch gegenwärtig (S. 615) die Zölle in Verbindung mit den Salzsteuern (gabelles, o.

§ 63. gen. Tabl. enthält auch über die Bezirke der verschiedenen Gabellen eine Karte des franzüs. Staatsgebiets), so in dem Pachtvertrag von 1787 ff. mit 58,56 Mill. L., incl. einiger Ertragsantheile rund 60 Mill., also über dreimal so viel als aus den Zöllen erwartet wurde! Aussenzölle und Salzsteuern zusammen beim Beginn der Revolution mithin 78,44 Mill. Beide Abgabearten müssen wegen der gemeinsamen Verwaltung, daher der Regiekosten, auch im Folgenden mehrfach zusammengefasst werden.

Noch vor 1789 traten indessen Aenderungen in der Handels- und Zollpolitik ein und umfassendere wurden wenigstens versucht.

In ersterer Hinsicht hat der sogen. **Eden-Vertrag von Versailles zwischen Frankreich und Grossbritannien** vom J. 1786 mindestens auf kurze Zeit dem alten handels- und zollpolitischen Kriege zwischen beiden Ländern ein Ende gemacht, eine Behandlung auf dem Fusse der Gegenseitigkeit und wechselseitiger Rücksicht herbeigeführt und für eine Reihe wichtiger Artikel der Einfuhr in das andere Land einen Conventionaltarif mit mässigen Zollsätzen — Fabrikate meist 10, 12, 15 % vom Werth — festgesetzt. Die späteren Revolutionskriege haben diesem handels- und zollpolitischen System nur zu bald und auf lange hinaus ein Ende bereitet.

Geschichte, zeitgenössische Beurtheilung und practische Wirkung dieses Vertrags sind vielfach behandelt worden. Freihändler und Schutzzöllner weichen im Urtheil mitunter stark von einander ab, wie oftmals beide übertreibend. Im Ganzen möchte ein günstiges Urtheil das richtigere sein. S. Comte de Butenval, préc. histor. et écon. du traité de commerce entre la France et la Gr.Brétagne, signé à Versailles le 28. Sept. 1786, Par. 1869. Amé I, ch. 2. Stourm II, 17—60, Wolowski, lib. comm. p. 157 ff.

Wichtiger, weil von allgemeinerer Bedeutung, wenn sie verwirklicht worden wäre, würde noch die tiefgreifende, die Grundsätze des britischen Handelsvertrags verallgemeinernde **handels- und zollpolitische Reform** geworden sein, welche die Regierung der **Notabelnversammlung von 1787** zur Berathung vorlegte.

Sie ging hinaus auf Beseitigung der inneren Zolllinien, Zusammenfassung des ganzen Staatsgebiets in ein einziges Zollgebiet, Erhebung von allgemeinen Ein- und Ausfuhrzöllen als Grenzzöllen nach einem rationellen, nach Waarenclassen gemäss der Verarbeitungsstufe abgestuften mässig hohen allgemeinen Tarif (Max. für fertige Fabrikate 12 %, bei der Einfuhr, ebenso Max. 12 %, bei der Ausfuhr gewisser Artikel), ferner auf Beseitigung fast aller Einfuhrverbote, bis auf fremde Cattun- und Colonialwaaren, und der Ausfuhrverbote bis auf wenige Rohstoffe, endlich auf Zulassung des Transit- und Entrepôtsverkehrs, der, vornemlich auf Andrängen der Unterschleif dabei befürchtenden Steuerpächter seit 1688 untersagt worden war. In der Notabelnversammlung waren es besonders die Angehörigen von Elsass-Lothringen u. s. w., die damals den handelspolitischen Particularismus gegen Frankreich, wie ihre Nachkommen heute gegen Deutschland vertraten und den Eintritt ins französ. Zollgebiet scheuten, weil sie den freien Verkehr mit Deutschland u. s. w. festhalten wollten, sich auf die Zusagen bei der Annexion ihrer Gebiete berufend. S. die oben S. 789 gen. Schrift von de Butenval über den tarif génér. p. 19 ff, 36. Stourm I, 479, II, 61—64.

Es war daher ein sicherlich sehr bedeutsamer Schritt, den die **constituirende Versammlung 1790—91** machte, indem sie im Wesentlichen das Reformproject von 1787 zur Ausführung brachte, — eine principiell und practisch, volkswirthschaftlich und finanzpolitisch ausserordentlich wichtige, wenn auch, nach dem Gesagten abermals keine originale Massregel der Revolutionszeit. Durch die vier oben (S. 785) genannten grundlegenden Gesetze wurden nunmehr die inneren Zölle (S. 150) abgeschafft, das ganze damalige französische Staatsgebiet zu einem einheitlichen nationalen wirthschaftlichen Markt- und Grenzzollgebiet gemacht, dafür ein in handels- wie finanzpolitischer Hinsicht leidlich liberaler allgemeiner Grenzzolltarif für Ein- und Ausfuhr hergestellt, welcher „mit Recht als der freisinnigste, den Frankreich bis zur Periode der modernen Handelsverträge (von 1860) besessen hat, bezeichnet werden kann" (Lexis), die Zollverwaltung und der practische Zolldienst zweckmässig organisirt und das Zollverfahren gut eingerichtet. Damit beginnt die eigentliche moderne Zeit französischer Handels- und Zollpolitik, die erste unserer oben unterschiedenen Epochen. Dass dieselbe nur von so kurzer Dauer war, lag lediglich an den bald ins völlig Masslose sich steigernden revolutionären Wirren, den Excessen der Papiergeldwirthschaft und dem Ausbruch einer kaum unterbrochenen zwanzigjährigen Kriegsära. Erst später, nach endgiltig wiederhergestelltem Frieden, sollte sich zeigen, welche grosse Bedeutung die handels- und zollpolitischen Massregeln von 1790—91 besassen, aber freilich auch, wie sie in Verbindung mit der erneuten scharf prohibitorisch-protectionistischen Tarifpolitik, dem emsig gehüteten und sogar noch weiter entwickelten Erbtheil der Revolutions-, Kriegs- und Kaiserzeit, sich als Handhabe für eine Volkswirthschafts- und Finanzpolitik erwiesen, die 1791 nicht im Plane gelegen hatten.

Ueber den Tarif v. 1791 Butenval's gen. Schrift, bes. p. 82 ff., im letzten Anhang eine Vergleichung der Zölle der Colbert'schen Tarife mit denen von 1791 und 1876 für wichtige Fabrikate. Amé I, 52 ff. Stourm II, 65—75. Fournier de Flaix I, 469 ff. Lexis S. 46 ff. Colbert'sche „rationelle" Grundsätze eines „gemässigten Schutzzolls" waren der Leitstern im Tarif von 1791. Wenige Einfuhrverbote nur noch (21, wovon aber nur 7 im protectionist. Sinne), weniger und unwichtiger als noch 1876 im „allgemeinen Tarif" standen; 31 Ausfuhrverbote noch, auf wichtige Rohstoffe. Der Einfuhr-Zolltarif liess die hauptsächlichsten fremden Rohstoffe und Nahrungsmittel (Getreide, Vieh, Wolle, Flachs, Häute, Roheisen in Gänzen u. s. w.) frei eingehen, traf andere (so Steinkohlen, Seide, Oele) mit c. $2^{1}/_{2} \%$ des Werths und ging dann bei anderen Artikeln, Luxusnahrungsmitteln, Specereiwaaren, Halb- und Ganzfabrikaten gruppenweise auf 5, 7, 10, 12, 15 %, selten bis auf 20—25 %. Am Höchsten, 20—30 %, waren Weine, Branntweine, Liköre belastet. Nach diesem ungefähren Massstabe waren im Tarif dann für die verschiedenen Waaren specifische Zölle bestimmt, bei denen die einzelnen Sorten einer Waarengattung, besonders der Fabrikate, im Vergleich mit später aber nicht sehr eingehend specialisirt waren. Daher war der Zoll auch bei derselben Gattung je nach Qualität und Sorte verschieden hoch. Der Ausfuhrzolltarif umfasste immerhin noch 80 Posten, namentlich Weine (nach der alten Classification nach Herkunft und Eingangsweg), Vieh, auch Rohstoffe, wie Wolle, Baumwolle, Halbfabrikate, wie Leinengarne. Getreide war aber bei der Ausfuhr zollfrei, indessen damals aus Gründen der inneren Politik die Ausfuhr überhaupt verboten, was jedoch nur als Ausnahmemassregel gemeint war. Die Einrichtungen des Transit- und Entrepôtverkehrs wurden aber, abweichend von dem liberalen Plan von 1787, nicht neu geordnet, weil die Interessenten dadurch eine Begünstigung der Einfuhr von Fabrikaten fürchteten. Auch die Stellung der Freihäfen wurde bald verändert, indessen doch bes. für Marseille modificirt beibehalten.

Die Organisation der Zollverwaltung und des practischen Zolldiensts erfolgte für die leitende centrale und obere Verwaltung nach dem Muster von Necker's Einrichtung der Regie bei den aides (1780), indem einem Collegium von 8 Personen die Centralverwaltung und je einem Director in den eingerichteten 20 Zollbezirken die obere Localverwaltung übertragen und diese Personen, neben festen Gehalten, auf Tantièmen von den Ertragnissen angewiesen wurden. Der untere eigentliche Zolldienst wurde wesentlich nach den Reglements der früheren ferme générale eingerichtet (Ges. v. 1. Mai 1791, Stourm II, 76—80). Das vortreffliche Gesetz über das Zollverfahren v. 22. Aug. 1791 aber, noch gegenwärtig die Grundlage, ist wieder nur in wesentlichen Puncten eine Reproduction der Zoll-Ordonnanz von 1687, wie Stourm im Einzelnen gezeigt hat (II, 81—85). — Die Aufhebung der Salzsteuer hat den Dienst der Zollverwaltung bis zur Wiedereinführung dieser Steuer im Jahre 1806 (S. 612) natürlich vereinfacht und verwohlfeilert.

Ueber die finanzielle Wirkung des neuen Zollwesens und besonders des Tarifs von 1791 lässt sich bei den damaligen Zeitverhältnissen und dem baldigen Kriegsausbruch und der Papiergeldwirthschaft nicht sicher urtheilen, zumal die vorhandenen Rechnungen z. Th. unzuverlässig und lückenhaft sind. Nach diesen Daten würde sich bei mässigem Rohertrag und verhältnissmässig sehr hohen Verwaltungskosten ein erheblich ungünstigeres Resultat als in den letzten Jahren der Ferme für den Staat ergeben.

Nach den gen. Tabl. génér. p. 12 wäre gewesen in 1000 Frcs.

	1791.	1792.	1793—94.
Rohertrag	24,533	20,996	26,779
Regiekosten	7,719	8,404	13,730
Reinertrag	16,813	12,592	13,049
% der Kosten v. Rohertr.	31.5	40	50—75

1791 für 13 Monate (v. 1. Dec. 1790 an), 1793/94 für 1 Jahr $8^2/_3$ Monate (bis 1. Vendém. III oder 22. Sept. 1794). Im letzten Jahre incl. 1,173,000 Frcs. Schifffahrtsabgaben. — Die Zahl des Verwaltungspersonals in serv. sédentaire 1,763, im serv. actif 13,284, zus. 15,047, mit 6,916,000 Frcs. Gehalten u. s. w.; ausserdem im Centraldienst 46 Beamte, 194,000 Frcs. Kosten.

§. 312. 3. Zweite Epoche. Rückkehr zu, Festhaltung und weitere Ausbildung scharf prohibitorisch-protectionistischer Handels- und Zollpolitik, 1793—1860.

Wir wollen und können hier nicht, auch nicht einmal cursorisch, die einzelnen Phasen der Entwicklung und vollends Tarifeinzelheiten verfolgen, zumal nicht für die

Periode der Revolution und Napoleon's I., wo vieles und gerade das momentan am Meisten einschneidende Einzelne, wie die Massregeln bei der Continentalsperre, doch nur von ephemerer Bedeutung war. Unter Verweisung auf die oben genannte Literatur muss eine allgemeine Charakteristik genügen, bei der hier aber auch wieder mehr die finanzpolitische, als die an sich wichtigere und interessantere handelspolitische Seite hervorgehoben wird. Wir betrachten daher namentlich die Ertragsverhältnisse des Zollwesens allein etwas näher (nach den Daten des gen. tabl. génér.) und von 1817 an auch die Einbussen, welche die Zollerträge durch die Ausfuhrprämien und Rückzölle (drawbacks) erlitten haben, für das Einzelne dieses Puncts auf Lexis' erschöpfende Darstellung verweisend. Die Roh- und Reinerträge der Zollverwaltung sind ja der finanzielle Reflex der Tarifpolitik und dieser gerade interessirt am Meisten in diesem Werke. Bei dem erwähnten administrativen Zusammenhang muss dabei nur mitunter auch hier der Salzsteuer gedacht werden.

a) Periode der Revolution und des ersten Kaiserthums. Mit der Ausartung der Revolutionsbewegung zur Schreckensherrschaft, der masslosen Ausgabe und Entwerthung des Papiergeldes und dem Kriegsausbruch hätten die neuen Zoll- und Tarifgesetze so wie so ihre practische Bedeutung grossentheils einbüssen müssen. Besondere kriegspolitische und im Inneren „antireactionäre" Gesetze und Massregeln in Bezug auf den auswärtigen Handel führten dies Resultat nur noch rascher und schärfer herbei.

Einfuhrverbote betreffs der Waaren, namentlich der Fabrikate, aus den Ländern, mit denen Krieg geführt wurde, besonders aus Grossbritannien, bald förmliche Proscription britischer Fabrikate, so dass schon der Besitz derselben verdächtig machte, Ausfuhrverbote für wichtige Lebensmittel, besonders Getreide, Gebrauchsartikel und Rohstoffe, jede Verletzung mit den strengsten Strafen bedroht, unterbanden unter der Herrschaft des Convents wenigstens jeden legitimen Verkehr nach Aussen vielfach ganz, natürlich trotz allem zum Theil nur zu Gunsten des Schmuggels. Doch zeigen die Zolleinkünfte nicht sofort einen so grossen Rückgang, als man nach dem Allen vermuthen möchte, freilich bestanden sie aber fast ganz aus entwertheten Assignaten.

Protectionistische Wirkungen musste diese Politik alsbald haben, wie ja ohnedem die rasch sich steigernde Entwerthung der Assignaten in derselben Richtung wirkte, wenn auch unter dem Zustand im Innern das Alles nicht gleich, wie es in ruhigen Zeiten geschehen wäre, zur Geltung kam. Bald aber, besonders unter dem Directorium seit 1796, verbanden sich auch protectionistische Tendenzen mit den kriegspolitischen Gesetzen und Massregeln, wodurch dann für die Zeit wieder eintretender grösserer innerer Ruhe und Ordnung der Umschwung der Handels- und Zollpolitik in die prohibitorisch-protectionistische Richtung eingeleitet war. Die Zolleinkünfte, die aber seit 1795 zur Hälfte und seit Sommer 1796 vollständig wenigstens wieder in Münze zu zahlen waren, sanken in dieser Zeit auf ihren geringsten Betrag.

Ausschluss der „dritten" Flagge (ausser der französischen und der des Herkunftslands) von der Einfuhr, der fremden überhaupt von der Küstenschifffahrt, Verbot der Einfuhr und des Verkaufs im Inlande für alle britischen und selbst für alle als britische geltenden Fabrikate, Verlangen von Ursprungscertificaten für die Waaren aus Ländern, mit denen Frieden bestand (Ges. v. 10. Brum. V oder 31. Oct. 1796) und andere — z. Th. übrigens auch finanzielle Zwecke verfolgende — Tarifnormirungen dieses und der nächsten Jahre sind Massregeln der angedeuteten Art. Seit Ges. v. 6. Prair. VII wurden die Zölle und Schifffahrtsabgaben um 10% „Kriegszuschlag" erhöht, was zur bleibenden Einrichtung auch nach 1815 geworden ist.

Nach der kurzen Friedenspause nach dem Frieden von Amiens (1802) dachte man sogar an neue Handelsverträge mit England, freilich auf mehr protectionistischer Grundlage als früher. Der Entrepôtverkehr wurde jetzt organisirt (1803). Aber nach dem baldigen neuen Kriegsausbruch gelangte man zu nur noch verschärfter Benutzung der Handels- und Zollpolitik als Kampfmittel gegen den Feind, schliesslich in den Massregeln von 1806 und 1807 (Berliner und Mailänder Decrete) und im System der Continentalsperre mit seinen drakonischen Repressions- und Strafbestimmungen zu einer fast völligen Unterordnung der handelspolitischen und selbst der finanzpolitischen Interessen unter den kriegspolitischen Gesichtspunct. Dabei kam dem absolutistischen Gebieter sein gesetzliches Recht, von sich aus provisorisch mittelst blosser Decrete Zölle zu erhöhen oder zu vermindern, Ein- und Ausfuhrverbote zu erlassen oder zu beseitigen, besonders zu Gute (Ges. v. 29. Flor. X).

Soweit aber überhaupt noch ein normaler Handelsverkehr verblieb, wurde von Napoleon der protectionistische Gesichtspunct in Betreff der Einfuhr von Fabrikaten, anderseits aber auch, besonders bei Colonialwaaren (auch Rohstoffen wie Baumwolle) der specifisch fiscalische Gesichtspunct in hohen und mehrfach überaus hohen Zollsätzen deutlich verfolgt. Unter letzteren ging dann die legitime Einfuhr freilich enorm zurück, der Schmuggel war trotz aller Repressions- und Strafmassregeln nicht zu unterdrücken. Aber diese Zollpolitik war, wie Lexis wohl richtig hervorhebt, unter den damaligen Zeitverhältnissen doch finanzpolitisch nicht so verfehlt, wie sie zunächst erscheinen mag. Die Zolleinkünfte erreichten denn auch, nach einer allmäligen bedeutenderen Wiederhebung seit 1800 und einem neuen starken Fall in 1808 und 1809 von da an eine rasch und sehr erheblich steigende Höhe und ein Maximum gerade von 1811—13, — freilich auf einem ungeheuer vergrösserten Staats- und einem noch grösseren Zollgebiete, das 47 gegen anfänglich 20 und wieder 1816 nur 27 Zolldirectionen umfasste und von Rom, Livorno und Genua bis Hamburg und Danzig reichte.

Bes. Ges. v. 8. Flor. XI (28. Apr. 1803), 30. Apr. 1806, Decrete v. 1810 (z. B. Kaffee auf 400, Rohzucker auf 300, Baumwolle auf 2—800 Frcs. p. 100 Kil. (Amé I, 55 ff., Lexis S. 53 ff.)

Die französische Industrie kam in dieser Periode durch den Ausschluss der britischen Concurrenz und die Erweiterung des Markts in Folge der Eroberungen in günstige Lage, soweit sie nicht auswärtige, besonders nicht überseeische Rohstoffe brauchte. Auch das rechtliche Schranken beseitigende Princip der Gewerbefreiheit kam ihr zu Gute. Als die Zolllinie 1807 bis Cuxhaven und Travemünde vorgeschoben wird, wird gerühmt, wie der englische Absatz verdrängt, „Deutschland mehr und mehr den franzs. Manufacturen überliefert wird."

Die Zolleinkünfte bewegten sich folgendermassen in Mill. Frcs.

	Zölle	Anderes	Zus. roh	Non-valeurs	Regie-kosten	Rein-ertrag	Salz-steuer	Kosten %v. Rohertr. incl. Salzsteuer
1794/95	33.25	2.28	35.54	—	15.12	20.42	—	45.5
1795/96	57.98	3.61	61.60	—	18.34	43.28	—	29.75
1798/99	16.94	2.26	18.21	—	8.75	9.46	—	48.5
1800/01	23.62	6.25	29.87	1.97	8.81	19.09	—	29.5
1804/05	59.64	7.66	67.29	0.52	13.71	53.06	—	20.83
1807	67.56	9.46	77.02	0.71	17.84	58.47	32.70	16.0
1809	25.74	4.42	30.16	0.54	20.99	9.63	48.12	26.75
1810	62.26	7.94	70.20	1.37	23.66	45.17	47.78	20.0
1813	109.27	15.35	124.62	0.82	35.99	87.81	49.32	20.5
1814	35.69	3.33	39.02	1.00	21.23	16.79	37.31	27.75

(Zusammengestellt nach dem tabl. génér.). Die fünf ersten Jahre sind die republikanischen (22. Sept.—21. Sept. III, IV u. s. w.). Der Ertrag der Ausfuhrzölle ist in dem Zollertrag inbegriffen, aber meist nicht speciell angegeben, es kommt nur ein kleiner Theil darauf (im Jahre VII, 1798—99 bei den kleinen Erträgen allerdings 2.80 Mill.). Die in dieser Zeit angegebenen sogen. non-valeurs umfassen hier nur Rückzahlungen von Abgaben, gewährte Disconten. Darunter sind die damals schon vorkommenden Ausfuhrprämien (so für raff. Zucker) wohl inbegriffen. Die Salzsteuer begreift hier nur die von der Zollverwaltung erhobene, damals übrigens weitaus die Hauptsache (8mal so viel als von der inneren Steuerverwaltung erhoben wurden). Die Daten des Reinertrags der Zölle sind seit 1807 in der Uebersicht insofern etwas zu niedrig, als die Regiekosten von da an zugleich mit auf die Salzsteuer zu rechnen sind, hier aber ganz auf die Zölle abgerechnet wurden.

Die ausgewählten Jahre sind besonders characteristische; sie reflectiren daher die ungeheueren Schwankungen unter dem Einfluss der politischen Ereignisse und handelspolitischen Massregeln am Schärfsten: 1797—99 Abnahme, 1799 und 1809 Min., 1807 und 1813 Max. Seit 1796—97 aber wieder Eingang der Zölle in Münze. Die hohe Einnahme des Jahres 1795—96 repräsentirte in Münze im schliesslichen Reinertrag nur 2,473,000 Frcs. Die grossen „anderen" Erträge in Napoleon's Zeit wohl aus Confiscationen, Strafen, Einfuhr-Permissen.

§. 313. b) **Periode der Restauration, Julimonarchie, zweiten Republik und ersten Zeit des dritten Kaiserreichs (1814—1860).** Nach dem Sturze Napoleon's wurde zunächst der auswärtige Handel durch Beseitigung der Verbote und Ersetzung derselben und der hohen Zölle durch mässige sowie durch Aufhebung der lästigen Formalitäten des Seeverkehrs mittelst Ordonnanzen der neuen Machthaber auf seine natürliche Grundlage zurückgeführt. Aber die Interessen der Industrie litten doch unter der neuen Concurrenz Englands und unter der Beschränkung ihres bisherigen Absatzmarkts zu sehr, als dass sie nicht bald auch von der neuen Regierung hätten berücksichtigt werden müssen. Und die Vertreter dieser Interessen waren zudem Factoren, die sich geltend zu machen wussten und auch aus politischen Gründen nicht unbeachtet bleiben konnten. So kehrte man nach kurzer Pause zu der prohibitorisch-protectionistischen Politik der Revolutionsgesetzgebung und der Kaiserzeit noch in Gesetzen von 1814 im Wesentlichen zurück. Verbote, hohe Schutzzölle, ursprünglich aus Motiven der Kriegspolitik hervorgegangen, wurden damit für lange ein bleibender Bestandtheil des geltenden Rechts des auswärtigen Handels und des Zollrechts und von den Interessenten, namentlich der Grossindustrie, für sich und ihre Arbeiter als ein förmliches Recht in Anspruch genommen.

<small>Auch wo, wie z. B. bei Zucker, das finanzielle Interesse mächtiger mitsprechen musste, siegte das Interesse der Raffinerie und setzte von Neuem das Verbot selbst an Stelle eines noch so hohen Schutzzolls durch. Die Belehrung über die Gefährdung mancher Interessen durch die Ermächtigung der Regierung, mittelst blosser Decrete den Tarif und Verbote zu ändern (s. o.), führte jetzt dazu, diese Ermächtigung erheblich zu beschränken, namentlich auf Verfügung von Einfuhrverboten und Zollerhöhungen, nicht auch sie für Verminderung der Zölle zu gewähren, ausser bei Rohstoffen (Ges. v. 17. Dec. 1814 Art. 34, der bleibende Bedeutung für das französische Tarifrecht gewann). (Amé I, 71, Vignes I, 226).</small>

Nach der erneuten Herstellung des königlichen Regiments im Jahre 1815 machten sich dann sofort oder nach und nach **viererlei**, sich mehrfach freilich kreuzende finanz- und handelspolitische Einflüsse geltend, von denen aber die protectionistischen doch bald und dauernd die Oberhand gewannen.

Einmal forderte allerdings jetzt in Folge der erheblich verschlimmerten Finanzlage das **Finanzinteresse** auch im **Zollwesen** mehr Anerkennung und wurde in dem Colonial- oder Specereiwaaren-Zweige und bei den Rohstoffen auch mehr wahrgenommen. **Andererseits** trat diesem Bestreben auch hier bei dem besonders wichtigen Artikel **Zucker** sowohl das Interesse der heimischen **Raffinerie** als namentlich bald auch dasjenige der **Colonien** und der inländischen **Rübenzuckerindustrie** in Betreff des Rohzuckers hemmend und kreuzend entgegen (§. 266), wie weiter das Interesse der **Rhederei und Schifffahrt**, welche das **Monopol** oder wenigstens die **Bevorzugung der heimischen vor der fremden Flagge** und der directen transoceanischen vor der **indirecten** Einfuhr der Colonialwaaren und Rohstoffe aus europäischen Zwischenhäfen (Entrepôts, England,

Holland, Belgien) verlangten. Drittens gewann das Interesse der Industrie überhaupt, besonders der Textil-, zumal der Baumwoll- und Wollindustrie und der Eisenindustrie, nunmehr vollends einen grösseren Einfluss. Auch benöthigten einige Industrieen bei einer hohen Besteuerung ausländischer Rohstoffe, wie Baumwolle, auch Schafwolle, oder bei einer inneren Besteuerung, wie später in der Zuckerindustrie, eine Wahrnehmung ihrer speciellen Exportinteressen mindestens in der Form der Rückgewährung des Rohstoffzolls (bez. der inneren Steuer) bei der Ausfuhr von Fabrikaten aus diesem Rohstoff (drawbacks). Dazu traten aber auch wirkliche Ausfuhrprämien. Endlich viertens machten sich nunmehr auch, besonders bei den niedrigen Getreidepreisen seit 1818, die Interessen des ländlichen Grundbesitzes und der Landwirthschaft immer mächtiger geltend. Und wenn auch, wie immer, hier wichtige Interessencollisionen zwischen Industrie und Landwirthschaft, Rohstoffproduction und -Verbrauch, Industrieen der Halb- und Ganzfabrikate, in Frankreich noch besonders zwischen den auf Absatz ins Ausland stark mit angewiesenen Weinbaugegenden und den Weinexport-Häfen einer-, den übrigen agrarischen und industriellen Productionszweigen anderseits vorlagen, so kam es doch zu Compromissen und zur Anerkennung einer gewissen Solidarität aller Productionsinteressen und damit zu einem vereinten Streben nach einer prohibitorisch-hochschutzzöllnerischen Handels- und Zollpolitik. Diesem Streben wurde in der Gesetzgebung die errungene politische Stellung der Grossindustrie und des Grundbesitzes und die nothwendige Rücksichtnahme der Restaurationsregierung und vollends der Julimonarchie auf diese politischen Machtfactoren förderlich.

So siegte schon in dem grundlegenden Gesetz vom 28. April 1816 der protectionistische Gesichtspunct und weitere Gesetze der nächsten Jahre, namentlich von 1817—26, seit 1819 auch besonders mit zu Gunsten der Landwirthschaft, bauten ein prohibitorisch-hochschutzzöllnerisches Handels- und Zollsystem aus, das dem des Ancien régime an Strenge nichts nachgab, es vielfach darin und in „rationeller Folgerichtigkeit" übertraf, von dem 1791 angenommenen aber ausserordentlich weit abwich.

Das Finanzinteresse trat dabei nothwendig wieder in zweite Linie. Unter der endgiltig erreichten politischen Ruhe lebte die Volkswirthschaft und der Verkehr mehr auf und die

Zolleinkünfte stiegen denn auch, wenn schon bis gegen 1840 nur langsam und mässig, erst dann erheblicher. Die „kleine" Julirevolution von 1830 markirt sich hier nicht gerade scharf und nicht dauernd ab. Aber das System der **Rückzölle (drawbacks)** und **Ausfuhrprämien**, welches sich seit 1817 entwickelte, gewann bald grosse finanzielle Bedeutung für den Staat und entzog der Zollcasse viele Millionen. Das war zum erheblichen Theil eine **reine Einbusse**, da mehr rückvergütet wurde, als an Zöllen und Steuern erhoben worden war. Auch die Rückzölle (drawbacks) hatten wie die Ausfuhrprämien insofern einen „**gratificatorischen**" Character (Lexis).

S. für das Einzelne die oben S. 786 in der Uebersicht der Gesetzgebung genannten Gesetze, bes. aus 1816—1826. Amé I, ch. 5 ff, Lexis S. 58 ff. Die Tarifgeschichte der einzelnen Zweige und Artikel kann hier nicht näher verfolgt werden. Sie ist auch ganz überwiegend nur von handelspolitischem Interesse. Daher hier bloss noch wenige Bemerkungen.

Die Belegung der **Rohstoffe** mit z. Th. hohen Einfuhrzöllen hatte bei den nothwendig aus fremden Ländern zu beziehenden, wie vor Allem bei Baumwolle, lediglich einen finanziellen Character, der betreffende Zoll war Finanzzoll. Aber auch bei diesen wie bei solchen Rohstoffen und sonstigen Producten, welche die eigenen französischen Colonieen liefern konnten und lieferten, besonders bei Zucker, wurde das Finanzinteresse wieder durch das Mitspielen protectionistischer Rücksichten geschädigt. So bei dem Zollzuschlag bei der Seeeinfuhr unter fremder Flagge oder zu Lande und bei der „indirecten" Einfuhr aus europäischen Zwischenhäfen („Entrepôts"), statt direct aus den (überseeischen) Productionsländern, wodurch die heimische Rhederei begünstigt werden sollte; ferner bei dem höheren Zoll des fremden gegenüber dem französischen Colonialzucker.

Bei anderen Rohstoffen für die Industrie, wie Schafwolle, Flachs, Oelsamen, Steinkohle, handelte es sich namentlich um Schutzzölle für die betreffenden gleichen heimischen Producte der Landwirthschaft und des Bergbaus, wobei das Finanzinteresse von vornherein nur secundär war, wenn auch nicht fehlte.

Manchfach noch wichtiger, als die Prohibitiv- und Hochschutzzoll-Politik auf dem Gebiet der Industrie — wobei Textil- und Metallindustrie im Ganzen dauernd im Vordergrund stehen — war in der hier besprochenen Periode die agrarische Schutzzollpolitik, besonders für Getreide, Vieh, Rohstoffe der Industrie wie Schafwolle, Flachs, Oelsamen. Diese Politik tritt namentlich unter der Restauration so scharf und mächtig hervor, dass sie fast mehr noch als die industrielle und maritime Schutzzollpolitik der Periode ihr Gepräge gegeben hat.

Das Characteristische ist, dass der in der Zeit des ancien régime und aus politischen Gründen noch in gesteigertem Maasse in der Revolutions- und Kaiserzeit (bes. seit 1810) durchaus vorherrschende „**theuerungspolitische**" Gesichtspunct des „Consumenteninteresses", mit in der Regel freier Einfuhr der agrarischen Nahrungsmittel und in Theuerungszeiten mit Ausfuhrverboten, dem Gesichtspunct des agrarischen „**Producenteninteresses**" fast vollständig weicht. Die bekannte agrarische Krise, die bald nach dem Hungerjahr 1816/17 dauernd eintrat, hat dazu freilich beigetragen, aber die Entwicklung wurde durch die allgemeinen politischen Verhältnisse der Restaurationszeit mit hervorgerufen und stark begünstigt. Schon 1814 wurde die Getreidehandelspolitik der letzten Jahre Napoleon's verlassen und die **Ausfuhr** von Getreide freigegeben (gegen ein kleines Wagegeld), solange der Mittelpreis in drei Gebietsabtheilungen, in die man für diese Gesetzgebung das Land eingetheilt hatte, eine gewisse Höhe nicht überstiegen hatte (p. Hectol. Weizen 23, 21, 19 Frcs.). Die Einfuhr blieb auch jetzt noch frei (Ges. v. 2. Dec. 1814). Dabei verblieb es 1816 auch noch (50 Cent. p. 100 Kil. Getreide und Mehl, als kleiner Finanzzoll bei der Einfuhr). In dem Theuerungsjahr 1816—17 ging man sogar vorübergehend zu Einfuhrprämien über. Das später eintretende starke Steigen der Getreidepreise, das Erscheinen russischen Getreides in Südfrankreich, das Beispiel Englands führten aber dann zu dem landwirthschaftlichen Schutzzollsystem.

In Ges. v. 16. Juli 1819 wurde namentlich die Getreideeinfuhr unter das System der gleitenden Zollscala gestellt; bei gewissen mittleren Preisen bestand ein mässiger Zoll, welcher bei einem höheren Preise sank, bei einem niedrigeren progressiv stieg, bis bei einem gewissen Minimalpreise Einfuhrverbot eintrat, wobei die Einfuhr unter fremder Flagge und zu Lande in allen Fällen einem höheren Zoll unterlag. Die Ausfuhr war gegen einen kleinen Zoll ($\frac{1}{4}$ Frc.) erlaubt, solange jene mittleren Preise nicht überschritten waren. Diese „Kornzollgesetzgebung" wurde durch die Gesetze v. 7. Juni 1820 und 4. Juli 1821 noch mehr in protectionistischer Weise ausgebildet, nach Lage der Umstände fast mit prohibitorischer Wirkung, und verblieb so bis 1830 bez. 1832. Hier wurde eine etwas liberalere Gesetzgebung, welche die Regierung plante, nur mit Modificationen angenommen, so dass es im Wesentlichen bei der früheren blieb, nur die Ein- und Ausfuhrverbote bei gewissen Preisen durch Zölle ersetzt, Landweg dem Wasserweg unter französischer Flagge gleichgestellt und der Zuschlag für fremde Flagge vermindert wurde (Ges. v. 15. Apr. 1832, durch Ges. v. 26. Apr. 1833 „bis zur Tarifreform", thatsächlich so bis nach 1860, verlängert). (Amé I, ch. 6 und p. 155 ff., Lexis S. 64 ff., 74.)

Eine ähnliche Entwicklung trat bei Vieh ein, wo der niedrige Einfuhrzoll von 1816—1822 auf c. 10% vom Werth erhöht wurde (für gemästete Ochsen von 3 auf 50 Frcs. p. Stück, Ges. v. 27. Juli 1822); ferner bei Schafwolle, wo das frühere, dem industriellen Interesse dienende System des Ausfuhrzolls nun im agrarischen Interesse dem des Einfuhrzolls wich und diese Zölle weiter erhöht wurden, auch sich ein System der Ausfuhrprämien für Wollwaaren anschloss (Ges. v. 7. Juni 1820, Decrete v. 1823—25, Ges. v. 17. Mai 1826). Und ähnlich war der Verlauf bei anderen Agrarproducten (Flachs u. s. w.). (S. Amé I, 125 ff., 143 ff. und passim, Lexis S. 66 ff.)

Mit im fiscalischen, aber überwiegend doch auch wieder im protectionistischen Interesse erfolgte auch, sogar zum Theil aus parlamentarischer Initiative, eine Verschärfung der Massregeln gegen Schmuggel und eine Erweiterung der bezüglichen Controlrechte der Verwaltung. So besonders eine Ausdehnung des Rechts, nicht bloss in der Grenzzone, sondern im ganzen Staatsgebiete nach ausländischen, Einfuhrverboten unterliegenden Textilwaaren Nachforschungen vorzunehmen. (Ges. v. 1816.)

§. 314. Gelegentlich traten freilich nicht nur ein Stillstand in der dargelegten Entwicklung, z. B. 1826 ff. für einige Zeit, sondern auch wohl kleine Rückschläge gegen die herrschende Handels- und Zollpolitik ein, aber sie waren nicht von erheblicher Bedeutung, und wurden durch anderweite Massregeln in schutzzöllnerischer Richtung (z. B. noch 1845 in Betreff des Zolls auf Oelsaaten) mehr als aufgewogen. Finanzpolitisch am Wichtigsten waren die mehrfachen Aenderungen im System der Zuckerzölle und Zuckerprämien und die mit den Zollfragen in naher Verbindung stehende Einführung und Entwicklung der Rübenzuckersteuer (§. 266 ff.).

Die drei sich ablösenden Regierungen von 1814—15, 1830 und 1848 bezeichnen auf diesem Gebiete im Uebrigen keinerlei wesentliche Aenderung oder auch nur Markirung, kaum eine Nuance in Tempo und Maass der wesentlich gleichbleibenden Richtung der Handels- und Zollpolitik.

Das agrarische Interesse waltete unter der Restauration noch ein wenig mehr als unter der Julimonarchie vor. Die Getreidezolzgesetzgebung von 1830 und 1832 (Gesetz v. 15. April) war, wie gesagt, wenigstens ein Bischen liberaler als die frühere. Unter Louis Philipp war anderseits der Einfluss des „Privatkapitals", der Grossindustrie als eines politischen Machtfactors, mit dem zu rechnen war, aus bekannten Gründen, noch grösser als unter der Restauration, was sich auch in der Handels- und Tarifpolitik zeigte. Die Aenderung der Verkehrsverhältnisse bahnte einige Erleichterungen an. Der aus schutzzöllnerischen Gründen gefürchtete Transitverkehr wurde auf die Einfuhrverboten unterliegenden Waaren ausgedehnt und sonst erleichtert (Durchfuhrzoll 50, dann 25 Cent. p. 100 Kil. oder 25, dann 15 Cent. p. 100 Frcs. Werth, nach Wahl des Declaranten, sog. Wägegeld. Ges. v. 9. Febr. 1832). Im Jahre 1842 wurde dieser Durchfuhrzoll aufgehoben (Ord. v. 10. Dec. 1842). Die Erleichterung des Transitverkehrs, ferner die Organisation des Entrepôtwesens im Inlande wurde aber nur gegen die Opposition der Interessenten, der Seehäfen, entwickelt (Ges. v. 27. Febr. 1832). Der Gedanke einer Zollunion mit Belgien tauchte auf, fand in politischen Erwägungen — auch den Vorgängen in Deutschland gegenüber — seine Unterstützung, aber bei den Industriellen, welche sich durch die belgische Concurrenz gefährdet sahen, lebhafte Ablehnung. Es kam mit Nachbarstaaten, wie Belgien, Sardinien, nur mit Mühe zu Handelsverträgen, welche bloss kleine Zugeständnisse im Einfuhrtarif für einige Waaren enthielten und nur auf kurze Zeit abgeschlossen wurden, um auch an solche „Concessionen" nicht zu lange gebunden zu sein.

Die ephemere „zweite Republik" von 1848 hat vollends auf diesem Gebiete wenig gethan, eigentlich nur in der Gewährung vermehrter und höherer Ausfuhrprämien für die nothleidende Industrie den Tribut für die volkswirthschaftlichen Wirkungen der neuen Staatsumwälzung gezahlt. Die Zollerträge sanken unter dem Einfluss dieses Ereignisses begreiflich ohnehin, die Ausfuhrprämien aber belasteten die Staatscasse mehr als jemals früher.

Erst mit dem zweiten Kaiserreich trat alsbald wenigstens eine deutliche Neigung zu einer Wendung der Handels- und Zollpolitik, nicht in freihändlerischer, wohl aber in antiprohibitorischer und gemässigterer protectionistischer Richtung hervor.

Sie äusserte sich in einigen bezüglichen Massnahmen, zu deren Einführung der Verordnungsweg (Decret) gesetzlich die Handhabe bot. So kam es zu Aufhebungen, bez. Suspensionen einzelner Einfuhrverbote, während der Theuerungsperiode 1853 ff. auch zur Suspension des Kornzollgesetzes von 1832 und zur Verminderung oder Beseitigung der Zölle auf andere Lebensmittel, Vieh, Fleisch u. s. w.

Aber umfassendere Pläne zur Aufhebung aller Prohibitionen, zur Ersetzung derselben durch, wenn auch hohe Zölle und zu definitiver Umgestaltung des Getreidezollgesetzes von 1832 wurden gegenüber der Opposition bei den Interessenten doch aufgegeben oder vertagt (1856 ff.). Erst von 1860 an mit und nach dem Abschluss des Handelsvertrags mit England trat in diesen Beziehungen die entscheidende Wendung ein. Bis dahin blieb doch der prohibitorisch-protectionistische Character in der Hauptsache gewahrt. Die Finanzinteressen kamen dabei nicht zu ihrer berechtigten Geltung.

Ueber die Massregeln zwischen 1852—60 Amé I, 270—286, Lexis S. 84 ff.

Aus dieser Uebersicht der Entwicklung ergibt sich wieder, dass die französische Handels- und Zollpolitik in der That in dieser ganzen Periode von 1814—1860 einen einheitlichen Character hatte, aber eben wesentlich mehr im Dienste anderer, wirklich oder vermeintlich richtiger und berechtigter volkswirthschaftlicher, als in demjenigen finanzieller Interessen geleitet wurde. Sie hat auf letztere vielfach mehr hemmend als fördernd eingewirkt.

Die Zolleinkünfte sind nicht so gestiegen, als es bei einem liberalen Zollsystem, namentlich ohne Prohibitionen und mit mässigeren Schutzzöllen, vielleicht auch (wie bei einigen Colonialwaaren, Zucker, Caffee u. a. m.) bei niedrigeren Finanzzöllen zu erwarten gewesen wäre, zumal in den späteren Jahrzehnten dieser langen Periode bei der Entwicklung der Dampfcommunicationen und unter den Segnungen einer dauernden Friedenszeit; die Regiekosten sind bei dem starren Prohibitiv- und Hochschutzzollsystem höher gewesen, als sie sich bei einem andern System wohl gestellt haben würden — wie in diesem Puncte die Erfahrungen in den 1860er Jahren beweisen, s. u. S. 817; das System der Rückzölle und Ausfuhrprämien hat vielleicht den Rohertrag der Zölle etwas gesteigert, aber um so mehr den Reinertrag vermindert.

Die folgende Uebersicht liefert noch einen genaueren ziffermässigen Beleg für die Richtigkeit des Gesagten. Es sind darin auch hier nur einzelne Jahre ausgewählt, deren Daten für unseren Zweck ausreichen. Genauere Statistik der Prämien bei Lexis, bes. S. 112. Das tabl. génér. trennt hier die Ein- und Ausfuhrzölle und später auch die Einnahmen aus den Zöllen von fremdem und Colonialzucker und führt unter den non-valeurs, welche ausser den Regiekosten vom Mehrertrag der Zölle und der Salzsteuer abgehen, die einzelnen dazu gestellten Posten apart an, ausser den Ausfuhrprämien nämlich Rückzahlungen von Abgaben, Vertheilung von Geldstrafen, Disconte von Zöllen und Salzsteuer, Bleigelder u. dgl., verschiedene Vorwegnahmen, welche Posten aber auch nicht im ganzen Zeitraum vorkommen; die Ausfuhrprämien (nebst Drawbacks) werden im Folgenden besonders mit aufgeführt. Seit 1852 erscheint bei den Zöllen die Summe für „tabacs de santé" (S. 728) mit, die hier zu den allgemeinen Einfuhrzöllen gefügt wird. Die Daten in Mill. Frcs.

Ein-nahme	Einfuhr-Zölle allg.	Zucker	Zus.	Ausf. zölle	Schiff.-Abg.	Verschied.	Summe roh	Salzst.
1815	—	—	32.72	3.43	2.00	4.37	42.51	51.91
1817	—	—	56.93	3.23	2.08	0.56	62.79	46.54
1820	—	—	70.34	3.77	2.21	2.56	78.88	52.85
1826	—	—	99.67	1.42	3.07	0.96	105.12	53.69
1830	—	—	97.66	1.33	3.29	0.63	102.91	51.82
1831	—	—	91.82	1.18	2.31	0.61	95.93	55.55
1839	—	—	104.19	1.70	2.79	2.75	111.72	56.82
1840	81.07	33.55	114.62	1.42	3.11	2.68	121.83	56.55
1846	105.54	48.38	153.91	1.91	3.59	2.82	162.23	54.96
1847	87.69	48.79	136.49	2.04	2.85	2.80	144.18	56.92
1848	60.07	29.88	89.94	2.45	2.07	2.01	96.47	51.24
1849	82.98	44.88	127.86	2.47	2.53	2.72	135.57	27.26
1852	96.46	43.40	139.86	2.27	3.30	2.79	148.24	27.00
1859	111.03	78.46	188.49	4.22	4.35	2.08	200.14	28.36
1860	77.29	53.88	131.17	3.42	4.43	1.84	140.86	30.27

Der genannte Tabak 1852 0.33, 1859 0.87, 1860 0.95 Mill. Das Jahr 1860 das der Reform. Der Ertrag der Salzsteuer bei der Direction der indir. Steuer stieg ausserdem von 1816—47 von 4 auf 12.2 Mill. und war seitdem 5—10 Mill.

In der folgenden zweiten Uebersicht ist in einer Colonne der Reinertrag der Zölle unter Abzug aller Regiekosten (und der non-valeurs), in der anderen richtiger (wie in der amtl. Statistik) der Reinertrag von Zöllen und Salzsteuer zusammen unter Abzug der ja beide betreffenden gemeinsamen Regiekosten berechnet. Die Procentberechnung der Kosten bezieht sich in der letzten Colonne auf den „Reinertrag" gleich „Rohertrag abzüglich non-valeurs."

Ausgabe	Regie-kosten	Non-valeurs		Reinertrag		%₀ der Regiekosten von	
		Ausfuhr-präm.	Anderes	Zölle u. s. w.	Zölle u. Salz	Rohertr.	Reinertr.
1815	22.08	-.-	1.22	21.13	71.13	22.33	23.67
1817	23.53	0.05	1.55	37.63	84.47	21.5	21.75
1820	22.57	0.96	3.11	51.94	104.79	17.5	18.0
1826	23.05	9.53	4.98	68.27	121.96	15.5	16.0
1830	23.76	14.64	3.22	61.30	112.62	15.5	17.5
1831	23.13	16.48	3.33	53.00	105.87	15.25	17.5
1839	23.87	10.88	4.41	72.57	129.39	14.0	15.5
1840	24.54	9.65	4.65	82.99	139.57	13.75	15.0
1846	25.72	17.31	4.54	115.76	169.62	11.75	13.0
1847	26.64	20.90	4.40	92.25	149.17	13.0	15.0
1848	26.03	21.72	3.30	45.43	96.67	17.67	21.0
1849	25.71	20.11	3.68	86.07	113.33	15.75	18.5
1852	26.08	23.98	3.52	94.66	121.67	14.0	17.67
1859	30.32	50.30	3.08	116.44	144.80	13.33	17.33
1860	31.12	44.18	2.70	62.87	93.14	18.5	25.0

Die Salzsteuer war bekanntlich 1849 auf den dritten Theil herabgesetzt worden (S. 613). Die Ausfuhrprämien (deren obige Daten nach den tabl. génér. von den Zahlen bei Lexis S. 112 ein wenig abweichen) schwanken nach Geschäfts-conjuncturen und nach Veränderungen in der Gesetzgebung über sie ziemlich erheblich, öfters von Jahr zu Jahr. Das Maximum davon fiel in der Periode der Restauration auf 1830, unter der Julimonarchie auf 1832 (24.15 Mill.), das Minimum hier auf 1837 (8.65), zwischen 1848—60 war das Max. in 1859, das Minimum in 1849 (21.11 Mill.). Der grössere Theil der Prämien kam gewöhnlich auf die Zucker-prämien, schon in den 30er Jahren mitunter bis $^3/_4$ aller, in den 40ern $^1/_2$—$^2/_3$, in den 50ern $^2/_3$—$^4/_5$ (Lexis S. 112).

§. 315. 4. **Dritte Epoche. Zollreform des zweiten Kaiserreichs (1860—70).** *a)* Im Allgemeinen. In der voraus-gehenden Periode seit 1814 hatte sich jedenfalls gezeigt, dass eine Tarifreform, welche das Prohibitiv- und Hochschutzzollsystem auch nur irgend etwas allgemeiner und eingreifender umgestalte, am Wenigsten vom „Parlamentarismus" zu erwarten war. Derselbe war nicht im Stande gewesen, die sich sträubenden mächtigen privatwirthschaftlichen Interessen, welche sich als „volkswirthschaft-liche" Interessen geriren, soweit zu bändigen, um eine solche Tarifreform durchzusetzen. Das neu begründete französische Kaiserthum hatte in der ersten Zeit seines Bestehens doch auch noch mit diesen Factoren im grösseren Maasse rechnen zu müssen geglaubt, und war daher nur langsam und tastend mit einzelnen Reformmassregeln vorgegangen.

Aber, auf der Höhe seiner politischen Macht und Geltung an-gelangt, nach dem italienischen Kriege von 1859, wagte es dann doch, gemäss den handelspolitischen Ideen, welche Napoleon III. seit länger hegte, ernstlicher an die schwierige und heikle Aufgabe einer allgemeineren **Tarifreform** heranzutreten. Das war eine That, die einen bleibenden Ruhmestitel dieses Herrschers bilden wird.

Die Tarifreform selbst ist daher eine Thatsache, welche im Hinblick auf die voraufgegangenen Jahrzehnte den Beweis dafür liefert, dass die neue Staats- und Verfassungsform, welche dem Kaiser die erforderliche Machtvollkommenheit zur Durchsetzung einer solchen Tarifreform gab, mindestens nach dieser Seite ein Segen für Frankreich war, um den wirren Knäuel von privatwirthschaftlichen Interessen, der sonst nicht mehr zu lösen war, zu durchhauen und in die fast in Stagnation gerathene Handels- und Zollpolitik wieder Bewegung und Fortschritt zu bringen.

In dieser Tarifreform haben allerdings, wie die Folgezeit zeigte, die **Finanzinteressen**, welche an das Zollwesen geknüpft waren, etwas zu wenig Berücksichtigung gefunden.

Das lag jetzt aber wenigstens nicht mehr, wie bisher, darin, dass sie so stark zu Gunsten einzelner Gruppen von Privatinteressenten preisgegeben wurden, sondern darin, dass man in zu weitgehendem freihändlerischen Optimismus und nach einseitiger Auslegung nicht allgemein giltiger, namentlich britischer Erfahrungen, mehrfach auch mit der Ermässigung der Finanzzölle, besonders des wichtigen Kaffeezolls, und mit solchen Schutzzöllen, welche zugleich Finanzzölle mit waren, wie die Zuckerzölle, wohl etwas zu rasch und zu stark vorgegangen war, den Einfluss niedrigerer Zölle auf Consumtion und Preis der betreffenden Artikel überschätzend. In und nach dem Kriege von 1870 hat man diesen finanzpolitischen Fehler der Tarifreform von 1860 durch angemessene, jetzt freilich in der neuen schwierigen Finanzlage sehr bedeutende Erhöhung finanziell wichtigerer Zölle, besonders der reinen Finanzzölle (Kaffee) oder der stark als solche mit in Betracht kommenden Schutzzölle (Zucker), leicht wieder gut machen können.

Die Reform selbst war, an sich ganz richtig, vornehmlich als eine grosse Massregel der **allgemeinen Volkswirthschaftspolitik** geplant und musste, wenn sie Erfolg hatte, dann auch indirect, wenigstens mit der Zeit, den Finanzen wieder zu Gute kommen.

Die leitenden Ideen der Reform werden vom Kaiser in einem berühmt gewordenen Schreiben vom 5. Januar 1860 an das Ministerium selbst folgendermaassen zusammengefasst:

Eine grosse und eingreifende Reform in volkswirthschaftlicher Hinsicht müsse jetzt eintreten und habe man sich mit den Mitteln zu beschäftigen, den verschiedenen Zweigen des Nationalreichthums einen grossen Aufschwung zu geben. Es erscheine nothwendig, den auswärtigen Handel durch Austausch der Erzeugnisse zu entwickeln, vorher aber den Ackerbau zu verbessern und die Industrie von allen bisherigen Fesseln, welche ihr eine untergeordnete Stelle geben, zu befreien. Die **Rohstoffe** müssten vom Zoll befreit, die Transportmittel verbessert, die **Prohibitionen** durch **Schutzzölle** ersetzt werden. Daher zunächst: **Aufhebung der Zölle auf Wolle und Baumwolle, allmälige Herabsetzung derselben auf Zucker und Kaffee, kräftig betriebene Verbesserung der Communicationswege, Verminderung der Canalabgaben.** Dadurch allgemeine Ermässigung der Transportkosten, Vorschüsse an Ackerbau und Industrie, beträchtliche Arbeiten von öffentlichem Nutzen, **Aufhebung der Prohibitionen und Abschlüsse von Handelsverträgen mit fremden Mächten.** (Monit. univ. v. 15. Jan. 1860, Preuss. Hand.-Arch. 1860. I, 69.)

Auf dieser Grundlage und nach dieser Richtschnur wurde in der That auch practisch vorgegangen.

Den Anfang der Reform machte der wichtige, wahrhaft in die bisherige Handels- und Zollpolitik Bresche legende **Handels-**

vertrag mit Grossbritannien vom 23. Jan. 1860, dessen
Verhandlungen bis zuletzt streng geheim gehalten worden waren.
Die Staatsverfassung von 1852, welche dem Kaiser auch für die
Regelung des Zolltarifs in Handelsverträgen freie Hand
liess, indem danach solche Tarifänderungen Gesetzeskraft hatten,
bot die erwünschte, nach den bisherigen Erfahrungen fast nothwendige, übrigens durchaus massvoll und vorsichtig benutzte Handhabe, um auf diesem Gebiete Wandel zu schaffen. Die Aufhebung
der Einfuhrverbote, besonders für Fabrikate, die Festsetzung von Maximis für die Zölle wichtiger Waaren, speciell
der Fabrikate, die Einfügung der „Meistbegünstigungsclausel", d. h. des Versprechens, sich auf dem Fuss der meistbegünstigten fremden Nation in Zöllen, Schifffahrtsabgaben u. dgl.
zu behandeln, in diesem ersten und in den späteren Handelsverträgen mit anderen Mächten waren höchst bedeutsame Fortschritte in der Richtung von der bisherigen streng prohibitorisch-
protectionistischen Handels- und Zollpolitik zu derjenigen eines
gemässigten Schutzzollsystems.

<small>Die Meistbegünstigungsclausel in den Handelsverträgen, deren unter Um-
ständen auch etwas missliche Seiten deswegen nicht verkannt zu werden brauchen, hat
doch gerade nach den Erfahrungen Frankreichs und anderer Länder seit 1860 als
günstiger Ansporn zu einer Entwicklung der internationalen Handels-, Schiff-
fahrts- und Zollpolitik in der Richtung des sich in vernünftigen Schranken haltenden
Schutzzollsystems und gemässigt freihändlerischer Politik gedient. Denn einmal erhielt
jedes Land so das Interesse, sich in die durch Handelsverträge verbundene internationale Gemeinschaft aufnehmen zu lassen, um für seinen Handel an den Vortheilen von
Tarifermässigungen der anderen Länder Theil zu nehmen. Und sodann erhielt auch
jedes Land, das mit einem anderen schon Handels- und Schifffahrtsverträge mit der
Meistbegünstigungsclausel abgeschlossen hatte, theils ein eigenes Interesse, den Abschluss neuer solcher Verträge eines Dritten mit seinen Contrahenten zu begünstigen,
da ihm die dem Dritten dabei gewährten weiteren Tarifconcessionen für seinen Handel
dann ohne Weiteres zu Gute kamen, theils wenigstens sein Gegeninteresse gegen
den Abschluss neuer Verträge seines Contrahenten mit weiteren Ländern ein geringeres,
als es sonst vielleicht gewesen wäre. Vgl. Schraut, Syst. d. Handelsverträge und
Meistbegünstigung. Leipz. 1884.</small>

Dem Handelsvertrag mit Grossbritannien schlossen sich dann
noch im Jahre 1860 und den nächstfolgenden die oben in der
Uebersicht der Gesetzgebung (S. 786) nach ihrem Datum bereits
angegebenen Handelsverträge mit Belgien, Preussen und dem
Zollverein, Italien, Schweden und Norwegen, Hansestädten, Mecklenburg, Spanien, Niederlanden, Portugal,
Oesterreich, Kirchenstaat an. Dadurch wurde die neue
internationale Handels- und Zollpolitik und auch die französische förmlich in ein völkerrechtliches System, meist,
speciell in Frankreich, auf der Grundlage eines mehr oder weniger

„gemässigten Schutzzollsystems" gebracht. Der früher schon vorgekommene Unterschied zwischen einem „allgemeinen" Zolltarif und einem oder mehreren sogen. Conventionaltarifen, welche letzteren dann „Differentialtarife" zu Gunsten der Contrahenten sind, gelangte auf diese Weise zu grosser Bedeutung. Aber gerade die „Meistbegünstigungsclausel" führte alsbald zur Gleichheit der Conventionaltarife und die immer weitere Ausdehnung der Handelsverträge zur Einengung des Geltungsgebiets des allgemeinen, höhere Sätze bei der Einfuhr enthaltenden Tarifs, welcher nur noch für den Handelsverkehr in Fabrikaten u. dgl. mit, bez. die Einfuhr aus den immer weniger zahlreichen und weniger wichtigen übrigen Staaten und für die in den Conventionaltarifen nicht vorkommenden Waaren (meist agrarische Rohstoffe, Colonialwaaren) galt.

Zu diesen Staaten gehören in Frankreich, wie regelmässig auch in den anderen europäischen Ländern, freilich die wichtigen transoceanischen Länder Amerikas, Asiens, Afrikas, also die Versorger Europas mit wichtigen gewerblichen Rohstoffen, für die sie, wie für Baumwolle, Farbehölzer z. Th. eine Art Productionsmonopol haben, und mit „Colonialwaaren" zur Verzehrung, also auch letzteren Falls Producten des (tropischen u. s. w.) Naturmonopols, welche in Europa vornemlich die mit Finanzzöllen belasteten Artikel bilden. Aber hier trat nun in Frankreich die autonome Handels- und Zolltarif-Reform ein. Denn die napoleonische Tarifreform blieb, weder hier noch bei anderen Handelsartikeln, welche in den Conventionaltarifen nicht vorkommen, stehen, sondern ging bei denselben im Wege autonomer Gesetzgebung vielfach mit Zollbefreiungen oder Tarifherabsetzungen in den Jahren 1860 u. ff. vor, Massregeln, welche zum Theil von besonders eingreifender, freilich mitunter bleibend nachtheiliger finanzieller Bedeutung wurden, weil man dabei, wie gesagt, wohl öfters etwas zu weit ging. Aber die Aufhebung der Rohstoffzölle war doch im Ganzen ein wichtiger Schritt, bei dem das finanzielle hinter dem volkswirthschaftlichen Interesse zurückstehen durfte, zudem ein Schritt, der das finanziell so nachtheilige Rückzoll- und Ausfuhrprämiensystem zu verlassen erlaubte.

Mittelst solcher oder analoger Massregeln (Einfuhrgestattung, Ermässigung, schliesslich Beseitigung der Zollzuschläge für Einfuhren unter fremder Flagge und Ermässigung der Zuschläge für „indirecte" Einfuhr aus europäischen „Entrepôts" oder Zwischenhäfen) wird endlich auch auf dem Gebiete der Rhederei und Schifffahrt (Gesetz v. 19. Mai 1866), sowie in Betreff des Handels zwischen Frankreich und seinen eigenen Colonieen (Gesetze von 1863—68, S. 787) ebenfalls durch autonome Gesetzgebung reformirend vorgegangen. Auch dadurch sind mehrfach **finanzielle Einbussen** entstanden, aber doch überwiegend aus volkswirthschaftlichen Gründen zu rechtfertigende, welche sich durch die Gestaltung des Verkehrs auch wieder theilweise ausgeglichen haben. Im Verwaltungswege sind ausserdem die Formalitäten für den **Transitverkehr** erleichtert worden (1860).

So stellt die „napoleonische Zollreform von 1860" in der That eine neue Epoche französischer Handels- und Zollpolitik dar.

Alles in Allem wird man die Reform im Ganzen als eine **berechtigte, gelungene und auch in ihren Folgen weit überwiegend günstige** bezeichnen dürfen, — vorbehaltlich, wie gesagt, **einiger finanzieller Bedenken**, welchen leicht Rechnung zu tragen gewesen wäre, welche aber auch nicht so schwer wiegen — namentlich angesichts der französischen Finanzlage im letzten Jahrzehnt Napoleon's III., vor dem Kriege von 1870 —, um das vorausgehende Urtheil danach zurücknehmen oder auch nur wesentlich einschränken zu müssen.

§. 316. β) **Einzelnes aus dieser dritten Epoche (1860—70).** Auch hier ist die wichtigere handelspolitische Seite der Handelsverträge und der Tarifreform, als nicht hierher gehörig, nicht weiter genauer zu verfolgen. S. darüber bes. Amé I. ch. 13 (Vertrag v. 1860, p. 257—315), ch. 14 (Conventionaltarif, p. 317—468, eingehende Darstellung der Aufsuchung von Grundlagen für die endgiltige Feststellung der Sätze des Conventionaltarifs, auch für die möglichste Hinüberführung der Werthzölle, bez. der dafür im Vertrag aufgestellten Maxima, in specifische Zölle [s. u.]), dann Amé II. ch. 15—21 (die übrigen Handelsverträge, ausser dem britischen, die anderen Reformgesetze, die Gesetzgebung über Kornzölle, Zucker, Handelsmarine, zeitweilige Zulassungen, die Interpellation von 1868, mit handelspolitischer Debatte); passim auch ch. 23 und 24. Lexis S. 87—96. Wolowski's gen. Schrift (bes. auch über die Resultate des Handelsvertrags v. 1860).

Ueber die Vorbereitung der Reform und die Durchführung derselben vielerlei Material, dann auch die einzelnen Gesetze, Decrete etc., soweit sie den auswärtigen Handel angehen, sowie Statistisches im Preussischen Handelsarchiv, bes. Jahrgang 1860, I u. II. S. daselbst auch in Jahrg. 1858, II, den Aufs. „Frankreichs Zollsystem" S. 569—580 und O. Hübner's Zollgesetzgebung Frankreichs, wo in der Handelsstatistik, eine gute Uebersicht der einzelnen Waaren und Zollerträge dafür (Durchschnitt 1837—46, 1847—56 und die 3 einzelnen Jahre 1857—59), mit Angabe der geltenden und der früheren Tarifsätze jeder Waare. Statistik der Zollerträge in d. Doc. stat., commerce (1861—68 im Heft für J. 1868, p. 136).

Wir beschränken uns hier darauf, noch Einiges über den Inhalt und die Ausführung des die Bahn brechenden britischen Handelsvertrags, der für die ganze Reform von principieller Bedeutung und auch für Zolltechnisches wichtig war, ferner über die allgemeinen handelspolitischen und Zollreformen beizufügen, dabei einige Zollproben, bes. für Finanzzölle und sonst finanziell wichtigere Zölle zu geben und eine Uebersicht der Zollerträge anzuschliessen.

(1) **Der britische Handelsvertrag** (s. denselben u. A. im Preuss. H.-A. 1860, 148; daselbst auch verschiedene erläuternde Artikel darüber, so z. B. S. 331). Die Zugeständnisse Frankreichs bezüglich seiner Tarife etc. an Grossbritannien und die wechselseitigen Zugeständnisse, die wir unter Beiseitelassung der britischen an Frankreich (s. z. B. o. S. 323, 324) hier allein verfolgen, waren: Zulassung einer Reihe aufgezählter Artikel britischer Production und Fabrikation, welche namentlich alle hauptsächlichen Arten Halb- und Ganzfabrikate umfassen, zu einem Einfuhrzoll von höchstens 30% vom Werth, incl. die 2 Zuschlagsdecimen, vom 1. Oct. 1864 an von höchstens 25%; Herabsetzung des Zolls für Steinkohlen und Cokes auf 15 Cent. p. 100 Kil. Ueber die Werthberechnung nähere Bestimmungen (Art. 4). Wechselseitiger Vorbehalt des Rechts, wenn ein einheimischer Artikel einer inneren Steuer (Accise) unterworfen werde, dem fremden gleichen Artikel einen entsprechenden Einfuhrzoll aufzulegen (Art. 9, der später bei der Zolltariffrage in 1872 eine entscheidende Bedeutung gewann). Frankreich behielt sich auch sofort vor, den Einfuhrzöllen für raffinirten Zucker und aus Salz gefertigten chemischen Producten die innere Steuer hinzuzufügen (Art. 1).

Hiermit waren die **Einfuhrverbote** gefallen und für die Zölle der vornemlich in Betracht kommenden bisher verbotenen wie sonstigen Waaren, meistens Halb- und Ganzfabrikate, **Werthzoll-Maxima** festgesetzt, welche, so hoch sie nominell noch waren, doch meist eine erhebliche Ermässigung, bez. den Uebergang zu einem „gemässigten" Schutzsystem darstellten. Um die damalige Zeit waren noch 50 Waarengattungen oder Specialitäten (Tarifposten) bei der Einfuhr verboten, darunter allerdings eine Anzahl nicht aus protectionistischen Gründen. Letztere lagen aber bei wichtigen Kategorieen vor (gewissen Waaren der Textil-, der Metall-, der Töpferei-Industrie u. a. m.).

Das in der Praxis, zumal bei der Anwendung auf Fabrikate immer missliche **Werthzollsystem** sollte auch nur eine Uebergangsmassregel bilden, indem nemlich die Werthzölle in **specifische** auf Grund der Mittelpreise der dem Datum des Vertrags vorangehenden 6 Monate durch eine Zusatzconvention vor dem 1. Juli 1860 verwandelt werden sollten (Art. 13). Die Werthbezollung verblieb bei Artikeln, in Betreff deren man sich über die Festsetzung specifischer Zölle nicht einigen konnte. Die Aufgabe der Normirung specifischer Zölle zeigte sich langwieriger und schwieriger als man angenommen, da hierin die schliessliche practische Bedeutung der Sache lag und mit den schutzzöllnerischen Interessen sich abgefunden werden musste. Deshalb ein Addit.-Artikel zum Handelsvertrag (v. 27. Juni 1860) und auf Grund desselben der Abschluss von besonderen Conventionen über Gruppen von Waaren und deren Tarifsätze (erste v. 12. Oct. 1860, über Eisen, Stahl, Metalle, Metallwaaren, Leder, Lederwaaren, raff. Zucker, Möbel u. a. m., Preuss. H.-A. 1860, I, 494 ff.; zweite v. 16. Nov. 1861, über **Textilwaaren**. chem. Producte, Glas-, Krystall-, Töpferwaaren und verschiedene andere, eb. S. 621 ff.; in dieser Convention in Art. III auch Festsetzung der Zusatzabgaben zu den Zöllen f. brit. Producte als Ersatz der betreffenden inneren französ. Steuern).

Für die weit überwiegende Anzahl Waaren und Zollpositionen derselben Waare wurden so **specifische Zölle**, die gewöhnlich mehr oder weniger, öfters auch nicht unbedeutend unter dem Vertragsmaximum blieben, festgestellt. Aber bei einer Anzahl Waaren oder Zollpositionen, bes. bei manchen feineren Stahlwaaren, wo die Ansetzung eines angemessenen Qualitäts-Zollfusses in der Form des specifischen Zolls zu schwierig erschien, wurden auch **Werthzölle** festgehalten, regelmässig aber in einem Betrag erheblich unter dem Vertragsmaximum, 5, 10%, gewöhnlich höchstens 15%, statt des Vertragsmaximums von 30 bez. 25%. Hier blieb dann die Bestimmung des Art. 4 des Handelsvertrags v. 23. Jan. 1860 von Wichtigkeit, dass — nach einer im französischen Zollrecht auch sonst enthaltenen Regel — bei Zweifelsfällen über den in der schriftlichen Declaration angegebenen Werth und über die Qualität der Waare die Zollverwaltung berechtigt sein solle, die Waaren mit 5% Zuschlag zu diesem Werth zu erwerben; ein mehr als Drohung, denn wegen seiner practischen Bedeutung wichtiges Recht, da seine Anwendung für die Beamten misslich ist. Bei den Webwaaren mit Werthzöllen behielt sich die französische Regierung später in der Zus.-Conv. v. 16. Nov. 1860 vor, ausschliesslich das **Pariser Zollamt** für die Zulassung solcher Waaren zu bestimmen (Art. IV). Man hatte bei Meinungsverschiedenheiten über den Werth von Waaren, die nach Werth zu verzollen waren, statt des Vorkaufsrechts des Zollamts, die Entscheidung durch Experte in Aussicht genommen, was sich aber ebensowenig practisch bewährte, da sich nicht gern Private zu der Uebernahme des unpopulären Amts fanden. (Convent. v. 12. Oct. 1860, Art. VIII, darüber Amé I, 390 ff). Ausser den überhaupt erforderlichen Ursprungscertificaten, da nur britische Producte unter die Bestimmungen des Handelsvertrags fielen, und den Werthdeclarationen des Importeurs wurde bei Waaren, die nach dem Werth zu verzollen waren, auch die Beifügung einer vom Fabrikanten oder Käufer auszustellenden, vom französischen Consul in Grossbritannien zu visirenden, den wirklichen Preis anzeigenden Factura verlangt (gen. Convention Art. IV). Wo übrigens bei Fabrikaten sehr verschiedener Qualitätsstufen, wie besonders bei den Erzeugnissen der Textilindustrie (Garnen, Geweben), specifische Zölle festgestellt wurden, hat man durch weitgehende Specialisirung der Qualitäten und der Zölle dafür die Anforderungen eines Qualitätsfusses im specifischen Zoll möglichst zu erfüllen gesucht (z. B. bei einfachem reinen Wollgarn 9, bei einfachem Baumwollgarn 15, bei rohen Baumwollgeweben 9 Zollsätze).

Ausdrücklich blieb auch im Handelsvertrag (Art. 3) der Differentialzoll bei Importen zu Gunsten der französischen Flagge noch bestehen.

Wechselseitig behielt man sich die Befugniss vor, auch für die Waaren des Vertrags Ein- und Ausclarirungsabgaben zur Deckung der Kosten in den Häfen zu erheben, wobei aber Gleichstellung mit den heimischen Schiffen vorbehalten wurde (Art. 10); eine Bestimmung, die es nach 1870 möglich machte, in Frankreich die sogen. Qualabgabe einzuführen.

Bemerkenswerth in sonstiger Hinsicht ist noch die wechselseitige Verpflichtung, die Ausfuhr von Steinkohlen nicht zu verbieten, noch mit Ausfuhrzoll zu belegen (Art. 11).

Endlich lautet die „Meistbegünstigungsclausel" in Art. 19: „jede beider Mächte verpflichtet sich, der anderen jede Begünstigung, Bevorrechtung oder Ermässigung des Tarifs der Einfuhr von den in dem gegenwärtigen Vertrag erwähnten Artikeln zu Theil werden zu lassen, welche die besagte Macht irgendwelcher dritten Macht zugestehen möchte. Sie machen sich ferner verbindlich, die eine gegen die andere kein Ein- oder Ausfuhrverbot in Kraft zu setzen, das nicht zu gleicher Zeit auf alle anderen Nationen seine Anwendung findet." Alles unbedenklich für den Fall des Kriegs zwischen den Contrahenten, da ja dabei solche Verträge erlöschen, aber der letzte Punct wenigstens völkerrechtlich sonst wohl etwas zu weit gehend.

Der Vertrag lief auf 10 Jahre vom Datum der Auswechslung der Ratificationen an, mit Vorbehalt einjähriger Kündigungsfrist vor Ablauf und sonstiger jährlicher Fortdauer mit dieser Frist (Art. 21).

Von finanzieller Bedeutung war der Vertrag für Frankreich natürlich in jeder Hinsicht: ungünstig, soweit die legitime Einfuhr gegen bisher nicht wenigstens im Verhältniss zu den Tarifermässigungen stieg, was aber vielfach der Fall war, günstig im letzteren Fall und ausserdem, weil der Schmuggel mehr durch legitime Einfuhr ersetzt wurde, sowie auch dadurch etwas, weil das mit dem Vertrage inaugurirte Zollsystem eine Vereinfachung und Kostenverminderung des Zolldienstes gestattete (§. 318).

Die übrigen Handelsverträge bewegten sich im Ganzen auf demselben principiellen Boden wie der britische und führten nur zu einigen weiteren Tarifermässigungen; mitunter zu solchen von speciell finanzieller Bedeutung, wie z. B. gegenüber Italien (Südfrüchte, Olivenöl u. a.). Hervorzuheben ist etwa noch der österreichische Vertrag vom 11. Dec. 1866, weil er in Betreff der fremden Flaggen eine, nach der Meistbegünstigungsclausel für die anderen Vertragsstaaten mit geltende Bestimmung enthielt, welche nach dem Kriege ein Hemmniss gewisser handelspolitischer Velleitäten wurde. Diesem Vertrag war das Ges. v. 19. Mai 1866 über die Handelsmarine vorangegangen (s. u.). Da dasselbe von Mitte 1869 an die fremde Flagge ohnehin der französischen auch für die sogen. indirecte Fahrt, d. h. im Verkehr Frankreichs mit dritten Ländern gleichstellte, nicht nur, wie bis dahin, in der sogen. directen Fahrt, so wurde diese Gleichstellung der österreichischen Flagge in dem Vertrag von 1866 auch vertragsmässig gewährt (Art. 10), ein Zugeständniss, das dann nach der Meistbegünstigungsclausel auch den anderen Vertragsstaaten zu Theil wurde. Auch wurde in den Vertrag die Zollfreiheit von Schiffbaumaterialien und der Zoll von 2 Frcs. p. Tonne für einzuführende Schiffe und Schiffskörper aufgenommen (s. d. Vertr. u. Tarif im Preuss. H.-A. f. 1867, I, 1, 3). Als sich nach dem Kriege von 1870 Frankreich von diesen Vertragsbestimmungen aus finanz- und marinepolitischen Gründen lossagen wollte, was für Oesterreich selbst wohl nur von untergeordneter practischer Bedeutung gewesen wäre, ging Oesterreich darauf nicht ein und hinderte so die Zurücknahme der Gleichstellung der Flaggen der anderen Vertragsstaaten mit der französischen, wiederum in Consequenz der Meistbegünstigungsclausel (s. Amé II, 36, 317 ff. Der Verf. führt Oesterreichs Weigerung auf deutsche Einflüsse zurück).

§. 317. (2) Die übrigen Reformen 1860 ff. nebst Tarifproben. Einige davon, bes. die Entlastung von Rohstoffen und Korn, sowie die Umänderung des Systems der Drawbacks und Ausfuhrprämien nebst der Einführung des Systems der „zeitweiligen zollfreien Zulassung" (bes. bei Zucker) waren speciell auch von finanzieller Bedeutung. Die ersteren entzogen der Zollcasse nicht unbeträchtliche Einnahmen, die letzteren verminderten anderseits die finanziellen Einbussen des Rückzoll- und Ausfuhrprämiensystems erheblich und beseitigten sie grossentheils. (S. Amé II, ch. 16—20).

(a) Entlastung der Rohstoffe. Das Ges. v. 5. Mai 1860 (s. Preuss. H.-A. 1860, I, 580) hob für eine Reihe besonders wichtiger fremder Rohstoffe (so Baumwolle, Wolle, Indigo und andere Farbstoffe) den Einfuhrzoll ganz auf, wenn die Einfuhr in französischen Schiffen erfolgte, bei einzelnen Waaren mit der Beschränkung, dass die Einfuhr nur aus gewissen Ländern, z. B. bei Baumwolle aus aussereuropäischen zollfrei sei, aus anderen Ländern einem mässigen Zoll auch für französische Flagge unterliege (z. B. bei Baumwolle — also aus den europäischen Zwischenhäfen — 3 Frcs. p. 100 Kil.). Die Einfuhr unter fremder Flagge und zu Lande blieb zwar überhaupt zollpflichtig, aber der Zoll wurde sehr herabgesetzt (meist auf 1, 2, 3 [so bei Baumwolle, Wolle], 4, 6 Frcs. p. 100 Kil., nur bei Indigo blieb er noch höher, 25 und 28 Frcs.). Die bisherigen Zölle dieser Waaren, hie und da schon ermässigt (so für Baumwolle und Wolle seit 1856), waren z. B. je nach dem Herkunftslande und Einfuhrweg (See, Land, Flagge) bei roher Baumwolle in verschiedenen Stufen 5—35 Frcs. p. 100 Kil. (frei nur unter französischer Flagge aus französischen Colonien), mit einem Zollertrag in 1854 noch von 19.01 Mill. Frcs.; bei Schafwolle für gemeine ungewaschene bis 1856 20—22% vom Werthe, seitdem 5—15 Frcs. p. 100 Kil., für feine ungewaschene und gemeine gewaschene 10 bis 25 Frcs., für feine gewaschene 25—37½ Frcs., Zollertr. 1859 7.56 Mill.; bei Indigo 50—400 Frcs., Zollertr. 1859 576,000 Frcs. Das Ges. hob aber anderseits auch die bei der Ausfuhr von Baumwoll- und Wollgarnen und Geweben gewährten Prämien auf. Auch nach Abzug dieser letzteren wurde der Ausfall des Zollertrags auf 19 Mill. Frcs. geschätzt. — Auch der Steinkohlenzoll wurde 1860 allgemein auf 10 Cent. bei Einfuhr über die Maass und das Moseldepartement, auf 15 Cent. für 100 Kil. sonst (auch zur See), 1864 zu Land und in französischen Schiffen zur See auf 12 Cent. gesetzt. Die Ermässigungen für andere Rohstoffe folgten später noch (so Decr. v. 5. Jan. 1861). Weiter ging hierin noch das umfassende Zollges. v. 16. Mai 1863, das eine grosse Reihe von Rohstoffen befreite oder im Zoll ermässigte, mehrfach so, dass nur die Einfuhr in fremden Schiffen noch etwas belastet blieb; ferner Ges. v. 4. Juni 1864, verschiedene Decrete, Ges. v. 1. Mai 1867 und 17. Juli 1868.

(b) Ermässigung von Finanzzöllen. Von besonderer finanzieller Bedeutung war die erhebliche Zollermässigung für Hauptartikel, wie Zucker, Kaffee, Cacao, Thee durch d. Ges. v. 23. Mai 1860, wo sich freilich bei Zucker die Sache wegen der Beziehung zur Rübenzuckersteuer und zum französischen Colonialzucker complicirte (s. o. S. 665, das Ges. im Preuss. H.-A. 1860, I, 643, mit dem Bericht der Commission des gesetzgebenden Körpers). Allerdings zeigte sich hier bald, dass man doch bei den neuen Sätzen das finanzielle Interesse zu sehr geschädigt hatte, weshalb später bei Zucker wieder Erhöhungen erfolgten. Rohzucker (Prima) wurde von 45 Frcs. (ohne Decimen) Zoll p. 100 Kil. auf 25—39 Frcs. (je nach Herkunft, Flagge) ermässigt (speciellere Angaben S. 665), Kaffee von 50—105 Frcs. (6 Stufen,

Min. aus französ. Colon. jens. des Kaps in französ. Schiffen, Max. aus europ. Entrepôts in fremden Schiffen) auf 30—55 Frcs. (4 Stufen, dgl.), Cacao von 20—75 Frcs. (5 Stufen) auf 20—40 Frcs. (4 Stufen, dgl.), Thee von 150—600 Frcs. (4 Stufen) auf 75—100 Frcs. (3 Stufen), seit 1866 (Decr. v. 30. Mai) auf 40 und 100 Frcs. (incl. Decimen). Von erheblicher finanzieller Bedeutung war nur der Zucker- und Kaffeezoll; ersterer ergab 1859 aus den französ. Colonien 43,57, 1861 25,97, aus fremden Ländern bez. 34,59 u. 27,56, Kaffee 1859 30,52, 1861 nur 18,63 (erst 1868 wieder 27,08) Mill. Frcs., Cacao 1859 2,61, 1861 1,66 (1868 2,72), Thee 444,000 und 265,000 Frcs. Vollends bei diesem Artikel war, wie die Erfahrung gezeigt hat, die Zollermässigung nach den französischen Consumverhältnissen, welche sich durch den Zoll nicht bestimmen liessen, finanziell unzweckmässig. Im J. 1862 bei Zucker wieder etwas Erhöhung des Zolls (S. 665), aber er blieb niedriger als früher belastet. Auch der Rückzoll von Zucker 1860 vermindert, 1861 trat das andere System der „zeitweisen Zulassung" ein (S. 666). Die Zuckerzollgesetzgebung folgte im Uebrigen nothwendig der allgemeinen Bewegung der Zuckerbesteuerung (§. 266 ff.) Auch Kaffee wurde wieder etwas erhöht (36—55,40 Frcs., Decr. v. 24. Juni 1861, Ges. v. 16. Mai 1861). Eine neue Einnahmequelle war sonst nur der Petroleumzoll (Decr. v. 16. Juli 1863, f. 100 Kil. 3 Frcs. aus Ursprungsland in französ. Schiffen, sonst 5 Frcs.; ebenso im Ges. v. 4. Juni 1864), der um 1868 aber noch keine halbe Mill. Frcs. ergab und erst in der Periode nach 1870 bei viel höherem Satze und grösserer Consumtion ein wichtiger Finanzzoll wurde.

(c) Reform der Korn- und Nahrungsmittelzölle. Sie bestand in der Ersetzung der Kornzölle nach dem System der gleitenden Scala (Ges. v. 1832) durch mässige feste Einfuhrzölle (für Weizen, Spelz, Mengekorn — méteil — und Mehl daraus für 100 Kil. 50 Cent. in französ. Schiffen und zu Lande, 1 Frc., Mehl 1½ Frcs. in fremden Schiffen, anderes Getreide und Mehl, auch Kastanien, Erbsen, Wicken, Hirse in französ. Schiffen und zu Lande frei, in fremden Schiffen 50 Cent., ebenso kleine feste Zölle für Brot, Reis, Sago, Nudeln, Makaroni). Getreide, Mehl, die anderen gen. Nahrungsmittel, Kartoffeln wurden von Ausfuhrzöllen frei erklärt, fremdes Getreide und Mehl auch zur Privatniederlage (entrepôt fictif) zugelassen (Ges. v. 15. Juni 1861). Hierbei erfolgte zugleich der Uebergang von der Zollbemessung nach Raum (Hectoliter) zu der nach Gewicht. Die Weizeneinfuhr behufs Umwandlung zu Mehl und Ausfuhr desselben zollfrei (Decr. v. 25. Aug. 1861). Finanziell wurde durch diese Reform kaum eine Einbusse herbeigeführt, eher sogar ein Gewinn gemacht. Denn bei dem früheren System war Einfuhr und Zollertrag in der Regel nur gering, auch sehr schwankend gewesen, in Theuerungszeiten waren die Zölle aber nach dem System der gleitenden Scala niedrig oder suspendirt. Von einiger Bedeutung war gewöhnlich nur der Ertrag des Weizenzolls (1836—41 4,38, 1847—56, bei mehrfacher Suspension, 0,78, 1857—59 0,627 Mill. Frcs.). Aus anderem Getreide meist ganz geringer Ertrag (nur bei Hafer 1859 0,32 Mill.), auch der Ertrag des Mehlzolls, des Brotzolls klein. In der neuen Periode war der Ertrag aller Cerealienzölle höher (1861 4,78, 1862 4,12, dann bis 1865 sinkend auf 0,236, 1867 und 68 wieder 4,8 Mill.), Reis (bis 1861 ½—6 Frcs., jetzt ½—2 Frcs.), hatte zuletzt (1857—59) 0,21 Mill. Zollertrag gegeben, 1861—68 war er zwischen 818,000 und 221,000 Frcs.

In dieser Richtung ging dann das Zollges. v. 16. Mai 1863 weiter, indem es die durch Decrete von 1852—54, 1861 bestimmten Zollherabsetzungen bestätigte, so bes. für Thiere (Ochsen und Rinder 1 Frc. p. Stück, bis 1853 50, bez. 15 Frcs., Kühe 1 Frc., früher 25, Kälber, Schafe, Schweine ¼ Frc., früher 5—15 Frcs.), Fleisch (1/1₂ Frc. p. 100 Kil., bis 1853—54 18—36,30 Frcs.), Butter (frische frei, gesalzene 2½ Frcs. p. 100 Kil., früher erstere 3—3,30, letztere 5—5,50 Frcs.), Heringe u. a. m. Die Erträge dieser Zölle waren auch früher, vor 1853—54, nicht bedeutend gewesen. Auch Wein und Branntwein erlangten definitiv die Ermässigung, die ihnen durch Decrete v. 1854 u. 1857 zu Theil geworden (Wein ¼, Alkohol 25 Frcs. p. Hectol., ehedem ersterer 15—35, letzterer, soweit er nicht verboten, 50 bis 200 Frcs.). Der Zollertrag dieser Artikel war nur in Jahren der Weinmissernte etwas erheblicher gewesen (S. 653 ff.).

d) Reform der Schifffahrtsgesetzgebung. Auf diesem Gebiete hatte man am Längsten gezögert, und zunächst auch in dem Handelsvertrage mit England von 1860 keine directen Zugeständnisse gemacht. Daher bis dahin, speciell gegenüber Grossbritannien, nur die Gleichstellung der fremden mit der heimischen Flagge in der sogen. directen Fahrt, d. h. zwischen Frankreich und Grossbritannien nebst seinen europäischen Besitzungen selbst, der Verkehr mit den transoceanischen britischen Colonien fiel also unter die allgemeinen beschränkenden Bestimmungen. Die wichtigsten Begünstigungen der französischen Flagge waren der Vorbehalt gewisser Fahrten für sie (Küstenfahrt, Verkehr mit den französischen Colonien), Zollzuschläge für die meisten Waaren bei der Einfuhr zu Lande oder unter fremder Flagge zur See, in welch letzterer Hinsicht nur in der „directen" Fahrt vertragsmässig die Flaggen der meisten Länder der französischen gleichgestellt worden waren, Zollzuschläge für die Einfuhr wichtiger aussereuropäischer Waaren aus europäischen Zwischenhäfen (Entrepôts), Zollermässigung um 1/5 für Naturproducte (ausser Zucker), die direct in französischen Schiffen aus Ländern jenseits der Sundainseln eingeführt wurden. Endlich konnten für fremde Schiffe allein oder in höherem Betrage Tonnengelder erhoben werden, wo nicht vertragsmässig auch in diesem Puncte die fremde Flagge gleichgestellt war (s. Amé II, 163). Durch dieses „Schifffahrtssystem" wurden die Zollverhältnisse viel complicirter, die Zolleinnahmen theils günstig, theils ungünstig beeinflusst, die inländischen Industrieinteressen aber, bes. soweit sie wohlfeile Versorgung mit fremden Rohstoffen (Baumwolle, austral. Wolle) verlangten, benachtheiligt. Der französische Schiffbau war durch das Verbot der Einführung fremder Seeschiffe (zur Unterstellung unter die französische Flagge) geschützt, nur fremde Flussschiffe durften eingeführt werden (Zoll 20 Frcs. p. Tonne). Zuerst wurde dann der Zuschlag für die indirecte Einfuhr aus britischen Entrepôts unter britischer Flagge in Betreff einiger Artikel in der Zus.-Convent. v. 16. Aug. 1860 aufgehoben (für rohe Baumwolle, austral. Schafwolle, Jute, s. den Tarif). Belgien erlangte darauf im Handelsvertrag für die indirecte Einfuhr von Kaffee eine Ermässigung des Zuschlags, für Zucker die Erlaubniss der Landeinfuhr gegen 2 Frcs. Zuschlag zum sonstigen Zoll. Aber eine allgemeinere Modification der Gesetzgebung über Bevorzugung der französischen Flagge fand bei den Interessenten noch viel Opposition. Politische, maritimpolitische, etwas auch finanzielle Rücksichten spielten mit, der Flaggenzuschlag brachte 1864 immerhin 3.87, der für Einfuhren aus fremden Entrepôts 1.90 Mill. Frcs. ein (Amé II, 181). Eine eigene Enquête wurde angestellt, aber schliesslich siegte der freihändlerische Gesichtspunct, wenigstens in einigen Hauptbeziehungen, doch in den wichtigen Ges. v. 19. Mai 1866, nebst Decr. v. 8. Juni 1866. Die Tonnengelder speciell für fremde Schiffe wurden danach v. 1. Jan. 1867 an, die Flaggenzuschläge für Einfuhren auf fremden Schiffen nach 3 Jahren, Mitte 1869, aufgehoben, die Einführung fremder Seeschiffe zur Französirung gegen 2 Frcs. p. Tonne gestattet, dem Schiffbau aber durch Zulassung zollfreier Einfuhr von Materialien und Fabrikaten, incl. Maschinen, eine Hilfe gewährt. Der Verkehr zwischen Frankreich und Algier wurde fremden Flaggen gestattet. Aber die Küstenfahrt in Frankreich blieb der heimischen Flagge vorbehalten und die Zuschläge bei indirecter Einfuhr aus Entrepôts blieben im Allgemeinen bestehen, nach dem Gesetzentwurf hätten auch sie nach 6 Jahren wegfallen sollen.

Auch die Verkehrsbeziehungen zu den französischen Colonien wurden in liberalerem Sinne geordnet, wenn auch Bevorzugungen der französischen Flagge in der Form von Zollzuschlägen für fremde Flaggen blieben (Ges. v. 3. Juli 1861, betr. Martinique, Guadeloupe, Réunion); noch weitergehend war die Gleichstellung im Handel Algiers (Ges. v. 19. Mai 1866, Art. 8—10, Zollges. f. Algier v. 17. Juli 1867).

(c) Die Ausfuhrzölle waren seit lange finanziell von verhältnissmässig geringer Bedeutung, meist früher 1/4 Frc. p. 100 Kil. oder 1/4 % vom Werth, doch für einige Rohstoffe im protect. Interesse höher, dann in das System der gleitenden Scala bei Getreide für einen höheren Stand der Preise eingefügt (Ges. v. 1832). Auch hier ging die napoleonische Regierung mit Reformen vor. Das Decr. v. 5. Dec. 1857 (bez. Ges. v. 19. Juni 1859) ermässigte für einige Artikel die höheren Zölle, beliess sie für eine Reihe benannter im bisherigen Betrage und hob sie für alle übrigen auf. Das Ges. v. 14. Juli 1860 beseitigte einige Ausfuhrverbote (so auf Gerberrinde) und hob die Ausfuhrzölle auf anderes Bau- und Nutzholz als Nussbaumholz auf. Ein Decr. v. 18. Juli 1860 hob den Ausfuhrzoll auf Steinkohle, Cokes (1 Cent. p. 100 Kil.) auf, ein Decr. v. 21. Nov. 1860 das Ausfuhrverbot von Eisenerz (Ausfuhr zollfrei). Das

Ges. v. 16. Mai 1863 beseitigte dann alle Ausfuhrzölle, bis auf die mehrfach auch in anderen Ländern noch länger beibehaltenen für Lumpen aller Art (excl. aus Wolle, 12 Frcs. p. 100 Kil.), Pappdeckel, Papiermasse, Halbzeug (auch 12 Frcs.), altes Tauwerk (4 Frcs.), hob auch alle Ausfuhrverbote, excl. literarischen Nachdruck und Kriegsmunition, auf.

(f) Von nicht geringer finanzieller Bedeutung war es, dass mit den Reformen der Einfuhrzölle im Wesentlichen das kostspielige System der Drawbacks und Ausfuhrprämien seit 1864/65 wegfiel. Das neue System der „zeitweiligen zollfreien Zulassung" fremder Producte (Zucker, Cerealien, Eisen, Gewebe) zur Einfuhr behufs Bearbeitung in Frankreich und Wiederausfuhr binnen einer bestimmten Frist gab zwar neben anderen auch wieder zu finanziellen Bedenken Anlass, indessen doch zu geringeren als früher. (S. Amé II, ch. 20). Nur bei Zucker blieb auch unter den veränderten Verhältnissen wegen unrichtiger Ansetzung der Ausbeuteziffern ein Theil der früheren finanziellen Missstände bestehen (S. 666). Im Ganzen ist so wenigstens der Ausfall an Zollerträgen, welchen die napoleonische Reform mit sich brachte, durch die Beseitigung des Rückzoll- und Ausfuhrprämiensystems theilweise compensirt worden.

(3) Die Zollerträge u. s. w. gestalteten sich im Ganzen unter dem Einfluss der handelspolitischen und Tarifreform folgendermaassen, wobei zum Vergleich das in der früheren Uebersicht S. 805 schon mit enthaltene Jahr 1859 als Ausgangspunct genommen wird. Die Berechnung, bes. bei den Ausgaben, wie bei der gen. Uebersicht. Die Daten in Millionen Frcs.

Einnahme	Einfuhr-Zölle			Ausf.-Zölle	Schifff.-Abg.	Verschied.	Summe roh	Salzsteuer
	Allg.	v. Zucker	Zus.					
1859	111.03	78.46	188.49	4.22	4.85	2.08	200.14	28.36
1861	73.36	53.39	126.75	1.61	4.87	1.55	134.78	26.85
1864	64.36	69.05	133.41	0.33	4.20	1.46	139.41	23.19
1865	64.11	61.08	125.19	0.21	3.71	1.43	130.54	23.13
1869	74.64	45.64	120.28	0.16	0.31	1.88	122.31	22.28

Ausgabe	Regiekosten	Non-valeurs		Reinertrag		%, der Regiekosten	
		Ausf.-Präm.	Anderes	Zölle	Zölle und Salzsteuer	v. Rohertrag	v. Reinertrag
1859	30.32	50.30	3.08	116.44	144.80	13.33	17.33
1861	31.67	23.31	1.87	77.93	104.78	19.5	23.25
1864	31.50	26.42	0.94	80.54	103.73	19.33	23.25
1865	31.60	0.33	1.31	97.30	120.43	20.5	20.75
1869	27.68	0.23	1.33	92.09	115.37	19.0	19.33

Die folgenden Jahre sind des Kriegs wegen unvergleichbar, übrigens 1870 und 1871 günstiger als die Vorjahre (s. u. §. 323).

Man sieht, dass wenigstens bis zum Schluss der napoleonischen Herrschaft das finanzielle Ergebniss der Reform ein ungünstiges geblieben ist. Ob eine langsamere Durchführung der Tarifermässigungen ein besseres Ergebniss geliefert hätte, lässt sich ja nicht bestimmt sagen, aber ganz unwahrscheinlich ist es nicht. Namentlich bei den eigentlichen Finanzzöllen, wie Kaffee, dem Hauptartikel ausser Zucker, dann auch bei letzterem waren die Reductionen wohl zu stark, gegen das in französischen Verhältnissen berechtigte Besteuerungsinteresse und ohne entsprechenden Vortheil für die Consumenten. Ich möchte Amé (II, 69) darin beistimmen, dass bei Kaffee vermuthlich auch bei einem erheblich höheren Zoll, ebenso wie früher und wie wieder nach 1870, eine starke Consumtionsvermehrung zu erwarten gewesen wäre, die Zolleinnahme aus diesem Artikel daher für 1860—69 gegen 1859 nicht nur den rechnungsmässigen Ausfall von 8.415,000 Frcs. jährlich, sondern einen weit grösseren ergeben hat. Hier hat man einen finanzpolitischen Fehler begangen, den man übrigens schon in dem Ges. v. 27. Juli 1870 wieder gut machte (s. folg. §).

Bemerkenswerth ist andererseits, dass die Reform eine erhebliche Verminderung des Zollpersonals und der Kosten dafür ermöglicht hat, trotzdem in dieser Periode Nizza und Savoien zum Zollgebiet hinzugetreten waren. Zwischen 1860 und 1867 sind 530 Beamte im Bureaudienst, 6835 im Brigadedienst, zusammen 7365 Personen mit 4.860,000 Frcs. Gehalten beim Zollwesen erspart worden, ¹/₄ der Gesamtzahl (1860 im Serv. sédent. 2766, im Serv. actif 26,672, zus. 29,438, 1867 bez. 2285 — 19,844 — 22,052). — Dadurch stiegen allerdings, aber doch nur vorübergehend, die Nicht-Activitätsbezüge auf 1,782,000 Frcs. (seit 1867 ist dieser Posten auf ein besonderes Conto gebracht — Fonds de retraite — und scheidet aus den Regiekosten aus, die daher oben in der Ziffer für 1869 etwas zu niedrig angesetzt sind). Eine nicht unbedeutende Kostenersparung ergiebt sich doch. (Tabl. génér. des recettes, p. 45—51.)

Die gen. Daten beziehen sich seit 1849 immer mit auf Algier.

Die Hauptartikel des Zollertrags waren in 1868 (das im Allgemeinen etwas grössere Erträge hatte als 1869) verglichen mit 1859 folgende, in 1000 Frcs.:

Rein oder überwiegend Finanzzölle	1859	1868	Ueberwiegend Schutz- und Rohstoffzölle	1859	1868
Zucker	78,459	48,578	Steinkohle, Cokes	10,733	8,699
Kaffee	30,525	27,075	Wollgewebe	1,174	5,349
Getreide	0,419	4,796	Baumwollgewebe	41	2,419
Cacao	2,610	2,321	Flachs- u. Hanfgewebe	1,403	1,535
Pfeffer	1,138	1,361	Baumwollgarn	471	1,253
Branntwein	622	840	Leinen- u. Hanfgarn	704	1,191
Tafelfrüchte	2,100	675	Maschinen u. dgl.	1,307	972
Olivenöl	2,387	555	Oele aus fett. Körnern	799	566
Reis	214	475	Metallarbeiten	177	494
Käse	768	367	Wollgarn	19	417
Thee	444	204	Roheisen	1,978	354
			Stahl	85	311
Zus.	119,686	87,247	Zus.	18,891	23,560
			Alle übrigen	30,046	12,763
			Summe	188,623	123,570
			Ab Ausfuhrpräm.	50,299	201
			Rein	138,324	123,369

Für 1859 nach den Materialien bei Hübner zusammengestellt, für 1868 in d. Doc. stat. p. 1868, p. 136.

§. 318. 5. **Vierte Epoche. Periode seit dem Kriege von 1870. Uebersicht.** Die einzige Besteuerungsmassregel, welche noch unter der Kaiserlichen Regierung in Frankreich gleich bei Ausbruch des Kriegs erfolgte, betraf gerade die Zölle, speciell einige Finanzzölle. Man erhöhte die vordem zu stark ermässigten Zölle auf Kaffee, Cacao, Thee (Gesetz v. 27. Juli 1870), was freilich nur bei Kaffee nach Lage der Dinge von grösserer finanzieller Bedeutung sein konnte.

Der Kaffeezoll wurde verdoppelt von 50 und 55 auf 100 und 110 Frcs. p. 100 Kil. (je nach der Einfuhr direct aus aussereuropäischen Ländern oder aus europäischen Zwischenhäfen), der Cacaozoll von 25 und 35 auf 50 und 60 Frcs. (mit derselben Unterscheidung), der Theezoll von 40 und 100 Frcs. auf 100 und 160 Frcs. dgl. gebracht.

Nach dem Friedensschluss gehörten Maassregeln auf dem Gebiete des Zolltarifs zu den ersten und wichtigsten, mit welchen man die schwierige Finanzlage zu verbessern suchte.

Es war auch ganz gerechtfertigt, auf dem finanzpolitisch etwas in der Entwicklung zurückgebliebenen Gebiete der Handels- und

Zollpolitik Reformen zum Zweck der Erlangung höherer Staatseinnahmen vorzunehmen. Aber die Bindung durch die Handelsverträge bot hier jetzt auch für solche Reformen in bloss fiscalischer Richtung Hindernisse, welche sich, zunächst wenigstens, als unüberwindlich erweisen sollten. Ausserdem erfolgte, besonders unter der Präsidentschaft von Thiers, eines alten überzeugten Schutzzöllners und Gegners der neueren napoleonischen Handels- und Zollpolitik, auch wieder mehr eine Verquickung der Finanzpolitik mit der Protectionspolitik in den Zollverhältnissen, woraus verfehlte und schliesslich undurchführbare Bestrebungen hervorgegangen sind.

Die getroffenen, theils nur versuchten Massregeln lassen sich für die ganze Periode unter folgenden sechs Puncten zusammenfassen:

a) **Erhöhung wichtiger Finanzzölle** gleich nach Ende des Kriegs.

b) Versuch einer allgemeineren Tarifreform, wesentlich, wenn auch nicht ausschliesslich, in finanzpolitischer Tendenz, namentlich mittelst erneuter **Bezollung fremder Rohstoffe**, besonders derjenigen der **Textilindustrie**.

c) Versuch einer neuen **Schifffahrtsgesetzgebung**: Wiedereinführung von **Flaggenzuschlägen** und Einführung einer sog. **Quaiabgabe** (Tonnengeld).

d) Plan vermehrter **Ausfuhrzölle** und Einführung einer sog. **statistischen Abgabe** für die Deckung der Kosten der Handelsstatistik.

e) Erlass eines **neuen allgemeinen Zolltarifs** im J. 1881 und Abschluss **neuer Handelsverträge**.

f) Rückkehr zu agrarischen Schutzzöllen für Getreide und Vieh 1884 ff.

S. für das Einzelne bes. Amé II, ch. 22, Mathieu-Bodet bes. I, ch. 2—4 passim, II, ch. 26 passim. Amagat bes. partie III, ch. 1 u. 8. Die o. S. 789 angegebenen Materialien im Bull.

§. 319. a) **Erhöhung wichtiger Finanzzölle**. Sie erfolgte, in Fortsetzung und Ausdehnung der Massregeln des Gesetzes v. 27. Juli 1870, bald nach dem Friedensschluss in erheblichem Maasse und im Ganzen mit bedeutendem finanziellen Erfolge bei den Hauptartikeln des **Colonialwaarenzweigs**, wiederum namentlich bei **Kaffee, Cacao, Thee**, ferner bei **Pfeffer** und anderen Gewürzen, dann bei **Petroleum, Wein**. Bei dem mit hierher gehörigen Hauptartikel Zucker hemmten nur die verwickelten Besteuerungsverhältnisse und Productionsconjuncturen, dass die Wirkungen der Steuererhöhung gleichmässig zur Geltung kamen, aber eine bedeutende Mehreinnahme wurde durch die sehr starken Steuer- und Zollerhöhungen doch erzielt (§. 267). Diese erhöhten Zölle sind dann im allgemeinen Tarif von 1881 im Ganzen beibehalten worden.

So wurde schon 1871, vollends von 1873 an der Zollertrag ein viel stärkerer Posten im Einnahmebudget als im letzten Jahrzehnt des zweiten Kaiserreichs, er steigt auf das $2-2^{1}/_{2}$fache bis Ende der 1870er, auf das $3-3^{1}/_{2}$fache in den folgenden Jahren, Zucker eingeschlossen, auf das Doppelte in der ersten Periode, auf das beinahe 4 fache später, ohne Zucker gerechnet, wozu die genannten Finanzzölle, besonders von Kaffee, Petroleum, Cacao, Pfeffer, Wein vornemlich beigetragen haben.

S. bes. Ges. v. S. Juli 1871; über die Zölle auf Wein o. S. 654, auf Zucker S. 661, 667 ff., auf Petroleum S. 690. Kaffee in Bohnen wurde jetzt auf 150 u. 170 Frcs. (von Ausser-Europa und von anderswoher), also auf das Dreifache der Sätze vor dem Krieg, gebrannter und gemahlener Kaffee auf 200 Frcs. gesetzt. Cacao auf 100 u. 120 Frcs., Thee auf 200 u. 260, Pfeffer, Piment, Gewürznelken, Zimmet, Cassia-Lignea, Muscatnuss in Schalen auf 200 u. 240 Frcs., Muscatnuss ohne Schalen und Muscatenblüthe (Macis) auf 300 u. 350, Vanille auf 400 Frcs., Petroleum roh auf 20 u. 25, gereinigt auf 32 u. 37 Frcs. p. 100 Kil. Das Ges. v. 30. Dec. 1873 legte zu allen Zöllen noch einen Zuschlag von 4%. Diese Zölle gingen mit diesem Zuschlage (daher z. B. für Kaffee 156, gebrannt 208) in den neuen allgemeinen Tarif von 1881 bleibend über. Auch die Zuschlagssätze bei der Einfuhr dieser Waaren aus europäischen Ländern (bez. Zwischenhäfen, Entrepôts) wurden in diesem Tarif meist in demselben Betrage wie in dem gen. Ges. von 1871 beibehalten (für Kaffee Ermässigung von 20 auf 10 Frcs. p. 100 Kil., doch unter Wegfall des Extrazuschlags von 4%). Statistik der Zollerträge s. u. §. 323.

b) Die Bezollung der Rohstoffe hat nach verschiedenen Anläufen, einem Lieblingsgedanken von Thiers gemäss, vorübergehend Gesetzeskraft erlangt (Gesetz v. 26. Juli 1872). Aber diese Massregel, schon in kleinerem Umfange, als anfangs geplant war, verwirklicht, musste bald mit Rücksicht auf die Handelsverträge rückgängig gemacht werden (Gesetz v. 25. Juli 1873). Und auch während der kurzen Zeit ihres Bestehens hat sie keine erhebliche practische Bedeutung gewinnen können, da eben ihre Anwendung sich den Vertragsstaaten gegenüber nicht unmittelbar durchsetzen liess und der Verkehr mit anderen Ländern nicht wichtig genug war. So war diese ganze zollpolitische Massnahme ein Schlag ins Wasser.

S. das Zollgesetz v. 1872 z. B. in Dejean's Code p. 221 ff. bis 247, im Preuss. H.-Arch. 1872, dazu Erlasse v. 18. Aug. 1872 betr. den Zeitpunct der Anwendung der specifischen Zollsätze des Ges. v. 1872 auf eine Reihe Artikel. Durch das Ges.

v. 25. Juli 1873 traten einfach die vor dem Ges. v. 26. Juli 1872 bestehenden Zollsätze wieder in Kraft. Ueber die ganze Maassregel und die ungemein lebhaften Debatten im Parlament s. Amé II, ch. 22, bes. p. 262, 273 ff., Mathieu-Bodet II. 66 ff., 113 ff., 235, Amagat p. 359 ff. bis 369. Die Projecte durchliefen selbst verschiedene Phasen, die Opposition im Parlament führte einmal zu einer Präsidentschaftskrisis. Schliesslich drang Thiers mit einem grossen Theil seines Projects durch, aber, wie der weitere Verlauf zeigte, nur pro forma. Das Einzelne ist mit mancherlei verschiedenen politischen, handels- und finanzpolitischen Strömungen und Gegenströmungen durchflochten, bietet ein interessantes Stück neufranzösischer parlamentarischer Geschichte, braucht aber hier nicht weiter verfolgt zu werden. Der Plan als solcher ist indessen doch finanzpolitisch von allgemeinerem Interesse, wesshalb das Bemerkenswertheste darüber hier noch mitgetheilt wird.

Die ganze Maassregel war doch in erster Linie aus einem finanz- oder steuerpolitischen Gesichtspuncte entsprungen, aber handelspolitische Gesichtspuncte spielten bei den Urhebern (Thiers, Pouyer-Quertier) mit. Die Nothwendigkeit der Deckung des ungeheueren Finanzbedarfs war der treibende Factor. Bei der Schwierigkeit dieser Deckung und bei den Verhältnissen der übrigen Steuern galten die Zölle als ein besonders geeignetes Object, höhere Einnahmen zu beschaffen. Die britischen und die nordamerikanischen hohen Zollerträge schienen dafür mit zu sprechen. Die napoleonische Zollpolitik hatte auch das Finanzinteresse nicht genügend wahrgenommen. Unter den Zöllen aber wurden diejenigen auf Rohstoffe, besonders der Textilindustrie, welche seit 1860 zollfrei geworden waren, für ein auch finanzpolitisch vorzügliches Steuerobject gehalten. Eine Besteuerung dieser Stoffe schien in der Finanzlage angemessen, träfe, soweit Ueberwälzung auf die Consumenten stattfände, die Artikel der Bekleidung, der Wohnungsausstattung, der Möbel u. dgl. m., was gegenüber der sonstigen Besteuerung der Nahrungsmittel gerechtfertigt sei; die betreffenden Steuern vertheilten sich auf zahlreiche Contribuenten, die einzeln nur in geringem Maasse belastet würden. Bei der Schwankung der Preise und dem Wechsel der Handelsconjuncturen werde ferner auch ein solcher Zoll vom Zwischenhandel u. A. m. mit getragen werden. Eine derartige „Besteuerung von Industrie und Handel" wurde wohl wegen der durch die übrigen französischen Steuern nicht genügend getroffenen Besteuerung dieses Zweigs der nationalen Arbeit mit befürwortet. Die Erhebung dieser Zölle sei in Verbindung mit der bestehenden Zolleinrichtung einfach und wohlfeil. Die Interessen der inländischen Fabrikation und der Fabrikatenausfuhr sollten und könnten bequem und einfach durch Gewährung entsprechender Rückzölle (Drawbacks) für die ausgeführten, aus bezollten fremden Rohstoffen hergestellten Fabrikate, durch Zulassung der zollfreien Einfuhr der Rohstoffe behufs Verarbeitung und Ausfuhr der Fabrikate (System der sogen. „zeitweiligen Zulassung") und durch angemessene „Zuschlagszölle" für die eingeführten fremden Fabrikate, nach Maassgabe des Zolls für die in ihnen enthaltenen Rohstoffe, genügend wahrgenommen werden, ein Zuschlag, welcher, wenn er so bloss eine Compensation für den Rohstoffzoll sei, den Handelsverträgen nicht widersprechen würde. Man dachte an einen Rohstoffzoll bis zu ca. 20 %, vom Werth, der übrigens regelmässig in Form specifischen Zolls zu erheben wäre, in solcher Höhe für den kleinen Mann unfühlbar, grade für den Reichen aber nach dessen Consumverhältnissen von Webwaaren u. s. w. eine richtige proportionale Steuer darstellen würde (?). Je nachdem erwartete man so 160—170 Mill. Frcs. und mehr aus diesen Zöllen zu erlangen (Regier.-Forderung 1871 170, 1872 165 Mill. Frcs., incl. 10 Mill. Frcs. vom Zuschlag für Fabrikate), wovon die Hälfte auch nach Abzug der Rückzölle als Einnahme verbleiben würde.

Diesen Gründen für die Rohstoffbezollung wurden aber mehr zutreffende Gegengründe gegenübergestellt. Mit Recht wurden practische Bedenken gegen ein abermaliges umfassendes System von Rückzöllen für auszuführende Fabrikate geltend gemacht, ein System, das nicht gleichmässig auf die Betheiligten einwirke und unvermeidlich doch viele Störungen für Industrie und Export durch seine Controleinrichtungen mit sich bringe. Obwohl eine vermehrte „Besteuerung der Industrie und des Handels" als etwas in der bestehenden Finanzlage nicht Ungerechtfertigtes selbst von den Nächstbetroffenen zugegeben wurde, ward doch grade dieser Weg der Rohstoffbesteuerung abgelehnt. Lieber hätte man in den betreffenden Kreisen, welche eine Opferwilligkeit aus patriotischen Gründen zeigen zu sollen glaubten, selbst eine Besteuerung nach den Geschäftsumsätzen (chiffre des affaires) gesehen. Auch von einer allgemeinen inländischen Fabrikatensteuer, von einer abgestuften Stempelabgabe auf Facturen und Quittungen war die Rede.

Der ausschlaggebende Gegengrund war aber ein practischer und opportunistischer: man hielt — und wie sich zeigte mit Recht — dafür, dass die bestehenden Handelsverträge die Durchführung der Rohstoffbezollung mit ihren nothwendigen Consequenzen, namentlich auch mit den Zollzuschlägen für Fabrikate aus den Vertragsstaaten zu den Sätzen des Conventionaltarifs, nicht gestatten und die betreffenden fremden Staaten nicht auf die erforderlichen vertragsmässigen Umänderungen der Handelsverträge und Conventionaltarife oder auf den Abschluss neuer Verträge, welche sich der Rohstoffbezollung anpassten, eingehen würden.

Diese Erwägungen führten zur Verwerfung des ersten bezüglichen Thiers'schen Projects im Januar 1872, in Folge dessen zum Rücktritt von Thiers von der Präsidentschaft. Doch kam es wieder zu einer Versöhnung und einer Vertagung des ganzen Plans. Dem Regierungsproject „10—20% Rohstoffzoll mit Gewährung von Rückzöllen bei Ausfuhr der Fabrikate" hatte die dasselbe verwerfende Budgetcommission ein andres, ähnliches „3% Rohstoffzölle, aber ohne Rückzölle" (doch auch mit Zuschlag auf die eingeführten fremden Fabrikate) gegenübergestellt. Auch dies Project wurde jedoch in der Plenarversammlung selbst fallen gelassen.

Die Finanznoth blieb indessen bestehen und das Zollproject kehrte wieder. Thiers und die Kammer verstanden sich schliesslich zu einem Compromiss: das Ges. v. 26. Juli 1872 führte einen 538 Artikel umfassenden neuen Zolltarif für Rohstoffe und für „Compensationstaxen" auf Fabrikate ein, stellte einen Tarif für Rückzölle bei Fabrikatenausfuhr auf, welcher sich aber in Betreff der Textilindustrie auf Baumwollwaaren beschränkte, ermächtigte den Präsidenten, für jede im Gesetz genannte Waare das Datum der Anwendung des neuen Tarifs zu bestimmen — was für eine Anzahl meist finanziell untergeordneter Waaren durch Decr. v. 18. Aug. 1872 geschah —, verfügte aber ausdrücklich, dass „keine Abgabe auf die für die Industrie erforderlichen Rohstoffe erhoben werden dürfe, bevor die entsprechenden Compensationsabgaben auf die aus den gleichen Stoffen hergestellten fremden Fabrikate in Kraft getreten sein würden" (Art. 7 d. Ges. v. 26. Juli 1872).

Damit war das neue Zollgesetz im Wesentlichen zu einem todten Buchstaben gemacht, weil nun zuvor die Verhandlungen mit den Vertragsstaaten stattfinden und Erfolg haben mussten, welcher jedoch ausblieb. Man hatte den Ertrag dieser neuen Zölle auf 93,847,000 Frcs. veranschlagt, wovon 42,254,000 Frcs. der Annahme nach sofort, 18,431,000 Frcs. nach Ablauf der Verträge mit England und Belgien, 33,162,000 Frcs. nach Ablauf der übrigen Verträge oder nach dem Gelingen entsprechender neuer Verträge flüssig zu machen gewesen wären. (Matthieu-Bodet I, 146.) Allein diese Annahmen waren viel zu optimistisch und beruhten auf der unzutreffenden Voraussetzung, dass man sich bei der Anwendung der neuen Tarife über mancherlei zwar nicht rechtlich zwingende, aber thatsächlich unvermeidliche Rücksichten würde hinwegsetzen können (vgl. Amé II, 295 ff.).

Verhandlungen mit England über die Abänderung einiger Puncte des Handelsvertrags waren seit 1871 geführt worden, hatten aber kein genügendes Ergebniss gehabt, obwohl man französischerseits ausdrücklich betonte, dass es sich nur um die Gewinnung freierer Hand in Betreff der finanziellen Seite der Zölle, nicht um eine Rückkehr zum Schutzzoll handle. Durch den gleichzeitigen Versuch, wieder zu Flaggenzuschlägen zu kommen (s. u.), waren solche Verhandlungen freilich noch erschwert worden. Auch die Ermächtigung der Regierung durch ein besonderes Gesetz, zur Kündigung der Handelsverträge mit Grossbritannien und Belgien zu schreiten, weil man „ohne zu dem ökonomischen Régime von 1860 zurückzukehren, in der gegenwärtigen Lage des Landes die Zolltarife revidiren" müsse (Ges. v. 2. Febr. 1872), und die darauf wirklich erfolgte Kündigung dieser Verträge (15. und 18. März 1872) führten nicht zum Ziele. Neu abgeschlossene Verträge befriedigten nicht. Die theilweise Anwendung der Rohstoffzölle nach dem Decr. v. 18. Aug. 1872 fand bei den Industriellen viel Opposition und unterlag selbst dem Vorwurf der Ungesetzlichkeit, weil sie im Widerspruch mit dem obengen. Art. 7 des Ges. v. 1872 stände. Der Zollertrag des lezteren wurde so auf 1.8 Mill. Frcs. beschränkt. Dies geringfügige finanzielle Resultat und die Ueberzeugung von der Undurchführbarkeit des Gesetzes führten dann, nach Thiers' definitivem Sturze, zur einfachen Aufhebung des ganzen Gesetzes (Ges. v. 25. Juli 1873).

§. 320. c) **Schifffahrtsgesetzgebung und Quai-Abgabe.** Die hier getroffenen Massregeln hatten eine ausgeprägtere protectionistische Tendenz als die soeben besprochenen, besonders zu Gunsten des inländischen Schiffbaues und der französischen Flagge, in scharfer Reaction gegen das liberale Gesetz über die Handelsmarine von 1866 (S. 815).

Das Gesetz v. 30. Jan. 1872 führte wieder Zollzuschläge für Waaren ein, welche unter fremder Flagge (ausser aus den französischen Colonieen) importirt werden, machte den Zollzuschlag für aussereuropäische Waaren bei der Einfuhr aus europäischen Zwischenhäfen (Entrepôts) allgemein, erhöhte im Interesse des heimischen Schiffbaues die Zölle bei der Einführung, bez. Französirung fremder Seeschiffe gegen den Satz des Gesetzes von 1866 sehr bedeutend und errichtete wieder ein allgemeines Tonnengeld, „für die Kosten des Quais" — daher „Quai-Abgabe" genannt — für Schiffe jeder Flagge, auch der französischen, welche aus dem Ausland oder aus französischen Besitzungen und Colonieen in französischen Häfen anlangen.

Die Flaggenzuschläge waren für 100 Kil. bei Einfuhren aus Europa und Mittelmeergebiet ³/₄, von Aussereuropa diesseit Cap Horn und Cap der guten Hoffnung 1¹/₄, von jenseit dieser Caps 2 Frcs. p. Tonne, sollten also besonders die „lange" Fahrt unter französischer Flagge begünstigen. Bloss Guano war von diesen Zuschlägen frei. Der neue Zuschlag für Einfuhren aus Entrepôts war 3 Frcs., abgesehen von den Fällen, wo schon höhere derartige Zuschläge bestanden. Beiderlei Zuschläge galten auch für die Einfuhr in Algier. Der Zoll für die Französirung fremder Seeschiffe (ausser der eigentlichen Abgabe, s. u. §. 327), nach dem Conventionaltarif mit Oesterreich nur 2 Frcs. p. Tonne, wurde jetzt auf 40, 50 und 60 Frcs. p. Tonne für ausgerüstete Segelschiffe erhöht, je nachdem sie aus Holz, aus Holz und Eisen, oder ganz aus Eisen, wozu bei Dampfschiffen noch der Zoll für die Maschine kam. Der Zoll für Schiffskörper war 30, 40 und 50 Frcs. Zugleich wurde die im Ges. v. 19. Mai 1866 gewährte Zollfreiheit für Schiffbaumaterialien beseitigt. Die „Quai-Abgabe" endlich wurde auf ¹/₂ Frc. p. Tonne des Gehalts für Ankünfte aus Europa und Mittelmeerbecken, auf 1 Frc. für andere Ankünfte gestellt.

Die letztere Massregel war lediglich finanzieller Art und konnte, da sie auch die französische Flagge traf, unbeschadet der aus den Handelsverträgen hervorgehenden Verpflichtungen sofort ernstlich durchgeführt werden. Sie entsprach einem ausdrücklichen Vorbehalt in diesen Verträgen (britischer Vertrag von 1860, Art. 10, o. S. 812). Der wichtigste protectionistische Punct, die Auflegung von Flaggenzuschlägen bei der Einfuhr, liess sich dagegen nicht durchführen. Denn hier hinderte der Vertrag vom 11. Dec. 1866 mit Oesterreich, dessen Bestimmungen den anderen Vertragsstaaten nach der Meistbegünstigungsclausel zu Gute kamen, und Oesterreich weigerte sich, auf diese Rechte zu verzichten (S. 813). Auch die höheren Zölle für die Franzisirung fremder Schiffe standen mit dem österreichischen Vertrage in Widerspruch. So war man genöthigt, auf die Durchführung dieser Puncte, wenigstens bis auf Weiteres, zu verzichten, und hob speciell durch das Gesetz v. 28. Juli 1873 die Flaggenzuschläge allgemein wieder auf, zu derselben Zeit, als das Gesetz über die Rohstoffzölle wieder hatte zurückgenommen werden müssen. Es verblieben nur die neuen Zollzuschläge für die Einfuhren aussereuropäischer Waaren aus europäischen Häfen und die Quai-Abgabe, welche letztere einige finanzielle Bedeutung, $7^{1}/_{2}$ Mill. Frcs. Ertrag, gewann.

Das spätere Gesetz über die Handelsmarine v. 29. Jan. 1881 kam auch auf die Flaggenzuschläge und auf die höheren Zölle für die Franzisirung fremder Schiffe nicht zurück. Aber es suchte Schiffbau und Rhederei auf directe Weise zu begünstigen. Es gewährte nemlich an Stelle der Zollfreiheit für Schiffbaumaterialien, unter dem Titel einer „Ausgleichung der Belastungen, welche der Zolltarif den Erbauern von Seeschiffen auferlege", erhebliche Schiffbau-Prämien und ausserdem französischen Segel- und Dampfschiffen „in langer Fahrt" unter dem Titel einer „Ausgleichung der Belastungen, welche der Handelsmarine durch die Recrutirung und den Dienst in der Kriegsmarine aufgelegt seien" zunächst für 10 Jahre jährliche Schifffahrtsprämien. Die allgemeinen und speciellen Zollzuschläge für die „indirecte" Einfuhr aussereuropäischer Waaren aus europäischen „Entrepôts" behielt das Zollsystem von 1881 bei und regelte ihre Sätze von Neuem, den allgemeinen Satz etwas erhöhend, die speciellen Sätze theils erhöhend, theils ermässigend, mehrfach nur mittelst Abrundung der Beträge. Ausserdem ist auch eine Reihe von europäischen Waaren bei indirecter Einfuhr, d. h. nicht aus dem Productionslande unmittelbar, Zollzuschlägen unterworfen.

Die Schiffbauprämien sind für den Bruttogehalt bei Schiffen aus Eisen und Stahl 60, aus Holz bis zur Grösse von 200 Tonnen 10, bei grösseren Schiffen 20, bei „gemischten" Schiffen (aus Eisen und Holz) 40 Frcs p. Tonne, für die Schiffsmaschinen und zugehörige Apparate ausserdem 12 Frcs. p. 100 Kil. (Ges. v. 1881, Art. 4). Die Schifffahrtsprämien betragen bei Schiffen französischen Baues im ersten Jahre für jede Nettotonne und je 1000 durchlaufene Meilen $1^{1}/_{2}$ Frcs. und nehmen jährlich um 0.075 Frc. bei hölzernen und gemischten, um 0.05 Frc. bei eisernen Schiffen ab.

Bei Schiffen fremden Baues unter französischer Flagge ist die Prämie halb so hoch. Bei Dampfschiffen, welche nach vorher von der Marineverwaltung gebilligten Plänen gebaut sind, erhöht sie sich um 15%. (Ges. v. 1881, Art. 9). Ausgenommen von dieser Prämie sind die für kleine und grosse Fischerei bestimmten Schiffe und Schiffe von Subvention. Linien sowie für Vergnügungszwecke. Schiffe, welche Schifffahrtsprämien geniessen, müssen die Postcorrespondenz unentgeltlich befördern, auch können sie (bez. alle Handelsschiffe?) im Kriege requirirt werden (Art. 10, 9). Siehe auch Decr. v. 17. Aug. 1881. Statistisches über diese Prämien im Bull. XV, 180. Bis Ende 1883 betrugen die liquidirten Schiffbauprämien 16,696,000 Frcs.

Die Tarife für die Zuschlagzölle bei indirecter Einfuhr bilden die Tab. C u. D des Zollgesetzes von 1881. Eine bedeutendere Höhe haben diese Zuschläge bes. bei aussereuropäischen Colonialwaaren aus europäischen Häfen (S. 819), doch auch, z. Th. in Folge Erhöhung gegen früher, im Tarif v. 1881, bei einigen andern, z. B. Seidengeweben, chin. und japan. Porcellan, Bronzen, Möbeln. Speciell sind hier 37 aussereuropäische Waaren genannt, wovon fünf zuschlagfrei. Der allgemeine Zuschlag für „alle anderen" solcher Waaren ist 3.60 Frcs. p. 100 Kil., früher war er 3.12; im Conventionaltarif haben einige davon mässigere Sätze. Der Tarif D für die indirecte Einfuhr europäischer Waaren umfasst 26 Posten, wovon zwei frei: meist gewisse Rohstoffe. Der Zuschlag ist zwischen $^3/_4$ und 5 Frcs., meist 2—3 Frcs. f. 100 Kil. Die übrigen nicht genannten Waaren europäischen Ursprungs unterliegen keinem solchen Zuschlag. In der Regel gilt für aussereuropäische und für europäische Waaren dieser Zuschlag bei indirecter Einfuhr nach dem allgemeinen Tarif ebenso gegenüber den Vertragsstaaten, da die Handelsverträge meist nichts Anderes oder Ungünstigeres bestimmt haben. (S. die Noten im Bull. IX, p. 516—518 zu den Tabellen C u. D des Tarifs v. 1881.)

Durch ein Ges. v. 2. Apr. 1889 ist die Schifffahrt zwischen **Frankreich u. Algier** wieder ausschliesslich der **französischen Flagge vorbehalten** worden.

d) Ausfuhrzoll-Project. Statistische Abgabe. In Verfolgung ihrer handels- und zollpolitischen Gesichtspuncte und Ziele hat die Thiers'sche Regierung unmittelbar nach dem Kriege auch daran gedacht, durch Ausfuhrzölle wieder grössere Summen für den Staatsschatz flüssig zu machen, auch hierin gegen die Politik des kaiserlichen Regiments reagirend. Man dachte an einen Ertrag von 15 Mill. Frcs. aus einem kleinen allgemeinen Ausfuhrzoll (1% vom Werth) und aus höheren Ausfuhrzöllen für einige französische Stapelartikel, besonders Weine und Branntweine. „Die ersteren würden leicht vom Handel mitgetragen, die letzteren vermeintlich auf den fremden Bezieher oder Consumenten überwälzt werden können." Indessen war dies bei der Natur der französischen Waaren und bei der Concurrenz mit anderen Productionsländern doch zweifelhaft. Jedenfalls opponirten die französischen Exportinteressenten, das Project fiel (1871). So verblieb es bei dem bestehenden System, das die Ausfuhr zollfrei liess, von Papierfabrikationsmaterialien (Lumpen u. dgl.) abgesehen (S. 816). Im Zolltarif von 1881 sind dann auch diese letzten Ausfuhrzölle fortgefallen.

Das Project von 1871 wollte Wein im Fass mit 1 Frc. p. Hectoliter, in Flaschen mit 5 Cent. p. Flasche, Champagner mit 20 Cent, belegen, Branntwein mit 2 Frcs. p. Hect. im Fass, 20 Cent. p. Flasche, Liköre 25 Cent. p. Flasche, ausserdem Eier

Tafelfrüchte, Oelkuchen, Hunde starker Race. Alle anderen nicht benannten Waaren, die keinen Ruckzoll genossen, 1% vom Werth (nach dem Werth in der Handelsstatistik, vorbehaltlich der Umwandlung in specifische Sätze durch Decrete). (S. Amé II, 266, Amagat p. 373 ff., Mathieu-Bodet I, 35). — „Hunde starker Race, bei Ausfuhr über die Landgrenze" hatten schon bisher einen Ausfuhrzoll (zuletzt 6.25 Frcs. p. Stück im allgemeinen, 6 Frcs. im Conv.-Tarif) entrichtet. Im Tarif von 1881 ist an Stelle dieses Ausfuhrzolls das Ausfuhrverbot getreten (Zusammenhang auch mit zolltechnischen Momenten, da solche Hunde gern zum Schmuggel benutzt werden). Dies Verbot ist in normalen Zeiten jetzt ausser dem bestehengebliebenen der Ausfuhr von Nachdrucken das einzige noch geltende des französischen Zollrechts. — Der Ertrag der Ausfuhrzölle war zwischen 1870—80 226—517,000, meist 250—400,000 Frcs. jährlich.

Als eine Art Ersatz des fallengelassenen Projects des Ausfuhrzolls wurde dagegen, ausschliesslich aus **finanzpolitischen** Erwägungen, unter der Motivirung einer „Deckung der Kosten der Handelsstatistik" eine eigene kleine **statistische Abgabe** (droit de statistique commerciale) auf alle **ein- und ausgeführten** Waaren gelegt (Gesetz v. 22. Jan. 1872, Art. 3). Der weitere, übrigens anfechtbare Gedanke, dass gerade die Kaufleute an dieser Handelsstatistik ein besonderes Interesse hätten, spielte dabei mit. Richtiger ist die Begründung einer solchen Abgabe mit dem Interesse der Handelsstatistik selbst, da die Pflicht der Abgabezahlung als solche zur Beschaffung besseren Urmaterials mit die Handhabe giebt. Die Abgabe bringt immerhin $6^{3}/_{4}$ Mill. Frcs. ein und somit wohl sicher mehr als die Kosten jener Statistik betragen.

Der Satz ist 10 Cent. für jedes selbständige Stück (in Colli, Fass, Kiste, Sack, andrer zusammenfassender Verpackung) oder 10 Cent. für 1000 Kil. oder für 1 Cubikmeter der entsprechenden Massenwaaren, auch 10 Cent. p. Stück Vieh, ohne Zuschlagcentimen, einerlei welches die Herkunft oder Bestimmung. Die Abgabe traf also auch den Verkehr mit den Vertragsstaaten und hat sich hier durchsetzen lassen, obwohl principiell ein Widerspruch möglich war, der bei der Kleinheit der Abgabe aber in den meisten Fällen kein erhebliches practisches Interesse hatte. Der Ertrag war schon 1872 5.67 Mill. Frcs. und stieg dann allmälig, fast ununterbrochen, bis auf 6.80 in 1883, 6.72 Mill. in 1887.

§. 321. c) **Der Zolltarif von 1881 und neue Handelsverträge.** Nach dem misslungenen Zollreform-Versuch von 1872 verblieb es im ersten Jahrzehnt nach dem Kriege im Wesentlichen bei den früheren allgemeinen und bei den Conventionaltarifen, von der Erhöhung der Finanzzölle (§. 319) und der neuen allgemeinen Zollerhöhung von 4% durch Gesetz v. 30. Dec. 1873 abgesehen, welche letztere aber auf die in den Vertragstarifen aufgezählten Waaren nicht anwendbar war. Mittlerweile liefen die bestehenden Handelsverträge ab oder konnten gekündigt werden, so dass von Anfang 1879 an freie Hand für den Abschluss neuer Verträge und für grössere und practisch allgemein durchführbare Tarifreformen erlangt wurde.

Man benutzte diese Zeit für die Vorbereitung eines umfassenden neuen Zolltarifsystems, auch mittelst einer neuen Enquête über die wirthschaftlichen Bedingungen und Grundlagen des Tarifs. Im Gesetz v. 7. Mai 1881 wurde darauf ein neuer **allgemeiner Zolltarif für Ein- und Ausfuhr** (Tabelle A und B) gegeben, welchem in besonderen Tabellen (C und D) die bereits besprochenen **Zuschlagzölle** bei der indirecten Einfuhr aussereuropäischer und europäischer Artikel und in einer weiteren Tabelle (E) die Zölle und Zollbefreiungen von Erzeugnissen französischer Colonieen und Besitzungen bei der Einfuhr in Frankreich beigefügt wurden.

Inzwischen wurden die abgelaufenen Handelsverträge auf kurze Fristen mehrmals verlängert und Vorbereitungen für den Abschluss neuer Handelsverträge mit den meisten bisherigen Vertragsstaaten getroffen. Daraus gingen in den Jahren 1881—82 neue Handelsverträge mit **Belgien, Italien, Portugal, Schweden und Norwegen, Spanien und der Schweiz** (S. 788) hervor, in denen Tarifstipulationen enthalten waren. Aus der Vereinigung der letzteren bildete sich ein neuer **Conventionaltarif**, welcher ausser für die genannten dann auch für andere Staaten nach der Meistbegünstigungsclausel in Kraft trat, nemlich durch einen neuen Handelsvertrag mit blosser Meistbegünstigungsclausel für **Oesterreich-Ungarn** (18. Febr. 1884) und **Grossbritannien** (28. Febr. 1882), ferner für das **Deutsche Reich** auf Grund des Frankfurter Friedensvertrags (S. 787). Ausserdem galt dieser Conventionaltarif nach älteren Verträgen für die **übrigen europäischen Staaten**, d. h. für alle ausser **Dänemark, Griechenland und die Niederlande**. Die letzteren haben später aber noch einen eigenen Handelsvertrag mit einem Specialtarif für wenige Waaren mit Frankreich, im Uebrigen auf der Basis der Behandlung nach dem Fusse der meistbegünstigten Nation, abgeschlossen (19. Apr. 1884). Mit **aussereuropäischen Staaten** hat Frankreich keine Tarifverträge.

<small>In der deutschen amtlichen Ausgabe der Zolltarife (Suppl.-Band zum Deutschen Handelsarch. 1884) sind bei den einzelnen Positionen in dem französischen Vertragstarif die einzelnen Vertragsstaaten genannt, denen die „Tarifconcession" vertragsmässig gemacht ist. — ein für Deutschland wichtiger Punct (S. 787). Die neuen Handelsverträge u. A. auch in der Fortsetzung von Martens' Recueil de traités, par J. Hopf, bes. Série II, vol. 8 u. 9.</small>

So wurde im Ganzen principiell an dem „napoleonischen System der Handelsverträge" auch später nicht viel geändert. Der neue allgemeine Tarif gilt wie der alte für den Handelsverkehr mit Staaten, mit denen keine Verträge bestehen, bezw. für die Einfuhr von Erzeugnissen dieser Länder, sodann für die im Conventionaltarif nicht vorkommenden Waaren. Practisch ist der Unterschied von früher indessen etwas grösser, aber auch nicht eben sehr bedeutend, was für die Bewährung des Vertragssystems spricht.

<small>Der neue Conventionaltarif umfasst nicht so viele Waaren als der alte, so dass der allgemeine Tarif wieder zu weiterer Anwendung gelangt, auch gegenüber den Vertrags- und den ihnen gleichgestellten Staaten. Indessen sind mehrfach da, wo besondere Vertragszölle fortbelen, die Sätze des allgemeinen Tarifs auf die des früheren Conventionaltarifs herabgesetzt. Bisweilen haben auch finanzielle Rücksichten die Nichtaufnahme von früheren Conventionaltarifposten in den neuen Conventionaltarif veranlasst.</small>

Im Ganzen ist in dem neuen Tarifsystem das Finanzinteresse an höheren Zöllen in geeigneten Fällen mehr berücksichtigt worden, so im allgemeinen Tarif, besonders bei den Colonialwaaren, wo die Erhöhungen des J. 1871 im Wesentlichen verblieben sind (S. 821), aber auch sonst mehrfach in diesem Tarif und mitunter auch im Conventionaltarif.

<small>S. die Vergleichung der einzelnen Sätze der alten und neuen allgemeinen und Conventionaltarife in Bull. IX, 459 ff. und XI, 503 ff. Beispiele: die neuen wieder etwas höheren Vieh- und Fleischzölle (s §. 322), welche jetzt auch für die Vertragsstaaten gelten, die Zölle auf Eier, Butter; die Erhöhung des Branntweinzolls im Conventionaltarif durch Gleichstellung mit dem doppelt so hohen Satze im allgemeinen Tarif. Der finanziell wichtige Steinkohlenzoll ist im allgemeinen Tarif auf den Satz des Conventionaltarifs (12 Cent. p. 1000 Kil.) reducirt.</small>

In handelspolitischer Hinsicht ist der neue allgemeine Tarif gegen den früheren ziemlich durchweg zu einem rationellen Schutzzolltarif ohne Prohibitionen und mit mässigeren, wenn auch nicht niedrigen Zollsätzen umgebildet worden.

<small>Bei den Zöllen auf Halbfabrikate und Fabrikate geschah das gewöhnlich in der Weise, dass die Sätze des alten Conventionaltarifs mit geringen Veränderungen in den neuen allgemeinen Tarif übergingen. Das Tarifsystem der napoleonischen Verträge hat auch dadurch eine bemerkenswerthe Anerkennung gefunden. Die Rohstoffe sind zollfrei geblieben, Stoffe in den ersten Verarbeitungsstufen es mehrfach geworden oder mit mässigen Zöllen belegt. Die — besonders bei Baumwoll- und Wollgarnen und Geweben, einigen Metallwaaren, chemischen Producten u. a. m. — noch verbliebenen, wenn auch durch den Conventionaltarif gegenüber den meisten Industriestaaten grösstentheils unpractisch gewordenen Einfuhrverbote des alten allgemeinen Tarifs sind jetzt auch im allgemeinen Tarif fast durchaus beseitigt und durch specifische Einfuhrzölle ersetzt, hie und da ist die Einfuhr selbst zollfrei geworden (Beispiele in der Kategorie der chemischen Producte). Einfuhrverbote bestehen für gewöhnlich nur noch für die Monopolartikel, für Spielkarten, Kriegswaffen und gewisse Geschosse, Kupfermünzen ausser Cours. An die Stelle von Werthzöllen, wo sie hie und da im allgemeinen Tarif noch vorkamen, z. B. bei Möbeln und Holzwaaren, sind specifische getreten.</small>

Man kann diese Aenderungen alle nur als zweckmässige und richtige bezeichnen, wenn man sich einmal auf den auch der neuen

Tarifbildung zu Grunde liegenden principiellen handelspolitischen Gesichtspunct „gemässigten Schutzzolls" stellt. Auch das Finanzinteresse möchte im Ganzen dabei gut gefahren sein, jedenfalls besser als bei dem früheren allgemeinen Tarif, wennschon vom finanziellen Standpunct aus eine weitere Ermässigung der vielfach immer noch, besonders bei feineren Qualitäten der Fabrikate, recht hohen Schutzzölle auch des neuen allgemeinen Tarifs zu wünschen gewesen wäre.

Ein sehr umfassendes und ins Specielle gehendes, zahlreiche Zollposten und einzelne Positionen enthaltendes Actenstück ist freilich auch der neue allgemeine Tarif geblieben. Er zählt bei der Einfuhr immer noch 579 Nummern, darunter allerdings zahlreiche Artikel als „zollfrei" mit gerechnet, aber anderseits bei vielen Nummern mit mehreren, besonders bei Gespinnsten und Geweben mit sehr vielen Positionen. Der Unterschied mit dem heutigen britischen Tarif ist auch in dieser Hinsicht ausserordentlich gross geblieben.

<small>Die ungemein weitgehende Qualitätsspecialisirung der specifischen Zölle des alten Conventionaltarifs bei Gespinnsten und Geweben ist in den neuen allgemeinen Tarif übergegangen. Mehrfach sind dabei die Sätze des Conventionaltarifs ein wenig umgeändert, öfters etwas erhöht worden, namentlich bei den feinsten Qualitäten. Dies entspricht aber dem leitenden Gesichtspunct des französischen Tarifsystems. Schwierigkeiten bei der practischen Anwendung eines solchen Tarifs im Zolldienst sind dabei freilich unvermeidlich.</small>

Der neue Conventionaltarif unterscheidet sich von dem alten Conventionaltarif und folglich auch von dem neuen allgemeinen Tarif viel weniger als letzterer von dem alten allgemeinen, besonders in Betreff der Höhe der Sätze.

<small>Bei den vornemlich in Betracht kommenden Zöllen für Halb- und Ganzfabrikate, besonders in der Textilbranche, sind die Sätze des früheren Tarifs meist unverändert beibehalten oder haben nur kleine Veränderungen erfahren, letzteren Falls regelmässig kleine Ermässigungen. Doch fehlen auch Erhöhungen im neuen gegen den alten Conventionaltarif nicht ganz, z. B. bei gewissen feineren Baumwollgeweben und Baumwollsammet. Mitunter ist selbst an Stelle der Zollfreiheit im früheren ein nicht unbedeutender Zoll im neuen Conventionaltarif getreten, so bei Farbstoffen aus Steinkohlentheer.</small>

Das Wichtigste war auch hier die Umwandlung der früheren noch mehrfach verbliebenen Werthzölle in zum Theil allerdings ziemlich hohe specifische Zölle, welche jedoch hinter den Sätzen des neuen allgemeinen Tarifs mehrfach erheblich zurückbleiben, mitunter diesen aber auch nur gleichstehen.

<small>Leinwand, feinere Baumwoll-, Wollgewebe, einige Lederwaaren, Möbel und andere Holzwaaren, musikalische Instrumente u. a. m.</small>

Auf diese Weise herrscht in dem neuen Tarifsystem, **principiell und rechtlich betrachtet, eine erheblich grössere Gleichmässigkeit** in den Zöllen für die Einfuhr von Waaren aus den begünstigten und aus den übrigen Ländern als in dem 1860 begründeten. Daher ist das Interesse, an der Begünstigung Theil zu nehmen, ein weniger starkes als früher geworden. **Practisch** genommen hat sich dagegen nicht so viel verändert, weil eben für die Einfuhr von Halb- und Ganzfabrikaten auch schon vordem fast nur die durch Handelsverträge begünstigten Länder bedeutenderer industrieller Entwicklung in Betracht gekommen sind. Berücksichtigt man das, so ergiebt sich, dass der Fortschritt zu mässigeren Schutzzöllen nach den vornemlich massgebenden Conventionaltarifen bemessen in der Periode nach 1881 verglichen mit derjenigen nach 1860 nicht gerade bedeutend war, aber dass doch ein **Fortschritt** in dieser Richtung, **kein Rückschritt** zu schärferem Schutzzoll erfolgt ist. Der grosse Fortschritt, welcher durch das Handelsvertragssystem im J. 1860 gegen das bis dahin geltende Tarifsystem gemacht ist, wurde also erhalten und etwas weiter geführt, — trotz der politischen Wendung, welche die Jahre 1870—71 brachten. Indem der alte Conventionaltarif aber sogar die Grundlage des neuen allgemeinen bei Halb- und Ganzfabrikaten wurde, ist eben nunmehr das 1860 inaugurirte „liberalere" handelspolitische System aus einer, wenn auch weit umfassenden Ausnahme zur generellen Regel für den gesammten Einfuhrhandel geworden. Die vielfach so scharf angegriffene Handelspolitik Napoleon's III. hat so in der That eine bemerkenswerthe Genugthuung durch die geschichtliche Entwicklung erfahren. Der Fehler einer zu geringen Beachtung der finanziellen Interessen beim Zollwesen hat aber zugleich seine, nicht schwierige, Berichtigung gefunden.

<small>Der Zucker ist neuerlich unter den Normen der allgemeinen Zuckersteuer-Gesetzgebung (§. 267) geblieben. Der neue Conventionaltarif gewährt nur bei raffinirtem und ihm gleichgestellten rohen Zucker eine Ermässigung (zunächst an Belgien) von $4^{1}/_{2}$ u. $5^{1}/_{4}$ Frcs. gegen den allgemeinen Tarif v. 1881, (48 u. 51 gegen $50^{1}/_{2}$ u. $56^{1}/_{2}$ Frcs.). — Ein paar Tarifänderungen gegen die Sätze des allgemeinen Tarifs v. 1881 brachte für wenige Artikel (u. a. Salz) das Ges. v. 5. April 1884, auch das v. 19. Apr. 1889.</small>

§. 322. f) **Neue agrarische Schutzzölle**. Von allgemeinerer handels- und zollpolitischer, sowie nach dem Erfolg, wenngleich nicht nach dem eigentlichen Zweck, auch von finanzieller Bedeutung ist dann seit dem Erlass des neuen Tarifs nur die **Rückkehr zu höheren agrarischen Schutzzöllen** für

Getreide und Vieh im J. 1885 geworden. Die Gründe dafür liegen in dem bekannten Preisdruck, welchen die west- und mitteleuropäischen Agrarproducte durch die vermehrte Concurrenz überseeischer, namentlich nordamerikanischer, indischer und osteuropäischer, besonders russischer Producte in neuester Zeit erfahren haben. Auf die schwierige Frage, ob zu diesem Behufe neue oder erhöhte Schutzzölle in Frankreich wie anderswo, speciell in Deutschland, berechtigt waren und auf die ebenfalls schwierige Frage nach den Wirkungen dieser Zölle kann hier nicht näher eingegangen werden. Genug, dass die genannten Zölle wieder ein wichtiger und auch finanziell bedeutsamer Theil des bestehenden französischen Zollwesens geworden sind. Beachtenswerth ist dabei, dass die neuen Getreidezölle nur als höhere feste Zölle, wie seit 1861, nicht nach dem früheren System problematischen Werths, demjenigen der „gleitenden Scala", festgesetzt worden sind.

Die Zölle des allgemeinen Tarifs v. 1881 waren für Getreide fast dieselben wie die vorher bestehenden, für Vieh, bes. Ochsen, schon etwas erhöht, aber doch noch wesentlich nur Finanzzölle. Im alten und neuen Conventionaltarif fast durchweg dieselben Sätze wie im allgemeinen Tarif. Durch die Gesetze vom 28. März 1885 und 29. März und 5. April 1887 sind dagegen wesentlich höhere Zölle, der Absicht nach agrarische Schutzzölle, wenn auch von fraglicher Wirkung in dieser Hinsicht eingetreten. Neue Erhöhungen sind geplant (1888 u. 1889, s. u.). Die Tarife veränderten sich folgendermassen:

	Allgemeiner Tarif alter Frcs.	v. 1881 Frcs.	Ges. v. 1885 Frcs.		Ges. v. 1887 Frcs.
p. 100 Kil.:					
Weizen u. s. w. Körner	0.62	0.60	3.00	6.60	5.00
„ „ „ Mehl	1.25	1.20	6.00	9.50	8.00
Anderes Getreide, Körner	Frei	Frei	1.50	5.10	3.00
„ „ Mehl	Frei	Frei	Frei	Frei	Unveränd.
Malz	Frei	Frei	1.90	5.50	Unveränd.
Schiffsbrot	1.25	1.20	5.50		8.00
Grütze, Graupen u. dgl.	1.25	1.20	5.50		8.00
Nudeln	6.24	6.00	Unveränd.		8.00
Sago u. dgl.	1.25	6.00	Unveränd.		8.00
p. Stück:					
Ochsen	3.74	15.00	25.00		38.00
Kühe	1.25	8.00	12.00		20.00
Stiere	3.74	8.00	12.00		Unveränd.
Junge Ochsen u. dgl.	1.25	3.00	8.00		Unveränd.
Kälber	0.31	1.50	4.00		8.00
Widder, Schafe u. s. w.	0.31	2.00	3.00		5.00
Lämmer	0.12	0.50	1.00		Unveränd.
Böcke, Ziegen, Zicklein	Frei	0.50	1.00		Unveränd.
Schweine	0.31	3.00	6.00		Unveränd.
Spanferkel	0.12	0.50	1.00		Unveränd.
p. 100 Kil.:					
Frisches Schlachtfleisch	0.62	3.00	7.00		12.00
Gesalzenes Fleisch	4.62	4.50	8.50		Unveränd.

Der Zoll für Weizen gilt auch für Spelz und Mischkorn. „Anderes" Getreide umfasst Roggen, Gerste, Hafer, Mais, Buchweizen. Die Erhöhung des Zolls gilt aber im Ges. v. 1885 nur für Roggen, Gerste und Hafer und die weitere im Ges. v. 1887 nur für Hafer. Von den im Ges. v. 1885 unterschiedenen 2 Zöllen gilt der erste, niedrigere, für europäisches und direct von Aussereuropa eingeführtes, der zweite, höhere, für aussereuropäisches aus europäischen Zwischenhäfen eingeführtes Product. Jüngst ist durch Ges. v. 16. Apr. 1889 auch der Zoll für Roggen weiter erhöht: auf 3 u. 6.60 Frcs. (nach dem gen. Herkunftsunterschied) u. für Mehl auf 5 u. 8.60 Frcs. — Für Getreide und übrige eingeführte Producte gilt bei der Einfuhr aus den Vertrags- und begünstigten Staaten der allgemeine Tarif, bis auf Nudeln, wo Italien den halben Zoll (3 Frcs.) im Conventionaltarif hat, was aber zeitweilig durch den Handelskrieg zwischen Frankreich und Italien suspendirt ist. Bei Vieh besteht nur für Spanferkel unter 8 Kil. Gewicht Zollfreiheit im Conventionaltarif (Belgien), die Erhöhung des Zolls in 1885 bezieht sich nur auf schwerere Ferkel. Für sonstiges Vieh kommt auch gegen die Vertragsstaaten der allgemeine Tarif zur Anwendung. Für frisches und gesalzenes Fleisch ist im Conventionaltarif gegenüber mehreren Staaten der allgemeine Tarifsatz besonders aufgenommen, so dass die Zollerhöhung gegenüber den begünstigten Staaten nicht Platz greift. Eine amtliche Uebersicht der französischen Getreidezoll-Gesetzgebung und der Zollerträge von 1791—1885 im Bull. XIX, 413.

Die Zollerträgnisse zeigen bei Getreide deutlich den Einfluss dieser Zollerhöhungen, bei Vieh kaum.

§. 323. g) **Finanzielle Ergebnisse des Zollwesens seit dem Kriege.** Wie die folgende Uebersicht des Näheren zeigt, sind diese sehr günstige gewesen, so dass die Zollerträge in dieser neuesten Periode absolut und relativ viel bedeutender für die Finanzen ins Gewicht fallen als in einer der früheren Epochen. Der bei Weitem grösste Theil der vermehrten Einkünfte kommt natürlich auf die **Einfuhrzölle**, aber auch die statistische Abgabe und das neue Tonnengeld (Quai-Abgabe) haben zu dem günstigen Resultat beigetragen. Dasselbe ist ausserdem durch das relativ gegen dasjenige der Roherträge viel geringere Anwachsen der Verwaltungskosten, die Geringfügigkeit der noch bezahlten eigentlichen Ausfuhrprämien und den Fortfall der Disconten bei Baarzahlungen der Zölle und der Salzsteuer (seit 1875) für den **Reinertrag** der Zollverwaltung noch weiter verbessert worden. An der Steigerung des Ertrags der Einfuhrzölle sind die im Zollsatz so stark erhöhten eigentlichen Finanzzoll-Artikel, besonders der **Kaffee**, dieser jetzt mit 100 Mill. Ertrag, das **Petroleum** zumeist betheiligt, aber auch andere Artikel, vornemlich die **Cerealien** und unter den neueren Verhältnissen des französischen Weinbaues (S. 654) der **Wein**, haben zu der Steigerung, besonders in den letzten Jahren, wesentlich beigetragen.

Somit hat sich die aus zwingenden **finanziellen** Gründen eingeschlagene Handels- und Zollpolitik und das Maasshalten in der Schutzzollpolitik finanziell gut bewährt.

Die folgende Uebersicht schliesst sich den früheren, namentlich der auf S. 816 aus der letzten Periode an. Das für die früheren benutzte Tabl. génér. geht nur bis 1872. Die Daten für die folgenden Jahre sind den Tabellen von **Faure** p. 100 ff., 195, 198 und den Zusammenstellungen der Zollerträge im amtl. Tabl. de commerce und darnach im Bull. (XXV. 428 zuletzt, f. 1887, und frühere Bände) entnommen und möglichst so, wie die früheren, gruppirt worden. Eine Uebersicht der Roheinnahmen (incl. Salz) und Kosten v. 1791—1885 im Bull. XXI, 488 (s. o. S. 610), in einigen Zahlen etwas abweichend vom Tabl. génér.

Einnahme Mill. Frcs.	Einfuhrzölle Allgem.	Einfuhrzölle Zucker	Zus.	Ausf.-Zölle	Schiff.-Abg.	Statist. Abg.	Verschied.	Summe	Salzst.
1869	71.64	48.64	120.28	0.16	0.31	—	1.58	122.31	22.38
1870	79.71	45.50	135.21	0.26	0.25	—	1.39	127.10	23.70
1871	104.22	51.62	155.84	0.38	0.26	—	1.52	158.00	24.09
1872	98.15	47.62	145.77	0.47	3.61	5.67	2.58	158.10	23.47
1873	148.76	69.36	218.12	0.34	4.42	5.50	3.56	231.94	25.92
1880	243.67	87.53	331.20	0.52	7.23	6.50	3.72	349.18	18.27
1881	266.72	60.64	327.36	0.10	7.67	6.58	3.74	345.45	19.67
1885	267.91	100.69	368.60	—	7.35	6.45	3.79	386.19	23.33
1887	295.72	38.80	334.52	—	8.18	6.72	5.16	354.58	21.99

Ausgabe Mill. Frcs.	Regiekosten	Non-valeurs Ausf.-Präm.	Non-valeurs Anderes	Reinertrag Zölle	Reinertrag Zölle u. Salzst.	% der Regiekosten vom Rohertr.	% der Regiekosten vom Reinertr.
1869	27.68	0.23	1.33	92.09	115.37	19.0	19.33
1870	27.45	0.17	1.29	98.20	121.90	18.25	18.33
1871	27.58	0.15	1.60	128.77	152.86	15.0	15.50
1872	29.39	0.16	2.29	126.26	149.73	16.33	16.50
1873	30.16	0.23	c. 2.55	198.90	224.82	11.70	—
1880	31.37	0.16	c. 1.50	316.15	334.42	8.50	—
1881	29.43	0.17	c. 1.50	317.79	337.46	8.50	—
1885	31.50	c. 0.2	c. 1.50	352.99	386.32	7.50	—
1887	c. 31.15	c. 0.2	c. 2.00	321.23	343.22	8.30	—

Die mit „circa" bezeichneten Zahlen sind bei den Regiekosten und Ausfuhrprämien f. 1887, bei letzteren auch f. 1885, die Voranschläge, bei den „anderen" Non-valeurs 1873—87 Schätzungen, da mir die Daten nicht für die Zölle ausgeschieden von anderen gleichen Posten bei den indirecten Steuern vorlagen (es kann sich hier aber um keine grossen Differenzen handeln). — Die Berechnung der Procente der Regiekosten vom „Reinertrag" wie oben S. 805 (Rohertrag bloss abzüglich Non-valeurs).

Die Zunahme der **Schifffahrtsabgaben** kommt ganz auf das neue Tonnengeld (Quai-Abgabe), 7—7½ Mill. Frcs. in neuerer Zeit. Die anderen Abgaben dieses Zweigs sind kleine Gebühren bei der Schifffahrt (s. u. §. 327, zus. c. 310,000—330,000 Frcs., wovon 3400, mitunter 7—11,000, für Franzisirung fremder Schiffe, 34,000—40,000 Frcs. für Congés französischer, 31—36,000 für Pässe fremder Schiffe, 240,000—260,000 Frcs. für Permis und Certificate bezügl. Schiffsladungen). — Die Rubrik „**Verschiedenes**" umfasst: kleine Stempelabgaben, c. ½ Mill.; Urkunden über Schiffsfranzisirung, 1—4000 Frcs.; Zahlungen der Gemeinden für die Kosten des zollamtlichen Exercice der Entrepôts, 30—53,000 Frcs.; Zahlungen der Sodafabriken für die Kosten des Exercice, ½—¾ Mill.; Magazin- und Bewachungsgeld, 2—7000; verschiedene und zufällige Einkünfte, 1—1¼ Mill.; Geldstrafen und Confiscationen, 1—1¾ Mill.; Plombirungs- und dgl. Gebühren (so für Transit), ⅓ Mill.; Lazareth- und andere Einkünfte von Sanitätsanstalten, 1.2—1.4 Mill; Gebühr für die sanit. Untersuchung des eingeführten Viehs, ⅐—⅕ Mill.

Die **Verwaltungskosten** zerfallen in die in Frankreich und in Algier, und weiter in **persönliche** (in den letzten Jahren c. 28, anfangs der Periode, 1871 c. 23 Mill., dazu in Algier jetzt 1,1 Mill.), **sachliche** (normal früher ⅓ Mill., jetzt c. 450,000, in Algier 100,000 Frcs.), und **diverse** (anfangs 3⅓, jetzt nur 1⅓ Mill., in Algier 80—85,000 Frcs.). — Die „**anderen**" **Non-valeurs**, ausser den Ausfuhrprämien, umfassen nach Wegfall der Zoll- und Salzsteuer-Disconten (6—700,000 für Zoll, über 200,000 für Salz früher) bes. Rückzahlungen von Zöllen (3—600,000 Frcs) und Vertheilung von Geldstrafen (z. B. 1871 u. 1872 371,000 u. 907,000 Frcs.).

Bei der starken Vermehrung der Zollerträge sind die Regiekosten relativ, in %, gegen die 1860er Jahre auf ⅔ gefallen.

Die folgende Uebersicht giebt die Ertragnisse der Einfuhrzölle der Hauptartikel und ist mit der früheren auf S. 817 zu vergleichen. Am Stärksten schwanken aus früher besprochenen Gründen (§. 267 ff. und nach Ausweisen der Tabellen auf S. 670 u. S. 817, 832) die Ertragnisse des Zuckers, namentlich des fremden, im Gegensatz zu dem aus den französischen Colonien. (Mill. Frcs.)

Rein oder überwiegend Finanzzölle	1872	1887	Rohstoff- und überwiegend Schutzzölle	1872	1887
Kaffee	25.0	99.6	Steinkohle	8.6	11.4
Zucker	47.6	35.8	Wollgewebe	8.9	7.3
Cerealien	2.3	41.1	Baumwollgewebe	7.7	7.2
Petroleum	10.6	29.3	Baumwollgarn	1.9	3.3
Wein	1.3	23.3	Werkz. Met.-Art.	0.7	2.6
Cacao	3.4	13.3	Maschinen u. dgl.	1.6	2.5
Tafelfrüchte	0.8	7.1	Eisen und Stahl	1.5	2.4
Vieh	bei and.	5.3	Töpf., Glasw.	bei and.	1.8
Pfeffer, Piment	0.4	4.9	Leinengarn	0.7	0.8
Branntwein	0.1	2.7	Leinwand	1.8	0.6
Bier	bei and.	1.8	Seidengewebe	bei and.	0.6
Thee	0.5	1.3	Oel aus fettigen Körnern	0.3	0.4
Käse	0.4	0.6	Zus.	33.7	40.9
Olivenöl	0.4	0.6	Andere Waaren	19.1	23.9
Reis	0.2	Frei	Summe	145.8	334.5
Zus.	93.0	269.7			

Die Zölle von Cerealien und Vieh können hier wohl zu den Finanzzöllen gestellt werden, zu denen übrigens auch die Rohstoffzölle, bes. die Steinkohlenzölle gerechnet werden könnten. Einige Zollposten haben in dieser Periode 1870—1887 im Ertrage sehr geschwankt, besonders, wie gesagt, Zucker, aber doch auch anderes. Kaffee gab 1870 und 1871 schon 35.9 und 40.1, 1883—86 jährlich schon 106.5; Cerealien zuerst 1879 über 10 Mill. (13.7), von 1881—84 wieder 6—8, 1885—87 aber 11.2, 21.1, 41.1, Vieh erst seit 1881 regelmässig über 1 Mill. Frcs., 1881—86 2.3, 4.7, 5.3, 4.4, 5.3, 5.6, Wein noch 1877 nur 2.7, dann steigend bis 1881 und wieder herab auf 15.9 Mill. Frcs. in 1885 (s. auch S. 655). Die Schwankungen der übrigen, finanziell minder wichtigen Artikel sind meist geringer, und gleichen sich mehr gegenseitig von Jahr zu Jahr aus. Die Schwankungen der Gesammterträge kommen vornemlich mit von den Artikeln Zucker, Cerealien, Wein her.

Im Vergleich mit der früheren Zeit ergiebt sich, dass der Haupttheil der Zollerträge jetzt auch verhältnissmässig mehr als früher aus den Finanzzöllen herrührt, zumal, wenn man zu diesen die Zucker- und Getreide-, Vieh- und Steinkohlenzölle ganz hinzurechnet. Auf die „Finanzzölle" in diesem weiteren Sinn kam dann von dem Gesammtertrag (abzüglich Zuckerausfuhrprämie bei Einnahme und Ausgabe in 1859) z. B. 1859 53.7, 1868 77.6, 1887 84.0 %. Wäre nicht der Ertrag des Zuckerzolls wegen der Beziehung zur inländischen Zuckerindustrie und Zuckerbesteuerung so schwankend, so würde das noch schärfer hervortreten. Im Ganzen ist daher überhaupt in neuerer Zeit das französische Zollwesen mehr und mehr zu einer überwiegend finanziellen Einrichtung und in geringerem Grade eine **schutzzöllerische**, namentlich **handels-** oder richtiger **industriepolitische** geworden, — freilich abgesehen von der Rückkehr zu agrarischen Schutzzöllen, welche indessen durch ganz neue weltwirthschaftliche Conjuncturen bedingt gewesen ist.

Durch diese schärfere Anspannung des **Finanzmoments** im Zollwesen ist freilich eine neue vermehrte Belastung der Bevölkerung mit **Verbrauchssteuern** eingetreten, welche in einigen Fällen, vor Allem bei dem französischen warmen Nationalgetränk, dem **Kaffee**, auch bei **Petroleum** gewiss empfindlich geworden ist. Aber auch das war eben nur eine unvermeidliche Wirkung der allgemeinen Finanzlage und damit wieder der Politik des Landes. Vom Standpunct der gesammten Steuerpolitik und speciell der allgemeinen Verbrauchssteuerpolitik aus war diese Entwicklung der Erträgnisse der Einfuhrzölle, der wichtigeren Finanzzölle wie der weniger bedeutenden Finanz- und der industriellen Schutzzölle, im Uebrigen unter französischen Verhältnissen auch zu billigen und folgerichtig. Denn durch diese Besteuerung der eingeführten auswärtigen Verzehrungs- und Genussmittel und Verbrauchsgegenstände, darunter auch mancher Luxusconsumptibilien der Massen wie der wohlhabenderen Classen, wurde immerhin die ganze Steuerlast gleichmässiger und auf noch mehr Schultern vertheilt, und mit den Verhältnissen der Besteuerung inländischer Objecte, den kalten Getränken, dem Zucker, dem Tabak und den übrigen Artikeln zweiten Ranges in Uebereinstimmung gebracht. Die erfolgreich eingeschlagene Handels- und Zollpolitik seit 1870 erscheint so **finanzpolitisch** richtig.

β. Die Einrichtung des Zollwesens.

Im vorausgehenden Abschnitt von der Entwicklung des Zollwesens und dem Gang der Tarifpolitik ist manches auch auf die Einrichtung des Zollwesens Bezügliche schon mit zu berühren gewesen und kann im Folgenden übergangen, wie das Meiste, was sich auf das Tarifwesen bezieht, oder braucht nur kurz erwähnt zu werden. Manches ergiebt sich dann aus der Natur der Sache, dem Wesen des Grenzzollsystems, der dabei vorkommenden Ueberwachung des Grenzverkehrs, namentlich bei der Concentration des finanziellen wie protectionistischen Moments im Zollwesen auf Einfuhrzölle. Daher besteht in den betreffenden Normen, Massregeln und einzelnen Einrichtungen auch in den verschiedenen Culturstaaten viele Uebereinstimmung im Principiellen und Materiellen des Zollrechts und mehr nur Verschiedenheiten im Formellen. Es ist deshalb nicht nothwendig, in alles Detail des französischen Zollrechts näher einzugehen. Manches ist dann freilich dem letzteren specifisch eigenthümlich oder wenigstens in besonderer Weise ausgebildet, so das Transit- und Entrepôtwesen, das Rückzoll- (Drawback-) und Ausfuhrprämienwesen, das System der zeitweisen zollfreien Zulassung von fremden

Producten zur Bearbeitung und Wiederausfuhr („Veredelungsverkehr"), die Controle im Grenzbezirk, die Durchführung ehemals des Werthzollsystems und jetzt noch des Systems sehr specialisirender specifischer Zölle, wie bei Waaren der Textilbranche, das Controlrecht bei Verdacht des Schmuggels, die Betheiligung der Beamten am Erlös aus Confiscationen und Geldstrafen u. a. m. Indessen bezieht sich das Meiste hiervon auf die handelspolitische Seite des Zollwesens, die als solche nicht hierher gehört, und Einiges hat auch mit dem Fortfall der bezüglichen Einrichtungen nur mehr noch historisches Interesse, wie im Wesentlichen das Rückzoll- und Ausfuhrprämienwesen. Endlich sind manche Normen und Einrichtungen im Zollwesen die gleichen oder analogen wie bei anderen französischen Steuern, besonders den inneren Verbrauchssteuern, darunter namentlich denen mit Versendungscontrole, Entrepôtrecht, wie z. B. den Getränkesteuern, so dass mit Rücksicht auf früher Dargestelltes hier Manches übergangen werden kann oder es genügt, es kurz zu berühren (s. u. A. bes. §. 263, 264 über die Getränkesteuern).

Nach diesen auf möglichste Beschränkung hinweisenden Gesichtspuncten ist die folgende Darstellung entworfen. S. die Literatur oben S. 790, bes. Vignes, Block, dict. Art. douane von Ozenne, v. Hock. Für die Verhältnisse der Rückzölle und Ausfuhrprämien Lexis' gen. Werk. — Die Hauptgesetze sind schon die o. S. 755 genannten v. 1791.

§. 324. 1. **Dienstorganisation**. Das Zollwesen steht gegenwärtig unter einer eigenen finanzministeriellen Generaldirection, derjenigen der Zölle. Zeitweilig war früher die Verwaltung des Zollwesens und der indirecten Steuern unter Einer Generaldirection vereinigt, was sich indessen nicht bewährt zu haben scheint und bei dem Umfang, der Verschiedenheit und Mannigfaltigkeit der Geschäfte auch wohl nicht passend ist.

Vereinigung durch Decr. v. 27. Dec. 1851, und zwar in der Weise, dass die Generaldirection der indirecten Steuern in die des Zollwesens aufgenommen wurde, weil die Verwaltung der Zölle sich seit 1848 besser als die der indirecten Steuern bewährt haben soll (v. Hock, S. 21). Trennung noch unter Napoleon III. durch Decr. v. 19. März 1869. Eine Zeit lang (1851—60) war auch die Tabakmonopol-Verwaltung mit den beiden anderen unter derselben gen. Direction verbunden (S. 720).

Zum Geschäftskreis der Generaldirection der Zölle gehören ausser allen Angelegenheiten der eigentlichen Zölle die Erhebung der statistischen Abgabe, der Schifffahrtsabgaben, der Plombirungs- und Stempelungsgebühren, der in Zollsachen von der Verwaltung und auf Grund gerichtlicher Urtheile verhängten Geldstrafen, die Einziehung der Nebeneinnahmen der Zollverwaltung und die Angelegenheiten des der Zolldirection unterstellten Theils der Salzsteuer.

Die Dienstorganisation der Generaldirection der Zölle ist analog derjenigen der anderen eingerichtet. An der Spitze steht der Generaldirector, ihm zur Seite zwei „Administratoren", welche mit ihm den „Administrationsrath" für die ganze Verwaltung bilden. Der Dienst zerfällt dann auch hier in den **Centraldienst** in Paris und in den **Departemental- und Localdienst**.

Vgl. o. S. 602 über die Organisation des Dienstes der indirecten Steuern. Josat p. 573 ff., 276 ff., Block, dict. Art. douane Nr. 14—33, Vignes I, 309, 314.

Der Centraldienst unter dem Generaldirector hat zwei Abtheilungen, jede unter einem der Administratoren und enthält 10 Bureaus, woron eines unmittelbar unter dem Generaldirector als Centralbureau fungirt. Bemerkenswerth ist, dass der Generaldirector von Amtswegen Mitglied verschiedener, mit dem Handels- und Zollwesen in näherer Interessenbeziehung stehender „Räthe" (conseils) und Commissionen ist. So des oberen Handels- und Industrieraths, des Comités der Künste und Manufacturen, der Commission für internationale Ausstellungen, der Commission für die Feststellung der Handelswerthe in der Statistik, des Gesundheitsraths. Das Personal der Centralverwaltung ist von Gratificationen, Ergreifer-Antheilen, Antheilen an Plombirungsgeldern u. dgl. ausgeschlossen (s. u.).

Der Departementaldienst zerfällt in Directionsbezirke, deren Zahl auch in neuerer Zeit noch Veränderungen erfahren hat (vgl. für die frühere Zeit o. S. 799). Von 32 ist sie jetzt auf 26 reducirt (incl. 1 in Algier). Die Zollverwaltung in den Colonien gehört zu dem Ressort des Marineministeriums. Diese Bezirke umfassen vornemlich das Küsten- und Grenzgebiet, sie fallen mit Departements nicht genau zusammen; auch im Inneren bestehen einzelne eigene Directionen, so in Paris. An der Spitze jedes Bezirks steht ein eigener Director mit einem Hülfspersonal von Inspectoren verschiedenen Grades. Er wie diese Beamte sind cautionspflichtig.

Der Departementaldienst gliedert sich dann in den Verwaltungs-, Bureau-, oder sesshaften (sédentaire) einer-, den activen oder Brigadedienst anderseits. Ersterer „liquidirt, erhebt und eincassirt die Abgaben", letzterer „hindert, bekämpft und constatirt Hinterziehung und Schmuggel" (Vignes, o. S. 603).

Zum Bureaudienst gehören ausser den Zolldirectoren und Inspectoren von Beamten höheren Grades noch die Haupteinnehmer (receveurs principaux) und die ersten Bureau-Directionsbeamten (premiers commis), von Beamten niederen Grades die Controleure, Verificatoren, verschiedene Classen Bureaubeamten (commis) sowie die Neben- und Untereinnehmer (receveurs particuliers et subordinés). Zum activen Dienst oder m. a. W. zur Zollwache, welche jetzt nach Ges. v. 1872 u. 1873 ganz militärisch organisirt ist und zu den militärischen Streitkräften des Landes gerechnet wird, gehören Brigaden von Zollwächtern (préposés) zu Fuss und zu Pferde unter Capitänen, Lieutnants, Brigadieren und Unterbrigadieren, woran sich noch eine Zollmarine-Abtheilung schliesst. Dieser active Dienst umfasst gegenwärtig an 21,000 Mann, woron an 16,000 Mann Zollwächter und Matrosen. Militärisch bildet er 31 active Bataillone, 1 Zug Cavallerie, und 8 Bat., 13 Compagnien, 15 Sectionen für den Festungsdienst. Cautionspflichtig sind nur die Einnehmer.

Der Ueberwachungsdienst der Inspectoren und Unterinspectoren wird auch hier, wie bei den indirecten Steuern (S. 607), in den sesshaften und in den Reisedienst (divisionnaire) unterschieden. Jener betrifft die Ueberwachung des Bureaudienstes am Sitze selbst, dieser diejenige des äusseren Dienstes, des Rechnungswesens der Zolleinnehmer (comptabilité) und des Brigadedienstes.

Die Haupteinnehmer haben u. A. im Namen der Regie das Vorkaufsrecht bei zu niedrigen Angaben über den angegebenen Werth bei Werthzöllen auszuüben, auch von sich aus die Rechtsstreite in Betreff der Verletzung der Zollgesetze zu verfolgen (s. über ihre sonstigen Functionen, Stellung, Rechnungslegung Näheres bei Josat, p. 578, 276).

Die Verificatoren haben namentlich bei der Verzollung der Steuern die Art, Sorte, Qualität und richtige Tarifposition festzustellen, was bei den früheren vielfach vorkommenden Werthzöllen und noch gegenwärtig bei der weitgehenden Specialisirung mancher specifischen Zölle, besonders der Schutzzölle auf Gespinnste, Gewebe u. s. w., seine Schwierigkeiten hat und umfassende Waaren- und Tarifkenntniss voraussetzt.

Auch der Brigadedienst zerfällt in sesshaften an den Landgrenzen selbst, ambulanten zur Ueberwachung in und an den Grenzzonen, maritimen auf der See im Küstenbezirk, und Escortedienst zur Begleitung zollpflichtiger, noch nicht verzollter Waaren ins Innere.

Alle Zollbeamte werden vereidigt. Die Zollwächter haben in Zollsachen für Vorladungen und andere Rechtsstreite die Befugnisse der Huissiers. Sie dürfen weder selbst noch durch ihre Frauen Handel treiben, auch nach ihrer Entlassung während 5 Jahren nicht im Grenzbezirk wohnen, wenn sie daselbst nicht schon früher heimisch waren, um sie von der Betheiligung am Schmuggel abzuhalten.

Eine besondere Wichtigkeit haben im französischen Zolldienst die Antheile der Zollbeamten am Erlös aus Beschlagnahmen, Confiscationen, Geldstrafen. Früher (Erl. v. 16. Frim. II) hatten auch die höheren Beamten vom reinen Erlös, der nach Abzug von $3/_{60}$ für die caisse de retraites blieb, einen Antheil von $1/_3$. was seit 1848 (Erl. v. 6. Juni) beseitigt ist. Seit dieser Zeit wird aus diesem Antheil ein Fonds gebildet, welcher jährlich vom Generaldirector an die bei Schmuggelverfolgung verdientesten Beamten unteren Grades (d. h. unterhalb der Unterinspectoren und Haupteinnehmer) vertheilt wird. Von dem Rest des Erlöses bekommt der Staatsschatz $1/_6$ des ganzen Erlöses, die Ergreifer $3/_6$, was in bestimmter Weise zu vertheilen ist; der Denunciant hat Anspruch auf $1/_3$ des Nettoerlöses. (Block, dict. Art. douane Nr. 153—159.)

Die Zollwache nimmt übrigens auch an der Controle gegen Hinterziehungen, Schmuggel u. s. w., bei der Circulation der Getränke, beim Tabakmonopol u. s. w. Theil.

Ueber die Kosten des Zolldienstes s. schon oben S. 610, dann §. 312, 314, 317 passim, für die neueste Zeit §. 323. Für die Centralverwaltung mit c. 100 Beamten treten zu den früher angegebenen Kosten in der letzten Periode noch c. 400,000 Fres. Personalausgaben. Die Kosten stellen sich, wie die früher mitgetheilten Zahlen des Näheren ergeben, jetzt viel günstiger als ehedem und überhaupt günstig im Vergleich auch mit anderen Ländern, wenn auch nicht so wie in England, wo sie c. 4% gegen c. 8% in Frankreich betragen.

§. 325. 2. Durchführung des Zollwesens. Es handelt sich hier vornemlich um die Erhebung der Zölle, nunmehr nur noch Einfuhrzölle, und der statistischen Abgabe. Die Schifffahrtsabgaben haben einiges Besondere.

a) **Zoll-Grenzdistrict** (rayon-frontière). Das leitende Princip des Zolls als Grenzzoll bedingt die genaue Ueberwachung des Waarenverkehrs über die Grenzen gegen das Ausland, zu Land und zu Wasser und Meer und zu diesem Behufe auch eine ergänzende Ueberwachung im Inlande innerhalb der äusseren Grenzlinie wenigstens bis zu einer gewissen Entfernung von der Grenze. In Frankreich ist zu diesem Behufe im Princip ein Grenzstreifen von 2 Myriametern von der Grenze an gerechnet, in besonderen Fällen noch etwas mehr (2$^1/_2$ Myriameter) an den Landgrenzen und von 1 Myriameter an den Seeküsten (auch längs der in die See mündenden Flüsse, Canäle) zu einem besonderen Grenzzolldistrict ausgebildet. In demselben bestehen eigene beschränkende Vorschriften für die Waarencirculation und auch für die Anlage von Magazinen gewisser Manufacturwaaren, sowie für Fabriken und Manufacturen selbst, um die Gelegenheiten zum Schmuggel wirksamer zu bekämpfen. Auf dem Meere erstreckt sich die Zollüberwachung noch auf eine Entfernung von 4 Lieues von der Küste.

Die bezüglichen Bestimmungen des Ges. v. 22. Aug. 1791 sind in der Revolutions- und Kaiserzeit noch verschärft worden und gelten durch Aufnahme in die spätere Gesetzgebung (1814, 1816) oder, als nicht besonders aufgehoben, noch. Namentlich müssen Waaren, welche innerhalb des Grenzdistricts an den Landgrenzen transportirt werden, mit Begleitschein des Zollamts, der genaue Angaben zu enthalten hat (event. mit blossem passavant, der 5 Cent. kostet, S. 619), versehen sein, sonst gelten sie für geschmuggelt. Solange Ausfuhrverbote und Ausfuhrzölle bestanden, waren diese Formalitäten auch für die aus dem Inlande kommenden Waaren noch besonders wichtig. Die zu Markte gebrachten landwirthschaftlichen und ähnlichen Artikel und kleine Mengen einiger Gebrauchsartikel (Gewebe, Zucker, Kaffee) im Besitz der Privatconsumenten sind allein von diesem Begleitschein-Zwang frei. Nächtlicher Transport unterliegt besonderer Anmeldung und Genehmigung. Im Küstendistricte bestehen etwas weniger scharfe Vorschriften.

Die Beschränkungen für Magazine und Fabrikanlagen gelten nur für den Landgrenzdistrict. Sie bestehen in Verboten in kleineren Gemeinden (unter 2000 Einwohner), gewisse Waaren im Magazin zu führen, oder in Verpflichtungen, Register über Bezüge und Vorräthe gewisser Manufacturwaaren unter Controle des Zollamts zu halten, ferner in der Verpflichtung zur Erlangung einer besonderen Ermächtigung für die Anlage von Fabriken u. dgl. ausserhalb der Städte und zur zwangsweisen Verlegung bei constatirtem Schmuggel. Die practische Bedeutung dieser Vorschriften ist mit dem Uebergang zu einem liberaleren handels- und zollpolitischen System natürlich geringer geworden.

Auch ausserhalb des Grenzbezirks, im ganzen Staatsgebiete, selbst in den Häusern, konnte früher eine Nachforschung nach verbotenen fremden Baumwollgarnen, Baumwoll- und Wollgeweben und anderen Geweben und eine Beschlagnahme stattfinden (Ges. v. 28. Apr. 1816, Art. 59, 60, Ges. v. 21. Apr. 1818, Art. 43, 44), was aber durch Ges. v. 16. Mai 1863, Art. 31 beseitigt worden ist. (Vgl. auch Amé I, 87, 95, Vignes I, 272.)

b) Zollämter bestehen zu Lande als eigentliche Grenzämter an der Aussenlinie des Grenzbezirks, besonders für die Erklärung der Einfuhr von Waaren aus dem Auslande, und an der Innenlinie, besonders für aus dem Inlande, also namentlich zur Ausfuhr kommende Waaren. An der Seeküste sind sie für beide Zwecke vereinigt. Im Inneren giebt es ausserdem Zollämter, an die die Waaren von aussen und eventuell von denen sie nach aussen unter Zollplombe gehen.

Nicht alle Waaren können aber über jedes Zollamt eingeführt werden. Eine Reihe bestimmter Waaren darf nur über gewisse Zollämter eingehen, namentlich über solche mit reellen Entrepôts. Auch werden Waaren, deren Tarifsatz eine gewisse Höhe übersteigt (20 Frcs. f. 100 Kil.), nur über bestimmte Zollämter eingelassen. Nach den Zollerhöhungen nach 1870 sind wieder einige Controlverschärfungen eingetreten, so auch zur Controle des Transitverkehrs und des Verkehrs in Waaren im System der „zeitweisen Zulassung" (Ges. v. 19. März 1875, Art. 2) beim Passiren des Grenzbezirks.

§. 326. c) Zollverfahren und Verwandtes. Erstres ist in Frankreich wegen des Characters des Tarifs umständlich und streng, so bei dem früheren System der Prohibitionen, der Werthzölle, der Höhe der Finanz- und Schutzzölle, der grossen Specialisirung der specifischen Zölle, besonders bei Halb- und Ganzfabrikaten, am Meisten in der Textilbranche.

Die Hauptbestimmungen rühren schon aus dem Gesetz v. 22. Aug. 1791 und damit aus den Ordonnanzen des Ancien régime her und haben sich durch eine Praxis von Menschenaltern erprobt. Sie sind aber wiederholt in Einzelheiten verändert und mehrfach noch verschärft worden, so nicht nur in der Periode der Kampf-, Handels- und Zollpolitik Napoleon's I., sondern auch in der Periode des Prohibitiv- und Hochschutzzollsystem der folgenden Regierungen (1816, 1818, s. o. S. 803) und auch noch in der jüngsten Epoche der schärferen fiscalischen Tendenz im Zollwesen, so durch das Gesetz v. 2. Juni 1875.

Die einzelnen Normen über die Verpflichtungen der Eigenthümer, bezw. Waarenführer wie über die Rechte der Zollverwaltung folgen gerade beim Zollverfahren in der Hauptsache mit Nothwendigkeit aus dem Wesen der Verzollung. Sie sind daher beim Grenzzollsystem überall ähnlich und auch in Frankreich nur durch die erwähnten Einflüsse umständlicher und strenger geworden. So lange man aus fiscalischen Gründen einen so umfassenden Tarif, wenn auch jetzt nur noch Einfuhrtarif, und so hohe Zollsätze aufrecht erhalten muss, Entrepôt-Zuschläge (surtaxes d'entrepôts) erhebt und die Schutzzölle immer noch so zahlreich und hoch und so weit gehend specialisirt bei wichtigen Fabrikaten bleiben, so lange bei der ausgedehnten und hohen inneren indirecten Steuer eigentliche Ausfuhrvergütungen gewährt werden müssen, die zollfreie Zulassung von Waaren im Veredelungsverkehr erfolgt und nicht alle Ausfuhrprämien, offene und verhüllte, absolut fortgefallen sind, wird auch schwerlich an dem Zollverfahren etwas Erhebliches zu ändern sein. Hier wird einmal wieder wenn nicht Alles, doch das Meiste auch in diesen „zolltechnischen" Dingen von allgemeinen finanziellen und commerciellen Verhältnissen bedingt.

Die einzeln auf das Genaueste geregelten Stadien des Zollverfahrens sind die Waarenerklärungen (Declarationen), die Aus- und Einladungen (insbesondere bei Schiffen), die Revisionen (Visitationen) der Waaren und die Verificationen der Erklärungen, die Festsetzung von Gewicht, Maass, Zahl, Werth, je nach der Art der Waare und den Tarifbestimmungen, die Berechnung der Zollbeträge nach dem anzuwendenden Tarifsatz und nach den Bestimmungen über Netto-, Bruttoverzollung und Tara-Gewährung, Werthverzollung, die Entrichtung der Beträge oder die Creditirung derselben und eventuell die Einziehung unbezahlt gebliebener Zölle, namentlich im Falle der Creditirung. Verschiedenheiten treten dabei zwischen Einfuhren, die wir hier vornemlich vor Augen haben, und Ausfuhren, zwischen Verkehr zu Lande und zur See ein. Besondere Regeln bestehen für den Transit, für das Entrepôtwesen, für die zeitweilige Zulassung zur Einfuhr im Veredelungsverkehr behufs Wiederausfuhr des verarbeiteten Products, im Unterschied von der Einfuhr für den heimischen Verbrauch, für das Rückzoll-, Steuerrückvergütungs- und Ausfuhrprämienwesen. Eine Reihe von Strafandrohungen (Ordnungsstrafen) knüpft sich an.

Vieles hiervon ist aber gerade wieder nur oder ganz überwiegend von Wichtigkeit in handelspolitischer, nicht in finanzpolitischer Beziehung. Es betrifft auch eine grosse Menge Details, die sich nicht kurz zusammenfassen lassen, und kann hier nicht näher verfolgt werden. Wir beschränken uns auf einige orientirende Bemerkungen über das Wichtigste und Eigenthümlichere. Ausser auf Vignes (bes. I, 238—270), Block's dict. Art. douane Nr. 47—109, Art. Entrepôt, transit, ist bes. auf die vorzügliche, eingehende und im Wesentlichen noch zutreffende Darstellung von v. Hock (S. 245—278) zu verweisen; es sind seitdem doch nur wenige Einzelheiten geändert worden, so in Betreff der Zollcredite (Ges. v. 15. Febr. 1873). Das maassgebende Hauptgesetz, mit vielen einzelnen späteren Vervollständigungen, ist das vom 22. Aug. 1791 geblieben.

α) Die stempelfreien Waarenerklärungen sind obligatorisch, auch für die auszuführenden Waaren und für die zollfreien, unter Strafandrohung: die Grundlage auch der Handelsstatistik. Fehlt die Erklärung und kann sie nicht sofort gemacht werden, so werden die Waaren gegen eine Gebühr zollamtlich magazinirt. Die Erklärung muss in vorgeschriebener Form die genauer bezeichneten Puncte enthalten, bei Werthzöllen auch die Werthangabe nach der gesetzlichen Berechnungsweise. Eventuell ist das erforderliche Ursprungscertificat beizufügen. Das Gesetz v. 2. Juni 1875 hat die Declarationspflicht bei Einfuhr verbotener Waaren (für Entrepôt, Durchfuhr) und von Waaren höheren Zolls (20 Frcs. und mehr p. 100 Kil.) oder mit inneren Steuern belegten und die Strafandrohungen verschärft.

β) Aus- und Einladung der Waaren, insbesondere bei Schiffen, setzt zollamtliche Mitwirkung voraus, in Form schriftlicher Erlaubniss (permis, congé) und unterliegt verschiedenen Controlen und Beschränkungen (so als Regel, dass sie nur bei Tage erfolgen darf).

γ) Auf Grund der Waarenerklärung erfolgt die Revision und Verification der Waaren. Abweichungen der Erklärung vom Befund, einerlei ob ein Mehr oder ein Weniger constatirt ist, sind strafbar. Bei Mehrbefund kann ausser der Geldstrafe höherer Steuersatz (doppelter), auch Confiscation je nach Verschiedenheit der Fälle eintreten.

δ) In Betreff der Werthzölle hatte das Zollamt ein Vorkaufsrecht (préemption) bei muthmaasslich zu niedriger Werthdeclaration, das schon im Zollgesetz v. 1791 begründet, anfangs auch für Rechnung der Zollbeamten, später (seit 1871) nur für die des Schatzes ausgeübt werden konnte, und zwar in der Art, dass die Waare mit 10% Zuschlag zum declarirten Werthe erworben wurde. Im britischen Handelsvertrag von 1860 wurde dieser Zuschlag sogar auf 5% herabgesetzt, um in dem neuen Zollsystem, bes. bei Fabrikaten, zu niedrige Angaben zu verhüten. Die practische Anwendung dieses Rechts bietet aber Schwierigkeiten und Risico. Seit dem fast völligen Fortfall der Werthzölle im Tarif v. 1881 ist die Sache von keiner practischen Bedeutung mehr.

ε) Bei den Gewichtszöllen erfolgt die Verzollung bei allen höheren Zoll tragenden Waaren (über 10 Frcs. p. 100 Kil.) nach dem Nettogewicht, das je nach Wunsch des Interessenten entweder ohne Auspackung nach der für die betreffende Waarengattung festgestellten gesetzlichen Tara oder mit Auspackung nach dem wirklichen Gewicht der Verpackung ermittelt wird, in welchem letzteren Fall die Waarenerklärung das Nettogewicht muss angegeben haben.

ζ) Complicationen in den Verzollungsverhältnissen entstehen durch das System der Zollzuschläge für Waaren aussereuropäischen Ursprungs bei indirecter Einfuhr aus europäischen Zwischenhäfen und der Zollzuschläge für gewisse europäische Waaren bei indirecter Einfuhr (S. 819, 824). Ferner gelten die Vertragstarife auch jetzt noch regelmässig nur für die Producte nachweisbaren Ursprungs aus dem betreffenden Vertragsstaate, der gewöhnlich durch notorische Thatsachen, wie characteristische Merkmale der Artikel, Umstände der Einfuhr, doch eventuell auch durch Ursprungscertificate erhärtet wird. Vgl. die Vollzugsvorschriften zum Tarif v. 1881, im Auszug in der deutschen amtl. Tarifsammlung v. 1884, französ. Tarif, S. 54.

η) Streitfragen zwischen Zollamt und Interessenten über Art, Gattung, Sorte, Ursprung, Werth der Waaren, behufs Anwendung der Tarifposition werden durch Sachverständige entschieden, nach Ges. v. 27. Juli 1822, Art. 19, modificirt durch Tarifges. v. 7. Mai 1881, Art. 4.

ϑ) Bis zum J. 1875 wurde auch bei den Zöllen für grössere Zollbeträge im Fall der sofortigen Baarzahlung ein Discont oder Rabatt gewährt, regelmässig $1^1/_3 \%$ für 4 Monate. Das Ges. v. 15. Febr. 1875 (S. 605) hat auch für die Zölle, wie für alle indirecten Steuern Baarzahlung ohne Rabatt vorgeschrieben. Doch werden für die Einfuhrzölle, wie für eine Reihe genannter indirecter Steuern, viermonatliche Credite für schuldige Beträge von mindestens 300 Frcs. auf Grund der Stellung von vorgeschriebenen Obligationen ertheilt. Diese Credite sind aber zu verzinsen (nach Min.-Erl. mit 3% p. a.) und mit einer Provision ($^1/_2 \%$ im Max.) verbunden.

ι) Einige Specialbestimmungen bestehen für den Seeverkehr, insbesondere für die Einfuhr über See. Die Schiffsmanifeste müssen eventuell schon auf See, innerhalb der Küstenzoll-Linie, den Zollbeamten vorgezeigt, von ihm visirt werden. Ohne zollamtliches Visum des Manifestes darf auch kein Schiff den Hafen verlassen. Um die Schmuggelgefahr zu vermindern, dürfen gewisse Waaren nur in gewissen Häfen und nur in grösseren Schiffen (mindesens 40 Tonnen) eingeführt werden. Die einzelnen Bestimmungen sind hier zahlreich und zeigen den streng fiscalischen, prohibitir-hochschutzzöllerischen Character der französischen Handels- und Zollpolitik, auch Einflüsse der Revolutions- und napoleonischen Zeit in Manchem noch heute.

x) Die Erleichterung des Transitverkehrs in Ausdehnung auf alle Waaren, auch auf die Einfuhrverboten unterliegenden, und die Einrichtung zollfreier Niederlagen (Entrepôts) mit derselben Ausdehnung sowie auch im Binnenlande (Ges. v. 9. u. 27. Febr. 1832) wurde in Frankreich dem Interesse gegnerischer wirthschaftlicher Kreise auch erst mit Mühe abgerungen (S. 804). Von sichernden umständlichen Controlen ist aber Beides umgeben geblieben. S. über den Transitverkehr, der hier nicht weiter hergehört, Vignes I, 259 ff., Block, Art. transit. Ueber Zoll-Entrepôts Vignes I, 254—259, Block. Art. entrepôts, v. Hock, S. 236 ff. Begründungsges. v. 5. Flor. XI, auch einzelne Bestimmungen in späteren, bes. in den gen. Gesetzen v. 1832. Gerade bei hohen Finanz- und Schutzzöllen ist die Einrichtung von allgemeiner Wichtigkeit. Die Hauptpuncte sind folgende.

Es werden Entrepôts in den Häfen, die älteren, und im Binnenlande, seit 1832, dann auch hier, wie bei inneren Steuern (S. 651), reelle und sogen. fictive unterschieden. Die reellen Entrepôts sind öffentliche Anstalten, regelmässig auf Kosten des Staats oder der betreffenden Städte, eventuell der Kaufleute des Orts, unter Doppelverschluss des Zollamts und eines vereidigten Handelsagenten. Die Waaren werden nur auf Grund einer gleichen Erklärung wie bei der Einfuhr gelagert, Register über Bestand und Bewegung der Niederlage geführt, die Zollverwaltung revidirt, bei Abweichung des Befundes um ein gewisses Maass von den Declarationen wird der Mehrbefund sofort zur Strafe mit dem einfachen Zollbetrage belegt. Auch erfolgen jährlich Bestandsrevisionen, wobei Abgänge den Verpflichteten (event. auch den Zollbeamten) zur Last geschrieben werden. Die regelmässige Maximalfrist für die Lagerung ist 3 Jahre, die nur ausnahmsweise verlängert wird. Sonst müssen die Waaren verzollt oder wieder ins Ausland geführt werden. Letzteres unbedingt bei Waaren unter Einfuhrverbot. Der Zollsatz richtet sich nach dem zur Zeit des Uebergangs der Waaren aus dem Entrepôt in den Consum geltenden Tarif. Kaufleuten, welche des Schmuggels oder der Unterschleife bei der Benutzung des Entrepôts überführt sind, kann das Recht der Niederlage entzogen werden. — Die fictive Niederlage besteht in der Einlagerung zollpflichtiger Waaren beim Kaufmann u. s. w. selbst, unter entsprechender Sicherstellung für die spätere Zollzahlung oder Wiederausfuhr. Einfuhrverbotene Waaren sind allgemein davon ausgeschlossen. Sonst gelten im Ganzen die Regeln wie bei der reellen Niederlage. Die Dauer der Lagerung ist auf 1 Jahr beschränkt, es erfolgen vierteljährlich Revisionen und Bestandaufnahmen. — Die Handelsstatistik führt jährlich auch den Entrepôtverkehr auf. Die Einlagerung umfasst gegenwärtig dem Werthe nach etwa ¹/₄ des Specialeinfuhrhandels, ²/₅ davon kommen auf Havre und Marseille allein. Die Finanzzollartikel (Kaffee, Zucker u. a. m.) sind dabei stark vertreten.

λ) Ueber Ausfuhrprämien und Rückzölle s. Vignes I, 251 ff., Block, dict. Art. douane Nr. 101—109, bes. das Buch von Lexis. Seit 1864 besteht nur noch ein kleiner Rest der einst so ausgedehnten und auch für die Finanzen so bedeutsamen Einrichtung, so für gesalzene Butter und gesalzenes Fleisch, in Betreff der Salzsteuer. Umfangreiche Controlvorschriften waren natürlich mit der Auszahlung dieser Vergütungen verbunden.

μ) Das System der zollfreien Zulassung von fremden Producten behufs „Veredelung" und Wiederausfuhr der bearbeiteten Waare, seit 1836 angenommen, beruht auf einem ähnlichen Gesichtspunct wie die Gewährung eines eigentlichen Rückzolls. Durch Anwendung desselben u. A. im J. 1864 auf Rohzucker zur Raffinirung ist das frühere Prämien- und Rückzollsystem bei diesem wichtigen Artikel, wenigstens nominell, beseitigt worden. Es ist für eine ganze Reihe von Artikeln eingerichtet, auch für Weizen, zur Mehlausfuhr. (Uebersicht in der amtl. deutschen Samml. d. Zolltarife, Frankreich S. 58. Statistik in d. Handelsstatistik jährlich.)

ν) Ausser den Zöllen des Tarifs unterliegen diejenigen fremden Waaren, welche als einheimische Artikel eine innere Steuer tragen, im Princip auch dieser letzteren, bezw. einem Ausgleichungszollzuschlag dafür. Ueber die Durchführung dieses Princips bei den einzelnen Artikeln ist früher das Erforderliche bei der Darstellung der betreffenden inneren Steuern gesagt worden. Auch die Waaren aus Vertragsstaaten sind von diesem Zuschlag oder von der besonderen Zahlung der inneren Steuer nicht frei, eine Belastung, welche ausdrücklich in den Verträgen vorbehalten worden ist. Auch die den heimischen Fabrikanten durch die steueramtliche Ueberwachung entstehenden Kosten können bei der Festsetzung der für fremde Waaren zu zahlenden Zuschlagsteuern in Anschlag gebracht werden. Besonders complicirt ist die Bestimmung bei den mit Alkohol, auch mit denaturirtem, hergestellten Waaren, namentlich verschiedenen chemischen Producten, wo nach dem Tarifgesetz v. 1881 eine entsprechende Zollerhöhung erfolgt. Eine Uebersicht darüber in der gen. deutschen amtlichen Tarifausgabe S. 55.

§. 327. d) Nebenabgaben im Zollwesen.

Dahin gehören nicht die öfters hier erwähnten gewöhnlichen Stempel auf Urkunden, welche in Zollsachen vorkommen (Eingaben u. dgl.) oder welche in Verbindung mit Handels- und Transportverhältnissen stehen, wie auf Frachtscheine, Recepisses, Connossamente (s. o. S. 557) und eigentlich auch nicht die gewöhnlichen Quittungstempel, welche in der Zollverwaltung, wie in anderen Finanzzweigen vorkommen (S. 556). Die Erträge der Stempel von Frachtscheinen u. s. w. stehen auch in der Rechnung der Stempelverwaltung, die Quittungstempel indessen, wie es scheint, nicht oder wenigstens nur theilweise. Dagegen gehören die Expeditions- und Begleitscheinstempel (75 Cent. für acquit-à-caution) und die Blei- (Plombirungs-) und Waarenstempelungsabgaben (estampillage), speciell als zollamtliche Nebenabgaben, hierher. Der Satz für das Blei zum Zollverschluss ist 25 u. 50 Cent. Der Ertrag, aus dem die Verschnürung zu bezahlen ist, wird unter die Zollbeamten vertheilt. Die betreffenden Posten stehen unter den verschiedenen Einnahmen der Zollverwaltung, in den letzten Jahren für „Stempel jeder Art" c. ³/₈ Mill. Frcs. jährlich und über ¹/₃ Mill. für Blei- u. s. w. Gelder. Endlich kann noch die schon behandelte statistische Abgabe (S. 825) zu den Nebenabgaben im Zollwesen gerechnet werden. Die Lazareth- und Sanitätsanstaltseinnahmen haben einen anderen, mehr gebührenartigen Character, die Abgabe für Untersuchung eingeführten fremden Viehs wenigstens der Tendenz nach ebenfalls (S. 832 und unter e im Folgenden).

e) Schifffahrtsabgaben.

Die Erträge derselben s. schon oben S. 832. Die finanziell allein wichtige ist die früher schon besprochene neue Quaiabgabe, ein Tonnen- und Hafengeld (S. 822). Der frühere Zollzuschlag für Waaren unter fremder Flagge und der noch bestehende

Zollzuschlag bei indirecter Einfuhr (surtaxe d'entrepôts) gehört zu den Zollen selbst. Ausserdem kommen nur verschiedene kleine Abgaben, vornemlich nach Ges. v. 27. Vendém. II (neben späteren) hier vor: 1) Die Französirungsabgabe für die obligatorische Erwerbung der französischen Flagge für ein Seeschiff, im Inland gebautes wie vom Ausland erworbenes, unter Erfüllung der vorgeschriebenen Bedingungen, nach dem Principalsatz von 9 Cent. p. Tonne für kleine Schiffe bis 100, 18 Frcs für Schiffe von 100—200 Tonnen, 24 Frcs. von 200—300 T., 6 für je 100 weitere Tonnen. Fremde Schiffe haben beim Uebergang unter französische Flagge ausserdem den Zoll von 2 Frcs. p. Tonne zu tragen, seitdem das Ges. v. 30. Jan. 1872 mit seinen höheren Zöllen zurückgenommen worden ist (S. 822 ff.). — 2) Aelteres Tonnengeld. Davon besteht nur noch ein Rest in gewissen Fällen, nemlich desjenige Tonnengeld, welches allen Schiffen, auch französischen, speciell zur Deckung von Anleihen für Hafenverbesserungen aufgelegt werden konnte und kann, im Max. von $2^{1}/_{2}$ Frcs. p. Tonne (Ges. v. 19. Mai 1866, Art. 4). Das ältere allgemeine Tonnengeld, im höheren Betrage für fremde als für französische Schiffe, ist auch für letztere seit Anfang 1867 aufgehoben (dass. Ges. Art. 4). Die Quai-Abgabe, im gleichen Satze für alle Flaggen, ist aber seit dem Ges. v. 30. Jan. 1872 an die Stelle getreten — 3) Abgabe für die Ertheilung des obligatorischen congé für abgehende französische Seeschiffe (in Sätzen von 1, 3 u. 6 Frcs., letzterer für Schiffe von und über 30 Tonnen). — 4) Abgabe für obligatorische Schiffspässe bei fremden Schiffen (1 Frc.). — 5) Abgabe für Ertheilung des erforderlichen permis, für jede Ein- und Ausladung von Waaren, für Ausstellung eines Certificats über Aus- und Einladung von Ladungstheilen bei Ankunft und Abfahrt, Abgabe der Quittung (acquit), in Verbindung mit Tonnen- und Expeditionsgebühren. Satz 1 Frc. für fremde, $^{1}/_{2}$ Frc. für französische Ladungen, mit Ausnahme bei letzteren in der Küstenschiffahrt. Nur diese unter Nr. 5 gen. Abgabe ist im Ertrag etwas erheblicher (c. $^{1}/_{4}$ Mill. Frcs. jährlich, s. o. S. 832).

f) Wesentlich zu den Schifffahrtsabgaben sind dann noch die Sanitätsgebühren im Seeverkehr zu rechnen, die in einem neuen Reglement für das gesammte Sanitätswesen des Verkehrs v. 22. Febr. 1876 in 4 Kategorieen neu geregelt sind: a) für Controle bei Ankunft, im Princip für alle Seeschiffe p. Tonne 5, 10 u. 15 Cent., je nach der Fahrt; b) für Ueberwachung in der Station bei in Quarantäne liegenden Schiffen, 3 Cent. p. Tonne; c) für Aufenthalt im Lazareth u. Pers. 2, 1 u. $^{1}/_{2}$ Frc.; d) für Desinfection von Waaren, $^{1}/_{2}$ Frc. p. 100 Kil. verpackte Waaren, $^{1}/_{2}$ Frc. u. 1 Frc. für Häute, bes. Berechnung f. Lumpen. Gewisse Exemtionen bestehen. S. Block, dict. Art. régime sanit. Nr. 74—80. — Aehnlicher Art ist die Abgabe für die Untersuchung des in Frankreich eingeführten Viehs.

§. 328. g) Zollcontrole und Verfolgung des Schmuggels; Strafbestimmungen und Strafverhängung.

Auch hier Grundlage das Ges. v. 22. Aug. 1791, mit Veränderungen, oft mit Verschärfungen später, bes. noch durch Ges. v. 2. Juni 1875. S. für das Einzelne bes. Vignes I, 270 ff., 297—308 und v. Hock, S. 262—276.

Die Verpflichtung zur Waarenerklärung bei den Zollämtern im Grenzdistrict und eventuell bei den inneren Zollämtern, die Plombirung der vom Ausland ohne sofortige Zollzahlung oder Zollsicherstellung an innere Zollämter gebenden Waaren und das Begleitscheinverfahren dabei, die Controle im Grenzbezirk, die Ueberwachung der Seeküsten, die Vorschrift der zollamtlichen Genehmigung des Ausladens der Schiffe, die Controle des Entrepôt-Verkehrs sind die Hilfsmittel, Schmuggel nach Möglichkeit zu verhüten. Zur Verfolgung des Schmuggels im Verdachtsfall haben die Organe der

Zollverwaltung weitere Durchsuchungsrechte, die aber an bestimmte Bedingungen und Förmlichkeiten geknüpft sind.

Vignes fasst a. a. O. I, 270 die Hauptbestimmungen im Wesentlichen folgendermaassen zusammen: Jede Haussuchung durch Zollbeamte setzt als Regel — mit Ausnahmen — die Mitwirkung eines Municipalbeamten oder Polizeicommissärs voraus. Unbedingt dürfen Zollbeamte auch im Grenzdistrict nur in Verfolgung des Schmuggels in flagranti in Häuser dringen. Sonst darf auch hier nur bei Tage eine Haussuchung im Fall des Verdachts des Vorhandenseins einer geheimen Niederlage geschmuggelter Waaren stattfinden, wobei, wenn der Verdacht sich nicht bestätigt, eine Entschädigung von 24 Frcs. zu zahlen ist, vorbehaltlich grösserer Entschädigungsansprüche. Ausserhalb des Grenzbezirks im Inneren des Landes dürfen Waaren nur beschlagnahmt werden, wenn sie ohne Unterbrechung über die Linien des Grenzbezirks verfolgt worden sind. Sind die Waaren dabei schon in ein Haus gebracht, so darf eine Haussuchung auch in diesem Falle nur bei verbotenen oder solchen Waaren erfolgen, deren Zulassung auf gewisse Bureaus beschränkt ist. Specielle Vorschriften bestehen für Schiffsdurchsuchung, wo selbst Kriegsschiffe besucht werden dürfen. U. A. kann innerhalb 4 Meilen von der Küste von jedem Schiff eine Copie des Schiffsmanifestes verlangt, jedes Schiff unter 100 Tonnen, das hier vor Anker liegt oder lavirt, besucht, dürfen bei Eingang in den und Ausgang aus dem Hafen die Schiffe von Zollwächtern bestiegen und durchsucht werden, auch, ausser bei Kriegsschiffen, Nachts.

Die Innehaltung der gesetzlichen Vorschriften bezüglich der einzelnen Stadien und Puncte des Zollverfahrens ist durch **Strafandrohungen**, insbesondere von **Geldstrafen als Ordnungsstrafen**, zu verbürgen gesucht. Die Verletzung der **Aus- und Einfuhrverbote** wurde und soweit diese Verbote noch bestehen wird sie auch jetzt noch mit schwereren Strafen, **höheren Geldstrafen** und **Confiscation** der Waaren und Transportmittel (besonders der Schiffe) bedroht. In einigen besonderen Fällen erfolgt auch **sofortige Arretirung und Gefängnissstrafe**.

Solche schwerere Fälle sind: Einschmuggelung verbotener Waaren und von Waaren, welche mit mehr als 20 Frcs. p. 100 Kil. Zoll oder mit inneren Steuern belegt sind. (Geldstrafe von mindestens 500 Frcs., eventuell vom Betrag des Werth des Objects, wenn derselbe höher ist. Ges. v. 2. Juni 1875.) Confiscation von Waare und Transportmittel, Geldstrafe von 1000 Frcs. oder vom doppelten Werth der confiscirten Waaren und Gefängniss von 6 Monat bis 3 Jahr eventuell bei Schmuggel der gen. Waaren in der Umgebung der Häfen, an den Küsten, mittelst Wagen, in Rotten von mehr als 3 Leuten zu Pferde oder mehr als 6 zu Fuss (Ges. v. 28. Apr. 1816, nebst anderen, auch gen. Ges. v. 1875). Andere Beispiele von Strafen: Unterlassung der Declaration von zollfreien Waaren bei Ein- und Ausgang: 100 Frcs. Geldstrafe. Zusammenfassung verschiedener Ballen u. dgl. als Einheit in der Declaration: Confiscation und 100 Frcs. Strafe. Werden bei der Revision mehr Ballen, Kisten, Tonnen u. dgl. vorgefunden, als declarirt worden: ebenfalls Confiscation des Plus und 100 Frcs. Strafe. Werden weniger davon vorgefunden, so für jeden fehlenden Ballen, Kiste 300 Frcs. Strafe, falls nicht höhere Gewalt als Ursache des Minderbefundes nachweisbar. Ergiebt sich bei der Revision ein grösseres Gewicht, Zahl, Maass als declarirt war, so tritt bei einem Plus von 5%, bei Metallen, von 10% bei anderen Waaren für das Plus der doppelte Zollsatz ein. Bei unrichtiger Declaration über Gattung und Qualität der Waaren 100 Frcs. Geldstrafe und, wenn die beabsichtigte Zollhinterziehung 12 Frcs. übersteigt, auch Confiscation. — Verschärfte Bestimmungen mehrfach im Seeverkehr. Waaren, welche ohne schriftliche zollamtliche Erlaubniss eingeführt werden, werden confiscirt, daneben 100 Frcs. Geldstrafe. Bei Einführung verbotener Waaren zur See Confiscation der Waaren, der Schiffe und Geldstrafe im Betrag des Werths der Waare, mindestens 500 Frcs., solidarisch vom Schiffsherrn und Waareneigenthümer zu tragen. Capitäne von Schiffen unter 40 Tonnen, welche gewisse Waaren nicht einführen dürfen (S. 841), unterliegen bei Verstoss hiergegen einer Geldstrafe von 500—1000 Frcs. Der Capitän jedes Schiffs muss das Schiffsmanifest innerhalb 24 Stunden nach Ankunft beim Zollamt hinterlegen, bei 500 Frcs. Geldstrafe. Wird es überhaupt nicht hinterlegt oder ist es unrichtig, so wird der Capitän persönlich zu 1000 Frcs. und einer dem Werth der nicht angegebenen Waaren gleichen Summe verurtheilt. — Analoge, z. Th. schwere Strafen bei Contraventionen im Transitverkehr, bei ungerechtfertigter Erlangung von Ausfuhrprämien, bei nicht rechtzeitiger (6 Monat) Wiederausfuhr der aus zeitweilig zollfrei zugelassenen Stoffen hergestellten Erzeugnisse.

Die Verfolgung der Straffälle in Zollsachen steht regelmässig der Zollverwaltung zu, nur bei Verbindung des Fiscalvergehens mit einer sonstigen strafbaren Handlung und in bestimmten Fällen des Gesetzes v. 2. Juni 1875 der öffentlichen Gewalt überhaupt. Die Aufnahme von Protokollen über Zollvergehen steht zwei Zollbeamten gemeinsam und innerhalb des Grenzdistricts nach einer eigenthümlichen, nicht aufgehobenen Bestimmung der Revolutionsgesetzgebung (Gesetz v. 9. Flor. VII) auch zwei anderen französischen Bürgern zu. Die betreffenden Protokolle müssen die im Gesetz näher angegebenen Puncte enthalten.

Die Aburtheilung der Zollvergehen erfolgt regelmässig in erster Instanz vor den Friedensrichtern, in der Berufungsinstanz vor den Correctionstribunalen. Vor letztere gehören aber von vornherein die oben genannten schwereren Fälle von Zollvergehen. Mit Zollvergehen in Verbindung stehende Verbrechen gehen eventuell vor die Assisen, vor die auch Fälle des Schmuggels mit Widersetzlichkeit und in Rotten von 3 und mehr bewaffneten Personen, sowie Schmuggel, welcher von Zollbeamten begangen oder begünstigt worden ist, gehören. Die, welche als Versicherer oder Interessirte am Schmuggel Theil genommen, unterliegen denselben Strafen, wie die Hauptschuldigen.

Auch bei Zollvergehen hat die Verwaltung vor wie nach dem Urtheil das Recht der Abfindung mit dem Schuldigen, vor dem Urtheil in Betreff aller, nach endgiltigem Urtheil nur in Betreff der Geldstrafen. Die Bestätigung dieser Abfindungen steht dem Generaldirector bez. dem Finanzminister zu.

S. die einzelnen gesetzl. Bestimmungen bei Vignes I, 299 ff. über Strafverfolgung, Protokolle, Gerichtscompetenzen, Strafverhängung, Abfindungen. — In Betreff der Streitigkeiten über das Ob und Wieviel der Zahlungspflicht, über Rückforderung gemachter Zahlungen entscheiden auch in Zollsachen wie bei den indirecten Steuern (S. 605) die Civilgerichte. Die Verjährung gegen die Verwaltung ist 2, gegen die Pflichtigen 1 Jahr. (Vignes I, 297—298.)

§. 329. Anhang. Sogen. Specialrégimes. Das besprochene Zollsystem gilt unmittelbar nur für das eigentliche continentale Frankreich. Die Küsteninseln sind nicht in das Zollgebiet eingeschlossen, Corsica gehört zwar dazu, aber hat für die höheren Zölle (über 5 Frcs. p. 100 Kil.) nur die halben Sätze. Für die Colonien bestehen besondere Vorschriften. Die Einfuhr aus denselben nach Frankreich erfolgt im Allgemeinen zollfrei, ausser für einige wichtige Finanzzollartikel; nach dem Tarif v. 1882, Tab. E sind nemlich zollpflichtig und zwar nach den Sätzen des allgemeinen Tarifs Zucker, Verzuckertes, Kaffee, Cacao, Chocolade, Pfeffer, Piment, Gewürznelken, Zimmt, Cassia lignea, Amomen, Cardamomen, Muscatnüsse, Muscatblüthe, Vanille; vom Senegalgebiet event. noch andere.

Auch zwischen Algier und Frankreich besteht im Wesentlichen gegenseitig Zollfreiheit (Ges. v. 17. Juli 1867). Doch ist algier'sche Chocolade und gemahlener Cacao bei der Einfuhr in Frankreich (Decr. v. 31. Juli 1873, Art. 1, Ges. v. 19. März 1875, Art. 4), französ. Zucker bei der Einfuhr in Algier besonders zollpflichtig. Der Zolltarif Algiers für fremde Waaren ist erheblich weniger umfangreich und mässiger als der französische Tarif. (S. Zollges. v. 17. Juli 1867. Der 1884 geltende Tarif in der deutschen amtl. Sammlung Nr. 27.) Bei fremden Waaren, die aus Algier nach Frankreich eingeführt werden, ist eventuell der französische Zoll oder die Zolldifferenz gegen den algier'schen Zoll zu bezahlen. (Tab. E des Tarifs v. 1884.) Die algier'schen Zolleinkünfte bilden einen Theil der französischen, die Verwaltungskosten gehören zu denen der französischen Zollverwaltung.

Marseille geniesst bes. im Niederlageverkehr einige Erleichterungen. — Im Verkehr der landwirthschaftlichen Ernteproducte aus Grundstücken Fremder diesseits und Einheimischer jenseits der Grenze besteht Zollfreiheit. — S. f. Näheres, bes. über die algier'schen Verhältnisse, Block, dict. u. Supplem. Art. Algérie, Art. douanes Nr. 110—122, Vignes I, 273—277, v. Kaufmann, S. 486—488. Ueber den algier'schen octroi de mer Block, dict. Art. Algérie Nr. 159 u. Suppl. 1885, p. 3 (Tarif v. 1885 an). Wir müssen es uns hier versagen, Algier weiter in die Darstellung zu ziehen.

γ. Rückblick auf das Zollwesen und zur Kritik.

§. 330. 1. **Finanzielle Seite**. Nach mancherlei Wandlungen der Handels- und Zollpolitik, nach förmlichen Excessen des Prohibitiv- und Schutzzollsystems und langdauernder bleibender Einbürgerung desselben ist man in Frankreich einigermassen wieder zum Ausgangspunct einer beinahe hundertjährigen Entwicklung, zu einem Tarifsystem, welches sich dem 1791 begründeten wenigstens annähert, zurückgekehrt: der Besteuerungszweck des Zollwesens steht wieder mehr voran, der handelspolitische, der protectionistische mehr zurück. Das erscheint uns im Ganzen eine richtige, in den französischen finanziellen und volkswirthschaftlichen Verhältnissen begründete Entwicklung zu sein.

Freilich sind die eigentlichen Finanzzölle, besonders der als Genuss- und Reizmittel dienenden Artikel der Colonialwaarenbranche, ungemein hoch und von Neuem seit dem letzten Kriege stark gesteigert worden. Aber das war eben die unvermeidliche Folge des vermehrten Steuerbedarfs und damit, wie immer, der französischen äusseren und inneren Politik und der Rückwirkung derselben auf die Finanzen. Nach Lage der Dinge war

es aber, wie schon oben bemerkt (S. 819), auch wohl richtig, mit
Rücksicht auf die inneren Verbrauchs- und Verkehrssteuern und die
Monopole und deren Steuersätze die Finanzzölle angemessen zu
erhöhen. Ob man dabei, rein finanziell betrachtet, zu weit gegangen
ist, so etwa namentlich bei den Hauptartikeln Kaffee und Zucker,
auch Petroleum, ist ohne Anstellung von Experimenten mit
mässigeren Zoll- und Steuersätzen nicht sicher zu entscheiden, aber
jedenfalls auch nicht ohne Weiteres von vornherein als wahrscheinlich anzunehmen. Eher könnte vom allgemeinen steuerpolitischen Standpuncte aus das Bedenken für erwägenswerth gelten,
ob man mit so hohen Zollsätzen, wie vor Allem bei Kaffee,
Petroleum, nach den Consumtionsverhältnissen des Artikels nicht
gegen die richtige Gleichmässigkeit der Besteuerung zu sehr verstösst, — unter der bei diesen Artikeln wohl meist zutreffenden
Voraussetzung einer vollen Ueberwälzung des Zolls auf den Gross-
Preis, wobei freilich die Einwirkung des Zolls auf den schliesslich
massgebenden Klein-(Detail-)Preis wieder ein complicirtes Problem
ist. Soweit dies Bedenken gerechtfertigt sein sollte, würde unter
der Annahme der finanzpolitischen Zweckmässigkeit der hohen
Tarifsätze durch die letzteren dann nur wieder bewiesen werden,
dass Frankreich durch seine Politik und Geschichte genöthigt
worden ist, seine Steuervertheilung ungleichmässiger,
auch nach Unten zu, für die Volksmasse, drückender zu
machen, — wie das bei den inneren Verbrauchs- und Verkehrssteuern auch nicht zu vermeiden war.

S. die Daten über Zoll- und Steuersätze S. 691 (Petroleum), S. 819 (Finanzzölle).
Beispielsweise ist der französische Zoll für Kaffee (156 u 208 Frcs. p. 100 Kil.) allerdings mehr als dreimal so hoch wie der deutsche (40 u. 50 M.), für Cacao (104
Frcs) mehr als doppelt so hoch (35 M.), für Thee fast doppelt so hoch (208 Frcs.
gegen 100 M.), für Gewürze mehr als 3—7mal so hoch (208—416 Frcs. gegen
50 M.), für Petroleum 2½—3mal so hoch (15 u. 25 Frcs. gegen 6 M.). Auch der
Zucker trägt doch in Frankreich selbst nach der Ermässigung von 1880 und nach der
neueren Steuerreform wohl noch doppelt so hohe Belastung als in Deutschland. Der
französische Kaffeezoll ist, natürlich je nach der Sorte und nach den Preisschwankungen
verschieden, bis 100% und mehr vom Preise des Artikels; ebenso bei Petroleum, bei
Zucker auch jetzt noch nicht so sehr viel geringer. Die Consumtion ist trotzdem auch
bei Kaffee in beständiger Steigerung begriffen, von c. 48 Mill. Kil. 1866—68 auf
c. 53 Mill. 1877—79 und c. 68 Mill. 1883—86. Freilich eine langsamere Zunahme
als früher bei niedrigerem Zoll — 1837/46 wurden 14,2, 1847/57 19,7, 1857/59
28,8 Mill. Kil. verzollt —, aber doch noch eine beträchtliche, so dass es fraglich
bleibt, ob eine — vollends nicht sehr bedeutende — Verminderung des Zolls das
finanzielle Interesse nicht auch jetzt ebenso schädigen würde, als 1860 ff. Nach einer
jüngsten amtlichen Berechnung (Bull. XXV, 415) war der Kaffee-Consum p. Kopf
1831 287, 1851 550, 1861 973, 1872 1295, 1881 1610, 1886 1.787, 1887 1.670,
1888 1.752 Gramm. Da merkt man kaum eine hemmende Wirkung des höheren Zolles.
— Viel niedriger als im deutschen Tarif sind in Frankreich Tafelfrüchte belastet.

Auch bei den zahlreichen kleineren Finanzzollartikeln und bei denen von mehr oder weniger protectionistischem Character handelt es sich doch in Frankreich im Ganzen um kein unbedeutendes Finanzinteresse. Eine so überwiegende Wichtigkeit für die Zollerträge, wie sie schon lange in Grossbritannien (S. 304) einige Hauptartikel besassen, haben die Hauptartikel der Bezollung in Frankreich nicht.

<small>Das erklärt sich allerdings zum Theil dadurch, dass nach den französischen volkswirthschaftlichen Verhältnissen Wein und Branntwein, abgesehen von der neuesten Zeit, als Einfuhrartikel viel weniger in Betracht kommen, Tabak wegen des Monopols bei den Zollerträgen fehlt und bei Zucker die Complication der Einfuhr mit der einheimischen Production den Zollertrag vermindert. Selbst im J. 1885, wo der Zuckerzoll ungewöhnlich viel einbrachte (100.5 Mill., 1887 nur 35.8) und der Kaffeezoll das bisherige Maximum erreichte (106.7, 1887 99.6 Mill.), kam auf diese beiden Artikel, dann auf die 5 weiteren einträglichsten Zollartikel Petroleum, Wein, Cacao, Steinkohle, Cerealien (letztre als Ein Artikel gerechnet), zusammen also auf 7 Artikel 284.8 Mill. Frcs. oder 77.3 % vom Gesammtertrag von 368.6 Mill. aus den Einfuhrzöllen. im J. 1887 (bei etwas anderer Reihenfolge der genannten Artikel, Cerealien waren sogar vor Zucker, also in die zweite Stelle getreten) 256.8 Mill. Frcs. oder 76.7 % des Gesammtertrags von 334.5 Mill. Fast ein Viertel der letzteren Summe ist also noch durch die anderen Zollartikel zu beschaffen, obwohl hier die Zölle von Wein, Getreide, Steinkohle bereits zu den Hauptartikeln der eigentlichen Finanzzölle gerechnet worden sind.</small>

Man begreift hiernach und kann es auch finanzpolitisch rechtfertigen, dass der französische Zolltarif, der allgemeine, wie der Conventionstarif, immer noch so umfangreich, nach Zahl der bezollten Artikel und einzelnen Positionen, und hoch nach den Zollsätzen geblieben ist, im Vergleich mit dem deutschen und mit anderen, vollends mit dem britischen Tarif, der ja nur noch ganz wenige Artikel umfasst (S. 304).

Auch an die neueren agrarischen Schutzzölle, an den Zoll auf Steinkohle und, wie die früheren Uebersichten (S. 819 und 833) zeigen, an die industriellen Schutzzölle, besonders im Gebiete der Textil- und Metallbranche, knüpfen sich in Frankreich nicht unerhebliche finanzielle Interessen. Denselben entsprach die Rückkehr zu höheren agrarischen Zöllen auf Getreide und Vieh und mindestens die Aufrechthaltung eines gewissen Maasses industrieller Schutzzölle. Der allgemeine Tarif, welcher vor 1881 galt, hat in Betreff dieser letzteren Zölle auch gegen das Finanzinteresse viel zu hohe Sätze gehabt, von seinen Prohibitionen ganz abgesehen, der Getreide- und Viehzolltarif von 1861 und noch von 1881 hat umgekehrt durch seine sehr niedrigen Sätze auch das Finanzinteresse zu wenig wahrgenommen. So war die Tarifreform von 1881, welche bei den industriellen

Zöllen ja schon durch die Conventionaltarife von 1860 ff. eingeleitet war, und die Erhöhung der Getreide- und Viehzölle von 1885 ff. vom finanziellen Gesichtspunct aus wohl zu billigen.

§. 331. 2. **Handelspolitische Seite.** Ob man über diese Massregeln vom handels-, agrar- und industriepolitischen Gesichtspunct ebenso urtheilen soll, ist freilich eine andere Frage, die wir hier auch nicht zu erledigen haben, aber doch kurz streifen wollen.

a) In Betreff der **agrarischen Schutzzölle** wird doch auch der Freihändler einräumen dürfen, dass die neuen **Getreide- und Viehzölle** Frankreichs, wie anderer europäischer Länder, welche zu denselben zurückgekehrt sind oder sie wieder erhöht haben, in **ganz neuen abnormen Weltconjuncturen** ihre Erklärung und wenigstens eine relative Rechtfertigung finden, mindestens als ein statthaftes Experiment und als mögliches, wenn auch nicht sicheres Hilfsmittel gegenüber einer schweren agrarischen Krisis für eine Uebergangszeit. Anderseits ist es gewiss ein sehr erwägenswerthes **steuerpolitisches Bedenken** ernster Art und von wahrhaft principieller Bedeutung, dass diese Zölle, — gerade wenn und soweit als sie ihren Zweck erfüllen, d. h. als **Schutzzölle wirken**, also wenn und soweit sie die Inlandspreise erhöhen oder ein weiteres Fallen ermässigen und verhüten, — **Steuern auf nothwendige Nahrungsmittel** seien und so die Steuerlast **ungleichmässiger, besonders mehr nach Unten zu, auf die Volksmassen** vertheilten.

Indessen ist gegen die practische Tragweite dieses Bedenkens doch Verschiedenes einzuwenden.

Einmal ist es eben fraglich, **ob und wieweit** jene Zölle die Wirkung als Preis erhöhende oder Preisfallen hemmende **Schutzzölle wirklich haben**.

Wirken sie nicht oder nicht für ihren vollen Betrag so, so entfällt allerdings überhaupt oder soweit als sie nicht so wirken, ihr Zweck als Schutzzoll. Aber dann entfällt auch die Berechtigung, sie anzugreifen, vom freihändlerischen und finanzpolitischen Standpuncte aus, während sie vom letzteren aus als Einnahmequelle ihren Werth behaupten, der dann durch die erwähnten Bedenken nicht weiter besonders geschädigt wird und vollends in französischer Finanzlage unter diesen Umständen anzuerkennen ist. Wirken diese Zölle umgekehrt ganz oder theilweise auf die Preise als Schutzzölle in der erwähnten Weise, so bleibt das freihändlerische und das hervorgehobene steuerpolitische Bedenken allerdings nicht nur im Princip, sondern practisch bestehen. Aber auch hier gilt dann, wie so oft bei Maassregeln der Volkswirthschafts- und der Steuerpolitik: eventuell sind diese Zölle auch dann als berechtigt anzuerkennen, weil sie zur Bekämpfung eines schweren Nothstandes, welcher die Grundlagen der Volkswirthschaft berührt, in Ermangelung anderer oder besserer Hilfsmittel nicht entbehrt werden können, weil sie von zwei Uebeln — der durch sie bedingten oder verursachten Steuerbelastung und dem Ruin der Landwirthschaft — das kleinere sind, wozu dann doch auch noch selbst bei der hier angenommenen Wirkung wieder hinzukommt, dass sie eine werthvolle Einnahmequelle bilden.

Practisch aber hebt sich sodann das principielle Bedenken auch noch durch einige weitere Erwägungen mehr.

So üben diese Zölle überhaupt schwerlich ganz allgemeine, gleichmässige Wirkungen auf die Stellung der gesammten inländischen Getreide- und Viehpreise aus. Ferner halten sie, nach bisherigen Wahrnehmungen, mehr nur ein weiteres Preisfallen etwas auf und hemmen es, als dass sie die Preise erheblich steigern. So wird nur der Vortheil einer den Käufern von Getreide und Vieh ungewöhnlich günstigen Conjunctur etwas geschmälert: es handelt sich mehr um lucrum cessans, als um damnum emergens für sie, — immerhin ein für die gesammte Beurtheilung wichtiger Unterschied. Endlich aber kommt der Zoll für die Brot- und Fleischpreise und damit für die etwaige Belastung der eigentlichen Consumenten doch vollends erst als ein mögliches, entfernteres, secundäres oder tertiäres Moment in Betracht, das neben anderen, zum Theil wichtigeren nicht nothwendig eine entscheidende Rolle spielt. Soweit aber der Zoll auf die ausländischen Producenten, die Verkehrsanstalten, die Händler, die Kleingewerbetreibenden ganz oder theilweise geschoben wird, was immer möglich, theilweise wahrscheinlich ist, entfallen wieder die steuerpolitischen Bedenken in Betreff einer Ueberlastung der Consumenten, während die sonstigen steuerpolitischen Bedenken wegen der Mitbelastung der genannten Kreise freilich auftauchen, aber nicht mehr als bei allen übrigen Zöllen, und während die finanziellen Vortheile in Betreff der Erschliessung einer Einnahmequelle, verbleiben.

Nach dem Allen möchte die Rückkehr zu den höheren agrarischen Zöllen sich in Frankreich immerhin mit genügenden Gründen unterstützen lassen.

b) Bei den **industriellen Schutzzöllen** machen sich die volkswirthschaftspolitischen und steuerpolitischen Bedenken wegen der Wirkungen dieser Zölle auf die Consumenten und auf die Vertheilung der Steuerlast weniger als bei den agrarischen Schutzzöllen geltend, während die finanziellen Interessen auch hier mit zu Gunsten sprechen. Aber die angedeuteten Bedenken fehlen allerdings auch hier nicht völlig und anderseits sind die finanziellen Interessen hier nicht so bedeutend als bei den agrarischen Schutzzöllen.

Die industriellen Zölle sind in Frankreich in dem Vertrags- wie im allgemeinen Tarife immer noch recht ausgedehnt, mehrfach, besonders bei den feineren und feinsten Qualitäten von Fabrikaten recht hoch, nach ihrer Specialisirung in den wichtigsten Fällen, besonders in der Textilbranche, zwar rationell veranlagt, nach den Gesichtspuncten des Schutzzollsystems als eines Systems industrieller Erziehung, aber in dieser Gestaltung doch auch am Ersten als wirkliche Schutzzölle, in Betreff der Inlandspreise der analogen heimischen Producte, daher namentlich der feineren Qualitäten, wirkend. Der Tarif von 1791 war in den wichtigsten Zweigen liberaler als der von 1881, vielfach selbst nach der absoluten Höhe der Sätze, vollends nach der relativen, gegenüber den Preisen der Artikel.

Indessen wirken die noch bestehenden französischen industriellen Schutzzölle doch auf die Preise der Masse der inländischen Halb- und Ganzfabrikate schwerlich erheblich, etwa gar allgemein vertheuernd, ein. Vielfach kommen sie gewiss nur als Finanzzölle und hie und da als Luxuszölle für einige Consumentenkreise in Betracht. Daher haben die erwähnten Bedenken doch keine grosse practische Bedeutung trotz ihrer principiellen Richtigkeit. Die Beseitigung der Prohibitionen, die fast allgemeine Ermässigung der industriellen Schutzzölle durch die Vertragstarife der 1860er Jahre und neuerdings im allgemeinen und in dem neuen Vertragstarif von 1881 waren Massregeln, welche demnach wohl handels- wie finanzpolitisch gleich richtig und zweckmässig waren.

Der völlige Bruch mit den industriellen Schutzzöllen, wie in Grossbritannien, oder die noch weitere starke Ermässigung wäre finanziell in heutigen französischen Verhältnissen, auch vom Standpuncte der Besteuerungspolitik aus, kaum richtig gewesen, wenn diese Massregeln auch wohl bei der erreichten und weiter möglichen Entwicklung der französischen Industrie keine allgemeinen, höchstens in einigen wenigen Zweigen entscheidende volkswirthschaftspolitische Bedenken gehabt haben möchten. So wie diese Zölle heute noch erhalten worden sind, tragen sie doch auch mit dazu bei, das bei einer so hohen Gesammtsteuerbelastung nothwendige Ziel zu erreichen, nemlich die Steuern möglichst vielseitig zu vertheilen, um so die Last leichter tragbar zu machen. Die Specialisirung der specifischen Zölle ist dabei zwar ein protectionistischer Gesichtspunct, aber zugleich eine Massregel, welche steuerpolitisch ebenso richtig ist, weil sie auf die Anwendung eines Qualitätssteuerfusses hinauskommt.

So möchte die neuere französische Zolltarifpolitik und möchte insbesondere der noch so umfangreiche allgemeine und Vertragstarif doch im Ganzen richtig sein. Die britische Tarifpolitik mit ihrer Concentration auf ganz wenige Hauptfinanzzoll-Artikel und ihrem völligen Absehen von Schutzzöllen wäre für Frankreich, wenigstens unter den gegenwärtigen Verhältnissen, schwerlich finanziell ergiebig genug und steuerpolitisch weniger passend als die eingeschlagene oder beibehaltene.

3. Das Zollverfahren und alles Zolltechnische ist gewiss umständlich und vielfach belästigend, die Controlen sind weitläufig, die Strafandrohungen schwer. Dies und jenes Einzelne mag ohne Bedenken und vielleicht zum Vortheil des Fiscus wie des Publicums zu ändern, zu mildern, zu vereinfachen sein. Denn der Einfluss einer übermässig prohibitorisch-protectionistischen und superfiscalischen Politik zeigt sich in Manchem noch. Aber grosse umfassende und einschneidende Aenderungen sind schwerlich am

Platze, so wenig als bei den analogen Verhältnissen der indirecten Steuern (Getränke! S. 658) oder Monopole.

<small>Die Finanzzölle sind sehr hoch und müssen des Finanzbedarfs wegen doch so bleiben, die Schutzzölle, auch nach dem erfreulichen Wegfall der principiell ja durchaus richtigen, aber in der practischen Anwendung unzweckmässigen Werthzölle, noch zu sehr specialisirt und müssen doch auch so sein und bleiben, so lange man an ihnen überhaupt festhält, was eben auch finanziell erwünscht erscheint, der ganze Tarif ist noch zu umfangreich und muss aus den angedeuteten Gründen, wiederum auch finanzieller Art, dennoch ebenfalls so sein und bleiben. Das bedingt Alles nothwendig auch eine weitläufige, mühsame Zollbewachung, ein umständliches Zollverfahren, eine entsprechende Organisation des Zolldienstes und freilich auch entsprechende Kosten, welche in Frankreich daher nicht bloss wegen der Landgrenzverhältnisse, sondern wegen der ganzen Zolltarifpolitik — ausserdem übrigens auch wegen der inneren indirecten Steuern und Monopole, auf deren Sicherung der Zolldienst mit aufzupassen hat — höher sein und bleiben werden als in Grossbritannien. Einzelne weitere tarifpolitische Reformen, z. B. die Beseitigung der Zollzuschläge für die indirecte Einfuhr (aus den „Entrepôts"), die völlige Gleichstellung der Sätze des allgemeinen und des Vertragstarifs sind wohl zu erwägen. Grossen Einfluss auf die Vereinfachung des Zolldienstes und Zollverfahrens werden sie schwerlich ausüben können.</small>

So wird man u. E. zu der Ansicht kommen müssen, dass das, was durch die bisherigen Reformen und namentlich durch die Tarifgesetzgebung von 1881, welche doch im Wesentlichen die handels- und zollpolitischen Massregeln der napoleonischen Handelsvertragsperiode zum gemeinen Recht des Landes gemacht hat, erreicht ist, vorerst nicht in mehr freihändlerischer und in der Richtung mässigerer Finanzzölle weiter gebildet werden wird. Es wird genug sein, wenn es im Ganzen auf diesem Stande erhalten wird. Und gerade auch finanzielle Rücksichten werden muthmasslich grössere Fortschritte in der angegebenen Richtung hemmen.

F. Rückblick auf die gesammte französische Staatsbesteuerung, insbesondere auf die Steuerpolitik seit 1871.

<small>S. oben §. 67 über „die französischen Finanzen am Schluss des ancien régime". Ferner in Betreff der Neuzeit die statistischen Daten in §. 166, S. 373, 374 und die Abschnitte über die „Besteuerung der dritten Republik" S. 396—404, „Rückblick auf die französ. Steuerentwicklung seit 1789 bez. 1815" S. 410—415 und die verschiedenen „Rückblicke" und Ausführungen „zur Kritik", welche den Schluss der Darstellung der jedesmaligen Steuergruppe bilden, S. 498—502 über die directen Steuern, S. 579—582 über die Verkehrsbesteuerung, S. 595—596 über die directe, Verkehrs- und Erbschaftsbesteuerung, S. 768—771 über die Monopole, sowie die ähnlichen kritischen Rückblicke auf einzelne Steuern, bes. §. 205 (Patentsteuer), §. 225 (Enregistrement), §. 235 (Stempel), §. 265 (Getränke), §. 273 (Zucker), §. 297 (Tabakmonopol), §. 330, 331 (Zölle). — Aus der Literatur s. bes. Mathieu-Bodet II, ch. 15—18 (Fragen der Steuerreform auf den Hauptgebieten) und ch. 25 (über das nach dem Kriege von 1870/71 angewendete Steuersystem, bes. §. 3, p. 390—402); ferner Amagat, partie III („les impôts de la rançon").</small>

§. 332. 1. Das Uebergewicht der indirecten Besteuerung. Das grosse Gebiet der modernen französischen

Staatsbesteuerung, wie sie sich seit der ersten Revolution, daher gerade in einem Zeitraum eines Jahrhunderts (1789—1889) entwickelt hat, ist nunmehr im Vorausgehenden auch in den wichtigeren Einzelheiten vollständig zur Darstellung gebracht worden. Es mag daher zum Schluss noch einmal ein kurzer Rückblick auf diese Besteuerung als Ganzes geworfen und dabei namentlich, wie wir uns früher vorbehielten (S. 601), die Gestaltung ins Auge gefasst werden, welche, wie es scheint endgiltig, diese Besteuerung seit dem verhängnissvollen letzten Kriege Frankreichs gegen Deutschland angenommen hat. Es handelt sich dabei nicht um eine Wiederholung des in den früheren, so eben citirten „Rückblicken" Gesagten, auf welche Ausführungen vielmehr für alles Einzelne hier zum näheren Beleg Bezug genommen wird, sondern nur um eine **Characterisirung des Gesammtganges** der französischen Staatssteuerpolitik in diesem soeben ablaufenden „ersten Jahrhundert der Revolutionen", und um eine **Characterisirung des erreichten Gesammtergebnisses**. Erst die genaue Einzelkenntniss aller Phasen der Entwicklung und aller Theile der Besteuerung, wie sie unsere Darstellung zu geben suchte, setzt in den Stand, eine solche Characterisirung richtig vorzunehmen, richtig zu begründen und selbst wieder richtig zu verstehen.

Das Ergebniss der Steuerentwicklung ist ein Ueberwiegen der **indirecten Verbrauchssteuern** (einschliesslich Zölle, directe „Luxussteuern", verwandte kleinere Abgaben und Transportsteuern) über alle übrigen Steuern, d. h. über die beiden anderen grossen Gruppen, die **directen** und die **Verkehrssteuern** (i. e. S. d. h. Enregistrement und Stempel, jenes einschliesslich Erbschafts- und Schenkungssteuern). Vollends aber indirecte Verbrauchssteuern und Verkehrssteuern zusammen überwiegen bei Weitem die directen Steuern.

Dies Ueberwiegen ist, durch den ersten Napoleon begründet, in erhöhtem Maasse seit der Julimonarchie, abermals gesteigert unter Napoleon III., immer mehr hervorgetreten. Aber erst die Ereignisse von 1870—71, deren weitere finanzielle Folgen und die von der dritten Republik eingeschlagene Steuerpolitik haben den indirecten Steuern im genannten Umfang das volle Uebergewicht verschafft. Noch am Schluss des zweiten Kaiserreichs vertheilte sich die französische Staatsbesteuerung etwa je zur Hälfte auf indirecte und auf alle anderen Steuern. Jetzt überwiegen jene um ein paar hundert Millionen (1885 um c. 300) und machen etwa 55% aller aus (s. die Daten S. 374).

Diese absoluten und Verhältnisszahlen ändern sich natürlich, je nachdem man den Begriff der indirecten Steuern weiter oder enger fasst. Wie man hierbei aber auch nach den verschiedenen Ansichten der Theorie und Praxis verfährt, auch wenn man insbesondere die Registerabgaben zum Theil zu den **directen** Steuern stellt, so bleibt doch immer ein erhebliches Uebergewicht der „indirecten" Steuern über die anderen, die alsdann sogen. directen, bestehen.

Wenn man z. B. mit der französischen Verwaltungspraxis und mit manchen Theoretikern den ganzen Betrag der Einnahme aus Enregistrement und Stempel (wiederum einschliesslich Erbschafts- und Schenkungssteuern) zu den indirecten Steuern rechnet, so überwiegen letztere, in diesem Sinne genommen, um **mehr als das Vierfache** die eigentlichen directen (um 1885 c. 2153 gegen 474 Mill.) oder diese machen nicht mehr 18% der Gesammtbesteuerung aus. Wenn man umgekehrt die genannten Verkehrssteuern, welche sich in die Kategorieen „directe" und „indirecte" Steuern eben nicht einfach einreihen lassen, anders vertheilt, etwa die Erbschafts- und Schenkungssteuern (c. 200 Mill.), welche den directen Steuern jedenfalls näher als den indirecten stehen, zu den directen rechnet oder selbst, wie es auch französische Practiker thun, so Mathieu-Bodet (II, 397), die ganze Proportionalabgabe des Enregistrements (S. 522), daher fast 90% des Ertrags des letzteren als „Steuern auf das Kapital", so ändern sich die absoluten und Verhältnisszahlen wiederum erheblich. Im ersten Falle, bei Einstellung der Erbschafts- und Schenkungssteuern unter die directen, sind die Zahlen um 1885 dann c. 674 „directe" und c. 1983 „indirecte" oder c. 25 und 75%; im zweiten Falle, bei Einstellung der ganzen Proportionalabgabe des Enregistrements unter die directen, bezw. c. 857 und 1770 Mill. oder c. 33 und 67%.

Es ergiebt sich hiernach, dass in Frankreich im Laufe des Revolutions-Jahrhunderts, von den 1780er bis zu den 1880er Jahren, die Staatsbesteuerung sich nicht nur **mindestens verfünffacht**, sondern dass sich auch das **Verhältniss zwischen directen und indirecten Steuern** — wie immer man diese Abgrenzung auch mache — **immer mehr zu Gunsten der letzteren Steuergattung verschoben hat**. Das ist nach verbreiteter, freilich sehr einseitiger und in dieser Allgemeinheit selbst unbedingt unrichtiger steuerpolitischer, steuertechnischer wie auch socialer und politischer Beurtheilung ein Nachtheil. Dann liegt derselbe jedenfalls als Ergebniss der Entwicklung und endgiltigen Gestaltung der französischen Besteuerung vor.

Bedenkt man aber, dass die Epoche des Revolutionszeitalters mit der fast unbedingten Verwerfung der indirecten Steuern begann, so können die damaligen steuerpolitischen Bestrebungen und die Thatsachen der Entwicklung und Gestaltung des Steuerwesens allerdings kaum stärker in Widerspruch stehen, als sie es thun.

Die jüngste Periode nach dem deutsch-französischen Kriege hat diesen Widerspruch noch wesentlich verschärft, weil sie, wie in diesem Werke im Einzelnen näher dargelegt worden ist, ganz vorwiegend die inneren Verbrauchssteuern, die Monopole, Zölle und die Verkehrssteuern — Enregistrement, Stempel, Transportsteuern — zu höherer Ergiebigkeit gebracht hat. Es ist das in dem Grade geschehen, dass man diese Periode mit Recht kurzweg als diejenige einer einseitigen Entwicklung der indirecten Besteuerung (i. w. S.) behufs Beschaffung des durch die neue schwierige Finanzlage hervorgerufenen Steuerbedarfs steuerpolitisch characterisirt hat (s. die Tabelle S. 395 und §. 172—174). Die Bedenken, namentlich socialpolitischer Art, welche man bei objectiver Würdigung der indirecten und Verkehrssteuern nicht übertreiben darf, aber doch in immerhin erheblichem Umfang zugestehen muss, sind in Betreff dieser neuesten Steuerpolitik schon oben (§. 177) anerkannt worden.

Durch Rechenexempel, indem man etwa mit Mathieu-Bodet manchen der nach dem Kriege neueingeführten oder erhöhten Steuern den Character als „directer" Steuern vindicirt, wird natürlich die Berechtigung des vorausgehenden Urtheils nicht hinfällig gemacht und nicht einmal eingeschränkt.

S. Mathieu-Bodet bes. II, 390 ff. Daselbst Uebersichten der einzelnen von 1870—77 eingeführten oder erhöhten Abgaben sowie der von 1872—80 wieder aufgehobenen oder verminderten, in beiden Fällen nach den Ertragsanschlägen. Die ersteren betrugen hiernach 747.78, die letzteren 323.59 Mill. Frcs. Unter jener Summe von 747.78 Mill. waren 44.08 Mill. Zuschlagcentimen (für den Staat) zur Patentsteuer (s. o. S. 399) und Erhöhungen von Tarifsätzen dieser Steuer, 14.02 Mill. kamen auf die den directen Steuern gleichgestellten Taxen, 35.68 Mill. auf die 3 % Steuer vom Ertrag beweglicher Werthe u. s. w., Beträge, die mit einer Summe von 500,000 Frcs. gewisser algier'scher Abgaben zusammen 94.58 Mill. Frcs. ausmachen und in der That zu den „directen" Steuern zu zählen sind: 12.6 %, der neu aufgelegten oder erhöhten Steuern. Der genannte Autor rechnet aber noch 96.56 Mill. Proportionalabgaben des Enregistrements hierher, die nach ihm „den Character directer Steuern auf das Capital" hätten, und gelangt so zu einem Betrage von 191.15 Mill. Frcs. directer in der Summe der neuen Steuern oder 25 (25.6) % derselben. Beschränkt man den Begriff „directer" Steuern auf die alten grossen französischen Hauptsteuern allein oder auf diese nebst den Taxen, so wäre die Quote der directen Steuern in den Steuererhöhungen nach dem Kriege nur 6, bezw. 8 %.

§. 333. 2. Die finanzwirthschaftliche Berechtigung der eingeschlagenen Steuerpolitik. Allein lassen wir einmal den steuerpolitischen und sonstigen Werth der grossen Steuergruppen und einzelnen Steuern des französischen Staatssteuersystems und die schwierige Frage nach den socialen, wirthschaftlichen und politischen Folgen der eingetretenen Entwicklung dieses Systems, bis 1870 wie nach 1870, bei Seite.

Die eigentlich finanzwirthschaftliche Frage in Betreff dieser Entwicklung und ihres Ergebnisses ist doch eine andere: nemlich ob die Steuerpolitik, von welcher diese Entwicklung und ihr Ergebniss in der Zeit vor wie nach 1870, abhängen, unter dem Einfluss der unvermeidlichen Nothwendigkeit, den einmal auftretenden Steuerbedarf zu decken, wenigstens insofern die richtige war, als sie die nach den Verhältnissen allein mögliche, von vornherein allein einigermassen Erfolg versprechende und relativ in Betreff der Lastenvertheilung und Aufbringung erträglichste wie die wirklich im Ganzen von Erfolg begleitete war? Darauf möchten wir, gestützt auf unsere genaue Darstellung der Steuerentwicklung und der Technik der einzelnen französischen Steuern, antworten: Ja, wenigstens im Wesentlichen!

Die völlige Unmöglichkeit, einen Steuerbedarf, wie den des französischen Staats, wesentlich allein durch directe Steuern nach den Ideen der Politiker und Finanzmänner der ersten Revolution aufzubringen, war von vornherein jedem Unbefangenen klar und ist durch die Thatsachen voll und ganz bestätigt worden. Die Rückkehr zu ergiebigen inneren indirecten Verbrauchssteuern durch Napoleon I., die Ausbildung der Verkehrssteuern (Enregistrement und Stempel) war daher unter den gegebenen Verhältnissen des Steuerbedarfs und nach der mit Sicherheit weiter zu erwartenden Entwicklung dieses Bedarfs in einem modernen europäischen Grossstaat, wie Frankreich, eine unbedingt gebotene Steuerpolitik.

Allerdings wäre man schon damals, trotz der Kriegsläufte und gesammten Zeitlage, und wäre man vollends in der Folgezeit, besonders als mit der Julimonarchie und in noch stärkerem Maasse später die Durchschnittsziffer des Staatsbudgets immer mehr wuchs (S. 373), nicht genöthigt gewesen, in dem Grade, als es geschah und unter den bestehenden Verhältnissen geschehen musste, so einseitig die inneren indirecten Verbrauchssteuern (einschliesslich des Tabakmonopols) und das Enregistrement (später auch den Stempel) zu immer grösseren Erträgnissen zu bringen, wenn man die bestehenden directen Steuern anders eingerichtet und durch andere Formen der directen Besteuerung ergänzt hätte.

Dies hätte von vornherein geschehen können, mindestens, nach den Wahrnehmungen gerade mit den directen Steuern in den ersten Jahrzehnten ihres Bestehens, nachträglich geschehen müssen, zumal seit der Periode der Julimonarchie. Von da an wurde es von Jahr zu Jahr bei dem steigenden Steuerbedarf nothwendiger, vollends aber in der Zeit nach dem letzten Kriege. Aber die gebotene und mögliche Reform der directen Steuern unterblieb, und um so mehr mussten natürlich die anderen inneren Steuern ergiebiger gemacht werden.

Da man zudem bis zur Zeit des dritten Kaiserreichs die finanziellen Erträge der Zölle — freilich auch meist „indirecte Verbrauchssteuern", aber andere, die inneren angemessen ergänzende — in einseitiger prohibitorisch-protectionistischer Politik nicht genügend entwickelte und da alsdann Napoleon's III. sonst durchaus richtige Reform der Handels- und Zollpolitik wiederum die finanzielle Aufgabe des Zollwesens nicht richtig löste, so musste vollends die Ergiebigkeit der inneren Verbrauchs- und Verkehrssteuern übermässig gesteigert werden. Wenigstens diesen Fehler in Betreff der Zölle hat die dritte Republik richtig verbessert.

Das französische directe Staatssteuersystem ist ein **reines Ertragssteuersystem**, aber nicht einmal ein völlig ausgebildetes, wenigstens alle „Erträge" umfassendes, da ihm vor Allem eine directe Besteuerung der **Zinsrente**, bis 1872 völlig, seit der damaligen Einführung der Steuer auf gewisse Werthpapiere noch grossentheils fehlt. Ein solches System kann seinem inneren Wesen, seiner ganzen technischen Einrichtung nach und nach den Erfahrungen aller Länder, vor Allem Frankreichs selbst, nur mit theilweiser Ausnahme der Gewerbesteuer (Patentsteuer), **nicht im erforderlichen Maasse steigende Erträge abwerfen**. Um so weniger, wenn es, wie in Frankreich, **der eigentliche, fast alleinige Träger der Besteuerung der höheren Selbstverwaltungskörper, hier der Departements, und ausserdem auch noch ein Hauptträger der Communalbesteuerung ist**.

<small>Die Veranlagung einer der Steuern dieses Systems, der wichtigsten von allen, der Grundsteuer, ist viel zu schwerfällig und umständlich, und in ihren Resultaten stets viel zu unvollkommen, diejenige der drei anderen grossen französischen Steuern zu mechanisch, in Folge dessen die Vertheilung der durch die einzelnen Steuern aufgebrachten Summen viel zu ungleichmässig, als dass man diesem System auch noch zumuthen könnte und dürfte, vom wachsenden Gesammtsteuerbedarf des Staats auch nur immer die gleiche, geschweige eine steigende Quote aufzubringen.</small>

Gewiss ist es möglich, durch Veränderungen der Einrichtung und Veranlagung dieser Steuern einige Verbesserungen herbeizuführen, wonach die Bedenken, diese Steuern für den Staat ergiebiger zu machen, sich vermindern. Die Patentsteuer liefert den Beweis dafür. Aber in den Hauptpuncten lässt sich an diesen Steuern nicht viel verändern und verbessern. Eben deshalb werden sie sich immer unfähig zeigen, in Staaten mit rasch wachsendem Steuerbedarf genügend ergiebig zu werden.

<small>Schwerlich hätte auch die denkbar zweckmässigste und gelungenste Verbesserung der grossen französischen directen Steuern, solange sie ihren steuertechnischen Grundcharacter von Ertragssteuern behalten hätten, es ermöglicht, einen wirklich erheblicher in Betracht kommenden Theil des zuwachsenden Steuerbedarfs durch sie, mehr als es geschehen ist, aufzubringen und um diesen Betrag das zu verkürzen, was man aus indirecten Verbrauchs- und Verkehrssteuern durch Erhöhung der Steuersätze und sonstwie herauspressen musste. Durch die frühzeitigere Hinzufügung einer ergiebigeren Capitalrentensteuer als der erst nach dem Kriege eingeführten, nicht genügend ausgedehnten auf bewegliche Werthe, wäre wohl etwas mehr zu erreichen gewesen. Aber auch die dadurch zu beschaffenden Summen wären doch gering gewesen verglichen mit dem vermehrten Steuerbedarf und mit dem grossen Antheil, den die höheren Erträge der Verbrauchs- und Verkehrssteuern thatsächlich geliefert haben und doch verhältnissmässig leicht liefern konnten.</small>

So war es also unseres Erachtens ein Fehler, dass man, nachdem die ersten Illusionen über die finanzielle Leistungsfähigkeit des in der Revolution begründeten directen Steuersystems den handgreiflichen Erfahrungen gegenüber geschwunden sein mussten, nicht mehr und ernstlicher dies System gerade nach der Richtung seiner Ertragsfähigkeit zu verbessern suchte. Aber, auch wenn dieser Fehler vermieden worden wäre, was neben allem Anderen sicherlich auch immer rein politische Rücksichten hintertrieben haben, — eine erhebliche Aenderung hätte die Steuerpolitik in Bezug auf die Ausdehnung, Entwicklung und verstärkte Ergiebigmachung der indirecten Verbrauchs- und Verkehrssteuern dadurch doch nicht erfahren können.

Ein 50 oder 100 oder selbst 150 Mill. Frcs. Mehr aus den directen Staatssteuern, als sie geliefert haben, hätte eben unter den französischen Verhältnissen die oben hervorgehobenen Relationen der grossen Steuergruppen zu einander nicht wesentlich verschoben, die vielen Hunderte von Millionen, welche die genannten übrigen Steuern mehr liefern mussten und lieferten, doch nicht sehr bedeutend vermindert.

In diesen Erwägungen liegt die Begründung des obigen Urtheils, dass die eingeschlagene französische Staatssteuerpolitik vor wie nach dem Kriege „im Wesentlichen" die richtige, die gebotene, die allein mögliche war.

§. 334. 3. Die Ergänzung der Besteuerung durch eine Einkommen- oder Einkommen- und Vermögenssteuer. Allerdings ist dies Urtheil noch etwas einzuschränken nach einer anderen Seite, aber bestehen bleibt es auch hier. Gerade die Erfahrungen mit der finanziellen Unzulänglichkeit des französischen directen Steuersystems mussten lange und vollends wieder in der Finanzlage der neuesten Zeit zu der Erwägung führen, ob nicht dies ganze System von Grund aus umzugestalten und in ein beweglicheres „Subjectsteuersystem" hinüberzuführen oder wenigstens ob nicht mit dem, dann freilich in diesem und jenem Punct zu verändernden, aber im Ganzen verbleibenden Ertragssteuersystem ein Subject-, ein Einkommen- oder Vermögenssteuersystem oder ein Einkommen- und Vermögenssteuersystem zu verbinden sei.

Bei dem ersten Plane hätte das System der englischen Einkommensteuer, bei dem zweiten dasjenige deutscher directer Besteuerung, namentlich Preussens und solcher Länder, welche Ertrags- und Einkommensteuern combiniren, einigermaassen vorbildlich sein können. — natürlich nur soweit dergleichen „Uebertragungen" von Mustern von einem auf das andere Land zulässig sind. An eine britische Einkommensteuer hat man in Frankreich auch wiederholt gedacht, auch nach dem Kriege, und völlig ignorirt, wenn auch, wie es scheint, schon aus „nationalen" Rücksichten nicht ernstlicher ins Auge gefasst, sind auch die preussisch-deutschen Verhältnisse directer Besteuerung nicht. Auch legislative Anläufe sind in der Richtung der Einkommensteuer gemacht, wie noch der letzte Ende 1885 (S. 629), der, wie es scheint, mittlerweile bei dem abermaligen Wechsel des Ministeriums aber wie die früheren ohne positives Ergebniss bleibt. S. über die betreffenden früheren Projecte seit 1871

Yves Guyot, imp. sur le revenu, 1. Annex, Mathieu-Bodet I. 55, 116, 119, 151, 120, 219, 176, 243, II, 105, 120, überhaupt II, ch. 16, §. 2, 3, Amagat, p. 300 ff., 164, 207 ff.

Im Laufe der Darstellung wurde es wiederholt als ein Fehler bezeichnet, dass man vollends nach 1870, damals mit in Folge der einseitigen gegnerischen Stellungnahme von Thiers, nicht zur Einführung einer Einkommensteuer oder einer Einkommen- und Vermögenssteuer oder einer Vermögenssteuer allein (d. h. einer nominellen, einer „Capitalsteuer", wie die Franzosen sie meistens nennen) gelangt ist. Darin hätte u. E. eine **passende Ergänzung** des französischen Steuersystems überhaupt und namentlich desjenigen der directen Besteuerung gelegen.

Mit beweglichem Steuerfuss, wie in England und anderen, auch deutschen Staaten, wäre eine solche Steuer immerhin im Stande gewesen, der französischen directen Besteuerung, als Ertragssteuersystem, die ihr so sehr mangelnde Anschmiegungsfähigkeit an den Wechsel und an die Steigerung des Finanzbedarfs zu verleihen — den Grundsätzen der „Ausreichendheit" und „Beweglichkeit" gemäss, die sich hier wie überall als wahre oberste Steuerprincipien und Postulate erweisen —. Eine nicht unbedeutende Beihilfe zur Deckung des Steuerbedarfs hätte eine solche directe Steuer und nur sie ebenfalls leisten können. Die besitzenden Classen, die Wohlhabenderen stärker belastend, mit angemessen progressivem oder wenigstens mit nicht gar zu niedrigem Steuerfuss, mit Degression nach Unten, hätte diese Steuer in französischen Verhältnissen und neben den Verbrauchs- und Verkehrssteuern auch auf die richtige, gerechte und socialpolitisch wünschenswerthe Vertheilung der Steuerlast passend mit hingewirkt.

Ein Fehler, ein schwerer Fehler der Steuerpolitik, ein wesentlicher Mangel des Steuersystems ist es daher in der That unseres Erachtens, dass es in Frankreich nicht, selbst nach 1870 nicht zu einer solchen directen Steuer gekommen ist.

Freilich dürfen die sehr grossen Schwierigkeiten auch nicht unterschätzt werden, welche sich, rein nach sachlichen Gesichtspuncten betrachtet, der Einführung einer Einkommen- oder Vermögenssteuer neben oder gar statt der bestehenden directen Steuern in Frankreich nothwendig entgegenstellen. Dadurch, dass die letzteren zugleich die Träger der Departemental- und Communalbesteuerung sind, wachsen diese Schwierigkeiten noch ausserordentlich.

Es würde zu weit führen, das hier näher nachzuweisen, ein genaueres Eingehen auf diese Frage „de lege ferenda" liegt auch ausserhalb der Aufgabe dieses Werks. Für jeden, der diese Dinge etwas kennt, das französische directe Steuersystem, namentlich die Patent- und die Personal- und Mobiliarsteuer auf die Verbindung mit oder den Uebergang in ein Einkommen- und Vermögenssteuersystem, die Verhältnisse der Combination von Ertrags- und Personalsteuern in anderen Ländern ins Auge fasst, ergeben sich solche Schwierigkeiten im bedeutendsten Maasse, von den Vorurtheilen gegen die Einkommensteuer in Frankreich, von der leidigen Nothwendigkeit politischer Rücksichtnahmen in diesem Lande gerade bei der Einführung einer solchen Steuer gar nicht zu reden. Dennoch war und ist, wie gesagt, und ist u. E. heute noch diese

Steuer in Frankreich nothwendig. In den neueren Projecten scheint man die Schwierigkeiten ihrer Combination mit den anderen Steuern indessen kaum hinlänglich zu würdigen.

Dem sei jedoch, wie ihm wolle. Auf der anderen Seite darf man auch die **finanzwirthschaftliche Tragweite** jenes Fehlers der Steuerpolitik und jenes Mangels des Steuersystems nicht übertreiben. Für die Beantwortung der oben aufgeworfenen eigentlich **finanzwirthschaftlichen** Frage kommt nemlich doch noch ein anderer Punct in Betracht.

Nehmen wir wiederum an, es sei die Einführung einer directen Einkommen- oder einer Einkommen- und Vermögenssteuer oder einer Vermögenssteuer allein neben den oder selbst statt der bestehenden directen Steuern, und in der denkbar befriedigendsten Weise gelungen. Auch dann wäre es sicher, dass mit einer solchen Steuer, wenn sie **an Stelle** der jetzigen directen Steuern getreten wäre, schwerlich ein höherer, wenn überhaupt nur ein ebenso hoher Ertrag erzielt werden könnte, als mit diesen Steuern. In dem für die Argumentation der Anhänger der Einkommensteuer günstigeren Falle, den wir auch für den wahrscheinlicheren halten, dass sie **neben** die bestehenden directen Steuern getreten wäre oder träte, — wie in Preussen — möchte wohl ein eigener neuer, also ein **Mehrertrag** über den bisherigen, aus den directen Steuern von 1—200 Mill., wohl in Maximo, auf diese Weise zu erzielen gewesen sein oder jetzt sein.

Das Danebenbestehen des Enregistrements, der Erbschaftssteuer, des Stempels ist auch in der Frage der Ergiebigkeit einer solchen Einkommen- oder Vermögenssteuer nicht zu übersehen. Würde, was steuerpolitisch wohl richtig wäre, ein Theil der aus den genannten Verkehrssteuern bisher erzielten Erträge bei einer Reform dieser Steuern mit durch die genannte Steuer aufzubringen gesucht (S. 545), so mag jene Ertragsziffer gerade in Frankreich überschritten werden können, aber dann wäre damit ja theilweise wieder nur dieser Ausfall gedeckt. S. auch Mathieu-Bodet II, 100, der das Fragliche der finanziellen Leistungsfähigkeit der Einkommensteuer nachzuweisen sucht.

Ist dem so, so ergiebt sich wiederum, wie bei einer blossen, auf stärkere Ertragsfähigkeit hinzielenden Reform der bestehenden directen Steuern, dass selbst mit einer Einkommen- und Vermögenssteuer die gesammte französische Steuerpolitik in Gang und Ergebnissen wieder doch **nicht** so wesentlich anders hätte sein können, als sie gewesen ist.

Selbst abgesehen von der Ungewohntheit der modernen Franzosen an eine directe Einkommen- und Vermögenssteuer wird man zudem einräumen müssen, dass eine solche Steuer, sobald sie zu einem **wirklich erheblichen** Ertrag hätte gebracht werden sollen, — und nur bei einem solchen hätte die Steuerpolitik eine wesentlich andere Wendung einschlagen können, — **sehr drückend** geworden wäre, gewiss mehr als das angenommene System mannigfacher neuer oder erhöhter alter indirecter innerer Verbrauchs-, Verkehrssteuern und Zölle. Eine solche directe Personalsteuer kann — und soll allerdings auch — wohl eine passende **Ergänzungsfunction** im Steuersystem übernehmen, aber sie kann schwerlich, mindestens nicht unter den bestehenden socialen und wirthschaftlichen Verhältnissen, nach ihrer **Ergiebigkeit ein solcher Hauptträger** der Besteuerung werden, wie es die französischen indirecten Verbrauchs- und die Verkehrssteuern, bei allen ihren Mängeln, doch immerhin sind. Deswegen nochmals: „**im Wesentlichen**" war die französische Steuerpolitik, vor wie auch nach 1870, die **gebotene, die richtige**, weil die **allein mögliche, Erfolg versprechende und verhältnissmässig erträglichste.**

Nicht sie, sondern ihre Ursache, die ruhelose innere und äussere französische Politik und Geschichte, — selbst wieder das Product des Nationalcharacters — mag man anklagen. Jede wesentlich andere Steuerpolitik wäre noch drückender gewesen und hätte schwerlich das erste Ziel jeder Steuerpolitik, die Deckung des Bedarfs, erreicht.

<small>So urtheilt u. A. auch Mathieu-Bodet II, 390 ff., dessen einzelnen Beweisgründen man deswegen noch nicht immer beizustimmen braucht. Die zweckmässige Ergänzungsfunction einer directen Personalsteuer, wie der Einkommen- und Vermögenssteuer, übersieht auch er.

Unter die erschwerenden Umstände für eine planmässige Finanz- und Steuerpolitik gehört sicherlich auch hier der ewige Wechsel der Ministerien. Es bleibt ein Wunder, dass trotzdem noch so Tüchtiges geleistet wurde. Seit dem 4. Sept. 1870 hat das Finanzministerium zweiundzwanzig Mal gewechselt, also im Durchschnitt jeder Minister nur wenig über $^2/_3$ Jahr sein Amt innegehabt, wobei allerdings mehrmals dieselben Männer das Portefeuille wieder übernahmen (s. Say 4mal). (S. die Liste der Finanzminister seit 1789, im Bull. XXV, 1.)</small>

So ergiebt sich zum Schluss wohl das Resultat, dass auch die Steuerpolitik mehr durch die „**allgemeinen bedingenden Verhältnisse**" als durch die subjectiven Wünsche und Bestrebungen der Theoretiker und selbst der leitenden Staatsmänner, der Regierungen und der Parlamente ihre Hauptrichtung erhält. Schwerlich wäre auch unter ganz anderer politischer Verfassung die Entwicklung der französischen Steuerpolitik seit 1870 eine wesentlich andere gewesen, als sie war. In dieser Periode waren die „Verhältnisse" auch den Mächtigsten gegenüber zu mächtig. Dass aber freilich zielbewusste Herrscher, wenn die „Verhältnisse ihnen vorarbeiten, einen Einfluss ausüben können, zeigt die Steuerpolitik Napoleon's I. in Betreff der indirecten Steuern und des Tabakmonopols, Napoleon's III. in Betreff der Zölle. Thiers und die übrigen Staatsmänner der dritten Republik haben nichts Aehnliches auf diesem Gebiete an Leistungen aufzuweisen.

II. Die Localbesteuerung,
d. h. die Departemental- und Communalbesteuerung.

Die Darstellung dieser Besteuerung ist hier aus äusseren Rücksichten auf den Raum, aber auch aus inneren, sachlichen Gründen, wie sie schon für die Behandlung der an sich finanzwirthschaftlich eigenthümlicheren britischen Localbesteuerung massgebend waren (S. 345), absichtlich knapper gehalten als die vorausgehende Darstellung der Staatsbesteuerung. Das Localsteuerwesen lässt sich vom gesammten localen Finanzwesen nicht so lostrennen, wie das bei der Staatsbesteuerung gegenüber den Staatsfinanzen möglich ist. Das locale Finanz- und Steuerwesen eines Landes steht aber auch in so enger Verbindung mit der ganzen Organisation der Localverwaltung, dass eine speciellere Darstellung desselben unvermeidlich auf diese Organisation selbst näher eingehen muss. Das ist hier ausgeschlossen und muss der monographischen Bearbeitung des Gegenstandes überlassen bleiben.

Daher handelt es sich uns auch hier, wie bei der Darstellung der britischen Localbesteuerung (S. 346), bloss um eine Darstellung und Beurtheilung der französischen Departemental- und Communalbesteuerung für sich, von dem der speciellen Steuerlehre zugehörigen Standpuncte der Steuertechnik und Steuerverwaltung aus.

Die Aufgabe ist dann insofern hier einfacher als in der Darstellung der britischen Localbesteuerung, weil Frankreich in der Hauptsache keine selbständigen directen Localsteuern, sondern nur Zuschläge für Departemental- und Communalzwecke zu den grossen directen Staatssteuern hat. Einer eigenen Darstellung der technischen und administrativen Seite dieser Zuschläge gerade als Steuern bedarf es daher nicht mehr. Es genügt, dafür auf die frühere Darstellung der Staatssteuern (S. 420—459) zu verweisen. Die beiden einzigen aparten directen Local-, bezw. Communalsteuern, die Wegedienst-Ersatzabgabe in Geld und die Hundesteuer lassen sich kurz erledigen. Die zahlreichen sonstigen directen „Abgaben", besonders im Gemeindehaushalt, sind nach ihrer finanzwirthschaftlichen Natur Gebühren, Beiträge, Kostenersätze und scheiden danach, nach der von uns festgehaltenen Eintheilung, aus der Darstellung der Besteuerung aus.

Allerdings ist nun das französische System der Departemental- und Communalzuschläge zu den directen Steuern etwas verwickelt und bietet in mancher Beziehung besonderes Interesse. Aber es hängt auch in den Einzelheiten wieder ganz enge mit der Einrichtung der Localverwaltung, speciell mit der Uebertragung gewisser öffentlicher Verwaltungsgebiete und ihrer Kosten, wie Wegewesen, Schulwesen, Unterstützungswesen u. a. m. an Departements und Gemeinden oder mit den Bestimmungen über die Theilung dieser Gebiete, auch nach der Kostenseite, zwischen diesen Verwaltungskörpern und dem Staate zusammen. Dasselbe gilt von der Naturalleistung im Vicinalwegewesen und der betreffenden communalen Verpflichtung auf letzterem Gebiete. Auch deswegen gehört das meiste Einzelne nicht hierher in die specielle Steuerlehre und grosstheils überhaupt nicht in die Finanzwissenschaft. Es muss in letzterer Beziehung genügen, auf die Darstellung des Finanzwesens der französischen Departements und Gemeinden im Abschnitt vom „Finanzwesen der Selbstverwaltung" in der 3. Aufl. des 1. Bandes dieses Werks (in §. 59) zu verweisen.

Anders liegt die Sache bei der wichtigen selbständigen indirecten Communalsteuer in Frankreich, dem weitverbreiteten Octroi, eine noch in der Gegenwart beibehaltene und ausgebildete städtische Verbrauchssteuer, welche auch vom finanzwissenschaftlichen Gesichtspuncte aus grosse Aufmerksamkeit verdient. Indessen braucht auch hier die Darstellung nicht so eingehend als diejenige der indirecten Staatssteuern zu sein, weil vielerlei principielle, technische und administrative Fragen beim Octroi doch wieder ähnlich wie bei diesen staatlichen Verbrauchssteuern liegen. Wir besitzen auch gerade in der deutschen Literatur eine neueste, eingehende und vorzügliche Arbeit über das französische Octroi in dem unten genannten monographieartigen Aufsatz v. Reitzenstein's, auf den hier besonderer Bezug genommen werden soll, um unsere eigene Darstellung des Gegenstandes etwas zu kürzen.

Allgemeinere Finanzliteratur s. schon Fin. I. (3. Aufl.), S. 127. U. A. die tüchtige Schrift von v. Brasch, die Gemeinde und ihr Finanzwesen in Frankreich, Leipz. 1874 (ursprünglich Leipz. Dissertat.); auch ins Französische übersetzt von de Waxel, Paris 1879. Bibliographie bei Block, p. 1423, 763 und in den Artikeln bei Say. Im Block'schen dict. die Artikel organisation communale von Smith, bes. ch. 8 (Einnahmen), und in den Supplem. (suppl. génér. das Ges. v. 5. Apr. 1884), Art. conseil général und département, bes. Nr. 99 ff., 106 ff. über die Einnahmen, Art. centimes additionnels, Art. octroi; im Say'schen dict., soweit erschienen, die vorzüglichen Artikel budget communal und budg. départ., centimes addit. von de Crisenoy (einem hohen Finanzbeamten). Vignes I, 64—74 (centim. addit.), 203—217 (octroi), 294—297 (Rechtsstreite, Strafverfolgung beim Octroi). v. Hock, S. 159—161 (Zuschläge), 377—383 (Octroi), v. Kaufmann, S. 724—766 (grossentheils nur statist, Aufzählung und Daten, keine finanz- und verwaltungsrechtliche Darstellung). v. Reitzenstein, in Schönberg's Handb. der polit. Oecon. 2. A. III. Abh. commun. Finanzwesen, S. 620—21, Frankreich; Ders., das Communalsteuersystem Frankreichs in den Schr. d. Ver. f. Soc.-Politik XII, 115—157. — Braff, administr. financ. des communes, Par. 1857. Thorlot, régime financier et comptabilité des communes, Par. 1887. — Die neuesten bezüglichen gesetzlichen Bestimmungen, bes. über Staatszuschüsse u. dgl., im Bull. — Specielle Literatur über Octroi s. u. vor §. 342.

Reiche und werthvolle Finanzstatistik. So seit 1878 eine eigene jährliche Publication „la situation financ. des communes"; noch bes. „situat. des recettes et dépenses des communes en 1885 et des emprunts et dettes au 31. Déc. 1886"; in den letzten Jahren auch eine eigene Public. über die situation financ. des départements (zuerst f. 1885). Daraus Auszüge im Bull. (so mehrfach in früheren Bänden, in den letzten Jahren XX, 585, XXI, 52. XXII, 495, 634", XXIV, 618, XXV, 190, 197). Ebenso im Bull. die Budgets von Paris. Desgl. detaillirte Statistik des Octroi in ganz Frankreich und speciell in Paris wiederholt, bes. XI, 43—81. — Statistik sonst auch im Say'schen dict., bei Faure, v. Kaufmann.

Die Gesetze über die Steuern unten. Allgemeine neuere Gesetze über die Departements, mit Bestimmungen finanzwirthschaftlicher Art, die Ges. v. 10. Mai 1838, 18. Juli 1866, 10. Aug. 1871, einzelne finanzielle Bestimmungen in den Finanzgesetzen. Für die Gemeinden und deren Finanzwirthschaft und Steuerwesen jetzt die Grundlage das grosse codificirende Ges. v. 5. Apr. 1884.

A. Die französische Localbesteuerung im Allgemeinen.

§. 335. 1. Uebersicht. Aus der Entwicklung der Organisation der Localverwaltung seit der ersten Revolution sind bisher endgiltig nur die **Departements** und die **Gemeinden** als selbständige juristische Personen und öffentliche Finanzkörper mit eigenem Haushalte und Steuern hervorgegangen, nicht auch die Arrondissements und Cantone. Die französischen Localsteuern sind daher ausschliesslich **Departemental- und Gemeindesteuern**.

Eine besondere Stellung nimmt die Abgabe von Theatern und dgl. m. für Armenzwecke ein, die keine eigentliche Gemeindesteuer ist (s. §. 341 am Ende).

Die bekanntlich aus politischen Motiven — um den provinziellen Particularismus leichter überwinden zu können — erfolgte Zerschlagung der althistorischen Provinzen in verhältnissmässig kleine Departements und die anfängliche Zerlegung der letzteren in Districte war zuerst nicht so gemeint gewesen, dass diesen neuen Bildungen jede Eigenschaft als Selbstverwaltungskörper und jeder eigene Haushalt mit Ausgaben und Einnahmen fehlen sollte. Die anfängliche Gesetzgebung von 1790—91 nahm bereits Zuschläge zu den beiden neuen directen Staatssteuern, der Grund- und der Mobiliarsteuer, bis zu einem Maximum für die Departemental- und Districtsausgaben in Aussicht. Allein die revolutionäre Centralisationstendenz beseitigte bald die eben erst in Ausbildung begriffenen Schöpfungen wieder (1793). Zwar kam es dann von Neuem zu eigenen Departementalausgaben und Zuschlägen zu den directen Steuern für die Deckung derselben. Auch wurden unter Napoleon I. besondere Arrondissementsausgaben und Steuerzuschläge dafür gesetzlich ermöglicht (1807, 1811). Eine mehr organische Ausbildung der Departements zu selbstständigen Körpern mit den erforderlichen Rechten der Persönlichkeit und mit eigenem Haushalte erfolgte aber erst unter der Julimonarchie (Ges. v. 10. Mai 1838), die weitere Entwicklung vornemlich durch die Gesetze v. 18. Juli 1866 und 10. Aug. 1871. Das Recht der Regierung, Arrondissementsauflagen einzurichten, wurde 1838 beseitigt. S. über die einzelnen Phasen der Entwicklung bes. de Crisenoy's Art. budg. départ. im Say'schen dict. p. 496—500.

Es entsprach den die Zeit der ersten Revolution beherrschenden politischen und finanzwirthschaftlichen, insbesondere auch den damaligen steuerpolitischen Ideen über die wesentlich alleinige Berechtigung directer Steuern, über die Verwerflichkeit der inneren indirecten Verbrauchssteuern, über die Vorzüglichkeit der neu geschaffenen, nur durch die Mobiliarsteuer ergänzten Grundsteuer (§. 167, 168) und über die Nothwendigkeit einer festen Verbindung der Staats- und Localbesteuerung, dass man die städtischen Verzehrungssteuern, das Octroi, wie andere indirecte Verbrauchssteuern aufhob (Ges. v. 25. Febr. 1791), Departements und Gemeinden, soweit sie überhaupt Steuern brauchten, allein auf directe Steuern anwies, eigene, aparte Localsteuern aber wieder vermied und daher nur Zuschläge zu den neuen directen Staatssteuern, namentlich der Grund- und der Mobiliar- (und Luxus-) Steuer, gestattete (centimes additionnels départementaux et communaux). Dies Zuschlagsystem ist dann in aller Folgezeit bestehen geblieben, nur auf die anderen beiden directen Steuern, die Patent- und die Thür- und Fenstersteuer mit ausgedehnt worden, bei beiden jedoch in geringerer Höhe der Zuschläge, wofür indessen bei der Patentsteuer die Gemeinden am Principalsatz, den der Staat sonst ganz für sich erhebt, mit 8%, betheiligt worden sind (§. 198 ff.). Auch in Betreff einer der neueren „den directen Steuern gleichgestellten Specialtaxen", der Wagen- und Pferdesteuer, wurde den Gemeinden ein Antheil, jetzt 5%, überwiesen (S. 781). Das Zuschlagsystem characterisirt sich bei Departements und Gemeinden zum Theil als **Zwecksteuersystem**, mit bestimmten Verwendungszwecken der einzelnen Zuschläge oder zur Deckung bestimmter Ausgaben mit dem Zuschlage.

In der **Departemental**besteuerung ist es ausschliesslich bei diesem System der Zuschläge zu den directen Staatssteuern geblieben. Alle übrigen Einnahmen der Departements sind privatwirthschaftlicher, gebührenartiger Natur, Beiträge und, besonders neuerdings, Subventionen des Staats, auch Beiträge der Gemeinden für Einzelnes. Der grosse Haupttheil der ordentlichen Einnahmen wird aber durch die Zuschlagcentimen gebildet (s. §. 336).

Die **Communal**besteuerung ist dagegen nicht auf das Zuschlagsystem beschränkt geblieben. Vielmehr kehrte man, insbesondere in den **Städten** und grösseren Gemeinden, wie im Staate, zu den **indirecten Verbrauchssteuern** in der Form des **Octroi** wieder zurück (Ges. v. 27. Vendém. VII für Paris, 27. Frim. VIII für andere Städte, 5. Vent. VIII allgemein). Dies Octroi ist allmählich in so zahlreichen Gemeinden (im J. 1888 in 1525) angewandt, so umfassend ausgebildet und zu einem so starken Ertrage gebracht worden, dass es an finanzieller Bedeutung für den Communalhaushalt der Gesammtheit der französischen Gemeinden und zumal für den riesigen Haushalt von Paris die directe Besteuerung mittelst der Zuschlagcentimen erheblich übertrifft (s. folg. §.). In dieser Hinsicht war die Entwicklung also auch hier, ganz entgegen den steuerpolitischen Tendenzen in der früheren Zeit der ersten Revolution, eine ähnliche wie bei der Staatsbesteuerung. Diese hervorragende Stellung der indirecten Verbrauchssteuer in der Communalbesteuerung Frankreichs ist das im Vergleich mit anderen Ländern, besonders mit Grossbritannien und Deutschland, Eigenthümliche, das sich in anderen Staaten zwar auch noch findet, aber kaum in ähnlicher Ausdehnung und finanzieller Bedeutung. Nach der Technik der Erhebung des Octroi erfährt zugleich der Grundsatz der inneren Verkehrsfreiheit in der Praxis so eine erhebliche Einschränkung.

Zuschlags-Centimen zu der directen Steuer und Octroi sind die hauptsächlichen französischen Communalsteuern, aber nicht die einzigen. Eine specielle Zwecksteuer für die **Vicinalwege** ist, bei Unzureichendheit der ordentlichen Communaleinnahmen, die **Geldabgabe**, welche in Folge von Gesetzen aus der Zeit der Restauration und Julimonarchie (28. Juli 1824 u. v. 21. Mai 1836) nach

Wahl der Pflichtigen statt der gesetzlichen dreitägigen Natural-Arbeitsleistung für die Vicinalwege entrichtet werden kann. Der Werth dieser Abgabe wird nach dem steuertarifmässigen Conversionswerth der Arbeitsleistung in jeder Gemeinde in Geld veranschlagt und erscheint dann in dieser Weise berechnet als Geldsumme in der Finanzstatistik der Gemeinden. Endlich ist unter dem zweiten Kaiserreich durch ein Gesetz v. 2. Mai 1855 eine Hundesteuer zu Gunsten der Gemeinden als obligatorische Communalsteuer eingeführt worden.

Hiermit sind die eigentlichen Steuern im französischen Gemeindehaushalt erschöpft. Die zahlreichen und finanziell öfters recht bedeutenden sonstigen Abgaben, besonders in den Städten, haben auch hier nicht die finanzwirthschaftliche Natur eigentlicher Steuern, sondern diejenige von Gebühren, Beiträgen, Kostenersätzen, privatwirthschaftlichen Einkünften, wenn dabei auch mitunter Steuerelemente inbegriffen sind.

§. 336. 2. **Die Stellung der Steuern im Departemental- und Communalhaushalte.** Der Character eines grossen Theils der Steuerzuschläge und der Ersatzabgabe im Vicinalwegewesen als Zwecksteuern lässt sich völlig genügend nur durch eine genauere Darstellung der Verwaltungsaufgaben der Departements und Gemeinden nachweisen und verständlich machen. In Ermangelung einer solchen kann aber auch die Finanzstatistik der Haushalte beider Körper einigermaassen über dieses Verhältniss und weiter über die ganze Stellung der Steuern in und die Bedeutung derselben für diese Haushalte orientiren. Deshalb werden hier einige finanzstatistische Daten, besonders aus der Gegenwart, eingefügt.

S. schon Fin. I (3. Aufl.), §. 59.

a) **Die Departements.** Die Beobachtung, dass nicht nur die Staatsausgaben, sondern ähnlich auch die „Localausgaben" der Selbstverwaltung in starker und namentlich in den letzten Jahrzehnten und Jahren immer rascherer Zunahme begriffen sind, macht man auch in Frankreich, speciell auch bei den Departements, und zwar bei den ordentlichen wie bei den, nur mehr schwankenden, ausserordentlichen, bei den obligatorischen und den übrigen Ausgaben (Fin. I, S. 129). Dies hat in Frankreich wie anderswo dazu geführt, einzelne Ausgaben den Departements ab- und auf den Staat zu nehmen, anderseits zur Bestreitung der verbleibenden

Ausgaben Staatsdotationen, Subventionen, Zuschüsse, regelmässig für bestimmte Zwecke, wie das Wegewesen, zu gewähren (Fin. I, §. 49). Aber trotzdem mussten für die steigenden Ausgaben doch ausserdem auch immer mehr Steuern erhoben werden. Daher sind die Zuschlagcentimen für Departementalausgaben auch fast beständig, wenn auch nur langsam gestiegen.

So waren z. B. (nach Say, dict., p. 493) diese Ausgaben in Mill. Frcs.:

	1851	1869	1881
Ordentliche	73.40	123.73	160.64
Ausserordentliche	24.25	68.40	153.32
Summe	97.65	192.13	313.96

In 1885 und 1886 ergiebt die neueste specielle Publication über die Finanzen der Departements in Betreff der — hier zusammengezogenen — Hauptrubriken der Ausgaben und Einnahmen Folgendes (Bull. XXII, 634, mit Erläuterungsbericht, Bull. XXV, 190). In Mill. Frcs.

Ausgaben:	1885	1885	1886	1886
Präfecturen	—	3.09	—	3.11
Immobilien, Bauten, Miethen, Mobiliar	—	15.96	—	26.98
Depart.-Strassen	23.48 ⎫		22.25 ⎫	
Vicinal- „	106.03 ⎬ Wegewesen	139.37	105.74 ⎬ Wegewesen	136.57
Localeisenbahnen	5.32 ⎟		5.05 ⎟	
Eisenbahnen allgemeiner Bedeutung	4.54 ⎭		5.53 ⎭	
Geisteskranke	20.28 ⎫ Oeffentliche		20.40 ⎫ Oeffentliche	
Unterstützte Kinder	16.27 ⎬ Unter-		17.00 ⎬ Unter-	
Kinder im 1. Jahre	1.46 ⎟ stützungen	44.38	1.60 ⎟ stützungen	45.55
Andere Unterstützungen	6.37 ⎭		6.55 ⎭	
Oeffentlicher Unterricht	—	18.23	—	18.23
Unterstützung, Wissenschaft, Kunst	1.34 ⎫	4.91	1.43 ⎫	4.93
„ Landwirthsch., Industrie	3.57 ⎭		3.49 ⎭	
Cultus	—	0.085	—	0.086
Kataster	—	0.159	—	0.153
Anleihe-Dienst	—	27.60	—	29.41
Verschiedenes	—	9.59	—	9.62
Summe	—	271.37	—	273.99

Der Schwerpunct der Ausgaben liegt also im Wegewesen i. w. S., dem auch noch ein grosser Theil der Ausgaben des Anleihediensts zuzurechnen ist.

Bei den Einnahmen wird hier gleich in Betreff der Zuschlags-Centimen nach der amtlichen Statistik specialisirt. Die Erläuterung findet diese Specialisirung in §. 337 u. 338.

Einnahmen:	1885	1885	1886	1886
1. Aus Besitz	—	0.86	—	0.91
2. Aus Beiträgen u. s. w. Dritter	—	60.45	—	59.50
Neml. f. ord. Ausgaben, excl. Wegewesen (vicinalité)				
von Staat	6.99 ⎫		5.80 ⎫	
von Gemeinden	9.29 ⎬	19.43	9.98 ⎬	18.82
von Privaten	3.16 ⎭		3.04 ⎭	
Latus	—	80.74	—	79.23

Einnahmen:	1885	1885	1886	1886
Transport	—	80.74	—	79.23
Event. Einkünfte f. Wegewesen (Staatsbeitr., Communalconting., Beitr. Priv., diverse Ertr.)	35.18	—	33.89	—
Geschenke, Legate	0.21	—	0.31	—
Event. verschiedene Erträge	—	5.63	—	6.49
3. Depart.-Steuern (Zuschlag-Centimen)	—	171.24	—	173.52
Neml. ord. Cent. f. and. Ausg. als Viciualit.	62.92	—	63.63	—
Ord. Cent. f. Vicinalwege	25.09	—	25.32	—
Ord. Cent. f. Primärunterricht	14.34	—	14.47	—
Ord. Cent. f. Kataster	0.069	—	0.07	—
Auss.-ord. Cent. nach Fin.-Ges.	35.34	—	35.48	—
Auss.-ord. Cent. nach Spec.-Ges.	33.49	—	34.55	—
Von Amtswegen aufgel. Cent.	—	—	—	—
4. Auss.-ord. Einnahmen	—	37.77	—	43.77
Neml. aus Veräusserungen	0.70	—	0.68	—
Aus Anleihen	37.07	—	43.08	—
Summe	—	270.32	—	277.69

Die Steuern machen also doch fast ²/₃ aller, fast ³/₄ der ordentlichen Einnahmen (d. i. ohne Anleihen und Veräusserungen) aus. Sie sind erheblich gestiegen, auch seit dem Kriege.

Nach der Abrechnung waren sie 1869 bei den vier grossen directen Steuern 114.84 (incl. Elsass-Lothringen), nach dem Voranschlag f. 1889 176.81 Mill. Frcs. also in 20 Jahren eine Zunahme von ca. 60 Proc. (wenn man ausschlagsweise Elsass-Lothringen absetzt): eine Miterklärung für die fehlende Steigerungsfähigkeit der directen Steuern (ohne die Patentsteuer) für Staatszwecke seit dem Kriege. Im Jahre 1889 betrugen die Dep.-Zuschläge 43.5 % des Staatsbezugs aus den vier directen Steuern (ohne Berücksichtigung der Nebenfonds, non-valeurs u. s. w.), 1869 nur 34.6 % des damals noch kleineren Staatscontingents. — In den einzelnen Departements ist die Höhe der Einnahmen und Ausgaben und der Zuschlagcentimen natürlich sehr verschieden (Max. der Einnahme 1886 Seine [Paris] 32.36, Seine-infér. 9.07, Min., excl. Belfort, Corsica 0.94, Oberalpen 1.06, Durchschnitt 3.19 Mill. Frcs., Durchschnitt der Steuern 2 Mill.). Die Vertheilung der Dep.-Zuschläge auf die einzelnen Steuern u. in §. 338.

b) Die Gemeinden. Auch hier tritt eine grosse rasche Vermehrung der Ausgaben und Einnahmen seit lange hervor, wobei Paris vorangeht, aber die Gesammtheit der anderen Gemeinden kaum zurückbleibt. Die Steuerzuschläge zu den directen Staatssteuern, die Einnahme aus dem Octroi, der Werth der Naturalleistung für Vicinalwege, bez. der Geldabgabe dafür, sind demgemäss auch sehr bedeutend gestiegen.

Alle Ausgaben und Einnahmen umfassende finanzstatistische Uebersichten über die Gemeinden ganz Frankreichs (1888 36,123) liegen nur für einzelne Jahre, so für 1836, 1862, 1877 und jetzt wieder f. 1885 vor (situat. des recettes et dép. en 1885, herausgeg. v. Min. des Innern, Anf. 1889 erschienen, daraus Auszug im Bull. XXV, 197 ff.; mit Vergleichen zwischen 1877 und 1885; für die früheren Jahre s. Bull. X, 46 mit Auszug aus dem Ber. f. 1874 und Vergleichen früherer Jahre; einige Hauptdaten auch in Say's dict., p. 477 ff., Daten, die hier nicht benutzt werden. Die ebenfalls v. Min. d. Innern jährlich herausgegebene situat. financ. des communes, bisher 11 Jahrgänge, enthält nur die Einnahmen aus den Centimen und aus dem Octroi.

nach den einzelnen Gemeinden nur für die Centimen specialisirt. Im Bull. VII, 297 Statist. der Naturalleist.-Abgabe 1887—79). Aus diesen Materialien sind die folgenden Daten zusammengestellt worden, um die Bewegung im Grossen zu zeigen.

α) Bei den Gemeinden ohne Paris war in Mill. Frcs.:

Gesammthaushalt:	1836	1862	1877	1885
Ordentliche Ausgabe	83.83	256.95	354.27	482.32
Ausserordentliche Ausgabe	33.96	193.28	322.51	264.78
Zusammen Ausgabe	117.79	450.23	676.78	747.10
Ordentliche Einnahme	100.85	291.90	407.35	486.53
Ausserordentliche Einnahme	24.46	149.52	288.38	248.72
Zusammen Einnahme	125.31	441.42	695.73	735.25
Von der Einnahme:				
Ordentliche Centimen	18.06	48.74	77.78	95.30
Ausserordentliche Centimen	4.69	19.49	38.30	50.35
Zusammen	22.75	68.22	116.08	145.65
Ordentliches Octroi	39.85	72.66	110.44	123.42
Ausserordentliches Octroi	—	6.01	14.14	11.19
Zusammen	39.85	78.67	124.57	134.62
Zusammen directe u. indirecte Steuern	62.60	146.89	240.65	280.27
Hundesteuer	—	4.98	6.27	7.93
Werth der Leistungen f. Vicinalwege	22.77	48.92	54.87	c. 61.00
Gesammtbesteuerung	85.37	200.79	301.77	349.20

(Die Ziffer f. 1836 bei den Leist. f. Vicin.-Wege ist die des J. 1837.)

Bei den ausserordentlichen Ausgaben und Einnahmen zeigt sich der Einfluss von zufällig in einzelne Jahre fallenden grösseren Anleiheoperationen, Conversionen, Rückzahlungen zu stark. Die Bewegung der ordentlichen Ausgabe und Einnahme ist das Wichtigere und mehr Typische. Der treibende Factor ist natürlich auch hier die Vermehrung der Ausgaben, an der alle Verwaltungszweige betheiligt sind, am Meisten, wie überall, Unterrichts- und Wegewesen. Eine Steigerung 1836—85 auf das 5—6fache; danach dann auch auf das 5fache bei den ordentlichen, 6½fache bei allen Centimen, auf das fast 3½fache beim Octroi. Dies trotz der Einrichtung starker Subventionen von Staat und Departements an die Gemeinden für Schul- und Wegewesen. Die Steuern (incl. Hundesteuer, Leistung für Vicinalwege) mussten immer noch in stärkerer Progression als die Gesammteinnahmen und Ausgaben wachsen. Sie betragen indessen noch nicht die Hälfte von letzteren, und jetzt wieder nur (1885) c. 72% der ordentlichen.

Die grosse Vermehrung der Communalzuschläge zu den directen Staatssteuern erklärt wieder, dass die letzteren, auch nach 1870, so wenig für die Staatsbedürfnisse in stärkerem Maasse in Anspruch genommen wurden und werden konnten. Die Wichtigkeit des Octroi, welches früher mehr und gegenwärtig noch fast ebensoviel als die Zuschlagcentimen einbringt und vollends in den Gemeinden, wo es besteht, den Ertrag der Centimen überwiegt, ergiebt sich aus den Daten auch für die Gemeinden ohne Paris ebenfalls. Die ohne das Octroi gebotene ungefähre **Verdoppelung der Centimen** würde bei der Beschaffenheit der französischen directen Steuern **in hohem Grade bedenklich** sein. Das Octroi erscheint neben solchen Steuern, als der einzigen Grundlage der Zuschläge, **kaum entbehrlich**.

3) Zieht man Paris mit in die Berechnung, so war summarisch, ordentliche und ausserordentliche Einnahmen zusammengefasst, das Ergebniss für alle Gemeinden incl. Paris das folgende, in Mill. Frcs.:

	1877	1885
Centimen jeder Art	138.26	172.50
Octroi	253.13	283.59
Zusammen	391.38	456.09
Aus Besitz u. dgl.	174.14	169.82
Andere Einnahmen	186.64	287.51
Summe	752.16	913.42
Aus Anleihen u. Veräusserungen	256.29	105.64
Gesammtbetrag	1008.46	1019.06

Die Einkünfte „aus Besitz" rühren her aus Miethen, Pachten, Holzschlag, Weidegeld, Zinsen, Gebühren von Märkten, Hallen und mancherlei communalen Anstalten und Einrichtungen u. s. w.; die „anderen Einnahmen" aus der Ersatzabgabe für Vicinalwege, Hundesteuer, Antheilen an Staatssteuern, Subventionen für Primärunterricht, für Vicinalwege und für andere ausserordentl. Ausgaben u. a. m.

Die Communalsteuern betragen hier von den Einnahmen abzüglich der Anleihen und Veräusserungserlöse fast genau die Hälfte, incl. Ersatzabgabe und Hundesteuer fast drei Fünftel.

Von der gleichzeitigen Einnahme des Staats aus den directen Steuern (ohne Nebenfonds) betrug die Summe der Communalzuschläge 1877 35.5, 1885 (trotz inzwischen erfolgter Ermässigung der staatlichen Patentsteuer) 44.1%, vom blossen Principal der Staatssteuern bezw. 41.7 und 49.0%, — Belastungen der directen Staatssteuern mit Zuschlägen, welche wiederum das Unterbleiben von neuen Zuschlägen für Staatszwecke nach dem Kriege (ausser bei der Patentsteuer) mit erklären.

Fasst man endlich, nicht nach dieser speciellen Finanzstatistik der Departements und Gemeinden, sondern nach den Staatshaushaltsrechnungen und Voranschlägen (für 1889) — mit etwas abweichenden Zahlen — die Departemental- und Communalzuschläge zusammen und vergleicht sie mit dem Staatsbetrag der directen Steuern (ohne Nebenfonds für non-valeurs u. s. w., aber incl. die allgemeinen Zuschläge für den Staat selbst), so ergiebt sich Folgendes, in Mill. Frcs.:

	1869	1869	1889	1889
Staatseinnahme	—	331.56	—	406.35
Departements-Zuschl.	129.04⎫	230.94	176.81⎫	363.80
Gemeinden- „	101.90⎭		186.99⎭	
Zuschl. % von Staatseinn.	—	69.6	—	89.5

Man begreift hiernach in Frankreich die gleiche Finanzpolitik, wie in anderen Ländern: den Departements und Gemeinden durch Uebernahme von Ausgaben auf den Staat und durch Subventionen des letzteren in steigendem Maasse Hilfe zu gewähren, — und das trotz des Octrois. Bei einer anderen Verfassung der directen Steuern möchte diese Finanzpolitik und das Octroi nicht ganz ebenso dringend sein, aber wesentlich anders könnte man gleichwohl schwerlich verfahren. Diese Erwägung ist für die Kritik der französischen directen Besteuerung nicht unwichtig.

γ) Für Paris allein ergiebt sich die Stellung und Bedeutung der Communalbesteuerung im städtischen Haushalte aus folgenden Zahlen.

Das ordentliche Budget war:

	Mill. Frcs.	p. Kopf Frcs.
J. VII	7.5	14.50
1800	12.0	23.00
1813	23.0	37.00
1817	68.5	96.00
1849	44.0	43.00
1860	104.0	91.50
1880	229.0	114.00

(Bull. VII, 200.)

	Einnahme Mill. Frcs.	davon aus Centim. Mill. Frcs.	Octroi Mill. Frcs.
J. VII	7.37	0.32	6.63
1848	43.40	1.10	26.57
1860	103.60	2.57	67.34
1876	223.62	24.26	124.47
1887	255.90	33.19	137.00
1889	267.06	83.49	140.25

(Bull. VII, 201 ff., XXV, 352, 348.) Von 1876 incl. an (wie vermuthlich auch in den Daten für die Vorjahre) die Einnahme ohne diejenige für Specialfonds aus Anleihen, Veräusserungen u. dgl.; bei den Centimen seit 1876 auch incl. Hundesteuer und Specialauflagen; bis 1887 incl. „constatirte", für 1889 veranschlagte Einnahmen.

Die von den genannten Communalsteuern gebildete Quote der Gesammteinnahme ist seit 1848 ziemlich dieselbe geblieben, etwas über ⅔. Von der ordentlichen Einnahme (i. e. S. der Stadtrechnung) war sie 1876 und 1887 beide Male fast 68%. Es sind also die Steuern und die übrigen Einkünfte ungefähr in gleicher Progression gewachsen. Aber der schon früher so stark gesteigerte Ertrag des Octroi ist neuerdings in der verhältnissmässigen Entwicklung hinter den Gesammteinnahmen und auch hinter den Centimen (nebst Zubehör) etwas zurückgeblieben. 1860 war er von der ganzen Communalsteuereinnahme 96.4, 1876 83.7, 1887 80.8 %. Immerhin liefert auch jetzt noch das Octroi viermal so viel als die directen Communalsteuern, was besonders für Vergleichungen mit der Gemeindebesteuerung der Grossstädte anderer Länder (Berlin!) beachtenswerth ist.

In dem Drittel — 1889 etwas mehr, 90.03 Mill. von der ordentl. Einnahme i. e. S. von 263.76 Mill. Frcs. — der Pariser ordentlichen Einkünfte, welches aus anderen Quellen als den genannten Steuern herrührt, betragen für 1889 die Zuschüsse des Staats für Polizei 7.69, des Staats und Seinedepartements für Unterhaltung und Reinigung des Pflasters 3.9 Mill. Frcs. Ausserdem sind folgende Posten auch als engere Gruppe verwandter Einkünfte bemerkenswerth: die Zahlungen der Gasgesellsch. 19.12, die Abgaben f. Wasser 12.22, von öffentl. Fuhrwerk 5.72, von Hallen, Märkten, Schlachthäusern, Entrepôts 14.67, die Strassenkehrtaxe 2.87, die Beerdigungstaxen und Zahlungen für Grabplätze 3.28 Mill. Frcs. Die genannten Posten von zusammen 58.88 Mill. Frcs. enthalten immerhin neben „Gebühr", „Beitrag" auch Steuerelemente in sich, welche sich indessen schwer genauer beziffern und auch nicht sicher steuerpolitisch characterisiren lassen. Einiges davon (wie bei Gas, Wasser, Markt-, Schlachthausgeldern) hat etwas von der Art einer indirecten Verbrauchs- und einer Specialgewerbesteuer.

B. Die Zuschläge zu den directen Staatssteuern.

Gesetzgebung. Die einzelnen Bestimmungen sind in verschiedenen Gesetzen zerstreut; einige werden im jährlichen Finanzgesetz, bezw. im Gesetz über die Erhebung der directen Steuern immer von Neuem getroffen, in Anknüpfung an die geltenden Bestimmungen der Specialgesetze. Das Wichtigere wird im Folgenden erwähnt und dabei die bezügliche Gesetzesstelle, soweit es geboten erscheint, citirt.

Literatur. Vignes I, 64—74. Block, dict. Art. départ. Nr. 99, 106, organis. commun. Nr. 533—535; Ders., Artikel im suppl. génér. (nur Abdruck des Gemeinde-Gesetzes v. 5. Apr. 1884, Art. 133, 134). Eingehend und mit statist. Daten die Art. im Say'schen dict. centimes additionels, budget départ. p. 457, 491, budget commun. p. 472 ff. Alle in Kraft stehenden einzelnen Bestimmungen in dem Werk von Thorlet, régime fin. d. communes (s. Register unter cent. addit.).

Statistik in den oben S. 863 gen. Publicationen und im Bull.

§. 337. 1. **Allgemeine Grundsätze.** Die Durchführung des Systems der Zuschläge zu den directen Steuern für Departemental- und Communalzwecke ist in Frankreich genau durch die Staatsgesetzgebung geregelt. Auch gegenwärtig haben daher die Departements und Gemeinden oder ihre Organe, die General- und Municipalräthe, obwohl deren Competenz allmälig gegen früher erheblich erweitert worden ist, doch auf diesem Gebiete eine im Wesentlichen streng gebundene Marschroute. Das Staatsgesetz bestimmt, für welche allgemeinen oder speciellen Zwecke überhaupt nur Zuschläge aufgelegt und erhoben werden dürfen, so dass die betreffenden Steuern, insbesondere im zweiten Fall, bei der Bestimmung zu speciellen Zwecken, wie schon bemerkt, deutlich den steuerpolitischen Character von „Zwecksteuern" haben. Das Gesetz bezeichnet ferner die **eine oder mehreren Steuern, welche, desgleichen zu welchen Zwecken, und in welcher Höhe** sie mit Zuschlägen belegt werden dürfen, mitunter müssen. Hinsichtlich der Höhe wird entweder ein bestimmter Satz gesetzlich vorgeschrieben oder ein Maximum normirt, bis zu dem gegangen werden darf, daher insbesondere je nach dem Bedarf. Im letzteren Falle besteht dann für die General- und Municipalräthe ein gewisser Bewegungsspielraum. Eine Ueberschreitung des Maximums setzt aber die Ermächtigung durch ein neues besonderes Gesetz voraus. Die Ausschreibung und Erhebung der Zuschläge erfolgt darauf wie bei den Staatssteuern selbst, die Erhebung namentlich auch durch die Organe der staatlichen Finanzverwaltung. Zur **Deckung der Erhebungskosten** der Zuschläge wird wieder ein eigener Zuschlag zu den zu erhebenden Centimen gelegt und zugleich mit erhoben, sowie auch aus ähnlichen weiteren kleinen Zuschlägen für Entlastungen, Ausfälle u. dgl. (non-valeurs) ein betreffender Fonds, wie bei der Staatssteuer (S. 426) gebildet.

§. 338. 2. Die **Departementalzuschläge**. Hier wie bei den Gemeinden werden auch in Betreff der Zuschlagscentimen das **ordentliche und das ausserordentliche Budget** unterschieden.

a) **Ordentliches Budget**. Es enthält regelmässig folgende sogen. ordentliche (ordinaires) Zuschlag-Centimen, bezw. es besteht das Recht für die Generalräthe, sie aufzulegen:

α) 25 Cent. oder % zur **Grund- und zur Personal- und Mobiliarsteuer**, sowie 1 Cent. oder % zu **allen 4 directen Steuern** als Maximum für die Bestreitung der ordentlichen Departementalausgaben im Allgemeinen.

<small>Diese Sätze gehen zurück auf das Ges. v. 18. Juli 1866, Art. 6, worin bestimmt wurde, dass, in Abänderung bis dahin bestehender Einrichtungen, das Finanzgesetz jährlich anzuordnen habe, bis zu welcher Höhe die bisher zur Auflegung benutzten genannten zwei Steuern mit Zuschlägen für die ordentlichen Departementalausgaben von den Generalräthen belegt werden dürften. Das Finanzges. v. 31. Juli 1867 hat dann die im Text angegebenen Sätze angeordnet und den 1 Cent. auf alle vier directen Steuern wegen des Wachsthums der Bedürfnisse hinzugefügt. Hierbei ist es seitdem im Princip geblieben (Ges. v. 10. Aug. 1871, Art. 58) und regelmässig in den genannten Sätzen sind die Zuschläge in den Finanzgesetzen angeordnet worden (s. Ges. über die directen Steuern f. 1889 vom 18. Juli 1888, Art. 6). Die besondere und hohe Belastung gerade der Grund- und Personal- und Mobiliarsteuer ist aus der früheren geschichtlichen Entwicklung der Zuschläge für die Departements, von der Revolutionszeit an, zu erklären. Schon bei der Einführung der neuen directen Steuern waren 25 % Zuschläge zu den genannten beiden Steuern für Departements- und</small>

Districtsausgaben eingerichtet worden (Ges. v. 1791). Darin traten später verschiedene Veränderungen ein, doch verblieb es schliesslich im Ganzen bei dieser Belegung der beiden Steuern. (S. bes. de Crisenoy im Say'schen dict. de fin., p. 497 ff., auch 897 ff.). Die gesetzliche Grenze von 25 %, bestand so schon lange, ist aber erst allmälig (seit 1851) wirklich erreicht worden. Aber bis 1867 zerfiel dieser Betrag in drei Theile, 10½ Cent. für die ordentlichen obligatorischen Departementsausgaben, 7 Cent. für die Dotirung eines „fonds commun", der dann nach gewissen Bedürfnissen und Verhältnissen unter die Departements vertheilt wurde, 7½ Cent. für die sog. facultativen Ausgaben nach näherer Bestimmung der Verwendung Seitens der Generalräthe (Fin. I, 3. Aufl. S. 129). Das gen. Ges. von 1866 zog diese Posten zusammen, bestimmte ihre Verwendung für das betreffende Departement, in dem sie erhoben werden, und eröffnete aus Staatsmitteln einen Fonds von 4 Mill. Frcs. zur Unterstützung der bedürftigen Departements im Etat des Min. des Innern, jährlich durch kais. Decret zu vertheilen. (Aenderungen hierin durch Ges. v. 10. Aug. 1871, Art. 58). S. Vignes I. 65, Say, dict., p. 489. Sämmtliche Departements erheben die hier besprochenen Zuschläge im vollen Maximalbetrage gegenwärtig.

β) **17 weitere Centimes auf alle 4 directen Steuern, eventuell, nemlich bei Unzureichendheit der anderen (ordentlichen) Centimen, zu Ausgaben für Vicinalwege.**

Begründung im Ges. v. 21. Mai 1836. Dann jährl. Finanzges., so das gen. Ges. f. 1889, Art. 11; der Betrag von 7 Cent. seit länger, früher 5 Cent. Auch hier handelt es sich um die gesetzliche Ermächtigung der Generalräthe zu dieser Auflage, wobei der Verwendungszweck, bezw. der Bedürfnissfall, im Gesetz noch näher angegeben ist.

γ) **4 weitere Centimen auf alle 4 directen Steuern, für den Primärunterricht.**

Früher 2, dann 3 Cent. (Ges. v. 15. März 1850, 10. Apr. 1867), durch Ges. v. 19. Juli 1875 auf 4 gebracht.

δ) **Eventuell ein Zuschlag bis 5 Centimen auf die Grundsteuer, für Katasterarbeiten.**

Ges. v. 2. Aug. 1829, s. o. S. 444. Gegenwärtig nur in 3—4 Departements vorkommend, daher der niedrige Ertrag in der Uebersicht der letzten Jahre (S. 867).

ε) **Eventuell bis 2 Centimen auf alle 4 Steuern, welche für die Bestreitung gewisser obligatorischer Departemental-Ausgaben von Amtswegen ins Departemental-Budget gesetzt werden können, wenn der Generalrath dafür keine genügenden Credite bestimmt hat.**

Ges. v. 10. Aug. 1871, Art. 60, 61; sehr selten vorkommend, daher oben S. 868 in der Uebersicht diese Rubrik unausgefüllt. Das Maximum von 2 Cent. seit länger im jährl. Finanzges. bestimmt (f. 1889 Art. 8 des Ges. über die Erhebung der directen Steuern).

Der regelmässige Maximalbetrag dieser ordentlichen Departemental-Zuschläge ist mithin, wenn man von den zwei letzten wenig oder fast gar nicht vorkommenden Fällen absieht: 37 für die Grund- und die Personalsteuer, 12 für die Thür- und Fenster- und die Patentsteuer. Hiernach besteht eine bedeutend höhere Belastung der ersteren für die gewöhnlichen Departementalausgaben, was in der Art und Wirkung theils dieser Ausgaben, theils dieser Steuern mit seine Erklärung und in Etwas, aber kaum völlig, seine Rechtfertigung findet. Es erklärt sich eben auch mehr aus der älteren historischen Entwicklung des Departemental-, Finanz- und Zuschlagwesens, als aus der Verfolgung bestimmter steuerpolitischer Grundsätze und Ziele. Einigermaassen wird die Ueberlastung der Grund- und Personal- und Mobiliarsteuer wenigstens relativ geringer durch den Hinzutritt der ausserordentlichen Zuschläge.

b) Ausserordentliches Budget. Auch hier kommen, ausser Anleihen, Erlösen aus Veräusserungen und einigen anderen zufälligen, in dieses Budget gestellten Einnahmen, Steuerzuschläge vor, und zwar dann auf alle vier directen Staatssteuern zusammen und gleichmässig. Hierhin gehören zwei Fälle:

α) Zuschlagcentimen, welche die Generalräthe bis zu der durch das jährliche Finanzgesetz bestimmten Grenze, regelmässig bis 12, für ausserordentliche Ausgaben auflegen dürfen.

Ges. v. 10. Aug. 1871, Art. 40. Ges. über directe Steuern f. 1889, Art. 7. Hier müssen die Centimen eingerechnet werden, welche nach Specialgesetzen aus der Zeit vor dem Ges. v. 18. Juli 1866 über die Generalräthe erhoben werden. Das Seinedepartement hat die Ermächtigung zur Erhebung dieser 12 Cent. nicht, weshalb hier für alle ausserordentlichen Ausgaben eventuell nur durch Specialgesetz (unter β) Zuschläge aufgelegt werden können. Fast alle Departements (in 1885 81) erheben diese Zuschläge jetzt bis zu dem gestatteten Maximum und viele unterstützen damit die dürftigen Gemeinden, um diesen die Erhebung von Zuschlägen „wegen ungenügenden Einkommens" entbehrlich zu machen. Zwei Departements blieben 1885 wenig unter den 12%, drei hatten in dieser Rubrik keine Zuschläge. (de Crisenoy bei Say, dict., p. 902, Bull. XXII, 635.)

β) Zuschläge, welche die Generalräthe in weiteren Bedürfnissfällen auflegen, zu deren Ausführung es dann aber eines besonderen Gesetzes bedarf.

Solche Zuschläge kommen jetzt auch fast in allen Departements, mitunter in beträchtlicher, einzeln selbst die Summe der ordentlichen Centimen erreichender und übersteigender Höhe vor. Im J. 1885 bestanden sie in 78 Departements, in Höhe von $1/2$ bis 39 Cent.

Neuerdings hat die Steigerung der Finanzbedürfnisse der Departements die ausserordentlichen Zuschläge schon auf die Höhe von etwa zwei Dritteln der wirklich erhobenen ordentlichen gebracht (S. 868). Eine bedenkliche Entwicklung bei der mangelhaften Grundlage, den so unvollkommenen directen Steuern, eine Entwicklung, welche aber ohne einschneidende Umgestaltungen der gesammten staatlichen, departementalen und communalen Finanzverfassung schwer zu ändern sein wird. Vermuthlich wird der Druck der Zuschläge noch mehr zur Uebernahme von Ausgaben auf den Staat und zu stärkeren Subventionen aus Staatsmitteln führen, eher als zu einer eben so höchst schwierigen Veränderung der directen Besteuerung. An Einführung eigener indirecten Departementalsteuern ist wohl kaum zu denken.

Der Gesammtbetrag der Departementalzuschläge aller Art im ganzen Staate vertheilte sich auf die einzelnen vier Steuern folgendermaassen. Zahlen, welche für sich und vollends vereint mit denjenigen der Communalzuschläge (s. folg. §.) wieder Manches in der französischen Staatssteuerpolitik, so besonders das Unterbleiben von Staatszuschlägen nach dem Kriege, — mit Ausnahme der Patentsteuer — erklären.

		Zuschläge zum Principal der		
	Grund-	Person.- und Mobil.-,	Thür- und Fenster-,	Patentsteuer
1869	48.9	48.9	23.9	25.2
1872	51.0	51.4	26.4	27.5
1884	{57.0 / 56.1}	56.5	31.7	32.1

(Aus den Tabellen Faure's, p. 73 ff.) Die Zahlen Centimen, also Procente vom Staats-Principalsatze. Sie beziehen sich auf die Fonds de non-valeurs der Departements mit. Bei der Grundsteuer in 1884 die erste Zahl für das nicht bebaute, die zweite für das bebaute Eigenthum. Gerade bei der Grundsteuer ist zur Würdigung dieser hohen Zuschläge an die ungleiche Vertheilung dieser Steuer auch innerhalb eines Departements zu denken (S. 441).

§. 339. 3. Die Communalzuschläge.

a) Ordentliches Budget. In demselben stehen folgende „ordentliche" Centimen:

α) 5 Centimes im Maximum, nur auf die Grund- und Personal- und Mobiliarsteuer, für die ordentlichen allgemeinen Gemeindebedürfnisse, falls zu deren Deckung ein solcher Steuerbedarf vorliegt.

Dieser Zuschlag geht ebenfalls auf die Gesetzgebung der Revolutionszeit zurück (Ges. v. 11. Frim. VII), beruht speciell auf dem Ges. v. 15. Mai 1818, Art. 31, und seine fernere Auflegung wird im jährlichen Finanzgesetz bewilligt. Seine Erhebung setzt nicht nothwendig ein vorausgehendes Votum des Municipalraths voraus. (Näheres über die ältere Gesetzgebung im Say'schen dict., p. 453 ff.)

β) Eventuell bis 5 Centimes auf alle 4 directen Steuern, mit der speciellen Zweckbestimmung für das Vicinalwegewesen.

Dieser Zuschlag nur, wenn die ordentlichen Gemeindeeinnahmen sonst nicht genügen. Er steht ferner in Verbindung mit der Naturalleistung für das Vicinalwegewesen (§. 340). Im Bedürfnissfall kann der Municipalrath entweder letztere Leistung (oder deren Ersatz in Geld) oder den hier besprochenen Zuschlag oder eine Verbindung dieser beiden Mittel beschliessen (Ges. v. 21. Mai 1836, Art. 2). Der Zuschlag kommt, ebenso wie der folgende, sonst in allen Gemeinden vor.

γ) Eventuell bis 4 Centimen, ebenfalls auf alle 4 directen Steuern, speciell für den Primärunterricht.

Ebenfalls im Bedürfnissfall, wenn gewisse ordentliche Einnahmen nicht ausreichen. Ges. v. 15. März 1850, Art. 40, 19. Juli 1875, Art. 7. Hierzu Gesetz v. 16. Juni 1881. S. bes. Thorlet a. a. O., §. 168, 386, 521 (Modificationen bei der Durchführung).

δ) **Eventuell, im Bedürfnissfall, Zuschläge zu allen vier directen Steuern, ohne Begrenzung der Höhe, für den Feldhüterdienst.**

Früher nur auf die Grundsteuer gelegt. Ges. v. 21. Apr. 1832, Art. 19, 31. Juli 1867, Art. 16. Sie gehören formell zu den ausserordentlichen Centimen, werden aber, als jährlich wiederkehrend, unter die Einnahmen des ordentlichen Budgets gestellt.

ε) **3 Centimen als Zuschlag für Erhebungskosten auf den Betrag aller Zuschläge zu allen 4 Steuern, ferner Zuschläge für einen Entlastungs- und Ausfallfonds (non-valeurs).**

Regelmässig 1 Cent. bei der Grund- und Pers.-Steuer, 3 bei der Th.- und Fensterst., 5 bei der Patentsteuer. Ges. v. 20. Juli 1837, Art. 5, 18. Juli 1852, Art. 5, und jährl. Finanzgesetz.

Die genannten Centimen betragen im Ganzen (abgesehen von dem Zuschlag unter ε) und vom unbestimmten unter δ) je 14 für die Grund- und Personal- und Mobiliar-, je 9 für die beiden anderen directen Steuern. Also auch hier, wie bei den Departementalzuschlägen, eine stärkere Belastung der beiden ersteren.

Zur Ergänzung kommen aber noch hinzu:

ζ) **Zuschläge zu allen 4 directen Steuern im Bedürfnissfall,** nemlich wegen sonst unzulänglichen Einkommens, ein von einer immer wachsenden Anzahl, jetzt schon von der grossen Mehrzahl, über $3/4$ der Gemeinden, in zugleich immer stärkerem Maasse angewendetes Hilfsmittel, um trotz aller Subventionen u. dgl. m. zu einem Gleichgewicht im Haushalte zu kommen. Insofern ein besonders wichtiges Kriterion der sich steigernden Finanzbedürfnisse und der erschwerten Finanzlage der Gemeinden.

Schon von früher her bei jährlichen obligatorischen wie bei facultativen Ausgaben zulässig (Ges. v. 18. Juli 1837, Art. 40). Bei den ersteren erfolgt die Ermächtigung zur Auflegung durch Erlass des Präfecten, bei den übrigen durch Decret, und zwar regelmässig nur dann, wenn die Gemeinde die Specialcentimen für Primärunterricht, Vicinalwege, Feldhüter bereits voll aufgelegt hat. Die Votirung findet immer nur auf 1 Jahr statt und muss dann eventuell erneuert werden. S. Ges. vom 5. Apr. 1884, Art. 133; darüber Thorlet, §. 518, 519, Block, suppl. génér., p. 328.

Im J. 1886 erhoben von den 36,117 Gemeinden 27,795 solche Zuschläge; die Zahl schwankt, ist seit einigen Jahren immer gestiegen, war aber früher schon grösser. Die erhobenen Summen sind jedoch fortschreitend grösser geworden. 1886 35 Mill. Frcs. In der französischen Gemeinde-Finanzstatistik werden alle erhobenen Centimen aller Gemeinden jährlich zusammengerechnet: eine rohe Berechnungsweise, aus deren Zahlen man nur mit Vorsicht schliessen kann, da der Centime der kleinsten und der grössten Gemeinden, der in vielen 1000en Gemeinden nicht 100 Frcs. Werth und andererseits über $1/2$ Mill. Frcs. (Paris) beträgt, hierbei gleich gesetzt wird. Aber die Gesammtbewegung der Centimen lässt sich so bequem verfolgen. So war die Zahl aller Centimen:

	Ordentliche	Wegen Unzulänglichkeit des Einkommens	Ausserordentliche	Zusammen
1878	504,772	805,675	402,391	1,712,838
1888	505,705	992,733	454,428	1,452,866

(Bull. XXIV, 621, vgl. auch Say, dict., p. 899.) Die Zahl der ordentlichen Centimen schwankt jährlich ganz unerheblich, diejenige der ausserordentlichen stärker, aber sie bewegt sich im Ganzen auch in die Höhe. Die Centimen wegen Unzulänglichkeit steigen, mit einer Ausnahme, ununterbrochen, wenn auch in sehr verschiedenem Grade jährlich.

η) Auch bei den Gemeinden, wie bei den Departements ist der Fall vorgesehen, dass ein Municipalrath nicht die erforderlichen Fonds für obligatorische Gemeindeausgaben bewilligt. Hier wird dann von Amtswegen die Summe eingesetzt und dafür bis zu einem bestimmten Maximum bei unzulänglichen sonstigen Einkünften ein Zuschlag auf die vier directen Steuern gelegt.

Aus der früheren Gesetzgebung übergegangen in Art. 149 des neuen Gemeindegesetzes v. 5. Apr. 1884. Der Artikel bestimmt das Nähere, das Finanzgesetz jährlich das Maximum des Zuschlags: 10 %, für die obligator. Ausgaben, 20 %, falls es sich um die Zahlung von Schulden auf Grund gerichtlicher Verurtheilung handelt (Ges. über directe Steuern für 1889, Art. 10).

b) Ausserordentliches Budget. Die Auflegung ausserordentlicher Centimen für ausserordentliche, allgemeinere wie speciellere Bedürfnisse, steht dem Municipalrath unter gewissen Formalitäten und Beschränkungen ebenfalls zu. In dem neuen Gemeindegesetz v. 5. Apr. 1884 sind die Puncte zum Theil neu geregelt (Art. 141—143). Es gehören jetzt hierhin folgende Fälle:

α) Zuschläge für ausserordentliche Ausgaben von „Nützlichkeit für die Gemeinde" (d'utilité communale), regelmässig auf alle vier directen Steuern.

Der Generalrath des Departements bestimmt jährlich innerhalb der Grenzen des Finanzgesetzes (1889 20%, Ges. über dir. Steuern Art. 9, und so schon länger) das Maximum dieser Centimen, das die Municipalräthe auflegen dürfen (Ges. v. 10. Aug. 1871, Art. 42, Ges. v. 5. Apr. 1884, Art. 141). Die Municipalräthe dürfen bis 5 Cent. auf 5 Jahre ohne Weiteres für Zwecke solchen Nutzens, 3 Cent. für Vicinalwege, 3 für anerkannte Feldwege (chemins ruraux reconnus) votiren. Die Ueberschreitung der 5 Cent., bis zu dem vom Generalrath bestimmten Maximum, und die längere Belegungsdauer als 5 Jahre ist an die Genehmigung des Präfecten, die Ueberschreitung des eben genannten Maximums an die Genehmigung durch Decret des Präsidenten der Republik, diejenige einer Dauer von über 30 Jahren an den Erlass eines Decrets im Staatsrath geknüpft. (Ges. v. 1884, Art. 142, 143.) Ueber Paris s. unter β. S. für Weiteres Thorlet, §. 416, 576—581; die Ausführungen eines Erlasses des Min. d. Inneren zu dem Ges. v. 1884 in Block'schen dict. suppl. génér. p. 339. Ueber die frühere Gesetzgebung, die durch das Ges. v. 1884 z. Th. aufgehoben worden ist (vgl. Art. 168 dieses Gesetzes) s. Vignes I, 70 ff.

Auch bei diesen Centimen zeigt sich nicht nur die vorhin schon hervorgehobene Aufwärtsbewegung, sondern namentlich auch eine Ausdehnung auf immer mehr Gemeinden. 1862 13.403, 1877 19,986, 1886 25,914, also jetzt schon bei mehr als ⅔, fast ¾ aller (Say, p. 900). Die amtliche Statistik (situat. financ. des communes) giebt für jede einzelne Gemeinde ausser der Zahl der gesammten Centimen auch die der ausserordentlichen und die Dauer der letzteren an.

β) **Zuschläge auf Grund von Specialgesetzen in jedem einzelnen Falle.**

Dahin gehören solche Zuschläge, welche die vom Finanzgesetz bestimmte Maximalgrenze, bis zu der der Generalrath ausserordentliche Zuschläge für zulässig erklären darf (jetzt 20%, s. oben), überschreiten würden; ferner alle ausserordentlichen Auflagen in Paris, früher auch, bis zum Ges. von 1854 in Lyon (Ges. v. 5. Apr. 1854, Art. 168, §. 15, 25, wonach für Paris die frühere Gesetzgebung, bes. Ges. v. 24. Juli 1867, in Kraft geblieben ist). — Auch hier werden, wie bei den anderen ausserordentlichen Steuern, alle 4 directen Steuern und gleichmässig belegt; für Paris haben aber Specialgesetze mehrfach auch die 4 Steuern in verschiedenem Maasse belegt, namentlich die Patentsteuer niedriger als die 3 anderen, auch wohl einmal die Grundsteuer höher als die anderen (s. die Note im Say'schen dict., p. 899).

γ) **Zuschläge zu den 4 directen Steuern für die Unterstützung dürftiger Familien der zu den Fahnen eingerufenen Soldaten der Reserve und der Territorialarmee.**

Bei Unzureichendheit der gewöhnlichen Einkünfte und der innerhalb des statthaften Maximums erhobenen ausserordentlichen Centimen sind die Gemeinden nach Ges. v. 21. Dec. 1852, Art. 1, ermächtigt, sich bis zu 3 Cent. jährlich oder ausserordentlich für diesen Zweck Zuschläge zu den 4 directen Steuern aufzulegen. Etwa erhobene Centimen dieser Art werden, wie die für Feldhüter, zu den ordentlichen Einnahmen gezählt, characterisiren sich aber doch mehr als ausserordentliche, was sie nach französ. Recht auch formell sind (Thorlet, §. 401).

Die Gesammtbelastung der französischen Gemeinden mit diesen verschiedenen Zuschlägen ist eine recht erhebliche, auch in Zunahme begriffene (S. 889). Die einzelnen Gemeinden zeigen natürlich sehr grosse Verschiedenheiten, welche die Finanzstatistik genau zu verfolgen gestattet. Bei der technischen Unvollkommenheit der Vertheilungsgrundlage, eben der Veranlagung zu den directen Staatssteuern, ist jedenfalls auch die **Ungleichmässigkeit der Belastung innerhalb einer Gemeinde** eine erhebliche, wenn auch nicht immer ebenso gross als im Departement und im ganzen Staate. Die Unzulänglichkeit der directen Steuern für die Staatsfinanzen hängt, wie schon bemerkt, mit dieser Benutzung dieser Steuern zur alleinigen Grundlage der Departementalsteuern und mit zu einer Hauptgrundlage der Communalsteuern enge zusammen. Die Schwierigkeiten sind hier dieselben, wie in anderen Ländern des „Zuschlagsystems" für die directen Localsteuern (Fin. I, 3. Aufl. §. 51). In Frankreich erhöhen sie sich noch nach dem Character der directen Steuern als Ertragssteuern und nach den grossen technischen Mängeln dieser Steuern. Aber, wie deutsche, speciell preussische Erfahrungen zeigen, würde auch die Einfügung einer Einkommensteuer in die französische

Staatsbesteuerung und die Mitbelegung derselben durch Zuschläge für Departemental- und Communalzwecke zwar wohl die Schwierigkeiten, die jetzt in Frankreich bestehen, etwas vermindern, indessen doch im Ganzen belassen.

Zu bemerken ist noch, dass der Staat für seine Forsten mit allen ordentlichen und ausserordentlichen Communalcentimen in demselben Verhältniss wie die Privaten belegt wird (Ges. v. 5. Apr. 1884, Art. 144, und so schon seit 1869, vorher, nach einem Ges. von 1867 zur Hälfte).

Früher, auf Grund des Finanzges. v. 15. Mai 1818, Art. 39—41, und späterer Gesetze (1837, 1867) bestand in Frankreich die Einrichtung, dass die „Höchstbesteuerten" in der Gemeinde, in gleicher Anzahl wie die Municipalräthe im Dienst, bei Beschlüssen über ausserordentliche Steuern, Anleihen und einiges Andere, mitwirken mussten („adjonction des plus imposés", s. unter diesem Titel den Art. v. Arnoux bei Say, dict., p. 33). Ein Ges. v. 5. Apr. 1882 hat diese Mitwirkung allgemein beseitigt.

Die Communalzuschläge stellten sich zum Principal der 4 Steuern folgendermaassen:

	Grund-,	Person.- und Mobil.-,	Thür- und Fenst.-,	Patentst.
1869	34.6	31.2	26.7	23.5
1872	39.5	37.1	33.3	29.5
1884	{49.0 / 45.8}	49.0	44.5	38.6

(Faure a. a. O., Berechnung wie oben S. 876 bei den Depart.-Zuschlägen.)

Die Belastung der einzelnen Gemeinden steigt in manchen Fällen sehr hoch (Beispiele von 300—500 Centimen, bes. in Corsica), schwankt aber nicht nur im Staate, sondern auch im Departement von Gemeinde zu Gemeinde oft erheblich. In der amtlichen Statistik wird jährlich die Zuschlagsbelastung nach folgenden Kategorieen berechnet, wobei die Centimen hier aber nicht Procente darstellen, da die auf die verschiedenen Steuern in einer Gemeinde fallenden Centimen, die sich von Steuer zu Steuer und Gemeinde zu Gemeinde doch an ganz verschiedene absolute Summen anknüpfen, einfach summirt werden. Es wird also die Belastung nur ganz ungefähr verglichen und ersichtbar, nur die jährliche Bewegung im Ganzen ist so einigermaassen richtig zu erkennen (Bull. XXIV, 619).

Zahl der Gemeinden	1887	1888
Unter 15 Zuschl.-Cent.	3,580	3,723
15—30 „ „	7,915	7,679
31—50 „ „	9,598	9,712
51—100 „ „	10,650	10,969
Ueber 100 „ „	4,078	4,040
Summe	36,121	36,123

Die gesammten Departemental- und Communalzuschläge erreichen bei der Grund- und der Personal- und Mobiliarsteuer neuerdings schon die volle Höhe des Principalsatzes und mehr, verdoppeln diese Steuern also für die Pflichtigen. Und auch bei den zwei anderen directen Steuern, welche von den gewöhnlichen (alten) Zuschlägen frei sind, erreichen sie doch an drei Viertel des Principals. Da bloss die Grundsteuer neuerdings ohne eigentliche Staatszuschläge ist (abgesehen von dem kleinen Zuschlag für den Ausfallfonds), so erhöht sich indessen die Belastung durch alle Arten Zuschläge doch am Meisten bei den drei anderen Steuern. In der Zeit des besonders hohen Staatszuschlags zur Patentsteuer (1873—79) war letztere am Stärksten belastet.

Nach den Tabellen bei Faure a. a. O. ergiebt sich Folgendes für den ganzen Staat. Centimen, hier Procente:

	Depart.- und Commun.-Zuschläge				Sämmtliche Zuschläge (incl. für den Staat)			
	Grund-,	Pers.- u. Mob.-,	Th.- u. Fenster-,	Patent- steuer	Grund-,	Pers.- u. Mob.-,	Th.- u. Fenster-,	Patent- steuer
1869	83.5	80.1	50.6	48.7	85.3	100.7	68.9	64.5
1872	90.5	88.5	59.7	57.0	92.5	109.4	78.6	72.8
1874	92.4	92.2	63.2	59.3	94.4	113.7	82.1	121.9
1884	{106.0 / 104.9}	105.5	76.2	70.7	{108.0 / 107.1}	126.9	95.1	110.8

In 1884 bei der Grundsteuer die erste Ziffer für nicht bebautes, die zweite für bebautes Eigenthum. Der Staatszuschlag bei der Grundsteuer ist nur 1.8—2.2 Cent. für Ausfallfonds u. dgl., bei der Pers.- und Mob.-Steuer hierfür und für allgemeine Staatszwecke 20.6—21.4, bei der Th.- und Fensterst. 18.3—18.9, bei der Patentst. 15.8 Anfangs, 79.6 in 1873, 62.6 1874—79, seitdem 39.6.

C. Die übrigen directen Communalsteuern.

§. 340. Hierhin gehören nach dem Früheren nur die Naturalleistung für das Vicinalwegewesen, bezw. die Geldabgabe als Ersatz dafür und die Hundesteuer.

1. Die Wegedienstabgabe.

Gesetzgebung. Ges. v. 28. Juli 1824. Hauptgesetz v. 21. Mai 1836.
Literatur. Vignes I, 56; Block, dict. Art. chemins vicinaux Nr. 154 ff., auch suppl. génér., Say, dict., ders. Artikel, p. 1057, und der (noch nicht erschienene) prestations en nature. Thorlet, §. 357 ff. Der Gegenstand steht in Verbindung mit dem ganzen Verwaltungsrecht des Wegewesens, was hier nicht weiter verfolgt werden kann. Er hat aber auch ein allgemeineres wirthschaftliches und finanzwissenschaftliches Interesse und in dem Streit über die Wegefrohnden (corvées) des ancien régime einen wichtigen wirthschaftsgeschichtlichen und selbst politischen Hintergrund. S. darüber Stourm I, ch. 7, v. Brasch a. a. O., S. 96 ff. u. o. S. 142.

Die älteren Wegefrohnden im Ancien régime waren eine Verpflichtung der Gemeindeeinwohner gewesen, an die sich in Betreff der Art der Ausübung manche Uebelstände angeknüpft hatten. Derentwegen waren sie vielfach verhasst geworden. Turgot hatte in seiner Generalität von Limoges sie aufgehoben und durch eine Geldabgabe ersetzt. Auf Grund dieser Erfolge führte er später die Massregel allgemein durch, in einem seiner berühmten Edicte von 1776, wobei an Stelle der Frohnde ein Zuschlag zum „Zwanzigsten" (o. S. 141) treten sollte. Aber mit anderen wurde auch dies Edict alsbald nach Turgot's Austritt aus dem Ministerium in Folge der Opposition des Adels und der Parlamente wieder zurückgenommen. Jedoch noch vor der Revolution kam es nach Anregungen Necker's, unter der Sympathie der Provincialversammlungen und schliesslich besonders durch ein Votum der Notabelnversammlung von Neuem zur Aufhebung der Frohnden, statt deren eine einfache Leistung oder Geldsteuer eintreten sollte (1787).

Während der Revolution gerieth aber das Wegewesen in grossen Verfall. Die Einrichtung eines Wegegelds an Strassenstellen (1797) fand viel Gegnerschaft und war nicht einträglich genug. Unter Napoleon kehrte man für die den Gemeinden zur Last fallenden Vicinalwege zu Naturalleistungen zurück, welche die Municipalräthe beschliessen konnten (1802). Aber zur geordneten Durchführung im Wege der Gesetzgebung kam die Sache erst, mit nach den Wünschen der Generalräthe, im J. 1824. Hier wurde bestimmt, dass die Gemeinden, wenn ihre Einkünfte für die ordentlichen Wege-Ausgaben nicht hinreichten, „Leistungen" („prestations") den Pflichtigen, nach deren Wahl in Geld oder in natura, auflegen dürften (Ges. v. 28. Juli 1824). Dies System wurde dann endgiltig durch das Gesetz v. 21. Mai 1836 geregelt, bietet, neben anderen Einkünften und Subventionen, die Mittel zur ordentlichen Ausführung und Instanderhaltung der Vicinalwege, und fungirt jetzt im Ganzen zur Zufriedenheit der Bevölkerung, auch der Verpflichteten, von denen eben viele, besonders auf dem Lande, die Naturalleistung der Geldabgabe vorziehen.

Das Ganze ein Beispiel, wie auch in unserer Zeit derartige Natural-Arbeitsleistungen noch am Platze sein können, wenn man sie passend und ohne Chicane zu gestalten weiss und die Wahl zwischen Geldzahlung und Arbeitsleistung lässt. Die Einrichtung in dieser Combination zwischen Geldabgabe und Arbeitsleistung ist auch steuerpolitisch beachtenswerth.

Die geltenden Hauptbestimmungen sind die folgenden.

Die Gemeinde, bezw. der Municipalrath ist nicht genöthigt, zu dieser Einrichtung zu greifen. Reichen die ordentlichen Einkünfte bereits zu der der Gemeinde obliegenden Erhaltung der Vicinalwege aus, so kann er darauf verzichten. Auch andernfalls, wie schon oben bei den Centimen zu erwähnen war (S. 876 sub β), kann er zwischen der Wegeleistung und Specialcentimen zu den vier directen Steuern wählen oder Beides verbinden.

Leistungspflichtig ist jeder männliche gesunde, zwischen vollen 18 und unter 60 Jahren stehende, ledige oder verheirathete, einerlei welchem Berufe angehörige, in den Rollen der directen Steuer stehende Gemeindeeinwohner. Jedes Familien- oder Wirthschaftshaupt (an der Spitze eines landwirthschaftlichen oder gewerblichen Betriebes) ist aber nicht nur für seine Person, sondern auch für die, die eben genannten Eigenschaften (abgesehen von der Einrollirung bei den directen Steuern) besitzenden Personen in seiner Familie oder in seinem Dienste, ferner für jedes Zug- oder Reitthier, Karren oder bespannten Wagen im Dienst seiner Familie oder Wirthschaft, leistungspflichtig. Für diese von ihnen abhängigen Personen, Thiere, Wagen sind auch die einerlei wie beschaffenen (auch weibliche, in jüngerem oder höherem Alter als zwischen 18 und 60 Jahren stehende) Personen zur Abtragung der Leistung verpflichtet.

Der Umfang der Pflicht ist drei Arbeitstage (in stark besteuerten Gemeinden war eine Zeitlang noch die Forderung eines vierten Tages zulässig, 1867—82). Der in den Rollen verzeichnete Pflichtige kann nun aber wählen zwischen der Arbeitsleistung selbst und deren Ersatz in Geld. Der Umwandlungstarif wird jährlich vom Generalrath festgestellt, nach seinem Ermessen einheitlich für das ganze Departement oder verschieden für einzelne Gemeinden und eventuell auch innerhalb einer Gemeinde nach den Localverhältnissen verschieden (Ges. von 1836, Art. 4, vom 10. Aug. 1871, Art. 46). Jeder Pflichtige soll sich über die Wahl in dem der Publication der Rollen folgenden Monat erklären. Unterlässt er es, so tritt die Geldforderung ein, die ebenfalls noch Platz greift, wenn der, welcher sich für Arbeitsleistung entschied, seine Pflicht vernachlässigt oder sich später weigert, sie zu erfüllen, — ein practisch wichtiger Punct des Systems. Die Geldzahlungen sind, wie die directen Steuern, in Zwölfteln fällig und werden auch sonst wie diese Steuern behandelt. Diese Wegeleistung kann bei nachlässigen Gemeinden auch von Amtswegen durch den Präfecten aufgelegt werden. Unter Umständen können Ueberschüsse aus dieser Abgabe auch für andere Strassen, selbst für Localeisenbahnen in gewissen Grenzen mit verwendet werden (Ges. v. 21. Juni 1870, 11. Juni 1880, Art. 12). — Weiteres Einzelne in Block, dict. Art. chem. vicin. Nr. 156—154, Thoriet, §. 387 ff., 649.

Im Durchschnitt werden gegenwärtig in Frankreich etwa 60% der Leistungen in natura, 40% in Geld erfüllt. Zwischen den einzelnen Departements bestehen in diesem Verhältniss aber grosse Verschiedenheiten. (Stourm I, 236.) Nach dem Geldanschlag stieg der Werth der Naturalleistungen von 22.77 auf 52.23 Mill. Frcs. von 1837 bis 1867, bis 1879 auf 59.53; jetzt ist er einige 60 Mill. (Bull. VII, 297).

§. 341. 2. Die Hundesteuer.

Gesetzgebung. Einführungsges. v. 2. Mai 1855, Decrete v. 4. Aug. 1855, 9. Jan. 1856 (Steuertarif in jedem Depart.), 3. Aug. 1861, 22. Dec. 1886).

Literatur. Vignes I, 85—86; Block, dict. Art. chiens v. Smith, Nr. 10 bis 22. Bes. Say, dict. Art. chiens von Delatour, mit Statistik.

Der Gedanke an eine Hundesteuer ist seit den 40er Jahren mehrfach verfolgt worden und führte die parlamentarische Initiative zu einigen Projecten, bei denen an eine Staatssteuer gedacht war. Zu Stande kam die Steuer erst auf Anregung der kaiserlichen Regierung und zwar als Gemeindesteuer, deren Einführung den Gemeinden geboten wurde, also als obligatorische Massregel (Ges. v. 2. Mai 1855). Die Gemeinden haben nur das Recht, den Tarifsatz zwischen dem gesetzlichen Maximum von 10 und Minimum von 1 Frcs. vorzuschlagen, der dann nach Anhörung des Generalraths mittelst Decrets im Staatsrath festgestellt wird. Erfolgt kein Vorschlag, so wird der Tarif von Amtswegen vom Präfecten bestimmt. Unterschieden werden zwei Steuersätze, ein höherer für Jagd- und Luxushunde („zum Vergnügen"), ein niedrigerer für alle anderen, namentlich für Schutz-, Wacht-, Hirtenhunde u. s. w.

Die Steuer bietet sonst nichts eben Eigenthümliches. Sie ist nach der Weise dieser Steuer wie in anderen Ländern eingerichtet. Die Unterscheidung der beiden Hundekategorieen hat vielfach Anlass zu Streitigkeiten gegeben und Entscheidungen des Staatsraths nöthig gemacht. Der Besitzer von Hunden hat die Declarationspflicht bei der Mairie. Die Declaration gilt bis zu eintretenden Aenderungen, ist also nicht immer periodisch zu erneuern, — eine bemerkenswerthe Bequemlichkeit für die Pflichtigen. Unterlassung der Declaration wird mit dem dreifachen, unvollständige oder ungenaue mit dem zweifachen Steuersatz gebüsst.

Der Ertrag der Steuer im Ganzen steigt langsam, aber ziemlich stetig. Er war 1862 4.98, 1872 5.87, 1885 7.93 Mill. Frcs., letztere Summe für 2,690,209 Hunde, also p. Stück fast 3 (2.95) Frcs., mithin doch sehr niedrig (688,407 in erster, 2,001,802 in zweiter Kategorie). In den einzelnen Departements und Gemeinden ist natürlich nach Zahl, Gattung und Steuersatz der Hunde der Ertrag sehr verschieden (Say, dict., p. 1079).

Ausser diesen directen Steuern beziehen die Gemeinden, wie schon bemerkt, Antheile an der Patentsteuer (5%), der Wagen- und Pferdesteuer (5%), den Jagdscheinen, 10 Frcs. p. Stück. — Diese Antheile liefern den Gemeinden gegenwärtig jährlich bezw. c. 6.2 — 0.58 — 4.0 Mill. Frcs.

Unter den französischen Communalsteuern wird öfters auch die Abgabe aufgeführt, welche Theater und andere öffentliche Schaustellungen, Panoramen, öffentliche Bälle in Theatern u. dgl. m. für die Hospize und Wohlthätigkeitsbureaux zu entrichten haben, theils im Betrage von $1/_{10}$ des Preises der Billete, theils von demjenigen eines Viertels des Bruttoertrags (Gesetze aus J. V und später): eine wohl als „Armensteuer" (droit des indigents) bezeichnete Abgabe. Gerade bei der für die Gemeinden nicht obligatorischen Armenpflege in Frankreich möchte diese Abgabe indessen nicht zu den Communalsteuern zu rechnen sein, wenn sie sich denselben als eine „Zwecksteuer" im engsten Sinne von luxussteuerartigem Character auch anschliesst. S. den Art. von Block, droit d. indigents, in s. dict. u. Suppl. Statistik f. Paris, Bull. XXV, 77, Jahrb. f. Paris p. 1885, p. 600. Die Einnahmen schwanken in Paris sehr, demnach dann auch der Ertrag (Pariser Einnahmen der Theater u. s. w. 1869 15.20, 1870 8.11, 1871 5.72, 1872 16.14, Max. 1878, Weltausstellung, 30.66, Min. 1887, 22,06 Mill. Frcs.).

D. Das communale Octroi.

Gesetzgebung (Hauptgesetze, Decrete). Aufhebung des Octrois des ancien régime durch Ges. v. 19./25. Febr. 1791, Decr. v. 2./17. März 1791. Erneute Zulassung indirecter Localsteuern im Princip durch Ges. v. 9. Germ. V. (29. März 1797) und 11. Frim. VII (1. Dec. 1798). Ges. über Octroi in Paris v. 27. Vendém. VII (18. Oct. 1798), in anderen Orten Ges. v. 27. Frim. VIII (18. Dec. 1799), auch mit allgemeinen Regeln; allgemeine Zulassung durch Ges. v. 5. Vent. VIII (26. Febr. 1800), Ges. v. 2. Vendém. VIII (22. Sept. 1799). — Auch in der Folge und bis in die neueste Zeit mehrfach für Paris einzelne Sonderbestimmungen. — Antheil des Staats am Ertrag des Octroi, Erl. v. 24. Frim. XI (15. Dec. 1803), 24. Apr. 1806: aufgehoben durch Decr. v. 17. März 1852. — Administrative Durchführung im Einzelnen bes. durch codificirendes Reglem. v. 17. Mai 1809 und K. Ordonn. v. 9. Dec. 1814, noch gegenwärtig die Grundlage hierfür. — Herübernahme in das Finanz- und Communalverwaltungssystem der Restauration durch einzelne Bestimmungen im Ges. v. 8. Dec. 1814 und im Ges. v. 28. Apr. 1816, bes. Art. 147—159. — Uebernahme der Mobiliarsteuer event. auf den Ertrag des Octroi (s. o. §. 194) durch ältere Gesetze, dann durch D. v. 24. Apr. 1806, 25. März 1817, 21. Apr. 1932 und 3. Juli 1846. — Einzelnes ausser in den genannten u. A. auch im Ges. v. 15. Mai 1818, 17. Aug. 1822, Ord. v. 23. Juli 1826 (Rechnungslegung). Ges. v. 21. Mai 1834, 11. Juni 1842, 10. Mai 1846 (Vieh- und Fleischversteuerung). Decr. v. 17. März 1852. — Bestimmungen über eine Grenze der Octroisätze für Getränke, insbes. in Gemeinden mit staatlicher Eingangssteuer für Getränke, in den bezüglichen Getränkesteuergesetzen, so im Ges. v. 28. Apr. 1816, Art. 149 und späteren. Ges. v. 22 Juni 1854, 19. Juli 1880. — Ges. v. 27. Juli 1867 über die Municipalräthe (Competenz derselben in Sachen des Octroi und Regelung der Bestätigungsrechte der vorgesetzten Behörden, Art. 8 bis 10). Dazu Ausführungsdecret und Reglem. v. 12. Febr. 1870, mit Maximaltarif (u. A. bei Olibo II, 68 ff., Vignes II, 390 ff.). Departemental-Ordnungs-Gesetz v. 10. Aug. 1871 (Art. 46—49, Mitwirkung der Generalräthe in Octroi-angelegenheiten). — Ges. v. 5. Apr. 1884 betr. die Gemeindeordnung, Art. 137 bis 139 über Octroi (Modification einiger Puncte der früheren Gesetzgebung). — Ges. v. 16. Juni 1881 (unentgeltl. Unterricht in öffentl. Primärschulen, $1/5$ des Ertrags des ordentl. Octroi dafür). — Mehrfache frühere und neueste Decrete, Min.-Erlasse über die Durchführung des Entrepôt fictif für Brenn- und Rohstoffe der Fabriken, Eisenbahnen u. s. w. (1878, 1882, 1888, s. Block, dict. u. Supplem). — Mit dem Octroi steht auch noch ein staatlicher Einnahmezweig und eine bezügliche Zahlung der Gemeinden in Verbindung, die sogen. Kasernirungskosten in Gemeinden mit Octroi, Decr. v. 10. Aug. 1810, Art. 3, Ges. v. 15. Mai 1818, Art. 46, Ord. v. 5. Aug. 1818.

Literatur. Bibliographie im Block'schen dict., p. 1349; bei v. Brasch, a. a. O., S. 102; in den Aufs. v. Reitzenstein's in Hildebrand-Conrad's Jahrbüchern, B. 42 (N. F. B. 8), S. 42 und passim. — Stourm, passim, z. B. I, ch. 13; p. 352. — Vignes I, 203—217, 294—297, II, 390 ff. (Generaltarif v. 1870). Block, dict. Art. octroi von Vuatrin, nebst Supplementen (viele Entscheidungen der Judicatur); auch einzelne Abschnitte in dem Art. organisation commun. (so im suppl. génér. die ministerielle Instruction zu den Artikeln über Octroi in der neuen Gemeindeordnung v. 1884, p. 332). Say, dict., der Hauptartikel octroi noch nicht erschienen, Einzelnes in anderen, so im Art. budget comm. p. 472, Statistisches p. 477 ff. v. Hock, S. 377 bis 382. v. Kaufmann, S. 744—746. — Als Commentar und Sammlung des Verordnungsmaterials u. s. w. (wo Dalloz' répertoire zu weit zurückliegt und deshalb nicht mehr ausreicht) bes. wieder Olibo II, 61—238 (in der benutzten 5. Aufl. bis 1878). Thorlet's rég. financ. passim, bes. §. 486 ff., s. v. octroi in Register (gegenwärtiger Rechtszustand). — Bonnal, traité des octrois, Par. 1873. Wesentlich historisch (ancien régime): Burot de l'Isle de Challan, les octrois, Senlis, 1872 (s. v. Reitzenstein a. a. O., S. 42). Desgl. für Paris A. de Saint-Julien et G. Bienaymé, histoire des droits d'entrée et d'octroi à Paris, Par. 1887 (wesentlich ältere Geschichte, aber bis 1886 gehend, ch. 7 u. 8 die Zeit v. 1791—1886, p. 115 bis 137), mit Tarifen v. 12. u. 13. Jahrhundert bis zur Gegenwart. L. Blanc (Pariser jurist. Dissert. 1880 gemischten Inhalts, darin:) les finances de la commune et la question des octrois. — Wiederholte Discussion der principiellen und practischen Frage des Octroi hinsichtlich des Für und Wieder, so in den 1860er Jahren und auch noch nach 1870, theils in den Fachzeitschriften und der öffentlichen Presse, theils in eigenen Schriften (s. Katalog d. preuss. Statist. Bur., II. Abth., S. 819). Vieles davon in v. Reitzenstein's Arbeit berührt, auch von v. Brasch, worauf hier zu verweisen genügen muss, da an dieser Stelle auf die Controverse nur kurz zum Schluss (§. 349) eingegangen werden kann. Vorschläge zur Aufhebung des Octroi auch im Parlament vor und selbst noch nach dem Kriege, so 1876; darüber Mathieu-Bodet II, 371 ff. Aus der deutschen Literatur bes. die Schrift von v. Brasch, die Gemeinde und ihr Finanzwesen in Frankreich, S. 103—129 (gute Uebersicht, aber im Standpunct zu einseitig und in den legislat. Daten mehrfach Fehler) und v. Reitzenstein, kurz in B. XII der Schr. v. Ver. f. Soc.-Polit. (Communalsteuerfrage), S. 150 bis 157, erschöpfend und vorzüglich in Conrad's Jahrb., B. 42 (N. F. B. 8), S. 41 bis 100 und B. 43, S. 219—258, worauf hier für Einzelnes Bezug genommen wird.

Statistik. Jährl. amtliche Statistik über das Octroi. S. schon oben S. 409. Viel Material im Bull., z. Th. langjährige Uebersichten, auch mit Erläuterungen und Geschichtlichem, so XI, 39 ff. (Statistik v. 1831—80), I, 32, 81, 136 (grosse Städte, Vergleich mit den Einnahmen aus directen Steuern), XXIV, 62 (Octroi in 1887), XXIII, 312 (Octroi in Paris 1801—1887), und sonst vielfach, bes. über Paris. Daten öfters auch in Block'schen Annuire de statist., so f. 1888, p. 42. Ferner Daten in den jährl. Publicationen über die Finanzlage der Gemeinden und in a. m. (S. 863);

auch im Ann. stat. de la France und f. Paris in dem Ann. stat. de la ville de Paris (Jahrg. 1885, p. 346—357). Viel Statistisches auch in v. Reitzenstein's Arbeit, bes. B. 43, 219 ff.

1. Uebersicht der Entwicklung.

§. 342. Auch bei dem Octroi der Gemeinden hat man es, wie bei so manchen „modernen" französischen Steuern, wieder mit einer uralten, sicher bis ins 13. und 12. Jahrhundert zurück zu verfolgenden Besteuerung zu thun. Dieselbe war im Ancien régime in den letzten Jahrhunderten zu einer allgemeinen ausgedehnten Entwicklung in zahlreichen städtischen Haushalten gelangt, zwar nicht einheitlich, aber doch vielfach eingreifend durch die Staatsgesetzgebung geregelt und durch dieselbe, besonders seit Ludwig XIV. mit für die Staatsfinanzen in Anspruch genommen worden, indem endgiltig die Hälfte des Octroiertrags dem König, bez. dem Fiscus zufallen sollte (1653, 1663, 1681). Am Schluss des „alten Regiments" war das Octroi so eine Hauptgrundlage für die städtischen Finanzen, namentlich auch in Paris und durch den Staatsantheil auch eine wichtige Quelle von Staatseinkünften.

In den Städten war der Octroiertrag zum Theil zu Zwecken der Hospitäler bestimmt. Bei buntem Wirrwarr und grosser Mannigfaltigkeit der besteuerten Artikel und der Steuersätze waren es schon vor 1789, wie im 19. Jahrhundert, vornemlich die Getränke, besonders Wein, Spirituosen, Fleisch, Wild, Geflügel, Fische, andere agrarische Producte (Butter, Eier), Viehfutter, Brenn-, Beleuchtungs-, Baumaterialien, aber auch einzelne fertige Artikel, Fabrikate, auf welchen das Octroi ruhte. Die Sätze waren, bes. in Paris, zum Theil hoch und dadurch wohl vielfach drückend. (Vgl. die Tarife f. Paris in Saint-Julien und Bienaymé a. a. O.) Die ältere Bauweise der Städte gab auch hier, wie in anderen Ländern, die einfache und im Ganzen sichere und bequeme Erhebungsform, an den Thoren u. s. w., an die Hand und demgemäss erfolgten die Controlen beim Verkehr vom Lande in die Städte hinein. Die Erhebung geschah auch hier vornemlich durch Steuerpächter. Der Gesammtertrag des Octroi in Frankreich erreichte um 1798 vielleicht 93 Mill. Livres (übrigens nicht ganz sichere Schätzung, s. v. Reitzenstein, Jahrb. 42, 55). In Paris war der letzte Pachtvertrag v. 1787—1792 auf jährlich 30 Mill. L. (mit bedingungsweisem Abzug von 1.22 Mill.) in Minimo abgeschlossen. Selbst im J. 1790, wo doch die Volksbewegung gegen das Octroi schon stark eingewirkt hat, wird die erzielte Einnahme auf 35.91 Mill. L., wovon 25.06 für den Staat, 10.85 für Stadt und Hospitäler, angegeben (Saint-Julien und Bienaymé, p. 113, v. Reitzenstein a. a. O., S. 53; vgl. auch oben S. 155 aus Necker's Anschlägen; über die Periode vor 1789 überhaupt v. Reitzenstein, S. 43—57).

Beim Ausbruch der Revolution wandte sich die Volksbewegung mit besonderer Schärfe gegen die Octrois, ja man kann wohl sagen, mit dem Sturm auf die „Barrièren", speciell in Paris, und mit der Anzündung derselben begann eigentlich die revolutionäre Bewegung in dieser „drastischen" Weise sich kund zu thun. Obgleich man zur Wiederherstellung der Barrièren schritt, die Nationalversammlung auch, wie in anderen ähnlichen Fällen, wiederholt bis zur Neuordnung der Steuern die Fortdauer der Octroierhebung decretirte, war die letztere doch in Paris und anderen Orten nicht mehr in der früheren Ordnung und Strenge bei der Schwäche der öffentlichen Gewalt durchzusetzen. Die principiellen steuerpolitischen Bedenken der damaligen Gesetzgeber gegen alle indirecten Steuern und vollends gegen die eine Menge wichtiger Lebensbedürfnisse belastenden und den freien Verkehr zwischen Stadt und Land so belästigenden und störenden Octrois kamen hinzu und mit den übrigen indirecten Verbrauchssteuern fielen denn auch die Octrois in der Gesetzgebung, ohne dass man irgendwie zuvor für den unentbehrlichen Ersatz der städtischen Einkünfte, für die Deckung der speciell auf das Octroi angewiesenen Ausgaben, — vom Staatsantheil am Octroi ganz zu schweigen — gesorgt hätte, in einer Zeit, wo die neuen directen Steuern eben erst in der Ausbildung, die gesammte öffentliche Ordnung immer mehr in der Auflösung begriffen war: einer der characteristischsten Vorgänge thörichter Finanzpolitik in dieser an solchen Vorgängen so reichen Periode.

Ges. v. 19./25. Febr. 1791. Fortfall der Erhebung v. 1. Mai 1791 an, welcher Tag daraufhin mit öffentlichen Musik-Aufzügen gefeiert wurde. S. Julien u. s. w., p. 114, v. Reitzenstein, S. 57 ff.

Die Freude währte auch hier nicht lange. Mit dem Fortfall der Octrois zerrütteten die Finanzen der Städte alsbald völlig. Die directen Steuern boten keine Abhilfe. Die nothwendigsten Ausgaben konnten nicht mehr bestritten werden, namentlich auch diejenigen für Unterstützungswesen (Hospitäler), „die Verwaltung stand still", der selbst so bedürftige Staat musste für das Dringlichste Vorschüsse leisten. Diese Verhältnisse erklären es, dass man auf diesem Gebiete schon unter dem Directorium nothgedrungen zu den „indirecten Verbrauchssteuern" zurückkehrte und gerade für die Gemeinden zuerst wieder principiell bei Unzureichendheit der anderen Mittel, auch der Zuschlagcentimen, „indirecte und locale Contributionen" für allein zulässig erklärte (Ges. v. 9. Germ. V, Art. 6). Schrittweise, zunächst mittelst jedesmaligen Specialgesetzes, ging man dann mit der Wiedereinführung des Octroi, zuerst in Paris (Oct. 1798), darauf in verschiedenen einzelnen anderen Städten vor, bis schliesslich von 1800 an ganz allgemein nach genereller gesetzlicher Ermächtigung, im einzelnen Falle bereits nur im Verordnungswege (mittelst Decrets), das Octroi wieder eingeführt ward.

Ges. v. 5. Vent. VIII; ferner die anderen oben in der Uebersicht genannten Gesetze, S. 884). Der hervorgehobene Hauptzweck war die Sicherung der Mittel für Hospitäler und sonstige öffentliche Hilfsleistung, wonach das Octroi auch anfangs benannt wurde (o. municip. et de bienfaisance). Aber damit war keine Beschränkung in Verwendung und Benutzung für andere Gemeindeausgaben in der Weiterentwicklung verbunden, von dem bleibenden subsidiären Charakter des Octroi abgesehen, nemlich, dass es nur eingeführt und verbleiben sollte, wenn die anderen Einkünfte, incl. die Zuschläge zu den directen Steuern, nicht ausreichten. Die betroffenen Artikel, speciell in Paris, waren im Ganzen und meist von vornherein wieder die früheren, namentlich die Getränke, aber auch Vieh und Fleisch, trockenes Viehfutter, Brenn- und Baumaterialien, regelmässig dagegen nicht Getreide, Mehl, Brot. Die Sätze waren, zumal anfangs, aber meist erheblich niedriger als die früheren, — auch daher natürlich dann der Ertrag kleiner, von anderen Einflüssen abgesehen. Wichtig und ein Fortschritt gegen früher war die principiell scharfe, aber in der Praxis doch erst allmälig völlig durchgeführte Beschränkung des Octroi auf die zur Consumtion in der Gemeinde bestimmten Artikel, im Unterschied von den nur durchgeführten. Mit der weiteren Wiederherstellung der Staatsordnung unter dem Consulat und Kaiserreich dehnte sich die Octroi-Einrichtung dann rasch wieder allgemeiner und auch auf zahlreiche kleine Gemeinden aus. Sie soll 1805 im damaligen Staatsgebiet in 3262 Gemeinden bestanden haben. In Paris war der Rohertrag des Octroi 1801 10,94, 1804 schon 19,05, seitdem bis 1813 19—21 Mill. Frcs., also doch immerhin nachhaltig erheblich niedriger als vor der Revolution der städt. und Staatsantheil zusammen (Bull. XXIII, 312. St.-Julien u. s. w. p. 114 ff., v. Reitzenstein, B. 42, S. 59 ff.).

Das so wiedereingeführte Octroi war zuerst als reine Gemeindesteuer (mit Verwendung mit für die Hospitäler u. s. w.) geplant gewesen. Vom J. 1802 ab beanspruchte aber auch der Staat wieder einen Antheil, zunächst von 5% von dem Reinertrag des Octroi in den Gemeinden über 4000 Einwohner, seit 1806 von 10% in den Gemeinden, die über 20,000 Frcs. Octroiertrag hatten, unter dem Titel des Suppenbrots der Soldaten und mit der Motivirung einer Vertheuerung der Truppenverpflegung durch das Octroi. Dieser 10% Antheil ging in die spätere Gesetzgebung (1816), mit Ausdehnung auf alle Gemeinden mit Octroi, über und wurde erst im J. 1852 von Seiten des Staats aufgegeben.

Erl. v. 24. Frim. XI, Ges. v. 24. Apr. 1806, Ges. v. 28. Apr. 1816, Art. 153, Decr. v. 17. März 1852, Art. 25. Nur von den Erträgen der Haupt-, nicht der Zuschlag- und zeitweiligen Sätze wurde der Staatsantheil bezogen. Auch war u. A. derjenige Betrag davon frei, welcher vom Octroi zum Ersatz der Mobiliarsteuer verwendet wurde. Bei der Aufhebung im J. 1852 sollten die ordentlichen Sätze sofort ohne Weiteres um 10% herabgesetzt werden, also die Aufhebung den Steuerpflichtigen, nicht den Gemeinden zu Gute kommen.

Sonstige Antheile des Staats am Octroi oder anderen Gemeindeeinkünften waren nach dem gen. Artikel des Ges. v. 1816 ausdrücklich ausgeschlossen. Indessen lief die damals schon bestehende und dauernd gebliebene communale Kasernirungs-Kosten-Zahlung eigentlich auf einen verhüllten Antheil am Octroi hinaus. Es wurde nemlich durch Decr. v. 10. Aug. 1810 angeordnet, dass in Gemeinden mit Octrois die Militärbetten auf Kosten dieser Gemeinden zu besorgen seien, da die letzteren das Octroi vom Consum der Truppen bezögen. Für diese „Ausgaben für Kasernirung und Militärbetten" erfolgte dann durch Ges. v. 15. Mai 1818, Art. 46 eine Umänderung, indem eine Abgabe von bis höchstens 7 Frcs. p. Mann und 3 Frcs. p. Pferd jährlich und dafür Abonnements mit den Gemeinden eingeführt wurden (Ord. v. 5. Aug. 1818). Im Effect kommt dies in der That eben doch auf einen Antheil des Staats am Octroiertrage hinaus. (Olibo II. 239—251, Abschn. frais de caserne ment.) Der Staat bezog unter diesem Titel 1869 1.51, 1884 2.17 Mill. Frcs.

Bald nach der Wiedereinführung des Octroi wurde auch die früher schon besprochene Einrichtung getroffen, dass es den Gemeinden mit Octroi gestattet sein solle, die staatliche **Personal- und Mobiliarsteuer** ganz oder theilweise **aus dem Octroi-ertrage zu bestreiten**.

S. oben §. 194. Zuerst im J. XI und XII; für Paris Erl. v. 21. Sept. 1803.

Nachdem sich so das Octroi unter dem ersten Kaiserreich wieder als Gemeindebesteuerung eingebürgert hatte, schritt man im Verordnungswege dazu, durch allgemeine Normen in das gesammte Octroiwesen eine gewisse Ordnung und Uebereinstimmung zu bringen, betreffs der Einführung, Einrichtung und Durchführung des Octroi, der Wahl der besteuerten Artikel, der Erhebungsform u. s. w. (Decr. v. 17. Mai 1809). Die staatliche Oberaufsicht über das Octroi stand der Direction der „vereinigten Abgaben", der späteren Generaldirection der indirecten Steuern zu, welcher im J. 1812 sogar die Erhebung der Octrois selbst übertragen wurde. Letztere Massregel wurde jedoch als obligatorische unter der neuen königlichen Regierung wieder rückgängig gemacht (Ges. v. 8. Dec. 1814).

Das Octroiwesen selbst ging aber im Wesentlichen auf der bisherigen Grundlage in diese neue Periode über, doch mit Gewährung etwas weiterer und selbständigerer Rechte des Municipalraths in Betreff der Einrichtung des Octroi (Ord. v. 9. Dec. 1814, in der Hauptsache eine Wiederholung des Decrets von 1809). In dem grossen Steuergesetz v. 28. Apr. 1816, dessen im früheren Verlauf dieser Arbeit so oft zu erwähnen war, wurde das Octroiwesen dann in das Steuersystem der Restauration endgiltig aufgenommen, die leitenden Grundsätze des Finanzrechts dieses Gebiets festgestellt, auch durch Bestimmung einer Grenze der Octroisätze für Getränke im Verhältniss zu den staatlichen Getränke-Eingangsabgaben (o. §. 258) das fiscalische Interesse in diesem besonderen Falle einer Collision der staatlichen und communalen Finanzinteressen sichergestellt (Ges. v. 1816, Art. 149). Die Ordonnanz vom 9. Dec. 1814 blieb im Uebrigen die Grundlage des Verwaltungsrechts des Octroi und ist es in Hauptpuncten noch gegenwärtig.

In der Folgezeit ist dann nur wenig an diesem Rechte und nur in Einzelheiten verändert worden. Erst durch die Gesetze über die Municipalräthe vom 24. Juli 1867, über die Generalräthe vom 10. Aug. 1871 und in neuester Zeit noch durch die Gemeindeordnung vom 5. April 1884 sind hinsichtlich der Competenzen in Octroiangelegenheiten Aenderungen und im Allgemeinen Erweiterungen der Rechte der Selbstverwaltungsorgane, doch mit den genügenden Cautelen zum Schutz der allgemeinen und der Staatsinteressen, getroffen worden (s. folg. §§.).

<small>Von besonderer Bedeutung war der Erlass eines Reglements unter dem 12. Febr. 1870 zur Ausführung des gen. Gesetzes von 1867 (Art. 8—10), worin für alle Gemeinden, ausser Paris, ein Normal-Maximaltarif für die Octroisätze und ein Verzeichniss der im Allgemeinen zur Belegung mit Octroi zulässigen Artikel aufgestellt worden sind. Höhere Sätze und andere als die im Tarif genannten Objecte bedürfen einer besonderen Genehmigung von höherer Stelle (Decret nach Begutachtung im Staatsrath).</small>

Die neuere Gesetzgebung hat so gesucht, einseitigem communalen Fiscalismus auf dem Gebiete des Octroi und wirthschaftlich und socialpolitisch bedenklicher Gestaltung des Octroiwesens nach Möglichkeit zu begegnen — besonders in Bezug auf die Wahl der Steuerobjecte, die Höhe der Steuersätze, die Verhütung einer Begünstigung der localen Production in schutzzöllnerischer Weise mittelst des Octroi gegen die Production anderer inländischer Orte, die Erschwerung der Lage der nicht für den Ortsbedarf, sondern für den allgemeinen Absatz im Handel, im In- und Auslande, arbeitenden Industrieen durch das Octroi, die Hemmung des localen Durchfuhrverkehrs, — während anderseits doch dem Octroi eine mächtige finanzielle Bedeutung für die Gemeindehaushalte verschafft und erhalten wurde. Diese Bestrebungen sind im Ganzen erfolgreich gewesen. In fast allen Städten und überhaupt in den meisten grösseren Ortschaften ist das Octroi regelmässig die wichtigste Steuerquelle geworden und geblieben.

<small>S. schon die statistischen Daten, welche oben in §. 336 eingestreut wurden: auch die Daten S. 409. Folgende Uebersicht zeigt die Entwicklung im Ganzen Block, Ann. d. stat. p. 1888, p. 42).</small>

Jahr	Zahl der Gemeinden	Mit 1000 Einw.	Rohertrag Mill. Frcs.	Erhebungskosten %	Rohertrag p. Kopf, Frcs.
1823	1434	5,997	61.87	27.8	10.32
1833	1448	6,306	65.94	24.1	10.46
1843	1467	7,297	83.17	21.8	11.40
1853	1475	7,330	90.42	20.6	13.16
1863	1510	9,552	157.44	10.8	16.43
1873	1516	10,517	211.21	8.7	20.08
1884	1524	12,476	284.38	8.1	22.81

<small>Im J. 1869 bestand das Octroi in 1543 Gemeinden, gab 201.54 Mill. Frcs. roh. in 1872 in 1508, mit 199.53 Mill. Ertrag, nach dem Ausscheiden von Elsass-Lothringen, im J. 1887 gab es 1525 Gemeinden mit Octroi. Die Zahl schwankt jährlich wenig,</small>

aber doch öfters etwas durch neue Einführung oder Aufhebung des Octroi, meist in ganz kleinen Gemeinden. Im J. 1887 vertheilte sich die Zahl der Gemeinden (ohne Corsica, woselbst 9 Gemeinden mit Octroi) folgendermaassen nach der Grösse der „agglomerirten Bevölkerung" (Bull. XXIV, 62):

Gemeinden bis	4,000 Einwohner	. . . .	1076
„ von	4—10,000 „	. . . .	271
„ „	10—20,000 „	. . . .	95
„ mit über	20,000 „	. . . .	74
		Zusammen . . .	1516

Von 487 Städten über 4000 Einw. hatten bloss 47 kein Octroi; unter den kleineren besassen es auch rein ländliche Ortschaften.

In den grösseren und zumal den Grossstädten hat sich das Octroi seit lange zur weitaus stärksten communalen Steuerquelle entwickelt. Es wirft hier gewöhnlich 3—5mal, in einzelnen Fällen 8—10mal so viel ab als die Communalzuschläge zu den directen Steuern, ja selbst mehr (Paris, mitunter auch andere Städte, z. B. 1876 St.-Etienne) als die vier grossen directen Steuern für Staat, Departement und Gemeinde zusammen in den betreffenden Gemeinden ergeben, in anderen Gemeinden wenigstens 50—90%, letzterer Summe (vgl. Bull. I, 86, 87 f. 1876, 23 grösste Städte, XI, 68, f. 1879 alle Gemeinden über 20,000 Einw., XXIV, 68, 30 grösste Städte). So war 1876 in Mill Frcs. der Ertrag:

	Octroi	4 directe Steuern	Verhältniss beider Erträge %	Von den dir. Steuern Gemeinde-Antheil
Paris	124.21	105.84	117.4	23.89
Lyon	11.14	13.69	80.6	3.13
Marseille	9.78	11.08	88.2	1.66
Bordeaux	4.27	9.05	47.1	1.60
Lille	3.72	4.89	76.0	0.74
Nantes	2.31	3.66	63.7	0.77
Toulouse	2.90	3.27	88.7	0.66
Rouen	3.50	4.76	73.5	0.99
Havre	2.48	4 02	61.8	0.74
St. Etienne	2.85	2.60	109.5	0.27

(Bei den directen Steuern die Nebenfonds, der 8% Gemeindeantheil von der Staatspatentsteuer in der 4. Col. inbegriffen. Bull. I, 86).

Im J. 1887 war der Rohertrag des Octroi (mit Nebeneinnahmen) in Paris 136,69 Mill. Frcs. (p. Kopf 58.30 Frcs.), in Lyon 10.27 (dgl. 29.96), in Marseille 9.64 (dgl. 25.63), in Bordeaux 5.51 (dgl. 22.89), in Lille 5.51 (22,89 p. K.), in 3 anderen Städten 3—4, in 4 2—3, in 14 1—2 Mill. Frcs., also in 26 Städten über 1 Mill. Frcs. (Bull. XXIV, 68.)

Die reichhaltige Octroistatistik lässt auch die Verhältnisse in den einzelnen Departements ersehen (vgl. z. B. Bull. XXIV, 64). Im J. 1887 kam (ohne Corsica) vom rohen Gesammtertrag von 282.71 Mill. Frcs. (p. Kopf 22.99 Frcs.) auf Paris allein 136.69, auf die anderen Gemeinden 146.02 Mill. In den Departements war der Ertrag p. Kopf zwischen 3.61 im Dep. Finistère und 27.68 im Dep. Rhone.

In Paris allein war die Ertragsvermehrung des Octroi (übrigens zum Theil durch Ausdehnung des Octroigebiets, bes. durch Gesetz v. 16. Juni 1859 von 1860 an):

Jahr	Ertrag Mill. Frcs.	Jahr	Ertrag Mill. Frcs.
1816	20.65	1856	44.89
1826	30.10	1866	96.08
1836	29.59	1876	124.25
1846	33.99	1886	135.42

Max. schon 1882 149.66, seitdem andauernd weniger. Anschlag f. 1888 137.75 Mill. (Bull. XXIII, 312.)

2. System und leitende verwaltungs-, finanz- und steuerrechtliche Grundsätze des Octroiwesens.

Vgl. besonders die Abh. von v. Reitzenstein, namentlich B. 42, S. 68 ff. und Abschn. III (grundlegende Reglements), S. 70 ff., auch IV, S. 85 ff., eine treffliche Bearbeitung auch der verwaltungs- und finanzrechtlichen Dogmatik des Gegenstands. Die Gemeindeordnung von 1884 konnte in dieser bereits 1884 erschienenen Arbeit noch nicht berücksichtigt werden. Sie hat, ohne dass die Hauptbestimmungen der früheren Gesetzgebung über Octroi beseitigt oder nur wesentlich verändert worden sind, für die Stellung des Octroi im Gemeindehaushalt Aenderungen herbeigeführt, vornehmlich aber die Competenzen der einzelnen Selbstverwaltungsorgane und Staatsbehörden, welche beim Octroi, namentlich bei seiner Einführung, seinen Tarifen, mitzuwirken haben, etwas abgeändert. S. den amtlichen Commentar im Circ.-Erl. d. Min. d. Innern v. 15. Mai 1884 im Block'schen dict. suppl. génér., p. 332. Ueber das System und die Grundsätze sonst auch gut und klar in Kürze Vignes a. a. O. und der Art. Octroi von Vuatrin im Block'schen dict. Die folgende Darstellung schliesst sich zunächst näher an diejenige v. Reitzenstein's an, mehrfach wörtlich; eine andere Fassung würde nur mangelhafter ausfallen (s. bes. B. 42, S. 66, 68, 69, 71, 85). Für das hier übergangene Einzelne und in Betreff der Phasen der Entwicklung ist bes. auf v. Reitzenstein's Abhandlung zu verweisen.

§. 343. Das moderne französische Octroi lässt sich schon zur Zeit seiner endgiltigen Wiederherstellung durch die oben erwähnten Gesetze der Revolutionszeit mit von Reitzenstein durch folgende drei Sätze characterisiren: 1) es ist eine eigene Communal-Auflage „zur Ergänzung der für den Bedarf nicht ausreichenden Einnahme der grösseren Gemeinden, bestimmt, in seinem Ertrage die Mittel für die Erfüllung der localen Verwaltung zu gewähren"; 2) diese Abgabe wird „von Gegenständen des örtlichen Verbrauchs erhoben"; 3) ihre „Erhebung und örtliche Regelung gehört im Princip zu den Attributionen der Gemeindeverwaltung".

Das Reglement von 1809, die Ordonnanz von 1814 und das Steuergesetz von 1816 (28. Apr.) haben dann das Octroirecht codificirt und fortgebildet, namentlich durch „Normativbedingungen, welche die Grenzen und Formen bezeichnen, innerhalb deren die selbständige Entschliessung der Gemeindeverwaltungen, bezw. in höherer Instanz der Organe der Staatsgewalt sich zu bewegen hat."

Die Gesetzgebung des zweiten Kaiserreichs und der dritten Republik hat danach auf der älteren, im Ganzen beibehaltenen Grundlage „sich in drei Richtungen bewegt: zunächst ist das Recht der Gemeinden, über den Ertrag des Octroi zu verfügen bezw. über den Verwendungszweck Bestimmung zu treffen, zu einem ausschliesslicheren und ausgedehnteren gestaltet worden (besonders durch Decret vom 17. März 1852); zweitens haben die formellen Befugnisse der Gemeindeorgane, über die Erhebung eines Octroi

bezw. deren Modalitäten zu beschliessen, eine Erweiterung erfahren"
und ist die Competenz des Organs des höheren Selbstverwaltungskörpers, des departementalen Generalraths als genehmigender Oberinstanz, statt der Staatsbehörde, eingefügt bezw. erweitert worden (Gesetze v. 24. Juli 1867 und 10. Aug. 1871); drittens endlich „hat die Gesetzgebung sich eine einheitlichere Regelung der für die Octroisteuer in formeller und vor Allem in materieller Hinsicht massgebenden Grundsätze angelegen sein lassen", namentlich hinsichtlich der gleichmässigeren Tarifnormirung, der Beschränkung der durch das Octroiwesen bedingten Hemmungen der freien Verkehrsbewegung, der geringeren Belastung der unteren Classen durch die Localtarife des Octroi, der Vermeidung einer Beeinträchtigung des staatsfinanziellen Interesses an indirecten Steuern, speciell an den Getränkesteuern, durch das Octroi (Gesetz vom 24. Juli 1867, Reglement v. 12. Febr. 1870, einzelne Bestimmungen in den Getränkesteuergesetzen, von 1816 und später).

Nach der neuen Gemeindeordnung von 1884 wird der Ertrag der zu den ordentlichen Communalausgaben bestimmten Octrois jetzt einfach als ein Glied (Nr. 4) der Einnahmen des ordentlichen Gemeindebudgets aufgeführt und der Ertrag der Sätze und Zuschlagsätze (surtaxes), welche die specielle Bestimmung für ausserordentliche Ausgaben und für Rückzahlung von Anleihen haben, zu den ausserordentlichen Einnahmen des Gemeindebudgets gestellt (Art. 133, 134).

_{Diese Unterscheidung hat eine besondere Bedeutung für die jetzige Ordnung des Gemeindehaushalts bekommen, u. A. in Folge einer das ordentliche Octroi betreffenden Bestimmung des Gesetzes v. 16. Juni 1881 über die absolute Unentgeltlichkeit des Primärunterrichts in den öffentlichen Schulen. Danach ist $1/5$ vom Reinertrag der ordentlichen Steuersätze (taxes) des Octroi — wie verschiedener anderer Communaleinkünfte, so auch aus der Hundesteuer, des Gemeindeantheils an der Wagen- und Pferdesteuer und der Jagdscheinabgabe u. a. m. — ausdrücklich für die ordentlichen und obligatorischen Ausgaben der Gemeinde im Dienste der öffentlichen Primärschulen zu verwenden (gen. Ges. Art. 3).}

In der neuen Gemeindeordnung sind dann auch die Competenzen von Municipalrath, Generalrath (oder Departementalcommission in der Zeit zwischen den Generalrath-Sessionen), Präfect, Staatsoberhaupt (Präsident der Republik) in Bezug auf Einführung, Erhebungsordnung, Verlängerung, Tarifänderungen, Aufhebung des Octroi, Reglementirung und sonst bei den verschiedenen Massnahmen zu beobachtende Normen mehrfach abweichend von der früheren Gesetzgebung geregelt worden (Art. 137—139). Diese

Bestimmungen bilden den gegenwärtigen Rechtszustand des Octroi bezüglich der Puncte, welche sie betreffen.

Im Ganzen erscheint hiernach jetzt, entsprechend der eingetretenen thatsächlichen Entwicklung innerhalb eines Zeitraumes von 80—90 Jahren, der ursprünglich geplante und im bisherigen Recht beibehaltene mehr subsidiäre Character des Octroi, zur Ergänzung der anderen Communaleinnahmen, auch der Zuschlagcentimen, dem eines regelmässigen normalen Glieds der Gemeindeeinkünfte gewichen. Damit würde das Octroi dann jener Entwicklung gemäss auch rechtlich doch eine andere, festere Stellung im Communalsteuersystem erlangt haben, wenngleich es nicht zu einem nothwendigen, obligatorischen Gliede geworden, sondern ein facultativer Bestandtheil dieses Systems, je nach den Beschlüssen des Municipalraths, geblieben ist.

<small>Im Folgenden wird vornemlich der gegenwärtige Rechtszustand bei dem Octroi dargelegt, mit gelegentlichen Rückblicken auf frühere Phasen und Bestimmungen, aber mit Beschränkung auf das Hauptsächliche. Für weiteres Einzelne s. die gen. Schriften, ausser v. Reitzenstein, Vignes, Vuatrin auch Thorlet und besonders Olibo.</small>

3. Die hauptsächlichen einzelnen Grundsätze und Bestimmungen.

§. 344. Das in diese Darstellung Gehörige wird hier unter folgenden sieben Puncten zusammengefasst: Einführung, Verlängerung, Aufhebung des Octroi —, örtlicher Umfang des Octroigebiets („Octroibezirk") —, sachlicher Umfang der dem Octroi unterworfenen Artikel oder Bestimmung der Steuerobjecte — Feststellung des Octroitarifs (Tarifsätze) — Organisation des Octroidienstes (Verwaltungs- und Erhebungsformen) — Erhebung des Octroi, Controlen, Erhebungskosten und Reinertrag — Strafbestimmungen: eine Anordnung der Darstellung, welche sich aus dem Wesen der Sache ergiebt, daher ähnlich von allen Autoren befolgt wird.

1. Einführung, Verlängerung und Aufhebung des Octroi. Die Einführung eines Octroi in einer Gemeinde und die Feststellung der Steuersätze dafür erfolgt nur auf Antrag des Municipalraths nach einem bezüglichen Beschluss desselben und nach Begutachtung durch den Generalrath oder die Departementalcommission auf Grund der Ermächtigung der Regierung mittelst eines im Staatsrath ertheilten präsidentiellen

Decrets. Dasselbe gilt vom Erlass der Reglements in Betreff der Erhebung des Octroi.

<small>Gem.-Ges. v. 1884, Art. 137. Nur vorübergehend war kurze Zeit hindurch unter Napoleon I., wenn die Municipalräthe nicht über das Octroi votirten oder es ablehnten, bedingungsweise Seitens der Regierung die Einführung des Octroi von Amtswegen in einer Gemeinde zulässig (Regl. v. 1809, auch nach Ord. v. 1814), was aber seit dem Ges. v. 1816 (Art. 147) wieder aufgehört hat.</small>

Die im ordentlichen Gemeindebudget stehenden Erträge des Octroi aus den ordentlichen oder Hauptsätzen sind gewöhnlich bleibend und werden meistens auf 10 Jahre, die Zuschlagtaxen für ausserordentliche Ausgaben im ausserordentlichen Budget gewöhnlich nur auf 5—6 Jahre festgestellt. Eine Verlängerung der Zeitdauer kann der Municipalrath für höchstens 5 Jahre allein von sich aus rechtsgiltig beschliessen. Für eine Periode über 5 Jahre hinaus bedarf es wieder derselben Mitwirkung der genannten anderen Instanzen, wie bei der Einführung und ersten Feststellung der Octroisätze.

<small>Ges. v. 1884, Art. 139, 137. Vgl. Thorlet, §. 489. Im gen. Gesetz sind die Befugnisse des Generalraths gegen früher etwas erweitert worden. So musste vordem immer erst der Generalrath die Genehmigung einer Verlängerung von Zuschlagtaxen ertheilen (Ges. v. 1871, Art. 47). Auch sonst Veränderungen gegen früher, s. Vignes I, 206 ff.</small>

Die Aufhebung von Octroisätzen kann der Municipalrath nach dem neuesten Gesetz von 1884 nicht mehr von sich aus allein beschliessen. Sein Beschluss unterliegt zuvor dem Gutachten des Generalraths (oder der Departementalcommission) und der Genehmigung des Präfecten, gegen deren Verweigerung (oder im Falle der Verzögerung der Antwort über 3 Monate hinaus) an den Minister des Innern Recurs ergriffen werden kann.

<small>Ges. v. 1884, Art. 138, 69. Bis dahin genügte ein Beschluss des Municipalraths, wenn derselbe nicht innerhalb eines Monats vom Präfecten annullirt worden war. Es ist daher jetzt die Aufhebung eines Octroi, bezw. eines Satzes desselben erschwert worden, was Beachtung verdient. Vollständiges Aufheben eines einmal eingeführten ganzen Octroi ist nach der amtlichen Statistik selten, kommt aber doch ziemlich jährlich da und dort vor (S. 890).</small>

2. **Oertlicher Umfang des Octroigebiets** („Octroibezirk"). Auch seine Feststellung ist zunächst Sache des Gemeinderaths, unterliegt aber dann in derselben Weise wie Einführung und Reglements der Genehmigung des Staatsoberhaupts (also wie unter „1"). Es können jedoch in den Octroibezirk nicht bloss die eigentlichen Orte (Städte) und Vorstädte, sondern auch, wenn es für zweckmässig zur richtigen, vom Gemeinderath zu bestimmenden Abgrenzung des Bezirks gehalten wird, ländliche Districte, ferner

für den Octroibezirk grösserer Orte (von mindestens 4000 Einwohnern) andere Gemeinden im Weichbilde (banlieue), um den Schmuggel zu verhindern, einbezogen werden, diese Gemeinden sogar gegen ihren Willen, doch müssen sie vorher gehört werden und die in ihnen erhobenen Einnahmen fallen immer den betreffenden Gemeinden zu.

Hier sind die Rechte zur Einbeziehung anderer Districte und Gemeinden erweitert worden gegen eine anfängliche Beschränkung (Ord. v. 1814, Art. 26), bes. durch Ges. v. 1816, Art. 147, 152 (Olibo II, 108, 219, Thorlet, §. 309). Wie die Verrechnung mit den Gemeinden der banlieue durchgeführt wird, ist nicht recht klar. Der im Text angeführte Schlusssatz ist dem Art. 152 des Ges. v. 1816 entnommen: „les recettes faites dans ces banlieues appartiendront toujours aux communes dont elles seront composées". Wörtlich kann das nicht wohl genommen werden, sonst hätte die Hauptgemeinde unter Umständen schweren Nachtheil. Es wird hier wohl eine vertragsmässige Vertheilung oder eine solche nach dem Kopfbetrage stattfinden. — Practisch ist die Sache vielfach von Bedeutung, wie man sich leicht vergegenwärtigt und die Statistik beweist. Die letztere unterscheidet hier dreierlei: die Gesammt-, die Zusammenwohn- (agglomerée) und die im Umfang des Octroibezirks sich befindende Bevölkerung. Mitunter stimmen alle drei (so von grösseren Städten in Paris), mitunter die dritte mit der ersten oder die dritte mit der zweiten überein, nicht selten gehen sie auch alle drei auseinander. Im J. 1857 umfasste in ganz Frankreich (ausser Corsica)

die erste 13,546,314
die zweite 11,040,636
die dritte 12,300,573

Personen. (Bull. XXIV, 66, 68). Von der örtlichen Beschaffenheit des Octroibezirks und seiner Grenzlinie hängen die Schmuggelgefahr, daher die Controlen, die Erhebungskosten mit ab. Die Localverhältnisse sind natürlich hier von entscheidendem Einfluss auf die zweckmässigste Gestaltung des Bezirks und der Grenzlinie.

§. 345. 3. **Die Steuerobjecte oder die Artikel des Octroi.** Die Bestimmung dieser Artikel ist mit derjenigen der Höhe der Steuersätze (§. 347) der finanz- und steuerpolitisch wichtigste Punct beim Octroi. Von der Auswahl der Gegenstände und der Höhe der Sätze hängt die finanzielle Ergiebigkeit des Octroi ab, aber auch das Maass der Bedenken, denen das Octroi als Besteuerung ausgesetzt ist. Interessen der Consumenten steuerpflichtiger Artikel, besonders der unteren Classen, Interessen des Verkehrs und der grossen Productionszweige, der Landwirthschaft, der Industrie, des Handels verlangen bei diesen beiden Puncten nothwendig eine umfassende Berücksichtigung. Die Angriffe der Theorie und der Praxis knüpfen sich vornemlich hier an (§. 349). Daher muss gerade hier thunlichst Bürgschaft dafür geschafft werden, dass diesen Rücksichten richtig Rechnung getragen wird. Das kann am Besten durch Einschränkung der Competenz der Localorgane in Betreff beider genannten Puncte und durch angemessene Mitwirkung der Gesetzgebung und Verwaltung, der Staatsbehörden und der Organe höherer

Selbstverwaltungskörper, auf diesem Gebiete geschehen. Dadurch soll namentlich eine zu enge, zu einseitige und kurzsichtige, zu classenegoistische und zu sehr bloss Localinteressen kennende Kirchthurms-Politik möglichst unschädlich gemacht werden.

Die französische Gesetzgebung hat in Betreff der **Auswahl der Artikel** verschiedene Phasen durchlaufen. Anfangs wohl etwas zu weiten Spielraum für die Gemeindebehörden lassend, hat sie dann mehr Einschränkungen gemacht (1809, 1814), darauf aber wieder im Gesetz von 1816 den Gemeinden freiere Bewegung gewährt. Im Verwaltungswege in der Aufsichtsinstanz wurde indessen wohl immerhin etwas regulirend und Bedenkliches hindernd eingewirkt, doch konnte dem gesetzmässigen Recht den Gemeinden gegenüber nicht durchgegriffen werden. Von Neuem ist aber dann später zur Wahrnehmung der allgemeineren Interessen bei der Bestimmung der Objecte und Steuersätze des Octroi die Competenz der Gemeinden, bezw. der Municipalräthe im Wege der **Gesetzgebung eingeschränkt**, zuerst die **Mitwirkung der Staatsbehörden** (Präfect, Staatsrath, Staatsoberhaupt), darauf auch diejenige des departementalen **Generalraths** hierbei eingerichtet (Ges. v. 24. Juli 1867, bez. v. 10. Aug. 1871) und zur Ausführung des Gesetzes von 1867 das schon erwähnte Reglement vom 12. Febr. 1870 und in demselben ein sogen. **Generaltarif** gegeben worden, in welchem letzteren die **im Allgemeinen zulässigen Artikel** kategorienweise und die **Maxima der Tarifsätze** aufgeführt worden sind. Dieser (nicht für Paris mit geltende) Tarif ist die Norm geblieben. Die Belegung anderer als in ihm enthaltener Artikel und die Ueberschreitung des Maximalsatzes sind nicht unbedingt ausgeschlossen, aber an weitere Formalitäten und besondere Genehmigung geknüpft. In der neuesten Gesetzgebung (1884) ist es im Princip hierbei verblieben.

Hiernach ist der gegenwärtige gesetzliche Zustand bezüglich der Bestimmung der Steuerobjecte des Octroi der folgende:

a) **Steuerpflichtig** sind von den im Localtarif enthaltenen Artikeln nur diejenigen, welche zum **örtlichen Verbrauch** bestimmt sind, aber diese im Princip auch **sämmtlich und nach gleichem Steuersatze für den gleichen Artikel**, einerlei, ob dieser von ausserhalb eingeführt oder im Octroigebiet selbst producirt worden ist.

b) **Steuerfrei** sind dagegen in der Regel voll und ganz diejenigen Artikel, welche unter Innehaltung der vorgeschriebenen

Förmlichkeiten durch das Octroigebiet nur hindurch geführt — „transitiren" — oder welche in Entrepôt (regelmässig sog. entrepôt fictif), nach den dafür geltenden Regeln, genommen werden.

Brennmaterialien und Rohstoffe der Industrie, welche zur Herstellung von Waaren für den Absatz nach Aussen verbraucht werden, werden jetzt nach dem Reglement von 1870, Art. 8, ebenfalls zum (auch fictiven) Entrepôt zugelassen, wenn der etwaige Octroibetrag $1/4\%$ des Werthes der Menge übersteigt und die Ausfuhr der fertigen Artikel nachgewiesen wird. Bei geringerem Octroibetrag ist Zahlung zu leisten. Ein langwieriger Streitpunct, der so jetzt geregelt ist, aber seitdem noch mehrfach zur Entscheidung von Zweifeln durch Verordnungen normirt werden musste. Vgl. Olibo II, 78. v. Reitzenstein, B. 42, S. 92—94. Block, dict. suppl. génér., p. 292 (Decr. v. 8. Dec. 1882), suppl. p. 1888, p. 356 (Decr. v. 19. Juni 1888).

Die beiden sich ergänzenden Grundsätze sind im modernen französischen Octroirecht von Anfang an anerkannt worden. Sie ergeben sich auch aus dem Wesen des Octroi als einer **örtlichen Verbrauchsabgabe**, sowie aus dem richtigen Bestreben, der Octroieinrichtung die Wirkung eines localen Schutzzolls oder umgekehrt eines **Ausfuhrzolls zu nehmen**, die freie Verkehrsbewegung nicht mehr einzuschränken, als durch die Einrichtung einmal geboten ist, die locale Industrie, welche für den Aussenabsatz arbeitet, nicht zu belasten und das Octroi auch nicht wie die früheren Binnenzölle zu **Transitzöllen** werden zu lassen. Mit Recht ist daher die **Gesetzgebung** hier dazwischen getreten und hat die Gemeindeautonomie beschränkt.

Die Schwierigkeit war nur, dies hier in allgemein richtiger Weise zu thun, und sodann die gesetzlichen Bestimmungen überall zur strengen Durchführung in der Praxis zu bringen. In letzterer Hinsicht zumal wird diese Schwierigkeit hie und da leicht immer wieder auftauchen, wie sich bei der Regelung des Entrepôtrechts, der Behandlung der Brennmaterialien und Rohstoffe der Industrie zeigt.

Anerkennung der Grundsätze schon im Ges. v. 27. Frim. VIII, Art. 22, Ord. v. 1814, Art. 11. Ges. v. 1816, Art. 148; nach letzterem ist eine Ausnahme von der Regel der Besteuerung der zum Localconsum bestimmten Gegenstände „nur in ausserordentlichen Fällen und auf Grund eines Specialgesetzes statthaft". Solche Ausnahmen kommen aber wohl nicht vor. Mitbelastung der im Inneren des Octroigebiets erzeugten Gegenstände des Tarifs nach demselben Satze wie die importirten, Ord. von 1814, Art. 24, mit Ausnahme von Bier, welches von ausserhalb eingehend höchstens um $1/4$ höher als das im Gebiet gebraute belegt werden durfte (Ord. v. 1814, Art. 14). Dieser „locale Bierschutzzoll" ist aber nach dem Reglem. v. 1870, Art. 10, nicht mehr gestattet. Natürlich setzt die strenge Durchführung dieses Grundsatzes — ähnlich wie bei Einfuhrzöllen und Accisen — ein gleiches steuertechnisches Veranlagungsverfahren, also z. B. bei Bier, Alkohol, eine Fabrikatsteuer voraus.

Für Transitverkehr und Entrepôtwesen beim Octroi bestehen, mutatis mutandis, analoge Normen und Einrichtungen wie bei den inneren indirecten Verbrauchssteuern des Staats, bes. den Getränkesteuern (Eingangsabgabe), und bei den Zöllen. S. bes. o. §. 262, 263 und S. 541. In der Ord. v. 1814, Art. 37—55, auch Reglem. v. 1870, Art. 7 ff., 14, das Einzelne, worauf wir hier unter Verweisung auf die frühere Darstellung dieser Puncte nicht weiter eingehen. S. darüber Olibo II. 126—138, Art. octroi im Block'schen dict. Nr. 60—64. v. Reitzenstein, B. 42, S. 79—82, 91.

Umfassende Freiheit vom Octroi geniesst die Militär- und Marineverwaltung für die etwa dem Localoctroi unterliegenden Rohstoffe, Baumaterialien, Brennstoffe u. dgl., doch für Lebensmittel nur, wenn diese nicht am Orte verzehrt werden sollen (also für Magazinirung u. dgl.). Brennmaterial ist auch für die Handelsmarine (mit Entrepôtrecht) frei, dieses und die erforderlichen Rohstoffe auch für die Eisenbahnen und die damit in Verbindung stehenden Werkstätten. Dagegen ist der Verkehr in Bahnhöfen, Wartesälen, Bureaux u. s. w. der Eisenbahnen dem Localoctroi unterworfen (Reglem. v. 1870, Art. 11—13).

Die Durchführung der Besteuerung der im Octroigebiet „geernteten, präparirten oder fabricirten" Tarifobjecte scheint weniger Schwierigkeiten zu machen, als man zunächst vermuthen möchte. Der Producent muss Declarationen abgeben und sofort zahlen, wenn er kein Entrepôtrecht beansprucht. Die Octroibeamten können die Mengen der Objecte in der Behausung des Pflichtigen aufnehmen und die zur Verhinderung des Unterschleifs nöthigen Verificationen machen (Ord. v. 1814, Art. 36, vgl. Olibo II, 122 ff.). Förmliches „Exercice" scheint nicht stattzufinden, obwohl es bei Fabrikaten als Controlmittel in Betracht kommen könnte. Erleichtert wird die Sache dadurch, dass rein ländliche Productionen doch im Octroigebiet nur theilweise vorkommen oder die betreffenden Producte dem Octroi nicht unterliegen, und dass in wichtigen Fällen, wie bei den Getränken, für die Staatsbesteuerung Controle oder Exercice stattfinden. Aber z. B. die fehlende Controle bei Eigenbau von Wein (S. 631) muss doch auch für das Octroi Schwierigkeiten bieten, ebenso die Besteuerung von Ortsfabrikaten, wie Lichte (Kerzen) u. a. m.

§. 346. Der Umfang der Artikel, welche zur Belegung mit Octroitaxen zugelassen sind, hat, wie bemerkt, in rechtlicher Hinsicht gewechselt und der Umfang der wirklich besteuerten Artikel ebenfalls. Auch besteht in letzterer Hinsicht noch jetzt zwischen den einzelnen Octroigemeinden mancher Unterschied. Mehrfach werden nur einige Artikel, wie z. B. die Getränke, belegt. Auch die Autonomie der Gemeinden oder ihrer Organe, der Municipalräthe, und die Competenz und Mitwirkung der Staatsbehörden und Generalräthe hat in diesem Puncte Veränderungen erfahren. Die gegenwärtig, insbesondere nach den genannten Gesetzen von 1867, 1871 und 1884 und nach dem Reglement von 1870 geltenden Normen für alle Octrois — ausser dem unter besonderen Vorschriften, nicht unter dem eben genannten Reglement mit seinem Generaltarif stehenden Pariser — sind die folgenden:

In dem Reglement sind zunächst diejenigen Artikel aufgeführt, welche regelmässig, nach den allgemeinen gesetzlichen Bestimmungen, von den Municipalräthen in den Localtarif aufgenommen werden dürfen. Die Artikel bilden sechs Kategorieen: Getränke und Flüssigkeiten, Esswaaren, Brenn- (und Beleuchtungs-) Gegenstände, Viehfutter, Baumaterialien u. dgl., verschiedene Objecte.

Diese Classification (ausser der letzten Kategorie) rührt aus dem Reglement von 1809 her und ging dann in die Ord. von 1814 (Art. 11, mit Specialisirung in den Art. 12 ff.) über, in dem Sinne, dass ausdrücklich die belegten Objecte immer in eine der 5 Classen fallen mussten. Als „Esswaaren" wurden dabei „die gewöhnlich zur Nahrung der Menschen dienenden Gegenstände" bezeichnet, mit der aus den früheren

Gesetzen (J. VII. 1809) stammenden Ausnahme von Getreide, Mehl, Früchten, Butter, Milch, Gemüsen und „anderen geringen Esswaaren" (menues denrées), eine Ausnahme, welche dann selbst wieder Einschränkungen erfuhr (Ord. v. 1814, Art. 16 u. 17). Diese gesammte Begrenzung der Octroiobjecte fiel indessen, nach einer allerdings nicht unbestrittenen Auslegung des Wortlautes des Gesetzes, durch eine generelle Fassung des Rechts der Municipalräthe zur „Bezeichnung der zu besteuernden Objecte" im Ges. v. 1816, Art. 147. Danach galt es für gesetzlich zulässig, auch andere als die in den 5 Classen enthaltenen oder dazu zu rechnenden und ebenso die früher ausdrücklich ausgenommenen, also z. B. selbst Getreide und Mehl, nach Beschluss des Gemeinderaths einem Octroisatz zu unterwerfen. Das ist auch mehrfach geschehen und war von der Aufsichtsinstanz der gesetzlichen Bestimmung gegenüber nicht immer zu hindern. (Vgl. Vignes I, 209, Vuatrin bei Block, dict. Art. octroi, Nr. 33 bis 36, mit Urtheilen der Judicatur, des Cassationshofs, v. Reitzenstein, B. 42. S. 93 ff.)

In dieser Hinsicht hat dann aber das Ges. v. 1867 (Art. 8—10) und der nach ihm erlassene Generaltarif eine Beschränkung der Befugnisse der Gemeinderäthe und eine Erweiterung der Aufsichts- und Genehmigungsbefugnisse der Staatsbehörden gebracht, wodurch es möglich geworden ist, Artikel, die man nicht oder nicht mehr (bei Erneuerungen des Tarifs) belegt zu haben wünschte, aus dem Octroi auszuschliessen. Diese Bestimmungen, mit den Modificationen durch das Ges. v. 1871 u. 1884, werden alsbald im Folgenden mit erwähnt werden.

Der Generaltarif führt dann in jeder der 6 Classen die einzelnen zugelassenen Artikel auf und bestimmt nach einem in der üblichen französischen Weise gemäss der Bevölkerungsgrösse gebildeten sechsstufigen Ortsclassentarif die Tarifmaxima für jeden Artikel, die niedrigsten in den kleinsten, die höchsten in den grössten Gemeinden. Bei Artikeln in verschiedenen Sorten (Qualitäten) dürfen die Gemeinden innerhalb des Maximums die Octroisätze entsprechend specialisiren. Nach diesem Tarif soll nun im Allgemeinen jeder Localtarif gebildet werden, d. h. die Gemeinderäthe haben freiere Bewegung nur in Betreff der im Generaltarif aufgeführten Artikel und bis zu dem Maximalsatz ihrer Ortsclasse, ohne natürlich in der Zahl der Artikel und Höhe der Sätze soweit wie der Generaltarif gehen zu müssen.

Die allmälige Hinüberführung der bestehenden Localtarife in den Rahmen des Generaltarifs — der zunächst practisch wichtigste Punct — ist nun dadurch bereits im Gesetz von 1867 und danach etwas modificirt auch in dem von 1884 wirksam angebahnt, dass einmal nur solche Gemeinderaths-Beschlüsse über Verlängerung oder Erhöhung von Octroisätzen auf höchstens 5 Jahre ohne Weiteres rechtskräftig werden, welche sich auf im Generaltarif enthaltene Artikel und auf das Maximum nicht überschreitende Sätze beziehen (Ges. v. 1884, Art. 139) und dass ferner Belastungen von Objecten, welche im Localtarif bisher noch nicht belegt waren, Einführung oder Erneuerung von Taxen, welche im Generaltarif fehlen, sowie von Sätzen, welche das Maximum letzteren Tarifs überschreiten, zuvor vom Generalrath (bez. der Departementalcommission) begutachtet und danach durch ein im Staatsrath erlassenes Decret des Staatsoberhauptes (Präsidenten) bestätigt sein müssen (Ges. v. 1884, Art. 137). Da, nach dem Früheren, derselbe Weg für die erste Einführung und für die Verlängerung und Erhöhung von Octroitaxen auf mehr als 5 Jahre vorgeschrieben ist (S. 894), so war es möglich, den Generaltarif nach und nach practisch überall zur Geltung zu bringen und die Ausnahmen bezüglich der Wahl der Objecte wie der Höhe der Sätze auf besondere Fälle zu beschränken.

Vgl. v. Reitzenstein, B. 42, S. 96 ff. Der Generaltarif u. A. bei Olibo II, 68—75, bei Thorlet, p. 151 ff., Vignes II, 390. Beispiele aus den Localtarifen bei v. Reitzenstein, B. 43, S. 220 ff., Ders., Schr. d. Ver. f. Soc.-Pol. XII (Communalsteuerfrage), S. 153 ff. Zur Characteristik des gen. Tarifs Folgendes. Die 6 Ortsclassen unterscheiden nach der „agglomerirten" Bevölkerung Orte bis 4000, von 4001 bis 10,000, von 10,001—20,000, von 20,001—50,000, von 50,001—100,000, über 100,000 Einw. (Paris, wie gesagt, fehlt hier).

Zur ersten Kategorie, Getränke und Flüssigkeiten, gehören Wein, Alkohol (3 Arten incl. denaturalisirter), Bier (hier für die Steuersätze auch 3 Gebiets- oder Depart.-Abtheilungen), Essig, Limonades gazeuses. In der amtlichen Statistik und im Pariser Tarif werden hier aber auch, wenigstens neuerdings, einige andere „Flüssigkeiten", wie Oele, auch Brennöle, u. a. m., welche der Generaltarif in diese erste Kategorie stellt, eingereiht.

In der zweiten Kategorie, Esswaaren, stehen: lebendes Vieh (7 Arten, bez. Sätze), verschiedene Fleischwaaren, Speck, Geflügel, Wild, Fische (See- und Süsswasserfische), Austern, Butter, trockener Käse, Speiseöle, Trüffeln und Trüffelspeisen, eingemachte Früchte, Oli en, trockene Tafelfrüchte (Rosinen, Feigen, Datteln, gedörrte Pflaumen u. dgl.), Orangen, Citronen. Der Berücksichtigung localer Verhältnisse ist bei der Belegung von Wild, Geflügel, Kaninchen, der Luxusbesteuerung durch die Einreihung mancher Artikel in diese Rubrik (auch, wie bei Ostender Austern, durch Zulassung des Doppelten des Maximums) genügender Spielraum gewährt. Getreide, Mehl, Brot, Kartoffeln, Gemüse und andere agrarische gemeine Esswaaren, auch Salz, finden sich im Generaltarif nicht, in Wahrnehmung der Interessen der unteren Classen und der Verkehrsbewegung zwischen Stadt und Land, bedürften also für ihre Zulassung oder Beibehaltung in Localtarifen der erwähnten besonderen Genehmigung. Diese Artikel sollen mittlerweile auch meistens aus den Localtarifen, wo sie früher etwa vorkamen, ausgeschieden sein. Ausdrücklich untersagt der Tarif die Belegung von gesalz. Makrelen, Laberdan (gesalz. Kabeljau), Stockfisch, geräucherten u. gesalz. Häringen. — In Paris steht Salz im Octroitarif.

Unter der dritten Kategorie, den Brennmaterialien, befinden sich Holz (mit Unterscheidung von weichem und hartem), Reisig, Holzkohle, Torf, Stein-, Braunkohle und andere mineral. Brennstoffe, Coke, animal., vegetab. und mineral. Brennöl (excl. Fischöl, Gerberfett), Lichte und Kerzen aller Art, Spermaceti, Talg.

In der vierten Kategorie, Viehfutter, ist grünes ausdrücklich ausgeschlossen, Heu, Klee, Luzerne u. a. m., Stroh, Hafer, Gerste, Kleie, Grummet zugelassen.

In der fünften Kategorie, Baumaterialien u. dgl., finden sich 22 Arten aufgeführt, Kalk und Mörtel, Cement, Gips, Bau-, Bruch-, Pflaster-, Quadersteine, Steinplatten, Marmor, Granit, zu Bauten bestimmtes Eisen, Zink, Blei, Kupfer, Guss, einerlei ob façonirt oder nicht, Dachschiefer, Dachziegel, Ziegelsteine, irdene Röhren u. dgl. m., Thon, Thonerde, Sand, Schutt, Kies (letztere Objecte frei für öffentliche Strassen), bearbeitetes Bau- und Tischlerholz, unbehauenes Holz, Fensterglas, Spiegelglas: also in der That alle hauptsächlichen Baumaterialien, so dass das Octroi bei dieser, practisch für die Finanzen nicht unwichtigen Kategorie zu einer förmlichen Hausbau- und Wohnungsbesteuerung werden kann.

In der sechsten, im Reglement von 1870 hinzugekommenen Kategorie „verschiedener Objecte" wird aufgeführt: Seife (Parfumerieseifen event. zum dreifachen Maximum), Firnisse ausser alcoholische, Bleiweiss, Zinkweiss u. andere Farben, Essenzen jeder Art, flüssiger Theer, Gasrückstande und andere als Essenzen verwendbare Flüssigkeiten; — also z. Th. wiederum, wie Farben, Stoffe für Bauten.

In der untersten und zweituntersten Ortsclasse sind bisweilen einzelne Artikel im Generaltarif nicht aufgeführt, also hier nicht ohne Weiteres belegbar.

Bei Artikeln, welche beliebig nach Gewicht, Maass, Zahl versteuert werden können, dürfen die Gemeinden die ihnen passende Tarifirungsweise bestimmen.

Statistische Daten über die Erträgnisse der Steuerobjecte am Schluss des folgenden §.

Das Urtheil über die Auswahl dieser Artikel im Generaltarif wird natürlich je nach dem Standpunct zum Octroi überhaupt verschieden ausfallen. Lässt man einmal das Octroi im Ganzen als System der communalen Verbrauchsbesteuerung zu, so wird man die Auswahl wohl billigen können.

Durch den Ausschluss der wichtigsten vegetabilischen Nahrungsmittel, die Abstufung der Steuersätze nach Ortsclassen und Gattung der Objecte entfallen wenigstens die nächstliegenden steuerpolitischen Bedenken hinsichtlich der Ueberlastung der unteren Classen oder werden sie doch auf dasjenige Maass reducirt, das bei der ganzen Einrichtung eben in den Kauf genommen werden muss. Den landwirthschaftlichen und sonstigen Verkehrsinteressen, den finanziellen Staatsinteressen (durch Ausschluss der Colonialwaaren, des Salzes, Zuckers, Tabaks, Pulvers aus dem Generaltarif, durch Beschränkung der Getränkeoctroisätze in diesem Tarif, s. u.) ist Rechnung getragen. Ein gewisses Maass der Gleichmässigkeit des Octroi in der Auswahl der Objecte ist verbürgt oder wenigstens ein Uebermaass der Ungleichmässigkeit in diesem Puncte beschränkt. Das Luxussteuerprincip kann im Octroi passend mit verwirklicht werden. Die finanzielle Leistungsfähigkeit des Octroi für die Communalfinanzen ist andererseits gesichert und die Steuerlast durch Vertheilung der letzteren auf vielerlei Objecte und Consumenten erträglicher gemacht.

§. 347. 4. **Die Steuersätze des Octroi** und die dafür geltenden Normen sind des Zusammenhanges wegen mehrfach in den beiden vorausgehenden Paragraphen bei der Behandlung der Steuerobjecte bereits mit erwähnt worden. Zur Ergänzung ist noch Folgendes hinzuzufügen.

a) Vornemlich in Betreff der **Getränke**, d. h. des Weins, Alcohols, Obstweins — nicht so unmittelbar des Biers — liegt bei der gleichzeitigen Staatsbesteuerung dieser Artikel und auch wegen einer der Formen, in welcher sich diese Staatsbesteuerung vollzieht, — der Eingangsabgabe, §. 258 — die Gefahr einer Beeinträchtigung des staatsfinanziellen Interesses durch das Octroi und zumal durch zu hohe Sätze des letzteren vor. Daher hat hier die Gesetzgebung durch Bestimmung von **relativen Maximis** für die Octroisätze — Maximalhöhe der Octroisätze im Verhältniss zu den staatlichen Eingangsabgaben — und durch Erschwerung einer Erhöhung der Octroisätze darüber hinaus, neuerdings mittelst der Forderung eines Gesetzes hierzu, das Interesse der Staatsfinanzen zu schützen gesucht.

S. Ges. v. 1816, Art. 149 (Max.-Satz des Getränkeoctroi in Zukunft gleich der staatlichen Eingangsabgabe. Ausnahmen nur mittelst königl. Ordonnanz). Mehrfache Aenderungen in den späteren Gesetzen über die Getränkesteuern (1842 — seitdem Abweichung nur durch Gesetz gestattet —, 1852, 1854, 1873). Der Generaltarif von 1870 nimmt bei den Getränken (auch excl. Bier) einfach Bezug auf die Maxima nach den damals geltenden Gesetzen. Nach d. Ges. v. 19. Juli 1880, Art. 6, dürfen die Octrois auf Wein und Obstwein (incl. Meth) das Doppelte der staatlichen Eingangsabgaben nicht überschreiten; in den Gemeinden unter 4000 Einw. — wo keine solchen Eingangsabgaben bestehen — gilt für das Octroi der Municipalsatz, für die Gemeinden von 4000—6000 Einw. Abweichungen nur nach Specialgesetz. Auch nach der Gem.-Ordn. v. 1884, Art. 137, bedürfen Zuschläge (surtaxes) zum Octroi für Wein, Obstwein, Alcohol über den in den Gesetzen betr. die staatliche Eingangsabgabe bestimmten Satz eines besonderen Gesetzes. S. Vuatrin's Art. octroi im Block'schen dict., Nr. 41 ff., Thorlet, Nr. 506 ff., v. Reitzenstein, B. 41, S. 98 ff.; vgl. auch die Ausführungen über die Reduction der Getränkesteuern (1881) im Bull. VII, 149 ff. Die Wein- und Alcohol-Octroisätze sind im Ganzen nur niedrig, verglichen mit den betreffenden Staatssteuern (bei Wein vielfach nur $^1/_5$, $^1/_4$, $^1/_3$, ähnlich bei Alcohol, in Paris zwar am Höchsten von allen Octrois auf Getränke, aber nur bei Wein höher als die staatliche „Ersatzsteuer", S. 689 oben), bei Alcohol c. $^1/_2$ so hoch (Bull. XI, 76, VII, 155). Auch die Octroierträge bei Getränken zeigen, ausser bei Bier, die wirksame Schranke durch die daneben bestehende Staatsbesteuerung der Getränke (s. u.).

b) Bei allen anderen Artikeln des Octroi sind jetzt die Maxima des Generaltarifs, je nach der betreffenden Ortsclasse, einzuhalten. Innerhalb dieser Grenze gelten bei der ersten Festsetzung, Verlängerung und Erhöhung der Sätze die in den §§. 344—346 angegebenen allgemeinen Normen.

Daher ist namentlich Verlängerung und Erhöhung bis auf 5 Jahre Seitens der Municipalräthe allein, auf längere Zeit oder über den Satz des Generaltarifs hinaus nur unter der früher erwähnten Mitwirkung vom Generalrath mittelst präsident. Decrets zulässig (Ges. v. 1884. Art. 137, 139). Auf Tarifproben verzichten wir hier. S. den Generaltarif, aus dem v. Reitzenstein B. 42, S. 96 einige Proben mittheilt. Die Getränke- und Fleischtarife der Städte über 20,000 Einw. im J. 1879 im Bull. XI, 76, auch VII, 155 einige Daten für Wein.

c) Hinsichtlich der Versteuerungsart sind besondere gesetzliche Normen für Schlachtvieh und Fleisch gegeben und beachtenswerth.

Nach Art. 18 der Ord. von 1814 war lebendes Vieh nach dem Stück, geschlachtetes eingeführtes nach Vierteln pro rata, zerstücktes nach dem Gewicht zu versteuern. Aus gewissen agrarischen, die Viehzucht betreffenden Rücksichten hat später ein Gesetz, das v. 10. Mai 1846, auch für Vieh selbst die Versteuerung nach dem Gewicht vorgeschrieben, doch konnte die Versteuerung nach dem Stück bleiben, wo der Satz für Ochsen 8 Frcs. nicht überstieg. Ausdrücklich wird in diesem Gesetz auch wieder betont, dass eingeführtes zerstücktes Fleisch oder in Vierteln nicht höher als Fleisch im Vieh selbst belegt werden darf (Art. 5). Vgl. Olibo II, 95—99, Block, dict. octroi, Nr. 45.

Aus der interessanten Statistik werden hier jetzt noch einige Daten zur Illustration der finanziellen Bedeutung der einzelnen Kategorieen von Artikeln gegeben, und zwar für ganz Frankreich und für Paris und einige grössere Städte. Die ebenfalls beachtenswerthe Octroistatistik nach diesen Kategorieen und nach den einzelnen Departements, welche z. B. die in den einzelnen Theilen des Staatsgebiets sehr verschiedene Bedeutung der Obstwein- und Bier-

besteuerung ersehen lässt, kann hier nicht näher berücksichtigt werden. S. im Bull.
bes. die Tabellen in vol. XI, 50—81 (1831—80); auch XXIV, 63 ff. (1887). Auszüge aus diesen Materialien auch bei v. Reitzenstein, B. 43, 288 ff. Vgl. auch oben S. 409.

Es war in ganz Frankreich (doch 1887 ohne Corsica) von folgenden Artikelgattungen der Rohertrag in Mill. Frcs.:

	1831	1847	1869	1872	1887	Zunahme % 1831/69	1869/87
I. 1. Wein	14.00	22.63	60.00	64.74	69.39	328.5	15.6
2. Obstwein	1.23	3.73	2.41	1.50	3.48	96.0	44.6
3. Bier	2.92	5.64	12.40	11.80	15.56	324.6	25.5
4. Alcohol	2.24	4.05	7.40	8.63	21.14	230.4	185.7
5. Andere Flüssigkeiten	1.64	2.38	6.84	8.89	13.19	317.1	92.8
Zus. I: Getränke u. s. w.	22.03	38.43	89.03	95.55	122.76	304.1	38.0
II. Esswaaren	16.75	26.50	48.89	48.87	82.66	191.9	69.1
III. Brennstoffe	7.56	10.94	24.32	23.17	30.70	221.7	26.2
IV. Viehfutter	3.44	5.03	10.21	10.53	15.40	197.0	50.8
V. Baumaterialien . . .	2.60	7.86	23.95	16.89	25.28	821.1	5.6
VI. Diverses	1.03	2.03	5.12	4.52	4.22	397.1	(—18.9)
Summe . . .	53.37	90.60	201.54	199.53	281.02	277.6	39.9

Bei Bier Schätzung. Unter „anderen Flüssigkeiten" 1887 z. B. 1.35 Mill. von Essig; neuerdings hier auch Oele in der Statistik eingerechnet (1884 z. B. 6.3 Mill.), welche amtlich zur 2. Kategorie zählen, auch sonst, z. B. in der Pariser Statistik, Unterschiede zwischen der amtlichen und der statistischen Rubricirung.

Bei Wein und Obstwein sind die Ernten und Preise, bei Baumaterialien die Bauconjuncturen von besonderem Einfluss, daher das grössere Schwanken in einzelnen Jahren. Bei Bier ist der Austritt des Elsass nach 1869, bei den Getränken seitdem überhaupt wohl die stärkere Anspannung der Staatsbesteuerung zu bemerken. Die Zunahmeprocente (wo 1887 das Fehlen von Corsica kaum Einfluss äussert) in den beiden unterschiedenen Perioden sind besonders bemerkenswerth. Nur Alcohol, und dieser trotz der gesteigerten Staatssteuern, und Esswaaren haben von 1869—87 eine besonders starke Zunahme erfahren, was bei letzteren doch überwiegend von Fleisch und anderen Nahrungsmitteln herrührt. Daher bei Alcohol eine consumpolitisch, bei Esswaaren eine steuerpolitisch nicht günstige Entwicklung.

In einigen grösseren Städten war das Ertragsergebniss in 1887 das folgende, wobei aber wieder nicht zu vergessen ist, dass ein einzelnes Jahr, bes. bei Cider und Baumaterialien, leicht zufällig mehr vom Durchschnitt abweichende Zahlen haben kann (1000 Frcs.):

	Paris	Lyon	Marseille	Bordeaux	Lille
Wein	45,536	3,688	2,572	514	415
Cider	700		0.5	2	5
Bier	3,955	453	404	129	1,227
Alcohol	11,483	571	487	257	381
Essig	776	44	20	23	23
Andere Flüssigkeiten .	10,451	127	192	140	140
Zus. Getränke . . .	72,901	4,884	3,675	1,065	2,191
Esswaaren	31,936	3,082	3,235	2,792	1,181
Brennstoffe	13,474	599	787	573	492
Futter	4,959	515	783	432	259
Baumaterialien . . .	10,181	1,013	1,026	471	486
Diverses	2,343	160	106	72	3
Summe	135,195	10,253	9,611	5,405	4,509

Der Unterschied von Wein- und Biergegenden zeigt sich bemerkenswerth. Cider ist z. B. in Rennes (125,000 v. 1,605,000 Frcs.), Rouen, Havre ein wichtiges Octroiobject, fehlt dagegen in anderen Städten ganz oder fast ganz. Auf Bier kommt in Roubaix fast $^1/_4$, auf Wein nur $^1/_{20}$ des Ertrags. Alles Belege, wie sich die Octroibesteuerung den Localverhältnissen gut anpassen kann: eine günstige Seite.

Auch in ganzen Departements verschwindet Cider völlig oder fast völlig. Der Unterschied von Wein- und Biergegenden tritt noch deutlicher als in einzelnen Städten hervor.

Einen vollständigen Einblick in die finanzielle Bedeutung der einzelnen Objecte des Octroi und in die Belastungsverhältnisse giebt nur die Specialstatistik aller einzelnen Artikelclassen. S. f. Paris Ann. de la ville de Paris p. 1885, p. 346 ff. Daraus mögen hier noch folgende Daten des Ertrags herausgezogen werden, in 1000 Frcs. Zu den „Flüssigkeiten" der 1. Kategorie sind hier Oele, auch Brennöle, Trauben, Firnisse und verschiedene Artikel der 6. Kategorie des allgm. Tarifs gestellt.

Wein, Obstwein, Alcohol	59,312	Holz	1,720
Denaturirter Alcohol	133	Reisig u. dgl.	124
Bier, fremdes	3,755	Holzkohle u. dgl.	2,807
„ einheimisches	238	Kohlenstaub u. s. w.	38
Essig und Säure	762	Steinkohle, Coke	7,583
Conserven u. dgl.	15	III. Brennstoffe	12,272
Olivenöl	632		
Anderes Oel	4,909	Kalk, Cement	1,048
Gewisse anim. Oele	23	Gips	1,476
Trauben	173	Eisen f. Bau	1,304
Mineralöl und Essenzen	3,875	Guss f. Bau	668
Firniss	152	Steine	764
Oelfarben	143	Ziegel, Schiefer und and. Aehnl.	622
Andere als min. Essenzen	239	Thon, Sand	154
Flüssiger Theer	6	Eichenes und hartes Holz	1,442
Aether, Chlorof.	135	Tannen- und weiches Holz	2,419
I. Summe: Flüssigkeiten ausser		Anderes Holz	17
Wein, Cider, Alcohol	15,358	IV. Baumaterialien	10,138
I. Mit diesen	74,803	Heu	1,242
Fleisch von Schlachthöfen	13,853	Stroh	808
Fleisch von auswärts	3,950	Hafer	2,569
Trüffeln und Eingemachtes	143	Gerste	64
Marin. Fisch, Fleisch	116	V. Futter	4,683
Geflügel, Wild	5,919		
Fische	1,363	Salz	879
Austern	709	Wachs, Stearin, Spermac., Kerzen	1,195
Butter	2,522	Talg und Fette	108
Trockener Käse	633	Asphalt etc.	158
Eier	864	VI. Diverses	2,340
II. Esswaaren	30,374		

Gesammtertrag mit Nebeneinnahmen (854,000) 135,363,000 Frcs. Der Pariser Tarif weicht in Objecten und Sätzen etwas vom Generaltarif f. die anderen Orte ab. Aber ein Bild von den Einzelheiten des Octroiwesens, namentlich der Grossstädte, bekommt man doch. Die Statistik specialisirt noch etwas weiter. In der Uebersicht sind kleinere Posten in mehreren Kategorieen etwas zusammengezogen worden.

§. 348. 5. **Dienstorganisation, Verwaltungs- und Erhebungsformen.** Die Gesetzgebung hat anfangs etwas gewechselt (S. 889). Seitdem die Erhebung des Octroi den Gemeinden zurückgegeben worden ist (Ges. v. 8. Dec. 1814), hat die Direction der indirecten Steuern unter der Autorität des Finanzministers nur die Oberaufsicht über die Erhebung und Verwaltung aller Octrois (Ord. v. 1814, Art. 88), die specielle Ueberwachung in der einzelnen Gemeinde übt der Maire, Unterpräfect und Präfect (Ges. v. 1816,

Art. 147). In dem Gesetz von 1816 sind dann vier Verwaltungs- und Erhebungsformen für zulässig erklärt worden, zwischen denen der Municipalrath wählen kann: die Eigenverwaltung (régie simple), die Verwaltung durch einen Dritten mit vertragsmässiger Festsetzung eines bestimmten Ertrags für die Gemeinde und Betheiligung der letzteren an dem Mehrertrag darüber und über die Kosten hinaus (sog. régie intéressée), die Verpachtung und das Abonnement mit der staatlichen Verwaltung der indirecten Steuern (Ges. v. 1816, Art. 147).

Für jede einzelne Form bestehen wieder Specialbestimmungen, auf welche wir nicht näher eingehen (z. Th. noch aus dem Reglem. von 1809). Beim Abonnement erfolgt ein Vertrag über die Zahlung der Beamtengehalte u. dgl., die übrigen Kosten trägt die Gemeinde (Ord. v. 1814, Art. 95). Bei der Anstellung der Beamten auch in Eigenverwaltung hat die Staatsbehörde, mehrfach der Präfect ein Mitwirkungsrecht, in Gemeinden mit über 20,000 Frcs. Octroiertrag kann ein Vorstand ernannt werden, jetzt durch den Präfecten. Auch die anderen Beamten ernennt der Präfect auf Vorschlag des Maire (Ges. v. 1816, Art. 155, 156, Decr. v. 25. März 1852, Art. 5, 6, Olibo II, 222—235; über die Dienstverhältnisse sonst Ord. v. 1814, Art. 56 ff.). Darüber und über die Erhebungsformen mit den Einzelheiten bes. Olibo II, 139—149, 197—212, Vuatrin im Block'schen dict. Art. octroi, Nr. 67—86, Vignes I, 213 bis 215. v. Reitzenstein; B. 42, S. 82—83. — Die Octroibeamten sind verpflichtet, die staatlichen Eingangsabgaben mit zu erheben (Ges. v. 1816, Art. 154, s. Olibo II, 221).

Die endgiltige Wahl der Erhebungsform, als zu dem die Erhebung ordnenden Reglement gehörig, ist an die Begutachtung durch den Generalrath und an die Genehmigung durch präsidentielles, im Staatsrath ertheiltes Decret geknüpft (Gesetz von 1884, Art. 137).

In mehr als der Hälfte der Fälle besteht jetzt (1887) die Eigenverwaltung (in 835 von 1516), in mehr als einem Viertel die Verpachtung (417), in noch nicht einem Fünftel das Abonnement mit der Steuerverwaltung (262), bloss in zweien die „interessirte Regie", die Verpachtung meist in kleinen Gemeinden.

Ein unbedingter Vorzug einer der drei Hauptformen scheint nicht anerkannt zu werden. Immerhin ist das starke Ueberwiegen der Eigenverwaltung, — die nach diesen Zahlen auch in sehr vielen kleinen Städten vorkommt, denn bloss 440 Städte mit Octroi haben überhaupt über 4000 Einwohner — beachtenswerth und scheint anzudeuten, dass die Gemeinden diese Form finanziell, vielleicht auch für ihre Selbständigkeit vorziehen.

Bull. XXIV, 62. — Abonnements mit den Steuerpflichtigen selbst waren früher zulässig, sind es aber seit 1819 nicht mehr (Olibo II, 202, v. Reitzenstein, B. 42, S. 83).

Die Organisation der Regie in Paris beruht auf der Ord. v. 22. Juli 1831: ein Director und drei „Regisseurs" führen die Verwaltung unter der unmittelbaren Autorität des Seinepräfecten und der Ueberwachung der Direction der indirecten Steuern (Vignes I, 216, Saint-Julien u. s. w., p. 129).

§. 349. 6. Erhebung des Octroi, Controlen, Erhebungskosten und Reinertrag. Die Einrichtung der Erhebung und die Regeln dafür ergeben sich aus dem Wesen der Sache und aus der Analogie mit den Zöllen.

Die Grenzen der Octroibezirke sind auf den Strassen mit Pfosten und Inschriften zu bezeichnen. In der Regel erfolgt die Versteuerung der von auswärts kommenden Artikel bei den an der Grenze des Bezirks (Barrière) liegenden Bureaux, doch kann sie auch, nach örtlichen Verhältnissen, im Innern des Ortes erfolgen, wohin dann die Waaren u. s. w. zu bringen sind (Ord. von 1814, Art. 27, 34). Nur über die bezeichneten Barrièren und Bureaux dürfen Waaren eingeführt werden. Die Waarenführer müssen declariren, ihre Frachtbriefe, Connossemente, Begleitscheine u. dgl. vorweisen, die Beamten haben nach Befragung Visitationsrechte, nicht oder falsch declarirte Waare wird beschlagnahmt (Ord. v. 1814, Art. 28, 29). Regelmässig angehalten, gefragt und visitirt an der Barrière dürfen Träger von Lasten, Karrenführer, öffentliches Fuhrwerk und Privatfuhrwerk ohne Federn, nach einer späteren Bestimmung (1834) auch sonstiges Privatfuhrwerk (voitures particul. suspendues) werden, gewöhnliche Fussgänger und Reiter nicht, doch im Verdachtsfall auch sie, wie Jedermann, indessen nur unter Vorführung, Ausfragung und Visitation vor einem Polizeiofficier oder dem Maire (Ord. v. 1814, Art. 30, 31). Vgl. für das Einzelne den Commentar von Olibo zu den betreffenden Bestimmungen.

Die neuen Verkehrsmittel, Eisenbahnen u. s. w. haben einerseits die Controle und Erhebung erleichtert, anderseits erschwert und lästiger gemacht. Aber einmal gewöhnt an diese Dinge scheint die französische Bevölkerung hier mehr Geduld zu entwickeln, als eine deutsche oder englische wohl thun würde. Die Unpopularität des Octroi unterliegt freilich auch in diesen Beziehungen keinem Zweifel und ist in unruhigen Zeiten immer wieder hervorgetreten (1870 in Lyon), aber gegenüber der finanziellen Vortheilhaftigkeit und schwierigen Ersetzbarkeit des Octroi doch nicht mehr allgemeiner durchgedrungen (§. 350).

Die **Erhebungskosten** stellen sich natürlich sehr verschieden nach der Grösse des Rohertrags, der Grösse und dem Wohlstand der Bevölkerung des Bezirks, dem Umfang und der Art der besteuerten Artikel, den örtlichen Verhältnissen.

Unter besonders günstigen Umständen, wie in Paris, sinken sie auf einen, vollends für eine indirecte Verbrauchssteuer mässigen Betrag (1887 in Paris 5.75 % des Rohertrags). Aber selbst in grossen Städten, wie Marseille, Bordeaux, sind sie mitunter doch hoch (bez. 14.75 und 14.69 % in diesen zwei Städten in 1887), jedoch in anderen grossen und mittleren nur wieder 7—10 %, vielfach 9—13 %. Max. von 30 grössten Städten in 1887 Marseille und Bordeaux, Min., noch unter Paris, Roubaix, 5.29 %. Im J. 1879 war das Maximum im Creusot, wo nur Getränkeoctroi, mit 20.31 % (nicht 30.31, ein Druckfehler in der solcher überhaupt manche zählenden v. Reitzenstein'schen Arbeit, B. 43, S. 224, vgl. Bull. XI, 71). Das zweite Maximum in grösseren Städten damals in Versailles, 17.93 %. Minimum Paris 5.01 und auch Roubaix 6.26, doch auch eine Stadt von nur c. 20,000 Einw., wie Neuilly, nur 6.95 % (Bull. XI, 68 ff., XXIV, 68 ff.).

In Paris selbst ist seit 1847 nur noch eine kleine Ermässigung eingetreten, 1847 6.1, 1850 6.52, 1865, nach Erweiterung des Bezirks in 1860, 5.14, in den letzten

Jahren eine kleine Steigerung. Die Zahl des Dienstpersonals in Paris war 1847 1230, 1865 2518, 1879 3154 (Bull. XI, 47).

Im departementalen Durchschnitt der betreffenden Orte mit Octroi war 1887 das Minimum 5.90 % (Dep. Ardennen), das Maximum 20.81 (Dep. Lozère). Der Durchschnitt von ganz Frankreich war 8.73. Seit Anfang der 1870er Jahre ist diese Ziffer immer wenig über 8 % gewesen, aber auch nicht mehr gesunken, trotz der gestiegenen Roherträge, während sie früher erheblich höher, 1863 noch 10.3 % war (s. die Uebersicht oben S. 890). Eine weitere Verminderung scheint jetzt also nicht mehr zu erwarten zu sein.

Berücksichtigt man, dass die Octroieinnehmer gegen Provisionen auch noch die Erhebung der staatlichen Eingangsabgaben besorgen, so ermässigt sich übrigens der Erhebungssatz noch um mehr als 3 %, 1885 in ganz Frankreich auf 5.56 % (Bull. XXIV, 63).

Es ist auch dies noch mehr als bei den indirecten Steuern des Staats, aber doch 2 % weniger und der Kostensatz bei den Octrois allein doch auch nur 1 % mehr als bei den Zöllen. (S. o. S. 434, auch 609). Eine neueste Berechnung im Bull. XXV, 405, giebt in 1889 für die directen Staatssteuern 8.3, die indirecten 4, die Zölle nebst Salzsteuer 7.6, f. Enregistr., Stempel u. Domänen 5.3 %.)

Die Durchschnittshöhe des Erhebungskostensatzes und der absolute Betrag dieser Kosten ist kaum ein Bedenken gegen das Octroi. Das Missliche bleibt die Höhe in einzelnen Orten, die mitunter wohl in der Frage der Beibehaltung oder Aufhebung mitsprechen müsste.

Der Reinertrag, welcher nach Abzug dieser Erhebungskosten bleibt, ist im Ganzen wie oftmals im Einzelnen schliesslich doch eine so hohe und wachsende Summe, dass er eben die dauernde Einbürgerung des Octroi begreiflich macht und wenigstens finanzwirthschaftlich meistens rechtfertigt.

Die Entwicklung war für ganz Frankreich (1887 wieder ohne Corsica) folgende (Bull. XI, 51, XXIV, 67; beim Rohertrag incl. Nebeneinnahmen), in Mill. Frcs.

	Rohertrag	Erhebungskosten	Reinertrag
1831	54.24	5.88	48.36
1847	87.95	9.60	78.38
1869	201.35	16.34	185.01
1872	199.43	17.51	181.92
1887	252.71	24.69	258.03

(Die Rohertragsziffer ist hier mitunter etwas kleiner als oben S. 904 in der Uebersicht, während das Umgekehrte zu erwarten wäre; ebenso auch in anderen Jahren der Tabelle, aus der die Zahlen entnommen sind. Es muss sich das aus verschiedenen Abrechnungsweisen erklären, die aber nicht erläutert sind.)

Mit diesen Ertragsziffern nimmt die indirecte Verbrauchsbesteuerung auch in der französischen Communalbesteuerung eine sehr wichtige Stellung ein. Wenn auch nicht eine verhältnissmässig ebenso bedeutende als in der Staatsbesteuerung, so doch eine viel hervorragendere als in manchen anderen Ländern, besonders als in Grossbritannien und Deutschland: immerhin ein weit und auffallend abweichendes Ergebniss von den steuerpolitischen Ideologieen der ersten Revolution (§. 167).

7. **Strafbestimmungen.** Es finden meistens die für Contraventionen und Defraudationen im Gebiete indirecter Staatssteuern angedrohten Strafen auf diese Vergehen in Octroisachen Anwendung.

100—200 Frcs. Geldstrafe bei Defraude in Privatwagen mit Federn (Ges. vom 29. März 1832, Art. 8), sonst Anwendung der Bestimmungen der Art. 27 u. 46 und 223—225 des Ges. v. 28. Apr. 1816 (Ges. v. 29. März 1832, Art. 8, 9, v. 24. März 1844, Art. 9). Danach Confiscation der Steuerobjecte und Transportmittel, Geldstrafe von 100—200 Frcs., in erschwerten Fällen (Einsteigen, unterirdisch, bewaffnet) ausserdem Gefängnissstrafe von 6 Monat. (Vgl. Olibo I, 252, II, 440 ff.) Die Beamten haben ähnliche Befugnisse zur Protokollaufnahme bei Contraventionen wie die der indirecten Steuern. Die Sache geht seit 1834 zur Entscheidung immer gleich an das Correctionstribunal (wegen der Höhe des Minimalstrafbetrags). S. Art. 75 ff. der Ord. v. 1814 über das Contentieux (Olibo II, 157—171). Auch hier sind aber die Maires berechtigt, mit Genehmigung des Präfecten, sich vor wie nach ergangenem Urtheil über die Strafen abzufinden (Ord. v. 1814, Art. 83). Der Erlös aus Geldstrafen und Confiscationen, abzüglich der Kosten, fällt halb der Gemeinde, halb den Beamten zu (eb. Art. 84). Das Einzelne bei Olibo, Vignes I, 295 ff., Block, dict. octroi, Nr. 97 ff.

4. Rückblick und zur Kritik.

Vgl. schon v. Brasch a. a. O., bes. S. 113 ff. (zu einseitig die übliche Kritik der Gegner der indirecten Verbrauchssteuern); namentlich aber v. Reitzenstein, B. 43, S. 229—258, mit eingehender Berücksichtigung der polemischen und der das Octroi vertheidigenden Literatur, auch der agrar. Enquêten v. 1866 ff. und 1879 ff., wo das Octroi mit erörtert wurde; dann Mathieu-Bodet II, 372—390 (Vertheidiger der Octrois). Ich stimme in der Beweisführung v. Reitzenstein grösstentheils bei, würde selbst die Gründe für das Octroi, gerade in französ. Verhältnissen, und gegen den Ersatz durch andere Steuern noch etwas schärfer betont haben; im Ergebniss, weniger in einzelnen Argumenten, bin ich auch mit Mathieu-Bodet einverstanden. Ein genaueres Eingehen auf alle „Für und Wider" und auf die literar. Discussion der Frage ist hier nicht die Absicht und auch nicht die Aufgabe dieses Abschnitts dieses Werkes, wie schon einleitend bemerkt wurde. Nach v. Reitzenstein's eingehender und trefflicher Erörterung ist eine neue specielle Behandlung der Frage auch vorläufig überflüssig.

§. 350. Das Octroi hat leicht begreiflich vielerlei Angriffe erfahren, principielle, namentlich von Seiten des freihändlerischen Doctrinarismus und aus Gesichtspuncten der Steuerpolitik, practische von Seiten vieler Interessenten. Es ist in der üblichen Weise als indirecte Verbrauchsbesteuerung und noch besonders als eine solche der Gemeinden angefochten worden. Auch an parlamentarischen Attaken und Anregungen zur Beseitigung der ganzen Einrichtung hat es selbst bis in die neueste Zeit, auch noch nach 1870, nicht gefehlt (so in 1876).

Vielfache Verletzung des Grundsatzes der Gleichmässigkeit der Besteuerung, namentlich Schädigung der unteren Classen bei der öfters doch nicht unerheblichen Belastung wichtigerer Consumptibilien und sonstiger Gebrauchsgegenstände und der Herkunft des grössten Theils der Octroierträge aus der Besteuerung dieser Objecte;

widerwärtige und störende Verkehrshemmungen zwischen Stadt und Land, in Widerspruch mit der sonst erreichten freien wirthschaftlichen Bewegung auf dem einheitlichen nationalen Marktgebiete, insofern doch ein Wiederaufleben der älteren inneren Schranken wie in der Zeit der Binnenzölle; beständiger Anreiz zu Defraudationen; Benachtheiligung der landwirthschaftlichen Interessen, auch nach Fortfall des Octrois von wichtigeren vegetabilischen menschlichen Nahrungsmitteln, durch die Belastung von Fleisch, Butter, Eiern, Viehfutter u. s. w.; Hemmung, Schädigung und bedenkliche Vertheuerung des städtischen Bauwesens durch die Steuern auf Baumaterialien; endlich auch finanzpolitische Bedenken gerade wegen der von anderer Seite gerühmten hohen Einträglichkeit, leichter Steigerungsfähigkeit des Ertrags und nicht unmittelbar vom Consumenten empfundenen Belastung: denn das führe und habe notorisch vielfach, zumal in den grösseren Städten, zu leichtsinnigen Ausgaben, zu unnöthigem Bauluxus, zu vollends rascher Steigerung der communalen Budgets geführt, was bei der Herkunft der Octroierträge überwiegend aus der Besteuerung von Massenconsumptibilien der unteren Classen vollends bedenklich sei. In der parlamentarischen, fachliterarischen und öffentlichen Pressdebatte, in landwirthschaftlichen Enquêten (1866 ff., 1879 ff.) kommen diese und andere Bedenken zum Ausdruck und zur mehr oder weniger objectiven Erörterung.

Aber das Octroi ist nun einmal immer mehr, zumal in den grösseren, vollends in den Grossstädten, am Meisten in Paris auf dem Boden der bestehenden Gesetzgebung eine höchst wichtige Einnahmequelle der Gemeinden geworden, vielfach, wie vor Allem in Paris, der wahre Grundpfeiler der Communalfinanzen. Sein Ersatz oder auch nur seine wesentliche Beschränkung wäre in Frankreich mindestens in den grösseren Gemeinden an Voraussetzungen gebunden, welche sich schwer oder gar nicht erfüllen lassen.

Die Zusammenschweissung von Staats- und Communalsteuern in der directen Besteuerung mittelst des Zuschlagssystems, die steuertechnische Beschaffenheit dieser directen Steuern, der Mangel einer brauchbaren allgemeinen personalen directen Steuer, wie einer Einkommen- oder Vermögenssteuer, die Benutzung fast aller anderen Steuerarten in stärkster Anspannung für den Staat, die Ungeeignetheit oder Unzulänglichkeit der übrigen Staatssteuern oder einer etwa noch aufzufindenden neuen communalen Sondersteuer — wie der hierfür ins Auge gefassten Wohnungs- oder Miethsteuer — lässt es, wenigstens in allgemeinerer Weise, kaum möglich und, soweit es möglich sein sollte, theils finanziell ganz unzweckmässig, theils steuerpolitisch zu bedenklich erscheinen, auf das Octroi zu verzichten. Auch mittelst einer Einkommensteuer und etwaigen Zuschlägen dazu für die Communen oder mittelst einer Wohnungs- und Miethsteuer kann man überhaupt und vollends unbedenklich — auch nach Erfahrungen anderer Länder, wie speciell Deutschlands — sicher nur einen, schwerlich einen allgemein sehr grossen Theil des Octroi ersetzen.

So möchte das Verbleiben der Octrois, wenigstens in der Hauptsache, das finanzwirthschaftlich allein Mögliche oder minder Bedenkliche und selbst das verhältnissmässig Beste sein. Es macht in einer solchen Frage doch auch einen Unterschied, ob eine derartige Besteuerung etwa erst neu einzuführen oder ob sie eine alt eingebürgerte ist, wie eben in Frankreich.

Nur zwei, finanzpolitisch auf Dasselbe hinauskommende andere Hilfsmittel würden etwa eine grössere Einschränkung des Octroiwesens ermöglichen: die stärkere Uebernahme von Communalausgaben auf Staat und Departements und vermehrte Dotationen beider letzteren an Gemeinden. Beide Mittel werden in gewissem Umfang (bei Schul-, Wegewesen) schon angewandt und vermuthlich noch zu ausgedehnterer Anwendung kommen. Darauf drängt in Frankreich wie in anderen europäischen Ländern die Entwicklung, auch die Beschaffenheit des Staatssteuerwesens hin. Aber manche principielle und practische Bedenken hat auch die zu ausgedehnte Anwendung dieser Mittel und damit hat sie nothwendig wieder ihre Grenzen, die in Frankreich wegen der Ueberspannung der Staatsbesteuerung für directe Staatszwecke wohl noch engere als in manchem anderen Lande sind. Eben deshalb wird man sich mit Recht in Frankreich ernstlich überlegen, ob man an dem Octroi viel rütteln soll. Zu den Illusionen der Finanz- und Steuerpolitik der ersten Revolution wird man doch auch auf diesem Steuergebiete nicht leicht wieder zurückkehren, so wenig als auf demjenigen der Staatsbesteuerung.

Der Plan einer Ersetzung des Octroi, z. B. in Paris, durch eine Wohnungs- oder Miethsteuer — nach den principiell nicht unrichtigen Anschauungen der Freihandelsschule über städtische Grund- und Hausrente und über die relative Berechtigung des Princips der Besteuerung „nach Leistung und Gegenleistung" — verkennt eben die vielen und wesentlichen Bedenken, welche anderseits auch eine solche Steuer hat. Mehrfach, was die Vertheilung der Steuerlast und den steuerpolitischen Grundcharacter anlangt, sind es ähnliche wie sie die „Verbrauchssteuern" auch sonst treffen, zu denen die Wohnungssteuer ja in einer Hinsicht gehört. In Berlin z. B. argumentirt man, — übertreibend, aber doch zum Theil wieder richtig — gerade gegen die Miethsteuer als die neben einer Einkommensteuer fast alleinige Grundlage der Gemeindebesteuerung. Vielleicht könnte in Frankreich in grösseren Städten, bes. in Paris, an einen theilweisen Ersatz des Octroi durch eine derartige Steuer gedacht werden, aber nicht entfernt an einen vollständigen. Das verbietet nicht nur die grossen Beträge des Octroi, welche ersetzt werden müssten und sich schwerlich überhaupt durch die genannte Steuer beschaffen liessen, nicht minder verbietet es auch der Character der Miethsteuer. Die Bedenken gegen letztere würden natürlich wieder in der Praxis bei grosser Höhe der durch sie zu beschaffenden Summen wachsen.

Mit Rücksicht auf die Verwendung der Octroieinnahmen für die communalen Ausgaben, von denen doch viele wirklich „gemeinnützig" sind und zum Theil gerade den „unteren Classen" besonders zu Gute kommen — Unterrichts-, Gesundheits-, Wohlthätigkeitswesen u. a. m., was Mathieu-Bodet mit Recht, nur etwas zu einseitig und nicht immer in richtiger Begründung betont —, lässt sich auch auf das Octroi die allgemeinere Rechtfertigung gerade „indirecter Verbrauchssteuern" anwenden, deren Erträge für gemeinnützige Leistungen im speciellen oder überwiegenden Interesse der unteren Classen verwendet werden.

In der französischen Gesetzgebung ist durch die Festlegung eines Fünftels des Ertrags des ordentlichen Octroi für den sonst unentgeltlichen Primärunterricht in den öffentlichen Volksschulen dieser Gesichtspunkt neuerdings auch wieder in die Gesetzgebung hinein getragen worden (Ges. v. 16. Juni 1881). Er war ihr, wie die frühere Bestimmung des Octroiertrags für die Deckung der Kosten der Hospitäler und für öffentliche Wohlthätigkeit beweist (S. 887), schon ehedem nicht fremd. S. auch Fin. II, S. 491, und meine Aufsätze über Finanzwissenschaft und Staatssocialismus, Tüb. Zeitschr. 1887.

In Frankreich, wie in anderen Ländern, wurden nun, wie gesagt, ja mehrfach bisherige locale, communale, departementale Ausgaben ganz oder theilweise auf den Staat übernommen oder von diesem Subventionen und Dotationen für solche Zwecke gewährt. Da die Mittel des Staats hierfür indessen wieder thatsächlich grossentheils aus den Erträgen indirecter Verbrauchssteuern nach der bestehenden Steuerverfassung fliessen und schwerlich auf andere Weise genügend beschafft werden können, so entfällt implicite wenigstens der Einwand gegen das Octroi als „indirecte Verbrauchssteuer". Denn das Octroi löst hier gewissermassen nur andere, staatliche Verbrauchssteuern ab, welche bei noch umfassenderer Uebernahme von Localausgaben auf den Staat oder bei noch stärkeren Subventionen dann ihrerseits nur wieder in erhöhtem Maasse angespannt werden müssten.

Nun kann trotzdem Manches für ein derartiges Vorgehen sprechen, auch indirecte Verbrauchssteuern des Staats vor solchen der Gemeinden, wie der Octrois, Vorzüge haben oder weniger Bedenken bieten. Aber möglicher Weise gilt Letzteres auch umgekehrt und ausserdem wird die concrete Finanzlage und der Zustand der Staatsbesteuerung es doch räthlich machen können, lieber mittelst einer eigenen indirecten Verbrauchssteuer der Gemeinden den Localbedarf zu decken, als auf dem angedeuteten anderen Wege. Gerade in Frankreich möchten die Dinge so liegen.

Die noch weitere Anspannung der indirecten Verbrauchsbesteuerung des Staats für eine Politik der Unterstützung der Gemeinden hat in Frankreich bei dem erreichten Zustand der genannten Staatsbesteuerung doch auch ihre ernsten Bedenken, vielleicht selbst ihre Grenze an der Schwierigkeit der practischen Durchführung.

Anderseits möchte gerade den Communaloctrois in steuerpolitischer Hinsicht manches wenigstens relativ Günstige im Vergleich zu indirecten staatlichen Verbrauchssteuern, auch zu den Zöllen auf wichtigere Massenconsumptibilien, nachzurühmen, mindestens zu behaupten sein, dass diese Octrois einige sonst wichtige Bedenken weniger als diese Staatssteuern haben.

Sie gestatten eine passende Auswahl der Steuerobjecte und zweckmässige Bestimmung der Steuersätze, eine Anpassung an die örtlichen Productions- und Consumtionsverhältnisse, eine Ausnutzung mit zu angemessener Luxusbesteuerung der Wohlhabenderen, mehr wie die meisten staatlichen indirecten Verbrauchssteuern.

Sie haben allerdings denselben Mangel wie in der Regel andere indirecte Steuern, wie die Zölle, keinen Qualitätssteuerfuss in ihren specifischen Sätzen zu besitzen, da eben auch bei ihnen dessen Anwendung zu schwierig oder unmöglich ist und von einer Werthversteuerung dasselbe gilt (Wein! Bei Fleisch möchte durch die Preisregelung der verschiedenen Sorten oder Qualitäten eher eine der letzteren sich anschmiegende Vertheilung des Octroibetrags stattfinden). Die Octrois ziehen ferner ihre Haupterträge freilich auch aus den grossen Massenartikeln der Consumtion, wie die staatlichen indirecten Steuern. Endlich wird auch, wie bei letzteren, so bei den Octrois die Belastung des Consumenten, durch Preiserhöhung oder Qualitätsniedrigung wohl vielfach Platz greifen, obgleich sicher auch hier viel verwickeltere Vorgänge in der Praxis vorhanden sind, als die übliche freihändlerische Doctrin annimmt und manche Theile der Octrois definitiv auf andere als die Consumenten fallen. Auch Rückschläge auf die städtische Grund- und Hausrente, die wegen „Vertheuerung des Lebens durch das Octroi" nicht so steigen kann, sind nicht ausgeschlossen.

Nehme man aber selbst an, dass die Consumenten voll und ganz die endgiltigen Steuerträger seien und dass daher alsdann die „Gleichmässigkeit" der Steuerbelastung bei den Steuerobjecten des Octrois wieder stark verletzt werde, namentlich zu Ungunsten der „kleinen Leute". Dann tritt hier doch wahrscheinlich eher als unter analogen Verhältnissen bei allgemeinen staatlichen Verbrauchssteuern eine gewisse Ausgleichung durch Weiterwälzungen der Steuerbelastungen ein.

Denn hier kann die örtliche Bewegung der Bevölkerung, der Ab- und Zuzug zwischen Stadt und Land, die „Freizügigkeit" in der That eine solche ausgleichende Function wohl ausüben. Bei dem beständigen Zuschuss, den die städtische Bevölkerung, zumal unter französischen Bevölkerungsverhältnissen, vom Land und aus kleinen Städten erhält, kommt das vermuthlich hier in Betracht.

Damit würde das principiell anzuerkennende steuerpolitische Bedenken gegen die Octrois sich aber practisch mehr oder weniger, vielleicht nicht unwesentlich beheben.

Auch mit einem anderen Umstand, nemlich, wie die französische Staatsbesteuerung nun einmal als Product der allgemeinen politischen Geschichte des Landes geworden ist, muss indessen hier in der Frage der Octrois gerechnet werden.

Hätte die unruhige innere und äussere politische Geschichte Frankreichs nicht zu einer so ungeheuren Staatsschuld und für diese wie für die anderen Staatsausgaben nicht zu so hoch angespannter Gesammtbesteuerung geführt, so liesse sich durch Subventionen und Uebernahme von Localausgaben auf den Staat leichter und umfassender helfen, auch eine den Communalinteressen sich mehr mit anpassende Reform der directen Steuern eher durchführen. Dann könnte man auch das Octroi entbehrlicher machen.

Durch die immer nothwendig und wohl auch möglich bleibende Einführung einer grossen Personal-, einer Einkommensteuer, die man unmittelbar oder mittelbar auch für die Gemeinden mit ergiebig machen könnte und sollte, liessen sich zwar auch jetzt einige weitere Mittel beschaffen, um damit etwas vom Octroi zu ersetzen. Aber viel könnte schwerlich auf diese Weise geschehen, zumal der Ertrag einer solchen

Steuer mindestens ebenso sehr für die Beschränkung besonders hoher, drückender und bedenklicher bestehender Staatssteuern (Enregistrement! Directe Ertragssteuern) als misslicher Communalsteuern, wie das Octroi eine ist, verwerthet werden müsste (§. 334).

So gelangt man auch hier zu dem **Ergebniss: man wird in der Hauptsache trotz aller Bedenken auch das Octroi in Frankreich behalten müssen,** so gut wie die hohe und schwere staatliche indirecte Verbrauchs- und Verkehrsbesteuerung. Es liefert die erforderlichen Mittel zur Bestreitung nothwendiger und gemeinnütziger öffentlicher Ausgaben, Mittel, welche andere Communal- oder Staatssteuern, wenn überhaupt, nur schwieriger und unter anderen, aber wahrscheinlich grösseren Bedenken würden beschaffen können.

Damit aber gelangen wir zum Schluss.

Ein Ergebniss, wie das soeben gewonnene, mag man bedauern, man wird seine Richtigkeit deshalb nicht läugnen dürfen. Die Schuld liegt auch nicht in abstellbaren technischen Mängeln der französischen Steuerverfassung, des Staats, wie der Departements und Gemeinden, sondern **diese Steuerverfassung ist eben selbst das im Ganzen nothwendige Ergebniss der allgemeinen französischen Geschichte.** Eine „Schuld", wenn man davon reden darf, trifft dann **nur diese**.

Allerdings, das Resultat der Entwicklung eines vollen Jahrhunderts im französischen Steuerwesen, auch in der Communalbesteuerung wie in der Staatsbesteuerung, besteht darin, dass bei allen anzuerkennenden Fortschritten **formeller** Art die Besteuerung Frankreichs im Jahr 1889 **materiell** nicht eben sehr viel anders als 1789 geworden ist. Beweist das aber etwa ein Versäumniss, eine Unfähigkeit, einen Mangel an gutem Willen der in vieler Hinsicht eminenten französischen Steuerpolitiker und Steuertechniker, welche an dieser Besteuerung seit hundert Jahren unablässig gearbeitet haben?

Keineswegs! Die „Schuld" liegt anderswo, — im Gange der inneren und äusseren französischen Staatsgeschichte im ersten — und schwerlich letzten — „Jahrhundert der Revolutionen", im Verlauf und Ergebniss einer Geschichte, die selbst **wieder ein Product des kelto-gallischen Nationalcharacters ist.**

Nach der nunmehrigen Durchwanderung des grossen Gebietes der französischen Besteuerung dürfen wir wohl auf den früheren Vergleich zwischen der **britischen und französischen** Besteuerung (S. 415) zurückkommen. „Die britische verdient den Vorzug, sagten wir dort, sie ist eben auch das Product einer glücklicheren Geschichte und einer glücklicheren Volksanlage, als die französische Besteuerung."

Das sollte das über Steuerdruck und finanzielle Misswirthschaft heute in der „Republik" ebenso wie vor hundert Jahren in der „absoluten Monarchie" klagende französische Volk im „Jubiläumsjahre" 1889 nicht vergessen. — —

Aber auch die Finanzwissenschaft hat diese Zusammenhänge zwischen Volkscharacter, politischer Geschichte und — Besteuerung zu erkennen und anzuerkennen und damit ein Verständniss zu gewinnen, das auch für sie neben dem Eindringen, Verstehen und Beherrschen alles steuertechnischen Details wichtig ist. Mit in dieser Auffassung liegt auch unsere Rechtfertigung dafür, dass wir, zugleich zum Nachweise solcher Zusammenhänge auf die lehrreiche Entwicklung der französischen Besteuerung „von 1789 bis 1889" so ausführlich im Rahmen dieses finanzwissenschaftlichen Werkes und hier in der „speciellen Steuerlehre" eingegangen sind. Der richtige Standpunct auch für die Würdigung des steuertechnischen Details selbst wird erst dadurch erlangt, dass es in diesen grossen Zusammenhang mit den die Entwicklung der Besteuerung im Ganzen beherrschenden Factoren gebracht wird.

Nachträge.

Zur britischen Besteuerung.

Seit dem Erscheinen, bezw. der Ausarbeitung des Abschnitts über die britische Besteuerung, Anfang 1887, haben in 1887 und 1888 verschiedene Veränderungen der britischen Staats- und Localbesteuerung stattgefunden. Darüber verbreiten sich die Budgetreden der Schatzkanzler (Göschen) näher. (S. dieselben im Bull. 1887, XXI, 515 ff., 1888, XXIII, 443 ff., 1889, XXV, 426 ff.) Es handelt sich dabei mehrfach um Details, die wir hier nicht bringen können. Hervorzuheben sind u. A.: Aenderungen der Weinzölle, indem bei Weinen in Flaschen, namentlich Schaumweinen, zu dem Zoll nach der Alcoholstärke noch ein Zuschlag (2½ sh. p. Gall.) hinzutritt, um einen besseren Qualitätsfuss zu erreichen; bei Flaschenweinen unter einem gewissen Werth (15 sh. p. Gall.) ermässigt sich der Zuschlag auf 1 sh. (s. Bull. XXIII, 694). — Aenderungen des Stempels für gewisse Urkunden, Uebertragungen, Gründung von Actiengesellschaften u. s. w. (Amtlicher Erlass darüber im Bull. XXIV, 72 ff.). — Ueberlassung eines Drittels des Ertrags der probate duty an die Grafschaften u. s. w. zur Armenunterstützung, ferner des Ertrags der sogen. Luxussteuern auf Wagen, Wappen, männliche Dienstboten, Hunde, Jagdscheine u. a. m., sowie der Brauer- und Getränkehändler-Abgaben an die Localkörper. Alles in der Tendenz, so die Ueberlassung von bisherigen Staatseinnahmen an Stelle der Subventionen aus Staatsmitteln für bestimmte Localaufgaben treten zu lassen: verwaltungspolitisch ein Unterschied, finanzwirthschaftlich nur eine verschiedene Ausführung desselben Princips (Ges. über Localverwaltung v. 13. Aug. 1888, s. Bull. XXIV. 1888 u. a. a. Stellen).

Zur französischen Besteuerung.

Die bisherige Abgabe von 2 und 10 Frcs. im Principal für Inlands- und Auslandspässe (S. 558) ist durch Ges. v. 16. Juni 1888 auf $1/_2$ Frcs. im Principal ermässigt worden. Die Decimen bleiben. Die Papier-, Stempel- und Ausfertigungskosten sind mit diesen 50 Cent. bezahlt.

Die oben S. 672 ff. dargelegte Entwicklungstendenz der Rübenzuckerindustrie hat unter dem Einfluss der neuen Besteuerungsmethode (Ges. v. 1884) auch seit 1887 ff. nach dem neuesten Verwaltungsbericht angedauert. Die Zahl der Fabriken ging weiter von 391 auf 375 in 1887—88 (1888—89 378, bez. 380) herab, die Ausbeuteziffer in einer der Menge nach kleineren Productions-Campagne stieg von 8.57 auf 9.54 (1888—89 c. 9.60—9.65) $^0/_0$. S. Ber. im Bull. XXV, 294.

Störende Druckfehler und kleine Berichtigungen.

S. 20. Z. 17 v. u. l. oder ob statt oder.
S. 21. Z. 4 v. u. l. unten statt unter.
S. 22. Z. 4 des Kleindrucks v. u. l. XV. statt LV.
S. 110. Z. 5 des mittleren Petitabsatzes v. u. l. von statt vom (zweimal).
S. 119. Z. 4 des ersten Petitabsatzes in der Mitte v. o. l. vorgeschrieben statt verschrieben.
S. 149. Z. 5 im mittleren Absatz v. u. l. traite statt tracte.
S. 157. Z. 10 v. o. l. Dennoch statt Demnach.
S. 159. Z. 13 v. o. l. grossen statt ersten.
S. 240. Z. 1 v. u. im letzten mittleren Absatz im Textdruck l. Forderung statt Sonderung.
S. 391. Z. 8 v. o. l. 1830 statt 1880.
S. 416. In der Mitte. Die Bemerkung über Licenzabgaben ist nach der Note auf S. 771 zu berichtigen.
S. 446. Z. 10 v. o. l. als statt aus.
S. 517. Z. 1 des Petitabsatzes v. u. l. 1887 statt 1888.
S. 522. Z. 4 v. u. l. ou statt au.
S. 564. Z. 3 in dem Absatz sub. γ l. Steuerwesen statt Stempelwesen.
S. 773. Z. 5 des Texts v. u. l. Fahrzeuge statt Fahrpreise.
S. 780. Z. 2 v. u. im Absatz sub. e l. beim statt vom.
S. 796. Z. 3 v. u. l. Ausgangsweg statt Eingangsweg.
S. 809. Z. 8 v. u. l. richtiger statt wichtiger.
S. 811. Z. 1 v. o. fehlt hinter „1860": I.

Gedruckt bei E. Polz in Leipzig.